Wichtige Hinweise an alle Leser:
Dieses Werk soll allen Steuerzahlern helfen, ihre Abgabenlast in dem unvermeidbaren, von den Steuergesetzen abgesteckten Rahmen zu halten. Zu diesem Zweck wurde die vorliegende Ausgabe wieder sorgfältig bearbeitet und an die aktuellen Änderungen angepasst. Berücksichtigt wurden das Einkommensteuergesetz 2021, die aktuellen amtlichen Richtlinien, die Schreiben des Bundesministeriums der Finanzen, die Rechtsprechung des Bundesfinanzhofs und der Finanzgerichte.
Die Tricks und Tipps sind durch eine Vielzahl von Quellenhinweisen belegt, vorzugsweise wird dabei auf Veröffentlichungen im »Bundessteuerblatt« und in den »Entscheidungen der Finanzgerichte« verwiesen. Gleichwohl kann eine Garantie für die Ratschläge nicht übernommen werden, zumal es in der Natur der Sache liegt, dass sich nach einiger Zeit Widerstand des Fiskus regt, wenn er seine Felle davonschwimmen sieht. Eine Haftung des Autors oder des Verlags ist ausgeschlossen.

Tipps, die auch Gewerbetreibenden und selbständig Tätigen helfen können, sind durch ein **S** besonders gekennzeichnet.

Steuersparende Hinweise zum geschickten Ausfüllen der Formulare für die Steuererklärung 2021 gibt ***KONZ – Das Arbeitsbuch zur Steuererklärung*** (Knaur TB).

Der einzige Unterschied zwischen Mensch und Hase besteht darin, dass man einem Hasen das Fell nur einmal über die Ohren ziehen kann.

Volksmund

Franz Konz (1926–2013) war Steuerinspektor, Steuerberater und Revisor bei Wirtschaftsprüfungsgesellschaften und Verbänden und als solcher bestens vertraut mit allen Steuerfragen. Kaum hatte der Fiskus wieder eine von Franz Konz aufgetane Lücke in seinem dichten Steuernetz geschlossen, schon hatte dieser für seine Leser neue Tricks ausgetüftelt, mit denen er Finanzämter und Finanzgerichte zur Verzweiflung trieb.
Seit 2013 werden die seit über 30 Jahren von Millionen Lesern geschätzten Konz-Steuerratgeber von einem bewährten Expertenteam überarbeitet und aktualisiert.

Franz Konz

KONZ
2022

1000 ganz legale Steuertricks

Der erfolgreichste Steuerratgeber Deutschlands
im 38. Jahr

KNAUR

Dieses Werk entspricht dem ehemaligen *Großen Konz*.

Besuchen Sie uns im Internet:
www.knaur.de

FSC
www.fsc.org
MIX
Papier aus verantwortungsvollen Quellen
FSC® C083411

Völlig überarbeitete Neuausgabe für das Jahr 2021
und die zurückliegende Steuererklärung

Ein Imprint der Verlagsgruppe
Droemer Knaur GmbH & Co. KG, München.

Umschlaggestaltung: fpm factor product münchen
Satz: Vornehm Mediengestaltung GmbH, München
Druck und Bindung: CPI books GmbH, Leck

ISBN 978-3-426-79143-1

5 4 3 2 1

Vorwort

Liebe Leserinnen und Leser,

Schon Jean Baptiste Colbert, der Finanzminister Ludwig des XIV., hatte im 17. Jahrhundert einen Leitspruch für den Fiskus geprägt, der wohl heute noch manchem Steuerpolitiker durchs Hirn spukt. Colbert hatte gesagt: »Die Kunst der Besteuerung besteht ganz einfach darin, die Gans so zu rupfen, dass man möglichst viele Federn bei möglichst wenig Geschrei erhält.«
Wie wir als Steuerzahler alle nun schon seit vielen Jahren wissen, nutzen großes Wehklagen, meckern und maulen recht wenig, wenn es darum geht, die Steuerlast zu senken. Auch wer auf vollmundige Versprechungen vertraut, wie sie wieder einmal im Vorfeld der Bundestagswahl gemacht wurden, ist nicht immer gut beraten. Wenn das Staatssäckel leer ist, sei es durch die Corona-Pandemie, Umweltkatastrophen wie das Hochwasser im Sommer 2021 oder den räuberischen Griff, mit dem skrupellose Individuen mithilfe der sog. Cum-Ex-Geschäfte den Staat um zig Milliarden geprellt haben, muss sich der Fiskus etwas einfallen lassen. Wir gehen jede Wette ein, dass er sich ganz schnell an Jean Baptiste Colbert erinnert und die Steuerzahler-Gans kräftig rupfen wird.
Wenn Sie, liebe Leserinnen und Leser, also nicht unnötig gerupft werden wollen, müssen Sie findig bleiben. Mit vorliegendem Buch versuchen wir wieder einmal, Ihnen Mittel und Wege zu zeigen, wie Sie sich vor einem allzu starken Zugriff auf Ihr Verdientes und Erspartes schützen können.
Also wünschen wir Ihnen beim Stöbern viel Freude und vor allem viel Erfolg beim Sparen von Steuern.

Ihr Expertenteam

Steuervorschau und wichtige Nachrichten vorab

Nachzahlungszinsen verfassungswidrig ab 2014
Mit dem sog. Fondsstandortgesetz hat der Fiskus den steuerfreien Höchstbetrag für Vermögensbeteiligungen, die Sie von Ihrem Arbeitgeber erhalten, von 360 € im Jahr auf 1.440 € vervierfacht. Der höhere Betrag gilt ab dem 1.7.2021 (§ 3 Nr. 39 EStG).

Steuerstundung bei Vermögensbeteiligungen an Start-ups
Ist Ihr Arbeitgeber ein Start-up-Unternehmen und überträgt er Ihnen kostenlos oder verbilligt eine Vermögensbeteiligung am Unternehmen, bleibt der daraus entstehende Arbeitslohn mit Ihrer Zustimmung zunächst einmal unbesteuert. Damit gleicht der Fiskus aus, dass Ihnen mit der Beteilung zwar ein Vermögenswert zufließt, aber keine flüssigen Mittel, mit der Sie die darauf anfallenden Steuern zahlen könnten.
Diese Steuerstundung endet in folgenden Fällen:

- bei Verkauf oder Übertragung der Anteile an jemand anderen,
- bei einem Wechsel zu einem anderen Arbeitgeber,
- spätestens jedoch 12 Jahre nach der Übertragung.

Diese langfristige Steuerstundung können Sie für Vermögensbeteiligungen beanspruchen, die Ihnen seit dem 30.6.2021 übertragen wurden.

Steuerreformvorhaben der Parteien für die Zukunft

Im September 2021 war die Bundestagswahl, daher geriet, wie in solchen Fällen üblich, die konkrete Steuergesetzgebung ins Stocken und wurde abgelöst durch Wahlprogramme mit vollmundigen Versprechungen und umfangreichen Zielen für die künftige Steuergesetzgebung.
Wie schon der Journalist Wolfram Weidner (*1925) so treffend bemerkte: *»Steuerreformen sind wie Kunstwerke. Vor der Wahl Kolossalgemälde, danach Miniaturen.«*
Deshalb, liebe Leserinnen und Leser, geben wir Ihnen hier nur einen kleinen, auszugsweisen Überblick über einige der in den Wahlprogrammen der Parteien hochtrabend angekündigten Reformvorhaben. Bilden Sie sich selbst ein Urteil, was davon ernsthaft in Angriff genommen wird und was, wieder einmal, Schall und Rauch bleibt.

Wahlprogramm der Union

- Keine Steuererhöhungen,
- schrittweise Abschaffung des Solidaritätszuschlags für alle,

- Entlastung mittlerer und kleinerer Einkommen bei der Einkommensteuer,
- Erhaltung des Ehegattensplittings,
- Anhebung des Entlastungsbetrags für Alleinerziehende von 4.008 € auf 5.000 €,
- bessere Absetzbarkeit haushaltnaher Dienstleistungen,
- Anhebung der Homeoffice-Pauschale auf 1.000 €,
- Abschaffung der Doppelbesteuerung von Renten,
- Anhebung des Sparerpauschbetrags,
- Anhebung der Arbeitnehmersparzulage und der Einkommensgrenzen auf 40.000 €,
- keine Erhöhung der Erbschaftsteuer,
- keine erneute Erhebung der Vermögensteuer,
- Einführung von Freibeträgen bei der Grunderwerbsteuer für den erstmaligen Erwerb von selbstgenutztem Wohnraum.

Wahlprogramm der Grünen

- Anhebung des Grundfreibetrags zur Entlastung kleiner und mittlerer Einkommen,
- Anhebung des Spitzensteuersatzes,
- Abschaffung der Abgeltungsteuer für Kapitalerträge und Wiedereinführung der regulären Besteuerung,
- Einführung einer Steuergutschrift für Alleinerziehende,
- Abschaffung des Splittingtarifs für neu geschlossene Ehen, dafür Einzelbesteuerung mit der Möglichkeit, den Grundfreibetrag zwischen den Ehepartnern zu übertragen,
- Abschaffung der Steuerklasse V, Faktorverfahren wird zur Regel gemacht,
- Abschaffung der 10-Jahres-Frist für die Steuerfreiheit von Immobilienveräußerungen,
- Abschaffung der Steuerfreiheit für andere Veräußerungsgewinne,
- Werbungskostenabzug für mobiles Arbeiten oder Erstattung durch den Arbeitgeber,
- Erhebung einer Vermögensteuer auf Vermögen oberhalb von 2 Mio. € mit Begünstigungen für Betriebsvermögen.

Steuervorschau und wichtige Nachrichten vorab

Wahlprogramm der SPD

- Festhalten am momentanen Solidaritätszuschlag,
- Einkommensteuerentlastung für niedrige und mittlere Einkommen,
- einkommensunabhängige Steuerminderung,
- Abschaffung der 10-Jahres-Frist für die Steuerfreiheit von Immobilienveräußerungen,
- Erhebung einer Vermögensteuer auf große Vermögen mit Sonderregelungen für Betriebe.

Wahlprogramm der FDP

- Absenkung der Belastung aus Steuern und Sozialbeiträgen auf unter 40%,
- Abschaffung des Solidaritätszuschlags,
- Anwendung des Spitzensteuersatzes erst ab 90.000 €,
- Beibehaltung des Ehegattensplittings,
- Anhebung der Werbungskostenpauschale für Homeoffice,
- verbesserte Absetzbarkeit von haushaltsnahen Dienstleistungen,
- verbesserte Absetzbarkeit von Kinderbetreuungskosten,
- verbesserte Absetzbarkeit von Unterhaltskosten,
- Anhebung der Übungsleiter- und Ehrenamtspauschale,
- Anhebung des Sparerfreibetrags auf 1.000 € und Wiedereinführung einer Spekulationsfrist von drei Jahren für private Wertpapierveräußerungen,
- keine erneute Erhebung der Vermögensteuer,
- keine Verschärfung bei der Erbschaftsteuer,
- Einführung eines Freibetrags von bis zu 500.000 € bei der Grunderwerbsteuer beim Erwerb selbstgenutzten Wohneigentums,
- Vermeidung der Doppelbesteuerung von Renten.

Wahlprogramm der Linken

- Beibehalten des Solidaritätszuschlags für hohe Einkommen,
- Anhebung des Einkommensteuertarifs auf bis zu 75%,
- Abschaffung des Ehegattensplittings, dafür Einzelbesteuerung mit der Möglichkeit, den Grundfreibetrag zwischen den Ehepartnern zu übertragen,
- Abschaffung der Abgeltungsteuer und Wiedereinführung der regulären Besteuerung,

- Vermeidung der Doppelbesteuerung von Renten,
- Abschaffung der Spekulationsfrist bei privaten Immobilienverkäufen,
- Abschaffung des steuerlichen Dienstwagenprivilegs,
- Ersatz der Entfernungspauschale durch ein Mobilitätsgeld,
- Erhöhung der Erbschaftsteuer und Abschaffung der Begünstigung für Betriebsvermögen,
- Erhebung der Vermögensteuer mit progressivem Tarif,
- Einführung einer über 20 Jahre gestreckten Vermögensabgabe auf Vermögen über 2 Mio. €,
- Einführung von Steuerfreibeträgen für Abfindungen bei Entlassungen.

Wahlprogramm der AFD

- Konzentration der Besteuerung auf Umsatzsteuer und Einkommensteuer,
- Abschaffung des Solidaritätszuschlags,
- Ersetzen des Ehegattensplittings durch ein Familiensplitting,
- bessere Absetzbarkeit von Ausgaben für Kinder,
- Vermeidung der Doppelbesteuerung von Renten,
- Einführung einer Sonderabschreibung für eigengenutzte Immobilien,
- Keine erneute Erhebung der Vermögensteuer,
- Abschaffung von Erbschaft- & Schenkungsteuer sowie Grundsteuer,
- Einführung einer Besteuerungsausnahme für die Grunderwerbsteuer beim Erwerb von selbstgenutzten Immobilien,
- Anhebung der Grunderwerbsteuer auf 20% für Erwerber ohne deutsche Staatsbürgerschaft und Hauptwohnsitz im Ausland.

Inhalt

Die mit **S** markierten Textpassagen gelten auch für Selbständige **Seite**

Abkürzungen

S	=	Abschnitt gilt auch für Selbständige
AfA	=	Absetzung für Abnutzung (Abschreibung)
AFG	=	Arbeitsförderungsgesetz
AO	=	Abgabenordnung
BewG	=	Bewertungsgesetz
BFH	=	Bundesfinanzhof
BGB	=	Bürgerliches Gesetzbuch
BMF	=	Bundesministerium der Finanzen
BStBl	=	Bundessteuerblatt
BVerfG	=	Bundesverfassungsgericht
DB	=	Der Betrieb
EB-FAGO	=	Ergänzende Bestimmungen zur Finanzgeschäftsordnung
EFG	=	Entscheidungen der Finanzgerichte
EStDV	=	Einkommensteuer-Durchführungsverordnung
EStG	=	Einkommensteuergesetz
EStH	=	amtliches Einkommensteuerhandbuch
EStR	=	Einkommensteuerrichtlinien
FG	=	Finanzgericht
HFR	=	Höchstrichterliche Finanzrechtsprechung
LStR	=	Lohnsteuerrichtlinien
nrk	=	nicht rechtskräftig
NV	=	nicht veröffentlicht
NWB	=	Verlag Neue Wirtschafts-Briefe
rk	=	rechtskräftiges Urteil
Rz	=	Randziffer
SGB	=	Sozialgesetzbuch
UStG	=	Umsatzsteuergesetz
WoPG	=	Wohnbauprämiengesetz

Die Unkenntnis der Steuergesetze befreit nicht von der Pflicht zum Steuerzahlen Die Kenntnis aber häufig schon. (Bankier Meyer A. Rothschild)

I. Allgemeine Steuertipps

1. Steuervergünstigungen

S Neben der Verpflichtung zum Zahlen haben Sie das Recht, ich meine sogar geradezu die Pflicht, Steuervergünstigungen in Anspruch zu nehmen. Diese Steuervergünstigungen stehen Ihnen gesetzmäßig zu. Sie holen sie dadurch heraus, dass Sie sie in der Steuererklärung geltend machen. Es sind im Groben: 1

- Zulagen und Zuschüsse (z.B. Arbeitnehmersparzulage, Riester-Zulage für die private Altersversorgung, Wohnriester-Zulagen zum Ansparen von Mitteln für eine eigene Wohnung),
- steuerfreie Einnahmen,
- berufliche Ausgaben (Werbungskosten bzw. Betriebsausgaben),
- Inanspruchnahme von Sonderabschreibungen, z.B. für den Bau neuer Mietwohnungen
- persönliche, aber durch Gesetz begünstigte Aufwendungen in Form von Sonderausgaben oder
- außergewöhnliche Kosten der privaten Lebensführung (außergewöhnliche Belastung),
- Inanspruchnahme von Sonderfreibeträgen. Das sind hauptsächlich: Kinderfreibeträge, Ausbildungsfreibetrag, Freibetrag für Alleinerziehende, Körperbehindertenpauschbetrag, Pflegepauschbetrag,
- Inanspruchnahme von Kürzungen beim Steuertarif, wie z.B. Steuerermäßigung für außerordentliche Einkünfte, Anrechnung von im Ausland einbehaltenen Steuern, z.B. auf Ihre Kapitaleinkünfte, für hauswirtschaftliche Beschäftigungsverhältnisse, Dienst- und Handwerkerleistungen, für energetische Sanierungen an selbstgenutzten Häusern und Eigentumswohnungen, für die Belastung von Einkünften mit Gewerbesteuer, Steuerabzug für Parteispenden,
- Umwandlung von Barlohnzahlungen in günstiger besteuerte Sachleistungen des Arbeitgebers,
- Abzug aller betrieblichen Ausgaben,
- Inanspruchnahme von steuersparenden Rücklagen und Investitionsabzugsbeträgen,
- Verlagerung von Einnahmen (bei Überschussrechnung z.B. einfach die Rechnung später oder früher ausstellen),

- Einbeziehung von Kapitaleinkünften in die Steuererklärung, um einen Teil der Abgeltungsteuer auf Kapitaleinkünfte erstattet zu bekommen, wenn der persönliche Steuersatz unter 25 % liegt oder die Bank die Kapitalerträge unzutreffend hoch besteuert hat,
- Verzicht auf die Abgeltungsbesteuerung von Kapitaleinkünften, um ausnahmsweise Werbungskosten in Zusammenhang mit den Kapitalanlagen absetzen zu können,
- vertragliche Abmachungen, z.B. Arbeitsverträge, Mietverträge oder Darlehensverträge mit Angehörigen,
- Rechtsformänderungen des Unternehmens,
- Auswerten der wichtigsten diesbezüglichen Möglichkeiten (die Ihnen der Verfasser hier auftut).

Das Steuerrecht ist der sich ständig wiederholende Versuch,
manisch-depressives Irresein
als Ausfluss höchster Vernunft darzustellen.
(Franz Konz)

2. Die Jahres-(Abschnitts-)Besteuerung, die Einkommensteuerprogression und das Existenzminimum

2 **S** Die Jahresabschnittsbesteuerung ist eines der grundlegenden Prinzipien der Einkommensteuer. Dahinter verbirgt sich die Regelung des § 25 EStG, nach der die Einkommensteuer im Jahresrhythmus nach dem Einkommen berechnet und erhoben wird, das Sie in dem jeweiligen Kalenderjahr bezogen haben. Für die Höhe der Steuer ist es also unter Umständen entscheidend, in welchem Jahr Ihr Einkommen anfällt.
Der Steuersatz ist seit Jahren nicht fest geregelt. Die prozentuale Belastung wächst vielmehr mit steigendem Einkommen. Man spricht deshalb von Steuerprogression. Die Progression trifft vor allem mittlere Einkommen und wirkt sich besonders bei schwankenden Einkünften nachteilig aus.

Für 2021 ist der Steuertarif mit folgenden Eckwerten geregelt:

Steuersatz	0 %	14 %	progressiv steigend	42 %	45 %
Einkommensgrenzen	0 – 9.744 €	9.745 € – 14.753 €	14.754 € – 57.918 €	57.919 € – 274.612 €	ab 274.613 €

Wie sehr Ihnen der Fiskus durch die Steuerprogression in die Tasche langt, will ich Ihnen an einem Beispiel zeigen: Angenommen, Sie sind ledig. Bei einem Einkommen von 25.000 € zahlen Sie 2021 an Steuern 3.626 €. Das sind 14,50 %. Verdoppelt sich Ihr Einkommen auf 50.000 €, sind schon 11.994 € fällig. Ihr

Steuersatz beträgt nun bereits 23,99 %. Die ganze Misere wird erst so richtig deutlich, wenn Sie sich die Steuerbelastung für die zweiten 25.000 € ansehen. Dafür bittet Sie der Fiskus mit sage und schreibe 8.368 € zur Kasse. Das ist mehr als doppelt so viel wie für die ersten 25.000 € und entspricht einem Steuersatz von 33,47 %. Der Steuersatz auf jeden weiteren Euro beträgt bei einem Einkommen von 50.000 € sogar mindestens 38,50 %. Wichtig ist also, der Steuerprogression die Schärfe zu nehmen – ihr ganz ausweichen können Sie nicht.

Steuerfreistellung des Existenzminimums 3

Die Steuerfreistellung des Existenzminimums erfolgt bei der Einkommensteuer im Wesentlichen über den Grundfreibetrag, bis zu dem keine Einkommensteuer anfällt. Der Grundfreibetrag muss laufend an das Existenzminimum angepasst werden, das regelmäßig im sog. Existenzminimumbericht der Bundesregierung festgestellt wird. Bei der Einkommensteuer beträgt der Grundfreibetrag zurzeit:

Jahr	Alleinstehende	zusammen veranlagte Ehegatten
2021	9.744 €	19.488 €

Durch den Grundfreibetrag und weitere in die Lohnsteuertabellen eingearbeitete Freibeträge bleibt 2021 Arbeitslohn in folgender Höhe steuerfrei:

bei Renten- und Krankenversicherungspflicht

Steuerklasse	I/IV	II	III	V	VI
Monatslohn	1.121,16 €	1.509,24 €	2.127,91 €	108,49 €	0,83 €
Jahres-arbeitslohn	13.453,99 €	18.110,99 €	25.534,99 €	1.301,99 €	9,99 €

bei Renten- und Krankenversicherungsfreiheit (z.B. Beamte)

Steuerklasse	I/IV	II	III	V	VI
Monatslohn	1.021,66 €	1.391,33 €	1.945,08 €	98,91 €	0,83 €
Jahres-arbeitslohn	12.259,99 €	16.659,99 €	23.340,99 €	1.186,00 €	9,99 €

Für die Berechnung der Vorsorgepauschale bei der Ermittlung der oben ausgewiesenen steuerfreien Beträge wurde neben dem allgemeinen Krankenversicherungsbeitrag von 14,6 % auch ein Zusatzbeitrag von 1,3 % zugrunde gelegt. Diesen allgemeinen gesetzlichen Zusatzbeitrag teilen sich Arbeitgeber und Arbeitnehmer jeweils zur Hälfte. Da er von jeder Krankenkasse individuell festgesetzt werden kann und daher je nach Krankenkasse zwischen 0,3 und 1,85 % schwankt, können die bei Ihnen steuerfreien Arbeitslöhne von den in der Tabelle aufgeführten Werten abweichen.

3. Wie hoch ist meine Steuerersparnis?

4 **S** »Wie überschlage ich schnellstens, ob das Finanzamt mir genug erstattet hat?«, fragen Sie.

Wir geben Ihnen dazu ganz einfache Steuerbelastungstabellen (➤ Rz 5, Rz 6) an die Hand, mit denen sich leicht nachprüfen lässt, ob das Finanzamt die von Ihnen geltend gemachten Aufwendungen voll anerkannt hat.

Um die Steuerbelastung 2021 für Sie als Arbeitnehmer herauszufinden, wenn Sie ausschließlich Arbeitseinkünfte beziehen, verwenden Sie die Steuerbelastungstabelle so, dass Sie zunächst von Ihrem Jahresbruttolohn folgende Beträge abziehen:

1. **Berufliche Aufwendungen (Werbungskosten), bei aktiven Arbeitnehmern mindestens Arbeitnehmerpauschbetrag von 1.000 €. Sind Sie Pensionär, reduziert sich dieser Pauschbetrag auf 102 €.**
2. **Sonderausgabenpauschbetrag; wenn Sie allein veranlagt werden von 36 €, bei Zusammenveranlagung und Witwensplitting von 72 €.**
3. **Vorsorgepauschale: 7,92 % des Bruttolohns für Rentenversicherung (84 % des Arbeitnehmeranteils), 7,65 % des Bruttolohns für Krankenversicherung (= ermäßigter Beitragssatz 7,0 % + 0,65 %) und 1,525 % (Sachsen 2,025 %) des Bruttolohns für Pflegeversicherung (ggf. zzgl. 0,25 % bei kinderlosen Arbeitnehmern). Als privat Krankenversicherter ziehen Sie die von der Krankenversicherung bescheinigten Basiskranken- und Pflegeversicherungsbeiträge ab.**

Der verbleibende Betrag ist das zu versteuernde Einkommen (erste Spalte der Steuerbelastungstabellen). Die Steuerbelastung ergibt sich für Arbeitnehmer mit der Steuerklasse I oder IV aus der Grundtabelle (➤ Rz 5) und für Arbeitnehmer mit der Steuerklasse III aus der Splittingtabelle (➤ Rz 6). Sie müssen jetzt nur noch die Kosten, die Sie absetzen können, mit dem Prozentsatz multiplizieren, der der Belastung der letzten 1.000 € entspricht. Das Ergebnis ist in etwa Ihre Steuerersparnis.

Was ärgern Sie sich groß über die Steuer!
Ihr Geld ist doch nicht weg – es hat nur ein anderer!

S 4. Steuerbelastungstabellen

Steuerbelastungstabelle 2021 für den Grundtarif (ohne KiSt und SolZ) **5**
(geringfügige Abweichungen bleiben vorbehalten)

Zu versteuerndes Einkommen	Einkommensteuer insgesamt nach Grundtabelle		Belastung der letzten 1.000 €	Zu versteuerndes Einkommen	Einkommensteuer insgesamt nach Grundtabelle		Belastung der letzten 1.000 €
€	€	%	%	€	€	%	%
8.000	0	0,00	0,00	**44.000**	9.747	22,15	35,90
9.000	0	0,00	0,00	**45.000**	10.111	22,47	36,40
10.000	36	0,36	3,60	**46.000**	10.480	22,78	36,90
11.000	191	1,74	15,50	**47.000**	10.852	23,09	37,20
12.000	366	3,05	17,50	**48.000**	11.228	23,39	37,60
13.000	561	4,32	19,50	**49.000**	11.609	23,69	38,10
14.000	776	5,54	21,50	**50.000**	11.994	23,99	38,50
15.000	1.010	6,73	23,40	**51.000**	12.383	24,28	38,90
16.000	1.253	7,83	24,30	**52.000**	12.776	24,57	39,30
17.000	1.500	8,82	24,70	**53.000**	13.173	24,85	39,70
18.000	1.751	9,73	25,10	**54.000**	13.575	25,14	40,20
19.000	2.006	10,56	25,50	**55.000**	13.981	25,42	40,60
20.000	2.266	11,33	26,00	**56.000**	14.391	25,70	41,00
21.000	2.529	12,04	26,30	**57.000**	14.805	25,97	41,40
22.000	2.797	12,71	26,80	**58.000**	15.223	26,25	41,80
23.000	3.069	13,34	27,20	**59.000**	15.643	26,51	42,00
24.000	3.346	13,94	27,70	**60.000**	16.063	26,77	42,00
25.000	3.626	14,50	28,00	**61.000**	16.483	27,02	42,00
26.000	3.911	15,04	28,50	**62.000**	16.903	27,26	42,00
27.000	4.199	15,55	28,80	**63.000**	17.323	27,50	42,00
28.000	4.492	16,04	29,30	**64.000**	17.743	27,72	42,00
29.000	4.789	16,51	29,70	**65.000**	18.163	27,94	42,00
30.000	5.091	16,97	30,20	**66.000**	18.583	28,16	42,00
31.000	5.396	17,41	30,50	**67.000**	19.003	28,36	42,00
32.000	5.706	17,83	31,00	**68.000**	19.423	28,56	42,00
33.000	6.020	18,24	31,40	**69.000**	19.843	28,76	42,00
34.000	6.338	18,64	31,80	**70.000**	20.263	28,95	42,00
35.000	6.660	19,03	32,20	**71.000**	20.683	29,13	42,00
36.000	6.986	19,41	32,60	**72.000**	21.103	29,31	42,00
37.000	7.317	19,78	33,10	**73.000**	21.523	29,48	42,00
38.000	7.651	20,13	33,40	**74.000**	21.943	29,65	42,00
39.000	7.990	20,49	33,90	**75.000**	22.363	20,82	42,00
40.000	8.333	20,83	34,30	**80.000**	24.463	30,58	42,00
41.000	8.681	21,17	34,80	**90.000**	28.663	31,85	42,00
42.000	9.032	21,50	35,10	**100.000**	32.863	32,86	42,00
43.000	9.388	21,83	35,60	**110.000**	37.063	33,69	42,00

Liegt Ihr Einkommen als Alleinstehender **über 274.613 €**, so liegt die Belastung des darüber hinausgehenden Einkommens durchgehend bei 45 %.

Steuerbelastungstabelle 2021 für den Splittingtarif (ohne KiSt und SolZ) **6**
(geringfügige Abweichungen bleiben vorbehalten)

Zu versteuerndes Einkommen	Einkommensteuer insgesamt nach Splittingtabelle		Belastung der letzten 1.000 €	Zu versteuerndes Einkommen	Einkommensteuer insgesamt nach Splittingtabelle		Belastung der letzten 1.000 €
€	€	%	%	€	€	%	%
15.000	0	0,00	0,00	**70.000**	13.320	19,03	32,40
16.000	0	0,00	0,00	**71.000**	13.644	19,22	32,40
17.000	0	0,00	0,00	**72.000**	13.972	19,41	32,80
18.000	0	0,00	0,00	**73.000**	14.302	19,59	33,00
19.000	0	0,00	0,00	**74.000**	14.634	19,78	33,20
20.000	72	0,36	7,20	**75.000**	14.968	19,96	33,40
21.000	222	1,06	15,00	**76.000**	15.302	20,13	33,40
22.000	382	1,74	16,00	**77.000**	15.640	20,31	33,80
23.000	552	2,40	17,00	**78.000**	15.980	20,49	34,00
24.000	732	3,05	18,00	**79.000**	16.322	20,66	34,20
25.000	922	3,69	19,00	**80.000**	16.666	20,83	34,40
26.000	1.122	4,32	20,00	**81.000**	17.012	21,00	34,60
27.000	1.332	4,93	21,00	**82.000**	17.362	21,17	35,00
28.000	1.552	5,54	22,00	**83.000**	17.712	21,34	35,00
29.000	1.780	6,14	22,80	**84.000**	18.064	21,50	35,20
30.000	2.020	6,73	24,00	**85.000**	18.418	21,67	35,40
31.000	2.262	7,30	24,20	**86.000**	18.776	21,83	35,80
32.000	2.506	7,83	24,40	**87.000**	19.134	21,99	35,80
33.000	2.752	8,34	24,60	**88.000**	19.494	22,15	36,00
34.000	3.000	8,82	24,80	**89.000**	19.858	22,31	36,40
35.000	3.250	9,29	25,00	**90.000**	20.222	22,47	36,40
36.000	3.502	9,73	25,20	**91.000**	20.590	22,63	36,80
37.000	3.756	10,15	25,40	**92.000**	20.960	22,78	37,00
38.000	4.012	10,56	25,60	**93.000**	21.330	22,94	37,00
39.000	4.270	10,95	25,80	**94.000**	21.704	23,09	37,40
40.000	4.532	11,33	26,20	**95.000**	22.080	23,24	37,60
41.000	4.794	11,69	26,20	**96.000**	22.456	23,39	37,60
42.000	5.058	12,04	26,40	**97.000**	22.836	23,54	38,00
43.000	5.326	12,39	26,80	**98.000**	23.218	23,69	38,20
44.000	5.594	12,71	26,80	**99.000**	23.602	23,84	38,40
45.000	5.866	13,04	27,20	**100.000**	23.988	23,99	38,60
46.000	6.138	13,34	27,20	**101.000**	24.376	24,13	38,80
47.000	6.414	13,65	27,60	**102.000**	24.766	24,28	39,00
48.000	6.692	13,94	27,80	**103.000**	25.158	24,43	39,20
49.000	6.970	14,22	27,80	**104.000**	25.552	24,57	39,40
50.000	7.252	14,50	28,20	**105.000**	25.948	24,71	39,60
51.000	7.536	14,78	28,40	**106.000**	26.346	24,85	39,80
52.000	7.822	15,04	28,60	**107.000**	26.748	25,00	40,20
53.000	8.108	15,30	28,60	**108.000**	27.150	25,14	40,20
54.000	8.398	15,55	29,00	**109.000**	27.554	25,28	40,40
55.000	8.690	15,80	29,20	**110.000**	27.962	25,42	40,80
56.000	8.984	16,04	29,40	**120.000**	32.126	26,77	41,64
57.000	9.280	16,28	29,60	**130.000**	36.326	27,94	42,00
58.000	9.578	16,51	29,80	**140.000**	40.526	28,95	42,00
59.000	9.880	16,75	30,20	**150.000**	44.726	29,82	42,00
60.000	10.182	16,97	30,20	**160.000**	48.926	30,58	42,00

Zu versteuerndes Einkommen	Einkommensteuer insgesamt nach Splittingtabelle		Belastung der letzten 1.000 €
€	€	%	%
61.000	10.486	17,19	30,40
62.000	10.792	17,41	30,60
63.000	11.100	17,62	30,80
64.000	11.412	17,83	31,20
65.000	11.724	18,04	31,20
66.000	12.040	18,24	31,60
67.000	12.356	18,44	31,60
68.000	12.676	18,64	32,00
69.000	12.996	18,83	32,00
170.000	53.126	31,25	42,00
180.000	57.326	31,85	42,00
190.000	61.526	32,38	42,00
200.000	65.726	32,86	42,00
210.000	69.926	33,30	42,00
220.000	74.126	33,69	42,00
230.000	78.326	34,05	42,00
240.000	82.526	34,39	42,00
250.000	86.726	34,69	42,00

Liegt Ihr Einkommen als Verheirateter **über 549.224 €**, so liegt die Belastung des darüber hinausgehenden Einkommens durchweg bei 45 %.

5. Arbeitnehmersparzulagen – Bausparbeiträge – Wohn-Riester

Legen Sie Teile Ihres Arbeitslohns als vermögenswirksame Leistungen (VL) 7
an! In den meisten Fällen müssen Sie den Beitrag nicht einmal aus eigener Tasche zahlen; viele Arbeitgeber übernehmen die Zahlung der vermögenswirksamen Leistungen in voller Höhe oder zahlen zumindest einen Zuschuss.

Sie sichern sich die Arbeitnehmersparzulage bei Anlagen in Sparverträge über Wertpapiere, Vermögensbeteiligungen und Beteiligungen am Arbeitgeberunternehmen, wenn Ihr zu versteuerndes Einkommen max. 20.000 €/40.000 € (Alleinstehende/Ehegatten) beträgt. Bei einer Anlage in Wohnungsbauanlagen, wie z.B. Bausparverträge, liegt die Einkommensgrenze mit 17.900 €/35.800 € (Alleinstehende/Ehegatten) etwas niedriger. Die Höhe der Arbeitnehmersparzulage ist von der Anlageform abhängig (➤ Rz 8) und wird jährlich mit Ihrem Einkommensteuerbescheid zusammen festgesetzt. Eine Auszahlung, die nicht die bisher festgesetzten Prämien gefährdet, kann in aller Regel erst nach Ablauf einer Sperrfrist von sieben Jahren erfolgen. Sie warten also im Zweifel bis zu sieben Jahre auf die Auszahlung der Sparzulage.

Im Einzelnen ist die Förderung wie folgt geregelt: 8

Die Sparzulage gibt es für die Zahlungen in zwei verschiedene Anlagetypen, zum einen für Anlagen in sog. Produktivkapital, zum anderen für Anlagen in den Wohnungsbau. Für Produktivkapitalanlagen beträgt die Zulage 20 % für VL von max. 400 €. Gleichzeitig darf das zu versteuernde Einkommen die Grenze von 20.000 €/40.000 € (Ledige/Verheiratete) nicht übersteigen. Begünstigt sind dabei folgende Anlageformen:

- Sparverträge über Wertpapiere oder andere Vermögensbeteiligungen,
- Wertpapierkaufverträge,
- Beteiligungsverträge oder Beteiligungskaufverträge,
- Aktien, die zum Börsenhandel oder zum Handel im Inland zugelassen sind,
- Gewinnschuldverschreibungen und Wandelschuldverschreibungen des Arbeitgebers oder von inländischen Unternehmen, die keine Kreditinstitute sind,
- Anteilscheine an Aktienfonds inländischer Kapitalgesellschaften (Wertpapiersondervermögen, Wertpapierbestand zu mindestens 60 % Aktien und stille Beteiligungen),
- Anteilscheine an Beteiligungssondervermögen inländischer Kapitalgesellschaften (Bestand an Wertpapieren und stillen Beteiligungen muss mindestens 60 % Aktien und stille Beteiligungen enthalten),
- Genussscheine, die vom Arbeitgeber ausgegeben werden und zum Börsenhandel bzw. zum Handel im Inland zugelassen sind,
- Genossenschaftsguthaben an inländischen Kreditgenossenschaften (z.B. Volksbanken),
- GmbH-Anteile am Unternehmen des Arbeitgebers,
- stille Beteiligungen am Unternehmen des inländischen Arbeitgebers oder an einem inländischen am arbeitgebenden Unternehmen durch Vertrag gesellschaftsrechtlich beherrschend beteiligten Unternehmen,
- Anteilscheine an speziellen Mitarbeiterbeteiligungs-Investmentfonds, bei denen mindestens 60 % des Kapitals wieder in die Unternehmen investiert werden, die ihren Mitarbeitern entsprechende Fondsanteile als Mitarbeiterbeteiligung überlassen,
- eine Darlehensforderung gegen den in- oder ausländischen Arbeitgeber.

Für Anlagen zur Förderung des Wohnungsbaus beträgt die Förderung lediglich 9 %. Begünstigt sind zwar Einzahlungen von jährlich bis 470 €, aber es gilt eine geringere Einkommensgrenze von lediglich 17.900 €/35.800 € (Ledige/Verheiratete). Zu den insoweit Begünstigten Anlagen gehören Zahlungen in

- Bausparverträge und
- Verträge nach dem WoPG und zum Wohnungsbau.

Unter Anlage zum Wohnungsbau ist zu verstehen: Erwerb oder Entschuldung von Wohnungseigentum, Bezahlung von Handwerkerrechnungen für Wohnungsbauarbeiten. Das gilt auch für Ferien- und Wochenendwohnungen!

TRICK

Arbeitnehmersparzulage gleich zweimal kassieren!

Die Arbeitnehmersparzulage können Sie parallel für beide Anlageformen kassieren. Wenn Sie also z.B. im laufenden Jahr 400 € in einen Wertpapiersparvertrag und weitere 470 € in einen Bausparvertrag einzahlen, bekommen Sie 80 € Sparzulage für den einen und 42,30 € für den anderen Vertrag. Insgesamt beträgt die Förderung also 122,30 €. Das ist ein lukrativer staatlicher Bonus, den Sie sich auf keinen Fall entgehen lassen sollten.

Ein kleiner Pferdefuß ist allerdings die Einkommensgrenze. Wenn Sie wirklich von beiden Anlageformen profitieren wollen, darf Ihr zu versteuerndes Einkommen höchstens 17.900 €/35.800 € (Ledige/Verheiratete) betragen.

Ähnlich wie in anderen steuerlichen Bereichen (Krankenversicherungsbeiträge, Renten etc.) übermittelt das Anlageinstitut (Bank, Bausparkasse, Fondsgesellschaft), bei dem Sie Ihren Vertrag über die Anlage vermögenswirksamer Leitungen abgeschlossen haben, die entsprechenden Daten zu Ihren Einzahlungen elektronisch an das Finanzamt, und zwar zum 28.2. des auf die Einzahlungen folgenden Jahres (BMF v. 16.12.2016 – BStBl 2016 I S. 1435). Deshalb müssen Sie Ihrem Anlageinstitut

1. **Ihre steuerliche Identifikationsnummer mitteilen und**
2. **Ihre Zustimmung zur elektronischen Übermittlung der Daten erteilen.**

TIPP

Automatisiertes Verfahren ist gut – Kontrolle ist besser!

Sie müssen sich um keine Anlage VL oder sonstige Belege mehr kümmern, le- 9
diglich in > Zeile 42 des Hauptvordrucks der Steuererklärung eine »1« eintragen. Alles andere läuft dann automatisch.

Trotzdem werfen Sie natürlich einen kurzen Blick in Ihren Steuerbescheid und kontrollieren, ob dem Fiskus kein Fehler unterlaufen ist und die Arbeitnehmersparzulage tatsächlich festgesetzt wurde.

10 **Bausparen**

Die Vorteile gegenüber anderen Sparformen liegen auf der Hand: Zum einen gibt es für Bausparbeiträge, die nach dem Vermögensbildungsgesetz eingezahlt werden, eine Arbeitnehmersparzulage. Zum anderen fördert der Staat diese Anlageform mit der Wohnungsbauprämie. Sie beträgt grundsätzlich 8,8 % von max. 512 €/1.024 € Sparbeiträgen (Alleinstehende/Verheiratete). Anspruch hat allerdings nur, wessen Einkommen unter 25.600 €/51.200 € (Alleinstehende/ Verheiratete) liegt.

Einschränkungen für Bausparverträge

Mit dem Eigenheimrentengesetz (»Wohn-Riester«) wurde dem Bausparvertrag als reine Geldanlagemöglichkeit weitgehend der Garaus gemacht. Für Bausparverträge, die nach dem 31.12.2008 abgeschlossen wurden (Neuvertrag) oder bei denen die erste Sparrate erst nach dem 31.12.2008 floss, gibt es eine Bausparprämie nur noch, wenn entweder der Bausparer selbst oder derjenige, an den er den Vertrag abtritt, die Mittel aus dem Vertrag unmittelbar für Wohnungsbauzwecke einsetzt. Ansonsten muss die Bausparprämie zurückgezahlt werden. Fließen vermögenswirksame Leistungen in den Bausparvertrag, bleibt die Arbeitnehmersparzulage erhalten.

TIPP

»Welpenschutz« für junge Bausparer!

Für Bausparer, die bei Vertragsabschluss das 25. Lebensjahr noch nicht vollendet haben, gilt, dass nach Ablauf der Sperrfrist von sieben Jahren über das Bausparguthaben frei verfügt werden kann. Dies kann jedoch nur einmalig für einen Vertrag in Anspruch genommen werden. Die Wohnungsbauprämie gibt es dann für Einzahlungen der letzten sieben Sparjahre bis zur Verfügung über das vorhandene Sparkapital.

Zu Ausnahmen bei vorzeitiger Verfügung wegen sozialer Härtefälle siehe ➤ Rz 14.

11 **Achtung! Fangeisen: Abschlussgebühren für Bausparvertrag**

Abschlussgebühren können Sie als Werbungskosten bei den Einkünften aus Vermietung und Verpachtung absetzen, wenn der Bausparvertrag in engem zeitlichem und wirtschaftlichem Zusammenhang mit einem Bauvorhaben steht, aus dem Sie Mieteinkünfte erzielen wollen (BFH-Urt. v. 24.7.1990 – BStBl 1990 II S. 975) oder wenn Sie mit dem Bausparvertrag die Hypothek ablösen wollen (BFH-Urt. v. 1.10.2002 – BStBl 2003 II S. 398).

Prämientabelle

Personenkreis	Begünstigte Spar leistung je Kalenderjahr max.	Wohnungsbauprämie		Vermögenswirksames Sparen			Staatlich geförderte Gesamtsparleistung	Wohnungsbauprämie + Arbeitnehmersparzulage
				Zusätzliche Sparleistung	Sparzulage			
Alleinstehende	512 €	8,8 %	45,05 €	470 €	9 %	42,30 €	982 €	87,35 €
Verheiratete, Lebenspartner* (1 AN)	1.024 €	8,8 %	90,10 €	470 €	9 %	42,30 €	1.494 €	132,40 €
Verheiratete, Lebenspartner* (2 AN)	1.024 €	8,8 %	90,10 €	940 €	9 %	84,60 €	1.964 €	174,70 €

* Die Ehe/Lebenspartnerschaft muss zumindest während eines Teils des Kalenderjahres, für das Wohnungsbauprämie beansprucht wird, bestanden haben, und die Ehegatten/Partner dürfen nicht während des gesamten Kalenderjahres dauernd getrennt gelebt haben. Zu den Einkommensgrenzen siehe ➤ Rz 12.

Einkommensgrenzen 12

Sie sollten wissen, bis zu welchem Bruttoarbeitslohn Ihnen auf jeden Fall die Bauspar- bzw. Wohnungsbauprämie zusteht, wenn keine anderen Einkünfte hinzukommen.

Übersicht zu Einkommensgrenzen 2021 **(Bausparprämie)**		
	Alleinstehende	Verheiratete*
Einkommensgrenze	25.600 €	51.200 €
+ Arbeitnehmerpauschbetrag	1.000 €	2.000 €
+ Sonderausgabenpauschbetrag	36 €	72 €
+ Vorsorgeaufwendungen	5.567 €	12.887 €
+ Kinderfreibeträge	–	8.388 €
Bruttoarbeitslohn (Grenze)	32.203 €	74.547 €

* beide Ehegatten/Lebenspartner beziehen Arbeitslohn, 1 Kind, Zusatzbeitrag Krankenversicherung 1,3 %.

Wollen Sie neben der Bausparprämie für Ihren Bausparvertrag auch noch von der Arbeitnehmersparzulage profitieren, liegen die Einkommensgrenzen deutlich niedriger.

Übersicht zu Einkommensgrenzen 2021 **(Bausparprämie + Arbeitnehmersparzulage)**		
	Alleinstehende	Verheiratete*
Einkommensgrenze	17.900 €	35.800 €
+ Arbeitnehmerpauschbetrag	1.000 €	2.000 €
+ Sonderausgabenpauschbetrag	36 €	72 €

+ Vorsorgeaufwendungen	3.958 €	9.668 €
+ Kinderfreibeträge	–	8.388 €
Bruttoarbeitslohn (Grenze)	22.894 €	55.928 €

* beide Ehegatten/Lebenspartner beziehen Arbeitslohn, 1 Kind, Zusatzbeitrag Krankenversicherung 1,3 %.

Werden Verluste aus anderen Quellen, z.B. vermieteten Immobilien, höhere Werbungskosten, Sonderausgaben oder außergewöhnliche Belastungen geltend gemacht, erhöht sich die Bruttoarbeitslohngrenze natürlich um diese Mehrbeträge. Auch Kinder erhöhen die Bruttoarbeitslohngrenzen.

GUTER RAT

13 Sie können innerhalb der Sperrfrist mit den Mitteln aus Ihrem Bausparvertrag auch Einbaumöbel kaufen, ohne auf Prämien oder Steuervorteile verzichten zu müssen. Denn da Einbaumöbel zum wesentlichen Bestandteil eines Hauses gehören, wird das Bauspargeld »wohnungswirtschaftlich« eingesetzt. Will das Finanzamt nicht mitmachen, verweisen Sie es auf das BFH-Urteil vom 29.10.1976 (BStBl 1977 II S.152).

Auch der Mieter kann für eine Renovierung seiner Mietwohnung ein Bauspardarlehen prämienbegünstigt einsetzen (§ 2 Abs. 2 S. 8 WoPG). Die Beiträge müssen auf sieben Jahre festgelegt werden, wenn die Prämie erhalten bleiben soll. Bei vorzeitiger Kündigung des Vertrags (vielleicht infolge Geldmangels) muss man gutgeschriebene Prämien natürlich zurückzahlen.

14 Für prämienbegünstigte Verträge gilt: Wird vor Ablauf der Sperrfrist von sieben Jahren die Bausparsumme ausgezahlt, abgetreten oder beliehen, handelt es sich um eine sog. ***schädliche Rückzahlung***, und die Wohnungsbauprämie muss zurückgezahlt werden.

Ausnahmen gelten in folgenden Fällen:

- Die empfangenen Beträge fließen komplett in den Bau oder Erwerb eines ausschließlich Wohnzwecken dienenden Gebäudes bzw. bei einem gemischtgenutzten Bau in den Teil, der Wohnzwecken dient (BFH-Urt. v. 27.11.1964 – BStBl 1965 III S.214).
- Der Bausparer oder sein Ehegatte verstirbt oder wird völlig erwerbsunfähig. Stirbt der Prämiensparer, können die Erben den Vertrag fortsetzen.
- Der Bausparer ist seit mindestens einem Jahr ununterbrochen arbeitslos.

TRICK

Sichern Sie sich die hohen Guthabenzinsen auf Ihren alten Bausparvertrag!

Lassen Sie sich von Ihrer Bausparkasse nicht aufs Glatteis führen! Ältere Bausparverträge haben zum Teil noch grandios gute Habenzinsen, die weit über den Minizinsen liegen, die der Geldmarkt heute anbietet. Natürlich ist das den Bausparkassen ein Dorn im Auge, und sie versuchen daher mit allen Mitteln, Ihren Vertrag einzukassieren. Lassen Sie sich nicht auf irgendwelche fadenscheinigen Angebote ein.
Schlechte Karten haben Sie allerdings inzwischen, wenn Ihr Bausparvertrag schon lange zuteilungsreif war. In diesen Fällen hat sich der Bundesgerichtshof leider auf die Seite der Bausparkassen geschlagen. Diese dürfen nunmehr auch noch nicht voll angesparte Altverträge – allerdings frühestens zehn Jahre nach Zuteilungsreife – kündigen (BGH-Urteile v. 21.2.2017, Az. XI ZR 185/16 und XI ZR 272/16). Zögern Sie also die Zuteilungsreife Ihres gut verzinsten Bausparvertrags möglichst lange hinaus. Stoppen Sie im Zweifel die Zahlungen auf den Bausparvertrag und denken Sie dabei auch daran, dass weiterhin Zinsen gutgeschrieben werden, die Ihr Guthaben weiter erhöhen.
Wenn es schon zur Kündigung gekommen ist, können Sie sich an Ihre Verbraucherzentrale wenden und sich beraten lassen, ob die Kündigung rechtmäßig war.

Achtung! Für die Berechnung der Bausparprämie können nur die Bausparkas- 15
senbeiträge berücksichtigt werden, die bis zur vollen oder teilweisen Erlangung (Auszahlung) des Bauspardarlehens entrichtet werden. Dazu gehören nicht nur die vertraglich bestimmten Beiträge, sondern auch darüber hinaus geleistete freiwillige Beiträge, die auf das Bausparguthaben gutgeschriebenen Zinsen, die man zur Beitragszahlung verwendet, sowie die beim Abschluss eines Bausparvertrags anfallenden Abschlussgebühren (Umschreibegebühren).

TRICK

Finanzierungsmöglichkeiten, an die kaum jemand denkt

S **Wie, Sie können die Wohnungsbauprämie nicht bekommen, weil Ihr Ein-** 16
kommen zu hoch ist? Dann lassen Sie doch Ihren Vater oder eines Ihrer Kinder den Vertrag schließen! Das spätere Baudarlehen können sie Ihnen dann für den Bau oder die Renovierung von Wohnraum abtreten.

Denn: Bei einer Abtretung von Bausparvertragsansprüchen ist im Fall der Auszahlung der Bausparsumme innerhalb der Sperrfrist die Nachversteuerung auszusetzen, wenn der Erstsparer (Vater, Kind) eine Erklärung des Eingetretenen (Sie selbst) beibringt, dass dieser die Bausparsumme unverzüglich und unmittelbar zum Wohnungsbau für sich oder Angehörige verwendet (Nachweis: § 2 Abs. 2 WoPG).

SUPER TRICK

Treten Sie Ihren Bausparvertrag an einen nahen Verwandten ab!

S Bauspargelder können also unter nahen Verwandten weitergegeben werden, ohne dass Prämien- oder Steuervorteile verlorengehen. So kann man Bausparmittel, die man bei Auszahlung der Bausparsumme, bei Rückzahlung der Bausparverträge oder bei Beleihung oder Abtretung von Bausparvertragsansprüchen vor Ablauf der Sperrfrist (sieben Jahre) erhält, Angehörigen überlassen. Voraussetzung ist lediglich, dass die Gelder für Ihre wohnwirtschaftlichen Zwecke oder die Ihrer Angehörigen (§ 15 AO) verwendet werden, auch nach Ablauf der Sperrfrist. Sparen Verwandte mit, indem sie ebenfalls Bausparverträge abschließen, bekommt grundsätzlich jeder von ihnen die Bausparprämie. Indem sie später die Ansprüche aus ihren Verträgen an Sie abtreten, lässt sich so ein mehrfacher Prämienbezug bei nur einem einzigen Bauvorhaben erreichen.

17 Verwandte sind:

- Verwandte in gerader Linie (Kinder, Eltern, Großeltern) sowie zweiten und dritten Grades in der Seitenlinie (Geschwister, Onkel, Tanten, Nichten, Neffen),
- Verschwägerte in gerader Linie (z.B. Schwiegersöhne) und Verschwägerte zweiten Grades in der Seitenlinie (z.B. Ehemann der Schwester),
- Verlobte,
- durch Annahme an Kindes statt in gerader Linie Verbundene (Adoptivkinder und -eltern), Pflegeeltern und Pflegekinder,
- der Ehegatte, auch wenn die Ehe nicht mehr besteht.

Achtung! Ehegatten bilden zusammen mit ihren unter 16 Jahre alten Kindern eine Höchstbetragsgemeinschaft. Alle Sparleistungen der Familienmitglieder werden zusammengerechnet.
Für die Übertragung von Bauspargeldern auf andere Konten nach Zuteilung des Vertrags benötigen die Bausparkassen in der Regel folgende Unterlagen:

1. eine Willenserklärung des Bausparers, dass ein Sparguthaben aus dem zugeteilten bzw. beliehenen Vertrag an einen Verwandten überwiesen werden soll,
2. einen Darlehensantrag, wenn der Verwandte auch das Bauspardarlehen in Anspruch nehmen möchte und nicht nur die Ansparsumme,
3. vom Verwandten den Nachweis über die eigene wohnwirtschaftliche Verwendung.

In folgenden Fällen ist eine formelle Vertragsübertragung erforderlich:
- Der Bausparer, also der helfende Verwandte, will eine Mithaftung für weitergehende Bauspardarlehen ausschließen.
- Der begünstigte Verwandte, also der Bauherr, will die Schuldzinsen als Werbungskosten geltend machen.

Anmerkung: Sie brauchen jedes Jahr die neueste Ausgabe dieses Steuerratgebers. Manchmal ist es nur ein einziger neuer oder geänderter Trick, der Ihnen wieder einen großen Steuervorteil bringt.

Das Eigenheimrentengesetz – Wohn-Riester 18

Um nach Wegfall der Eigenheimzulage die Schaffung selbstgenutzten Wohneigentums weiterhin zu fördern, wurde mit dem »Eigenheimrentengesetz« die Riester-Förderung (vgl. ➤ Rz 185 ff.) auf den Kauf oder den Bau einer Wohnung oder eines Hauses ausgedehnt. Gleichzeitig wurden vor allem Bausparverträge in die Riester-Förderung mit einbezogen.
Wie bei der Eigenheimzulage ist bei der Wohn-Riester-Förderung Voraussetzung, dass die geförderte Immobilie **ausschließlich selbst bewohnt** wird.

Begünstigte Investitionen
- Kauf oder Bau einer Wohnung bzw. eines Einfamilienhauses,
- Erwerb von Genossenschaftsanteilen an Wohnungsgenossenschaften, wenn später eine Wohnung dieser Genossenschaft bezogen wird,
- Erwerb von Dauerwohnrechten, etwa in einem Seniorenheim,
- Tilgung von Darlehen, die für die Finanzierung einer selbstgenutzten Wohnimmobilie eingesetzt werden.

TIPP

Förderung gibt es nur für den Hauptwohnsitz!

Die geförderte Immobilie muss Ihr Hauptwohnsitz sein. Damit sind Ferien- und Wochenendhäuser von der Wohn-Riester-Förderung ausgeschlossen. Zudem

wird nur der Bau, der Erwerb oder die Entschuldung einer Immobilie gefördert, nicht jedoch Reparaturen oder Instandhaltungsarbeiten.
Da kommt dann wieder der gute alte Bausparvertrag ins Spiel. Förderfähig sind demnach

- Bausparverträge, aber auch andere Sparverträge, wenn diese eine Darlehensoption beinhalten. Zuerst werden also eigene (Bau-)Sparbeiträge angesammelt und als Altersvorsorgebeiträge mit Riester-Zulage bzw. Sonderausgabenabzug gefördert. Nach der Ansparphase können Sie die geförderten Eigenmittel für eine begünstigte Investition verwenden. Zusätzlich ist eine Darlehensaufnahme möglich, bei der die entsprechenden Tilgungsleistungen auf das Darlehen weiter gefördert werden.
- Zertifizierte reine Darlehensverträge; hier nehmen Sie ohne vorherige Ansparung von Eigenmitteln ein Darlehen zum Erwerb der selbstgenutzten Immobilie auf. Die Riester-Förderung erhalten Sie dann für die Tilgungsleistungen auf das Darlehen.
- Vorfinanzierungsdarlehen; ein zertifizierungsfähiges Vorfinanzierungsdarlehen besteht aus einem tilgungsfreien Darlehen in Kombination mit einem Sparvertrag, bei dem bei Vertragsabschluss unwiderruflich vereinbart wird, dass das Sparkapital zur Darlehenstilgung eingesetzt wird.

Die Riester-Zulagen werden dem Darlehensvertrag gutgeschrieben und dienen unmittelbar und zu 100 % der Darlehenstilgung. Die vollständige Darlehenstilgung muss allerdings bis zum 68. Lebensjahr erfolgen.

WICHTIGER HINWEIS

Bei allen Varianten, bei denen die Darlehenstilgung aus Riester-geförderten Verträgen erfolgen soll, ist Voraussetzung, dass Sie persönlich oder Ihr Ehegatte zum durch Riester begünstigten Personenkreis gehören.

19 **Wer kann »wohn-riestern«?**

Die Wohn-Riester-Förderung können Sie in Anspruch nehmen, wenn Sie in Deutschland wohnen oder hier zumindest Ihren gewöhnlichen Aufenthalt haben und zu folgendem Personenkreis gehören:

- Pflichtversicherte in der gesetzlichen Rentenversicherung,
- Pflichtversicherte in der Alterssicherung der Landwirte,
- Beamte und Empfänger von Amtsbezügen,
- Arbeitssuchende ohne Leistungsbezug wegen mangelnder Bedürftigkeit,
- Kindererziehende während der rentenrechtlich zu berücksichtigenden Zeiten,
- Bezieher von Erwerbsminderungs- oder Erwerbsunfähigkeitsrenten,
- Pensionäre, die eine Versorgung wegen Dienstunfähigkeit erhalten.

TRICK

Auch als Selbständiger können Sie von der Wohn-Riester-Förderung profitieren!

S Wie Sie sehen, sind Sie als Selbständiger von den Möglichkeiten der Wohn-Riester-Förderung ausgeschlossen. Mit einem einfachen Kniff lässt sich dieses Problem umgehen: Mit einem Ehegattenarbeitsverhältnis schaffen Sie sich eine mittelbare Vergünstigung – und profitieren gleichzeitig davon, dass durch den Arbeitslohn und die Abgaben aus dem Arbeitsverhältnis Betriebsausgaben für Sie anfallen. Wichtig ist hier allerdings, dass der Arbeitslohn des Ehegatten sozialversicherungspflichtig ist, also über einen Minijob hinausgeht. Die Abgaben an die Sozialversicherung werden zum großen Teil schon dadurch kompensiert, dass sich aus den Rentenbeiträgen später ein Rentenversicherungsanspruch für den Ehegatten ergibt und dieser zudem nun für kleines Geld in der gesetzlichen Krankenversicherung versichert ist.

Als zusätzliches Bonbon gibt es darüber hinaus nun wie gesagt auch für Sie die Riester-Förderung, was sich vor allem dann lohnt, wenn Sie Kinder haben.

Wie hoch ist die Förderung? 20

Für entsprechende Beiträge, z.B. Bausparbeiträge, bestehen pro Jahr folgende Ansprüche auf Riester-Zulage:

- für jeden rentenversicherungspflichtigen Erwachsenen **175 €**,
- für jedes Kind, für das Sie Kindergeld bekommen und das vor 2008 geboren ist, **185 €**,
- für jedes Kind, für das Sie Kindergeld bekommen und das ab 2008 geboren wurde, sogar **300 €** jährlich;
- einmaliger Berufseinsteigerbonus von **200 €** im ersten Jahr für Sparer, die bei Vertragsabschluss noch keine 25 Jahre alt waren.

Alternativ können Beiträge bis zu **2.100 €** (wenn ein Ehegatte mittelbar begünstigt ist **2.160 €**) auch als Sonderausgaben abgezogen werden. Auf die sich daraus ergebende Einkommensteuerersparnis wird allerdings der Anspruch auf Zulagen angerechnet.

Diese Anrechnung erfolgt auch, wenn Sie gar keinen Antrag auf Zulage gestellt haben. Sie müssen also unbedingt zweigleisig fahren und sowohl einen Antrag auf Riester-Zulage stellen als auch die Steuerermäßigung im Rahmen Ihrer Einkommensteuererklärung beantragen.

21 Das Problem der nachgelagerten Besteuerung

Wie normale Riester-Verträge folgt auch »Wohn-Riester« dem Prinzip der Förderung von Ansparleistungen und der späteren nachgelagerten Besteuerung. Nur wird bei Wohn-Riester im Alter nicht eine tatsächlich gezahlte Rente besteuert, sondern im Prinzip die durch die frühere Förderung eingesparten Kosten für das Wohnen im Alter. Das in die Finanzierung der selbstgenutzten Immobilie eingeflossene steuerlich geförderte Altersvorsorgekapital wird dazu in einem speziellen Verrechnungsposten – dem sog. *Wohnförderkonto* – erfasst. Auf diesem *Wohnförderkonto* werden die durch Zulagen oder Sonderausgabenabzug geförderten Beiträge, die Zulagen selbst und die eventuellen darüber hinausgehenden Steuervorteile durch den Sonderausgabenabzug aufgezeichnet. Zusätzlich wird dieses Konto pro Jahr um eine fiktive Verzinsung von 2 % erhöht.
Dieser fiktive Betrag wird ab einem im Wohn-Riester-Vertrag vereinbarten Zeitpunkt – zwischen Vollendung des 60. und spätestens des 68. Lebensjahres – in monatlichen Raten als fiktives Einkommen angerechnet.
Bis dahin ist das Kapital gebunden. Wird es vor Erwerb einer Immobilie für nicht geförderte Zwecke entnommen, müssen alle Zulagen und Steuervorteile zurückgezahlt werden. Das eingezahlte Kapital und die bis dahin tatsächlich erwirtschafteten Zinsen können allerdings beliebig verwendet werden. Wird dagegen eine gefördert erworbene Immobilie z.B. durch Verkauf, Vermietung oder aus anderen Gründen aufgegeben, wird der Betrag des Wohnförderkontos sofort und in voller Höhe als Einkommen besteuert.

TIPP

Sie können die Versteuerung vermeiden!

Eine Rückzahlung der Zulagen und Steuervorteile bzw. eine vorzeitige Versteuerung des *Wohnförderkontos* lässt sich allerdings vermeiden. Sie haben dazu folgende Möglichkeiten:

- Bei einem Verkauf der Immobilie zahlen Sie einen Betrag in Höhe des Wohnförderkontostandes in einen anderen Riester-zertifizierten Altersvorsorgevertrag ein (z.B. Riester-Rentenversicherung) oder reinvestieren ihn innerhalb von vier Jahren in eine andere förderfähige Wohnung.
- Bei einer Vermietung der Immobilie wegen beruflich bedingten Umzugs schließen Sie einen befristeten Mietvertrag ab und erklären darin, dass Sie die Wohnung später – spätestens bei Vollendung des 67. Lebensjahres – wieder selbst nutzen wollen.
- Wird die Selbstnutzung infolge einer Ehescheidung beendet, ist dies unschädlich, wenn die eheliche Wohnung aufgrund richterlicher Entscheidung dem Ehegatten des Riester-Sparers zugewiesen wird.

- Verstirbt der Wohn-Riester-Sparer, führt dies nicht zu einer schädlichen Beendigung der Selbstnutzung, wenn die Wohnung vom Ehepartner weiter selbst genutzt wird.

Besteuerung nach Eintritt in den Ruhestand
Für die Besteuerung können Sie zwischen zwei Alternativen wählen.

1. Verrentung
Der Betrag aus dem Wohnförderkonto wird gleichmäßig auf den Zeitraum zwischen dem vertragsgemäßen Besteuerungsbeginn und der Vollendung des 85. Lebensjahres aufgeteilt, also auf 18 bis max. 25 Jahre. In jedem Jahr wird dann ein entsprechender Teilbetrag vom Wohnförderkonto abgezogen und als sonstige Einkünfte im Rahmen der Einkommensteuerveranlagung versteuert. Ob sich daraus eine Steuer ergibt und wie hoch diese letztlich ist, hängt vom individuellen Steuersatz im Ruhestand ab.

Beispiel
Auf Ihrem Wohnförderkonto ist ein Betrag von 72.000 € erfasst. Sie gehen mit 67 Jahren in Rente, bis zur Vollendung Ihres 85. Lebensjahres vergehen also 18 Jahre. Der jährlich zu versteuernde Betrag beläuft sich demnach auf 72.000 € ÷ 18 Jahre = **3.000 €.**

2. Sofortversteuerung
In diesem Fall werden bei Eintritt in den Ruhestand 70 % des auf dem Wohnförderkonto erfassten Betrags auf einen Schlag als »sonstige Einkünfte« mit dem persönlichen Steuersatz ohne weitere Steuerermäßigung besteuert. Die restlichen 30 % bleiben unversteuert.

Beispiel
Auf Ihrem Wohnförderkonto ist ein Betrag von 72.000 € erfasst. Sie gehen mit 67 Jahren in Rente und wählen die Sofortversteuerung. Im Jahr des Rentenbeginns müssen demnach 72.000 € × 70 % **= 50.400 €** versteuert werden.

Auch nach Beginn der Besteuerung – ob nun als Verrentung oder als Sofortversteuerung – bleibt die Nutzungsbindung der Immobilie erhalten. Wird die Immobilie in der »Auszahlungsphase«, zu dessen Beginn die Sofortversteuerung gewählt wurde, verkauft oder vermietet, muss bis zum zehnten Jahr nach Beginn der Auszahlungsphase das Doppelte der noch nicht besteuerten 30 % des Wohnförderkontos versteuert werden und vom elften bis zum 20. Jahr das Einfache dieses Betrags.

Wird die geförderte Immobilie in der Versteuerungsphase veräußert, bevor der Betrag lt. *Wohnförderkonto* vollständig versteuert ist, muss der Restbetrag grundsätzlich voll versteuert werden. Dies lässt sich allerdings z.B. dadurch vermeiden, dass Sie einen entsprechenden Betrag in eine andere selbstgenutzte

Immobilie investieren, etwa Ihr selbstgenutztes Haus verkaufen und mit dem Erlös einen Platz in einem Seniorenwohnheim erwerben.

Tod des Anspruchsberechtigten
Verstirbt der Wohn-Riester-Berechtigte, kann grundsätzlich sein Ehegatte die Wohnung unschädlich weiter nutzen. Der Ehepartner muss dann allerdings auch die Versteuerung fortführen.
In allen anderen Fällen gilt der Restbetrag des *Wohnförderkontos* mit dem Tod als schädlich verwendet. Die Erben müssen diesen Betrag in der letzten Einkommensteuererklärung für den Verstorbenen in voller Höhe nachgelagert versteuern.

Das Steuersystem der Bundesrepublik hat den Charakter gesetzlichen Unfugs.
(Wirtschaftsprofessor Spitaler)

II. Lohn/Gehalt – steuerfrei oder steuerpflichtig!?

1. Wie vermeide ich steuerpflichtigen Lohn?

Dies ist die wichtigste Frage für den Nichtselbständigen, wenn er Steuern sparen will.

Als Arbeitnehmer zahlen Sie auf Ihren Arbeitslohn oder Ihr Gehalt genauso **22**
Einkommensteuer wie Selbständige auf die Einkünfte aus ihrem Betrieb oder ihrer Praxis. Und wer seinen Lebensunterhalt aus der Vermietung von Immobilien erzielt oder schlicht nur sein Geld für sich arbeiten lässt und von den Erträgen und Zinsen seines Kapitals lebt, zahlt ebenfalls.
Zwar legt die Bezeichnung Lohnsteuer den Schluss nahe, diese sei eine eigene Steuerart, doch wird mit »Lohnsteuer« lediglich die besondere Besteuerungsform umschrieben, mit der der Fiskus Sie als Arbeitnehmer schon im Lauf des Jahres bei jeder Lohn- und Gehaltszahlung zur Kasse bittet. Die Lohnsteuer ist letztlich nichts anderes als eine besondere Erhebungsform der Einkommensteuer. Man könnte sie auch als Quellensteuer für Lohneinkünfte bezeichnen, da sie bereits an der »Quelle«, vom Arbeitgeber, einbehalten und an das Finanzamt für Ihre Rechnung gezahlt wird. Sie zahlen mit Ihrer Lohnsteuer also laufend Abschläge auf Ihre Einkommensteuer. Wenn die dann bei der Gesamtabrechnung nach Ablauf des Jahres aufgrund Ihrer Einkommensteuererklärung niedriger ausfällt als die Lohnsteuer, bekommen Sie den zu viel gezahlten Betrag erstattet.
Der Fiskus macht also Ihren Brötchengeber zum Gehilfen beim Kassieren Ihrer Steuern. Ihr Arbeitgeber berechnet nach festgelegten Formeln die auf Ihren Lohn entfallende Lohnsteuer. Damit Ihre wichtigsten persönlichen Verhältnisse und Besonderheiten in die Besteuerung einfließen können, benötigt er Ihre Lohnsteuerabzugsmerkmale, die er aus einer zentralen Datenbank abruft: Ihre Steuerklasse, die Zahl Ihrer Kinderfreibeträge, Ihre Konfession und eventuelle Freibeträge für erhöhte Werbungskosten, Sonderausgaben oder außergewöhnliche Belastungen, die schon während des Jahres für eine gewisse Steuerentlastung sorgen.
Abgesehen davon gibt es viele große und kleine Kniffe, wie Sie Teile Ihrer Vergütungen aus dem Arbeitsverhältnis steuerfrei kassieren oder die Steuerbelastung auf Ihren Lohn zumindest drücken können.

Übungsleiterfreibetrag **23**
Vielleicht sind Sie nebenberuflich in einem gemeinnützigen Verein oder bei einer öffentlich-rechtlichen Institution als Übungsleiter, Ausbilder, Erzieher,

Kranken- oder Altenpfleger, Musiker, Trainer oder in der Jugendbetreuung tätig. Dann veranlassen Sie, dass von der Vergütung, die Sie dafür erhalten, ein Teil als *Aufwandsentschädigung* steuer- und sozialabgabenfrei bleibt. Endlich hatte der Fiskus ein Einsehen und hat den Freibetrag, bis zu dem Ihre Vergütung steuerfrei bleiben kann, ab 2021 von bisher 2.400 € auf 3.000 € angehoben (Quelle: § 3 Nr. 26 EStG). Sagen Sie im Lohnbüro einfach, Sie seien nebenberuflich tätig. Wenn Sie weniger als 3.000 € im Jahr erhalten, kann natürlich nur der geringere Betrag steuerfrei bleiben.

24 *Steuerermäßigung für ehrenamtlich Tätige, die nicht unter den Übungsleiterfreibetrag fallen*

Das Problem beim Übungsleiterfreibetrag ist, dass Sie ausbildend, erziehend oder im Rahmen der Pflege tätig sein müssen, um von der Steuerfreiheit profitieren zu können. Hier bringt § 3 Nr. 26a EStG Abhilfe. Wenn Sie für einen gemeinnützigen Verein oder eine Körperschaft öffentlichen Rechts nebenberuflich tätig sind, ohne dass die Voraussetzungen gemäß ➤ Rz 23 gegeben sind, können zumindest Ihre Vergütungen und Aufwandsentschädigungen bis zu 840 € im Jahr steuerfrei bleiben. Auch hier hat der Fiskus also nachjustiert, denn bislang blieben nur 720 € steuerfrei.

Unter die 840-€-Steuerermäßigung fallen – die Zahlung einer entsprechenden Vergütung vorausgesetzt – z. B.

- Vereinsvorstände,
- Kassierer,
- Platz-, Zeugwarte,
- Schreibkräfte in der Geschäftsstelle,
- Reinigungskräfte,
- Fahrer.

Außer dass Sie gemeinnützige, mildtätige oder kirchliche Arbeit leisten müssen, ist die Steuerfreiheit nur noch davon abhängig, dass Sie nebenberuflich und nicht hauptberuflich für die jeweilige Organisation tätig sind. Das heißt nichts anderes, als dass Sie nicht mehr als **ein Drittel** der Stunden einer Vollzeitarbeitskraft leisten dürfen (BFH v. 30.3.1990 – BStBl 1990 II S. 854). Bei der Ermittlung der 1/3-Grenze können tarifvertraglich bedingte Unterschiede bei der Arbeitszeit aus Vereinfachungsgründen unberücksichtigt bleiben. Die 1/3-Grenze gilt als erfüllt, wenn die Arbeitszeit nicht mehr als 14 Wochenstunden beträgt (OFD Frankfurt/M. v. 22.3.2018 – S 2245 A – 2 – St 213).

Nicht von der Steuerermäßigung erfasst werden Personen, die in sog. wirtschaftlichen Geschäftsbetrieben von gemeinnützigen Organisationen arbeiten. So kann etwa die Bedienung im Vereinslokal die Steuerbefreiung ebenso wenig beanspruchen wie etwa derjenige, der dem Verein Werbekunden beschafft und diese betreut.

Der Steuerfreibetrag von 840 € ist ein Jahresbetrag. Er steht Ihnen deshalb auch dann in voller Höhe zu, wenn Sie nicht das ganze Jahr, sondern nur einige Monate gemeinnützig tätig waren. Haben Sie z. B. am 1.11.2021 eine gemeinnützige Tätigkeit aufgenommen und erhalten dafür jeden Monat eine Aufwandsentschädigung von 450 €, bleiben von den im Jahr 2021 gezahlten 900 € volle 840 € steuerfrei.

TRICK

Aufwandsentschädigung kassieren und zurückspenden!

Wenn Sie als Vorstand oder Kassierer Ihres Vereins jährlich eine Aufwandsent- 25
schädigung von 840 € kassieren, bleibt diese Zahlung für Sie also steuerfrei. Selbstverständlich ist es schön, einen kleinen Obolus für die Mühen zu erhalten, die Sie im Dienst Ihres Vereins auf sich nehmen. Andererseits ist Ihr Verein finanziell vielleicht nicht gerade auf Rosen gebettet und könnte dieses Geld anderweitig sinnvoll einsetzen.

Wer sagt denn eigentlich, dass Sie die Aufwandsentschädigung nicht einfach als Spende an den Verein zurückzahlen können? Der Vorteil für alle liegt auf der Hand.

- Der Verein ist unter dem Strich durch die Aufwandsentschädigung nicht belastet, da er sie von Ihnen als Spende zurückbekommt.
- Die Einnahmen aus der Aufwandsentschädigung belasten Sie finanziell nicht, da sie ja steuerfrei sind.
- Die an den Verein geleistete Spende von z. B. 840 € können Sie von der Steuer absetzen und sparen so je nach Einkommen und Steuersatz zwischen 100 € und 370 €.

WICHTIGER HINWEIS

Die Vergütungen an den Vorstand müssen unbedingt in der Vereinssatzung geregelt sein, ansonsten droht die Aberkennung der Gemeinnützigkeit durch das Finanzamt.

Nach § 27 Abs. 3 BGB sind die Vorstandsmitglieder von Vereinen vom Grunde her unentgeltlich tätig. Sie können allerdings die tatsächlich entstandenen Aufwendungen ersetzt bekommen. Fährt der Vereinsvorstand z. B. die Jugendmannschaft zum Auswärtsspiel, kann ihm der Verein die Fahrtkosten erstatten. Erhalten Vorstandsmitglieder aber Vergütungen für ihre (Vorstands-)Tätigkeit, muss dies ausdrücklich in der Satzung des Vereins geregelt werden. Plant Ihr

Verein die Zahlung entsprechender Aufwandsentschädigungen, sollten Sie als Vorstand darauf drängen, dass zuvor in der nächsten Mitgliederversammlung ein Beschluss darüber gefasst wird, dass und in welcher Höhe Aufwandsentschädigungen gezahlt werden.
Die Bezahlung der Vergütungen sollte dabei natürlich nicht an die Verpflichtung geknüpft werden, sie als Spende zurückfließen zu lassen. Denn dann wäre die Spende nicht mehr freiwillig und könnte nicht von der Steuer abgesetzt werden.

TRICK

Als Ehrenamtlicher Freibeträge von 3.840 € kassieren!

26 Nach dem Willen des Gesetzgebers sollen Sie den Übungsleiterfreibetrag und den Freibetrag für ehrenamtliche Tätigkeiten nicht nebeneinander für **dieselbe** Tätigkeit in Anspruch nehmen können. Wenn Sie also z.B. in Ihrem Sportverein als Übungsleiter 4.000 € Vergütungen erhalten, bleiben davon nur 3.000 € steuerfrei. Dasselbe Problem haben Sie, wenn Sie in zwei Vereinen als Trainer tätig sind, denn den Übungsleiterfreibetrag gibt es insgesamt nur einmal.
Günstiger sieht das Ganze aus, wenn Sie neben dem Übungsleiter- oder Trainer-Job noch in anderer Funktion für Ihren Verein tätig sind, etwa als Vorstand, Kassierer oder Platzwart. Sie werden also Ihre Vereinsführung auf folgende pfiffige Idee bringen: Für die Tätigkeit als Übungsleiter bekommen Sie künftig nur noch 3.100 € im Jahr. Dafür zahlt Ihnen der Verein aber für die bisher unentgeltlich geleistete ehrenamtliche Tätigkeit als Platzwart eine jährliche Aufwandsentschädigung von 900 €.
Damit erhalten Sie jetzt Vergütungen für zwei eindeutig voneinander abgrenzbare Tätigkeiten – mit der Folge, dass von der Übungsleitervergütung nur 100 € und von der Aufwandsentschädigung lediglich 60 € steuerpflichtig sind. Statt 1.000 € versteuern Sie somit nur 160 €.

27 Der *Übungsleiterfreibetrag* gilt nicht nur für Trainer bei Sportvereinen, sondern auch für die Beaufsichtigung und Betreuung von Jugendlichen durch Jugendleiter, Ferienbetreuer, Schulwegbegleiter und für Chorleiter und Dirigenten in Gesangvereinen, Lehrer an Volkshochschulen (auch der Leiter einer Volkshochschule kann Ausbilder sein, wenn er das Unterrichtsgeschehen durch seine Persönlichkeit mitgestaltet, so der BFH v. 23.1.1986 – BStBl 1986 II S. 398), Betreuer bei der Mütterberatung, der Seelsorge, bei den Anonymen Alkoholikern oder anderen Selbsthilfegruppen, bei Erste-Hilfe-Kursen usw., für Lehrpersonen und Vortragende im Rahmen der beruflichen Aus- und Weiterbildung, wie etwa bei Industrie-, Handels-, Handwerker-, Ärzte- oder Steuerberaterkammer oder in Finanz-, Justiz- und Kreisverwaltung. Artverwandte und eng damit zu-

sammenhängende Tätigkeiten, wie etwa die eines Prüfers bei Abschlussprüfungen, sind ebenfalls begünstigt. Auch Umweltschutzunterweiser und Gesundheitsberater von kleinen Vereinen können diese Vergünstigung beanspruchen. Durch einen entsprechenden Vertrag mit dem Verein sorge man auch hier vor. Der Freibetrag steht Ihnen außerdem zu für die nebenberufliche Pflege alter, kranker oder behinderter Menschen, also etwa, wenn Sie sich im Nebenberuf oder in Ihrer Freizeit als Sanitäter, z.B. für das Rote Kreuz, um Unfallopfer kümmern.

TRICK

Übungsleiterfreibetrag für die freiwillige Feuerwehr

Mitglieder der freiwilligen Feuerwehren erhalten für ihre Tätigkeit geringe Vergütungen und Aufwandsentschädigungen. Je nachdem, welche Funktion sie in der freiwilligen Feuerwehr ausüben, können diese Zahlungen als Entgelt für eine Ausbildertätigkeit behandelt werden. Da der Dienst bei der Feuerwehr für eine öffentlich-rechtliche bzw. gemeinnützige Institution und zudem nebenberuflich geleistet wird, fallen die Zahlungen ganz oder zum Teil unter die Begünstigung des Übungsleiterfreibetrags (§ 3 Nr. 26 EStG).
Abhängig von der Funktion bei der Feuerwehr gilt das für folgende prozentuale Teile der gezahlten Beträge (Finanzministerium des Landes NRW vom 3.12.2013 S 2337 – 32 – V B 3).

Funktionsträger	**Anteil der Ausbildungstätigkeit**
Leiter der Feuerwehren	60 %
Stv. Leiter der Feuerwehren	80 %
(Stv.) Zug- und Gruppenführer	80 %
sowie sonstige Ausbilder	80 %
Gerätewarte und Atemschutzgerätewarte	80 %
Kinder- und Jugendfeuerwehrwarte	100 %
Sicherheitsbeauftragte	100 %

Der Freibetrag gilt außerdem für sog. Betreuer. Nach dem Willen des Steuergesetzgebers soll dabei der Begriff des Betreuers nicht eng ausgelegt werden. Wenn Ihnen ein Finanzer etwa mit dem Ansinnen kommt, damit seien nur Personen im Sinn des Betreuungsgesetzes gemeint, die z.B. in der Betreuung körperlich und geistig gebrechlicher Personen tätig sind, klopfen Sie ihm gehörig auf seine raffgierigen Finger. Von dieser Steuerbefreiung sind vielmehr alle begünstigt, die durch direkten pädagogisch ausgerichteten Kontakt zu den von ihnen betreuten Menschen im ehrenamtlichen Bereich aktiv sind. Über diese positive Nachricht können Sie sich also freuen, wenn Sie z.B. im Jugendbereich als Gruppenleiter, Leiter einer Pfadfindergruppe, Betreuer bei Sommerlagern oder nebenberuflich in der Kinderbetreuung tätig sind. Die Ausbildung und Betreuung von Tieren (Pferden, Hunden) zählt jedoch nicht zu den begünstigten Tätigkeiten.

Auch die Aufwandsentschädigung, die ein ehrenamtlicher Vormund, ehrenamtlicher rechtlicher Betreuer oder ehrenamtlicher Pfleger gem. § 1835a BGB kassiert, fällt unter den Freibetrag von 3.000 € (§ 3 Nr. 26b EStG). Damit ist die Steuerfreiheit nicht auf den Ehrenamtsfreibetrag von 840 € begrenzt.

Sind Sie ehrenamtlich in einer Bahnhofsmission tätig, trifft für Sie ebenfalls § 3 Nr. 26 EStG zu. Von Ihren Vergütungen ist dann zumindest der Teil steuerfrei, der auf Pflege und Betreuung entfällt.

Sie können diesen Anteil im Zweifel mit 60 %, höchstens jedoch mit 3.000 € im Jahr ansetzen. Berufen Sie sich auf den im Einvernehmen mit dem BMF und den anderen Bundesländern herausgegebenen Erlass des Finanzministeriums Sachsen-Anhalt vom 7.4.1992 (432 – S 2121 – 15 – DStR 1992 S. 913).

Auch die Kunst und die Kultur werden in Deutschland steuerlich gefördert. Deshalb sind Vergütungen, die nebenberuflich tätige Künstler (insbesondere Musiker) erhalten, als Aufwandsentschädigung bis zu 3.000 € steuerfrei. Quelle: § 3 Nr. 26 EStG.

Gute Nachrichten für alle gemeinnützigen Organisationen: Für die steuerfrei gezahlten Beträge – egal ob Übungsleiterfreibetrag oder Freibetrag für nebenberufliche Tätigkeiten – müssen keine Sozialversicherungsbeiträge abgeführt werden (§ 14 Abs. 1 S. 2 SGB IV). Dabei spielt es keine Rolle, ob Sie im Rahmen eines 450-€-Arbeitsverhältnisses für Ihren Verein tätig sind oder dort neben Ihrem Hauptberuf z.B. als Sporttrainer oder Reinigungskraft einen Nebenjob haben. Ja, Sie lesen ganz richtig! Angenommen, Sie sind für Ihren Verein, die öffentliche Hand oder eine Wohlfahrtsorganisation auf 450-€-Basis tätig. Dieser Job ist entweder Ihre einzige Beschäftigung oder zumindest der einzige Nebenjob, dem Sie zusätzlich zu Ihrem normalen Beruf nachgehen. In diesem Fall kann Ihr Brötchengeber die Steuer auf den 450-€-Job mit 2 % pauschal berechnen und an die Bundesknappschaft abführen. Darüber hinaus drückt er 28 % pauschale Sozialversicherungsbeiträge, 1,51 % an Umlagen (U1 bei Krankheit, U2 für Mutterschutz, Insolvenzgeldumlage) und Beiträge zur Unfallversicherung für Ihren Lohn ab. Für Sie ist der Job damit steuer- und sozialversicherungsfrei.

So kann der Verein z.B. für einen Trainer auf 450-€-Basis bei der Berechnung der Abgaben monatlich $^{1}/_{12}$ des Übungsleiterfreibetrags = 250 € abziehen. Pauschale Steuern und Sozialabgaben fallen dann nur noch auf den Restbetrag von 200 € an. Bei der Reinigungskraft, die die Vereinsräume auf 450-€-Basis putzt, kann er die Abgaben um monatlich $^{1}/_{12}$ des Freibetrags von 840 € für nebenberufliche Tätigkeiten kürzen. Statt auf die vollen 450 € Lohn muss der Verein nur noch auf 380 € Steuern und Sozialabgaben abführen.

TRICK

Kassieren Sie 700 € im Nebenjob abgabenfrei!

Statt die Freibeträge von dem Lohn aus dem Minijob abzuziehen, besteht auch die Möglichkeit, den regelmäßigen monatlichen Lohn von 450 € abgabenbegünstigt um den steuerfreien Betrag von 3.000 €/250 € (Jahr/Monat) bzw. 840 €/70 € (Jahr/Monat) aufzubessern, ohne dass Sie oder Ihr Arbeitgeber dafür einen Cent an Abgaben zahlen müssten.

So sieht die Rechnung im günstigsten Fall für Sie und Ihren Arbeitgeber aus:

Monatslohn	700 €
./. steuer- und sozialversicherungsfreier Betrag nach § 3 Nr. 26 EStG	– 250 €
Verbleibender Arbeitslohn	450 €

Nur dieser Restbetrag ist für die pauschale Steuer und die Sozialversicherung interessant. Ihr Arbeitgeber wird dafür 2021 pauschal mit insgesamt 31,51 % (2 % Steuern, 15 % Rentenversicherung, 13 % Krankenversicherung und 1,51 % Umlagen) = 141,80 € zur Kasse gebeten. Hinzu kommen noch Beiträge zur gesetzlichen Unfallversicherung.

Ist Ihr Minijob Ihre einzige Erwerbsquelle und können Sie deshalb eine Steuerkarte mit der Steuerklasse I, II, III oder IV vorlegen, erspart das Ihrem Arbeitgeber zusätzlich die pauschale Steuer von 2 %, und er muss lediglich die Sozialversicherungspauschalen von 29,51 % zzgl. gesetzliche Unfallversicherung abdrücken. Sobald bei Ihnen oder Ihrem Ehepartner aber noch andere Einkünfte anfallen, sollten Sie tunlichst auf die Steuerkarte verzichten. In diesem Fall fahren Sie mit der pauschalen Steuer von 2 % besser.

Auf die richtige Verteilung der Freibeträge von 3.000 € bzw. 840 € kommt es an. 28
Steuerlich haben Sie grundsätzlich zwei Möglichkeiten.

Angenommen, Sie bekommen im Monat 500 €. Dann könnte der Freibetrag so schnell wie möglich aufgezehrt werden. Ihr Arbeitgeber würde dann die gesamten Abgaben für Januar bis Juni sparen. Ab Juli laufen Sie und Ihr Arbeitgeber

aber in die Sozialversicherungs- und Steuerpflicht. Sie selbst werden dann auf der Basis von 19,975 % Sozialversicherung (Zusatzbeitrag Krankenversicherung = 50 % von 1,3 %) unter Anwendung der für Sie als Arbeitnehmer günstigeren sog. Gleitzonenregelung mit ca. 57,72 € zur Kasse gebeten, und Ihr Arbeitgeber darf auch noch seinen Anteil von 19,975 % (zzgl. Insolvenzgeldumlage von 0,12 %), also 100,48 € zahlen .
Außerdem kann Ihr Arbeitgeber die Lohnsteuer nicht mehr pauschal erheben, so dass Sie eine Steuerkarte vorlegen müssen. Als Nebenberufler, der noch einen Hauptjob hat, würde das bedeuten: Lohnsteuer zahlen nach Steuerklasse VI!
Unter dem Strich fahren Sie und Ihr Arbeitgeber also besser, wenn die Freibeträge gleichmäßig aufs Jahr verteilt werden, somit jeden Monat nur ein Teilbetrag von 250 € bzw. 70 € berücksichtigt wird. In diesem Fall akzeptiert die Sozialversicherung durchgehend Ihren Minijob und damit, dass übers Jahr lediglich pauschale Arbeitgeberbeiträge gezahlt werden.
Sie sehen also, ein bisschen Geduld bei der Ausschöpfung von Steuerbefreiungen zahlt sich manchmal in barer Münze aus.

Außerdem sollten Sie Folgendes wissen:

29 • Die Freibeträge von 3.000 € und 840 € sollen alle Ausgaben im Zusammenhang mit der nebenberuflichen Tätigkeit abgelten. Übersteigen Ihre Ausgaben den jeweiligen Freibetrag, setzen Sie stattdessen die höheren tatsächlichen Kosten an, versteht sich. Allerdings funktioniert das nur, wenn Ihre Ausgaben nicht dauerhaft höher sind als Ihre Einnahmen. Lesen Sie dazu den nachfolgenden »Wichtigen Hinweis«.

30 • Üben Sie Ihren Nebenjob als Arbeitnehmer aus, erhalten Sie zusätzlich zum Übungsleiterfreibetrag den Arbeitnehmerpauschbetrag von 1.000 €. Es sei denn, Sie sind auch im Hauptberuf Arbeitnehmer und brauchen den Arbeitnehmerpauschbetrag schon dafür. Allerdings können Sie den Arbeitnehmerpauschbetrag nur beanspruchen, wenn der Arbeitgeber die Lohnsteuer nicht mit 2 % pauschal, sondern nach Ihrer Steuerklasse erhebt.

31 • Üben Sie Ihren Nebenjob für eine öffentlich-rechtliche Institution aus, wie z.B. für eine Behörde, Sparkasse, Industrie- und Handels-, Handwerks-, Ärztekammer etc., bleiben zusätzlich zu den 3.000 €/840 € die ersetzten **Reisekosten** steuerfrei (§ 3 Nr. 13 EStG). Denken Sie daran, wenn Sie Ihren Vertrag abschließen, und vereinbaren Sie, dass Ihnen die Reisekosten gesondert erstattet werden.

Liegen Ihre Einnahmen über dem Übungsleiterfreibetrag und tragen Sie Ihre Kosten selbst, können Sie Letztere nach Auffassung des Fiskus absetzen, soweit sie höher sind als der Übungsleiterfreibetrag. Damit lassen die Fiskalritter dem Grunde nach auch zu, dass Sie gelegentlich entstehende Verluste aus Ihrer nebenberuflichen Tätigkeit geltend machen.

Beispiel
Ihre Einnahmen aus der Tätigkeit als Sporttrainer betragen 3.200 €. An Ausgaben für diese Tätigkeit sind 3.700 € angefallen. Ihr steuerlicher Verlust aus der Übungsleitertätigkeit wird wie folgt berechnet:

Einnahmen	3.200 €		
./. Übungsleiterfreibetrag	– 3.000 €		
Steuerpflichtige Einnahme	200 €	>	200 €
./. Ausgaben	– 3.700 €		
Durch den Übungsleiterfreibetrag abgegolten	3.000 €		
Noch abzugsfähig	700 €	>	– 700 €
Steuerlicher Verlust			500 €

WICHTIGER HINWEIS

Der BFH hat inzwischen bereits zweimal entschieden, dass Sie gelegentlich entstehende Verluste auch dann steuerlich geltend machen können, wenn Ihre Einnahmen aus der Übungsleitertätigkeit unter 3.000 € liegen (BFH v. 20.12.2017 – III R 23/15 – BStBl 2019 II S. 469; BFH v. 20.11.2018 – VIII R 17/16 – BStBl 2019 II S. 422). Haben Sie z.B. nur 2.000 € Einnahmen, aber 3.400 € Ausgaben gehabt, machen Sie dem Finanzamt folgende Rechnung auf:

Einnahmen	2.000 €
./. Ausgaben	3.400 €
Steuerlicher Verlust	1.400 €

Ein wenig Wasser hat der BFH allerdings in den Wein gegossen. Probleme mit der Anerkennung des Verlusts sieht er dann, wenn nachhaltig von Jahr zu Jahr Verluste anfallen. Dann besteht die Möglichkeit, dass der Fiskus Ihre Absicht, Einkünfte aus der Tätigkeit zu erzielen, in Zweifel zieht und die Verluste wegen angeblich fehlender Einkünfteerzielungsabsicht (Liebhaberei) nicht anerkennt.

Sie sollten sich daher wappnen, damit Sie dem Finanzamt überzeugend darlegen können, dass keine Liebhaberei vorliegt, weil Ihre Einnahmen über die gesamte Zeit der Übungsleitertätigkeit insgesamt höher sein werden als Ihre Ausgaben. Dann dürfte dem Abzug von Verlusten, die nur in einzelnen Jahren anfallen, nichts im Wege stehen.

TRICK

Gezielt Verluste in einzelnen Jahren produzieren

32 Wenn Sie Ihre Ausgaben geschickt steuern, können Sie in einzelnen Jahren Verluste absetzen und laufen trotzdem nicht Gefahr, dass Ihnen das Finanzamt mit Liebhaberei kommen kann. Angenommen, Sie erhalten als Übungsleiter jährlich eine Vergütung von 1.500 €. An Kosten fallen regelmäßig etwa 1.000 € für Fahrtkosten an, außerdem im Durchschnitt pro Jahr ca. 400 € für Arbeitsmittel, Büromaterial etc., also für Dinge, die Sie längere Zeit nutzen oder auf Vorrat kaufen können.

In den letzten drei Jahren sah Ihre Rechnung pro Jahr so aus:

Einnahmen	1.500 €	
Davon steuerfrei	1.500 €	
Steuerpflichtig	0 €0 €	
Ausgaben	1.400 €	
Durch Freibetrag abgegolten	1.400 €	
Verbleiben	0 €	0 €
Steuerpflichtige Einkünfte		0 €

In drei Jahren betrugen Ihre steuerpflichtigen Einkünfte also per Saldo 0 €.

Von nun an gehen Sie die Sache etwas geschickter an. Die Fahrtkosten können Sie natürlich nicht verlagern, aber die übrigen Anschaffungen machen Sie nur noch alle drei Jahre. Verbrauchsmaterial z.B. kaufen Sie gleich für drei Jahre auf Vorrat ein. So sieht das dann in Ihrer Steuererklärung aus:

Jahr 1 und Jahr 2		
Einnahmen	1.500 €	
Davon steuerfrei	1.500 €	
Steuerpflichtig	0 €0 €	
Ausgaben (Fahrtkosten)	1.000 €	
Durch Freibetrag abgegolten	1.000 €	
Verbleiben	0 €	0 €
Einkünfte		0 €
Jahr 3		
Einnahmen	1.500 €	
Davon steuerfrei	1.500 €	
Steuerpflichtig	0 €0 €	
Ausgaben	2.200 €	
Durch Freibetrag abgegolten	1.500 €	
Verbleiben	700 €	700 €
Einkünfte (steuerlicher Verlust)		– 700 €

Wie Sie sehen, entsteht durch diesen einfachen Kniff ein rein rechnerischer Verlust von 700 € und winkt somit eine Steuerersparnis. Liebhaberei droht nicht, da in den drei Jahren den Einnahmen von 4.500 € lediglich Ausgaben von 4.200 € gegenüberstehen.

- Nebenjobs als Lehrer, Übungsleiter, Musiker usw. werden oft selbständig (freiberuflich) ausgeübt, also nicht in einem Arbeitsverhältnis. Der *Übungsleiterfreibetrag* gilt aber selbstverständlich auch für Freiberufler. Also sind auch hier bis zu 3.000 € steuerfrei.
- Ist der Veranstalter, für den Sie nebenberuflich tätig sind, kein gemeinnützi- **33** ger Verein oder keine öffentlich-rechtliche Einrichtung, sondern z.B. ein gewerbliches Unternehmen, wird Ihnen kein Freibetrag zuerkannt. Machen Sie stattdessen eine Ausgabenpauschale von 25 % Ihrer Einnahmen, höchstens 614 € jährlich, geltend (H 18.2 EStH, Betriebsausgabenpauschale).
- Der *Übungsleiterfreibetrag* steht auch allen nebenberuflich selbständig täti- **34** gen Volksmusikern zu. Mit der Pauschale sind dann allerdings die Kosten für Instrumente, Uniformen, Fahrten und Verpflegung abgegolten (OFD Münster v. 4.10.1990 – S 2143).

Weitere Fälle für den Übungsleiterfreibetrag nennt die OFD Hannover in ihrer **35** Verfügung vom 15.12.2009 (S 2121 – 55 – StO 215, EStB 2010 S. 103):

- **Ärzte**

Vergütungen an Ärzte, die nebenberuflich im Behinderten- oder Koronarsport betreuend tätig sind, sofern die übrigen Voraussetzungen stimmen: öffentlicher oder gemeinnütziger Auftraggeber.

- **Aufsichtsvergütung für die juristische Staatsprüfung**

Vergütungen an Richter, Staatsanwälte und Verwaltungsbeamte des höheren Dienstes, die nebenamtlich als Leiter von Arbeitsgemeinschaften für Referendarinnen und Referendare tätig sind.

- **Behinderten- und Krankentransport**

Es ist sachgerecht, den *Übungsleiterfreibetrag* für 50 % der Vergütung zu gewähren. Damit ist auch die Tätigkeit im Bereitschaftsdienst abgegolten.

- **Diakon**

Begünstigt sind bei einem nebenberuflich tätigen Diakon die ausbildenden und betreuenden Tätigkeiten mit pädagogischer Ausrichtung sowie Arbeiten im sozialen Bereich, die als Pflege alter, kranker oder behinderter Menschen gewertet werden können. Die Tätigkeiten im Zusammenhang mit Taufen, Krankenkommunion, Trauungen, Predigtdienst sind dagegen nicht begünstigt.

- **Ehrenamtliche Richter, Schöffen**

Ehrenamtliche Richter erhalten regelmäßig Entschädigungen für ihre Tätigkeit. Nach § 16 Justizvergütungs- und Entschädigungsgesetz (JVEG) wird eine Entschädigung für Zeitversäumnis gezahlt. Diese ist nicht zu versteuern. Die daneben gem. § 18 JVEG bezahlten Verdienstausfallentschädigungen sind steuerpflichtig. Je nach Haupttätigkeit liegt Arbeitslohn oder Einnahmen aus einer Gewinneinkunftsart vor. Der Übungsleiterfreibetrag ist nach Auffassung des BFH hier nicht anzuwenden. Auch der Ehrenamtsfreibetrag kommt nicht in Betracht, da die ehrenamtlichen Richter in der Regel auch noch steuerfreien Aufwandsersatz für Fahrtkosten, Parkgebühren und sonstige Auslagen erhalten (BFH v. 31.1.2017 – IX R 10/16, BFH/NV 2017 S. 680).

- **Essen auf Rädern**

Vergütungen an Helfer des Mahlzeitendienstes sind nicht begünstigt, da die Lieferung einer Mahlzeit keine Pflegeleistung darstellt. Allerdings kommt die Inanspruchnahme des Freibetrags von 840 € in Betracht, wenn die Tätigkeit nebenberuflich ausgeübt wird.

- **Ferienbetreuer**

Ehrenamtliche Ferienbetreuer, die zeitlich begrenzt zur Durchführung von Ferienmaßnahmen eingesetzt werden, sind nebenberuflich tätig. Ihre Vergütungen sind deshalb begünstigt, wenn sie von einer gemeinnützigen Organisation oder einer Körperschaft öffentlichen Rechts gezahlt werden.

- **Hausnotrufdienst**

Bei Mitarbeitern einer Hausnotrufzentrale sowie des Hintergrunddienstes, die vor Ort Hilfe leisten, sind nur die Vergütungen für tatsächliche Rettungseinsätze und die Bereitschaftszeiten begünstigt, nicht hingegen die Vergütungen, die auf die Einweisung, Einrichtung, Wartung und Überprüfung der Hausnotrufgeräte entfallen. Werden nur Notrufe entgegengenommen und weitergeleitet, ist weder die Tätigkeit noch die Bereitschaftszeit begünstigt.

- **Lehrbeauftragte an Schulen**

Vergütungen an ehrenamtliche Lehrbeauftragte, die von den Schulen für einen ergänzenden Unterricht eingesetzt werden, sind begünstigt. In der Regel stellen sie Einkünfte aus selbständiger Arbeit (§ 18 EStG) dar.

- **Organisten**

In Kirchengemeinden eingesetzte nebenberufliche Organisten haben Anspruch auf den *Übungsleiterfreibetrag.*

- **Rettungsschwimmer**

üben eine im Sinne des *Übungsleiterfreibetrags* begünstigte Tätigkeit aus.

- **Rettungssanitäter**

Die Vergütungen für die Tätigkeit von Rettungssanitätern und Ersthelfern im Rettungsdienst, bei Sportveranstaltungen, kulturellen Veranstaltungen, Festumzügen etc. sind begünstigt. Eine Aufteilung der Vergütung nach Rettungseinsätzen und Bereitschaftszeiten ist nicht erforderlich.

- **Schulweghelfer und Schulbusbegleiter**

die von der Gemeinde eine Aufwandsentschädigung erhalten, können den Übungsleiterfreibetrag für sich reklamieren (OFD Frankfurt/M. v. 22.03.2018 – S 2245 A – 2 – St 213). Gleichzeitig kommt aber auch eine Steuerbefreiung für Aufwandsentschädigungen (§ 3 Nr. 12 EStG) in Betracht. Die Steuerbefreiungen müssen in der für Sie jeweils günstigsten Reihenfolge berücksichtigt werden.

- **Stadtführer**

Die Tätigkeit von Stadtführern ist mit einer unterrichtenden Tätigkeit an einer Volkshochschule und der eines Museumsführers vergleichbar und fällt damit grundsätzlich unter den *Übungsleiterfreibetrag,* wenn der Auftraggeber z. B. eine Stadt, Gemeinde, Kirchenkörperschaft oder eine andere gemeinnützige Organisation ist.

- **Versicherungsberater**

Ehrenamtliche Versicherungsberater der Deutschen Rentenversicherung haben lediglich Anspruch auf den *Ehrenamtsfreibetrag* von 840 €, nicht auf den Übungsleiterfreibetrag (BFH v. 3.7.2018 – VIII R 28/15, BStBl 2018 II S. 715).

Heirats- und Geburtsbeihilfe 36

Obwohl es keine ausdrückliche gesetzliche Steuerbefreiung für entsprechende Zuwendungen des Arbeitgebers gibt, können Sie zumindest kleine Sachgeschenke steuerfrei kassieren. Weil die Geburt oder die Hochzeit ein besonderes persönliches Ereignis ist, kann Ihnen Ihr Arbeitgeber mit einem Sachgeschenk im Wert von bis zu 60 € eine Freude machen, ohne dass der Fiskus die Hand aufhält. Er kann dazu die Regelung zu *Aufmerksamkeiten* in R 19.6 LStR ausnutzen. So bleibt Ihre Freude über den Strampler oder die Spieluhr für den Nachwuchs ungetrübt.

Jubiläumsgeschenke 37

Jubiläumsgeschenke an Arbeitnehmer sind sowohl bei Arbeitnehmer- als auch bei Firmenjubiläen in voller Höhe steuerpflichtig. Da sie aber in aller Regel Arbeitslohn für mehrere Jahre darstellen, unterliegen sie der etwas günstigeren ermäßigten Besteuerung (§ 34 EStG).

Beispiel

Bei einem zu versteuernden Einkommen von 30.000 € erhalten Sie für jahrelange Betriebstreue ein Jubiläumsgeld von 10.000 €.

Im Jubiläumsjahr 2021 ergibt sich für Sie damit folgende Steuerersparnis:

Steuer lt. Grundtabelle auf	30.000 €	>	5.091 €	>	5.091 €
Jubiläumsgeschenk 10.000 €					
Davon ⅕	2.000 €				
Steuer lt. Grundtabelle auf	32.000 €	>	5.706 €		
Differenz			615 €		

	× 5		
Steuer auf Jubiläumsgeschenk	3.075 €	>	3.075 €
Steuer insgesamt			8.166 €
Einkommensteuer ohne »Fünftel-Regelung« auf 40.000 € lt. Grundtabelle			8.333 €
Steuerermäßigung			167 €

GUTER RAT

38 Regen Sie bei gutem Betriebsklima an, dass der Chef zum Jubiläum oder zu Ihrem runden Geburtstag eine (kleine) Feier steigen lässt. Tritt die Firma formal als Gastgeber auf und werden hauptsächlich Geschäftsfreunde und Kollegen eingeladen, sind die Kosten steuerfrei (BFH-Urt. v. 28.1.2003 – BStBl 2003 II S 724; R 19.3 Abs. 2 Nr. 3 LStR). Das gilt aber nur dann uneingeschränkt, wenn die Kosten der Feier pro Teilnehmer nicht über 110 € liegen.

War der Spaß teurer, müssen Sie sich zumindest den Anteil der Kosten als Arbeitslohn zurechnen lassen, der auf Sie selbst und Ihre privaten Gäste, wie Familienangehörige und enge Freunde, entfällt.

TRICK

Zuschüsse zur Kinderbetreuung

39 Obwohl Sie Ihre Kinderbetreuungskosten von der Steuer absetzen können, sind steuerfreie Zuschüsse vom Arbeitgeber für die Unterbringung Ihrer Kinder im Kindergarten oder in ähnlichen Einrichtungen die bessere Alternative, weil Sie neben Steuern nämlich auch die Sozialversicherung auf die Zuschüsse sparen. Die Kleinen dürfen allerdings noch nicht schulpflichtig sein. Die Schulpflicht richtet sich dabei nach den im jeweiligen Bundesland geltenden Regelungen. Sie wird aber in aller Regel nicht geprüft, wenn das Kind das sechste Lebensjahr bis zur Jahresmitte noch nicht vollendet hat. Steuerfrei bleiben die Arbeitgeberzuschüsse übrigens auch, wenn Ihr Kind noch nicht schulreif und deshalb von der Schulpflicht zurückgestellt ist.

TIPP

zum Kostennachweis und für Lebenspartner

Wenn Ihnen Ihr Brötchengeber die Betreuungskosten überweist oder direkt an die Betreuungseinrichtung zahlt, müssen Sie Ihrem Boss die Originalbelege geben, z.B. den Bescheid über die Kindergartengebühren, Rechnungen der Betreuungseinrichtung und die Zahlungsquittungen bzw. die Überweisungsträger. Damit will der Fiskus verhindern, dass Sie die Kosten möglicherweise zweimal geltend machen.
Bei der Erstattung durch den Arbeitgeber sind übrigens – anders als beim Absetzen der Kinderbetreuungskosten in der Steuererklärung – auch die Verpflegungskosten für Ihr Kind begünstigt.

Gute Nachricht für nichteheliche Partner mit Kind: Bei nicht verheirateten Eltern muss meist die Mutter das Kind im Kindergarten anmelden. Die Belege über die Kinderbetreuung lauten also auf ihren Namen. Wenn nun ihr Lebensgefährte einen großzügigeren Chef hat, ist das kein Problem. Auch wenn der Nachweis der Kindergartenkosten nicht auf seinen Namen lautet, erhält er die Zuschüsse seines Arbeitgebers steuerfrei. Dazu muss er allerdings der Vater des Kindes sein. Berufen Sie sich, wenn es beim Finanzamt Probleme gibt, auf R 3.33 Abs. 1 S. 2 LStR.

TIPP

zur Gehaltsumwandlung

Leider lässt der Fiskus eine Gehaltsumwandlung von Arbeitslohn in steuerfreie **40**
Leistungen oder Zahlungen praktisch nicht mehr zu. Eine Leistung Ihres Arbeitgebers wird nach dem nunmehr geltenden § 8 Abs. 4 EStG nur noch dann zusätzlich zum ohnehin geschuldeten Arbeitslohn geleistet und kann somit steuerfrei bleiben, wenn folgende Voraussetzungen erfüllt sind.

- Sie darf nicht auf Ihren Lohn- oder Gehaltsanspruch angerechnet werden.
- Ihr Lohn- oder Gehaltsanspruch darf nicht zugunsten der stattdessen gewährten Leistung Ihres Arbeitgebers gekürzt werden.
- Sie dürfen die Leistung des Arbeitgebers nicht anstelle einer bereits vereinbarten Erhöhung Ihres Lohn- bzw. Gehalts bekommen.
- Wenn die Leistung Ihres Arbeitgebers wegfällt, darf Ihr Lohn oder Gehalt nicht entsprechend erhöht werden.

Deshalb ist es nicht möglich, z.B. Weihnachtsgeld oder Gratifikationen, auf die Sie einen arbeitsrechtlichen Anspruch haben, in Kindergartenzuschüsse umzuwandeln. Diese Einschränkung können Sie auch nicht dadurch umgehen, dass Sie schon bei Ihrer Einstellung oder bei einem Gespräch über eine Gehaltserhöhung mit Ihrer Forderung nach Gehalt bzw. Gehaltserhöhung etwas heruntergehen und dem Chef vorschlagen, er möge stattdessen Ihre Kindergartenbeiträge übernehmen. Ein als Zuschuss zu den Kindergartenbeiträgen gezahlter Lohn ist somit steuer- und leider auch sozialversicherungspflichtig.

WICHTIGER HINWEIS

Anders als bisher klappt die Sache mit der Gehaltsumwandlung auch nicht mehr, wenn Ihr Chef freiwillige Zahlungen leistet, wenn das Weihnachtsgeld oder die Gratifikation also ausdrücklich ohne Anerkennung einer Rechtspflicht ausgezahlt wird. Auch in diesem Fall kann die Sonderzahlung nicht als Kindergartenzuschuss und damit steuerfrei gezahlt werden.

SUPER TRICK

Wie Sie mit einer Tagesmutter 750 € im Jahr verdienen können

41 Der Kniff bei der Tagesmutter ist, dass das Finanzamt sie zwar als »ähnliche Einrichtung« – wie einen Kindergarten – akzeptiert, aber nur, wenn Ihre Kleinen *außerhalb* Ihrer Wohnung betreut werden.
Ihrem Chef legen Sie also folgende Bescheinigung Ihrer Tagesmutter vor:

Bescheinigung

Ich, ..., bestätige hiermit Herrn/Frau . . . ., dass ich die Kinder . . . . und . . . . (usw.) in meiner Wohnung betreue. Für die Kinderbetreuung zahlt mir Herr/Frau . . . . monatlich 250 €.

. . . .
Ort und Datum (Unterschrift)

Übrigens: Diese Kinderbetreuerin kann Ihre erwachsene Tochter, Schwiegertochter, Mutter, Schwiegermutter, Oma oder Opa sein.
Zahlt Ihnen Ihr Chef jetzt 12 × 250 € = 3.000 € unter der Bezeichnung »Zuschuss zur Kinderbetreuung«, beträgt Ihre Steuerersparnis schon bei einem Steuersatz

von 25 % 750 € im Jahr. Wichtig ist: Sie müssen diesen Zuschuss zusätzlich zum Arbeitslohn erhalten. Eine Gehaltsumwandlung funktioniert nicht.

TIPP

für Tages- und Wochenmütter

Vergessen Sie nicht die Steuern der Tagesmutter. Kümmert sich die Tagesmut- 42
ter nur um ein Kind und betreut es darüber hinaus im Haushalt der Eltern, nimmt der Fiskus sehr schnell ein Arbeitsverhältnis an. Dann kostet die Tagesmutter zusätzlich Sozialversicherungsbeiträge, und Sie müssen als Arbeitgeber Lohnsteuer einbehalten und abführen.

Betreut sie dagegen ein oder gar mehrere Kinder in ihrem eigenen Haushalt, ist sie in aller Regel selbständig tätig und muss selbst für die Versteuerung ihrer Einkünfte sorgen – egal ob sie unmittelbar von Ihnen als den Eltern der Kinder oder vom Jugendamt bzw. der Gemeinde bezahlt wird. Steuerfrei bleiben allerdings vom Jugendamt oder einem anderen öffentlichen Träger geleistete Beitragserstattungen für eine Unfallversicherung (zu 100 %) und für die Alterssicherung sowie eine angemessene Kranken- und Pflegeversicherung (zu je 50 %) (Kinderförderungsgesetz v. 10.12.2008 – BGBl. I S. 2403).

Da die Tagesmutter selbständig tätig ist, kann sie natürlich alle in Zusammenhang mit der Betreuung entstandenen Betriebsausgaben absetzen. Dazu gehören vor allem Kosten für

- Ausstattungsgegenstände (Mobiliar),
- Spielzeug,
- Beschäftigungsmaterialien,
- Fachliteratur,
- Hygieneartikel,
- Miete und Betriebskosten der zur Kinderbetreuung genutzten Räume,
- Verpflegung des Kindes,
- Telefonkosten,
- Weiterbildungsmaßnahmen,
- Versicherungen, z. B. Unfall- und Berufshaftpflichtversicherung,
- Fahrten im Zusammenhang mit der Kinderbetreuung,
- Freizeitgestaltung.

Damit die Tagesmutter keine umfangreiche Buchhaltung einrichten muss, kann sie für die Kinder, die sie in ihrem **eigenen** Haushalt betreut, statt der tatsächlichen Kosten pauschal **300 € je Kind und Monat** als Betriebsausgaben abziehen. Diese Pauschale bezieht sich auf eine Betreuungszeit von 40 Wochenstunden und mehr pro Kind. Bei kürzerer Betreuung wird sie anteilig gekürzt. Sie beträgt somit bei einer Betreuungszeit von z. B. 20 Wochenstunden nur noch 150 €. Sie

darf zudem nur bis zur Höhe der gezahlten Vergütungen abgezogen werden, es kann also anders als beim Einzelnachweis der Kosten kein Verlust entstehen.
Wenn die Tagesmutter das Kind im Haushalt seiner Eltern oder kostenlos zur Verfügung gestellten Räumen betreut, bleibt ihr ohnehin nur der Einzelnachweis ihrer Kosten.
Beachten Sie: Erhält die Tagesmutter trotz Urlaubs, Krankheit oder Fortbildung das Entgelt weitergezahlt, hat sie auch weiter Anspruch auf die Pauschale. Fallen dagegen in einem vollen Monat keine Einnahmen an, bleibt der Tagesmutter für diesen Monat nur die Möglichkeit, Kosten einzeln nachzuweisen bzw. glaubhaft zu machen (Quelle: BMF v. 11.11.2016 – BStBl 2016 I S. 1236).

TRICK

Vergessen Sie bei der Berechnung der Betriebsausgabenpauschale die Fahrzeiten nicht!

Zur Betreuung des Kindes gehören selbstverständlich auch die Fahrten, um das Kind von den Eltern abzuholen und zurückzubringen. Mit Umziehen, Abliefern des Kindes, kurzer Besprechung des Tagesablaufs mit den Eltern kommt schnell eine zusätzliche Stunde pro Tag zusammen. Statt $^{20}/_{40}$ = 150 € steigt die Pauschale damit auf $^{25}/_{40}$ = 187,50 €. Das macht im Jahr 450 € mehr an Betriebsausgabenpauschale.

TIPP

Pauschale auch für Bereitschaftsbetreuungsplätze

43 Bekommt die Tagesmutter laufende Zahlungen dafür, dass sie für eine kurzfristige Krankheits-, Urlaubs- oder Fortbildungsvertretung einer anderen Tagesmutter Betreuungsplätze vorhält (sog. Freihalteplätze), kann sie statt der tatsächlichen Betriebsausgaben für jeden Freihalteplatz 40 € im Monat pauschal absetzen.

44 **Arbeitgeberzahlungen zur Verbesserung der Vereinbarkeit von Familie und Beruf**
Häufig scheitert der Wiedereinstieg in den Job, weil nach der Elternzeit die Kinderbetreuung geregelt werden muss oder weil Sie den Spagat zwischen Beruf und der Betreuung eines pflegebedürftigen Angehörigen nicht hinbekommen. Um Sie bei der Wiederaufnahme Ihres Jobs zu unterstützen, kann Ihr Arbeitgeber Sie mit steuerfreien Serviceleistungen unterstützen. Er kann dazu auf seine Kosten ein Dienstleistungsunternehmen beauftragen,

- Sie hinsichtlich der erforderlichen Kinderbetreuung oder der Betreuung Ihres pflegebedürftigen Angehörigen zu beraten,
- Ihnen eine Tagesmutter für Ihre Kinder oder eine Betreuungsperson für Ihren pflegebedürftigen Angehörigen zu vermitteln.

Außerdem kann der Arbeitgeber Ihnen die Kosten für eine kurzfristige Betreuung Ihrer Kinder unter 14 Jahren oder Ihres pflegebedürftigen Angehörigen bis zu 600 € im Jahr steuerfrei zahlen. Voraussetzung ist, dass die Betreuung aus beruflichen Gründen notwendig ist.

Müssen Sie z. B. an einer mehrtätigen Seminarveranstaltung teilnehmen oder ist Ihr beruflicher Einsatz zu außergewöhnlichen Dienstzeiten erforderlich, könnte Ihnen für diese Zeit Ihr Brötchengeber die Tagesmutter steuerfrei sponsern. Auch wenn Ihr Kind oder ein pflegebedürftiger Angehöriger krank wird und Sie nur unter der Voraussetzung weiter zur Arbeit gehen können, dass dessen Betreuung anderweitig geregelt wird, kann der Arbeitgeber mit einem steuerfreien Kostenbeitrag von bis zu 600 € in die Bresche springen. Entscheidend ist letztlich, dass die Kosten für eine zusätzliche, außergewöhnliche – also außerhalb der normalerweise erforderlichen – Betreuung anfallen.

Will sich Ihr Brötchengeber Ihre wertvolle Arbeitskraft auch während solcher privater Engpässe sichern, sollte ihm das ein paar Euro wert sein. Da die Zahlungen steuer- und sozialversicherungsfrei geleistet werden können, wird Ihrem Chef seine finanzielle Großzügigkeit durch Vater Staat ein wenig versüßt.

Leistungen des Arbeitgebers als Coronabeihilfe 45

Leistungen, also Geld oder Sachzuwendungen, die Sie von Ihrem Arbeitgeber z. B. zur Würdigung Ihres Einsatzes für die Firma oder einfach zu Ihrer Unterstützung während der Pandemie bekommen, können bis zu 1.500 € steuerfrei bleiben. Begünstigt sind Zuwendungen, die Sie in der Zeit von 1.3.2020 bis 31.3.2022 erhalten – unerheblich ist, ob einmalig oder in mehreren Teilen. Wenn Ihr Brötchengeber sich großzügig zeigt und insgesamt mehr als 1.500 € springen lässt, beträgt der höchstmögliche Steuerfreibetrag dennoch 1.500 €.

TIPP

Den Freibetrag gibt es für jedes Arbeitsverhältnis

Wie viele andere Steuerbefreiungen ist auch dieser Freibetrag arbeitsverhältnisbezogen. Das bedeutet, wenn Sie im Begünstigungszeitraum von März 2020 bis März 2022 mehrere Arbeitsverhältnisse neben- oder nacheinander haben, kann jeder Arbeitgeber bis zu 1.500 € steuerfrei zahlen. Kleiner Pferdefuß: Wenn Sie mit zeitlichem Abstand bei ein und demselben Arbeitgeber beschäftigt waren, z.B., weil Sie in der Zwischenzeit einige Monate arbeitslos waren, gibt es den Freibetrag nur einmal.

46 **Leistungen des Arbeitgebers zur Gesundheitsförderung**

Leistungen des Arbeitgebers zur Verbesserung des allgemeinen Gesundheitszustandes und der betrieblichen Gesundheitsförderung können je Arbeitnehmer bis zu 600 € im Jahr steuerfrei bleiben (Quelle: § 3 Nr. 34 EStG). Unter die Steuerbefreiung fallen neben innerbetrieblich angebotenen Kursen und Maßnahmen auch zweckgebundene Barzuschüsse zu extern durchgeführten Maßnahmen. Begünstigt sind vor allem folgende Programme:

- Verhaltens- und gesundheitsorientierte Bewegungsprogramme zur allgemeinen Reduzierung von Bewegungsmangel und zur Vorbeugung gegen spezielle Risiken, z.B. Rückengymnastik,
- Vorbeugemaßnahmen gegen arbeitsbedingte Belastungen des Bewegungsapparates, z.B. Massagen,
- Vorträge und Ernährungskurse zur Vermeidung von Mangel- und Fehlernährung sowie zur Vermeidung und Reduzierung von Übergewicht,
- Maßnahmen und Kurse zur Stressbewältigung,
- Suchtprävention und -bekämpfung, z.B. Nichtraucherprogramme, Umgang mit Alkohol.

Die Leistungen muss Ihr Brötchengeber zusätzlich zum übrigen Arbeitslohn erbringen. Eine Umwandlung von Arbeitslohn, z.B. des Weihnachtsgelds oder anderer Sonderzahlungen, ist grundsätzlich nicht möglich.

WICHTIGER HINWEIS

600 € sind nicht unbedingt das letzte Wort!

Maßnahmen des Arbeitgebers zur Gesundheitsförderung, die nach einer gutachterlichen Stellungnahme des Medizinischen Dienstes oder der Berufsgenossenschaft in ganz überwiegend eigenbetrieblichem Interesse durchgeführt werden, sind auch dann steuerfrei, wenn sie mehr als 600 € im Jahr kosten. Die Kosten für solche Maßnahmen werden auch nicht auf die 600-€-Grenze des § 3 Nr. 34 EStG angerechnet. Der Arbeitgeber kann also ohne weiteres noch andere Gesundheitsfördermaßnahmen steuerfrei bezuschussen.

Als ausgesprochener Spaßverderber hat sich der Gesetzgeber gezeigt, indem er die Übernahme von Beiträgen für einen **Sportverein** oder ein **Fitnessstudio** ausdrücklich nicht in die Steuerfreiheit einbezogen hat.

TIPP

Einzelkurse beim Verein oder im Studio sind begünstigt!

Der Ausschluss der Steuerfreiheit betrifft nur die Bezuschussung **laufender Vereins- und Studiobeiträge**, nicht dagegen Einzelkurse, die der Sportverein oder ein Fitnessstudio unabhängig von einer Mitgliedschaft anbietet. Somit bleibt ein Zuschuss Ihres Arbeitgebers von z.B. 400 € zu einem Kursus »Rückengymnastik«, der vom örtlichen Sportverein an 20 Abenden angeboten wird, steuerfrei.

TRICK

Steuerfreiheit durch die 44-€-Bagatellgrenze!

Wenn der eine Weg nicht zur Steuerfreiheit führt, sollten Sie nicht sofort aufgeben. Dank der 44-€-Bagatellgrenze (ab 2022: 50 €) gibt es eine weitere Option, wie vom Brötchengeber gesponserte Fitnessstudiobesuche steuerfrei bleiben können.
Wenn Sie die monatliche Steuerfreiheit von 44 € nicht schon durch andere Zuwendungen ausgeschöpft haben, geht es nur noch darum, dass die ganze Sache bei Ihnen als Sachbezug gewertet wird. Dazu schließt Ihr Arbeitgeber in seinem Namen eine Mitgliedschaft für Sie im örtlichen Fitnessstudio ab und zahlt die monatlichen Beiträge, z.B. 40 €.
Leider funktioniert der deutlich einfachere Kniff, dass Ihnen Ihr Chef den Studiobeitrag monatlich als zweckgebundenen Zuschuss zahlt, seit 2020 nicht mehr. Der Fiskus hat durch eine Gesetzesänderung die BFH-Rechtsprechung ausgehebelt, die das bisher ermöglicht hat. Solche Geldzuschüsse gelten nunmehr trotz Zweckbindung nicht mehr als Sachbezug, sondern als Geldleistung und fallen daher nicht mehr unter die Steuerbefreiung

WICHTIGER HINWEIS

Die Finanzverwaltung verlangt zum Teil, dass der Anbieter der Leistungen zur Gesundheitsförderung von der Krankenkasse zertifiziert ist. Das war dem Finanzgericht Bremen dann doch zu kleinlich (FG Bremen, Urt. v. 11.2.2016 – 1 K 80/15). Seiner Meinung nach müssen die im »Leitfaden Prävention« der Krankenkassen aufgestellten Voraussetzungen nicht bis ins Letzte erfüllt sein. Vor allem dürfe das Finanzamt nicht ohne Wenn und Aber eine besondere Zertifi-

zierung der Anbieter verlangen. Vielmehr reicht es aus, wenn die vom Arbeitgeber bezuschussten Maßnahmen Mindestanforderungen an Qualität und Zielgerichtetheit erfüllen.
Mit dem Präventionsgesetz (BGBl 2015 I, S. 1368) ist inzwischen ein einheitliches Zertifizierungsverfahren für alle Krankenkassen und für die Leistungen zur Verbesserung des allgemeinen Gesundheitszustandes und der betrieblichen Gesundheitsförderung eingeführt worden. Liegt eine solche Zertifizierung vor, fallen die Leistungen ohne Weiteres unter die Steuerfeiheit. Und auch wenn sie fehlt, ist noch nicht aller Tage Abend. In diesem Fall kann durch das Finanzamt geprüft werden, ob die wesentlichen Voraussetzungen des »Leitfadens Prävention« und damit die Voraussetzung für die Steuerfreiheit eines Arbeitgeberzuschusses erfüllt sind.

TRICK

Abnehmen mit staatlich subventioniertem Zuschuss!

Plagen Sie sich schon seit Jahren mit Ihrem Gewicht? Nach jeder Diät mit ein paar Pfund Gewichtsverlust schlägt unbarmherzig der Jo-Jo-Effekt zu, und nach kurzer Zeit sind mehr Pfunde auf den Rippen als vor der Diät. Hier hilft nur eine dauerhafte Umstellung der Gewohnheiten, vor allem der Essgewohnheiten. Es gibt dazu genügend einschlägige Kurse von der Volkshochschule bis zu professionellen Vereinen. Die kosten aber nicht nur Zeit, sondern auch mehr oder weniger viel Geld. Lassen Sie sich von Ihrem Brötchengeber – statt des Bonus für verdiente Mitarbeiter – doch einfach einen Ernährungsberatungskurs mit bis zu 500 € im Jahr steuer- und abgabenfrei sponsern.

47 **44-€-Freigrenze für Sachbezüge (ab 2022: 50-€-Freigrenze)**
Sachzuwendungen Ihres Arbeitgebers, z.B. die verbilligte Überlassung einer Wohnung, kostenloses Telefonieren, kostenlose Dienstleistungen und Warenlieferungen bleiben steuerfrei, wenn die Differenz zwischen ihrem Wert und Ihrer Gegenleistung im Monat nicht höher als 44 € liegt.

TIPP

zur Bagatellgrenze

Einen zusätzlichen Steuerbonus über die Freigrenze von 44 € hinaus streichen Sie ein, wenn als Wert Ihres Sachbezugs nicht der tatsächliche Wert angesetzt wird. Um übliche Rabatte oder Preisunterschiede auszugleichen, muss der Fiskus zunächst immer einen Preisabschlag von 4 % vom tatsächlichen Wert Ihres Sachbezugs vornehmen (Quelle: R 8.1 Abs. 2 S.9 LStR). Für die Frage, ob die steuerfreie Grenze überschritten ist, kommt es also auf die Differenz zwischen 96 % des tatsächlichen Wertes und Ihrer Zahlung an.

Den Abschlag von 4 % will Ihnen das Finanzamt allerdings nicht zugestehen, wenn Sie als Vergleichswert das billigste Internetangebot ansetzen oder Ihr Arbeitgeber Ihnen statt eines Gutscheins einen zweckgebundenen Geldbetrag zum Bezahlen der Sachzuwendung in die Hand drückt.

Ihr Chef kann Ihnen als steuerfreien Sachbezug einfach einen **Gutschein** geben, den Sie bei der nächsten Tankstelle oder einer Kaufhauskette einlösen.

Der Fiskus hatte bislang die Latte für die Anerkennung der 44-€-Freigrenze bei Tank- oder anderen Warengutschein sehr hoch gelegt. So scheiterte früher die Steuerfreiheit schon, wenn auf dem Gutschein ein bestimmter Höchstbetrag angegeben war oder Arbeitnehmer sich die Ware selbst aussuchen konnten. Dieser kleinlichen Sichtweise hat der BFH gleich in mehreren Urteilen eine klare Abfuhr erteilt. Entscheidend ist nach seiner Meinung nur, dass dem Arbeitnehmer mit dem Gutschein eine Sachleistung zugewendet werden soll und er den Gutschein nicht zu Bargeld machen kann.

TIPP

Neue Spielregeln bei der Abgrenzung zwischen Sachzuwendung und Barlohn!

Dem Fiskus sind die umfangreichen Möglichkeiten zur Nutzung der 44-€-Freigrenze für steuerfreie Zuwendungen der Arbeitgeber an ihre Arbeitnehmer schon lange ein Dorn im Auge. Nachdem auch der BFH in der letzten Zeit zunehmend steuerzahlerfreundlich entschieden hatte, tritt der Fiskus jetzt durch eine Gesetzesänderung deutlich auf die Bremse und schränkt die Möglichkeiten ein, steuerfrei zweckgebundene Geldzahlungen zu leisten oder sich bei begünstigten Zuwendungen sog. Prepaidkarten zunutze zu machen. Wichtig ist daher nun, dass die Zuwendungen als *Sach*zuwendungen durchgehen und nicht als Geldzahlungen eingestuft werden.

Demnach gehören zu den nicht steuerfreien Zuwendungen zum Teil anders als früher nunmehr

- zweckgebundene Geldleistungen, z.B. wenn Ihr Arbeitgeber Ihnen 40 € in die Hand drückt mit der Maßgabe, dafür Ihr Auto zu betanken oder Lebensmittel einzukaufen,
- nachträgliche Kostenerstattungen, z.B. wenn Sie Ihr Auto betanken, den Betrag an der Tankstelle vorstrecken und gegen Vorlage der Quittung von Ihrem Chef erstattet bekommen,

- Geldsurrogate (z.B. Geldkarten) und andere Vorteile, die auf einen Geldbetrag lauten,
- jede Form von Bezahlkarten, die wie eine allgemeine Kreditkarte eingesetzt werden können oder sogar den Bezug von Geld oder Devisen ermöglichen.

Weiterhin als Sachbezüge, die steuerfrei bleiben können, gelten dagegen Gutscheine und Geldkarten, die ausschließlich zum Bezug von Waren oder Dienstleistungen berechtigen und die Kriterien des § 2 Abs. 1 Nr. 10 des Zahlungsdiensteaufsichtsgesetzes erfüllen.

Das ist der Fall, wenn

- Gutscheine oder Bezahlkarten von Händlern oder Kaufhäusern, Supermärkten etc. ausgegeben werden, mit denen Waren oder Dienstleistungen in den Geschäften der entsprechenden Unternehmen gekauft werden können.
- Der Herausgeber der Gutscheine oder Bezahlkarten mit einer begrenzten Zahl von Händlern oder Dienstleistern vereinbart hat, dass die Gutscheine bzw. Bezahlkarten bei ihnen eingesetzt werden können (begrenztes Netzwerk). Das können z.B. Kundenkarten einer Einzelhandelskette, Bezahlkarten eines Einkaufscenters oder sog. City-Cards sein.

Weiter begünstigt sind auch Tankkarten, mit denen Sie Ihren fahrbaren Untersatz bei einer oder mehreren Tankstellenketten betanken können.

WICHTIGER HINWEIS

Der Kniff mit der Steuerfreiheit klappt nur dann, wenn Ihr Brötchengeber die Zuwendungen zusätzlich zu dem ohnehin geschuldeten Arbeitslohn leistet. Sie können also nicht mit Ihrem Chef vereinbaren, dass er Ihren laufenden Arbeitslohn oder eine Sonderzahlung kürzt und stattdessen eine monatliche Sachzuwendung leistet. Im schönen Fiskaldeutsch ausgedrückt, ist die Steuerfreiheit nicht möglich bei Lohn- bzw. Gehaltsumwandlungen.

TRICK

Sparen Sie die steuerfreie monatliche Aufladung Ihrer Guthabenkarte für eine größere Anschaffung an!

Der Betrag von 44 € (ab 2022 50 €) ist eine monatliche **Freigrenze**, achten Sie also darauf, dass er nicht überschritten wird, sonst wird der volle Betrag steuerpflichtig. Außerdem müssen Sie wissen, dass die 44-€-Freigrenze nicht für eine

einzelne Sachzuwendung gilt, vielmehr dürfen sämtliche kleinen Vorteile eines Monats zusammengerechnet diese Grenze nicht überschreiten.
Es muss also sichergestellt sein, dass die Freigrenze von 44 € in dem jeweiligen Monat nicht z.B. durch andere Zuwendungen überschritten wird. Allerdings zwingt Sie niemand, den Gutschein oder den Guthabenbetrag auch monatlich einzulösen. Bekommen Sie von Ihrem Chef also z.B. eine Guthabenkarte einer Kaufhauskette, die er regelmäßig monatlich mit 40 € auflädt, können Sie nach 10 Monaten für die aufgelaufenen 400 € ein Elektrogerät oder das Essen und die Getränke für Ihre Geburtstagsparty kaufen. Die Sachzuwendung Ihres Arbeitgebers fließt Ihnen nämlich schon mit dem Aufladen der Karte zu und nicht erst, wenn Sie sie zum Einkauf verwenden.
Sehen Sie sich aber vor, dass Ihnen nicht folgendes Malheur passiert: Ihr Chef schenkt Ihnen einen Tankgutschein über 30 Liter Superbenzin (Preis/l zzt. 1,45 €). Da Sie nur einen Gegenwert von 43,50 € erhalten, sind Sie auf der sicheren Seite. Erlaubt Ihnen aber Ihr Boss im selben Monat, ein Paket Kopierpapier im Wert von 3,99 € mit nach Hause zu nehmen, weil Sie vergessen hatten, rechtzeitig welches zu kaufen, schauen Sie schön blöd aus der Wäsche. Nun sind nämlich die kompletten 47,49 € (Tankgutschein und Kopierpapier) steuerpflichtig.

TRICK

Mit einer kleinen Zuzahlung retten Sie die Steuerfreiheit!

Das oben geschilderte Problem lösen Sie ganz einfach: Sie bezahlen Ihrem Arbeitgeber schlicht die 4 € für das Kopierpapier, und schon ist Ihr Gesamtvorteil unter 44 € und damit wieder im sicheren Bereich.
Stellen Sie sich einmal vor, Ihr Chef drückt Ihnen die Firmentankkarte in die Hand und erlaubt Ihnen, für 43 € zu tanken. Normalerweise ein schönes steuerfreies Geschenk. Nun passiert Ihnen aber beim Tanken ein Malheur: Sie passen nicht auf und beenden den Tankvorgang zu spät. Statt für 43 € ist für 48 € Kraftstoff geflossen. Sie lösen das Problem elegant dadurch, dass Sie Ihrem Arbeitgeber nicht nur die Tankkarte mit Beleg, sondern zusätzlich 5 € in die Hand drücken. Auch in diesem Fall wird die Zuzahlung angerechnet und drückt den Vorteil unter die 44-€-Grenze.

WICHTIGER HINWEIS

Ungemach droht, wenn zusätzlich zu Einkäufen auf Kosten des Arbeitgebers z.B. Kosten für Verpackung und Versand abgerechnet werden. Ebenso problematisch kann es sein, wenn neben den monatlichen Aufladebeträgen für die Guthabenkarten zusätzliche Gebühren oder Verwaltungskosten anfallen. Solche Zusatzkosten werden unter den Bezeichnungen Setup-Gebühren, Handlingkosten, Aufladegebühr etc. erhoben. Die entscheidende Frage ist, ob diese zusätzlichen Kosten und Gebühren bei der Berechnung der monatlichen 44-€-Grenze zu berücksichtigen sind oder nicht. Für Versand- und Handlingkosten sieht der BFH das so, dass dadurch eine weitere gesonderte Zuwendung entsteht, die ebenfalls die 44-€-Grenze beeinflusst (BFH v. 6.6.2018 – VI R 32/16, BStBl 2018 II S.764). Was Sie also auf jeden Fall vermeiden sollten, ist, dass Sie mit der Karte Ihres Brötchengebers monatlich für 43 € Warenwert einkaufen und zusätzlich 4,00 € Versandkosten anfallen. Da der Gesamtvorteil im Monat damit 47,00 € beträgt, wird der Betrag wegen Überschreiten der Bagatellgrenze voll steuerpflichtig. Also kalkulieren Sie diese zusätzlichen Kosten in Ihre Einkäufe ein und sorgen dafür, dass der Gesamtbetrag monatlich unter 44 € bleibt. Dasselbe Problem stellt sich, wenn der Arbeitgeber Ihre Prepaidkarte mit monatlich 43 € auflädt und der Provider dafür eine monatliche Gebühr von 2 € berechnet. Auch wenn der BFH in seiner Entscheidung die Behandlung solcher Gebühren nicht ausdrücklich geklärt hat, sind Sie clever und setzen wegen einem Euro nicht die gesamte Steuerfreiheit aufs Spiel. Lieber lassen Sie Ihre Prepaidkarte mit nur 41 € aufladen. Schon liegt der Vorteil auf jeden Fall unter 44 €, und das Finanzamt kann Ihnen die Steuerfreiheit nicht verwehren.

Nicht unter die Bagatellgrenze fallen:

- die Nutzung Ihres Firmenwagens, für die die 1-%-Regelung gilt;
- Mahlzeiten im Betrieb sowie Kost und Logis, für die bereits die besonders günstigen Sachbezugswerte nach der Sachbezugsverordnung gelten, und
- Personalrabatte, für die Sie den viel günstigeren Rabattfreibetrag in Anspruch nehmen;
- Bezüge, für die die Lohnsteuer mit 25 % pauschal angesetzt wird:
  - Mahlzeiten im Betrieb, Essenmarken,
  - Betriebsveranstaltungen,
  - Erholungsbeihilfen,
  - Verpflegungszuschüsse bei Dienstreisen, Fahrtätigkeit etc.,
  - Computerschenkung oder Übernahme Ihrer privaten Internetkosten durch den Arbeitgeber,
- verbilligte Überlassung von Belegschaftsaktien oder anderen Vermögensbeteiligungen;
- verbilligter Versicherungsschutz durch den Arbeitgeber.

TIPP

Ist die Bagatellgrenze bei Versicherungen vielleicht doch anwendbar?

Der Fiskus weigert sich schon lange, die Bagatellgrenze auf verbilligten Versicherungsschutz des Arbeitgebers anzuwenden. Der Knackpunkt liegt darin, dass die Bagatellgrenze nur bei Sachleistungen, nicht aber bei Barlohn greift. Barlohn liegt wohl immer dann vor, wenn der Arbeitgeber zwar die Beiträge ganz oder teilweise übernimmt, der Arbeitnehmer selbst aber Versicherungsnehmer ist. Ist dagegen der Arbeitgeber Versicherungsnehmer, weil er die Versicherung zugunsten des Arbeitnehmers abgeschlossen hat, kommt die Bagatellgrenze zur Anwendung. So hat das jedenfalls der BFH für eine Gruppenkrankenversicherung entschieden (BFH v. 14.4.2011 – BStBl 2011 II S. 767). Bei der Versicherung, die der Arbeitgeber für seine Arbeitnehmer abgeschlossen hatte, lag die monatliche Beitragsvergünstigung für die einzelnen Arbeitnehmer unter 44 €. Ausschlaggebend war für den BFH, dass die Arbeitnehmer ausschließlich Anspruch auf Behandlung aus der Versicherung hatten und keine Geldleistungen beanspruchen konnten.

Trotz dieser Entscheidung lehnt der Fiskus kategorisch die Anwendung der Bagatellgrenze für verbilligte Versicherungen ab (BMF v. 10.10.2013 – BStBl 2013 I, S. 1301).

TIPP

Wie trotz Jahresticket die Steuerfreiheit erhalten bleibt!

Jahrelang konnten vom Arbeitgeber gesponserte Jobtickets nur durch Anwen- 48
dung der 44-€-Bagatellgrenze mehr schlecht als recht steuerfrei bleiben, oder der Arbeitgeber musste durch eine pauschale Besteuerung für eine Begünstigung beim Arbeitnehmer sorgen.

Allerdings brachte das viele Einschränkungen und andere Fallstricke mit sich:

- Die Steuerbefreiung war betragsmäßig stark eingeschränkt.
- In die 44-€-Freigrenze wurden auch alle anderen Sachbezüge einbezogen.
- Bei nicht monatlichem Zufluss, z.B. bei Zeitkarten etc., überstiegen die geballt zufließenden Vorteile regelmäßig die Freigrenze und wurden damit steuerpflichtig.
- Die Pauschalbesteuerung für Fahrten zwischen Wohnung und erster Tätigkeitsstätte belastete den Arbeitgeber zusätzlich mit der pauschalen Steuer.

Zum Glück hatte der Fiskus ein Einsehen. Mit dem § 3 Nr. 15 EStG wurden vom Arbeitgeber geförderte Fahrten mit öffentlichen Verkehrsmitteln steuerfrei gestellt. Ob Ihnen Ihr Brötchengeber das Geld zum Kauf von Fahrkarten gibt oder die Fahrausweise unmittelbar zur Verfügung stellt, spielt dabei keine Rolle. Damit es mit der Steuerfreiheit klappt, müssen folgende Bedingungen erfüllt sein:

- Die Fahrten müssen im öffentlichen Personennahverkehr durchgeführt werden.
- Das Verkehrsmittel muss im Linienverkehr fahren.
- Der Arbeitgeber muss die Leistungen zusätzlich zum ohnehin geschuldeten Arbeitslohn erbringen.

Die Steuerbefreiung gilt unter diesen Voraussetzungen für Zuwendungen zu Fahrten

- zwischen Wohnung und erster Tätigkeitsstätte,
- zu einem Sammelpunkt, den der Arbeitnehmer auf Anweisung seines Arbeitgebers arbeitstäglich aufsuchen muss, um z. B. ein Fahrzeug zu übernehmen oder von dort zum Arbeitsort weitertransportiert zu werden,
- in ein weiträumiges Arbeitsgebiet, z. B. ein Wald- oder Hafengebiet oder einen Zustellungsbezirk.

TIPP

Nutzen Sie die Steuerfreiheit auch für Freizeitfahrten!

49 Wenn Sie Ihr Jobticket, die Monats- oder Jahreskarte für Bus und Bahn auch nutzen, um abends ins Kino oder zu Freunden zu fahren, um Ihre Einkäufe zu erledigen oder am Wochende etwas zu unternehmen, bleibt die Steuerfreiheit uneingeschränkt erhalten. Insoweit war der Gesetzgeber großzügig und hat im Gesetz ganz klar geregelt, dass die Steuerfreiheit auch für die private Mitnutzung gilt.

Ein weiterer großer Vorteil gegenüber der Anwendung der Bagatellgrenze ergibt sich dadurch, dass die Steuerbefreiung nicht auf einen Höchstbetrag beschränkt ist. Es ist also gleichgültig, ob die vom Arbeitgeber gesponserte Fahrkarte 20 € oder 250 € im Monat kostet.

50 **Rabattfreibetrag 1.080 €**

Gibt's in Ihrem Betrieb Personalrabatt? Wenn nicht, schlagen Sie Ihrem Chef vor, er möchte bei guter Gelegenheit Personalrabatte als geldwerte Vorteile einräumen. Warum? Den Rabatt hält der Fiskus für einen Teil des Arbeitslohns, lässt aber einen Vorwegabschlag von 4 % des Listenpreises und zusätzlich bis zu 1.080 € (Jahresbetrag) steuerfrei. Das sind ca. 173 bis 519 € jährlich an Lohnsteuer eingespart!

Beispiel

Endpreis der Ware im Einzelhandel z.B.	6.250 €
./. Abschlag, 4 % von 6.250 €	– 250 €
Vergleichswert	6.000 €
./. Personalpreis bei 25 % Rabatt	– 4.688 €
Geldwerter Vorteil	1.312 €
./. Rabattfreibetrag (§ 8 Abs. 3 EStG)	– 1.080 €
Steuerpflichtiger Arbeitslohn	232 €

Bis zu welchem Warenwert Einkäufe mit Rabatt steuerfrei bleiben, zeigt die folgende Übersicht:

Bis 4 % Rabatt: steuerfreier Einkauf	unbegrenzt
5 % Rabatt: steuerfreier Einkauf bis	108.400 €
10 % Rabatt: steuerfreier Einkauf bis	18.000 €
15 % Rabatt: steuerfreier Einkauf bis	9.818 €
20 % Rabatt: steuerfreier Einkauf bis	6.750 €
25 % Rabatt: steuerfreier Einkauf bis	5.143 €

Den Rabattfreibetrag gibt es insbesondere für

- alle Sachen (Lebensmittel, Kleidung, Autos etc.),
- Strom, Gas, Wasser, Fernwärme,
- Beförderungsleistungen,
- Beratungen,
- Kontoführung,
- Vermittlungsleistungen,
- Reiseleistungen,
- Versicherung,
- Vermietung von Immobilien,
- Vermietung/Gebrauchsüberlassung von beweglichen Sachen (z.B. Pkw, Segelboot, Wohnmobil),
- Darlehen.

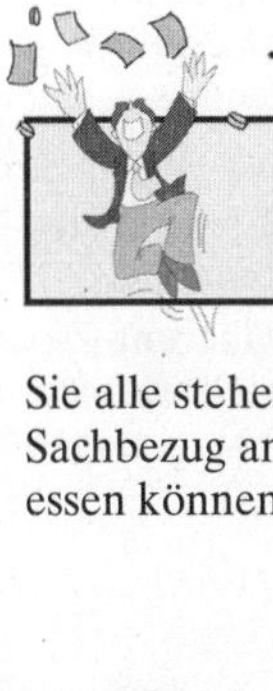

TRICK

Speziell für Krankenschwestern, Altenpfleger, Köche, Kellner, Bedienungen

Sie alle stehen vor dem Problem, dass der Fiskus Ihnen einen steuerpflichtigen 51
Sachbezug ans Bein binden will, wenn Sie im Betrieb kostenlos oder verbilligt essen können.

Variante 1
Sie versteuern jeweils den amtlichen Sachbezugswert, also pro Mittag- oder Abendessen je 3,47 € (2021) ohne weitere Abzüge.

Variante 2
Sie versteuern den tatsächlichen Preis, den das Essen normalerweise kosten würde, allerdings unter Berücksichtigung des Rabattfreibetrags von 1.080 € und des Bewertungsabschlags von 4 %.

Wenn Sie in der Arbeit speziell zubereitete Mahlzeiten erhalten, die den Patienten oder Gästen nicht serviert werden, ist die Sache eindeutig. In diesem Fall muss Ihr Brötchengeber bei der Versteuerung zwingend von der Differenz zwischen amtlichem Sachbezugswert und Ihrer eventuellen Zuzahlung ausgehen. Demgegenüber haben Sie die Art und Höhe der Versteuerung in der Hand, wenn Ihnen dieselbe Verpflegung aufgetischt wird. Grundsätzlich ist in einem solchen Fall die Rabattregelung anzuwenden, die dann allerdings von den hohen Preisen ausgeht, die den Patienten bzw. Gästen abverlangt werden.

Angenommen, Sie arbeiten als Kellner an 240 Tagen im Jahr im Restaurant »Zur goldenen Gans« und bekommen als Abendessen jeweils kostenlos ein Gericht Ihrer Wahl aus dem Speisenangebot. Im Durchschnitt liegt der Preis des Gerichts, für das Sie sich entscheiden, bei etwa 10 €. Ihr Chef rechnet dann beim Lohnsteuerabzug wie folgt:

Üblicher Preis 240 Tage à 10 €	2.400 €
./. Bewertungsabschlag 4 %	– 96 €
	2.304 €
./. Rabattfreibetrag	– 1.080 €
Steuerpflichtiger Teil der kostenlosen Verpflegung	1.224 €

Die Versteuerung können Sie in diesem Fall deutlich günstiger gestalten, wenn Ihr Brötchengeber sich entschließt, die eventuelle Steuer auf Mahlzeiten pauschal mit 25 % zu tragen. Durch die Pauschalierung fliegen Sie nämlich automatisch aus der Rabattregelung. Die Folge ist, dass die Bewertung der Verpflegung mit dem amtlichen Sachbezugswert vorgenommen wird. Die Rechnung sieht dann so aus:

240 Mahlzeiten à 3,47 €	832,80 €

Wie Sie sehen, ist schon die Bemessungsgrundlage bei Pauschalierung der Lohnsteuer um ca. 391 € günstiger. Hinzu kommt für Sie der Vorteil, dass die Pauschalsteuer von lediglich 25 % grundsätzlich vom Arbeitgeber getragen wird und keine Sozialversicherungsbeiträge anfallen.

TIPP

Rabattregelung statt Pauschalsteuer

Nicht immer ist die Variante Pauschalierung und Ansatz der Sachbezüge für Sie und Ihren Brötchengeber günstiger. Liegen Ihre geldwerten Vorteile aus der Gewährung der Mahlzeiten unter oder nur geringfügig über dem Rabattfreibetrag, **bringt die Rabattregelung für Sie Vorteile,** weil sie dazu führt, dass bis zu 1.080 € Ihres Vorteils unversteuert bleiben. Hätten Sie im obigen Beispiel nur 100 Mahlzeiten erhalten, hätte sich folgende Rechnung ergeben:

Üblicher Preis 100 Tage à 10 €	1.000 €
./. Bewertungsabschlag 4 %	– 40 €
	960 €
./. Rabattfreibetrag	– 1.080 €
Steuerpflichtiger Teil der kostenlosen Verpflegung	0 €

Bei Pauschalierung und Ansatz der Sachbezugswerte hätte sich dagegen ein steuerpflichtiger Arbeitslohn in Höhe von 100 Mahlzeiten à 3,47 € = 347 € ergeben.

SUPER TRICK

Lassen Sie sich vom Finanzamt die Miete bezahlen!

Pochen Sie auf Ihr Recht und verlangen, dass Sie mit allen anderen Arbeitneh- 52
mern, die Personalrabatte erhalten, gleich behandelt werden. Ist Ihr Arbeitgeber z.B. in der Wohnungsbranche tätig und überlässt Ihnen verbilligt eine seiner Wohnungen? Sie versteuern keine Preisvorteile mehr, die nicht höher als 1.080 € liegen.
Für Ihre monatliche Mietverbilligung um 150 € auf 350 € ergibt sich für Sie z.B. folgende Rechnung:

Übliche Monatsmiete	500 €	× 12 =	6000 €
./. Abschlag 4 %			– 240 €
			5760 €
./. tatsächlich gezahlte Miete	350 €	× 12 =	– 4200 €
Geldwerter Vorteil			1560 €
./. Rabattfreibetrag			– 1080 €
Steuerpflichtiger Arbeitslohn			480 €

Von dem tatsächlichen Vorteil aus der Mietverbilligung von 1.800 € (150 € × 12) versteuern Sie also nur 480 €. Ihre Steuerersparnis (inkl. Kirchensteuer und ggf. Solidaritätszuschlag) darauf beträgt je nach Einkommen zwischen 185 € und 680 €. Wie Sie sehen, bezahlt Ihnen der Fiskus im günstigsten Fall fast zwei Monate lang Ihre Wohnung.

TRICK

Kassieren Sie den Rabattfreibetrag zweimal!

53 Wenn Sie im laufenden Jahr Ihren Arbeitgeber wechseln, sollten Sie beim verbilligten Personaleinkauf in der alten Firma noch einmal richtig zuschlagen und den Rabattfreibetrag ausschöpfen. Den gibt es nämlich für jedes Arbeitsverhältnis, auch für einen Minijob, den Sie nebenher machen. Statt 1.080 € bleiben dann 2.160 € (oder je nach Anzahl der Arbeitsverhältnisse noch mehr) steuerfrei. Den doppelten Rabattfreibetrag können Sie auch kassieren, wenn Sie mit Ihrem Ehegatten in derselben Firma arbeiten. Sie müssen dazu bei größeren Anschaffungen den Kaufvertrag nur gemeinsam abschließen. Auf diese Weise bleiben vom Rabatt für jeden 1.080 € steuerfrei. Dieser Trick funktioniert ebenfalls mit anderen Angehörigen.
Angenommen, Sie arbeiten mit Ihrem Ehepartner zusammen bei einem Autohändler. Sie kaufen ein Auto und schließen den Kaufvertrag zusammen ab. Die Rechnung für das Finanzamt sieht dann bei einem Rabatt von 20 % z.B. so aus:

Listenpreis des Autos	15.000 €
./. 4 % Abschlag	– 600 €
	14.400 €
./. Kaufpreis (15.000 € – 3.000 € Rabatt)	– 12.000 €
Vorteil	2.400 €
./. Ihr Rabattfreibetrag	– 1.080 €
./. Rabattfreibetrag Ihres Ehepartners	– 1.080 €
steuerpflichtig	240 €

SUPER TRICK

Gängige Rabatte des Arbeitgebers gelten auch für Sie!

54 Gehören Sie zu dem Kreis der Begünstigten, die Personalrabatte gewährt bekommen, müssen Sie unbedingt wissen, dass die Fiskalritter bei der Berechnung der Steuer in der Regel von dem »Endpreis« ausgehen, der auf dem Preisschild

oder in der Preisliste steht und mit dem Ihr Arbeitgeber in die Verkaufsverhandlungen mit seinen Kunden startet. Bei der Ermittlung des tatsächlichen Endpreises akzeptiert der Fiskus dank Nachhilfe vom BFH nun endlich, dass von dem Preis lt. Preisliste die üblichen Preisnachlässe abgezogen werden, die Kunden normalerweise eingeräumt werden (BMF v. 16.5.2013 – BStBl II S. 729).
Also gibt es zwei Möglichkeiten, den günstigen tatsächlichen Preis als Basispreis für Ihren Personalrabatt zu bekommen. Entweder weist der Arbeitgeber die durchschnittlichen Kundenrabatte nach, oder er zeichnet die Waren gleich mit dem günstigeren Endpreis aus und schreibt z.B. Folgendes auf das Preisschild:

1-a-Spitzen-Einbauküche »Kochprofi«	
Katalog-/Listenpreis	10.000 €
unser Spezialhauspreis nur	7.500 €

Und schon wird bei der Berechnung Ihres Arbeitslohns aus dem Rabatt für die von Ihnen gekaufte Küche von 7.500 € ausgegangen statt von 10.000 €.

TRICK

Suchen Sie sich einen günstigeren Preis im Internet!

Verzichten Sie auf den Rabattfreibetrag! Auch wenn Sie es im ersten Moment 55
nicht glauben wollen: Das kann tatsächlich für Sie günstiger sein. Statt der Rabattregelung mit Freibetrag können Sie die allgemeine Bewertung für Sachbezüge wählen. Während sie bei der Rabattregelung auf die Preise des Arbeitgebers festgelegt sind, können Sie bei der allgemeinen Sachbezugsbewertung (§ 8 Abs. 2 EStG) als Berechnungsgrundlage den günstigsten Preis im Inland wählen, den Sie ausfindig machen können.
Wenn Sie also z.B. die Küche, die Ihr Arbeitgeber mit allen Preisnachlässen für 7.500 € anbietet, für 6.000 € finden, können Sie bei Ihrer Einkommensteuerveranlagung darauf bestehen, dass das Finanzamt den Vorteil auf der Basis des günstigeren Preises berechnet. Allerdings darf dann der Freibetrag von 1.080 € nicht mehr abgezogen werden (BMF-Schreiben v. 16.5.2013 – BStBl 2013 I S. 729).

TRICK

Mit Hilfe des Betriebsrats steuerfreie Rabatte ergattern

Vorsicht ist geboten, wenn Sie bei Kunden oder befreundeten Unternehmen 56
Ihres Brötchengebers zu Sonderkonditionen einkaufen können. Hat Ihr Arbeit-

geber beim Aushandeln dieser Preisvorteile die Hände im Spiel, werden Ihnen die Fiskalakrobaten den Rabatt als Arbeitslohn anhängen mit der Begründung, es liege ein »Beziehungskauf« und damit eine Arbeitslohnzahlung von dritter Seite vor (BMF-Schreiben v. 27.9.1993 – BStBl 1993 I S. 814). Den Rabattfreibetrag sollen Sie aber nicht bekommen, da der Rabatt nicht unmittelbar von Ihrem Arbeitgeber eingeräumt wurde. Wenn man so etwas liest, bleibt einem glatt die Spucke weg.

Um die Rabatte dennoch steuerfrei zu kassieren, bleibt die Hintertür über den Betriebsrat. Bringen Sie ihn dazu, mit der Leitung Ihres Betriebs eine Vereinbarung zu treffen, nach der der Betriebsrat in eigenem Namen mit Kunden, Lieferanten etc. über Preisnachlässe für die Betriebsangehörigen verhandelt. Solcherart ausgehandelte Rabatte sind für Sie steuerfrei.

Ihr Brötchengeber selbst soll sich schön im Hintergrund halten und seine Mithilfe darauf beschränken, Angebote an seine Arbeitnehmer zu dulden, sie z.B. selbst am Schwarzen Brett bekanntzumachen oder Ihnen eine Bescheinigung über die Betriebszugehörigkeit auszustellen.

TIPP

Ein Abschlag von 4 % ist immer drin!

Falls aus irgendeinem Grund der Kniff mit dem Betriebsrat nicht klappt und man Ihnen den Rabattfreibetrag nicht zugestehen will, haben Sie zumindest **Anspruch auf einen Abschlag von 4 % des Ladenpreises**.

Die Rechnung sieht dann z.B. beim Kauf eines Fernsehers mit 10 % Rabatt bei einem befreundeten Unternehmen so aus:

Ladenpreis des Fernsehers	1.250 €
./. 4 %	– 50 €
	1.200 €
./. Ihr Kaufpreis	– 1.125 €
steuerpflichtiger Rabatt	75 €

Statt Ihres tatsächlichen Rabatts von 125 € versteuern Sie also nur 75 €.

Kleiner Pferdefuß: Wenn Sie sich als Vergleichspreis das günstigste Angebot aus dem Internet suchen, verweigert Ihnen der Fiskus den Abschlag von 4 %.

SUPER TRICK

Lassen Sie sich als Teilzeitkraft mit verbilligten Waren bezahlen!

Beim Lohn für Teilzeitkräfte fallen in der Regel bis zu 31,51 % pauschale Bei- 57
träge zu Sozialversicherungen, Umlagen und pauschale Steuern an. Aber da Arbeitslohn alles ist, was Sie für Ihre Tätigkeit im Dienst der Firma erhalten, kann niemand etwas dagegen haben, wenn der Lohn in verbilligter Firmenware statt in bar ausgezahlt wird. Es können sogar Preisnachlässe von 100 % eingeräumt werden. Wenn also beim Personaleinkauf nichts zugezahlt wird, bleibt der Lohn bis zu 1.125 € zusätzlich steuerfrei (§ 8 Abs. 3 EStG).

Ladenendpreis an erhaltenen Waren	1.125 €
./. 4 % Abschlag	– 45 €
./. Rabattfreibetrag	– 1.080 €
steuerpflichtig	0 €

Und Ihre Firma spart pauschale Steuern und Sozialversicherung inkl. Umlagen von 31,51 % auf 1.125 € = 354,48 €.

Wichtiger Hinweis:
Damit der Rabattfreibetrag problemlos greift, müssen Sie eine Gehaltsumwandlung vermeiden. Haben Sie nämlich laut Arbeitsvertrag Anspruch auf Lohn in Geld und bekommen stattdessen Waren, soll nach dem Willen des BFH der Rabattfreibetrag nicht anwendbar sein (BFH-Urt. v. 6.3.2008 – BStBl 2008 II S. 530). Das Problem umgehen Sie aber ganz einfach, indem Sie neben dem Barlohn als Vergütung in Ihrem Arbeitsvertrag den Warenbezug bei Ihrem Arbeitgeber festlegen.

Ihr Arbeitgeber kann Ihnen auch günstiger ein *Kraftfahrzeug verkaufen.* Doch 58
aufgepasst, denn dem Lohnsteuerprüfer läuft gleich das Kinnwasser, wenn er auf solche Geschäfte stößt. Argwöhnt er doch, dass Ihnen klammheimlich Vorteile aus dem Arbeitsverhältnis eingeräumt worden sein könnten, die steuerpflichtigen Lohn darstellen. Damit bei einem Gebrauchtwagenkauf solche Erörterungen gar nicht erst aufkommen, sollten Sie z. B. den Preis lt. Marktspiegel der DAT oder lt. Schwacke-Liste zugrunde legen. Der Fiskus akzeptiert aber nicht den niedrigeren Händlereinkaufspreis, sondern nur den höheren Händlerverkaufspreis inkl. Umsatzsteuer (BFH v. 17.6.2005 – BStBl II 2005 S. 795).

SUPER TRICK

Schlagen Sie dem Finanzamt mit einer Delle im Kotflügel ein Schnippchen!

59 Gut, dass Sie Ihren künftigen fahrbaren Untersatz zusammen mit Ihrem Chef genauer unter die Lupe genommen haben, sonst wären Ihnen die Dellen in der Stoßstange und im Kotflügel sicher entgangen. Im Kaufvertrag notieren Sie diesen leichten Unfallschaden und nehmen so dem eifrigen Lohnsteuerprüfer den Wind aus den Segeln, wenn er Ihnen mit einem angeblichen Vorteil wegen zu niedrigen Kaufpreises kommt.

60 Den Rabattfreibetrag von 1.080 € bekommen Sie nur für den Bezug von Waren und Dienstleistungen, mit denen Ihr Arbeitgeber regelmäßig handelt. Es muss sich dabei nicht um sein Kerngeschäft handeln. Deshalb bekommen Sie z.B. als Krankenhausangestellte den Rabattfreibetrag, wenn Sie Medikamente aus der Krankenhausapotheke kostenlos oder verbilligt erhalten (BFH-Urt. v. 27.8.2002 – BStBl 2003 II S.95).
Allerdings darf Ihr Arbeitgeber vergleichbare Geschäfte nicht nur überwiegend mit seiner Belegschaft machen (BFH – BStBl II 1995 S.338 und BStBl II 1997 S.363). So meinen die Richter beim BFH, dass es bei einem Arbeitgeberdarlehen keinen Rabattfreibetrag geben darf, wenn der Arbeitgeber nur gelegentlich Kredite auch an Nichtarbeitnehmer vergibt, z.B. an Tochterunternehmen oder an Banken (Urt. v. 18.9.2002 – BStBl 2003 II S.371). Ihr Arbeitgeber muss die betreffenden Geschäfte also schon mehr als nur gelegentlich auch mit Kunden oder anderen nicht bei ihm beschäftigten Personen machen.

TRICK

Kassieren Sie den Mietrabatt von Ihrem Arbeitgeber steuerfrei!

61 Ist Ihr Brötchengeber ein Wohnungsunternehmen und überlässt Ihnen eine Wohnung für weniger als die übliche Miete, ist der Abzug des Rabattfreibetrags selbstverständlich. Aber auch bei anderen Arbeitgebern kommt der Rabattfreibetrag für eine verbilligte Vermietung zur Anwendung, wenn entsprechende Wohnungen auch an Fremde vermietet werden. So hat der BFH einem Hausmeister den Rabattfreibetrag zuerkannt, weil sein Arbeitgeber andere Hausmeisterwohnungen an Nichtarbeitnehmer vemietet hatte (BFH v. 16.2.2005 – BStBl 2005 II S.529).

SUPER TRICK

Ordentliche Steuerbefreiung, wenn Ihnen Ihr Arbeitgeber eine billige Wohnung vermietet!

Ansehnliche Steuervorteile gibt es für Sie nicht nur, wenn Ihr Brötchengeber in 62
der Wohnungsbranche arbeitet und Ihnen eine Wohnung günstig vermietet. Auch wenn Ihr Chef mit dem Immobilienmarkt überhaupt nichts zu tun hat, kann er Ihnen seit 2020 steuerfrei etwas Gutes tun, indem er Ihnen eine Wohnung zu einem Mietpreis unter der Marktmiete überlässt. Der Gesetzgeber war so nett und hat einen sog. Bewertungsabschlag für Mitarbeiterwohnungen eingeführt, so dass Mietverbilligungen bis zu einem Drittel der Marktmiete steuerfrei bleiben können (§ 8 Abs. 2 S. 12 EStG). Voraussetzung ist lediglich, dass die von Ihnen gemietete Mitarbeiterwohnung von Ihnen zu eigenen Wohnzwecken genutzt wird und die übliche Kaltmiete nicht über 25 € je qm liegt. Also fallen nur ausgesprochene Luxuswohnungen aus dieser Begünstigung heraus.

Beispiel
Ihr Chef vermietet Ihnen eine firmeneigene Wohnung mit 120 qm, damit Sie mit Ihrer Familie näher am Betrieb wohnen können. Die übliche Kaltmiete für vergleichbare Wohnungen liegt bei 15 € pro qm. Neben den üblichen Nebenkosten zahlen Sie Ihrem Chef dafür lediglich eine Kaltmiete von 1.200 € im Monat. Und so sieht das für Sie bei der monatlichen Lohnabrechnung aus:

Übliche Miete 120 qm × 15 €	1.800 €
./. Bewertungsabschlag 1/3	– 600 €
= steuerliche Mindestmiete	1.200 €
./. tasächlich gezahlte Miete	– 1.200 €
Steuerpflichtiger Arbeitslohn	0 €

Damit bleibt für Sie monatlich eine Mietverbilligung von 600 €, auf das Jahr gerechnet also 7.200 €, steuerfrei. Ihre jährliche Steuerersparnis liegt je nach Steuersatz zwischen 1.064 € und 3.710 €
Das nenne ich gegenüber der Ersparnis aus einem mageren 44 € Tank- oder Einkaufsgutschein doch einmal »klotzen statt kleckern«.

TIPP

Die Steuerfreiheit gibt es auch bei Vermietung durch eine Tochter- oder Muttergesellschaft!

Wenn Ihnen die Wohnung nicht von Ihrer Firma unmittelbar vermietet wird, 63
sondern von einem mit Ihrem Arbeitgeber konzernmäßig verbundenen Unter-

nehmen, gilt der Bewertungsabschlag für die Berechnung der steuerlich relevanen Mietverbilligung ebenfalls. Ist Ihr Vermieter also z. B. eine Tochter- oder die Muttergesellschaft Ihrer Firma, können Sie sich ebenfalls über die beschriebene Steuerbefreiung freuen.

64 Steuerfrei sind außerdem **Mitgliedsbeiträge**, wenn Sie im betrieblichen Interesse einem Verein oder Club (etwa Industrieclub) beigetreten sind (BFH v. 20.9.1985 – BStBl 1985 II S. 718) oder einem Wirtschaftsclub (Niedersächsisches Finanzgericht v. 6.7.2007 – 11 K 192/04). Das gilt leider nicht für Kammerbeiträge für den angestellten Geschäftsführer einer Wirtschaftsprüfungs- und Steuerberatungsgesellschaft (BFH v. 17.1.2008 – BStBl 2008 II S. 378) oder die vom Arbeitgeber getragenen Beiträge zur Berufshaftpflichtversicherung einer Rechtsanwältin (BFH v. 26.7.2007 – BStBl 2007 II S. 892). Kein steuerpflichtiger Arbeitslohn ergibt sich dagegen, wenn eine Rechtsanwaltsgesellschaft für die Gesellschaft selbst eine Haftpflichtversicherung abschließt, die nicht gleichzeitig die standesrechtlich erforderliche Haftpflichtversicherung der angestellten Anwälte mit abdeckt (BFH v. 19.11.2015 – BStBl 2016 II S. 301). Noch günstiger sieht es für angestellte Ärzte in einem Krankenhaus aus. Anders als bei Anwälten besteht für angestellte Ärzte keine standesrechtliche Pflicht zum Abschluss einer Haftpflichtversicherung. Schließt somit das Krankenhaus eine Betriebshaftpflichtversicherung ab, in der auch die angestellten Ärzte mitversichert sind, entsteht dadurch kein zu versteuernder Arbeitslohn. Hier hat der BFH klar gegen die bisher vom Fiskus praktizierte gegenteilige Handhabung entschieden (BFH v. 19.11.2015 – BStBl 2016 II S. 303).

65 Unter der Überschrift Betriebssport unter gleichzeitiger Förderung des Betriebsklimas kann der Arbeitgeber seiner Belegschaft betriebseigene **Tennis-** oder **Squashplätze** zur Verfügung stellen, ohne dass daraus steuerpflichtige geldwerte Vorteile entstehen. Bei solchen Vorteilen spricht man nämlich von Zuwendungen im überwiegend eigenbetrieblichen Interesse des Arbeitgebers. Anders sieht die Sache allerdings aus, wenn der Arbeitgeber nicht über eigene Anlagen verfügt, sondern die Plätze anmietet. In diesem Fall stellt die Überlassung steuerpflichtigen Arbeitslohn dar (BFH v. 27.9.1996, BStBl 1997 II S. 146).

Wenn Sie jedoch nur zwei- bis dreimal im Monat den Platz nutzen und die gesparte Platzmiete für Sie nicht über 44 € (ab 2022: 50 €) liegt, bleiben Sie aufgrund der **44-€-Freigrenze** steuerfrei ➤ Rz 47.

66 **Unterstützungen in Notfällen**

Ein Notfall liegt regelmäßig vor bei Krankheit, Tod oder einem Unglücksfall und wenn der Arbeitnehmer keine Erstattungen von Dritten, z. B. einer Versicherung, zu erwarten hat. Für die Frage, ob und in welchem Umfang Unterstützungen Ihres Brötchengebers dann steuerfrei bleiben können, kommt es entscheidend darauf an, wie groß Ihr Betrieb ist und ob es dort eine Personalvertretung gibt.

Bei Betrieben mit mehr als fünf Arbeitnehmern gibt es drei Möglichkeiten, steuerfreie Zahlungen zu organisieren:

1. Der Arbeitgeber gründet eine selbständig rechtsfähige Unterstützungskasse (meistens in der Rechtsform eines e.V.) und stattet sie mit entsprechenden Mitteln aus. Die Beihilfen werden dann von der Unterstützungskasse entsprechend ihrer Satzung gezahlt.
2. Der Arbeitgeber stellt der Personalvertretung entsprechende Mittel zur Verfügung, aus denen diese Beihilfen und Unterstützungen zahlt.
3. Der Arbeitgeber zahlt selbst nach einheitlichen, allgemeinen Grundsätzen, die verbindlich mit der Personalvertretung abgestimmt wurden. In diesem Fall ist allerdings bei jeder Beihilfezahlung die ausdrückliche Zustimmung der Personalvertretung erforderlich. Ein Tipp: Die Zustimmung sollte jeweils kurz schriftlich festgehalten und zu den Lohnunterlagen genommen werden für den Fall, dass der Lohnsteueraußenprüfer des Finanzamts die Zahlungen unter die Lupe nimmt.

Sind diese Anforderungen erfüllt, bleiben Unterstützungen in Notfällen bis zu 600 € ohne weitere Voraussetzungen steuerfrei. Bis zu dieser Höhe spielt das Einkommen des Unterstützten keine Rolle. Liegt hingegen eine besondere Notlage vor, sind auch höhere Beihilfen, praktisch ohne betragsmäßige Begrenzung, steuerfrei. In diesem Fall kommt es aber ganz entscheidend darauf an, wie viel der Arbeitnehmer verdient und ob es ihm nicht doch zuzumuten wäre, die Kosten aus dem eigenen Einkommen zu tragen. Im Klartext bedeutet das, dass die gleiche Beihilfe beim Fließbandarbeiter anders zu beurteilen ist als bei einem wesentlich besser verdienenden leitenden Angestellten.

Bei Umweltkatastrophen, z.B. Hochwasserschäden, wird die max. Höhe der steuerfrei möglichen Unterstützungen in einem sog. Katastrophenerlass des BMF und der Länderfinanzministerien verbindlich festgelegt.

SUPER TRICK

So kommen Sie an eine besonders billige private Krankenversicherung!

Als Besserverdienender sind Sie nicht mehr krankenversicherungspflichtig. 67
Entscheiden Sie sich deshalb für eine private Krankenversicherung, kann Sie das eine ganze Stange Geld kosten, obwohl der Arbeitgeber in der Regel einen Zuschuss zumindest in Höhe des Arbeitgeberanteils in der gesetzlichen Krankenversicherung beisteuert. Doch können Sie sich die Möglichkeit steuerfreier Beihilfen zunutze machen. Viele Krankenkassen bieten nämlich erheblich billigere Sondertarife an, wenn die ersten 600 € Krankheitskosten im Jahr von der Erstattung ausgeschlossen werden. Diesen Eigenanteil, auf dem Sie sitzenblei-

ben, soll Ihnen Ihr Brötchengeber als Beihilfe steuerfrei erstatten. Durch diesen Kniff sparen nicht nur Sie ganz enorm an Krankenversicherungsbeiträgen, meistens ist auch für Ihren Arbeitgeber die Ersparnis bei seinem Pflichtzuschuss so groß, dass er trotzdem noch ein gutes Geschäft macht.

68 Mahlzeiten vom Betrieb

Gibt es in Ihrem Betrieb eine Kantine, wird Ihnen für jede Mahlzeit, die Sie kostenlos erhalten, pauschal der Wert der Mahlzeit aus der Sachbezugsverordnung als Arbeitslohn zugerechnet. Müssen Sie Ihr Essen dagegen bezahlen und entspricht der Preis mindestens den Sachbezugswerten, entfällt die Versteuerung.

Um Sie von dieser Steuer zu verschonen, kann Ihr Arbeitgeber die Vorteile aus den Mahlzeiten pauschal mit 28,125 % versteuern (§ 40 Abs. 2 EStG).
2021 sind für Mahlzeiten folgende Beträge anzusetzen:

	Mahlzeit	Sachbezugswert	Pauschalsteuer (28,125 %)
Arbeitnehmer inkl. Jugendliche/ Azubis	Frühstück	1,83 €	0,51 €
	Mittagessen	3,47 €	0,97 €
	Abendessen	3,47 €	0,97 €

Pauschalsteuer = Lohnsteuer 25 %, darauf Solidaritätszuschlag 5,5 % + Kirchensteuer, länderspezifisch, z.B. 7 %

69 Betriebsveranstaltungen

Steuerfrei bis zu 110 € sind auch Aufwendungen für Betriebsveranstaltungen, d.h. für Betriebsausflüge und -feste oder Weihnachtsfeiern – sofern sie allen Arbeitnehmern des Betriebs oder zumindest der Filiale oder Abteilung offenstehen. Wäre ja auch hirnrissig, hieraus Arbeitslohn herzuleiten, denn schließlich ist in erster Linie die Firma selbst an solchen Veranstaltungen interessiert, die das Betriebsklima verbessern sollen.

Der Fiskus schränkt allerdings die Steuerfreiheit ein. Der Freibetrag von 110 € je Arbeitnehmer gilt nur für bis zu zwei Betriebsveranstaltungen im Jahr. Die Dauer der Veranstaltung spielt keine Rolle. Auch mehrtägige Veranstaltungen mit Übernachtung können bis zu 110 € steuerfrei sein. Ebenso kann der Arbeitgeber bei sehr teuren Veranstaltungen vor der Versteuerung 110 € je Arbeitnehmer abziehen.

Aufgepasst: Hier lauert eine böse Steuerfalle. Wenn an der Betriebsveranstaltung Begleitpersonen des Arbeitnehmers, wie Ehegatte, Freundin, Lebenspartner etc., teilnehmen, rechnet ihm der Fiskus nicht nur den eigenen Kostenanteil zu, sondern auch den der Begleitperson! Kommt der Arbeitnehmer dadurch über die 110-€-Grenze, ist der Spaß für ihn steuerpflichtig.

Diese Bestimmung des Fiskus führt zu kuriosen Ergebnissen. Angenommen, Ihr Chef veranstaltet ein Betriebsfest. Die Kosten pro Teilnehmer liegen bei 100 €. Sie nehmen zu dem Fest Ihre bessere Hälfte mit. Als Vorteil aus dem Fest rechnet der Fiskus Ihnen und Ihrer Begleitung je 100 € zu. Steuerlich bindet man Ihnen also 200 € ans Bein. Nach Abzug des Freibetrags von 110 € müssen Sie für das Fest satte 90 € versteuern. Ihr Kollege Willi, der allein aufgetaucht ist, bleibt dagegen komplett steuerfrei.

TIPP

Halten Sie Selbstkosten des Arbeitgebers und Reisekosten aus der Versteuerung heraus!

Zunächst einmal werden alle Kosten, die in Zusammenhang mit der Betriebs- 70
veranstaltung anfallen, in die Besteuerung einbezogen. Dabei ist egal, ob es sich um die Kosten handelt für

- Speisen,
- Getränke,
- Musik, künstlerische Darbietungen etc. handelt oder ob um Kosten
- für die Räumlichkeiten und deren Ausschmückung,
- der Organisation oder
- für einen Event-Manager.

Jetzt die positive Nachricht: Bei der Besteuerung kommt es nur auf die Dinge an, für die der Arbeitgeber Rechnungen bekommen hat. Alle Selbstkosten der Firma bleiben außen vor. Findet das Betriebsfest z.B. in den eigenen Räumen der Firma statt, bleiben die Raumkosten wie Abschreibung, Zinsen, Heizung oder Strom unbeachtet. Wird das Fest dagegen in gemieteten Räumen veranstaltet, gehört die Miete zu den Kosten der Betriebsveranstaltung. Ähnlich verhält es sich, wenn Mitarbeiter der Firma das Fest organisieren. Deren Lohnkosten werden nicht den Kosten der Betriebsveranstaltung zugeschlagen. Anders ist es, wenn der Chef die Organisation in fremde Hände gibt und dafür einen entsprechenden Obolus bezahlen muss.
Die Reisekosten, die anfallen, weil Sie zu der Betriebsveranstaltung anreisen müssen, können vom Arbeitgeber zusätzlich steuerfrei erstattet werden.

Beispiel
Ihre Firma hat ihren Sitz in Hamburg. Sie arbeiten für das Unternehmen als Handelsvertreter für den Süddeutschen Raum und wohnen in Nürnberg. Die Firma veranstaltet im August ein großes Sommerfest, zu dem Sie nach Hamburg reisen. Das Fest verursacht 105 € Kosten pro Teilnehmer. Außerdem übernimmt Ihr Chef die Fahrtkosten für die An- und Abreise mit der Bahn sowie eine Hotelübernachtung in Hamburg mit insgesamt 450 €.

Über eine Versteuerung müssen Sie sich keine Gedanken machen. Die anteiligen Kosten für das Fest liegen unter dem Freibetrag von 110 € und die Fahrt- bzw. Übernachtungskosten kann Ihr Arbeitgeber Ihnen als Reisekosten steuerfrei zahlen.

Anders sieht die Sache aus, wenn Sie mit der kompletten Belegschaft über ein Wochenende nach Mallorca fliegen. In diesem Fall sind die Flug- und Übernachtungskosten Teil des Betriebsausflugs. Sie bleiben zusammen mit den übrigen Kosten des Ausflugs nur in Höhe von 110 € steuerfrei. Der übersteigende Betrag muss versteuert werden.

Für die Versteuerung der Reisekosten gilt damit letztendlich folgende einfache Regelung: Reisekosten vor und nach der Betriebsveranstaltung sind zusätzlich zu den 110 € steuerfrei, wenn der Arbeitgeber zwar die Kosten erstattet, die An- und Abreise zur Betriebsveranstaltung allerdings vom Arbeitnehmer selbst organisiert worden ist. Reisekosten während der Betriebsveranstaltung rechnen zu den Gesamtkosten der Veranstaltung und unterliegen dem Freibetrag von 110 €.

TRICK

Vom Arbeitgeber gesponserter Wochenendtrip an die See!

71 Auch **Barzuschüsse** des Arbeitgebers zu einer von der Belegschaft selbst oder der Personalvertretung organisierten Betriebsveranstaltung bleiben steuerfrei, sofern alle Betriebsangehörigen oder bei abteilungsweisen Veranstaltungen alle Angehörigen der jeweiligen Abteilung daran teilnehmen können. Auch hier darf der Zuschuss pro Teilnehmer den Freibetrag von 110 € nicht übersteigen (BFH v. 16.11.2005 – BStBl II 2006 S. 437). Wenn Sie und Ihre Kollegen also einmal einen Ausflug, auch übers Wochenende oder über mehrere Tage, z.B. an die Nordsee oder zum Skilaufen in die Berge machen wollen, kann Ihr Arbeitgeber das durch einen saftigen Zuschuss in die Kasse sponsern.

TIPP

für teure Betriebsveranstaltungen

72 Ausweg in diesem Fall: Der Arbeitgeber kann diesen Teil des Arbeitslohns mit 25 % pauschal versteuern. Vorteil für Sie: Mit der Pauschalsteuer ist alles abgegolten. Ihrem Arbeitgeber tut das übrigens nicht sehr weh, denn er spart sich die Sozialversicherungsbeiträge von immerhin auch gut 20 %.

Hat sich der Arbeitgeber bei der Veranstaltung verkalkuliert und mit erheblich mehr Teilnehmern gerechnet, als tatsächlich erschienen sind, kann er nach Auffassung des Fiskus nicht einen Teil der Kosten aus der Versteuerung ausklammern. Die Finanzämter teilen vielmehr rigoros die insgesamt angefallenen Kosten auf. Musste Ihr Arbeitgeber z.B. das halbe Büfett in den Müll werfen, weil statt der erwarteten 100 nur 50 Leute gekommen sind, ficht das den Fiskus nicht an. Er rechnet den Anwesenden einfach den doppelten Anteil zu. Zwar hat das Finanzgericht Köln entschieden, dass diese Handhabung in hohem Maß ungerecht ist und für die Ermittlung der Pro-Kopf-Kosten auf die angemeldeten und nicht die tatsächlich anwesenden Teilnehmer abzustellen ist (FG Köln v. 27.6.2018 – 3 K 870/17, EFG 2018 S. 1647), doch leider hat sich der Fiskus dem nicht angeschlossen. In der beim BFH inzwischen anhängigen Revision (AZ VI R 31/18) muss diese Frage nun abschließend gerichtlich geklärt weden.

WICHTIGER HINWEIS

Keine Pauschalierung der Steuer bei begrenztem Personenkreis!
Eine z.B. den Führungskräften vorbehaltene Veranstaltung ist nach dem Willen des Fiskus mangels Offenheit des Teilnehmerkreises keine Betriebsveranstaltung. In einem solchen Fall bleibt nur die Möglichkeit, den Vorteil für die Arbeitnehmer mit dem viel höheren individuell für den Teilnehmerkreis berechneten Nettosteuersatz pauschal zu versteuern (§ 40 Abs. 1 EStG) oder jedem Arbeitnehmer seinen Anteil zuzurechnen und über die Steuerkarte zu versteuern. In beiden Fällen kostet die ganze Angelegenheit erheblich mehr Steuern und es entfällt zudem die Sozialversicherungsfreiheit (BFH v. 15.1.2009 – VI R 22/06).

SUPER TRICK

Organisationstalente, Personalchefs und Betriebsratsmitglieder feiern steuerfrei!

Geraten Sie in Gefahr, dass für Sie der Ausflug steuerpflichtig wird, z.B., weil 73
Sie unbedingt Ihren Partner mitnehmen wollen, greifen Sie zu einem Kniff. Melden Sie sich freiwillig zum Organisieren des Betriebsausflugs oder als Begleitperson an. Für Sie ist damit die ganze Veranstaltung kein steuerpflichtiges Vergnügen mehr, sondern harte Arbeit. Das bedeutet jedoch nicht, dass Sie sich nicht zwischendurch einmal einen genehmigen können oder nicht etwa das Tanzbein schwingen dürften. Schließlich sind Sie als Mitorganisator dafür verantwortlich, dass die Getränketemperatur und der Zustand der Tanzfläche

einer regelmäßigen Kontrolle unterzogen werden. Oder sind Sie da anderer Meinung? Scherz beiseite! Einen perfekten beruflichen Anstrich Ihrer Teilnahme am Betriebsausflug haben Sie, wenn es Ihnen darzulegen gelingt, dass Sie unter erheblichem Zeitaufwand für die organisatorische Durchführung der Reise verantwortlich waren. Es genügt aber auch, wenn Sie ganz konkrete Aufgaben übernommen haben, z.B. die offizielle Verleihung von Auszeichnungen an verdiente Mitarbeiter oder an die Gewinner innerbetrieblicher Wettbewerbe (BFH v. 18.2.1994 – BFH-NV 1994 S. 708). Ein zusätzlicher Vorteil ist, dass Sie als Mitorganisator in offizieller betrieblicher Mission eine Dienstreise machen. Dauert die ganze Aktion über 8 Stunden, müssen Sie für Ihr Mittag- und Abendessen keinen Sachbezugswert für Mahlzeiten versteuern, können im Gegenzug aber auch keine Verpflegungspauschale absetzen.

Ab der dritten und für jede weitere Betriebsveranstaltung im Jahr kassiert der Fiskus ohne Einschränkung Lohnsteuer. Allerdings gilt das nicht für den Teil der Kosten, der auf die Organisatoren entfällt oder auf andere Teilnehmer, die in offizieller Mission, z.B. als Personalchef oder Betriebsratsmitglied, an der Veranstaltung teilnehmen müssen (BFH v. 16.11.2005 – BStBl II 2006 S. 440).

SUPER TRICK

Jubilare feiern steuerfrei!

74 Haben Sie nach zehn, 20, 25, 30, 40 oder gar 50 Berufsjahren Ihr Arbeitnehmerjubiläum, soll Ihr Chef eine schöne Feier organisieren. Diese wird inzwischen aber als Betriebsveranstaltung gewertet. Aufwendungen bis zu 110 € pro Teilnehmer sind somit nach § 19 Abs. 1 Nr. 1a S. 4 EStG steuerfrei. Allerdings gilt das nur innerhalb der Grenze von maximal zwei Veranstaltungen im Jahr, so dass die Jubiläumsfeier unter Umständen dem Betriebsausflug und der Weihnachtsfeier in die Quere kommt.

Gibt es im Jahr mehr als zwei Betriebsveranstaltungen, kann der Arbeitgeber bestimmen, auf welche beiden Veranstaltungen die Freibetragsregelung anzuwenden ist. Nur die Teilnahme an diesen Veranstaltungen löst dann bis zu 110 € keine Steuern aus.

GUTER RAT

75 Schwierigkeiten mit dem Freibetrag von 110 € je Teilnehmer beim Betriebsausflug? Da gibt es einen ganz einfachen Kniff. Am ersten Tag wird ein buntes Pro-

gramm mit Musik und Tanz veranstaltet; am zweiten Tag geht es zu einem Kunden der Firma, um dessen Betrieb zu besichtigen. Schon wird aus dem Betriebsausflug eine teilweise dienstlich veranlasste Reise. Der Kostenteil, der auf die Betriebsbesichtigung entfällt, zählt nicht zum Betriebsausflug und wird somit auch bei der Berechnung der 110-€-Grenze nicht einbezogen. Die Aufteilung ist ganz einfach. Alles, was direkt dem gemütlichen Teil zugeordnet werden kann, wie Saalmiete, Abendessen, Musik, zählt zum Betriebsausflug. Alles, was für die Betriebsbesichtigung anfällt, wie Transport zur Firma des Kunden, Imbiss etc., ist im Interesse des Brötchengebers und fällt unter die allgemeinen steuerfreien Reisekosten. Der Clou ist, dass die größten Anteile an den Kosten, wie z.B. für Übernachtung, Hin- und Rückreise, ebenfalls aufgeteilt werden – und zwar im Verhältnis. Angenommen, Sie haben am ersten Tag zehn Stunden lang gefeiert und am zweiten Tag inkl. Anreise zum Betrieb des Kunden fünf Stunden in die Betriebsbesichtigung investiert, dann sind ein Drittel der Kosten allgemeine Reisekosten und sind neben dem 110-€-Freibetrag steuerfrei.

Ihr Brötchengeber bekommt hier gleich mit zwei Urteilen Schützenhilfe vom BFH (Urt. v. 18.8.2005 – BStBl 2006 II S. 30 und Urt. v. 16.11.2005 – BStBl 2006 II S. 444).

SUPER TRICK

Kassieren Sie beim Betriebsausflug Bares steuerfrei!

Ein Arbeitgeber kann einen zweckgebundenen Zuschuss an seine Arbeitneh- 76
mer zahlen, z.B., damit diese sich während des freien Nachmittags verpflegen können und nicht bis zum Beginn der Tanzveranstaltung mit Büfett darben müssen, oder für Eintrittskarten, Bus-, Bahn- oder Taxikosten während des Ausflugs. Wenn Sie als sparsame Seele von Ihrem Zuschuss von z.B. 50 € nur 10 € ausgeben, streichen Sie satte 40 € steuerfrei ein.

Arbeitgeberdarlehen 77

Interessante Vorteile können sich aus zinslosen oder zinsgünstigen Arbeitgeberdarlehen ergeben. Bankkredite wie Verbraucherdarlehen, Ratenkredite oder gar die Überziehung des Girokontos sind recht teuer. Somit liegt es auf der Hand, beim nächsten Lohngespräch – vielleicht unter dem Vorwand der Steuerersparnis – zusätzlich um ein zinsgünstiges Darlehen zu ersuchen. Allerdings will der Fiskus die dabei gesparten Zinsen vom ersten Euro an versteuern. Bei der Berechnung des Zinsvorteils kommt es auf die Differenz zwischen dem Zins an, den Sie Ihrem Brötchengeber zahlen müssen, und dem Zins, den Ihnen üblicherweise die Bank abknöpft.

Lassen Sie sich aber davon nicht schrecken. Mit einem zinsgünstigen Darlehen Ihres Chefs fahren Sie trotz Steuerpflicht immer noch besser als bei der Bank. Und so rechnet der Fiskus:

	Arbeitgeberdarlehen	Bankdarlehen
Darlehenssumme	10.000 €	10.000 €
Vereinbarter Zinssatz	2,5 %	8,0 %
Marktzins der Hausbank Ihres Arbeitgebers	8,0 %	
Marktzins in €	800 €	800 €
./. Pauschalabschlag 4 % von 800 €	– 32 €	
./. tatsächlich gezahlte Zinsen	– 250 €	– 800 €
Steuerpflichtiger Vorteil	518 €	0 €

Beim Arbeitgeberdarlehen entstehen Ihnen zu Ihren Schuldzinsen von 2,5 % von 10.000 € = 250 € zusätzliche Zinskosten in Form von Lohnsteuer, deren Höhe von Ihrer Steuerbelastung abhängt. Sie betragen bei einem Steuersatz von z.B. 30 % ca. 178 € (30 % von 518 € zzgl. Kirchensteuer und ggf. Soli) und ca. 20 % Sozialversicherung = 104 €. Ihnen entstehen also insgesamt Zinskosten in Höhe von 532 €, was einem Effektivzins von 5,3 % entspricht. Zahlen Sie den üblichen Bankzins von hier angenommen 8 %, sind Sie mit 800 € belastet und somit um nahezu 300 € ärmer.

TIPP

Drücken Sie das Restdarlehen auf 2.600 €!

Bei kleineren Arbeitgeberdarlehen bis max. 2.600 € bzw. sobald die Restschuld eines größeren Darlehens unter diese Summe gesunken ist, stellt die Zinsverbilligung aus Vereinfachungsgründen keinen Arbeitslohn mehr dar, ist also faktisch steuerfrei. Auf die Höhe der Vergleichszinsen kommt es in diesem Fall nicht an. Wenn Sie also statt eines Anschaffungsdarlehens von 3.000 € lediglich eines von 2.600 € in Anspruch nehmen, entgehen Sie und Ihr Arbeitgeber der Steuer und der Sozialversicherung (Quelle: BMF v. 1.10.2008 – BStBl 2008 I S. 892).
Mit einer gestaffelten Tilgungsvereinbarung holen Sie auch aus einem höheren Darlehen ganz einfach ein optimales steuerliches Ergebnis heraus. Bei einem Darlehen über z.B. 4.000 € vereinbaren Sie eine Laufzeit von 42 Monaten, eine Tilgung von jeweils 200 € in den ersten sieben Monaten und die Rückzahlung der Restschuld in einem Betrag am Ende der Darlehenslaufzeit. So haben Sie nur für gut ein halbes Jahr die Steuer auf den Zinsvorteil zu verschmerzen. Ab dem achten Monat ist das Darlehen dann für fast drei Jahre steuerfrei.

TRICK

Suchen Sie sich möglichst günstige Vergleichsangebote!

Sie werden zusammen mit Ihrem Brötchengeber natürlich nicht den erstbesten Kreditzins als Berechnungsgrundlage akzeptieren. Sie müssen auch nicht die Zinsen zugrunde legen, die die Hausbank Ihres Arbeitgebers oder Ihre eigene Bank nimmt. Erkundigen Sie sich über Angebote anderer Banken, denn: Mit jedem Zehntelprozent, um den die Vergleichsangebote günstiger sind, sparen Sie bares Geld, weil Ihr steuer- und sozialversicherungspflichtiger Zinsvorteil sinkt. Oder Sie greifen einfach auf die Zinsstatistiken der Bundesbank zurück, die für alle denkbaren Darlehensvarianten die Durchschnittszinssätze ausweisen. Sind diese niedriger als der Zinssatz der Hausbank oder einer Internetbank, kann Ihr Arbeitgeber sie selbstverständlich als Berechnungsgrundlage nehmen (Quelle: BMF v. 19.5.2015 – BStBl 2015 I S. 484). Einen Kleinen Wermutstropfen gibt es aber: Wenn Sie den Zinssatz einer Internetbank zum Vergleich heranziehen, können Sie nicht von dem 4 %igen Pauschalabschlag bei der Berechnung des Zinsvorteils profitieren. Der steht Ihnen nur zu, wenn Ihr Vergleichszins von einer ortsansässigen Bank oder der Bundesbank stammt.

TIPP

Monatliche Zinszahlungen verhelfen Ihnen zu satten Steuervorteilen

Die Zinsvorteile eines verzinslichen Arbeitgeberdarlehens fließen Ihnen zum jeweils mit dem Arbeitgeber vereinbarten Fälligkeitstermin der Zinsen zu. Bei zinslosen Darlehen gelten die Zinsvorteile am jeweiligen Tilgungstermin als zugeflossen (BMF v. 1.10.2008 – BStBl 2008 I S. 892).

Wenn Sie im obigen Beispiel mit Ihrem Arbeitgeber monatliche Zinszahlungen vereinbaren, beträgt Ihr bei der Steuer zu erfassender Vorteil 43,16 € pro Monat. Na, merken Sie was? Genau, der monatliche Sachbezug aus dem verbilligten Arbeitgeberdarlehen liegt unter der Bagatellgrenze von 44 € und ist damit komplett steuerfrei. Obendrein fallen keine Sozialversicherungsbeiträge an. Wie Sie sehen, bleibt damit die gesamte Zinsverbilligung durch Ihren Arbeitgeber unversteuert.

Liegen Ihre Vorteile aus einem Arbeitgeberdarlehen nur knapp über 44 €, lohnt es sich also, dem Arbeitgeber ein halbes Prozent mehr an Zinsen zu zahlen, statt dem Fiskus ein Vielfaches davon in den Rachen zu werfen.

TRICK

Nehmen Sie bei Baudarlehen den Arbeitgeber ins Grundbuch!

Bei der Ermittlung des steuerlichen Referenzzinssatzes achtet der Fiskus penibel darauf, dass die Darlehenskonditionen wie Laufzeit und Absicherung genau so sind wie bei den zum Vergleich herangezogenen Bankdarlehen. Bekommen Sie also von Ihrem Arbeitgeber ein Darlehen zum Bau oder Kauf einer Immobilie, kommen die günstigen Hypothekenzinssätze von teilweise unter 4 % natürlich nur dann als Vergleichsgröße in Betracht, wenn das Darlehen durch eine Grundschuld zugunsten des Arbeitgebers im Grundbuch abgesichert ist.
Nehmen Sie Ihren Brötchengeber dagegen nicht ins Grundbuch, droht nicht nur ein höherer Vergleichszinssatz. Sie müssen vielmehr auch noch die ersparten Notarkosten und Gerichtsgebühren für die notarielle Grundschuldbestellung und die Eintragung der Hypothek im Grundbuch als zusätzlichen Vorteil versteuern.

78 Weiter sind steuerfrei:
Weiterbildungsmaßnahmen, Lehrgangs- und Tagungsbeihilfen, inkl. Fahrtkosten, Gebühren und zulässiger Spesensätze. Die Steuerfreiheit greift vor allem dann, wenn die Weiterbildung zu einer Fortentwicklung Ihrer bruflichen Kompetenzen führt, z.B. weil sie eine Anpassung an veränderte Anforderungen und Rahmenbedingungen in Ihrem Job unterstützt. Darunter fallen auch Computer- und Sprachkurse (§ 3 Nr. 19 EStG).

79 **Sachgeschenke (Annehmlichkeiten)**
bis zu 60 €, z.B. Theaterkarten, Blumen, Speisen und Getränke, wenn Sie sie als Gelegenheitsgeschenk zu besonderen persönlichen Ereignissen, z.B. Hochzeit, Ehejubiläum, Geburt eines Kindes, bestandene Prüfungen von Auszubildenden (BFH, BStBl 1962 III S. 281) etc., bekommen. Aber: *Geldgeschenke,* auch kleiner Art, sind stets voll zu versteuern.
Als Sachgeschenk gilt auch ein Gutschein (➤ Rz 47) für eine Kaufhauskette, eine Buch- oder Musikalienhandlung.

80 **Betriebsratsvergütungen,**
wenn sie als Ersatz von Auslagen gegen Einzelnachweis gezahlt werden.

81 **Trinkgelder,**
wenn es sich um freiwillige Gaben handelt (§ 3 Nr. 51 EStG, H 19.3 LStR). Vertraglich feststehende oder tarifvertraglich vereinbarte »Trinkgelder« wie z.B. das feste Bedienungsgeld im Gaststättengewerbe oder das Metergeld in der Möbeltransportbranche sind dagegen ab dem ersten Euro steuerpflichtig.

Unfallkostenersatz 82
für Schäden am Pkw, wenn der Unfall während einer Auswärtstätigkeit geschah, bleibt als Reisenebenkosten steuerfrei (R 9.8 Abs. 1 Nr. 3 LStR). Dazu müssen Sie wissen: Zur Auswärtstätigkeit zählt z.B. auch die Umwegstrecke, die Sie morgens vor Arbeitsbeginn abweichend von Ihrer direkten Fahrtroute zurücklegen, weil Sie zunächst die Post abholen oder einen Kunden besuchen. Wegen der Fahrtkosten vgl. ➤ Rz 111.

Im Grunde genommen lässt sich die Abzugsmöglichkeit der Unfallkosten auf eine einfache Formel reduzieren: Wenn Sie für die jeweilige Fahrt entweder die tatsächlichen Kosten oder die Fahrtkostenpauschale von 0,30 €/0,35 € je gefahrenen Kilometer von Ihrem Arbeitgeber steuerfrei erstattet bekommen können, kann er Ihnen auch die Kosten eines Unfalls auf einer solchen Fahrt als Reisenebenkosten steuerfrei zahlen.

Unfallversicherung 83
Keine Sorgen um eine eventuelle Steuerpflicht müssen Sie sich machen, wenn Ihr Arbeitgeber zu Ihren Gunsten Pflichbeiträge in die gesetzliche Unfallversicherung einzahlt. Alles was Ihr Arbeitgeber z.B. für die Unfallversicherung an eine Berufsgenossenschaft oder öffentliche Unfallkasse zahlt, bleibt gemäß § 3 Nr. 62 EStG steuerfrei.

Bei freiwilligen Beiträgen an eine private Unfallversicherung gilt dagegen zunächst einmal der Grundsatz, dass steuerpflichtiger Arbeitslohn vorliegt, wenn der Arbeitgeber Ihnen Ihre Unfallversicherungsbeiträge erstattet oder selbst zu Ihren Gunsten eine Unfallversicherung abschließt. Das gilt nicht nur bei Unfallversicherungen, die sowohl Freizeit- als auch berufliche Unfälle, sondern selbst dann, wenn sie ausschließlich das berufliche Unfallrisiko abdecken. Doch wie so oft im Leben keine Regel ohne Ausnahme:

Eine reine Dienstreiseunfallversicherung kann Ihr Arbeitgeber als sog. Reisenebenkosten steuerfrei übernehmen.

Aber auch bei einer Unfallversicherung, die private und berufliche Unfälle abdeckt, gibt es zumindest teilweise steuerfreie Zuschüsse zu den Versicherungsprämien. Wenn nicht schon die Versicherung die Prämien aufteilt, können Sie von einer Pauschalregelung profitieren. Auf private Unfälle entfallen danach 50 % der Prämien, die sind per se Arbeitslohn. Die restlichen 50 % entfallen auf allgemeine berufliche Unfälle und Unfälle bei Dienstreisen. Davon sind 40 %, also im Ergebnis 20 % der Gesamtprämie, steuerfrei. Die restlichen 60 % (30 % der Gesamtprämie) werden Ihnen als Arbeitslohn zugerechnet. Die können Sie aber als Werbungskosten von der Steuer absetzen.

Manchmal hilft schon ein kleiner Kniff, und schon haben Sie die schönste steu- 84
ersparende Gestaltung gezaubert. Die laufenden Prämien zur Unfallversicherung bleiben nämlich als Arbeitslohn in voller Höhe außer Betracht, wenn Sie

zwar aus dem von Ihrem Arbeitgeber gefütterten Vertrag begünstigt sind, aber im Versicherungsfall nicht ohne seine Zustimmung über die Versicherungssumme verfügen können (FG Münster v. 30.5.1996, EFG 1996 S. 1102).

Dasselbe gilt für Beiträge Ihres Arbeitgebers zu einer Gruppenunfallversicherung. Kann nach den Versicherungsbedingungen – unabhängig davon, ob er zivilrechtlich verpflichtet ist, die Versicherungsleistung an Sie weiterzuleiten – zunächst nur Ihr Arbeitgeber die Rechte aus dem Versicherungsverhältnis gegenüber der Versicherung geltend machen, liegt im Zeitpunkt der Beitragszahlung kein Lohnzufluss bei Ihnen als Arbeitnehmer vor. Die Beiträge Ihres Arbeitgebers sind daher noch nicht lohnsteuerpflichtig (BFH-Urteil v. 16.4.1999 – VI R 66/97 – BStBl 2000 II S. 408).

Der Pferdefuß kommt allerdings, wenn Ihr Arbeitgeber bei einem privaten Unfall eventuelle Versicherungsleistungen an Sie auszahlt. In diesem Moment werden die von der Versicherung über Ihren Brötchengeber an Sie gezahlten Beträge in voller Höhe als steuerpflichtiger Arbeitslohn behandelt.

85 **Haftpflichtversicherungsbeiträge**

Arbeitslohn liegt vor, wenn Sie als angestellter Rechtsanwalt arbeiten und Ihr Arbeitgeber die Beiträge zu Ihrer Berufshaftpflichtversicherung übernimmt. Da Sie als Rechtsanwalt gesetzlich verpflichtet sind, eine Berufshaftpflichtversicherung abzuschließen, ist diese unabdingbar für die Ausübung Ihres Jobs auch im Angestelltenverhältnis. Die Übernahme dieser Beiträge durch Ihren Brötchengeber erfolgt daher nicht in seinem ganz überwiegenden eigenbetrieblichen Interesse und ist zu versteuern (BFH-Urt. v. 26.7.2007 – BStBl 2007 II S. 892).

Gute Nachrichten gibt es allerdings für alle angestellten Steuerberater, Wirtschaftsprüfer und Krankenhausärzte, die über die betriebliche Berufshaftpflichtversicherung des Arbeitgebers versichert sind. Die Beiträge führen nicht zu Arbeitslohn, da sie vorrangig der Absicherung des Arbeitgebers selbst vor Regressforderungen der Mandanten bzw. Patienten dienen (BFH v. 19.11.2015 – BStBl 2016 II S. 303). Das gilt für die Betriebshaftpflicht einer Rechtsanwaltsgesellschaft auch dann, wenn Sie als angestellter Rechtsanwalt selbst nur die Mindestsumme durch eine eigene Berufshaftpflichtversicherung abdecken und größere Beträge durch die Haftpflichtversicherung des Arbeitgebers gedeckt sind. Das hat jedenfalls der BFH für die angestellten Anwälte einer Rechtsanwalts-GbR (BFH-Urt. v. 10.3.2016 – VI R 58/14) und einer Rechtsanwalts-GmbH (BFH-Urt. v. 19.11.2015 – BStBl 2016 II S. 301) entschieden.

86 **Erfrischungen und Stärkungsmittel,**

die während der Arbeitszeit gewährt werden, wie Tee, Kaffee, Cola, Gebäck, Genussmittel, sind steuerfrei. Aber auch Speisen, die der Betrieb während einer außerplanmäßigen Besprechung, einer Betriebsstörung oder während einer Großaktion spendiert (R 19.6 Abs. 2 LStR), sind steuerfrei, wenn ihr Wert 60 €/ Arbeitnehmer nicht übersteigt.

TIPP

Steuerfreies Pizzaessen beim Italiener um die Ecke!

Die Verpflegung während eines außergewöhnlichen Arbeitseinsatzes muss nicht zwingend im Betrieb erfolgen. Steuerfrei bleibt auch der Besuch eines in der Nähe gelegenen Restaurants, wenn das Essen die 60-€-Grenze nicht überschreitet – allerdings nur, wenn Ihnen der Arbeitgeber das Essen noch am selben Tag spendiert. Bezahlt er Ihnen stattdessen die Rechnung für ein Essen am Wochenende, ist das eine steuerpflichtige Belohnung.
Für die Mitarbeiter einer Werbeagentur hat das Finanzgericht Hamburg entschieden, dass Mahlzeiten in einem Restaurant während oder nach Ende des Arbeitstags leistungsbeschleunigend wirken und deshalb steuerfrei bleiben (FG Hamburg v. 24.7.2002, EFG 2003 S. 89).
Problematisch sind dagegen regelmäßige Arbeitsessen in einer ortsansässigen Gaststätte. Gerade wegen der Regelmäßigkeit soll nach dem Willen der obersten Finanzrichter der Wert der Mahlzeit als Arbeitslohn zu versteuern sein (BFH v. 5.5.1994 – BStBl 1995 II S. 59).

Führerschein 87
Kosten für einen *Lkw-Führerschein,* die für den Arbeitnehmer übernommen werden, weil es im betrieblichen Interesse liegt, unterliegen nicht der Steuer (BFH v. 26.6.1968, BStBl II S. 773 und FG Brandenburg, EFG 1996 S. 310).

Betriebspensionen 88
bleiben zumindest bei Beginn der Pensionszahlungen vor 2040 teilweise steuerfrei. Der Versorgungsfreibetrag inkl. Zuschlag von z. B. 1.482 € bei Pensionsbeginn im Jahr 2021 wird zwar in den kommenden Jahren für neu hinzukommende Pensionäre weiterhin Jahr für Jahr niedriger, dennoch: Wenn Sie die Wahl haben zwischen monatlich 200 € mehr brutto oder einer betrieblichen Altersversorgung, greifen Sie lieber zur Altersversorgung.

TRICK

Lieber eine Pensionskasse oder eine Direktversicherung füttern!

Mit Hilfe der betrieblichen Altersversorgung können Sie bis zu 8 % der Beitragsbemessungsgrenze in der Rentenversicherung (West) von Ihrem Lohn steuerfrei kassieren. Für 2021 sind das immerhin 6.816 €. Einzelheiten finden Sie unter ➤ Rz 176 ff.

Achtung: Fußangel Sozialversicherung

Leider ist nur die erste Hälfte, also max. 3.408 € (2021), sozialversicherungsfrei. Alles was darüber hinaus in eine Direktversicherung oder Pensionskasse gezahlt wird, unterliegt der Sozialversicherungspflicht.

89 **Fehlgeldentschädigungen**

bis zu 16 € im Monat für Arbeitnehmer mit Kassierertätigkeit (R 19.3 Abs. 1 Nr. 4 LStR).

90 **Mitarbeiterkapitalbeteiligungen**

Speziell für Mitarbeiterkapitalbeteiligungen gilt eine eigene Steuerbefreiung (§ 3 Nr. 39 EStG). Der steuer- und sozialversicherungsfreie Höchstbetrag beträgt 360 €.

Der Wermutstropfen dieser Steuerbefreiung liegt darin, dass nur

- direkte Beteiligungen am Unternehmen des Arbeitgebers,
- Beteiligungen an einem Unternehmen desselben Konzerns (§ 18 des AktG),
- Beteiligungen an einem Mitarbeiterbeteiligungs-Sondervermögen (das sind spezielle Fondsmodelle, bei denen der Arbeitgeber den Mitarbeitern Fondsanteile überträgt und der Fonds sein Kapital überwiegend in die Unternehmen investiert, die für ihre Mitarbeiterkapitalbeteiligung diesen Fonds nutzen) gefördert werden.

Damit es mit der Steuerfreiheit keine Probleme gibt, müssen die Beteiligungen

- freiwillig durch den Arbeitgeber eingeräumt werden,
- zusätzlich zum ohnehin geschuldeten Arbeitslohn übertragen werden,
- allen Beschäftigten des Unternehmens offenstehen. Bei einem Konzern gilt dies aber nicht auch für die Beschäftigten der übrigen Konzernunternehmen.

Wie unklug sind jene Gesetze, die die Häufung von Reichtum unter den Reichen fördern!
(Goldsmith)

TIPP

Schöpfen Sie die Steuerfreiheit mehrfach im Jahr aus!

Die Steuerbefreiung von 360 € ist arbeitsverhältnisbezogen. Sie kann also bei einem Arbeitgeberwechsel im laufenden Jahr oder bei parallelen Arbeitsverhältnissen für jedes Arbeitsverhältnis – unter dem Strich also mehrfach – in Anspruch genommen werden.

91 **Erholungsbeihilfen**

Für *Erholungsbeihilfen* wird, wenn sich der Arbeitgeber verpflichtet, die Lohnsteuer zu übernehmen, die Lohnsteuer auf seinen Antrag hin nach einem festen

Pauschsteuersatz von der Summe seiner Aufwendungen erhoben (§ 40 Abs. 2 EStG) (➤ Rz 155).

Berufskleidungsersatz 92

Hat man als Arbeitnehmer ständig einen etwa gleich hohen Aufwand an typischer Berufskleidung, so bleibt eine ausdrücklich dafür gezahlte Barablösung völlig steuerfrei. Hier ist also eine besonders leichte Umwandlungsmöglichkeit von steuerpflichtigen Bezügen in steuerfreie möglich (R 3.31 LStR).

GUTER RAT

Die Steuerfreiheit der Barablösung hängt davon ab, dass Sie nach Gesetz, Tarifvertrag, Unfallverhütungsvorschriften oder Betriebsvereinbarung einen Anspruch darauf haben, dass Ihnen der Betrieb Arbeitskleidung zur Verfügung stellt. Klemmen Sie sich also hinter den Betriebsrat, damit er mit Ihrem Chef eine solche Vereinbarung aushandelt, oder sprechen Sie direkt mit Ihrem Chef.

TIPP

zur Berufskleidung

Berufskleidung muss nicht immer nur der Blaumann oder der Laborkittel sein. 93
So entschieden jedenfalls die Richter am Hessischen Finanzgericht (EFG 1993 S. 648), die die schicken dunkelblauen Anzüge und Kostüme der Mitarbeiter einer Fluglinie als steuerfreie Berufskleidung einstuften, weil der Arbeitgeber in einer betrieblichen Kleiderordnung seine Angestellten zum Tragen dieser Kleidung verpflichtet hatte und ihnen zudem das Firmenlogo an die Jacketts heftete. Also aufgemerkt im Bank-, Einzelhandel-, Restaurantgewerbe etc.: Was einem Fluggesellschaftsmitarbeiter recht ist, sollte Ihnen doch billig sein!

Gute Karten haben unter Umständen auch Filialleiter sowie angestellte Metzger und Verkäufer von Lebensmittelketten. Die ihnen vom Arbeitgeber zur Verfügung gestellten einheitlichen Pullunder, Strickjacken, Hemden, Blusen, Krawatten und Tücher werden als im betrieblichen Interesse überlassene Berufskleidung anerkannt. Ihr Arbeitgeber muss nur argumentieren, er habe die Kleidung gestellt, weil er ein einheitliches Erscheinungsbild wünsche und weil sie durch die einheitliche Beschaffenheit besser zu reinigen sei, was die Hygiene fördere (BFH v. 22.6.2006 – BStBl 2006 II S. 782).

Anders sieht das der BFH allerdings, wenn der Arbeitgeber besonders hochwertige Bekleidung zur Verfügung stellt. Neben dem Repräsentationszweck für die Firma sieht der BFH ein erhebliches Interesse der Arbeitnehmer an der

Kleidung. Deren Wert muss daher als Arbeitslohn versteuert werden (BFH v. 11.4.2006 – BStBl 2006 II S.691).
Zu Berufskleidung mehr unter ➤ Rz 300ff.

94 **Brillen**
Ja, Sie lesen richtig, Ihr Arbeitgeber kann Ihnen steuerfrei eine Brille spendieren, allerdings nur eine sog. Bildschirmarbeitsplatzbrille. Wappnen Sie sich also in Absprache mit Ihrem Arbeitgeber mit einer entsprechenden Bescheinigung einer in Augenuntersuchungen fachkundigen Person, dass Ihre normale Brille für Ihren Bildschirmarbeitsplatz nicht ausreicht. Dass Sie sich dann für ein modisches Gestell entscheiden, ist nur recht und billig, schließlich wollen Sie bei Ihren Arbeitskollegen weder Horror noch Lachkrämpfe auslösen (R 19.3 Abs. 2 Nr. 1 LStR).

95 **Werkzeuggeld,**
das Sie für die Abnutzung und die übrigen Kosten für selbstgekauftes Werkzeug erhalten (§ 3 Nr. 30 EStG). Ein leider wahrer Treppenwitz: Werkzeug sind nach Meinung der Steuerbürokraten nur Hammer, Zange, Säge und Ähnliches. Alle Handwerker können sich also beruhigt zurücklehnen. Schreibmaschinen oder Musikinstrumente seien dagegen kein Werkzeug.

96 **Garagengeld,**
wenn Ihnen Ihr Brötchengeber dafür, dass Sie Ihren Firmenwagen in Ihrer Garage unterstellen, einen Obolus zahlt (BFH-Urt. v. 7.6.2002, BStBl 2002 II S.829).

TRICK

Machen Sie ein optimales Geschäft mit der Garage für den Firmenwagen!

97 Sie haben zwei Möglichkeiten, dem Fiskus ein Schnippchen zu schlagen.

Variante 1:
Wie oben beschrieben, zahlt Ihr Arbeitgeber ein Garagengeld. Haben Sie die Garage gemietet, bleibt das Garagengeld in Höhe der Garagenmiete und der auf die Garage entfallenden Nebenkosten steuerfrei. Also ab mit Ihrem Mietvertrag und der Nebenkostenabrechnung zum Kopierer und die Kopien beim Chef eingereicht. Haben Sie dagegen ein Häuschen, müssen Sie sich die Mühe machen und die anteiligen Kosten, die auf Ihre Garage entfallen, zusammenrechnen. Dazu gehören z.B. Zinsen für Hypotheken, Abschreibung, Grundsteuer, Grundbesitzabgaben, Strom, Wasser etc.

Variante 2:
Nicht jeder Boss ist so großzügig und erstattet Ihnen alle Garagenkosten. Häufig ist die Schmerzgrenze bei dem Betrag erreicht, der üblicherweise als Miete

für eine »normale Garage« verlangt wird. Was also tun, wenn Sie gerade neu gebaut haben und Ihre anteiligen Kosten für die Garage wegen der hohen Zinsen und Abschreibung 150 €/Monat betragen, Ihr Chef aber nur 40 € herausrücken will?

Dann streichen Sie die 40 € ein – und bitten zusätzlich den Fiskus mit einem Mietvertrag über die Garage zur Kasse:
Schließen Sie mit Ihrem Chef einen astreinen Garagenmietvertrag mit einer Monatsmiete von 40 €. Jetzt dürfen Sie nämlich die Differenz aus Miete und Garagenkosten als Mietverluste in Ihrer Steuererklärung angeben.
Ihre Abrechnung für das Finanzamt sieht dann so aus:

Einnahmen aus Garagenvermietung 12 × 40 €	480 €
./. Kosten für die Garage 12 × 150 €	– 1.800 €
Verlust aus Vermietung und Verpachtung	1.320 €

Damit haben Sie nicht nur Ihre 40 € pro Monat steuerfrei, sondern können auch noch den Verlust von 1.320 € von der Steuer absetzen. Das füllt Ihnen Ihren Geldbeutel je nach Steuersatz zusätzlich mit 185 € bis 634 € im Jahr. Bei einem mittleren Steuersatz verdoppelt Ihnen der Fiskus damit praktisch Ihr Garagengeld.

Kaufkraftausgleich 98
Ihn kann der Betrieb für einen begrenzten Zeitraum allen Leuten gewähren, die im Ausland tätig sind. Er bleibt bis zu bestimmten Höhen steuerfrei (siehe www.bundesfinanzministerium.de).

Fernsprechgebühren 99
Die Vorteile des Arbeitnehmers aus der privaten Nutzung von betrieblichen Personalcomputern und Telekommunikationsgeräten sind steuerfrei (§ 3 Nr. 45 EStG). Diese Steuerbefreiung umfasst alle Kosten des Telefons, des Computers, des Faxgeräts und auch der Online-Verbindung zum Internet.
Für die Steuerbefreiung gibt es keine betragsmäßigen Grenzen. Sie können also – das Einverständnis Ihres Chefs vorausgesetzt – unbelastet von Lohnsteuer und Sozialversicherung praktisch unbegrenzt hohe Vorteile aus der Privatnutzung ziehen.

TIPP

für Handy und Home-Office

Die Steuerfreiheit ist nicht auf die private Nutzung von Geräten Ihres Brötchengebers im Betrieb beschränkt. Sie gilt selbstverständlich auch für Geräte, 100 die sich zwar in Ihrem Besitz befinden, aber Eigentum Ihrer Firma sind. Steuerfrei bleiben somit die privaten Telefonate mit dem Ihnen zur Verfügung gestellten betrieblichen Handy. Zudem greift die Steuerbefreiung, wenn Sie in Ihrer Wohnung über einen vom Arbeitgeber eingerichteten Telearbeitsplatz verfügen und die betrieblichen Geräte wie Telefon, PC, Fax etc. auch für private Zwecke benutzen.

Zum Abzug von Telefonkosten als Werbungskosten finden Sie mehr unter ➤ Rz 385 ff.

101 **Vorsorgeuntersuchung**

Die Kostenübernahme durch den Arbeitgeber kann steuerfrei sein, wenn sie im überwiegend eigenbetrieblichen Interesse erfolgt (BFH v. 17.9.1982, BStBl 1983 S.39).

Von einem eigenbetrieblichen Interesse spricht der Fiskus in der Regel, wenn

- der Arbeitgeber den untersuchten Personenkreis, den Untersuchungsrhythmus und das Untersuchungsprogramm bestimmt;
- sichergestellt ist, dass dabei festgestellte Erkrankungen behandelt werden. Dazu muss der Arbeitgeber nicht unbedingt vom Untersuchungsergebnis unterrichtet werden. Es genügt, dass z.B. ein Werksarzt die Ergebnisse kennt und den Untersuchten hinsichtlich der Behandlung beraten kann;
- sichergestellt ist, dass alle Untersuchungen von Ärzten vorgenommen werden, die über die notwendige Kompetenz und die technische Ausstattung für derartige Untersuchungen verfügen.

102 **Verwarnungsgelder**

Seine günstige Rechtsprechung, nach der der Arbeitgeber Verwarnungsgelder, z.B. wegen Falschparkens, steuerfrei erstatten kann, hat der Fiskus leider aufgegeben. Nach einer aktuelleren Entscheidung führt die Übernahme von Buß- und Verwarnungsgeldern durch den Arbeitgeber immer zu Arbeitslohn. Dabei kommt es auf die Schwere des Verkehrsverstosses nicht an (BFH v. 14.11.2013 – BStBl 2014 II S.278).

Für berufliche Falschparker heißt es aber möglicherweise: Alles zurück auf Anfang. Ein Paketzustelldienst hatte seine Fahrer angehalten, im Zweifel im Halteverbot zu parken, und die fälligen Knöllchen aus der Firmenkasse bezahlt. Vor dem Finanzgericht Düsseldorf hatte die Firma ihre Meinung erfolgreich durchgesetzt, dass die Übernahme der Knöllchen keinen Arbeitslohn darstellt (FG Düsseldorf v. 4.11.2016 –1 K 2470/14 L). Inzwischen hat der BFH in der Sache entschieden (BFH v. 13.8.2020 – BStBl 2021 II S.103). Danach führt die Übernahme der Knöllchen durch den Arbeitgeber nicht automatisch zu Arbeitslohn, wenn er im Rahmen der üblichen Anhörungen zu den Parkverstößen die Fahrer nicht benennt, sondern selbst das Ordnungsgeld überweist. Allerdings hat der BFH ein dickes Fragezeichen hinter die an sich positive Entscheidung gesetzt. Wenn dem Arbeitgeber wegen der Übernahme der Verwarnungsgelder ein Regressanspruch gegenüber seinen Fahrern zusteht und er darauf verzichtet, soll doch Arbeitslohn vorliegen. Also gilt für alle Paketzusteller, Lieferanten, Fahrer von Baufahrzeugen, Shuttlebussen, denen die vom Brötchengeber übernommenen Verwarnungsgelder für Falschparken als Arbeitslohn versteuert wurden: Einspruch einlegen und die Steuerfreiheit mit der Begründung einfordern, der Arbeitgeber habe keinen Regressanspruch und zahle daher durch die Übernahme der Knöllchen keinen Arbeitslohn.

2. Abfindungen aus dem Dienstverhältnis

Arbeitnehmer, die Abfindungen aushandeln, sollten unbedingt berücksichtigen, **103**
dass Steuern die Abfindung ganz erheblich mindern.
Für Abfindungen, die wegen Beendigung des Arbeitsverhältnisses für den Wegfall der Verdienstmöglichkeiten gezahlt werden, fallen **keine Sozialversicherungsbeiträge** an.

Sozialversicherungspflichtig sind dagegen Abfindungen, die nach einer einvernehmlichen Änderung des Arbeitsvertrags als Gegenleistung für die Verschlechterung von Arbeitsbedingungen gezahlt werden.
Achten Sie darauf, dass der Arbeitgeber auf die Ihnen zugedachte Abfindung die darauf anfallenden Steuern und evtl. Sozialversicherungen aufschlägt. Am besten fahren Sie, wenn Ihre Abfindung als Nettobetrag festgesetzt wird und Ihr (Ex-)Arbeitgeber alle Abzüge tragen muss.

Abfindungen können nach der sog. **Fünftel-Regelung** ermäßigt besteuert wer- **104**
den, d.h., sie werden bei der Besteuerung nur mit einem Fünftel angesetzt und die Steuer, die auf diesen Abfindungsteil entfällt, anschließend verfünffacht. Dadurch ergibt sich in der Regel – Spitzenverdiener ausgenommen – eine Abmilderung der Progression.

Damit Sie in den Genuss dieser ermäßigten Besteuerung kommen, müssen Sie einige wichtige Grundregeln beachten:

- Ihre Abfindung muss in einer Summe gezahlt werden, oder zumindest müssen alle Raten der Abfindung in demselben Kalenderjahr fließen. Eine Ausnahme gilt, wenn der Hauptteil der Abfindung in einem Jahr und nur ein geringer Teil von höchstens 10 % in einem anderen Jahr gezahlt wird (BMF v. 4.3.2016 – BStBl 2016 I S. 277).
- Ihre Einkünfte im Entlassungsjahr müssen inkl. Abfindung höher sein, als wenn Sie weiterbeschäftigt worden wären.
- Die Zahlung einer Abfindung darf nicht von vornherein in Ihrem Arbeitsvertrag vereinbart gewesen sein (FG München v. 16.9.1999 – EFG 2000 S. 67).

- Außer der Abfindung dürfen Ihnen in späteren Jahren keine weiteren wesentlichen Leistungen Ihres Arbeitgebers zufließen.

Allerdings gilt auch hier: keine Regel ohne Ausnahme. Folgende Zahlungen und Sachleistungen sollen die ermäßigte Besteuerung Ihrer Abfindung nicht beeinflussen:

- **Outplacement-Beratungen**, um schneller einen neuen Job zu finden (BFH v. 14.8.2001 – BFH/NV 2002 S. 402). Das gilt umso mehr, als solche Zahlungen inzwischen gem. § Nr. 19 EStG steuerfei sind, dadurch also keine Einkünfte in einem anderen Jahr entstehen.
- Kurzzeitige Weiterbenutzung des **Firmenwagens** (BFH v. 14.8.2002 – BStBl II 2004 S. 447).
- Spätere **Aufstockung der Abfindung** aus einem Sozialplan oder aus sozialer Fürsorge bis zu 50 % (BFH v. 21.1.2004 – BStBl 2004 II S 715, BMF v. 24.5.2004 – BStBl I 2004 S. 505).
- Weitere Nutzung einer **Werkswohnung** zu einer günstigen Miete (BMF v. 18.12.1998 I S. 1512, TZ 19).
- **Nachzahlung von Abfindungen** in späteren Jahren. Hier können Sie beantragen, dass die Nachzahlung dem Jahr zugeschlagen wird, in dem die Abfindung ursprünglich fällig gewesen wäre, und so die ermäßigte Besteuerung retten (BMF v. 24.5.2004 – BStBl 2004 I S. 505 Tzn 17 – 20).

TRICK

Verlagern Sie Ihre Abfindungen in das Jahr nach der Kündigung!

105 Ganz erhebliche Steuervorteile können Sie herausholen, wenn Sie die Abfindung in das Jahr nach der Auflösung des Arbeitsverhältnisses verlagern. Das lohnt sich vor allem, wenn Sie im Folgejahr keine oder nur geringe Einkünfte haben, z. B. weil von vornherein klar ist, dass Sie nicht sofort wieder einen neuen Arbeitsplatz finden. Durch die Verlagerung der Abfindung kann die Progressionswirkung der Einkommensteuer im günstigsten Fall so weit gemildert werden, dass gar keine Steuer auf die Abfindung anfällt.
Vereinbaren Sie also mit Ihrem Abeitgeber, dass die Abfindung in dem für Sie günstigsten Jahr gezahlt wird. Gegen eine solche Zahlungsvereinbarung kann der Fiskus selbst dann nichts einwenden, wenn sie von einer ursprünglich getroffenen Fälligkeitsvereinbarung abweicht. Entscheidend ist lediglich, dass Sie die Verschiebung der Fälligkeit vor dem ursprünglich vereinbarten Zahlungstag vereinbaren (BFH v. 11.11.2009 – IX R 1/09, Der Betrieb 2010 S. 148).

Beispiel
Angenommen, Sie sind ledig und werden zum 1.12.2021 entlassen. Ihr Einkommen im Jahr der Entlassung beträgt 40.000 €. Sie erhalten zudem eine Abfindung von 50.000 €, die vereinbarungsgemäß einen Monat vor der Entlassung fällig sein soll. Im Jahr 2022 haben Sie keine weiteren Einkünfte. Sie vereinbaren mit Ihrem Arbeitgeber, dass die Abfindung erst zum 1.2.2022 gezahlt wird. Unter Berücksichtigung von 2.000 € abziehbaren Kosten und Pauschalen ergäbe sich daraus für 2022 ein Einkommen von 48.000 €.

Zahlung der Abfindung 2021	*Einkommen*	*Steuer*		*Steuer insgesamt*
Einkommen ohne Abfindung	40.000 €	8.333 €		8.333 €
⅕ von 50.000 €	10.000 €			
	50.000 €			
Steuer darauf lt. Jahrestabelle		11.994 €		
Differenz		3.661 €	× 5	18.305 €
Steuer 2021 inkl. Abfindung				26.638 €

Zahlung der Abfindung 2022	*Einkommen*	*Steuer*		*Steuer insgesamt*
Einkommen 2022	0 €	0 €		0 €
⅕ von 50.000 €	10.000 €			
	10.000 €			
Steuer darauf lt. Jahrestabelle 2022		0 €		
Differenz		0 €	× 5	0 €
Steuer 2022 inkl. Abfindung				0 €
Steuer 2021 ohne Abfindung				8.333 €
Steuer insgesamt bei Verlagerung				8.333 €

Dadurch, dass die Abfindung drei Monate später gezahlt wird, sparen Sie 18.305 € Einkommensteuer und Kirchensteuer, insgesamt ca. 20.100 €.

3. Reisekostenersatz

Ihr Arbeitgeber kann Ihnen unter der Überschrift »Reisekosten« steuerfreie 106
Leistungen zahlen für

- Verpflegungskosten,
- Fahrtkosten,
- Übernachtungskosten,
- Reisenebenkosten,

wenn Sie eine sog. **Auswärtstätigkeit** durchführen. Gemeint ist damit, dass Sie als Arbeitnehmer Dienstreisen machen, im Rahmen einer Einsatzwechseltätigkeit beschäftigt sind oder als Berufskraftfahrer eine Fahrtätigkeit auf einem Fahrzeug ausüben. Die Höhe der steuerfreien Zahlungen entspricht den Beträgen, die Sie für dieselben Aufwendungen als Werbungskosten absetzen könnten. Zu Einzelheiten vgl. ➤ Rz 191 ff.

4. Fahrten zwischen Wohnung und Arbeitsstätte – Fahrgelder

107 Bei der Besteuerung von Fahrgeldern Ihres Arbeitgebers für die tägliche Fahrt zur Arbeit kommt es entscheidend darauf an, welches Verkehrsmittel Sie dafür nutzen. Steuerfrei bleiben Fahrgelder oder vom Arbeitgeber überlassene Fahrkarten, wenn Sie für die Fahrt zwischen Ihrer Wohnung und der ersten Tätigkeitsstätte öffentliche Verkehrsmittel nutzen (§ 3 Nr. 15 EStG). Dabei kommen zwei Alternativen in Betracht.

- Sie nutzen öffentliche Verkehrsmittel des Personenfernverkehrs, die im Linienverkehr fahren. Dazu rechnen Fernzüge der Bahn (ICE, IC, EC), Fernbusse mit festen Routen und Haltestellen. Sie können aber auch die Züge anderer Anbieter als der Deutschen Bahn benutzen, z. B. den Thalys oder den TGV.
- Sie legen die Strecken mit öffentlichen Verkehrsmitteln des Personennahverkehrs zurück, die im Linienverkehr fahren. Dazu gehören Bus, Bahn, U-Bahn, S-Bahn, Straßenbahn etc..

Obwohl auch bei Flügen oder Fahrten mit dem Taxi grundsätzlich öffentliche Verkehrsmittel vorliegen, sind sie ausdrücklich nicht begünstigt.

TIPP

Nicht jede Taxifahrt ist außen vor!

Wie so oft im Steuerrecht gilt auch hier die Devise, dass es keine Regel ohne Ausnahme gibt. Individuelle Taxifahrten sind zwar bei der steuerfreien Fahrgeldzahlung des Arbeitgebers außen vor, wird das Taxi jedoch zur Unterstützung des Personennahverkehrs im Linienverkehr eingesetzt und fährt als Ergänzung oder Ersatz von Bus und Bahn, kann der Arbeitgeber die Kosten steuerfrei erstatten. Ein typischer Fall ist da z. B. das Anrufsammeltaxi, das man nutzen kann, wenn der Linienbus nicht mehr oder noch nicht verkehrt.

Eine entscheidende Voraussetzung für die Steuerfreiheit der Fahrgelder oder Fahrkarten ist, dass der Arbeitgeber sie zusätzlich zum ohnehin geschuldeten Arbeitslohn leistet. Das heißt: Ihr Brötchengeber muss die Vergünstigung auf Ihren Lohn draufpacken. Wenn Sie hingegen auf 100 € Ihres Lohnes verzichten und dafür im Gegenzug z. B. ein Jobticket bekommen, ist die Steuerfreiheit nach § 3 Nr. 15 EStG ausgeschlossen.

WICHTIGER HINWEIS

Unter die Begünstigung fallen neben Geldzuschüssen zu von Ihnen selbst gekauften Fahrkarten vor allem vom Arbeitgeber überlassene Monatskarten, Jahreskarten, Jobtickets etc. Aber auch Ermäßigungskarten wie z.B. eine Bahncard. Bei Fahrkarten für den Personennahverkehr spielt es keine Rolle, wenn Sie sie neben den Fahrten zur Arbeit auch für private Fahrten nutzen. Ebenfalls keine Probleme mit der Steuerfreiheit gibt es, wenn Sie auf Ihre Fahrkarte andere Personen mitnehmen können, z.B. weil auf Ihr Monatsticket abends oder am Wochenende auch Familienangehörige mitfahren dürfen.

TRICK

Kassieren Sie Rabatte auf Ihre Sachgeschenke und Benzingutscheine bis zur Bagatellgrenze steuerfrei!

Ein großer Vorteil der Steuerfreiheit für Ihr Jobticket ist, dass Sie nicht auf die 108
44-€-Bagatellgrenze (ab 2022: 50 €) angewiesen sind. Das Jobticket ist also auch dann steuerfrei, wenn es z.B. monatlich 80 € kostet. Neben den ohnehin steuerfeien Jobtickets oder Monatskarten bleiben also andere Sachgeschenke des Arbeitgebers bis zu einem monatlichen Gesamtwert von 44 € zusätzlich steuerfrei. Wenn Sie mit dem Auto fahren, kann Ihnen Ihr Chef statt Fahrgeld z.B. einen steuerfreien Benzingutschein im Wert von bis zu 44 € im Monat geben. Zu Einzelheiten vgl. ➤ Rz 47 ff.

TRICK

Pauschalsteuer für Fahrtkostenzuschüsse, wenn Sie keine öffentlichen Verkehrsmittel nutzen können!

Haben Sie nicht die Möglichkeit, mit öffentlichen Verkehrsmitteln zur Arbeit 109
zu fahren, sondern sind dafür auf ein Kfz angewiesen, hilft Ihnen die Pauschalsteuer für Fahrtkostenzuschüsse Ihres Arbeitgebers zumindest teilweise aus der Bredouille. Ihr Arbeitgeber kann nämlich Fahrgelder oder Sachleistungen für Fahrten zur Arbeit wie den Vorteil aus der Überlassung eines Firmenwagens mit 15 % pauschal versteuern – und zwar bis zur Höhe der andernfalls ansetzbaren Entfernungspauschale. (Quelle: § 40 Abs. 2 EStG) Daraus ergibt sich gleich ein doppelter Vorteil. Für Sie ist der Fahrtkostenzuschuss steuerfrei,

und zudem fällt darauf keine Sozialversicherung an. Das ist sogar für Ihren Brötchengeber ein gutes Geschäft: Versteuert er die Lohnsteuer mit 15 % pauschal, belastet ihn das zwar inkl. Kirchensteuer und Solidaritätszuschlag mit insgesamt ca. 17 %, dafür spart er aber den Arbeitgeberanteil zur Sozialversicherung von ca. 20 % ein.
Will Ihr Arbeitgeber von der pauschalen Lohnbesteuerung nichts wissen, können Sie ihm den Betrag aus der eigenen Tasche erstatten. Unter dem Strich ist das für Sie oft immer noch ein gutes Geschäft.

Beispiel
Sie bekommen als Lediger in Steuerklasse I einen Monatslohn von 3.000 €. Zusätzlich zahlt Ihr Chef einen monatlichen Fahrtkostenzuschuss von 200 €. Die einfache Entfernung von Ihrer Wohnung bis zur Arbeit beträgt 50 km.
Entfernungspauschale (es kann von 15 Tagen pro Monat ausgegangen werden) monatlich (20 km × 0,30 € + 30 km × 0,35 €) = 16,50 € × 15 Tage = 247,50 €.
Der Fahrtkostenzuschuss von 200 € kann also in voller Höhe mit 15 % pauschal besteuert werden.

Bruttolohn	3.200,00 €		
./. Steuer und Sozialversicherung (ca. 20 %) auf 3.200 €	– 1.123,96 €		
Nettolohn	2.076,04 €	>	2.076,04 €
Mit Übernahme der Pauschalsteuer:			
Bruttolohn	3.000,00 €		
./. Steuer und Sozialversicherung (ca. 20 %) darauf	– 1.029,27 €		
Fahrtkostenzuschuss	200,00 €		
./. pauschale Lohnsteuer 15 % von 200,00 €	– 30,00 €		
./. pauschale Kirchensteuer 7 % von 30,00 €	– 2,10 €		
./. Solidaritätszuschlag 5,5 % von 30,00 €	– 1,65 €		
Nettolohn bei Pauschalierung des Zuschusses	2.136,98 €	>	2.136,98 €
Mehrbetrag pro Monat			60,94 €
Im gesamten Jahr			731,28 €

Wie Sie sehen, machen Sie trotz Übernahme der pauschalen Steuern auf den Fahrtkostenzuschuss im Jahr ein sattes Plus von ca. 731 €.
Wenn Sie noch andere Werbungskosten haben, mit denen Sie schon über dem Werbungskostenpauschbetrag von 1.000 € liegen, können Sie zusätzlich die Entfernungspauschale absetzen:

Arbeitstage 230 × (20 km × 0,30 € + 30 km × 0,35 €) = 16,50 €	3.795 €
./. pauschal besteuerte Fahrtkosten	– 2.400 €
Verbleibende Werbungskosten	1.395 €

TIPP

Wandeln Sie freiwillige Lohnzahlungen in Fahrtkostenzuschüsse um!

Fahrtkostenzuschüsse müssen an sich zusätzlich zum ohnehin geschuldeten Arbeitslohn gezahlt werden. Ist das der Fall, können sie mit 15 % pauschal besteuert werden. Anders als der Fiskus ist der BFH der Meinung, dass andere freiwillige Sonderzahlungen in Fahrtkostenzuschüsse umgewandelt werden können. Entscheidend ist nicht, ob Ihr Arbeitgeber die Sonderzahlung auch ohne Fahrtkostenzuschuss zahlen würde, sondern ob Sie aufgrund Ihres Arbeitsvertrags oder aufgrund betrieblicher Übung einen Rechtsanspruch auf die Sonderzahlung haben (BFH v. 1.10.2009 – VI R 41/07; BStBl 2010 II S. 487). Will Ihr Arbeitgeber nicht so recht anbeißen, können Sie sich z.B. ein freiwilliges Weihnachtsgeld, das vom Betrieb immer unter Vorbehalt gezahlt worden ist, ganz oder zum Teil als Fahrtkostenzuschuss auszahlen lassen.

Sammelbeförderung 110

Die Sammelbeförderung von Arbeitnehmern zwischen Wohnung und Arbeitsstätte mit einem vom Arbeitgeber gestellten Fahrzeug (§ 3 Nr. 32 EStG) ist steuerfrei, sofern sie für den betrieblichen Einsatz des Arbeitnehmers notwendig ist. Das wird z.B. in folgenden Fällen unterstellt:

1. Die Beförderung mit öffentlichen Verkehrsmitteln ist entweder gar nicht oder nur mit ganz erheblichem Zeitaufwand möglich.
2. Die Arbeitnehmer arbeiten, wie z.B. Bau- und Montagearbeiter, an ständig wechselnden Einsatzstellen.
3. Die Arbeitnehmer werden, wie z.B. Waldarbeiter, an verschiedenen Stellen eines weiträumigen Arbeitsgebiets eingesetzt.
4. Der Arbeitsablauf im Betrieb macht es erforderlich, dass die beförderten Arbeitnehmer gleichzeitig ihre Arbeit aufnehmen.

Ihr Arbeitgeber muss nicht unbedingt selbst ein Fahrzeug für den Sammeltransport anschaffen, genauso gut kann er ein Bus- oder Taxiunternehmen beauftragen.

WICHTIGER HINWEIS

Wenn Sie per Sammelbeförderung zu Ihrer Arbeitsstelle fahren, können Sie keine Entfernungspauschale absetzen.

TRICK

Steuerfreies Fahrgeld für den Heimweg

111 Die Idee, auf dem Weg zur Arbeit oder nach Hause einen schnellen Abstecher zur Post oder zur Bank zu machen, um durch diesen kleinen dienstlichen Auftrag aus Ihrer Fahrt zwischen Wohnung und Arbeitsstätte eine steuerlich viel lukrativere Dienstreise zu machen, fand vor den Augen der obersten Steuerrichter keine Gnade (BFH, BStBl 1991 S. 134).
Ungeachtet dessen steht Ihnen steuerfreies Fahrgeld oder die erhöhte Kilometerpauschale für Dienstreisen für die Mehrkilometer zu, die durch den Umweg angefallen sind.

112 **Kurz zur Post reicht also nicht. Wenn Sie aber z. B. häufiger im Auftrag Ihres Chefs Kunden besuchen, sollten Sie Ihre Termine so planen, dass Sie nach dem Kundenbesuch direkt nach Hause fahren können. Jetzt kann Ihnen das Finanzamt ja wohl kaum noch mit »kurzfristigen Erledigungen« kommen.**

TRICK

Vermeiden Sie, den Betrieb jeden Tag kurz anzufahren!

113 Einen ganz bösen Fallstrick hat der Fiskus für Kundendienstmonteure, Kraftfahrer, Mitarbeiter von Pflegediensten etc. vorgesehen. Arbeitnehmer aus diesen und ähnlichen Berufsgruppen suchen häufig den Betrieb an jedem Arbeitstag kurz auf, um Aufträge zu holen, Material zu besorgen, Berichte abzuliefern oder um Kollegen abzuholen, um mit ihnen zusammen weiter zu einer auswärtigen Einsatzstelle zu fahren, oder schlicht, um das Fahrzeug zu übernehmen. Diese kurzen Tätigkeiten allein führen nicht dazu, dass der Betrieb zur sog. ersten Tätigkeitsstätte wird. Die Fahrten zum Betrieb gelten also weiter als auswärtige Tätigkeit, mit der Folge, dass der Arbeitnehmer Reisekosten absetzen kann. Leider soll das ausgerechnet für die größte Kostengruppe, die Fahrtkosten, nicht gelten. Sucht der Arbeitnehmer auf Betreiben seines Brötchengebers den Betrieb, das Fahrzeugdepot oder einen anderen Sammel- oder Abholpunkt dauerhaft an jedem Arbeitstag auf, gibt es für diese Fahrten nur die Entfernungspauschale.
Auf die Entfernungspauschale heruntergestuft werden Sie allerdings nur, wenn Sie den Betrieb für sehr lange Zeit und vor allem nahezu ausnahmslos an jedem

Arbeitstag aufsuchen müssen. Also ist es höchste Zeit für ein Gespräch mit Ihrem Chef. Gemeinsam werden Sie in Zukunft dafür sorgen, dass sich die Verhältnisse ein klein wenig ändern. Es genügt schon, wenn Sie an einem Tag in der Woche von zu Hause direkt zum Kunden fahren, ohne vorher den Betrieb aufzusuchen. Sie bekommen eben den Auftrag schon am Tag vorher oder per Telefon, SMS oder E-Mail. Mit diesem Trick können Sie für die Fahrten in den Betrieb in Zukunft wieder die Reisekostenpauschale von 0,30 € je gefahrenen Kilometer statt der nur halb so hohen Entfernungspauschale absetzen. Auch Kraftfahrer bekommen das hin, wenn der Übernahmepunkt gelegentlich verändert wird. Warum also den Bus immer im Depot abholen? Man kann den Schichtwechsel ja auch an einer Haltestelle durchführen.
Und schon kann Ihnen Ihr Chef nicht nur für die Fahrt zum Kunden das Fahrgeld steuerfrei zahlen, sondern auch für die Fahrt zur Firma selbst. Bekommen Sie kein Fahrgeld, setzen Sie bei Ihrer Steuererklärung jeden Kilometer mit 0,30 € als Werbungskosten ab.

TIPP

Vorsicht, Ihr Chef stößt das Finanzamt mit der Nase darauf, dass Sie Fahrgeld kassieren!

Ihr Arbeitgeber muss durch eine entsprechende Eintragung in die Lohnsteuer- 114
bescheinigung das Finanzamt darauf hinweisen, dass Sie steuerfreie oder pauschal besteuerte Fahrtkostenzuschüsse erhalten haben. Damit stellt der Fiskus sicher, dass Ihnen die Beträge bei der Steuererklärung von Ihren Entfernungskilometern abgezogen werden.
Profitieren Sie von einer Sammelbeförderung, steht in Ihrer Lohnsteuerbescheinigung ein »F«.

TRICK

Zahlen Sie weniger Lohnsteuer bei steuerpflichtigem Fahrgeld!

Die Werbungskosten aus Ihrer Entfernungspauschale für den täglichen Weg zur 115
Arbeit können Sie sich als Freibetrag auf der Lohnsteuerkarte eintragen lassen und so schon im Lauf des Jahres einen hübschen Betrag an Steuern sparen. Warten Sie damit nicht erst bis zu Ihrer Einkommensteuererklärung.
Zahlt Ihnen Ihr Brötchengeber Fahrgeld oder dürfen Sie mit einem Firmenwagen zur Arbeit fahren, rechnet man Ihnen daraus steuerpflichtige Einnahmen zu. (Natürlich können Sie auch hier Ihre laufende Steuerlast mit einem Freibetrag auf der Steuerkarte drücken.)

Bei einer Entfernung zur Arbeit von 60 km zahlt Ihnen Ihr Chef monatlich ein Fahrgeld von 200 €. Bei einem Gehalt von 2.500 € zahlen Sie also 2021

an Steuern für monatlich 2.700 € (2.500 € + 200 €)	350,16 €
Allein für Ihre Fahrtkosten stünde Ihnen bei 230 Arbeitstagen ein Freibetrag von ca. 300 € im Monat zu.	
Damit liegt die Steuer auf Ihr steuerpflichtiges Gehalt von 2.700 € – 300 € = 2.400 € nur noch bei	274,40 €
Monatliche Ersparnis an Lohnsteuer und Kirchensteuer	75,76 €
Gesamtersparnis im Jahr ca.	909,12 €

116 **Parkplätze, Stellplätze**

Nach Meinung des FG Köln (Urt. v. 15.3.2006 – 11 K 5680/04, EFG 2006, 1516) führt die kostenlose Überlassung von Parkplätzen durch den Arbeitgeber grundsätzlich zu steuerpflichtigem Arbeitslohn. Lediglich die Parkplatzgestellung an Mitarbeiter mit Firmenwagen und an schwerbehinderte Arbeitnehmer will das Finanzgericht wegen der arbeitsrechtlichen Fürsorgepflicht des Arbeitgebers steuerfrei lassen. Doch geschehen gelegentlich noch Zeichen und Wunder, der Fiskus folgt dieser restriktiven Rechtsprechung nämlich nicht. Der Arbeitgeber kann seinen Arbeitnehmern daher Park- bzw. Stellplätze zur Verfügung stellen, ohne dass der Vorteil aus den gesparten Parkgebühren zu besteuern ist (FM Nordrhein-Westfalen v. 28.9.2006 – S 2334 – 61 – VB 3; NWB Steuer-Telex 2006 S. 703). Im Ergebnis ist also die Überlassung von Parkplätzen durch den Arbeitgeber an den Arbeitnehmer steuerfrei. Dabei spielt es keine Rolle, ob die Parkplätze Ihrem Brötchengeber gehören oder von ihm für die Belegschaft angemietet werden.

Anders ist es, wenn Ihr Arbeitgeber für Sie einen Parkplatz an Ihrem Wohnort anmietet und Ihnen zur Verfügung stellt.

Allerdings können Sie auch hier dem Fiskus ein Schnippchen schlagen und den Parkplatz steuerfrei bekommen, wenn Sie dort nicht Ihr privates Auto abstellen, sondern den von der Firma überlassenen Firmenwagen. Wenn Sie mit dem Firmenwagen auch privat durch die Welt kutschieren, ist das für die Steuerfreiheit ohne Bedeutung.

5. Firmenwagen und Firmenfahrräder

117 Stellt die Firma ihrem Arbeitnehmer ein Fahrzeug zur Verfügung, das er auch für Privatfahrten und Fahrten zwischen Wohnung und Arbeitsstätte verwenden darf, dann ist der darin liegende geldwerte Vorteil vom Arbeitnehmer zu versteuern, das ist klar. Für Privatfahrten ist dem Monatslohn 1 % des Listen(neu-)preises des Fahrzeugs (inkl. Umsatzsteuer) hinzuzurechnen, macht 12 % pro Jahr. Für Fahrten zwischen Wohnung und Arbeitsstätte mit dem Auto beträgt der geldwerte Vorteil zusätzlich 0,03 % des Listenpreises je Entfernungskilometer für jeden Monat.

Beispiel
Ein Arbeitnehmer fährt arbeitstäglich mit einem Firmenwagen (Listenpreis 30.000 €) zu seiner 30 km entfernt liegenden Arbeitsstätte. Für die private Nutzung des Firmenwagens leistet er eine Zuzahlung von mtl. 150 €. Als geldwerten Vorteil hat er zu versteuern:

Für Privatfahrten	
12 % von 30.000 € (Jahresbetrag)	3.600 €
Für Fahrten zwischen Wohnung und Arbeitsstätte	
(Monatl. 0,03 % v. 30.000 € =) 9 €	
je Entfernungskilometer × 30 km × 12 Monate =	3.240 €
Insgesamt	6.840 €
./. Zuzahlung (150 € × 12 Monate)	– 1.800 €
Vom Arbeitgeber über die LSt-Karte zu versteuernder Jahresbetrag	5.040 €
Monatsbetrag $^{1}/_{12}$	420 €

In der Einkommensteuererklärung kann der Arbeitnehmer seine Fahrten zwischen Wohnung und Arbeitsstätte mit der Entfernungspauschale von je 0,30 € für die ersten 20 Entfernungskilometer und je 0,35 € ab dem 21. Entfernungskilometer als Werbungskosten geltend machen:

30 km × (20 km × 0,30 € + 10 km × 0,35 €) = 9,50 € × 230 Tage =	2.185 €

Die 1-%-Regelung kommt übrigens auch zur Anwendung, wenn es sich bei Ihrem Firmenwagen um ein Wohnmobil oder einen Geländewagen handelt. Es ist also nicht entscheidend, ob das Gefährt kraftfahrtechnisch als Pkw oder als sonstiges Fahrzeug zugelassen wurde und bei der Kraftfahrzeugsteuer etwa wie ein Lkw besteuert wird. Allerdings legt der Fiskus als Listenpreis bei solchen **Sonderfahrzeugen** höchstens 80.000 € zugrunde (FM Saarland v. 29.1.2003 – B/2 – 4 – S 2334). 118

Besonders teuer kann es werden, wenn Sie als Arbeitnehmer nicht nur ein, sondern mehrere Kfz privat nutzen dürfen. Wenn allerdings eine Mitbenutzung durch andere Personen (Familie, Lebenspartner etc.) ausgeschlossen ist, gilt die vernünftige Regelung, dass Sie nur dasjenige Fahrzeug versteuern müssen, das Sie überwiegend für private Zwecke nutzen. Im Zweifelsfall versteuern Sie das Fahrzeug mit dem höchsten Listenpreis. Man spricht hier allgemein von der sog. Junggesellenregelung. 119

Zwar ist der BFH von dieser günstigen Besteuerung abgerückt und verlangt die Besteuerung eines jeden Fahrzeugs, das Ihnen zur Verfügung gestellt wird. Ob und in welchem Umfang Sie die Fahrzeuge privat fahren, spielt seiner Meinung nach keine Rolle, vielmehr reiche die rein theoretische Möglichkeit der Nutzung aus. Aber es geschehen noch Zeichen und Wunder: Der Fiskus wendet dieses Urteil nicht an (BMF v. 4.4.2018 – BStBl 2018 I S. 601, Rz. 22).

Sind Sie nicht alleinstehend, sollten Sie, wenn es nicht unbedingt erforderlich ist, dennoch darauf verzichten, dass Ihnen vertraglich mehrere Fahrzeuge zur Verfügung gestellt werden.

TIPP

Zur Privatnutzung ungeeignete Dienstwagen unterliegen nicht der 1-%-Regelung!

120 Firmenwagen, die aufgrund ihrer objektiven Beschaffenheit und Einrichtung typischerweise nur zur Beförderung von Waren, Gütern oder Material und Werkzeug bestimmt sind, fallen nicht unter die pauschale 1-%-Regelung. Gemeint sind damit typische Transportfahrzeuge wie Pritschen- oder Werkstattwagen. Der Bundesfinanzhof hat hier wieder einmal dem Fiskus auf die Finger geklopft und den allzu unverschämten Griff in die Geldbörse der Steuerzahler unterbunden (BFH v. 18.12.2008 – BFH/NV 2009 S. 481).

Der BFH geht davon aus, dass Fahrzeuge dieser Art allenfalls gelegentlich und nur ausnahmsweise für private Zwecke eingesetzt werden, weil sie dafür denkbar ungeeignet sind. Das Finanzamt darf deshalb **nicht mehr einfach unterstellen,** dass Sie Ihren Werkstattwagen auch für private Zwecke nutzen, sondern muss es **beweisen.** Und selbst wenn eine Privatnutzung gelegentlich der Fall sein sollte, darf das Finanzamt nicht pauschal die 1-%-Regelung ansetzen. Der Nutzungsvorteil muss nach Auffassung des BFH für jede einzelne Fahrt mit dem dafür üblichen Preis bewertet werden. Er dürfte sich somit auf die anteiligen Kilometerkosten für die privat gefahrenen Kilometer zzgl. der Gewinnmarge der Firma beschränken.

Diese günstige Rechtsprechung betrifft leider nicht die Fahrten zwischen Wohnung und Arbeitsstätte, die weiterhin nach der sog. 0,03-%-Regelung zu bewerten sind.

Auch für Fahrschulfahrzeuge oder ein Taxi können Sie sich nicht auf die Werkstattwagenregelung des BFH berufen. Bei einem Fahrschulfahrzeug handelt es sich nach Auffassung des FG München gerade nicht um ein Fahrzeug, das nach seiner Bauart und Einrichtung ausschließlich oder vorwiegend zur Beförderung von Gütern und nicht von Menschen bestimmt ist (FG München v. 29.9.2014 – 7 K 1861/13).

Wollen Sie verhindern, dass das Finanzamt so einfach nolens volens eine Versteuerung für die private Nutzung eines solchen Fahrzeugs vornimmt? Da hilft ein Nutzungsverbot, mit dem Ihr Arbeitgeber Ihnen die private Benutzung des Firmenautos verbietet und z. B. nur erlaubt, dass Sie morgens und abends damit zwischen Betrieb und Wohnung pendeln (s. auch ➤ Rz 141).

TIPP

Drücken Sie mit einem Elektrofahrzeug den steuerpflichtigen Teil!

Wenn Sie als Firmenwagen ein Elektrokraftfahrzeug nutzen, sind Sie häufig be- 121
nachteiligt, weil dessen Listenpreis in aller Regel höher ist als bei einem herkömmlich angetriebenen Fahrzeug. Damit Elektrofahrzeuge trotzdem als Firmenwagen konkurrenzfähig sind, gibt es gleich mehrere Methoden, mit denen die steuerpflichtigen Vorteile günstiger berechnet werden als bei Autos mit herkömmlichem Antrieb.

Also können Sie gleichzeitig die Umweltbelastung und Ihre Steuerbelastung verringern.

Reduzierung des Nutzungsvorteils bei Elektro- und Hybridfahrzeugen

Besonders günstig berechnet der Fiskus den Vorteil aus der Nutzung eines Hybrid- oder Elektrofirmenwagens, den Ihr Brötchengeber zwischen 1.1.2019 und 31.12.2030 anschafft oder für den er in dieser Zeit einen Leasingvertrag abschließt.

Leider hat der Fiskus hier inzwischen unter dem Deckmantel, die CO_2-Reduzierung zu fördern, einen unseligen Regelungswirrwar angerichtet:

- Für **reine Elektrofahrzeuge, die keine CO_2-Emissionen haben,** wird der Bruttolistenpreis mit nur 25 % angesetzt, wenn das Fahrzeug in der Zeit zwischen 1.1.2019 und 31.12.2030 angeschafft oder geleast wurde und der reguläre Bruttolistenpreis max. 40.000 € beträgt.
- Für **extern aufladbare Hybridelektrofahrzeuge** wird der Bruttolistenpreis mit 50 % angesetzt, wenn das Fahrzeug einen CO_2-Ausstoß von max. 50 Gramm je km hat und außerdem im reinen Elektrobetrieb eine bestimmte Reichweite erzielt, und zwar von mindestens
  - 40 km bei Anschaffung zwischen 1.1.2019 und 31.12.2021;
  - 60 km bei Anschaffung zwischen 1.1.2022 und 31.12.2024;
  - 80 km bei Anschaffung zwischen 1.1.2025 und 31.12.2030.

Den Steuervorteil durch Ansatz des halben Bruttolistenpreises gibt es, wie Sie sehen, also auch für Autos, deren Antrieb aus einer Kombination aus Elektro- und Verbrennungsmotor besteht. Wichtig ist aber, dass die Batterien des Elektromotors extern aufgeladen werden können. Damit es richtig kompliziert wird, müssen sich die rein elektrische Mindestreichweite und die maximale CO_2-Emission aus der sog. Übereinstimmungsbescheinigung des Herstellers ergeben, die bei der Zulassung des Fahrzeugs vorgelegt werden muss.

GUTER RAT

Wenn es denn wirklich ein Elektro- oder Hybridauto als Firmenwagen werden soll, lassen Sie bzw. Ihr Brötchengeber sich vom Händler bestätigen, dass alle nötigen Voraussetzungen für eine Steuervergünstigung erfüllt sind.
Sehen wir uns an, wie die Reduzierung des steuerpflichtigen Nutzungsvorteils vonstatten geht.

Berechnung nach der 1-%-Regelung
In den allermeisten Fällen ist die Sache recht einfach, weil Arbeitgeber ganz überwiegend die 1-%-Regelung anwenden. Dann wird schlicht und einfach der Anknüpfungspunkt für die Berechnung des Nutzungsvorteils, nämlich der Bruttolistenneupreis Ihres Firmenwagens, nur noch mit 50 % (25 %) angesetzt. Diese Reduzierung des Bruttolistenneupreises gilt für den Vorteil aus

- reinen Privatfahrten,
- Fahrten zwischen Wohnung und erster Tätigkeitsstätte und
- (zusätzlichen) Familienheimfahrten im Rahmen einer doppelten Haushaltsführung.

Beispiel
Nehmen wir an, Ihr Brötchengeber stellt Ihnen ein dem Grunde nach begünstigtes Hybridfahrzeug als Firmenwagen zur Verfügung. Neben Ihren beruflichen Fahrten können Sie es auch für private Zwecke und den täglichen Weg von 20 km zur Arbeit benutzen. Das Auto hat Ihr Chef am 2.1.2021 gekauft und Ihnen ab da zur Verfügung gestellt. Der Listenpreis liegt einschließlich aller Extras bei 50.000 €.

Daraus ergibt sich für Sie pro Monat folgender steuerpflichtiger Arbeitslohn:

Listenpreis	50.000 €	× 50 % = 25.000 €	
Private Nutzung		× 1 %	250 €
Fahrten zur Arbeit		× 0,03 % × 20 km	150 €
Vorteil			**400 €**

Berechnung nach der Fahrtenbuchmethode
Wenn Sie für Ihren Firmenwagen ein 1A-Fahrtenbuch führen, muss Ihr Chef bekanntlich die gesamten Kosten für das Auto ermitteln. Diese werden dann mit dem prozentualen Anteil Ihrer privaten Fahrten lt. Fahrtenbuch als steuerpflichtiger Vorteil angesetzt. Als Steuervergünstigung wird in diesem Fall die Abschreibung für das Auto oder bei Leasingfahrzeugen die Leasingrate nur zu 50 % (25 %) in die Gesamtkosten eingerechnet. Alle übrigen laufenden Kosten für Treibstoff, Steuern, Versicherung, Wartung und Reparaturen werden dagegen – völlig unverständlicherweise – in voller Höhe angesetzt.

Wie Sie sehen, bewahrheitet sich hier wieder einmal die alte Erkenntnis: ***Steuerrecht*** ist leider nicht ***steuergerecht.***

Wenn Sie ein Elektrofahrzeug nutzen, das Ihr Brötchengeber schon vor 2019 gekauft oder geleast hat oder das die ganzen Sonderbedingungen nicht erfüllt, schauen Sie mit Steuervergünstigungen nicht ganz in die Röhre. Auch für solche Wägen wird die Berechnungsgrundlage für die Besteuerung pauschal gekürzt.

Von dieser Regelung begünstigt sind Fahrzeuge, die ausschließlich durch Elektromotoren angetrieben oder ganz oder überwiegend aus mechanischen oder elektrochemischen Energiespeichern gespeist werden (z. B. Brennstoffzellen).

Allerdings hat der Fiskus auch hier die Ermäßigung reichlich kompliziert gestaltet, indem die Kürzung des Listenpreises Jahr für Jahr reduziert wird. Wurde Ihr Firmenwagen 2013 oder früher angeschafft, beträgt die Kürzung 500 €/kWh, max. 10.000 €. Für jedes Jahr, das das Fahrzeug später zugelassen wird, reduziert sich der Betrag je kWh um jährlich 50 € und der Maximalbetrag um 500 €. Kaufte Ihr Brötchengeber also einen Firmenwagen in 2018, beträgt die Kürzung nur noch 250 €/kWh und der Maximalbetrag 7.500 €.

Beispiel
Ihr Arbeitgeber kaufte am 1.10.2018 einen Firmenwagen mit Hybridantrieb. Die Batteriekapazität beträgt 35 kWh. Der Listenpreis des Wagens beläuft sich auf 45.000 € inkl. USt.
Der monatliche Nutzungsvorteil für private Fahrten wird wie folgt berechnet:

Bruttolistenneupreis	45.000,00 €
./. pauschale Kürzung 35 kWh × 250,00 € (= 8.750,00 €), max. aber 7.500 €	– 7.500,00 €
Bemessungsgrundlage	37.500,00 €

Der monatliche private Nutzungsanteil würde in diesem Fall mit 1 % von 37.500 € = 375,00 € berechnet.

Ärgerlich ist neben der Anwendung der 1-%-Regelung für reine Privatfahrten 122
vor allem die Versteuerung der Fahrten zwischen Wohnung und Arbeitsstätte. Der pauschale Ansatz des Monatswerts von 0,03 % wird vom Finanzamt nämlich völlig unabhängig davon vorgenommen, in welchem Umfang Sie das Fahrzeug tatsächlich für Fahrten zwischen Wohnung und Arbeitsstätte nutzen und ob es Ihnen überhaupt während des ganzen Monats zur Verfügung steht.

Besonders teuer kann das für Sie werden, wenn Sie mit dem Firmenwagen das »Park and ride«-Verfahren praktizieren, da die *gesamte* Entfernung zwischen Wohnung und Arbeitsstätte der Berechnung des Nutzungsvorteils zugrunde gelegt wird. Im Klartext bedeutet das: Fahren Sie 3 km mit dem Wagen zum Bahnhof und dann 47 km mit der Bahn, bindet Ihnen der Fiskus den geldwerten Vorteil für 50 km ans Bein.

TRICK

Drücken Sie mit Fahrkarten den Nutzungsvorteil!

Dieser Auffassung ist der BFH entschieden entgegengetreten (BFH v. 4.4.2008 – BStBl 2008 II S. 890 – und v. 28.8.2008 – BStBl 2009 II S. 280). Für den »Park and ride«-Fall wird demnach die 0,03-%-Regelung nur für die Teilstrecke angesetzt, für die der Pkw tatsächlich genutzt wird.

Lösung für einen Firmenwagen mit 40.000 € Listenpreis

Nutzungsvorteil lt. Finanzamt	
0,03 % v. 40.000 € = 12,00 € × 50 km	600 €
Nutzungsvorteil lt. BFH	
0,03 % v. 40.000 € = 12,00 € × 3 km	36 €
Differenz pro Monat	564 €
Differenz pro Jahr	564 € × 12 = 6.768 €

Das Finanzamt muss die günstigere Berechnung anwenden, wenn Sie Ihrem Arbeitgeber eine Jahresfahrkarte oder schlicht Ihre gesammelten Monatskarten für öffentliche Verkehrsmittel vorlegen oder er Ihnen ein entsprechendes Jobticket zur Verfügung stellt (BMF v. 4.4.2018 – BStBl 2018 I S. 601).

TRICK

Mit einem Nutzungsverbot entgehen Sie der Steuerfalle!

123 Sie können auch auf andere Weise eine Begrenzung des völlig überhöhten Nutzungsvorteils erreichen: Ihr Arbeitgeber stellt Ihnen das Fahrzeug ausdrücklich nur für die Fahrt zum Bahnhof zur Verfügung. Das Ganze wird schriftlich festgelegt, und schon versteuern Sie statt 50 km nur 3 km (BMF v. 4.4.2018 – BStBl 2018 I S. 601, s. auch ➤ Rz 141).

Nach der Reform des Reisekostenrechts ist inzwischen klar, dass ein Arbeitnehmer max. *eine* erste Tätigkeitsstätte haben kann. Wenn Ihr Arbeitgeber den Betrieb ausdrücklich als erste Tätigkeitsstätte festlegt, hat das Konsequenzen für die Fahrten dorthin. In diesem Fall müssen Sie die Fahrten mit einem Firmenwagen versteuern.

Ohne ausdrückliche Arbeitgeberfestlegung wird Ihr Betrieb aber nicht schon allein dadurch zur ersten Tätigkeitsstätte, dass Sie ihn in regelmäßigen Abständen aufsuchen (s. BFH v. 9.6.2011 – VI R 55/10, VI R 36/10 und VI R 58/09, BStBl

2012 II S. 34 – 38). Schon gar nicht, wenn Sie sich dort nur kurz aufhalten oder nur Arbeiten ausführen, die in Ihrem Job nicht die Kernaufgaben darstellen. Auch Springer, Filialleiter, die mehrere Filialen betreuen, oder Bezirksleiter von Filialketten haben höchstens dann in einer der Filialen eine erste Tätigkeitsstätte, wenn der Arbeitgeber das ausdrücklich so regelt oder wenn die dort ausgeübten Arbeiten sich von denen in den übrigen Filialen wesentlich unterscheiden und Sie dort mindestens an zwei Tagen pro Woche oder 30 % Ihrer Arbeitszeit arbeiten.
Wenn Sie mit Ihrem Arbeitgeber die Bedingungen für Ihr Arbeitsverhältnis so geregelt haben, dass der Betrieb nicht die erste Tätigkeitsstätte ist, umgehen Sie auch das Problem mit der Versteuerung der Fahrten zur Arbeit. Sie können sich für Fahrten von der Wohnung zum Betrieb vielmehr darauf berufen, dass es sich um Fahrten im Rahmen einer Auswärtstätigkeit handelt. Für solche Fahrten kann der Arbeitgeber ein Firmenfahrzeug steuerfrei zur Verfügung stellen.
In allen anderen Fällen setzt der Fiskus tatsächlich einen Vorteil mit 0,03 % des Listenpreises pro Monat und Entfernungskilometer an. Allerdings gibt es auch hier für Arbeitnehmer, die ihre erste Tätigkeitsstätte nur gelegentlich aufsuchen, dank des BFH eine günstigere Besteuerungsvariante (BFH v. 22.9.2010 – BStBl 2011 II S. 358 f.). Danach muss nur der tatsächlich entstandene Vorteil versteuert werden – und zwar für jede tatsächlich durchgeführte Fahrt mit 0,002 % des Listenpreises je Entfernungskilometer. Der BFH machte dabei eine Anleihe bei der in der Praxis selten vorkommenden Regelung für mit einem Dienstwagen durchgeführte zusätzliche Familienheimfahrten im Rahmen einer doppelten Haushaltsführung.
Die Finanzämter müssen nunmehr die günstigere Regelung anwenden (BMF v. 4.4.2018 – BStBl 2018 I S. 601, Tz. 19). Sie müssen Ihrem Brötchengeber nur für jeden Monat eine Liste vorlegen, in der Sie mit Wochentag und Datum angeben, wann Sie mit dem Dienstwagen zur Arbeit gefahren sind. Ihr Arbeitgeber muss dann in der Lohnabrechnung nur für diese Tage den Nutzungsvorteil des Pkw ansetzen. Beharrt er darauf, sicherheitshalber weiter die 0,03-%-Regel anzuwenden, können Sie die Anwendung der für Sie günstigeren 0,002-%-Regel bei der Einkommensteuerveranlagung beantragen. Das Finanzamt muss dazu die Differenz zwischen den Methoden vom Arbeitslohn abziehen.
Bei einem Firmenwagen mit einem Listenpreis von 30.000 € und einer Entfernung zum Betrieb des Arbeitgebers von 20 km beträgt der Nutzungsvorteil aus der 0,03-%-Regelung (0,03 % von 30.000 € = 9 € × 20 km =) 180 € monatlich. Nach der viel günstigeren Rechnung des BFH ergibt sich lediglich ein Nutzungsvorteil von (30.000 € × 0,002 % = 0,60 € × 20 km × 4 Fahrten =) **48 €.** Auf das Jahr gerechnet macht das einen Unterschied von 1.548 €.
Steuerlich auf der sicheren Seite sind Sie also, wenn

- Ihr Arbeitgeber keine Festlegung zum Betrieb (Filiale) als erste Tätigkeitsstätte trifft und
- Sie nicht mindestens an zwei ganzen Arbeitstagen oder 30 % Ihrer regelmäßigen Arbeitszeit dort arbeiten müssen.

TRICK

Nehmen Sie die Pauschalregelung bei Firmenwagen in Anspruch!

124 Die Möglichkeit, den Vorteil aus der Überlassung eines Firmenwagens für Fahrten zwischen Wohnung und Arbeitsstätte pauschal zu versteuern (➤ Rz 109), führt zu Wirkungen, die selbst für Steuerfachleute kaum zu überblicken sind. Von den 0,03 % des Listenpreises, die für solche Fahrten pro Entfernungskilometer zu versteuern sind, kann der Betrieb einen Betrag in Höhe der Entfernungspauschale von je 0,30 € für die ersten 20 und je 0,35 € ab dem 21. Entfernungskilometer pauschal mit 15 % versteuern. Für die Pauschalierung kann von 180 Fahrten im Jahr (15 Fahrten im Monat) ausgegangen werden. Bei Pauschalversteuerung ergibt sich also z.B. folgender Arbeitslohn:

Für Privatfahrten 12 % vom Listenpreis, z.B. 30.000 €	3.600,00 €
Für Fahrten zwischen Wohnung und Arbeitsstätte, z.B. 30 km	3.240,00 €
./. Arbeitslohn, der pauschal besteuert werden kann (20 km × 0,30 € + 10 km × 0,35 € = 9,50 € × 180 Tage)	– 1.710,00 €
Verbleiben	5.130,00 €
./. monatliche Zuzahlung für die private Nutzung 150 €	– 1.800,00 €
Als Rest zu versteuern (Jahresbetrag) über Lohnsteuerkarte	3.330,00 €
Der Betrieb zahlt an Pauschalsteuern	
Pauschale Lohnsteuer 15 % von 1.710,00 €	256,50 €
Pauschale Kirchensteuer z.B. 7 % von 256,50 €	17,96 €
Solidaritätszuschlag 5,5 % von 256,50	14,00 €

Wie Sie sehen, ist die Pauschalregelung günstig, zumal auch keine Sozialversicherungsbeiträge für den pauschal versteuerten Lohn anfallen.

TRICK

Geteiltes Leid ist halbes Leid!

125 Die 1-%-Regelung gilt fahrzeug-, nicht personenbezogen, d.h., das Finanzamt darf für die Privatnutzung eines Firmenwagens, egal, ob er von einem oder von 20 Arbeitnehmern genutzt wird, insgesamt nur einmal die 1-%-Regelung anwenden. Der als Arbeitslohn steuerpflichtige Vorteil wird im Zweifel gleichmäßig

auf alle Arbeitnehmer verteilt, die den Wagen nutzen (BFH-Urteil v. 15.5.2002 – BStBl 2003 II S. 311). Teilen Sie sich also den Firmenwagen mit einem Arbeitskollegen, muss jeder von Ihnen beiden nur 0,5 % vom Listenpreis versteuern.

Profitieren können Sie von dem Urteil auch, wenn es in Ihrer Firma einen Fahrzeugpool gibt, aus dem Sie und Ihre Kollegen je nach Bedarf auf eines der Fahrzeuge auch für private Zwecke zurückgreifen können. **126**
Angenommen, in der Firma sind fünf Angestellte beschäftigt und es stehen zwei Autos zur Verfügung, Listenpreis Auto 1 = 20.000 € und Listenpreis Auto 2 = 30.000 €. Ihr Arbeitgeber berechnet den Arbeitslohn dann nach H 8.1 Abs. 9 – 10 LStH wie folgt:

Nutzungsvorteil Auto 1:	1 % von 20.000 € =	200 €
Nutzungsvorteil Auto 2:	1 % von 30.000 € =	300 €
Monatlicher Gesamtarbeitslohn		500 €
Verteilt auf 5 Arbeitnehmer macht pro Kopf monatlich		100 €
statt 1 % = 300 € für das teuerste Auto im Pool		
Weniger »Arbeitslohn« für Sie pro Monat		200 €
Aufs Jahr gerechnet		2.400 €

Zu empfehlen ist eine solche Durchschnittsberechnung nur in Fällen, in denen die Zahl der im Pool befindlichen Fahrzeuge geringer ist als die Zahl der Arbeitnehmer, die sie auch für private Zwecke nutzen. Sind es dagegen weniger Arbeitnehmer als Fahrzeuge, kommt man unter dem Strich billiger davon, wenn jeder 1 % des durchschnittlichen Listenpreises versteuert.

TRICK

Verdienen Sie mit einem Fahrtenbuch schnell 800 €!

Wenn Sie mit dem Firmenwagen nur wenig privat fahren, lohnt es sich, ein Fahrtenbuch zu führen. Als Arbeitslohn brauchen Sie dann nur die Privatkilometer, die Sie in Ihr Fahrtenbuch eingetragen haben, mit den anteiligen Autokosten zu versteuern. Nehmen wir einmal an, aus Ihren Eintragungen ergeben sich folgende Daten für die Privatnutzung: **127**

52 Wochen à 50 Privat-km	2.600 km	
Für Urlaub und sonstige Fahrten		1.400 km
Insgesamt		4.000 km
Tatsächliche Kosten je km ca.		× 0,35 €
Arbeitslohn =		1.400 €

Nach der 1-%-Regelung versteuern Sie dagegen weit mehr, selbst bei einem Auto mit einem Listenpreis von 25.000 € und einer Entfernung von nur 8 km zwischen Wohnung und Arbeitsstätte:

Für Privatnutzung 12 % von 25.000 € =	3.000 €	
Für Fahrten Wohnung/Arbeitsstätte		
0,03 % von 25.000 € = 7,50 € × 8 km × 12 Monate =	720 €	
Insgesamt	3.720 €	> 3.720 €
Durch das Fahrtenbuch sparen Sie also die Steuer auf		2.320 €

Das sind bei einem Steuersatz von 30 % zzgl. Kirchensteuer immerhin 758 €. Dafür lohnt sich das bisschen Schreibarbeit. Meinen Sie nicht auch?

128 Beharrt Ihr Arbeitgeber auf der 1-%-Regelung, kann es sich rechnen, ein Fahrtenbuch und die Kostenaufzeichnungen für das Auto zusammen mit Ihrer Steuererklärung vorzulegen. Das Finanzamt muss dann nämlich den für Sie günstigeren Betrag laut Fahrtenbuch ansetzen. Was Sie zu viel an Steuern für Ihre Autonutzung geblecht haben, bekommen Sie auf diese Weise über den Einkommensteuerbescheid mit etwas Verzögerung zurück.
Kommt Ihnen Ihr Fiskalvertreter mit fadenscheinigen Argumenten, weisen Sie ihn auf R 8.1 Abs. 9 Nr. 3 S. 4 LStR hin. Dort steht ausdrücklich, dass die vom Arbeitgeber gewählte Methode bei der Einkommensteuererklärung nicht bindend ist.
Als Arbeitnehmer, der nicht der Sozialversicherung unterliegt oder der als Spitzenverdiener über den Beitragsbemessungsgrenzen liegt, können Sie völlig beruhigt so vorgehen. Anders sieht es bei Arbeitnehmern aus, die mit ihrem Nutzungsvorteil der Sozialversicherung unterliegen – und auf den zu viel gezahlten Sozialversicherungsbeiträgen sitzenbleiben, denn einen der Einkommensteuererklärung vergleichbaren Ausgleich nach Ablauf des Jahres gibt es da nicht. Deshalb sollten Sie als Sozialversicherungspflichtiger mit Nachdruck darauf bestehen, dass Ihr Brötchengeber schon im laufenden Jahr nach der Fahrtenbuchmethode abrechnet.

GUTER RAT

129 Wenn Sie Ihrem Finanzamt mit einem Fahrtenbuch kommen, müssen Sie mit besonderer Pingeligkeit rechnen. Damit Ihre mühevoll geführten Aufzeichnungen nicht für null und nichtig erklärt werden, müssen Sie wissen, was mindestens an Eintragungen in Ihrem Fahrtenbuch auftauchen muss. Und zwar sind das für Ihre dienstlichen Fahrten

- Datum und Kilometerstand am Anfang und am Ende jeder einzelnen Dienstfahrt

- Ziel und Fahrtroute
- Zweck der Fahrt
- Name und Adresse des Geschäftspartners/Kunden

für Ihre Privatfahrten

- die gefahrenen Kilometer und der Vermerk »privat«
- für die Fahrten zwischen Wohnung und Arbeitsstätte die gefahrenen Kilometer und der Vermerk »Wohnung/Arbeitsstätte«.

Nehmen Sie an einem Tag nacheinander mehrere berufliche Termine wahr, genügt die Eintragung des Kilometerstands am Anfang und am Ende der Dienstfahrt. Allerdings müssen alle aufgesuchten Kunden oder Geschäftspartner mit korrekter Adresse (Ort, Straße, Hausnummer) in der zeitlich richtigen Reihenfolge im Fahrtenbuch vermerkt werden. Eine Ausnahme von der genauen Adressangabe ist nur möglich, wenn sich schon aufgrund der Kundenbezeichnung und des Orts eine eindeutige Zuordnung ergibt, z.B. »Berlin, Reichstag« oder »München, BFH«, nicht dagegen »Köln, Lidl« oder »Düsseldorf, Aldi« (BFH v. 1.3.2012 – VI R 33/10, DStR 2012 S. 1011).
Sobald zwischendurch eine private Fahrt anfällt, müssen Sie eine neue Eintragung machen und den jeweils aktuellen Kilometerstand eintragen.
Wenn Sie zusätzlich andere Aufzeichnungen wie Terminkalender oder Reisekostenabrechnungen heranziehen müssen, ist die Ordnungsmäßigkeit Ihres Fahrtenbuchs nur dann nicht in Gefahr, wenn diese Aufzeichnungen lückenlos vorhanden, leicht greifbar, übersichtlich, vollständig und nicht nachträglich veränderbar sind (BFH v. 16.3.2006 – BStBl II 2006 S. 625). Letzteres ist z.B. bei elektronischen Terminkalendern in aller Regel nicht der Fall. Auch zunächst in Form von Diktatkassetten festgehaltene Fahrten, die anschließend in ein Tabellenkalkulationsprogramm übertragen wurden, hatten als ordnungsgemäßes Fahrtenbuch vor den gestrengen Augen der Finanzrichter im Rheinland keine Chance auf Anerkennung (FG Köln v. 18.6.2015 – 10 K 33/15, Betriebs-Berater 2015 S. 2005)

Also: Wenn Sie sich schon die Mühe machen, ein Fahrtenbuch zu führen, dann sollten Sie darin auch alle erforderlichen Angaben machen. Alles andere bringt nur Probleme und wirkt auf den Fiskus wie eine Einladung, nach Fehlern im Fahrtenbuch zu suchen und es ggf. als nicht ordnungsgemäß anzuerkennen.

Ein Fahrtenbuch muss nach Meinung des obersten Steuergerichts in aller Regel **130**
in Buchform geführt werden. Loseblatt- und Zettelsammlungen reichen nicht (BFH v. 9.11.2005 – BStBl II 2006 S. 408). Genauso wenig genügt es, wenn das Fahrtenbuch am Computer mit einem Textverarbeitungs- oder Tabellenkalkulationsprogramm erstellt wird: Die pure theoretische Möglichkeit der nachträglichen Veränderung der Eintragungen verhindert, dass es als ordnungsgemäß anerkannt wird. Auch nachschreiben sollten Sie Ihr Fahrtenbuch nicht. Wenn

Sie z.B. Ihre Fahrten auf losen Zetteln notieren und sie am Monatsende fein säuberlich in Ihr Fahrtenbuch übertragen, dreht man Ihnen schon daraus einen Strick, dass die Eintragungen nicht zeitnah erfolgt sind (BFH v. 16.11.2005 – BStBl II 2006 S. 410).

TIPP

Elektronisches Fahrtenbuch nutzen!

Computerfahrtenbücher können allerdings dann anerkannt werden, wenn sich Eintragungen nicht nachträglich verändern lassen, ohne dass dies dokumentiert wird. Wenn Aufzeichnungen nachträglich geändert werden können, ist das unter den folgenden Voraussetzungen ausnahmsweise unschädlich:
Eine geänderte Eingabe muss sowohl in der Anzeige am Bildschirm als auch im Ausdruck unveränderbar dokumentiert werden.
Die Daten müssen bis zum Ablauf der Aufbewahrungsfrist unveränderlich aufbewahrt und unverändert lesbar gemacht werden können.
Eventuelle Änderungen bei den Eintragungen müssen in einer Historie mit Änderungsdatum und dem ursprünglichen Inhalt ersichtlich sein.
Die Änderungshistorie darf nicht nachträglich veränderbar sein.
Mit einem handelsüblichen und von manchen Automobilunternehmen angebotenen »elektronischen Fahrtenbuch« sind Sie daher auf der sicheren Seite.
Ein elektronisches Fahrtenbuch, das Sie über ein Webportal führen, wird von der Finanzverwaltung aber nur anerkannt, wenn sich daraus dieselben Erkenntnisse wie aus einem manuell geführten Fahrtenbuch gewinnen lassen. Die Eintragungen müssen auch hier zeitnah zu den Fahrten erfolgen. Dazu reicht es in der Regel aus, dass Sie Fahrten innerhalb von sieben Kalendertagen eintragen.

TIPP

So wird das Fahrtenbuch geführt

Wenn Sie ein wirklich ordnungsgemäßes Fahrtenbuch führen wollen, kommen Sie mit den Mini-Fahrtenbüchern, die es z.B. an Tankstellen zu kaufen gibt, nicht aus. Für mehrere Fahrten an einem Tag fehlen da meist die Eintragungsmöglichkeiten. Viel besser ist da ein DIN-A5-Schulheft, in das Sie Ihre Fahrten fortlaufend nach folgendem Muster eintragen:

Datum	Kilometerstand		Fahrtziel, Kunden	gefahrene km		Kraftstoff	
	Beginn	Ende		Beruf	privat	Liter	Preis

Nicht jeder Fehler im Fahrtenbuch führt automatisch dazu, dass das Finanzamt es als nicht ordnungsgemäß zurückweisen kann. Dies sei dem Fiskus nach dem Grundsatz der Verhältnismäßigkeit zumindest dann verboten, wenn es sich um vereinzelte **kleinere Mängel** handelt. So hat das FG Köln entschieden, dass eine einzelne nicht aufgezeichnete Tankfahrt in einem Zeitraum von über drei Monaten oder einmalige geringe Abweichungen zwischen Fahrtenbuch und Werkstattrechnungen allein dazu nicht ausreichen (BFH v. 10.4.2008 – BStBl 2008 II Seite 768). In Jahren, in denen derartige Fehler mehrfach aufgetreten sind, waren aber auch die Richter beim BFH unerbittlich und haben statt des Fahrtenbuchs die viel teurere 1-%-Regelung angewendet. **131**
Um allem Ärger aus dem Weg zu gehen, sollten Sie sich also besser etwas Mühe geben! Und denken Sie daran, dass auf den **Tankbelegen** nicht nur das Datum, sondern in der Regel auch die Uhrzeit ausgewiesen wird, zu der Sie getankt haben. Diese Zeitangaben müssen natürlich mit denen in Ihrem Fahrtenbuch korrespondieren, sonst droht steuerliches Ungemach.

Erleichterungen gibt es u.a. für Personen, die besonderen Verschwiegenheitspflichten unterliegen, z.B. Ärzte, Rechtsanwälte, Geistliche etc. Bei ihnen muss nicht zwingend Name und Adresse des Geschäftspartners bzw. Kunden aufgeführt werden. Führen Sie ein gesondertes Verzeichnis (Kunden-, Mandanten- oder Patientendatei), genügt es, wenn in dieser Datei die Kunden, Mandanten oder Patienten unter einer Nummer oder Buchstabenkombination mit Namen und Adresse aufgeführt sind und so leicht und einwandfrei identifiziert werden können. Sie können diese Verschlüsselung für Ihr Fahrtenbuch nutzen, es reicht dann z.B. die Angabe »Kundenbesuch«, verbunden mit der entsprechenden Kundennummer. Berufen Sie sich ggf. auf das Schreiben des BMF vom 21.1.2002 (BStBl I 2002 S. 148). Bei der Prüfung des Fahrtenbuchs verlangt der Fiskus allerdings, dass Sie das Verzeichnis mit den Verschlüsselungsnummern und den Klarnamen und Adressen beifügen. **132**

Auch in anderen Berufen können Sie sich auf Vereinfachungen für Ihr Fahrtenbuch berufen:

- **Automatenlieferanten, Kurierdienstfahrer, Handelsvertreter, Kundendienstmonteure und Pflegedienstmitarbeiter** **133**

Sind Sie Automatenlieferant, Kurierdienstfahrer, Handelsvertreter, Kundendienstmonteur oder Pflegedienstmitarbeiter, der an ständig wechselnden Orten seiner Arbeit nachgeht, muss sich der Fiskus damit begnügen, dass Sie aufschreiben, welche Kunden Sie an welchem Ort besucht haben. Ergänzende Angaben über Ihre Reiseroute oder zu den Entfernungen zwischen an einem Tag aufgesuchten Kunden müssen Sie nur machen, wenn sich größere Differenzen zwischen der direkten Entfernung und der von Ihnen zurückgelegten tatsächlichen Fahrtstrecke ergeben.

134 • **Taxifahrer**

Soweit Sie Fahrten in Ihrem sog. Pflichtfahrgebiet absolvieren, genügt es vollkommen, wenn Sie für jeden Tag den Kilometerstand zu Beginn und am Ende Ihrer Schicht eintragen. Wenn Sie allerdings ausnahmsweise eine Tour außerhalb Ihres Pflichtfahrgebiets bekommen haben, verlangt der Fiskus genaue Angaben zu Fahrtziel und Fahrtroute.

135 • **Fahrlehrer**

Wenn Sie pflichtgemäß einen Tagesnachweis führen, ist es vollkommen ausreichend, bei aufeinanderfolgenden Fahrstunden nur den Kilometerstand zu Beginn und am Ende der jeweiligen Fahrstunde oder bei zusammenhängenden Fahrschulfahrten den Kilometerstand zu Beginn und am Ende der Gesamtlehrzeiten aufzuschreiben.

136 • **Sicherheitsgefährdete Personen**

Wenn Sie als Prominenter oder als in besonderer Stellung exponierter Mitbürger zu den sog. sicherheitsgefährdeten Personen gehören, liegt es nahe, dass Ihre Fahrtroute aus Sicherheitsgründen häufig wechselt. Selbstverständlich können Sie in diesem Fall auf die Angabe der genauen Reiseroute auch dann verzichten, wenn sich größere Differenzen zwischen der direkten Entfernung und der tatsächlichen Fahrtstrecke ergeben (BMF v. 4.4.2018 – BStBl 2018 I S. 601).

TRICK

Finger weg von der Fahrtenbuchmethode bei Leasingfahrzeugen im ersten Jahr!

137 Der BFH macht es für Leasingfälle leider recht kompliziert (3.9.2015 VI R 27/14 – BStBl II 2016, S. 174 – 176) Ist Ihr Arbeitgeber ein größeres Unternehmen, das regelmäßig Bilanzen aufstellen muss, werden die Leasingsonderzahlungen rechnerisch als Kosten auf die Laufzeit des Leasingvertrags verteilt (Rechnungsabgrenzung). Das schlägt nach Auffassung des BFH auch auf die Berechnung des Arbeitslohns nach der Fahrtenbuchmethode durch. Die Leasingsonderzahlung beeinflusst daher den von Ihnen Jahr für Jahr zu versteuernden Betrag nur mit dem anteiligen jährlichen Betrag. Da somit die jährlichen Kfz-Kosten relativ gleichmäßig anfallen, können Sie in Ruhe überschlagen, ob Sie eher von der Fahrtenbuchführung profitieren oder es bei der 1-%-Regelung belassen.

Aber Vorsicht, wenn Ihr Arbeitgeber keine Bilanzen aufstellen muss und den Gewinn durch eine sog. Einnahmen-Überschuss-Rechnung ermittelt. Das geschieht häufig bei Freiberuflerkanzleien. Hier wird die Leasingsonderzahlung nicht auf die Laufzeit des Leasingvertrags verteilt, sondern im Jahr der Zahlung in voller Höhe in die Gesamtkosten des Kfz einbezogen. Der von Ihnen nach dem Fahrtenbuch zu versteuernde Betrag erhöht sich dadurch ganz erheblich. Ich rate Ihnen dringend, in solchen Fällen im ersten Jahr die 1-%-Regelung zu wählen. Ab dem nächsten Jahr können Sie dann – wenn es für Sie günstiger ist – problemlos zur Fahrtenbuchmethode wechseln.

TRICK

Wechseln Sie im richtigen Moment die Methode!

Wenn Sie die Kosten für Ihre Privatfahrten mit dem Firmenwagen einzeln nach- 138
weisen, wird Ihr Arbeitslohn z.B. so berechnet:

Gesamtkosten des Autos im Jahr	8.000 €
Privat-km lt. Fahrtenbuch	5.000 km
Gesamtfahrleistung des Autos im Jahr	40.000 km

$$\text{Arbeitslohn} = \frac{8.000\,€ \times 5.000\,\text{km}}{40.000\,\text{km}} = \underline{\underline{1.000\,€}}$$

Zu dieser Methode rate ich Ihnen, wenn die Abschreibung für Ihren Firmenwagen wegfällt. In der Regel ist das spätestens nach acht Jahren der Fall. Dann brauchen Sie nämlich bei der Ermittlung der Pkw-Kosten den dicksten Batzen, die Abschreibung, nicht mehr mitzurechnen.

TRICK

Das ist die richtige Strategie für Sie und Ihren Chef bei der Ermittlung der Abschreibung!

Führen Sie ein Fahrtenbuch, dann sind für die Berechnung Ihres geldwerten 139
Vorteils zunächst einmal die tatsächlichen Autokosten maßgebend, wie sie Ihre Firma gebucht hat. Das gilt allerdings nicht für die **Abschreibung**. Etwaige Sonderabschreibungen etwa, die Ihr Arbeitgeber für das Auto in Anspruch nimmt, müssen Sie sich nicht ans Bein binden. Die Finanzämter versuchen oft, die Abschreibung statt mit nur $^1/_8$ pro Jahr nach den amtlichen Abschreibungstabellen mit $^1/_6$ anzusetzen. Damit müssen Sie sich aber nicht abfinden. Beharren Sie auf der für Sie günstigeren Nutzungsdauer von acht Jahren (BMF v. 4.4.2018 – BStBl 2018 I S. 601, Tz. 31).

Ihr Chef und Sie können also die jeweils günstigste Regelung in Anspruch nehmen, ohne sich dabei ins Gehege zu kommen.

Beispiel
Ihr Firmenwagen hat 30.000 € + 5.700 € Mehrwertsteuer = 35.700 € gekostet.
Ihr Chef schreibt im ersten Jahr davon ab: (lineare Abschreibung 20 % + Sonderabschreibung 20 % =) 40 % von 30.000 € = 12.000 €.
Bei der Berechnung Ihres geldwerten Vorteils wird aber nur $^1/_8$ Abschreibung zugrunde gelegt: 35.700 € × 12,5 % (= $^1/_8$) = 4.462,50 €.

TIPP

Geringere Abschreibung bei Elektro- oder Hybridfahrzeugen

Haben Sie als Firmenwagen ein reines Elektro- oder ein extern aufladbares Hybridfahrzeug, geht unter bestimmten Voraussetzungen (siehe hierzu ➤ Rz 121) die Abschreibung nur zu einem Viertel bzw. nur zur Hälfte in die Berechnung des Nutzungsvorteils ein. Wäre also der Firmenwagen im obigen Beispiel ein 2019 gekauftes reines Elektrofahrzeug, betrüge die (fiktive) Abschreibung, die in die Pkw-Gesamtkosten eingerechnet wird,

35.700 € × 25 % = 8.925 € × 12,5 % (= $^1/_8$) = 1.115,62 €.

TIPP

Achtung Fallstrick Unfallkosten!

Die Kosten eines Unfalls während einer privaten Tour werden in voller Höhe auf den Nutzungsvorteil für Privatfahrten aufgeschlagen. Hatten Sie den Crash dagegen bei einer Dienstfahrt, gehen die Unfallkosten voll zu Lasten des Arbeitgebers. Um der Versteuerung von einigen tausend Euro privater Unfallkosten zu entgehen, sollten Sie unbedingt darauf bestehen, dass Ihr Firmenwagen vollkaskoversichert wird. Für eine Besteuerung steht dann allenfalls die Selbstbeteiligung im Raum.

Aber auch mit einer Teilkaskoversicherung wird ein Unfall auf einer privaten Fahrt nicht ohne weiteres zum finanziellen Mega-GAU. Für die Besteuerung eines Vorteils aus der Übernahme der Unfallkosten durch Ihren Arbeitgeber kann fiktiv eine Versicherung mit 1.000 € Eigenanteil unterstellt werden. Wenn Sie also nicht gerade volltrunken am Steuer gesessen haben, müssen Sie von den privaten Unfallkosten max. 1.000 € versteuern (R 8.1 Abs. 9 Nr. 2 S. 15 LStR).

SUPER TRICK

Keine Versteuerung, wenn Sie den Firmenwagen einen ganzen Monat nicht nutzen können!

Egal, ob Sie Ihren fahrbaren Untersatz an nur einem oder an jedem Tag eines 140
Monats privat nutzen: Es ist 1 % vom Listenpreis fällig. Das gilt selbst dann, wenn Sie von der Möglichkeit, den Wagen privat zu fahren, keinen Gebrauch machen. **Steht Ihnen der Wagen jedoch in einem Monat überhaupt nicht zur Verfügung, gibt es in diesem Monat auch keinen Nutzungsvorteil zu versteuern.** Bei einem 40.000-€-Auto und 40 % Steuersatz spart Ihnen das allein an Lohnsteuer ca. 160 €.

Den Wagen während eines längeren Urlaubs für einen kompletten Monat in der Garage stehen zu lassen, hilft Ihnen allerdings nicht weiter. Anders sieht es aus, wenn Ihr Chef Ihnen die private Nutzung des Autos für diesen Zeitraum ausdrücklich untersagt, z. B. mit der Begründung, dass er nicht möchte, dass sein Firmenfahrzeug im Ausland genutzt wird. Um besonders argwöhnischen Finanzern den Wind aus den Segeln zu nehmen, stellen Sie den Wagen während des Urlaubs bei Ihrer Firma ab. Dann kann später keiner behaupten, er habe Ihnen oder Ihren daheim gebliebenen Kindern dennoch zur Verfügung gestanden. Ein weiterer netter Nebeneffekt dabei ist, dass Sie so auch vor unliebsamen Überraschungen wie zerstochenen Reifen, abgebrochenen Spiegeln oder zerkratztem Lack sicher sind, weil das Auto längere Zeit unbeaufsichtigt herumgestanden hat.

Auch wenn Sie das Auto wegen Krankheit längere Zeit nicht nutzen können, lässt sich die unliebsame wie unnötige Versteuerung leicht vermeiden. Allerdings klappt auch das nur mit ein paar kleinen Klauseln, die von vornherein in Ihrer Vereinbarung mit dem Chef über die Autoüberlassung aufgenommen werden sollten. So konnte z.B. ein Angestellter mit Firmenwagen, der einen Schlagfanfall hatte und deshalb auf ärztliche Anordnung mehrere Monate kein Kfz führen durfte, die Versteuerung seines Firmenwagens vermeiden. Folgende Klauseln sollten dafür in die Nutzungsvereinbarung mit Ihrer Firma aufgenommen werden:

- Für den Fall der Fahruntüchtigkeit wegen Alkoholkonsum, Medikamenteneinnahme oder Krankheit ist die Nutzung des Fahrzeugs untersagt.
- Eine Nutzung des Dienstfahrzeugs durch Dritte außer für dienstliche Zwecke ist nicht gestattet.

Mit diesen Klauseln und einer ärztlichen Bescheinigung der Fahruntüchtigkeit hatte der Steuerpflichtige das Finanzgericht Düsseldorf auf seiner Seite, das keine Versteuerung für erforderlich hielt (FG Düsseldorf v. 20.1.2017 – 10 K 1932/16 E).

TRICK

Entkommen Sie mit einem Nutzungsverbot elegant der Versteuerung!

141 Der einfachste Weg, die Versteuerung der Dienstwagennutzung komplett zu vermeiden, ohne dass Sie sich den lästigen Papierkram mit einem Fahrtenbuch ans Bein binden müssen, ist ein vom Chef ausgesprochenes Nutzungsverbot für private Zwecke.

Die Geschichte ist an sich ganz einfach. In Ihren Arbeitsvertrag oder die Nutzungsvereinbarung für Ihren Firmenwagen wird eine Klausel aufgenommen, nach der Sie das Auto nur für dienstliche Fahrten benutzen dürfen und jegliche Privatnutzung ausdrücklich untersagt ist.

Gern kam das Finanzamt in der Vergangenheit mit dem fadenscheinigen Argument: »Papier ist ja bekanntlich geduldig! Das Nutzungsverbot ist null und nichtig, weil der Arbeitgeber es nicht regelmäßig kontrolliert hat und deswegen wohl auch nicht richtig ernst gemeint hat.«

Es darf aber ein arbeitsvertragliches Nutzungsverbot nicht nur deswegen ignorieren, weil es der Arbeitgeber nicht überwacht hat. Das gilt selbst dann, wenn es sich bei dem Arbeitnehmer um einen leitenden Angestellten oder um einen am Unternehmen beteiligten Gesellschafter-Geschäftsführer handelt. Auch wenn Ihnen das Betriebsfahrzeug für Fahrten zwischen Wohnung und Arbeitsstätte überlassen wird, kann das Finanzamt nicht einfach eine weitergehende Nutzung für private Zwecke unterstellen (BFH v. 8.8.2013 – VI R 71/12, BFH/NV 2014 S. 153).

Inzwischen hat der Fiskus klein beigegeben. Sie müssen lediglich das Vorliegen des Nutzungsverbots durch entsprechende Unterlagen, z. B. eine arbeitsvertragliche oder andere arbeits- oder dienstrechtliche Regelung, nachweisen. Eine Kontrolle der Kilometerstände o. Ä. durch den Arbeitgeber ist unnötig (BMF v. 4.4.2018 – BStBl 2018 I S. 601, Rz 16).

142 **Zahlungen an den Arbeitgeber für die Firmenwagennutzung**

Wie bei allen anderen Sachbezügen auch, müssen Sie nur den Teil des Vorteils aus der Nutzung des Firmenwagens versteuern, für den Sie Ihrem Arbeitgeber nichts bezahlt haben. Es werden also die von Ihnen an Ihren Brötchengeber geleisteten Zahlungen von den steuerlichen Vorteilen abgezogen.

Für eine optimale Gestaltung der Zuzahlung haben Sie folgende Möglichkeiten:

- pauschale monatliche Zuzahlungen, z. B. 250 €/Monat,
- kilometerabhängige Zahlung, z. B. 0,20 € je privat gefahrenen Kilometer,
- Übernahme der Leasingraten ganz oder zum Teil
- Übernahme eines Teils vom Kaufpreis des Firmenwagens.

- Übernahme eines Teils der laufenden Kosten des Firmenwagens, z.B. des Benzins oder der Versicherung

Beispiel

Sie nutzen einen Firmenwagen mit einem Listenpreis von 30.000 € privat. Dafür behält Ihr Arbeitgeber von Ihrem Nettogehalt jeden Monat 100 € ein.

Geldwerter Vorteil 30.000 € × 1 %	300 €
./. Zuzahlung	– 100 €
monatlicher Arbeitslohn	200 €

Aufs Jahr gesehen ist der Arbeitslohn um 1.200 € geringer. Bei einem Steuersatz von 35 % sparen Sie dadurch etwa 480 € an Steuern und zusätzlich ca. 250 € an Sozialversicherung. Unter dem Strich trägt Vater Staat also über 60 % Ihrer Zahlungen an den Arbeitgeber.

TIPP

Rechnen Sie die Teilkosten in ein pauschales Entgelt um!

Allen Problemen mit einer überhöhten Versteuerung des Vorteils aus der Firmenwagennutzung entgehen Sie wie folgt: Ermitteln Sie grob, wie viel Sie pro Jahr z.B. an Treibstoffkosten selbst bezahlen. Angenommen, Sie kommen dabei auf etwa 1.800 € im Jahr. Nun vereinbaren Sie mit Ihrem Arbeitgeber, dass er sämtliche Bezinkosten übernimmt – auch die für Ihre Privatfahrten. Im Gegenzug zahlen Sie ihm ein monatliches Pauschalentgelt für die Autonutzung von 150 €. Dadurch sparen Sie sich die Steuer und die Sozialversicherung auf diese 150 €. Auch für Ihren Arbeitgeber lohnt sich diese Vereinbarung, da er den Arbeitgeberanteil zur Sozialversicherung auf die 150 € Zuzahlung spart, ohne dass er im Endeffekt höhere Kosten zu tragen hat.

Trotzdem trifft man immer wieder auf Fälle, in denen Arbeitgeber und Arbeitnehmer vereinbaren, dass z.B. die Benzinkosten für die privaten Fahrten vom Arbeitnehmer bezahlt werden müssen. Der BFH hat hier endgültig der Verweigerungshaltung des Fiskus eine Ende bereitet, diese Kosten nicht auf den Nutzungsvorteil anzurechnen. Gegen das restriktive BMF-Schreiben v. 6.2.2009 – BStBl 2009 I S. 412 lässt er nämlich bei entsprechendem Nachweis der übernommenen Benzinkosten deren Anrechnung ausdrücklich zu. (BFH v. 30.11.2016 – VI R 2/15, BFH/NV 2017 S. 448). Allerdings hat er seine steuerzahlerfreundliche Entscheidung gleich auch mit zwei Einschränkungen versehen.

- Sind die übernommenen Benzin- oder anderen laufenden Kosten höher als der Nutzungsvorteil, mindern sie diesen bis maximal 0 €; der übersteigende Betrag verfällt. Er kann insbesondere nicht als Werbungskosten abgezogen werden.

- Der übersteigende Betrag führt auch nicht zu negativem Arbeitslohn, der mit Ihren übrigen Bezügen verrechnet werden könnte.

Also sammeln Sie fleißig die Tankquittungen, wenn Sie den Firmenwagen aus der eigenen Schatulle betanken, und legen sie diese Ihrem Brötchengeber vor, damit er sie bei der Lohnabrechnung steuermindernd berücksichtigen kann.
Unabhängig davon ist es immer noch besser, dem Trick am Anfang dieser Randziffer zu folgen – schon allein deshalb, weil Sie dann neben der Steuer auch noch die Sozialversicherung auf die Zuzahlung sparen.

TIPP

Sparen Sie mit Sonderzubehör auf eigene Kosten!

Viele Unternehmen haben Dienstwagenverordnungen, die den Preis des Dienstwagens auf eine bestimmte Obergrenze beschränken. Angenommen, Ihr Arbeitgeber limitiert den Preis auf 30.000 €. Mit dem Sonderzubehör, das Sie gern hätten, käme der Wagen aber auf 33.000 €. Ihr Boss hat bestimmt nichts dagegen einzuwenden, dass Sie die Differenz von 3.000 € aus der eigenen Tasche bezahlen.
Für den im Oktober 2021 ausgelieferten Wagen ergibt sich nun folgende Rechnung:

Geldwerter Vorteil 2021	
30.000 € × 1 % = 300 € × 3 Monate	900 €
./. Zuzahlung 3.000 €, max. aber geldwerter Vorteil	– 900 €
Daraus Arbeitslohn 2021	0 €
Geldwerter Vorteil 2022	
30.000 € × 1 % = 300 € × 12 Monate	3.600 €
./. restliche Zuzahlung (3.000 € – 900 €)	– 2.100 €
Daraus Arbeitslohn 2022	1.500 €

Wie Sie sehen, kommt es nicht darauf an, wann Sie den Kaufpreisanteil zahlen. Können Sie die Zuzahlung im ersten Jahr nicht voll verrechnen, lässt das Finanzamt zu, dass Sie den Rest in den nächsten Jahren abziehen, und zwar bis die Zuzahlung voll verrechnet ist (BMF v. 4.4.2018 – BStBl 2018 I S. 592, Ziffer 9).

Überlassung von Fahrrädern durch den Arbeitgeber
Der große Renner ist seit einiger Zeit die Überlassung eines Fahrrads oder Pedelecs durch den Arbeitgeber. Unter der Überschrift »fit und öko« können Sie mit Hilfe Ihres Brötchengebers zu einem steuerlich mehr oder weniger stark gesponserten schicken Fahrrad kommen, das Sie oder Familienangehörige auch für private Zwecke nutzen können.
Ihr Arbeitgeber hat mehrere Möglichkeiten, Sie in den Genuss eines Firmenfahrrads kommen zu lassen. Er

- kauft das Fahrrad komplett auf eigene Kosten,
- least oder mietet ein Fahrrad auf eigene Kosten
- oder stellt Ihnen ein von ihm gekauftes, geleastes oder gemietetes Fahrrad zur Verfügung und Sie beteiligen sich an den Kosten, indem Sie auf einen Teil Ihres Arbeitslohns verzichten (Gehaltsumwandlung, siehe auch ➤ Rz 143).

Ähnlich wie bei einem Elektrofirmenwagen wird der geldwerte Vorteil für den Sachbezug aus der Nutzung eines in der Zeit von 2019 bis 2030 gekauften oder geleasten Firmenfahrrads auf der Basis von 25 % des Listenpreises mit monatlich 1 % angesetzt. Als »Listenpreis« wird die unverbindliche Preisempfehlung des Herstellers, Großhändlers oder Importeurs zugrunde gelegt. Mit der 1-%-Regelung ist nicht nur der Vorteil aus der Privatnutzung abgegolten, sondern auch der für die Fahrten zur Arbeit. Diese Form der Berechnung kommt vor allem dann zum Tragen, wenn die Nutzungsüberlassung ganz oder zum Teil aus einer Gehaltsumwandlung finanziert wird oder Ihr Chef Ihnen ein Powerbike überlässt, dass zulassungsrechtlich als Kraftfahrzeug gilt.

TRICK

So bleibt der Vorteil aus der Fahrradüberlassung komplett steuerfrei!

Für ein Fahrrad, das Ihnen Ihr Brötchengeber in den Jahren 2019 bis 2030 über- 143
lässt, kann der Nutzungsvorteil sogar vollständig steuerfrei bleiben (§ 3 Nr. 37 EStG). Das betrifft sowohl Elektro- als auch normale Fahrräder.

Die Steuerbefreiung gilt für

- die rein private Nutzung des Fahrrads,
- die Nutzung des Fahrrads für Fahrten zur Arbeit und
- die Nutzung für Familienheimfahrten.

Unerlässliche Voraussetzung für die Steuerfreiheit ist das sog. Zusätzlichkeitserfordernis. Das bedeutet, dass Ihr Arbeitgeber den Vorteil aus der Nutzung des Fahrrads zusätzlich zum ohnehin geschuldeten Arbeitslohn gewähren muss. Eine Gehaltsumwandlung zur Nutzung der Steuerbefreiung ist damit ausgeschlossen.

Wie schon erwähnt, greift die Steuerfreiheit auch nicht für ein Elektrofahrrad, das verkehrsrechtlich als Kraftfahrzeug eingestuft wird. Das sind z.B. sog. Powerbikes, deren Motor auch Geschwindigkeiten über 25 kmh unterstützt. Diese Fahrräder sind eins zu eins wie ein (Elektro-)Dienstwagen zu besteuern. Sie erkennen sie ganz einfach daran, dass sie ein Zulassungskennzeichen haben.

TIPP

Volle Entfernungspauschale trotz Steuerbefreiung!

Wenn Sie mit Ihrem Firmenfahrrad den Weg zur Arbeit zurücklegen, hat der Gesetzgeber noch ein besonderes Bonbon parat: Trotz der Steuerbefreiung bleibt Ihnen die Entfernungspauschale komplett erhalten.

TRICK

So ergattern Sie wenigstens 75 % der Steuerfreiheit!

144 Greift die Steuerfreiheit nicht, weil Ihr Arbeitgeber das Fahrrad oder E-Bike nicht zusätzlich überlässt oder weil es als Kraftfahrzeug gilt (Kennzeichen- und Versicherungspflicht), profitieren Sie zumindest bis 2030 davon, dass der steuerpflichtige Vorteil auf nur 25 % der Bemessungsgrundlage – sprich der unverbindlichen Preisempfehlung des Herstellers, Großhändlers oder Importeurs – angesetzt wird.
Von dieser Kürzung profitieren Sie auch, wenn Ihr Arbeitgeber das Fahrrad zwar schon vor 2019 gekauft, Ihnen aber erst ab 2019 zur Verfügung gestellt hat (Oberste Finanzbehörde der Länder v. 13.3.2019 – S 2334 – 66 – V B 3, BStBl 2019 I S. 2016).

Achtung! Das klappt aber nur, wenn das Fahrrad nicht vorher von einem anderen Arbeitnehmer genutzt wurde. Übernehmen Sie das Fahrrad von einem Kollegen, greift die reguläre 1-%-Regelung.

GUTER RAT

Wenn Ihr Arbeitgeber sich nicht die kompletten Kosten für Ihr Firmenfahrrad ans Bein binden will, können Sie auf eine Gehaltsumwandlung ausweichen. In Höhe eines Teils der monatlichen Kosten des Fahrrads, z. B. in Höhe der Leasingraten, verzichten Sie auf Arbeitslohn.

Beispiel
Angenommen, Sie sind ledig und haben ein Monatsgehalt von 3.500 €. Ihr Arbeitgeber least ein E-Bike mit einen Verkaufspreis von 3.000 € und überlässt es Ihnen zur Nutzung. Sie verzichten auf Arbeitslohn in Höhe der monatlichen

Leasingrate von 80 € – die Versicherungs- und Verwaltungskosten trägt Ihr Brötchengeber. Und so sieht das in Ihrer Lohnabrechnung aus:

Monatslohn 2021	3.500,00 €
./. Gehaltsverzicht	– 80,00 €
+ 1 % von 25 % von 3.000 €	7,50 €
Steuerpflichtiger Lohn	3.427,50 €

Auf das Jahr gesehen zahlen Sie für 12 × 72,50 € = 870 € weniger Steuern und Sozialabgaben. In unserem Beispiel sind das immerhin ca. 250 €.

6. Zuschläge für Sonntags-, Feiertags- und Nachtarbeit

An die Steuerfreiheit von Sonntags-, Feiertags- und Nachtarbeitszuschlägen hat sich die hohe Politik entgegen anderen Plänen zunächst doch nicht herangetraut. Es bleibt hier im Wesentlichen erst einmal beim Alten.

S Den größten Reibach mit steuerfreien Zahlungen können Sie machen, wenn Ihnen ein Teil Ihres Arbeitslohns als Zuschlag für Arbeit zu ungünstigen Zeiten gezahlt wird. Diese Zuschläge sind nämlich nach § 3 b EStG in großem Umfang steuerfrei, wenn sie Ihnen für **145**

- Sonntagsarbeit,
- Feiertagsarbeit,
- Nachtarbeit

zufließen. Profitieren können Sie von dieser Steuerbefreiung aber nur, wenn Sie Arbeitnehmer im steuerlichen Sinne sind. Diese Regelung gilt im Grunde also auch für

- Teilzeitkräfte, und zwar unabhängig davon, ob ihr übriger Arbeitslohn als 450-€-Job pauschal besteuert wird,
- Ehegatte, Sohn, Tochter etc., die (am besten mit schriftlichem Arbeitsvertrag) bei Ihnen im Betrieb mitarbeiten.

Auch falls die Sonntags-, Feiertags- oder Nachtarbeit gegen das Arbeitszeitgesetz verstößt, weil Sie nicht genugend Ruhezeiten eingehalten haben, muss das Finanzamt die steuerfreien Zuschläge akzeptieren.

In vielen Berufen sind solche Lohnzuschläge heute an der Tagesordnung, z.B. bei Druckern, Krankenpflegern etc. Aber wer sagt denn, dass das für Sie nicht auch gelten soll? Schauen Sie zunächst einmal in der folgenden Übersicht nach, ob ein Teil Ihrer Arbeitszeit als »ungünstig« durchgeht:

Nachtarbeit:	20.00 Uhr bis 6.00 Uhr
Sonntags-, Feiertagsarbeit:	0.00 Uhr bis 24.00 Uhr
Zusätzlich am Folgetag, wenn Ihr Arbeitsbeginn vor 24.00 Uhr lag:	0.00 Uhr bis 4.00 Uhr

Na, wie ist es, Sie aufstrebende Führungskraft, Außendienstler, Versicherungsfachmann, Angestellter im Gastronomiegewerbe? Fallen nicht tatsächlich viele Ihrer Arbeitsstunden in die begünstigten Zeiten? Oder als Selbständiger: Brütet Ihr Ehegatte nicht oft noch abends und am Wochenende über der Buchführung, den Abrechnungen oder den Erklärungen für das Finanzamt oder die Krankenkasse?

Nehmen Sie doch einmal die Politiker ernst, die immer wieder laut hinausposaunen, dass sich Fleiß und Leistung lohnen müssen, und lassen Sie sich Ihren Fleiß und Ihre Leistungen mit einem saftigen steuerfreien Zuschuss versüßen.

TRAURIGE NACHRICHT

146 für alle Geschäftsführer und Vorstände, die in Ihrer Firma das Sagen haben. Dabei ist es egal, ob Sie Angestellte sind oder ob Ihnen als Gesellschafter-Geschäftsführer ein Teil des Unternehmens gehört. Die Richter beim BFH waren der Meinung, in solch herausgehobener Stellung bekomme man ein so klotziges Gehalt, dass Überstunden und Arbeit zu ungünstigen Zeiten eine Selbstverständlichkeit seien. Also haben sie die steuerliche Anerkennung von Überstundenvergütungen an Sonn- und Feiertagen sowie bei Nachtarbeit für Spitzenangestellte dieser Art abgelehnt. Bei der Zahlung von Überstundenvergütungen und Zuschlägen an Geschäftsführer, Gesellschafter-Geschäftsführer bzw. Vorsitzende lägen regelmäßig verdeckte Gewinnausschüttungen vor (BFH 19.3.1997 – I R 75/96; BStBl 1997 S. 577).

TRICK

Gegentrick für GmbH-Gesellschafter

147 Mit etwas Überlegung schlagen Sie als GmbH-Gesellschafter dem Fiskus aber doch ein Schnippchen. Der BFH hat sich ausdrücklich nur auf geschäftsführende Arbeitnehmer bezogen, und wer sagt denn, dass Sie in ihrer Firma unbedingt als Geschäftsführer fungieren müssen? Überlassen Sie diesen Posten einfach Ihrer besseren Hälfte! Sie selbst können sich dann als normaler Arbeitnehmer auf den Standpunkt stellen, dass das BFH-Urteil für Sie nicht gilt. Natürlich müssen Sie eine astreine Gehaltsvereinbarung vorweisen können, in der auch die Zahlung der Zuschläge – diesmal entsprechend steuersparend – geregelt wird. Völlig auf der sicheren Seite sind Sie, wenn in Ihrer GmbH noch ein angestellter Geschäftsführer arbeitet, der nicht an der Firma beteiligt ist und ebenfalls Zuschläge bekommt. Dann können Sie die ganze restriktive Rechtspre-

chung vom Tisch wischen und sich selbst dieselben Zuschläge genehmigen (BFH v. 14.7.2004 – BStBl II 2005 S. 307; BFH v. 3.8.2005 – BFH/NV 2006 S. 131; BFH v. 27.3.2012 – VIII R 27/09). Allerdings verlangen die obersten Steuerrichter, dass Ihr Vergleichsangestellter hinsichtlich der Art der Tätigkeit und der Höhe und Struktur des Gehalts mit Ihnen vergleichbar ist (BFH v. 19.7.2006 – BFH/NV 2006 S. 2131).

Bezogen auf Ihren rechnerischen Stundengrundlohn – höchstens aber 50 € –, **148**
bleiben die von Ihrem Arbeitgeber gezahlten Zuschläge bis zu folgenden Prozentsätzen steuerfrei:

Nachtarbeit

- 25 %,
- 40 % von 0.00 bis 4.00 Uhr, wenn Ihr Arbeitsbeginn vor 0.00 Uhr lag.

Sonntagsarbeit

- 50 %,
- Ist Ihre Sonntagsarbeit zugleich Nachtarbeit,
  - regelmäßig 50 % + 25 % = 75 %
  - Montag 0 bis 4 Uhr 50 % + 40 % = 90 %

Feiertagsarbeit

- allgemeine Feiertage 125 %
- Silvester (von 14.00 bis 0.00 Uhr) 125 %
- Heiligabend (von 14.00 bis 0.00 Uhr) 150 %
- Weihnachten (25. 12. und 26. 12.) 150 %
- 1. Mai 150 %

Auch zum Feiertagszuschlag können Sie zusätzlich Nachtzuschläge kassieren. Dass dabei steuerfreie Sonderzahlungen von nahezu 200 % Ihres normalen Arbeitslohns herausspringen können, sehen Sie an der folgenden Zuschlagstabelle.

Arbeitszeit	0.00 bis 4.00	0.00 bis 4.00	4.00 bis 6.00	6.00 bis 14.00	14.00 bis 20.00	20.00 bis 24.00
	Arbeitsbeginn am Vortag	Arbeitsbeginn nach 0.00 Uhr				
Nachtzuschlag	40 %	25 %	25 %	–	–	25 %
Sonntagszuschlag	90 %	75 %	75 %	50 %	50 %	75 %
Feiertagszuschlag	165 %	150 %	150 %	125 %	125 %	150 %
Silvesterzuschlag (Werktag)	40 %	25 %	25 %	–	125 %	150 %
Silvesterzuschlag (Sonntag)	90 %	75 %	75 %	50 %	125 %	150 %

Arbeitszeit	0.00 bis 4.00	0.00 bis 4.00	4.00 bis 6.00	6.00 bis 14.00	14.00 bis 20.00	20.00 bis 24.00
	Arbeits-beginn am Vortag	Arbeits-beginn nach 0.00 Uhr				
Zuschlag 1. Mai	190 %	175 %	175 %	150 %	150 %	175 %
Weihnachtszuschlag	190 %	175 %	175 %	150 %	150 %	175 %
Heiligabendzuschlag (Werktag)	40 %	25 %	25 %	–	150 %	175 %
Heiligabendzuschlag (Sonntag)	90 %	75 %	75 %	50 %	150 %	175 %

TIPP

für Zuschläge

Hier noch einige wichtige Hinweise, die Sie beachten sollten, damit Ihnen das Finanzamt nicht wegen formaler Fehler einen Strich durch die Steuerfreiheit macht:

- Ihre Zuschläge müssen **zusätzlich** zu Ihrem übrigen Arbeitslohn gezahlt werden. Die Finanzämter erkennen es nicht an, wenn Sie aus Ihrem Gehalt von 4.000 € einfach 20 % als Sonntags-, Feiertags- oder Nachtzuschlag herausrechnen, weil Sie häufig in den begünstigten Zeiten gearbeitet haben.
- Der steuerfreie Betrag muss nicht jeden Monat spitz abgerechnet werden. Ihre Firma kann **zunächst den Betrag steuerfrei lassen**, der sich über den Daumen gerechnet ergibt. Spätestens nach Ablauf des Jahres muss die genaue Abrechnung aber nachgeholt und müssen zu viel oder zu wenig steuerfrei belassene Beträge ausgeglichen werden (BFH v. 23.10.1992 – BStBl 1993 I S. 314).
- Steuerfreie Zuschläge können Sie nur beanspruchen, wenn Sie tatsächlich gearbeitet haben. Vereinbarungsgemäß weitergezahlte Zuschläge während Ihres Urlaubs oder einer Krankheit sind von der Steuerbefreiung ausgenommen.

TIPP

Sehen Sie zu, dass Sie abrufbereit sind!

149 Wenn Sie häufiger Rufbereitschaft haben, können Sie sich für die Bereitschaftsvergütung steuerfreie Zuschläge zahlen lassen.

Möglich wird das, weil der BFH (Urt. v. 27.8.2002 – BStBl 2002 II S. 883) in einem Anfall von Großzügigkeit eingesehen hat, dass Rufbereitschaft auch dann geleistete Arbeit darstellt, wenn Sie nicht zum Einsatz kommen. Schließlich können Sie bei Rufbereitschaft nicht uneingeschränkt Ihren Freizeitaktivitäten frönen oder zum Länderspiel ein paar Bierchen zischen. Also kann man da wohl kaum von Freizeit sprechen. So, nun gilt es nur noch, Ihren Chef zu überzeugen, dass er statt nur einer pauschalen Bereitschaftsvergütung zusätzlich die steuerlich zulässigen Sonntags-, Feiertags- und Nachtzuschläge zahlt. Das dürfte ihm schon deshalb nicht allzu schwerfallen, weil er durch die Steuerfreiheit der Zuschläge nicht nur einen glücklicheren und zufriedeneren Mitarbeiter hat, sondern überdies einen schönen Batzen Sozialversicherungsbeiträge einspart.

»Denen habe ich es aber richtig gegeben!« –
meinte ein Steuerzahler händereibend,
als er das Finanzamt verließ.

TRICK

Über 2.200 € vom Finanzamt für ein paar Stundenzettel

Vorsicht, Fußangel! Bei steuerfreien Zuschlägen will das Finanzamt von Ihnen **150**
regelmäßig einen schriftlichen Nachweis darüber, wann und wie lange Sie am Sonntag oder nachts gearbeitet haben.

Wie Sie den Nachweis führen sollen, wird Ihnen nirgendwo vorgeschrieben!
Sie können z.B. Stundenzettel verwenden und darauf Ihre Eintragungen machen. Einfacher und bequemer ist natürlich – wenn vorhanden – die elektronische Zeiterfassung, also das klassische »Stempeln«. Wenn in Ihrer Firma nach festen Schichtplänen gearbeitet wird, reichen auch diese. Gesondert aufzeichnen müssen Sie dann nur eventuelle Abweichungen. Und wenn alle Stricke reißen und Sie z.B. einmal Ihre Stundenaufzeichnungen verschlampt haben, genügen mit höchstrichterlicher Genehmigung auch Zeugenaussagen Ihrer Kollegen (BFH, BStBl 1991 II S. 298).

S Ich empfehle Ihnen die Stundenzettel, denn Papier ist bekanntlich geduldig. Aber nicht, dass Sie jetzt auf krumme Gedanken kommen! Ich meine natürlich nur, dass Sie die Stundenzettel überallhin mitnehmen können und so sicherstellen, dass Ihre Aufzeichnungen immer zeitnah erfolgen, auch wenn Sie sich einmal am Sonntag auf der Messe in Hannover umsehen.
Was für Sie dabei herausspringen kann, sehen Sie am folgenden Beispiel:
Ihr Monatsgehalt beträgt als besonders qualifizierter Arbeitnehmer 5.000 €. Dazu kommen 1.000 € für Pkw-Nutzung, Direktversicherung und Zuschuss zur Krankenversicherung. Nach Ihrem Arbeitsvertrag beträgt Ihre monatliche Ar-

beitszeit 180 Stunden. Davon entfallen lt. von Ihnen geführten Stundenzetteln nachweislich pro Monat 15 Stunden auf Nachtarbeit (vor 0.00 Uhr) und 16 Stunden auf Sonntagsarbeit.

151 **Stundengrundlohn**

Monatslohn	5.000,00 €
Sonstige laufende Zahlungen	1.000,00 €
Grundlohn	6.000,00 €

$$\text{Stundengrundlohn} = \frac{6.000\ €}{180\ \text{Stunden}} = 33{,}33\ €$$

Steuerfreie Zuschläge:

Nachtarbeit:	15 Stunden × 33,33 € × 25 %	124,99 €
Sonntagsarbeit:	16 Stunden × 33,33 € × 50 %	266,64 €
Monatlich		391,63 €
Jährlich 391,63 € × 12		4.699,56 €

Ihre Steuerersparnis beträgt ca. 2.092 €.

TRICK

Weniger arbeiten spart Steuern

Damit die Bäume bei der Steuerfreiheit von Zuschlägen vor allem für gutverdienende Arbeitnehmer nicht zu sehr in den Himmel wachsen, ist der Stundengrundlohn, auf den die Zuschlagsätze angewendet werden, auf max. 50 € begrenzt. Die Sozialversicherung ist da noch kleinlicher und begrenzt ihn auf nur 25 €.

S Wie Sie oben in meinem Beispiel gesehen haben, richtet sich die Berechnung Ihrer steuerfreien Sonntags-, Feiertags- und Nachtzuschläge nach Ihrem rechnerischen Stundenlohn. In seine Ermittlung werden nur die vereinbarten regelmäßigen Lohnzahlungen einbezogen. Überstundenvergütungen, Gratifikationen und Weihnachtsgelder bleiben dagegen unberücksichtigt.

Genauso fließt in die Berechnung nur die vertraglich fest vereinbarte Arbeitszeit ein. Fehlt eine solche Vereinbarung, richtet sich die Berechnung nach den tatsächlich geleisteten Arbeitsstunden, was Ihren rechnerischen Stundenlohn unnötig nach unten drücken kann.

Als leitender Angestellter haben Sie es oft in der Hand, sich einen höheren Stundenlohn zu verschaffen, indem Sie in Ihrem Arbeitsvertrag eine möglichst

kurze Regelarbeitszeit festschreiben und z.B. folgende Formulierung aufnehmen lassen:
»Die monatliche (wöchentliche) Arbeitszeit wird mit 152 Stunden (38 Stunden) festgelegt. Überstunden sind entsprechend den betrieblichen Erfordernissen zusätzlich zu leisten und werden mit einem Stundensatz von … € vergütet. Zusätzlich zum übrigen Arbeitslohn erhält der Arbeitnehmer für Sonntags-, Feiertags- und Nachtarbeit Lohnzuschläge in dem Umfang, wie sie in § 3 b EStG festgelegt sind.«

Der Vorteil für Sie:

1. Sie haben eine wasserdichte, klare schriftliche Vereinbarung.
2. Ihre »Überstunden« wirken sich nicht mehr negativ auf die Höhe der Zuschläge aus. Ihr Stundenlohn beträgt z.B. bei 6.000 € Monatslohn nicht – wie im Beispiel oben – 33,33 €, sondern jetzt ca. 39,50 €. Dementsprechend höher fallen Ihre steuerfreien Zuschläge aus.

7. Pauschalierung der Lohnsteuer

a) Allgemeiner Überblick

Bevor wir uns im Detail in die Besonderheiten der Lohnsteuerpauschalierung 152 stürzen, müssen Sie vorab ein paar allgemeine Dinge wissen. Die Pauschalierung der Lohnsteuer ist ein besonderes Verfahren, das sich von der normalen Besteuerung Ihres Arbeitslohns anhand einer Lohnsteuerkarte und der Lohnsteuertabelle vor allem durch folgende Punkte ganz wesentlich unterscheidet:

- Ihr Arbeitslohn wird völlig unabhängig von Ihren individuellen Verhältnissen besteuert. Ihr Arbeitgeber benötigt deshalb auch keine Lohnsteuerkarte.
- Die Steuersätze werden, von einigen Ausnahmen abgesehen, im Gesetz mit festen Prozentsätzen (z.B. 2 %, 15 %, 20 % oder 25 %) geregelt. Die Lohnsteuertabellen kommen daher grundsätzlich nicht zur Anwendung.
- Der besondere Clou ist aber, dass aufgrund einer ausdrücklichen gesetzlichen Bestimmung (§ 40 Abs. 3 EStG) nicht Sie Schuldner der pauschalen Lohnsteuer sind, sondern Ihr Arbeitgeber. Er trägt die Pauschalsteuer, wird sie also nicht wie sonst üblich von Ihrem Bruttolohn einbehalten. Deshalb kann auch nur Ihr Arbeitgeber formal den Antrag auf Pauschalierung der Lohnsteuer stellen und arbeitsrechtlich in aller Regel nicht zur Pauschalierung gezwungen werden.

Arbeitgeber und Arbeitnehmer können zwar zivilrechtlich vereinbaren, dass 153 entgegen der gesetzlichen Normalregelung die pauschale Lohnsteuer vom Arbeitnehmer übernommen wird, allerdings hat so eine Abwälzung der Lohnsteuer steuerlich keine Wirkung. Die Pauschalsteuer wird weiterhin vom vereinbarten Arbeitslohn berechnet, auch wenn der Arbeitnehmer sie seinem Chef erstattet.

Angenommen, Sie haben mit Ihrem Brötchengeber vereinbart, dass er zwar den Arbeitslohn aus Ihrer geringfügigen Beschäftigung pauschal versteuert, Sie ihm die Steuer aber erstatten, weil er schon mit den pauschalen Renten- und Krankenversicherungsbeiträgen belastet ist.
So sieht die Rechnung für Sie dann aus:

Vereinbarter Arbeitslohn		450 €
Pauschale Steuer	450 € × 2 % = 9 €	
Zu übernehmende Steuer insgesamt	9 € >	– 9 €
Auszahlungsbetrag		441 €

- Durch die Pauschalierung ist der Arbeitslohn für Sie praktisch steuerfrei. Denn alle pauschal besteuerten Arbeitslöhne bleiben bei der Einkommensteuerveranlagung außer Betracht. Durch die Pauschalsteuer ist die Einkommensteuer (Lohnsteuer) auf den Arbeitslohn abgegolten. Da zudem noch der Arbeitgeber die Steuer trägt, sind Sie selbst nicht belastet und bekommen den Lohn insoweit netto wie brutto ausgezahlt.

b) Möglichkeiten zur Pauschalierung der Lohnsteuer

Pauschalierung mit besonderen Steuersätzen (§ 40 Abs. 1 EStG)

154 • Der Arbeitgeber zahlt in einer größeren Anzahl von Fällen sonstige Bezüge (Einmalzahlungen), die allerdings je Arbeitnehmer aufs Jahr gesehen 1.000 € nicht übersteigen dürfen. Zahlt er mehr, muss der übersteigende Betrag ganz normal über Ihre Lohnsteuerkarte versteuert werden.

- In einer größeren Anzahl von Fällen muss die Lohnsteuer nacherhoben werden, weil der bisherige Steuerabzug nicht richtig vorgenommen worden ist. Dabei ist egal, worauf der Besteuerungsfehler beruht, ob auf einem Versehen, einem Computerfehler oder einfach einer zunächst anderen rechtlichen Beurteilung der Steuerabzugspflicht durch Ihren Arbeitgeber. Auf die Höhe des nachzuversteuernden Arbeitslohns im Einzelfall kommt es hier nicht an. Anders als bei den sonstigen Bezügen ist die Pauschalierung hier auch dann zulässig, wenn der Betrag bei einem Arbeitnehmer über 1.000 € liegt.

In beiden Fällen wird für alle betroffenen Arbeitnehmer ein einheitlicher durchschnittlicher Pauschalsteuersatz ausgerechnet, der hier ausnahmsweise aus den Lohnsteuerklassen der Betroffenen und der Lohnsteuertabelle abgeleitet wird. Eine große Anzahl von Fällen liegt übrigens immer dann vor, wenn mindestens 20 Arbeitnehmer betroffen sind (R 40.1 Abs. 1 LStR).
Der **Vorteil der Pauschalierung** liegt in diesen beiden Fällen vor allem darin, dass der Arbeitslohn aus der Besteuerung im Rahmen Ihrer Einkommensteuererklärung herausfällt und für Sie damit praktisch steuerfrei bleibt. Eine günstige Methode also, wenn Ihr Arbeitgeber Ihnen und Ihren Kollegen einmal etwas Gutes tun will.

Pauschalierung mit einem festen Pauschalsteuersatz von 25 % (§ 40 Abs. 2 EStG) 155

- Verbilligte Kantinenmahlzeiten im Betrieb oder Essenszuschüsse, die er an einen anderen Unternehmer (Gaststätte, Catering-Service) für kostengünstige Essenslieferungen an die Belegschaft zahlt.
- Erholungsbeihilfen von jährlich nicht mehr als
  - 156 € für den Arbeitnehmer selbst,
  - 104 € für dessen Ehegatten,
  - 52 € für jedes steuerlich zu berücksichtigende Kind.
- Arbeitslohn aus einer Betriebsveranstaltung. Eine Versteuerung muss z.B. erfolgen, wenn bereits zwei andere Betriebsveranstaltungen stattgefunden hatten oder für den Teil der durchschnittlichen Kosten je Arbeitnehmer, der über dem Freibetrag von 110 € lag.
- Höhere Erstattung von Verpflegungskosten als die steuerfreien Pauschalen für Dienstreisen (siehe ➤ Rz 206 ff.).
- Vorteile aus der kostenlosen oder verbilligten Übereignung von Computern 156
  und Zubehör und der Übernahme privater Internetkosten.
- Vorteile aus der kostenlosen oder verbilligten Übereignung von Ladeeinrichtungen für Elektro- und Hybridelektrofahrzeuge oder Zuschüsse zu den Anschaffungskosten, wenn Sie die Ladestation selbst kaufen.
- Vorteile aus der kostenlosen oder verbilligten Übereignung eines Fahrrads oder E-Bikes, das nicht als Kraftfahrzeug gilt.

SUPER TRICK

Nutzen Sie den Firmen-PC ruhig mal privat!

Lassen Sie sich vom Chef einen Firmen-PC für zu Hause geben. Solange dieser im Eigentum der Firma bleibt, können Sie damit in aller Ruhe auch privat arbeiten, im Internet surfen etc. (§ 3 Nr. 45 EStG).
Besonders günstig ist die Pauschalierungsmöglichkeit für die Übernahme Ihrer Internetkosten. Darunter fallen insbesondere

- Grundgebühr für den Internetzugang,
- laufende Gebühren für die Internetnutzung,
- ISDN-Anschluss, DSL etc.,
- Modem.

An sich setzt die Pauschalierung voraus, dass Sie Ihrer Firma einen Nachweis über die Höhe Ihrer Kosten vorlegen. Wenn Sie sich aber mit einer monatlichen Erstattung von 50 € begnügen, reicht eine Eigenbescheinigung nach dem Motto:

Lieber Chef, hiermit bestätige ich, dass ich über einen privaten Internetzugang verfüge, für den mir im Lauf des Jahres Kosten von mindestens 600 € entstehen. Mit freundlichen Grüßen Willi Schlaumeier

Wenn Sie so bescheiden bleiben, kommen Sie zudem um das Problem herum, dass Ihnen der pauschalierte Betrag von eventuellen beruflichen Internetkosten, die Sie in Ihrer Steuererklärung als Werbungskosten unterbringen möchten, abgezogen wird. (Siehe dazu R 40.2 Abs. 5 S. 12 LStR.)

157 **Pauschalierung mit einem festen Pauschalsteuersatz von 15 % (§ 40 Abs. 2 EStG)**

Diese Pauschalierungsmöglichkeit besteht, wenn Ihr Arbeitgeber Ihnen Fahrtkostenzuschüsse für die Fahrten zwischen Wohnung und Arbeitsstätte mit Ihrem Auto zahlt oder Ihnen zu diesem Zweck einen Firmenwagen zur Verfügung stellt.

Die Pauschalierung mit 15 % darf insoweit erfolgen, als Sie Fahrtkosten als Werbungskosten absetzen könnten. Mehr zu diesem Thema finden Sie unter ➤ Rz 109.

158 **Pauschalierung bei Teilzeitbeschäftigten (§ 40 a EStG)**

Das Hauptanwendungsgebiet für die Lohnsteuerpauschalierung sind Aushilfen oder Teilzeitkräfte. Dabei werden folgende Fälle unterschieden:

- Aushilfen bzw. kurzfristig Beschäftigte mit 25 %
- geringfügig Beschäftigte/Teilzeitkräfte mit 2 % und mit 20 %
- Aushilfen in der Land- und Forstwirtschaft mit 5 %

159 **Pauschalierung von Zukunftssicherungsleistungen (§ 40 b EStG)**

Der Arbeitgeber kann insbesondere vor 2005 abgeschlossene Direktversicherungen, Zahlungen an Pensionskassen, aber auch Beiträge, die er zugunsten seiner Arbeitnehmer in eine Gruppenunfallversicherung zahlt, in bestimmten Grenzen mit 20 % pauschal versteuern. Zu Einzelheiten vgl. ➤ Rz 176 ff.

160 **Pauschalierung von Sachgeschenken (§ 37 b EStG)**

Der Arbeitgeber kann Sachgeschenke an Arbeitnehmer mit 30 % zzgl. Kirchensteuer und Solidaritätszuschlag pauschal besteuern. Die Pauschalierung ist allerdings nur bei solchen Sachgeschenken möglich, die nicht schon dem Grunde nach gem. § 40 Abs. 2 EStG mit 15 % oder 25 % besteuert werden können (➤ Rz 155 ff.) oder nach ➤ Rz 154 pauschal besteuert wurden. Ein weiterer Pferdefuß dieser Pauschalierung ist, dass der Arbeitgeber alle Sachgeschenke des gesamten Jahres, die unter § 37 b EStG fallen, dann auch zwingend pauschal besteuern muss. Er kann die Pauschalierung nicht auf einzelne Geschenke oder einzelne Personen beschränken.

Damit die Pauschalierung durch den Arbeitgeber ihre Abgeltungswirkung entfaltet, muss er sie bis zum 28. 2. des folgenden Jahres durchführen. Hat er nämlich erst einmal die elektronische Lohnsteuerbescheinigung an den Fiskus übermittelt, ist ein Antrag auf Pauschalierung nicht mehr möglich.

TRICK

Zu viel gezahlte Steuer gibt es mit der richtigen Arbeitgeberbescheinigung zurück!

Viele Arbeitgeber entschließen sich erst zum Jahreswechsel, die Pauschalierung für Sachgeschenke durchzuführen. Arbeitnehmern, die in der Zwischenzeit gekündigt haben oder aus anderen Gründen aus dem Betrieb ausgeschieden sind, kann deshalb die zunächst zu viel einbehaltene Steuer auf die Sachgeschenke nicht zurückgezahlt werden. Lassen Sie sich in so einem Fall eine Bescheinigung Ihres ehemaligen Brötchengebers ausstellen, in der er bestätigt, dass Ihnen für das Sachgeschenk im Wert von z.B. 700 € bisher Steuern abgezogen wurden, er inzwischen aber eine Pauschalbesteuerung nach § 37 EStG vorgenommen hat. In der Einkommensteuererklärung machen Sie dann die einbehaltene Steuer geltend.

Bei der Pauschalierung nach § 37 b EStG sind noch folgende Dinge zu beachten: 161

1. Nicht nur Sachgeschenke an Arbeitnehmer können pauschal besteuert werden. Auch für Kundengeschenke besteht diese Möglichkeit. Der Unternehmer kann sich letztlich für drei verschiedene Gruppen getrennt entscheiden, ob er von der Pauschalierung der Steuer Gebrauch macht: 1. seine eigenen Mitarbeiter, 2. Mitarbeiter eines Tochter-, Mutter- oder Schwesterunternehmens, 3. Kunden und Geschäftsfreunde. Die Wirkung ist dieselbe: Durch die Pauschalierung ist die Besteuerung erledigt.
2. Den Antrag auf Pauschalierung der Kundengeschenke muss der Unternehmer bis zum Ende des Jahres bzw. Wirtschaftsjahres stellen.
3. Innerhalb der jeweiligen Gruppe müssen alle Sachgeschenke – ausgenommen sog. Streuwerbeartikel: Kleingeschenke mit einem Wert bis zu 10 € – pauschal besteuert werden. Eine Beschränkung auf einzelne Kunden ist nicht möglich.
4. Berechnungsgrundlage der pauschalen Steuer von 30 % sind die Kosten des Unternehmens für die Sachgeschenke zzgl. Mehrwertsteuer.
5. Sachleistungen an einzelne Arbeitnehmer oder an die Belegschaft im überwiegenden betrieblichen Interesse stellen von vornherein keinen Arbeitslohn dar. Deshalb fällt z.B. auf Bagatellsachbezüge bis zu 44 € im Monat keine Pauschalsteuer an.
6. Sachgeschenke an Kunden und Arbeitnehmer zu einem besonderen persönlichen Anlass, z.B einem runden Geburtstag, der Geburt eines Kindes oder der Hochzeit, müssen nicht pauschal versteuert werden, wenn ihr Wert nicht über 60 € liegt.
7. Sachleistungen, die beim Empfänger nicht zu steuerpflichtigen Einkünften führen, müssen nicht pauschal besteuert werden. Das gilt z.B. für Geschenke

an Arbeitnehmer und Kunden im Ausland und an Kunden, die die Geschenke nicht aufgrund einer Geschäftsbeziehung in ihrem berieblichen Bereich bekommen.

8. Pro Person und Jahr können max. 10.000 € pauschal besteuert werden. Bekommt ein Arbeitnehmer in einem Jahr also zwei Geschenke zu je 6.000 €, kann der Arbeitgeber von den insgesamt 12.000 € nur einen Betrag von 10.000 € pauschal besteuern. Die Steuer auf die restlichen 2.000 € muss der Arbeitnehmer selbst tragen. Extrem teure Einzelgeschenke im Wert von über 10.000 € fallen ganz aus der Pauschalierung heraus.
9. Die Pauschalsteuer selbst stellt beim Arbeitgeber eine abzugsfähige Betriebsausgabe dar, soweit sie auf Geschenke an eigene Mitarbeiter entfällt oder auf Geschenke an Kunden mit einem Wert inkl. Pauschalsteuer von bis zu 35 € pro Jahr und Person. Die Pauschalsteuer auf Kundengeschenke im Gesamtwert von über 35 € inkl. Pauschalsteuer pro Jahr und Person (§ 4 Abs. 5 S. 1 Nr. 1 EStG) kann dagegen ebenso wenig als Betriebsausgabe abgezogen werden wie das Geschenk selbst.

(Quelle: BMF v. 19.5.2015 – IV C 6 – S 2297-b/14/10001)

Der BFH hat entschieden, dass die Pauschalsteuer auf Kundengeschenke wie ein weiteres Geschenk zu behandeln ist und zur Prüfung der 35-€-Grenze auf den Geschenkwert aufgeschlagen werden muss. Aber – man höre und staune – die Finanzverwaltung hatte ein Einsehen. Sie wendet dieses harte Urteil nicht an und bleibt bei der günstigeren Auslegung, wonach die Pauschalsteuer bei der Berechnung der 35-€-Grenze nichts zu suchen hat (Fußnote zu BFH v. 30.3.2017 – BStBl 2017 II S. 892).

162 **c) Kirchensteuer bei Pauschalierung der Lohnsteuer**

Auch wenn Ihr Arbeitgeber die Lohnsteuer pauschaliert, fällt grundsätzlich Kirchensteuer an. Weil aber bei der Pauschalierung nicht immer ganz klar ist, ob alle betroffenen Arbeitnehmer einer Kirche angehören, wird der reguläre Kirchensteuersatz gekürzt. Die Kürzung ist je nach Bundesland unterschiedlich geregelt und liegt je nach Bevölkerungsstruktur zwischen 4,5 und 7 %.
Eine Besonderheit stellt die Pauschalierung der Steuer für Aushilfen mit 2 % dar. Hier ist die Kirchensteuer mit abgegolten.

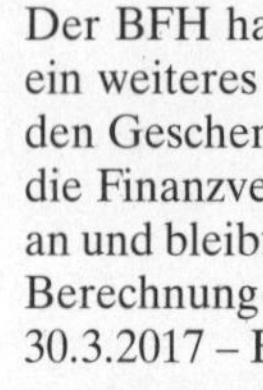

TRICK

Vermeiden Sie mit ein paar Federstrichen die Kirchensteuer!

Dank des Bundesverfassungsgerichts wird niemand gezwungen, Kirchensteuer zu zahlen, der keiner kirchensteuerberechtigten Kirche angehört. Weisen Sie Ihrem Arbeitgeber also nach, dass das auf Sie zutrifft, muss er für Ihren Arbeitslohn keine Kirchensteuer abführen. Der Nachweis ist nicht sonderlich schwierig, Sie legen einfach eine Lohnsteuerkarte vor.

Als Aushilfskraft oder geringfügig Beschäftigter reicht auch eine schriftliche Bestätigung Ihrerseits, dass Sie keiner hebeberechtigten Kirche angehören. Für diese Bestätigung müssen Sie einen besonderen Finanzamtsvordruck verwenden (BMF v. 19.5.1999 – BStBl 1999 I S. 509).

Bundesland	Steuersatz der Pauschalkirchensteuer			
	ohne Nachweis	mit Nachweis		
		§ 40	§ 40a	§ 40b
Baden-Württemberg	6,5	8,0	8,0	8,0
Bayern	7,0	8,0	8,0	8,0
Berlin	5,0	9,0	9,0	9,0
Brandenburg	5,0	9,0	9,0	9,0
Bremen	7,0	9,0	9,0	9,0
Hamburg	4,0	9,0	9,0	9,0
Hessen	7,0	9,0	9,0	9,0
Mecklenburg-Vorpommern	5,0	9,0	9,0	9,0
Niedersachsen	6,0	9,0	9,0	9,0
Nordrhein-Westfalen	7,0	9,0	9,0	9,0
Rheinland-Pfalz	7,0	9,0	9,0	9,0
Saarland	7,0	9,0	9,0	9,0
Sachsen	5,0	9,0	9,0	9,0
Sachsen-Anhalt	5,0	9,0	9,0	9,0
Schleswig-Holstein	6,0	9,0	9,0	9,0
Thüringen	5,0	9,0	9,0	9,0

d) Solidaritätszuschlag bei Pauschalierung der Lohnsteuer 163

Trotz der erheblichen Erhöhung der Lohngrenzen für die Zahlung des Solidaritätszuschlags hat sich bei der Lohnsteuerpauschalierung nichts geändert, hier fällt der Soli unverändert weiter an. Er wird ohne Beschränkung mit 5,5 % ab dem ersten Euro der pauschalen Lohnsteuer erhoben. Schuldner ist auch hier der Arbeitgeber.
Lediglich bei der Pauschalierung der Lohnsteuer für Minijobber mit 2 % steckt er wie die Kirchensteuer schon in der Steuerpauschale von 2 % mit drin.

Geringfügige Beschäftigung – Teilzeitkräfte 164

aa) Gesamtüberblick

Mit diesem amtsdeutschen Begriff sind die sog. Mini- oder 450-€-Jobs gemeint. Bevor ich Ihnen die Details vorstelle, zunächst ein schneller Überblick:

- Bei geringfügiger Beschäftigung mit einem durchschnittlichen monatlichen Arbeitslohn von höchstens 450 € fallen ab dem ersten Euro pauschale Beiträge zur Krankenversicherung von 13 %, zur Rentenversicherung von 15 % und Umlagen von 1,51 % zzgl. gesetzliche Unfallversicherung an. Die Beiträge muss in voller Höhe der Arbeitgeber zahlen.

- Bei geringfügiger Beschäftigung in einem Privathaushalt reduzieren sich die Beitragspauschalen des Arbeitgebers auf jeweils 5 % für Kranken- und Rentenversicherung; an Umlagen fallen hier inkl. Unfallversicherung 2,99 % an.
- Durch die Rentenversicherungspauschale erwirbt der Arbeitnehmer nur eingeschränkte Ansprüche aus der Rentenversicherung (➤ Rz 166f.).
- Durch den pauschalen Krankenversicherungsbeitrag ergeben sich keine Ansprüche aus der Krankenversicherung.
- Der Lohn aus einem geringfügigen Beschäftigungsverhältnis kann grundsätzlich vom Arbeitgeber mit 2 % pauschal versteuert werden. In diesem Fall ist die gesamte Besteuerung (Lohnsteuer, Kirchensteuer und Solidaritätszuschlag) für den Lohn aus dem Minijob erledigt.
- Die Lohngrenze ist sowohl für die Sozialversicherung als auch für das Steuerrecht auf 450 €/Monat festgeschrieben und wird nicht jährlich angehoben.

bb) Sozialversicherung

Die Sozialversicherung unterscheidet bei Teilzeitbeschäftigten folgende Kategorien:

- Kurzfristige Beschäftigung/Saisonbeschäftigung über höchstens drei Monate bzw. 70 Arbeitstage im Kalenderjahr. Diese Beschäftigungen bleiben komplett sozialversicherungsfrei.
- Geringfügige Beschäftigung (geringfügig entlohnte Beschäftigung), bei der der Arbeitslohn in der Regel 450 € im Monat nicht übersteigt und daher nur pauschale Renten- bzw. Krankenversicherungsbeiträge und Umlagen des Arbeitgebers anfallen.

Für die Berechnung der Monatslohngrenze von 450 € und der Wochenstundenzahl werden mehrere Arbeitsverhältnisse generell zusammengerechnet. Haben Sie z.B. zwei geringfügige Arbeitsverhältnisse mit je 250 € Monatslohn, unterliegen beide Arbeitsverhältnisse der vollen Sozialversicherungspflicht. Es fallen somit Regelbeiträge zur Renten-, Kranken-, und Pflegeversicherung an, die teilweise vom Arbeitgeber und teilweise vom Arbeitnehmer gezahlt werden müssen. Besonderheiten gelten bei der Arbeitslosenversicherung. Liegt der Lohn im einzelnen Arbeitsverhältnis unter 450 € – wären also isoliert betrachtet die Minijobkriterien erfüllt –, fällt für keine der Beschäftigungen Arbeitslosenversicherung an. Allerdings haben Sie dann im Fall der Arbeitslosigkeit auch keine Leistungsansprüche aus den Minijobs. Besonders günstig ist ein 450-€-Job, wenn Sie ihn neben Ihrem Hauptjob ausüben. Dann wird nämlich nicht zusammengerechnet. Für Ihren Minijob bleibt es bei der grundsätzlichen Sozialversicherungsfreiheit. Nur Ihr Arbeitgeber muss die pauschalen Beiträge zahlen. Angenommen, Sie verdienen in Ihrem Hauptjob 1.400 € im Monat, daneben

fahren Sie aushilfsweise Taxi für »Taxi-Krause« und kassieren dafür im Monat 350 €. Die 350 € bekommen Sie völlig ohne Abzüge.
Haben Sie neben Ihrem Hauptjob mehr als einen 450-€-Job, wird die Zusammenrechnung nur für den zeitlich zuerst aufgenommenen Minijob vermieden. Der Lohn aus Ihren anderen Minijobs wird dagegen mit Ihrem Hauptjob zusammengerechnet, und Sie müssen sich dafür normale Sozialversicherungsbeiträge abziehen lassen.

TRICK

Verdienen Sie zweimal im Jahr fast unbegrenzt hinzu!

Eine geringfügige Beschäftigung setzt voraus, dass Ihr regelmäßiger Monats- 165
lohn 450 € durchschnittlich nicht übersteigt. Sind Sie durchgehend beschäftigt und schwankt Ihr Arbeitslohn z.B. saisonbedingt oder wegen unterschiedlicher Arbeitsstunden in den einzelnen Monaten, kommt es darauf an, dass Sie im Jahr insgesamt nicht mehr als 5.400 € verdienen.
Unabhängig von dieser Durchschnittsberechnung können Sie in zwei Monaten im Jahr praktisch unbegenzt hinzuverdienen. Allerdings setzt das voraus, dass Sie sagen können, dass es sich in diesen Fällen um einen nicht vorhersehbaren, nicht geplanten Arbeitseinsatz handelte. Müssen Sie z.B. im Juli und August eine Krankheitsvertretung übernehmen, bleibt Ihr Job auch dann ein versicherungsfreies geringfügiges Beschäftigungsverhältnis, wenn Sie z.B. 30 Stunden in der Woche arbeiten und in den beiden Monaten jeweils auf einen Monatslohn von 1.700 € kommen.

Pauschale Renten- und Krankenversicherungsbeiträge
Auf den ersten Blick etwas unlogisch ist das Gesetz über die 450-€-Jobs ja schon. Wenn Sie als Arbeitnehmer die Voraussetzungen für eine geringfügige Beschäftigung erfüllen, ist Ihr Arbeitslohn sozialversicherungsfrei. Trotzdem fallen für diese sozialversicherungsfreie Tätigkeit pauschale Beiträge an.

Rentenversicherung 166
Der Arbeitgeber muss in jedem Fall den Pauschalbeitrag zur Rentenversicherung von 15 % bei normaler Beschäftigung, von 5 % bei einer Beschäftigung im Privathaushalt zahlen.
Durch den pauschalen Rentenversicherungsbeitrag erwerben Sie Ansprüche aus der Rentenversicherung. Für ein Jahr Minijob wird Ihnen etwa $^{1}/_{3}$ der Wartezeit für den Rentenanspruch angerechnet, die Sie bei einem Vollzeitjob erwerben. Bei ca. 4 Monaten pro Beschäftigungsjahr im Minijob brauchen Sie also mindestens 15 Jahre, um auf die erforderlichen 60 Beitragsmonate zu kommen.

167 Die Rentenansprüche sind allerdings sehr geringfügig. Der Arbeitnehmer kann aber aus eigenen Mitteln den Rentenbeitrag auf 18,6 % aufstocken. Der Vorteil für Sie liegt darin, dass Sie dann aus dem Arbeitslohn von 450 € vollwertige Ansprüche aus der Rentenversicherung erwerben. Als Faustregel gilt: **Ein Jahr 450-€-Job = ca. 4,55 € Rentenanspruch pro Monat** (Quelle: Deutsche Rentenversicherung »Minijob – Midijob: Bausteine für die Rente«). Nach 45 Jahren Beschäftigung würden Sie also aus Ihrem Minijob eine Monatsrente von mageren 200 € erhalten.

Zunächst sind alle Minijobs rentenversicherungspflichtig!
Für geringfügig entlohnte Minijobs, die am 1.1.2013 oder später begannen, besteht Versicherungspflicht in der Rentenversicherung. Der volle Rentenversicherungsbeitrag ist mindestens von 175 € zu zahlen. Der Arbeitgeberanteil beträgt im Haushaltsscheck-Verfahren 5 % des tatsächlichen Arbeitsentgelts. Die Haushaltshilfe trägt die Differenz zwischen dem Arbeitgeberanteil und dem vollen Beitrag zur Rentenversicherung (13,6 Prozent). Den Beitragsanteil des Arbeitnehmers behält der Arbeitgeber vom Arbeitsentgelt ein. **Minijobber haben die Möglichkeit, sich auf Antrag von der Versicherungspflicht in der Rentenversicherung befreien zu lassen.** Bei geringfügig Beschäftigten im Privathaushalt ist ein gesonderter Antrag nicht erforderlich, weil die relevanten Angaben auf dem Haushaltsscheck zu machen sind.
Neben dem vollwertigen Anspruch auf Rente zählen vor allem pro Jahr zwölf statt nur vier Monate als Wartezeit für Ihren Rentenanspruch. Außerdem können Sie das volle Leistungsspektrum der Rentenversicherung in Anspruch nehmen, z.B. Rehabilitationsleistungen, Rente wegen verminderter Erwerbsfähigkeit, vorgezogene Altersrente.

GUTER RAT

Besonders interessant ist die Aufstockung für Sie, wenn Ihnen nur noch einige Beitragsmonate fehlen, bis Sie die erforderlichen 60 Monate zusammenhaben, z.B., weil Sie nur drei oder vier Jahre rentenversicherungspflichtig beschäftigt waren, als Mutter Anspruch auf Kindererziehungszeiten haben oder nur durch die Pflege von Angehörigen Anrechnungszeiten verdient haben.
Formell müssen Sie gegenüber Ihrem Arbeitgeber schriftlich auf die Rentenversicherungsfreiheit verzichten (bei Minijobs, die vor 2013 begannen) bzw. nichts unternehmen (Neuregelung seit 2013). Der Arbeitgeber trägt dann weiterhin 15 % und Sie die restlichen 3,6 % des Gesamtbeitrags. Allerdings verlangt die Rentenversicherung in Aufstockungsfällen einen Mindestbeitrag von 32,55 €. Verdienen Sie in Ihrem Minijob also z.B. nur 100 €, trägt Ihr Arbeitgeber 15 € (= 15 % von 100 €). Diesen Betrag müssen Sie aus eigenen Mitteln auf 32,55 € aufstocken, Sie müssen also 17,55 € dazulegen.

WICHTIGER HINWEIS

Der Verzicht auf die Rentenversicherungsfreiheit kann in demselben Arbeitsverhältnis nicht widerrufen werden. Sie sind also gezwungen, den Aufstockungsbetrag so lange zu zahlen, bis Sie aus dem Arbeitsverhältnis ausscheiden.

TRICK

Verdienen Sie durch einen Rausschmiss mehr.

Angenommen, Ihnen fehlten noch 24 Beitragsmonate von Ihrer Wartezeit für den Rentenanspruch. Schlau, wie Sie sind, haben Sie deshalb auf die Rentenversicherungsfreiheit verzichtet. Nach Ablauf der zwei Jahre berappen Sie aber munter weiter jeden Monat 3,6 % aus eigener Kasse. Na, die würden Sie natürlich ganz gern selbst behalten, zumal Sie finanziell sowieso nicht auf Rosen gebettet sind.
»Ja, aber wie denn?«, fragen Sie. »Sie haben mir doch gerade erklärt, dass ich meinen Verzicht nicht widerrufen kann.« Richtig! Aber wenn Ihr Chef Sie kurzerhand aus betriebsbedingten Gründen entlässt, ist das Arbeitsverhältnis beendet und damit der Verzicht auf die Rentenversicherungsfreiheit hinfällig. Wenn Sie nach einer angemessenen Schamfrist wieder eingestellt werden, weil sich die Auftragslage verbessert hat, werden die Karten neu gemischt. Sie haben jetzt wieder einen Minijob, für den nur die pauschalen Arbeitgeberbeiträge von 15 % anfallen, sofern Sie sich von der Rentenversicherungspflicht befreien lassen.

Krankenversicherung 168

Der pauschale Krankenversicherungsbeitrag beträgt 13 % für normale Beschäftigungen, 5 % für eine Beschäftigung im Privathaushalt. Anders als der Rentenversicherungsbeitrag muss die Krankenversicherung aber nur für Personen gezahlt werden, die in der gesetzlichen Krankenversicherung selbst versichert oder über die Familienversicherung mitversichert sind. Damit fallen vor allem bei folgenden Personen keine Beiträge zur Krankenversicherung an:

- privat krankenversicherte Arbeitnehmer und deren Familienangehörige
- Selbständige
- Beamte und deren Familienangehörige, wenn sie nicht ausnahmsweise freiwillig in der gesetzlichen Krankenversicherung versichert sind
- Pensionäre
- nicht sozialversicherungspflichtige Arbeitnehmer und deren Familienangehörige, z.B. Gesellschafter-Geschäftsführer.

Aus den Krankenversicherungsbeiträgen für Ihren Minijob haben Sie keinerlei Ansprüche gegen die Krankenkasse.

Umlagen
Neben der Renten- und Krankenversicherung fallen für Minijobs noch Umlagen an: bei einem regulären Minijob 1,51 % Umlagen zum Ausgleich der Arbeitgeberaufwendungen bei Krankheit, Mutterschaft und Insolvenz zzgl. Beiträge zur Unfallversicherung; bei einer Beschäftigung im Privathaushalt fallen 1,39 % Umlagen zum Ausgleich der Arbeitgeberaufwendungen bei Krankheit und Mutterschaft und für die gesetzliche Unfallversicherung eine pauschale Umlage von 1,6 % an, insgesamt also 2,99 %.

169 **cc) Steuer für geringfügig Beschäftigte**
Für die Besteuerung von Minijobs ergeben sich folgende Möglichkeiten:

Der Arbeitslohn kann
- unter Vorlage einer Lohnsteuerkarte besteuert werden;
- mit 2 % pauschal versteuert werden, wenn Ihr Arbeitgeber pauschale Beiträge zur Rentenversicherung von 15 % bzw. 5 % (bei Beschäftigung im Privathaushalt) abführt; die Pauschalsteuer ist so gering, dass es fast einer Steuerbefreiung gleichkommt;
- mit 20 % pauschal besteuert werden, wenn Ihr Arbeitgeber keine pauschalen Beiträge zur Rentenversicherung zahlt.

Durch die Pauschalierung wird Ihr Arbeitgeber Schuldner der Lohnsteuer. Zudem wird pauschal besteuerter Arbeitslohn nicht in Ihre Einkommensteuerveranlagung einbezogen, was für Sie praktisch Steuerfreiheit des 450-€-Jobs bedeutet.

Pauschalierung der Steuer: 2 % oder 20 %?
Sie können Ihren Arbeitgeber weder zu einer Pauschalierung der Steuer mit 2 % noch mit 20 % zwingen.

Durch den Pauschalsteuersatz von 2 % ist nicht nur die Lohnsteuer, sondern auch gleichzeitig die Kirchensteuer und der Solidaritätszuschlag abgegolten.

Die Pauschalsteuer von 2 % zahlt der Arbeitgeber auch nicht an sein Finanzamt, sondern zusammen mit dem Pauschalbeitrag zur Sozialversicherung an die **Bundesknappschaft – Minijobzentrale** –, die als bundesweit zentrale Einzugsstelle fungiert.
Es sind insoweit keine besonderen Anmeldungen der Lohnsteuer erforderlich. Die Steueranmeldung ist vielmehr mit der Meldung der Sozialversicherungsbeiträge verbunden.
Der Ministeuersatz von 2 % kommt in folgenden Fällen zur Anwendung:
1. Sie haben nur eine geringfügige Beschäftigung, Ihr Monatslohn liegt nicht über 450 €.

2. Sie haben mehrere geringfügige Beschäftigungen nebeneinander, der monatliche Arbeitslohn aus allen Arbeitsverhältnissen liegt aber nicht über 450 €. Liegt er hingegen über 450 €, sind die Arbeitsentgelte sozialversicherungspflichtig und müssen Ihre Arbeitgeber keine pauschalen Rentenbeiträge zahlen. In einem solchen Fall können Ihre Chefs die Pauschalierung der Steuer mit 20 % durchführen.
3. Sie haben eine geringfügige Beschäftigung mit einem Monatslohn von normalerweise unter 450 €. Wegen einer überraschenden Krankheitsvertretung verdienen Sie zwei Monate lang aber statt 450 € z.B. jeweils 1.250 €.
4. Sie haben neben Ihrem Hauptjob einen Job auf 450-€-Basis.
5. Haben Sie neben Ihrem Hauptjob mehrere Minijobs, gilt der Steuersatz von 2 % nur für den zeitlich zuerst aufgenommenen Nebenjob. Alle weiteren »geringfügigen« Beschäftigungen sind sozialversicherungspflichtig, d.h., es fallen die normalen Beiträge an, und Sie müssen entweder Ihren Chefs eine Steuerkarte VI vorlegen, oder die müssen den Lohn mit 20 % zzgl. Kirchensteuer und Solidaritätszuschlag versteuern.

TIPP

Passen Sie auf!

Da für alle geringfügigen Beschäftigungsverhältnisse Pauschalbeiträge an Kran- 170
kenkassen abgeführt werden müssen, laufen spätestens dort die Informationen über Arbeitslohn und Arbeitszeit aus allen Arbeitsverhältnissen zusammen. Die Krankenkassen informieren die Arbeitgeber, wenn durch die Zusammenrechnung mehrerer Arbeitsverhältnisse kein geringfügiges Beschäftigungsverhältnis mehr vorliegt, und fordern sie auf, statt der Pauschalbeiträge die vollen Regelbeiträge abzuführen. Außerdem müssen die Sozialversicherungsträger die Finanzämter informieren, wenn sich herausstellt, dass ein bisher als geringfügig eingestuftes Arbeitsverhältnis die Kriterien der Geringfügigkeit doch nicht erfüllt.

Berechnungsgrundlage für die Pauschalsteuer

Steuerfreie Teile Ihres Einkommens, wie z.B. Reisekosten, Personalrabatte 171
oder Sachleistungen im Rahmen der 44-€-Bagatellgrenze (ab 2022: 50 €), werden als Einkünfte nicht angesetzt. Genauso bleibt Arbeitslohn außer Betracht, für den die Lohnsteuer vom Arbeitgeber pauschaliert wird. Dafür in Betracht kommen z.B.:

- sonstige Bezüge (§ 40 Abs. 1 EStG),
- Mahlzeiten im Betrieb (§ 40 Abs. 2 EStG),
- Zuwendungen bei Betriebsveranstaltungen (§ 40 Abs. 2 EStG),

- Erholungsbeihilfen (§ 40 Abs. 2 EStG),
- Verpflegungsmehraufwendungen bis zur Höhe der steuerlichen Pauschalen (§ 40 Abs. 2 ESt),
- Übernahme privater PC- und Internetkosten (§ 40 Abs. 2 EStG),
- Übereignung von Computern, Zubehör und die Übernahme von Internetkosten (§ 40 Abs. 2 EStG),
- Übereignung von Ladestationen für Elektro- und Hybridfahrzeuge (§ 40 Abs. 2 EStG),
- Übereignung von Fahrrädern und E-Bikes (§ 40 Abs. 2 EStG),
- Leistungen des Arbeitgebers für Fahrten zwischen Wohnung und Arbeitsstätte (§ 40 Abs. 2 EStG),
- kurzfristige Beschäftigungen (§ 40 a Abs. 1 EStG).

172 Ungemach droht, wenn Ihnen Ihr Arbeitgeber zusätzlich zum Lohn aus Ihrem Minijob Fahrgeld zahlt. Dieses zählt zunächst einmal zu Ihrem Arbeitslohn. Liegt Ihr Monatslohn nicht weit weg von der 450-€-Grenze, könnte diese durch die Fahrgeldzahlungen überschritten und aus Ihrem Minijob ein sozialversicherungs- und steuerpflichtiges Regelarbeitsverhältnis werden. Um das zu vermeiden, muss der Fahrtkostenzuschuss von Ihrem Arbeitgeber mit 15 % pauschal versteuert werden (§ 40 Abs. 2 S. 2 EStG). Obergrenze für diese Pauschalversteuerung ist der Betrag, der sich bei Ihnen als Entfernungspauschale ergibt.

Angenommen, Ihr Arbeitgeber zahlt Ihnen in Ihrem Minijob 430 € im Monat und für die zehnmal im Monat, die Sie die 10 km Entfernung zur Arbeit mit Ihrem Auto fahren, ein Fahrgeld von 60 €. Für Ihren Minijob ergibt sich jetzt folgende Berechnung:

Fahrtkostenzuschuss	60,00 €
./. pauschal versteuerter Zuschuss 10 km × 0,30 € × 10 Tage	– 30,00 €
Verbleibender, normal zu versteuernder Fahrtkostenzuschuss	30,00 €
Laufender Lohn aus dem Minijob	430,00 €
Regelmäßiger Lohn aus dem Minijob	460,00 €

Damit haben Sie keinen Minijob mehr, und es fallen sowohl für Sie als auch für Ihren Arbeitgeber Pflichtbeiträge zur Sozialversicherung an. Außerdem kann Ihr Arbeitgeber den Lohn nicht mehr mit 2 % pauschal versteuern, und Sie müssen wieder selbst die Steuer tragen, was Sie vor allem dann einen Batzen Geld kostet, wenn bei Ihnen oder Ihrem Ehepartner noch andere Einkünfte vorliegen.

TRICK

Nehmen Sie statt Fahrgeld einen Benzingutschein oder ein Jobticket.

Dem oben geschilderten Problem gehen Sie aus dem Weg, wenn Ihnen Ihr Chef einen Teil des Fahrgeldes als Sachleistung in Form eines monatlichen Benzingutscheins oder eines Jobtickets für öffentliche Verkehrsmittel zukommen lässt. Das Jobticket ist ohne Betragsgrenze steuerfrei, und wenn der monatliche Wert des Bezingutscheins unter 44 € (ab 2022: 50 €) liegt, ist diese Leistung des Arbeitgebers ebenfalls steuerfrei (➤ Rz 47 ff.). Folglich werden beide Zuwendungen auch nicht in die Lohngrenze Ihres Minijobs eingerechnet.

TIPP

Keine Steuer auf 1-€-Jobs

In einem 1-€-Job können Sie für Ihre – gemeinnützige – Arbeit 1 bis 2 € pro 173
Stunde bei max. 30 Stunden in der Woche verdienen. Viel ist das ja nicht gerade. Aber jetzt die gute Nachricht: Ihr Zuverdienst ist komplett steuerfrei (§ 3 Nr. 2 b EStG) – und zwar sowohl für Sie als auch für Ihren Arbeitgeber.

GUTER RAT

Bei etlichen Rentnern geht es auch ohne Pauschalsteuer.

Wenn Sie Ihre kleine Rente mit einem 450-€-Job aufbessern, brauchen Sie sich 174
keine großen Gedanken zu machen, dass man Sie dafür mit Steuern zur Kasse bittet. Ihrem Brötchengeber können Sie sogar die Pauschalsteuer ersparen, indem Sie ihm eine Steuerkarte, z. B. mit der Steuerklasse I (ledig) oder III (verheiratet), vorlegen. Wenn Ihre monatliche Rente nämlich nicht deutlich über 728 €/1.876 € (Alleinstehende/Verheiratete) liegt, fällt keine Steuer auf den Minijob an.

So sieht die Rechnung für Sie aus, wenn Sie z. B. 2021 mit 65 Jahren in Rente gegangen sind.

	Ledige		Verheiratete	
Monatslohn 450 € × 12	5.400 €			
./. Arbeitnehmerpauschbetrag	– 1.000 €			
./. Altersentlastungsbetrag	– 722 €			
Arbeitslohn	3.678 €	> 3.678 €		> 3.678 €
Rente mtl. 728,16 €	8.738 €			
Rente mtl. 1.876,08			22.513 €	
./. steuerfreier Rentenanteil 18 %	– 1.573 €		– 4.052 €	
./. Pauschbetrag für Renten	– 102 €		– 102 €	
Renteneinkünfte	7.063 €	> 7.063 €	18.359 €	> 18.359 €
./. Sonderausgabenpauschbetrag		– 36 €		– 72 €
./. Vorsorgeaufwendungen		– 961 €		– 2.477 €
Einkommen		9.744 €		19.488 €
./. Grundfreibetrag		– 9.744 €		– 19.488 €
bleiben zu versteuern		0 €		0 €

Wie Sie sehen, zahlen so weder Sie noch Ihr Arbeitgeber Steuern für Ihren 450-€-Job.

Sind Sie schon 2020 oder früher in Rente gegangen, sinkt der Besteuerungsanteil der Rente auf 80 % – 50 %. Dementsprechend höher ist der Betrag der Renteneinkünfte, bis zu dem für den Minijob keine Steuern anfallen.

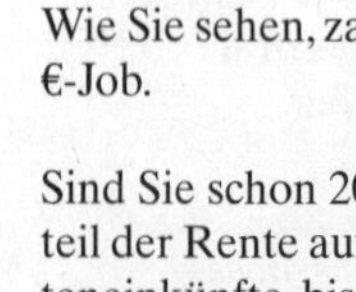

TIPP

Als »reicher« Rentner fahren Sie mit der Pauschalierung besser.

Gehören Sie zu den Rentnern, die über eine besonders hohe Rente verfügen oder bei denen sich der Fiskus schon wegen anderer Einkünfte, z.B. aus der Vermietung von Immobilien oder wegen hoher Zinsen, bedient, fahren Sie mit der Pauschalsteuer für Ihren 450-€-Job deutlich besser. Sie werden also Ihrem Arbeitgeber keine Steuerkarte vorlegen und ihn bitten, die Steuer mit 2 % pauschal abzuführen.

GUTER RAT

Wechseln Sie im richtigen Moment die Besteuerungsmethode beim Ehegattenarbeitsverhältnis.

S Wenn Sie Ihre bessere Hälfte in Ihrer Firma als 450-€-Kraft beschäftigen, 175
fahren Sie in aller Regel mit der Pauschalierung der Lohnsteuer besser. Doch kann es passieren, dass Sie später merken, dass eine Versteuerung nach Lohnsteuerkarte deutlich günstiger gewesen wäre, z.B., wenn sich herausstellt, dass Sie mit Ihrer Firma Verluste gemacht haben oder das gemeinsame Einkommen so gering ist, dass keine Steuern anfallen.

Dank des BFH können Sie, selbst wenn das Kalenderjahr längst abgelaufen ist, noch von der Pauschal- zur Regelbesteuerung wechseln. Sie geben dazu einfach eine geänderte Lohnsteueranmeldung ohne die Pauschalsteuer ab und erklären in Ihrer Steuererklärung den Arbeitslohn Ihres Ehegatten in der Anlage N als normales Arbeitseinkommen (BFH-Urt. v. 26.11.2003 - BStBl II 2004 S.195).

8. Altersversorgung

Zunächst ein Überblick, welche Möglichkeiten der betrieblichen Altersvor- 176
sorge Sie nutzen können und wo die Vorteile und die Fallstricke für Sie liegen:

Wege der steuerlich geförderten betrieblichen Altersvorsorge

Form der betrieblichen Altersvorsorge	*Kurzbeschreibung*	*Steuerliche Förderung in der Ansparphase*	*Besteuerung in der Leistungsphase*
Pensionszusage/ Direktzusage	Der Arbeitgeber verspricht bei Eintritt in den Ruhestand eine regelmäßige monatliche Altersversorgungszahlung (Pension); der Arbeitnehmer muss dafür keine Zahlungen leisten.	Der Aufbau der Altersversorgung ist nicht steuerpflichtig; dadurch entsteht in der Ansparphase keine finanzielle Belastung.	Die späteren Pensionszahlungen stellen Arbeitslohn dar und müssen vom Arbeitnehmer zusammen mit seinen anderen Einkünften voll versteuert werden.
Pensionszusage/ Direktzusage (aus Gehaltsumwandlung)	Der Arbeitgeber verspricht bei Eintritt in den Ruhestand eine regelmäßige monatliche Altersversorgungszahlung (Pension); der Arbeitnehmer finanziert dies durch einen regelmäßigen Gehaltsverzicht.	Der Aufbau der Altersversorgung ist nicht steuerpflichtig; der Besteuerung unterliegt nur noch der Lohn abzgl. Gehaltsverzicht, dadurch ergibt sich ein laufender Steuervorteil.	Die späteren Pensionszahlungen stellen Arbeitslohn dar und müssen vom Arbeitnehmer zusammen mit seinen anderen Einkünften voll versteuert werden.

Form der betrieblichen Altersvorsorge	*Kurzbeschreibung*	*Steuerliche Förderung in der Ansparphase*	*Besteuerung in der Leistungsphase*
Werksrente	Der Arbeitgeber zahlt ohne verbindliche Zusage an ehemalige Arbeitnehmer eine betriebliche Altersversorgung unmittelbar aus Betriebsmitteln oder z. B. über eine Unterstützungskasse.	Der Aufbau der Altersversorgung ist nicht steuerpflichtig; dadurch entsteht in der Ansparphase keine finanzielle Belastung.	Die Werksrente wird behandelt wie eine Pension. Sie stellt Arbeitslohn dar und muss vom Arbeitnehmer zusammen mit seinen anderen Einkünften voll versteuert werden.
Direktversicherung	Der Arbeitgeber zahlt zugunsten des Arbeitnehmers Beiträge in eine durch ihn abgeschlossene Lebensversicherung, die dem Arbeitnehmer als Altersvorsorge eine regelmäßige monatliche Rentenzahlung garantiert.	Die Direktversicherungsbeiträge sind bei Vertragsabschluss nach dem 31.12.2004 bis zu 8 % der Beitragsbemessungsgrenze in der Rentenversicherung (2021 = 6.816 €) steuerfrei. (Sonderregelungen für Altverträge vor 2005)	Die späteren Zahlungen aus der Direktversicherung müssen vom Arbeitnehmer zusammen mit seinen anderen Einkünften voll versteuert werden (§ 22 Nr. 5 EStG). (Sonderregelungen für Altverträge vor 2005)
Pensionskasse/ Pensionsfonds	Der Arbeitgeber zahlt zugunsten des Arbeitnehmers Beiträge an eine Pensionskasse, die dem Arbeitnehmer als Altersvorsorge eine regelmäßige monatliche Zahlung garantiert.	Wie bei Direktversicherungen + wahlweise Förderung durch Riester-Zulage. (Sonderregelungen für Altverträge vor 2005)	Wie bei Direktversicherungen. (Sonderregelungen für Altverträge vor 2005)

177 **Direktversicherung, Pensionskasse, Pensionsfonds**

Wenn die Vereinbarung über die betriebliche Altersversorgung mit dem Arbeitgeber nach dem 31.12.2004 getroffen wurde, werden Beiträge zu Direktversicherung, Pensionskasse und Pensionsfonds nahezu gleich behandelt. Sie bleiben nach § 3 Nr. 63 EStG unter folgenden Voraussetzungen steuerfrei:

- Durch die Zahlungen wird eine kapitalgedeckte betriebliche Altersversorgung aufgebaut, das bedeutet, dass das eingezahlte Kapital für Sie individuell angelegt und später mit Zins und Zinseszins ausgezahlt wird.
- Die Auszahlung darf nur als laufende Rente erfolgen, Verträge mit einmaliger Kapitalauszahlung sind nicht steuerbegünstigt.
- Die Auszahlung darf frühestens mit dem 60. Lebensjahr bzw. dem Beginn der Rentenzahlung aus der gesetzlichen Rentenversicherung beginnen.
- Umfasst die betriebliche Altersversorgung auch Hinterbliebene, darf sie nur Ehegatten und Kinder bzw. den Lebenspartner berücksichtigen. Bezugsrechte für andere Personen wie Eltern oder Geschwister sind dagegen schädlich und verhindern die Steuerfreiheit.

- Die Beiträge machen max. 8 % der Beitragsbemessungsgrenze zur Rentenversicherung aus (2021 = 6.816 €).

Wenn die Versorgungszusage und die Verträge schon vor 2005 abgeschlossen wurden, gelten die früheren Regelungen weiter. Für Altverträge kann der Arbeitgeber auch noch die Lohnsteuer pauschal mit 20 % erheben. Im Einzelnen sieht das dann so aus:

Altverträge (= Versorgungszusage 2004 oder früher): 178

1. Pensionsfonds

Beiträge an Pensionsfonds bleiben bis zu 8 % der Beitragsbemessungsgrundlage zur Rentenversicherung (2021 = 6.816 €) steuerfrei. Sind die Beiträge höher, ist der Restbetrag steuerpflichtig, aber Sie können dafür die Riester-Zulage erhalten.

TIPP

zur Riester-Zulage

Wenn Ihnen die Steuerfreiheit nichts bringt, z.B. weil Sie wegen Ihres niedrigen Einkommens keine Steuern zahlen, können Sie stattdessen für den gesamten Betrag die Riester-Zulage beantragen.

2. Pensionskasse

Beiträge an eine Pensionskasse bleiben ebenfalls zunächst bis zu 8 % der Beitragsbemessungsgrenze zur Rentenversicherung steuerfrei (§ 3 Nr. 63 EStG). Für 2021 sind das 6.816. Soweit die Beiträge an die Pensionszusage auf einer Altzusage (vor 2005 erteilt) beruhen und bisher Beiträge bis zu 1.752 € nach § 40 b EStG mit 20 % pauschal versteuert wurden, kann diese Pauschalierung weitergeführt werden. Allerdings werden die pauschalbesteuerten Beiträge auf den steuerfeien Höchstbetrag angerechnet.

Übersteigen die Beiträge insgesamt die Grenze von 6.816 €, können Sie dafür die Riester-Zulage beantragen.

3. Direktversicherung

Anders als die Beiträge zu Pensionskassen und Pensionsfonds waren die Beiträge zu Direktversicherungen bis einschließlich 2004 nicht steuerfrei. Sie konnten allenfalls mit 20 % pauschal besteuert werden (§ 40 b EStG). Um diese Pauschalbesteuerung fortzuführen, mussten Sie bis zum 30.6.2005 Ihrem Arbeitgeber schriftlich mitgeteilt haben, dass Sie das wünschen.

TIPP

zur Pauschalsteuer für Direktversicherungsverträge

Wenn Sie Ihren Arbeitgeber wechseln, übernimmt der neue in der Regel Ihren Direktversicherungsvertrag. Um weiterhin von der Pauschalbesteuerung zu profitieren, müssen Sie bei Ihrem neuen Brötchengeber nachweisen, dass mindestens ein Betrag in der Zeit vor ihrem Arbeitgeberwechsel nach § 40b EStG pauschal besteuert wurde. Legen Sie ihm dazu eine Ihrer älteren Gehaltsabrechnungen oder eine schriftliche Bestätigung des bisherigen Arbeitgebers oder der Versicherung hierüber vor. Dann kann auch der neue Arbeitgeber die Beiträge pauschal besteuern.

TIPP

zur Pauschalsteuer für Altverträge

Auch wenn Sie es auf den ersten Blick ziemlich komisch finden, auf die Steuerfreiheit zu verzichten und stattdessen eine Besteuerungsvariante zu wählen, die 20 % Lohnsteuer zzgl. Kirchensteuer und Solidaritätszuschlag kostet, sollten Sie nicht vorschnell handeln. Die Pauschalierung der Lohnsteuer kann durchaus Vorteile haben:

1. Bei Steuerfreiheit werden später Ihre Erträge aus der Lebensversicherung nachgelagert und damit voll besteuert. Wird dagegen die Lohnsteuer pauschaliert, unterliegt die Rente aus Ihrer Direktversicherung nur mit einem geringen Ertragsanteil der Besteuerung. Sind Sie bei Rentenbeginn z.B. 65 Jahre alt, werden nur 18 % der Rentenzahlung als Einkommen angerechnet, 82 % bleiben steuerfrei.
2. Der Verzicht auf die Steuerfreiheit kann sich auch dann lohnen, wenn Sie sich bei Ablauf der Versicherung keine Rente, sondern einen Kapitalbetrag auszahlen lassen. In diesem Fall erhalten Sie sich durch den formell ausgesprochenen Verzicht die Steuerfreiheit der Kapitalzahlung.

Neuverträge

TRICK

Zahlen Sie im Zweifel die Beiträge selbst!

Nicht jeder Arbeitgeber ist so großzügig und zahlt die Beiträge zu Ihrer Altersversorgung. Damit Sie bei der notwendigen Aufstockung Ihrer gesetzlichen Altersversorgung nicht in die Röhre schauen, hat der Gesetzgeber im Betriebsrentengesetz festgelegt, dass Sie in jedem Fall einen Anspruch auf betriebliche Altersversorgung haben, wenn Sie bereit sind, die erforderlichen Beiträge durch einen Verzicht auf einen Teil Ihres Gehalts zu finanzieren. Im schönen Amtsdeutsch spricht man dann von einer »Gehaltsumwandlung«. Der Vorteil für Sie liegt klar auf der Hand. Den Teil Ihres Gehalts, auf den Sie verzichten, müssen Sie nicht versteuern. Auf diese Weise sparen Sie einen dicken Batzen an Lohnsteuer und können sozusagen indirekt den Fiskus an der Finanzierung Ihrer Altersversorgung beteiligen. 179

Mit einer betrieblichen Altersversorgung fahren Sie in aller Regel günstiger als mit privaten Verträgen. Zumindest bis zu Beiträgen von jährlich 8 % der Beitragsbemessungsgrenze (2021 = 6.816 €). Bei der privaten Vorsorge bekommen Sie über den Abzug als Vorsorgeaufwendungen nur einen Teil steuerfrei. Hinzu kommt, dass für die Beiträge zur betrieblichen Altersversorgung keine Sozialversicherung anfällt.

Was dabei für Sie herausspringt, wenn Ihr Arbeitgeber einen Direktversicherungsvertrag abschließt, dessen Beiträge Sie durch einen Gehaltsverzicht finanzieren, sehen Sie an folgendem Beispiel:

Angenommen, Ihr Monatsgehalt liegt bei 3.500 €. Als Lediger können Sie es sich erlauben, einen größeren Betrag davon zu investieren, und verzichten daher auf 350 € zugunsten einer Direktversicherung.

Steuern (StKl I/ 0) auf den Monatslohn von	3.500,00 €	567,61 €
./. Gehaltsverzicht	– 350,00 €	
Steuer auf den gekürzten Monatslohn von	3.150,00 €	– 469,24 €
Ersparnis an Steuer monatlich		98,37 €
Ersparnis an Sozialversicherung (auf max. 284 €)		57,44 €
Gesamtersparnis pro Monat		155,81 €
Jährlich		1.869,72 €

Damit bezahlen Sie von den 4.200 € für Ihre Altersversorgung nur etwa 2.330 €, also 55 %, aus der eigenen Tasche. Die übrigen 45 % steuert freundlicherweise der Fiskus bei.

TIPP

Bei Direktversicherung und Co neben der Steuer die Rendite der Verträge im Blick behalten!

180 Die Steuervorteile bei einer betrieblichen Altersversorgung sind auf den ersten Blick verlockend. Wenn Ihr Brötchengeber den ganzen Spaß bezahlt, ist das natürlich eine tolle Sache, bei der man sicher zugreifen sollte. Finanzieren Sie die Altersversorgung dagegen durch eine Gehaltsumwandlung aus der eigenen Tasche müssen Sie Folgendes in Ihre Kalkulation mit einbeziehen:

1. Können Sie sich den Gehaltsverzicht langfristig wirklich leisten?
2. Durch den Gehaltsverzicht ergibt sich ein geringerer sozialversicherungspflichtiger Arbeitslohn und somit ein geringerer Rentenbeitrag. Damit sinkt Ihr Rentenanspruch aus der gesetzlichen Rentenversicherung.
3. Welche Rendite ergibt sich langfristig aus dem Vertrag zur Altersversorgung? Wenn die betriebliche Altersversorgung auf Lebensversicherungen oder Ähnlichem beruht, sind die Renditen aktuell angesichts der niedrigen Kapitalmarktzinsen nicht besonders üppig. Wenn die Anlage hingegen fonds- oder aktiengebunden ist, ist sie mit gewissen Risiken verbunden.

TRICK

Machen Sie aus Ihrer Abfindung in späteren Jahren steuerfreie Altersvorsorgeleistungen!

181 Haben Sie als gutverdienender leitender Angestellter nicht auch schon ärgerlich die Stirn gerunzelt, weil die Steuerfreiheit für Entlassungsabfindungen gestrichen wurde? Vor allem wenn Sie mit der Abfindung etwas für Ihre spätere Altersversorgung tun wollen, ist es ärgerlich, wenn Ihnen der Fiskus zuvor bis zu 48 % (bei absoluten Spitzenverdienern sogar 51,5 %) an Steuern (inkl. Kirchensteuer und Solidaritätszuschlag) abknöpft.

Nutzen Sie deshalb lieber die Segnungen der betrieblichen Altersversorgung und kassieren weiter einen Teil Ihrer Abfindung steuerfrei.

Das geht ganz einfach. Statt sich die komplette Abfindung auszahlen zu lassen, kassieren Sie nur den Teil, den Sie brauchen, um die Zeit bis zu Ihrem nächsten Job zu überbrücken. Den Rest zahlt Ihr Arbeitgeber in eine Direktversicherung, aus der Ihnen bei Eintritt in das Rentenalter Monat für Monat eine zusätzliche laufende Rente zufließen wird. Für jedes Jahr, das Sie bei Ihrem Arbeitgeber geschafft haben, maximal aber für 10 Jahre, bleiben davon 4 % der Beitragsbemessungsgrundlage im Jahr der Abfindungszahlung steuerfrei (§ 3 Nr. 63 S. 3 EStG).

Angenommen, Ihr Arbeitgeber hat Ihnen zum 30.6.2021 gekündigt. Bis dahin betrug ihr Arbeitslohn 80.000 €. Einen neuen Job haben Sie ab dem 1.1.2022 gefunden. Ihr Arbeitgeber, bei dem Sie 12 Jahre beschäftigt waren, hat Ihnen eine Abfindung von 60.000 € gezahlt. Sie vereinbaren mit ihm, dass er 34.080 € = 10 × 4 % von 85.200 € (Beitragsbemessungsgrenze zur Rentenversicherung) der Abfindung als Einmalbetrag in eine Direktversicherung zahlt.

Steuern (StKl I/ 0) auf den Jahreslohn von	140.000,00 €	50.533,43 €
./. Umwandlung in Direktversicherung	– 34.080,00 €	
Steuer auf den verbleibenden Jahreslohn von	105.920,00 €	– 34.034,61 €
Ersparnis an Steuer		16.498,82 €

Damit bezahlen Sie von den 34.080 € für Ihre Altersversorgung etwa 17.581 € selbst – das sind nur ca. 52 %.

S Eine Direktversicherung kann auch im Rahmen eines Ehegattenarbeitsverhältnisses zugunsten des im Betrieb mitarbeitenden Ehegatten abgeschlossen werden. Voraussetzung ist hier allerdings immer, dass das Arbeitsverhältnis dem Grunde nach anerkannt werden kann.

TRICK

Stocken Sie Ihre betriebliche Altersversorgung auf und kassieren deutlich höhere Steuervorteile!

Wenn bislang für Sie nur Beiträge in Höhe der 4-%-Grenze in eine Direktversi- **182**
cherung, eine Pensionskasse oder einen Pensionsfonds gezahlt wurden, verschenken Sie einen erheblichen Teil der denkbaren Steuerfreiheit von 8 % der Beitragsbemessungsgrenze. Was tun?

Setzen Sie sich mit Ihrem Arbeitgeber zusammen und vereinbaren eine Aufstockung der betrieblichen Altersversorgung in der Höhe, dass die Beiträge den Höchstbetrag (2021 = 6.816 €) erreichen. Top ist es natürlich, wenn Ihr Arbeitgeber die zusätzlichen Beiträge aus seiner Schatulle beisteuert, weil Sie ihm das als Spitzenmitarbeiter wert sind. Ziert er sich und möchte den zusätzlichen finanziellen Aufwand nicht tragen, können Sie die erforderlichen Beiträge auch durch einen entsprechenden Gehaltsverzicht finanzieren.

Damit es mit der zusätzlichen Steuerbefreiung klappt, haben Sie z.B. folgende Möglichkeiten:

- Sie stocken die zugesagte Leistung aus der betrieblichen Altersversorgung und entsprechend die Versicherungssumme z.B. zu Ihrer Direktversicherung auf.
- Sie erweitern Ihren bisherigen Vertrag um ein zusätzliches biometrisches Risiko und zahlen dafür höhere Beiträge. Unter biometrischen Risiken versteht der

Fiskus die Absicherung für Tod, Invalidität, Unfall, Berufsunfähigkeit oder die Hinterbliebenenversorgung. Interessant ist das für Sie z.B., wenn Ihr Vertrag bisher keine Hinterbliebenenversorgung vorsah, Sie aber inzwischen geheiratet haben und der erste Nachwuchs da ist.

- Sie können auch einfach einen weiteren Altersversorgungsvertrag in einer anderen Sparte der betrieblichen Altersversorgung abschließen. Haben Sie z.B. einen Vertrag in einer Pensionskasse oder bei einem Pensionsfonds mit einer Beitragszahlung von 4 % der Beitragsbemessungsgrenze, können Sie einen Direktversicherungsvertrag mit monatlicher Zahlung von z.B. 284 € (2021) abschließen, den Sie selbst aus einem Gehaltsverzicht finanzieren.

Wichtige Einschränkung:
Wenn Sie z.B. noch eine vor 2005 abgeschlossene Direktversicherung haben, für die weiterhin die Beiträge mit 20 % pauschal besteuert werden, werden die tatsächlich im laufenden Jahr pauschal besteuerten Beiträge auf den steuerfreien Höchstbetrag von 8 % der Beitragsbemessungsgrenze angerechnet.

Schöpfen Sie den maximal pauschalierbaren Beitrag mit 1.752 € aus, bleibt für 2021 nur noch eine Steuerfreiheit von 6.816 € – 1.752 € = 5.064 € übrig.

TRICK

So gestalten Sie als Geringverdiener den Einstieg in die betriebliche Altersversorgung!

183 Um Ihrem Arbeitgeber die Sache mit der betrieblichen Altersversorgung auch dann schmackhaft zu machen, wenn Sie als Mitarbeiter nicht zu den Spitzenverdienern gehören, erklären Sie ihm, dass Arbeitgeber, die für Mitarbeiter mit einem Monatslohn bis zu 2.200 € Beiträge in eine betriebliche Altersversorgung zahlen, hierfür einen staatlichen Zuschuss (Förderbetrag) von 30 % der Beiträge pro Jahr bekommen. Die Förderung setzt voraus, dass der Arbeitgeber mindestens 240 € Beitrag im Jahr zahlt. Maximal werden Beiträge bis zu 480 € bezuschusst.

Als Förderbetrag kann der Arbeitgeber also zwischen 72 € und 144 € erhalten, die er unmittelbar mit der von ihm monatlich abzuführenden Lohnsteuer verrechnen kann.

184 **Leistungen aus einer Unfallversicherung**
Völlig unproblematisch sind Leistungen aus der gesetzlichen Unfallversicherung. Diese Zahlungen sind auf jeden Fall steuerfrei nach § 3 Nr. 1 a EStG. Anders sieht die Sache aus, wenn Ihr Arbeitgeber eine zusätzliche Unfallversi-

cherung bei einem privaten Versicherungsunternehmen zugunsten seiner Arbeitnehmer abgeschlossen hat.
Entscheidend ist, wer nach den Versicherungsbedingungen den unmittelbaren Zahlungsanspruch aus der Versicherung hat.
Problemlos ist die Geschichte, wenn die laufenden Beiträge bereits als Arbeitslohn entweder über Ihre Gehaltsabrechnung oder vom Arbeitgeber pauschal versteuert wurden. In diesem Fall haben Sie regelmäßig den direkten Anspruch auf die Versicherungsleistung. Erhalten Sie eine Kapitalzahlung, bleibt diese steuerfrei. Falls Sie aus der Unfallversicherung eine Rente bekommen, müssen Sie diese nur mit dem günstigen Ertragsanteil versteuern.
Problematischer sind die Gruppenunfallversicherungen, die Ihnen keinen eigenen unentziehbaren Rechtsanspruch einräumen. Die Versicherung zahlt zunächst an den Arbeitgeber, und dieser entscheidet über die Weiterleitung der Versicherungsleistungen an Sie. In diesem Fall müssen nicht die laufenden Beiträge, dafür aber die Auszahlung der Versicherung an Sie als Arbeitslohn versteuert werden.
Als Arbeitslohn muss höchstens die Summe der bis zur Auszahlung vom Arbeitgeber für Sie gezahlten Versicherungsbeiträge versteuert werden, nicht hingegen die Überschussanteile und Zinsen, die in der Versicherungssumme stecken. Sollten ausnahmsweise wegen der langen Laufzeit die kumulierten Versicherungsbeiträge höher sein als die Versicherungsleistung, so wird die Versteuerung auf die ausgezahlte Versicherungsleistung begrenzt (BFH v. 11.12.2008 – BFH/NV 2009 S. 474).
In aller Regel sind mit einer solchen Gruppenunfallversicherung neben privaten auch berufliche Unfälle abgesichert. Ist das der Fall, wird der Beitragsanteil für das Risiko beruflicher Unfälle von der Besteuerung freigestellt. Aus Vereinfachungsgründen kann dieser Anteil mit mindestens 50 % angenommen werden. Im Ergebnis sind damit nur 50 % der Summe der Beiträge bzw. der tatsächlichen Versicherungsleistung zu versteuern.

Beispiel
Nach einem Skiunfall erhalten Sie von Ihrem Arbeitgeber aus einer Gruppenunfallversicherung 18.000 € ausgezahlt. Laut einer Bescheinigung der Versicherung hatte Ihr Arbeitgeber für Sie insgesamt 8.500 € eingezahlt. Die Versicherung galt sowohl für private als auch für berufliche Unfälle.

Versicherungsleistung		18.000 €
Summe der Versicherungsbeiträge	8.500 €	
Anteil für Berufsunfälle 50 %	– 4.250 €	
Steuerpflichtiger Arbeitslohn	4.250 €	>– 4.250 €
Steuerfreie Zahlung der Unfallversicherung		13.750 €

Denk ich an Deutschland in der Nacht,
so bin ich um den Schlaf gebracht.
(Heinrich Heine)

9. Die Riester-Förderung

185 Um die Lücken zu stopfen, die sich künftig bei der Altersversorgung ergeben werden, wurde mit der »Riester-Rente« ein Modell der staatlich geförderten privaten Altersversorgung aus der Taufe gehoben, deren Beiträge durch Zulagen und einen besonderen Sonderausgabenabzug steuerlich gefördert werden. Um sicherzustellen, dass nur Verträge gefördert werden, die den staatlichen Fördervoraussetzungen entsprechen, erhalten begünstigte Riester-Verträge ein besonderes Zertifikat und eine eigene Zertifizierungsnummer. Dieses Zertifikat sagt Ihnen aber nur, dass Sie für den Vertrag die Riester-Förderung erhalten und dass Sie später mindestens Ihre Beiträge ausgezahlt bekommen. Es ist kein staatliches Gütesiegel dafür, dass das jeweilige Anlageinstitut besonders wirtschaftlich arbeitet und eine hohe Rendite erwirtschaftet.
Folgende Personen können die Riester-Förderung unmittelbar in Anspruch nehmen:

- Arbeitnehmer,
- Angestellte,
- Beamte,
- Wehr-, Zivildienstleistende,
- Absolventen eines sozialen Jahres,
- Arbeitslose, auch wenn wegen der Einkünfte des Ehegatten oder eigenen Vermögens keine Ansprüche an die Agentur für Arbeit (= Arbeitsamt) bestehen,
- Bezieher von Vorruhestandsgeld,
- nicht erwerbstätige Pflegepersonen,
- Kindererziehende für Kindererziehungszeit,
- 450-€-Jobber, die auf ihre Versicherungsfreiheit verzichten und den pauschalen Rentenversicherungsbeitrag ihres Arbeitgebers auf den Regelbeitrag aufstocken,
- in die Handwerksrolle eingetragene Handwerker,
- in der Altersversicherung der Landwirte pflichtversicherte Landwirte,
- Empfänger von Berufsunfähigkeitsrenten,
- Empfänger von Versorgungsbezügen (Pensionen) wegen Berufsunfähigkeit.

Dagegen ist keine Förderung möglich, wenn Sie selbständig sind.
Zum mittelbaren Anspruch auf Riester-Zulage, wenn zwar nicht Sie selbst, aber Ihr Ehegatte zum oben beschriebenen Personenkreis gehört, vgl. ➤ Rz 187 Ziffer 2.
Zur Wohn-Riester-Förderung vgl. ➤ Rz 18 ff.

186 **Umlagefinanzierte Pensionskassen teilweise steuerfrei**
Beiträge an sog. umlagefinanzierte Pensionskassen sind 2021 in Höhe von 3 % der Beitragsbemessungsgrenze zur Rentenversicherung = 2.556 € steuerfrei. Solche umlagefinanzierte Pensionskassen erkennen Sie daran, dass der Arbeit-

geber für jeden Arbeitnehmer pauschal einen bestimmten Prozentsatz des Arbeitslohnes einzahlt. Liegen die Umlagen über dem steuerfreien Betrag, kann entweder der Arbeitgeber den Differenzbetrag pauschal versteuern, dann haben Sie selbst mit der Versteuerung nichts am Hut, oder Sie müssen die Steuer auf die Beiträge selbst tragen.
Zu den hiervon am stärksten betroffenen Steuerzahlern gehören diejenigen, die in der Versorgungskasse des Bundes und der Länder (VBL) oder den Kirchlichen Zusatzversorgungskassen (KZVK) versichert sind, die ihr Kassensystem noch nicht von der Umlagefinanzierung auf die Kapitaldeckung umgestellt haben. Wenn Sie Zweifel haben, ob Sie zu den Betroffenen gehören, fragen Sie im Lohnbüro Ihres Arbeitgebers nach.
Leider gibt es diese Steuerfreiheit nur, soweit Sie nicht schon die Steuerfreiheit von bis zu 8 % der Beitragsbemessungsgrenze für eine kapitalgedeckte Altersversorgung in Anspruch genommen haben. Hat Ihr Brötchengeber also z.B. schon 600 € in eine neue Direktversicherung gezahlt, bleiben als Steuerfreiheit für die umlagefinanzierte Altersversorgung 2021 nur noch 2.556 € – 600 € = 1.956 € übrig.

1. Riester-Zulage 187

Für Altersvorsorgeverträge können Sie besondere Zulagen beantragen, die Ihnen neben den Beiträgen auf Ihren Altersvorsorgevertrag gezahlt werden. Die Berechnungsgrößen sind gestaffelt und steigen stufenweise an.

Übersicht

Mindesteigenbeitrag vom Bruttolohn des Vorjahres	4 %
Höchstbeitrag (abzgl. Zulagen)	2.100 €
Grundzulage	175 €
Einmaliger Berufseinsteigerbonus für unter 25-Jährige	200 €
Kinderzulage für vor dem 1.1.2008 geborene Kinder	185 €
Kinderzulage für nach dem 31.12.2007 geborene Kinder	300 €

Wenn Sie nicht wenigstens einen Betrag in Höhe des Mindesteigenbeitrags abzgl. der Ihnen zustehenden Zulagen einzahlen, werden Ihre Zulagen anteilig gekürzt.

Beispiel

Angenommen, Ihr Bruttolohn betrug im Jahr 2020 umgerechnet 30.000 €. Sie haben zwei Kinder, die beide vor 2008 geboren sind, dann ergibt sich für Sie 2021 folgender Zulagenanspruch.

Mindesteigenbeitrag 4 %		1.200 €
Ihnen stehen folgende Zulagen zu:		
Grundzulage	175 €	
Kinderzulage 2 × 185 €	370 €	
Zulage insgesamt	545 €	> – 545 €
Verbleiben für Sie 2021 aus eigener Tasche zu zahlen		655 €

Bei kinderreichen Familien könnte es dazu kommen, dass die Zulagen insgesamt höher sind als der Mindesteigenbeitrag. Sie müssen dann mindestens einen Sockelbetrag von 60 € selbst zahlen.

2. Zulagenanspruch bei Ehegatten

Ehegatten werden bei der Bemessung der Grundzulage getrennt behandelt. Jeder Ehegatte hat somit nur dann einen Zulagenanspruch, wenn er zum begünstigten Personenkreis gehört, er muss auch jeweils den Mindesteigenbeitrag zahlen. Kinderzulage bekommt man als Ehepaar allerdings nur einmal. Sind beide Ehepartner zulagenberechtigt, erhält vorrangig die Mutter die Kinderzulage. Sie kann die Zulage aber jährlich auf den Vater übertragen.

Eine nette Besonderheit hatten die Erfinder der Riester-Förderung für Eheleute aber dennoch auf Lager. Als nicht begünstigter Ehegatte, z.B., weil Sie selbständig oder nicht berufstätig sind, steht Ihnen ein abgeleiteter Zulagenanspruch zu, wenn Ihr Ehegatte dem Grunde nach Riester-begünstigt ist und Sie selbst einen eigenen Altersvorsorgevertrag abschließen.

Der Vorteil: Der Ehegatte mit dem abgeleiteten Zulagenanspruch muss selbst keinen Mindesteigenbeitrag leisten, und zudem wird seine Zulage auf den Mindesteigenbeitrag des anderen Ehepartners angerechnet.

188 **3. Zusätzlicher Sonderausgabenabzug**

Für Ihre Zahlungen in einen begünstigten – zertifizierten – Altersvorsorgevertrag können Sie nach § 10 a EStG einen Sonderausgabenabzug in Anspruch nehmen. Dieser beträgt zusätzlich zu den üblichen Höchstbeträgen 2.100 €.

Von der Steuerersparnis wird allerdings die Zulage, die Ihnen auf Ihren Vertrag gutgeschrieben wurde, abgezogen (Günstigerprüfung).

189 **4. Was blüht mir an Steuern, wenn ich später einmal die Rente aus meinem Riester-geförderten Altersvorsorgevertrag kassiere?**

Der Teil der Riester-Rente, der aus steuerlich geförderten Beiträgen stammt, wird später zu 100 % besteuert (»nachgelagerte Besteuerung«).

Es gibt gute, achtbare und es gibt weniger gute, achtbare Gesetze.
Steuergesetze sind wenig achtbare Gesetze.
Denn sie beruhen nicht auf den Regeln von Tugend, Sitte und Anstand,
sondern auf Geldgier und Ausbeutungsstreben des Staates.
(Der Verfasser)

III. Berufliche Kosten der Arbeitnehmer

1. Werbungskosten – Ihre Berufskosten

Werbungskosten sind die beruflichen Ausgaben oder, wie die Steuergesetze sich 190
ausdrücken, die Aufwendungen zur Erwerbung, Sicherung und Erhaltung Ihres Arbeitseinkommens. Praktisch sind das alle Kosten, die Ihr Beruf mit sich bringt, auch die Vorbereitung darauf. Abzugsfähig sind die tatsächlichen Kosten, mindestens aber 1.000 € (Arbeitnehmerpauschbetrag).

Es fallen also alle beruflichen Kosten bis 1.000 € sang- und klanglos unter den Tisch.
Stehen Sie nicht mehr im aktiven Arbeitsleben und beziehen als Pensionär oder Werksrentner Versorgungsbezüge oder als Rentner eine Rente, beträgt die Werbungskostenpauschale nur 102 €.

TRICK

zum Arbeitnehmerpauschbetrag

Bleiben Sie mit Ihren Werbungskosten entweder deutlich unterhalb der Grenze von 1.000 €, um den Vorteil des Pauschbetrags möglichst optimal auszuschöpfen, oder überschreiten Sie sie deutlich. Legen Sie täglich mindestens 15 Kilometer zur Arbeit zurück, ist die Pauschale schon fast erreicht. Zur Kontrolle: 15 km × 0,30 € × 220 Tage = 990 €. Alles, was Sie zusätzlich an Werbungskosten in petto haben, wirkt sich jetzt steuermindernd aus.
Wie können Sie die Werbungskosten geltend machen? Da gibt es zwei Möglichkeiten:

- Schon im Lauf des Jahres beantragen, dass für die voraussichtlichen Werbungskosten des laufenden und des nächsten Jahres ein Freibetrag in den elektronischen Lohnsteuermerkmalen eingetragen wird, nach denenen sich die Besteuerung durch Ihren Arbeitgeber richtet. In diesem Fall müssen Sie nach Ablauf des Jahres eine Einkommensteuererklärung abgeben. Mehr dazu unter ➤ Rz 464 ff.
- Nach Ablauf des Jahres die Werbungskosten in der Einkommensteuererklärung (Antragsveranlagung) angeben. Siehe dazu ➤ Rz 468 ff.

2. Reisekosten

191 Unter dem Begriff Reisekosten werden im Steuerrecht die Kosten zusammengefasst, die entweder vom Arbeitgeber steuerfrei erstattet oder von Ihnen als Werbungskosten abgesetzt werden können, wenn Sie außerhalb Ihrer regelmäßigen Arbeitsstätte tätig werden. Dabei sind der Umfang der steuerfreien Arbeitgebererstattungen und der eines möglichen Werbungskostenabzugs nahezu identisch. Lediglich im Bereich der Übernachtungskosten kann der Arbeitgeber Pauschalen erstatten, die es für den Werbungskostenabzug nicht gibt; dazu später mehr.

Reisekosten fallen an, wenn Sie eine sog. Auswärtstätigkeit ausüben, d.h. eine

- Dienstreise durchführen,
- Einsatzwechseltätigkeit oder
- Fahrtätigkeit ausüben.

In allen drei Fällen kommen für einen Werbungskostenabzug oder eine steuerfreie Arbeitgebererstattung folgende Aufwendungen in Betracht:

- Verpflegungsmehraufwendungen,
- Fahrtkosten,
- Übernachtungskosten,
- Nebenkosten.

Bei den Erstattungen durch Ihren Arbeitgeber kommt es für die Steuerfreiheit nicht darauf an, unter welcher Bezeichnung Ihnen die Zahlungen zufließen. Häufig tauchen Begriffe auf wie Aufwandsentschädigungen, Auslösungen, Spesen etc., gemeint sind aber immer die Kosten, die im Verwaltungsdeutsch des Fiskus als Reisekosten bezeichnet werden.

Zunächst einmal gilt immer die Devise: So viel wie nur irgend möglich als steuerfreien Spesen- und Auslagenersatz vom Arbeitgeber kassieren. Jeder Euro steuerfreier Spesensatz ist für Sie auch wirklich 100 Cent wert. Beschränken Sie sich dagegen darauf, Ihre Kosten als Werbungskosten abzusetzen, holen Sie höchstens so viel wieder herein, wie Sie bei Ihrem persönlichen Steuersatz an Steuerersparnis erzielen können. Inklusive Ersparnis bei der Kirchensteuer und beim Solidaritätszuschlag sind das höchstens ca. 55 Cent für jeden Euro Werbungskosten. Und das auch nur bei absouten Spitzenverdienern.

Was der Fiskus unter den einzelnen Reisekostensparten versteht (Quelle: R 9.4 LStR):

192
- **Auswärtstätigkeit** ist jede Außendiensttätigkeit außerhalb Ihrer Wohnung und Ihrer »ersten Tätigkeitsstätte«. Das setzt einen Ortswechsel einschließlich Hin- und Rückfahrt aus Anlass einer vorübergehenden auswärtigen Tätigkeit voraus. Dabei kommt es nicht darauf an, in welcher Entfernung von

Ihrer ersten Tätigkeitsstätte Sie beruflich tätig werden. Wenn Sie z.B. als Vertreter an einem Tag mindestens acht Stunden lang Ihre unmittelbaren Nachbarn von den Vorteilen des Bausparens überzeugt haben, machen Sie die Dienstreisepauschalen geltend, selbst wenn die größtmögliche Entfernung zu Ihrer Wohnung nur 125 Meter betragen hat. Allerdings dürfen Sie nicht zwischendurch zu Ihrer Wohnung zurückkehren.

- Eine Auswärtstätigkeit in Form einer **Fahrtätigkeit** üben Sie aus, wenn Ihre 193
erste Tätigkeitsstätte ein Fahrzeug ist, wenn Sie also Ihre Brötchen z.B. als Flugzeugführer, Brummi-, Linienbus-, Straßenbahn-, Kies- oder Taxifahrer, Lokführer oder Zugbegleiter verdienen. Bei Fahrtätigkeit werden Sie, was Ihre Verpflegungspauschale angeht, wie ein Dienstreisender behandelt. Allerdings müssen Sie sich bei der Berücksichtigung Ihrer Verpflegungskosten nicht mit der kleinlichen Zeitbeschränkung auf drei Monate herumärgern, sondern können auch für längere Zeiträume Verpflegungsmehraufwendungen absetzen. Siehe dazu auch ➤ Rz 201, Rz 211.
- Eine **Auswärtstätigkeit** wird auch angenommen, wenn Sie von Ihrem Arbeit- 194
geber typischerweise an ständig wechselnden Einsatzstellen beschäftigt werden und keine erste Tätigkeitsstätte – z.B. im Betrieb des Arbeitgebers – haben (**Einsatzwechseltätigkeit**). Für die Frage, ob eine Einsatzwechseltätigkeit vorliegt, ist nicht ein abstraktes Berufsbild maßgebend, sondern ob Ihr Arbeitgeber Sie nach den Vereinbarungen in Ihrem Arbeitsvertrag jederzeit an anderen Orten einsetzen kann. Gleichwohl gehören Sie z.B. als Bau-, Montage- oder Leiharbeiter oder als Springer einer Betriebsreserve in der Regel zu dieser Klientel. Bei einer Einsatzwechseltätigkeit können Sie die Fahrtkosten ohne Wenn und Aber als Reisekosten absetzen.

Mehr zu Fahr- und Einsatzwechseltätigkeit unter ➤ Rz 211 ff.

Die Flut an Gesetzen und Verordnungen hat sich wie Mehltau über das Land gelegt.

(Ex-Wirtschaftsminister Rexrodt)
Wie wahr!
Nur: Warum hat er es nicht geändert?

3. Als Reisekosten abzugsfähige Aufwendungen

195 Einen Überblick über das, was für Sie wichtig ist, welche Fallstricke Sie vermeiden sollten und wie Sie sich vom Fiskus über die Abrechnung Ihrer Reisekosten ein wenig von Ihrem sauer verdienten Geld zurückholen können, erhalten Sie im Folgenden.

3.1 Erste Tätigkeitsstätte

196 Dreh- und Angelpunkt der Frage, ob eine Auswärtstätigkeit mit Reisekosten oder lediglich eine Fahrt zwischen Wohnung und Arbeitsstätte vorliegt, ist nach wie vor, **ob, und wenn, wo** der Arbeitnehmer eine erste Tätigkeitsstätte hat. Und es bleibt dabei, dass ein Arbeitnehmer innerhalb eines Arbeitsverhältnisses nur max. **eine** erste Tätigkeitsstätte haben kann. Außerdem kann nur eine ortsfeste betriebliche Einrichtung überhaupt erste Tätigkeitsstätte sein. Damit scheiden Fahrzeuge, Flugzeuge, Schiffe etc. als erste Tätigkeitsstätte bereits dem Grunde nach aus.

Bei Bau- und Montagearbeitern, bauaufsichtführendem Personal etc. kann z.B. ein Baucontainer, der auf einer Großbaustelle längerfristig fest mit dem Erdreich verbunden ist und in dem sich z.B. Baubüros, Aufenthaltsräume oder Sanitäreinrichtungen befinden, eine »ortsfeste« betriebliche Einrichtung sein. Ein lediglich mobil aufgestellter Container oder Bauwagen kann dagegen per se keine ortsfeste Einrichtung sein und daher nie zu einer ersten Tätigkeitsstätte führen.

Befinden sich auf einem Betriebs-/Werksgelände mehrere ortsfeste betriebliche Einrichtungen, handelt es sich dabei nicht um mehrere, sondern nur um eine Tätigkeitsstätte. Deshalb kann z.B. der Fahrer eines Kleintransporters, der auf dem Gelände eines Großunternehmens Material zu den einzelnen Betriebsteilen bringt, keine Verpflegungskosten absetzen, obwohl er möglicherweise den ganzen Tag in einem Fahrzeug tätig ist.

Eine erste Tätigkeitsstätte kann eine örtlich feste Einrichtung z.B.

- des Arbeitgebers,
- eines verbundenen Unternehmens (§ 15 AktG), beispielsweise eine Mutter-, Tochter- oder Schwestergesellschaft etc.,
- eines Kunden oder Auftraggebers

sein.

Allerdings reicht das bloße Vorhandensein einer solchen ortsfesten Einrichtung nicht aus. Vielmehr muss Ihr Brötchengeber Sie einer solchen ersten Tätigkeitsstätte auch für **eine gewisse Dauer** zuweisen, und zwar

- zeitlich unbefristet (auf Dauer)
- oder für die Dauer Ihres gesamten (befristeten) Arbeitsverhältnisses
- oder **von vornherein** über mehr als 48 Monate.

Entscheidend ist dabei die Planung Ihres Arbeitgebers zu Beginn der jeweiligen Tätigkeit. Schon zu diesem Zeitpunkt muss die Prognose in die soeben beschriebene zeitliche Richtung gehen. Treten später unvorhersehbare Umstände ein, durch die Ihr Einsatz von der ursprünglichen Prognose abweicht, spielt das keine Rolle für die Frage, ob Sie Ihre Arbeit an einer ersten Tätigkeitsstätte ausüben.

TIPP

Ein Einsatz »bis auf Weiteres« macht Ihren Arbeitsort noch nicht zur ersten Tätigkeitsstätte!

Besonders unglücklich kann es sein, wenn Ihr Arbeitgeber Sie »bis auf Weiteres« an einem bestimmten Arbeitsort einsetzt. Der Fiskus macht dann aus diesem Arbeitsort mehr oder weniger automatisch eine erste Tätigkeitsstätte. Als wenig erfreuliche Konsequenz werden Ihnen damit Ihre Reisekosten nicht mehr anerkannt. Das bedeutet: kein Abzug von Verpflegungspauschalen und vor allem beschränkter Abzug von Fahrtkosten nur mit der Entfernungspauschale statt mit der doppelt so hohen Kilometerpauschale. Inzwischen hat sich aber der BFH gegen diese Auslegung des Fiskus gewandt. Für einen Leiharbeitnehmer, den sein Arbeitgeber ohne genaue zeitliche Begrenzung zumindest schon bei einem zweiten Kundenbetrieb eingesetzt hatte, entschieden die Richter, dass der jeweilige Betrieb nicht als erste Tätigkeitsstätte anzusehen sei, da die unterschiedliche Zuweisung eben kein dauerhafter Einsatz ist (BFH v. 10.4.2019 – VI R 6/17 BStBl 2019 II S. 539). Wie sich die Regelungen zur ersten Tätigkeitsstätte im Einzelfall auswirken, sehen Sie an folgenden Beispielen. 197

Beispiel 1
Ein Leiharbeitnehmer, der immer wieder anderen Auftraggebern seiner Personalservicefirma zugewiesen wird, hat durchgehend eine Auswärtstätigkeit.

Beispiel 2
Der Leiharbeitnehmer, der von vornherein für die gesamte Vertragslaufzeit dem Kundenbetrieb zugewiesen wird, mit dem seine Personalservicefirma einen Vertrag mit einer Laufzeit von fünf Jahren schließt, hat von Beginn an seine erste Tätigkeitsstätte im Kundenbetrieb. Er kann keine Reisekosten ansetzen.

Beispiel 3
Ein Kraftwerksingenieur, der zunächst für drei Jahre vor Ort beim Kunden seines Arbeitgebers eingesetzt wird und dessen Einsatz sich aufgrund einiger nicht planbarer Störfälle letztlich auf 4,5 Jahre verlängert, ist zwar per Saldo mehr als 48 Monate beim Kunden tätig, da das aber nicht von vornherein geplant war, bleibt es in diesem Fall bei einer Auswärtstätigkeit mit Reisekostenabzug.

Beispiel 4
Anders sieht es aus, wenn geplant war, den Kraftwerksingenieur für fünf Jahre bei dem Kunden einzusetzen, der Arbeitgeber den Einsatz aber schon nach drei Jahren beendet und den Arbeitnehmer anderweitig einsetzt. Denn die Beurteilung, ob eine erste Tätigkeitsstätte vorlag, richtet sich nach der Ursprungsplanung, und diese ging über 48 Monate hinaus.

Beispiel 5
Bei Piloten und Flugbegleitern kommt es entscheidend darauf an, ob sie von ihrer Fluggesellschaft einem festen Heimatflughafen zugewiesen wurden. Der stellt dann eine erste Tätigkeitsstätte dar. Das gilt selbst dann, wenn an diesem Flughafen lediglich die Vor- und Nachbereitungen der Flugeinsätze erfolgen. (BFH v. 11.4.2019 – VI R 40/16, BStBl 2019 II S. 546).

Zweistufige Prüfung der ersten Tätigkeitsstätte

198 Für die Abgrenzung, ob eine erste Tätigkeitsstätte vorliegt, sieht der Gesetzgeber eine Prüfung in zwei Stufen vor.

1. Wie sind die arbeits- bzw. dienstrechtlichen Festlegungen durch den Arbeitgeber?
2. Wie verteilt sich der rein zeitliche Umfang der Tätigkeiten?

Vorrangig kommt es auf das erste Merkmal an. Die Frage, ob Sie eine erste Tätigkeitsstätte haben, entscheidet also in erster Linie Ihr Arbeitgeber, indem er das schlicht und ergreifend in eigener Regie festlegt. Ob er dabei auch auf ein möglichst günstiges steuerliches Ergebnis schaut, bleibt ihm überlassen. Eine bestimmte Form für die Regelung durch den Arbeitgeber gibt es nicht. Möglich sind u. a.:

- ausdrückliche Regelung im Arbeits- oder Tarifvertrag,
- Protokollnotizen,
- dienstrechtliche Verfügungen und Anordnungen,
- Einsatzpläne,
- Reiserichtlinien,
- Organigramm mit entsprechender Zuordnung der Mitarbeiter.

Letztlich können auch schlicht Rückschlüsse auf eine solche Festlegung daraus gezogen werden, ob der Arbeitgeber zum Beispiel Ihre Kosten für die Fahrt zum Betrieb als Reisekosten behandelt oder er keine Fahrgelder zahlt, weil er davon ausgeht, dass der Betrieb Ihre erste Tätigkeitsstätte ist.

TIPP

Wie legt der Arbeitgeber die erste Tätigkeitsstätte fest?

199 Wie Ihr Arbeitsort bezeichnet wird, spielt keine Rolle. Der Arbeitgeber muss also nicht zwingend den Begriff »erste Tätigkeitsstätte« verwenden, er kann sie auch »Hauptarbeitsstätte«, »zentrale Arbeitsstätte«, »Haupteinsatzort«, »Stammdienststelle« etc. nennen.
Die Arbeit, die Sie dort ausüben, muss keinen bestimmten zeitlichen Mindestumfang haben. Wichtig ist aber, dass Sie überhaupt an diesem Ort tätig werden.

Auch bei nur geringem Arbeitsumfang oder der Ausübung reiner Neben- und Hilfstätigkeiten an diesem Ort folgt die Finanzverwaltung der Arbeitgeberfestlegung, wenn eine solche vorliegt und eindeutig ist. Die Art der dort ausgeübten Arbeiten spielt somit keine Rolle.
Ihr Arbeitgeber kann – **muss aber nicht** – z.B. folgende Festlegungen treffen, mit der Folge, dass der betreffende Ort Ihre erste Tätigkeitsstätte ist:

- Bei einem Rechtsanwalt- und Notargehilfen wird die Kanzlei als erste Tätigkeitsstätte festgelegt.
- Bei einem Kraftfahrer legt der Arbeitgeber den Betrieb als erste Tätigkeitsstätte fest.
- Für einen Außendienstmitarbeiter wird die Firmenzentrale als erste Tätigkeitsstätte festgelegt, obwohl er dort nur sporadisch tätig wird (BFH v. 10.4.2019 – VI R 6/17 BStBl 2019 II S. 539).
- Ein Polizeibeamter im Streifen- und Einsatzdienst hat an seinem Dienstsitz, den er grundsätzlich arbeitstäglich aufsucht, seine erste Tätigkeitsstätte, auch wenn er dort nur in geringem Umfang tätig wird (BFH v. 4.4.2019 – VI R 27/17, BStBl 2019 II S. 536).
- Keine erste Tätigkeitsstätte liegt dagegen bei einem Feuerwehrmann vor, der wahlweise von seinem Arbeitgeber vier verschiedenen Einsatzstellen zugeordent werden kann (FG Rheinland-Pfalz v. 28.11.2019 – 6 K 1475/18)
- Der Ort des Stammtruppenteils ist bei einem Soldaten die erste Tätigkeitsstätte (Hessisches FG v. 25.3.2021 – 4 K 1788/1).
- Erste Tätigkeitsstätte eines Gerichtsvollziehers ist sein Amtssitz, bestehend aus den Dienstgebäuden des Amtsgerichts, dem er zugeordnet ist, und dem Geschäftszimmer, das er am Sitz des Amtsgerichts auf eigene Kosten vorzuhalten hat (BFH v. 16.12.2020 – VI R 35/18).
- Bei einem Lokomotivführer ist das firmeneigene Schienennetz, das er mit der firmeneigenen Eisenbahn (Werksbahn) seines Arbeitgebers befährt, eine – wenn auch großräumige – erste Tätigkeitsstätte (BFH v. 1.10.2020 – VI R 36/18).
- Die Rettungswache, der ein Rettungsassistent zugeordnet ist, ist dessen erste Tätigkeitsstätte, wenn er dort arbeitstäglich vor dem Einsatz auf dem Rettungsfahrzeug vorbereitende Tätigkeiten vornimmt (BFH v. 30.9.2020 – VI R 11/19).

Erst in zweiter Linie kommt es auf den Zeitumfang der Arbeit an. Auf dieses Kriterium zur Bestimmung der ersten Tätigkeitsstätte wird aber erst zurückgegriffen, wenn der Arbeitgeber nicht selbst etwas in der Richtung festlegt oder dessen Festlegungen nicht eindeutig sind. Eine erste Tätigkeitsstätte hat der Arbeitnehmer dann an dem Ort, an dem er

- typischerweise an jedem Arbeitstag
- oder je Arbeitswoche zwei volle Arbeitstage

- oder mindestens ein Drittel seiner vereinbarten regelmäßigen Arbeitszeit tätig ist.

TIPP

Es kann nur eine geben?

200 So kann es natürlich dazu kommen, dass die Voraussetzungen einer ersten Tätigkeitsstätte für mehrere Arbeitsorte erfüllt sind. Es bleibt aber dabei: Es kann für jedes Arbeitsverhältnis nur eine erste Tätigkeitsstätte geben. Entweder muss sich Ihr Brötchengeber entscheiden und doch eine solche ausdrücklich festlegen, oder es wird gesetzlich unterstellt, dass es den Arbeitsort trifft, der am nächsten zu Ihrer Wohnung liegt. Im Zweifel gilt also schon rein gesetzlich für Sie die günstigere Lösung: Für die kurzen Entfernungen gibt es die Entfernungspauschale, und für die Fahrten zum weiter entfernten Arbeitsort setzen Sie die mindestens doppelt so hohen Reisekosten-Kilometersätze und ggf. auch Verpflegungspauschalen ab.

TRICK

Vermeiden Sie eine erste Tätigkeitsstätte

Nach dem Reisekostenrecht hat eine erste Tätigkeitsstätte fast nur Nachteile:

1. Die Fahrtkosten zur ersten Tätigkeitsstätte können nur mit der Entfernungspauschale angesetzt werden.
2. Der Arbeitgeber kann keinen steuerfreien Fahrtkostenersatz leisten.
3. Wenn Sie ein Firmenfahrzeug nutzen, müssen Sie den Nutzungsvorteil für Fahrten zwischen Wohnung und erster Tätigkeitssstätte selbst dann voll versteuern, wenn Sie nur gelegentlich im Betrieb auftauchen.
4. Kilometergelder oder der Vorteil aus der Nutzung eines Firmenwagens für Fahrten zwischen Wohnung und Arbeit kann Ihr Brötchengeber pauschal mit 15 % besteuern (§ 40 Abs. 2 S. 2 EStG)
5. Die Abwesenheitszeit für die Berechnung der Verpflegungspauschalen beginnt erst ab Verlassen der ersten Tätigkeitsstätte zu laufen.

TRICK

Wie Ihnen eine erste Tätigkeitsstätte ausnahmsweise doch zu höheren Werbungskosten verhilft!

Wie Sie schon seit Jahren immer wieder erfahren, gibt es im Steuerrecht kaum eine Regel ohne Ausnahme. Selbstverständlich gilt das auch für die erste Tätigkeitsstätte. Selbst wenn die meisten Arbeitnehmer steuerlich besser ohne eine solche fahren, gibt es Fälle, in denen Sie mit einer arbeitgeberbestimmten ersten Tätigkeitsstätte dem Fiskus ein erhebliches Schnippchen schlagen können. Wie das funktioniert, sehen Sie am Beispiel von Erwin Kaufmann.

Kaufmann arbeitet für ein bundesweit tätiges Einzelhandelsunternehmen mit einigen hundert Filialen und ist als Filialleiter in Bautzen eingesetzt. Die Zentrale in Köln muss er nur einige wenige Male im Jahr für Besprechungen oder Fortbildungen aufsuchen. Während der übrigen Zeit fährt er jeden Tag die 25 km von seinem Wohnort zur Bautzener Filiale.

Und nun der Kniff. Da Kaufmann auch (gelegentlich) in Köln arbeitet, kann sein Arbeitgeber die Zentrale in Köln als Kaufmanns erste Tätigkeitsstätte bestimmen. Da es immer nur eine erste Tätigkeitsstätte geben kann und die Festlegung durch den Arbeitgeber für den Fiskus bindend ist, stellen die Fahrten Kaufmanns zu seiner Filiale jetzt eine Auswärtstätigkeit dar, die er in seiner Steuererklärung als Reisekosten abrechnen kann.

Bei einer Sechstagewoche sind allein seine Fahrtkosten mit
280 Tagen × 25 km × 2 (Hin- und Rückweg) × 0,30 € = 4.200 €
fast doppelt so hoch wie die Entfernungspauschale, die ihm zustünde, wenn der Arbeitgeber Bautzen als erste Tätigkeitsstätte festgelegt hätte.

Dazu kommen noch zumindest in den ersten drei Monaten der Tätigkeit Verpflegungspauschalen von 14 € je Arbeitstag, an dem Kaufmann länger als acht Stunden arbeitet.

Bei dieser Werbungskostenvermehrung kann er es locker verschmerzen, dass er im Gegenzug für die gelegentlichen Fahrten nach Köln nur die Entfernungspauschale bekommt.

3.2 Verpflegungsmehraufwendungen

Bei der Berücksichtigung von Verpflegungsmehraufwendungen wird zwischen 201
folgenden Fällen unterschieden:

- eintägige Auswärtstätigkeiten (An- und Abreise am selben Tag) => Pauschale pro Tag = 14 € (ab einer Abwesenheit über 8 Stunden),
- mehrtägige Auswärtstätigkeiten mit Übernachtung => Pauschale am An-/Abreisetage = je 14 € (Mindestabwesenheit ist nicht nötig) => Pauschale pro vollem Dienstreisetag (Zwischentage) = je 28 €,

- zweitägige Auswärtstätigkeiten ohne Übernachtung => Pauschale für die Reise = 14 € (Gesamtabwesenheit > 8 Std) für den Tag der überwiegenden Abwesenheit.

Diese Spesensätze sind auch für Geschäftsreisen und Geschäftsgänge der Selbständigen anzuwenden. Ihnen liegen § 4 Abs. 5 EStG und R 9.6 LStR zugrunde. Wir wissen, dass sich alle jene ungünstig stellen, denen die Firma zwar Reisespesen zahlt, aber nicht in der Höhe, dass die entstandenen Kosten damit voll abgedeckt wären. Wenn Ihnen Ihre Verpflegungskosten von der Firma mit Spesensätzen ersetzt werden, die nicht an die o.a. Pauschsätze heranreichen, verfahren Sie am besten wie bei den Autokosten und machen den Unterschiedsbetrag als Werbungskosten geltend.
Das Sammeln von Belegen für Ihre Verpflegungsspesen lohnt sich nur, wenn Ihr Chef großzügig ist und Ihnen Ihre Kosten gegen Nachweis ersetzt. Bei der Steuer nutzen Ihnen diese Nachweise nichts. Auch von den Erstattungen Ihrer Firma können höchstens die Pauschbeträge steuerfrei bleiben.
Die Verpflegungspauschalen werden nur für die ersten drei Monate an derselben Tätigkeitsstätte anerkannt. Allerdings fängt bei jeder Unterbrechung der Arbeit an diesem Ort von mindestens vier Wochen eine neue Dreimonatsfrist an. Dabei kommt es anders als früher nicht mehr darauf an, warum Ihre Tätigkeit unterbrochen wird. Also beginnt auch dann eine neue Dreimonatsfrist, in der Sie wieder Verpflegungspauschalen beanspruchen können, wenn Sie länger als vier Wochen

- an einem anderen Arbeitsort eingesetzt waren,
- Urlaub hatten oder
- wegen einer Erkrankung nicht arbeiten konnten.

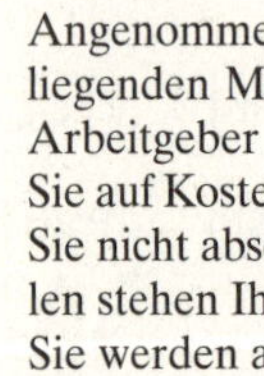

TRICK

So bezahlt Ihnen der Fiskus die Verlängerungswoche in Ihrem Urlaubsdomizil!

Angenommen, Sie sind schon mehrere Monate für Ihre Firma im weit entfernt liegenden München tätig. Während der Woche wohnen Sie dort in einem vom Arbeitgeber angemieteten Zimmer in einer Pension, am Wochenende fliegen Sie auf Kosten der Firma zu Ihrer Familie. Fahrt- und Unterkunftskosten können Sie nicht absetzen, weil die Firma den Spaß bezahlt. Auch Verpflegungspauschalen stehen Ihnen nicht mehr zu, weil die Dreimonatsfrist längst abgelaufen ist.
Sie werden also beim nächsten Urlaub Ihren Chef bitten, nicht nur die drei üblichen Wochen zu genehmigen. Lassen Sie ihn eine Woche dranhängen, in der Sie Ihre vielen Überstunden abbauen. So haben Sie endlich einmal Gelegen-

heit, die liegengebliebenen Arbeiten in Haus und Garten zu erledigen, und trotzdem noch Zeit, sich zu entspannen, bevor Sie sich mit neuem Elan in die Arbeit stürzen.
Ihre Freude wird sicher noch dadurch viel größer, dass Sie nun für die nächsten drei Monate wieder Verpflegungspauschalen absetzen können. Das sind für die An- und Abreisetage am Montag und Freitag jeweils 14 € und für die vollen Tage dazwischen, in denen Sie sich für Ihre Firma in München aufhalten, jeweils 28 €. Sie kommen also durch etwas mehr Urlaub auf rund 1.450 € zusätzliche Werbungskosten. Ihre Steuerersparnis daraus liegt je nach Steuersatz inkl. Kirchensteuer und ggf. Solidaritätszuschlag zwischen 203 € und 747 €. Das ist doch ein netter Zuschuss für Ihre Urlaubskasse, für den Sie nicht mehr tun mussten, als sich etwas länger zu erholen.

TRICK

So befreien Sie sich aus der Dreimonatsfalle!

Mit der richtigen Begründung sind Sie von der Dreimonatsfrist nicht betroffen. Das Finanzamt darf Ihnen nämlich nicht so ohne weiteres mit der Dreimonatsfrist kommen, wenn Sie sich nicht ständig an Ihrem auswärtigen Tätigkeitsort aufhalten.
Gute Karten haben Sie, wenn Sie sagen können, dass Sie sich an dem jeweiligen auswärtigen Tätigkeitsort pro Woche nicht mehr als ein bis zwei Tage aufhalten. Wenn Sie den Rest der Woche im Betrieb oder bei anderen Kunden sind, greift die Dreimonatsfrist nicht (R 9.6 Abs. 4 LStR). Dann bleibt dem Finanzamt nichts anderes übrig, als Ihnen auch für die Fahrten im vierten, fünften und sechsten Monat die Verpflegungspauschalen zuzugestehen.

SUPER TRICK

In der Kürze liegt die Würze

Da keine Mindestentfernung für Dienstreisen erforderlich ist, machen Sie be- 202
reits eine erstklassige Dienstreise, sobald Sie einen Fuß vor die Tür setzen, um für Ihre Firma außerhalb Ihrer Wohnung und außerhalb des Firmengeländes tätig zu werden. Also werden Sie künftig Kunden in unmittelbarer Nähe Ihrer Arbeitsstelle oder Ihrer Wohnung möglichst selbst besuchen, statt sie in den Betrieb zu bitten. Sie greifen sich also Ihren Aktenkoffer und legen die 50 Meter

auf Schusters Rappen zurück. Und schon haben Sie bei entsprechender Abwesenheitszeit Anspruch auf einen Verpflegungspauschbetrag.

SUPER TRICK

Kleinvieh macht auch Mist

203 Gute Nachrichten für alle, die mehrmals am Tag einen dienstlichen Kurztrip unternehmen, z.B. bei einer Außendiensttätigkeit innerhalb einer Großstadt. Angenommen, Ihre Reise morgens dauert mit An- und Abfahrt drei Stunden, nachmittags waren Sie noch einmal sechs Stunden unterwegs. Jede der Dienstreisen für sich verhilft Ihnen noch nicht zu einer Verpflegungspauschale, weil die Abwesenheit jeweils unter acht Stunden liegt. Sie rechnen aber beide Reisen zusammen, und schon waren Sie insgesamt neun Stunden aushäusig tätig und werden mit einem Bonus in Form einer Verpflegungspauschale von 14 € belohnt. Kommen Sie nur auf 7,5 Stunden, werden Sie nicht auf den einfallslosen und darüber hinaus illegalen Kniff zurückgreifen und Ihre Abwesenheitszeiten in der Reisekostenabrechnung auf mehr als acht Stunden hochmanipulieren.

Sie gehen viel geschickter vor und hängen einfach abends noch eine Minidienstreise von einer halben Stunde z.B. zur Post oder zur Bank an. Besser ist natürlich, Sie lassen es gar nicht erst so weit kommen. Man kann eine Dienstreise auch dadurch steuerschlau ausdehnen, dass man sich vor der Rückkehr eine wohlverdiente Pause gönnt und erst einmal zum Essen geht oder sich in der nächsten Konditorei Kaffee und Kuchen genehmigt. Und laden Sie dazu noch einen Geschäftspartner ein, können Sie mit guter Begründung für Ihr Gespräch auch noch Speisen und Getränke absetzen.

TIPP

Reisen über Mitternacht einfach zusammenrechnen!

204 Mit der Verpflegungszeitgrenze von acht Stunden kommen Sie auch dann schnell in Konflikt, wenn Ihre Auswärtstätigkeit von spätnachmittags oder abends bis zum nächsten Morgen dauert. Fängt die Tätigkeit nach 16.00 Uhr an und endet vor 8.00 Uhr am anderen Tag, sind Sie an keinem der beiden Tage mehr als acht Stunden abwesend. Bevor Sie sich nun aber verärgert abwenden, weil Sie fiskalisch wieder einmal völlig zu Unrecht den Kürzeren ziehen, sollten Sie einen Blick auf § 4 Abs. 5 S. 2 EStG werfen. Schön versteckt in dieser unübersichtlichen Vorschrift steht nämlich der Rettungsanker für Ihre Verpflegungspauschale. Bei

einer »Über-Mitternacht-Tätigkeit« ohne Übernachtung können Sie die Abwesenheit beider Tage schlicht zusammenrechnen und dem Tag zuschlagen, an dem Sie länger abwesend waren. Und schon liegen Sie über der magischen Acht-Stunden-Grenze.

Beispiel
Sie beginnen am Donnerstag um 17.00 Uhr eine Fahrt mit Ihrem Lkw und kehren am Feitag um 6.30 Uhr in den Betrieb zurück. Die Gesamtabwesenheitszeit beträgt somit 13,5 Stunden, und Sie haben für Donnerstag Anspruch auf eine Verpflegungspauschale von 14 €.

TRICK

Verdoppeln Sie Ihre Verpflegungspauschale!

Und nun zeige ich Ihnen, wie Sie den Fiskus mit seinen eigenen Regelungen so richtig austricksen. Im obigen Beispiel bekommen Sie trotz über 13-stündiger Abwesenheit nur die kleine Verpflegungspauschale von 14 €. Nun mal angenommen, Sie haben schon von Mittwoch 19.00 Uhr auf Donnerstag 6.00 Uhr ebenfalls eine Fahrt absolviert. In diesem Fall beträgt die zusammengerechnete Abwesenheitszeit elf Stunden. Sie wird dem Donnerstag zugeschlagen und löst ebenfalls eine Verpflegungspauschale von 14 € aus.

Sie geben sich aber nicht mit 14 € zufrieden, sondern rechnen die beiden Auswärtstätigkeiten, die dem Donnerstag zugeschlagen werden – einmal 11 und einmal 13,5 Stunden –, zusammen. Schon ergibt sich eine Abwesenheit von über 24 Stunden, und Ihre Verpflegungspauschale ist mit 28 € ohne zusätzliche Mühen gleich doppelt so hoch.

Gute Nachricht für Seeleute und Soldaten der Marine. Jedes Mal, wenn sie mit **205**
ihrem »Pott« einen ausländischen Hafen ansteuern, können sie die hohe Auslandsverpflegungspauschale (➤ Rz 930) absetzen (BFH v. 16.11.2005 – BStBl II 2006 S. 267).

Eine Kreisamtsbauleiterin lässt sich neben ihrem Dienstzimmer eine Dusche einbauen, um sich »frisch machen« zu können. Klar: Als Beamtin schwitzt man ja auch so schrecklich. Der Umbau war schwierig, die Dusche luxuriös. Die Kosten für die Steuerzahler: fast 50.000 €.

SUPER TRICK

Doppelte Verpflegungspauschalen bleiben steuerfrei!

206 Wenn Ihnen Ihr Chef Gutes tun will, zahlt er Ihnen den doppelten Betrag der Pauschalen. Er kann nämlich, neben der normalen steuerfreien Verpflegungspauschale von 14 €/28 €, jeweils denselben Betrag noch einmal zusätzlich zahlen und mit 25 % pauschal versteuern. Damit werden die Zahlungen für Sie praktisch steuerfrei, weil pauschal versteuerter Arbeitslohn in Ihrer Steuererklärung nicht erfasst wird (Quelle: § 40 Abs. 2 Nr. 4 EStG).

Beispiel
Sie sind auf einer Dienstreise zehn Stunden von Ihrer Wohnung und Ihrem Betrieb abwesend.

Ihr Arbeitgeber zahlt Ihnen als Verpflegungskosten	davon bleiben steuerfrei	zusätzlich können mit 25 % pauschal versteuert werden	verbleiben als steuerpflichtiger Arbeitslohn
14 €	14 €		
21 €	14 €	7 €	
28 €	14 €	14 €	
35 €	14 €	14 €	7 €

TIPP

Ködern Sie Ihren Chef!

Wenn Ihr Brötchengeber Bauchschmerzen wegen der Übernahme der Pauschalsteuer hat, können Sie ihm die Sache schmackhaft machen: Wenn er nämlich die Steuer gem. § 40 Abs. 2 Nr. 4 EStG pauschal berechnet, löst das für diesen Teil des Arbeitslohns **Sozialversicherungsfreiheit** aus. Damit sparen nicht nur Sie, sondern auch Ihre Firma ca. 20 % an Sozialversicherungsbeiträgen. Die Pauschalbesteuerung geht für Ihre Firma im Ergebnis also nahezu plus/minus null aus.

Verpflegung durch den Arbeitgeber

207 Stellt Ihr Arbeitgeber Ihnen Essen im Rahmen Ihrer Auswärtstätigkeit zur Verfügung, müssen Sie immer dann, wenn Ihnen eine Verpflegungspauschale zusteht, dafür keinen Lohn versteuern.
Zu einer Lohnversteuerung von Mahlzeiten kommt es deshalb nur noch in folgenden Fällen:

- eintägige Auswärtstätigkeit von nicht mehr als 8 Std.,
- Auswärtstätigkeit an zwei Tagen ohne Übernachtung und Abwesenheit von nicht mehr als 8 Std.,
- Auswärtstätigkeit nach Ablauf der Dreimonatsfrist.

In diesen Fällen muss der Arbeitgeber die von ihm bezahlte Mahlzeit zwar besteuern, kann den Wert aber mit den amtlichen Sachbezugswerten ansetzen. Voraussetzung ist lediglich, dass der Wert der einzelnen Mahlzeit nicht über 60 € liegt. Die Besteuerung kann individuell nach Ihren persönlichen Lohnsteuermerkmalen erfolgen oder – wie bisher – mit einem Pauschalsteuersatz von 25 % (§ 40 Abs. 2 EStG). Bei Letzterem sind die Vorteile auch noch sozialversicherungsfrei.

SUPER TRICK

Als Bau- und Montagearbeiter durch Pauschalversteuerung zusätzlich absahnen!

Besser, als die Werbungskosten bei Ihrer Steuererklärung abzusetzen und somit vielleicht nur 25 bis 30 % der Kosten über die Steuererstattung zurückzuholen, ist es, wenn Ihnen Ihr Arbeitgeber die Kosten ersetzt. Soweit er das steuerfrei tun kann, klingeln dann nämlich volle 100 % in Ihrer Geldbörse.
Als Bau- und Montagearbeiter bekommen Sie für Ihre Baustellentätigkeit solche Arbeitgebererstattungen normalerweise unter der Bezeichnung »Auslösungen«. Der Arbeitgeber rechnet im Prinzip genauso wie Sie und ermittelt zunächst den Betrag, der als Werbungskosten abzugsfähig wäre. Diesen Teil der Auslösung kann er steuerfrei zahlen. Vom übersteigenden Betrag muss er Lohnsteuer einbehalten.
Reicht der Werbungskostenbetrag nicht, um die Auslösung in voller Höhe steuerfrei zu stellen, darf der Arbeitgeber von ihm über die Verpflegungspauschalen hinaus gezahlte Verpflegungskosten in bestimmtem Umfang pauschal versteuern (§ 40 Abs. 2 Nr. 4 EStG). Und das sind 14 € (mehr als 8 Stunden) pro Tag.
Ihr Arbeitgeber kann also in den ersten drei Monaten pro Tag von der Auslösung 28 € als Verpflegungspauschale steuerfrei lassen und zusätzlich weitere 28 € bzw. an den Reisetagen 14 € mit 25 % pauschal und für Sie abgabenfrei versteuern.
Das sind immerhin ca.

40 Tage à 28 € =	1.120 €
26 Tage à 14 € =	364 €
	1.484 €

die Ihnen Ihr Arbeitgeber zusätzlich zuwenden kann, ohne dass Sie dafür Steuern oder Sozialversicherungsbeiträge zahlen müssen.

TRICK

Lassen Sie sich auf Dienstreisen vom Chef einmal so richtig verwöhnen!

208 Machen Sie sich diese aberwitzigen Bestimmungen des Steuerrechts zunutze. Sie müssen nämlich wissen: Bei während der Dienstreise gewährter Verpflegung ist Mahlzeit gleich Mahlzeit. Egal, ob Sie in der Kantine der Zweigniederlassung, in der Sie vorübergehend tätig sind, eine Bockwurst mit Brötchen verdrücken oder in einem guten Restaurant auf Kosten Ihres Arbeitgebers ein Menü für 60 € tafeln.

Wenn Sie also bei Ihrem Chef gut angesehen sind und er Ihnen etwas Gutes tun will, dann können Sie ohne weiteres auf einer Dienstreise einmal ein paar Tage auf Kosten der Firma so richtig schlemmen, ohne dass Sie anschließend Sodbrennen wegen der Steuer bekommen müssen. Hauptsache, der tatsächliche Preis je Mahlzeit liegt nicht über 60 € und es gewährt zumindest formal Ihre Firma das Essen. Sie dürfen also nicht einfach losziehen und anschließend Ihrem Chef die Rechnung präsentieren. In diesem Fall könnte der Ihnen nämlich von angenommen 60 € entstandenen Kosten höchstens 28 € steuerfrei erstatten. Der Rest wäre voll steuer- und sozialversicherungspflichtiger Arbeitslohn.

Die Buchung von Übernachtung mit Frühstück oder anderen Mahlzeiten bei dienstlichen Reisetätigkeiten muss nicht zwingend durch den Arbeitgeber erfolgen. Wichtig ist in erster Linie, dass die Rechnung für die Hotelübernachtung oder das Essen im Restaurant auf ihn ausgestellt wird, damit er Ihnen die tatsächlich angefallenen Kosten für eine Mahlzeit (bis zu 60 €) steuerfrei ersetzen kann. Oder, wenn es ausnahmsweise zu einer Versteuerung kommt (Überschreiten der Dreimonatsfrist, Abwesenheiten nicht über acht Stunden), lediglich den amtlichen Sachbezugswert von 3,47 € in der Lohnabrechnung ansetzen muss.

Wie die Rechnung beglichen wird, ob zunächst vom Arbeitnehmer oder durch Bezahlung mit Firmenkreditkarte, ist dabei ohne Belang (R 8.1 Abs. 6 LStR).

TRICK

Der Kunde verhilft Ihnen zu steuerfreien Mahlzeiten.

209 Wollen Sie ganz heraus aus der Besteuerung Ihrer Mahlzeiten, wenn Sie mal über die Stränge geschlagen und dabei die 60-€-Hürde gerissen haben? Dann brauchen Sie nur einen Kunden zum Essen mitzunehmen. Sofern Sie das im Auftrag Ihrer Firma tun, wird aus Ihrem Abendessen eine geschäftlich veran-

lasste Bewirtung, an der Sie als Arbeitnehmer teilnehmen. Vorteil für Sie: Ihnen entsteht jetzt kein steuerpflichtiger Arbeitslohn. Bei einem solchen Arbeitsessen mit Kunden steht für Sie nämlich nicht Ihre Verpflegung, sondern die Arbeit im Vordergrund. Dass Sie auch etwas essen müssen, ist sozusagen lästige, aber unvermeidbare Pflichterfüllung. (Quelle: R 8.1 Abs. 8 Nr. 1 LStR)

Werbungskostenabzug für Verpflegungsmehraufwendungen

Für den Abzug von Verpflegungsmehraufwendungen als Werbungskosten gel- **210**
ten dieselben Pauschalen und zeitlichen Regelungen wie im Bereich der Arbeitgebererstattungen.

Hat Ihnen Ihr Arbeitgeber allerdings Mahlzeiten zur Verfügung gestellt, wird die Verpflegungspauschale um folgende Beträge gekürzt:

Frühstück	20 % der vollen Verpflegungspauschale von 28 € = 5,60 €
Mittagessen	40 % der vollen Verpflegungspauschale von 28 € = 11,20 €
Abendessen	40 % der vollen Verpflegungspauschale von 28 € = 11,20 €

TIPP

Setzen Sie Ihren Kostenbeitrag zur Verpflegung ab!

Eine Besonderheit gilt, wenn Sie dem Arbeitgeber für die Verpflegung einen Obolus beisteuern müssen. Dieser wird auf die Kürzungsbeträge angerechnet.

Beispiel

Sie sind für Ihren Arbeitgeber von Montag bis Freitag auf einer Messe. Ihr Boss hat für Sie ein Hotel gebucht, in dem Sie jeweils ein Frühstück und ein Abendessen auf Rechnung Ihrer Firma erhalten. Das Mittagessen müssen Sie aus der eigenen Kasse bezahlen. Außerdem knöpft Ihnen Ihre Firma für jedes Frühstück 4 € und für jedes Abendessen 6 € ab.

Sie können in diesem Fall folgende Verpflegungspauschalen absetzen:

Mo =		14,00 €
Di, Mi, Do je 28 € =		84,00 €
Fr =		14,00 €
Verpflegungspauschalen		112,00 €
Kürzung um		
Abendessen Mo	11,20 €	
Frühstück, Abendessen Di–Do 3 × 16,80 €	50,40 €	
Frühstück Freitag	5,60 €	

Kürzung der Werbungskosten	67,20 €		
Minderung der Kürzung um Zuzahlungen			
4 × 4 € (Frühstück) + 4 × 6 € (Abendessen)	– 40,00 €		
Verbleibende Kürzung	27,20 €	>	– 27,20 €
Abzugsfähig als Werbungskosten			84,80 €

Verpflegungskosten bei Fahr- oder Einsatzwechseltätigkeit

211 Ist Ihre erste Tätigkeitsstätte ein Fahrzeug oder üben Sie typischerweise Ihre Tätigkeit nur an ständig wechselnden Einsatzstellen aus, z. B. als Bau- oder Montagearbeiter oder als Springer einer Betriebsreserve, ohne dass Sie eine erste Tätigkeitsstätte haben, üben Sie nach der Definition von Reisekosten eine Auswärtstätigkeit aus. Infolgedessen können Sie für den Verpflegungsmehraufwand dieselben Pauschalen wie jeder Dienstreisende geltend machen (➤ Rz 201).

Das Problem dabei ist die Dreimonatsfrist. Für die Berechnung – ihren Neubeginn und Ausnahmen, wenn Sie während der Woche nur sporadisch an Ihrer Einsatzstelle tätig werden – gelten dieselben Regelungen wie bei Dienstreisen (➤ Rz 201).

212 **Was Sie als Kraftfahrer unbedingt wissen müssen!**

Sind Sie als Kraftfahrer praktisch nur auf einem Fahrzeug tätig, etwa als Bus- oder Straßenbahnfahrer, Fernfahrer, Taxifahrer, Zugführer, Zugbegleiter etc., üben Sie eineAuswärtstätigkeit aus. Für Sie ist die Dreimonatsfrist praktisch nicht anwendbar. Immer wenn Sie eine neue Fahrt beginnen, beginnt auch eine neue Dreimonatsfrist zu laufen. Das gilt selbst dann, wenn Sie z. B. als Auslieferungsfahrer Tag für Tag dieselben Filialen ansteuern oder als Fahrer im Personennahverkehr immer auf derselben Linie eingesetzt werden.

Per saldo setzen Sie also – eine mehr als achtstündige Abwesenheit von Ihrer Wohnung unterstellt – für jeden Arbeitstag des Jahres mindestens 14 € ab. Und als Fahrer, der auf Ferntouren mehrere Tage von zu Hause abwesend ist, stehen Ihnen für die vollen Abwesenheitstage sogar 28 € zu.

Führt Sie Ihre Fahrt ins Ausland, können Sie sich über erheblich höhere Verpflegungspauschalen freuen. Mehr dazu finden Sie unter ➤ Rz 930 ff.

50.000 € Steuergelder verschwendeten Stuttgarter Parlamentarier für eine »Bildungsgruppenfahrt« (Höhlen- und Klosterbesichtigung, Konzert in Kiew) im »Interesse des deutschen Volkes«…

TRICK

Ein Tankstopp jenseits der Grenze erhöht Ihre Verpflegungspauschale um mehr als das Doppelte!

Als Kraftfahrer, der seine täglichen Touren im Grenzgebiet macht, können Sie durch einen kurzen Abstecher ins benachbarte Ausland erreichen, dass Ihnen die viel höheren Auslandsverpflegungspauschalen zustehen. Sie profitieren dabei von einer Regelung, nach der bei eintägigen Reisen mit Auslandsberührung immer die Auslandspauschale angesetzt wird. Wie lange Sie sich dabei im Ausland aufhalten, ist völlig ohne Belang. Fahren Sie also kurz einmal zum Tanken in die Niederlande oder nach Luxemburg, stehen Ihnen statt 14 € Inlandspauschale (mind. 8 Std. Abwesenheit) 32 € Auslandspauschale zu.

Was Sie als Arbeitnehmer mit Einsatzwechseltätigkeit unbedingt wissen müssen! 213
Bei täglicher Rückkehr an Ihren Wohnort können Sie **Verpflegungskosten** wie bei Dienstreisen absetzen, also 14 € bei einer Abwesenheit von mehr als acht Stunden. Unter Abwesenheitsdauer versteht der Fiskus grundsätzlich die Zeit zwischen Verlassen der Wohnung und Rückkehr in die Wohnung.
Wenn Sie längere Zeit am selben Ort eingesetzt sind, können Sie längstens drei Monate lang Verpflegungspauschalen absetzen (➤ Rz 201).

Sie übernachten an der Einsatzstelle 214
Mit einem ganzen Strauß von Urteilen hat der BFH den Fiskus gezwungen, sämtliche Kosten wie bei Dienstreisen anzuerkennen. Das gilt – von den Verpflegungspauschalen abgesehen – ohne zeitliche Einschränkungen (BFH-Urteile v. 11.5.2005 – BStBl II 2005 S. 782 – 793).

SUPER TRICK

Fünf Minuten vor zwölf ist optimal.

Dummerweise erfüllen Sie an den Tagen, an denen Sie nach Hause fahren, nicht 215
die Voraussetzung für die volle Verpflegungspauschale von 28 €. Günstiger wäre es, wenn Sie sagen könnten: »Ich muss montags um 7.00 Uhr taufrisch auf der Baustelle zur Arbeit erscheinen. Damit ich mich noch ein paar Stunden aufs Ohr legen kann, fahre ich immer schon am Sonntag kurz vor Mitternacht zurück.«

Auf diese Weise holen Sie zumindest in den ersten drei Monaten zusätzlich für jeden Montag die volle Pauschale von 28 €.

Beispiel für einen sechsmonatigen Baustelleneinsatz mit Übernachtung:

Unterkunftskosten:			
6 Monate à 200 €			1.200,00 €
Fahrtkosten:			
Erste Hinfahrt 210 km × 0,30 €		63,00 €	
Letzte Rückfahrt 210 km × 0,30 €		63,00 €	
24 Heimfahrten à 420 km × 0,30 €		3.024,00 €	
Fahrten Unterkunft – Baustelle (einfache Entfernung 4 km) 125 Tage × 8 km × 0,30 €		300,00 €	
		3.450,00 €	> 3.450,00 €
Verpflegungskosten:			
1.–3. Monat: Volle Tage:	40 Tage × 28 €	1.120,00 €	
Heimfahrttage: (Abwesenheit > 8 Std.)	26 Tage × 14 €	364,00 €	
		1.484,00 €	> 1.484,00 €
Werbungskosten insgesamt			6.134,00 €

216 **3.3 Fahrtkosten bei Auswärtstätigkeiten**

Sind Fahrtkosten beruflich veranlasst, können Sie sie von den Lohn- und Gehaltsbezügen als Werbungskosten abziehen. Fahrtkosten sind die tatsächlichen Aufwendungen, die Ihnen durch die persönliche Benutzung eines Beförderungsmittels entstehen.

217 Die meisten Berufstätigen nehmen heute ihr privates Auto für berufliche Fahrten, es können aber auch die Kosten für öffentliche Verkehrsmittel und für Taxen abgezogen werden. Ob angemessen oder nicht: Man muss Ihnen auch hohe Fahrtkosten anerkennen, wenn sie objektiv im Zusammenhang mit dem Dienst stehen und nicht so exorbitant hoch sind, dass man sie als pures Privatvergnügen einstufen muss (§ 9 Abs. 5 und § 4 Abs. 5 Nr. 7 EStG). Bei den Autokosten ist zu unterscheiden:

- Wenn das Auto für *Fahrten zwischen Wohnung und erster Tätigkeitsstätte* benutzt wird, lässt § 9 EStG eine Entfernungspauschale zu. Diese beträgt seit 2021 je 0,30 € für die ersten 20 und je 0,35 € (von 2024 bis 2026 je 0,38 €) für alle weiteren Entfernungskilometer zu. Mit »Entfernungskilometer« ist die einfache Strecke gemeint. Sie erhalten die Entfernungspauschale also nur für die Fahrt von der Wohnung zur ersten Tätigkeitsstätte, nicht jedoch für die Fahrt zurück. Allerdings gilt auch weiterhin, dass bei der Benutzung von öffentlichen Verkehrsmitteln und Arbeitnehmern mit entsprechender Schwerbehinderung die tatsächlich anfallenden Kosten berücksichtigt werden.

TIPP

Vorsicht Falle! Ansatz der Entfernungspauschale trotz Reisetätigkeit!

Eine unschöne Besonderheit gilt, wenn Sie auf Dauer an jedem Arbeitstag denselben Ort oder eine weiträumige Arbeitsstelle aufsuchen. Für Sie zählt eine solche Fahrt auch dann als Fahrt zwischen Wohnung und Arbeitsstätte, wenn der Arbeitsort formal gar keine erste Tätigkeitsstätte darstellt.
Damit gilt für Fahrten zu einem

- Busdepot
- Treff- bzw. Abholpunkt
- Fährhafen etc.
- Waldgebiet
- Zustellbezirk

die Entfernungspauschale.

Da es für den Ansatz der Entfernungspauschale nicht darauf ankommt, dass der entsprechende Ort als erste Tätigkeitsstätte zu qualifizieren ist, müssen Sie diese Fälle klar voneinander unterscheiden. Für den Abzug der Fahrtkosten ergeben sich dieselben Konsequenzen wie oben.
Stellt der Treffpunkt, das Busdepot etc. aber nicht die erste Tätigkeitsstätte dar, können Sie Verpflegungsmehraufwendungen bzw. Unterkunftskosten als Reisekosten absetzen.

Beispiel
Das Verkehrsunternehmen regelt nichts zur ersten Tätigkeitsstätte. Nach den Arbeitsabläufen muss der Busfahrer aber morgens seinen Bus immer im selben Depot abholen. Für die morgendliche Fahrt zum Depot bekommt er lediglich die Entfernungspauschale. Allerdings kann er weiterhin für jeden Arbeitstag die Verpflegungspauschalen beantragen.

Lieber Leser, das müssen Sie nicht unbedingt verstehen, Sie müssen es lediglich wissen, damit Ihnen nicht die schönen Werbungskosten aus der Verpflegungspauschale durch die Lappen gehen.

TIPP

Vermeiden Sie es, an jedem Arbeitstag zum Betrieb, Depot oder Sammelpunkt zu fahren!

Wenn es sich irgendwie einrichten lässt, sollte Ihr Brötchengeber darauf verzichten, Sie an wirklich jedem Arbeitstag regelmäßig an denselben Ort einzube- **218**

stellen. Der beschriebenen ungünstigen Regelung für Fahrtkosten entkommen Sie nämlich schon dann, wenn Sie an einem einzigen Arbeitstag pro Woche *nicht* im Betrieb, Depot oder an einem Sammelpunkt antreten müssen. Als Kundendienstmitarbeiter könnten Sie doch ein- oder zweimal pro Woche direkt die Kunden aufsuchen. Die Aufträge kann Ihr Chef Ihnen auch telefonisch oder per E-Mail schicken. Auch für Kraftfahrer gibt es einfache Lösungen. Erfolgt die Übergabe des Fahrzeugs gelegentlich an einer Haltestelle oder einem anderen Ort statt immer im Fahrzeugdepot, kassieren Sie auch für Ihre Fahrten mit dem Privatwagen wieder 0,30 € pro gefahrenen Kilometer statt der nur halb so hohen Entfernungspauschale: Wenn das private Auto bei *Auswärtstätigkeiten* benutzt wird, lässt das Finanzamt die tatsächlich entstandenen Autokosten zu, die allerdings einzeln nachzuweisen sind. Wird kein Einzelnachweis erbracht, gibt es ohne Rücksicht auf Typ und Größe des Autos 0,30 € je gefahrenen Kilometer (§ 9 Abs. 1 Nr. 4a EStG).
Wenn Sie heute im Beruf etwas werden wollen, müssen Sie möglichst mobil sein. Wenn Ihnen Ihre Firma aus Kostengründen keinen Pkw zur Verfügung stellt, wird von Ihnen meist erwartet, dass Sie Ihren eigenen fahrbaren Untersatz einsetzen. Es macht sich in den Augen Ihres Chefs sicher nicht gut, wenn er von Ihnen dauernd zu hören bekommt: »Den Termin bei Kunde XY oder die außerordentliche Besprechung um 20.00 Uhr kann ich leider nicht wahrnehmen, weil mein Zug/mein Bus zu der Zeit nicht fährt.« Also werden Sie die dienstlichen Fahrten mit Ihrem privaten Pkw absolvieren.
Natürlich können Sie solche Fahrten als Werbungskosten absetzen. Viel besser fahren Sie allerdings, wenn Ihnen Ihr Chef – und das ist ja eigentlich recht und billig – die Kosten für die Verwendung Ihres Autos erstattet. Bei Dienstreisen hat er da zwei Möglichkeiten. Entweder er zahlt Ihnen eine Kilometerpauschale von 0,30 € je tatsächlich dienstlich gefahrenen Kilometer, oder er erstattet Ihnen die mittels Belegen und Fahrtenbuch nachgewiesenen Autokosten (➤ Rz 128 ff.). Übrigens: Beide Methoden gelten natürlich auch, wenn Sie Werbungskosten beim Finanzamt beantragen.

Auch für die Fahrtkosten gilt die Devise, dass Sie am besten abschneiden, wenn Ihnen Ihr Chef so viel wie möglich steuerfrei erstattet. Über den Werbungskostenabzug und die daraus resultierende Steuerersparnis (inkl. Kirchensteuer und Solidaritätszuschlag) bekommen Sie nämlich höchstens ca. 48 % Ihrer Kosten heraus und verlieren zudem den Vorteil aus dem Arbeitnehmerpauschbetrag. Den aber können Sie bei steuerfreien Erstattungen zusätzlich absetzen.

Worauf Sie achten sollten, wenn Sie an ständig wechselnden Einsatzstellen arbeiten!

Sie können vom ersten Kilometer an die tatsächlichen Kosten oder alternativ 0,30 € je gefahrenen Kilometer absetzen.

Fahren Sie z. B. 220 Tage im Jahr zu Baustellen, die je 25 km von Ihrer Wohnung entfernt liegen, setzen Sie Reisekosten für den Hin- und Rückweg von 50 km × 0,30 € × 220 Tage = 3.300 € ab.

WICHTIGER HINWEIS

Fahrtkosten können Sie natürlich nur absetzen, wenn Sie mit Ihrem eigenen Auto unterwegs sind oder zumindest mit einem, das einem Familienangehörigen oder Ihrem Lebenspartner gehört und dessen Kosten Sie tragen. Werden Sie dagegen von Ihrer Firma im Kleinbus transportiert oder fahren Sie bei einem Kollegen mit, können Sie keine Fahrtkosten absetzen. Damit Ihnen der Fiskus nicht wegen fehlender Nachweise für Ihre Fahrten einen Strich durch die Werbungskosten macht, wappnen Sie sich und bewahren z.B. Inspektionsrechnungen und TÜV-Berichte auf. Gut macht es sich auch, wenn Sie unterwegs tanken. Dann können Sie Ihrem überkritischen Sachbearbeiter mit Tankquittungen den Wind aus den Segeln nehmen.

WICHTIGER HINWEIS

Ihr Arbeitgeber kann aus den Reisekostenzahlungen an Sie keine Vorsteuern 219
abziehen. Damit gibt es für ihn einen wichtigen Vorteil nicht.

Neben den Verpflegungspauschalen und pauschalen Übernachtungskosten betrifft diese Einschränkung vor allem die Fahrtkosten für die Benutzung des Pkws des Arbeitnehmers.

TIPP

Lassen Sie den Wagen mal in der Garage!

Kein Fiskaltrick ohne Gegenkniff. Vorsteuern gibt es für Ihren Brötchengeber weiter, wenn er Ihnen einen **Betriebs-Pkw zur Verfügung stellt** oder Ihnen für Ihre Dienstreise eine **Fahrkarte für die Bahn oder ein Flugticket kauft** oder **das Taxi bezahlt** oder wenn er für Ihre **Übernachtungs- bzw. Verpflegungskosten** eine auf seinen Namen lautende Hotel- oder Restaurantrechnung mit offen ausgewiesener Umsatzsteuer hat.
Für Ihre Dienstreise von Hamburg nach München sollten Sie also lieber auf den Flieger umsteigen, statt sich mit dem eigenen Auto über verstopfte Straßen zu quälen. Unter dem Strich ist das auch nicht viel teurer, und Sie sind statt neun Stunden gerade einmal zwei unterwegs.

SUPER TRICK

Kassieren Sie mehr als die Fahrtkostenpauschale von 0,30 € steuerfrei!

220 Wenn Ihr Brötchengeber Ihnen für Dienstreisekosten Bares erstattet, ist es zunächst einmal egal, unter welcher Überschrift dies läuft. Für die Frage, was von Ihrer Reisekostenerstattung steuerfrei bleiben kann, wird der tatsächlich gezahlte Betrag mit den max. steuerfreien Fahrt-, Verpflegungs-, Übernachtungs- und Nebenkosten verglichen. Bekommen Sie z.B. eine Kilometerpauschale von 0,50 €, dafür aber keine Verpflegungskosten erstattet, können je nach Abwesenheitsdauer zusätzlich zu den 0,30 € je km 14 oder 28 € pro Tag steuerfrei bleiben. Bleibt trotz dieser Sonderrechnung ein steuerpflichtiger Betrag über, kann Ihr Arbeitgeber denselben Betrag, den er steuerfrei als Verpflegungspauschale zahlen könnte, mit 25 % pauschal und für Sie abgabenfrei versteuern.

Beispiel

Sie bekommen für eine 16-stündige Dienstreise von insgesamt 300 km eine Fahrtkostenerstattung von 0,40 € je Kilometer.

Pauschale Fahrtkostenerstattung 300 km × 0,40 €	120 €
Davon bleiben steuerfrei als Fahrtkosten 300 km × 0,30 €	– 90 €
und als Verpflegungspauschale bei über 8-stündiger Abwesenheit	– 14 €
	16 €
./. pauschal besteuerte zusätzliche Verpflegungspauschale	– 14 €
Bleiben für Sie zu versteuern nur noch	2 €

221 **Einzelnachweis der Kraftfahrzeugkosten**

Und so errechnen Sie Ihre Autokosten, falls Sie nicht die Pauschale von 0,30 € in Anspruch nehmen. Tragen Sie dazu einfach Ihre Kosten für zwölf Monate in die folgende Checkliste ein.

Checkliste für den Einzelnachweis von Kfz-Kosten

Kosten	€
Versicherungsbeiträge	
• Kfz-Haftpflichtversicherung	
• Kfz-Vollkaskoversicherung	
• Kfz-Teilkaskoversicherung	
• ./. Prämienrückerstattung	
Kfz-Steuern	
Treibstoffkosten	
• lt. Belegen	

Kosten	€
• durchschn. Verbrauch × berufliche km × Literpreis	
Öl, Schmierstoffe	
Wartungsarbeiten (Ölwechsel etc.)	
Inspektionen	
Reparaturen (ohne außergewöhnliche Kosten wie Unfallkosten)	
Ersatz- und Verschleißteile, Verbrauchsmaterial, z. B. • Reifen • Beleuchtungslampen • Scheibenwaschanlage • Frostschutz	
Fahrzeugreinigung und -pflege, z. B. • Fahrzeugwäsche (Waschanlage) • Reinigungs- und Poliermittel	
Garagenkosten, Einstellplatz • Miete • Anteil an den Gesamtkosten bei Eigenheimen	
Zinsen für Anschaffungsdarlehen • Agio, Disagio (im Zahlungsjahr) • Zinsen	
Leasing • Leasingsonderzahlung (im Zahlungsjahr) • laufende Leasingraten	
Abschreibung • bei Neufahrzeugen: Nutzung regelmäßig 6 Jahre = 16,67 % • Gebrauchtfahrzeuge: ggf. kürzere Nutzung 2 – 5 Jahre = 50 – 20 %	

Gesamtkosten z. B. 12.000 €		
Gesamtfahrleistung in km z. B.		25.000 km
Durchschnittlicher Kilometersatz (12.000 € ÷ 25.000 km) =		0,48 €
Als Werbungskosten machen Sie geltend:		
Gefahren bei Dienstreisen und Dienstgängen z. B.	9.600 km	
Nachgewiesener Kilometersatz	0,48 €	
Gesamtkosten 9.600 km × 0,48 € =		4.608 €
./. Fahrtkostenersatz der Firma		– 2.880 €
Steuerlich abziehbar		1.728 €

222 **Abschreibung für das Auto**

Für Autos gilt eine Regelabschreibungsdauer von sechs Jahren (BMF-Schreiben v. 15.12.2000 – BStBl I 2000 S. 1532). Sie sollten aber tunlichst prüfen, ob nicht bei Ihnen wegen Gebrauchtwagenkauf oder hoher Fahrleistung von vornherein ein Abschlag bei der Abschreibungsdauer angezeigt ist (➤ Rz 225).

GUTER RAT

223 Bei Einzelnachweis der Autokosten sollen neben den laufenden, normalen Kosten auch außergewöhnliche wie für Reparaturen nach einem Unfall oder sehr frühe Motorschäden in die Kostenaufteilung zwischen privaten und beruflichen Fahrten einbezogen werden. Ist der Schaden auf einer Berufsfahrt passiert, sind die Aufwendungen für seine Behebung also u. U. nicht zu 100 % Werbungskosten. So zumindest H 9.5 LStH »Einzelnachweis«. In diesem Fall rate ich Ihnen, es im Unfalljahr ausnahmsweise einmal mit den Kilometerpauschalen zu versuchen. Die Pauschalen decken nämlich die Unfallkosten nicht ab, so dass Sie sie voll nebenher absetzen können (H 9.5 LStH »Pauschale Kilometersätze«). Dieser Kniff lohnt sich für Sie vor allem dann, wenn der Umfang Ihrer beruflichen Fahrten, gemessen an der Gesamtfahrleistung, nicht besonders hoch ist und/oder die Unfallkosten einen besonders dicken Batzen ausmachen.

TRICK

Einmal arbeiten, mehrmals kassieren

224 Natürlich ist es recht lästig, für jede Wagenwäsche, jedes Fläschchen Türschlossenteiser etc. Jahr für Jahr die Belege zu sammeln. Sie sollten deshalb einmal zwölf Monate lang sorgfältig jeden Beleg, der irgendwie mit Ihrem Auto zu tun hat, zusammentragen. Aus den so ermittelten Kosten und der Gesamtfahrleistung in diesem Jahr können Sie wie im Beispiel oben einen persönlichen Kilometersatz für Ihr Auto berechnen. Diesen setzen Sie auch für die kommenden Jahre ein. Es genügt dann völlig, wenn Sie dem Finanzamt Ihre beruflich gefahrenen Kilometer in einer schön ordentlich geschriebenen Zusammenstellung präsentieren. Berufen Sie sich dazu notfalls auf R 9.5 Abs. 1 S. 4 LStR, die dieses Verfahren ausdrücklich zulässt.

Die Rolle unseres KGB wird im Westen von den gigantischen Steuerbehörden übernommen, mit denen jeder selbständig tätige Mensch dauernd im Krieg liegt.

(Adenauer-Preisträger W. Bukowski)

WICHTIGER HINWEIS

Eine neue Berechnung wird erst fällig, wenn sich die Kostenverhältnisse bei Ihrem Auto wesentlich ändern, z. B. die Abschreibung ausläuft, sich die Leasingkonditionen erheblich ändern oder Sie sich einen neuen Wagen zulegen. Dann steht es Ihnen frei, noch einmal für zwölf Monate die Kosten nachzuweisen oder die Kilometerpauschale von 0,30 € abzusetzen.
Übrigens: Änderungen beim Schadensfreiheitsrabatt in der Autoversicherung sind kein Grund für eine Neuberechnung des Kilometersatzes.

SUPER TRICK

Tricksen Sie mit einem Gebrauchtwagen das Finanzamt aus!

Mit der Sechs-Jahres-Regelung für die Abschreibung haben die Finanzer sich 225
selbst reingelegt. Sechs Jahre Nutzungsdauer gelten nämlich nur für Neuwagen. Gebrauchte haben eine entsprechend kürzere Nutzungsdauer. Wenn Sie nicht allzu anspruchsvoll sind und nicht unbedingt immer den neuesten Schlitten vor der Tür stehen haben müssen, können Sie durch den Kauf eines Gebrauchtwagens eine schöne Stange Geld beim Finanzamt lockermachen.
Kaufen Sie sich einfach einen gut erhaltenen, z. B. vier Jahre alten Gebrauchten. Da von dessen Nutzungsdauer nur noch ein Rest von zwei Jahren übrig ist, können Sie den Kaufpreis mit 50 %/Jahr abschreiben. Und wenn Sie den Wagen nach Ablauf der zwei Jahre weiterverkaufen, müssen Sie nicht einmal Ihren Gewinn versteuern, denn Gewinne aus dem Verkauf von Vermögensgegenständen unterliegen bei einem Arbeitnehmer nur dann der Besteuerung, wenn er sie innerhalb von zwölf Monaten nach dem Kauf veräußert. Selbständige, Gewerbetreibende sowie Land- und Forstwirte haben es da leider nicht so gut, können im Gegenzug dafür aber ein eventuelles Verlustgeschäft beim Autoverkauf absetzen.

GUTER RAT

Es kann Ihnen passieren, dass Sie an einen Finanzer geraten, der sich mit dieser einfachen Differenzberechnung der Restnutzungsdauer Ihres Autos nicht anfreunden mag. Er wird Sie möglicherweise auf H 9.5 LStH »Einzelnachweis« verweisen. Dort haben nämlich die ministeriellen Rechenkünstler in Berlin festgelegt, dass sechs minus vier nicht immer unbedingt zwei ist. Wen wundert es bei solchen Hirnakrobaten noch, wenn es bei der Steuer drunter und drüber geht. Bei einem gebrauchten Fahrzeug wollen sie, dass die voraussichtliche Restnutzungsdauer geschätzt wird. Um dem dünnbrettbohrenden Finanzer bei seiner Schätzung auf die Sprünge zu helfen, machen Sie ihm klar, dass die amtlichen Abschreibungstabellen ja extra deshalb so gefasst worden sind, um die Werte an die tatsächlichen Verhältnisse anzupassen und realistische Nutzungsdauern zu liefern.

Das Armsein darf nicht zum Erwerbsmittel für faule Menschen werden.
(Kant)

SUPER TRICK

Besser Sie schätzen, als sich mit der Pauschale zu begnügen.

226 Der Bundesfinanzhof hat entschieden, dass das Finanzamt auch geschätzte Kosten für das Auto anerkennen muss, wenn feststeht, dass sie auf jeden Fall anfallen, wie etwa für Benzin oder Versicherung (BFH-Urt. v. 7.4.1992 – BStBl II S. 894). Wenn Sie also beim Sammeln von Einzelnachweisen nicht so ganz sorgfältig waren, schätzen Sie Ihre Benzinkosten und schreiben sie auf einen »Eigenbeleg«, statt dem Finanzamt nur die Hälfte der Belege vorzulegen.

TRICK

Bitten Sie das Finanzamt beim Autokosteneinzelnachweis mit einem Leasingvertrag zur Kasse!

227 Sind Sie mit Ihrem Auto viel beruflich unterwegs, lohnt sich ein Einzelnachweis der Kosten. Die echten Kosten liegen nämlich erfahrungsgemäß weit höher als die Pauschale von 0,30 €. Aber kleinlich, wie die Beamten und manche Richter nun mal sind, haben sie den Dreh mit der Abschreibung gefunden, um Ihre Kosten künstlich niedrig zu halten.

Wenn Sie allerdings einen Leasingvertrag in der Tasche haben, muss das Finanzamt gem. § 11 EStG die dicke Einmalzahlung im ersten Jahr voll berücksichtigen und Ihnen für Ihre beruflichen Fahrten einen Kilometersatz anerkennen, der weit über der Pauschale liegt.

Und in den nächsten Jahren, wenn nur noch die niedrigeren Raten zu zahlen sind, kann es nichts machen, wenn Sie 0,30 € je km ansetzen.

Bei uneinsichtigen Finanzämtern hilft der Hinweis auf das BFH-Urteil vom 5.5.1994 (BStBl 1994 II S.643) und H 9.5 LStH »Einzelnachweis«.

GUTER RAT

Passen Sie beim Abschluss Ihres Leasingvertrags auf: Bei sehr kurzen Laufzeiten bis zu zwei Jahren und langen Laufzeiten über vier Jahre laufen Sie Gefahr, dass Sie als »wirtschaftlicher Eigentümer« angesehen werden und statt Leasingraten und Sonderzahlung nur die normale Abschreibung anerkannt bekommen.

TRICK

Setzen Sie die Kosten für die Waschanlage ab!

S Natürlich ist es lästig, an der Tankstelle für die Wäsche jedes Mal eine Quit- 228
tung zu verlangen. Aber Sie kennen doch das Spielchen: »Ohne Beleg keine Steuerersparnis.« Und schließlich kostet heute eine normale Wäsche locker 8 €. Wenn Sie Ihr Auto nur einmal pro Woche auf Hochglanz bringen lassen, sind das im Jahr schnell mal 400 €. Ihre Steuerersparnis liegt zwischen 60 € und 190 €.

TRICK

Machen Sie die Kosten für den Führerschein bei der Steuer geltend!

Das Finanzamt sagt: Aufwendungen für den Führerschein gehören grundsätz- 229
lich zu den Kosten der Lebensführung, selbst wenn der Beruf oder der Betrieb die Benutzung eines Autos erforderlich macht.
»Und was ist, wenn ich Taxifahrer werden will?«, fragen Sie. Tja, wenn Sie das glaubhaft machen können, muss das Finanzamt die Führerscheinkosten als berufliche Kosten anerkennen, so der BFH (BStBl 1969 II S.433).
»Und was ist, wenn ich kein Auto habe, mir auch keins anschaffen will, mein Chef aber erwartet, dass ich die Fahrprüfung ablege? Wenn er sagt, ohne Führerschein könne er mich nicht länger brauchen?« Auch in diesem Fall muss das Finanzamt klein beigeben, weil die Kosten ausschließlich durch den Beruf veranlasst sind. Ich rate Ihnen, in Ihrer Einkommensteuererklärung auf das Urteil

des FG Köln vom 24.7.1984 (EFG 1985 S. 120) hinzuweisen und eine Bescheinigung Ihres Chefs beizufügen, wonach der Erwerb des Führerscheins für Sie aus beruflichen Gründen unverzichtbar war.

Unsere Steuergesetze seien eine klare Einladung zum Betrug, und die meisten Steuerhinterziehungen würden von den die Kilometerpauschalen für Fahrten zwischen Wohnung und Arbeitsstätte in Anspruch nehmenden Arbeitnehmern begangen. So der ehemalige Präsident des Bundesfinanzhofs Prof. Dr. Franz Klein.

(Kölner Stadtanzeiger 12.3.1993)

TRICK

Was, wenn der Chef nur einen Teil der Fahrtkosten ersetzt?

230 Ihr Boss gibt Ihnen nur 0,20 € pro Kilometer? Dann können Sie die restlichen 0,10 € dem Finanzamt präsentieren, weil es die Differenz ohne weiteres anerkennt (H 9.5 LStH »Pauschale Kilometersätze«).
Wenn der Arbeitgeber den vom Finanzamt abgesegneten Satz von 0,30 € gibt, Sie aber damit nicht auskommen, weil Ihre jährliche Fahrleistung niedrig liegt, bei Ihnen höhere Reparaturen anfallen oder Sie einen teuren Wagen fahren, dann führen Sie halt den Einzelnachweis nach dem Schema unter ➤ Rz 221.

3.4 Übernachtungskosten und Reisenebenkosten

Wenn Sie während Ihrer Dienstreise, Ihrer Einsatzwechseltätigkeit oder als Kraftfahrer aus beruflichen Gründen auswärts übernachten müssen, fallen zwangsläufig Hotel- oder Pensionskosten an.
Und haben Sie sich nicht auch schon einmal Gedanken darüber gemacht, wo Sie eigentlich den ganzen Kleinkram wie Parkgebühren, Telefonkosten etc. steuerlich geschickt unterbringen?

231 **Übernachtungskosten**

Bei einer Auswärtstätigkeit können Sie innerhalb der ersten 48 Monate die Unterkunftskosten in der Höhe abziehen, in der sie tatsächlich angefallen sind.
Nach Ablauf von 48 Monaten Auswärtstätigkeit an demselben Ort gelten allerdings die Regelungen für eine doppelte Haushaltsführung. Im Endeffekt bedeutet das, dass die Unterkunftskosten auf höchstens 1.000 € im Monat gedeckelt werden.

232 Unter Übernachtungskosten können Sie die Kosten absetzen, die Ihnen dadurch entstanden sind, dass Sie eine Unterkunft in Anspruch genommen haben. Dabei müssen Sie auf jeden Fall in den sauren Apfel beißen und bei Übernach-

tungen sowohl im Inland als auch im Ausland alle Kosten auf Heller und Pfennig durch Belege nachweisen.
Die für Auslandsdienstreisen länderspezifisch festgelegten Übernachtungspauschalen (➤ Rz 930) gelten nicht für den Werbungskostenabzug, können aber vom Arbeitgeber nach wie vor pauschal steuerfrei erstattet werden. Bei Inlandsübernachtungen kann der Arbeitgeber je 20 € ohne Nachweis steuerfrei zahlen.

WICHTIGER HINWEIS 233

Der Fiskus hatte endlich ein Einsehen mit Berufskraftfahrern im Mehrtagesverkehr. Seit 2020 können Sie für jede Übernachtung – auch wenn Sie in der Koje Ihres Lkws schlafen – eine Übernachtungspauschale von 8 € absetzen.

Ungeachtet dessen können Sie bei entsprechendem Nachweis weiter Ihre tatsächlich angefallenen Übernachtungskosten absetzen.

TIPP

Vereinbaren Sie mit Ihrem Arbeitgeber den Übernachtungskostenersatz!

Wenn Ihnen Ihr Arbeitgeber Übernachtungskosten erstattet, darf er die Pau- 234
schalen auch dann nutzen, wenn Sie bei Verwandten oder Freunden unterkommen. Die Einladung abends in die nächste Kneipe ist damit zumindest teilweise abgedeckt. Wenn Sie sich mit Ihrem Chef einig sind, können Sie sich also Belege für Übernachtungen – Hotelrechnungen, Quittungen von Pensionen oder Mietverträge über angemietete Unterkünfte – weiterhin sparen. Das lohnt sich natürlich besonders bei Auslandseinsätzen. Wenn Sie günstig untergekommen sind und Ihr Arbeitgeber trotzdem die hohen Übernachtungspauschalen zahlt, kann er Ihnen so ein nettes steuer- und sozialabgabenfreies Zubrot zukommen lassen.

TRICK

Übernachtungskosten auch ohne Dienstreise absetzen!

Was einer Stewardess recht ist, kann Ihnen nur billig sein. Einer Flugbegleiterin, 235
die nach einer Fortbildung an ihrem Heimatflughafen nicht nach Hause gefah-

ren ist, sondern sich dort ein Hotel genommen hat, gestand der BFH die Übernachtungskosten als allgemeine Werbungskosten zu. Obwohl keine Dienstreise vorlag und auch von einer doppelten Haushaltsführung nicht die Rede sein kann, lagen nach Meinung der Münchener Richter Werbungskosten vor, da die Übernachtung beruflich bedingt war (BFH-Urt. v. 5.8.2004 – BStBl II 2004 S. 1074).

Wenn es also einmal spät geworden ist, Sie keinen Zug mehr nach Hause bekommen haben und ein Taxi schlichtweg zu teuer geworden wäre, müssen Sie sich nur noch einen hübschen Grund einfallen lassen, der als beruflicher Anlass für Ihre Übernachtung durchgeht, z.B., **dass es nach einer Fortbildung, einer Betriebsversammlung oder einer Besprechung am anderen Tag gleich in aller Herrgottsfrühe beruflich weiterging und Sie die Firmenkunden schon morgens im Hotel betreuen mussten. Im Zweifel kann Ihnen eine Bescheinigung Ihres Brötchengebers helfen.**

> Herr/Frau . . . . hat am . . . . . . im XYZ-Hotel in der Nähe unseres Firmensitzes übernachtet. Diese Übernachtung war notwendig, weil . . . . Wir begrüßen es außerordentlich, dass unser/e Mitarbeiter/in dadurch zu einem reibungslosen Ablauf der Fortbildungsveranstaltung/des Kundenbesuchs beigetragen hat. Angesichts der großzügigen Bemessung des Gehalts unseres/r Mitarbeiter/s/in haben wir die Hotelkosten nicht gesondert erstattet.

GUTER RAT

236 In den meisten Hotels sind heute Übernachtungen inkl. Frühstück üblich. Ihre Rechnung enthält also in der Regel einen Teilbetrag für Verpflegung. Da die Verpflegung aber bereits durch die Verpflegungspauschale abgegolten ist, werden Ihre nachgewiesenen Übernachtungskosten um den Frühstücksanteil gekürzt. Lässt sich dieser Anteil aus der Rechnung nicht feststellen, wird er bei Inlandsdienstreisen pauschal mit 20 % der Verpflegungspauschale von 28 € = 5,60 € und bei Auslandsdienstreisen generell mit 20 % der für den jeweiligen Staat maßgebenden Verpflegungspauschale angesetzt. Wegen der geringeren Umsatzsteuer auf Beherbergungsleistungen müssen Hotels Rechnungen nach Unterkunft und anderen Leistungen aufteilen. Das Frühstück wird deshalb oft – zusammen mit anderen Nebenleistungen – in der Rechnung getrennt ausgewiesen. Siehe dazu auch den Trick unter ➤ Rz 238.

TRICK

Werfen Sie die Rechnung weg!!!

Vor allem, wenn in der Rechnung ein teures Frühstück enthalten ist, sollten Sie sich ihrer entledigen. Lassen Sie sich vom Hotel stattdessen eine normale Quittung über den Gesamtpreis der Übernachtung ausstellen. Dann können Sie den Frühstückspreis mit 20 % der Tagespauschale von 28 € = 5,60 € ansetzen.
Gute Karten haben Sie bei Übernachtungen im Ausland. Hier reicht es aus, wenn Sie auf der Hotelrechnung selbst handschriftlich vermerken, dass im Preis kein Frühstück enthalten war. Das Finanzamt nimmt dann keine Kürzung vor. Das geht aus der Verfügung der OFD Erfurt vom 24.10.2001 (S 2353 NWB-Eilnachricht Nr. 1596/2001) hervor, deren Inhalt auch für andere Bundesländer gilt, da sie auf eine Antwort des Bundesfinanzministeriums an den Bundesverband der Arbeitgeberverbände zurückgeht.

TRICK

Passen Sie auf, wenn Sie Ihren Ehepartner auf Reisen mitnehmen!

Das Finanzamt sagt dann nämlich gern: Sie machen gar keine Dienstreise, son- 237
dern gönnen sich ein paar Tage Privaturlaub. Zunächst einmal müssen Sie nachweisen, dass der eigentliche Grund für die Reise ein dienstlicher ist. Gelingt Ihnen das, kann Ihnen das Finanzamt aus der Begleitung durch Ehe- oder Lebenspartner keinen Strick drehen. Nachdem der BFH eine Aufteilung bei teilweise beruflich und teilweise privat veranlassten Reisekosten zulässt (BFH v. 21.9.2009 – GrS 1/06, BFH/NV 2010 S. 285), können Sie den größten Teil der Hotel-, Verpflegungs- und Fahrtkosten absetzen.
Eventuelle Flug- oder Verpflegungskosten für Ihre bessere Hälfte haben natürlich in Ihren Werbungskosten nichts verloren. Bei den Übernachtungskosten ist die Sache dagegen ganz einfach. Statt der Doppelzimmerkosten können Sie die vergleichbaren Kosten für ein Einzelzimmer absetzen. Lassen Sie sich diese deshalb unbedingt vom Hotel für die Zeit Ihres Aufenthalts bestätigen (R 9.7 Abs. 1 LStR 2011).

Reisenebenkosten 238

Reisenebenkosten sind Ihre während einer Dienstreise anfallenden tatsächlichen Ausgaben z. B. für

- Transport und Aufbewahrung Ihres Gepäcks,
- Telefongespräche und Schriftverkehr beruflichen Inhalts mit Ihrem Arbeitgeber oder Kunden, Mitarbeitern bzw. Geschäftspartnern,
- Straßenbenutzungs- und Parkgebühren,
- Unfallkosten und Schadenersatzleistungen infolge von Verkehrsunfällen,
- Trinkgelder,
- Platzkarten,
- Reisegepäckversicherung,
- Dienstreisevollkaskoversicherung,
- Kundenbewirtungen.

Reisenebenkosten können Sie ebenfalls nur insoweit als Werbungskosten absetzen, als sie Ihnen nicht vom Arbeitgeber steuerfrei erstattet wurden.

TRICK

Setzen Sie den Sammelposten für übrige Nebenleistungen aus Ihrer Hotelrechnung als Reisenebenkosten ab!

Seit die Übernachtung in Hotels nur noch 7 % Mehrwertsteuer kostet, muss in der Hotelrechnung die Beherbergungsleistung gesondert ausgewiesen werden und daneben ein Sammelposten für übrige Nebenleistungen. Rechnen Sie das Frühstück mit 5,60 € heraus. Den Rest des Sammelpostens können Sie als Reisenebenkosten absetzen. Das geht nur dann nicht, wenn sich aus der Rechnung ergibt, dass in dem Pauschalbetrag eindeutig Kosten für private Ferngespräche, Massagen, Minibar oder Pay-TV enthalten sind.

Fehlen Ihnen die Belege, beeindrucken Sie Ihr Finanzamt mit einer detaillierten Aufstellung über Datum, Art und Höhe der Kosten.

GUTER RAT

239 Da Sie als Außendienstler ständig von unterwegs telefonieren müssen, haben Sie sich ein Handy zugelegt. Nun haben Sie zwei Möglichkeiten: Entweder Sie begnügen sich mit 20 % Ihrer Telefonkosten inkl. Anschaffung, max. aber 20 € im Monat, oder Sie weisen mit Hilfe eines Einzelnachweises einen hohen beruflichen Kostenanteil nach. Da Sie natürlich außerdem häufiger von zu Hause aus telefonieren müssen, beziehen Sie selbstverständlich auch die entsprechenden Kosten für Ihren Festnetzanschluss in die Aufteilung mit ein.

Wenn Ihnen Ihr Gepäck bei einer Dienstreise abhandenkommt, können Sie dadurch entstandene Kosten als Reisenebenkosten absetzen (Kopie der Anzeige bei der Polizei beilegen). Natürlich nur den Betrag, auf dem Sie sitzengeblieben sind, weil ihn Ihr Arbeitgeber oder die Reisegepäckversicherung nicht übernommen hat. Damit Sie nicht in eine Steuerfalle tappen, müssen Sie wissen, dass nach der BFH-Rechtsprechung Ihr Verlust nur anerkannt wird, wenn Sie entsprechende Sicherheitsvorkehrungen zum Schutz vor Diebstahl getroffen haben (BFH v. 30.6.1995 – BStBl 1995 II S. 744). 240

Drehen wir denen den Hahn zu. Zahlen wir Steuern auf Sperrkonten. Dann können sie sich die Penunzen anschauen wie Jagdhunde ein Karnickel im Käfig, dass ihnen vor Gier der Geifer aus dem Mund tropft.

(Sybil Gräfin Schönfeldt im ZEIT-Magazin)

TRICK

So ist mehr drin für leitende Angestellte, Reisende, Geschäftsführer, Selbständige

S Wie ist das eigentlich, wenn Sie als leitende Kraft in einem Unternehmen tätig sind? Da sind Sie doch gehalten, stets Ihre Firma zu repräsentieren und sich nobel zu geben. Also werden bei Ihnen auch häufiger Kosten für die Bewirtung von Kunden und Geschäftspartnern anfallen. 241

Zeigt sich Ihr Fiskalvertreter zugeknöpft, weisen Sie ihn auf die für Sie günstige BFH-Rechtsprechung hin, wonach Aufwendungen eines Arbeitnehmers für ein Essen mit einem Kunden als Werbungskosten abziehbar sind, wenn der Arbeitgeber ihm dafür keinen Ersatz leistet (BFH-Urt. v. 16.3.1984 – BStBl 1984 II S. 433). Der BFH hat zudem die Bedingungen, unter denen Sie Kosten für die Bewirtung von Geschäftspartnern und Kunden als Werbungskosten absetzen können, wesentlich vereinfacht. Entscheidend ist nach Meinung der Münchener Steuerrichter nur, dass die Bewirtung beruflich veranlasst ist. Im Gegensatz zu früher spielt es keine entscheidende Rolle mehr, ob Ihr Gehalt ganz oder teilweise erfolgsabhängig ist (BFH v. 11.1.2007 – BStBl II 2007 S. 317).

Einen Pferdefuß gibt es allerdings zu beachten. Wenn Sie die Einladung aussprechen, also als Bewirtender auftreten, greifen wie bei einem Selbständigen formale Anforderungen für den Abzug von Bewirtungskosten. Sie müssen sich also mit einer zeitnah zur Bewirtung erstellten Rechnung/Bewirtungsquittung wappnen. Am einfachsten gelingt das mit einer ordentlichen Restaurantrechnung. Auf der Rechnung – die meisten Restaurantquittungen weisen einen entsprechenden Vordruck auf – machen Sie Angaben zum Anlass der Bewirtung und führen die bewirteten Personen auf. Um dem Finanzamt von vornherein den Wind aus den Segeln zu nehmen, müssen Sie sich dabei etwas Mühe geben. Beschränken Sie sich beim Bewirtungsgrund nicht auf Floskeln wie »Verkaufsgespräch«, »Vertragsverhandlung« oder »Acquise«. Allzu allgemeine Angaben lässt der Fiskus nicht gelten. Besser ist da die Angabe »Verhandlung mit Vertretern der Firma XYZ wegen Liefervertrag über ABC« oder »Verhandlung über Abschluss Lebensversicherung«. Auch bei den bewirteten Personen sollten Sie auf jeden Fall Name, Vorname und Wohnort sowie ggf. Funktion wie »Prokurist«, »Ehepartner des Kunden« etc. angeben. Damit steht dem Abzug als Werbungskosten dem Grunde nach nichts mehr im Weg. Allerdings können Sie auch in diesen Fällen nur 70 % der Aufwendungen absetzen (§ 4 Abs. 5 Satz 1 Nr. 2 EStG).

TIPP

für die Feier mit Ihren Kollegen

242 Nicht nur der renommierte Einkommensteuerkommentar Schmidt/Densek (Randnummer 15 zu § 12) hilft Ihnen hier mit Argumenten weiter. Sie bekommen inzwischen auch Rückendeckung vom BFH, wenn Sie als leitender Angestellter Ihren Repräsentationspflichten schon mit anderen Feiern nachgekommen sind und nun Ihre Mitarbeiter z. B. zu einem Gartenfest aus Anlass Ihres Dienstjubiläums einladen. In diesem Fall können Sie die Kosten als Werbungskosten absetzen, weil die Höhe Ihrer Tantiemen ja von der Motivation Ihrer Mitarbeiter abhängt, die Sie mit dieser Einladung steigern wollen (BFH v. 1.2.2007 – BStBl 2007 II S. 459). Nach Meinung der Richter in München waren die Tantiemen jedoch nur ein zusätzliches Argument, den Werbungskostenabzug hätte es letztlich auch ohne gegeben.

Ob Aufwendungen für eine Feier Werbungskosten sind, ist nach inzwischen mehrfach bestätigter Auffassung des BFH nach folgenden Kriterien zu prüfen:

- Anlass der Feier?
- Wer tritt als Gastgeber auf?
- Wer bestimmt die Gästeliste?
- Handelt es sich bei den Gästen um Kollegen, Geschäftsfreunde oder Mitarbeiter (des Steuerpflichtigen oder des Arbeitgebers), um Angehörige des öffentlichen Lebens, der Presse, um Verbandsvertreter oder um private Bekannte oder Angehörige?
- An welchem Ort findet die Veranstaltung statt?
- Bewegen sich die Kosten im Rahmen vergleichbarer betrieblicher Veranstaltungen?
- Hat das Fest den Charakter einer privaten Feier?

Eine Feier aus Anlass Ihres Geburtstags, die Sie für Familie und Freunde ausrichten, ist natürlich nicht abzugsfähig. Wenn Sie dagegen ausschließlich Arbeitskollegen und Mitarbeiter einladen, können auch die Kosten einer Geburtstagsfeier zu abzugsfähigen Werbungskosten führen (BFH vom 10.11.2016 – VI R 7/16, BStBl 2017 II S. 409). Findet die Feier zudem in den Räumen Ihres Brötchengebers statt und das möglicherweise noch während der Arbeitszeit und halten Sie die Kosten in einem vernünftigen Rahmen (im vorliegenden Fall waren es ca. 30 € pro Person), kommt der Fiskus gar nicht mehr umhin, Ihre Aufwendungen als Werbungskosten zu akzeptieren.

Genauso erfolgreich können Sie in folgenden Fällen Ihre Bewirtungskosten als Werbungskosten absetzen:

- Als Abteilungsleiter laden sie Ihre Mitarbeiter z. B. zu einem Weihnachtsessen ein (BFH v. 19.06.2008 – BStBl 2009 II S. 11).
- Als Behördenleiter feiern Sie mit Ihrer Belegschaft und anderen Personen aus Ihrem beruflichen Umfeld Ihr Jubiläum (BFH v. 6.3.2008 – VI R 68/06, HFR 2008 S. 928 und BFH v. 20.1.2016 – VI R 24/15, BStBl 2016 II S. 744).
- Als Chefarzt laden Sie die Krankenschwestern und Ärzte Ihrer Abteilung ein (BFH v. 10.7.2008 – VI R 26/07, BFH/NV 2008 S. 1831).
- Als frischgebackener Professor laden Sie zu einer Habilitationsfeier ganz überwiegend Personen aus Ihrem beruflichen Umfeld ein und legen dem Finanzamt zum Nachweis eine entsprechende Gästeliste vor (BFH v. 18.08.2016 – VI R 52/15, BFH/NV 2017 S. 151).
- Als leitender Angestellter laden sie Mitarbeiter und Kunden aus Anlass Ihres Abschieds aus der Firma ein. Private Gäste, Ihre Familie oder Angehörige Ihrer Gäste haben Sie vorsorglich nicht eingeladen. Wenn die Kosten absolut angemessen sind – im vorliegenden Fall 50 € pro Person –, gibt es mit dem Werbungskostenabzug keine Probleme (FG Münster v. 29.05.2015 – 4 K 3236/12 E, EFG 2015 S. 1520).

TIPP

Bei einer privat und beruflich gemixten Gästeliste teilen Sie die Kosten einfach auf!

Gute Nachrichten gibt es vom BFH auch für den Fall, dass Sie neben Gästen aus Ihrem beruflichen Umfeld noch Personen aus Ihrem privaten Kreis eingeladen haben. Das Finanzamt kommt Ihnen hier möglicherweise mit dem Argument, es würden gemischte Aufwendungen vorliegen, für die insgesamt ein Abzugsverbot greift. Das werden Sie natürlich nicht so ohne Weiteres akzeptieren. Gemischte Aufwendungen hin oder her: Der Kostenanteil für Ihre beruflichen Gäste ist durch Ihren Job veranlasst und stellt folglich Werbungskosten dar. Wenn das Finanzamt sich querstellt, weisen Sie es einfach darauf hin, dass sogar der BFH in diesem Fall den ganz einfachen Dreisatz ins Spiel bringt, die Kosten nach Teilnehmerköpfen jeweils Ihrem Beruf (Mitarbeiter, Kollegen, Kunden, Geschäftsfreunde) und Ihrem Privatleben (Familie, Verwandte, Nachbarn, Freunde, Bekannte) zurechnet und somit zumindest teilweise den Werbungskostenabzug zulässt (BFH v. 8.7.2015 --VI R 46/14, BStBl 2015 II S. 1013).

WICHTIGER HINWEIS

Die Abzugsbeschränkung auf 70 % der Kosten des § 4 Abs. 5 Satz 1 Nr. 2 EStG greift nicht für die Bewirtung von Mitarbeitern. Das gilt vor allem für solche Mitarbeiter, die Ihnen unterstellt sind und die durch ihre Zu- und Mitarbeit unmittelbaren Einfluss auf Ihre Karriere haben. Deshalb sind auch die strengen formalen Anforderungen nicht anwendbar.

Auch eine Feier zu Ihrem Abschied aus der Firma oder von der Dienststelle, an der vor allem Mitarbeiter, Geschäftsfreunde und Personen des öffentlichen Lebens teilnehmen, mit denen Sie beruflich zu tun hatten, können Sie als Werbungskosten absetzen, wenn Sie sie aus der eigenen Tasche gesponsert haben. Was bei einem Bundeswehrgeneral anlässlich seiner Verabschiedung in den Ruhestand recht war (BFH v. 11.1.2007 – BStBl 2007 II S. 317), sollte bei Ihnen als leitendem Angestellten, Behördenleiter oder leitendem Mitarbeiter einer Dienststelle billig sein. In aller Regel sind Sie nicht von der Kürzung des Abzugs Ihrer Kosten auf 70 % betroffen. Stellen Sie sich auf den Standpunkt, dass Ihre Einladung an die Teilnehmer nicht aus geschäftlichem Anlass erfolgte, sondern aus allgemeinem beruflichem Interesse. Letzteres geht immer durch, wenn die Feier von Ihrem Dienstherrn oder Arbeitgeber veranstaltet wird und Sie einen Obolus beisteuern, z. B. um die Feier etwas üppiger gestalten zu können, oder Sie nur Ihnen unterstellte Mitarbeiter oder lediglich Personal aus Ihrer Firma bzw. Behörde einladen (OFD Niedersachsen v. 29.11.2011 – S 2350 – 32 – St 215; NWB-Eilnachricht 126/2012).

4. Fahrten zwischen Wohnung und Arbeitsstätte

243 **a) Die Entfernungspauschale**

Mit der Entfernungspauschale wird der Werbungskostenabzug für den täglichen Weg zur Arbeit steuerlich berücksichtigt – besser gesagt: »nicht berücksichtigt«, denn über Jahre betrug die Entfernungspauschale grundsätzlich nur 0,30 € je Kilometer, den Sie auf der Fahrt von Ihrer Wohnung zu Ihrer Arbeitsstätte zurücklegen (die Rückfahrt blieb und bleibt auch weiterhin sozusagen Ihr Privatvergnügen). Und dies ungeachtet der tatsächlich anfallenden Kosten und steigender Benzinpreise.

WICHTIGER HINWEIS

Durch eine Gesetzesänderung wurde diese *Werbungskostenverhinderungsregelung* zumindest ein klein wenig zugunsten der Steuerzahler geändert. Im Einzelnen gelten nun folgende Entfernungspauschalen:
Für die Jahre 2021 – 2023: 0,30 € für die ersten 20, 0,35 € ab dem 21. Kilometer
Für die Jahre 2024 – 2026: 0,30 € für die ersten 20, 0,38 € ab dem 21. Kilometer

Angenommen, Sie legen den täglichen Weg zur Arbeit von 30 km mit dem Auto zurück, und dies an 220 Tagen im Jahr, dann ergibt sich folgende Rechnung: **244**
20 km × 0,30 € = 6 € + 10 km × 0,35 € = 3,50 € => 9,50 € × 220 Tage = 2.090 €
Wenn Sie öffentliche Verkehrsmittel benutzen, sieht die Rechnung für Sie im Grunde genommen genauso aus, es greift jedoch ggf. die Kostendeckelung auf 4.500 € (vgl. ➤ Rz 248).
Angenommen, Sie fahren an 220 Tagen im Jahr 80 km mit dem Zug zur Arbeit und zahlen für Ihre Fahrkarten erster Klasse 300 € monatlich, macht 3.600 € im Jahr.
Mit der Entfernungspauschale gerechnet, ergäbe sich folgender Betrag:
20 km × 0,30 € = 6 € + 60 km × 0,35 € = 21 € => 27 € × 220 Arbeitstage = 5.940 €
Da die tatsächlichen Kosten für die Fahrkarten mit 3.600 € geringer sind, sind aufgrund der Kostendeckelung letztlich max. **4.500 €** abzugsfähig.
Wären die tatsächlichen Kosten hingegen höher als die Entfernungspauschale, könnten Sie die tatsächlichen Kosten absetzen. Deren Abzug wird nämlich nicht durch die Kostendeckelung begrenzt.
Nach Meinung des BFH sei nichts daran auszusetzen, dass mit der Entfernungspauschale uneingeschränkt alle laufenden und außergewöhnlichen Kosten abgegolten sind, und er hielt auch die 0,30 € für angemessen (BFH v. 15.11.2016 – VI R 4/15, BStBl 2017 II S. 228). Zumindest was die Höhe angeht hat der Fiskus ja jetzt endlich ein wenig nachgebessert.

TRICK

Die tatsächlichen Kosten absetzen!

Die Entfernungspauschale, die Ihnen auch bei Benutzung öffentlicher Verkehrsmittel zusteht, ist völlig unabhängig von der Höhe Ihrer Kosten. Wenn also Ihre tatsächlichen Fahrtkosten nur einen Bruchteil dessen ausmachen, was sich aus der Entfernungspauschale ergibt, dürfen die Fiskalritter deshalb noch lange nicht den Rotstift ansetzen. **245**

Statt der Entfernungspauschale können Sie aber auch die tatsächlichen Kosten für öffentliche Verkehrsmittel absetzen, falls diese höher sind als die Entfernungspauschale. Haben Sie z.B. einen weiten Weg zur Arbeit und fahren erster Klasse oder müssen häufiger ein Taxi benutzen? Dann vergleichen Sie die tatsächlichen Kosten und die Entfernungspauschale. Den höheren Betrag setzen Sie als Werbungskosten ab. Kommt der Abzug der tatsächlichen Kosten in Betracht, spielt die Kostendeckelung auf 4.500 € keine Rolle. Will man Ihnen z.B. die Taxikosten für die Fahrt zur Arbeit streitig machen, kontern Sie mit der Entscheidung des FG Thüringen v. 22.10.2019 (3 K 490/19). Die Thüringer Finanzrichter haben Taxikosten ohne Wenn und Aber anerkannt. Weil das dem Finanzamt aber nicht passt, ist deswegen eine Revision beim BFH anhängig (Az. VI R 26/20). Sie lassen sich davon aber nicht beeindrucken und machen die Taxikosten munter geltend.

WICHTIGER HINWEIS

Achtung Bus- und Bahnfahrer mit kurzen Entfernungen zur Arbeit!
Das Sammeln Ihrer Fahrkarten zahlt sich besonders dann aus, wenn Sie nur einen kurzen Weg zur Arbeit haben, diesen mit Bus, Bahn oder Straßenbahn zurücklegen und dafür eine Zeitkarte nutzen. Gerade in diesem Fall sind die tatsächlichen Kosten höher als die Entfernungspauschale. **Übrigens:** Dass Sie Ihre Zeitkarte auch für private Fahrten nutzen, spielt keine Rolle und führt nicht zu einer Kürzung bei den Werbungskosten.
Einige Besonderheiten gelten für **Familienheimfahrten bei doppelter Haushaltsführung.** Zwar greift hier ebenfalls eine vom Verkehrsmittel unabhängige Entfernungspauschale, nicht aber die Deckelung auf 4.500 €.

246 **Wirkungsbereich der Entfernungspauschale:**

- Fahrten zwischen Wohnung und regelmäßiger Arbeitsstätte,
- Familienheimfahrten bei doppelter Haushaltsführung,
- Berechnung der Grenze für die Pauschalierung der Lohnsteuer mit 15 % auf Fahrtkostenzuschüsse.

247 **Begünstigte Verkehrsmittel**

Wie Sie schon oben gelesen haben, ist der Ansatz der Entfernungspauschale unabhängig davon, welches Verkehrsmittel Sie benutzen. Sie gilt einheitlich für:

- Kraftfahrzeug (Pkw, Motorrad),
- Moped oder Mofa,
- Fahrrad,
- öffentliche Verkehrsmittel (Bus, Bahn, Straßenbahn, Fähre etc.),
- Fahrgemeinschaft,
- Fortbewegung zu Fuß.

Aber auch hier gilt natürlich der alte Satz: Keine Regel ohne Ausnahme. Die Ausnahme bilden **Flugkosten.** Bei der Benutzung eines Flugzeugs z. B. für Familienheimfahrten hat der Fiskus den Ansatz der Entfernungspauschale für die reine Flugstrecke ausdrücklich ausgeschlossen. Dasselbe gilt, wenn der Flug ausnahmsweise als Fahrt zwischen Wohnung und Arbeitsstätte zu qualifizieren ist. Da für diese Wegekosten somit nichts abzugsfähig wäre, hat der Fiskus Gnade vor Recht ergehen lassen und erlaubt ausnahmsweise, dass die tatsächlichen Kosten für das Flugticket als Werbungskosten abgezogen werden.

Aber aufgepasst! Sie müssen ja auch irgendwie zum Flughafen kommen. Egal, ob Sie mit dem Taxi, der Bahn oder dem eigenen Auto fahren: Sie können für diesen Teil des Weges die Entfernungspauschale absetzen.

TRICK

Vermeiden Sie die Kostendeckelung!

Auch wenn Sie kein eigenes Auto besitzen, müssen Sie nicht in jedem Fall die 248
Deckelung der Entfernungspauschale auf 4.500 € im Jahr hinnehmen. Sie dürfen die Entfernungspauschale ohne Deckelung auch dann ansetzen, wenn Sie mit einem geliehenen oder Ihnen zur Nutzung überlassenen Auto zur Arbeit fahren. Ob Sie die Kosten für den Wagen tragen, spielt dabei keine Rolle (R 9.10 Abs. 2 LStR).

Die Kostendeckelung greift im Übrigen nur für die Kosten öffentlicher Verkehrsmittel. Nehmen wir einmal an, Sie fahren zunächst mit dem Auto zum Bahnhof, steigen dort in den Zug ein und legen an Ihrem Arbeitsort das letzte Stück des Weges mit der Straßenbahn zurück. Die Entfernungspauschale für die Fahrten mit Bahn und Staßenbahn ist auf 4.500 € gedeckelt. Die Entfernungspauschale für die morgendliche und abendliche An- und Abfahrt zum Bahnhof bekommen Sie aber in jedem Fall zusätzlich. Das gilt selbst dann, wenn dadurch die Grenze von 4.500 € überschritten wird.

Hinweis
Das Einkommensteuergesetz sieht keine besonderen Nachweispflichten vor, dass Sie tatsächlich ein Auto benutzen. Es reicht also auch hier aus, wenn Sie die Nutzung des Autos durch wahrheitsgemäße Angaben in der Steuererklärung glaubhaft machen. Allerdings kann es Ihnen passieren, dass Ihr Finanzamt bei großen Entfernungen einen Nachweis über die Gesamtfahrleistung des Autos verlangt. Wappnen Sie sich also für diesen Fall, indem Sie z. B. die Kilometerstände notieren, TÜV- und ASU-Berichte sowie Ihre Werkstattrechnungen aufbewahren.

249 **Welche Strecke ist bei der Berechnung der Pauschale maßgebend?**

Maßgebend für die Berechnung der Pauschale ist die kürzeste Straßenverbindung zwischen Wohnung und Arbeitsstätte. Aber: Wenn Sie mit dem Auto lieber auf die zeitlich günstigere, etwas längere Strecke ausweichen, sollten Sie sich nicht scheuen, diese anzugeben. Schließlich heißt es im Gesetz eindeutig, dass Sie eine zwar längere, aber verkehrsgünstigere Strecke ansetzen können, wenn Sie sie regelmäßig benutzen (§ 9 Abs. Abs. 1 Nr. 4 S. 4 EStG).

TIPP

Auf eine absolute Zeitersparnis kommt es nicht an!

Der BFH hat glasklar entschieden, dass für die Frage, ob eine Strecke offensichtlich verkehrsgünstiger ist, nicht eine Zeitersparnis von mindestens 20 Minuten verlangt werden kann. Eine solche absolute Zeitgrenze ergibt sich nicht aus dem Gesetz. Die Fahrzeitersparnis darf nur im Verhältnis zur Gesamtfahrzeit nicht von untergeordneter Bedeutung sein. Probleme könnte es damit geben, wenn die Zeitersparnis durch die längere verkehrsgünstigere Strecke unter 10 % liegt (FG Berlin-Brandenburg v. 23.5.2017 – 7 K 7134/15). Andererseits können auch Kriterien wie die Verkehrssicherheit, Streckenführung oder Ampelschaltungen eine längere Strecke als verkehrsgünstig rechtfertigen, selbst wenn sich keine signifikante Fahrzeitersparnis ergibt (BFH v. 16.11.2011 – VI R 46/10, BFH/NV 2012 S. 505 und BFH v. 16.11.2011 – VI R 19/11, BFH/NV 2012 S. 508). Deshalb kann z. B. in den Wintermonaten eine schon morgens gut gestreute längere Strecke über eine Hauptverkehrsstraße maßgebend sein, wenn eine kürzere Nebenstrecke nicht zuverlässig von Schnee und Eis befreit ist.

Sie müssen sich vor allem mit Ihrem Finanzamt nicht mehr auf Diskussionen einlassen, ob es statt der von Ihnen benutzten Strecke eine Alternative zur kürzesten Fahrstrecke gibt, die noch schneller ist. Entscheidend ist nur, dass Ihre Strecke günstiger ist als die kürzeste Verbindung. Günstiger bedeutet nicht, dass die Strecke kostengünstiger ist: Dass Sie eine mautpflichtige Brücke, eine Fähre oder einen Tunnel vermeiden, reicht als Argument nicht aus (BFH v. 12.12.2013 –VI R 49/13, BFH/NV 2014 S. 681).

Interessanterweise wird Ihre Entfernungspauschale auch dann nach der Straßenentfernung berechnet, wenn Sie mit öffentlichen Verkehrsmitteln zur Arbeit fahren. Die sehr wahrscheinlich davon abweichenden Entfernungen z. B. der Bahn spielen keine Rolle. Angenommen, Sie fahren mit der Bahn zur Arbeit. Die Tarifentfernung der Bahn beträgt 38 km; zusätzlich legen Sie am Wohnort und am Arbeitsort noch jeweils 1 km zu Fuß zurück. Die kürzeste Straßenverbindung von Ihrer Wohnung zum Arbeitsplatz beträgt aber 45 km.

Für die Berechnung der Entfernungspauschale kommt es einzig und allein auf die Straßenentfernung an. Ihre Werbungskosten belaufen sich also auf:

20 km × 0,30 € = 6 € + 25 km × 0,35 € = 8,75 €
=> 14,75 € × 220 Arbeitstage = 3.245 €

Besonders kurios wird es, wenn Sie den kürzeren Weg über die Autobahn nicht nehmen, weil Ihr Kleinkraftrad für die Autobahn nicht zugelassen ist. Gleichwohl wird für die Berechnung der Entfernungspauschale nur die kürzeste Straßenverbindung über die Autobahn angesetzt (BFH v. 24.9.2013 – VI R 20/13, BStBl 2014 II S. 259).

Was passiert, wenn Ihr Arbeitgeber einen Teil Ihrer Kosten übernimmt? 250
Keine Entfernungspauschale steht Ihnen zu, wenn Sie von einer steuerfreien Sammelbeförderung durch den Arbeitgeber profitieren.

In Fällen, wo Ihr Brötchengeber

- an Sie gezahlte Fahrgelder oder den Vorteil aus der Benutzung eines Firmenwagens mit 15 % pauschal versteuert,
- Ihnen als Beschäftigtem im Personennahverkehr über Personalrabatte steuerfrei die Fahrtmöglichkeit mit öffentlichen Verkehrsmitteln einräumt,
- Ihnen ein Job-Ticket steuerfrei überlässt (vgl. ➤ Rz 48),

wird Ihnen das auf Ihre Entfernungspauschale angerechnet. Damit auch der schläfrigste Finanzbeamte kapiert, dass Sie von solchen steuerbegünstigten Leistungen für Ihre Fahrten zwischen Wohnung und Arbeitsstätte profitieren, muss Ihr Arbeitgeber auf Ihrer Lohnsteuerbescheinigung ein »F« vermerken. Da die Lohnsteuerbescheinigung elektronisch an das Finanzamt übermittelt wird, kann dieser Hinweis auf Kürzung Ihrer Werbungskosten kaum übersehen werden.

Welche Besonderheiten gibt es für Behinderte? 251
Liegt Ihr Grad der Behinderung bei mindestens 70 % oder mindestens 50 bis 65 % und steht in Ihrem Schwerbehindertenausweis zusätzlich ein »G«, »aG« oder »H«, dann müssen Sie sich nicht mit der Entfernungspauschale abspeisen lassen. Sie können entweder Ihre tatsächlichen Kosten oder hilfsweise die Pauschalbeträge für Dienstreisen (0,30 € je gefahrenen Kilometer) ansetzen. Beides bekommen Sie taggenau berechnet ab dem Tag, an dem das Ausweismerkzeichen im Behindertenausweis oder im Bescheid über die Behinderung eingetragen ist (BFH, Beschluss v. 11.3.2014 – VI B 95/13).
Zusätzlich machen Sie die Parkgebühren geltend (BMF v. 18.3.1980 – BStBl I 1980 S. 147). Lassen Sie sie sich nicht mit dem Hinweis auf das BFH-Urteil vom 2.2.1979 (BStBl 1979 II S. 372) ausreden, das einem Nichtbehinderten die Parkgebühren verwehrt hat, weil sie durch den gesetzlichen Kilometerpauschbetrag abgegolten seien. Für Sie gilt vielmehr R 9.5 LStR und R 9.8 Abs. 1 Nr. 3 LStR, die den Abzug der Parkgebühren zusätzlich zu den tatsächlichen Kfz-Kosten bzw. den Dienstreisepauschalen ausdrücklich absegnen.

Können Sie wegen Ihrer Behinderung nicht selbst fahren oder haben Sie deswegen keinen Führerschein und fährt Sie deshalb Ihr Ehe- oder Lebenspartner zur Arbeit und holt Sie auch wieder ab, sind auch dessen Leerfahrten abzugsfähig (H 9.10 LStH »Behinderte«). Sie können für diese Fahrten ebenfalls die Dienstreisepauschalen oder die tatsächlichen Kosten absetzen (BFH v. 2.12.1977 – BStBl 1978 II S. 260).

252 **Berechnung der Arbeitstage**

Man geht aus von			365
die um freie Samstage/Sonntage	104		
Feiertage (12 – 14)	12		
und Urlaubstage	27		
zu kürzen sind:	143	>	– 143
Es verbleiben			222

Sind Sie an 240 Tagen 40 km zur Arbeit gefahren, rechnen Sie natürlich mit 240 Tagen:
20 km × 0,30 € = 6 € + 20 km × 0,35 € = 7 €
=> 13 € × 240 Arbeitstage = 3.120 €

TIPP

Volle Entfernungspauschale nur bei Hin- und Rückfahrt zur Arbeit!

Zur Spitze der Kleinigkeitskrämerei haben sich jetzt Fiskus und BFH verschworen (BFH v. 12.2.2020 – VI R 42/17, DB 2020 S. 1320). Sie lassen die volle Entfernungspauschale nur zu, wenn an dem betreffenden Tag sowohl eine Hin- als auch eine Rückfahrt von der Wohnung zur Arbeitsstätte durchgeführt wurde. Da frage ich mich doch ganz ernsthaft, ob es den Damen und Herren noch gutgeht. Da stampfen sie den Abzug der Entfernungspauschale aus angeblichen Vereinfachungsgründen auf eine Pauschale pro Arbeitstag zusammen. Fährt ein Arzt oder Musiker, Schauspieler oder Lehrer aus eindeutig beruflichen Gründen zwei- oder dreimal am Tag zur Arbeit, beruft sich der Fiskus auf die Pauschalierung und den Ansatz pro Arbeitstag und streicht gnadenlos die Zusatzfahrten. Kommt es aber ausnahmsweise einmal vor, dass am selben Tag keine Rückfahrt erfolgt, soll die Pauschalierung keine Rolle mehr spielen und wird die Entfernungspauschale halbiert. ***Ja, geht's noch?***

Treffen kann Sie diese Kleinigkeitskrämerei vor allem, wenn Sie
- über Mitternacht arbeiten,
- an Ihrer Arbeitsstätte übernachtet haben oder
- eine mehrtägige Dienstreise am Arbeitsort beginnen oder beenden.

In all diesen Fällen werden Ihnen für den betreffenden Tag nur je 0,15 € für die ersten 20 Entfernungskilometer und je 0,175 € für alle weiteren zugestanden. Bezeichnend finde ich, dass der Fiskus für diesen Fall in seinen Steuererklärungsformularen überhaupt keine Eintragungsmöglichkeit anbietet. Versuchen Sie doch einmal, beim Online-Finanzamt ELSTER halbe Arbeitstage in ein Formular einzutragen. Eine solche Eintragung weist das Programm als fehlerhaft zurück.

WICHTIGER HINWEIS

S Aufgepasst, Ihr Selbständigen, deren bessere Hälfte als Arbeitnehmer tätig 253
ist und mit Ihrem Firmenwagen zur Arbeit fährt. Auch als neben Ihrem Hauptberuf selbständig Tätiger sollten Sie jetzt die Ohren spitzen.

Für einen mehr als zu 50 % freiberuflich oder gewerblich genutzten Pkw, dessen Kosten Sie bei der Gewinnermittlung absetzen, müssen Sie als Privatanteil 1 % des Bruttolistenpreises pro Monat versteuern. Damit sind grundsätzlich sämtliche außerbetrieblichen Nutzungen abgegolten. Und da Sie alle Autokosten über den Betrieb absetzen, können Sie den Privatanteil von 12 % des Listenpreises pro Jahr locker verschmerzen.

Aber: Zusätzlich zum privaten Nutzungsvorteil für den Pkw müssen die Kosten, die auf Fahrten zwischen Wohnung und Arbeitsstätte entfallen, als steuererhöhende Entnahme erfasst werden (BFH v. 26.4.2006 – BStBl 2007 II S. 445).

Beispiel

Meier ist Arbeitnehmer und fährt täglich 40 km zur Arbeit, im Jahr insgesamt also 18.400 km. Dazu kommen etwa 5.000 km rein private Fahrten. Nebenher ist Meier als selbständiger Versicherungsvertreter tätig, und im Rahmen dieser Tätigkeit nutzt er das Auto überwiegend (26.600 km pro Jahr). Deshalb hat er es im Betriebsvermögen aktiviert und versteuert einen Privatanteil von 12 % pro Jahr. Anschaffungskosten für das Auto: 24.000 € (Listenpreis 25.000 €).

Meier hat zunächst einmal folgende Kfz-Kosten als Betriebsausgaben gebucht:

Abschreibung: 1/6 von 24.000 €	4.000 €
Laufende Kosten (Benzin, Wartung, Steuern, Versicherung etc.)	8.000 €
Betriebsausgaben	12.000 €
./. Privatanteil 12 % von 25.000 €	– 3.000 €
./. zusätzlicher Privatanteil 18.400/50.000 × 12.000 €	– 4.416 €
Steuerwirksame Pkw-Kosten im Betrieb	4.584 €
Hinzu kommen Werbungskosten für Fahrten zur Arbeit	
20 km × 0,30 € = 6 € + 20 km × 0,35 € = 7 € => 13 € × 230 Tage	2.990 €
Steuerwirksame Kosten insgesamt	7.574 €

Wie Sie sehen, ist das nicht wirklich ein lohnendes Geschäft. Besser ist es da schon, wenn man dem Finanzamt sagen kann, man sei den Weg zur Arbeit mit dem Zweitwagen oder öffentlichen Verkehrsmitteln gefahren. Sogar ein völliger Verzicht auf die Entfernungspauschale wäre hier lukrativer.

TRICK

Holen Sie mit Wechselgeld und Briefmarken aus Ihrem Mittagessen über 200 € Steuerersparnis heraus!

254 Als Innendienstler erkennt Ihnen das Finanzamt nur die Fahrt zwischen Wohnung und Arbeitsstätte an. Normalerweise können Sie also keine mittäglichen Fahrtkosten absetzen. Außerdem rechnen nach dem BFH-Urteil vom 4.7.1975 (BStBl 1975 II, S. 738) Aufwendungen für Mittagsheimfahrten bei geteilter Arbeitszeit zu den Lebenshaltungskosten, auch bei einer Mittagspause von zwei Stunden oder wenn Sie auf Diätverpflegung angewiesen sind. Wenn Sie also als Banker, Versicherungsangestellter, Verkäuferin usw. mittags in einer nahe gelegenen Gaststätte essen, sollen Sie das zu 100 % auf eigene Kosten tun.

Sie sind aber schlau, schlagen dem Fiskus ein Schnippchen und greifen sich dazu erst einmal Ihren Chef. Erklären Sie ihm, Sie seien bereit, den täglichen Botengang zur Post, zur Bank usw. zu übernehmen, falls Sie im Anschluss daran Ihre Mittagspause einlegen dürften. Auf diese Weise befinden Sie sich jeden Tag um die Mittagszeit auf einer hochoffiziellen Dienstreise mit zu 0,30 € je gefahrenen Kilometer absetzbaren Fahrtkosten. Bei 230 Arbeitstagen ergibt sich daraus für Sie z. B. folgende Rechnung:

Fahrtkosten für tägliche Dienstgänge zu Post, Bank etc.	
230 Tage à 10 km × 0,30 €	690 €
Steuerersparnis bei einem Steuersatz von ca. 30 %	207 €

GUTER RAT

255 Ihre Fahrtkosten sind nur dann auf die Entfernungspauschale begrenzt, wenn es sich um Fahrten zwischen Wohnung und erster Tätigkeitsstätte handelt. Für alle anderen Fahrten können Sie die tatsächlichen Kosten oder stattdessen 0,30 € je gefahrenen Kilometer absetzen (➤ Rz 218).

256 **b) Autodiebstahl, Unfall oder Motorschaden**

Bei der Berücksichtigung von Kosten durch einen Unfall, Diebstahl oder Motorschaden des Autos kommt es entscheidend darauf an, dass die betreffende Fahrt beruflich veranlasst war. Abzugsfähig sind daher Kosten für einen Unfall

- auf einer Dienstreise oder anderen Auswärtstätigkeiten
- und auch wieder bei Fahrten zwischen Wohnung und erster Tätigkeitsstätte.

TIPP

Keine Abzugsverbot für Unfallkosten trotz gegenteiliger Rechtsprechung!

Zwar wollen weder der BFH noch die Finanzgerichte (FG Köln v. 24.2.2016 – 3 K 3502/13) Kosten für Unfälle auf dem Weg von und zur Arbeit anerkennen, weil sie der Ansicht sind, dass die Entfernungspauschale *alle* Kosten für die Fahrt zur Arbeit abdeckt, sie also nicht zwischen laufenden oder außergewöhnlichen Kfz-Kosten unterscheiden. Gute Nachrichten gibt es allerdings etwas überraschend von der Bundesregierung. Die hat nämlich diese wenig steuerzahlerfreundliche Rechtsprechung eingebremst und sozusagen einen steuerlichen Salto rückwärts angeordnet.
Der parlamentarische Staatssekretär des Bundesfinanzministeriums Dr. Michael Meister hat ausdrücklich erklärt, dass die Finanzämter es aus Billigkeitsgründen akzeptieren, wenn Aufwendungen für die Beseitigung eines Unfallschadens neben der Entfernungspauschale als Werbungskosten geltend gemacht werden. Voraussetzung ist, dass der Verkehrsunfall sich auf einer Fahrt von und zur Arbeit, bei einem Umweg zum Tanken während einer solchen Fahrt oder bei der Abholung der Mitfahrer Ihrer Fahrgemeinschaft ereignet hat.
(Quelle: Antwort der Bundesregierung auf eine entsprechende Anfrage zu Unfallkosten im Bundestag, BT-Drucks. 18/8523)
Zu den beruflichen Kosten gehören auch Schadenersatzleistungen, Prozesskosten und alle sonstigen Aufwendungen aus Anlass eines Unfalls. Nach Ansicht einiger Finanzgerichte gilt dies selbst dann, wenn der Unfall fahrlässig verschuldet wurde. Wer allerdings meint, er könne sich erst kräftig einen hinter die Binde gießen und anschließend ans Steuer setzen, der wird doppelt bestraft – vom Gericht und vom Fiskus. Sie können die Unfallkosten nicht absetzen, wenn Sie blau wie ein Veilchen waren (BFH v. 18.12.1981 - BStBl 1982 II S. 261). Daran ändert auch die Billigkeitsregelung nichts.
Abzugsfähig sind bei Behinderten auch die Unfallkosten, die während der Leerfahrt zum Abholen des behinderten berufstätigen Ehegatten (BFH – BStBl 1980 II S. 655), zum Betanken des Kfz oder zurück vom Bahnhof entstanden, nachdem der behinderte Ehegatte zum Zug gebracht worden war, mit dem er weiter zur Arbeit fährt (BFH v. 26.6.1987 – BStBl 1987 II S. 818).
Sind Ihnen infolge eines Unfalls auf dem Weg zur Arbeit Kosten zur Beseitigung oder Linderung von Körperschäden entstanden – weil Sie z.B. operiert werden mussten, in Kur fuhren, zur Physiotherapie oder zu Gymnastikkursen gingen – und sind Ihnen diese Kosten nicht in voller Höhe von Ihrer Versicherung oder der Berufsgenossenschaft erstattet worden, können Sie sie als Werbungskosten

abziehen. Sie sind nämlich nicht mit der Entfernungspauschale abgegolten, weil die Entfernungspauschale nur fahrzeug- und wegstreckenbezogene Aufwendungen abdeckt (BFH v. 19.12.2019 – VI R 8/18 BStBl 2020 II S. 291).

257 Ist der Pkw als berufliches Arbeitsmittel einzustufen – was eine sehr hohe berufliche Nutzung von z. B. 90 % voraussetzt –, sind auch Verluste durch Diebstahl im privaten Bereich – z. B. aus dem zur Wohnung gehörenden Garagenhof – abzuziehen (BFH – BStBl 1983 II S. 586) oder Beschädigungen infolge von Vandalismus.

TIPP

Seien Sie hartnäckig!

258 Unfallkosten können Sie nicht nur absetzen, wenn Sie an Ihre eigene Mühle Beulen fahren. So hat eine hartnäckige Steuerzahlerin, die bei einer beruflichen Fahrt mit dem Auto eines Bekannten in den Graben gerutscht war, sich nicht mit der Ablehnung durch das Finanzamt zufriedengegeben und vor dem Finanzgericht den Schadenersatz, **den sie ihrem Bekannten gezahlt hat, als Werbungskosten durchgeboxt** (EFG 1993 S. 647).

SUPER TRICK

Holen Sie Geld vom Finanzamt für das kaputte Auto Ihres Partners!

Wenn Sie sich für die Dienstreise das Auto Ihres Lebenspartners geliehen haben und damit einen Unfall verursachen, können Sie zwar die Fahrtkosten absetzen, den Unfallschaden wollen die Fiskalritter aber mit einer ganz hinterlistigen Argumentation vom Tisch fegen: Sie hätten keinen Aufwand durch den Unfall, da der Wagen nicht Ihnen gehöre und Schäden an einem fremden Auto nur als sog. Drittaufwand abgesetzt werden könnten, wenn die Mühle Ihrem Ehepartner gehöre (FG Niedersachsen v. 19.1.1994, EFG 1994 S. 785).
Aber die Bürokraten haben die Rechnung ohne den Wirt gemacht: Sie schaffen sofort klare Verhältnisse und zahlen Ihrem Partner Schadenersatz für das kaputte Auto.
Damit sich die Sache lohnt, rechnen Sie untereinander genauso ab, wie Sie es mit einer Autoversicherung machen würden. Also nicht nur die Reparaturkosten erstatten, sondern auch einen ordentlichen Teil für Wertminderung des Unfallwagens, Auslagen und Nutzungsausfall für die Zeit der Reparatur. Die Rechnung für das Finanzamt könnte dann z. B. so aussehen:

Aufgrund einer außergerichtlichen Vereinbarung gezahlte Kostenerstattung an Herrn/Frau . . . . . für den von mir auf der Dienstreise verursachten Unfallschaden am . . . . .(Datum) mit dem Fahrzeug . . . . .(Kennzeichen):

Reparaturkosten lt. Rechnung Autohaus Schnell	2.535,50 €
Pauschaler Auslagenersatz für Telefonate, Porto etc.	50,00 €
Wertminderung für das Unfallfahrzeug lt. außergerichtlicher Vereinbarung	600,00 €
Nutzungsausfall während der Reparatur 8 Tage à 45,00 €	360,00 €
Als Werbungskosten abzugsfähiger Unfallkostenersatz	3.545,50 €

Damit alles wirklich wasserdicht ist, werden Sie den Betrag auf den Cent genau auf das Konto Ihres Herzblatts überweisen. Dass Sie auf diese Weise sogar die Wertminderung absetzen können, die man Ihnen beim Unfall mit dem eigenen Wagen immer streicht, wird die Fiskalritter dabei besonders ärgern … (Schwierigkeiten? Das Urteil in den EFG 1993 S. 647 steht Ihnen bei.)

TIPP

Nutzen Sie Ihren Vorteil bei einem Unfall!

Haben Sie eine **Fahrt von oder zur Arbeit** oder eine **Dienstreise** mit Ihrem **privaten Pkw** durchgeführt und dabei einen Unfall verursacht, so können Sie, wenn Sie das Fahrzeug nicht reparieren lassen, den Wertverlust als Werbungskosten geltend machen (FG München v. 7.12.2001 – Az 1 K 5272/00). 259
Seien Sie besonders auf der Hut, wenn Sie handwerklich begabt sind und aus Kostengründen den Unfallschaden selbst reparieren. Die Wertminderung durch den Unfall sollen Sie dann nämlich nicht absetzen können. Lediglich die Reparaturkosten gestehen Ihnen die Herren Geiz & Co. beim Bundesfinanzhof zu (BFH-Urt. v. 27.8.1993 – BStBl 1994 II S. 235). Sagen Sie dem Finanzamt also: »Das Auto wurde bisher nicht repariert, sondern nur notdürftig fahrtüchtig gemacht.« Nun kann das Finanzamt Ihnen die Wertminderung nicht streichen.

Bei einem Totalschaden an Ihrer Kiste können Sie den Restwert vor dem Unfall absetzen. Die Differenz zum Kaufpreis Ihres neuen Autos ist dagegen weder als Werbungskosten noch als außergewöhnliche Belastung abzugsfähig, weil insoweit keine Vermögensminderung eingetreten ist (FG Niedersachsen v. 10.11.1988 – NWB 1989 Fach 1 S. 217). 260

TIPP

Passen Sie bei Totalschaden auf!

Nach Meinung des BFH (BStBl 1995 I S. 318) soll als Restwert nicht der tatsächliche Wert Ihres Autos anerkannt werden, es wird also nicht auf die Schwacke-Liste oder ein Gutachten zurückgegriffen. Der Restwert ergibt sich vielmehr aus den Anschaffungskosten nach Abzug einer fiktiven Abschreibung bis zum Unfall. Fazit: Wenn Ihre Mühle älter als acht Jahre war (FG München v. 7.12.2001 – 1 K 5272/00), schauen Sie ganz schön alt aus. Bei einer Nutzungsdauer für Pkw von acht Jahren beträgt der Restwert nämlich 0 €.

Bei einem älteren Auto sollten Sie sich **einen irreparablen Totalschaden also möglichst verkneifen**, weil zum Ärger über den Unfall auch noch der Frust bei der Steuer kommt. Bei jüngeren Autos rechnen Sie das dem Finanzamt so vor:

Anschaffungskosten im Januar 2019	36.000 €
Abschreibung bis zum Unfall im April 2021	
= 27 Monate: 27/96 × 36.000 €	– 10.125 €
Restwert zum Zeitpunkt des Unfalls	25.875 €

Macht das Finanzamt bei dieser Berechnung nicht mit, weil die Nutzungsdauer für Pkw lt. amtlicher Tabelle nur sechs Jahre beträgt, wehren Sie sich dagegen mit dem BFH-Urteil vom 29.3.2005 (BStBl 2006 II S. 368), das ebenfalls von einer Nutzungsdauer von acht Jahren ausgeht.

Das Steuerrecht ist ja so gerecht: Das Mehr an unfallbedingten Versicherungskosten – der Verlust des Schadensfreiheitsrabatts – kann der Selbständige absetzen, der Nichtselbständige nicht (BFH v. 11.7.1986 – BStBl 1986 II S. 866)!

Natürlich müssen Sie die Unfallkosten selbst getragen haben. Hat sie die Versicherung oder Ihr Arbeitgeber bezahlt, können Sie sie nicht bei der Steuer geltend machen. Zahlt Ihnen Versicherung oder Arbeitgeber nur einen Teil, können Sie den Rest natürlich sehr wohl geltend machen.

Zwei Mücken treffen sich vor dem Finanzamt.
Die eine kommt gerade heraus,
die andere will hinein. Meint die,
die herauskommt, zu der, die hineinwill:
»Zwecklos, die saugen selbst!«

TRICK

Verdienen Sie mit kaputten Scheiben 1.000 € und mehr!

Wenn Sie schon die Fiskalritter nicht mit dem Unfall zur Kasse bitten können, 261
sollten Sie wenigstens versuchen, sich bei der Autoversicherung schadlos zu halten. »Ja, wie denn?«, fragen Sie. »Die alte Karre war nicht mehr vollkaskoversichert. Und da ich die Rostlaube selbst gegen den Baum gefahren habe, zahlen doch die Versicherungsfritzen keinen Cent.«

Dazu müssen Sie wissen, dass bei der Teilkasko Glasbruch mitversichert ist. Auch bei einem selbstverschuldeten Unfall muss die Versicherung Ihnen über die Teilkasko jedes beschädigte Glasteil am Auto ersetzen. Sie werden sich wundern, wie viel Glas an so einem Auto ist. Nicht nur die Scheiben, auch Spiegel, Scheinwerfer, Blinker, Sonnendach sind aus zerbrechlichem Material. Lassen Sie sich bei einem Totalschaden von Ihrer Werkstatt unbedingt eine Aufstellung über die defekten Glasteile und deren Preise geben. Natürlich nur für die, die beim Unfall zerbrochen sind. Die Scheiben, die Ihre Kinder beim Spielen in dem Wrack nachträglich zerdeppert haben, fallen nicht unter die Kaskoversicherung. Die Aufstellung reichen Sie dann zusammen mit ein paar Fotos bei der Versicherung ein, und schon kommt ein warmer Geldregen, der ohne weiteres 500 bis 1.000 € betragen kann.

Aufstellung der Unfall- und Berufskosten

1. Reparaturrechnung vom … der Firma … über	2.410 €
Weitere Schäden durch Unfall:	
a) vom Sitz geschleuderter Laptop: Wiederherstellungskosten lt. Rechnung	40 €
b) von der Ablage gefallene Minolta-Kamera (Wiederherstellungskosten)	225 €
Zerstörung der Brille … Kosten einer neuen	100 €
Ausgelaufenes Benzin	20 €
Bekleidungsschaden (Reinigungskosten, Wertminderung)	150 €
Arztrechnung	100 €
Anwaltskosten und Gerichtsgebühren (BFH v. 2.3.1962 – BStBl 1962 III S. 192)	400 €
Sonstige Kosten: Telefonate, Taxifahrten zur Versicherung, Kosten der Korrespondenz	50 €
Unfallkosten	3.495 €

262 **c) Gemeinsame Fahrten von Eheleuten**

So richtig vorteilhaft wirkt sich die Entfernungspauschale für Sie aus, wenn Sie gemeinsam mit Ihrem Ehegatten zur Arbeit fahren. Egal, ob jeder selbst mit dem Auto fährt, ob beide am selben Ort arbeiten und mit dem gemeinsamen Auto fahren oder Sie Ihre bessere Hälfte erst zur Arbeit bringen, dann zur eigenen Arbeitsstätte weiterfahren und Ihr Schätzchen abends wieder abholen – Sie kassieren auf jeden Fall beide die Entfernungspauschale für den jeweiligen Arbeitsweg. Im Idealfall also die doppelte Pauschale.

Beispiel

Sie fahren morgens Ihre Frau nach A (40 km), anschließend fahren Sie weiter zu Ihrer Arbeit nach B (30 km). Abends machen Sie die gleiche Tour in umgekehrter Richtung. Die direkte Entfernung von Ihrer Wohnung nach A beträgt 40 km, nach B 35 km.

Und so rechnen Sie beim Finanzamt die Entfernungspauschalen ab:

Ehemann:

20 km × 0,30 € = 6 € + 15 km × 0,35 € = 5,25 € => 11,25 € × 220 Tage = 2.475 €

Ehefrau:

20 km × 0,30 € = 6 € + 20 km × 0,35 € = 7 € => 13,00 € × 220 Tage = 2.860 €

263 **d) Fahrtkosten bei Einsatzwechseltätigkeit**

Geht Ihr Beruf als Einsatzwechseltätigkeit durch, wirkt sich das günstig auf Ihre Fahrtkosten aus, weil Sie die tatsächlichen Kosten Ihres Autos oder stattdessen 0,30 € je gefahrenen Kilometer absetzen können.

Zu den Einzelheiten vgl. ➤ Rz 194, Rz 218, Rz 220.

WICHTIGER HINWEIS

264 Nicht alle Einsatzwechseltätigen, die von ihrer Firma per steuerfreiem Sammeltransport (➤ Rz 250) zur Arbeit gebracht werden, schauen bei den Fahrtkosten komplett in die Röhre.

Werden Sie z. B. nicht zu Hause abgeholt, sondern fahren morgens erst zu Ihrer Firma oder einem Treffpunkt und steigen dort mit den anderen Kollegen in den Firmenbus, steht Ihnen für diese Fahrt die Reisekosten-Kilometerpauschale von 0,30 € je gefahrenen Kilometer zu. Sie müssen sich nicht mit der geringeren Entfernungspauschale begnügen, weil die Firma nicht schon deswegen, dass Sie dorthin fahren, um in ein Firmenfahrzeug umzusteigen, zur regelmäßigen Arbeitsstätte wird.

Aufgepasst, wenn Sie Ihr Brötchengeber zwar zur Einsatzstelle transportiert, Ihnen dafür aber einen finanziellen Obolus in Form einer Fahrtkostenbeteiligung abknöpft. Zwar bekommen Sie dann trotzdem keine Entfernungspauschale, aber Sie können den Fahrtkosten-Obolus als Werbungskosten absetzen. Wenn sich der für Sie zuständige Fiskalvertreter damit schwertut, helfen Sie ihm mit einem Hinweis auf § 9 Abs. 2 EStG.

TRICK

Die richtige Arbeitsplanung bringt bei Kundendienstmonteuren bares Geld!

Richten Sie als Kundendienstmonteur Ihre Touren so ein, dass Sie nicht mehr 265
als 30 % Ihrer Arbeitszeit und möglichst nicht zwei ganze Arbeitstage pro Woche im Betrieb verbringen. Dann haben Sie nämlich dort keine erste Tätigkeitsstätte, und Ihre Fahrten dorthin stellen keine Fahrten zwischen Wohnung und Arbeitsstätte dar, sondern können wie Dienstreisen abgesetzt werden. Statt der Entfernungspauschale von 0,30 € je Entfernungskilometer setzen Sie die Fahrten mit den tatsächlichen Kosten für Ihr Auto oder der Dienstreisepauschale von 0,30 € je gefahrenen Kilometer ab.

Im Übrigen profitieren Sie so auch noch von der Verpflegungspauschale. Da die Fahrt zum Arbeitgeber jetzt Teil Ihrer Auswärtstätigkeit ist, beginnt Ihre Abwesenheitszeit mit Verlassen der Wohnung und endet erst, wenn Sie abends nach Hause zurückkehren. Damit kommen Sie locker auf eine Abwesenheitszeit von mehr als 8 Stunden pro Tag und können somit mindestens 14 € pro Tag als Verpflegungspauschale zusätzlich absetzen.

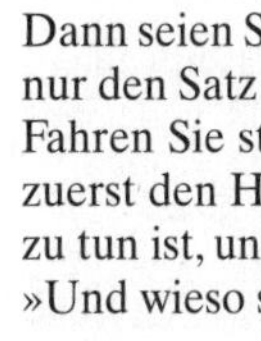

TRICK

Sie arbeiten in einer Zweigniederlassung oder Filiale?

Dann seien Sie clever: Fahren Sie nicht gleich frühmorgens zur Filiale, wofür Sie 266
nur den Satz von 0,30 €/035 € je Entfernungskilometer geltend machen können. Fahren Sie stattdessen – sofern das einigermaßen praktisch und plausibel ist – zuerst den Hauptsitz Ihres Betriebs an, besprechen dort z.B., was in der Filiale zu tun ist, und setzen sich erst dann zur Niederlassung in Trab.
»Und wieso soll das ein Vorteil sein?«, fragen Sie.

Weil Sie für die anschließende Fahrt zur Filiale den Kilometersatz der Dienstreise geltend machen können. Und dafür spendiert Ihnen der Fiskus 0,30 € für jeden gefahrenen Kilometer.

WICHTIGER HINWEIS

Berufsschüler und Auszubildende, aufgepasst!

267 Die Berufsschule, der Lehrgangsort oder das Seminar wird für Sie auch bei längerem Aufenthalt nicht zur ersten Tätigkeitsstätte. Entscheidend ist nur, dass der Aufenthalt dort befristet ist, was er ja in nahezu 100 % aller Fälle sein wird. Damit können Sie Ihre Fahrtkosten statt mit der mickrigen Entfernungspauschale mit den vollen Kosten oder mit 0,30 € je gefahrenen Kilometer absetzen.

Ob Sie nur tageweise Unterricht haben oder in mehr oder weniger langen Blöcken, spielt dabei keine Rolle (BFH-Urt. v. 10.4.2008 VI – BStBl 2008 II S. 825).

TIPP

Reisekosten für Bauleiter und andere!

268 Als Bauleiter werden Sie Ihre regelmäßige Arbeitsstätte fast immer am Betriebssitz haben. Das ist zumindest dann der Fall, wenn Sie am Betriebssitz wesentliche qualitative Planungsaufgaben erledigen. Somit führen Sie bei Ihrer Tätigkeit auf der auswärtigen Baustelle Dienstreisen aus und können die tatsächlichen Fahrtkosten oder pauschal 0,30 € je gefahrenen Kilometer geltend machen.
Sie sollten auch darauf achten, dass Sie pro Woche höchstens ein bis zwei Tage auf derselben Baustelle verbringen und die restlichen drei bis vier Tage entweder im Betrieb oder auf anderen Baustellen. So retten Sie zusätzlich den zeitlich unbegrenzten Abzug der Verpflegungspauschalen (➤ Rz 201).

269 **e) Fahrgemeinschaften**

Bei einer einseitigen Fahrgemeinschaft, bei der also lediglich eines der Mitglieder mit dem eigenen Auto fährt, die übrigen lediglich Mitfahrer sind, bekommt jedes Mitglied der Fahrgemeinschaft zunächst einmal die Entfernungspauschale. Allerdings schauen die reinen Mitfahrer bei größeren Entfernungen ein wenig in die Röhre, weil ihre Entfernungspauschale auf max. 4.500 € gedeckelt wird.

Beispiel

Sie und Ihr Nachbar Willi arbeiten im selben Betrieb. Da Willi kein Auto hat, nehmen Sie ihn immer mit zur Arbeit. Die einfache Entfernung liegt bei 100 km. Die Entfernungspauschale beträgt zunächst einmal für beide

20 km × 0,30 € = 6 € + 80 km × 0,35 € = 28 € => 34,00 € × 220 Tage = 7.480 €

Da Sie für die Fahrten Ihr eigenes Auto benutzen, wird Ihre Entfernungspauschale nicht gedeckelt. Sie setzen also für Ihre Fahrten 7.480 € als Werbungskosten ab. Ihr Nachbar Willi wird dagegen mit 4.500 € abgespeist.
Bei einer wechselseitigen Fahrgemeinschaft wird es ein bisschen komplizierter, die Deckelung gilt nämlich nur für die Fahrten als Mitfahrer. Deshalb wird zunächst einmal für jedes Mitglied der Fahrgemeinschaft die Entfernungspauschale für die Tage ermittelt, an denen es lediglich als Mitfahrer fungierte. Der sich hierfür ergebende Betrag wird evtl. auf höchstens 4.500 € begrenzt. Zusätzlich zu diesem Betrag wird für jedes Mitglied die Entfernungspauschale angesetzt, die sich für die Arbeitstage ergibt, an denen es im Rahmen der Fahrgemeinschaft jeweils selbst mit dem Auto gefahren ist.

Beispiel
Ihr Nachbar Willi aus dem vorhergehenden Beispiel hat selbst ein Auto, und Sie wechseln sich mit dem Fahren ab. Dann kann dem Finanzamt folgende Rechnung aufgemacht werden:

		Sie selbst	**Nachbar Willi**
Entfernungspauschale für reine Mitfahrtage	110 × 34,00 €	3.740 €	3.740 €
Entfernungspauschale für Fahrten mit eigenem Kfz	110 × 34,00 €	3.740 €	3.740 €
Entfernungspauschale		7.480 €	7.480 €

f) Haben Sie mehr als eine Wohnung? 270

Als Ausgangspunkt für die Fahrten zur Arbeit kommt jede eigene Wohnung in Betracht, die Sie regelmäßig zur Übernachtung nutzen (R 9.10 Abs. 1 LStR).
Besitzen Sie etwa eine Zweitwohnung, weil Sie und Ihr Ehepartner vielleicht eine moderne Ehe führen, bei der Mann und Frau getrennt wohnen, sind die anfallenden Fahrtkosten zur Arbeitsstätte von der weiter entfernt liegenden Wohnung abziehbar, wenn diese (zumindest zeitweise) Mittelpunkt des häuslichen Lebens ist. Theater mit dem Finanzamt gibt es aber, wenn Sie die gemeinsame Wohnung nicht mindestens sechsmal im Jahr aufsuchen.
Wenn Sie als Lediger noch einen zweiten Wohnsitz bei Ihren Eltern haben oder an deren Wohnort gar ein Einfamilienhaus Ihr Eigen nennen, ansonsten aber in der Nähe Ihres Arbeitsorts eine Zweitwohnung unterhalten, können Sie auch die gelegentlichen Fahrten von Ihrem Eigenheim aus beim Finanzamt als Fahrtkosten zwischen Wohnung und Arbeitsstätte geltend machen – egal, wie weit Sie fahren (BStBl 1986 II S. 221). Wichtig ist nur: Dort muss der Mittelpunkt Ihrer Lebensinteressen sein. Mittelpunkt der Lebensinteressen ist nach Meinung des Bundesfinanzhofs der Ort, zu dem Sie die größten persönlichen Bindungen haben.
Aber auch ein anderer Wohnort lässt sich schnell zum Lebensmittelpunkt umfunktionieren. Treten Sie in einen Verein ein und suchen Sie sich einen netten

Menschen am Ort, von dem Sie dem Finanzamt gegenüber als von Ihrer/Ihrem Verlobten sprechen können. Damit haben Sie sichergestellt, dass Ihre Fahrtkosten beim Finanzamt durchgehen. Wenn Sie dann noch mindestens zwei Fahrten im Monat zu dieser Wohnung geltend machen, bleibt auch dem streichwütigsten Fiskalisten nichts anderes übrig, als zu kapitulieren. Verweisen Sie ihn notfalls auf R 9.10 Abs. 1 S. 8 LStR.

TIPP

für Heimfahrten

Gute Nachrichten für alle, die es nicht immer schaffen, mindestens zweimal monatlich oder bei weit entferntem Lebensmittelpunkt mindestens sechsmal im Jahr nach Hause zu fahren. Der BFH meinte nämlich recht großzügig, die Anzahl der Fahrten sei zwar ein Indiz, aber der Lebensmittelpunkt müsse nach den Gesamtumständen festgestellt werden, und der auswärtige Wohnort könne auch dann als Lebensmittelpunkt anerkannt werden, wenn nur drei Fahrten im Jahr dorthin stattgefunden hätten (BFH-Urt. v. 10.2.2000 – VI R 60/98, BFH/NV 2000 S. 949). Für entscheidend hielt der BFH, dass der Aufenthalt am Arbeitsort befristet war, die dort bezogene Wohnung gegenüber der Hauptwohnung am Lebensmittelpunkt nach Größe und Ausstattung minderwertig war und der Steuerzahler am Arbeitsort keinen privaten Bekanntenkreis aufgebaut hatte. In die gleiche Kerbe schlug der BFH mit seinem Urteil vom 26.11.2003 (BStBl 2004 II S. 233).

GUTER RAT

271 Sind Sie verheiratet, liegt der Mittelpunkt Ihrer Lebensinteressen immer in der Wohnung, in der Ihre Familie wohnt. Ist das die weiter entfernte Wohnung, gehen Ihre Fahrtkosten in der Regel sowieso als Familienheimfahrten im Rahmen einer doppelten Haushaltsführung durch.

Schwieriger wird die Sache, wenn Sie mit Ihrer Familie zwei Wohnungen unterhalten. Jetzt müssen Sie dem Finanzamt beibringen, dass die weiter entfernte die eigentliche Familienwohnung und damit Ihr Lebensmittelpunkt ist. Steine legt Ihnen dabei das Finanzgericht Köln in den Weg. Dessen Richter meinten nämlich, der Hauptwohnort einer Familie richte sich nicht danach, wo der Steuerzahler mit seiner Familie mehr *Tage* im Jahr verbringt, sie zählten vielmehr die *Wochen,* in denen sich die Familie jeweils in ihren Wohnungen aufhielt. Die Wochenenden haben sie unfairerweise außen vor gelassen (EFG 1995 S. 14). Man muss kein Hellseher sein, um zu erkennen, dass sie damit den Lebensmittelpunkt aus der weiter entfernt liegenden Wohnung in die näher gelegene verlegt haben und der Fahrtkostenabzug für die weiten Fahrten zum Teufel war. Ich meine, solchen Entscheidungen muss Einhalt geboten werden. Es geht doch nicht an, dass der Fiskus seine Regeln mal so und mal anders auslegt. Ständig zählen die Fiskalritter fleißig die Aufenthalts*tage,* wenn es auf den überwiegenden Aufenthalt im Jahr ankommt, so z.B. bei der Frage, ob Sie unter die Steuerbefreiung eines Doppelbesteuerungsabkommens fallen oder bei welchem Finanzamt Sie Ihre Steuererklärung abgeben müssen. Das gilt nach § 19 Abs. 1 AO auch für Familien. Hält sich also Ihre Familie (Wochenenden, Ferien und Feiertage mitgerechnet) mehr als 182 Tage in A-Dorf auf, ist für Ihre Steuererklärung das Finanzamt A-Dorf zuständig. Es muss doch auch dem borniertesten Finanzbeamten einleuchten, dass er dann nicht plötzlich wochenzählenderweise Ihren Lebensmittelpunkt nach B-Stadt verlegen kann.

Das deutsche Steuerrecht ist überkompliziert,
undurchsichtig, oft ungerecht.
So sehr, dass man es als Hochschullehrer heute
nicht mehr ohne Scham unterrichten kann.
(Prof. Klaus Vogel, Staatsrechtler)

5. Häusliches Arbeitszimmer

Bevor wir uns die vielfältigen Regelungen und Fallstricke rund um den Kostenabzug für ein häusliches Arbeitszimmer ansehen, zunächst einige Hinweise zur Corona-bedingten Sonderregelung zum Homeoffice. **272**

Befristet auf die Jahre 2020 und 2021 hat der Fiskus eine sog. Homeoffice-Pauschale eingeführt. Sie beträgt 5 € für jeden Tag, an dem Sie ausschließlich von zu Hause aus arbeiteten, höchstens allerdings 600 € pro Jahr.

»Ausschließlich von zu Hause« heißt, dass Sie nicht einmal für kurze Zeit an einem anderen Ort, sei es in Ihrer Firma oder Dienststelle, bei einem Kunden oder an einem anderen Arbeitsort, tätig waren.

Der entscheidende Vorteil ist, dass es anders als beim »häuslichen Arbeitszimmer« nicht darauf ankommt, wo in Ihrer Wohnung Sie Ihrer Arbeit nachgingen. Die Pauschale bekommen Sie also auch dann, wenn Sie die Wohnzimmercouch, den Küchentresen oder einen Tisch im Partyraum Ihres Hauses zum Heimarbeitsplatz umfunktioniert haben.

Mit der Pauschale sind nach dem Willen des Fiskus alle laufenden Kosten für Strom, Wasser, Heizung etc. abgedeckt, die auf die Homeoffice-Nutzung entfallen. Ihre Telefon- und Internetkosten können Sie dagegen zusätzlich geltend machen, ebenso wie die Kosten für Arbeitsmittel, z.B. einen Schreibtisch, einen Schreibtischstuhl, ein Regal oder ein Headset.

GUTER RAT

Wenn nicht nur Sie im Homeoffice tätig waren, sondern auch Ihre bessere Hälfte, können Sie beide die Pauschale absetzen – auch wenn Sie beide z.B. die Küche zum Arbeiten nutzten.

273 Was gilt für das »normale« häusliche Arbeitszimmer?

Der Fiskus geht beim Abzug von Kosten für ein Arbeitszimmer von folgenden Varianten aus:

- Der Arbeitsraum liegt nicht in Ihrem Wohnbereich => 100 % Kostenabzug.
- Der Arbeitsraum liegt zwar in Ihrem Wohnbereich, ist aber nicht wie ein typisches Arbeitszimmer eingerichtet => 100 % Kostenabzug.
- Der Arbeitsraum liegt in Ihrem Wohnbereich und ist der Mittelpunkt Ihrer gesamten Erwerbstätigkeit => 100 % Kostenabzug.
- Der Arbeitsraum ist wie ein typisches Arbeitszimmer eingerichtet, Ihnen wird für Ihre Tätigkeit, z.B. von Ihrem Arbeitgeber, kein Arbeitsplatz zur Verfügung gestellt => Abzug der Kosten bis zu höchstens 1.250 €.

  Diese Kostenobergrenze wird wohl in absehbarer Zeit nicht angehoben werden. Nach Auffassung der Bundesregierung dient die Begrenzung der Steuervereinfachung und ist der Höhe nach weiterhin sachgerecht. So jedenfalls der parlamentarische Staatssekretär Dr. Michael Meister aus dem Bundesfinanzministerium in seiner Antwort auf eine Anfrage im Bundestag (BT-Drucks. 18/7510).

a) Ganz oder gar nicht, so lautet die Devise

Leider hat der Große Senat des BFH letztlich die Auffassung des Fiskus bestätigt, dass ein Werbungskostenabzug die ausschließliche oder nahezu ausschließliche Nutzung des Raumes für betriebliche oder berufliche Zwecke voraussetzt, und einer Aufteilung in private und berufliche Nutzung sowie einer teilweisen Berücksichtigung des beruflichen Nutzungsanteils eine klare Absage erteilt. (BFH-Beschluss v. 27.7.2015 GrS 1/14 – BStBl 2016 II S. 265).

Der BFH akzeptiert insbesondere nicht einen Nachweis von Werbungskosten, in dem die Zeiten der unterschiedlichen Nutzung aufgezeichnet werden. Solche Aufzeichnungen hätten keinen objektiven Beweiswert. Auch eine Schätzung des beruflichen Anteils will er keinesfalls anerkennen.

Geklärt ist damit auch, dass Aufwendungen für nicht abgeschlossene Räume in der Wohnung keine Arbeitszimmerkosten sind. In folgenden Fällen können Sie also auch künftig keine Werbungskosten abziehen:

- Arbeitsecke in einem ansonsten privat genutzten Raum (BFH-Urt. v. 17.2.2016 – BStBl 2016 II S. 708),
- Arbeitszimmer auf einer Galerie,
- Arbeitszimmer, das als Durchgangszimmer genutzt wird.

TIPP

Bei minimaler Privatnutzung klappt es doch mit dem Werbungskostenabzug!

Ein Abzug der Werbungskosten ist aber möglich, wenn Sie dem Finanzamt glaubhaft darlegen können, dass die private Mitbenutzung des Raumes von völlig untergeordneter Bedeutung ist. Müssen Sie Ihr Arbeitszimmer zwar gelegentlich durchqueren, um in andere Räume der Wohnung zu kommen, geschieht das aber so selten und beansprucht derart wenig Zeit, dass es überhaupt nicht ins Gewicht fällt, sieht es mit dem Abzug von Werbungskosten gleich viel besser aus.

TIPP

Mit einer 100 %igen beruflichen Nutzung sind Sie immer auf der Gewinnerseite

Um unnötigen Streitereien aus dem Weg zu gehen, lautet die Devise also: Das Arbeitszimmer wird so gut wie gar nicht privat (unter 10 %) genutzt. Wenn Sie das sagen können, ist der Weg für den Abzug frei.
Zudem hat der BFH klipp und klar entschieden (Urt. v. 8.3.2017 - IX R 52/14, Haufe Index 10865433), dass es nicht darauf ankommt, ob ein häusliches Arbeitszimmer für die Tätigkeit zwingend erforderlich ist. Für den Arbeitszimmerkostenabzug genügt dem BFH die Veranlassung durch die Einkünfteerzielung.
Und die setzt nach dem Wortlaut des Gesetzes nun einmal nicht die »Erforderlichkeit« des Arbeitszimmers voraus. Also den Raum schön beruflich nutzen und möglichst alle privaten Aktivitäten aus dem Arbeitszimmer heraushalten (BFH v. 8.3.2017 - IX R 52/14, BFH/NV 2017 S. 1017).

b) Die Abzugsbeschränkungen beim Arbeitszimmer 274

Selbst wenn Sie nachweislich ein steuerlich astreines, 100 % beruflich genutztes Arbeitszimmer Ihr Eigen nennen, lässt der Fiskus die Kosten nur dann zum Abzug zu, wenn sich in Ihrem Arbeitszimmer der Mittelpunkt Ihrer gesamten beruflichen und betrieblichen Tätigkeit befindet. In diesem Fall können Sie Ihre Arbeitszimmerkosten zu 100 % von der Steuer absetzen.
Die Richter des Bundesfinanzhofs sind beim Abzug der Arbeitszimmerkosten nicht generell gegen die Steuerzahler und pro Fiskus eingestellt. Ganz feinsinnig haben sie sich am Gesetzeswortlaut entlanggehangelt und durchaus im Sinne der Steuerzahler entschieden, dass in einer ganzen Reihe von Fällen die steuerlichen Abzugsbeschränkungen nicht greifen, Sie also Ihre Arbeitszimmerkosten in voller Höhe als Werbungskosten oder Betriebsausgaben durchdrücken können. Wichtig sind dabei vor allem zwei Punkte:

1. Die Abzugsbeschränkung gilt nur für **Arbeitszimmer im eigentlichen Wortsinn.** Ist der von Ihnen beruflich genutzte Raum also kein »Arbeitszimmer«, gibt es auch keine Probleme beim Kostenabzug.
2. Der Kostenabzug kann Ihnen zudem nur versagt werden, wenn es sich bei Ihrem Arbeitszimmer um ein **häusliches** Arbeitszimmer handelt. Ein Arbeitszimmer, das nicht zu Ihrem Wohnbereich gehört, unterliegt folglich keinerlei steuerlichen Abzugsbeschränkungen.

TRICK

Lassen Sie es also gar nicht erst zum »Arbeitszimmer« kommen!

275 Nicht nur der BFH schießt quer: Das Bundesverfassungsgericht erteilte der Gesetzgebung den Auftrag zur Schaffung eines rückwirkenden verfassungsgerechten Gesetzes zum Abzug der Kosten für ein Arbeitszimmer. Sie warten nicht ab, sondern gehen von vornherein sämtlichem Ärger aus dem Weg, indem Sie Ihre beruflich genutzten Räume gar nicht erst unter der verfänglichen Bezeichnung »häusliches Arbeitszimmer« deklarieren. Um sich den vollen Abzug Ihrer Arbeitszimmerkosten zu sichern, verfahren Sie nach folgender Strategie:

- Machen Sie aus Ihrem beruflich genutzten Raum z.B. eine Werkstatt, ein Studio oder eine Praxis!
- Verlegen Sie Ihr Arbeitszimmer aus den eigenen vier Wänden heraus!

Räume, die begrifflich kein Arbeitszimmer darstellen: Hier hilft der BFH mit seiner Grundsatzentscheidung vom 16.10.2002 (BStBl II 2003 S. 185). Ein steuerlich anrüchiges Arbeitszimmer sei nur ein Raum in Ihrem häuslichen Privatbereich, der vorwiegend zur Erledigung gedanklicher, schriftlicher, verwaltungstechnischer oder organisatorischer Arbeiten dient oder künstlerisch genutzt wird und deshalb büromäßig eingerichtet ist, also mit Bücher- und Aktenschränken bzw. -regalen, Aktenbock und ähnlichen »Büromöbeln« sowie mit Büchern, Aktenordnern, Schreibmaschine oder Computer und ähnlichen Arbeitsmitteln. Dem hat sich der Fiskus wohl oder übel anschließen müssen (BMF-Schreiben v. 3.4.2007 – BStBl I 2007).

Nennen Sie Ihre Stube Werkstatt, Tonstudio (BFH v. 28.8.2003 – BStBl II 2004 S. 55) oder Praxis, wie die Ärztin, die in einem Zimmer ihrer Wohnung eine Notfallpraxis unterhielt (BFH v. 5.12.2002 – BStBl II 2003 S. 463), können Sie ohne Einschränkung alle auf das Arbeitszimmer entfallenden Kosten absetzen, egal, ob die nun 100 € oder 13.500 € betragen. Allerdings verlangt der BFH zusätzlich, dass die Räume erkennbar dem Publikumsverkehr gewidmet sind. Sie sollten daher so liegen, dass sie sich von Ihren übrigen Wohnräumen abheben, also möglichst über einen zumindest optisch getrennten Eingangsbereich verfügen und nicht ausschließlich über andere Räume Ihrer Wohnung erreichbar sind (BFH v. 20.11.2003 – BStBl II 2005 S. 203).

TIPP

für die Praxis zu Hause

Sie funktionieren am besten einen Raum direkt neben der Eingangstür um, damit Ihre Kunden und Patienten nicht erst durch die halbe Wohnung laufen müssen. Idealerweise trennen Sie ihn durch eine zusätzliche Tür im Flur ab.

Die Finanzämter erkennen nach dem BMF-Schreiben vom 3.4.2007 (s.o.) für folgende Räume an, dass es sich nicht um Arbeitszimmer handelt:

- Freiberuflerpraxen, wenn die Räume für einen intensiven und dauerhaften Publikumsverkehr vorgesehen sind.
- Büroräume, die sich zusammen mit anderen angrenzenden Betriebsräumen im Haus des Steuerzahlers befinden.

Ebenfalls gute Karten haben Sie, wenn Sie den Raum nur als Lager für Waren oder Werbemuster etc. nutzen.

Kleinlicher ist der Fiskus mit einem »Archivraum«. Werden darin ausschließlich Gegenstände aufbewahrt, mit denen Sie sich zuvor oder danach im eigentlichen Arbeitszimmer in gedanklicher oder in schriftlicher Form geistig befasst haben oder befassen (Fachliteratur, bearbeitete Dokumente etc.), bildet der Archivraum zusammen mit dem Arbeitszimmer eine funktionelle Einheit und unterliegt gemeinsam mit diesem den Abzugsbeschränkungen (FG Berlin-Brandenburg v. 29.4.2008 – 6 K 1567/04). Der BFH sah dazu in einem ähnlichen Fall allerdings noch Aufklärungsbedarf und hat entschieden, dass die Abzugsfähigkeit der Kosten zunächst einmal für jeden Raum getrennt ermittelt werden müsse. Eine Ausnahme gelte nur, wenn verschiedene Räume nahezu identisch genutzt würden. Insoweit könne insbesondere auch ein als Archiv genutzter Raum unter Berücksichtigung seiner Ausstattung, Lage und Funktion als Teil des häuslichen Arbeitszimmers anzusehen sein. Allerdings müsse das nicht zwangsläufig für jedes Archiv gelten (BFH v. 26.3.2009 – BStBl 2009 II S. 598) Die Chancen steigen deshalb für Sie, wenn Sie Ihr Archiv mehr oder weniger nur zur Endlagerung erledigter Arbeiten nutzen, auf die Sie – wenn überhaupt – nur gelegentlich zurückgreifen.

TRICK

Kassieren Sie mit einem kombinierten Büro- und Lagerraum den vollen Werbungskostenabzug!

Wenn Sie in Ihrem Job z.B. umfangreiche Warenmuster, Ersatzteile etc. parat halten müssen, lagern Sie künftig einen Teil davon in Ihrem Arbeitszimmer. Immer nach der Devise »Nicht kleckern, sondern klotzen« räumen Sie Ihren Schreibtisch und die Büroschränke auf die Seite und packen Regale und Lagerschränke in das Zimmer. Am besten so, dass man beim Betreten des Zimmers nicht gleich den Eindruck hat, hier befände sich ein Büro. Verstecken Sie sich mit Ihrem Arbeitsplatz ruhig etwas hinter den Regalen.

Kosten für einen zugleich als Büroarbeitsplatz und als Warenlager genutzten Raum in Ihrer Wohnung zählen nämlich nicht mehr als klassisches Arbeitszimmer und fallen somit auch nicht unter die Abzugsbeschränkung für ein häusliches Arbeitszimmer. Im Klartext: Sie können die vollen Kosten für Ihren Kombiarbeitsraum absetzen. Entscheidend ist nur, dass der Raum vor allem aufgrund seiner Ausstattung und Funktion als Lager geprägt ist und die Nutzung als Büroarbeitsplatz dahinter zurücktritt.

So optimieren Sie mithilfe der bayerischen Finanzgerichtsrechtsprechung Ihren Werbungskostenabzug (FG Nürnberg v. 7.12.2017 – 6 K 1148/16).

Schlechte Nachrichten für **Berufsmusiker:** Den Raum, in dem Sie zu Hause üben, sieht der BFH ebenfalls als Arbeitszimmer an. Dabei stört er sich nicht daran, dass dieser Übungsraum weder mit Büromöbeln noch einem Computer oder Telefon ausgestattet ist (BFH v. 10.10.2012 – VIII R 44/10, BFH/NV 2013 S. 359).

276 **Raus mit Ihrem Arbeitszimmer aus den eigenen vier Wänden!**

Wenn Ihr Arbeitszimmer nicht mehr »häuslich« ist, d.h. keine Verbindung zu Ihrer Privatwohnung hat, greifen die Einschränkungen ebenfalls nicht. Worauf Sie besonders achten müssen:

- **Arbeitszimmer in der eigenen Wohnung oder im Einfamilienhaus**

Ein Arbeitszimmer im Einfamilienhaus oder in Ihrer Miet- bzw. Eigentumswohnung ist immer ein »häusliches« und fällt unter die Abzugsbeschränkungen (BFH v. 26.2.2003 – BStBl II 2004 S. 75). Der steuerliche Abzug bleibt Ihnen immer dann verwehrt, wenn es in unmittelbarer Nähe zu Ihren privaten Wohnräumen liegt und mit diesen als gemeinsame Wohneinheit verbunden ist.

Bewohnen Sie ein Einfamilienhaus, nutzt es Ihnen wenig, das Arbeitszimmer in den Keller, unter das Dach oder in die Mansarde zu verlegen. Auch bei einem Arbeitszimmer in einem separaten Anbau zu Ihrem Häuschen handle es sich um ein »häusliches«, meinte der BFH (Urt. v. 13.11.2002 – BStBl II 2003 S. 350). Der gebeutelte Steuerzahler hatte zwar recht geschickt argumentiert, der

Anbau habe keine unmittelbare Verbindung zum Wohnhaus. Einen Strick hat man ihm aber daraus gedreht, dass er nur über seinen Garten Zugang zu dem Anbau hatte. Und schon argumentierten die obersten Steuerrichter: »Der Garten gehört mit zum häuslichen Bereich. Wenn das Arbeitszimmer also nur über den eigenen Garten zu erreichen ist, ist es ein häusliches!« Aus demselben Grund fällt somit ein Gartenhaus als Arbeitszimmer flach. In dieselbe Richtung geht das FG Berlin-Brandenburg. Ein Arbeitszimmer in einem Bungalow, der auf dem vom Steuerpflichtigen bewohnten Hausgrundstück unmittelbar neben dem Wohnhaus liegt, ist nach Meinung der Finanzrichter in die häusliche Sphäre eingebunden und damit als häusliches Arbeitszimmer anzusehen, selbst wenn der Bungalow über einen separaten Eingang verfügt (FG Berlin-Brandenburg v. 25.9.2008 – 14 K 6286/04 B). Dasselbe gilt für ein Arbeitszimmer, das sich in einem Ausbau auf der Garage auf dem eigenen Grundstück befindet (BFH v. 23.5.2013 – BFH/NV 2013 S. 1233) oder wenn Sie in Ihrem allein von Ihnen und Ihrer Familie genutzten Zweifamilienhaus die Obergeschosswohnung für berufliche Zwecke nutzen (BFH v. 15.1.13 – VIII R 7/10).

TRICK

Berechnen Sie die Arbeitszimmerkosten für jedes Zimmer getrennt!

Wenn Sie mehrere in Ihrer Wohnung liegende Räume als Arbeitsräume nutzen, muss die Frage des häuslichen Arbeitszimmers für jeden Raum gesondert überprüft werden.

Sind die Räume nicht büromäßig ausgestattet, können Sie Kosten für die jeweiligen Zimmer in voller Höhe als Werbungskosten absetzen.

Angenommen, Sie nutzen im Erdgeschoss Ihres Wohnhauses drei Räume für berufliche Zwecke: ein Büro, einen mit bequemen Sitzmöbeln ausgestatteten Raum zum Empfang von Kunden und Geschäftspartnern und eine Gästetoilette. Die Kosten des Büroraums können Sie nicht abziehen (vgl. dazu aber ➤ Rz 284). Der Empfangs- und Besprechungsraum sowie die dazu gehörende Gästetoilette unterliegen den Beschränkungen nicht. Die auf diese Räume anteilig entfallenden Kosten sind in voller Höhe als Werbungskosten abzugsfähig (BFH v. 26.3.2009 – VI R 15/07, BStBl 2009 II S. 598).

Gesondert angemietetes Arbeitszimmer 277

Wenn Sie sich irgendwo ein separates Büro anmieten, sind Sie natürlich sonnenklar aus der kleinlichen Regelung für »häusliche Arbeitszimmer« heraus. In diesem Fall können Sie Ihre sämtlichen Kosten für das Arbeitszimmer von der Steuer absetzen.

Aufpassen müssen Sie allerdings immer dann, wenn Sie den Raum im selben Haus mieten, in dem Sie Ihre Wohnung haben. Mieten Sie eine Wohnung auf derselben Etage, stößt sich der BFH schon an der räumlichen Nähe zu Ihrer Privatwohnung und erkennt die Arbeitszimmerkosten wenn überhaupt nur in Höhe von 1.250 € an. (BFH-Urteile v. 26.2.2003 – BStBl II 2004 S. 69 u. 72).

Wollen Sie die vollen Arbeitszimmerkosten absetzen, müssen Sie sich auf diese kleinliche Rechtsprechung einstellen und, sofern möglich, auf eine andere Etage ausweichen. Dann hat nämlich das Arbeitszimmer keine Verbindung zu Ihrer Wohnung und gilt somit als sog. außerhäusliches Arbeitszimmer, dessen Kosten Sie in voller Höhe abziehen können. Die Variante Wohnung im 3. OG und Arbeitszimmer im 5. OG klappt also reibungslos (FG Köln v. 29.8.2007 – EFG 2008 S. 205, BFH v. 10.6.2008 – VIII R 52/07, EStB 2009 S. 60, und FG Baden-Württemberg v. 15.5.2009 – 10 K 3583/08).

TRICK

Ab mit Ihrem Arbeitszimmer in den Keller!

278 Wohnen Sie in einem Mietshaus, können Sie steuerlich geschickt in den Keller ausweichen. Aber Vorsicht! Richten Sie sich Ihr Arbeitszimmer ja nicht in dem sowieso zu Ihrer Wohnung gehörenden Kellerraum ein, denn der gehört nach Meinung des Fiskus zu Ihrem häuslichen Bereich. Stattdessen werden Sie einen anderen Raum im Keller mieten und diesen zu Ihrem Arbeitszimmer umfunktionieren. Schon haben Sie ein nicht »häusliches« und damit erstklassiges und vor allem in vollem Umfang steuerbegünstigtes Arbeitszimmer. Will Ihr Finanzamt nicht mitziehen, bekommen Sie Unterstützung durch das BFH-Urteil vom 26.2.2003 (BStBl II 2003 S. 515).

279 **Übrigens:** Wenn Sie mit Ihrem Vermieter verhandeln, schließen Sie möglichst einen eigenen Mietvertrag für den Kellerraum ab. Vielleicht können Sie ihn ja überzeugen, Ihnen bei Ihrer Wohnung einen Mietnachlass zu geben und statt 600 € nur 500 € Miete zu verlangen. Im Gegenzug kommen Sie ihm bei der Miete für den Kellerraum entgegen, denn schließlich mieten Sie ja nun Büroflächen an, und die sind bekanntlich viel teurer als Wohn- oder Kellerräume.

TRICK

Im Zweifamilienhaus machen Sie mit dem Arbeitszimmer im Dachausbau ein Riesengeschäft!

Als stolzer Besitzer eines Zweifamilienhauses oder eines Einfamilienhauses mit 280
Einliegerwohnung können Sie mit einem ganz einfachen Trick nicht nur ein Arbeitszimmer absetzen, sondern dem Fiskus auch noch einen ansehnlichen Teil Ihrer Haus- und Finanzierungskosten ans Bein binden.

Und so funktioniert's: Sie wohnen im Erdgeschoss. Die darüberliegende Wohnung ist vermietet. Wenn Sie jetzt Ihr Dach ausbauen und sich dort Ihr Arbeitszimmer einrichten, sind Ihr Arbeitszimmer und Ihre Wohnung nicht mehr unmittelbar miteinander verbunden, Sie haben also kein »häusliches« Arbeitszimmer. Wichtig ist allerdings, dass die vermietete Wohnung und das Arbeitszimmer über ein separates Treppenhaus bzw. einen Gemeinschaftsflur zu erreichen sind. Außerdem dürfen Sie sich im Dachgeschoss nicht noch andere Wohnräume einrichten. Wenn Sie das beachten, winkt Ihnen mit dem Segen des BFH (BFH v. 10.6.2008 – VIII R 52/07, EStB 2009 S. 60 und BFH v. 18.8.2005 – BStBl II 2006 S. 428) eine beträchtliche Steuerersparnis.

Angenommen, die beiden Wohnungen sind jeweils 100 qm groß und Sie richten sich unter dem Dach ein 50-qm-Arbeitszimmer ein. In diesem Fall würden 20 % Ihrer gesamten laufenden Gebäudekosten, Zinsen, Abschreibung, Reparaturen etc. auf das Arbeitszimmer entfallen und wären als Werbungskosten abzugsfähig.

GUTER RAT

Damit dieser Trick funktioniert, müssen Sie nicht unbedingt Fremde in Ihr Haus holen. Die Wohnung im Obergeschoss können Sie auch an Ihre Eltern oder eines Ihrer Kinder vermieten (BFH v. 10.6.2008 – VIII R 52/07, EStB 2009 S. 60). Mit einem sauberen Mietvertrag und regelmäßigen Mietzahlungen machen Sie unter Umständen sogar ein doppeltes Geschäft: Wenn Sie noch einiges an Zinsen zahlen müssen, ergibt sich aus dem Mietverhältnis vielleicht ein steuerlicher Verlust, den Sie zusätzlich absetzen können. Mit der doppelten Steuerersparnis aus diesem **Abschreibungsmodell des kleinen Mannes**, die Sie so einfahren, kann kein windiger Anlageberater mit seinen Schiffsfonds oder überteuerten Immobilienbeteiligungen mithalten.

TRICK

Schlagen Sie dem Fiskus mit dem Arbeitszimmer im Anbau Ihres Zweifamilienhauses ein Schnippchen!

281 Wie Sie schon gelesen haben, wird der Fiskus hartleibig, sobald Ihr Arbeitszimmer irgendwie in Ihren häuslichen Wohnbereich eingebunden und nur über exklusiv Ihnen und Ihrer Familie zugängliche Verbindungsräume, Treppenhäuser, den eigenen Garten etc. zugänglich ist.
Machen Sie es daher so wie der Steuerzahler in einem vom BFH positiv entschiedenen Fall. Der hatte nämlich die Zwischentüren von seiner Wohnung zum Arbeitsbereich komplett mit Rigips verkleidet und tapeziert. Er musste das Haus verlassen, um über die Straße und einen eigenen Treppenaufgang seine Büroräume zu erreichen. Weil er dafür einen auch von seinem Mieter genutzten Vorplatz überqueren musste, akzeptierte der BFH, dass kein häusliches Arbeitszimmer vorlag, und ließ die gesamten Kosten für das Büro in voller Höhe als abzugsfähig zu (BFH v. 20.6.2012 – IX R 56/10, BFH/NV 2012, S. 1776).
Würde der Steuerzahler in diesem Fall allerdings mit seiner Familie allein in dem Haus wohnen, klappte der Trick schon wieder nicht, weil es an der Mitbenutzung der Zugangswege durch familienfremde Personen fehlte.

282 **Das Arbeitszimmer als Tätigkeitsmittelpunkt**
Gelingt es Ihnen nicht, das Finanzamt davon zu überzeugen, dass der von Ihnen beruflich genutzte Raum kein Arbeitszimmer oder zumindest kein häusliches Arbeitszimmer ist, können Sie dennoch alle Kosten absetzen, wenn es den Mittelpunkt Ihrer gesamten beruflichen und betrieblichen Tätigkeit darstellt. Dabei kommt es darauf an, dass Sie dort die Arbeiten durchführen und die Leistungen erbringen, die für Ihren Job wesentlich und prägend sind.
Wenn Sie als Heimarbeiter oder Schriftsteller Ihre ganze Arbeit in Ihrem Arbeitszimmer erledigen, haben Sie natürlich allerbeste Karten. Sind Sie aber z. B. neben Ihrer Tätigkeit als Arbeitnehmer noch selbständig tätig, werden beide Bereiche in die Prüfung einbezogen. Dabei haben die streichwütigen Fiskalritter Rückendeckung durch den BFH: Der Mittelpunkt der gesamten betrieblichen und beruflichen Tätigkeit könne nicht isoliert für jede einzelne Tätigkeit, sondern nur für sämtliche Tätigkeiten des Steuerzahlers zusammen bestimmt werden (BFH v. 23.9.1999 - BStBl II 2000 S. 7). Jedoch befand der BFH in einem späteren Urteil, dass Ihr Arbeitszimmer selbst dann Ihr Tätigkeitsmittelpunkt sei, wenn nicht bei allen Jobs Ihr Arbeitsschwerpunkt dort liege (Urt. v. 13.10.2003 - BStBl II 2004 S. 771). Allerdings werden bei dieser Prüfung nur Einkünfte aus aktiven Tätigkeiten berücksichtigt. Alterseinkünfte wie Pensionen oder Renten bleiben außer Betracht. Die frühere aktive Tätigkeit, aus der

sie resultieren, spielt insoweit keine Rolle. Erzielt ein Rentner/Pensionär hingegen neben seinen Alterseinkünften noch Einkünfte aus einer Erwerbstätigkeit, die er im Wesentlichen in seinem Arbeitszimmer betreibt, stellt das Arbeitszimmer den Mittelpunkt der gesamten beruflichen und betrieblichen Tätigkeit dar (FG Niedersachsen v. 8.11.2011 – 12 K 264/09).
Dank des BFH sind Ihre Aussichten auf einen Vollkostenabzug somit deutlich rosiger geworden. Entscheidend ist nämlich nicht die Zeit, die Sie in Ihrem Arbeitszimmer und außerhalb zubringen, sondern ob Sie dort den »qualitativen Schwerpunkt« Ihrer Arbeiten erledigen. Vor allem als Außendienstler, der Sie auf das Büro in Ihren vier Wänden angewiesen sind, müssen Sie sich mit vollmundigen und möglichst hochtrabenden Beschreibungen Ihrer dort verrichteten Tätigkeiten wappnen. Stellen Sie heraus, dass Sie in Ihrem Arbeitszimmer die wesentlichen technischen und kaufmännischen Arbeiten erledigen, die Produktentwicklung betreiben, Konzepte für Ihre Kunden entwickeln oder die gesamten Betriebsabläufe organisieren bzw. die Einsatzpläne für Ihre im Außendienst tätigen Mitarbeiter fertigen etc. pp. Dann spielt es nämlich keine Rolle mehr, wenn Sie auch selbst noch im Außendienst tätig werden. Das Finanzamt kann Ihnen keine lange Nase mehr drehen.
Besonders einfach ist es, wenn zwischen den Arbeiten, die Sie innerhalb und außerhalb Ihres Arbeitszimmers erledigen, kein qualitativer Unterschied besteht. In diesem Fall reicht dem BFH für den Tätigkeitsmittelpunkt schlicht und ergreifend aus, wenn Sie mehr als 50 % Ihrer Gesamtarbeitszeit im Arbeitszimmer erledigen (BFH v. 23.5.2006 – BStBl II 2006 S. 600). Gute Karten haben Sie deshalb vor allem dann, wenn Sie für Ihre Firma – weil die z. B. Raumkosten sparen will oder weil schlicht nicht genügend Platz im Betrieb ist – nur ein oder zwei Tage in der Woche vor Ort im Büro arbeiten können und den Rest der Woche dieselben Arbeiten in Ihrem häuslichen Arbeitszimmer erledigen.
Auch mit den folgenden BFH- und Finanzgerichtsentscheidungen können Sie Ihrem unwilligen Finanzamt in Sachen Arbeitszimmer als Tätigkeitsmittelpunkt einmal den Hauch der besseren Erkenntnis zufächeln.

GUTER RAT

Haben Sie 2020 oder 2021 wegen der Corona-Pandemie Ihren Arbeitsplatz weitaus überwiegend vom Betrieb in Ihr häusliches Arbeitszimmer verlegen müssen, haben Sie für diesen Zeitraum im Arbeitszimmer den Mittelpunkt Ihrer Tätigkeit und können zumindest für diese Zeit die vollen Kosten des Arbeitszimmers absetzen – sofern es denn ausschließlich für Ihren Job genutzt wurde.
Anerkannt wurde das Arbeitszimmer – unabhängig von Corona – als Tätigkeitsmittelpunkt im Übrigen einem (einer):

- **Architekten,** der neben der Planung keine Aufgaben der Bauaufsicht oder -überwachung ausübt (BFH v. 26.6.2003 – BStBl 2004 S. 50).
- **Außendienstmitarbeiter** im Prüfungsdienst der Deutschen Rentenversicherung (Niedersächsisches FG v. 17.11.2009 – 11 K 98/08). Anderer Ansicht war in einem vergleichbaren Fall allerdings das FG Nürnberg (v. 23.4.2009 – 7 K 1954/2007)
- **Dirigent und Orchestermanager**, der in einer Doppelfunktion die Besetzung für die einzelnen Proben und Auftritte und das Material für die beteiligten Musiker zusammenstellt, die Korrespondenz mit den Sponsoren und der am Orchesterbetrieb interessierten Öffentlichkeit führt, die Internetauftritte der Orchester sowie deren CD-Veröffentlichungen entwickelt. Daneben aber auch die künstlerische Leitung der Orchester, z.B. Auswahl der aufgeführten Stücke und Einstudieren der Partituren, zu großen Teilen im häuslichen Arbeitszimmer erledigt (FG Baden-Württemberg v. 4.3.2015 – 6 K 610/14, EFG 2015, 888).
- **Fuhrparkmanager,** der ohne Arbeitsraum beim Arbeitgeber den Einsatz von über 30 Fahrern aus seinem Arbeitszimmer koordiniert und nur gelegentlich selbst fährt (FG München v. 19.6.2007 – 13 K 2991/04).
- **Gerichtsvollzieher**, der sich im Untergeschoss seines Eigenheims Büroräume eingerichtet hat, die über einen separaten Zugang, Besucherparkplätze und eine gesonderte Klingel mit der Aufschrift »Obergerichtsvollzieher« verfügen, und der neben dem Eingang das Landeswappen angebracht hat (FG Baden-Württemberg v. 22.03.2017 – 4 K 3694/15).
- **Handelsvertreter**, der in der Lebensmittelbranche tätig ist und seinen überregionalen Vertrieb von Käse und Wurstwaren weit überwiegend aus seinem Arbeitszimmer per Telefon und Computer abwickelt (FG Münster v. 5.3.2015 – 5 K 980/12 E, EFG 2015, 889)
- **Ingenieur,** der dort komplizierte technische Lösungen für die Wartung von Anlagen der Kunden erarbeitet, obwohl zu seinen Tätigkeiten auch die Betreuung der Kunden vor Ort gehört (BFH v. 13.11.2002 – BStBl II 2004 S. 59, 2003 S. 805). Als Bombenargument erwies sich hier, dass der gute Mann alle Konstruktionsunterlagen in seinem Arbeitszimmer hatte und dort für seine Kunden telefonisch zu erreichen war.
- **Ingenieurin,** die als Außendienstmitarbeiterin und Betreuerin zwar auch Beratungsgespräche bei den Kunden vor Ort durchführt, sich aber zwei Drittel der Arbeitszeit im Arbeitszimmer mit Projektplanung und der Begleitung von Ausschreibungen beschäftigt (FG Düsseldorf v. 5.5.2011 – 11 K 2591/09 E)
- **Key Account Manager,** der in seinem Arbeitszimmer anwenderneutrale Softwareprodukte an spezielle Kundenbedürfnisse anpasst (BFH v. 29.4.2003 – BFH/NV 2003 S. 1175).

- **Key Account Manager,** der in reiner Beratungsfunktion für Fachhandelspartner tätig ist und im Betrieb keinen Arbeitsplatz hat. Das Arbeitszimmer ist selbst bei umfangreichem Außendienst der qualitative Mittelpunkt seiner beruflichen Tätigkeit, so dass die Kosten ohne Einschränkung abgezogen werden können (FG des Saarlandes v. 30.5.2007 – EFG 2007 S. 1421).
- **Praxis-Consultant,** der ärztliche Praxen in betriebswirtschaftlichen Fragen berät, obwohl er einen nicht unerheblichen Teil der Arbeitszeit im Außendienst verbringt (BFH v. 29.4.2003 – BStBl II 2004 S 76).
- **Verkaufsleiter,** der den Einsatz seiner Mitarbeiter im Arbeitszimmer plant, dort ständig für seine Kollegen erreichbar ist, sämtliche Analysen und Planungen dort vornimmt und vielleicht als Sahnehäubchen regelmäßige Meetings mit Mitarbeitern im Arbeitszimmer abhält. Dem BFH ist es in so einem Fall egal, dass im Schnitt an zwei Tagen in der Woche Außendienst anfällt (Urt. v. 13.11.2002 – BStBl II 2004 S. 65).
- **Versicherungsangestellten,** der in seinem Arbeitszimmer spezielle Altersvorsorgekonzepte für seine Kunden entwickelt (FG Köln v. 18.12.2000, EFG 2001 S. 488).

TIPP

Vorsicht bei gemeinsamem Eigentum am außerhäuslichen Arbeitszimmer!

Häufig gehören Immobilien beiden Ehepartnern. Das kann unangenehme Folgen haben, wenn Ehegatten eine Immobilie (kleine Wohnung, Appartement) kaufen, die aber nur einer der beiden beruflich als außerhäusliches Arbeitszimmer nutzt. Wenn die Darlehen zum Erwerb der Immobilie gemeinsam aufgenommen wurden und Zinsen und Tilgung von einem gemeinsamen Konto beglichen werden, kann der »Nutzer« die AfA und die Schuldzinsen nämlich nur entsprechend seinem Miteigentumsanteil als Werbungskosten absetzen.
Auf einen kurzen Nenner gebracht, halbieren sich Ihre Werbungskosten, wenn Sie die Immobilie gemeinsam erworben oder gebaut haben (BFH v. 6.12.2017 – VI R 41/15 BStBl 2018 II S. 355).
Damit hat der BFH den betroffenen Steuerzahlern einen echten Bärendienst erwiesen. Umso mehr, als er neben AfA und Zinsen auch noch andere sog. grundstücksorientierte Kosten, wie Grundsteuern, allgemeine Reparaturkosten, Versicherungsprämien und Ähnliches nur zu 50 % anerkennt.
Keine Probleme haben Sie dagegen, wenn

- die Immobilie nur von dem Ehegatten erworben wurde, der das Arbeitszimmer nutzt, oder
- das Arbeitszimmer von beiden Ehegatten gemeinsam für berufliche Zwecke genutzt wird.

Folgende Berufsgruppen, die den Mittelpunkt ihrer gesamten Tätigkeit nicht im Arbeitszimmer haben, können in aller Regel mit einem zumindest teilweisen Abzug der Kosten bis zu 1.250 € rechnen:

- **Architekten,** die neben der Planung mit der Ausführung der Bauwerke und der Bauüberwachung betraut sind (BFH v. 26.6.2003 – BStBl II 2004 S. 50).
- **Außendienstler,** die einen Arbeitsplatz in einem Großraumbüro haben (BFH v. 7.8.2003 – BStBl II 2004 S. 78).
- **Betreuer, hauptamtlicher;** das Arbeitszimmer stellt auch dann nicht den Mittelpunkt der Betreuungstätigkeit dar, wenn der zeitliche Aufwand die Tätigkeiten außerhalb des Arbeitszimmers überwiegt (BFH/NV 2009 S. 161 und FG Köln v. 4.3.2009 – 3 K 3980/05).
- **Diakone,** weil sie regelmäßig auch als Seelsorger außerhalb der vier Wände tätig sind (BFH v. 22.7.2003 – BFH/NV 2004 S. 33).
- **EDV-Dozent,** der im häuslichen Arbeitszimmer vorbereitete Schulungen in MS-Office-Produkten und Spezialprogrammen im Seminarraum seines Arbeitgebers und beim Kunden durchführt, hat seinen Betätigungsmittelpunkt nicht im häuslichen Arbeitszimmer (FG Berlin-Brandenburg v. 25.9.2008 – 14 K 6286/04 B).
- **Fachberater,** wenn der wesentliche Teil ihrer Arbeit in der Beratung und Produktwerbung besteht und sich im Außendienst abspielt (BFH v. 13.11.2002 – BStBl II 2004 S. 62).
- **Flugbegleiter,** wenn sie sich im Arbeitszimmer auf ihre Tätigkeit vorbereiten und das Arbeitszimmer zwar nur in geringem Umfang, aber ausschließlich für berufliche Zwecke genutzt wird (BFH v. 8.3.2017 – IX R 52/14). Gegen die ablehnenden Entscheidungen des FG Düsseldorf (Urt. v. 4.5.2017 – 8 K 329/15 – und v. 24.4.2017 – 8 K 1262/15) ist beim BFH eine Revision anhängig (AZ VI R 46/17), weil die Finanzgerichte nicht ganz auf der Höhe der aktuellen BFH-Rechtsprechung waren.
- **Geschäftsführer,** weil ein wesentlicher Teil der Arbeit die Leitung und Repräsentanz des Unternehmens außerhalb des Arbeitszimmers ist (FG Rheinland-Pfalz v. 22.3.2004 – 5 K 1234/02). Das ändert sich auch nicht dadurch, dass sie gelegentlich Kunden und Mitarbeiter zu Besprechungen im Arbeitszimmer empfangen (FG München v. 20.11.2007 – 6 K 3122/06).
- **Handelsvertreter,** weil das Arbeitszimmer nicht nur wegen des anfallenden Schriftverkehrs und der Telefonate den Außendienst als weiteren Tätigkeitsmittelpunkt überlagert (BFH v. 23.3.2005 – BFH/NV 2005 S. 1537).
- **Journalisten,** zu deren Aufgaben auch die Recherche gehört (BFH v. 28.8.2003 – BStBl II 2004 S. 53).
- **Konzertmusiker (Solisten),** bei denen neben dem Üben die Auftritte einen wesentlichen Teil ihrer Gesamtbetätigung darstellen (BFH v. 15.12.2005 – XI B 87/05).

- **Lehrer,** weil deren berufsprägende Merkmale im Unterrichten bestehen und diese Tätigkeiten in der Schule und nicht im Arbeitszimmer erbracht werden (BFH v. 26.2.2003 - BStBl II 2004 S.72; FG Rheinland-Pfalz v. 10.4.2008 - 6 K 1212/06).
- **Professoren** mit üblicher Lehrverpflichtung, weil der Unterricht ein prägendes Element der Tätigkeit ist, wenn ihnen an der Uni kein Arbeitsplatz zur Verfügung steht (BFH v. 27.10.2011 - VI R 71/10; BStBl 2012 II S.234).
- **Prüfer**, die in ihrer Stammdienststelle nur auf einen eingeschränkt verfügbaren Poolarbeitsplatz zurückgreifen können (BFH v. 26.2.2014 - VI R 37/13)
- **Richter** ohne Arbeitsraum im Gericht, weil die Sitzungstermine im Gericht für seine Arbeit prägend sind (BFH v. 8.12.2011 - VI R 13/11, BStBl 2012 II S.236).
- **Unternehmensberater und Dozent,** der Seminare und Workshops abhält, weil die Durchführung der Seminare der wesentliche Tätigkeitsteil ist (FG München v. 10.9.2008 - 10 K 2577/07).

Achtung: Sie fallen auch unter diese Regelung, wenn Sie 2020 und/oder 2021 wegen Corona z. B. im Wechsel mit Kollegen einen Teil der Woche von zu Hause arbeiten mussten, weil an Ihrem betrieblichen Arbeitsplatz sonst die Abstandsregeln nicht eingehalten werden hätten können. Wenn Sie also mehrere Monate im täglichen Wechsel im Betrieb und im Homeoffice gearbeitet haben, gehören Ihre Arbeitszimmerkosten in die Steuererklärung.

GUTER RAT

Mit einem klassischen Heimarbeitsplatz kommen Sie sehr viel schneller zur Anerkennung Ihres Arbeitszimmers als Mittelpunkt Ihrer gesamten betrieblichen und beruflichen Tätigkeit und haben damit Ihre kompletten Arbeitszimmerkosten im Sack.
Entscheidend ist, ob die im Arbeitszimmer und in der Firma ausgeübten Tätigkeiten qualitativ gleichwertig sind. Ist das gegeben, liegt der Mittelpunkt der Tätigkeit im häuslichen Arbeitszimmer, wenn Sie mehr als die Hälfte der Arbeitszeit dort tätig werden.
In diesem Fall kommt es nicht mehr darauf an, ob Sie in der Firma noch einen Arbeitsplatz haben oder nicht. Die Mittelpunktfrage geht vor (BMF-Schreiben v. 2.3.2011 - BStBl 2011 S.195, Rz 11). Unterstützung bei dieser Meinung bekommen Sie auch vom Finanzgericht Rheinland-Pfalz, das einen an drei von fünf Arbeitstagen genutzten Telearbeitsplatz in der Wohnung des Steuerzahlers als Mittelpunkt der Tätigkeit anerkannt hat (FG Rheinland-Pfalz, v. 19.1.2012 - 4 K 1270/09, KÖSDI 8/2012 S 1810).

TIPP

Tappen Sie nicht in die Falle beim Telearbeitsplatz!

So schön, wie sich die Sache mit dem Telearbeitsplatz auf den ersten Blick anhört: Fiskus und BFH haben ein paar ganz üble Fußangeln ausgelegt, die Ihren Werbungskostenabzug verhindern sollen. Und so argumentierte der BFH bei einem Steuerzahler, der in seiner Wohnung einen vom Arbeitgeber eingerichteten Telearbeitsplatz hatte, an dem er an zwei von fünf Tagen in der Woche arbeitete (BFH v. 26.2.2014 – BStBl II 2014 S. 568):

1. Der Telearbeitsplatz sei wie ein typisches Arbeitszimmer in der Wohnung des Steuerzahlers eingerichtet. Schon deshalb seien die Abzugsbeschränkungen für häusliche Arbeitszimmer anzuwenden.
2. Da der Arbeitnehmer an den zwei Tagen auch im Betrieb hätte arbeiten können, ihm dort also ein vollwertiger Arbeitsplatz zur Verfügung stand, werde das Arbeitszimmer sowieso nicht anerkannt.

Sie werden natürlich den Teufel tun und Ihre Arbeitszimmerkosten in den Wind schreiben. Bei der Einrichtung Ihres Telearbeitsplatzes treffen Sie mit Ihrem Brötchengeber saubere Vereinbarungen. Sie regeln feste Arbeitstage mit festen Anwesenheitszeiten am Telearbeitsplatz. In dieser Zeit steht Ihnen Ihr Arbeitsplatz im Betrieb nicht zur Verfügung, Sie können also an den Heimarbeitstagen ausschließlich in Ihrem Arbeitszimmer werkeln. Vereinbaren Sie mit Ihrem Chef Zeitaufzeichnungen oder ein An- und Abmeldesystem, wenn Sie Ihre Arbeitszeit zu Hause freier einteilen wollen. Noch besser sieht es für Sie aus, wenn Sie die vereinbarte ausschließliche Nutzung Ihres Arbeitszimmers auf mehr als 50 % Ihrer Arbeitszeit ausdehnen können. Dann nämlich stellt Ihr Arbeitszimmer den Mittelpunkt Ihrer Tätigkeit dar und Sie setzen statt max. 1.250 € die vollen Kosten von der Steuer ab.

283 Richter, Universitätsprofessoren und andere Arbeitnehmer, die keiner Anwesenheitspflicht am Arbeitsplatz unterliegen, können ihr Arbeitszimmer nur dann (und nur im Rahmen des Höchstbetrags von 1.250 €) absetzen, wenn ihnen im Gericht, an der Uni oder wo auch immer kein Arbeitsplatz (Dienstzimmer) zur Verfügung steht. Ein Universitätsprofessor, der in der Uni nur einen Laborarbeitsplatz nutzen kann, nicht dagegen einen klassischen Büroraum, hat in der Uni keinen anderen Arbeitsplatz und darf sich über Werbungskostenabzug für sein häusliches Arbeitszimmer bis zu 1.250 € freuen (FG Rheinland-Pfalz v. 07.09.2016 –1 K 2571/14).

284 **Kein anderer Arbeitsplatz steht zur Verfügung**

Gehören Sie zu denen, die auf ihr Arbeitszimmer angewiesen sind, weil der Arbeitgeber keinen Arbeitsplatz zur Verfügung stellt, sind Sie also Lehrer (Klassenräume und das Lehrerzimmer sind allgemein anerkannt kein geeigneter Arbeitsplatz), Nebenberufler, Azubi, Bereitschaftsdienstler (FG München v. 27.08.2016 – 15 K 439/15), Meisterschüler etc.? Oder sind Sie im Hauptberuf Arbeitnehmer und nebenberuflich als Schriftsteller von Kriminalromanen tätig oder erstellen als Krankenhausarzt in Ihrer Freizeit nebenberuflich medizinische Gutachten etc., gehen Sie also einer Nebentätigkeit nach, die vom Brötchengeber Ihres Hauptjobs eigentlich genehmigt werden müsste? Dann benötigen Sie Ihr Arbeitszimmer sicher in erster Linie für Ihre (neben-)beruflichen Aktivitäten.

In all diesen Fällen gesteht Ihnen der Fiskus den Abzug von Arbeitszimmerkosten bis zu 1.250 € zu.

SUPER TRICK

Bei Poolarbeitsplätzen im Betrieb ist Ihr häusliches Arbeitszimmer gesichert!

Ein »anderer Arbeitsplatz« steht Ihnen selbstverständlich nur dann zur Verfü- 285
gung, wenn Sie im Betrieb des Arbeitgebers jederzeit und ohne Einschränkung auf einen eigenen büromäßig ausgestatteten Arbeitsplatz zugreifen können. Müssen Sie sich dagegen einen Arbeitsplatz gleich mit mehreren Kollegen teilen, weil wegen des häufigen Außendienstes für 40 Mitarbeiter nur 10 Büros zur Verfügung stehen, erfüllt das nicht die Anforderungen an einen Arbeitsplatz im Betrieb. Als Betroffener können Sie daher die Kosten für ein häusliches Arbeitszimmer bis zu 1.250 € als Werbungskosten abziehen **(zum Bürosharing in Corona-Zeiten siehe ➤ Rz 282).**

Der BFH hat das noch einmal ausdrücklich für den Fall eines Betriebsprüfers bekräftigt, der sich mit sieben anderen Kollegen drei Poolarbeitsplätze teilen musste (BFH v. 26.2.2014 – VI R 37/13). Die Kosten für sein häusliches Arbeitszimmer waren abzugsfähig, weil die Poolarbeitsplätze nicht für die Erledigung aller Innendienstarbeiten (Fallauswahl, Prüfungsvorbereitungen, Fertigen der Prüfberichte etc.) in dem jeweils konkret erforderlichen Umfang zur Verfügung standen.

Allerdings konnte es sich der BFH nicht verkneifen, mit seiner Entscheidung ein wenig Wasser in den Wein zu schütten. Er weist nämlich darauf hin, dass auch ein Poolarbeitsplatz ausnahmsweise als ausreichender anderer Arbeitsplatz angesehen werden kann. Das wäre zum Beispiel der Fall, wenn der Arbeitgeber eine ausreichende Anzahl an Poolarbeitsplätzen zur Vefügung stellt oder einen Nutzungsplan für die Poolarbeitsplätze aufstellt, und die betroffenen Arbeitnehmer dadurch Ihre Arbeit so einteilen können, dass sie sie in dem konkret erforderlichen Umfang am Poolarbeitsplatz erledigen können.
Also Arbeitgeber und Arbeitnehmer, wenn Sie schon zum Instrument des Polarbeitsplatzes greifen, dann aber bitte so, dass Sie sich nicht wegen der zuvor

beschriebenen Ausnahmtatbestände den schönene Steuervorteil aus dem Arbeitszimmer vermasseln.

TIPP

Arbeitszimmer wegen Baumängeln oder Schadstoffbelastung im Büro

Der Fiskus stellt sich erst einmal auf den Standpunkt, dass es den Kostenabzug für ein häusliches Arbeitszimmer nicht gibt, wenn ein »anderer Arbeitsplatz« zur Verfügung steht. Darunter fällt grundsätzlich jeder Arbeitsplatz, der zur Erledigung büromäßiger Arbeiten geeignet ist. Ganz so platt lassen Sie sich vom Finanzamt Ihr Arbeitszimmer aber nicht streitig machen. Schließlich müssen Sie den Arbeitsplatz im notwendigen Umfang und in der konkret erforderlichen Art und Weise auch wirklich nutzen können. Ist diese Nutzungsmöglichkeit eingeschränkt, können Sie auf ein häusliches Arbeitszimmer ausweichen.
Schützenhilfe bekommen sie hier vom BFH. Der hält nämlich überhaupt nichts von Arbeitsplätzen, von denen eine gesundheitliche Gefährdung ausgeht. Gibt es an Ihrem Arbeitsplatz in der Firma z.B. Baumängel oder gar Schadstoffbelastungen, z.B. durch Formaldehyd, Asbest, PCB etc., muss das Finanzamt Ihre Arbeitszimmerkosten zumindest bis zu 1.250 € als Werbungskosten anerkennen, wenn Sie den Gesundheitsgefahren dadurch aus dem Weg gehen, dass Sie Ihren Job zum Teil von zu Hause aus erledigen (BFH v. 26.2.2014 – BStBl. II S.674).

286 Ehepaare, die ein Arbeitszimmer gemeinsam nutzen, müssen darauf achten, dass ihnen nicht große Teile der Arbeitszimmerkosten durch die Lappen gehen. Hat nur ein Ehepartner im Arbeitszimmer den Mittelpunkt seiner gesamten Tätigkeit, kann nur der Teil der Kosten abgesetzt werden, der auf ihn entfällt. Angenommen, Sie haben in Ihrem Arbeitszimmer einen Heimarbeitsplatz – also einen astreinen Tätigkeitsmittelpunkt. Ihr als Lehrer tätiger Ehepartner benutzt das Arbeitszimmer ebenfalls. Sie ahnen schon, was jetzt kommt! Richtig, die rechnerisch auf Ihren Ehepartner entfallenden Kosten können Sie nur bis zu 1.250 € absetzen.

TIPP

für die Arbeitszimmerkosten bei Ehepartnern!

Nutzen Ehegatten in einer von ihnen bewohnten und gemeinsam angemieteten Wohnung ein Arbeitszimmer, müssen sie die Miete und die Nebenkosten jeweils zur Hälfte aufteilen. Gehört die Wohnung oder das Haus beiden Ehepart-

nern, sind die Kosten im Verhältnis der Eigentumsanteile zuzurechnen (BFH v. 20.4.2010 – VI B 150/09).
Relativ einfach ist das Ganze, wenn jeder der Ehepartner einen eigenen Raum als Arbeitszimmer nutzt. In diesem Fall kann jeder seine Kosten – bis zu höchstens 1.250 € – absetzen.
Kniffliger wird es, wenn sich die Ehegatten ein häusliches Arbeitszimmer teilen. Das wirft nämlich die Frage auf, ob beide Ehepartner die Arbeitszimmerkosten absetzen können (personenbezogene Betrachtung) oder ob sie sich den Höchstbetrag teilen müssen (objektbezogene Betrachtung).
Hier hat sich der BFH allerdings ganz klar steuerzahlerfreundlich entschieden. Er vertritt ohne Wenn und Aber die Meinung, dass jedem Ehepartner die volle Grenze von 1.250 € zusteht (BFH v. 15.12.2016 – BStBl 2017 II S. 938). Folglich müssen Sie nur noch darauf achten, dass Ihr gemeinsames Arbeitszimmer mindestens Kosten von 2 × 1.250 € = 2.500 € verursacht.

SUPER TRICK

Ihr Ehepartner bekommt keinen anderen Arbeitsraum!

Wenn Sie einen großen Raum als Arbeitszimmer nutzen und über 1.250 € Kos- 287
ten im Jahr haben, werden Sie Ihrem Ehepartner einen Teil des Raumes als »häusliches Arbeitszimmer« abtreten und ihn keineswegs in eine Arbeitsecke z.B. im Wohn- oder Schlafzimmer, in der Diele oder im Bügelzimmer verbannen. Für die Arbeitsecke gibt es nämlich keine Raumkosten und für Ihr großes Arbeitszimmer schließt der Fiskus den Kostendeckel schon bei 1.250 €. Geben Sie dagegen Ihrer besseren Hälfte in Ihrem Arbeitszimmer Asyl, können Sie sich über einen doppelt so hohen Werbungskostenabzug freuen.

TRICK

Ein Mietvertrag mit dem Arbeitgeber erhöht die abzugsfähigen Kosten.

Klappt es bei Ihnen nicht mit dem Arbeitszimmer als Mittelpunkt Ihrer gesam- 288
ten Tätigkeit und benötigen Sie einen Büroraum, können Sie die kleinlichen Abzugsbeschränkungen des Fiskus mit Hilfe Ihres Arbeitgebers unterlaufen. Sie vermieten Ihrem Arbeitgeber Ihr Arbeitszimmer, das Sie für berufliche Zwecke benötigen, und er überlässt Ihnen den von ihm angemieteten Raum als betriebliches Büro. Schließen Sie aber unbedingt einen astreinen **Mietvertrag** über das Arbeitszimmer und regeln Sie das Ganze nicht über den Arbeitsver-

trag oder Zusatzklauseln zum Arbeitsvertrag (BFH v. 8.3.2006 – BFH/NV S.1810). Außerdem macht es sich wesentlich besser, wenn Ihr Arbeitgeber Sie dazu auffordert, zu Hause für ihn tätig zu werden, und er das Ganze nicht etwa nur generös duldet, um Ihnen einen Gefallen zu tun. Nur so vermeiden Sie, dass man es Ihnen als besonders starkes Eigeninteresse ankreidet, dass Sie nun bequem von zu Hause aus arbeiten können.

Der Bundesfinanzhof hilft Ihnen dabei: Ihr Chef kann Ihnen die anteiligen Kosten fürs Arbeitszimmer steuerfrei erstatten, wenn die Anmietung des Zimmers bei Ihnen vorrangig in seinem Interesse erfolgt (BFH v. 19.10.2001 – BStBl 2002 II, S.300). Ihre Chancen auf Anerkennung steigen stark an, wenn Sie zu Hause einen Heim- oder Telearbeitsplatz haben. Das an den Arbeitgeber vermietete, aber von Ihnen genutzte Büro ist danach kein »häusliches Arbeitszimmer«.

Das wiederum hat die erfreuliche Folge, dass die Kosten dafür voll absetzbar sind, auch wenn es nicht die ansonsten erforderlichen Bedingungen (Tätigkeitsmittelpunkt) erfüllt (BFH v. 20.3.2003 – BStBl II 2003 S.519). Allerdings muss Ihr Arbeitgeber bestätigen, dass er den Raum aus handfesten betrieblichen Interessen angemietet hat (BFH v. 16.9.2004 – BStBl II 2006 S.10), z.B. aus Kostenersparnisgründen, weil er Ihnen im Gegenzug im Betrieb kein Büro zur Verfügung stellen muss oder weil es Ihnen die extrem weite Entfernung vom Betrieb unmöglich macht, für Ihre regelmäßig anfallenden Büroarbeiten ständig dorthin zu fahren, oder weil Ihr Brötchengeber Ihre Privatadresse als eine den Kunden bekannte Anlaufstelle nutzt.

Die Finanzverwaltung sieht nach einer im Anschluss an die o.g. Urteile ergangenen Anweisung (BMF v. 18.4.2019 – BStBl 2019 I S.461) die Vermietung an den Arbeitgeber vorrangig in dessen Interesse, wenn folgende Punkte vorliegen:

- Für Sie ist im Unternehmen kein geeignetes Büro vorhanden; die Versuche Ihres Arbeitgebers, entsprechende Räume von Dritten anzumieten, sind erfolglos geblieben.
- Ihr Arbeitgeber hat für andere Arbeitnehmer des Betriebs, die über keine für ein Arbeitszimmer geeignete Wohnung verfügen, Zimmer bei betriebsfremden Dritten angemietet.
- Es wurde ein ausdrücklicher, schriftlicher Vertrag über die Nutzung des als Arbeitszimmer angemieteten Raumes abgeschlossen.

Allerdings sind diese Bedingungen nicht der Weisheit letzter Schluss. So sieht zwar auch der BFH in der Tatsache, dass Ihnen im Betrieb noch ein Büro zur Verfügung steht, ein Indiz gegen ein überwiegendes betriebliches Interesse an der Anmietung, sagt aber gleichzeitig, dass die Anerkennung deshalb nicht von vornherein ausgeschlossen ist. Auch wenn Ihr Brötchengeber gar nicht erst bei anderen die Anmietung eines Arbeitszimmers versucht hat, darf Ihnen das Finanzamt nicht allein daraus einen Strick drehen. Das spielt nämlich zumindest dann keine Rolle, wenn damit zu rechnen war, dass er anderswo keinen günstigeren Raum bekommen hätte (BFH v. 11.1.2005 – BFH/NV 2005 S.882).

Beispiel
Sie haben ein Einfamilienhaus mit 150 qm Wohnfläche gebaut. Die Baukosten von 300.000 € haben Sie zu 250.000 € über eine Hypothek finanziert. Die jährlichen Zinsen belaufen sich auf 18.000 €. Ein 25 qm großes Zimmer haben Sie für 5 €/qm an Ihren Arbeitgeber vermietet, der es Ihnen als Arbeitszimmer zur Verfügung stellt. Die sonstigen Nebenkosten für Ihr Haus belaufen sich auf 2.400 €.

So sieht Ihre Rechnung fürs Finanzamt aus:

Mieteinnahmen 12 × 25 qm × 5 €			1.500 €
Werbungskosten:			
Zinsen 18.000 € × 25 qm/150 qm	3.000 €		
Abschreibung 2 % v. 300.000 € = 6.000 € × 25 qm/150 qm	1.000 €		
Nebenkosten 2.400 € × 25 qm/150 qm	400 €		
	4.400 €	>	4.400 €
Verlust aus Vermietungseinkünften			2.900 €

c) Wie prüft das Finanzamt, ob es bei Ihnen überhaupt ein Arbeitszimmer anerkennt? 289

Am besten reichen Sie eine Wohnungsskizze ein, in der das Arbeitszimmer gekennzeichnet und die Lage und Art der Möbel vermerkt ist (Vorsicht: kein Bett o. Ä. einzeichnen). Daneben muss genügend Wohn- und Schlafraum für Sie und Ihre Familie vorhanden sein.

Als Single brauchen Sie in Ihrer Wohnung nicht allzu viel Platz. Aber auch bei Ihnen müssen die neben dem Arbeitszimmer als Wohnraum verbleibenden Räume passend möbliert werden. Achten Sie also bei der Einrichtung darauf, dass Ihnen nicht das Gleiche passiert wie einem Steuerzahler aus Trier. Dem hatten die Finanzrichter nämlich einen als Arbeitszimmer eingerichteten Raum seiner Zweizimmerwohnung nur deshalb nicht steuerlich anerkannt, weil er den anderen Raum nicht zum Wohn-/Schlafraum umfunktioniert hatte. Angesichts fehlender Wohnraummöblierung in diesem Zimmer haben sie es nur als Schlafraum akzeptiert. Das Wohnen müsse sich zwangsläufig auch im Arbeitszimmer abspielen, mutmaßten die Richter, und schon waren die Werbungskosten zum Teufel (FG Rheinland-Pfalz v. 1.2.1995, 1 K 2180/94 – NWB-Eilnachrichten 1995 S. 90). Stellen Sie sich deshalb etwas geschickter an und verfrachten Sie Couch, Tisch, Fernseher und Stereoanlage in den Wohn-/Schlafraum.

Weitere unabdingbare Voraussetzung ist, dass das Arbeitszimmer separat liegt, d.h., es muss ein von den übrigen Räumen der Wohnung getrennter, in sich abgeschlossener Raum sein. So wurde einem armen Teufel das Arbeitszimmer im

Dachgeschoss seines Hauses, das nur über eine Wendeltreppe zu erreichen war und nicht durch eine Tür abgeschlossen werden konnte, nicht anerkannt (FG Baden-Württemberg v. 22.9.1986 – EFG 1987 S. 70).

Achtung, Fangeisen: Sie haben schlechte Karten, wenn das Arbeitszimmer ein sog. Durchgangszimmer ist. Denn der Durchgang wird als private Nutzung aufgefasst (BStBl 1984 II S. 110). Der BFH lenkte aber in seinem Urteil vom 19.8.1988 (BStBl 1988 II S. 1000) etwas ein: Das gelegentliche Durchqueren des Arbeitszimmers durch den Ehegatten (um in das Schlafzimmer zu gelangen) hielt er für unbedeutend. Außerdem ist hinsichtlich der Frage der gelegentlichen privaten Mitbenutzung eines Arbeitszimmers derzeit sowieso fraglich, ob es bei dieser kleinlichen Sichtweise bleibt (vgl. ➤ Rz 273).

GUTER RAT

Gegenstände im Arbeitszimmer, die keine Arbeitsmittel sind, wie Fernseher, Radio, Klavier, Gästebett usw., können dem Arbeitszimmer den Garaus machen, denn sie deuten auf private Mitbenutzung des Zimmers hin. Auch wenn das eine oder andere Finanzgericht Gnade vor Recht ergehen ließ, sollten Sie nach Möglichkeit von vornherein jedes Risiko vermeiden. Ich würde zumindest nicht die Hand dafür ins Feuer legen, dass die folgenden Urteile jedes Finanzamt überzeugen.

- Eine *Liege* im Arbeitszimmer steht dessen Anerkennung selbst dann nicht entgegen, wenn der Steuerzahler sie während der Arbeitspausen für ein kleines Nickerchen nutzt (FG Hessen v. 27.1.1983 – IV 75/84; BFH v. 18.3.1988 – BFH/NV 1988 S. 773).
- Eine ganz sporadische Nutzung des Arbeitszimmers als Gästezimmer, z.B. beim Weihnachtsbesuch von Angehörigen, soll dessen Anerkennung nicht gefährden (FG Berlin v. 16.8.1988 rk – EFG 1989 S. 17).
- Auch ein Schaukelstuhl, der während der Arbeitspausen zur Entspannung genutzt wird, soll nicht schädlich für Ihr Arbeitszimmer sein (BFH v. 28.9.1990 – BFH/NV 1991 S. 294).

TIPP

Auch bei geringer privater Mitbenutzung des Arbeitszimmers sinken die Chancen auf Anerkennung!

Wenn Sie in Ihrem Arbeitszimmer gelegentlich auch private Dinge erledigen, spricht man regelmäßig von gemischten Kosten. In einem solchen Fall sinken die Chancen, dass die Kosten für das Arbeitszimmer als Werbungskosten anerkannt werden, nahezu auf null, denn der BFH lässt gemischte Kosten grundsätzlich nicht zum Abzug zu. Zu den Einzelheiten vgl. ➤ Rz 273.

Achtung, Hausbesuch vom Finanzamt!
Gelegentlich müssen Sie damit rechnen, dass das Finanzamt mal einen Beamten losschickt, der nachprüfen soll, ob alles so stimmt, wie es angegeben wurde. Kommt er am Abend, können Sie dem Prüfer den Zutritt zum Arbeitszimmer verweigern, ohne dass er daraus negative Schlüsse ziehen darf (FG Düsseldorf, Urt. v. 14.10.1992 – EFG 1993 S. 64). Wenn der Besuch während der üblichen Geschäfts- und Arbeitszeit erfolgt und vorher angemeldet war, müssen Sie ihn einlassen – oder hinnehmen, dass man Ihnen die Arbeitszimmerkosten streicht. So geschehen mit Billigung der Finanzrichter in Niedersachsen (Urt. v. 9.3.1993 – EFG 1994 S. 182) bei einem Lehrer, dem die Arbeitszimmerprüfer des Finanzamts gleich zweimal auf die Bude rücken wollten, wobei sie jedes Mal unverrichteter Dinge abziehen mussten.

TIPP

für drohende Hausbesuche

Die meisten Genauigkeitskrämer kündigen ihren Arbeitszimmerkontrollbesuch an. Um sie sich vom Hals zu halten, machen Sie sich die sprichwörtliche Bequemlichkeit des deutschen Beamten zunutze und kontern auf die Kontrollankündigung etwa wie folgt:

Sehr geehrte Damen und Herren,
selbstverständlich bin ich bereit, Ihnen mein »100% steuerlich lupenreines Arbeitszimmer« vorzuführen. Leider bringt es mein Beruf aber mit sich, dass ich schon morgens gegen 6.00 Uhr das Haus verlassen muss und für gewöhnlich nicht vor 18.00 Uhr zurückkehre. Ich schlage daher vor, dass Sie die Besichtigung am . . . . . . .um ca. 5.30 Uhr oder alternativ am . . . . um ca. 19.00 Uhr vornehmen.

Datum . . . . . . Unterschrift . . . .

Wetten, dass sich kaum ein Finanzer finden wird, der bereit ist, seine Freizeit für eine Arbeitszimmerbesichtigung zu opfern? Den Rotstift muss er dann aber bei Ihren Arbeitszimmerkosten auch eingepackt lassen. Sie sind ja schließlich besichtigungsbereit, und man kann ja wohl nicht von Ihnen verlangen, dass Sie für das Misstrauen anderer Ihren wohlverdienten Urlaub verplempern …

Fertigt der Prüfer über seinen Besuch eine Niederschrift, dann lassen Sie sich einen Durchschlag geben, damit Sie wissen, was in den Akten steht. Und passen Sie auf, was Sie unterschreiben.
Vor allem, wenn es verdächtig nach Amtsdeutsch klingt. Bestehen Sie darauf, dass rechtliche Würdigungen oder Schlussfolgerungen gestrichen werden. Also nicht: »Private Unterlagen waren zu 20 % vorhanden«, sondern: »Es ist ein Ordner Versicherungsangelegenheiten abgestellt.«
Auf diese Weise bleibt Ihnen die Möglichkeit erhalten, später die Bedeutung dieses Ordners herunterzuspielen. Und schreibt der Prüfer: »Die vorgefundenen Verhältnisse lagen im Veranlagungszeitraum unverändert vor«, müssen Sie sofort ausdrücklich widersprechen und notfalls das Gegenteil protokollieren lassen, wenn dieser Satz nicht zutrifft.

290 **d) Arbeitsmittel im häuslichen Arbeitszimmer**

Der BFH hatte ein Einsehen und geurteilt, dass der Abzug von Arbeitsmitteln im weitesten Sinne Vorrang vor den Abzugsbeschränkungen für die Arbeitszimmerkosten hat (BFH v. 21.11.1997 – BStBl 1998 II S.351). Im Klartext bedeutet das, dass alle Kosten für Arbeitsmittel, die auch ohne ein Arbeitszimmer durchgehen würden, unabhängig davon, wie die eigentlichen Arbeitszimmerkosten steuerlich behandelt werden, steuerlich absetzbar sind. Dieser Entscheidung hat sich die Finanzverwaltung gebeugt und sie mit dem BMF-Schreiben vom 16.6.1998 (BStBl 1998 I S.863) für verbindlich erklärt. Das heißt: Auch wenn Sie Ihr Arbeitszimmer nicht absetzen können, weil es nicht Ihr Tätigkeitsmittelpunkt ist, so können Sie zumindest Ihre Arbeitsmittel absetzen.

Dazu müssen Sie unterscheiden zwischen den Kosten für die Raumaustattung des Arbeitszimmers einerseits und für Arbeitsmittel im engeren Sinne andererseits.

Unmittelbare Arbeitszimmerkosten/Raumausstattung
(nur bei Arbeitszimmern als Tätigkeitsmittelpunkt absetzbar)

- Miete,
- Heizung, Strom, Wasser,
- Müllabfuhr, Kaminkehrer, Abwasser,
- Grundsteuer, Gebäudeversicherung,
- Hauswart etc.,
- Gebäudeabschreibung,
- Zinsen,
- Reinigung,
- Gebäudereparatur,
- Renovierung,
- Tapeten, Teppichböden, Vorhänge,
- fest eingebaute Lampen.

Auch ohne Arbeitszimmer absetzbare Arbeitsmittel

- Computer und Zubehör,
- Telefon, Fax, Anrufbeantworter,
- Taschenrechner, Rechenmaschine,
- typische Arbeitsmittel je nach Beruf (z.B. Musikinstrumente, Maschinen etc.),
- Einrichtungsgegenstände
  - Schreibtisch,
  - Stühle,
  - Bücherregale,
  - Schränke,
  - Bürocontainer,
  - sonstige berufliche Einrichtung,
  - Schreibtischlampe,
  - Papierkorb,
  - Wand- oder sonstige Uhr,
  - Pinnwand etc.

Für Einrichtungsgegenstände mit einem Anschaffungspreis von mehr als 800 € (Rechnungsbetrag ohne Umsatzsteuer) setzen Sie die Abschreibung an. Dazu werden die Anschaffungskosten (jetzt mit Umsatzsteuer) auf die Dauer der Nutzung verteilt. Die Nutzungsdauer beträgt für Mobiliar 13 Jahre, für Kopierer sieben Jahre.

Bei Anschaffung im Lauf des Jahres ist nur eine zeitanteilige Abschreibung zulässig. Für jeden Monat des Jahres, in dem Ihnen das Arbeitsmittel gehört, also $^{1}/_{12}$ der Jahresabschreibung.

Beträgt der Anschaffungspreis (ohne Umsatzsteuer) nicht mehr als 800 €, können Sie den gesamten Betrag für das »geringwertige Wirtschaftsgut« (so das Amtsdeutsch) sofort in voller Höhe absetzen.

Neu seit 2021: Für Computerhardware und -sofware – PC, Drucker, Scanner, Tastatur, Festplatten etc. – wurde die Nutzungsdauer von bisher 3 Jahren auf 1 Jahr verringert. Die Anschaffungskosten können somit im Jahr der Anschaffung in voller Höhe abgesetzt werden.

Weitere Einzelheiten zur Berechnung der Kosten, insbesondere der Abschreibungen, vgl. ➤ Rz 291, Rz 354 ff.

Kunstgegenstände wie Bilder und Skulpturen gehören grundsätzlich zur Arbeitszimmerausstattung. Sie werden Ihnen aber nur ausnahmsweise steuerlich anerkannt, wenn Sie glaubhaft machen, dass Sie sie aus Repräsentationsgründen benötigen, weil Sie des Öfteren geschäftlichen Besuch im Arbeitszimmer empfangen. Andernfalls fallen sie dem Rotstift zum Opfer, wie die Aufwendungen für ein Gobelinbild (BFH-Urt. v. 30.10.1990 – BStBl 1991 II S. 340). Auch

Geweihe und Jagdwaffen als Schmuck hat der BFH nicht mit steuerlicher Wirkung zugelassen (BFH v. 18.3.1988 – BFH/NV 1988 S. 556).

291 **e) Was können Sie für Ihr Arbeitszimmer absetzen?**

Gehören Sie zu den Glücklichen, die ihre Arbeitszimmerkosten voll absetzen können, gilt Folgendes:

- Kosten, die dem Arbeitszimmer direkt zugeordnet werden können, können Sie in voller Höhe absetzen, wie z. B. Schönheitsreparaturen, Elektroinstallation, Telefonanschluss, Einrichtung.

Sie können das Arbeitszimmer nach Ihrem Geschmack einrichten, auch wenn der gehoben ist. Ein Kargheitsgebot gibt es nicht. Tatsächlich genutztes antikes Mobiliar können Sie ebenso absetzen wie Bilder, Teppiche oder Wandschmuck (BFH-Urt. v. 31.1.1986 – BStBl 1986 II S. 355). Siehe hierzu aber ➤ Rz 290.

292 Wie flatterhaft Finanzgerichte bei ihren Entscheidungen über Arbeitszimmerkosten sind, können Sie an folgendem Beispiel sehen: Das Finanzgericht des Saarlands hat einem Zahnarzt seinen Orientteppich nicht anerkannt, weil so ein Teppich eine behagliche Atmosphäre schaffe und seinen Besitzer geistig anrege (EFG 1994 S. 235). Das Finanzgericht Niedersachsen hingegen meinte, ein Orientteppich sei als ganz normaler, alltäglicher Ausstattungsgegenstand mit Bezug zur täglichen Arbeit anzusehen (EFG 1992 S. 65 und 1994 S. 236).

293
- Kosten, die dem Arbeitszimmer nicht direkt zugeordnet werden können, weil sie das ganze Gebäude oder die ganze Wohnung betreffen, sind nur mit dem auf das Arbeitszimmer entfallenden Anteil abziehbar. Die Aufteilung erfolgt im Verhältnis der Fläche des Arbeitszimmers zur Fläche des gesamten Gebäudes oder der gesamten Wohnung. Nebenräume wie Keller, Dachböden und Wirtschaftsräume brauchen Sie nicht mitzurechnen.
- DieKosten für die Renovierung des Bades oder anderer Räume in der Wohnung können Sie nicht anteilig den Arbeitszimmerkosten zuordnen.Der BFH hat sich hier leider sehr kleinlich gezeigt und auf die Seite des Fiskus geschlagen (BFH v. 14.5.2019 – BStBl 2019 II S. 510).

Beispiel

Gesamtfläche Gebäude/Wohnung	150 qm
Fläche des Arbeitszimmers	30 qm
Anteil des Arbeitszimmers $^{1}/_{5}$ =	20 %

Hier sind also 20 % der Kosten des Gebäudes oder der Wohnung absetzbar. Dazu gehören

- bei einer Mietwohnung die Miete einschließlich aller Umlagen, auch für Strom, Heizung, Frischwasser, Abwasser, Straßenreinigung und Müllabfuhr,
- beim eigenen Haus oder bei einer Eigentumswohnung außerdem die Abschreibung, die Schuldzinsen, die Versicherungen und alle Reparaturen.

Wenn Sie alle Kosten hübsch beisammenhaben, fertigen Sie eine kleine Aufstellung. Etwa so:

Arbeitszimmerkosten in einer Mietwohnung 294

1. Anteilige Wohnungsmiete (5 Zimmer, Miete 600 €)	120 € monatl.	
(Anteil Arbeitszimmer an der gesamten Wohnfläche 20 %)		
2. Anteilige Heizungs- und Lichtkosten 20 %	10 € monatl.	
3. Anteilige Hausratversicherung (20 %)	1 € monatl.	
4. Putzkosten, lt. Bescheinigung der Putzhilfe	15 € monatl.	
Summe	146 € × 12 =	1.752 €
5. Neuanschaffung von Vorhängen		150 €
6. Neuanschaffung einer Lampe		250 €
Summe der Kosten		2.152 €

7. Einrichtungsgegenstände – bis 800 € (ohne MwSt.) – sofort absetzbar.

1 Aktenregal, angeschafft für	100 €	
2 Büroschränke à 100 € 200 €		
1 Bürosessel	100 €	
1 Schreibtischlampe	50 €	
1 Leselampe	40 €	
2 Besuchersessel à 375 € 750 €		
1 Besuchertisch	360 €	
1 gr. Vase	50 €	
Kleininventar	350 €	
1 gebrauchter PC	400 €	
Gesamt	2.400 €	> 2.400 €
		4.552 €

Auf diesen Betrag gibt es beim Vollabzug der Arbeitszimmerkosten eine Steuererstattung zwischen ca. 637 und 2.345 €.

Arbeitszimmerkosten im eigenen Haus, in eigener Eigentumswohnung (anteilige 20 %) 295

a) Anteilig abziehbare Kosten

Gebäudeabschreibung

Herstellungskosten vor 10 Jahren 150.000 €	
Davon 2 % Abschreibung =	3.000 €
Jährliche Schuldzinsen	6.000 €
Kosten für Heizung und Elektrizität	1.250 €
Hausratversicherung	150 €
Jährliche Grundsteuer, Gebäudeversicherung	500 €
Jährliche Abgaben für Wasser, Abwasser, Müllabfuhr, Straßenreinigung	1.200 €

Reparaturaufwendungen am Dach	1.100 €	
Summe	13.100 €	
Davon entfallen auf das Arbeitszimmer 20 %		2.620 €
Reinigungskosten		150 €
Summe		2.770 €

b) Direkte Arbeitszimmerkosten

Für Einrichtungsgegenstände mit Anschaffungskosten unter 800 €	2.400 €
Büroschrank antik 2.600 €, Abschreibung 7,69 %	200 €
Kosten für das Arbeitszimmer insgesamt	5.370 €

TIPP

zur Abschreibung

296 Gehört die Wohnung oder das Haus, in dem sich Ihr Arbeitszimmer befindet, z.B. Ihrer besseren Hälfte, kommen Sie nur dann in den Genuss der Abschreibung Ihres Arbeitszimmers, wenn Sie nachweislich einen Teil der Anschaffungs- oder der Herstellungskosten getragen haben, der mindestens dem Anteil des Arbeitszimmers entspricht. Daher macht es sich gegenüber dem Finanzamt gut, wenn Sie bei den Darlehensverträgen als Mitverpflichteter auftauchen und einen Teil der Zins- und Tilgungsleistungen bezahlen (Drittaufwand).
Einfacher ist es, wenn Sie und Ihr Ehepartner gemeinsame Eigentümer sind. Dann wird nämlich auf alle Fälle unterstellt, dass Sie die auf das Arbeitszimmer entfallenden Kosten in voller Höhe selbst getragen haben. Sie bekommen also die volle Abschreibung (BFH v. 23.8.1999 – BStBl II 1999 S. 778 ff.).

TRICK

Ein Arbeitszimmer bei Angehörigen mieten?

297 **Haben Sie nichts zu den Anschaffungs- oder den Herstellungskosten des Hauses oder der Eigentumswohnung Ihres Ehepartners beigetragen, schließen Sie einen Mietvertrag fürs Arbeitszimmer.**
Genauso können Sie ein Arbeitszimmer im Haus eines Angehörigen oder Ihres Lebenspartners mieten und kommen so zu Arbeitszimmerkosten. Ihr gemietetes Arbeitszimmer ist in diesem Fall kein »häusliches«. Was bedeutet, dass Sie die vollen Kosten (Miete, Nebenkosten) absetzen können. Den Vollabzug gibt es allerdings nur, wenn Sie nicht auch selbst in der Wohnung leben, denn dann wäre das Arbeitszimmer wieder ein »häusliches«.

Schließen Sie einen schriftlichen Mietvertrag, in dem der gemietete Raum samt Größe und Lage beschrieben wird und die genaue Miethöhe (mindestens 75 % der ortsüblichen Miete) sowie die von Ihnen zu zahlenden Nebenkosten festgelegt sind. Die Zahlung von Miete und Nebenkosten müssen Sie nachweisen können. Am besten überweisen Sie sie monatlich, und schon klappt der Laden. Mit einem so sauber vereinbarten und tatsächlich durchgeführten Mietvertrag spielt es keine Rolle, dass der Vermieter Ihnen verwandtschaftlich oder freundschaftlich verbunden ist (BFH-Urt. v. 28.8.1991 - BFH/NV 1992 S. 166).

SUPER TRICK

Sparen Sie durch ein kleineres Arbeitszimmer 5.000 €!

S Wenn Sie selbständig sind, kann ein zu großes Arbeitszimmer zur Steuerfalle werden. Liegt seine Größe anteilig über 20 % oder sein anteiliger Grundstückswert über 20.500 €, kann das Finanzamt sagen, es sei notwendiges Betriebsvermögen. Wenn Sie dann irgendwann einmal Ihr Häuschen verkaufen, knöpft Ihnen der Fiskus vom Verkaufserlös nach Abzug des Restbuchwerts (anteilige Herstellungskosten – anteilige Abschreibung) gnadenlos Steuern ab – ganz egal, ob Sie Ihre Arbeitszimmerkosten absetzen können oder ob man Ihnen den Abzug wegen der gesetzlichen Beschränkungen streitig macht. 298

Und so könnte sich ein steuerpflichtiger Veräußerungserlös auswirken:

Klemm und Schlau hatten sich je einen Werkstattraum in ihren 150 qm großen Einfamilienhäusern (Erbbaugrundstück) eingerichtet. Nach zehn Jahren verkaufen beide ihr Haus für 300.000 €.

			Klemm		Schlau
Größe des Arbeitszimmers			18 qm		9 qm
Anteil an den					
Baukosten v. 200.000 € $^{18}/_{150}$ = 12 %			24.000 €	$^{9}/_{150}$ = 6 %	12.000 €
Laufende Hauskosten 15.000 € 1.800 €					900 €
AfA 3 % v. 200.000 € = 6.000 €			720 €		360 €
Jährliche Arbeitszimmerkosten			2.520 €		1.260 €
Für 10 Jahre			25.200 €		12.600 €
./. steuerpflichtiger Verkaufserlös					
12 % v. 300.000 € 36.000 €					
./. Buchwert:					
Baukosten alt	24.000 €				
./. AfA 10 × 720 €	– 7.200 €				
	16.800 € >	– 16.800 €			
Steuerpflichtiger Erlös		19.200 € >	– 19.200 €		
Betriebsausgaben insgesamt			6.000 €		12.600 €

Obwohl Schlau das kleinere Arbeitszimmer hatte, kann er insgesamt 12.600 € absetzen, Klemm dagegen per saldo nur 6.000 €. Der Vorteil von Schlau beläuft sich damit auf 6.600 €. Noch drastischer wird die Rechnung, wenn beide ein »häusliches« Arbeitszimmer gehabt hätten, für das sie aber keine Kosten absetzen konnten. In diesem Fall müsste Klemm den fiktiven Erlös von 19.200 € versteuern, während Schlau plus/minus null aus der Sache herauskäme.

299 **Reinigung des Arbeitszimmers**

Wird Ihr Arbeitszimmer steuerlich anerkannt, können Sie neben den Kosten für Putzmittel etc. Ihre Aufwendungen für eine Reinigungskraft, den Fensterputzer etc. ins Spiel bringen. Engagieren Sie nahe Angehörige als Reinigungskraft, müssen Sie Folgendes beachten: Da die Arbeitszimmerreinigung unter die Verpflichtung der Ehepartner zur Haushaltsführung (§ 1360 BGB) fällt, nutzt ein Arbeitsvertrag mit dem Ehepartner nichts. Für einen eigenen Haushalt führende erwachsene Kinder, Eltern und Geschwister gilt das nicht (BFH v. 27.10.1978 – BStBl II 1979 S. 80). Gegen ein anzuerkennendes Arbeitsverhältnis zwischen Vater und volljähriger Tochter spricht neben der Haushaltsgemeinschaft auch ein besonders geringer Stundenlohn (hier: 1,42 €), freie Arbeitszeit und die Überweisung des Entgelts unter der Bezeichnung »Taschengeld« (FG Niedersachsen v. 30.1.1986 – EFG 1986 S. 484). Also?

Um Ihre Chancen auf Anerkennung eines Vertrags über Reinigungsarbeiten mit Angehörigen zu erhöhen, sollten Sie den Lohn per Überweisung zahlen und **einen schriftlichen Arbeitsvertrag schließen,** in dem genau geregelt ist, wann in welchem Umfang die Reinigung zu erfolgen hat. Auch sollten Sie tunlichst vermeiden, dass laut Arbeitsvertrag nur das Arbeitszimmer gereinigt werden muss. Wesentlich größere Chancen haben Sie, wenn Angehörige als Putz- oder Haushaltshilfe zur Reinigung der gesamten Wohnung angestellt werden.

GUTER RAT

Bei allem Bemühen um Steuerersparnis müssen Sie sich vorsehen, nicht nach der Devise »Gier frisst Hirn« zu verfahren. Bei einem echten Anstellungsverhältnis wird das Finanzamt immer streng darauf schauen, ob Sie es bei der Sozialversicherung angemeldet haben. Auch der inzwischen nicht mehr ganz so niedrige Mindestlohn kann sich hier als teurer Fallstrick erweisen. Selbst wenn Ihre Angehörigen-Reinigungskraft als Minijobber durchgeht, kostet das pauschale Sozialversicherung und Steuer. Da die Reinigungskosten nur zum Teil auf Ihr Arbeitszimmer entfallen, könnte sich so ein Arbeitsvertrag schnell als Draufzahlgeschäft entpuppen, wenn es Ihnen nicht gelingt, die Reinigungskosten für die übrigen Räume Ihrer Wohnung z. B. als haushaltsnahe Dienstleistung bei der Steuer unterzubringen und auch hierfür eine Ermäßigung zu kassieren.

6. Das strittige Problem der Berufskleidung

Das Gesetz sagt ganz klar: Berufskosten sind Aufwendungen zur Erhaltung, Sicherung und Erwerbung von Lohn oder Gehalt. Sie können aber nicht nackt in den Betrieb wandern, das ist doch klar. Um in den allermeisten Fällen die Bekleidungskosten trotzdem nicht anerkennen zu müssen, argumentierte der Fiskus: Bürgerliche Kleidung (gewöhnliche Bekleidungsstücke) werde auch getragen, wenn der Beruf gerade nicht ausgeübt werde, während der Arzt z.B. in seiner Freizeit keinen weißen Kittel anhabe. Deshalb betrifft normale bürgerliche Bekleidung stets die Privatsphäre – selbst wenn sie ausschließlich während der Arbeitszeit getragen wird. Dazu sagt das FG Hamburg in einem geheimen Urteil: »Es würde ein mit der heutigen Stellung des Staatsbürgers nicht zu vereinbarendes Eindringen in die intime Privatsphäre bedeuten, wenn die Finanzverwaltung überprüfen sollte, welche Kleidung ein Steuerpflichtiger privat und welche er ausschließlich während der Berufsausübung trägt. Schon die Möglichkeit der Privatnutzung muss mithin eine Anerkennung der dafür gemachten Aufwendungen ausschließen.« 300

Als Grundsatz hat sich herauskristallisiert, dass Bekleidung dann eine typische Berufskleidung ist, wenn eine private Verwendung ausgeschlossen oder nur in verschwindend geringem Umfang möglich ist. Abzugsfähig sind somit z.B. Amtstrachten, Uniformen, Kellnerfrack, Tankwartskombination, Asbestanzüge, Berufskleidung der Bäcker, Livree von Chauffeuren, Köche usw. So lässt man z.B. den typischen Arztkittel – nicht aber die weiße Hose eines Arztes – als abzugsfähig zu (BFH-Urt. v. 6.12.1990 – BStBl 1991 II S.348), widersprach aber beim Staubkittel des Architekten (BFH – HFR 1964 S.458; BFH – BStBl 1956 III S.195), weil angeblich nicht klar getrennt werden könne, wann er den Staubkittel beruflich und wann privat benutze. (Haben Sie schon mal einen Architekten im Staubkittel in der Oper gesehen?)

Bürgerliche Kleidung wird vom höchsten Steuergericht generell nicht als Berufskleidung anerkannt. Es ist der Meinung, dass solche Aufwendungen nach den Vorschriften über das steuerliche Existenzminimum grundsätzlich in die Privatsphäre und nicht in den Anwendungsbereich der Regelungen zum Werbungskostenabzug (§ 9 EStG) fallen (BFH v. 13.11.2013 – VI B 40/13). Damit dürfte auch einigen positiveren Finanzgerichtsentscheidungen die Grundlage entzogen sein. Diese hatten in Sonderfällen Werbungskosten anerkannt, wenn durch die dienstliche Tätigkeit ein starker Aufwand für Bekleidung notwendig war (z.B. bei Hoteldirektoren, Leiterinnen von Modeateliers usw.) oder besondere Anlässe es bedingten, wie z.B. der Smoking für einen Journalisten (EFG 1966/12). Auch die Kosten einer Schuhverkäuferin für die Anschaffung von Schuhen nach dem jeweils neuesten modischen Trend, die sie bei der Arbeit trägt, stellen keine Werbungskosten dar (FG Münster v. 1.7.2015 – 9 K 3675/14 E).

Einer Fernsehansagerin, die ja immer ordentlich und adrett gekleidet sein muss, 301
hatte der BFH mit einem Federstrich sogar die gesamte Berufskleidung gestri-

chen, weil ja alles auch privat getragen werden könne (BStBl 1990 II S.49). Sagte die Petra Schürmann zu dem Finanzrichter, der ihren Einspruch auf den Tisch bekam: »Die Kleider, die ich trage, sind wahnsinnig teuer. Ich muss sie aber tragen, damit ich Lieschen Müller stets aufs Neue imponiere und ankomme. Ein zweites Mal kann ich die Dinger niemals tragen! Wenn das keine beruflich bedingten Anschaffungen sind! Selbst meine Fernsehchefs erwarten es von mir!« – »Ja«, antwortete ihr der Richter, »Sie *könnten* aber theoretisch Ihre modischen Sächelchen zweimal tragen!«
»Ich tue es aber nicht! Ich verkaufe die Sachen sofort an Secondhandshops!«
»Aber den Gesetzen kommt es nur auf die Möglichkeit an. Und was die Verkäufe an Gebrauchtbekleidungsläden betrifft, wird das Finanzamt zu prüfen haben, ob Sie diese als steuerpflichtige, wiederholte Geschäftstätigkeit gemeldet und sich evtl. bei Nichtangabe strafbar gemacht haben.« Sprach's und urteilte im Namen des Volkes für das Finanzamt. Welches wiederum gegen Petra Schürmann statt eines Erstattungsbescheids einen saftigen Steuernachzahlungsbescheid erließ.

302 Die Krönung ist aber das Urteil, mit dem die obersten Steuerrichter einer Musikerin die extra für Auftritte gekaufte schwarze Hose nicht als Arbeitskleidung anerkannten (BFH v. 18.4.1991 – BStBl 1991 II S.751). In dasselbe Horn blasen leider auch die Richter des Finanzgerichts Münster, die einem Orchestermusiker die Kosten für einen schwarzen Anzug als Werbungskosten versagt haben. Nicht einmal einen teilweisen Abzug haben sie zugelassen (FG Münster v. 13.7.2016 – 8 K 3646/15 E, DStZ 2016 S.685).
Wie konfus die Urteile des BFH zur Arbeitskleidung sind, werden Sie feststellen, wenn Sie als Angestellter eines Bestattungsunternehmens Ihren schwarzen Anzug absetzen wollen. Sind Sie fest angestellt, soll er Arbeitskleidung sein. Betten Sie dagegen als Aushilfe verstorbene Mitmenschen zur letzten Ruhe, ist der Anzug keine Arbeitskleidung (BFH NV 1991 S.25).

303 Etwas leichteres Spiel haben Sie mit Uniformen oder uniformähnlicher Kleidung. Abzugsfähig ist z.B. die Uniform von Soldaten, auch der Trainingsanzug mit Bundeswehrwappen oder Rangabzeichen (FG Bremen, EFG 1992 S.735). Als Postler können Sie selbstgekaufte Dienstkleidung absetzen, wenn sie mit dem Posthorn gekennzeichnet ist (FG Niedersachsen, EFG 1991 S.8). Farblich und vom Schnitt her einheitliche Kleidung von Flugbegleitern ist ebenfalls Berufskleidung (FG Hessen, EFG 1993 S.648). Das gilt übrigens auch für entsprechend gestaltete Kleidung des Personals eines Friseurs (FG Hamburg, EFG 1987 S.172).
Gute Karten hatten auch Filialleiter sowie angestellte Metzger und Verkäufer in Berlin. Die vom Arbeitgeber zur Verfügung gestellten Pullunder, Strickjacken, Hemden, Blusen, Krawatten und Tücher wurden als im betrieblichen Interesse überlassene Berufskleidung anerkannt. Als Argumente dienten das vom Arbeitgeber gewünschte einheitliche Erscheinungsbild und hygienische

Gesichtspunkte: Aufgrund der Einheitlichkeit sei die Kleidung besser zu reinigen (BFH v. 22.6.2006 – DStR 2006 S. 1795).

Keine Berufskleidung soll dagegen vorliegen bei

- einheitlicher grauer Kleidung ohne Uniformcharakter von Chauffeuren (Vfg. der OFD München v. 25.3.1987),
- Krawatten und Tüchern von Angestellten einer Bank, wenn das Arbeitgeberlogo klein und nur an einer Stelle angebracht ist (Vfg. OFD Münster v. 29.10.1988, DB 1988 S. 2384),
- Lodenmänteln von Forstbeamten (BFH v. 19.1.1996 – BStBl II 1996 S. 202),
- schwarzer Kleidung bei hauptberuflich tätigen Trauerrednern (FG Berlin-Brandenburg v. 29.8.2018 – EFG 2018 S. 1940).

... klagen wir nicht,
kämpfen wir!
(Clara Zetkin)

GUTER RAT

Ein Bund-Länder-Erlass (z.B. Niedersächsisches Finanzministerium v. 1.11.1996 – S 2354 – 70 – 35) regelt, dass Kleidung vom Arbeitgeber steuerfrei überlassen werden kann, wenn sie dauerhaft als Dienstkleidung oder Uniform gekennzeichnet ist, z.B. weil Wappen, Behördenkennzeichen oder Logos gut sichtbar angenäht oder eingewebt sind. **304**

Was für Dienstkleidung im öffentlichen Dienst recht ist, sollte für private Unternehmen mehr als billig sein. Wenn die Firma Ihres Chefs ein schönes Logo hat, sollte es deutlich sichtbar auf gleichfarbige T-Shirts, Hosen, Baseballkappen etc. genäht und die Rechnung dem Finanzamt präsentiert werden. Bei normalen Schuhen, Socken und Unterwäsche klappt das aber wohl nicht. Auch winzige, kaum sichtbare Logos, wie bei den Bankerkrawatten und -tüchern (s.o.), oder mit Klettverschluss angebrachte Firmenschilder, die man jederzeit entfernen kann, haben vor den gestrengen Augen des Fiskus keinen Bestand.

Tropenbekleidung **305**

Besondere Kleidung wegen beruflich veranlassten Klimawechsels, z.B. Dienstreise oder Umzug in die Tropen, ist nicht absetzbar. Nachdem der BFH hartnäckig in mehreren Urteilen – z.B. vom 20.3.1992 (BStBl 1993 II S. 192) – den Abzug abgelehnt hatte, verfährt nach anfänglichem Zögern und nicht ganz überraschend der Fiskus genauso und lässt Sie auf den Bekleidungskosten sitzen (H 9.9 LStH).

TRICK

Besser zerrissen als verschlissen

306 Gehören Sie, wie z.B. Kellner, Laboranten oder Chemiker, zu denen, deren als privat angesehene sog. bürgerliche Kleidung im Beruf außerordentlich stark strapaziert wird? Nun, für Sie hat der Bundesfinanzhof ein kleines Schlupfloch offen gelassen. Allerdings müssen Sie dazu dem Finanzamt beibringen, dass ein Teil Ihrer Kleiderkosten durch den besonderen beruflichen Verschleiß bedingt ist (BFH-Urt. v. 26.6.1969 – BStBl 1970 II S. N7). Und der muss objektiv leicht nachprüfbar vom normalen Kleidungsverschleiß abgegrenzt werden können (BFH-Urt. v. 24.7.1981 – BStBl 1981 II S. 781). Also kommen Sie mit dem lapidaren Hinweis auf stärkere Verschmutzung, z.B. durch Getränke- und Essensflecken beim Kellnern, und dadurch häufiges Waschen nicht weit. Geradezu grob fahrlässig ist es, wenn Sie beim Finanzamt einfach pauschal 25 bis 30 % Ihrer Kleiderkosten wegen starken Verschleißes als Werbungskosten abzusetzen beantragen. Damit zwingen Sie selbst einen Ihnen wohlgesinnten Sachbearbeiter förmlich dazu, den Rotstift anzusetzen.
Ein Chemiearbeiter hätte fast seine Aufwendungen für bürgerliche Kleidung durchbekommen, weil sie mehr verschleißt als normal. Er hatte in seiner Rechtsbeschwerde gesagt, dass seine Hosen nach vier Wochen von den Säuren, mit denen er arbeite, zerfressen seien, seine Schuhe bald danach. Doch das hohe Gericht fand nach eingehender Prüfung heraus, dass er nur zwei Hosen und drei Paar Schuhe geltend gemacht hatte, während es doch – wenn seine Angaben zutreffend gewesen wären – zwölf Hosen und zehn Paar Schuhe hätten sein müssen. Seien Sie schlauer und versuchen Sie es in so einem Fall mit mehr Belegen! (BFH v. 24.7.1981 – BStBl 1981 S. 781)

SUPER TRICK

Steuervergünstigung für Ungeschicklichkeit!

307 Ist es Ihnen nicht auch schon mal passiert, dass Sie sich im Betrieb etwas verschandelt haben? An eine frisch gestrichene Wand geraten oder mit dem Rock irgendwo hängengeblieben sind? Sie sich bei einer Autopanne (anlässlich einer dienstlichen Fahrt) Schäden an der Oberbekleidung eingehandelt haben?
Ihre Chancen auf Anerkennung von Werbungskosten steigen, je konkreter Ihre Angaben sind. Besser ist es also, wenn Sie als Chemielehrer sagen können:

»... habe ich mir bei einem Unterrichtsexperiment mit Schwefelsäure Löcher in meine drei Wochen alte Hose gebrannt. Üblicherweise trage ich Hosen zwei Jahre. In Höhe des Kaufpreises von 84 € abzgl. Abschreibung für einen Monat (84 € ÷ 24 Monate) = 3,50 € bitte ich Bekleidungskosten wegen außergewöhnlichen Verschleißes anzuerkennen.« Als Kellner teilen Sie dem Finanzamt mit, dass es zu dem Verschleiß gekommen ist, weil Sie sich Ihr Hemd an einer Kerze versengt haben oder die Fruchtsaftflecken trotz Megaperls und Hauptwaschgang nicht mehr zu entfernen waren.
Was Sie arbeiten und welche Kleidung Sie beschädigt haben, ist nicht so entscheidend. Wichtig ist einzig und allein: Der Schaden muss während der Arbeit geschehen sein. Werbungskosten stehen Ihnen also auch zu, wenn Sie Ihre teure Lederjacke in der Firmengarage zerrissen haben. Bei einem solchen Stück setzen Sie beruhigt fünf Jahre Nutzungsdauer an (FG Thüringen 4.11.1999, EFG 2000 S. 211).
Wenn es mit den Reinigungskosten getan war – haben Sie sicher die Rechnung aufgehoben, um sie dem Finanzamt zu präsentieren?
War der Anzug nicht mehr für den Dienst verwendbar, können Sie – auch wenn Sie nicht leitender Angestellter sind – mit folgendem

Eigenbeleg über Bekleidungsschaden

Verlust eines Anzugs infolge von Schäden, die durch den Betrieb veranlasst wurden (hingefallen auf dem Parkplatz infolge Eisglätte am. . . . . . .), Anschaffungskosten ca. 200 €; Abschreibung für bisherige Nutzung (1 Jahr) mit 40 €, verbleiben: 160 €

. . . .
Ort und Datum (Unterschrift)

die Steuer drücken und zwischen 27 und 82 € Erstattung herausholen.

TIPP

zur Berufskleidung

Setzen Sie pauschal an, was anzusetzen geht! Der Satz für Arbeitsmittel, zu denen auch Arbeitskleidung gehört, beträgt jährlich ca. 100 €. Die Finanzämter verzichten aus Zweckmäßigkeitsgründen in der Regel auf die Vorlage von Belegen, wenn dieser Satz nicht überschritten wird. Außer der Arbeitskleidung selbst können Sie natürlich die Kosten für deren Instandsetzung und Reinigung absetzen, z. B. so:

Für die Reparatur der Arbeitskleidung entstandene Kosten für

Garne und Stoffreste	15 €
Knöpfe und Reißverschlüsse	10 €
Nadeln usw.	2 €
	27 €

Wenn Ihre nette Hauswirtin Ihnen die Sachen in Ordnung hält, sollten Sie sich nicht scheuen, den monatlichen Blumenstrauß oder den Likör, den Sie ihr als Dank dafür zukommen lassen, gleichfalls beim Finanzamt geltend zu machen.

308 **Wenn Sie als Sportlehrer z.B. im Schuldienst tätig sind, sind Ihre Aufwendungen für Trainingsanzüge, Sporthosen und -schuhe abzugsfähig.**
Aufwendungen für Sportgeräte und -kleidung können für Diplompädagogen (Erzieher) in vollem Umfang Berufskosten sein, wenn die private Nutzung von ganz untergeordneter Bedeutung ist. Ab einer privaten Nutzung von 15,5 % (wie, um Himmels willen, soll das jemand so genau ermitteln können?) fallen sie unter das Aufteilungs- und Abzugsverbot des § 12 Nr. 1 Satz 2 EStG (BFH-Urt. v. 21.11.86 VI R 137/83).
Stellt sich ein Finanzamt bei Ihrer Sportkleidung quer, reiben Sie ihm den Erlass des Finanzministers Nordrhein-Westfalens vom 10.5.1985 (S. 2353 – 45 – VB 3) unter die Nase, der immer noch gültig ist und Ihnen zumindest dann Werbungskosten für Ihre Sportkleidung zugesteht, wenn sie in der Schule aufbewahrt wird. So sah das auch das FG Münster, das einer Sportlehrerin Tasche, Kleidung und Pfeife als Werbungskosten anerkannte (FG Münster v. 12.11.1996 – EFG 1997 S. 334). Dem Problem mit der privaten Nutzung können Sie wunderbar mit dem Argument entgehen, Sie hätten für Ihre privaten Sportaktivitäten weitere Sportsachen. Weisen Sie dem Finanzamt per Beleg also nicht nur die Sportkleidung nach, die Sie für die Schule benötigen, sondern auch die privat gekauften Sportsachen. So sind Ihre Chancen, dass Sie wenigstens einen Teil Ihrer Kosten durchbekommen, jedenfalls wesentlich größer, als wenn Sie versuchen, alle Belege als Berufskosten durchzudrücken (FG Düsseldorf v. 16.11.1995 – EFG 1996 S. 176).
Ihre Skiausrüstung können Sie als Werbungskosten absetzen, wenn Sie als *Sportlehrer* etwa Kurse für Schulklassen leiten oder hauptberuflich Skilehrer sind (OFD München v. 19.10.72 S 2354 – 52/4 – 62137 und Finanzministerium Nordrhein-Westfalen v. 13.12.72 S 2330).
Für Lehrer hat der BFH folgende Kriterien für eine Anerkennung von Skiausrüstungen und Fortbildungen im Skilaufen, z.B. zum Erwerb einer Schulskileiter-Lizenz, aufgestellt (BFH v. 26.8.1988 – BStBl 1989 II S. 91):

- Sie müssen als Lehrer tatsächlich Sportunterricht erteilen oder entsprechende Arbeitsgemeinschaften leiten;
- Veranstalter des Lehrgangs muss ein anerkannter Verband oder die Schulverwaltung sein;
- der Teilnehmerkreis des Lehrgangs muss im Wesentlichen homogen sein, also

vornehmlich aus Lehrern mit vergleichbarem schulischem Hintergrund bestehen;

- Sie haben für die Teilnahme Sonderurlaub erhalten, oder der Lehrgang findet während der Unterrichtszeit statt;
- die Schulverwaltung bescheinigt das dienstliche Interesse an der Lehrgangsteilnahme;
- der Lehrgang muss darauf abzielen, den Teilnehmern Kenntnisse zu vermitteln, die die Beaufsichtigung und Unterrichtung von Schülern beim Skilaufen betreffen;
- das Programm und die Durchführung des Lehrgangs müssen durch eine straffe Organisation gekennzeichnet sein;
- Ihre Teilnahme muss bescheinigt werden;
- der Lehrgang muss mit einer Prüfung abgeschlossen werden, über die ein dem Lehrgangsziel entsprechendes Zertifikat erteilt wird;
- Sie müssen die erworbenen Fähigkeiten anschließend im Lehrberuf verwenden.

WICHTIGER HINWEIS

Wollen Sie als Sportlehrer die Aussicht auf Anerkennung der Kosten für Ihre Skiausrüstung erhöhen, müssen Sie sie unbedingt im Unterricht einsetzen. Dabei sollten Sie nicht zu viel Zeit ins Land streichen lassen. Können Sie nämlich dem Finanzamt gegenüber nicht belegen, dass Sie die Skier zeitnah im Unterricht oder in einer Sportfreizeit mit Schülern verwendet haben, scheidet eine steuerliche Berücksichtigung aus. Dasselbe gilt letztendlich auch für Ihre Fortbildung im Skifahren. Ohne konkreten Einsatz für die Schule kann es sogar bei Skikursen zu Schwierigkeiten kommen, die von einem anerkannten Verband oder der Schulverwaltung durchgeführt wurden (FG Saarland v. 9.7.2008 – 2 K 2326/05 – NWB EN Heft 40/2008 S. 3737).
»Und was soll ich jetzt völlig verwirrter Steuerzahler nun tun?«, fragen Sie. Immer nur lächeln. Und steif und fest behaupten: »Die Kinder sind heute alle so steif, dass ich ihnen die Übungen mindestens dreimal vormachen muss! Das schlaucht mich derart, dass ich alle Knochen einzeln spüre und privat keinen Sport mehr betreiben will – und es auch gar nicht mehr *kann.*«

Eine amtliche Vorschrift des Landes Nordrhein-Westfalen schreibt die genauen Richtwerte für das Schultaschengewicht vor. In einer Auflage von 3,5 Millionen Exemplaren wurde sie mit einem Kostenaufwand von 1,7 Millionen Mark versandt.

(BStZ)

TRICK

Tennisspielen auf Kosten des Fiskus!

309 »Wie soll denn das funktionieren?«, fragen Sie. »Ich denke, beim kleinsten Hauch von Privatvergnügen versagt mir das Finanzamt die Anerkennung des Aufwands als Werbungskosten.«

Natürlich haben Sie recht, Sie müssen dazu schon einen Beruf haben wie Polizist oder Soldat, in dem Ihr Dienstherr verlangt, dass Sie Sport treiben. Nur – muss es denn immer Fußball oder ein anderer Mannschaftssport sein? Tennis ist schließlich auch weit verbreitet. Zumindest meinten das die Richter vom FG Saarland. Sie ließen einen Polizisten alle Aufwendungen für die Ausübung des Tennissports als Werbungskosten absetzen, weil Tennis offiziell als Dienstsport ausgewiesen war und die Spiele während der Dienstzeit stattfanden (FG Saarland v. 19.3.1991 - EFG 1991 S.377). Das Finanzgericht aus dem Münsterland allerdings hat in einem Parallelfall die Werbungskosten abgelehnt (FG Münster v. 5.10.1993 - EFG 1994 S.238). Ähnlich restriktiv wurde über den Fall eines Polizisten entschieden, der sein Fahrrad und seine Sportkleidung für den Dienstsport absetzen wollte. Da er seinen Drahtesel aber nachweislich nur vier Stunden in der Woche beim Dienstsport eingesetzt hatte, wurden ihm die Werbungskosten verwehrt (FG Baden-Württemberg v. 23.11.2005 – EFG 2006 S.811).

Nichtsdestotrotz, Wachtmeister, Kommissare, Offiziere und Unteroffiziere! Nichts wie hin zu den Vorgesetzten. Sie sollen zur Abwechslung mal Tennis auf den Dienstplan setzen. Auf diese Weise können Sie Tenniskleidung, Schläger, Schuhe, Tasche und eventuelle Platzmiete als Werbungskosten für Dienstsport absetzen.

SUPER TRICK

Bei jedem Waschtag klingelt's in der Kasse.

310 Kosten für die Reinigung Ihrer Arbeitskleidung sind ohne Zweifel Werbungskosten. Nur – wer schleppt schon seine ölverschmierten Arbeitsanzüge oder sonstige Arbeitskleidung ständig in die Reinigung? Natürlich landen die Sachen in der eigenen Waschmaschine. Aber die wäscht ja schließlich auch nicht umsonst!
Die obersten Steuerrichter des BFH entschieden gleich mit zwei Urteilen, dass Sie die Kosten für das Reinigen Ihrer Berufskleidung in der privaten Waschma-

schine als Werbungskosten absetzen können (BFH-Urteile v. 29.6.1993 – BStBl 1993 II S.837 und S.838). Sie dürfen die Waschkosten sogar schätzen und sich dabei an den Erfahrungswerten von Verbraucherverbänden orientieren (vgl. Verbraucherzentrale Bundesverband e.V.; Stand Dezember 2002; aus unerfindlichen Gründen werden die Schätzkosten seither nicht mehr aktualisiert).

Danach ergeben sich folgende Reinigungskosten **je Kilogramm** Wäsche:

Zahl der Personen im Haushalt	1	2	3	4
	€	€	€	€
Kochwäsche	0,77	0,50	0,43	0,37
Buntwäsche	0,76	0,48	0,41	0,35
Pflegeleichte Wäsche	0,88	0,60	0,53	0,47
Ablufttrockner	0,41	0,26	0,23	0,19
Kondenstrockner	0,55	0,34	0,29	0,24
Bügeln	0,07	0,05	0,05	0,05

Bei einem Zwei-Personen-Haushalt setzen Sie bei je einem Waschgang Kochwäsche und Buntwäsche pro Woche und 48 Arbeitswochen für die Reinigung, Trocknung und das Bügeln Ihrer Arbeitskleidung folgende Gesamtkosten ab:

Kochwäsche	48 Waschgänge à 3 kg à (0,50 € + 0,26 € + 0,05 € =) 0,81 €	116,64 €
Buntwäsche	48 Waschgänge à 3 kg à (0,48 € + 0,26 € + 0,05 € =) 0,79 €	113,76 €
Gesamtkosten		230,40 €

Mittlerweile orientieren sich die Finanzgerichte zwar grundsätzlich alle an den Werten, die die Verbraucherverbände ermittelt haben, kommen aber dennoch zu zum Teil recht unterschiedlich hohen Waschkosten. Das liegt zum einen am Beruf des betreffenden Steuerzahlers. Zum anderen ist ganz entscheidend, für wie glaubwürdig die Finanzgerichte die Schätzung der wöchentlichen Mengen an beruflicher Wäsche halten. Folgende Urteile geben Ihnen einen Orientierungsrahmen, was an Waschkosten für Sie absetzbar ist:

- Bankangestellter; keine Werbungskosten, da Anzüge keine typische Berufskleidung sind (FG Saarland v. 28.1.2008 – 2 K 1497/07).
- Lokführer; 216 € (FG Münster v. 27.8.2002 – EFG 2002 S.1589).
- Polizist; ca 75 € (Niedersächsisches Finanzgericht v. 12.9.2002 – 16 K 10551/99).
- Polizist; ca. 90 bis 100 € (FG Münster v. 19.2.2002, EFG 2002 S.670).
- Polizist; ca 250 € (FG Brandenburg v. 7.2.2001 – EFG 2001 S.812).
- Polizist beim Bundesgrenzschutz; ca. 100 € (FG Münster v. 13.8.2004 – 4 K 4303/02 E).

- Soldat; ca. 240 € (FG München v. 29.4.2005 – INF 2006 S. 209).
- Verkaufsfahrer; keine Werbungskosten, da er keine typische Berufskleidung trägt (FG Hamburg v. 2.8.2001 – II 123/00).
- Waldarbeiter; ca. 100 € (FG Rheinland-Pfalz v. 23.9.2004 – 6 K 2813/01).

Exakt mit den Verbraucherverbandwerten arbeiten offensichtlich auch die Richter in Baden-Württemberg (FG Baden-Württemberg v. 23.11.2005 – EFG 2006 S. 811), die einem Polizisten für die Reinigung seiner Dienstkleidung ca. 260 € Werbungskosten zugestanden. An dem vom Finanzgericht verwendeten Berechnungsschema können Sie sich orientieren:

Uniformteil	**Waschmenge**	**Kosten je kg**	**Gesamtkosten**
Diensthemden (Buntwäsche)	5 × 46 Wochen × 290 g = 66,7 kg	× 0,48 €	32,01 €
Jeanshosen (Buntwäsche)	2 × 46 Wochen × 820 g = 113,16 kg	× 0,48 €	54,32 €
Pullover (Herbst-/Wintermonate) (Pflegeleicht)	2 × 23 Wochen × 950 g = 43,7 kg	× 0,60 €	26,22 €
Schutzwestenhülle (Kochwäsche)	2 × 23 Wochen × 550 g = 25,3 kg	× 0,50 €	12,65 €
Anorak (Herbst-/Wintermonate) (Pflegeleicht)	12 Wochen × 950 g = 11,4 kg	× 0,60 €	6,84 €
Einsatzanzug (Buntwäsche)	6 pro Jahr × 1.250 g = 7,5 kg	× 0,48 €	3,60 €
KSA Tuchjacke (Buntwäsche)	2 pro Jahr × 720 g = 1,44 kg	× 0,48 €	0,69 €
Trainingsanzug (Buntwäsche)	1 × 46 Wochen × 500 g = 23,0 kg	× 0,48 €	11,04 €
Imprägniermittel	Lederkleidung und Schuhe	Jahresbedarf	5,60 €
Zwischensumme			152,97 €
Trocknen	292,96 kg	× 0,34 €	99,61 €
Bügeln (Hemden, Jeans)	179,86 kg	× 0,05 €	9,00 €
Gesamtsumme			261,58 €

Wie Sie sehen, entscheiden die Gerichte nicht immer einheitlich und gilt auch hier wieder einmal die alte Weisheit: »Auf See und vor Gericht ist man in Gottes Hand!«

TIPP

Bei den Reinigungskosten sollten Sie nicht übertreiben!

Schaut man sich die Urteile der Finanzgerichte an, scheint sich die Schmerzgrenze für die Anerkennung von Reinigungskosten in der privaten Waschmaschine zwischen 150 und 300 € einzupendeln. Also: Selbst wenn Sie mit den Werten der Verbraucherzentrale arbeiten, sollten Sie nicht unrealistisch viele Waschgänge zugrunde legen. So sollte der tägliche Wechsel von Uniformhemden und -blusen durchaus in Ordnung gehen. Wer allerdings angibt, im selben Umfang auch Hosen, Jacken und Pullover zu reinigen, dürfte auf Widerstand stoßen. Waschkosten, die in Richtung 500 € bis 600 € gehen oder gar an den vierstelligen Bereich heranrücken, rufen den Fiskus und regelmäßig auch die Gerichte auf den Plan. Deshalb lassen Sie die Kirche im Dorf und können sich so über einen geringeren, aber sicheren und vor allem widerstandsfreien Werbungskostenabzug freuen.

Denken Sie einfach an die alte indische Weisheit: »Wer den Tiger in den Schwanz kneift, muss damit rechnen, dass er sich umdreht und zubeißt!«

Der Schulausschuss im Düsseldorfer Landtag hat für 50.000 € in Japan die »japanische Erziehung von Körper und Geist« ergründet, was die Abgeordneten mit einem Dutzend Straßenbahntickets auch hätten tun können: In Düsseldorf-Oberkassel steht die größte japanische Schule Europas.

TRICK

Die Nachbarin wäscht billiger.

Als Friseurin, Verkäuferin oder Krankenschwester benötigen Sie für die Arbeit jeden Tag einen frischen Kittel. In der Wäscherei kostet Sie die Reinigung pro Stück ca. 4,50 €. Das läppert sich übers Jahr auf gut 1.000 € zusammen, und das ist Ihnen einfach zu viel. Aber zum Glück ist ja da die nette Nachbarin, die Ihnen die Kittel für die Hälfte wäscht und bügelt. Damit es mit dem Absetzen beim Finanzamt kein Theater gibt, lassen Sie sich von Ihrem Arbeitgeber am besten eine Bescheinigung ausstellen:

. . . halten wir es sowohl aus hygienischen Gründen als auch aus Verpflichtung dem Ruf unseres Hauses gegenüber für absolut erforderlich, dass Herr/Frau . . . . ihren/seinen Dienst täglich in frisch gereinigter Arbeitskleidung antritt.

. . . .
Ort und Datum (Unterschrift)

Bei einer 5-Tage-Woche machen Sie dann	230 Tage × 1 €	= 230 €
bei einer 6-Tage-Woche sogar	280 Tage × 1 €	= 280 €

als Reinigungskosten für Ihre Arbeitskleidung geltend.

7. Die Kosten für Ihre Fortbildung

311 **S** Fortbildungskosten sind Aufwendungen zu dem Zweck, in dem bereits ausgeübten Beruf auf dem Laufenden zu bleiben, um den jeweiligen Anforderungen gerecht zu werden, oder sich weiterzuqualifizieren. Auch die Qualifizierung für den Wiedereinstieg in den Beruf nach einer längeren Pause geht als Fortbildung durch. Ebenso Umschulungen, Zweitausbildungen und Zweitstudiengänge. Fortbildungskosten sind wegen des Zusammenhangs mit dem Beruf als Werbungskosten abzugsfähig.
Im Gegensatz dazu werden *Ausbildungskosten* der privaten Lebensführung zugerechnet und sind als Sonderausgaben abzugsfähig, allerdings nur in folgenden Fällen (§ 12 Nr. 5 EStG):

- bei einer erstmaligen Berufsausbildung,
- bei einem erstmaligen Studium,
- beim Besuch einer allgemeinbildenden Schule.

Der Sonderausgabenabzug ist dabei auf 6.000 € im Jahr beschränkt. Wenn Sie verheiratet sind und Ihre bessere Hälfte ebenfalls Ausbildungskosten hat, steht ihr ebenfalls der Betrag von 6.000 € zu.

WICHTIGER HINWEIS

Leider hat das Bundesverfassungsgericht entschieden, dass es nicht verfassungswidrig war, als der Fiskus so mir nichts, dir nichts Ihre Kosten für eine erstmalige Berufsausbildung oder für ein Erststudium vom Werbungskostenabzug ausgeschlossen hat (BVerfG, Beschluss v. 19.11.2019, 2, BvL 22/14, 2 BvL

27/14, 2 BvL 26/14, 2 BvL 25/14, 2 BvL 24/14, 2 BvL 23/14). Zwar hatte der BFH – immerhin das oberste Steuergericht – ganz erhebliche Bedenken, aber das Bundesverfassungsgericht hat das letzte Wort.
Kosten für eine erstmalige Berufsausbildung können demnach lediglich als Sonderausgaben abgezogen werden. Hierbei gibt es aber nicht die Möglichkeit, einen Verlustvortrag vorzunehmen und die Kosten in späteren Jahren abzusetzen. Vom Sonderausgabenabzug profitieren Sie also nur dann, wenn Sie oder ggf. ein Ehepartner oder eingetragener Lebenspartner über ein steuerpflichtiges Einkommen verfügt, von dem diese Ausbildungskosten abgezogen werden können.

Keine Einschränkungen bei einem Ausbildungsdienstverhältnis
Auf die Entscheidung des Bundesverfassungsgerichts warten müssen Sie nicht, wenn Sie Ihre erstmalige Berufsausbildung in einem normalen Ausbildungsberuf oder als Beamtenanwärter, Soldat etc. absolvieren und schon in der Ausbildung Lohn oder Gehalt beziehen. Dann können Sie mit der Trumpfkarte **Ausbildungsdienstverhältnis** argumentieren und Werbungskosten absetzen, ohne das der Fiskus Ihnen da Probleme bereitet.

Mehr zu den Kosten der Berufsausbildung unter ➤ Rz 553 ff.

Gute Nachrichten bei einer Zweit- oder Folgeausbildung 312
Egal, ob Sie sich vor, während oder nach Ihrem Job fortbilden, eine Umschulung durchlaufen oder ein Zweitstudium hinlegen: Ihre Aufwendungen stellen bei entsprechendem beruflichen Hintergrund immer Werbungskosten dar (BFH v. 4.12.2002 - BStBl 2003 II S. 403). Das betrifft nicht nur die Fortbildung in Ihrem momentan ausgeübten Beruf. Auch wenn Sie mit Ihrer Fortbildung die Qualifikation für einen völlig anderen Beruf schaffen, können Sie Werbungskosten absetzen. Sprechen Sie deshalb gegenüber dem Finanzamt ganz hartnäckig immer nur von Fortbildungskosten, wenn Sie z.B. als bisheriger Bilanzbuchhalter zum Heilpraktiker umschulen (BFH v. 13.2.2003 - BStBl II 2003 S. 698) oder nach längerer Berufspause als kaufmännische Angestellte eine Fahrlehrerausbildung absolvieren (BFH v. 4.12.2002 - BStBl 2003 II S. 403). Auch der Erwerb einer höheren Qualifikation in Ihrem Beruf führt zu Fortbildungskosten. Deshalb sind die Aufwendungen für Meisterkurse genauso Werbungskosten wie die Kosten von Steuerfachangestellten beim Abschluss der Steuerberaterprüfung.

Vor allem wenn Sie vor Ihrer Fortbildung arbeitslos waren und damit Ihre Chancen steigern, endlich einen neuen Job zu finden, gehen Ihre Kosten als voll abzugsfähige Werbungskosten durch. Dass Sie einen Beruf in einer vollkommen anderen Branche ergreifen wollen, hat das Finanzamt dabei überhaupt nicht zu interessieren. Deshalb musste es z.B. zähneknirschend einem Diplomgeografen den Lehrgang zum Abfallwirtschaftsberater anerkennen (BFH v. 18.4.1996 – BStBl II 1996 S. 482).

Der Fiskus hat aber Spielregeln, wann eine erstmalige Berufsausbildung abgeschlossen ist, so dass er eine weitere Ausbildung als Zweitausbildung mit Werbungskostenabzug akzeptiert.
Eine erstmalige Berufsausbildung soll danach nur vorliegen, wenn

- die Ausbildung in einem Gesetz, einer Rechtsverordnung oder einer Verwaltungsvorschrift geregelt ist,
- sie mindestens zwölf Monate dauert
- und eine Abschlussprüfung abgelegt werden muss.

313 **Studienkosten als Werbungskosten**

Auch ein Studium ist keine Tabuzone mehr, wenn es sich um ein Zweitstudium handelt. Hat die Fachrichtung auch nur am Rande etwas mit Ihrer jetzigen Arbeit zu tun, deklarieren Sie sämtliche Studienkosten in der Anlage N als Werbungskosten.

TRICK

Keine Abzugsbeschränkung für ein Erststudium nach abgeschlossener Ausbildung !

Mit einem ganzen Bündel von Urteilen hat der BFH entschieden, dass Kosten für ein Erststudium nach einer abgeschlossenen Berufsausbildung in voller Höhe als Werbungskosten abgezogen werden können statt nur bis zu 6.000 € als Sonderausgaben. So hat der BFH z.B. bei einer Buchhändlerin, die nach ihrer Ausbildung ein Lehramtsstudium absolvierte, die Aufwendungen für das Studium als Werbungskosten anerkannt (BFH v. 18.6.2009 – VI R 14/07, BFH/NV 2009 S. 1875).
Auch nach Abschluss des Bachelor-Studiums absolvierte Master-Studiengänge, die z.B. mit dem akademischen Grad Master of Science, Master of Business Administration oder Master of Laws enden, führen zu Werbungskosten (OFD Frankfurt/M. v. 1.3.2006 – S 2332 A – 63 – St II 3 01).

TIPP

für vor Beginn Ihres Jobs angefallene Kosten

314 Wenn Sie während eines Lehrgangs keine Einkünfte haben, gehen die Werbungskosten in dieser Zeit zwar ins Leere, trotzdem sind sie nicht endgültig verloren. Da Sie ja keine Einnahmen hatten, ergibt sich durch die Werbungs-

kosten ein Verlust (BFH v. 4.11.2003 – BFH/NV 2004 S. 483), und den können Sie sich als Verlustrücktrag von Ihrem Einkommen im Vorjahr abziehen lassen. Hatten Sie auch da keine Einkünfte, besteht die Möglichkeit, den Verlust so lange in die nächsten Jahre vorzutragen, bis sich eine Verrechnungsmöglichkeit ergibt. Dann drücken Sie durch den Verlustabzug Ihr Einkommen und sparen einen dicken Batzen an Steuern.

Geben Sie zu diesem Zweck einen Einkommensteuererklärungsvordruck bei Ihrem Finanzamt ab und kreuzen Sie auf der ersten Seite des Mantelbogens das Kästchen »Erklärung zur Feststellung des verbleibenden Verlustvortrags« an. Das Finanzamt stellt daraufhin Ihren Verlust verbindlich fest. Denken Sie an diese Möglichkeit z. B. auch, wenn Sie im Erziehungsurlaub oder arbeitslos sind (BFH v. 22.7.2003 – BStBl II 2004 S. 888) oder wenn Sie nach einem Erststudium ein Zweitstudium absolvieren und währenddessen nicht berufstätig sind.

TRICK

Retten Sie ein paar Jahre rückwirkend Ihre vorweggenommenen Werbungskosten!

Vermutlich haben Sie bislang nicht im Traum daran gedacht, eine Steuererklä- 315
rung für Ihre Umschulungs-, Zweitstudien- oder Meisterlehrgangskosten abzugeben, da Sie ja keine Einkünfte hatten und keine Steuern gezahlt haben, die Sie sich hätten erstatten lassen können.

Trotzdem ist für Sie noch nicht alles verloren. Steuererklärungen zur Feststellung des Verlustvortrags, der sich aus Ihren vorweggenommenen Werbungskosten ergibt, können Sie auch noch nachträglich einreichen. Im Zweifel können Sie diesen Antrag rückwirkend für die letzten sieben Jahre stellen (BFH v. 10.2.2015 – IX R 6/14).

Wollen Sie also im Jahr 2022 rückwirkend entsprechende Steuererklärungen abgeben, klappt das für die Jahre 2015 bis 2021. Sind Sie schnell genug und landen die Erklärungen bis zum 31.12.2021 beim Finanzamt an, können Sie sogar noch das Jahr 2014 mitnehmen.

Ein kleiner Pferdefuß bei der ganzen Sache ist, dass von Ihren vorweggenommenen Werbungskosten in den jeweiligen Jahren andere Einkünfte z. B. aus Zinsen oder Gelegenheitsjobs abgezogen werden. Die Werbungskosten werden zunächst einmal im jeweiligen Jahr genutzt, um diese Einkünfte auf 0 € herunterzurechnen. Was dann übrig bleibt, können Sie später steuermindernd verrechnen.

Sollten Sie die öffentliche Hand vermissen?
Ich kann Ihnen sagen,
wo sie ist: in Ihrer Tasche.

TIPP

für Auszubildende, Referendare und Seminarteilnehmer

316 Werden im Rahmen der Ausbildung steuerpflichtige Einnahmen bezogen, so sind die Kosten, die mit der Ausbildung in Zusammenhang stehen, in voller Höhe als Werbungskosten abzugsfähig (H 9.2 LStH »Ausbildungsdienstverhältnis«). Die Beschränkung, dass Kosten der erstmaligen Ausbildung keine Werbungskosten sein sollen, gilt nämlich ausdrücklich nicht für Ausbildungsdienstverhältnisse (§ 12 Nr. 5 EStG).
Auszubildende können somit ihre Fahrtkosten zur Berufsschule und zum Ausbildungsbetrieb als Werbungskosten abziehen – zu Einzelheiten vgl. ➤ Rz 267. Das gilt auch für Referendare und Teilnehmer an Seminaren.

Aus demselben Grund können zum Studium beurlaubte Offiziere oder zum Erwerb von Reifezeugnissen abkommandierte Soldaten auf Zeit ihren gesamten Ausbildungsaufwand als Werbungskosten absetzen (BFH v. 28.9.1984 – BStBl II 1985 S. 87).

317 *Kosten zur Erlangung des Doktortitels* sind Fortbildungskosten, wenn es für den Doktortitel einen beruflichen Anlass gibt (BFH v. 4.11.2003 - BStBl II 2004 S. 891). Dem hat sich inzwischen auch der Fiskus angeschlossen (BMF v. 4.11.2005 – BStBl I 2005 S. 955). Einen beruflichen Grund finden Sie doch schnell. Im Zweifel reichen die besseren Berufsaussichten und Aufstiegschancen durch einen Doktortitel, oder Sie machen geltend, Sie würden einen Job an der Uni anstreben und möchten irgendwann Professor werden.

Welche Kosten Sie absetzen können

318 Bei Teilnahme an einem Fortbildungslehrgang sind als Werbungskosten abzugsfähig:

- die Teilnahmegebühr,
- Aufwendungen für Fachzeitschriften und Fachbücher,
- die Fahrtkosten in tatsächlicher Höhe, bei Verwendung eines Pkws 0,30 € je gefahrenen Kilometer. Besuchen Sie eine Vollzeitbildungseinrichtung, z.B die Universität während eines Studiums oder die Meisterschule bei einem Meisterkurs in Vollzeit, können Sie allerdings nur die Entfernungspauschale mit 0,30 €/0,35 € je Entfernungskilometer absetzen.
- Verpflegungsmehraufwand, abgerechnet nach den Reisekostengrundsätzen. Das gilt zumindest für die ersten drei Monate, es sei denn, Sie besuchen eine Vollzeitbildungseinrichtung. Und: Die Verpflegungspauschalen stehen Ihnen selbst dann zu, wenn Ihre tatsächlichen Kosten viel niedriger lagen! Zum Verpflegungsmehraufwand siehe ➤ Rz 201.

- Unterkunftskosten in tatsächlicher Höhe. Das Finanzamt will von Ihnen immer Belege für Ihre Hotel- oder Pensionskosten sehen, bewahren Sie deshalb die Rechnungen auf. Besuchen Sie dagegen eine Vollzeitbildungseinrichtung, an der Sie länger auswärts untergebracht sind, weshalb Sie eine Zweitwohnung oder ein Zimmer angemietet haben, können Sie die Kosten für doppelte Haushaltsführung absetzen. Voraussetzung ist allerdings, dass Sie bereits über einen eigenen Hausstand verfügen. Studenten z.B., die grundsätzlich noch bei den Eltern wohnen, können die Kosten für das Studentenappartement am Studienort nicht absetzen.

Bei einer Fortbildungsveranstaltung unmittelbar im Anschluss an den Dienst kommt oft ein Anspruch auf die Verpflegungspauschale nicht zustande, weil die für Dienstreisen notwendige Mindestdauer von acht Stunden nicht erreicht wird. In diesen Fällen können Sie sich damit helfen, dass Sie an die Fortbildungsveranstaltung eine Arbeitsgemeinschaft mit anderen Teilnehmern anhängen, in der der Lehrstoff ausführlich diskutiert und nachbereitet wird.

GUTER RAT

Nehmen Sie an einem länger dauernden Lehrgang teil, bei dem – weil entsprechend teuer – Ratenzahlung vorgesehen ist, vereinbaren Sie mit dem Veranstalter, die Gebühr in einer Summe zu bezahlen. Auf diese Weise können Sie den Betrag auf einmal ansetzen und überwinden vielleicht locker den Arbeitnehmerpauschbetrag. **319**

Gibt es bei einem längeren auswärtigen Lehrgang Gemeinschaftsverpflegung, setzen Sie trotzdem für die ersten drei Monate die vollen Verpflegungspauschalen ab. Schließlich wird Ihnen für die Gemeinschaftsverpflegung pro Tag ein Sachbezugswert zugerechnet.

Angenommen 80 Tage × 28 € = 2.240 €

Fortbildungskosten bei Lehrern

Lehrer, aufgemerkt: Die Kosten für Konzert- oder Theaterbesuche sind grundsätzlich keine Werbungskosten, es sei denn, die Veranstaltung ist der Art und Gestaltung nach ausgesprochen auf den Fortbildungszweck ausgerichtet (BFH-Urt. v. 8.2.1971 – BStBl 1971 II S. 368). Auch die Kosten einer Kunstlehrerin am Gymnasium für den Besuch von Kunstausstellungen und Vernissagen fand vor den kritischen Augen der Finanzrichter keine Gnade. Diese lehnten auch einen teilweisen Abzug als Werbungskosten kategorisch ab (FG Baden-Württemberg v. 19.2.2016 – 13 K 2981/13. Für die Richter war die Sache so klar, dass sie der Lehrerin den weiteren Rechtsweg durch eine Revision zum BFH von vornherein versagt haben. **320**

Nicht ersetzte Aufwendungen von Lehrern können aber u.a. in folgenden Fällen Werbungskosten sein:

- bei Wandertagen oder Klassenausflügen (FG Düsseldorf v. 20.6.1974 – EFG 1974 S.516);
- bei Skifreizeiten mit Schülern oder Ski- und Snowboardlehrgängen für Lehrer, die Skifahren als Schulsport unterrichten. Verlangt wird regelmäßig, dass an den Kursen im Wesentlichen Lehrer teilnehmen, Veranstalter ein anerkannter Verband oder die Schulverwaltung ist, das Programm straff organisiert und auf die Befähigung ausgerichtet ist, Skifahren zu unterrichten. Außerdem sollte der Lehrgang mit einer Prüfung und einem Zertifikat abschließen. Letzteres und die Tatsache, dass der Lehrer zuvor nur geringe Grundkenntnisse im Skifahren besaß, sieht der BFH aber nicht als unabdingbare Voraussetzung an (BFH v. 22.6.2006 – BFH/NV 2006 S.1751);
- wenn ein Jugendseelsorger an Jugendfreizeiten teilnimmt (FG Münster – EFG 1995 S.6);
- bei Balintgruppen, wenn nur Lehrer teilnehmen und die Gruppe ausschließlich das Thema Lehrer-Schüler-Verhältnis behandelt (Hess. FG – EFG 1985 S.341);
- bei Kursen in Gesprächsführung, wenn sie nicht in erster Linie der Persönlichkeitsentwicklung der Teilnehmer dienen (FG Rhld.-Pflz. – EFG 1995 S.8);
- bei einem Yoga-Lehrgang, wenn der Lehrer an seiner Schule im Rahmen von Arbeitsgemeinschaften Yoga-Kurse gibt (FG Niedersachsen v. 17.2.1999 – EFG 1999 S.543);
- bei der zweiten Lehrerprüfung, weil die Referendare – obwohl noch in Berufsausbildung – bereits steuerpflichtige Einnahmen haben und somit in einem Ausbildungsdienstverhältnis stehen (BFH v. 17.12.1971 – BStBl 1972 II S.259);
- bei Psychotherapiekursen, wenn sie auf eine professionelle Anwendung des Stoffes z.B. als Beratungslehrer vorbereiten und nicht vorrangig der eigenen Persönlichkeitsentfaltung dienen (FG Nürnberg v. 21.9.2005 – III 169/2005);
- bei Supervisionskursen bei Beratungslehrern (FG München v. 17.11.2003 – EFG 2004 S.646);
- bei einer Zusatzausbildung zum analytischen Kinder-Psychotherapeuten (Psychagogen) (BFH v. 26.6.2003 – BFH/NV 2003 S.1415);
- bei einem Auslandssprachkurs für Englischlehrkräfte. Das Finanzgericht gestand sie einer Lehrerin für ihren Sprachkurs in Irland zu. Entscheidend ist, dass Sie für den Lehrgang von der Schule freigestellt werden, der Lehrgang konsequent z.B. an den Werktagen morgens und an zwei Tagen auch nachmittags durchgeführt wird. Gelegentliche private Aktivitäten in der Freizeit, wie eine Stadtführung, eine Halbtagesexkursion in die nähere Umgebung oder eine Ganztagesfahrt am Wochenende, sind unschädlich (FG München v. 27.10.2009 – 6 K 3043/08).

Demgegenüber wurden einer Sonderschullehrerin die Kosten für einen *Biorelease-Kurs* zur Befreiung von Stress mit einem offenen Teilnehmerkreis ohne speziellen Zuschnitt auf ihre berufliche Situation nicht als Werbungskosten anerkannt (Hess FG v. 24.1.1985 – EFG 1985 S. 342).

Wer an beruflichen Fortbildungslehrgängen teilnimmt, kann überdies noch finanzielle Hilfe aus dem Förderungsprogramm nach dem SGB III erhalten. 321

Erkundigen Sie sich auf jeden Fall bei dem Veranstalter des Lehrgangs, ob der Lehrgang von der zuständigen Agentur für Arbeit als förderungsfähig anerkannt ist. Die Förderung kann aus einem Zuschuss, einem Darlehen oder einer Kombination aus beidem bestehen.
Da kommt allerhand zusammen.

TIPP

für vergessliche Kursteilnehmer

S Wer nichts abzusetzen vergessen will, muss wissen, was alles abzugsfähig ist. Wer sich fortbildet, besucht meistens Kurse. Und ein Kurs beginnt erst mal mit einer Gebühr, die abzugsfähig ist, sofern der Lehrgang nicht dazu dient, einen neuen Beruf aufzubauen. 322

Kursgebühr	200 €
Porto und Telefon für die Anmeldung und das Beschaffen von Informationsmaterial	20 €
Für 6 Wochen fahren Sie in die Stadt, um dort den Lehrgang zu besuchen. Bahnfahrtkosten	240 €
Fahrten mit dem eigenen Pkw zum Lehrgang sind in Höhe von 0,30 € pro gefahrenen Kilometer abzugsfähig (H 9.5 LStH »Pauschale Kilometersätze«)	
Gepäckbeförderung	10 €
Unterkunftskosten lt. Rechnung des Hotels	
42 Übernachtungen à 40 € =	1.680 €
Nebenkosten für Stadtplan, Fahrkarten etc.	80 €
Für Verpflegung ziehen Sie die Pauschalen ab	
An- und Abreisetag: 2 × 14 € =	28 €
41 Tage × 28 €	984 €

Zu den Pauschalen siehe ➤ Rz 201.

Kosten für den Meistertitel sind generell als Fortbildungskosten abzugsfähig. 323
Von einer erstmaligen Berufsausbildung kann hier keinesfalls die Rede sein. Wenn Sie während des Meisterlehrgangs keinen Job ausüben, geben Sie in Ihrer Steuererklärung die Kosten als vorweggenommene Werbungskosten an. Den

Verlust, der sich dadurch rechnerisch ergibt, stellt das Finanzamt fest, und Sie können ihn später, wenn Sie wieder eine Beschäftigung gefunden haben, absetzen; vgl. dazu auch ➤ Rz 314 ff.
Zum Meisterstück siehe ➤ Rz 382.

SUPER TRICK

Setzen Sie Fortbildungskosten mit internem Fremdvergleich voll ab!

324 S Der Fiskus piesackt gerade kleine Familienbetriebe gern mit folgender Taktik: Wollen Eltern die Fortbildungskosten, auch das weiterlaufende Gehalt etc. als Betriebsausgaben absetzen, wenn Sohn oder Tochter etwa die Meisterschule besucht, wird ihnen entgegengehalten: Sie hätten andere Mitarbeiter doch sicher auch nicht gefördert, das Geld für Sohn oder Tochter sei daher der privaten Lebensführung zuzuordnen.
Dem beugen Sie geschickt vor, indem Sie anderen fähigen Mitarbeitern ebenfalls eine Fortbildung anbieten, am besten schriftlich per Aushang im Betrieb. Selbst wenn diese kein Interesse haben, gelingt Ihnen damit der »interne Fremdvergleich« – und der, so das BFH-Urteil vom 11.12.1997 (BFH/NV 1998 S. 952), reiche aus.

Ganz wichtig dabei: Einen schriftlichen Fortbildungsvertrag abschließen, mit Rückzahlungsklausel für den Fall, dass der Mitarbeiter (auch Sohn oder Tochter) nach Abschluss der Fortbildung nicht mindestens zwei bis drei Jahre im Betrieb bleibt.

Bürokratie ist die Vervielfältigung von Problemen durch Einstellung weiterer Beamter.
(N. Parkinson)

TRICK

Fordern Sie die Vorsteuer aus den Rechnungen für die Meisterprüfung zurück!

325 S Nach der Meisterprüfung machen Sie sich selbständig. Jetzt haben Sie die Möglichkeit, sich nachträglich die Vorsteuer aus den Rechnungen für die Meisterprüfung vom Finanzamt erstatten zu lassen. Denn die Meisterprüfung gehörte umsatzsteuerlich gesehen bereits zu den Vorbereitungshandlungen zur Betriebseröffnung und die Unternehmereigenschaft, auf die es hier ankommt,

beginnt wiederum mit den ersten Vorbereitungshandlungen (Quelle: Abschnitt 19 Umsatzsteuer-Richtlinien).

TIPP

Meisterbonus mindert nicht Ihre Werbungskosten

S Erfolgreiche Absolventen von Meisterkursen erhalten unter betimmten Voraussetzungen einen *Meisterbonus*. Diese Zahlungen sind zum einen nicht steuerpflichtig und dürfen zum anderen auch nicht von Ihren Werbungskosten für den Meisterkurs abgezogen werden (Bayerisches Landesamt für Steuern v. 6.7.2016 – S 2324.2.1-262/6 St32.

Auch Aufwendungen für einen Führerschein können Werbungskosten sein, 326
wenn der Arbeitgeber dessen Erwerb nahelegt und der Arbeitnehmer bei einer Weigerung, den Führerschein zu machen, Nachteile in seinem beruflichen Fortkommen befürchten muss. Dies gilt insbesondere für ältere Arbeitnehmer, die selbst kein eigenes Kraftfahrzeug besitzen (FG Münster v. 30.6.1965 – EFG 1965 S. 607). Ebenfalls gute Karten haben Sie, wenn Sie als Bauhandwerker, der bisher schon häufig für die Firma Klein-Lkw gefahren hat, den Führerschein Klasse II machen (FG Münster v. 25.2.1998 – EFG 1998 S. 941). Auch die Kosten eines Busführerscheins sind Werbungskosten, wenn ein Steuerzahler damit seine Chance, als Kraftfahrer eine Stelle zu bekommen, vergrößern möchte (FG Baden-Württemberg v. 29.8.2006 – 14 K 46/06).
Dagegen hat der Bundesfinanzhof (Urt. v. 20.2.1969 – IV R 119/66 – BStBl 1969 II S. 433) entschieden, dass Aufwendungen für den Erwerb des Führerscheins in aller Regel auch dann zu den Kosten der Lebensführung gehören, wenn der Beruf oder der Betrieb die Benutzung eines Personenkraftwagens erforderlich macht. Der BFH rechtfertigt diese Auffassung u. a. damit, dass in aller Regel der einmal erworbene Führerschein in nicht unbedeutendem Umfang auch für Privatfahrten benutzt wird. Allein die Tatsache, dass der Steuerzahler für seine Fahrten zwischen Wohnung und Arbeitsstätte auf den Pkw angewiesen ist, rechtfertigt ebenfalls keinen Abzug der Führerscheinkosten als Werbungskosten (BFH v. 15.2.2005 – BFH/NV 2005 S. 890).

Wenn Sie als Stewardess oder Angestellter einer Fluggesellschaft den Aufstieg 327
zum Piloten schaffen wollen oder Ihnen nach erfolgreich absolvierter erster Ausbildung doch mehr der Sinn nach einem Arbeitsplatz über den Wolken steht und Sie auf Pilot umsatteln und deshalb den Verkehrsflugzeugführerschein machen, sind Ihre Kosten auf jeden Fall Werbungskosten (BFH v. 27.5.2003 – BStBl II 2005 S. 202). Dass die Ausbildung zum Flugbegleiter möglicherweise keine Ausbildung nach dem Berufsbildungsgesetz darstellt, spielt nur bis einschließlich 2014 keine Rolle. Seit 2015 ist eine Ausbildung in einem Anlernbe-

ruf, die nicht nach einer festen Ausbildungsordnung absolviert wird und nicht mindestens ein Jahr dauert, keine Erstausbildung (vgl. ➤ Rz 312). Gilt Ihre Pilotenausbildung damit als Ihre erstmalige Berufsausbildung und findet sie ausnahmsweise nicht im Rahmen eines Arbeitsverhältnisses mit der Fluggesellschaft (Ausbildungsdienstverhältnis) statt, sind die von Ihnen getragenen Kosten nur Ausbildungskosten (§ 12 Nr. 5 EStG) und können lediglich bis zu 6.000 € im Jahr als Sonderausgaben abgezogen werden.

Die Kosten einer Privatpilotenlizenz sind ungleich schwieriger als Werbungskosten abzusetzen. Wenn Sie nicht gerade eine Lizenz zum Fluglehrer anstreben, rechnet man sie Ihrem Privatvergnügen zu.

TIPP

zum kostenlosen Führerschein

328 Wenn Sie Ihren Führerschein beruflich brauchen und Ihr Arbeitgeber die Führerscheinkosten übernimmt, ist das für Sie komplett steuerfrei. So sehen das jedenfalls der BFH für den Führerschein eines Polizisten (BFH-Urt. v. 26.6.2003 – BStBl II 2003 S. 886) und das Bayerische Staatsministerium der Finanzen bei Feuerwehrleuten, die den Führerschein Klasse »C« auf Kosten der Gemeinde machen (Erlass v. 16.6.2004 – S 2337 – 158 – 25617/04).

TIPP

für Auslandssprachkurse

329 In Zeiten der Globalisierung sind Sie ohne Fremdsprachenkenntnisse auf der Karriereleiter ganz schnell abgemeldet. Also entschließen Sie sich vielleicht doch, Sprachkurse zu belegen. Doppelte Freude bringen solche Kurse natürlich dann, wenn Sie sie von der Steuer absetzen können und statt an einer Fach- oder Volkshochschule zu büffeln das Lernprogramm ins Ausland verlegen.

Um die Werbungskosten durchzupauken, müssen Sie Folgendes beachten (BFH v. 13.6.2002 – BStBl II 2003 S. 765):

- Der Sprachkurs sollte auf Ihre beruflichen Belange zugeschnitten sein. Wenn Sie einen Spezialkurs z.B. in Wirtschaftsenglisch belegen, haben Sie an sich immer gute Karten. Aber auch ein allgemeiner Sprachkurs gilt als auf Ihre beruflichen Belange zugeschnitten, wenn Sie für Ihren Job nur grundlegende Sprachkenntnisse, also kein Fachchinesisch benötigen.

- Der Lehrgang muss straff durchorganisiert sein und darf keinen umfangreichen Raum für touristische Aktivitäten lassen. Der BFH hat es jedoch als ausreichend angesehen, wenn Sie an fünf Tagen in der Woche jeweils sechs Stunden Unterricht absolvieren und zusätzliche Zeit für das Nacharbeiten des Unterrichtsstoffs anfällt. Dass Sie am Abend und am Wochenende Gelegenheit haben auszuspannen, steht der Anerkennung nicht entgegen. Schließlich müssen Sie ja den Kopf auch mal wieder frei bekommen, und vergleichbare unterrichtsfreie Zeiten wären ja genauso angefallen, wenn der Kurs im Inland stattgefunden hätte.
- Gelegentliche Exkursionen mit der Gruppe am unterrichtsfreien Samstag und ein generell freier Sonntag stehen der Anerkennung der Werbungskosten nicht entgegen.
- Auf keinen Fall darf der Fiskus die berufliche Veranlassung Ihres Sprachkurses mit der Begründung ablehnen, dieser habe im Ausland stattgefunden und ein vergleichbarer Inlandssprachkurs hätte es auch getan. Diese Argumentation verstößt nämlich, zumindest wenn es um Kurse in einem EU-Staat geht, gegen EU-Recht.

An diesen Kriterien hat sich der BFH auch orientiert, wenn es um die Frage ging, ob Sie neben den reinen Kursgebühren auch die übrigen Kosten, wie Verpflegungspauschalen, Unterkunfts- und Fahrtkosten, absetzen können (BFH v. 19.12.2005 – BFH/NV 2006 S.934).

Um die berufliche Notwendigkeit Ihres Sprachkurses zu untermauern, kann eine entsprechende Bescheinigung des Chefs natürlich nie schaden.

Bescheinigung

Da Herr/Frau . . . . . . in der Funktion als . . . . . . ständig mit unseren internationalen Kunden und Geschäftspartnern verhandeln muss, war es für die weitere Ausübung der bisherigen Funktion in unserem Haus und im Interesse eines Ausbaus der Kundenbeziehungen im Ausland unbedingt erforderlich, dass er/sie zur Verbesserung seiner/ihrer Französischkenntnisse (o. Ä.) einen (Intensiv-)Sprachkurs belegt.

. . . .

Ort und Datum (Unterschrift)

Sie sollten nicht gleich die Flinte ins Korn werfen, wenn das Finanzamt Ihnen doch wieder mit dem Argument kommt, der Auslandssprachaufenthalt sei nicht zu 100 % beruflich veranlasst. Der BFH hat ausdrücklich entschieden, dass bei einer partiell auch privat veranlassten Sprachreise ins Ausland zumindest ein Teil der Kosten abgezogen werden muss (BFH v. 24.2.2013 – BStBl 2013 II

S. 796). Sogenannte »gemischte« Aufwendungen müssen demnach grundsätzlich aufgeteilt und der berufliche veranlasste Teil muss als Werbungskosten bzw. Betriebsausgaben berücksichtigt werden. Die Kunst liegt in der Aufteilung der Kosten. Einfach ist es, wenn Sie erst den Sprachkurs machen und anschließend die Urlaubstage dranhängen – oder umgekehrt. Die Reisekosten können Sie dann schlicht nach Tagen auf den beruflichen und auf den privaten Bereich aufteilen. Übrigens: Die Kursgebühren für den beruflich notwendigen Sprachkurs selbst sind in jedem Fall Werbungskosten.
Lassen sich die einzelnen Reiseteile nicht so einfach zeitlich trennen und gibt es auch keinen anderen vernünftigen Aufteilungsmaßstab, kommt lt. BFH eine Aufteilung im Verhältnis 50:50 in Betracht.

TIPP

für Sprachkurse vor einem Auslandseinsatz

330 Einen Hinweis sollten Sie unbedingt beachten: **War der Sprachkurs nur die Vorbereitung für einen längeren Einsatz im Ausland für Ihre Firma, seien Sie auf der Hut.** Die im Anlegen kräftiger Daumenschrauben für Steuerzahler recht rührigen Bundesfinanzhofrichter – immerhin entscheiden sie 80 % ihrer Fälle für den Fiskus – sind auf den Trichter verfallen, dass Ihre Werbungskosten dann ja mit steuerfreien Auslandseinkünften zusammenhängen, die Sie später beziehen, und deswegen nach § 3 c EStG nicht abzugsfähig sein sollen (BFH v. 24.4.1992 – BStBl II 1992 S. 666). Schreibt Ihre Firma in der Bescheinigung, dass Ihr Französischkurs wegen Ihrer geplanten Versetzung in die Filiale in Paris erforderlich war, haben Sie schlechte Karten.
Sie werden sich stattdessen eine Bescheinigung holen, nach der Sie Ihre neuen Sprachkenntnisse auch bei Ihrer regulären Arbeit in Deutschland gewinnbringend für die Firma einsetzen sollen. Das Finanzamt darf den Sprachkurs dann nicht mehr Ihrem Auslandsaufenthalt zurechnen (BFH v. 10.4.2003 – BStBl 2002 II S. 579).
Was die Fahrtkosten betrifft, können Sie sie nach dem Urteil des FG Düsseldorf vom 19.8.1970 (EFG 1971 S. 18) nebst Verpflegungsaufwendungen als Werbungskosten für den Besuch auswärtiger Fortbildungsveranstaltungen abziehen. Auch die Finanzverwaltung zieht da inzwischen mit (R 9.4 Abs. 2 LStR).
Wenn Sie am Lehrgangsort wohnen, ansonsten einen eigenen Hausstand haben, können Sie für die gesamte Zeit Ihre Miete sowie Ihre Heimfahrten und die Fahrten von der Unterkunft zum Lehrgangsort als Reisekosten absetzen. Für die Fahrtkosten bedeutet das: Abzug von mindestens 0,30 € pro gefahrenen Kilometer. Mit dem Abzug von Verpflegungsmehraufwendungen ist allerdings nach Ablauf von drei Monaten Schluss.

SUPER TRICK

Profitieren Sie zweimal vom Wissen Ihrer Kollegen!

Wie oft treffen Sie sich als Azubi, Geselle in der Meisterausbildung, Referendar 331
oder Beamtenanwärter mit Ihren Kollegen nach Feierabend oder am Wochenende, um ein wenig zu fachsimpeln, für die nächste Prüfung zu büffeln oder sich einfach gegenseitig beim Aufarbeiten des Lehrstoffs zu helfen?
Ganz wichtig: Bier und Wein und Kartenspiele haben auf solchen Treffen nichts zu suchen, wenn Sie Ihre Kosten unter dem Stichwort *Arbeitsgemeinschaft* absetzen wollen.

Für Ihre Fahrten zu den Arbeitsgemeinschaften machen Sie selbstverständlich

Dienstreisekosten geltend, also die Fahrtkosten für Ihr Auto mit 0,30 € je km und Verpflegungspauschalen, wenn Sie mindestens acht Stunden (inkl. Wegezeiten) von zu Hause abwesend waren.

Damit Sie dem Finanzamt einen wasserdichten Nachweis vorlegen können, besorgen Sie sich von Ihren Mitstreitern eine schriftliche Teilnahmebestätigung:

Bestätigung

Hiermit bestätigen wir Herrn/Frau . . . ., dass er/sie an folgenden Terminen
Datum . . . . . .; Datum . . . . . .; Datum . . . . . . etc.
in . . . . . . an einer ausschließlich beruflich bedingten Lern- und Arbeitsgemeinschaft teilgenommen hat.
Die Arbeitsgemeinschaften begannen regelmäßig um . . . . . . Uhr und endeten um . . . . . . Uhr.

. . . .
Ort und Datum   Stempel   Unterschrift

Eine Obergrenze, wie viele Arbeitsgemeinschaften anerkannt werden und wie 332
lange diese dauern dürfen, gibt es nicht. Trotzdem ist Vorsicht geboten. Sie sollten es nicht übertreiben. Bei allzu häufigen Treffen – vor allem, wenn sie auch noch lange dauern – dichtet Ihnen der Fiskalvertreter nur zu gern eine vermeintliche private Mitveranlassung an und hat auch noch Schützenhilfe vom FG Münster (EFG 1995 S. 7). Das strich nämlich einem sich zum Meister fortbildenden Installateur seine Arbeitsgemeinschaften aus ebendiesem Grund.

Allerdings hat sich unser Installateur auch reichlich dumm angestellt: Statt eine lange Liste über den geübten Lernstoff zusammenzuschreiben, hat er nur steif und fest behauptet, er habe gelernt.
Stellen Sie sich also geschickter an und schauen in Ihrem Lehrplan nach, dann fällt Ihnen bestimmt auch im Nachhinein noch ein, was Sie so alles gepaukt haben. Außerdem sollten Sie es mit den Finanzrichtern im Rheinland halten, die offensichtlich manchmal etwas großzügiger gestimmt sind und einer angehenden Bilanzbuchhalterin ohne weiteres 61 Treffen an Samstagen und Sonntagen à sieben Stunden als Werbungskosten anerkannt haben (FG Düsseldorf – EFG 1994 S.648).

TIPP

zur Verpflegungspauschale

333 **Lassen Sie sich nicht von der Schummelei mancher Teilnehmer an einer Lehrgemeinschaft anstecken, die dem Finanzamt Fahrten zu den Kollegen aufs Auge drücken, die überhaupt nicht stattgefunden haben.**
Machen Sie besser Folgendes: Statt Ihre 30 Treffen im Jahr mit Gewalt auf je 8,5 Stunden auszudehnen, um in den Genuss von Verpflegungspauschalen zu kommen, und damit dem Fiskus Munition für angeblich private Mitveranlassungen wegen überlanger Dauer zu geben, **treffen Sie und die anderen sich 60-mal für ca. fünf Stunden.** Die schlappen 420 € (30 Tage à 14 € Verpflegungspauschale), die Sie so aufgeben, holen Sie durch die Fahrtkosten doppelt und dreifach herein.

SUPER TRICK

Erfahrungsaustausch mit Steuerspareffekt

Wenn Sie meinen, Sie als alten Berufshasen ginge das alles nichts an: Wer sagt Ihnen denn eigentlich, dass Arbeitsgemeinschaften ein Privileg für Auszubildende, Referendare, Beamtenanwärter und Lehrgangsteilnehmer sind? Wann bleibt Ihnen denn schon einmal die Zeit, sich während Ihrer normalen Arbeitszeit beruflich auf dem Laufenden zu halten? Da Sie trotzdem in Ihrem Job am Ball bleiben wollen, könnten Sie doch mit ein paar Kollegen eine regelmäßige selbstorganisierte Fortbildung nach Feierabend ins Leben rufen. Neben dem Bombeneindruck, den das auf Ihren Chef oder Ihre Vorgesetzten macht, verhilft Ihnen das zusätzlich zu einer hübschen Steuerersparnis.

Abc der Fortbildungskosten

Zum Schluss eine kleine Übersicht – vor allem zur persönlichen Auswertung, ob die Situation bei Ihnen ähnlich liegt oder hingebogen werden könnte –, die zeigt, welche Fortbildungskosten anerkannt wurden. Das war z.B. der Fall, als ein (in manchen Fällen eine) 334

Altenpflegehelfer sich zum Altenpfleger mauserte (EFG 1994 S.470),
Angestellter ins Beamtenverhältnis übernommen wurde,
Arbeitsloser eine Fortbildung absolvierte, um seine Chancen auf einen Arbeitsplatz zu verbessern (BFH – BStBl 1996 II S.482),
Arzt sich zu einem Industriechemiker umwandelte, was das Gericht mit der Begründung genehmigte, beide Tätigkeiten seien verwandt (wie wahr, wie wahr!),
Arzt vom Humanmediziner zum Kiefer- und Gesichtschirurgen aufstieg (BFH – BFH/NV 1995 S.594),
Arzt sich zum Psychotherapeuten fortbildete (EFG 1989 S.105),
Bauhandwerker eine Technikerschule besuchte (EFG 1973 S.424),
Bauingenieur Betriebswirtschaft studierte (BFH – BStBl 1998 II S.239),
Betriebswirt an der Akademie für angewandte Betriebswirtschaft studierte (BFH – BStBl 1979 II S.675),
Bilanzbuchhalter zum Heilpraktiker umschulte (BFH v. 13.2.2003 – VI R 44/01),
Bundeswehrpilot auf Linienflugzeugpilot umschulte (BFH – BStBl 1979 II S.337),
Bundeswehrsoldat einen Sprachkurs in Südafrika absolvierte und die Kosten zumindest teilweise anerkannt bekam (BFH – BStBl 2013 II S.796),
Bürokaufmann sich mit einem zweijährigen Vollzeitunterricht zum Fremdsprachenkorrespondenten fortbildete (EFG 1991 S.603),
Chemielaborant eine Technikerschule besuchte (EFG 1975 S.277),
Dipl.-Betriebswirt wegen Arbeitslosigkeit auf Immobilienmakler umschulte (BFH v. 17.12.2002 – BFH/NV 2003 S.476),
Dipl.-Ingenieur ein Führungskräfteseminar und einen Managementkurs belegte (EFG 1994, S.26),
Dipl.-Ingenieur Wirtschaftsingenieur studierte (BFH – BStBl 1992 II S.966) oder Dipl.-Betriebswirt werden wollte (EFG 1995 S.829),
Dipl.-Kaufmann Steuerberater werden wollte (BFH – BStBl 1990 II S.572),
Dipl.-Pädagogin zur Psychotherapeutin für Kinder und Jugendliche umschulte (EFG 1995 S.615),
Dipl.-Physiker studierte, um den Titel Master of Business Administration zu erwerben (BFH – BFH/NV 1997 S.648),
Dipl.-Psychologin sich zur Psychotherapeutin fortbildete (BFH – BStBl 1977 II S.547),
Exportsachbearbeiterin einen Spanischkurs in Ecuador belegte (Kursgebühren zu 100 %, Reisekosten zu 50 % Werbungskosten, Sächsisches FG v. 16.5.2012 – 8 K 1691/06; BFH v. 9.1.2013 – VI B 133/12, BFH/NV 2013 S.552)

Finanzbeamter einen Steuerberaterkurs belegte,
Flugbegleiterin eine (Zweit-)Ausbildung zur Verkehrsflugzeugführerin absolvierte (BFH v. 28.2.2013 – BFH/NV 2013 S.1166)
Flugingenieur eine Fluglizenz erwarb (BFH – BStBl 1992 II S.963),
Gastarbeiter aus beruflichen Gründen einen Sprachkurs belegte (EFG 1995 S.19),
Geistlicher Hochschullehrer wurde (BFH 28.6.1963 – BFH E 77 S.313),
Geistlicher Predigerhandschriften studierte und diese erwarb,
Gerichtsreferendar sich um die Zweite Juristische Staatsprüfung bewarb,
Geselle sich auf die Meisterprüfung vorbereitete,
Handwerksmeister einen Lehrgang »Betriebswirt des Handwerks« belegte (EFG 1995 S.9),
Heilerzieherin in Shiatsu-Kursen zur Shiatsu-Praktikerin fortgebildet wurde (FG Hamburg v. 1.2.2000, EFG 2000 S.616),
Industriekaufmann zum praktischen Betriebswirt fortgebildet wurde (BFH – BStBl 1979 II S.773),
Inspektor eine Wirtschaftsakademie besuchte,
Justizobersekretär sich zur Prüfung als Rechtspfleger aufmachte,
Kaufmann an der Hessischen Verwaltungs- und Wirtschaftsakademie einen Fortbildungsstudiengang zum Betriebswirt (VWA) belegte (EFG 2000 S.355),
Kaufmannsgehilfe an einer Wirtschaftsoberschule paukte (EFG 1967 S.903),
Knappschaftsangestellter an einer Verwaltungsakademie studierte,
Krankenpfleger sich zum Heilpraktiker fortbildete (EFG 1992 S.324),
Kraftfahrer Seminare zu den Themen »Gesetze für den Güterverkehr«, »Sicherheitstechnik und Fahrsicherheit«, »Schaltstelle Fahrer: Dienstleister, Imageträger, Profi« sowie »Ladungssicherheit« absolvierte (EFG 2016 S.1795),
Laborassistentin (Erziehungsurlaub) den Studiengang »Weiterbildung für Lehrpersonen an Schulen des Gesundheitswesens« (EFG 2000 S.1063) belegte,
Landwirt wegen Arbeitslosigkeit auf Dachdecker umschulte (BFH v. 17.12.2002 – BFH/NV 2003 S.477),
Lehrer auf Jugend-Skileiter machte,
Lehrer an Supervisionen teilnahm, auch wenn damit gleichzeitig seine Persönlichkeitsweiterbildung gefördert wurde (EFG 1996 S.1025),
Lehrer sich vom Grundschullehrer zum Realschullehrer fortbildete (BFH – BStBl 1992 II S.962),
Lehrer der Sekundarstufe I sich die Lehrbefähigung für die Sekundarstufe II zulegte (BFH – BStBl 1992 II S.556),
Lehrer sich zum Sonderschullehrer fortbilden ließ (BFH – BStBl 1975 II S.280),
Lehrerin nach ihrem Auslandsstudium in Deutschland neu studierte (BFH – BFH/NV 1998 S.844),
Lehrerin an einer Sonderschule sich per Studium zur analytischen Kinder-Psychotherapeutin und Psychagogin weiterbildete (EFG 1997 S.1105),

Management-Consultant einen psychologischen Coaching-Kurs besuchte (FG Hamburg v. 7.3.2008 – 5 K 30/07),
Musiker mit B-Schein das A-Examen ablegte (BFH – BStBl 1992 II S. 961),
Musiker ein Tonmeisterstudium absolvierte (BFH – BStBl 1996 II S. 449),
Revisor sich auf die Wirtschaftsprüfer- oder Steuerberaterprüfung vorbereitete,
Schiffsbaugeselle eine Schiffsingenieurschule besuchte (BFH – BStBl III 1962 S. 489),
Sozialarbeiter (grad.) ein Anschlussstudium Pädagogik/Erziehungswissenschaften absolvierte (EFG 1989 S. 628),
Sozialarbeiter sich zum Psychagogen fortbildete (EFG 1982 S. 238),
Sportlehrer einen Kursus zur Ausbildung als Surfing-Instruktor besuchte (EFG 1990 S. 55),
Steuerassistent einen Steuerrechtslehrgang mitmachte,
Steuerberater einen Intensivsprachkurs in England absolvierte (EFG 1998 S. 809),
Steuerfachgehilfe sich zum Steuerberater mausern wollte (EFG 1990 S. 172),
Verkäuferin zur Arzthelferin umschulte (BFH v. 17.12.2002 - BFH/NV 2003 S. 474),
Volksschullehrer ein Musikseminar belegte oder auf die Zweite Lehramtsprüfung hinstrebte,
Werkspilot den Berufsflugzeugführerschein erwarb (EFG 1997 S. 1304),
Wissenschaftlicher Assistent sich auf eine Professur vorbereitete (BFH – BStBl III 1967 S. 778),
Yoga-Lehrerin, die Yoga-AGs abhält, einen Yoga-Lehrgang machte (FG Niedersachsen v. 17.2.1999 – IX 647/97).

8. Bei Studienreisen heißt es aufpassen!

S Von Studienreisen spricht man oft, wenn man die Welt kennenlernen will. **335** Kein Wunder also, wenn da das Finanzamt nicht immer mitmacht. Viele Fälle dieser Art wurden bereits in der Rechtsprechung entschieden. So zugunsten eines Studienrats, der mit seiner Klasse eine Studienreise machte (BFH-Urt. v. 12.7.1956 – BStBl III S. 291), bei einem Zahnarzt in amerikanischen Diensten für eine Reise in die USA zu dortigen Zahnkliniken und -praxen (BFH-Urt. v. 24.8.1962 – BStBl III S. 487), bei einem Sprachlehrer, der in Englisch seine Fachprüfung betrieb und deshalb an einer internationalen Sommerschule in England teilnahm (BFH-Urt. v. 29.7.1954 – BStBl III S. 264), bei einer Dipl.-Betriebswirtin, die in einem Versandunternehmen arbeitete und an einer Auslandsreisegruppe einer Fachzeitschrift zur Besichtigung von Kaufhäusern in den USA teilnahm (FG Hessen v. 12.10.1989 – EFG 1990 S. 56).

Hingegen wurden einer Lehrerin die Kosten für einen Sprachkurs in der Türkei **336** nicht anerkannt, obwohl in den von ihr unterrichteten Klassen ein besonders hoher Anteil türkischer Schüler war (BFH-Urt. v. 24.4.1992 – BFH/NV 1992 S.730). Die Richter meinten, dass die Sprachreise nicht beruflich veranlasst gewesen sei, weil dabei zugleich touristische Sehenswürdigkeiten aufgesucht wurden. Allerdings lässt eine günstigere Rechtsprechung nunmehr zumindest eine Aufteilung in abzugsfähige Werbungskosten und nicht abzugsfähige Kosten der privaten Lebensführung zu, vgl. ➤ Rz 338.

337 **Die Abgrenzungskriterien der Gerichte und des Fiskus**

Wie Sie sehen, geht es bei den Gerichtsentscheidungen munter durcheinander. Weder Ihr Beruf noch das Reiseziel oder der Anlass der Reise bieten für sich allein genommen eine Gewähr für die steuerliche Anerkennung. Zunächst einmal müssen Sie also wissen, nach welchen Kriterien die Frage entschieden wird, ob Ihre Studienreise beruflich veranlasst ist.

Es spricht dafür, dass eine Reise ins Ausland betrieblich bzw. beruflich veranlasst ist, wenn:

- das Reiseprogramm auf die besonderen betrieblichen/beruflichen Bedürfnisse und Gegebenheiten der Teilnehmer zugeschnitten ist,
- ein konkreter, aktueller betrieblicher bzw. beruflicher Anlass für die Reise besteht sowie ein konkreter Nutzen eintritt oder zumindest zu erwarten sein sollte,
- die Reiseteilnehmer aus einem im Wesentlichen gleichartigen Personenkreis bestehen,
- das Reiseprogramm straff organisiert ist und der Steuerzahler auch tatsächlich an den einzelnen Programmpunkten – am besten durch Teilnahmezertifikate nachgewiesen – teilnimmt,
- die Reise von einem Fachverband organisiert und unter fachkundiger Leitung durchgeführt wird,
- Zuschüsse des Arbeitgebers gegeben werden,
- der Arbeitgeber für die Teilnahme Dienstbefreiung oder Sonderurlaub gewährt.

Folgendes spricht gegen eine ausschließliche oder zumindest überwiegende betriebliche bzw. berufliche Veranlassung:

- Das Reiseprogramm dient nur allgemeinen Informationen, auch wenn diese von beruflichem Interesse sind.
- Die Reise ist zeitlich und örtlich sehr auseinandergezogen, was für sich allein jedoch noch nicht zur Aberkennung des Werbungskosten- oder Betriebsausgabenabzugs führen muss.
- Die Reise schließt besonders Wochenende und sonstige arbeitsfreie Tage ein, an denen private Interessen verfolgt werden können.

- Die Reise findet während einer typischen Touristensaison statt.
- Besuch von bevorzugten Tourismuszentren.
- Die Mitnahme des Ehegatten, es sei denn, dieser ist im selben Beruf bzw. in derselben Firma tätig und/oder die Mitnahme ist aus betrieblichen/beruflichen Gründen erforderlich.
- Die Reise wird mit einem vorhergehenden oder anschließenden Privaturlaub verbunden.
- Für die Reise wird Jahresurlaub genommen (kein Sonderurlaub vom Arbeitgeber).
- Vergleichbare Informationen hätten auch im Inland oder näher gelegenen Ausland erworben werden können. Das dürfen die Fiskaljünger aber nicht ins Feld führen, wenn Sie Ihr Sprachkurs in einen EU-Staat führt (BFH v. 13.6.2002 – BStBl II 2003 S. 765).
- Ein besonders zeitaufwendiges Beförderungsmittel (z.B. Schiff statt Flugzeug, Bahn oder Pkw) wird benutzt.

Wenn Sie für Ihre Reise keinen unmittelbaren beruflichen Anlass haben, also nicht z.B. einen Vortrag halten müssen oder einen Kunden aufsuchen wollen, sind die Gerichte bisher recht kleinlich mit der Anerkennung. So wurde einer Lehrerin ihre berufliche Englandreise nicht anerkannt, weil am Wochenende ein Ausflug geplant war und von den übrigen zehn Tagen ein Tag sowie drei weitere Nachmittage zur freien Verfügung standen (BFH – BStBl 1995 S. 729).

Wenn Sie als Richter zusammen mit anderen Richtern und Staatsanwälten einen Trip durch Japan machen und sich dabei in ausreichender Zahl japanische Gerichte, Behörden und Universitäten ansehen, soll es nach Meinung des FG Hamburg im Urteil vom 11.6.1991 (EFG 1992 S. 254) keine Rolle spielen, dass Sie nebenbei die schönen Seiten Japans besichtigen und die Reise für Ihre Richtertätigkeit eigentlich nicht direkt von Vorteil ist. Dem Bundesfinanzhof war diese Vergnügungsreise allerdings ein Dorn im Auge. Obwohl ja an sich eine Krähe der anderen kein Auge aushackt, haben sie den Abzug als Reisekosten gestrichen (BFH – BStBl III 1993 S. 612).

Wenn Sie hingegen als ehrenamtlicher Gewerkschaftler eine Studienreise unternehmen, um sich gewerkschaftlich weiterzubilden, können Sie Werbungskosten geltend machen; das meinten jedenfalls die Finanzrichter in Köln im Urteil vom 13.12.1989 (EFG 1990 S. 299).

Die Ausdehnung einer Reise oder eines Kongresses über ein Wochenende hinweg allein reicht nicht aus, um den Werbungskosten- oder Betriebsausgabenabzug zu streichen; es sei denn, dieses Kriterium wiegt so stark, dass dadurch die Reise insgesamt als überwiegend privat veranlasst zu sehen ist.

TIPP

Teilen Sie gemischte Kosten auf!

338 Der große Senat des BFH hat seine frühere Rechtsprechung zum Aufteilungs- und Abzugsverbot gemischter Aufwendungen aufgegeben (BFH v. 21.9.2009 – GrS 1/06, BStBl II 2010 S. 672) und lässt seither eine Aufteilung von sog. *gemischten Aufwendungen* in einen beruflich/betrieblichen und einen privaten Anteil zu. Demnach können z.B. die Kosten für die Hin- und Rückfahrt bei einer gemischt veranlassten Reise in Werbungskosten und in private Kosten aufgeteilt werden. Aufteilungsmaßstab ist der berufliche und der private Zeitanteil der Reise. Unverändert bleiben Kosten, die eindeutig der beruflichen Sphäre zugeordnet werden können (Kongressgebühren, Hotelkosten etc.), voll abzugsfähig. Der Vorteil der neuen Rechtsprechung besteht vor allem darin, dass Sie in jedem Fall einen Teil der Fahrt- oder Flugkosten, der Unterbringungskosten und Verpflegungsmehraufwendungen in die Werbungskosten einbeziehen können. Können die Kosten nicht eindeutig voneinander getrennt werden, können Sie den beruflichen Anteil sachgerecht schätzen. Unverändert müssen Sie dazu die berufliche Veranlassung darlegen.
Prompt hat der BFH eine kleinliche Entscheidung von Finanzamt und Finanzgericht kassiert. Die hatten einer Gymnasiallehrerin für Englisch und Religion die Kosten für eine achttägige Fortbildungsreise für Englischlehrer nach Dublin komplett gestrichen, obwohl die Reise von der Englischlehrervereinigung angeboten und durchgeführt worden war, die Lehrerin dafür vom Dienst befreit wurde und die Reise nach einem festen Programm ablief. Dass auch kulturelle Vortragsveranstaltungen und Besichtigungstermine sowie ein Tagesausflug nach Belfast anstanden, störte den BFH im Unterschied zu Finanzamt und Finanzgericht nicht. Er verdonnerte das Finanzgericht vielmehr dazu, den beruflichen Anteil zu ermitteln und als Werbungskosten anzuerkennen (Urt. v. 21.4.2010 – VI R 5/07).
Ganz ohne Wermutstropfen geht es aber auch nach der nun viel steuerzahlerfreundlicheren Rechtsprechung nicht ab. Die berufliche Veranlassung darf nicht von völlig untergeordneter Bedeutung sein. Überwiegen bei einer Auslandsreise bei weitem die privaten Gründe, gibt es nach wie vor keinen Werbungskostenabzug. Ein einziger beruflicher Vortrag bei einer ansonsten touristisch ausgerichteten Reise reicht nicht aus (BFH v. 5.2.2010 – IV B 57/09 und v. 17.12.2009 – X B 115/09). Wichtig ist nach wie vor zudem, dass der berufliche Anteil vom privaten abgegrenzt werden kann. Ist das bei den einzelnen Programmpunkten nicht möglich, kann es passieren, dass man wie eine Englischlehrerin mit ihrer USA-Studienreise am Werbungskostenabzug scheitert, weil bei allen Aktivitäten sowohl eine berufliche als auch eine private Mitveranlassung gegeben war (FG Münster v. 27.8.2010 – 4 K 3175/08 E, EFG 2010, S. 2094)

Zum Glück gibt es mittlerweile Rückendeckung durch die jüngere Rechtsprechung. Zwar geht der BFH bei Sprachkursen im Ausland meist davon aus, dass zumindest ein Teil der Reisekosten privat veranlasst ist, er nimmt das aber nicht zum Anlass, Ihnen die Kosten komplett zu streichen. Können Sie einen triftigen beruflichen Grund für den Sprachkurs anführen, sind auf jeden Fall schon einmal die Kursgebühren in voller Höhe Werbungskosten. Ist der Kurs zeitlich von den übrigen Reiseteilen abgegrenzt, können Sie Ihre Reisekosten im Verhältnis der Reisetage für den Sprachkurs und die privaten Aktivitäten aufteilen. Haben Sie z.B. bei einer dreiwöchigen Reise an zwei Wochen durchgehend den Sprachkurs besucht und in der letzten Woche einen Badeurlaub angehängt, sind 2/3 der Reisekosten (Fahrt-, Flug-, Unterkunfts- und Verpflegungskosten) als Werbungskosten abzugsfähig.
Finden Sie keinen so klaren Aufteilungsmaßstab, akzeptiert der BFH auf jeden Fall eine Aufteilung im Verhältnis 50:50. So z.B. bei einem Bundeswehrsoldaten, der einen beruflich erforderlichen Englischkurs in Südafrika absolviert hat (BFH v. 24.2.2011 – BStBl 2011 II S. 796), oder bei einer Exportsachbearbeiterin, die einen Spanischkurs in Ecuador gebucht hatte (BFH v. 9.1.2013 – VI B 133/12, BFH/NV 2013 S. 552).
Dies gilt im Übrigen nicht nur für Reisekosten, sondern grundsätzlich auch für andere gemischte Aufwendungen. Allerdings schränkt der BFH hier die Aufteilungsmöglichkeit ein, soweit »unverzichtbare Aufwendungen für die Lebensführung« betroffen sind, die durch das steuerliche Existenzminimum pauschal abgegolten oder als Sonderausgaben bzw. außergewöhnliche Belastungen abzugsfähig sind. Damit sind insbesondere Aufwendungen für bürgerliche Kleidung, Brillen (Ausnahme: sog. Bildschirmarbeitsplatzbrillen und spezielle Schutzbrillen) trotz beruflicher Benutzung weiterhin nicht (anteilig) abzugsfähig.

TRICK

Reisen Sie auf Kosten des Finanzamts zu den Sehenswürdigkeiten dieser Welt.

Wenn Sie es geschickt anstellen, können Sie sich die Niagarafälle oder den 339
Schiefen Turm von Pisa ansehen und Ihre Reisekosten völlig legal dem Finanzamt als Werbungskosten oder Betriebsausgaben unterjubeln. Was Sie dazu benötigen, ist lediglich ein beruflicher Anlass für Ihre Reise. Besonders leicht haben Sie es da, wenn Sie Geschäftsfreunde Ihrer Firma im Ausland besuchen müssen oder z.B. im Ausland einen Vortrag halten sollen. Auch wenn Sie einige private Unternehmungen mit der Reise verbinden, sind Ihre Reisekosten absetzbar, denn Sie können dem Finanzamt gegenüber ja mit gutem Gewissen versichern: »Meine Reise habe ich selbstverständlich nur unternommen, weil

ich dafür einen konkreten beruflichen Anlass hatte. Die privaten Aktivitäten waren demgegenüber völlig untergeordnet.« Wenn Sie dann noch auf das Urteil des BFH vom 21.9.2009 – GrS 1/06, BStBl II 2010 S. 672 – pochen, dürften Sie keine Schwierigkeiten haben, Ihre Reisekosten zumindest zu einem großen Teil durchzudrücken.

Man sollte den Gesetzen in
Kleinigkeiten ein Bein stellen.
(Ringelnatz)

TIPP

fürs Praktikum im Ausland

340 Die Kosten für ein Auslandspraktikum können Sie nur ansetzen, wenn Sie **für Ihr Praktikum keinen Arbeitslohn** beziehen. Andernfalls kommen Ihnen die Fiskalritter mit § 3 c EStG und streichen Ihnen Ihre gesamten Kosten mit der Begründung, sie stünden mit steuerfreien Auslandseinkünften im Zusammenhang. Aus demselben Grund sollten Sie tunlichst nicht ins Feld führen, Sie würden eine Anstellung im Ausland anstreben. Pochen Sie besser darauf, Sie seien ganz wild auf einen Job bei einem deutschen Unternehmen mit internationalen Kontakten. Ihr Praktikum würde die Anstellungschancen erheblich verbessern.

TRICK

Schinden Sie mit hochtrabenden Reisebeschreibungen Eindruck!

341 Machen Sie es wie der Uni-Professor, sofern Sie einen entsprechenden Beruf haben. Der hat seine Reise nach Indien kurz entschlossen zur Forschungsreise deklariert. Auf die Richter beim Finanzgericht hat wohl am meisten Eindruck gemacht, dass er angab, die Sand-Lücken-Fauna zu erforschen. Vermutlich haben die bei dem ganzen Fachchinesisch nur noch Bahnhof verstanden. Jedenfalls hielten sie die Argumente, dass es sich um eine Forschungsreise handelte und der Professor während der Reise den ein oder anderen Fachkollegen besuchte, für ausreichend, um eine mehr als untergeordnete berufliche Veranlassung zu belegen (FG Niedersachsen – EFG 1992 S. 122). Nach der neueren Rechtsprechung des BFH können Sie nun mindestens den beruflichen Teil der Kosten absetzen (BFH vom 21.9.2009 – GrS 1/06, BStBl II 2010 S. 672).

Geld allein macht
nicht unglücklich.

TRICK

Suchen Sie sich als Sprachlehrer oder Fremdsprachenkorrespondent die richtigen Kurse aus!

Wollen Sie als Lehrer für Sprachen Ihre Reise nach England oder Frankreich 342
durch einen Sprachkurs zur steuerlich absetzbaren Bildungsreise machen, müssen Ihre Vorbereitungen stimmen. Achten Sie bei der Auswahl des Sprachkurses darauf, dass es möglichst ein Kurs für Fortgeschrittene oder vielleicht sogar einer speziell für Lehrer ist.
Zu den grundlegenden Voraussetzungen, unter denen Sprachkurse im Ausland anerkannt werden, vgl. ➤ Rz 329 ff.
Ein Wisch mit Stempel und Unterschrift vom Schulrektor könnte allerdings auch hier helfen, die Anerkennung Ihrer Reisekosten zu fördern, wenn er etwa in diesem Sinn abgefasst ist:

Der Rektor der Schule . . . .

Bescheinigung zur Vorlage beim Finanzamt

Hierdurch bestätige ich meiner Lehrerin, Frau Müller, Folgendes: Als Leiterin künftiger Arbeitsgemeinschaften und Grundkurse in Französisch muss sie sich die notwendigen Sprachkenntnisse aneignen. Ich halte daher die beabsichtigte Reise nach Frankreich unter Teilnahme an einem Fortbildungskurs für dienstlich dringend erforderlich!

. . . .
Siegel + Unterschrift

SUPER TRICK

Lernen Sie mit Hilfe einer Stellenbewerbung auf Staatskosten Spanisch oder Englisch!

Mit ein wenig Schreiberei und der Investition von ein paar Briefmarken und 343
Kopien setzen Sie auch einen Grundkurs für eine Fremdsprache ab.
Allerdings müssen Sie es etwas geschickter anstellen als die Sachgebietsleiterin eines Finanzamts, die vor dem BFH ihren Spanischkurs im Inland durchboxen wollte. Dies mit der Begründung, sie habe sich bei einer Bundesbehörde beworben und dabei durch die Spanischkenntnisse ihre Einstellungschancen erhöhen

wollen. Dem BFH war der Zusammenhang zum Beruf der Sachgebietsleiterin nicht eng genug, weil der »subjektive Wunsch nach einer beruflichen Veränderung sich nicht durch eine Bewerbung hinreichend konkretisiert hatte« (BFH-Urt. v. 26.11.1993 – BStBl 1994 II S. 248).
Diesen Fehler werden Sie nicht begehen. Vielmehr werden Sie sich mit Ihren neuerworbenen Sprachkenntnissen auf einige Stellen bewerben, bei denen solche Sprachkenntnisse gefordert werden. So schlagen Sie zwei Fliegen mit einer Klappe. Haben Sie mit der Bewerbung Erfolg, springt vielleicht ein lukrativer Job für Sie heraus. Wenn nicht, haben Sie jedenfalls Ihren Wunsch nach beruflicher Veränderung so hinreichend konkretisiert, dass Sie sich bei Ihrem nächsten Urlaub über Ihre vom Finanzamt mitfinanzierten Sprachkenntnisse doppelt freuen können.

344 **S** Achtung, Ärzte, die einen Fortbildungskurs in einem bekannten Wintersportort absolvieren:

- Besucht eine angestellte Ärztin während ihrer Ausbildung zur Fachärztin für Chirurgie einen Fortbildungskurs, der nur in einem bekannten Wintersportort in der Schweiz angeboten wird, können die Aufwendungen für die Teilnahme als Werbungskosten berücksichtigt werden. Dies gilt nach dem BFH-Urteil vom 5.9.1990 (BStBl 1990 II S. 1059) nicht, wenn der Kurs während der Wintersaison stattfindet und für die Mittagspause die Zeit von 11.30 bis 16.00 Uhr zur Verfügung steht. Die lange Mittagspause sah das Gericht als Anzeichen »für eine nicht unerhebliche private Mitveranlassung« an. Gleichwohl kann die Ärztin einen beruflichen Anteil der Gesamtkosten absetzen.
- Ein Arzt, der an einer Fortbildungsveranstaltung im Fach Skilaufen eines Sportärzteverbands in einem bekannten Wintersportort teilnimmt, kann seine Kosten dafür teilweise absetzen, wenn er damit das Recht erwerben will, sich künftig Sportmediziner zu nennen. Die Kosten für die theoretische Ausbildung sahen die Gerichte als beruflich veranlasst an. Die praktischen Sportübungen wie Skilaufen etc. wurden dagegen der Privatsphäre zugerechnet. Im Verhältnis der Zeitanteile müssen die Kosten daher aufgeteilt werden (BFH v. 21.4.10 – VI R 66/04).

Arbeitgeber oder Firmen, die so etwas veranstalten: Sie wissen jetzt, wie der Tagungsplan auszusehen hat!

345 Wenn Sie z.B. als Universitätslektor, Hochschullehrer oder Lehrer Ihre Seminare im Ausland vorbereiten müssen, sollten Sie sich wappnen, dass Sie auf Nachfrage für jeden Tag angeben können, welchen beruflichen Aktivitäten Sie nachgegangen sind (FG Baden-Württemberg v. 12.3.1998 – 6 K 394/97).

346 Bei Teilnahme an einem Fachkongress dürfen die Anforderungen an den Nachweis durch Testate nicht überzogen werden … Das FG Köln war jedenfalls der Meinung, dass eine Testierung jeder Veranstaltung unzumutbar ist. Auch bei der Anwendung von Beweisvorschriften sei der Verhältnismäßigkeitsgrundsatz zu

beachten. Dass der Veranstaltungsort der Steuerzahlerin schon von früheren Besuchen bekannt war und Familienmitglieder oder Freunde nicht mitgereist waren, reichte dem Gericht als Beleg aus, dass der Kongress und damit nur berufliche Motive für die Reise ausschlaggebend waren (FG Köln – EFG 1986 S. 109).

TRICK

Setzen Sie als Organisator oder Reiseführer die tollsten Reisen ab!

Den ganzen Nachweiszauber, den der Fiskus bei Studienreisen veranstaltet, 347
können Sie vergessen, wenn Sie selbst mit der Organisation und Durchführung einer solchen Reise betraut sind. Auch wenn auf der Reise neben dem beruflichen Programm Gelegenheit zum Sightseeing, Segeln, Skifahren oder Surfen besteht, sind Sie fein heraus, wenn Sie als auserkorener Reiseleiter sozusagen 24 Stunden im Dienst sind. Hilfreich ist, wenn Sie zusätzlich damit aufwarten können, dass Sie vor den Teilnehmern Vorträge gehalten und, wie z. B. die wissenschaftliche Mitarbeiterin eines Geographischen Instituts beim Besichtigen alter Steine etc., das Protokoll geschrieben haben. Dann steigen Ihre Chancen, die gesamten Kosten, die Ihnen durch die Reise entstehen, selbst dann als Werbungskosten abzusetzen, wenn der berufliche Anstrich der Reise für die übrigen Teilnehmer zu dünn ist. Sie haben nämlich anders als sie einen unmittelbaren beruflichen Anlass für die Reise. Helfen Sie einem allzu ungläubigen Fiskalvertreter ruhig mit dem BFH-Urteil vom 27.8.2002 (VI R 22/01) und 6.5.2002 (BFH/NV 2002 S. 1030) auf die Sprünge. Auch wenn Sie von Ihrer Firma als Reiseleiter auf eine Auslandsreise mitgeschickt wurden, um die übrigen Teilnehmer zu betreuen, haben Sie mit der Anerkennung der beruflichen Veranlassung gute Karten. Für Sie ergibt sich aus einer solchen »Incentive-Reise« jedenfalls kein Arbeitslohn (BFH v. 14.6.1993 – BStBl II 1993 S. 640). Dasselbe gilt für einen Pfarrer, der Angehörige einer Pfarrei auf ihrer Pilgerwallfahrt nach Rom begleitet und dabei deren seelsorgerische Betreuung übernimmt. Die Bescheinigung, dass er sich zur Teilnahme dienstlich verpflichtet hat, beflügelt die Anerkennungsbereitschaft des Fiskus in solchen Fällen ungemein (BFH v. 9.12.2010 – VI R 42/09, BStBl 2011 II S. 522).

Kritisch wird es allerdings, wenn Sie Ihren Ehepartner oder Lebensgefährten mitnehmen, ohne dass Sie dafür einen triftigen Grund ins Feld führen können (BFH v. 25.3.1993 – BStBl II 1993 S. 639).

Wenn Sie statt der Sekretärin lieber die Ehefrau mit auf Dienstreise nehmen, 348
können Sie das in bestimmten Fällen »ruhigen steuerlichen Gewissens« tun.

Eine Ehefrau, die ihren Mann auf einer Reise nach Moskau begleitete, arbeitete im Betrieb mit, verrichtete dort Büroarbeiten, bediente im Geschäft und leistete Dolmetscherdienste. Durch die besonderen betrieblichen Kenntnisse unterstützte sie den Ehemann bei den Verkaufsverhandlungen in Moskau wesentlich. Das konnten zwar die Finanzbeamten, nicht aber die Finanzrichter ignorieren. Ein erfreuliches Urteil des BFH vom 13.2.1980 (BStBl 1980 II S.386).

TRICK

Mit einer Klassenfahrt Geld sparen

349 Insbesondere bei einer Klassenfahrt ins Ausland, z.B. einer Studienreise nach Rom, können Sie als Lehrer ein gutes Geschäft machen, denn sie ist für Lehrer immer beruflich veranlasst und damit eine Dienstreise. Daher gelten für Sie die Verpflegungspauschalen für Auslandsreisen, d.h. gegenüber den mickrigen Inlandspauschalen erheblich höhere Beträge. Für Ihre Übernachtungskosten müssen Sie sich aber unbedingt mit einer Rechnung der Herberge im Ausland wappnen, da Sie nur Ihre tatsächlich angefallenen – und nachgewiesenen – Kosten absetzen können.

So eine Reise muss natürlich gründlich vorbereitet werden, und Sie haben sich doch sicherlich vorher am Zielort umgesehen, Termine abgesprochen und das Besichtigungsprogramm zusammengestellt. Sie benötigen von der Schule keinen besonderen Auftrag, um die dabei entstandenen Kosten als Dienstreisekosten absetzen zu können (FG Schleswig-Holstein v. 18.12.1990 rk – EFG 1991 S.311). Sie sollten allerdings eine ganz konkrete Klassenfahrt vorbereiten. Eine allgemeine Informationsreise, um mögliche Ziele zu erkunden, reicht nach Meinung des BFH nicht aus, der einer Lehrerin die Kosten für eine siebentägige Reise an den Gardasee nicht als Werbungskosten anerkannte, weil der konkrete Anlass fehlte (BFH 27.7.2004 – BFH/NV 2005 S.42).

Das teuerste Klo Sachsens für 110.000 €
leistete sich das 6.000-Einwohner-Städtchen
Dippoldiswalde am Karl-Marx-Platz:
außen Fachwerk, innen Marmor und Stahl,
automatische Wasserregulierung und Musik von oben.
(stern 34/1992)

TRICK

Setzen Sie als Berufsschüler, Azubi, Beamtenanwärter den Kurztrip nach London ab!

Gute Nachrichten bei Klassenfahrten gibt es nicht nur für Lehrer, sondern auch 350
für Berufsschüler. Sie können die Kosten für offizielle Klassen- oder Schulfahrten als Werbungskosten absetzen. Wichtig ist nur, dass die Fahrt als offizielle Lehrveranstaltung der Schule oder Fachhochschule ausgewiesen wird. Berufen Sie sich beim Finanzamt auf das BFH-Urteil vom 7.2.1992 (BStBl 1992 II S.531), das ein hartnäckiger Berufsschüler erstritten hat. Also, auf geht's, London sehen und das Finanzamt (mit)bezahlen lassen!

9. Hilfe durch Arbeitsmittel

Es ist keine Frage: Ausgaben für Gegenstände, die der Berufsausübung dienen, 351
sind als berufliche Kosten abzugsfähig (Arbeitsmittel). Bei vielen Arbeitsmitteln müssen Sie aber damit rechnen, dass das Finanzamt prüft, ob das Arbeitsmittel nicht auch privat genutzt werden kann.
Die besten Karten im Steuerpoker haben Sie, wenn Sie sagen können: Die private Nutzung meines Arbeitsmittels ist völlig unbedeutend, d.h., sie liegt unter 10 % der Gesamtnutzung. Dann ist alles abzugsfähig.

Liegt der private Nutzungsanteil über 10 %, muss der aufgewendete Betrag aufgeteilt werden in einen abzugsfähigen beruflichen und einen nicht abzugsfähigen privaten. Das hört sich noch alles ganz vernünftig an. Aber jetzt kommt der Haken: Eine Aufteilung will das Finanzamt oft nur zulassen, wenn »objektive Merkmale und Unterlagen eine zutreffende und leicht nachprüfbare Trennung ermöglichen« – ansonsten rechnet der Fiskus gern den gesamten Betrag zu den nicht abzugsfähigen Kosten der Lebenshaltung (BFH – BStBl 1971 II S.17).

TRICK

Aufteilen statt vollständig streichen

Mit der vollständigen Streichung der Kosten für Ihre Arbeitsmittel müssen Sie 352
sich nicht mehr widerspruchslos zufriedengeben. Verlangen Sie, dass man Ihnen zumindest in Höhe der anteiligen beruflichen Nutzung Ihres Arbeitsmittels Werbungskosten zuerkennt. Im Zweifelsfall beschreiben Sie die berufliche Nut-

zung und schätzen deren Anteil. Das Aufteilungs- und Abzugsverbot, auf das sich der Fiskus bei seinen Streichorgien so gern stützt, gilt nämlich nicht mehr (vgl. dazu ➤ Rz 338).

353 **Die Finanzämter sehen von der Anforderung von Belegen normalerweise ab, wenn als Aufwendungen für Arbeitsmittel nicht mehr als ca. 100 € bis 110 € geltend gemacht werden. Leider haben Sie aber keinen gesetzlichen Rechtsanspruch auf Anerkennung dieser »Arbeitsmittelpauschalen«.**

Achten Sie beim Kauf auf eine wasserdichte Rechnung. Also nicht »Schuhe«, sondern »Arbeitsschuhe«. Statt »Ledertasche« besser »Aktentasche«, statt »Schreib-« oder »Papierwaren« oder »Buch« lassen Sie »Büromaterial« oder »Fachbuch« (mit Autor und Titel) eintragen.

a) In welcher Höhe sind Ihre Aufwendungen abziehbar?

354 **I. Arbeitsmittel, deren Nettokaufpreis 800 € nicht übersteigt**

Arbeitsmittel, deren Nettokaufpreis 800 € nicht übersteigt (das entspricht 952 € mit 19 % und 856 € mit 7 % Mehrwertsteuer), setzen Sie sofort in voller Höhe als Werbungskosten ab. Dazu zählen insbesondere: Aktentasche, Arbeitskleidung, kleine Büromöbel (z.B. Stühle, Papierkorb), Diktiergerät, Fachzeitschriften und Fachbücher, Schreibtischlampe, Taschenrechner, kleinere Werkzeuge. Im Beamtendeutsch werden diese Arbeitsmittel als *»geringwertige Wirtschaftsgüter«* bezeichnet.

Lassen Sie sich bloß nicht kirre machen, wenn der Fiskalvertreter mit der Behauptung angetanzt kommen sollte, mehrere Gegenstände, wie z.B. eine Büroeinrichtung (Schreibtisch, Regale, Stühle, Lampen, Papierkorb usw.), seien bei der Frage, ob die 800-€-Grenze überschritten ist, zusammenzufassen. Tatsache ist: Jeder Gegenstand, den Sie für sich allein nutzen können, steht auch steuerlich gesehen für sich allein. Einzelne Büromöbel sind daher selbst dann nicht zu einer Einheit zusammenzufassen, wenn sie in einheitlichem Stil gehalten sind (BFH – BStBl 1967 III S.61).

Nur technisch aufeinander abgestimmte Gegenstände, z.B. Rechner, Monitor, Tastatur und Drucker einer Computeranlage, sollen nach Meinung des BFH zusammenfassen zu sein (BFH v. 19.2.2004 – BStBl II 2004 S.958). Seit 2021 spielt diese Einschränkung jedoch keine Rolle mehr, weil für Computer und Zubehör per se nunmehr eine Nutzungsdauer von nur noch 1 Jahr gilt.

355 **II. Arbeitsmittel, deren Nettokaufpreis 800 € übersteigt**

Arbeitsmittel, deren Kaufpreis 800 € netto – bzw. 952 € mit 19 % und 856 € mit 7 % Mehrwertsteuer – übersteigt, werden verteilt auf ihre Nutzungsdauer abgeschrieben. Nur den jährlichen Abschreibungsbetrag können Sie als Werbungskosten absetzen. Im Beamtendeutsch heißt das »Absetzung für Abnutzung«, abgekürzt AfA. Natürlich setzt der Fiskus schonendste Behandlung der Arbeitsmittel voraus. Entsprechend lang ist die von ihm angenommene Nutzungsdauer, die für Sie aber nicht maßgebend ist, wenn Sie Ihre Arbeitsmittel stärker als allgemein üblich beanspruchen.

Nutzungsdauer nach der fiskalischen Abschreibungstabelle bei Anschaffung nach dem 31.12.2000		
	Nutzungsdauer	AfA-Satz
Autotelefon	5 Jahre	20 %
Büromöbel	13 Jahre	7,69 %
Diktiergerät	5 Jahre	20 %
Fotokopiergerät	7 Jahre	14,28 %
Frankiermaschine	8 Jahre	12,5 %
Funktelefon	5 Jahre	20 %
Panzerschrank	23 Jahre	4,35 %
Perserteppich	15 Jahre	6 ⅔ %
Computerhardware und -software seit 2021	1 Jahr	100 %
Pkw	6 Jahre	16 ⅔ %
Telefaxgerät	6 Jahre	16 ⅔ %

Auch Antiquitäten können steuerlich abgeschrieben werden, wenn sie als Ar- 356
beitsmittel genutzt werden. Durch den Gebrauch fällt selbst dann eine technische Abnutzung an, wenn der Wert der Antiquität steigt. Sie setzen also ohne weiteres Ihren antiken Schreibtisch im Arbeitszimmer oder den zur Aufbewahrung Ihrer wertvollen Fachbücher genutzten 150 Jahre alten Bücherschrank ab (BFH v. 31.1.1986 – BStBl II 1986 S. 355).
Allerdings werden sehr lange Nutzungsdauern zugrunde gelegt. Für ein 260 Jahre altes Cello eines Dozenten einer Musikhochschule hatte das Finanzgericht 50 Jahre und damit eine jährliche AfA von 2 % angesetzt (FG Hamburg v. 15.5.1985 – III 188/82). Das war den Richtern beim BFH zu kurz, sie halten bei historischen Musikinstrumenten, z. B. einer 300 Jahre alten Geige einer Musikerin, einen Abschreibungszeitraum von mindestens 100 Jahren und damit eine jährliche AfA von nur 1 % für angemessen (BFH v. 26.1.2001 – BStBl II 2001 S. 194). Bei einer Meistergeige neueren Datums (Alter deutlich unter 100 Jahre) hält der BFH dagegen eine Abschreibung auf nur 50 Jahre für möglich (BFH v. 1.3.2002 – BFH/NV 2002 S. 787).

TIPP

für sehr wertvolle Arbeitsmittel

Die lange Nutzungsdauer ist für Sie positiv, wenn Ihr antiquarisches Arbeitsmit- 357
tel zerstört oder gestohlen wird. In diesem Fall setzen Sie den Restwert auf

einen Schlag als Werbungskosten ab. So machte es die Meistergeigerin, der vom Ehegatten die Stradivari im Wert von 150.000 € gestohlen worden war (BFH v. 9.12.2003 – BStBl II 2004 S. 491).

SUPER TRICK

Machen Sie aus der Not eine Tugend!

358 Ist es für Sie günstiger, die Anschaffungskosten auf die Nutzungsdauer abzuschreiben, z.B. wenn wegen Arbeitslosigkeit oder Verlusten nur ein besonders niedriges Einkommen im laufenden Jahr anfällt, kann natürlich auch diese Methode gewählt werden – selbst wenn der Nettokaufpreis unter 800 € lag.

SUPER TRICK

Sparen Sie durch Umwidmung Steuern!

359 Wandert Ihr vor vier Jahren für 6.000 € erworbener Perserteppich vom Wohnzimmer in Ihr Arbeitszimmer, wird er fortan beruflich genutzt, das ist klar. Umwidmung heißt das Zauberwort, das beim Fiskalvertreter den Reflex zum Abhaken auslöst. Allerdings müssen Sie sich die Zeit der privaten Nutzung auf die Gesamtnutzungsdauer anrechnen lassen (BFH v. 14.2.1989 – BStBl 1989 II S. 922). Dies bedeutet: Vom Kaufpreis des Perserteppichs ist für die private Nutzung eine sog. fiktive Abschreibung vorzunehmen. Beruflich absetzen können Sie nur noch den Restbetrag.

Seien Sie nicht so dumm, die Gesamtnutzungsdauer zu niedrig anzusetzen. Denn je höher sie ist, umso höher ist der steuerlich interessante Restwert, den Sie in den kommenden Jahren abschreiben können.

Und so wird dann gerechnet:

Kaufpreis für den Perserteppich vor vier Jahren	6.000 €
./. fiktive Abschreibung für die Zeit der privaten Nutzung z. B. jährlich 6,66 %	– 1.600 €
Restwert für berufliche Abschreibung	4.400 €
Angenommene Restnutzungsdauer 11 Jahre	
Berufliche Abschreibung jährlich	400 €

SUPER TRICK

Die Masche mit der verlängerten Nutzungsdauer

Sie verwenden in Ihrem Arbeitszimmer einen bisher privat genutzten Schrank, 360
dessen normale Nutzungsdauer von 13 Jahren gerade abgelaufen ist. Nach BFH soll die private Nutzung voll angerechnet werden, so dass für eine berufliche Abschreibung nichts mehr verbleibt (BFH-Urt. v. 14.2.1989 – BStBl 1989 II S. 922). Doch Sie sagen zu Recht: Die berufliche Nutzung ist Beweis genug, dass die Gesamtnutzungsdauer noch nicht abgelaufen ist, und verlängern sie deshalb von 13 auf 20 Jahre. Jetzt haben Sie noch eine Restnutzungsdauer von sieben Jahren:

Anschaffungskosten vor 13 Jahren	4.000 €
Nutzungsdauer 20 Jahre = Abschreibung 5 %	
Abschreibung als Werbungskosten 7 Jahre lang 5 % von 4.000 € je	200 €

TRICK

Machen Sie aus einem Diebstahl steuerlich eine Tugend!

Wenn Sie nicht versichert sind oder die Versicherung nicht bezahlt, ist ein Dieb- 361
stahl besonders ärgerlich. Richtig dramatisch wird es natürlich, wenn Ihnen Gegenstände geklaut werden, die Sie als Arbeitsmittel benutzen, dann kommt zu dem allgemeinen Ärger und dem finanziellen Verlust häufig beruflicher Stress hinzu.

Holen Sie sich deshalb zumindest einen kleinen Ausgleich von Vater Staat, indem Sie den Restwert Ihres gestohlenen Arbeitsmittels als Werbungskosten absetzen und so einen ordentlichen Batzen als Steuererstattung kassieren. Auch wenn der Diebstahl nicht unmittelbar bei der Ausübung Ihres Berufs geschieht, z. B. während der Arbeit oder auf einer Dienstreise, stehen Ihnen Werbungskosten zu (BFH-Urt. v. 9.12.2003 – BStBl II 2004 S. 491).

Und so könnte Ihre Rechnung aussehen, wenn Ihnen am 10.5.2021 Ihre sehr teure Krokoaktentasche gestohlen wurde:

Kauf der Aktentasche am 10.1.2021 für	2.700 €
./. Abschreibung (3 Jahre) $^{1}/_{3}$ von 2.700 € = 900 € × $^{4}/_{12}$ (Jan.-Apr.)	– 300 €
Restwert = außerordentliche Abschreibung	2.400 €

Ich höre schon ein paar schwarze Schafe mit der Zunge schnalzen und denken: »Na prima, da werde ich doch schnell meine alte Designerledertasche, die nun mein Sohn nutzt, als gestohlen deklarieren. Ich wollte mir ja sowieso eine neue zulegen. Wer sollte mir da schon auf die Schliche kommen?« Wer so denkt, dem muss ich ganz klar abraten, schließlich würde er damit nicht nur Steuerhinterziehung begehen, sondern auch eine Straftat (Diebstahl) vortäuschen. Und in diesem Buch geht es nicht ohne Grund um »1000 ganz **legale** Steuertricks«.

TRICK

Schadensbegrenzung, wenn Ihnen Ihr Auto geklaut wird

362 Trotz Erstattung von Ihrer Versicherung sollten Sie bei Ihrer Steuererklärung an Ihren im Vorjahr geklauten fahrbaren Untersatz denken. Zumindest dann, wenn Sie ihn fast ausschließlich beruflich genutzt haben (ca. 90 % für dienstliche Fahren) oder das Auto bei einer Dienstfahrt abhandenkam, können Sie steuerlich noch ein paar Extra-Euro herausschlagen (BFH v. 25.5.1992 – BStBl II 1993 S. 44). Allerdings müssen Sie hier auf der Hut sein: Wenn Sie während der Dienstreise abends ins Theater oder ins Kino gefahren sind oder den Weihnachtsmarkt besucht haben, droht Ungemach. Hat der Autoklau nämlich bei dieser Gelegenheit stattgefunden, ist das Ganze eine private Angelegenheit und können Sie die Kosten nicht abziehen (BFH v. 18.4.2007 – BStBl 2007 II S. 762). Etwas anderes muss aber wohl gelten, wenn Sie anlässlich Ihrer Dienstreise abends (nur) zum Essen in die Stadt gefahren sind und Ihnen Ihr fahrbarer Untersatz entwendet wurde, während Sie gespeist haben.
Sie machen sich hier den steuerlichen Restwert Ihres Autos zunutze, der durchaus höher liegen kann als der Zeitwert, den die Versicherung zugrunde legt: Der BFH legte die Abschreibungszeit für ein Auto in derartigen Fällen auf acht Jahre fest (BFH v. 26.7.1991 – BStBl II 1992 S. 1000 und FG München v. 27.3.2001 – 6K 4093/00).
Und so sieht dann die Rechnung für Ihr am 10.9.2021 bei einer Dienstfahrt gestohlenes Auto für das Finanzamt aus:

Kaufpreis für den Pkw am 1.7.2019	40.000 €
./. Abschreibung bis zum Diebstahl jährlich 12,5 % von 40.000 € = 5.000 × 2 Jahre und 3 Monate	– 11.250 €
Restwert des Autos beim Diebstahl	28.750 €
./. Erstattung aus der Teilkaskoversicherung wegen hoher Laufleistung nur	– 21.500 €
Verbleiben als Werbungskosten abzusetzen	7.250 €

b) Welche Arbeitsmittel gehen beim Fiskus durch? 363

Als Fachbücher wurden ***Lehrern*** anerkannt: »Grzimeks Tierleben« bei einem Biologielehrer, »Propyläen Weltgeschichte«, »Encyclopaedia Britannica«, »Wege zum Gedicht«.

Musiklehrer haben es etwas einfacher. Flügel, Orgel und Klavier wurden anerkannt, als sie vor Gericht zogen (EFG 56/222, 1974/310, 1976/178, HFR 1963/57, BStBl 1978 II S. 459). Voraussetzung ist aber, dass sich die Kosten in Grenzen halten. Alles untermauert mit einer entsprechenden Bescheinigung der Schulbehörde. Die Schreibmaschine wurde anerkannt einem ***Gewerbelehrer***, einem Studienrat (EFG 1960/26, EFG 1970/219), einem Richter (BStBl 1971 II S. 17, 21) sowie einem Verbandsprüfer (BStBl 1963 II S. 219). Tonbandgerät wurde anerkannt: ***Musik-, Religions-, Gewerbe- und Hochschullehrern*** (HFR 1963/57 – EFG 1957/66, 1965/491). Ein Teleskop als Arbeitsmittel begründete ein Lehrer erfolgreich mit der Verbesserung seines Astronomieunterrichts (FG Berlin v. 22.3.2004, EFG 2004 S. 1362). ***Sportlehrer:*** Anerkannt wurden Fußballstiefel, Hallenturnschuhe und Badmintonschläger (BFH – BStBl 1987 II S. 262). Bei Skiausrüstung und sonstiger Sportkleidung tun sich die Finanzämter und tut sich mit ihnen die Finanzgerichtsbarkeit noch schwer. Sie wollen nicht einsehen, dass bei einem Sportlehrer Sportkleidung eben eine typische Berufskleidung ist (BFH – BStBl 1975 II S. 407 und FG Rheinland-Pfalz – EFG 1985 S. 173). Wie Sie Ihre Skiausrüstung dennoch als Werbungskosten durchsetzen, vgl. ➤ Rz 308. Der BFH hat allerdings auch ausdrücklich Finanzgerichtsentscheidungen bestätigt, in denen die Kosten für Jacken, Shirts, Trainingsanzüge und Inliner nicht anerkannt wurden (BFH v. 18.6.2007 – BFH/NV 2007 S. 1869). Eine Stereoanlage durfte ein ***Musiker*** absetzen, wenn er zusätzlich eine private hatte (EFG 1971 S. 329). (Tipp: Gebrauchte Anlage für ein paar Euro erwerben und privat verwenden. Fotos davon fertigen und dem Finanzamt einsenden!) Fromme Literatur und Mikrofilme ließ man bei einem *Geistlichen* zu. Ein Jagdhund und eine Büchse waren abzugsfähig bei einem ***Forstbeamten***. Ebenfalls das Cembalo eines ***Kirchenmusikers*** (EFG 1976 S. 178), der Flügel bei einer *Dozentin* am Konservatorium, die anspruchsvollere Aufgaben erfüllt (BFN, BStBl 1989 S. 356), und das Cello eines Dozenten an einer Musikhochschule (FG Hamburg v. 15.5.1985 – III 188/82). Genau entgegengesetzt urteilte der BFH am 10.3.1978 (BStBl 1978 II S. 459) bei einer ***Musiklehrerin***, weil es statt des Flügels auch ein Klavier getan hätte. Ebenfalls zuungunsten eines Musiklehrers hat das FG BW am 18.12.1997 (EFG 1998 S. 643) entschieden, der seinen Flügel für einen fünfstelligen Betrag reparieren ließ. Mit einem Rennrad als Arbeitsmittel hat ein ***Polizist*** beim FG Baden-Würtemberg auf Granit gebissen (Urteil v. 23.11.2005 – EFG 2006 S. 811). Die Aufwendungen eines ***Erdkundelehrers*** für den Bezug der Zeitschrift *GEO* wurden mit folgender durch das Gesetz nicht gerechtfertigten Begründung abgelehnt: Bei Wirtschaftsgütern, bei denen nicht nachprüfbar oder nicht klar erkennbar ist, ob sie nur dem Beruf oder auch den privaten Interessen des Steuerpflichtigen dienen, verbietet

§ 12 Nr. 1 Satz 2 EStG zur Wahrung der steuerlichen Gerechtigkeit (das Gericht sollte besser von Nichtwahrung sprechen!) die Aufteilung und damit den Abzug von Aufwendungen, die sowohl der Lebensführung dienen als auch den Beruf fördern. Das FG Münster (rk Urt. v. 8.4.1986 – EFG 1986 S. 491) vermag aus dem objektiven Charakter der Zeitschrift *GEO* nicht herzuleiten, dass eine nahezu ausschließlich berufliche Verwendung als sicher anzusehen ist. Vielmehr handle es sich um eine Zeitschrift, die sich von Aufmachung und Inhalt her an eine breite Leserschicht auch ohne fachliche Vorkenntnisse wende. Einer ***Oberstudienrätin*** hatte das Finanzamt die Zeitschriften *Kosmos*, *Das Tier* und *Weltatlas des Tierlebens* nicht als Werbungskosten anerkannt. In dem nicht amtlich veröffentlichten Urteil vom 2.2.1990 (VI R 112/87, BFH/NV 1990 S. 564) sagte der BFH dazu: Für die Frage, ob Bücher und Zeitschriften mit nicht ausschließlich allgemeinbildendem Inhalt bei einem Lehrer als Arbeitsmittel anzusehen sind, kommt es regelmäßig auf den tatsächlichen Verwendungszweck der Literatur an. Das Finanzamt muss Feststellungen dazu treffen, in welchem Umfang die Literatur für dienstliche und für private Zwecke genutzt wird. Also aufgepasst, Lehrer! Erbringen Sie den Nachweis der beruflichen Nutzung von Fachbüchern, indem Sie für jedes einzelne Buch angeben, in welcher Zeit und in welcher Klasse Sie es zu Unterrichtszwecken benutzt haben. Entsprechendes gilt für Fachzeitschriften und vor allem für Videorekorder und Kassettengeräte (BFH-Urt. v. 27.9.1991 – BStBl 1992 II S. 195).

GUTER RAT

Ordentliche Quittungen helfen beim Absetzen der Fachliteratur!
Vor allem wenn Sie größere Beträge in Fachliteratur investieren, sollten Sie sich mit Rechnungen oder zumindest ausführlichen Quittungen des Buchhändlers wappnen. Im Zweifel hängt nämlich die Anerkennung Ihrer Kosten von der Vorlage von Quittungen des Buchhandels ab, die Ihren Namen als Erwerber und den Titel des angeschafften Buches enthalten (BFH v. 4.12.2003 – BFH/NV 2004, 488 und BFH v. 26.5.2006 – IV B 150/05). Auch wenn die Finanzämter gelegentlich einmal großzügig über etwas dürftige Belege hinwegsehen, sollten Sie sich nicht darauf verlassen. Der Fiskus darf nämlich nach der Devise »neues Spiel, neues Glück« bei mangelhaften Belegen Ihre Kosten für Fachliteratur streichen, selbst wenn er im Jahr zuvor noch Belege akzeptierte, auf denen nur »Fachzeitschrift« stand (FG Münster 24.3.2015 – 2 K 3027/12 E, BB 2014 S. 2457)

TRICK

Steuerermäßigung für Pferde!

Gute Nachricht für Sie als Reitlehrer oder Berufsreiter. Kosten für Ihr Pferd können Sie von der Steuer absetzen. Stellen Sie sich dazu dem Finanzamt gegenüber auf den Standpunkt, Sie könnten Ihren Beruf nur dann erfolgreich ausüben, wenn Ihre reiterlichen Fähigkeiten ständig erhalten und verbessert würden. Da das aber nur auf zuverlässigen, qualifizierten und gut ausgebildeten Pferden möglich sei, müssten Sie ein eigenes Pferd halten (evtl. zwei oder drei). 364

Außerdem sei es für Ihre berufliche Reputation unerlässlich, das Können von Pferd und Reiter bei Wettbewerben und Turnieren unter Beweis zu stellen. Um höhere Leistungsklassen mit entsprechend höheren Einnahmemöglichkeiten zu erreichen, seien Sie zwingend auf ein eigenes Pferd angewiesen. Schließlich gewännen auch Ludger Beerbaum oder Mathias Rath ihre Turniere nicht auf einem x-beliebigen Feld-Wald-und-Wiesen-Klepper.

Die Aufwendungen, die Ihnen durch Pferdehaltung, Boxenmiete, Sattelzeug, Tierärzte, Medikamente, Pflegemittel, Hufschmied, Spezialkleidung für Training und Turniere entstehen, sind dann ebenso Werbungskosten oder Betriebsausgaben wie Nenn- und Startgelder für Turniere, Transportkosten (z.B. Abschreibung für einen Pferdehänger, Kilometerpauschalen für das Zugfahrzeug), Übernachtungskosten und Verpflegungspauschalen, Versicherungen, Fortbildungskosten und beruflich bedingte Mitgliedsbeiträge. Nicht zuletzt sollten Sie daran denken, dass Sie Ihre Pferde steuerlich genauso wie ein Auto, einen Computer oder eine Werkzeugmaschine abschreiben können. Die Höhe der Abschreibung richtet sich dabei nach dem Alter des Pferdes. Nach Auskunft der Bundesvereinigung der Berufsreiter kann dabei für drei- bis fünfjährige Pferde von acht Jahren und für sechsjährige oder ältere Pferde von fünf Jahren ausgegangen werden.

Unterstützung für Ihre Argumentation liefern Ihnen netterweise das Finanzgericht Düsseldorf (Urt. v. 22.6.1982 – XV 691/78 E, rkr.), das Hessische Finanzgericht (Urt. v. 2.12.1982, EFG 1983 S. 226) und das FG Berlin (Urt. v. 22.6.1982, EFG 1983 S. 65).

TIPP

Was Reitlehrern recht ist, muss für Polizei-Hundeführer billig sein!

Ein Polizei-Hundeführer kann die von ihm getragenen Kosten für seinen Diensthund als Werbungskosten absetzen.

Der BFH hat nämlich entschieden, dass der Diensthund eines Polizei-Hundeführers ein Arbeitsmittel ist, unmittelbar der Erledigung der dienstlichen Aufgaben dient und dass seine Haltung keine private Angelegenheit ist (BFH v. 30.6.2010 – BStBl 2011 II, S. 45). Die vom Hundeführer getragenen Kosten zur Haltung des Hundes sind deshalb zu 100 % abzugsfähige Werbungskosten, egal ob es das Hundeshampoo, das Hundefutter oder das Leckerli für zwischendurch ist.

TIPP

Setzen Sie als Lehrer Ihren Vierbeiner als Therapiehund ab!

Als Lehrer haben Sie gute Karten, Ihren Fiffi von der Steuer abzusetzen, wenn Sie es nur geschickt genug einstielen und aus ihm einen im Unterricht eingesetzten Therapiehund machen. Der kann nämlich bei Lehrern zu den abzugsfähigen Werbungskosten gehören (FG Münster, Urt. v. 14.3.2019 – 10 K 2852/18 E, EFG 2019 S. 886).

Machen Sie es Ihrer Schulleitung schmackhaft, es doch einmal mit tiergestützter Pädagogik zu versuchen. Jetzt muss nur noch die Schulkonferenz den Beschluss fassen, dieses Konzept umzusetzen. Sie bieten sich an, einen Therapiehund anzuschaffen, seine Ausbildung und Versorgung zu übernehmen. Und schon können Sie die Kosten, zu denen die Abschreibung, Aufwendungen für eine Tierhaftpflichtversicherung, Futtermittel, Hundepflege, Tierarzt, Besuch der Hundeschule sowie die Ausbildung als Therapiehund gehören, als Werbungskosten geltend machen.

365 **Und was, wenn Ihr hochwertiges Mikroskop vom Tisch gefallen und selbst nach einer Reparatur nicht mehr zuverlässig wäre? Sie zucken die Schultern … vielleicht wissen Sie nicht, dass Selbständige eine sog. technische Abnutzung bei ihren betrieblichen Wirtschaftsgütern vornehmen können.**

Nun – auch bei Ihnen ist ein dienstliches Arbeitsmittel vorzeitig entwertet worden. Das schreiben Sie dem Finanzamt und machen zu der bisherigen Abschreibung von angenommenen 400 € eine zusätzliche von 500 € geltend! Auch eine Zerstörung oder ein vorzeitiges Absinken des Marktwerts eines Arbeitsmittels würde so etwas rechtfertigen (BFH in BStBl 1954 III S. 362).

366 **Steuerfreiheit für Computer und Internet am Arbeitsplatz**

Bei der steuerlichen Förderung der Benutzung von Computern und Internet hat es in letzter Zeit einen ganzen Strauß von Vergünstigungen und Erleichterungen gegeben.

Die private Nutzung Ihres Computers in der Firma ist nun komplett steuerfrei gestellt. Neben den Aufwendungen für die Geräte und das Verbrauchsmaterial betrifft das vor allem Telefon- und Providergebühren. Ihr Arbeitgeber kann

Ihnen also völlig unbelastet von Lohnsteuer und Sozialversicherung etwas Gutes tun, wenn er Ihnen die kostenlose private Nutzung betrieblicher Geräte gestattet.
Um betriebliche Geräte, die Sie steuerfrei nutzen können, handelt es sich auch, wenn Ihnen Ihr Arbeitgeber Ihren Heimarbeitsplatz – neudeutsch: Home-Office – damit ausstattet.

TRICK

Erhalten Sie sich geschickt die Steuerfreiheit für den Computer zu Hause!

Der Kniff, wenn Ihnen Ihr Arbeitgeber für die Arbeit zu Hause einen Compu- **367**
ter zur Verfügung stellt, ist: Sie müssen unbedingt vermeiden, dass Ihnen das **wirtschaftliche Eigentum** an dem Gerät zugerechnet wird.
Etwas problematisch wird die Sache, wenn Ihnen der Arbeitgeber den PC ohne zeitliche Einschränkung überlässt. Weil die Überlassung damit für die gewöhnliche Nutzungsdauer erfolgt, wittern die Fiskalritter hier praktisch eine Schenkung. Dem können Sie begegnen, indem Sie mit dem Arbeitgeber schriftlich vereinbaren, dass er anfallende Reparaturkosten trägt, bei einem Totalausfall für entsprechenden Ersatz sorgt und für die spätere Entsorgung des Geräts verantwortlich ist.

Werbungskosten für PC und Internet **368**

Leider geht die Großzügigkeit des Fiskus nicht so weit, dass er auch Aufwendungen für Ihren privaten PC ohne Einschränkung als Werbungskosten anerkennt. Bislang durften Sie PC- und Internetkosten nur abziehen, wenn Sie eine ausschließliche oder so gut wie ausschließliche berufliche Nutzung glaubhaft darlegen konnten.
Mangels einer Regelung, mit der die privaten und beruflichen Kosten pauschal aufgeteilt werden können, nehmen Sie selbst eine Aufteilung vor. Sie müssen dazu den Umfang der beruflichen und der privaten Nutzung nachweisen oder glaubhaft machen. Im Zweifelsfall müssen die Fiskalritter eine sachgerechte Schätzung hinnehmen. Sie müssen also nur kräftig genug darauf beharren, dass Sie Ihren PC und das Internet teilweise beruflich nutzen, um den Werbungskostenabzug durchzubekommen. Wenn Sie dabei die Kirche im Dorf lassen und nicht gerade darauf pochen, dass 95 % Ihrer Kosten beruflich veranlasst sind, müsste es schon mit dem Teufel zugehen, wenn Sie nicht wenigstens einen erklecklichen Teil Ihrer Kosten durchbringen. Berufen Sie sich dazu z.B. auf den Erlass des FinMin NRW vom 8.12.2000 (S 2354 – 1 – VB 3). Mindestens 50 % sind immer drin (BFH v. 19.2.2004 – BStBl II 2004 S. 958; FG Baden-Württemberg v. 5.5.2010 – 12 K 18/07, BB 2011 S. 406).

369 Ihre Kosten für das Internet, einen Router und die entsprechenden Anschlusskosten setzen Sie als Werbungskosten ohne Probleme ab, wenn es Ihnen gelingt, die umfangreiche berufliche Nutzung darzulegen und vielleicht mit Arbeitgeberbescheinigung die berufliche Erforderlichkeit Ihrer Multimediaausstattung und Ihres Modems herauszustellen. Hilfreich ist, wenn Sie mit dem PC im firmeneigenen Netz arbeiten oder vielleicht sogar Ihr Boss einen Kostenzuschuss zahlt. In diesem Fall muss Ihnen das Finanzamt trotz aller Verfügungen und Finanzgerichtsurteile zumindest den glaubhaft gemachten Teil von z.B. 77,5 % anerkennen (FinMin NRW v. 8.12.2000 – S. 2354 – 1 – VB3).

Selbst wenn Sie sich häufiger im Internet aufhalten, müssen Sie nicht mehr befürchten, dass Ihnen Ihre Computerkosten deshalb nicht als Werbungskosten anerkannt werden. Kontern Sie bei streichwütigen Finanzern z.B. mit dem FG Rheinland-Pfalz, das einem Lehrer mit den Fächern EDV und Kommunikationstechnik den PC trotz Internetanschluss – oder gerade deswegen? – als Werbungskosten anerkannte (Urt. v. 10.5.1999 – 5 K 2776/98, NWB Eil' 2000 S. 84).

370 Bei den nur stationär verwendbaren Personalcomputern (PCs) legen sich unsere eifrigen Finanzbeamten meistens besonders ins Zeug, um Ihnen eine steuerschädliche hohe private Verwendung anzuhängen. Dabei scheuen sie sich nicht, Ihre Familie mit ins Spiel zu bringen und mir nichts, dir nichts zu behaupten, Ihr PC werde in nicht unerheblichem Umfang privat genutzt, wenn Sie noch schulpflichtige Kinder haben.
Lassen Sie sich so etwas nicht gefallen! Schließlich hat das Bundesverfassungsgericht gesagt, dass allein wegen der familiären Verhältnisse keine steuerlich nachteiligen Konsequenzen gezogen werden dürfen (BVerfG – BStBl 1985 II S. 475). Wenn Sie schon beim Kauf Ihres Computers clever sind, können Sie sich das ganze Nachweistheater sparen. Legen Sie sich statt eines PCs einen Laptop zu. Die sind genauso leistungsfähig, viel handlicher, und vor allem seien sie »aufgrund ihrer technischen Gestaltung regelmäßig nur für eine berufliche Nutzung gedacht und für eine private Nutzung, besonders für Heim- und Videospiele, nicht geeignet« (OFD Köln, Verfügung v. 26.7.1985 S. 2354-27 St 121). Das Finanzamt wird Ihnen bei einem solchen Computer viel weniger Schwierigkeiten bei der Anerkennung aller Kosten als Werbungskosten machen.

TIPP

zur Nutzungsdauer eines Computers

371 Wohl ausgelöst durch die Coronakrise hat der Fiskus die bisherige 3-jährige Nutzungsdauer für Computer auf 1 Jahr gesenkt. Sie können Ihren als Arbeitsmittel genutzten Computer seit 2021 also sofort in voller Höhe abschreiben,

auch wenn er z.B. mit Anschaffungskosten von 1.500 € über der Grenze für geringwertige Wirtschaftsgüter liegt (BMF-Schreiben v. 26.02.2021 – BStBl 2021 I S. 298). Diese Sofortabschreibung ist aber nicht nur für Ihren PC oder Ihr Notebook möglich, sondern auch für die Peripheriegeräte wie Drucker, Modem, Scanner etc. sowie für weitere Hardware und auch Software, die Sie vorrangig für berufliche Zwecke nutzen.

TRICK

Setzen Sie mit Fachliteratur gleich noch ein Regal ab!

Sicher denken Sie daran, Ihre Fachbücher (nebst den teuren Klarsichtfoli- 372
enumschlägen) und Fachzeitschriften unter Werbungskosten aufzuführen, aber vielleicht vergessen Sie das Bücherbord, auf dem sie alle ihren Platz finden! Sie können es mit seinem jetzigen Wert von sagen wir mal ca. 100 € absetzen. Steuerersparnis zwischen ca. 14 und 54 €. Was für das Bücherbord recht ist, sollte für einen Schreibsekretär und einen Arbeitsstuhl billig sein.
Man tut gut daran, dem Finanzamt glaubhaft zu machen, dass Bücherregal und Sekretär nur beruflich genutzt werden, z.B. weil man als Lehrer in der Schule keinen Arbeitsplatz (Bescheinigung der Schuldirektorin!) hat.

In mehreren Urteilen hat der BFH recht großzügig entschieden, dass Fachlite- 373
ratur eines Lehrers, die dieser nachweislich zur Unterrichtsvorbereitung nutzt, nicht einfach wegen der rein theoretischen Möglichkeit der Privatnutzung gestrichen werden darf (BFH v. 21.6.1989 – VI R 138/86, und v. 2.2.1990 – VI R 112/87). Vgl. ➤ Rz 363.
Als Lehrer können Sie Literatur, die Sie zur Unterrichtsvor- und -nachbereitung gekauft haben, ebenso wie Bücher und Zeitschriften, die Sie für eine Unterrichtseinheit erworben haben, die letzlich nicht abgehalten wurde (vergebliche Aufwendungen), als Werbungskosten absetzen. Auch wenn Sie an solcher Literatur ein außerschulisches Interesse haben, steht das der steuerlichen Berücksichtigung nicht entgegen (BFH v. 20.5.2010 – BStBl 2011 II S. 723). Folglich müssen Sie nur detailliert darlegen, dass Sie die Bücher für den Unterricht eingesetzt haben. Die überzogene Forderung, z.B. *für Bücher der Rubrik Deutsch* nachzuweisen, dass Sie das gleiche Buch zweimal besitzen, einmal zur privaten Lektüre, einmal als Arbeitsmittel im Unterricht, kann der Fiskus nicht aufrechterhalten.

Zu den Fachzeitschriften gehören alle branchenspezifischen und Wirtschafts- 374
zeitschriften, also auch das *Handelsblatt* (BFH-Urt. v. 12.11.1982 – VI R 193/79, DB 1983 S. 372 und v. 13.6.1996 – BFH/NV 1997 S. 98), obwohl das FG Brandenburg das anders sieht und sogar einem Bankkaufmann den Abzug verwei-

gert hat (FG Brandenburg v. 4.4.2002 – EFG 2002 – 1085 und v. 29.4.2008 – 6 K 1567/04, BBK-KN-Nr. 124/2008).

Aber auch hier scheint das längst fällige Umdenken eingesetzt zu haben. So konnte ein Diplomingenieur, der in einer Marketingabteilung tätig war, eine Reihe von Börsenzeitungen von der Steuer absetzen. Er konnte das Gericht nämlich davon überzeugen, dass er die Zeitschriften *Effekten Spiegel, Depot-Optimierer, Finanztip, Wahrer Wohlstand und Oxford Club* als Arbeitsmittel zur Vorbereitung von Entscheidungsgrundlagen für Firmeninvestitionen abonniert hatte (FG München v. 3.3.2011 – 5 K 3379/08, GStB 2011 S. 374). Besonders interessant ist dabei, dass nach Meinung der Finanzrichter die Vielzahl der abonnierten Zeitschriften eher *für* als gegen eine berufliche Verwendung spricht.

Wer jedermann dient,
bekommt keinen Lohn.
(Dänischer Spruch)

TIPP

zu Tageszeitungen

Lokale oder überregionale Tageszeitungen sind grundsätzlich nicht abzugsfähig (BFH-Urt. v. 7.9.1989 – BStBl 1990 II S. 19). Man könne nicht objektiv zwischen privatem und beruflichem Nutzen unterscheiden, sagt der BFH und hat daher die Tageszeitung bei einem Lehrer nicht anerkannt (BFH v. 7.4.2005 – BFH/NV 2005 S. 1300). Ähnlich erging es einem angestellten Steuerberater mit dem Bezug der *FAZ* (Hessisches FG v. 8.5.2008 – 13 K 3379/07). Doch keine Regel ohne Ausnahme: **Sie können Tageszeitungen absetzen, wenn Sie sie nur zur beruflichen Information beziehen.**

So hat das Finanzgericht Köln (EFG 1994 S. 199) einem Autoverkäufer einen Teil seiner Zeitungskosten als Werbungskosten zugestanden, weil er sich aus den Zeitungen über die Autopreise in anderen Städten informieren wollte.

Auch wenn Sie die Tageszeitung vor allem deshalb beziehen, um die Stellenangebote für einen neuen Job zu studieren, haben Sie gute Karten (FG Münster v. 16.8.2006 – 10K 3390/04E).

Ein guter Rat: Abonnieren Sie mehrere Zeitungen und deklarieren Sie zumindest eine als privat, damit Ihnen die Fiskalvertreter nicht sofort mit dem Rotstiftargument der nicht abzugsfähigen Lebenshaltungskosten und § 12 EStG kommen können.

TRICK

Schauen Sie Fußball auf Staatskosten!

Sie glauben, das geht nicht? Na, weit gefehlt, sage ich. 375

Als Fußballtrainer können Sie z.B. ein Bundesliga-Pay-TV-Abo als Werbungskosten absetzen, wenn tatsächlich eine berufliche Verwendung vorliegt. Sie müssen dem Finanzamt darlegen, dass das Abo ausschließlich genutzt wird, um aus den übertragenen Spielen Erkenntnisse für Ihre berufliche Tätigkeit als Trainer zu gewinnen (BFH v. 16.1.2019 – VI R 24/16 BStBl 2019 II S.376).

SUPER TRICK

Wie Sie beim Kauf von Arbeitsmitteln zusätzlich Steuern sparen können

Wie sind Sie denn z.B. an Ihr Fachbuch gekommen? Wenn Sie es nicht per Internet bestellt haben, mussten Sie zu einer Buchhandlung fahren, und dabei sind Ihnen Fahrtkosten entstanden! Die Sie selbstverständlich absetzen können! Und so argumentieren Sie beim Finanzamt: »Da das Fachbuch in der Buchhandlung in unserem Ort bereits vergriffen war, musste ich in die nächste Stadt fahren, um es mir dort zu kaufen.« 376

Anschaffungskosten	8,90 €
Anschaffungsnebenkosten:	
Fahrtkosten 16 km × 0,30 €	10,80 €
Parkgebühr	0,50 €
Gesamtkosten	20,20 €
Einkommensteuerersparnis ca. 35 %	7,07 €
Kirchensteuer 9 %	0,64 €
Zuzahlung des Finanzamts insgesamt	7,71 €

TIPP

für Fachbücher

Denken Sie immer daran, dem Finanzamt Fahrt- und andere Nebenkosten für 377
die Anschaffung mit auf die Rechnung zu setzen. Dabei bleiben Sie natürlich

immer streng dienstlich. **Damit Ihnen das Finanzamt nicht mit gemischten Aufwendungen kommt**, werden Sie nicht so unvorsichtig sein und den Abzug der Fahrtkosten gefährden, indem Sie bei der Fahrt noch ein privates Würstchen oder Brot einkaufen.

TRICK

Wie das Finanzamt kräftig zu Ihren Anschaffungen zuschustern muss.

378 Wie war das noch mit Ihrer Handschrift? Haben Sie nicht eine Hühnerklaue, wenn Sie schnell schreiben müssen? Die zu entziffern wollen Sie der Stenotypistin im Betrieb nicht zumuten. Sie nehmen sich Geschäftspapier mit nach Hause und schreiben die Briefe gleich fix und fertig auf einem PC, den Sie sich dafür anschaffen. Ihre Ansprüche auf Steuerermäßigung untermauern Sie mit einer entsprechenden Bescheinigung Ihrer Firma. Überhaupt: Immer viele Papiere und Bescheinigungen beifügen, das beeindruckt Beamte ungemein!
Und das verabfolgt Ihnen ein vernünftiger Chef:

Bescheinigung

Herrn/Frau . . . . . . wird hierdurch bescheinigt, dass er/sie nach Dienstschluss unerledigte Schreibarbeiten unserer Firma zu Hause bearbeitet und auf seinem eigenen PC fertigstellt. Für sein berufliches Fortkommen halten wir dies für sehr fördernd.

. . . ., den . . . .

. . . .
Stempel Unterschrift

Da Sie das Gerät so gut wie ausschließlich beruflich nutzen, dürfte es Ihnen nicht schwerfallen, die Kosten durchzubekommen. Sie können darüber hinaus dem Finanzamt plausibel machen, dass wegen Ihrer wenig ausgeprägten Kenntnis im Maschineschreiben der Computer mit Rechtschreibprogramm nahezu unerlässlich ist, um in angemessener Zeit brauchbare und vorzeigbare Arbeitsergebnisse zu erzielen oder dass Sie einen PC zum Üben und Fördern Ihrer Schreibleistung benötigen (vielleicht ist die Betriebsstenotypistin oft krank, und der Betrieb bestätigt das). Legen Sie dem guten Veranlagungsbeamten dann noch zwei dicke Ordner mit Kopien Ihrer gesammelten Werke auf den

Tisch, die Sie für einen repräsentativen Zeitraum von drei Monaten zum Nachweis der Nutzung zusammengestellt haben, möchte ich mal sehen, mit welcher stichhaltigen Begründung er Ihnen die Kosten streichen will.

Was für den PC gilt, trifft auch für ein *Diktiergerät* zu, falls es dienstlich (oder zu 379
Hause für den Dienst) benötigt wird, wenn Sie z.B.

- als Pastor zu Hause Ihre Predigten vorbereiten und sie dazu auf Band sprechen,
- als Lehrer Themen vorzubereiten haben oder Wissenswertes Ihren Schülern auf Band vermitteln,
- als Forscher Sprachübungen auf Band durchführen,
- als Verkäufer verkaufsfördernde Gespräche vorbereiten
- oder als Musikus sich selbst abhören wollen.

Ein schlagendes Argument, mit dem Sie z.B. ein Tonband, einen CD-Spieler 380
oder einen MP3-Recorder als Werbungskosten durchdrücken, ist ein gleichwertiges Zweitgerät für die Privatnutzung.

TRICK

Warum Sie wissen sollten, was man Ihnen zum Geburtstag schenkt.

Alles, was dem Zweck des beruflichen Fortkommens dient, ist abzugsfähig. 381
Das gilt selbst dann, wenn Sie sich das Arbeitsmittel nicht selbst gekauft haben, sondern Ihre Lieben Ihnen mit dem teuren Aktenkoffer für 650 € zum Geburtstag oder zu Weihnachten eine Freude machen wollten.

Auch wenn Sie den Koffer nicht selbst bezahlt haben: Tragen Sie ihn beruhigt und ohne schlechtes Gewissen unter Werbungskosten in Ihre Steuererklärung ein. Und wenn das Finanzamt auf die Idee kommt, an Ihren Kosten herumzustreichen, berufen Sie sich auf das BFH-Urteil vom 16.2.1990 (BStBl 1990 II S.883). Darin hat der BFH nämlich ganz in Ihrem Sinn entschieden, dass geschenkte Arbeitsmittel abgesetzt werden können. Das gilt natürlich nicht nur für den Aktenkoffer, sondern auch für den schicken Füllfederhalter, die Schreibtischunterlage oder das witzige Mousepad.

Da die Anschaffungskosten für den Koffer unter der Grenze von 800 € liegen, setzen Sie die kompletten 650 € auf einen Schlag ab. Ihre Steuerersparnis liegt je nach Steuersatz zwischen 104 € und 335 €.

Auf die Wahl des richtigen Standorts kommt es an.

382 Werden Meisterstücke nach der Meisterprüfung nicht mehr ausschließlich für berufliche Zwecke genutzt, können nur die Abschreibungen bis zur Meisterprüfung abgesetzt werden, so lautet das BFH-Urteil vom 15.12.1989 (BStBl 1990 II S. 692). Sie schlagen dem Fiskus ein Schnippchen, wenn Sie sagen können: »Mein Meisterstück ist ein reines Schauobjekt, das für eine private Nutzung völlig ungeeignet ist. Ich habe es ausschließlich und allein für meine Prüfung erstellt.« Da in diesem Fall eine private Verwendung nicht angenommen werden kann, werden Sie Ihre Kosten sofort und in voller Höhe abschreiben.

Trifft das bei Ihnen nicht zu, dann überlegen Sie doch einmal, wie wichtig es für Sie und Ihren Betrieb ist, wenn die Kunden sehen, welch ein fähiger Mitarbeiter Sie sind. Wie wäre es, wenn Sie Ihr Meisterstück im Betrieb ausstellten? Lassen Sie das von Ihrem Chef schriftlich bestätigen, und schon kann Ihnen das Finanzamt nicht mehr damit kommen, Sie würden das gute Stück privat nutzen.

Statt im Betrieb können Sie es natürlich genauso gut in Ihrem Arbeitszimmer unterbringen. Auch in diesem Fall muss das Finanzamt die weitere berufliche Verwendung akzeptieren und Ihre Kosten für das Meisterstück als Werbungskosten anerkennen.

Wie treibe ich die Kosten für Arbeitsmittel auf die Spitze?

383 Werbungskosten können so hoch sein, wie sie wollen: Das Finanzamt muss sie anerkennen! Wenn Sie sich statt einer billigen Aktentasche eine aus feinstem Saffianleder mit so und so vielen Innentaschen leisten wollen, um Ihre Butterbrote und Papiere mit zur Arbeit zu nehmen, ist das Ihre Sache. Glauben Sie, es sich schuldig zu sein, mit eigenem und besonders verchromtem Werkzeug zu arbeiten, dann ist das wahrscheinlich ein teurer Spaß, aber das Finanzamt muss Ihnen die Kosten trotzdem in voller Höhe anerkennen. Sind Sie der Meinung, Sie könnten die Briefe für Ihren Chef besser entwerfen und überarbeiten, wenn Sie sie vorher auf ein eigens angeschafftes Diktiergerät sprechen und dann aufs Papier übertragen, stellt der Aufwand dafür eben Werbungskosten dar. Fürchten Sie als Verkäufer, keine so guten Verkaufserfolge zu erzielen, wenn Sie mit

einem gewöhnlichen Kuli statt mit einem vergoldeten Füller mit Platinfeder schreiben, so ist das Entgelt für das recht teure Stück als Werbungskosten anzusehen. Und wenn Sie in Ihrem Firmenbüro keine Uhr haben – aus dienstlichen und aus Gründen der Arbeitseinteilung aber wissen müssen, wie spät es jeweils ist –, können Sie die von Ihnen gekaufte teure Schreibtischuhr absetzen, müssen sie allerdings im Betrieb lassen.

Abc der Arbeitsmittel 384

Aktentasche ist z.B. Arbeitsmittel bei einem Betriebsprüfer (FG Berlin v. 2.6.1978 – EFG 1979 S.225).

Bücher sind Arbeitsmittel, wenn es sich um Fachliteratur handelt. Einzelheiten unter ➤ Rz 363.

Bücherregal zur ausschließlichen Unterbringung von Fachliteratur ist Arbeitsmittel. Dazu mehr unter ➤ Rz 372.

Cello ist Arbeitsmittel bei Dozenten an der Musikhochschule (FG Hamburg v. 15.5.1985 – III 188/82). *Cembalo* ist Arbeitsmittel beim hauptberuflichen Musiker (FG Münster v. 19.11.1975 – EFG 1976 S.178).

Dias, die ein Lehrer während einer steuerlich anerkannten Studienreise gemacht hat, sind **keine** Arbeitsmittel, denn es handle sich um persönliche Erinnerungsstücke (BFH v. 25.8.1961 – BStBl 1961 III S.486).

Diktiergerät ist Arbeitsmittel (BFH v. 29.1.1971 – BStBl 1971 II S.327 betr. Richter).

Elektroorgel ist Arbeitsmittel für Lehrer im Fach Musik (FG Berlin v. 13.11.1973 – EFG 1974 S.311).

Fernseh- und Rundfunkgerät sind keine Arbeitsmittel, auch nicht für einen Schriftsteller, der für Fernsehen und Rundfunk schreibt (BFH – BStBl 1964 III S.455 und 528; BStBl 1971 II S.17). Dagegen kann das Gerät eines Professors für Medienpolitik, das in seinem Dienstzimmer steht, abgesetzt werden (FG Münster v. 20.1.1987 – FR 1987 S.458).

Flügel ist Arbeitsmittel bei einem Pianisten, der öffentlich Konzerte gibt; bei einem Musiklehrer in einer Schule ist ein neuer Flügel kein Arbeitsmittel, wohl aber ein gebrauchter, preiswerter (BFH v. 10.3.1978 – BStBl 1978 II S.459). Auch bei einer Musikpädagogin macht der BFH Schwierigkeiten (BFH v. 21.10.1988 – BStBl 1989 II S.356).

Fußballschuhe sind Arbeitsmittel bei einem Sportlehrer (BFH v. 21.11.1986 – BStBl 1987 II S.262).

Geige ist Arbeitsmittel bei einer Orchestermusikerin. Auch wenn es sich um ein sehr teures antikes Stück handelt (BFH v. 9.12.2003 – VI R 185/97).

Gitarre ist Arbeitsmittel bei einem Musiklehrer (anderer Ansicht: FG im Urt. v. 21.5.1982 – EFG 1982 S.562).

Heimcomputer ist Arbeitsmittel bei einem Lehrer für Mathematik (FG Rheinland-Pf. v. 6.5.1985 – EFG 1985 S.605). Einzelheiten unter ➤ Rz 366.

Hund kann bei Wachmännern, Hundeführern bei Polizei, Zoll, Bundesgrenzschutz und bei Forstbediensteten Arbeitsmittel sein (BFH v. 29.1.1960 – BStBl 1960 III S. 163; Niedersächsisches FG v. 29.7.2009 – EFG 2009, S. 1924). Auch bei einem Hausmeister können die Kosten für das Halten eines Wachhundes Werbungskosten sein (FG Hamburg v. 22.1.1988 – EFG 1989 S. 228). Bei einer Lehrerin führt auch ein *»Schulhund«* nicht zu Werbungskosten (FG Rheinland-Pfalz v. 12.3.2018 – 5 K 2345/15).

Kleidung in Form von typischer Berufskleidung ist Arbeitsmittel (§ 9 Abs. 1 Nr. 6 EStG). Typische Berufskleidung wird getragen von Bergleuten und Schornsteinfegern, ferner von Richtern und Anwälten (weißer Schlips und Robe), Geistlichen (Amtstracht), von Monteuren, Architekten und technischen Zeichnern (Schutzkleidung), Ärzten (weißer Kittel), Oberkellnern (Kellnerfrack), Leichenbestattern (schwarzer Anzug) (BFH v. 30.9.1970 – BStBl 1971 II S. 50). Bürgerliche Kleidung dagegen ist auch dann kein Arbeitsmittel, wenn feststeht, dass sie im Beruf einem erhöhten Verschleiß unterliegt. Ausnahmen bestätigen die Regel: Weiße Blusen und Hemden bei Metzgereiangestellten gingen beim FG Berlin durch (Urt. v. 22.2.2005 – 7 K 4312/01.

Koffer bei einem Piloten (Hess. FG, EFG 1989 S. 173).

Kunstgegenstände im Arbeitszimmer wie z. B. Bilder sind Arbeitsmittel, wenn der Steuerzahler in seinem Arbeitszimmer auch Repräsentationsaufgaben wahrzunehmen hat (BFH v. 30.10.1990 – BStBl 1991 II S. 340).

Lexikon ist kein Arbeitsmittel, auch nicht bei Lehrern (BFH v. 29.4.1977 – BStBl 1977 II S. 716).

Lichtschutzbrille ist Arbeitsmittel bei Cockpitpersonal (FG Hamburg v. 17.1.1972 – EFG 1972 S. 329), nicht aber eine gewöhnliche Sonnenbrille.

Meisterstücke, die nach der Meisterprüfung nicht ausschließlich für berufliche Zwecke verwendet werden, erkennen die Finanzämter nicht als Arbeitsmittel an. Nach dem BFH-Urteil vom 15.12.1989 (BStBl 1990 II S. 692) ist in diesem Fall nur die Abschreibung bis zur Meisterprüfung abziehbar; ➤ Rz 382.

Motorrad ist Arbeitsmittel beim Revierförster (Hess. FG v. 15.9.1958 – EFG 1958 S. 414).

Motorsäge, die einem Waldarbeiter selbst gehört, ist Arbeitsmittel.

PayTV-Fußball-Abo eines Fußball- oder Torwarttrainers einer Lizenzfußballmannschaft ist Arbeitsmittel (I BFH v. 16.1.2019 – BStBl 2019 II S. 376).

Reisekoffer, den ein Flugkapitän nur auf Kurzstreckenflügen benutzt, auch wenn darin zugleich private Gegenstände transportiert werden, ist Arbeitsmittel (Hess. FG v. 3.8.1988 – EFG 1989 S. 173).

Reitpferd ist Arbeitsmittel bei einem Reitlehrer (Hess. FG v. 2.12.1982 – EFG 1983 S. 226). Weitere Einzelheiten vgl. ➤ Rz 364.

Schreibtisch*, Schreibtischlampe, Schreibtischstuhl* sind Arbeitsmittel in einem anerkannten Arbeitszimmer (BFH v. 21.1.1966 – BStBl 1966 III S. 219). Bei einem Lehrer auch dann, wenn sie nicht in einem Arbeitszimmer stehen, aber beruflich genutzt werden (BFH v. 18.2.1977 – BStBl 1977 II S. 464).

Schusswaffe ist Arbeitsmittel bei Forstbeamten (BFH v. 10.7.1964 – StRK § 9 R 275).

Skiausrüstung ist Arbeitsmittel bei hauptberuflichen Skilehrern, nicht dagegen bei nebenberuflichen (BFH v. 24.10.1974 – BStBl 1975 II S.407), desgleichen nicht bei einem Sportlehrer, der sie mitunter auch beruflich verwendet (BFH v. 21.11.1986 – BStBl 1987 II S.262). Wie die Chancen auf Anerkennung steigen, siehe ➤ Rz 308.
Stereoanlage kann bei einem Berufsmusiker Arbeitsmittel sein, wenn sie in einem Arbeitszimmer installiert ist (Hess. FG v. 9.3.1972 – EFG 1972 S.329).
Tageszeitung ist kein Arbeitsmittel (BFH v. 5.7.1957 – BStBl 1957 III S.328). Ausnahme *Handelsblatt* (BFH v. 13.6.1996 – BFH/NV 1997 S.98).
Taschenrechner ist Arbeitsmittel bei Mathematiklehrern (FG Nürnberg, Urt. v. 25.1.1978 – EFG 1978 S.267).
Telefonanschluss in der Wohnung eines Arbeitnehmers ist ein Arbeitsmittel, wenn die Art der beruflichen Tätigkeit die regelmäßige Nutzung des Telefonanschlusses in der Wohnung erfordert (FG Nürnberg, Urt. v. 22.11.1979 – EFG 1980 S.176, ferner BFH v. 21.11.1980 – BStBl 1981 II S.131).
Tennisausrüstung ist Arbeitsmittel bei einem Polizisten, der damit Dienstsport ausübt (FG Saarland v. 19.3.1991 – 1 K 55/91).
Tonbandgerät ist Arbeitsmittel bei einem hauptberuflich tätigen Musiker (BFH v. 29.1.1971 – BStBl 1971 II S.459), auch bei Musiklehrern, wenn sie das Gerät im Unterricht verwenden (BFH v. 24.8.1962 – HFR 1963 S.57), gleicher Ansicht später EFG 1965 S.491 auch bei Musik-, Religions-, Gewerbe- und Hochschullehrern. Weiteres unter ➤ Rz 379.
Turnschuhe sind Arbeitsmittel bei Sportlehrern (BFH v. 21.11.1986 – BStBl 1987 II S.262).
Zeichengerät ist Arbeitsmittel bei einem Soldaten, wenn er die Bundeswehrfachhochschule besucht (BFH v. 28.9.1984 – BStBl 1985 II S.89).
Zeitschrift: *GEO* ist kein Arbeitsmittel, auch nicht bei einem Erdkundelehrer (FG Münster v. 8.4.1986 – EFG 1986 S.491). Die *Flug Revue, Aero* oder *Flight* sind auch bei einem Piloten keine Fachliteratur (FG Niedersachsen, EFG 1993 S.375). Börsenzeitschriften sind bei einem Wirtschaftsingenieur im Marketingbereich Werbungskosten (FG München v. 3.3.2011 – 5 K 3379/08). Mit vielen Computerzeitschriften tun sich die Steuergerichte mittlerweile schwer. Zeitschriften wie *PC-Welt, PC-Magazin* und *c't* sind jedenfalls nach Meinung des Finanzgerichts Münster ihrem objektiven Charakter nach grundsätzlich der Privatnutzung zuzuordnen (FG Münster 24.3.2015 – 2 K 3027/12 E, BB 2014 S.2457).
Zeitungen können Arbeitsmittel sein, wenn Sie daraus berufliche Informationen beziehen und wenigstens eine weitere Zeitung für private Zwecke halten (FG Köln v. 7.7.1993 – EFG 1994 S.199).

Denken Sie daran, dass grundsätzlich jeder Gegenstand ein berufliches Arbeitsmittel sein kann, sofern Sie ihn zu mehr als 90 % beruflich verwenden. Dies kann auch nach jahrelangem privatem Gebrauch geschehen. In diesem Fall setzen Sie den Restwert als Werbungskosten ab. Fertigen Sie dafür einen Eigenbeleg.

10. Welche Telefongebühren sind absetzbar?

385 Halb acht Uhr abends im Büro, Ihr Chef sitzt mit zerfurchter Stirn über ein paar Angeboten. Plötzlich klingelt das Telefon. Am anderen Ende der Strippe sind Sie. Der Alte hört: »... wollte ich Ihnen nur sagen, dass Sie bei dem Angebot für Meier & Co. ruhig noch 10 % draufschlagen können. Ich habe mich eben mit meinem Bekannten von der Konkurrenz unterhalten. Der meint, dass wir bei den Materialkosten viel zu niedrig liegen.« Meinen Sie nicht, das freut den Chef? »Wie komme ich denn dazu, mich kurz vor der Tagesschau noch mit den Angelegenheiten meiner Firma zu beschäftigen?«, maulen Sie. Weil Sie weiterkommen wollen! Wenn Sie darauf pfeifen, dann tun Sie es wenigstens, um etwas bei der Steuer herauszuholen. Denn wenn Sie angeben können, mit wem Sie von Ihrem privaten Telefon beruflich telefonieren, erkennt der Fiskus einen Teil Ihrer Telefongebühren als Werbungskosten an. Sie haben dabei die Wahl, den abzugsfähigen, beruflichen Teil Ihrer Kosten anhand repräsentativer Aufzeichnungen für drei Monate, z.B. per Einzelverbindungsnachweis, zu ermitteln oder eine Pauschale anzusetzen (R 9.1 Abs. 5 LStR).

386 Mit dem Einzelnachweis können Sie einen höheren beruflichen Anteil herausschlagen. Aufzuzeichnen sind Tag, Gesprächsteilnehmer, Dauer des Gesprächs sowie die Gesprächsgebühren. Einfacher geht das mit einem Einzelverbindungsnachweis, den Sie bei Ihrem Anbieter anfordern können, sofern sie ihn nicht online abrufen können oder zusammen mit der Monatsrechnung zugeschickt erhalten. Den über drei Monate so ermittelten prozentualen Anteil an beruflichen Telefonkosten können Sie dann ohne weiteren Nachweis auch bei Ihren Telefonrechnungen der übrigen neun Monate des jeweiligen Jahres absetzen. Im nächsten Jahr müssen Sie aber wieder für drei Monate den Nachweisgriffel schwingen.

TRICK

Nehmen Sie pauschal 240 € im Jahr ohne Nachweistheater!

387 Einfacher ist es, wenn Sie sich mit der beruflichen Telefonkostenpauschale begnügen. Sie beträgt schlicht und ergreifend 20 % Ihrer sämtlichen Telefonkosten, höchstens aber 20 €/Monat. Damit kommen Sie zwar auf höchstens 240 € Werbungskosten im Jahr, dafür fragt Sie aber keiner, ob Sie in die Kategorie der beruflichen Vieltelefonierer fallen oder Ihren Apparat nur gelegentlich mal für berufliche Zwecke nutzen.

TIPP

zum Telefonkostennachweis

Seien Sie so schlau und achten Sie darauf, Ihren Dreimonatsnachweis nicht ge- 388
rade in Zeiten zu führen, in denen Sie besondersviel privat telefonieren, z.B. an Weihnachten und Neujahr.

TIPP

Vergessen Sie nicht, die Kosten Ihres Handys abzusetzen!

Der Fiskus meint nicht zu Unrecht, Sie würden mit Ihrem Handy auch Privat- 389
gespräche führen, und kürzt Ihnen deshalb die Kosten. Schützenhilfe leistet ihm das FG Rheinland-Pfalz mit seinem Urteil vom 28.11.1997 (4 K 1694/86), das nur 75 % der Kosten steuerlich anerkennt, und selbst dies nur dann, wenn Sie eine Bescheinigung des Arbeitgebers vorlegen können, dass Sie Ihr Handy zu 100 % beruflich nutzen.

»Nur 75 % trotz 100 %iger beruflicher Nutzung? Und was ist mit den restlichen 25 %?«, fragen Sie verwundert.

Man könnte es wohl Sicherheitsabschlag nennen. Bestehen Sie auf vollem Kostenabzug, müssen Sie mittels Einzelverbindungsnachweis die ausschließlich berufliche Nutzung belegen. Was Sie aber sicher nicht tun möchten …

Mit einer Bescheinigung von Ihrem Chef, dass Sie ein Handy beruflich brau- 390
chen, können Sie alternativ auch 20 € pro Monat angeben, ohne die Einzelkosten nachweisen zu müssen.

Ist es Ihnen nicht auch schon oft so ergangen: Sie wollen ein berufliches Tele- 391
fongespräch führen, aber Ihr Töchterlein telefoniert mal wieder stundenlang mit ihrem Liebsten? Diesem Ärger gehen Sie aus dem Weg, indem Sie sich für Ihre vielen beruflichen Telefonate einen Zweitanschluss zulegen oder einen ISDN-Anschluss mit drei Nummern und den Einzelverbindungsnachweis nutzen.

Mit dem Dreimonatsnachweis belegen Sie dem Finanzamt, dass Sie den Zweitanschluss bzw. eine der drei Nummern des ISDN-Anschlusses zu 95 % beruflich nutzen, und setzen für den Rest des Jahres ebenfalls 95 % der Gebühren ab. Niemanden interessiert übrigens, ob und wie viel Ihre Tochter in diesen restlichen neun Monaten das Telefon mit Beschlag belegt.

SUPER TRICK

»Telefon ist Telefon«,

392 sagen Sie sich zu Recht. Was für mein Telefon zu Hause gilt, muss umso mehr für mein teures Mobiltelefon gelten. Schließlich haben Sie es sich ja nur zugelegt, weil Sie so viel für Ihre Firma unterwegs sind und als wichtiger Mitarbeiter ständig erreichbar sein müssen. Sie beziehen natürlich alle Kosten mit in Ihren Einzelnachweis ein. Vergessen Sie die Abschreibung nicht! Liegt der Kaufpreis für Ihr Mobiltelefon unter 952 €, ist eine Vollabsetzung im ersten Jahr gerechtfertigt. Liegt der Preis höher, müssen Sie sich mit jährlich 20 % (Nutzungsdauer fünf Jahre) begnügen (BFH v. 14.10.1993 – BStBl 1993 I S. 908).

11. Umzugskosten – Was gibt das Finanzamt dazu?

393 Oft fallen aus beruflichen Gründen Umzugskosten an, die das Finanzamt aber bei weitem nicht jedem anerkennt. Auf den Ämtern spukt oft genug noch der alte Begriff von der »Notwendigkeit der Werbungskosten« herum. Damit haben Sie nichts zu schaffen! Sie müssen sich aber fragen lassen, ob der Umzug privat mitveranlasst war. Ist das der Fall, müssen Sie mit Schwierigkeiten rechnen.

Was Sie allerdings im Interesse Ihres Berufs tun, können Sie selbst entscheiden. Dienen die Kosten der Sicherung oder dem Erwerb beruflicher Einkünfte, sind sie abzugsfähig. Die Sache ist ganz klar, wenn

- man Ihnen gekündigt hat oder Sie selbst gekündigt haben oder der Betrieb geschlossen wurde und Sie an einem anderen Ort neue Arbeit gefunden haben,
- Sie nach Ihrer Pensionierung aus einer Dienst- oder Werkswohnung ausziehen müssen,
- der Betrieb an einen anderen Ort verlegt wurde,
- sich durch den Umzug die Fahrzeit zwischen Wohnung und Betrieb pro Tag um eine Stunde verkürzt (BFH v. 23.3.2001 – BStBl 2001 II S. 585, BFH – BStBl 1987 II S. 81). Wenn Sie in Zusammenhang mit Ihrer Heirat mit Ihrer besseren Hälfte in eine gemeinsame Wohnung ziehen und sich daraus eine Fahrzeitersparnis von einer Stunde ergibt, können Sie die Umzugskosten ebenfalls als Werbungskosten absetzen.
- Sie in der Hierarchie aufgestiegen sind und sich dadurch Ihre Lebensstellung wesentlich verändert hat (BFH – BStBl 1975 II S. 327),
- Sie auf Veranlassung Ihres Arbeitgebers umziehen, damit Sie schneller einsatzbereit sind (BFH v. 28.4.1988 – BStBl 1988 II S. 777),

- Sie nach dem Umzug Ihren Arbeitsplatz z.B. in zehn Minuten zu Fuß erreichen können und deswegen nicht mehr auf ein Verkehrsmittel angewiesen sind (FG Baden-Württemberg v. 6.4.1990 – EFG 1990 S.627) oder bisher mit der Straßenbahn zur Arbeit fahren mussten und nach dem Umzug in Ihr neues Eigenheim nur noch einen Fußweg von 5 Minuten zur Arbeit haben (FG Köln v. 24.2.2016 – 3 K 3502/13 EFG 2016 S.991).
- Sie am Ende einer doppelten Haushaltsführung umziehen und damit gleichzeitig eine neue doppelte Haushaltsführung begründen (R 9.11 Abs. 5 und Abs.9 LStR).

Ein restriktives Urteil aus Köln: Bei Versetzung auf eigenen Wunsch aus privaten Gründen, also ohne eine berufliche Verbesserung, gibt es keinen Abzug der Umzugskosten (FG Köln v. 19.4.1988 – EFG 1988 S.467)! Großzügiger sind die Richter in der anderen Rheinmetropole, die haben nämlich geurteilt: Umzugskosten sind selbst dann beruflich veranlasst und damit abzugsfähig, wenn Sie sich z.B. als Beamter auf eigenen Wunsch versetzen lassen (FG Düsseldorf v. 26.11.1987 – EFG 1988 S.114). Auch wenn Sie sich von Ihrem Ehegespons trennen und sich zu Ihrem weit entfernten Arbeitsort verkrümeln, können Ihre Umzugskosten als Werbungskosten anerkannt werden. Dass Sie sich gleichzeitig aus Ihrer Beziehungskiste verabschieden, schlägt nicht als privater Grund durch (FG Rheinland-Pfalz v. 23.9.1997 – 2 K 1033/97). **394**

Die eigentlichen Gründe für einen Umzug sind meistens vielschichtig und dem Einzelnen oft gar nicht so richtig bewusst. So lernte ein junger Bankangestellter aus Dortmund ein Mädchen aus München kennen und erfuhr bei Besuchen in München, dass die dortige Filiale der Großbank wesentlich höhere Gehälter zahlt als diejenige in Dortmund. Auch gab es bessere Aufstiegsmöglichkeiten. Also nichts wie hin nach München und sofort geheiratet. Die Umzugskosten muss das Finanzamt als beruflich veranlasst anerkennen, auch wenn private Gründe den Arbeitsplatzwechsel mitveranlasst haben (FG Rheinland-Pfalz v. 29.8.1986 – EFG 1989 S.18).

Noch etwas: Das FG des Saarlands erkannte auch Umzugskosten anlässlich der Beendigung eines Arbeitsverhältnisses an. Der Steuerzahler hatte am neuen Wohnort keine neue Tätigkeit aufgenommen (Urt. v. 25.2.1987 – EFG 1987 S.347). Deutlich kleinlicher zeigte sich dagegen der BFH; der stellte nämlich die gewagte These auf, ein Rückumzug sei nicht ausreichend beruflich veranlasst, wenn er im Zusammenhang mit dem Ausscheiden des Steuerzahlers aus dem aktiven Berufsleben steht (BFH-Urt. v. 22.7.1999 – BFH/NV 2000 S.37). **395**

Wenn Sie einen befristeten Arbeitsvertrag abgeschlossen haben und in die Nähe Ihrer Arbeitsstelle gezogen sind, können Sie Ihre Kosten für den Rückumzug nach Beendigung des Arbeitsverhältnisses absetzen. **396**

397 Wenn Sie in dem Ort, an den Sie Ihre Firma versetzen will, eine Wohnung gesucht, vielleicht schon gemietet haben und Ihr Brötchengeber dann Ihre Versetzung plötzlich abbläst, machen Sie »vergebliche Umzugskosten« geltend und helfen dem Finanzamt im Zweifel mit dem BFH-Urteil vom 24.5.2000 (BStBl 2000 II S.584) auf die Sprünge.

398 Wenn Sie wegen einer täglichen Fahrzeitersparnis von einer Stunde umziehen, sind diese Kosten beruflich bedingt und abzugsfähig – selbst wenn Sie dabei von einer Miet- in eine Eigentumswohnung umziehen. Ist nach den Gesamtumständen anzunehmen, dass Sie in dieselbe oder eine ähnliche Wohnung auch dann eingezogen wären, wenn Sie sie nicht als Eigentum erworben hätten, ist das ein Anzeichen für die berufliche Veranlassung des Umzugs (BFH – BStBl 1987 II S.81).

WICHTIGER HINWEIS

Ungemach droht Ehepaaren beim Umzug in das neugebaute Eigenheim. Waren Sie beide in der Nähe Ihres bisherigen Wohnorts berufstätig, nutzt es auch nichts, wenn einer von Ihnen nach dem Umzug am neuen Wohnort einen Job annimmt. Nach Meinung der BFH-Richter schlägt hier der private Anlass – der Bau des Hauses – durch, und die Umzugskosten sind nicht abziehbar (BFH v. 21.2.2006 – BFH/NV 2006 S.1273).

TIPP

zur Fahrzeitersparnis

399 Seien Sie nicht zu pingelig beim Berechnen Ihrer Fahrzeitersparnis, denn unter einer Stunde machen Ihnen die Fiskalritter Schwierigkeiten beim Anerkennen Ihrer Umzugskosten. Führen Sie vielleicht ins Feld, dass Sie ein besonders vorsichtiger Fahrer sind. Und dass Sie übliche Fahrzeiten durch Stau und zähfließenden Verkehr so nicht einhalten können. Eine Fahrzeitverkürzung von nur 20 bis 30 Minuten genügt auch dann nicht, wenn Sie sich in Ihrer neuen Wohnung erstmals das dringend benötigte Arbeitszimmer einrichten konnten (BFH-Urt. v. 16.10.1992 – BStBl 1993 II S.610). Die erforderliche Stunde können Sie sich leider auch nicht dadurch zusammenrechnen, dass Sie und Ihre bessere Hälfte jeweils eine halbe Stunde einsparen (BFH v. 27.7.1995 – BStBl 1995 S.728).
Zum Glück ist der BFH hier konsequent! Fahrzeitveränderungen bei Ehepartnern werden nicht zusammengerechnet, das gilt aber genauso für das Saldieren der Veränderungen, wenn also zwar für einen Partner mindestens eine Stunde

weniger Fahrzeit herausspringt, der andere aber sogar einen längeren Weg zur Arbeit hat. Sie sind also schlau und setzen die Umzugskosten bei dem von Ihnen beiden an, bei dem der Arbeitsweg kürzer wurde (BFH v. 21.2.2006 – BStBl II 2006 S. 598). Wer die Umzugskosten bezahlt hat, spielt keine Rolle. Lassen Sie sich in so einem Fall vom Finanzamt nicht mit angeblichem Drittaufwand abwimmeln (BFH v. 23.5.2006 – BFH/NV 2006 S. 1650).
Trotz Fahrzeitersparnis von einer Stunde schaut der Fiskus gelegentlich auf die Entfernung zwischen neuer Wohnung und Arbeitsplatz. Einem Piloten, der nach dem Umzug immer noch 255 km zu seinem Stammflughafen fahren musste, hat das Finanzamt mit Billigung der Niedersächsischen Finanzrichter einen Strich durch den Abzug der Umzugskosten gemacht (Niedersächsisches FG v. 28.8.2013 – 4 K 44/13EFG 2013, 1994). Inzwischen hat sich auch der BFH auf die Seite des Fiskus geschlagen und die berufliche Veranlassung des Umzugs wegen der verbleibenden hohen Entfernung nicht anerkannt (BFH v. 7.5.2015 – VI R 73/13, HFR 2015 S. 1025). Entscheidend für den BFH war allerdings auch, dass der Pilot im Jahr nur insgesamt 13 Fahrten durchgeführt hatte. Das waren nach Auffassung des BFH zu wenige, als dass sie die berufliche Veranlassung getragen hätten. Wenn Sie dagegen deutlich mehr Fahrten durchführen, z. B. pro Woche eine, sieht die Sache schon wieder viel günstiger aus. Argumentieren Sie also, dass Ihre Fahrten sehr wohl ins Gewicht fallen und damit auch die Fahrzeitersparnis, obwohl die Entfernung noch recht hoch ist.

Eine Stunde Fahrzeitersparnis ist zwar ganz schön, aber nicht der Weisheit letz- 400
ter Schluss. Gute Argumente hatte z. B. ein Pärchen, bei dem sie nach einer beruflichen Pause in ihren alten Beruf zurückstrebte. Die beiden haben ihre Umzugskosten durchgeboxt, obwohl sich die tägliche Fahrzeit für ihn verlängert und sich ihre Fahrzeit nicht um eine ganze Stunde verkürzt hat.
Die beiden haben argumentiert, dass sie durch den Umzug jederzeit für die Bereitschaftsdienste zur Verfügung steht und der Umzug damit zu einer allgemeinen Verbesserung der Arbeitsbedingungen führt. Sie hatten mit diesen Argumenten zumindest die Finanzrichter im »Ländle« auf ihrer Seite (FG Baden-Württemberg v. 2.4.2004, EFG 2004 S. 1204).

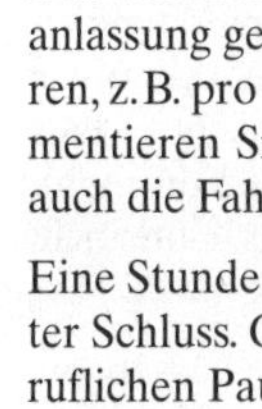

TRICK

Mit täglichen Zusatzfahrten reißen Sie die Hürde bei der Fahrzeitersparnis!

Kommen Sie nach Ihrem Umzug auf eine Fahrzeitersparnis von weniger als 401
einer Stunde pro Arbeitstag, wird es schwierig, die Umzugskosten als Werbungskosten anerkannt zu bekommen. Kontern Sie in einem solchen Fall die Streichgelüste des Fiskus mit einem einfachen Kniff: Wer sagt denn, dass die Fahrzeiter-

sparnis nur für eine Fahrt pro Tag gerechnet werden darf? Wenn Sie als Lehrer, Schauspieler, Musiker etc. eine geteilte Arbeitszeit haben und mehr als einmal pro Tag zur Arbeit fahren, können Sie zwar nur für eine Fahrt pro Tag die Entfernungspauschale absetzen, gleichwohl sollten Sie die Ersparnis an Fahrzeit für alle Fahrten pro Tag zusammenrechnen. Dabei müssen Sie sich unbedingt geschickter anstellen als der Steuerzahler im BFH-Urteil vom 12.11.2008 (BFH/NV 2009 S. 171). Dem hatten die Richter zwar dem Grunde nach recht gegeben und die zusätzlichen täglichen Fahrten in die Berechnung der Fahrzeitersparnis einbezogen. Gescheitert war sein Antrag aber daran, dass seine Aufstellung der Arbeitstage und Zusatzfahrten in sich widersprüchlich war.

Schützenhilfe gibt es inzwischen vom Finanzgericht Köln. Das hat nämlich entschieden, dass Ihr Umzug schon deshalb beruflich veranlasst sein kann, weil Sie Ihre Arbeitsstätte danach zu Fuß statt wie bisher mit dem Auto oder öffentlichen Verkehrsmitteln erreichen können. In dem Fall war eine Lehrerin in die Nähe ihrer Schule gezogen, die sie nun in nur fünf Minuten zu Fuß erreichen konnte (FG Köln v. 24.2.2016 – 3 K 3502/13).

Die Richter des FG Köln haben außerdem bei der Berechnung der Zeitersparnis nicht nur die Hin- und Rückfahrt einkalkuliert, sondern auch die bisherigen Wartezeiten auf Bus und Straßenbahn. Außerdem haben sie berücksichtigt, dass die Steuerzahlerin den Weg zwischen ihrer Wohnung und der Schule oft mehrmals am Tag zurücklegen musste, weill sie auch noch nachmittags Unterricht hatte oder an Besprechungen teilnehmen musste.

Für Sie als Lehrer könnte die Rechnung nach einem Umzug z. B. so aussehen:

Sie sind von Ihrem bisherigen Wohnort, der 30 km von der Schule entfernt lag, in unmittelbare Nähe ihres Arbeitsplatzes umgezogen. Bisher hatten Sie eine Fahrzeit pro Weg von 30 Minuten, nach dem Umzug nur noch einen von zehn Minuten. Die tägliche Fahrzeitersparnis von 2 × 20 Minuten = 40 Minuten reicht dem Finanzamt noch nicht. Wenn Sie allerdings zusätzlich zu Ihren 200 Arbeitstagen an 100 Tagen wegen Konferenzen, Elternsprechtagen, Nachmittagsunterricht, Leitung von Arbeitsgemeinschaften etc. zur Schule fahren, ergibt sich folgende Rechnung:

Fahrten zur Schule	**Fahrzeitersparnis Hin-/Rückfahrt**	**Fahrzeitersparnis insgesamt**
Reguläre Arbeitstage: 200	40 Minuten	8.000 Minuten
Zusätzliche Fahrten: 100	40 Minuten	4.000 Minuten
Gesamtfahrzeitersparnis		12.000 Minuten

Rechnen Sie nun die Gesamtfahrzeitersparnis auf Ihre 200 Arbeitstage um, ergibt sich pro Tag eine Fahrzeitersparnis von 60 Minuten. Damit steht der Anerkennung der beruflichen Veranlassung nichts mehr im Weg.

Was sind alles abzugsfähige Umzugskosten? Beförderungskosten durch den Spediteur; Miete für Leih-Lkw; Lohn für Umzugshelfer (dazu gehört auch das Abendessen mit Freunden, die Ihnen unentgeltlich geholfen haben); Reisekosten, die im Zusammenhang mit Wohnungsbesichtigungen und dem Umzug angefallen sind (Fahrtkosten mit je 0,30 € je km, Verpflegungsmehraufwendungen, Übernachtungs- und Nebenkosten, vgl. ➤ Rz 201 und Rz 238); die Übernachtungskosten von Ihnen und Ihrer Familie in einem Hotel, falls die neue Wohnung noch nicht eingeräumt war; doppelte Mietzahlungen bis zum Ablauf der Kündigungsfrist; Maklergebühren; Aufwendungen für Nachhilfeunterricht für die Kinder (➤ Rz 410) und *sonstige Umzugskosten.* **402**

Wenn auf etwas Verlass ist, dann darauf, dass bei den Steuern auf nichts Verlass ist. Da haben doch die Richter beim BFH zunächst zugunsten aller aus beruflichen Gründen in ein eigenes Haus umgezogenen Steuerzahler entschieden, dass zumindest der Anteil der Maklerkosten *als Umzugskosten abzugsfähig ist, der auch bei der Vermittlung einer* Mietwohnung angefallen wäre (BFH v. 15.11.1991 – BStBl 1992 S. 492). Aber plötzlich ist ihnen eingefallen, die Maklerkosten seien Anschaffungskosten für das Haus und gehörten schon deshalb nicht in die Umzugskostenaufstellung (BFH v. 24.8.1995 – BStBl 1995 II S. 895). Damit nicht genug: Kosten für den umzugsbedingten Verkauf Ihres Hauses – für Makler, Finanzierung etc. – sollen ebenso wie ein eventueller Wertverlust keine Umzugskosten sein (BFH v. 24.5.2000 – BStBl 2000 II S. 476). **403**

Besondere Vorsicht ist geboten, wenn Sie an Ihrem neuen Wohnort zunächst nicht in Ihre endgültige Wohnung einziehen können und deshalb erst einmal ein behelfsmäßiges Quartier beziehen und Ihre Möbel einlagern. Mit dem Bezug Ihres Notquartiers haben Sie steuerlich Ihr Umzugspulver verschossen. Weder die Kosten für das Einlagern Ihrer Möbel noch für den endgültigen Umzug werden vom Fiskus anerkannt (BFH v. 21.9.2000 – BStBl 2001 II S. 70). **404**

Für die *sonstigen Umzugskosten* können Sie wählen, ob Sie sie *einzeln nachweisen* oder *Pauschbeträge* ansetzen. Zu den sonstigen Umzugskosten gehören kleinere Ausgaben, z. B. für Inserate, Telefonate und öffentliche Gebühren, aber auch Ausgaben für Schönheitsreparaturen in der neuen und der alten Wohnung, wenn sie laut Mietvertrag fällig waren; Trinkgelder für das Umzugspersonal; Kosten für Abbau, Anschluss, Abnahme und Befestigungen von Öfen, Herden und anderen Heizgeräten; Ausgaben für die Erweiterung, Änderung von Elektro-, Gas- oder Wasserleitungen, um vorhandene Geräte weiterbenutzen zu können; Ausgaben für das Abnehmen, Ändern und Anbringen von Vorhängen, Vorhangstangen, Rollos usw. Setzen Sie also alles an: die Nägel für die Bilder, den dafür benötigten Hammer, Schulbücher für die Kinder, das Taxi zum Bahnhof, Installations- und Ummeldekosten, Umbaukosten für eine neue Antenne, Lack und Pinsel, mit denen Sie die Schrammen an Ihren Möbeln vertuschen. **405**

Die Neuanschaffung von Möbeln, Lampen, Gardinen und anderen Einrichtungsgegenständen können Sie leider nicht absetzen, so jedenfalls der BFH am 17.12.2002 (BStBl II 2003 S. 314). Geht Ihnen allerdings beim Umzug ein Teil Ihres Hausrats verloren oder wird er zerstört, können Sie trotzdem versuchen, seinen Wert als Werbungskosten abzusetzen (FG Düsseldorf v. 5.4.1978, EFG 1978 S. 539).

406 Die Anschaffung von »Sonderbekleidung« wird Ihnen steuerlich nicht anerkannt, auch wenn sie wegen des mit dem Umzug verbundenen Klimawechsels erforderlich ist (H 9.9 LStH »Höhe der Umzugskosten«). Siehe aber ➤ Rz 307.

407 Da man die dicken Ausgabenbrocken für die Neuanschaffungen von Möbeln, Vorhängen und Elektrogeräten nicht anerkennt, können Sie sich die Mühe mit dem Nachweis Ihrer sonstigen Umzugsauslagen sparen. Stattdessen greifen Sie auf die gar nicht so mickrigen Pauschbeträge zurück. Berufen Sie sich auf das Bundesumzugskostengesetz (BUKG) und auf R 9.9 LStR.
Auf der Basis von § 10 Abs. 1 BUKG können Sie für sonstige Umzugsauslagen einen Pauschbetrag sowie einen Zuschlag für jede Person, die in Ihrem Haushalt mit Ihnen zusammenwohnt, z.B. Ehegatte/Lebenspartner, Eltern, Kinder, Großeltern oder andere Verwandte in folgender Höhe erhalten:

- ***Umzug vom 1.1.2021 bis zum 31.3.2021***: Pauschale 860 €, Zuschlag je weitere Person 573 €,
- ***Umzug von 1.4.2021 bis 31.3.2022***: Pauschale 870 €, Zuschlag je weitere Person 580 €,
- ***Umzug von 1.4.2022***: Pauschale 886 €, Zuschlag je weitere Person 590 €,

Beispiel
Sie sind mit Ihrem Ehepartner und zwei Kindern am 10.8.2021 aus beruflichen Gründen umgezogen. Das ergibt einen Pauschbetrag von 870 € + 580 € + 580 € + 580 € = **2.610 €**.

In Wirklichkeit ist der Staat
nichts als eine Maschine zur Unterdrückung
einer Klasse durch die andere.
(Becher)

TRICK

Kassieren Sie als Berufsanfänger die volle Pauschale!

408 Wenn Sie sich z.B. als Azubi oder nach dem Ende Ihrer Ausbildung von zu Hause abnabeln und in eine eigene Wohnung ziehen, heißt es für Sie: Vorsicht, Falle!

Führen Sie für Ihren Umzug berufliche Gründe ins Feld, werden Ihnen zwar Werbungskosten anerkannt, aber bei der Pauschale für sonstige Umzugsauslagen zeigt sich der Fiskus einmal mehr von seiner geizigen Seite. Hatten Sie nämlich vor Ihrem Umzug keine eigene Wohnung, streicht man Ihnen die Pauschale rigoros auf 20 % zusammen, wenn Sie ledig sind, und auf 30 %, wenn Sie verheiratet sind. Dieser Kürzung entgehen Sie, wenn Sie behaupten können: »Ich habe zwar bisher im Haus meiner Eltern gewohnt, aber dort hatte ich eine eigene abgeschlossene Wohnung. Sie war mit eigenen Möbeln ausgestattet, und ich habe schon seit langem selbständig gewirtschaftet.« Das Ganze lassen Sie sich von Ihren Eltern schriftlich bestätigen, und schon kommen Sie zu einem Beleg, den der kritische Fiskalknecht in seinen Akten abheften kann.

TRICK

Gönnen Sie sich ein Zusatzgeschäft mit der Pauschale für sonstige Umzugsauslagen!

Sind Sie innerhalb der letzten fünf Jahre bereits einmal beruflich bedingt umge- **409**
zogen, sollten Sie jetzt einen Zuschlag von pauschal 50 % der *Pauschvergütung* ansetzen. Bei einem Vier-Personen-Haushalt sind das immerhin 1.305 € (bei Umzügen nach dem 1.4.2021). Bei einem Steuersatz von angenommen nur 30 % honoriert Ihnen das Finanzamt die Zusatzarbeit mit 427 € (inkl. Kirchensteuer).

Einem kritischen Finanzbeamten halten Sie dazu § 10 Abs. 6 Bundesumzugskostengesetz unter die Nase, der diesen sog. *Häufigkeitszuschlag* eindeutig regelt.

Einen Strich durch diese Rechnung kann Ihnen der Fiskus allenfalls machen, wenn Sie zunächst jahrelang zu Ihrer Arbeitsstelle gefahren und erst umgezogen sind, nachdem Sie von der ewigen Fahrerei und den damit verbundenen Kosten die Nase voll hatten (Hessisches FG v. 19.8.1997 – 11 K 4490/96). Ziehen Sie dagegen unmittelbar im Zusammenhang mit dem Wechsel Ihres Arbeitsplatzes um, steht dieses kleinliche Urteil der Anerkennung des Häufigkeitszuschlags nicht im Weg.

Wenn die Kinder am neuen Wohnort wegen des Schulwechsels nicht richtig mit- **410**
kommen und Nachhilfeunterricht brauchen, packen Sie die Aufwendungen dafür in die Umzugskosten – zusätzlich zu den unmittelbaren Umzugskosten und der Pauschale für sonstige Umzugsauslagen! Dabei gelten folgende Höchstbeträge:

Umzug 1.1. – 31.3.2021	1.146 €
Umzug ab 1.4.2021	1.160 €

411 Leider gehören Instandsetzungskosten in der alten Wohnung nicht zu den abzugsfähigen Werbungskosten, wenn sie ohnehin fällig waren. Das FG Rheinland-Pfalz hat ihren Abzug in seinem Urteil vom 6.9.1972 (EFG 1973 S.110) abgelehnt.

412 Wenn Sie Ihre Arbeitnehmertätigkeit einmal aufgeben sollten, um an einem anderen Ort eine gleichartige selbständige Tätigkeit aufzunehmen, sind die Umzugskosten in der Regel steuerlich abzugsfähige Betriebsausgaben (BFH v. 1.3.1972 – BStBl 1972 II S.458).

GUTER RAT

413 Schon eine alte Bauernregel sagt: Dreimal umgezogen ist wie einmal abgebrannt. Damit Sie nicht Möglichkeiten übersehen, sich vom Finanzamt wenigstens einige Brandlöcher in Ihrem Portemonnaie stopfen zu lassen, geben Ihnen die folgenden Übersichten eine Hilfe.

Vergessen Sie nicht, auch Ihre Fahrtkosten mit anzusetzen. Sobald Sie sich ins Auto setzen, um z.B. bei der Gemeinde den Personalausweis ändern zu lassen, oder zur Zeitung fahren, um ein Inserat für eine Wohnung aufzugeben und die Angebote abzuholen, können Sie dem Finanzamt 0,30 € je km auf die Rechnung setzen!

Berechnung der Umzugskosten	**Betrag €**
1. Beförderungsauslagen 1.1 Beförderungsauslagen (Spediteur, Leih-Lkw, Entgelt für Umzugshelfer) Transportversicher. (lt. Versicherungsschein)	
2. Reisekosten 2.1 Besichtigungsreisen zum Suchen einer Wohnung ...... € 2.2 Fahrtkosten für die Reisen zur Vorbereitung und Durchführung des Umzuges ...... € 2.3 Umzugsreise ...... €	
3. Doppelte Mietzahlungen für die alte Wohnung ohne Beschränkung bis zum Ablauf der Kündigungsfrist (BFH v. 1.12.1993 – BStBl 1994 II S. 323)	
4. Maklergebühren für Mietwohnungen	
5. Auslagen für zusätzlichen Unterricht (vgl. ➤ Rz 410)	
6. Pauschvergütung für sonstige Umzugsauslagen (vgl. ➤ Rz 407)	
7. oder nachgewiesene sonst. Umzugsauslagen (lt. ➤ Rz 405)	
8. Häufigkeitszuschlag zur Pauschvergütung 50 % von Nr. 6 (bei erneutem Umzug innerhalb von 5 Jahren)	

Art der sonstigen Umzugsauslagen	Beleg Nr.	Betrag €
1. Außertarifliche Zuwendungen an das Umzugspersonal Trinkgelder ...... € andere Zuwendungen ...... € insgesamt ...... €		
2. Auslagen für Abbau, Anschließen, Abnehmen und Anbringen a) von folgenden in der bisherigen Wohnung verwendeten hauswirtschaftlichen Geräten: Waschmaschine, Trockner, Geschirrspüler, Kühlschrank, Gefrierschrank, -truhe, Abzugshaube usw. b) von Beleuchtungskörpern und anderen Einrichtungsgegenständen		
3. Auslagen für das Ändern und Erweitern von Elektro-, Gas- und Wasserleitungen, um in der bisherigen Wohnung benutzte Geräte in der neuen Wohnung anschließen zu können		
4. Auslagen für das Ändern von folgenden in der bisherigen Wohnung verwendeten elektrischen Geräten, weil das Leitungsnetz in der neuen Wohnung eine andere Spannung oder Stromart hat		
5. Auslagen für das Umbauen von Gasgeräten		
6. Auslagen für das Anbringen von Anschlüssen an folgenden elektrischen Geräten einschl. der hierfür notwendigen Stecker und Verbindungsschnüre, um die in der bisherigen Wohnung benutzten Gegenstände verwenden zu können		
7. Auslagen für den Einbau eines Wasserenthärters für Geschirrspülmaschinen		
8. Auslagen für das Umschreiben von Personalausweisen und Personenkraftfahrzeug(en) a) für Personalausweis b) für Pkw/Wohnwagenanhänger c) Anschaffen und Anbringen von amtlichen Kennzeichen an Pkw/Wohnwagenanhänger		
9. Auslagen für den Erwerb eines ausländischen Führerscheins für Pkw bei Tätigkeiten im Grenzverkehr		
10. Auslagen wegen Schulwechsels der Kinder a) Schulbücher b) Umschulungsgebühren		
11. Auslagen für Anzeigen und amtliche Gebühren zum Zwecke der Wohnungsbeschaffung a) Anzeigen b) Gebühren c) amtliche Gebühren		

GUTER RAT

Doppelte Mietzahlungen, die Ihnen dadurch entstehen, dass Sie für eine gewisse Zeit sowohl für Ihre neue als auch für Ihre alte Wohnung Miete zahlen müssen, sind abzugsfähige Umzugskosten. Miete für Ihre leerstehende alte Wohnung können Sie bis zum Ablauf der Kündigungsfrist als Umzugskosten deklarieren (§ 8 Abs. 1 BUKG). Auch die Miete für die leerstehende neue Wohnung packen Sie in die Umzugskosten, wenn Sie sie schon vor dem Umzug an- 414

gemietet haben. Das geht allerdings nur bis zu drei Monate lang (§ 8 Abs. 2 BUKG; BFH v. 13.7.2011; BStBl 2012 II S. 104).
Wenn Sie bei Ihrem Umzug eine Eigentumswohnung zurücklassen, können Sie die weiterlaufenden Kosten absetzen. Das geht natürlich nur, solange Sie die Wohnung nicht vermietet haben. Außerdem können Sie nur die tatsächlich anfallenden Kosten absetzen. Der Abzug einer fiktiven entgangenen Miete ist nicht möglich (BFH v. 19.4.2012 – VI R 25/10, BFH/NV 2012 S. 1531).
Laut Bundesumzugskostengesetz ist diese Regelung auch nur für eine Maximalfrist von sechs Monaten möglich. Machen Sie dem Finanzamt klar, dass Sie sich redlich bemüht haben, die Eigentumswohnung abzustoßen oder zu vermieten, aber bisher zu einem vertretbaren Preis keinen Käufer bzw. Mieter gefunden haben. Schützenhilfe bekommen Sie durch das Urteil des FG Rheinland-Pfalz vom 16.4.1996 (EFG 1996 S. 975), wonach Sie nicht an die beamtenrechtliche Frist von sechs Monaten gebunden sind.

SUPER TRICK

Schlagen Sie Profit aus Ihren Pleiten bei der Wohnungssuche!

415 Gehören Sie zu denen, die jeden Tag 80 oder 90 km zur Arbeit fahren müssen? Für eine gewisse Zeit geht das ja vielleicht noch. Auf die Dauer nerven Sie die lange Fahrerei und die damit verlorene Zeit aber doch ganz schön. Also sehen Sie sich nach einer Wohnung oder einem Eigenheim in der Nähe Ihres Arbeitsplatzes um.

Ich hoffe stark, dass Sie dem Finanzamt die Kosten für Ihre erfolglose Wohnungssuche auf die Rechnung setzen. Jedes Mal wenn Sie ein Wohnungsangebot prüfen, aber nicht für gut befinden, sind für Sie nämlich Werbungskosten angefallen. Da läppert sich ganz schön was zusammen, z. B.:

Telefon, Portokosten, Papier, Briefumschläge	5 €
1 Flasche Wein für den potenziellen Vermieter A.	10 €
1 Blumenstrauß oder 1 Schachtel Pralinen, um die potenzielle Vermieterin B. günstig zu stimmen	15 €
Fahrtkosten zur Wohnungsbesichtigung z. B. 2 × 70 km × 0,30 €	42 €
Taxikosten sind nicht abzugsfähig (Sächsisches FG v. 18.5.2018 – 4 K 194/18)	
Verpflegungspauschale, wenn es länger als 8 Stunden gedauert hat	8 €
Kosten für die Prüfung eines Wohnungsangebots ca.	86 €

Übers Jahr gesehen kommen Sie so locker auf 300 bis 500 € an Werbungskosten für vergebliche Wohnungssuche. Damit der Fiskalritter ein paar Zettelchen zum

Abhaken hat, sammeln Sie fleißig die von Ihnen näher geprüften Inserate und legen ein paar schriftliche Absagen – von Ihnen und/oder Vermietern – bei. Wichtig ist nur, dass sich für Sie eine tägliche Fahrzeitersparnis von mindestens einer Stunde ergeben hätte, wenn es mit der Wohnung geklappt hätte (FG Düsseldorf – EFG 1994 S. 652).

TIPP

für Auslandsumzüge

Haarig kann es für Sie werden, wenn Sie ins Ausland umgezogen sind. Die Fis- **416**
kalritter sind auf einen Dreh verfallen, Ihnen die Steuerermäßigung für Umzugskosten streitig zu machen. Trotz Abschnittsbesteuerung, nach der es auf die Verhältnisse im jeweiligen Jahr ankommt, argumentieren sie, die Umzugskosten hingen mit Ihren künftigen steuerfreien Auslandseinkünften zusammen, und verweigern Ihnen unter Hinweis auf § 3 c EStG den Abzug als Werbungskosten oder Betriebsausgaben. Auch das Argument, Ihr Auslandsaufenthalt fördere Ihre spätere Karriere im Inland und ermögliche Ihnen Beförderungen und höhere Einkünfte, wollen sie nicht gelten lassen. Der unmittelbare Zusammenhang der Umzugskosten und des anstehenden Auslandsaufenthalts gehe dem allenfalls mittelbaren und zudem vagen Zusammenhang mit späteren Einkünften im Inland vor (BFH v. 20.9.2006 – BStBl 2007 II S. 756).

Werfen Sie nicht gleich die Flinte ins Korn!
Das Finanzamt muss Ihre Umzugskosten nämlich bei der Berechnung des Steuersatzes *(Progressionsvorbehalt)* für Ihre restlichen steuerpflichtigen inländischen Einkünfte berücksichtigen. Mit diesem *negativen Progressionsvorbehalt* holen Sie vor allem bei teuren Auslandsumzügen eine ganz anständige Steuerermäßigung heraus. Besonders vorteilhaft fällt die ganze Sache für Sie aus, wenn Sie zum Ende des Jahres umgezogen sind und somit Ihre Umzugskosten nicht teilweise schon durch im Ausland erzielte steuerfreie Einkünfte aufgezehrt werden.
Angenommen, Sie übernehmen zum 1.1.2022 für mehrere Jahre eine sehr gut dotierte leitende Position bei einer amerikanischen Firma. 2021 haben Sie ein Einkommen von ca. 80.000 € bezogen. Der Umzug mit Ihrer Familie im Dezember 2021 hat Sie rund 25.000 € gekostet. Ohne Umzugskosten liegt Ihre Einkommensteuer bei ca. 16.666 €. Durch Abzug der Umzugskosten in 2021 ergibt sich ein deutlich geringerer Progressionssteuersatz für Ihre Einkünfte. Die Ersparnis allein an Einkommensteuer daraus beträgt ca. 4.026 €; inkl. Kirchensteuer sparen Sie sogar mehr als 4.388 €.
Können Sie aus welchen Gründen auch immer erst im Januar umziehen, verpufft die Steuerersparnis, weil Sie 2022 ja in Deutschland keine Steuern zahlen.

Sie werden sich aber geschickt verhalten und unter Ausnutzung des Zufluss-/Abflussprinzips (§ 11 EStG) Ihre Umzugskosten nach Möglichkeit in das Jahr 2021 vorverlagern. Für den größten Brocken Ihrer Aufwendungen ist das relativ einfach: Sie werden für die Transport- und Speditionskosten Vorkasse leisten und die Rechnung des beauftragten Unternehmens oder zumindest einen saftigen Abschlag schon Ende Dezember 2021 überweisen.

12. Doppelte Haushaltsführung und was alles dazugehört

417 Steuerlich abzugsfähige Kosten für eine doppelte Haushaltsführung haben Sie immer dann, wenn Sie aus beruflichen Gründen neben Ihrer eigentlichen Wohnung eine Zweitwohnung in der Nähe Ihrer Arbeitsstelle unterhalten. Die Kosten für diesen beruflich bedingten Zweithaushalt können Sie ohne zeitliche Einschränkungen absetzen.
Eine Zweitwohnung muss nicht unbedingt eine »Wohnung« sein. Vom Hotelzimmer über Gemeinschaftsunterkünfte bis zum Wohnwagen geht alles als beruflicher Zweithaushalt durch. Übernachten Sie dagegen in Ihrem Wohnmobil, mit dem Sie auch Ihre Familienheimfahrten durchführen, sollen Sie nach dem Willen der Richter am Hessischen Finanzgericht Ihre Kosten, insbesondere die für das Wohnmobil, nicht absetzen können (Urteil v. 14.4.1988 – EFG 1988 S.517).

418 Ob Ihnen ein Umzug an den Arbeitsort oder die tägliche Rückfahrt an den Wohnort zugemutet werden kann, steht nicht zur Debatte.
Genauso wenig spielt es eine Rolle, ob Sie verheiratet sind, in einer nichtehelichen Lebensgemeinschaft oder allein leben. In Ihrer Wohnung am Wohnort muss nämlich während Ihrer Abwesenheit nicht unbedingt hauswirtschaftliches Leben herrschen. Es kommt vielmehr darauf an, dass Ihr Aufenthalt in dem Haushalt im Wesentlichen nur durch Ihre arbeitsbedingte Abwesenheit und eventuelle Urlaubsfahrten unterbrochen wird (R 9.11 LStR und BFH v. 14.6.2007 – BFH/NV 2007 S.1976).
Bei einem nichtverheirateten Arbeitnehmer wird eine doppelte Haushaltsführung demnach anerkannt, wenn die Wohnung am Wohnort ihm selbst gehört oder von ihm gemietet ist und wenn sie nach seinen persönlichen Bedürfnissen eingerichtet ist. Sind Sie dagegen in einen fremden Haushalt, z.B. in den der Eltern, eingegliedert oder dort als Gast, akzeptiert der Fiskus keine doppelte Haushaltsführung. Doch auch, wenn Sie nicht selbst Mieter oder Eigentümer sind, sondern bei Ihrem Lebenspartner wohnen und sich an den Kosten des Haushalts beteiligen, muss Ihr Fiskalvertreter die doppelte Haushaltsführung anerkennen (BFH v. 12.9.2000 – BStBl 2001 II S.29). Nutzen Sie die Wohnung, weil Ihnen ein Wohnrecht oder Nießbrauchsrecht daran zusteht, reicht auch das aus. Einen eigenen Hausstand können Sie auch unterhalten, wenn Sie die Mittel

dazu von einem Dritten, z.B. den Eltern oder dem Lebenspartner oder dem geschiedenen/getrennt lebenden Ehepartner, erhalten. Vor allem wenn Sie Ihren Haupthaushalt in einer in sich abgeschlossenen Wohnung führen, die groß genug ist und auch eine Einrichtung hat, die eigenständiges Wohnen und Wirtschaften gestattet, kann vom Unterhalten eines eigenen Hausstands ausgegangen werden (BFH v. 28.3.2012 – VI R 87/10; DB 2012 S.1186).
Sie müssen aber praktisch Ihre gesamte Restfreizeit – Wochenenden, Urlaub etc. – in Ihrer Hauptwohnung sein. Das Vorhalten einer Wohnung für gelegentliche Besuche oder für Ferienaufenthalte soll nicht ausreichen, damit diese als eigener Hausstand durchgeht. Die Wohnung muss also von Anfang an Ihr Lebensmittelpunkt sein und das auch auf Dauer bleiben. Das gilt übrigens auch für Ehegatten, die eine andere Wohnung als die am Arbeitsort zum eigenen Hausstand und Lebensmittelpunkt erklären wollen.
Mit der Anerkennung eines Haupthausstandes am Lebensmittelpunkt gibt es ganz schnell Probleme, wenn Sie nur gelegentliche Familienheimfahrten durchführen. So reichten den Finanzgerichten 20 Heimfahrten im Jahr (FG München v. 20.9.2007 – 9 V 1692/07) oder elf Heimfahrten in einem Zeitraum von neun Monaten (FG Hamburg v. 6.11.2007 – 8 K 44/07) nicht aus. In beiden Fällen haben sie unterstellt, dass die Wohnung am Arbeitsort zum Lebensmittelpunkt geworden ist.

Listen Sie alle Mehraufwendungen für die doppelte Haushaltsführung wie folgt auf: 419

```
1. Ich führe seit . . . . . . einen doppelten Haushalt,
weil . . . . . . . . . . . . . . . .
2. Durch die doppelte Haushaltsführung habe ich
die folgenden Mehraufwendungen:
a) Miete am Beschäftigungsort                       . . . . €
b) Ausgaben für die Einrichtung (Möbel,
Bettwäsche, Herd usw.)                              . . . . €
c) Licht und Heizung am Beschäftigungsort           . . . . €
d) Mehrausgaben für Verpflegung (3 Monate)          . . . . €
e) Kosten wöchentlicher Familienheimfahrten         . . . . €
f) Sonstige Mehrausgaben (Putzkosten,
Telefongebühren statt Familienheimfahrt)            . . . . €
Summe:                                              . . . . €
3. Als Entschädigung für doppelte Haushaltsführung
erhalte ich von meinem
Arbeitgeber . . . . . . monatlich                   . . . . €
4. Diese Entschädigung unterwirft mein Arbeitgeber
(nicht) dem Steuerabzug vom Arbeitslohn.
Ich versichere, dass ich die Angaben nach bestem Wissen und Gewissen
gemacht habe.
```

. . . .

(Ort und Datum) (Unterschrift des Antragstellers)

Die zu Ziffer 2, 3 und 4 gemachten Angaben werden von mir bestätigt.

. . . .

(Ort und Datum) (Unterschrift des Arbeitgebers)

Die zu Ziffer 2 a) bis c) gemachten Angaben müssen Sie durch Quittungen und glaubhafte Unterlagen belegen.
Es kommt nicht darauf an, ob Ihnen ein Umzug an den Arbeitsort oder die tägliche Rückkehr an den Wohnort zugemutet werden kann. Das Finanzamt muss eine doppelte Haushaltsführung auch anerkennen, wenn Sie aus persönlichen Gründen Ihre Wohnung nicht aufgeben. Die Heimfahrten zu Ihrer Hauptwohnung sind grundsätzlich Werbungskosten.

420 Das Finanzamt muss anerkennen:

- Die tatsächlichen Fahrtkosten für die erste Fahrt zum Beschäftigungsort und für die letzte Fahrt vom Beschäftigungsort zum Ort des eigenen Hausstands. Wird für diese Fahrten ein eigener Pkw benutzt, sind hierfür wie bei Dienstreisen 0,30 € je tatsächlich gefahrenen Kilometer anzusetzen.
- Die Fahrtkosten für **wöchentlich eine Heimfahrt** zur Hauptwohnung (Familienheimfahrt). Mehr ist nicht drin. So hat das Finanzgericht Rheinland-Pfalz einem Polizisten, der wegen seines ungünstigen Schichtdienstes auf 87 Heimfahrten kam, diese auf 48 zusammengestrichen (EFG 1991 S. 664). Bei Benutzung eines eigenen Pkws ist die Entfernungspauschale mit 0,30 €/0,35 € je Entfernungskilometer anzusetzen. Anders als bei Fahrten zwischen Wohnung und Arbeitsstätte ist die Entfernungspauschale hier nicht auf 4.500 € im Jahr begrenzt, wenn Sie kein eigenes oder zur Nutzung überlassenes Auto benutzen. Mit Ausnahme von Flug- und von Unfallkosten, wenn Sie auf einer Familienheimfahrt einen Crash mit Ihrem Auto hatten, können Sie keine tatsächlichen Aufwendungen für Ihre Heimfahrten absetzen.
- Körperbehinderte, deren Minderung der Erwerbsfähigkeit mindestens 70 % beträgt, können die tatsächlich entstandenen Fahrtkosten, ersatzweise 0,60 € je Entfernungskilometer pauschal, ansetzen. Entsprechendes gilt für Körperbehinderte mit mindestens 50 % und Merkzeichen »G« (erheblich gehbehindert). Die oben beschriebenen Einschränkungen beim Abzug tatsächlicher Aufwendungen gelten bei entsprechend Körperbehinderten nicht.

421
- Anstelle der Fahrtkosten für eine Heimfahrt wöchentlich können Telefongebühren für Gespräche mit den Angehörigen bis zu einer Dauer von 15 Minuten berücksichtigt werden. Anerkannt werden aber nur die Gebühren nach dem günstigsten Tarif. Mehr dazu vgl. ➤ Rz 434.

- Die notwendigen Mehraufwendungen für Verpflegung, und zwar für längstens drei Monate mit 28 € täglich. Für Reisetage, an denen Sie nicht 24, aber mehr als 8 Stunden von Ihrer Hauptwohnung abwesend waren, wird Ihnen die Pauschale auf 14 € gekürzt. 422

Resultiert Ihre doppelte Haushaltsführung aus einer vorangegangenen Dienstreise, wird deren Zeit auf die Dreimonatsfrist für Verpflegungsmehraufwendungen angerechnet.

Beispiel
Sie werden von Ihrer Firma zunächst befristet in eine Filiale beordert, um dort auszuhelfen. Nach vier Monaten stellt sich heraus, dass aus dem befristeten Einsatz eine dauerhafte Versetzung wird. Sie hatten sich für die ursprünglich geplante Dauer der Abordnung in der Nähe der Filiale ein möbliertes Zimmer gemietet, das Sie nun behalten. Die ersten vier Monate deklarieren Sie als Dienstreise und rechnen alle Kosten als Reisekosten ab. Danach gilt die Zweigstelle als Ihre regelmäßige Arbeitsstätte. Das hat zur Folge, dass Sie ab dem vierten Monat Ihre Kosten nur noch nach den Grundsätzen der doppelten Haushaltsführung absetzen können. Da aber die vorangegangenen Dienstreisemonate bei Ihren Verpflegungskosten angerechnet werden, ist der Dreimonatszeitraum bereits überschritten, und Sie können keine Verpflegungspauschalen mehr absetzen.

Bei *Auslandsbeschäftigung* werden für die ersten drei Monate die Mehraufwendungen für Verpflegung bis zum niedrigsten Auslandstagegeld anerkannt, das für das jeweilige Land maßgebend ist und auch bei Auslandsdienstreisen gilt. Die Kosten für Ihre Unterkunft müssen Sie hingegen durch Belege wie Hotelquittungen oder Mietverträge nachweisen. 423

Anders sieht es aus, wenn Ihnen der Arbeitgeber die Kosten erstattet: Er kann auf einen Nachweis der Unterkunftskosten verzichten und stattdessen Auslandsübernachtungspauschalen zahlen.

Werbungskostenabzug nur für die Wohnung am Beschäftigungsort 424
Eine doppelte Haushaltsführung kann nur für die Unterkunft **am Beschäftigungsort** geltend gemacht werden. Sie müssen dazu nicht unbedingt in der politischen Gemeinde wohnen, in der sich Ihre Arbeitsstätte befindet. Es reicht aus, wenn sich die tägliche Entfernung zur Arbeit gegenüber der Fahrt von Ihrer Hauptwohnung mindestens halbiert (§ 9 Abs. 5 EStG). Damit gehören kleinliche Entscheidungen wie die des BFH der Vergangenheit an. Der hatte Kosten für eine doppelte Haushaltsführung nicht anerkannt, weil ihm die 62 km zwischen Zweitwohnung und Beschäftigungsort auch bei großzügiger Auslegung zu groß erschien. Er vermutete vielmehr, dass die Wohnung aus privaten Gründen gewählt worden war (BFH v. 2.10.2008 – VI B 33/08).

TRICK

Stimmt das mit den zwei Wohnorten?

425 Dass mit einem Arbeitsplatz fern der Heimat Werbungskosten absetzbar sind, animiert viele Steuerzahler, gegenüber dem Finanzamt zwei Wohnorte zu deklarieren – obwohl die Zelte in der Heimat längst abgebrochen wurden. Die meisten Arbeitnehmer mit Zweithaushalt werden daher kritisch unter die Lupe genommen. Sie müssen zunächst einmal nachweisen, dass sie tatsächlich eine zweite Wohnung unterhalten, und zudem glaubhaft machen, dass alte Verbindungen zu Freunden und Bekannten nicht gekappt sind. Vor allem bei Alleinstehenden sieht der Fiskus mit zunehmender Dauer des Zweitwohnsitzes immer stärkeren Anlass zu prüfen, wo sich der Lebensmittelpunkt befindet (BFH v. 9.8.2007 – BStBl 2007 II S.820).

Eine Wohngemeinschaft am Arbeitsort ist nicht sofort schädlich. Wenn Sie also in der Wohnung am Arbeitsort nicht allein leben, kann trotzdem eine doppelte Haushaltsführung vorliegen. Wie eng und persönlich die Beziehungen zu Ihren Mitbewohnern sind, spielt nur eine untergeordnete Rolle. Wichtig ist, dass Sie dem Finanzamt gegenüber darlegen können, dass der Hausstand am bisherigen Wohnort weiterhin Ihren Lebensmittelpunkt bildet (BFH v. 28.3.2012 – BStBl 2012 II S.831).

Entscheidend ist, dass Sie Ihre Freizeit praktisch komplett am Hauptwohnsitz verbringen müssen. Natürlich haben Sie wie jeder andere Arbeitnehmer das Recht, Ihren Urlaub außerhalb der heimischen Gefilde zu verbringen, für die restlichen Urlaubszeiten, alle Wochenenden, längere Feiertagspausen etc. ist aber Rückkehr in Ihre *Hauptwohnung* angesagt. Wer Stress mit der Behörde vermeiden will, sollte sich also nicht darauf beschränken, den Austritt aus dem Heimatverein oder dem Kirchenchor hinauszuschieben. Sie sollten unbedingt Fahrkarten, Benzinquittungen und andere Belege sammeln, die beweisen, dass Sie sich regelmäßig und in ausreichendem Maß in Ihrer Hauptwohnung aufgehalten haben. Eine ganz neue Masche der Finanzämter und der Finanzgerichte ist es, ihre Kontoauszüge und Kreditkartenabrechnungen daraufhin durchzusehen, wo Sie Zahlungen und Geldabhebungen vorgenommen haben. Um Missverständnisse zu vermeiden, sollten Sie Ihre Einkäufe für das Wochenende nicht noch schnell am letzten Arbeitstag an Ihrem Arbeitsort erledigen oder sich dort am Geldautomaten mit dem nötigen Bargeld versorgen, sondern das tunlichst erst am Wochenende zu Hause erledigen.

Wie Sie sehen, kommt es ganz entscheidend darauf an, dass das Finanzamt akzeptiert, dass Sie Ihren Lebensmittelpunkt nicht in die Zweitwohnung am Arbeitsort verlegt haben. Schwierig wird es, wenn Sie mit Ihrer Familie längerfristig am Arbeitsort wohnen. Trotzdem kann Ihnen das Finanzamt nicht allein daraus einen Strick drehen, dass Sie mit Ihrem Partner in der Woche am Arbeitsort wohnen. Auch dann kommt es lt. BFH auf eine Gesamtschau an (BFH v. 8.10.2014 – BStBl 2015 II S.511). Wie sind die Wohnungen ausgestattet. Wie groß sind sie? Wie oft halten Sie sich am Lebensmittelpunkt auf? Welche sozialen Kontakte haben Sie dort? Welche Freizeitaktivitäten unternehmen Sie an Ihren Wohnsitzen? Aufgrund einer solchen Gesamtbetrachtung der Verhältnisse hat das FG München einer ledigen Steuerpflichtigen die Wohnung bei den Eltern als eigenen Hausstand anerkannt (FG München v. 27.11.2014 – 15 K 1981/12). Entscheidend war, dass die Steuerzahlerin im Haus der Eltern eine eigene Wohnung hatte, die etwa genauso groß war wie die am Arbeitsort, mit eigener Küche und eigener Waschmaschine. Sie zahlte den Eltern einen Kostenbeitrag von 150 € und verbrachte die Wochenenden mit Ihrem Freund in der Wohnung im Haus der Eltern. Das Finanzamt hatte sich auf den Standpunkt gestellt, sie sei Berufsanfängerin und daher wäre die Wohnung am Arbeitsort sozusagen zwangsläufig der Hauptwohnort. Das hat das Finanzgericht zum Glück ganz anders gesehen.

Wichtiger Hinweis: Probleme drohen, wenn die berufliche Zweitwohnung relativ nahe am Hauptwohnort liegt. Eine doppelte Haushaltsführung liegt nach Meinung des BFH nämlich nicht vor, wenn die Hauptwohnung, d.h. der »eigene Hausstand« ebenfalls am Beschäftigungsort liegt. Zum Glück setzt der BFH aber Beschäftigungsort nicht mit politischer Gemeinde gleich. Ihre Hauptwohnung wird vielmehr dann dem Beschäftigungsort zugerechnet, wenn Sie von ihr aus die Arbeitsstätte in zumutbarer Weise täglich erreichen können (BFH v. 16.1.2018 – VI R 2/16). Fahrzeiten von etwa einer Stunde pro Weg sieht der BFH dabei als durchaus akzeptabel an (BFH v. 16.11.2017 – VI R 31/16, BFH/NV 2018 S.372). Bei der Fahrzeitberechnung sollten Sie aber unbedingt berücksichtigen, dass Sie morgens und abends in der »Rushhour« fahren müssen und bei den verstopften Straßen, ewigen Staus und Umleitungen schnell mal 30 Minuten länger unterwegs sind, als so mancher Routenplaner ausrechnet. So kommen Sie in vielen Ballungsräumen bei Entfernungen von 30 bis 40 km schnell *über* eine Stunde Fahrzeit.

Einer Steuerzahlerin aus der Nähe von Hamburg ist zum Verhängnis geworden, dass Sie nur 29 Heimfahrten zu Ihrer Hauptwohnung nachweisen konnte und dass nur 60 km zwischen Hauptwohnung und beruflicher Zweitwohnung lagen. Das war dem Finanzgericht Hamburg zu wenig. Es ging davon aus, dass die Steuerzahlerin ihren Lebensmittelpunkt in die Hamburger Wohnung verlegt hatte (FG Hamburg v. 20.4.2015 – 5 K 3/12). Um nicht in dieselbe Falle zu tappen, sollten Sie nachweisen können, dass Sie am Wochenende aus beruflichen Gründen nicht nach Hause fahren konnten, wenn dies häufiger der Fall war. Außerdem können Sie Ihren Lebensmittelpunkt am bisherigen Wohnort auch dadurch unterstreichen, dass Sie Belege für weitere Fahrten in der Woche beibringen, die statt der Heimfahrten am Wochenende durchgeführt wurden.

426 Der Fiskus achtet peinlich darauf, dass Sie tatsächlich **zwei** Haushalte führen. Wenn Sie noch im Haushalt Ihrer Eltern wohnen, können Sie Ihre Miete und Verpflegungsmehraufwendungen folglich nicht von der Steuer absetzen. Besonders hart trifft das natürlich all diejenigen, die während der Ausbildung, wenn das Geld ohnehin knapp ist, am Arbeitsort ein Zimmer oder eine Wohnung anmieten müssen. Schauen Sie aber hierzu auch einmal unter dem Stichwort »Mehrgenerationenhaushalt« in der ➤ Rz 429 nach.

Es ist ein albern Schaf,
das dem Wolf beichtet.
(Australisches Sprichwort)

TRICK

Statt doppelter Haushaltsführung Fahrten zwischen Wohnung und Arbeitsstätte!

427 Zumindest bei Ihren Fahrtkosten können Sie den Schaden in Grenzen halten. Wohnung ist nun einmal Wohnung. Wenn Sie also als Lediger ohne eigenen Hausstand nach Hause zu Ihren Eltern fahren, sind das keine privaten Besuchsfahrten, sondern Fahrten zwischen Wohnung und Arbeitsstätte. Dazu genügt es, dass der »Mittelpunkt Ihrer Lebensinteressen« – was für ein schreckliches Amtsdeutsch – im Wohnort Ihrer Eltern liegt. Wenn das ein Fiskalritter anzweifelt, werden Sie ihm blumig schildern, dass Ihre Freundin dort wohnt, Sie im örtlichen Sport- und Schützenverein stark engagiert sind und Ihre Eltern sowie Ihre sämtlichen anderen Verwandten, Freunde und Bekannten dort leben.

Für jede Fahrt in Ihren Heimatort setzen Sie die Entfernungspauschale von 0,30 € bzw. 0,35 € je Entfernungskilometer ab. Zum Ausgleich dafür, dass Ihnen die Miete steuerlich durch die Lappen geht, setzen Sie natürlich nicht nur die Fahrt am Wochenende an, sondern selbstverständlich auch die zusätzlichen Fahrten unter der Woche. Ob es Sie zwischendurch vor Sehnsucht zu Ihrem Schatz zieht, Sie an einem wichtigen Meisterschaftsspiel Ihrer Sportmannschaft teilnehmen wollen oder Tante Ernas Geburtstag zu feiern ist, spielt dabei keine Rolle. Schließlich machen Sie ja keine Familienheimfahrten, von denen nur eine pro Woche anerkannt wird, sondern Fahrten zwischen Wohnung und Arbeitsstätte. Auf die Entfernung kommt es dabei nicht an (BFH-Urt. v. 13.12.1985 – BStBl 1986 II S. 221).

Und so könnte die Rechnung für Sie aussehen:	**mit** doppelter Haushaltsführung	**ohne** doppelte Haushaltsführung
Monatsmiete für Ihr Zimmer 12 × 150 €	1.800 €	–
Heimfahrten pro Woche		
20 km × 0,30 € = 6 € + 180 km × 0,35 € = 63 € => 69 € × 46 Heimfahrten	3.174 €	–
20 km × 0,30 € = 6 € + 180 km × 0,35 € = 63 € => 69 € × 46 Heimfahrten		3.174 €
60 zusätzliche Fahrten		
20 km × 0,30 € = 6 € + 180 km × 0,35 € = 63 € => 69 € × 60		4.140 €
Werbungskosten insgesamt	4.974 €	7.314 €

Wie Sie sehen, können Sie durch die in höherer Zahl absetzbaren Fahrten zwischen Wohnung und Arbeitsplatz den Nachteil, keine doppelte Haushaltsführung ansetzen zu können, mehr als wettmachen.
Dieser Trick funtioniert auch, wenn es Sie häufiger als einmal in der Woche zu den Lieben zieht. Dann haben Sie die Möglichkeit, statt der doppelten Haushaltsführung alle Heimfahrten als *Fahrten zwischen Wohnung und Arbeitsstätte* abzusetzen, wenn das für Sie günstiger ist (BFH-Urteil v. 9.6.1988 – BStBl 1988 II S. 990; R 9.11 Abs. 5 S. 2 LStR).
Natürlich können Sie nur die tatsächlich durchgeführten Fahrten ansetzen. Weil das Finanzamt meist Unrat wittert, wenn jemand eine Vergünstigung völlig legal für sich beansprucht, kann es passieren, dass es einen Nachweis über die Fahrleistung Ihres Pkws verlangt. Ist diese geringer als das, was Sie als Werbungskosten angegeben haben, versuchen sie Ihnen in die Suppe zu spucken und übersehen dabei möglicherweise, dass Sie ja einen Teil der Fahrten mit dem Wagen Ihrer Frau unternommen haben, weil Ihre Mühle in der Werkstatt war oder einfach nur geschont werden sollte, damit nicht beim Verkauf der Käufer wegen der hohen Fahrleistung den Kaufpreis drückt.

TRICK

Saubere Mietverträge nehmen dem Fiskus den Wind aus den Segeln!

Oder wie wäre es denn, wenn Sie z. B. von Ihren Eltern die kleine Einlieger- 428
wohnung unter dem Dach oder im Souterrain mieteten? Präsentieren Sie dem Finanzamt Ihren Mietvertrag, und schon können Sie wunderbar Ihren eige-

nen Hausstand begründen. Zwar sagt der BFH, dass bei der Prüfung, ob ein alleinstehender Arbeitnehmer einen eigenen Hausstand unterhält oder in einem fremden eingegliedert ist, immer alle Umstände heranzuziehen sind. Trotzdem hält er es auch von erheblicher Bedeutung, ob der Arbeitnehmer die Wohnung entgeltlich oder unentgeltlich nutzt (BFH v. 14.6.2007 – BStBl 2007 II S.890). Um von vornherein keine Angriffsflächen zu bieten, werden Sie für die Wohnung mit Ihren Eltern einen erstklassigen, schriftlichen Mietvertrag abschließen und auch brav Monat für Monat die Miete samt Nebenkosten überweisen.

TRICK

Gute Chancen für einen eigenen Hausstand bei den Eltern, wenn erwachsene Kinder finanziell auf eigenen Füßen stehen!

429 Damit Ihre »Hauptwohnung« bei den Eltern als eigener Hausstand durchgeht, müssen Sie nicht unbedingt eine astrein abgeschlossene, komplett ausgestattete Wohnung und einen Mietvertrag mit den Eltern haben. Wichtig ist nur, dass Sie dort allein oder gemeinschaftlich mit Ihren Eltern wirtschaften und nicht mehr die Füße im Hotel Mama unter den Tisch stellen. Berufen Sie sich im Zweifel darauf, dass Sie zusammen mit Ihren Eltern einen **Mehrgenerationenhaushalt** führen, in dem Sie über eigene, nach Ihren Bedürfnissen eingerichtete Wohnräume verfügen. Der BFH hat in diesem Fall seinen Segen zur Anerkennung einer doppelten Haushaltsführung gegeben (BFH v. 26.7.2012 – VI R 10/12, BStBl 2013 II S.208). Wenn Sie sich also das Bad oder die Küche mit Ihren Eltern teilen, ist längst nicht Hopfen und Malz verloren. Ganz im Gegenteil. Der BFH hat sogar einem Steuerzahler, der mit seinem Vater in einem Haus wohnte, dort für sich allein nur ein ca. 12 qm großes Zimmer hatte und sich die übrigen Räume mit dem Vater teilte, einen eigenen Hausstand anerkannt. Weil der Vater schon recht betagt, der Sohn finanziell völlig eigenständig war, sind die Richter quasi von einer Wohngemeinschaft von Vater und Sohn ausgegangen. Und schon war die doppelte Haushaltsführung anerkannt (BFH v. 14.11.2013 – VI R 10/13, BFH/NV 2014 S.507).

Der BFH lässt sich bei seinen Entscheidungen wohl von folgender Grundüberlegung leiten: Ein 18-jähriger Auszubildende, der am Arbeitsort ein Zimmer oder ein Appartement bewohnt, hat in der Regel bei den Eltern keinen eigenen Hausstand, ist vielmehr in den elterlichen Haushalt eingegliedert. Ein 45-jähriger Sohn hingegen, der voll im Berufsleben steht, über ein entsprechendes Einkommen verfügt und mit den Eltern zusammen in deren Haus oder Wohnung wohnt, führt mit diesen zusammen einen gemeinsamen Hausstand, den er maßgeblich mit beeinflusst. Dessen Zweitwohnung am Arbeitsort geht regelmäßig als doppelte Haushaltsführung durch.

TIPP

Sie müssen sich unbedingt finanziell am Haushalt beteiligen!

Ohne eigenen finanziellen Beitrag zum Haupthausstand läuft nichts, heißt: Eine 430
rein persönliche Beteiligung reicht nicht. Egal ob Sie mit einem (nicht eingetragenen) Lebenspartner zusammenleben oder in einem Mehrgenerationenhaushalt mit den Eltern: Die Wohnung wird Ihnen nur dann als eigener Hausstand anerkannt, wenn Sie mehr als 10 % der für den Haushalt anfallenden Kosten nachweislich aus der eigenen Tasche bezahlen (BMF v. 30.9.2013 – BStBl 2013 I S.1279). Zu diesen Kosten gehören neben der Miete oder den Hausunkosten die Nebenkosten und auch die Kosten für Lebensmittel und andere Dinge des täglichen Bedarfs. Um allen Problemen aus dem Weg zu gehen, überweisen Sie monatlich einen ausreichenden Betrag auf das Konto des Wohnungsinhabers unter dem Vermerk »Kostenbeteiligung am gemeinsamen Haushalt«. Alternativ sollten Sie die Belege über die Einkäufe, die Sie für den gemeinsamen Hausstand tätigen, sammeln. Deren Nachweiskraft steigt natürlich rapide, wenn Sie die Beträge mit Ihrer EC- oder Kreditkarte bezahlen.

Dasselbe gilt z.B. auch, wenn Sie sich einen Haushalt mit Ihrem Bruder oder Ihrer Schwester teilen müssen. Auch das spricht noch nicht gegen einen eigenen Hausstand. Machen Sie es so wie die Geschwister im BFH-Urteil vom 14.10.2004 (BStBl II 2005 S.98). Die haben sich auf dem Hof der Eltern ein älteres Haus geteilt. Der Bruder wohnte im Obergeschoss in zwei Zimmern mit Kochnische, die Schwester bewohnte im Erdgeschoss zwei Zimmer mit Küche. Bad und Toilette nutzten die beiden gemeinsam. Mit einem astreinen Mietvertrag für das Haus und regelmäßigen Mietzahlungen haben sich die Steuerrichter überzeugen lassen. Dass der Hausstand keine Wohnung im steuertechnischen Sinn war, hat sie dabei nicht interessiert.

Die Überlassung von ein paar Kellerräumen, die keine abgeschlossene Wohnung darstellen und für die darüber hinaus kein Mietvertrag vorliegt, werden vor den strengen Augen des Fiskus wohl nach wie vor nicht als eigener Hausstand durchgehen (BFH v. 5.7.2007 – BFH/NV 2007 S.1878).

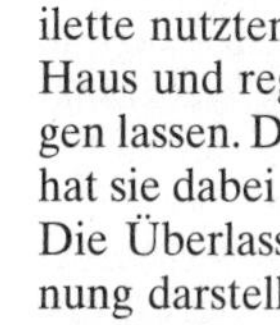

SUPER TRICK

Sorgen Sie treu für Ihre Eltern und lassen Sie sie bei Ihnen wohnen!

Ihr Leben lang haben Sie bei Vater und Mutter gewohnt und sich von ihnen 431
umsorgen lassen. Deshalb ist es höchste Zeit, sich zu revanchieren: Sie überneh-

men die elterliche Wohnung und schließen als neuer Großverdiener der Familie den Mietvertrag mit dem Hauswirt ab. Selbstverständlich verlangt niemand, dass Sie Ihre Altvorderen vor dic Tür setzen. Als dankbare(r) Sohn/Tochter lassen Sie sie in Ihrem Haushalt leben. Dass sie Ihnen dafür einen Zuschuss zu Ihren Miet- und Haushaltskosten zahlen, ist ja wohl selbstverständlich – schließlich haben Sie von Ihrem Verdienst früher ja auch ein monatliches Kostgeld abgedrückt.
Jetzt leben Sie also nicht mehr im Haushalt Ihrer Eltern, sondern Ihre Eltern leben in Ihrem Haushalt! So können Sie guten Gewissens sagen: »Ich unterhalte in einer von mir angemieteten Wohnung einen eigenen Hausstand. Zu diesem Hausstand gehören außer mir noch zwei Angehörige, die sich lediglich im Rahmen ihrer Möglichkeiten an den Miet- und Haushaltskosten beteiligen.«

Wenn Ihnen Ihre Eltern zum Geburtstag oder zu Weihnachten großzügig ein paar Scheine als Geschenk zukommen lassen, brauchen Sie das natürlich nicht mit zur Kostenbeteiligung zu zählen.

TIPP

zum Möbelkauf

432 Durch den gesetzgeberischen Formulierungstrick, dass im Rahmen der doppelten Haushaltsführung nur notwendige Kosten abzugsfähig sind, soll erreicht werden, dass die steuerlichen Abzüge nicht unangemessen hoch ausfallen. Die Zweitwohnung am Beschäftigungsort darf nach Meinung des Fiskus also insbesondere nicht Repräsentationsbedürfnisse befriedigen. Vielmehr muss sie hinsichtlich Einrichtung und Hausrat auf das zum Leben Notwendige beschränkt bleiben (BFH v. 3.12.1982 – BStBl 1983 II S. 467). Gleichwohl bedeutet das nicht, dass Sie sich kein gutes Mobiliar anschaffen dürfen. Unter doppelter Haushaltsführung absetzen können Sie preisgünstige Schlaf-, Sitz- sowie Aufbewahrungsmöbel, Ess- und Schreibtisch, eine funktionelle Kücheneinrichtung mit Herd, Kühlschrank und Geschirr. Nicht zu vergessen Gardinen und Lampen, Sie können ja schließlich kaum bei ständig herabgelassenen Rollos im Finstern leben. Auch ein Zweitradio ist abzugsfähig (FG Köln v. 5.2.1992 – EFG 1993 S. 144). Bei einem Fernseher zieht der Fiskus allerdings die rote Karte und weist die Kosten der privaten Lebensführung zu (FG des Saarlandes v. 29.8.2001 – EFG 2001 S. 1491).
Am besten verfahren Sie nach dem Motto: klein und fein, aber nicht protzig. Sonst geraten Sie in die Notwendigkeitsfalle. Das bedeutet: Haben Sie nach der Devise »Man gönnt sich ja sonst nichts« exklusive Designerlampen, Orientteppiche, alte Stiche und eine teure Stereoanlage gekauft, können Ihnen nach dem Urteil des FG Köln (EFG 1993 S. 145) die Ausgaben gekürzt werden. In dasselbe Horn bliesen die Richter beim FG Rheinland-Pfalz (Urt. v. 19.2.1998 –

4 K 2213/96; NWB Eil 98 S. 285), die nur die Abschreibung auf solche Einrichtungsgegenstände anerkannten, die dem Grunde und der Höhe nach angemessen sind. Lassen Sie es sich aber auf keinen Fall gefallen, wenn man Ihnen mit diesem Argument Ihre Kosten komplett streicht. Schließlich sagt das Finanzgericht Köln in seinem Urteil, dass notwendige Kosten anerkannt werden müssen und »notwendig« nicht der billigste Kram sein muss. Bestehen Sie also darauf, dass man Ihnen für den Orientteppich zum Preis von 5.000 € zumindest den Preis eines normalen Teppichs von ca. 1.000 € anerkennt.
Um zu vermeiden, dass Ihnen nach Ende der doppelten Haushaltsführung die nicht verbrauchte Abschreibung durch die Lappen geht, stellen Sie sich besonders geschickt an und achten darauf, dass der Preis der einzelnen Einrichtungsgegenstände möglichst nicht über 952 € (= 800 € + 19 % MwSt) liegt. Dann setzen Sie nämlich die gesamten Kosten als geringwertige Wirtschaftsgüter **gleich im ersten Jahr in voller Höhe** ab. Lieben Sie es dagegen etwas gediegener und exklusiver, müssen Sie die Anschaffungskosten auf bis zu 13 Jahre verteilen und sich mit einer jährlichen Abschreibung von ca. 7,7 % begnügen.

TIPP

Ihre Möbelkosten neben der Mietgrenze von 1000 € absetzen!

Beim Absetzen der Einrichtung für Ihre berufliche Zweitwohnung wollte der 433
Fiskus einen unangenehmen Fallstrick auslegen. Wenn nämlich die Wohnungseinrichtung zusammen mit Miete, Nebenkosten etc. die Monatsgrenze von 1.000 € überschreitet, wollte er sie nicht zum Abzug zulassen. Aber da hat er die Rechnung ohne den BFH gemacht. Die obersten Richter in München haben sich auf Ihre Seite geschlagen. Sie haben nämlich entschieden, dass Aufwendungen für Einrichtungsgegenstände und Hausrat nicht zu den nur begrenzt abziehbaren Unterkunftskosten gehören, sondern zu den sonstigen notwendigen Mehraufwendungen und auch dann abzugsfähig sind, wenn die monatlichen Kosten über die Grenze von 1.000 € hinausgehen (BFH v. 4.4.2019 – VI R 18/17, DStR 2019 S. 1194).

TIPP

Vergessen Sie nicht, dass bei doppelter Haushaltsführung mehr telefoniert wird!

Liegen Ihre Hauptwohnung und Ihre berufliche Zweitwohnung sehr weit von- 434
einander entfernt, Letztere vielleicht sogar im Ausland, werden Sie sich nicht jede Woche zu einer Familienheimfahrt aufmachen können. Es spricht aber nichts dafür, dass die Kommunikation innerhalb der Familie auf die Familien-

heimfahrten beschränkt sein muss. Dieser Meinung waren auch die Richter beim BFH. Sie haben entschieden, dass immer dann, wenn keine Familienheimfahrt durchgeführt wird, ein Telefonat mit der Familie abgesetzt werden kann (BFH v. 18.3.1988 – BStBl 1988 S. 988). Aber wie üblich haben sie dabei dem Steuerzahler nicht die ganze Hand, sondern nur den kleinen Finger gereicht. Abziehen können Sie nämlich nur die Kosten für ein höchstens 15-minütiges Gespräch. Achten Sie deshalb darauf, Telefonate dieser Länge in den Wochen zu führen, in denen Sie nicht nach Hause fahren.
15 Minuten Telefonat pro Woche kann nun wirklich nicht der Weisheit letzter Schluss sein. Wenn Sie notwendigerweise mehr telefonieren müssen, scheuen Sie sich nicht, auch mehr anzusetzen. Rückendeckung bekommen Sie durch das Urteil des Niedersächsischen FG vom 22.2.1996 (EFG 1996 S. 1156).
Es kann Ihnen passieren, dass man von Ihnen im reinsten Amtsdeutsch einen Nachweis darüber verlangt, »dass zumindest die faktische Möglichkeit einer telefonischen Kontaktaufnahme mit der Familie besteht«, wenn es zu Hause keinen Telefonanschluss gibt. Dahinter steckt der Versuch, Ihnen die Telefonkosten zu streichen. Natürlich ist das blanker Unsinn. Es reicht völlig aus, wenn Sie sich darauf berufen können, dass Ihr Ehepartner die Anrufe z. B. bei einer Nachbarin oder bei Verwandten entgegennimmt und Sie deren Telefonnummer angeben. Auch das Argument, dass Anrufe zu vorher abgesprochenen Zeiten im Postamt an Ihrem Heimatort vereinbart werden, nimmt dem streichwütigen Fiskalritter den Wind aus den Segeln.
Übrigens: Berufliche Gespräche können Sie selbstverständlich zusätzlich zu den Gesprächen mit Ihrer Familie als Werbungskosten abziehen, wenn Sie sie von dem Apparat in Ihrer Zweitwohnung aus führen (vgl. ➤ Rz 385 ff.).

435 **S** Achtung, Selbständige: Hat ein Freiberufler keine feste Berufsstätte (z. B. ein **Künstler** mit ständig wechselnden kurzfristigen Auftritten), können die Kosten eines kleinen Apartements, in dem er sich nach seiner Tätigkeit immer wieder aufhält, als doppelte Haushaltsführung steuerlich berücksichtigungsfähig sein (FG Nürnberg, Urt. v. 4.7.1984, rechtskräftig – EFG 1984 S. 600).

GUTER RAT

436 Besucht Sie Ihre Familie am Arbeitsort, statt dass Sie am Wochenende nach Hause fahren, spricht man von umgekehrten Familienheimfahrten. Die Kosten dafür sollen Sie nach Meinung des BFH nicht absetzen können (BFH v. 2.2.2011, BStBl 2011 II S. 456). **Aber:** Das soll nur gelten, wenn Sie Ihre Familienheimfahrt aus privaten Gründen nicht angetreten haben.
Können Sie dem Finanzamt also sagen, dass Sie die Familienheimfahrt aus beruflichen Gründen nicht durchführen konnten, weil Sie am Wochenende z. B.

- berufliche/dienstliche Termine oder
- (Ruf-)Bereitschaft hatten, steigen die Chancen auf Anerkennung der Besuchsfahrt des (Ehe-)Partners.

Erheblich wirksamer werden Ihre Angaben durch eine Bescheinigung Ihres Arbeitgebers oder durch Vorlage Ihres Terminkalenders. Hilfestellung bekommen Sie auch durch ältere Entscheidungen der Münchener Richter (BFH v. 2.7.1972 – BStBl 1972 II, S. 67).

Ihre bessere Hälfte kann auch steuerlich absetzbar die gemeinsamen Kinder mitbringen. Faustregel: Die Kosten für den Besuch durch Ihre Familie sind in der Höhe absetzbar, wie Sie mögliche, aber nicht durchgeführte Familienheimfahrten hätten absetzen können (BFH-Urt. v. 28.1.1983 – BStBl 1983 II S. 313). Andere Aufwendungen, wie z. B. Unterkunft und Verpflegung des Ehepartners – und ggf. der Kinder – am Beschäftigungsort des Arbeitnehmers, sind keine Werbungskosten.

Bei Behörden ist die Vollbeschäftigung stets garantiert. Beamte schaffen sich gegenseitig so viel Arbeit, dass sie ständig zu tun haben.

(N. Parkinson)

SUPER TRICK

Wie Sie mittels einer Tasse Kaffee zu steuerlich abzugsfähigen Familienheimfahrten kommen

Es ist schon erstaunlich, auf welche Ideen manche Fiskalvertreter kommen, um Ihnen zusätzlich ein paar Steuergroschen abzuzwacken. So haben einige ganz eifrige Steuereintreiber mit Hilfe des Finanzgerichts Saarland einen Dreh gefunden, Besuchsfahrten nicht anerkennen zu müssen. Ein leidgeplagter Familienvater, der am Wochenende überraschend für seine Firma arbeiten musste, konnte nicht wie vorgesehen nach Hause fahren, weshalb ihm sein Sohn mit dem Auto frische Hemden, Anzüge und Wäsche für die nächste Woche vorbeibrachte. Die Fahrtkosten wurden dem Vater aber mit der fadenscheinigen Begründung gestrichen, Kleidung sei privat und somit auch ihr Transport (FG Saarland v. 28.2.1992 – 1 K 397/91).

Damit Ihnen nicht etwas Ähnliches passiert, werden Sie Ihrem Filius eine Tasse Kaffee und ein Stück Kuchen anbieten und mit ihm ein Schwätzchen über die Neuigkeiten der letzten Woche halten. Und schon haben Sie aus der nicht absetzbaren Transportfahrt für Kleidung eine als Familienheimfahrt absetzbare Besuchsfahrt gezaubert!

SUPER TRICK

Setzen Sie die Kosten für Ihre Ferienwohnung als Werbungskosten ab!

437 Voraussetzung dafür ist allerdings, dass Sie kein Single sind. Mit Hilfe Ihres Partners und folgendem Fahrplan bleiben Sie beim Steuerpoker mit der Ferienwohnung der lachende Dritte und setzen deren Kosten von der Steuer ab.

1. Sie kaufen sich Ihre heißersehnte, schnuckelige Ferienwohnung.
2. Ihre bessere Hälfte zieht mit Hauptwohnsitz in die Ferienwohnung ein und sucht sich dort am Ort einen Job.
3. Nach der Hochzeit wird die Ferienwohnung zum gemeinsamen Familienwohnsitz erklärt, und schon fallen Sie unter das BFH-Urteil vom 4.10.1989 (BStBl 1990 II S. 321). Nach diesem Urteil entsteht bei berufstätigen Ehegatten eine doppelte Haushaltsführung, wenn eine der Wohnungen – wie bei Ihnen die Ferienwohnung – zum Familienwohnsitz erklärt wird.

Wenn Ihr Ehepartner den Job wieder aufgibt und während der Woche bei Ihnen am Arbeitsort wohnt, ist das für die doppelte Haushaltsführung nicht schädlich. Sie müssen dem Finanzamt nur beibringen, dass in der Ferienwohnung weiter Ihr Lebensmittelpunkt ist. Verweisen Sie notfalls auf das BFH-Urteil vom 5.10.1994 (BStBl 1995 II S. 180). Freilich können Sie nicht die Kosten Ihrer Ferienwohnung absetzen, aber diejenigen Ihrer Wohnung am Arbeitsort. Bei einer teuren Wohnung müssen Sie zwar mit einer Kürzung auf die für einen beruflichen Zweitwohnsitz notwendigen Kosten von 1.000 € monatlich leben (vgl. dazu ➤ Rz 441), trotzdem setzen Sie – zusammen mit den Verpflegungskosten von 28 €/Tag in den ersten drei Monaten und den wöchentlichen Fahrten zur Familien-(Ferien-)Wohnung – auf diese Weise etliche Tausender pro Jahr von der Steuer ab, die Sie sonst in den Wind schreiben müssten.

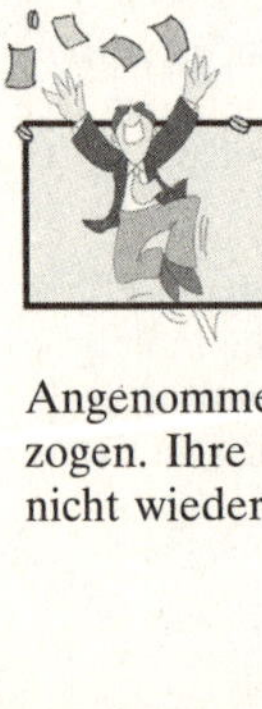

TRICK

Setzen Sie die vollen Kosten Ihrer Wohnung ab!

Angenommen, Sie sind mit Ihrer Familie an Ihren neuen Beschäftigungsort gezogen. Ihre bisherige Wohnung im Haus Ihrer Schwiegereltern haben diese nicht wieder vermietet. Sie wollten halt keine fremden Leute im Haus haben, und außerdem steht Ihnen so die Wohnung jederzeit zur Verfügung, wovon Sie auch ausgiebig Gebrauch machen. Stellen Sie sich auf den Standpunkt, die alte Wohnung sei weiter der gemeinsame Wohnort sowie Ihr eigentlicher Lebensmittelpunkt und in der neuen Wohnung am Beschäftigungsort würden Sie lediglich einen beruflich bedingten doppelten Haushalt unterhalten. Sie meinen, das klappe nicht? Falsch gedacht! Genau so einen Fall hat das Finanzgericht Thüringen abgesegnet (Urt. v. 28.1.1998, EFG 1998 S. 1254).

Doppelter Vorteil daraus: Sie setzen die Fahrten zur bisherigen Wohnung als Familienheimfahrten ab, und Ihre Schwiegereltern können aufgrund des astreinen Mietvertrags, der natürlich geschlossen werden muss, selbst bei nur 66 % der ortsüblichen Miete alle Kosten für die Wohnung von der Steuer absetzen. Schwierigkeiten macht Ihnen der Fiskus allerdings, wenn Ihre Kinder am Beschäftigungsort in den Kindergarten oder die Schule gehen. Dann wird die Wohnung am Beschäftigungsort in der Regel als neuer Familienwohnort angesehen (BFH v. 9.7.2008 – BFH/NV 2008 S. 2000; FG München v. 25.4.2007 – 1 K 1239/05; FG Hamburg v. 17.8.2007 – 5 K 160/06).

WICHTIGER HINWEIS

Bis vor kurzem griffen die Mitarbeiter des Fiskus gleich zum Rotstift und veranstalteten bei Ihren Kosten für eine doppelte Haushaltsführung wahre Streichorgien, wenn Sie sich neben der Wohnung am Beschäftigungsort einen zusätzlichen privaten Wohnort zulegten. »Es liegt kein beruflich begründeter doppelter Haushalt vor, weil die Verlagerung des Hauptwohnsitzes in die neue Wohnung privat veranlasst ist«, war die hierfür schnell gefundene Begründung. Unerwartete Schützenhilfe für alle Betroffenen leistete der BFH. Er änderte nämlich kurzerhand seine Rechtsprechung zugunsten der Steuerzahler. Warum eine andere Wohnung zusätzlich bezogen wird, soll völlig unerheblich sein. Private Gründe hin oder her, entscheidend ist, dass Sie Ihre bisherige Wohnung am Arbeitsort weiter nutzen. Dieses Beibehalten der Wohnung ist der berufliche Anlass, der die Kosten abzugsfähig macht. 438

Ihre doppelte Haushaltsführung wird demnach problemlos anerkannt, wenn

- Sie mit Ihrer Familie umziehen, Ihren Job und die alte Wohnung aber behalten,
- Sie als Lediger z.B. mit Freund oder Freundin zusammenziehen, ohne Job und bisherige Wohnung aufzugeben.

Wenn das Finanzamt nicht mitspielen will, verhelfen Sie ihm mit einem Hinweis auf folgende Urteile zu einer unschlagbaren Entscheidungshilfe (BFH v. 5.3.2009 – VI R 58/06 und BFH v. 5.3.2009 – VI R 23/07).

TRICK

Mit einem Umzug zur Freundin setzen Sie Ihre kompletten Wohnungskosten ab!

Eine Wochenendbeziehung hat einige Nachteile. Um Ihren Schatz am Wochenende besuchen zu können, müssen Sie schon einiges investieren. Normalerweise funktionieren solche Beziehungen so, dass man sich wechselseitig besucht. Aus steuerlichen Gründen ist das aber nicht wirklich eine kluge Idee. Wenn Sie Ihren Partner überzeugen können, dass Sie offiziell zusammenziehen, belohnt Sie der Fiskus mit einigen Tausend Euro Steuererstattung. Nach dem offiziellen Einzug werden auf einen Schlag die Miete und Nebenkosten Ihrer Wohnung, für drei Monate Verpflegungspauschalen und wöchentliche Fahrten zwischen der Wohnung am Arbeitsort und der Wohnung Ihres Partners als Werbungskosten abzugsfähig. Aus bisher nicht steuerlich relevanten Besuchsfahrten wird nämlich nun eine astreine doppelte Haushaltsführung. Also nichts wie ab zur Meldebehörde und den Hauptwohnsitz in der Wohnung des Partners anmelden. Künftig werden Sie Ihre Freizeit und die Wochenenden immer in der Wohnung Ihrer besseren Hälfte verbringen.
Einziger kleiner Wermutstropfen auch hier ist, dass Sie als Wohnungskosten max. 1.000 € monatlich absetzen können – egal wie groß die Wohnung ist. Ist Ihre Wohnung teurer, sind die Kosten nur anteilig abzugsfähig (vgl. ➤ Rz 441).
Und so könnte die Rechnung für das Finanzamt künftig aussehen, wenn Sie sagen können, dass Sie zu Ihrer Freundin gezogen sind, die z.B. 150 km weit entfernt wohnt, Sie aber unter der Woche weiter in Ihrer bisherigen Wohnung (80 qm) leben und von dort die 10 km zur Arbeit zurücklegen.

Miete	12 × 480 € =		5.760 €	
Nebenkosten	12 × 160 € =		1.920 €	
Nachzahlung Nebenkosten	120 €		120 €	
			7.800 €	> 7.800 €
Verpflegungspauschalen (1. – 3. Monat)	14 Wochen à 3 × 28 € + 2 × 14 € =			1.456 €
	46 Fahrten à 150 km			
	20 km × 0,30 € =	6,00 €		
	130 km × 0,35 € =	45,50 €		
Familienheimfahrten	46 ×	51,50 €		2.369 €
Fahrten zwischen Wohnung und Arbeitsstätte	220 Tage à 10 km × 0,30 € =			660 €
Gesamtkosten der doppelten Haushaltsführung				12.285 €

Statt des Werbungskostenpauschbetrags von 1.000 € setzen Sie nun nahezu 12.300 € von der Steuer ab. Bei einem Steuersatz von ca. 35 % macht das eine Ersparnis inkl. Kirchensteuer von etwa 4.687 €. Mit diesem staatlichen Zuschuss können Sie locker einen Teil der Miete für die Wohnung Ihrer Freundin übernehmen und behalten trotzdem einen hübschen Batzen übrig.

TRICK

Auch nach Umzug oder Trennung ist Ihnen die doppelte Haushaltsführung sicher.

Wenn Sie Ihren Hauptwohnsitz wechseln, will Ihnen der Fiskus die doppelte 439
Haushaltsführung nicht mehr als berufsbedingt anerkennen.
Damit müssen Sie sich nicht abfinden, wenn Sie lediglich am bisherigen Hauptwohnort oder in dessen unmittelbarer Nähe umgezogen sind, da Sie ja Ihren Lebensmittelpunkt dort beibehalten haben (BFH v. 4.4.2006 - BFH/NV 2006 S. 1915). Der Grund für den Umzug spielt dabei keine Rolle. Nach Meinung des BFH ist es daher völlig gleich, ob Sie als Lediger umziehen, als Paar, z.B. weil Sie wegen Nachwuchs eine größere Wohnung brauchen, oder weil Sie sich von Ihrem Ehepartner getrennt haben.

GUTER RAT

Sie können sich, falls Sie viel Geld haben, am Arbeitsort auch eine Eigentums- 440
wohnung zulegen. In diesem Fall können Sie statt einer Miete die laufenden Betriebskosten dieser Wohnung inkl. Abschreibung ansetzen (BFH-Urteile im BStBl 1983 II S. 476 und v. 3.12.1982 – BStBl 1983 II S. 467).

TIPP

Nur angemessene Wohnungskosten sind abzugsfähig!

Vorsicht, Fußangel! Wenn Sie zu den etwas besser betuchten Steuerzahlern ge- 441
hören und sich bei der Wahl Ihrer beruflichen Zweitwohnung mehr gönnen als ein mickriges Apartment, kann es passieren, dass Ihnen ein staatlich besoldeter Geizkragen einen Teil Ihrer Wohnungskosten nicht anerkennen will.
Der Gesetzgeber hat kurz und knapp entschieden, dass Sie als angemessene Wohnungskosten höchstens 1.000 € im Monat absetzen können. Diese Beschränkung wird auch dann vorgenommen, wenn Sie im Rahmen Ihrer doppel-

ten Haushaltsführung eine Eigentumswohnung oder ein Eigenheim nutzen. Dann treten an die Stelle von Miete und Nebenkosten die AfA, Schuldzinsen, Reparaturkosten, Nebenkosten. Die Größe der Wohnung spielt keine Rolle mehr (BMF v. 30.9.2013 – BStBl 2013 I S. 1279 Rz 101).
Dem können Sie **nicht** entgegenhalten, Sie hätten trotz intensiver Suche keine kleinere Wohnung gefunden oder dass die Lage auf dem Markt für Kleinwohnungen hoffnungslos sei und Sie gezwungen gewesen wären, sich die teure und eigentlich auch für Ihren Geschmack zu aufwändige Wohnung zu mieten. Anders als das FG Köln (Urt. v. 14.5.1997 – EFG 1997 S. 1108), das solchen Argumenten zugänglich war, hat der Gesetzgeber sie rundweg vom Tisch gefegt und als nicht relevant bezeichnet.
Die Obergrenze von 1.000 € umfasst sämtliche Aufwendungen wie:

- Miete, Hauskosten (Betriebskosten),
- Kosten der laufenden Reinigung und Pflege,
- Zweitwohnungsteuer,
- Rundfunkbeitrag,
- Miet- oder Pachtgebühren für Kfz-Stellplätze,
- Aufwendungen für Sondernutzung (wie Garten),
- Kosten für die Möblierung,
- Kosten für separat angemieteten Garagenstellplatz.

Nicht unter die Obergrenze von 1.000 € fallen die Ausgaben für notwendige Einrichtungsgegenstände und Hausrat (➤ Rz 433).

Drei Wege, sich zu ruinieren:
durch Frauen, der schönste Weg;
durch Spielen, der schnellste Weg; durch
Computer, der sicherste Weg.

TRICK

Machen Sie aus Ihrer Luxusbehausung durch ein Arbeitszimmer eine angemessene Wohnung!

442 Haben Sie in Ihrer beruflichen Zweitwohnung ein Arbeitszimmer, das Sie »als Mittelpunkt der beruflichen Tätigkeit« (➤ Rz 282) steuerlich absetzen können, oder ein Home-Office, gehört das **nicht** zur Wohnfläche. Ohne die anteilige Miete für das Arbeitszimmer bleiben Sie vielleicht unter der 1.000-€-Grenze. Zur steuerlichen Anerkennung eines Arbeitszimmers vgl. ➤ Rz 273 ff.

443 Phantasie ist gefordert, wenn Sie nur gelegentlich Ihre Hauptwohnung aufsuchen. Die Fiskalritter werden da nämlich auf den linken Dreh verfallen, sie

Ihnen als Lebensmittelpunkt abzusprechen. Bei mehr als zwei Fahrten im Monat ist alles in Butter, fahren Sie seltener, gibt es erhebliche Probleme, und bei unter sechs Fahrten im Jahr soll es mit dem Absetzen der Fahrtkosten nach dem Fiskalwillen ganz aus sein.

Diese Streichgelüste haben allerdings einen empfindlichen Dämpfer bekommen. Der BFH hat nämlich entschieden, dass die Zahl der Heimfahrten zwar ein wichtiges Indiz für den Lebensmittelpunkt sei, aber auf keinen Fall die allein selig machende Weisheit und daher einem Alleinstehenden mit nur drei Heimfahrten im Jahr diese als Fahrten zwischen Wohnung und Arbeitsstätte anerkannt (Urt. v. 10.2.2000 – VI R 60/98, DStR 2000 S. 728).

Ausschlaggebend ist, dass Sie Ihrem Finanzamt klarmachen, dass am bisherigen Wohnort Ihre persönlichen Bindungen besonders stark sind und Sie kein Interesse am Aufbau eines neuen Bekanntenkreises am Beschäftigungsort haben, weil Sie dort sowieso nur für eine begrenzte Zeit bleiben wollen; dass häufigere Fahrten zum Wohnort allein an der großen Entfernung und den damit verbundenen Kosten scheitern. Bei so wenig Fahrten müssen Sie allerdings darauf gefasst sein, dass Ihre Hauptwohnung nicht mehr als eigener Hausstand durchgeht und Ihnen nur der Abzug der Fahrtkosten, nicht dagegen der Unterkunftskosten und Familienheimfahrten bleibt.

SUPER TRICK

Setzen Sie zweimal Umzugskosten ab!

So eine doppelte Haushaltsführung ist ja für eine gewisse Zeit vielleicht ganz nett, weil Sie unter der Woche am Abend tun und lassen können, was Sie wollen. Doch irgendwann werden Sie sich Gedanken über eine Familienzusammenführung machen. Also stiefeln Sie los und suchen eine passende Wohnung. Damit die ganze Sache für Sie nicht zu teuer wird, werden Sie das Finanzamt kräftig zur Ader lassen. 444

Zunächst einmal werden Sie Ihre Fahrtkosten zur Wohnungssuche mit 0,30 € je Kilometer unter berufsbedingten Umzugskosten ansetzen. Dann natürlich den Umzug in die neue Wohnung, denn schließlich ziehen Sie ja mit Ihrer Familie aus Zeitersparnisgründen in die Nähe Ihrer Arbeitsstelle (vgl. ➤ Rz 399). Doch damit nicht genug. Sie mussten ja schließlich und endlich Ihre berufliche Zweitwohnung aufgeben. Auch diese Umzugskosten können Sie absetzen und darüber hinaus die Kosten für deren Renovierung (FG München – EFG 1992 S. 187 rk). Bewahren Sie unbedingt die Belege für Ihre Umzugskosten, etwa für Renovierung, Transportkosten und sonstige Auslagen (➤ Rz 413), auf. Natürlich achten Sie als ehrlicher Steuerzahler peinlichst darauf, dass Ihnen nicht etwa Rechnungen für Tapeten und Farbe zur Herrichtung Ihrer neuen Familienwohnung dazwischengeraten. Auf den Abzug von Pauschalen für sonstige Umzugsauslagen (➤ Rz 407) können Sie sich bei einem Umzug im Zusammenhang mit der Begründung oder Beendigung einer doppelten Haushaltsführung leider nicht berufen (BFH v. 14.6.2007 – BStBl 2007 II S. 890).

SUPER TRICK

Bringen Sie mit »dreifacher« Haushaltsführung das Finanzamt zur Weißglut!

445 Sind Sie beide, Sie und Ihre bessere Hälfte, an getrennten Orten auswärts tätig und haben beide dort für die Zeit unter der Woche eine Unterkunft gemietet, dann ist »dreifache« Haushaltsführung angesagt. Denn wenn beide nicht am Wohnort arbeiten, muss das Finanzamt für jeden von Ihnen doppelte Haushaltsführung anerkennen (FG Rheinland-Pfalz v. 16.10.1992 – EFG 1993 S. 300 und BFH v. 6.10.1994 – BStBl 1995 II S. 184).

TRICK

Setzen Sie die Wohnungskosten weiter ab, wenn Sie wieder auf Jobsuche sind.

446 Wenn Sie bislang eine doppelte Haushaltsführung hatten und jetzt Ihren bisherigen Job beendet haben, können Sie die Miete für Ihre ursprünglich für die doppelte Haushaltsführung genutzte Wohnung so lange weiter als ***vorweggenommene Werbungskosten*** absetzen, wie Sie nach einem neuen Job suchen. (FG Münster v. 12.6.2019 – 7 K 57/18 E, EFG 2019 S. 1278).

13. Bürgschaft für Arbeitgeber

447 Haben Sie in der Vergangenheit als leitender Angestellter Ihrer Firma einmal aus einer finanziellen Klemme geholfen und eine **Bürgschaft** übernommen, ist das so lange eine tolle Sache, wie es Ihrer Firma gut geht. Werden Sie aber aus der Bürgschaft in Anspruch genommen, kann das für Sie ganz schön teuer werden. Deshalb ist es besonders wichtig, dass Sie in einem solchen Fall den Fiskus an Ihren erheblichen Kosten beteiligen können, indem Sie die Zahlungen aus der Bürgschaft als Werbungskosten absetzen. Die Chancen dafür stehen gar nicht so schlecht. Vor allem, wenn Sie als Angestellter nicht gleichzeitig auch

Gesellschafter Ihres Arbeitgebers sind oder wenn Ihre Beteiligung nur recht gering ist, lässt der BFH Ihre Kosten aus der Bürgschaft als Werbungskosten zu (BFH v. 8.7.2015 – VI R 77/14 BStBl 2016 II S.60). In diesem Fall können Sie durch die Steuerersparnis je nach Höhe Ihres Einkommens Vater Staat mit nahezu 50 % an Ihren Kosten beteiligen.

Sind Sie dagegen mit einem erheblichen Anteil als Gesellschafter an der Firma beteiligt, stellen die Kosten aus der Bürgschaft allenfalls weitere Anschaffungskosten für Ihre Beteiligung dar und führen erst dann zu einer Steuerersparnis, wenn Sie Ihre Beteiligung verkaufen oder sie z.B. infolge einer Liquidation oder gar einer Insolvenz der Firma untergeht.

Lieber Heinz, hier bei uns ist alles noch beim Alten. Du musst Dir also keine Sorgen in Deinen Ferien machen. Wenn wir die letzten Raten für das Schlafzimmer und die ersten für den neuen Geschirrspüler nicht bezahlen, dann können wir ohne weiteres die geforderte Anzahlung für den Wäschetrockner aufbringen.
Liebe Grüße von Deiner Muschi
(Aus »Sehr geehrter Herr Firma!«, dtv)

IV. Der Lohnsteuerabzug

1. Die elektronische Steuerkarte und die Steuerklassen

Das Eintreiben der Steuer für Arbeitseinkünfte hat der Fiskus bekanntlich den Betrieben aufgebürdet. Sie haben für jeden ihrer Arbeitnehmer die (Lohn-) Steuer festzustellen, vom Arbeitslohn einzubehalten und an das Betriebsstättenfinanzamt abzuführen. **448**

Die Höhe der Lohnsteuer wird – außer im Fall der Pauschalierung – aus der Lohnsteuertabelle abgelesen. Dabei werden die persönlichen Verhältnisse (Familienstand und Kinder) des Arbeitnehmers berücksichtigt, die in verschlüsselter Form, ausgedrückt durch Steuerklassen, angegeben sind.

1. In die *Steuerklasse I* gehören Arbeitnehmer, die
   a) ledig sind,
   b) verheiratet, verwitwet oder geschieden sind und bei denen die Voraussetzungen für die Steuerklasse III oder IV nicht erfüllt sind;
2. in die *Steuerklasse II* gehören die unter Nummer 1 bezeichneten Arbeitnehmer, wenn ihnen ein Kinderfreibetrag oder Kindergeld für mindestens ein Kind zusteht;
3. in die *Steuerklasse III* gehören Arbeitnehmer,
   a) die verheiratet sind, wenn beide Ehegatten unbeschränkt einkommensteuerpflichtig sind und nicht dauernd getrennt leben und der Ehegatte des Arbeitnehmers
   aa) keinen Arbeitslohn bezieht oder
   bb) auf Antrag beider in die Steuerklasse V eingereiht wird,
   b) die verwitwet sind, wenn sie und ihr verstorbener Ehegatte zum Zeitpunkt seines Todes unbeschränkt einkommensteuerpflichtig waren und zu diesem Zeitpunkt nicht dauernd getrennt gelebt haben, für das Kalenderjahr, das dem Todesjahr des Ehegatten folgt,
   c) deren Ehe aufgelöst worden ist, wenn
      aa) im Kalenderjahr der Auflösung der Ehe beide Ehegatten unbeschränkt einkommensteuerpflichtig waren und nicht dauernd getrennt gelebt haben,

bb) der andere Ehegatte wieder geheiratet hat, von seinem neuen Ehegatten nicht dauernd getrennt lebt und er und sein neuer Ehegatte unbeschränkt einkommensteuerpflichtig sind, für das Kalenderjahr, in dem die Ehe aufgelöst worden ist;

4. in die *Steuerklasse IV* gehören Arbeitnehmer, die verheiratet sind, wenn beide Ehegatten unbeschränkt einkommensteuerpflichtig sind und nicht dauernd getrennt leben und der Ehegatte ebenfalls Arbeitslohn bezieht;
5. in die *Steuerklasse V* gehören die unter Nummer 4 bezeichneten Arbeitnehmer, wenn der Ehegatte auf Antrag beider in die Steuerklasse III eingereiht wird;
6. die *Steuerklasse VI* gilt bei Arbeitnehmern, die nebeneinander von mehreren Arbeitgebern Arbeitslohn beziehen, für die Einbehaltung der Lohnsteuer vom Arbeitslohn aus dem zweiten und weiteren Dienstverhältnis.

Alle Daten, die für die Ermittlung Ihrer Lohnsteuer relevant sind (elektronische Lohnsteuerabzugsmerkmale oder kurz ELStAM genannt), kann der Arbeitgeber aus einer zentralen Datenbank elektronisch abrufen. Sie müssen ihm dazu vor Beginn der Beschäftigung Ihre Steueridentifikationsnummer und Ihr Geburtsdatum mitteilen. Außerdem müssen Sie ihn informieren, ob er Ihr Hauptarbeitgeber ist oder ob Sie zu ihm in einem zweiten oder weiteren Dienstverhältnis stehen, für das die Besteuerung nach der Steuerklasse VI erfolgt.

Viele Änderungen Ihrer Lohnsteuerabzugsmerkmale werden automatisch berücksichtigt, z.B. die Geburt eines Kindes, Heirat, Scheidung, Tod oder Kirchenaustritt. Für alle Änderungen der Steuerklassen bei Ehepartnern und die Eintragung von Freibeträgen ist ausschließlich das Finanzamt zuständig.

WICHTIGER HINWEIS

449 Die Datenbank des Fiskus enthält eine große Zahl von Fehlern. Auch die laufende Aktualisierung klappt nicht immer so reibungslos, wie es eigentlich sein sollte. Kontrollieren Sie daher Ihre Lohnabrechnung ganz genau darauf, ob Ihre Lohnsteuermerkmale stimmen. Falls das nicht der Fall ist, wenden Sie sich umgehend an Ihr Finanzamt und bitten um Korrektur. Wenn die Korrektur nicht in akzeptabler Zeit möglich ist, stellt Ihnen das Finanzamt eine Bescheinigung über die zutreffenden Besteuerungsmerkmale aus. Ihr Arbeitgeber kann dann die Besteuerung nach dieser Papierbescheinigung vornehmen und die elektronische Lohnsteuerkarte so lange ignorieren, bis sie korrigiert und endlich zutreffend ist.

2. Ab welchem Verdienst bin ich überhaupt steuerpflichtig?

Das zu wissen ist wichtig, wie wir bei verschiedenen Tricks gesehen haben. Am einfachsten ersieht man dies aus der Jahreslohnsteuertabelle. **450**

Ich gebe hier die Mindestgrenzen an, ab denen man Lohnsteuer zu zahlen hat. Dabei ergeben sich unterschiedliche Beträge, je nachdem, ob für Sie die allgemeine oder die besondere Lohnsteuertabelle anzuwenden ist. Der Unterschied zwischen den beiden Tabellen liegt in der Höhe der als Freibetrag eingearbeiteten Vorsorgepauschale, mit der im laufenden Jahr Ihre Versicherungsbeiträge abgegolten werden. In der allgemeinen Lohnsteuertabelle, die vorrangig für sozialversicherungspflichtige Arbeitnehmer gedacht ist, ist die Vorsorgepauschale höher, weil sie eine Zusatzkomponente für die Altersvorsorgebeiträge (Rentenversicherung) enthält. Diese Freibetragskomponente fehlt bei der besonderen Lohnsteuertabelle, die deshalb in erster Linie bei nicht sozialversicherungspflichtigen Arbeitnehmern zur Anwendung kommt, wie Beamten, Richtern, Soldaten etc., Pensionären und Rentnern, die sich ihre Rente durch einen Job aufbessern.

Beginn der Lohnsteuerpflicht		
Allgemeine Lohnsteuertabelle		
	2021	
Steuerklasse	Monatstabelle	Jahrestabelle
	€	€
I/IV	1.121,16 €	13.453,99 €
II	1.509,24 €	18.110,99 €
III	2.127,91 €	25.534,99 €
V	108,49 €	1.301,99 €
VI	0,83 €	9,99 €
Besondere Lohnsteuertabelle		
	2021	
Steuerklasse	Monatstabelle	Jahrestabelle
	€	€
I/IV	1.021,66 €	12.259,99 €
II	1.391,33 €	16.659,99 €
III	1.945,08 €	23.340,99 €
V	98,91 €	1.186,99 €
VI	0,83 €	9,99 €

3. Frei- und Pauschbeträge

451 Beim Lohnsteuerabzug sind ab dem Jahr 2021 folgende Frei- und Pauschbeträge eingearbeitet:

- Ein Tabellengrundfreibetrag für alle von 9.744 €, der sich in Steuerklasse III auf 19.488 € verdoppelt. Er entfällt in den Steuerklassen V und VI.
- Ein Arbeitnehmerpauschbetrag von 1.000 € in den Steuerklassen I bis V. Bei Bezug von Versorgungsbezügen (Pensionen, Werksrenten etc.) beträgt der Pauschbetrag nur 102 €.
- Ein Sonderausgabenpauschbetrag von 36 €, der sich in Steuerklasse III auf 72 € verdoppelt. Er entfällt in den Steuerklassen V und VI.
- Eine Vorsorgepauschale: Arbeitslohn × 7,812 % (Rentenversicherung) + Arbeitslohn × 7,00 % Krankenversicherung + Arbeitslohn × 50 % des individuellen Zusatzbeitragssatzes Krankenversicherung + Arbeitslohn × 1,525 % Pflegeversicherung (1,775 % für Kinderlose).
- Ein Entlastungsbetrag für alleinerziehende Steuerzahler mit einem Kind in einer Höhe von 4.008 € zzgl. 240 € für jedes weitere Kind in Steuerklasse II. Entgegen früherer Planungen wird der Entlastungsbetrag nicht wieder auf 1.908 € abgesenkt, so dass es dauerhaft bei 4.008 € bleibt.
- Kinderfreibeträge sind nicht in die Lohnsteuertabellen eingearbeitet. Allerdings wird ein Kinderfreibetrag von monatlich 455 € (mit der Zahl 1,0) bzw. 227,50 € (mit der Zahl 0,5 – Eltern sind geschieden, leben dauernd getrennt oder sind nicht verheiratet) und ein Betreuungsfreibetrag von monatlich 244 € (Zahl 1,0) bzw. 122 € (Zahl 0,5) bei der Berechnung der Kirchensteuer und des Solidaritätszuschlags berücksichtigt.

4. Wählen Sie die Steuerklasse richtig, wenn Sie und Ihr Ehepartner verdienen

452 Wenn Sie *und* Ihr Ehegatte in einem Arbeitsverhältnis stehen, können sich beide die Steuerklasse IV eintragen lassen oder einer III und der andere V.

TIPP

Bei Heirat Steuerklassenkombination prüfen!

Bei der Zuweisung der Lohnsteuerklassen für frisch Verheiratete in der elektronischen Lohnsteuerkarte macht es sich der Fiskus sehr einfach: Er weist immer die Steuerklassenkombination IV/IV zu. Damit fahren die Ehepartner keinen Deut besser als zuvor als Ledige mit der Steuerklasse I. Die Steuerklasse IV bekommen Sie nach der Heirat übrigens auch dann zugewiesen, wenn Sie der Alleinverdiener in der Familie sind, obwohl Ihnen eigentlich die viel günstigere Steuerklasse III zusteht. Ich finde, da wackelt ganz gewaltig der Schwanz mit dem Hund. Nur weil es dem Fiskus zu kompliziert ist, die richtige Steuerklassenzuweisung im ELStAM–Verfahren umzusetzen, wird das Gesetz verbogen, und Sie müssen nach der Heirat erst einmal losstiefeln und einen Antrag auf Steuerklasse III beim Finanzamt stellen, damit Sie im Lauf des Jahres nicht übermäßig viel Steuern zahlen.

WICHTIGER HINWEIS

Es hat zwar eine halbe Ewigkeit gedauert, bis der Fiskus ein Einsehen hatte, **453**
aber nun hat schließlich doch die Vernunft gesiegt. Ab 2020 ist endlich die unselige Beschränkung entfallen, dass Ehegatten nur einmal im Jahr die Steuerklassenkombination ändern können. Nun können Sie und Ihre bessere Hälfte die Steuerklasse praktisch so oft ändern, wie Sie möchten. Sie müssen dazu auch nicht mehr die Voraussetzungen besonderer Ausnahmen erfüllen.
Anträge auf Änderung der Lohnsteuerklasse können bei Ihrem Finanzamt allerdings weiterhin nur in der Zeit vom 1.10. des Vorjahres bis zum 30. November des Jahres gestellt werden, für das die Lohnsteuerkarte gilt.

Bei der Kombination III/V z.B. kann man viel Steuern sparen, wenn ein Ehe- **454**
gatte viel weniger verdient als der andere oder nur als Aushilfe tätig wird. Denn in Klasse V sind die geringsten, in Klasse III die höchsten Freibeträge eingearbeitet. Werden Sie beide aber nach Steuerklasse IV besteuert, ergibt sich zumeist eine Überzahlung, die Sie erst durch eine Antragsverlängerung erstattet bekommen können.
Werden Sie nach der Steuerklasse III und Ihr Ehegatte nach der Steuerklasse V besteuert, wird Ihnen in der Regel zu viel Lohnsteuer einbehalten, wenn Ihr Ehegatte mehr als 40 % (Faustregel) zum Gesamteinkommen beiträgt. Dagegen wird zu wenig Lohnsteuer einbehalten, wenn er weniger als 40 % des Gesamteinkommens erzielt und dieses ca. 16.000 € jährlich übersteigt.
Wenn Sie später allerdings einen Antrag auf Ausgleichsveranlagung stellen, ist es gleich, ob Sie Lohnsteuer nach den Klassen III und V oder nur nach der Klasse IV bezahlt haben. Denn dann werden beide Einkünfte in einen Topf geworfen und nach der Splittingtabelle besteuert, die der Steuerklasse III entspricht.
Mit welcher Steuerklassenkombination er sich am besten stellt, muss jeder für seine persönlichen Verhältnisse selbst ausrechnen (Tabellen siehe ➤ Rz 456 f.). Wer es ganz genau wissen will, kann sich die günstigste Kombination auch im Internet ausrechnen (www.bmf-steuerrechner.de). Die Tabellen gehen jeweils vom Monatslohn des höherverdienenden Ehegatten aus. Dazu ist angegeben der Monatslohn des geringerverdienenden Ehegatten, der bei einer Steuerklas-

senkombination III/V nicht überschritten werden sollte. Der höherverdienende Ehegatte erhält dann die Steuerklasse III. Anderenfalls kommt die Steuerklassenkombination IV/IV in Betracht.

Beispiel
Bei einem Arbeitnehmerehepaar – beide rentenversicherungspflichtig – ohne Kinder bezieht der höherverdienende Ehegatte 2021 einen Monatslohn (nach Abzug etwaiger Freibeträge) von 2.100 €. Wenn der Monatslohn des geringerverdienenden Ehegatten nicht mehr als 1.667 € (siehe Spalte 2 der ersten Tabelle) beträgt, führt die Steuerklassenkombination III/V zur geringsten Lohnsteuer. Übersteigt er 1.667 €, ist die Steuerklassenkombination IV/IV günstiger.

WICHTIGER HINWEIS

455 Die Leistungen des Arbeitsamts richten sich nach Leistungsgruppen, die wiederum von Ihrer Steuerklasse am 1. Januar abhängen. Wenn Sie verheiratet sind und schon vor Beginn des neuen Jahres wissen, dass Sie dann arbeitslos werden, sollten Sie unbedingt noch schnell in die Steuerklasse III wechseln, um die höheren Leistungen nach der Leistungsgruppe C zu kassieren. Ihr Ehepartner wechselt in die Steuerklasse V, auch wenn dadurch zunächst einmal zu viel Lohnsteuer gezahlt wird. Die können Sie sich aber im übernächsten Jahr durch eine Antragsveranlagung vom Finanzamt zurückholen. Das fehlende Arbeitslosengeld durch falsche Steuerklassenwahl dagegen ist ein für alle Mal verloren.
Eine Änderung der Steuerklasse im Lauf des Jahres, in dem Sie arbeitslos werden oder während Sie Leistungen vom Arbeitsamt beziehen, wird von diesem mit Argusaugen auf ihre Zweckmäßigkeit hin untersucht. Im Klartext bedeutet das: Das Arbeitsamt macht den Steuerklassenwechsel nur mit, wenn dadurch insgesamt eine niedrigere Lohnsteuer herausspringt. Haben Sie eine andere Kombination der Steuerklassen gewählt, setzt es fiktiv die günstigere an. Erkundigen Sie sich also vorher beim Arbeitsamt, ob sich eine Änderung der Steuerklassen für die Berechnung von Arbeitslosengeld, Arbeitslosenhilfe, Unterhaltsgeld etc. lohnt.

A) Tabelle zur richtigen Steuerklassenwahl 2021 (bei Rentenversicherungspflicht des höherverdienenden Ehegatten)* 456

Monatlicher Arbeitslohn A* in €	Monatlicher Arbeitslohn B* in € bei … des geringerverdienenden Ehegatten		Monatlicher Arbeitslohn A* in €	Monatlicher Arbeitslohn B* in € bei … des geringerverdienenden Ehegatten	
	Rentenversicherungspflicht	Rentenversicherungsfreiheit		Rentenversicherungspflicht	Rentenversicherungsfreiheit
1	2	3	4	5	6
1.250	248	226	3.500	2.505	2.238
1.300	308	281	3.550	2.540	2.268
1.350	379	345	3.600	2.575	2.295
1.400	457	416	3.650	2.611	2.325
1.450	539	491	3.700	2.645	2.354
1.500	627	571	3.750	2.681	2.384
1.550	718	654	3.800	2.717	2.415
1.600	815	742	3.850	2.752	2.444
1.650	913	832	3.900	2.787	2.473
1.700	1.014	924	3.950	2.823	2.502
1.750	1.109	1.011	4.000	2.860	2.531
1.800	1.329	1.212	4.050	2.894	2.561
1.850	1.377	1.263	4.100	2.929	2.590
1.900	1.428	1.316	4.150	2.965	2.621
1.950	1.482	1.366	4.200	2.999	2.648
2.000	1.539	1.419	4.250	3.035	2.677
2.050	1.602	1.477	4.300	3.072	2.708
2.100	1.667	1.537	4.350	3.109	2.739
2.150	1.716	1.582	4.400	3.148	2.771
2.200	1.745	1.607	4.450	3.187	2.803
2.250	1.773	1.630	4.500	3.227	2.837
2.300	1.801	1.653	4.550	3.269	2.872
2.350	1.827	1.675	4.600	3.311	2.907
2.400	1.853	1.696	4.650	3.357	2.945
2.450	1.877	1.716	4.700	3.400	2.981
2.500	1.902	1.737	4.750	3.446	3.019
2.550	1.923	1.755	4.800	3.494	3.059
2.600	1.945	1.773	4.850	3.544	3.100
2.650	1.965	1.789	4.900	3.600	3.147
2.700	1.984	1.805	4.950	3.659	3.196
2.750	2.005	1.822	5.000	3.721	3.247
2.800	2.029	1.843	5.050	3.785	3.299
2.850	2.053	1.863	5.100	3.850	3.353
2.900	2.076	1.881	5.150	3.921	3.412
2.950	2.110	1.910	5.200	3.991	3.472
3.000	2.147	1.941	5.250	4.066	3.534
3.050	2.187	1.974	5.300	4.148	3.602
3.100	2.221	2.003	5.350	4.230	3.670
3.150	2.257	2.033	5.400	4.325	3.747
3.200	2.293	2.062	5.450	4.418	3.825
3.250	2.327	2.091	5.500	4.522	3.912
3.300	2.361	2.119	5.550	4.639	4.008
3.350	2.396	2.148	5.600	4.760	4.111
3.400	2.433	2.179	5.650	4.900	4.233
3.450	2.469	2.209	5.700	5.050	4.372

*Nach Abzug etwaiger Freibeträge.

457 B) Tabelle zur richtigen Steuerklassenwahl 2021 (bei Rentenversicherungsfreiheit des höherverdienenden Ehegatten)*

Monatlicher Arbeitslohn A* in €	Monatlicher Arbeitslohn B* in € bei … des geringerverdienenden Ehegatten		Monatlicher Arbeitslohn A* in €	Monatlicher Arbeitslohn B* in € bei … des geringerverdienenden Ehegatten	
	Rentenversicherungspflicht	Rentenversicherungsfreiheit		Rentenversicherungspflicht	Rentenversicherungsfreiheit
1	2	3	4	5	6
1.250	402	366	3.050	2.752	2.444
1.300	478	435	3.100	2.791	2.475
1.350	564	514	3.150	2.833	2.510
1.400	660	602	3.200	2.873	2.543
1.450	762	694	3.250	2.912	2.576
1.500	868	791	3.300	2.952	2.609
1.550	976	890	3.350	2.992	2.643
1.600	1.085	989	3.400	3.033	2.676
1.650	1.326	1.210	3.450	3.075	2.711
1.700	1.384	1.270	3.500	3.116	2.746
1.750	1.446	1.333	3.550	3.161	2.783
1.800	1.513	1.395	3.600	3.206	2.820
1.850	1.586	1.462	3.650	3.254	2.859
1.900	1.665	1.535	3.700	3.302	2.899
1.950	1.745	1.606	3.750	3.354	2.942
2.000	1.792	1.645	3.800	3.404	2.983
2.050	1.840	1.686	3.850	3.458	3.028
2.100	1.886	1.723	3.900	3.513	3.074
2.150	1.926	1.757	3.950	3.570	3.122
2.200	1.967	1.791	4.000	3.632	3.172
2.250	2.005	1.822	4.050	3.692	3.222
2.300	2.043	1.854	4.100	3.758	3.277
2.350	2.081	1.885	4.150	3.825	3.334
2.400	2.145	1.939	4.200	3.897	3.393
2.450	2.207	1.990	4.250	3.972	3.456
2.500	2.268	2.042	4.300	4.050	3.520
2.550	2.325	2.088	4.350	4.133	3.589
2.600	2.379	2.132	4.400	4.220	3.661
2.650	2.427	2.174	4.450	4.315	3.742
2.700	2.474	2.210	4.500	4.415	3.822
2.750	2.516	2.247	4.550	4.523	3.914
2.800	2.558	2.280	4.600	-	4.015
2.850	2.593	2.312	4.650	-	4.125
2.900	2.635	2.345	4.700	-	4.252
2.950	2.674	2.379	4.750	-	4.410
3.000	2.713	2.412	4.800	-	4.616

*Nach Abzug etwaiger Freibeträge.

458 Faktorverfahren statt Steuerklasse III/V

Den Nachteil bei der Steuerklassenkombination III/V trägt vor allem der Ehepartner, der in Steuerklasse V eingereiht wird. Weil praktisch alle Frei- und Pauschbeträge für Ehegatten in der Steuerklasse III zusammengefasst sind, zahlt er überproportional viel Lohnsteuer. Wählen die Ehepartner dagegen die Steuerklasse IV/IV, zahlt der Besserverdienende erheblich höhere Steuern als eigentlich notwendig. Diesem vermeintlichen Problem will der Fiskus mit dem sog. **Faktorverfahren** begegnen. Statt der Steuerklassenkombination III/V können die Ehegatten sich vom Finanzamt jeweils »ihren« **Faktor** auf der Lohnsteuerkarte eintragen lassen. Dieser ergibt sich aus dem Verhältnis der voraussichtlichen gemeinsamen Einkommensteuer zur gemeinsamen Lohnsteuer, berechnet nach der Steuerklasse IV. Der Arbeitgeber berechnet dann mit Hilfe des Faktors den Steueranteil des Ehegatten.

Beispiel:
Bei einem Ehepaar verdient die Ehefrau 30.000 € und der Ehemann 10.000 € im Jahr. Die gemeinsame Einkommensteuer nach dem Splittingtarif beträgt ohne weitere besondere absetzbare Kosten ca. 2.282 €. An Lohnsteuer nach der Steuerklasse IV würden für sie 3.309 € anfallen, für ihn 0 €, zusammen also 3.309 €. Wie Sie sehen, würde das Ehepaar allein wegen der Steuerklassenkombination IV/IV 1.027 € Steuern zu viel zahlen. Hinzu käme noch die Kirchensteuer.
Das Finanzamt rechnet nun das Verhältnis zwischen 2.282 € Einkommensteuer und 3.309 € Lohnsteuer aus. Daraus ergibt sich der Faktor 0,690, der auf den Lohnsteuerkarten beider Ehepartner eingetragen wird.
Die Arbeitgeber der Eheleute rechnen die Lohnsteuer nun so aus:
Ehefrau: Lohn 30.000 € = Lohnsteuer IV = 3.309 € × 0,690 = 2.283 €
Ehemann: Lohn 10.000 € = Lohnsteuer IV = 0 € × 0,690 = 0 €
Damit beträgt der Lohnsteuerabzug insgesamt nur noch 2.283 € statt wie bisher 3.309 €.

TRICK

Sparen Sie mit Steuerklasse III/V weiterhin im Lauf des Jahres Steuern!

Liebe Leser, lassen Sie sich nicht auf den Arm nehmen. Das Faktorverfahren wird von Politikern gern als Segen für teilzeitbeschäftigte Ehefrauen verkauft, die wegen der hohen Abzüge in der Steuerklasse V angeblich in Scharen in nicht rentenversicherungspflichtige Minijobs flüchten. Sie werden nicht darauf hereinfallen. Entscheidend ist schließlich, was insgesamt auf dem Familienkonto landet, und nicht, ob der eine ein wenig mehr und der andere etwas weniger Steuern zahlt. Deshalb würde ich Ihnen im obigen Beispiel raten, die Finger vom Faktorverfahren zu lassen. Hätte das Ehepaar nämlich die Steuerklasse III/V gewählt, wären an Lohnsteuer im Lauf des Jahres bei ihr (30.000 € Lohn) 662 € und bei ihm (10.000 € Lohn) 977 €, also insgesamt nur 1.639 € angefallen. Das sind 644 € weniger als beim Faktorverfahren.

Richtig ist zwar, dass unser Musterehepaar diese 644 € über die Einkommensteuererklärung nachzahlen müsste, aber immerhin hätte es ein schönes zinsloses Steuerdarlehen.

TIPP

Lassen Sie sich den Faktor gleich für zwei Jahre eintragen!

Um das Verfahren sowohl für Sie als auch das Finanzamt weniger aufwendig zu gestalten, können Sie sich den Faktor gleich für zwei Jahre im Voraus eintragen lassen.

5. Mehrere Arbeitsverhältnisse

459 Wenn Sie mit Ihrem Arbeitgeber nicht ein klares Aushilfsverhältnis vereinbaren, sind Sie grundsätzlich verpflichtet, ihm bei Dienstbeginn folgende Angaben zu machen, damit er beim Fiskus die für Sie maßgebenden elektronischen Lohnsteuerabzugsmerkmale (elektronische Lohnsteuerkarte) abrufen kann:

- Ihre Steuer-Identifikationsnummer,
- Ihr Geburtsdatum,
- ob es sich um Ihr erstes oder ein weiteres Arbeitsverhältnis handelt,
- ob Ihr Arbeitgeber einen von Ihnen beim Finanzamt beantragten Lohnsteuerfreibetrag abrufen soll, und wenn, in welcher Höhe der Freibetrag in diesem Arbeitsverhältnis berücksichtigt werden soll.

Das gilt auch, wenn Sie mehrere Dienstverhältnisse begründen. Bei einem zweiten und weiteren Arbeitsverhältnis wird Ihnen allerdings die Steuerklasse VI zugewiesen und ist Ihr Arbeitgeber verpflichtet, Lohnsteuer nach dieser ungünstigen Steuerklasse einzubehalten, in die ja praktisch keine Freibeträge oder Steuerermäßigungen eingearbeitet sind. Das ist alles gut und schön, wenn Sie genügend verdienen, denn es hat sich ja mittlerweile herumgesprochen, dass für Einkommen über dem Grundfreibetrag die Steuer mindestens 14 % ausmacht. Wenn Sie aber mit dem ersten Arbeitsverhältnis nicht steuerpflichtig sind, zahlen Sie mit einem zweiten und mit weiteren unweigerlich zu viel, weil man ja stur nach Steuerklasse VI die Steuer einbehält. Sie sollten in einem solchen Fall unbedingt einen Antrag auf Ausgleichsveranlagung stellen, damit Ihnen die über das Jahr zu viel gezahlte Steuer erstattet wird.

460 Natürlich ist es nicht sonderlich berauschend, wenn Sie, nur weil Sie zwei Jobs haben, in denen Sie jeweils 460 € im Monat verdienen, im Lauf des Jahres Lohnsteuer abdrücken sollen, während Ihnen das bei nur einem Job mit 920 € Monatsverdienst erspart bleibt.

Ja, Sie lesen richtig. Für Ihr erstes Dienstverhältnis bekommen Sie z. B. die Steuerklasse I, für jedes weitere die Steuerklasse VI. Und so sieht dann der Lohnsteuerabzug aus:

	2 Jobs à 460 €	1 Job à 920 €
Lohnsteuer Arbeitsverhältnis 1 (StKl I)	(460 €) = 0,00 €	(920 €) 0,00 €
Lohnsteuer Arbeitsverhältnis 2 (StKl VI)	(460 €) = 51,58 €	
Lohnsteuer insgesamt (monatlich)	51,58 €	0,00 €
Lohnsteuer insgesamt (jährlich)	619,00 €	0,00 €

Berücksichtigen Sie auch die Kirchensteuer (ca. 56 €), zahlen Sie während des Jahres knapp 675 € an Steuern, auf deren Erstattung Sie warten müssen, bis sich das Finanzamt bequemt, Ihre Steuererklärung im Jahr darauf zu bearbeiten und einen Steuerbescheid in die Welt zu setzen. In dieser Situation haben Sie zwei Möglichkeiten.

Variante 1 461

Sie können nach § 39a Abs. 7 EStG den lohnsteuerfreien Betrag sozusagen beliebig zwischen der Steuerkarte mit der Steuerklasse I und der mit der Steuerklasse VI verteilen. (Die lohnsteuerfreien Beträge in den einzelnen Steuerklassen finden Sie unter ➤ Rz 450.) Verdienen Sie also z. B. 500 € in Ihrem Erstjob, haben Sie einen steuerfreien Betrag von ca. 621 € monatlich, den Sie auf die Steuerkarte VI übertragen können. Technisch wird das so gelöst, dass Ihnen der entsprechende Betrag auf der Steuerkarte VI als Freibetrag und auf der Steuerkarte I als Hinzurechnungsbetrag, also quasi als negativer Freibetrag, eingetragen wird.

TIPP

zur elektronischen Lohnsteuerkarte

Wenn die zusammengerechneten Arbeitslöhne aus Ihren Arbeitsverhältnissen zusammen mit Ihren anderen Einkünften (aufs Jahr gesehen) insgesamt unter den max. steuerfreien Beträgen liegen, sollten Sie regelmäßig zu dieser Möglichkeit der Verteilung der Freibeträge greifen, weil dann schlussendlich überhaupt keine Steuern anfallen.
Da Ihr Arbeitgeber die Lohnsteuerdaten aus einer zentralen Datenbank abruft, müssen Sie ihm mitteilen, in welcher Höhe er den Freibetrag zur Steuerklasse VI abrufen soll. Im Beispiel oben teilen Sie Ihrem Brötchengeber also mit, er soll mit Ihren anderen Lohnsteuerdaten einen Freibetrag von 621 € abrufen.

Variante 2 462

Haben Sie zwei Jobs und liegen Sie mit Ihrem Verdienst im einen über 450 € und im anderen bei höchstens 450 €, können Sie von der Minijobregelung profitieren. Ein Zweitjob bis 450 € bleibt nämlich sozialversicherungsfrei und kann mit dem lächerlichen Betrag von 2 % pauschal besteuert werden. Der Vorteil für Sie: Sowohl die anfallenden pauschalen Sozialversicherungsbeiträge als auch die pauschale Steuer trägt Ihr Arbeitgeber. Sie bekommen also den Lohn aus Ihrem Zweitjob ohne Abzüge ausgezahlt.

Welche der beiden Varianten günstiger ist, hängt natürlich entscheidend davon ab, wie viel Sie im Erstjob verdienen, ob Sie die Steuerklasse I haben oder die Steuerklasse III mit doppelt so hohen Freibeträgen. Außerdem müssen Sie bei Ihren Vergleichen immer beachten, dass Sie bis zu 19,975 % Sozialversicherungsbeiträge am Hals haben, wenn Sie im Zweitjob mit Ihrem Verdienst über 450 € liegen. Machen Sie allerdings aus Ihrem Zweitjob eine 450-€-Beschäftigung, haben Sie aus diesem Arbeitslohn später geringere Rentenansprüche als aus normalem Arbeitslohn und für diesen Teil Ihres Lohns auch keinen Anspruch auf Arbeitslosengeld, falls Sie Ihren Job verlieren.

463 Für Ihre Berechnung können Sie sich an dem folgenden Beispiel orientieren:

Sie sind 40 Jahre alt und beziehen aus Ihrem Hauptjob 1.400 € und aus Ihrem Zweitjob 470 € Monatslohn. Um beim Zweitjob von der Minijobregelung zu profitieren, sollten Sie auf 20 € Lohnteil verzichten.

Gesamtnetto	Freibetrag		Gehaltsverzicht	
	Hauptjob StKl III	Aushilfe 470 € StKl VI	Hauptjob StKl III	Aushilfe 450 €
Bruttoarbeitslohn	1.400,00	470,00	1.400,00	450,00
Freibetrag 2.128 € (➤ Rz 450) – 1.400 €		– 728,00		
Hinzurechnungsbetrag	728,00			
maßgebender Arbeitslohn (fiktiv)	2.128,00	0,00	1.400,00	450,00
Abzüge:				
Lohnsteuer	– 0,00	– 0,00	– 0,00	– 0,00
Kirchensteuer	– 0,00	– 0,00	– 0,00	– 0,00
Solidaritätszuschlag	– 0,00	– 0,00	– 0,00	– 0,00
Sozialversicherung (ca. 20,0 %)	– 280,00	– 94,00	– 280,00	– 0,00
Nettoverdienst (Bruttoarbeitslohn ./. Abzüge)	1.120,00	376,00	1.120,00	450,00
Gesamtnetto aus beiden Beschäftigungen	1.496,00		1.570,00	

Wie Sie sehen, fahren Sie trotz eines Verzichts auf 20 € Lohn in Ihrem Zweitjob wesentlich besser. Unter dem Strich haben Sie jeden Monat ca. 74 € mehr im Geldsäckel. Aufs Jahr gerechnet macht das immerhin ein Plus von 888 €.

Das zahllose Beamtenheer ist die wahre
Peitsche Deutschlands.
(Freiherr vom Stein)

V. Lohnsteuerermäßigung durch Freibetrag beim Lohnsteuerabzug

Beantragen Sie beim Finanzamt, schon für das laufende Jahr einen Freibetrag 464
beim elektronischen Lohnsteuerabzugsverfahren zu berücksichtigen. Durch den Freibetrag ermäßigt sich die Lohnsteuer, die der Betrieb von Ihrem Arbeitslohn einbehalten muss. Das Finanzamt verteilt den Jahresfreibetrag gleichmäßig auf die Monate nach der Antragstellung. Der Antrag kann in der Zeit vom 1.10. des Vorjahres bis zum 30.11. des laufenden Jahres gestellt werden, für 2022 also in der Zeit von 1.10.2021 bis 30.11.2022.

Sie können den Freibetrag auch für zwei Jahre im Voraus beantragen.
Da das Verfahren zum elektronischen Abruf der Lohnsteuerabzugsmerkmale (ELStAM–Verfahren) endlich auf den rechtlich erforderlichen Stand gebracht ist, können Freibeträge für den Lohnsteuerabzug mit zweijähriger Gültigkeit eingetragen werden (BMF-Schreiben v. 21.5.2015 – IV C 5 – S 2365/15/10001). Für Sie heißt das: Ändert sich Ihr Freibetrag von Jahr zu Jahr nicht, können Sie ihn z.B. für 2022 *und* 2023 eintragen lassen. Das Finanzamt speichert ihn dann im elektronischen Lohnsteuerkartendatensatz, der automatisch an Ihren Arbeitgeber übermittelt wird. Das nächste Mal müssen Sie erst wieder für das Jahr 2024 zum Finanzamt, es sei denn, an Ihren Aufwendungen ändert sich zwischenzeitlich etwas.

TIPP

zum Freibetrag

Wenn Sie den **Antrag so spät wie möglich stellen**, z.B. erst im November, wird der Jahresfreibetrag in voller Höhe bei der Lohnsteuerberechnung für Dezember abgezogen.
Haben Sie bei der Eintragung alle Ihre Kosten durchdrücken können, weil Sie durch die späte Antragstellung alles belegen konnten, haben Sie damit gleichzeitig die Antragsveranlagung quasi vorgezogen und als Erster Ihr Geld zurück.
Der Kinderfreibetrag wird durch Änderung der Lohnsteuerklasse berücksichtigt. Bringen Sie dazu die Geburtsurkunde des Kindes mit. Allerdings wirken sich Kinder beim Lohnsteuerabzug nur auf die Höhe der Kirchensteuer und –

soweit Sie aufgund der Höhe Ihres Einkommens noch davon betroffen sind – des Solidaritätszuschlags aus. Eine Ermäßigung der Lohnsteuer erfolgt nicht, da für das Kind im laufenden Jahr schon Kindergeld gezahlt wird. Etwas anderes gilt allerdings für Alleinerziehende mit der Steuerklasse II. Haben Sie mehr als ein Kind, wird der Freibetrag für Alleinerziehende von 4.008 €, der nun übrigens über das Jahr 2021 hinaus gültig bleibt, für jedes weitere Kind, das in Ihrem Haushalt lebt, um 240 € erhöht. Sie sollten daher in jedem Fall einen Lohnsteuerermäßigungsantrag stellen und die Erhöhung für Ihr zweites und evtl. weitere Kinder beantragen.

465 Auf der Lohnsteuerkarte können mit Einschränkung folgende Freibeträge eingetragen werden:

- Werbungskosten nach Abzug des Arbeitnehmerpauschbetrags von 1.000 €;
- Kinderbetreuungskosten (§ 10 Abs. 1 Nr. 5 EStG), Unterhaltsleistungen an den geschiedenen Ehegatten, auf besonderen Verpflichtungsgründen beruhende Renten und dauernde Lasten, Kirchensteuern, Aufwendungen für die Berufsausbildung nach Abzug des Sonderausgabenpauschbetrags von 36 €/72 €;
- außergewöhnliche Belastungen, Unterhalts- und Ausbildungsfreibeträge, Pflegepauschbetrag.

Ein Freibetrag wird in diesen Fällen nur eingetragen, wenn die Aufwendungen bzw. die abziehbaren Beträge insgesamt mindestens 600 € betragen. Liegen Sie unter dieser Grenze, können Sie die Steuerermäßigung erst im Rahmen einer Antragsveranlagung oder Veranlagung zur Einkommensteuer beantragen.

Ohne Einschränkung und ohne Beachtung der 600-€-Grenze können folgende Beträge eingetragen werden:

- Behindertenpauschbetrag;
- Erhöhungsbetrag von 240 € je Kind zum Entlastungsbetrag für Alleinerziehende,
- der Entlastungsbetrag für Alleinerziehende von 4.008 €, wenn Sie Anspruch auf Witwensplitting haben und deshalb in die Steuerklasse III und nicht in die Steuerkasse II eingestuft werden,
- das Vierfache der Steuerermäßigung nach § 34 f EStG für Spenden an politische Parteien und unabhängige Wählergemeinschaften,
- das Vierfache der Steuerermäßigung nach § 35 a EStG für haushaltsnahe Beschäftigungen, Dienstleistungen und Handwerkerleistungen;
- das Vierfache der Steuerermäßigung nach § 35 c EStG für energetische Maßnahmen bei zu eigenen Wohnzwecken genutzten Gebäuden,
- Verluste, die sich insgesamt ergeben beim Zusammenrechnen Ihrer Einkünfte aus Gewerbebetrieb, Land- und Forstwirtschaft, selbständiger Tätigkeit, Vermietung und Verpachtung und sonstigen Einkünften;

- ein in den Vorjahren noch nicht ausgeglichener Verlustabzug;
- Förderbeträge für
  - zu eigenen Wohnzwecken genutzte Baudenkmale (§ 10 f EStG),
  - schutzwürdige Kulturgüter (§ 10 g EStG).

Für Vorsorgeaufwendungen wird kein Freibetrag eingetragen. Vorsorgeauf- 466
wendungen sind insbesondere die Arbeitnehmerbeiträge zur gesetzlichen Sozialversicherung, Beiträge zu privaten Kranken-, Unfall-, Haftpflicht-, Lebens- oder Todesfallversicherungen und zu Bausparkassen. Die Vorsorgeaufwendungen werden bei der Lohnsteuer durch eine Vorsorgepauschale berücksichtigt, die in die Lohnsteuertabellen eingearbeitet ist. Wenn Ihnen höhere Vorsorgeaufwendungen entstehen, können Sie diese bei einer Veranlagung zur Einkommensteuer geltend machen.
Eine Ausnahme gilt für die **Beiträge zur einer privaten Krankenversicherung**. Wenn Sie dem Arbeitgeber eine Bescheinigung Ihrer Krankenkasse über die Höhe der voraussichtlich im laufenden Jahr zu zahlenden Basiskranken- und der Pflegepflichtversicherungsbeiträge einreichen, berücksichtigt er schon beim Lohnsteuerabzug die tatsächlichen Beträge, sofern diese höher sind als die Pauschale.

Osnabrück-Schilda
Auf dem Marktplatz wurden drei megamoderne Klohäuschen aufgestellt (Musikberieselung, automatische Spülung, elektronische Türöffner) – für 180.000 €. Das teure Zeug taugte nix: Mal musste die Feuerwehr mit der Brechstange anrücken, um eine eingeklemmte Tür aufzubrechen, mal ging das Häuschen, wie von Geisterhand gesteuert, auf, und der entblößte Benutzer stand im Freien.

SUPER TRICK

Lassen Sie sich den Freibetrag auf Zuruf eintragen!

Die Eintragung von Freibeträgen ist einfach: Sie nehmen das hierzu vorgese- 467
hene vereinfachte Antragsformular, beantragen, den Freibetrag wie im Vorjahr und die gleiche Kinderzahl einzutragen, und setzen im Antrag auf Lohnsteuerermäßigung nur noch das Kreuzchen an den magischen Satz »Die Verhältnisse haben sich nicht wesentlich verändert«. Ohne einen einzigen Beleg zu Gesicht zu bekommen, muss der Fiskalritter den gewünschten Freibetrag/Kinderzahl akzeptieren und in Ihren elektronischen Lohnsteuermerkmalen speichern. Berufen Sie sich notfalls auf § 39 a Abs. 2 S. 5 EStG.
Aber der Fiskus wäre nicht der Fiskus, wenn er bei einer so steuerzahlerfreundlichen Regelung nicht Fallstricke ausgelegt hätte, in diesem Fall zum einen die

Einkommensteuererklärungspflicht. **Wer einen Freibetrag – einzige Ausnahme bildet der Behindertenpauschbetrag – beantragt hat, ist verpflichtet, nach Jahresablauf eine Steuererklärung abzugeben,** bei der mit Sicherheit die geltend gemachten Kosten eingehend beäugt werden. Zum anderen will das Finanzamt von Ihnen eine Mitteilung, wenn sich Ihr Freibetrag im Nachhinein als zu hoch erweist. Es korrigiert ihn dann entsprechend nach unten.

WICHTIGER HINWEIS

Durch die Berücksichtigung eines Freibetrags im elektronischen Lohnsteuerabzugsmerkmal (ELStAM = elektronische Lohnsteuerkarte) erhalten Sie im Steuerabzugsverfahren automatisch eine niedrigere Vorsorgepauschale, als Ihnen aufgrund Ihres Lohns zusteht. Denn der Betrieb geht bei der Berechnung der Lohnsteuer von dem um den Freibetrag geminderten Arbeitslohn aus.

TIPP

Faktorverfahren nun auch für zwei Jahre!

Nicht nur der Freibetrag für den Lohnsteuerabzug, auch das sog. Faktorverfahren, bei dem Ehe- und Lebenspartner statt der Steuerklassenkombination III/V die Steuerklasse IV/IV kombiniert mit einem Faktor wählen können (vgl. ➤ Rz 458), kann für zwei Jahre nacheinander beantragt werden.

Schließlich ist nicht der Einzelne für eine Behörde, sondern die Behörde für den Einzelnen da. Die Ämter haben sich mit dieser einfachen demokratischen Tatsache abzufinden.

(Urteil des Finanzgerichts Düsseldorf – leider 40 Jahre alt. So viel Demokratiebewusstsein und den Bürgersinn Stärkendes ist heute nicht mehr zu erwarten.)

VI. Machen Sie in der Einkommensteuer-erklärung alles geltend!

1. Das Verfahren

Als Arbeitnehmer haben Sie es in der Regel mit drei verschiedenen Verfahren **468** zu tun. Zunächst einmal unterliegt Ihr Arbeitslohn im Lauf des Jahres dem Lohnsteuerabzug, der im Wesentlichen die Einkommensteuer abgelten soll. Damit dabei gleich steuermindernde Umstände berücksichtigt werden können, können Sie sich einen Freibetrag auf der Lohnsteuerkarte eintragen lassen. Weil die Lohnsteuer aber sehr häufig von Pauschalierungen ausgeht, wird der richtige Steuerbetrag nicht immer genau getroffen. Die Fälle, in denen Sie entweder zu viel oder zu wenig Lohnsteuer gezahlt haben, werden nach Ablauf des Jahres durch die Abgabe einer Einkommensteuererklärung beim Finanzamt korrigiert.

Wollen Sie sich zu viel gezahlte Steuer zurückholen, können Sie freiwillig eine **469** Einkommensteuererklärung abgeben, eine sog. *Antragsveranlagung*.
Andererseits verzichtet auch der Fiskus nicht ohne Not auf Geld. Steht zu erwarten, dass Sie zu wenig Steuern gezahlt haben, wird von Ihnen zwingend die Abgabe der Steuererklärung verlangt, eine sog. *Pflichtveranlagung*.

Das Finanzamt hat einige formelle Fußangeln eingebaut, bis überhaupt ein **470** wirksamer Antrag vorliegt. Sie müssen daher unbedingt die folgenden Regeln beachten:

- Als Selbständiger, Gewerbetreibender oder Landwirt, der Gewinneinkünfte erzielt, müssen Sie Ihre Steuererklärung grundsätzlich elektronisch an das Finanzamt übermitteln. Das gilt auch, wenn Ihre Gewinne nur aus einer Nebenbeschäftigung fließen und Sie im Hauptberuf z.B. Arbeitnehmer sind. Eine reine Papiererklärung reicht leider nicht mehr aus. Außer der Steuererklärung selbst müssen Sie auch Ihre Gewinnermittlung (Anlage EÜR oder die Bilanz) elektronisch an das Finanzamt übermitteln.

- Haben Sie keine Gewinneinkünfte, können Sie Ihre Steuererklärung oder den Antrag auf Veranlagung weiterhin auf Papier abgeben. Dazu müssen Sie aber zwingend das amtliche Steuererklärungsformular benutzen. Ausnahmen gelten, wenn Sie die Steuererklärung am PC ausdrucken. Übermitteln Sie Ihre Steuererklärung per Internet ans Finanzamt, genügt der Ausdruck einer »Sparerklärung«, die Sie unterschreiben und sodann ans Finanzamt schicken müssen. Ganz ohne Papier und Unterschrift geht es, wenn Sie sich vom Finanzamt haben zertifizieren lassen. Die elektronische Signatur ersetzt dann Ihre Unterschrift.
- Bei zusammen veranlagten Eheleuten muss der Antrag von beiden unterschrieben werden, es sei denn, dem stehen wichtige Gründe entgegen (z.B. wenn ein Ehegatte im Lauf des Jahres verstorben ist oder Sie eine elektronische Signatur verwenden).
- Die Lohnsteuerbescheinigung, in der Ihr Arbeitgeber Ihren Verdienst und alle wesentlichen Abzüge für Steuern und Sozialversicherung bescheinigt, muss dieser dem Fiskus elektronisch bis zum 28.02. des dem Steuerjahr folgenden Jahres übermitteln. Ihrem Finanzamt liegen diese Daten somit bereits vor. Wenn die elektronische Übermittlung der Daten ausnahmsweise nicht erfolgt ist oder einen Fehler beinhaltet, lassen Sie sich von Ihrem Arbeitgeber eine »besondere Lohnsteuerbescheinigung« in Papier ausstellen, die Sie Ihrer Steuererklärung beifügen.
- Ebenso müssen Sie in Ihrer Steuererklärung Angaben zu Leistungen des Arbeitsamtes, der Krankenkasse oder zu anderen Lohnersatzleistungen machen, die Sie in Zeiten bekommen haben, in denen Sie nicht arbeiten konnten. Unterlagen über die entsprechenden Zeiten müssen Sie in der Regel nicht beifügen, da z.B. der Leistungsbescheid des Arbeitsamts oder die Bescheinigung der Krankenkasse über den Bezug von Krankengeld dem Fiskus von der Agentur für Arbeit bzw. den Krankenkassen normalerweise schon elektronisch übermittelt wurde. Eintragungen in der Steuererklärung zu entsprechenden Leistungen oder dem Grund, warum Sie keine Zahlungen bekommen haben, sind vor allem dann immer erforderlich, wenn Ihr Arbeitgeber in Zeile 2 Ihrer Lohnsteuerbescheinigung Eintragungen zu Unterbrechungszeiträumen ohne Lohnanspruch vorgenommen hat.

Sie müssen diesen Formalkram unbedingt beachten! Ansonsten kann es Ihnen passieren, dass Ihr Antrag wegen Formfehlern als nicht gestellt gilt. Ist dann irgendwann die Vierjahresfrist abgelaufen, müssen Sie die ersehnte Steuerrückzahlung abschreiben (EFG 1985 S.89).

Statt einer Erstattung aus der Einkommensteuerveranlagung erhalten Sie eine Nachzahlungsforderung? 471
Das kann Ihnen tatsächlich passieren. So gibt es Fälle, in denen die Vorsorgepauschale für Basiskranken- und Pflegepflichtversicherungsbeiträge beim Lohnsteuerabzug höher ausfällt als der endgültige Abzug der Beiträge in der Einkommensteuerveranlagung. Außerdem kann es beim Bezug sog. Lohnersatzleistungen zu Nachzahlungen bei der Steuer kommen: Arbeitslosengeld und -hilfe, Krankengeld und Kurzarbeitergeld etc. sind zwar steuerfrei, werden aber bei der Besteuerung Ihrer steuerpflichtigen Einkünfte berücksichtigt. Dabei wird der Steuersatz zugrunde gelegt, der sich ergeben würde, wenn Arbeitslosengeld und -hilfe steuerpflichtig wären.

So etwas nennt der Gesetzgeber »Progressionsvorbehalt« (§ 32 b EStG u. § 46 Abs. 2 Nr. 1 EStG). Haben Sie neben Arbeitseinkünften Leistungen der Agentur für Arbeit oder Krankengelder erhalten und können nur in geringem Umfang Werbungskosten, Sonderausgaben, außergewöhnliche Belastungen oder andere Steuerermäßigungen absetzen, beantwortet Ihnen ein Blick in die Steuertabelle im Anhang die Frage, ob Sie etwas nachzuzahlen haben.

Das Problem: Die Abgabe einer Steuererklärung ist **keine** freiwillige Sache für Sie, wenn die Vorsorgepauschale für Ihre Kranken- und Pflegeversicherung höher war als die tatsächlichen Basiskranken- und Pflegepflichtversicherungsbeiträge oder Ihre dem Progressionsvorbehalt unterliegenden Leistungen im Jahr über 410 € liegen. So muss z. B. ein Arbeitsloser mit steuerpflichtigem Arbeitslohn nach § 46 EStG eine Steuererklärung abgeben, wenn er mehr als 410 € Arbeitslosengeld bezogen hat. Er wird dann veranlagt und wird meistens (Anwendung des sog. Progressionsvorbehalts nach § 32 b EStG) nachzahlen müssen. Das betrifft Sie auch, wenn Sie mehr als 410 € aus 472

- Kurzarbeiter-, Saison-Kurzarbeiter-, Insolvenz-, Überbrückungs- oder Übergangsgeld,
- Kranken-, Mutterschafts- oder Verletztengeld,
- Entschädigung nach dem Bundesseuchengesetz,
- Versorgungskrankengeld oder Aufstockungsbeträge nach dem Altersteilzeitgesetz bezogen
- oder nach einem Doppelbesteuerungsabkommen steuerfreie Einkünfte haben.

München gewährte seinem Stardirigenten eine Gehaltserhöhung von 370.000 DM. Der Maestro der Philharmoniker verfügt damit über Jahreseinnahmen von 3,4 Millionen DM.
(stern)

GUTER RAT

473 Als Bauarbeiter haben Sie bei witterungsbedingten Lohneinbußen Anspruch auf Saison-Kurzarbeitergeld, das dem Progressionsvorbehalt unterliegt. Daneben erhalten Sie unter Umständen auch noch ein sog. *Zuschuss-* oder ein *Mehraufwandswintergeld*. Diese Zahlungen sind bei Ihnen ebenfalls steuerfrei (§ 3 Nr. 2 EStG, R 3.2 Abs. 3 LStR), unterliegen aber nicht dem Progressionsvorbehalt.

Zu dieser positiven Nachricht kommt eine weitere dazu: Die o.g. Leistungen müssen Sie zusammen mit Ihrem Arbeitgeber durch die sog. *Winterbeschäftigungsumlage* in Höhe von 2 % des Arbeitslohns finanzieren. Den von Ihnen gezahlten Arbeitnehmeranteil zu dieser Umlage von 0,8 % können Sie als Werbungskosten absetzen. Das Finanzamt darf Ihnen nach dem ausdrücklichen Willen des Gesetzgebers diese Steuervergünstigung nicht mit dem Argument streitig machen, die Umlage hänge mit späteren steuerfreien Einnahmen zusammen und sei daher gem. § 3 c EStG nicht abzugsfähig (vgl. BT-Drs. 16/429 Seite 12 und Vfg des Bayerisches Landesamts für Steuern v. 9.5.2007 – S 2354 – 10 St 32/St 33).

TIPP

Progressionsvorbehalt auch für die ersten 300 € Elterngeld!

474 Beim Elterngeld wird in jedem Fall ein vom Einkommen unabhängiger Sockelbetrag von 300 € im Monat gezahlt. Obwohl es insoweit nicht darauf ankommt, ob die Eltern vorher Lohn oder Einkommen bezogen haben, hat der Fiskus geregelt, dass der Sockelbetrag als Lohn- oder Einkommensersatzleistung dem Progressionsvorbehalt unterworfen wird (§ 32b EStG). Leider hat sich der BFH hier auf die Seite des Fiskus geschlagen (BFH v. 21.9.2009 – VI B 31/09, BStBl 2011 II S. 382). Auch das folgende Einschalten des Bundesverfassungsgerichts hat nichts genutzt. Dieses hat mit Beschluss vom 20.10.2010 (2 BvR 2604/09) eine entsprechende Verfassungsbeschwerde gar nicht erst zur Entscheidung angenommen und die Rechtsfrage damit endgültig zuungunsten der betroffenen Eltern entschieden.

TIPP

für schnelle Steuererstattung

Wenn Ihr Geld nach sechs Wochen noch nicht eingetrudelt sein sollte, wird es 475
Zeit, **etwas Druck zu machen**. Seien Sie ruhig penetrant und erkundigen Sie sich mehrmals, wo Ihre heißersehnte Steuererstattung bleibt. Schließlich haben Sie auf der ersten Seite der Steuererklärung das Kästchen »Ich rechne mit einer Steuererstattung« angekreuzt. Das bedeutet für Ihr Finanzamt, dass es Ihren Fall bevorzugt bearbeiten muss.

Fruchten Ihre Anrufe nicht und kommt Ihnen der für Sie zuständige Staatsdiener gar mit Ausreden wie »Arbeitsüberlastung«, »Urlaubsvertretung«, »Krankheit« etc., wenden Sie sich an den Vorsteher des Finanzamts:

```
Sehr geehrter Herr Vorsteher,
ich habe am . . . . meine Einkommensteuererklärung eingereicht, bis heute aber keinen Bescheid erhalten. Eine Bearbeitungszeit von nunmehr über . . . Wochen erscheint mir mehr als genug, zumal mir die Steuer immer sofort abgeknöpft wird. Arbeitskollegen und Bekannte haben ihr Geld längst erstattet bekommen. Da ich dringend wegen größerer Ausgaben auf die Steuererstattung angewiesen bin, möchte ich Sie bitten, sich meiner Sache persönlich anzunehmen. Vielleicht können Sie den Amtsschimmel einmal in leichten Trab, besser allerdings in gestreckten Galopp versetzen.

Mit freundlichen Grüßen


. . . . . . . . . . . .
(Datum, Unterschrift)
```

Wenn auch das nichts bringt, fahren Sie schwereres Geschütz auf. Setzen Sie dem Finanzamt eine kurze Frist und sagen ihm, nach deren Ablauf möge es Ihr Schreiben als Beschwerde ansehen, das Sie der Oberfinanzdirektion zuleiten.

Todesfall 476

Die *Erben* eines Lohnsteuerpflichtigen sind berechtigt, einen Antrag auf Einkommensteuerveranlagung für den Verstorbenen zu stellen. Ist Ihr Ehepartner mitten aus dem Leben gerissen worden, können Sie per Antragsveranlagung beantragen, dass Ihnen dessen zu viel gezahlte Lohnsteuer zugutekommt. Vergessen Sie auch nicht, von der Firma des Verstorbenen eventuell nachträglich zu zahlendes Gehalt oder ausstehende Provisionen zu fordern.

Weil die Beträge, die Sie nun erhalten, auf Ihren Namen versteuert werden müssen, müssen Sie sich beim Finanzamt in eine (andere) Steuerklasse einstufen lassen. Sofern Sie kein Arbeitnehmer sind, erhalten Sie die Steuerklasse III; die bisherige Steuerklasse III des verstorbenen Ehegatten wird im Gegenzug in V geändert und der entsprechende elektronische Datensatz dem Arbeitgeber des Verstorbenen übermittelt. Sind Sie selbst Arbeitnehmer, werden Sie für das weitere Arbeitsverhältnis in Steuerklasse VI eingereiht.

Wegen der Steuerklassenkombination III/V bzw. VI müssen Sie für dieses Jahr zwingend eine Steuererklärung abgeben. Das bedeutet aber nicht automatisch, dass Sie Steuern nachzahlen müssen. Häufig ergibt sich nämlich eine Steuererstattung. Der Grund dafür liegt in den sehr hohen Abzügen in der Steuerklasse VI und dem aufgrund des Todes Ihres Ehepartners im laufenden Jahr stark schwankenden Arbeitslohn.

477 Vermögenswirksame Leistungen

Die Arbeitnehmersparzulage für Ihre vermögenswirksamen Leistungen bekommen Sie nicht mit Ihrem Steuerbescheid direkt ausgezahlt. Sie wird nur festgesetzt. Die Auszahlung erfolgt erst, wenn die Festlegungsfristen abgelaufen sind oder Sie anderweitig unschädlich über die Anlage verfügen, z.B., weil Ihr Bausparvertrag zuteilungsreif geworden ist und Sie ihn zum Bau oder Kauf eines Hauses verwenden.

Damit Ihnen die Sparzulage nicht durch die Lappen geht, muss das Institut, bei dem Ihre vermögenswirksamen Leistungen angelegt sind, für Sie unbedingt eine elektronische »Bescheinigung über vermögenswirksame Leistungen« (Anlage VL) erteilen, indem es die Daten elektronisch an das Finanzamt übermittelt. **Achtung:** Es gibt Finanzämter, die bei fehlender Bescheinigung zwar Ihre Steuererklärung bearbeiten und einen Einkommensteuerbescheid erlassen, den Antrag auf Festsetzung der Arbeitnehmersparzulage aber einfach ignorieren. Seien Sie also auf der Hut.

478 Wahl der günstigsten Veranlagungsart

Hier einen Überblick zu gewinnen ist nicht einfach, gilt es doch, zunächst zwischen der Einzel- und der Ehegattenveranlagung zu unterscheiden. Letztere kommt nur für Verheiratete oder eingetragene Lebenspartner in Betracht, die beide unbeschränkt steuerpflichtig sind und nicht dauernd getrennt leben. Folge: Sie werden zusammen veranlagt unter Anwendung der günstigen Splittingtabelle. Alle anderen werden einzeln veranlagt. Für sie kommt nur die Grundtabelle infrage. Einzige Ausnahme ist das Witwensplitting. Wer nämlich seinen Ehepartner oder eingetragenen Lebenspartner verliert, kann im nächsten Jahr – trotz Einzelveranlagung – noch einmal den Splittingtarif erhalten.

Verheiratete oder eingetragene Lebenspartner können sich aber auch freiwillig 479
für die Einzelveranlagung entscheiden, um z.B. Verluste absetzbar zu machen oder einen günstigen Steuersatz zu erhalten (➤ Rz 483).

Die Zusammenveranlagung 480
Diese hauptsächlichste Form der Veranlagung kommt für alle Ehegatten in Betracht, wenn sie mindestens eine Zeitlang im Jahr zusammengelebt haben. Das ist eigentlich die steuergünstigste Form (die durch Ankreuzen in der Steuererklärung gewählt werden kann) für alle Ehen, in denen nur jeweils ein Partner einen Verdienst bezieht. Warum? Weil es für Verheiratete die günstige Splittingtabelle gibt. Hier wird die Steuer so berechnet, als würde jeder Ehepartner 50 % aller gemeinsamen Einkünfte verdienen. Das heißt praktisch, dass jeder Partner den Grundfreibetrag erhält und die steuerliche Progression stark abfällt.

TRICK

Schieben Sie das Getrenntleben vor Ihrer Scheidung solange es geht hinaus!

Soll ich Ihnen mal sagen, was Sie 2021 mehr an Steuern zahlen, wenn Sie nach 481
einer Scheidung plötzlich in Steuerklasse I statt III eingestuft werden?

Jahresbruttolohn	StKl. III	StKl. I	Unterschied
€	€	€	€
15.000	0	190	190
30.000	662	3.288	2.626

Der Vorteil, der sich aus der Zusammenveranlagung ergibt, beträgt 2021 max. 9.136 € und wird bei einem Einkommen der Ehe-/Lebenspartner zwischen 115.838 € und 549.224 € erreicht. Bei Einkommen über 549.224 € steigt dieser Vorteil durch die Reichensteuer auf 17.375 € an. Zu dieser reinen Einkommensteuerersparnis kommt noch hinzu, dass weniger Kirchensteuer anfällt und – je nach Höhe des Einkommens – weniger Solidaritätszuschlag.

TRICK

Retten Sie mit einem gemeinsamen Wohnsitz die Vorteile des Splittingtarifs!

Leben Sie das ganze Jahr über von Ihrem Ehepartner getrennt, ist der günstige 482
Splittingtarif vertan. Also fackeln Sie nicht lange, klemmen Sie sich eine Flasche

Wein unter den Arm und machen Sie Schönwetter bei Ihrem Ex-Partner. Sie haben steuerlich das Beste erreicht, wenn er damit einverstanden ist, dass Sie Ihren ersten Wohnsitz wieder bei ihm anmelden. Dann haben Sie für den Fiskus eine gemeinsame Anschrift, und alles ist – wenigstens für die Steuer – in Butter. Für den Splittingtarif reicht dieser ernsthafte Versöhnungsversuch, auch wenn er in die Hose gegangen ist. So jedenfalls das FG Köln im Urteil vom 21.12.1993 (2 K 4543/92 nrk – EFG 1994 S. 791). Dem haben sich auch die Richter beim FG Münster angeschlossen, obwohl sich in dem Fall die Ehegatten nach nur sechs Wochen erneut verkracht und getrennt hatten (Urt. v. 22.3.1996, – EFG 1996 S. 921). Ihr Versöhnungsversuch mit Einzug beim Ex sollte aber mindestens vier Wochen halten. Geht die Versöhnung über den Jahreswechsel, retten Sie sogar den Splitting-Vorteil für zwei Jahre (FG Nürnberg v. 7.3.2005 – VI 160/2004; DStRE 2005 S. 938).

Sind Sie geschieden, so sollten Sie wissen: Scheidungsakten sind für den Fiskus tabu (BFH-Urt. v. 12.6.1991 – BStBl 1991 II S. 806). Haben Sie im Scheidungsprozess geschwindelt, um Ihre Ehe möglichst schnell hinter sich zu bringen, und als Beginn des Getrenntlebens einen zu frühen Termin angegeben, ist das kein Beinbruch.

483 **Die Einzelveranlagung auf Antrag**

Sie ist nur in folgenden Fällen für Sie und Ihren Ehe- oder Lebenspartner vorteilhafter als die Zusammenveranlagung:

1. Wenn Ihr Ehepartner aus einer der sieben Einkunftsarten einen Verlust erlitten hat, das gemeinsame Einkommen aber auch so schon nicht zu einer Steuer führen würde.
2. Wenn einem von Ihnen Einkünfte mit sog. Progressionsvorbehalt zugeflossen sind, z.B. steuerfreie ausländische Einnahmen oder Arbeitslosengelder. Hierbei ist aber eine Kontrollrechnung anhand der beiden Steuertabellen zu machen und zu ermitteln, was vorteilhafter ist.
3. Wenn einer der Partner Einkünfte hat, die ermäßigt zu besteuern sind. Meist wird es sich dabei um Gewinne aus der Veräußerung eines Gewerbebetriebs oder um Abfindungen aus einem Dienst- oder Arbeitsverhältnis handeln. Auch hier ist eine Rechnung zur Kontrolle nötig.
4. Wenn beide Partner annähernd gleich verdienen, einer selbständig und der andere Arbeitnehmer ist. In diesem Fall können Sie durch die Einzelveranlagung ein paar tausend Euro vom Vorwegabzug für Vorsorgeaufwendungen retten.
5. Wenn der Ehe- oder Lebenspartner im Vorjahr verstorben ist und der verbleibende Partner im Steuerjahr wieder geheiratet hat. Durch den Antrag auf Einzelveranlagung bleibt diesem nämlich der Splittingtarif (Witwensplitting) erhalten. Der neue Partner wird dann ebenfalls einzeln veranlagt. Der besondere Vorteil liegt darin, dass die neuen Ehe- bzw. Lebenspartner in diesem Jahr insgesamt dreimal den Grundfreibetrag bekommen.

TIPP

Änderung des Veranlagungswahlrechts!

Wenn Sie feststellen, dass die von Ihnen gewählte Veranlagungsart doch nicht 484
so optimal ist, wie Sie angenommen hatten, können Sie sie bis zur Bestandskraft Ihres Steuerbescheids ändern.

Ist die Einspruchsfrist für Ihren Steuerbescheid erst einmal abgelaufen, wird es mit der Änderung des Wahlrechts schon etwas schwieriger, aber nicht unmöglich. Sie können das Wahlrecht auch dann noch einmal ändern, wenn Ihr gemeinsamer Steuerbescheid geändert wurde. Voraussetzung ist allerdings, dass Sie bis zum Ablauf der Einspruchsfrist des Änderungsbescheids einen entsprechenden schriftlicher Antrag stellen und die Änderung der Veranlagungswahl für beide Ehegatten (Lebenspartner) zusammen zu einem günstigeren Ergebnis führt. Dabei wird die gemeinsame Steuer nach dem bisher ausgeübten Wahlrecht und dem neuen Wahlrecht verglichen.

TRICK

Lassen Sie sich vom geschiedenen Ehegatten nicht über den Tisch ziehen!

Ist Ihr Ehemaliger während der Trennung bzw. Scheidung zu Ihrem Feind ge- 485
worden? Ist er ein Quertreiber, und Sie können sich bei der Wahl der Veranlagung nicht einigen? Für die Zeit vor der tatsächlichen Trennung kann grundsätzlich nämlich noch Zusammenveranlagung gewählt werden. Es kann jedoch sein, dass für den einen die Zusammenveranlagung günstiger wäre, für den anderen aber die Einzelveranlagung.

Merken Sie sich bitte: Es ist einzeln zu veranlagen, wenn einer der Ehegatten dies beantragt. Dieses Antragsrecht haben nach dem Tod des Ehegatten dessen Erben (BFH v. 21.6.2007 – BStBl 2007 II S. 770). Der einseitige Antrag ist jedoch unwirksam, wenn der antragstellende Ehegatte keine eigenen Einkünfte hat oder diese so gering sind, dass keine Einkommensteuer anfällt und auch kein Steuerabzug (Lohnsteuer, Kapitalertragsteuer, Zinsabschlag) vorgenommen worden ist. Dies ist der einzige Fall, in dem das Finanzamt den Antrag auf Einzelveranlagung ignorieren kann.

Selbst wenn diese Voraussetzungen nicht vorliegen, kann der Antrag auf Einzelveranlagung und damit die Verweigerung der Zustimmung zur Zusammenveranlagung unbillig sein. Erscheinen die Interessen des Verweigernden gegenüber denen des Antragstellers geringfügig, kann Letzterer auf Zustimmung klagen. Stattdessen kann er auch Schadenersatz fordern.

Der Ex-Partner muss der Zusammenveranlagung in der Regel zustimmen, wenn sie zur insgesamt geringsten steuerlichen Belastung beider Ehegatten führt und der Ehegatte, der die Zusammenveranlagung verlangt, sich verpflichtet, den finanziellen Nachteil auszugleichen (BGH v. 23.5.2007 - XII ZR 250/04 – NJW 2007 S. 2554).

Diesen Rechtsstreit können Sie aber nicht im Einspruchsverfahren vor dem Finanzamt und mit einer Klage beim Finanzgericht führen, sondern nur vor dem Zivilgericht (BFH v. 7.2.2005 - BFH/NV 2005 S. 1083). Trotzdem sollten Sie gegen Ihren Einkommensteuerbescheid Einspruch einlegen mit der Begründung, Sie würden die Zustimmung zur Zusammenveranlagung einklagen. Bitten Sie das Finanzamt, den Einspruch ruhen zu lassen, bis über Ihre Klage entschieden ist. So vermeiden Sie, dass es später Streit wegen der nachträglichen Änderung des Steuerbescheids oder eventueller Verjährung gibt.

WICHTIGER HINWEIS

War bisher eine Zusammenveranlagung durchgeführt worden und kommt der Ex-Partner im Nachhinein mit einem Antrag auf Einzelveranlagung, wird es für Sie deutlich einfacher, sich zur Wehr zu setzen. Wenn sich aus der Einzelveranlagung für Sie beide insgesamt eine höhere Steuerbelastung ergibt als bei einer Zusammenveranlagung, ist eine zivilrechtliche Klage gegen den Ex nicht mehr erforderlich. Hier muss nunmehr das Finanzamt für Sie Partei ergreifen und den wirtschaftlich unvernünftigen Antrag ablehnen.

2. Wann müssen Sie als Lohnsteuerzahler Belege beibringen?

486 Bei der Antragsveranlagung geht es um absetzbare Ausgaben. Da glauben Sie zumeist, dass die stets durch Belege nachgewiesen werden müssten.

Aber: Sie unterliegen als Lohnsteuerzahler keinen Aufzeichnungspflichten und Aufbewahrungsfristen wie die Selbständigen. Sie müssen absetzfähige Ausgaben nur glaubhaft machen! Machen Sie allerdings ziemlich hohe Beträge geltend, so kann man schon verstehen, wenn das Finanzamt dafür Belege fordert.

SUPER TRICK

Abzug ohne Belege

Aufgrund des Gesetzes zur Modernisierung des Besteuerungsverfahrens müssen Sie sozusagen als Belohnung für die elektronische Abgabe Ihrer Steuererklärung die Belege nicht mehr zwingend mit der Einkommensteuererklärung beim Finanzamt einreichen. Belege »vorhalten« ist die neue Devise. 487

Allerdings müssen Sie auf den – wenn auch seltenen – Fall vorbereitet sein, dass es dem Fiskus in den Kopf kommt, sich ausgerechnet bei Ihnen die ganze Angelegenheit auf Euro und Cent nachweisen zu lassen. Das bedeutet letztlich, dass Sie die Belege für Ihre Ausgaben und Kosten auf ausdrückliche Aufforderung durch das Finanzamt vorlegen müssen.

Diese Praxis des Belegevorhaltens gilt vor allem bei

- Rechnungen für Handwerkerleistungen und haushaltsnahe Dienstleistungen sowie bei
- Steuerbescheinigungen zur Anrechnung von Kapitalertragsteuer, wenn Sie die Einbeziehung Ihrer Zinsen und Dividenden in die Einkommensteuererklärung beantragen, weil Ihr Steuersatz niedriger ist als bei der Abgeltungsteuer, weil Sie den Sparerpauschbetrag im laufenden Jahr noch nicht komplett erhalten hatten, weil die Bank die Steuerabzüge nicht korrekt berechnet hat, z.B. weil Sie noch steuermindernde Kosten hatten, die die Bank nicht kannte, oder weil bei Anlagen im Ausland einbehaltene ausländische Steuern angerechnet werden können und Sie deshalb mit einer Erstattung von Kapitalertragsteuer oder Zinsabschlagsteuer rechnen können.

Wollen Sie dagegen bisher nicht erfasste Verluste aus Kapitalanlagen berücksichtigt wissen oder geht es um Erträge aus stillen Beteiligungen oder Lebensversicherungen, verlangt der Fiskus weiter Belege schon bei Abgabe der Steuererklärung. Das gilt auch, wenn Sie Kapitalerträge erzielen, die der normalen Besteuerung statt der Abgeltungsteuer von 25 % unterliegen, z.B., wenn Sie Darlehen an Ihnen nahestehende Personen vergeben haben, die die Zinsen als Betriebsausgaben oder Werbungskosten absetzen können.

Auch das Einreichen von Spendenquittungen können Sie sich zunächst einmal sparen. Dabei ist völlig unerheblich, ob es um die 30 € Jahresbeitrag für die Wohlfahrtseinrichtung geht oder ob Sie für gemeinnützige Zwecke deutlich tiefer in Ihr Geldsäckel gegriffen haben, um z.B. Ihren Sportverein, die Kirche oder eine andere gemeinnützige Institution zu unterstützen.

Nachweise zu ihrer Behinderung müssen Menschen mit Handicap, die den Behindertenpauschbetrag absetzen wollen, nur bei dessen erstmaliger Beantragung vorlegen oder wenn sich der Grad der Behinderung oder eines der relevanten Merkzeichen geändert hat.

Die Finanzämter *sollen* – **müssen aber nicht!** – ohne eingehendere Nachprüfung Folgendes anerkennen:

Fahrten zur Arbeitsstätte			
(5-Tage-Woche)			220 Arbeitstage
(6-Tage-Woche)			285 Arbeitstage
Andere Werbungskosten			
bis zu	110 €	jährlich	für Arbeitsmittel (Schreibmaschine, Aktentasche, Fachliteratur, Berufskleidung usw.)
bis zu	16 €	jährlich	für Kontoführungsgebühren

Geraten Sie an einen Fiskalknecht, der unbedingt Nachweise verlangt, und Sie solche nicht haben und auch nicht nachträglich besorgen können, bleibt Ihnen nur, kräftig zu jammern und auf Ihren Beweisnotstand zu verweisen, weil Sie sich auf die Behandlung in den Vorjahren verlassen und keine Belege über Bagatellbeträge aufgehoben haben.

Ab 2021 gelten für **behinderungsbedingte Fahrtkosten Pauschbeträge**. Das heißt: Ein Nachweis über behinderungsbedingte Fahrten und deren Umfang ist nicht mehr erforderlich. Sie müssen lediglich den Grad der Behinderung und die zuerkannten Merkzeichen belegen. Es gibt zwei Pauschbeträge:

900 €	bei Grad der Behinderungen 70 + Merkzeichen »G« oder Grad der Behinderung von 80 oder mehr
4.500 €	bei Merkzeichen »aG« (außergewöhnliche Gehbehinderung), »H« (hilflose Person) sowie »Bl« (blind) und »TBl« (taubblind) oder bei Zuerkennung der Pflegestufe 4 oder 5

488 **Maschinelles Risikomanagement**

Um den Steuerzahlern das Leben schwerzumachen, hat sich der Fiskus Risikomanagement einfallen lassen. Und das funktioniert so: Die Finanzbeamten vor Ort bekommen vom Computer Fälle zugewiesen, die sie in bestimmten Punkten genau unter die Lupe nehmen sollen. Besonders erstmalig beantragte höhere Aufwendungen und Abweichungen von den Werten des Vorjahres führen zu Nachfragen. Jahr für Jahr nehmen sich die Finanzer unter der Bezeichnung »Prüffelder« zudem wechselnde Teilbereiche der Steuererklärungen besonders vor. So werden sie in einem Jahr in den Arbeitszimmerkosten herumwühlen, im nächsten Jahr haben sie es möglicherweise auf Computer abgesehen und im übernächsten vielleicht auf Vermietungseinkünfte.

Aber damit nicht genug! Regelmäßig nehmen sich die Finanzämter einen Fall besonders intensiv vor. Bei einer Intensivprüfung stürzen sich die Fiskalknechte nicht etwa nur auf unschlüssige Dinge, sondern nehmen alles akribisch unter die Lupe. Falls Sie das Pech haben sollten, als solcher Intensivprüfungsfall ausgewählt zu werden, kann es Ihnen passieren, dass auch Selbstverständlichkeiten aufs Korn genommen werden und Sie z.B. die Geburtsurkunden Ihrer Kinder vorlegen müssen. Und Sie müssen damit rechnen, dass für jeden noch so kleinen Betrag Belege verlangt werden und, wenn Sie diese nicht vorlegen können, Ihre Kosten nicht anerkannt werden.

Vielleicht ein kleiner Trost: Die Auswahl zur Intensivprüfung erfolgt per Zufall und ist nach Höhe der Einkünfte gestaffelt. Je niedriger Ihr Einkommen im Vorjahr war, umso geringer ist also die Wahrscheinlichkeit, dass ausgerechnet Ihr Fall ausgewählt wird. Während man in der obersten Einkommenskategorie damit rechnen müssen, fast jedes Jahr auf Herz und Nieren durchleuchtet zu werden, trifft es es Mitglieder der untersten Kategorie rein rechnerisch nur etwa alle 50 bis 200 Jahre.

Tatsache ist: Durch diese Prüforgien werden die eigentlich recht praktischen und sowohl dem Steuerzahler als auch dem Fiskus Geld und Arbeit sparenden Nichtprüfungsgrenzen fast zur Makulatur.

Was zugunsten des Staates begonnen wird,
geht zuungunsten der Welt aus.
(Karl Kraus)

VII. Nebeneinkünfte – Veranlagung von Arbeitnehmern

1. Wann müssen Sie als Arbeitnehmer eine Steuererklärung abgeben?

Wenn das Finanzamt glaubt, dass Ihnen – der Sie ja eigentlich einkommensteu- **489**
erpflichtig sind – vom Lohn zu wenig Lohnsteuer einbehalten wurde, sagt es sich: Schicken wir dem Burschen doch eine Einkommensteuererklärung zu, in der er alle seine Einkünfte genauestens spezifizieren soll. Vielleicht gibt es doch irgendwo ein Eckchen bei ihm, das wir steuerlich nicht erfassten.

Die Höhe Ihres Einkommens als Arbeitnehmer allein hat keinen Einfluss darauf, ob Sie eine Einkommensteuererklärung abgeben müssen. Der Fiskus verlangt von Ihnen aber eine Steuererklärung in folgenden Fällen:

- Wenn Sie oder Ihr Ehegatte neben dem Arbeitseinkommen andere Einkünfte beziehen, die insgesamt über 410 € hinausschießen. Das umfasst alle Einkünfte als Gewerbetreibender, Land- und Forstwirt, sonstig Selbständiger, Freiberufler, ferner Einkünfte aus Vermietung, Kapital, Renten oder Spekulationsgeschäften. Dabei werden positive Einkünfte mit Verlusten, z.B. aus der Vermietung eines Hauses, verrechnet.
  Nebeneinkünfte bis 410 € sind also quasi steuerfrei. Wenn sie aber über diesen Betrag hinausgehen, schlägt der Fiskus zu, zunächst behutsam, denn zwischen 410 € und 820 € gewährt er einen stufenweise geringer werdenden Freibetrag (Härteausgleich) in Höhe der Differenz zwischen den Nebeneinkünften und 820 €.

Beispiel

Nebeneinkünfte			500 €
Grenzbetrag	820 €		
./. Nebeneinkünfte	– 500 €		
Freibetrag	320 €	>	– 320 €
Zu versteuern			180 €

WICHTIGER HINWEIS

Der Härteausgleich gilt nicht für Einkünfte aus Kapitalvermögen, wenn Sie wegen Ihres unter 25 % liegenden Gesamtsteuersatzes beantragt haben, die

Kapitaleinkünfte in die Veranlagung einzubeziehen. Hatten Sie in der Vergangenheit nach Abzug des Sparerfreibetrags noch 400 € steuerpflichtige Kapitalerträge, haben Sie die gesamte Abgeltungsteuer erstattet bekommen. Künftig erhalten Sie nur noch die Differenz zwischen Ihrem persönlichen Steuersatz und der Abgeltungsteuer erstattet.
Doch nicht in jedem Fall ist diese Regelung von Nachteil. Haben Sie z.B. neben den Kapitalerträgen noch andere Nebeneinkünfte, etwa aus Vermietung, bleibt Ihnen im Zweifel der Härteausgleich für diese Einkünfte. Oder haben Sie neben Ihrem Arbeitslohn 410 € Zinseinkünfte und weitere 410 € Vermietungseinkünfte, insgesamt also 820 € Nebeneinkünfte, ging in der Vergangenheit der gesamte Härteausgleich verloren. Da die Zinseinkünfte nunmehr ausgenommen sind, haben Sie mit Ihren Vermietungseinkünften nur noch 410 € Nebeneinkünfte im Sinne der Härteausgleichsregelung. Diese sind dann wieder komplett steuerfrei.

490 Eine Steuererklärung muss auch immer dann abgeben werden,

- wenn jemand aus mehreren Arbeitsverhältnissen Entlohnung oder Gehalt bezieht,
- wenn jemand steuerfreie Bezüge über 410 € hatte, die dem Progressionsvorbehalt unterliegen (siehe dazu ➤ Rz 472),
- wenn jemand Arbeitslohn bezogen hat, von dem zu Recht keine Steuer abgezogen wurde,
- wenn Ehegatten/Lebenspartner die Steuerklassenkombination III/V gewählt oder vom Faktorverfahren Gebrauch gemacht haben,
- wenn Lohn nach der Steuerklasse VI besteuert wurde,
- wenn jemand während eines Teils des Jahres rentenversicherungsfreien und während der übrigen Zeit rentenversicherungspflichtigen Arbeitslohn bezog,
- wenn sich jemand auf seiner Lohnsteuerkarte einen Freibetrag wegen Verlust aus Vermietung und Verpachtung oder wegen Förderung von Wohneigentum, für erhöhte Werbungskosten, Sonderausgaben oder außergewöhnliche Belastungen eintragen ließ,
- wenn die Vorsorgepauschale für Kranken- und Pflegeversicherung beim Lohnsteuerabzug höher war als die tatsächlichen Beiträge,
- wenn bei einem Elternpaar ein Elternteil den vollen Kinderfreibetrag eingetragen bekam und der andere bisher beschränkt Steuerpflichtige im Lauf des Jahres unbeschränkt steuerpflichtig wurde,
- wenn auf Antrag eines Elternteils der Kinderfreibetrag übertragen wurde,
- wenn bei Scheidung einer der Geschiedenen oder bei Tod des Ehegatten der Überlebende im selben Jahr wieder heiratete,
- wenn geschiedene oder dauernd getrennt lebende Elternpaare einen Kinderausbildungsfreibetrag oder einen Pauschbetrag für ein körperbehindertes Kind anders als hälftig aufgeteilt haben,

- wenn Entschädigungen im laufenden Jahr nach der Fünftel-Regelung besteuert wurden,
- wenn auf der Lohnsteuerbescheinigung der Großbuchstabe »S« eingetragen ist,
- wenn bei der Abgeltungsteuer auf Kapitaleinkünfte keine Kirchensteuer einbehalten wurde.

Ein Steuerzahler kann auch von sich aus die Einkommensteuerveranlagung beantragen, wenn er

- ausländische Steuer angerechnet haben möchte,
- einen ermäßigten Steuersatz für außerordentliche Einkünfte beantragen will,
- Verluste aus einer anderen Einkunftsart als der nichtselbständigen angerechnet haben möchte,
- Verlustabzüge und Verlustrückträge geltend machen will,
- zu viel gezahlte Abgeltungsteuer angerechnet haben möchte, weil der persönliche Steuersatz geringer ist als die Abgeltungsteuer (zu den Besonderheiten beim Härteausgleich in diesem Fall siehe ➤ Rz 489),
- zu viel gezahlte Lohnsteuer erstattet bekommen will (Quelle: § 46 EStG),
- wenn er als Ehegatte oder eingetragener Lebenspartner eine Einzelveranlagung) wünscht.

2. Abgabetermin für die Steuererklärung

Die Erklärung für eine *Pflichtveranlagung* soll bis zum 31. 7. des folgenden Jahres abgegeben werden. Wird sie von einem Steuerberater oder Lohnsteuerhilfeverein erstellt, verlängert sich die Abgabefrist bis zum 28. 2. des übernächsten Jahres (§ 149 AO). Wird sie nicht rechtzeitig abgegeben, *muss* das Finanzamt einen Verspätungszuschlag festsetzen, hat also, anders als früher, keinen Entscheidungsspielraum mehr. Der Zuschlag beträgt 0,5 % der Nachzahlung für jeden angefangenen Verspätungsmonat. Der Zinslauf beginnt dabei 15 Monate nach Ablauf des Kalenderjahres, also für 2021 am 1.4.2023. Bei einer Erstattung darf allerdings kein Verspätungszuschlag verlangt werden. **491**

WICHTIGER HINWEIS

Für die Abgabe der Steuererklärungen 2020 wurden die Fristen mit Blick auf die Corona-Pandemie um jeweils 3 Monate verlängert. Erstellen Sie Ihre Einkommensteuererklärungen selbst, musste diejenige für das Jahr 2020 also spätestens am 31.10.2021 beim Finanzamt eingegangen sein. Wenn Sie die professionelle Hilfe eines Steuerberaters, Lohnsteuerhilfevereins, Anwalts etc. in An-

spruch nehmen, läuft die verlängerte Abgabefrist bis zum 31.5.2022. Auch der Beginn des Zinslaufs wurde um 3 Monate hinausgeschoben. Müssen Sie also für 2020 Steuern nachzahlen, darf das Finanzamt erst ab dem 1.7.2022 Zinsen auf die Nachzahlung veranschlagen.
Ob diese Ausnahmeregelungen auch für die Abgabe der Steuererklärung 2021 gelten, stand bei Redaktionsschluss noch nicht fest

GUTER RAT

492 Meist sind die Finanzämter nicht kleinlich mit der Verlängerung der Abgabefrist auch für Steuerzahler, die keinen Steuerberater engagieren. Rufen Sie am besten Ihren Sachbearbeiter beim Amt an (Durchwahl steht auf dem letzten Steuerbescheid) und vereinbaren Sie eine großzügige Fristverlängerung. Notieren Sie sich Name, Datum und Uhrzeit.

493 Die Frist für die *Antragsveranlagung* beträgt vier Jahre. Den Antrag auf Veranlagung für 2021 können Sie also bis zum 31.12.2025, 24 Uhr, stellen. Maßgebend ist dabei, wann der Antrag beim Finanzamt eingeht. Es genügt also nicht, wenn Sie Ihren Antrag für 2021 an Silvester 2025 beim Postamt aufgeben.

GUTER RAT

Wenn Sie Ihren Antrag in der Nacht von 31. 12 auf 1. 1 direkt in den Hausbriefkasten des Finanzamts werfen, bekommt er den Eingangsstempel des letzten Werktags.

Ist es Ihnen nicht möglich, die Steuererklärung persönlich zum Finanzamt zu bringen, können Sie sie auch faxen (BMF-Schreiben v. 16.4.2015 – BStBl 2015 I S. 438). Wichtig ist auch hierbei, dass Sie das Fax bis spätestens 31.12. übermittelt haben. Wann das Finanzamt das Fax ausdruckt, spielt keine Rolle. Für den Fall, dass bei der technischen Übermittlung aufseiten des Finanzamts etwas schiefgeht oder wegen Leitungsproblemen das Fax erst nach dem 31.12. dort eingeht, sollten Sie sicherheitshalber das Sendeprotokoll aufbewahren, mit dem Sie das rechtzeitige Absenden nachweisen können. In so einem Fall ist nämlich die Verspätung entschuldigt. Stellen Sie ggf. einen »Antrag auf Wiedereinsetzung in den vorigen Stand gem. § 110 AO«.

494 Stellen Sie am letzten Tag der Abgabefrist fest, dass Sie kein Antragsformular haben, genügt leider kein formloses Schreiben an das Amt (»Unterlagen werden nachgereicht«). Im Notfall können Sie sich das Formular aus dem Internet herunterladen (www. steuerliches-info-center.de).

GUTER RAT

Diesen Misshelligkeiten können Sie ganz einfach aus dem Weg gehen, indem 495
Sie Ihre Steuererklärung elektronisch abgeben, z.B. mithilfe von www.elster.de. Allerdings ist auch das keine Last-minute-Lösung für den 31.12., jedenfalls nicht beim ersten Mal. Vor der ersten Nutzung des Elster-Programms müssen Sie sich nämlich registrieren, worauf Ihnen ein Teil der Anmeldedaten aus Sicherheitsgründen per Post übersandt wird. Bei erstmaliger Nutzung sollten Sie daher einen zeitlichen Vorlauf von ca. 2 Wochen einplanen.

Chaos, wohin man blickt, nichts als Chaos!
(Dr. W. Dann, ehem. Präsident der Bundessteuerberaterkammer, zum deutschen Steuerrecht)

3. Wie verhalte ich mich geschickt bei Nebeneinkünften?

S Haben Sie neben Ihren Arbeitseinkünften andere Einkunftsquellen, die 496
insgesamt mehr als 410 € einbringen, müssen Sie, wie schon gesagt, eine Einkommensteuererklärung abgeben (= Pflichtveranlagung).

Haben Sie neben Ihren Arbeitseinkünften *Verluste* aus einer anderen Einkunftsart, werden Sie von sich aus eine Erklärung abgeben, um die Verluste berücksichtigen zu lassen (= Antragsveranlagung).

TRICK

Arbeiten Sie nebenberuflich als selbständiger Fotograf!

Warum nicht Ihr Hobby professionell ausüben? Luftige Bilder von netten Modellen lassen sich ganz gut an Boulevardzeitungen verkaufen.
»Und was bringt mir das? Nehmen wir mal an, ich bekomme für ein Foto 150 € und kann zehn davon im Jahr absetzen, dann sind das 1.500 €, mit denen ich sicher nicht umsatzsteuerpflichtig bin«, sagen Sie, »aber ich werde damit einkommensteuerpflichtig. Wenn ich die Abschreibung für meine Fotoausrüstung, die Spesen für die Modelle und die Beiträge an die Berufsgenossenschaft rechne, bleibt vielleicht ein Tausender übrig, den ich aber noch versteuern muss.«
Richtig. Nur nicht richtig, wenn Sie Ihren Konz gelesen haben. Der rät Ihnen nämlich: Stellen Sie z.B. Ihren Ehepartner als Hilfskraft ein. Er kann Ihnen die

Ausleuchtlampen halten oder als Schreibkraft die Zeitschriftenredaktionen anschreiben und mit Ihren Bildchen bombardieren, Ihre Bücher führen, Terminvereinbarungen mit Ihren Modellen treffen …
Sie schließen einen Arbeitsvertrag mit ihm, den das Finanzamt anerkennen muss, auch wenn Sie hauptberuflich *nicht selbständig* sind. **Vereinbaren Sie darin, dass er z.B. als Teilzeitkraft wöchentlich ein Entgelt von 50 € erhält.** Der Monatslohn beträgt dann ca. 200 €, und Sie können von der Minijobregelung Gebrauch machen. Es fallen lediglich pauschale Sozialversicherungsbeiträge (15 % Rentenversicherung, 13 % Krankenversicherung, 1,51 % Umlagen) und lächerliche 2 % Pauschalsteuern an, insgesamt also 31,51 %, die Sie als Betriebsausgaben abziehen können. Hinzu kommt noch je nach Branche der Beitrag zur gesetzlichen Unfallversicherung.

Und so sieht Ihre Rechnung für das Finanzamt aus:

Einnahmen	1.500 €
./. Ausgaben für Schreibmaterial, Fotoausrüstung, Modellhonorare	– 500 €
./. Gehalt Aushilfe 12 × 200 €	– 2.400 €
./. Pauschalabgaben	– 756 €
= Verlust aus Fotografentätigkeit	– 2.156 €

Steuerersparnis bei einem durchschnittlichen Steuersatz von 30 % 647 €

Womit Sie die Abgaben auf den Aushilfsjob zum weitaus größten Teil wieder heraushaben.
Gleichzeitig haben Sie Ihrer besseren Hälfte künftige Rentenansprüche verschafft. Die fallen übrigens deutlich attraktiver aus, wenn Sie nicht auf die Rentenversicherungsfreiheit verzichten und auf den Rentenpauschalbeitrag 3,6 % des Lohns drauflegen.

Gehören Sie zu den Besserverdienenden, kann die Steuerersparnis sogar bis zu 45 % zzgl. Solidaritätszuschlag und Kirchensteuer, also ca. 1.111 € betragen.

497 Aufpassen müssen Sie allerdings, dass das Finanzamt ein solches Tätigsein nicht als (steuerlich unbeachtet zu lassende) Liebhaberei auslegt. Deshalb sollten Sie nach ein paar Anlaufjahren auch mal einen kleinen Gewinn ausweisen. Außerdem sollten Sie vermeiden, dass ortsansässige Fotografen mit der Handwerksordnung winken oder Ihnen gar das Gewerbeaufsichtsamt ins Haus kommt: Denn Fotograf darf sich nur nennen, wer die entsprechende Gesellenprüfung abgelegt hat, ein selbständiger Fotograf braucht sogar die Meisterprüfung. Deshalb sollten Sie sich tunlichst nicht Fotograf, sondern z.B. »Fotodesigner« nennen und offiziell nur Reportage- und künstlerische Fotos anfertigen. Eine solche Tätigkeit ist durch die Handwerksordnung nicht geschützt.

Der größte Feind des Rechts ist das Vorrecht.
(Ebner-Eschenbach)

GUTER RAT

Wenn beide Ehepartner Nebeneinkünfte von 410 € im Jahr haben, werden sie nochmals extra veranlagt. Das Finanzamt fordert für die 820 € eine Steuer zwischen 140 € und 394 € nach. Dem kann man entgehen, indem man einen Antrag auf Einzelveranlagung für Ehegatten stellt. In diesem Fall muss das Finanzamt den Freibetrag von 410 € zweimal gewähren und somit die Versteuerung der gesamten 820 € ins Wasser fallen lassen. Zwar verliert man dann den Splittingvorteil, aber wenn beide Ehegatten ein etwa gleich hohes Einkommen beziehen, macht der kaum etwas aus. **498**

SUPER TRICK

Drücken Sie gelegentliche Vermittlungsprovisionen unter die Steuergrenze!

S Viele Leute sind zu bange, sich nebenbei etwas zu verdienen, weil sie glauben, Scherereien mit der Steuer zu bekommen. Das ist Unsinn. Das Finanzamt ist dazu da, seine Schröpfköpfe nach den gesetzlichen Bestimmungen anzusetzen, und die besagen nun mal, dass bei Arbeitnehmern Nebeneinkünfte unter 410 € im Jahr nicht steuerpflichtig sind. Liegen Sie also insgesamt unter 410 €, brauchen Sie keine Steuererklärung abzugeben. Und denken Sie daran: Verluste aus einer anderen Einkunftsart können Sie mit Ihren positiven Nebeneinkünften aufrechnen. Wenn Sie mal alle Fahrgelder, das Arbeitsmaterial, den Kleider- und Wäscheverschleiß, die Waschkosten etc. von dem abziehen, was Sie in die Hand gedrückt bekommen (und wofür Sie dem anderen eine Quittung geben, damit er es von seiner Steuer absetzen kann), mindert sich der erhaltene Betrag sicher beträchtlich! **499**

Und selbst wenn die steuerfreien 410 € überstiegen werden sollten, ist bis 820 € (Milderungsregel/Härteausgleich) noch immer nicht alles steuerpflichtig, wie die folgende Tabelle zeigt: **500**

Gesamtbetrag der Nebeneinkünfte	steuerfreier Betrag	steuerpflichtiger Rest
€	€	€
450	370	80
500	320	180
550	270	280
600	220	380
650	170	480

Gesamtbetrag der Nebeneinkünfte	steuerfreier Betrag	steuerpflichtiger Rest
700	120	580
750	70	680
800	20	780
820	0	820

501 **Trick 17:** Wenn Sie im Lauf des Jahres merken, dass Sie es wahrscheinlich nicht schaffen, unter 410 € zu bleiben, geben Sie sich einen Stoß und überlassen den Auftrag/die Arbeit einem anderen. Eine Vermittlungsprovision z.B. kann genauso gut von Ihrem Vater bezogen werden. Oder von Ihrem Ehegatten. Dabei ist jedoch zu beachten, dass sich die 410-€-Grenze auf die Summe der von den Ehegatten bezogenen Einkünfte bezieht. Überlegen Sie, ob evtl. eine getrennte Veranlagung in Frage kommt (➤ Rz 483 f.). Natürlich muss der andere das Vermittlungsgeschäft dazu auch abschließen. Ihn nur die Quittung unterschreiben zu lassen und sonst alles selbst zu machen darf natürlich nicht sein. Das wäre Steuerumgehung, und das wollen Sie ja nicht.

Ist Trick 17 nicht möglich und kriegen Sie mehr Geld auf die Hand, rate ich Ihnen, das dem Finanzamt zu melden. Besonders wenn Sie arbeitslos sind oder befürchten müssen, beim Finanzamt verpfiffen zu werden. Denn dann gilt das Steuergeheimnis nicht mehr, und das Finanzamt darf aufgrund von § 31 a AO Ihre Bezüge dem Arbeitsamt melden. Was böse für Sie enden könnte.

Bei der Berechnung Ihrer Nebeneinkünfte werden zwar grundsätzlich alle Einkünfte zusammengerechnet, bestimmte sonstige Einkünfte wie Provisiönchen oder aus Gelegenheitsgeschäften, Vermietung beweglicher Sachen und gelegentlichen Vermittlungen bleiben dabei aber von vornherein unberücksichtigt, sofern sie 256 € im Jahr nicht übersteigen. Die 256 € sind eine **Freigrenze**, kein Freibetrag, d.h., wenn die Grenze überschritten wird, ist der gesamte Betrag steuerpflichtig. Haben Sie z.B. als Arbeitnehmer geringe Vermietungseinkünfte von 350 € und aus der einmaligen Vermittlung einer Versicherung Provisionseinkünfte von 250 €,wird die Provision nicht berücksichtigt. Sie müssen deswegen also weder eine Steuererklärung abgeben noch die Nebeneinkünfte versteuern. Lagen Ihre Provisionseinkünfte dagegen bei 300 € – also über der Grenze von 256 € –, werden sie voll mitgerechnet. Zusammen mit den Mieteinkünften kommen Sie nun auf Nebeneinkünfte von 650 € und müssen eine Steuererklärung einreichen, aufgrund deren Ihre Nebeneinkünfte nachträglich besteuert werden. Da der Gesamtbetrag Ihrer Nebeneinkünfte aber unter 820 € liegt, wird ein Härteausgleich (➤ Rz 500) von 170 € abgezogen, und Sie müssen nur 480 € tatsächlich versteuern.

TRICK

Werfen Sie mit der Wurst nach der Speckseite!

Sie freuen sich mächtig über die Provision, die Ihnen die Lebensversicherung für den Vertrag zahlt, den Sie gerade vermittelt haben. Die 350 € können Sie gut brauchen, Sie müssen ja schließlich noch Ihr Häuschen abzahlen. 502

Selbst wenn Sie von den	350 €
Ihre Fahrtkosten abziehen,	– 50 €
bleiben Ihnen noch	300 €

Denken Sie! Denn nun kommt das Finanzamt, schlägt diese 300 € als Nebenverdienst Ihrem Einkommen zu und knöpft Ihnen so auf Umwegen zwischen 50 und 140 € ab.

»Was soll ich denn dagegen machen?«, fragen Sie.

Ganz einfach. Denken Sie doch einmal nach, wer Ihnen den Tipp mit Ihrem Versicherungskunden gegeben hat. Vielleicht der Papa oder die Freundin? Zeigen Sie sich großzügig und lassen Sie als Belohnung einen Fünfziger springen, schließlich hätten Sie ohne den Tipp das Geschäft nicht gemacht. Nun lautet die Rechnung:

Provision	350 €
./. Fahrtkosten	– 50 €
./. Unterprovision	– 50 €
Gewinn	250 €

Der Gewinn liegt jetzt nicht mehr über der Freigrenze, und damit sparen Sie die gesamte Steuer. Das nenne ich wundersame Geldvermehrung. 50 € ausgegeben und dafür bis zu 90 € gespart!

TRICK

Wie Sie als Hausbesitzer oder mit Nebeneinkommen rd. 400 € Steuer im Jahr sparen

S Nehmen wir an, Sie haben im Jahr 2021 Einkünfte aus nichtselbständiger Arbeit bzw. aus einem früheren Dienstverhältnis in Höhe von 12.000 €. Außerdem Einkünfte aus der Vermietung eines Hauses, die Sie wie folgt deklarieren: 503

Einnahmen aus Mieten		2.600 €	
Ausgaben:			
Grundsteuer	200 €		
Abschreibung	200 €		
Reparaturen	800 €		
Versicherungen, Kaminfeger	100 €		
Hypothekenzinsen	400 €		
	1.700 €	> – 1.700 €	
Einkünfte aus Vermietung		900 €	> 900 €
Gesamtbetrag der Einkünfte			12.900 €
Das Finanzamt setzt diese Rechnung fort,			
zieht Ihnen die Vorsorgeaufwendungen von z. B. ca. 1.600 €			
sowie den Sonderausgabenpauschbetrag von 36 € ab =			– 1.636 €
und kommt auf ein zu versteuerndes Einkommen von			11.264 €
Darauf entfällt eine Einkommensteuer von			235 €
Von Ihnen bereits gezahlte Lohnsteuer			– 0 €
Daher fordert das Finanzamt von Ihnen an Einkommensteuer			235 €
Zzgl. z. B. 9 % Kirchensteuer			21 €
Zusammen also einen Betrag von			256 €

S Um das zu vermeiden, könnten Sie z. B. Hypothekenzinsen am Jahresende gleich für das kommende Jahr mitzahlen, also zweimal 400 €, oder die Grundsteuer mit 200 € im Voraus abdrücken oder dem Handwerker einen Vorschuss in Höhe von 150 € auf seine Rechnung im nächsten Jahr geben. Wenn Sie dann noch die Dezembermiete eines zuverlässigen Hausbewohners einen Monat später (nach dem 10. Januar, weil sie Ihnen das Finanzamt sonst noch dem alten Jahr hinzurechnet – vgl. § 11 EStG) kassieren, bleiben Ihre Hauseinkünfte unter 410 €.

Das Finanzamt kann nichts verlangen, und Sie haben die ganze Einkommensteuer gespart. Natürlich gilt das auch für all diejenigen, die kleinere Nebeneinkünfte aus anderen Sparten als Vermietung und Verpachtung haben.

Wenn Ihr Ehepartner nebenbei Kerzen oder Haushaltswaren vertritt oder Sie selbst eine kleinere Versicherungsvertretung oder Einkünfte aus Landwirtschaft haben, dürfen Sie natürlich keine Einnahmen kürzen, denn das wäre ja Steuerhinterziehung. Aber Sie können ohne weiteres eine Betriebsausgabe in der Höhe machen, dass Sie unter 410 € Einkünften bleiben! (BFH v. 13.3.1964 – IV 152/63)

TRICK

Wie Handelsvertreter und andere ihre Einnahmen übertragen

S Autohandel ist zwar nicht Ihre Sache, aber Sie verdienen sich als nichtselb- 504
ständiger Automobilverkäufer gern nebenbei ein paar Hunderter mit der Vermittlung von Autos.

Die Einnahmen aus diesen Nebengeschäften haben Sie bisher wie folgt versteuert: Im Durchschnitt veräußern Sie zwei Wagen zu je 4.000 €. Die Wagen wurden mit je 3.600 € eingekauft. Umsatzsteuer fällt keine an, denn der Umsatz liegt unter der Freigrenze von 22.000 €. Aber an Einkommen-, Kirchensteuer und ggf. Solidaritätszuschlag zahlen Sie etwa 35 % vom Verdienst (800 €), das sind 280 €. Warum?

Lassen Sie doch Ihren alten Vater eines der Geschäfte mit den Wagen abwickeln! Er kann sich ja auch mal ein paar Euro nebenbei verdienen. Der Vater bezieht eine Pension und hat sonst keinerlei Einkünfte. Er kauft auf seinen Namen eines der Fahrzeuge und verkauft es mit entsprechendem Kaufvertrag, den er unterschreibt. Es stört nicht, dass er keine Gewerbeerlaubnis besitzt. Die Tätigkeit ist lediglich eine gelegentliche, und die ist in diesem Fall nicht steuerpflichtig.

Auch eine Gewerbemeldepflicht für den alten Herrn besteht nicht, weil Gewerbesteuer erst ab einem Gewerbeertrag von 24.500 € zu zahlen ist. Das Schöne aber ist, dass der Vater mit dem erzielten Verdienst auch nicht einkommensteuerpflichtig ist, da sein Gewinn aus dem Wagen nur 400 € betragen hat. Sie zahlen ebenfalls nicht, weil Ihre Einkünfte aus dem Autohandel jetzt ebenfalls unter 410 € liegen.

Ihre Gesamtersparnis inkl. Kirchensteuer und ggf. Solidaritätszuschlag liegt je nach Steuersatz und Kirchenzugehörigkeit zwischen 112 und 412 €.

In einer Untersuchung zum Thema »Bürger und Finanzamt« ließ das hessische Finanzministerium unter anderem fragen, was den Leuten an ihrem Amt denn nun am besten gefalle. Kürzeste Antwort: »Der Ausgang.«

VIII. Sonderausgaben

Von den Einkünften können zur Berechnung des Einkommens verschiedene private Ausgaben abgezogen werden, insbesondere *Sonderausgaben* und außergewöhnliche Belastungen. **505**
Unter Sonderausgaben versteht man eine Reihe von Lebenshaltungskosten, die zumeist aus sozial- oder steuerpolitischen Gründen einkommensmindernd zum Abzug zugelassen sind. Das Gesetz unterscheidet zwischen *Vorsorgeaufwendungen* und *übrigen Sonderausgaben*.

1. Vorsorgeaufwendungen

In einem großen Rundumschlag hat der Fiskus mit dem Alterseinkünftegesetz sowohl die Besteuerung von Renten und Pensionen als auch die steuerliche Abzugsfähigkeit von Vorsorgeaufwendungen auf völlig neue Füße gestellt. Dadurch können Sie Ihre Aufwendungen für die Altersvorsorge in vollem Umfang von der Steuer absetzen. Im Gegenzug müssen Sie aber Ihre späteren Alterseinkünfte in voller Höhe versteuern. **506**
Dieses Prinzip nennt die Ministerialbürokratie im schönen Fiskaldeutsch »nachgelagerte Besteuerung«.
Die Finanzakrobaten haben natürlich ganz schnell gerechnet und festgestellt, wenn sie ab sofort alle Beiträge zur Altersvorsorge steuerlich abzugsfähig machen, kostet sie das ein Heidengeld. Die Steuermehreinnahmen durch die volle Versteuerung der Renten und Pensionen fließen nämlich erst viel später, wenn die Steuerzahler nach und nach in Rente gehen. Folglich hat man die endgültige Umsetzung der nachgelagerten Besteuerung mit einer Übergangsregelung über sage und schreibe 20 Jahre bis zum Jahr 2025 gestreckt. Für Sie bedeutet das: Sie können jedes Jahr nur ein kleines Häppchen mehr von Ihren Beiträgen zur Altersvorsorge absetzen, und die neu hinzukommenden Rentner versteuern Jahr für Jahr ein wenig mehr von ihrer Rente.

WICHTIGER HINWEIS

Der BFH hat sich in zwei Urteilen mit der aktuellen Besteuerung der Rente befasst (BFH v. 19.5.2021 – X R 20/19 und X R 33/19, Der Betrieb 2021 S. 1237,

1244). Zwar hat er in beiden Urteilen dem Fiskus recht gegeben und entschieden, dass die Besteuerung der Renten nicht verfassungswidrig ist, gleichzeitig jedoch dem Fiskus in das Aufgabenbuch geschrieben, die Besteuerungsregeln zu ändern. Weil der Rentenfreibetrag für neue Rentner mit jedem Jahr kleiner wird, wird er nach Meinung der obersten Steuerrichter in vielen Fällen in Zukunft nicht mehr ausreichen, um bei der Rentenbesteuerung einen Ausgleich dafür zu schaffen, dass die Steuerzahler große Teile ihrer Rente aus bereits versteuertem Einkommen finanziert haben. Davon betroffen sind wohl vor allem Selbstständige, weit mehr als Arbeitnehmer, außerdem Männer wegen ihrer geringeren Lebenserwartung stärker als Frauen sowie Ledige stärker als Verheiratete.

Das Bundesfinanzministerium hat bereits angekündigt, dass nach der nächsten Bundestagswahl die vom BFH geforderten Änderungen umgesetzt werden sollen. Eine Facette könnte sein, dass die Beiträge zur gesetzlichen Rentenversicherung und zur privaten Altersvorsorge schon vor 2025 komplett von der Steuer abgezogen werden, statt wie derzeit (Veranlagungsjahr 2021) nur zu höchstens 92 %.

Die Folge: Erst einmal darf man gespannt sein, ob der Fiskus seine vollmundigen Ankündigungen tatsächlich umsetzt. Es würde uns nicht wundern, wenn die Pläne nach der Wahl wie schon so oft den ausgeprägen Vergesslichkeitsanfällen unserer Politiker zum Opfer fallen. Auf jeden Fall wird alles noch viel komplizierter. Wir würden zu gern einmal Mäuschen spielen, wenn die vermeintlichen Steuerexperten im Finanzausschuss des Bundestags versuchen, die absetzbaren Sonderausgaben eines bestimmten Jahres zu berechnen. Wetten, dass keiner dieser hochbezahlten Volksvertreter auch nur einen Hauch von dem versteht, was sie mit der Rentenreform verbrochen haben?

507 **a) Was sind Vorsorgeaufwendungen, und welche sind steuerlich interessant?**

Vorsorgeaufwendungen sind im Prinzip Beiträge zu Versicherungen, mit denen Sie für Alter, Arbeitslosigkeit, Krankheit, Unfall, Pflegebedürftigkeit und Haftpflichtschäden vorsorgen. Neben Zahlungen an private Versicherungen gehören dazu vor allem Ihre Beiträge zur gesetzlichen Sozialversicherung.

Unterschieden wird dabei letztlich zwischen folgenden Gruppen von Versicherungen:

508 **Aufwendungen für die Altersvorsorge (»Basisversorgung«)**, die auf lange Sicht bis zum Höchstbeitrag in der knappschaftlichen Rentenversicherung abzugsfähig sind. Für 2021 sind das 25.768 €/51.572 € (Ledige/Verheiratete).

Dazu gehören Beiträge

- an die gesetzliche Rentenversicherung,
- zur landwirtschaftlichen Alterskasse,
- zur Künstlersozialkasse,
- an berufsständische Versorgungswerke, z.B. Versorgungskassen der Ärzte-, Notar-, Rechtsanwalts-, Steuerberaterkammern etc.,

- in eine kapitalgedeckte Altersversorgung (sog. Rürup-Rente), die nach dem 31.12.2004 begann (keine Beitragszahlung vor dem 1.1.2005).

Zusätzlich werden, wenn Sie Arbeitnehmer sind, Ihren eigenen Beiträgen der steuerfreie Arbeitgeberanteil zur Rentenversicherung oder vergleichbare steuerfreie Zuschüsse Ihres Brötchengebers zugeschlagen.

Wichtig zu wissen: Der Höchstbetrag für den Abzug von Altersvorsorgebeiträgen wird zwar nach dem höchsten Beitrag in der knappschaftlichen Rentenversicherung (West) bemessen, gilt aber gleichwohl für alle Steuerzahler. Dabei ist es unerheblich, ob der Betreffende im Beitragsgebiet Ost lebt oder gar nicht knappschaftlich versichert ist, sondern Beiträge an die normale gesetzliche Rentenversicherung oder einen der übrigen genannten Versorgungsträger zahlt.

Sonstige Vorsorgeaufwendungen, die nur sehr eingeschränkt abzugsfähig sind. 509
Dazu rechnen

- die Beiträge zur gesetzlichen oder privaten Arbeitslosenversicherung.
- für Sonderleistungen (Komfortleistungen wie Ein-Bett-Zimmer, Chefarztbehandlung etc.) bei privaten Kranken- und Pflegeversicherungen.
- Unfallversicherungen.
- Erwerbs- und Berufsunfähigkeitsversicherungen, die nicht ausnahmsweise mit einer »Rürup-Renten-Versicherung« gekoppelt sind.
- Reine Risikolebensversicherungen. Dabei ist egal, ob die Hinterbliebenen eine Rente oder eine Kapitalauszahlung bekommen.
- Lebensversicherungen, wenn der Versicherungsvertrag bis spätestens 31.12.2004 abgeschlossen wurde **und** die erste Beitragszahlung bis spätestens 31.12.2004 erfolgte.
- Haftpflichtbeiträge jeglicher Art, sofern sie keine Betriebsausgaben oder Werbungskosten sind, also die Beiträge für die allgemeine Privathaftpflicht, für die Pkw-Haftpflicht, für das Wohnmobil und das Segelboot. Auch wenn Sie eine Hunde- oder Pferdehaftpflichtversicherung abgeschlossen haben, können Sie die Beiträge hier unterbringen.

Die sonstigen Vorsorgeaufwendungen werden mit den Beiträgen zur Basiskranken- und Pflegeversicherung zusammengerechnet und nur bis zum Höchstbetrag von insgesamt 1.900 € (bei Selbständigen 2.800 €) abgezogen. Allerdings werden mindestens die Basiskranken- und Pflegeversicherungsbeiträge berücksichtigt, auch wenn diese für sich gesehen über 1.900 € (bzw. 2.800 €) liegen.

WICHTIGER HINWEIS

Viele Steuerzahler wenden weit mehr als die kleinlichen steuerlichen Grenzbeträge auf, denn diese werden sehr oft schon allein durch die Kranken- und die Pflegeversicherungsbeiträge ausgeschöpft. Dass folglich alle anderen wichtigen Beiträge zur Vorsorge, z.B. gegen Unfälle oder Arbeitslosigkeit, steuerlich komplett unter den Tisch fallen, dagegen hat das oberste Steuergericht keine verfassungsrechtlichen Bedenken (BFH-Urt. v. 9.9.2015 – BStBl 2015 II S. 1043). Leider hat das Bundesverfassungsgericht die gegen diese übermäßig kleinliche Regelung und das nicht minder kleinliche BFH-Urteil eingelegten Verfassungsbeschwerden (Az. 2 BvR 2445/15 und 2 BvR 598/12) nicht zur Entscheidung angenommen (Beschlüsse des BVerfG v. 21. und 27.9.2017). Damit sind die Einschränkungen nun wohl zunächst in Stein gemeißelt.

510 **Beiträge zur Krankenversicherung**

Abzugsfähig als Sonderausgaben sind Beiträge zur Krankenversicherung in Höhe der sog. Basisabsicherung für

- Sie selbst,
- Ihren Ehepartner,
- Ihren eingetragenen Lebenspartner,
- Ihre Kinder, die steuerlich zu berücksichtigen sind.

TIPP

für Eltern eines Kindes in Ausbildung

Bei den Beiträgen zur Basiskranken- und gesetzlichen Pflegeversicherung Ihres Kindes haben Sie die freie Auswahl: Entweder können Sie selbst oder alternativ Ihr Kind die Beiträge als Sonderausgaben abziehen. Voraussetzung ist lediglich, dass Sie

- für das Kind noch Kindergeld oder Kinderfreibeträge bekommen und
- Ihr Kind noch durch Unterhaltszuwendungen in bar oder in Form von Sachleistungen, z.B. weil es noch in Ihrem Haushalt lebt, unterstützen.

Ob das Kind schon eigene Einkünfte hat, spielt dabei keine Rolle. Das Wahlrecht gilt also auch, wenn Ihr Kind in einer Ausbildung ist und schon eine Ausbildungsvergütung bezieht. In den meisten Fällen profitieren Sie natürlich sehr viel mehr von dem Sonderausgabenabzug, da Sie das höhere Einkommen und damit auch den höheren Steuersatz haben, und oft ist Ihr Kind mit seinem Ausbildungsgehalt überhaupt noch nicht steuerpflichtig, so dass sich bei ihm die

Beiträge nicht steuermindernd auswirken können. Zwar hat der BFH entschieden, dass der Abzug nur möglich sein soll, wenn Sie die Beiträge des Kindes unmittelbar bezahlen (Urt. v. 13.3.2018 – X R 25/15, BStBl II 2019, 191), der Fiskus hatte aber überraschenderweise ein Einsehen und mit einer Gesetzesänderung den für Sie günstigen Rechtsstand wiederhergestellt (§ 10 Abs. 1 Nr. 3 Satz 2 EStG). Demnach kommt es wie bisher nicht darauf an, ob Sie Ihren Unterhalt an das Kind durch Geldzahlungen erbringen oder schlicht dadurch, dass Ihr Nachwuchs weiter in Ihrem Haushalt lebt und die Füße im »Hotel Mama« unter den Tisch stellen darf. Allerdings gilt weiterhin, dass Sie sich entscheiden müssen, ob Sie oder Ihr Nachwuchs die Beiträge in der Steuererklärung absetzen, denn doppelt absetzen geht selbstverständlich nicht.

Leisten Sie als Unterhaltsverpflichteter Beiträge zur Kranken- und Pflegeversicherung des getrennt lebenden oder geschiedenen Ehegatten, erhöht sich der Höchstbetrag von 13.805 € um die übernommenen Beiträge zur Basiskranken- und Pflegepflichtversicherung. Das gilt natürlich auch für die Beiträge für Kinder, die beim unterhaltsberechtigten Ex-Partner leben.

Zusätzlich wird für die Unterstützung unterhaltsberechtigter Angehöriger und diesen gleichgestellter Personen der Abzug von Beiträgen zur Basisabsicherung als außergewöhnliche Belastung geregelt. Dazu wird der Unterhaltshöchstbetrag nach § 33a Abs. 1 EStG um die zugunsten der unterhaltenen Person gezahlten Beiträge erhöht. Betroffen sind Zahlungen für folgende Personen:

- nicht mehr steuerlich zu berücksichtigende Kinder, z.B. Kinder in Berufsausbildung nach Vollendung des 25. Lebensjahres,
- Eltern,
- Großeltern,
- geschiedener oder getrennt lebender Ehegatte/eingetragener Lebenspartner, wenn vom Realsplitting kein Gebrauch gemacht wird,
- Partner einer nichtehelichen Lebensgemeinschaft, wenn wegen der eheähnlichen Gemeinschaft Sozialleistungen verweigert oder gekürzt werden,
- Mutter eines unehelichen Kindes des Steuerpflichtigen.

Beiträge, die über die sog. Basisabsicherung hinausgehen, sind nur als *sonstige Vorsorgeaufwendungen* abzugsfähig. Das sind vor allem Beitragsanteile für Wahlleistungstarife und Zusatztarife, z.B. für Chefarztbehandlung, Ein-Bett-Zimmer-Unterbringung, Zahnzusatz, Beihilfeergänzung etc. – egal ob Sie gesetzlich oder privat krankenversichert sind. Ebenso die Beitragsanteile, soweit sie zur Finanzierung des Krankengelds dienen. Umfasst die Krankenversicherung einen Anspruch auf Krankengeld oder vergleichbare Ansprüche, wird der jeweilige Beitrag pauschal um 4 % vermindert.

Unter diese Regelung dürften zudem sog. Ruhensbeiträge zu einer privaten KV fallen, die eine spätere Fortführung der KV ohne Alterszuschläge oder erneute Gesundheitsprüfung ermöglichen.

WICHTIGER HINWEIS

Absetzen können Sie nur Krankenversicherungsbeiträge, die Sie aus Ihrer eigenen Tasche finanziert haben. Beitragszuschüsse und -rückzahlungen zieht der Fiskus ab und verringert so den als Sonderausgaben absetzbaren Betrag. Gekürzt wird vor allem um

- den steuerfreien Arbeitgeberanteil zur gesetzlichen Krankenversicherung,
- vergleichbare Zuschüsse des Arbeitgebers zur privaten Krankenversicherung, wenn Sie sich wegen Überschreiten der Beitragsbemessungsgrenze privat versichert haben,
- Zuschüsse, die Sie von der Künstlersozialkasse erhalten,
- Zuschüsse der Rentenkasse zu den Krankenversicherungsbeiträgen, die Sie als Rentner zahlen.
- Zuschüsse des Jugendamts zur Krankenversicherung von Tagesmüttern,
- Zuschüsse zur Krankenversicherung von Landtags- und Bundestagsabgeordneten.

Auch Beitragsrückerstattungen, die Sie von Ihrer Krankenkasse bekommen, werden von Beiträgen des laufenden Jahres abgezogen. Hier müssen Sie achtgeben. Das Finanzamt darf nur um den Teil der Rückerstattung kürzen, der auf die Basisabsicherung entfällt. Haben Sie sich höher versichert und z.B. Sonderleistungen wie Chefarztbehandlung oder die Unterbringung in einem Ein-Bett-Zimmer abgesichert, muss der Teil der Rückerstattung, der auf diese Beitragsteile entfällt, bei der Kürzung unberücksichtigt bleiben.
Leider werten die Finanzämter zurzeit auch Bonusleistungen der Krankenkassen, die Sie z.B. wegen besonders gesundheitsbewussten Verhaltens bekommen, als Beitragsrückerstattung. Dabei spielt es keine Rolle, ob Sie Ihren Bonus in Geld oder als Sachprämie bekommen.

Aber aufgepasst!
Der Fiskus darf Ihre Beiträge nicht kürzen, wenn die Krankenkasse Ihnen mit dem Bonus eine Gesundheitsmaßnahme prämiert, die Sie zunächst aus der eigenen Tasche finanziert hatten. Bekommen Sie also den Bonus für eine von Ihnen privat bezahlte Raucherentwöhnung, eine Rückenschule oder eine Ernährungsberatung, klopfen Sie dem Fiskus bei eventuellen Streichgelüsten mit der dazu passenden Entscheidung des BFH auf die Finger (BFH v. 1.6.2016 – BStBl 2016 II S. 989).

Beiträge zu Pflegepflichtversicherungen
Die Beiträge zur gesetzlichen Pflegeversicherung inkl. Zuschlag für Kinderlose (0,25 %) sind in voller Höhe als Sonderausgaben abziehbar.

Sonstige Vorsorgeaufwendungen
Der gemeinsame Höchstbetrag für sonstige Vorsorgeaufwendungen und andere Versicherungen liegt bei 1.900 € (2.800 € für Selbständige).

Beispiel
Sie sind als Selbständiger privat krankenversichert. Ihr Krankenversicherungsbeitrag beträgt 2.400 €. Davon entfallen 10 % auf Wahlleistungen wie Chefarztbehandlung etc. und 90 % auf die Basisversorgung. Für Ihre Pflegepflichtversicherung fallen zusätzlich 200 € an. Außerdem haben Sie 800 € für Haftpflicht- und Unfallversicherungen gezahlt.

Beiträge zur Krankenversicherung		2.400 €
Beiträge zur Pflegeversicherung		200 €
Weitere Vorsorgeaufwendungen		800 €
Summe		3.400 €
Höchstbetrag 2.800 €		
Mindestens Basiskrankenversicherung (90 % v. 2.400 €)	2.160 €	
Pflegeversicherung	200 €	
	2.360 € >	2.360 €
Anzusetzen sind		2.800 €

Vorsorgepauschale 511
Im Veranlagungsverfahren werden nur die tatsächlich geleisteten Beiträge berücksichtigt. Ohne Nachweis wird im Rahmen der Einkommensteuerveranlagung lediglich der Sonderausgabenpauschbetrag (36 €/72 €) abgezogen.
Die Berücksichtigung der als Sonderausgaben abziehbaren Beiträge im Lohnsteuerabzugsverfahren erfolgt dagegen pauschal durch Abzug einer Vorsorgepauschale.
Daneben bleibt es bei der sukzessiv bis 2024 Jahr für Jahr steigenden Berücksichtigung einer gesonderten Pauschale für Basisversorgungsbeiträge zur Altersvorsorge. Begünstigt sind in der Rentenversicherung Pflichtversicherte oder wegen Versicherung in einem berufsständischen Versorgungswerk von der Rentenversicherungspflicht befreite Arbeitnehmer. Damit scheidet die Berücksichtigung z.B. bei Beamten, beherrschend beteiligten Gesellschafter-Geschäftsführern und weiterbeschäftigten Rentnern aus.

Vorsorgepauschale für Krankenversicherung bei gesetzlich Krankenversicherten
Abgezogen wird in den Steuerklassen I bis VI – unabhängig davon, ob der Arbeitnehmer freiwillig oder pflichtversichert ist – ein Betrag, der dem Arbeitnehmeranteil ohne Krankengeldanspruch (= ermäßigter Beitragssatz) entspricht.
Der ermäßigte Beitragssatz beträgt für 2021 14,0 %. Daraus ergibt sich ein Arbeitnehmeranteil von 7,0 % (50 % von 14,0 %). Zusätzlich wird der Zusatzbeitrag berücksichtigt, der zur Hälfte vom Arbeitnehmer zu tragen ist und von

Krankenkasse zu Krankenkasse in unterschiedlicher Höhe festgelegt wird. Er kann 0 %, aber durchaus auch 1,8 % betragen. Im Durchschnitt beläuft sich der Zusatzbeitrag 2021 auf 1,3 %.
Der Beitragsanteil für Krankengeldzahlungen fällt unter den Tisch.

Vorsorgepauschale für Pflegeversicherung
Bei Arbeitnehmern, die in der sozialen Pflegeversicherung versichert sind, werden die Versicherungsbeiträge in den Steuerklassen I bis VI mit 1,525 % des Bruttoarbeitslohns berücksichtigt. Eine Ausnahme gilt, wenn Sie in Sachsen leben. Hier beträgt der Arbeitnehmeranteil 2,025 %. Hinzu kommt jeweils der Zuschlag für Kinderlose von 0,25 %, macht insgesamt 1,775 % bzw. in Sachsen 2,275 % des Arbeitslohns.

Vorsorgepauschale bei privat Versicherten
Auch die Beiträge zur privaten Kranken- und Pflegepflichtversicherung werden beim Lohnsteuerabzug berücksichtigt. Zu diesem Zweck übermittelt die Versicherungsgesellschaft die Kranken- und Pflegeversicherungsbeiträge des Versicherten und ggf. von dessen Ehe- oder Lebenspartner und Kindern an das Bundeszentralamt für Steuern, das die Daten im Rahmen der elektronischen Lohnsteuerkartenmerkmale zur Verfügung stellt.
Von dieser Regelung betroffen sind neben Beamten vor allem Gesellschafter-Geschäftsführer und wegen Überschreiten der Pflichtversicherungsgrenze privat versicherte Arbeitnehmer.
Statt der tatsächlichen Basisbeiträge wird beim Lohnsteuerabzug eine Mindestvorsorgepauschale von 12 % des Arbeitslohns, max. aber 1.900 € (StKl I, II, IV, und V) bzw. 3.000 € (StKl III) abgezogen.

Beispiel
Auf der Basis der aktuellen Beitragssätze ergibt sich für die Vorsorgepauschale (2021) eines verheirateten, familienversicherten Arbeitnehmers mit einem Kind und einem Jahresarbeitslohn von 40.000 € folgende Berechnung:

Krankenversicherungspauschale	
(50 % v. 14,0 % = 7,0 % + 0,65 % =) 7,65 % v. 40.000 €	3.060 €
Pflegeversicherungspauschale	
(50 % v. 3,05 % =) 1,525 % v. 40.000 €	610 €
Mindestvorsorgepauschale	3.670 €

Für einen privat versicherten, ledigen und kinderlosen Arbeitnehmer mit 40.000 € Arbeitslohn ergibt sich folgende Vorsorgepauschale:

Mindestvorsorgepauschale 12 % v. 40.000 €,	4.800 €
max. aber	1.900 €
Vorsorgepauschale	1.900 €

Diese Minimalpauschale ist ein vorübergehendes Ärgernis. denn sie gilt nur für den Lohnsteuerabzug. In der Einkommensteuererklärung kann der privat Versicherte die vollen Basisbeiträge geltend machen.

TRICK

Melden Sie als Rentner das Auto Ihrer Kinder oder Enkel auf sich an!

Längst sind Ihre Kinder erwachsen und stehen im Berufsleben. Trotzdem ste- 512
hen sie Ihnen natürlich zur Seite und fahren Sie, seit Sie selbst das Autofahren aufgegeben haben, so manches Mal mit ihrem Pkw. Klar stecken Sie ihnen dafür immer wieder ein paar Scheinchen als »Spritgeld« zu. Steuerlich können Sie das viel schlauer anstellen: Melden Sie das Auto Ihrer Kinder auf sich an und übernehmen Sie die Versicherungsbeiträge. Für Ihre Kinder spielt das in der Regel steuerlich keine Rolle. Die zahlen sich ja schon an der Sozialversicherung dumm und dusslig, so dass die Autoversicherung sich bei der Steuer gar nicht mehr auswirkt. Sie dagegen können jeden Euro Autohaftpflicht als Sonderausgaben absetzen, wenn Sie als Rentner Ihren Höchstbetrag von 1.900 €/3.800 € (Alleinstehende/Verheiratete) noch nicht ausgeschöpft haben. Und als Rentner stehen Sie ja oft vor dem Problem, dass Sie gar nicht so viele sonstige Vorsorgeaufwendungen haben, um den Höchstbetrag voll nutzen zu können.
Wenn Sie Ihrem Enkel auf diese Weise ein Auto sponsern, wird auch gleich der happige Anfängertarif in der Autoversicherung umgangen. Dass nicht Sie selbst, sondern Ihr Enkel die Beulen in das Vehikel fährt, ist dabei ohne Belang.
Wichtig in beiden Fällen ist nur, dass Fahrzeug und Versicherung auf Ihren Namen laufen! Denn: Nach der BFH-Rechtsprechung ist zum Abzug von Versicherungsbeiträgen als Sonderausgaben grundsätzlich nur berechtigt, wer die Beiträge als Versicherungsnehmer schuldet und entrichtet (BFH-Urt. v. 8.3.1995 – BStBl 1995 II S. 637). Als Nachweis haben Sie neben dem Versicherungsschein die Überweisung der Prämie von Ihrem Konto. Zahlen Sie aber Haftpflichtbeiträge, die Ihr Enkel oder Ihre Kinder als Versicherungsnehmer schulden, sind sie weder bei Ihnen noch bei Ihren Abkömmlingen absetzbar.

TIPP

für die Haftpflicht für Ihr Wohnungseigentum

Das Wohnen im eigenen Haus ist ein schönes, aber teures Vergnügen. Und steuerlich ist nicht viel zu holen. Deshalb vergessen Sie nicht, wenigstens die Gebäudehaftpflicht anzusetzen. Für Ihre Eigentumswohnung soll Ihnen der Hausverwalter den Jahresbetrag nennen, der auf Ihre Wohnung entfällt. Dasselbe gilt natürlich auch dann, wenn Sie Ihr Häuschen oder Ihre Wohnung nicht selbst nutzen, sondern z.B. Ihre Kinder oder andere Angehörige mietfrei darin wohnen lassen. Aber: Vermieten Sie Ihr Wohneigentum, fällt die Gebäudehaftpflicht unter die Werbungskosten.

513 **Beiträge zu zertifizierten Altersvorsorgeverträgen**

Wenn Sie einen zertifizierten Riester-Vertrag abgeschlossen haben, bekommen Sie dafür normalerweise die sog. Riester-Zulage. Da bei Ledigen und kinderlosen Ehepaaren die Förderung häufig recht mager ausfällt, wurde zur Ergänzung ein zusätzlicher Sonderausgabenabzug (§ 10 a EStG) von 2.100 € für solche Beiträge eingeführt. Ist die Steuerersparnis aus dem Sonderausgabenabzug höher als die Riester-Zulage, wird Ihnen der übersteigende Betrag über Ihre Einkommensteuererklärung erstattet.

TIPP

für Beamte, Richter oder Versorgungsempfänger

Willigen Sie als Beamter, Richter, Soldat, Besoldungsempfänger oder Empfänger von Versorgungsbezügen unbedingt in die elektronische Datenübermittlung an die Zulagenstelle ein! Die Begünstigung Ihrer Riester-Beiträge gibt es nämlich nur, wenn Sie ausdrücklich der elektronischen Übermittlung der Daten an die Zulagenstelle zustimmen, die diese für die Ermittlung der Riester-Zulagen benötigt. Diese Einwilligung müssen Sie schriftlich gegenüber der Stelle erteilen, die Ihre Besoldung, Versorgung oder Amtsbezüge zahlt. Haben Sie diese Zustimmung bislang nicht erteilt, können Sie sie innerhalb von zwei Jahren nachholen. Für das Jahr 2021 also bis zum 31.12.2023. Wenden Sie sich im Zweifel an die Besoldungsstelle oder an das Institut, bei dem Sie Ihren Riester-Vertrag abgeschlossen haben, und besorgen Sie sich dort ein Formular für die Zustimmung.

514 **b) Was können Sie von Ihren Vorsorgeaufwendungen höchstens absetzen?**

Die Höchstbeträge für den Abzug Ihrer Vorsorgeaufwendungen werden streng getrennt nach

- Altersvorsorgeaufwendungen und
- sonstigen Vorsorgeaufwendungen

berechnet.

515 **Höchstbetrag für Altersvorsorgeaufwendungen 2021:**

	Alleinstehende	**Verheiratete**
Allgemeiner Höchstbetrag	25.786 €	51.572 €
./. Kürzung um 18,6 % des Arbeitslohns/der Bezüge (max. 80.400 €) (nur bei Beamten, Soldaten, Geistlichen etc.,		

Vorständen, Geschäftsführern mit Pensionsanspruch und Abgeordneten)	–	– ....
= (gekürzter) Höchstbetrag (Betrag 1)	....	....
Tatsächliche Beiträge für Altervorsorgeversicherungen (gesetzliche Rentenversicherung, landwirtschaftl. Alterskassen, Versorgungswerke, Rürup-Versicherungen)	....	....
Arbeitgeberanteil zur Rentenversicherung	....	....
= insgesamt gezahlte Altersvorsorgeaufwendungen (Betrag 2)	....	....
vom geringeren Betrag **(Betrag 1/Betrag 2) 92 %** (der abzugsfähige Prozentsatz erhöht sich jährlich um 2 Prozentpunkte, bis 2025 volle 100 % erreicht sind)	....	....
./. Arbeitgeberanteil zur Rentenversicherung (nur bei rentenversicherungspflichtigen Arbeitnehmern)	–	– ....
= Höchstbetrag für Altersvorsorgeaufwendungen	=	= ....

Zusätzlicher Höchstbetrag für sonstige Vorsorgeaufwendungen 2021 516

Für Ihre sonstigen Vorsorgeaufwendungen, insbesondere die Beiträge zur Kranken- und Pflegeversicherung, gilt:

- Die Beiträge zur Basiskranken- und Pflegepflichtversicherung sind voll absetzbar, auch wenn sie die nachfolgend genannten Höchstbeträge übersteigen.
- Für Steuerzahler, die keine unmittelbaren Zuschüsse zu ihren Krankheitskosten oder steuerfreie Zuschüsse zur Krankenversicherung erhalten (= Selbständige, nicht sozialversicherungspflichtige Vorstände und Geschäftsführer), beträgt der Höchstbetrag 2.800 €.
- Steuerzahlern, die unmittelbare Zuschüsse zu ihren Krankheitskosten oder steuerfreie Zuschüsse zur Krankenversicherung erhalten (= sozialversicherungspflichtige Arbeitnehmer, Beamte, Soldaten, Geistliche, Rentner, familienversicherte Ehepartner etc.), steht ein Höchstbetrag von 1.900 € zu.

Bei Ehegatten wird der Höchstbetrag für jeden getrennt ermittelt. So bekommt 517
z.B. ein Ehepaar, bei dem der Ehemann selbständig und die Ehefrau als sozialversicherungspflichtige Arbeitnehmerin tätig ist, einen Höchstbetrag von zusammen (2.800 € + 1.900 € =) 4.700 €.
Ist nur ein Ehegatte erwerbstätig, verdoppelt sich in aller Regel sein Höchstbetrag. Ist also der erwerbstätige Ehegatte selbständig, liegt der gemeinsame Höchstbetrag bei 5.600 €, während er bei einem als sozialversicherungspflichtiger Arbeitnehmer erwerbstätigen Ehegatten nur 3.800 € beträgt.

Einen Höchstbetrag von 3.800 € erhalten auch Ehepaare, bei denen einer oder beide Rentner sind.
Nach der Devise »Gleiches Recht für alle« gibt es für den nicht erwerbstätigen Ehe- bzw. Lebenspartner eines Beamten wie bei sozialversicherungspflichtigen Arbeitnehmern ebenfalls max. 1.900 € als Höchstbetrag (BFH v. 23.1.2013 – BStBl II 2013, 608).

518 Übersicht über den Höchstbetrag für sonstige Vorsorgeaufwendungen bei Ehegatten

Ehegatte1 / Ehegatte2	SV-pflichtiger Arbeitnehmer	Beamter	Selbständiger	Keine Beschäftigung
SV-pflichtiger Arbeitnehmer	3.800 €	3.800 €	4.700 €	3.800 €
Beamter	3.800 €	3.800 €	4.700 €	3.800 €
Selbständiger	4.700 €	4.700 €	5.600 €	5.600 €
Keine Beschäftigung	3.800 €	3.800 €	5.600 €	5.600 €

519 **Keine Günstigerprüfung mehr**

Die Berechnung der abzugsfähigen Höchstbeträge führte für Arbeitnehmer mit kleineren Einkommen und bei Selbständigen, die für ihre Altersversorgung in erster Linie auf Kapitallebensversicherungen gesetzt haben, aber auch bei Rentnern und Pensionären in vielen Fällen zu erheblichen Nachteilen gegenüber der Rechtslage bis zur Reform der Alterseinkünftebesteuerung. Um diese Nachteile auszugleichen, wurde in einer Übergangszeit bis 2019 mindestens der Betrag als Sonderausgaben abgezogen, der sich bis 2004 als Höchstbetrag ergeben hätte. Seit 2020 können Vorsorgeaufwendungen nur noch in dem in ➤ Rz 515 beschriebenen Umfang abgesetzt werden.

520 **Beispiel für einen Selbständigen**

Ein Unternehmer, der am 10.4.1960 geboren ist, zahlte 2021 Beiträge zu folgenden Versicherungen

Altersvorsorgelebensversicherung (Rürup-Rente) (Rentenzahlung nach 62. Geburtstag)	2.400 €
Private Krankenversicherung (davon Basisversicherung 1.700 €)	1.800 €
Private Pflegeversicherung (Pflichtversicherung)	150 €
Freiwillige private Pflegeversicherung	150 €
Unfallversicherung	90 €
Kapitallebensversicherung (Vertragsabschluss 2001) 5.000 €, abzugsfähig 88 %	4.400 €
Privathaftpflichtversicherung	100 €
Übrige Vorsorgeaufwendungen	6.690 €

Als Vorsorgeaufwendungen abzugsfähig 2021:

Altersvorsorgebeiträge

Altersvorsorgelebensversicherung	2.400 €		
Höchstbetrag:	25.786 €		
./. Kürzung	–		
= gekürzter Höchstbetrag	25.786 €		
92 % vom geringeren Betrag			
= 92 % von 2.400 € =		2.208 €	
./. Arbeitgeberanteil zur Rentenversicherung		–	
Höchstbetrag 2021 für Altersvorsorgeaufwendungen		2.208 €	> 2.208 €

Übrige Vorsorgeaufwendungen

Vorsorgeaufwendungen	6.690 €	
Höchstbetrag	2.800 €	
Mindestens Basiskranken- und Pflegepflichtversicherung	1.850 €	
Abzugsfähig von den 6.690 € somit max.		2.800 €
Vorsorgeaufwendungen 2021		5.008 €

Beispiel für einen verheirateten Arbeitnehmer 521

Angenommen, Sie sind am 10.4.1960 geboren, verheiratet und bekommen als Alleinverdiener 50.000 € brutto. Sie zahlten 2021 Beiträge zu folgenden Versicherungen:

Rentenversicherung 18,6 % von 50.000 € × 50 %		4.650 €
Gesetzliche Krankenversicherung (Arbeitnehmeranteil) angenommen 7,95 % × 50.000 €		3.975 €
Gesetzliche Pflegeversicherung (Kinderlose) (3,05 % × 50 % = 1,525 + 0,25 % =) 1,775 % × 50.000 €		888 €
Arbeitslosenversicherung 2,4 % von 50.000 € × 50 %		600 €
Altersvorsorgelebensversicherung (Rentenzahlung nach dem 62. Geburtstag)		2.400 €
Unfallversicherung		200 €
Kapitallebensversicherung (Vertragsabschluss 2001)	2.000 €	
Abzugsfähig 88 % von 2.000 €		1.760 €
Kfz- und Privathaftpflichtversicherung		600 €

Als Vorsorgeaufwendungen abzugsfähig 2021:

Altersvorsorgebeiträge

Gesetzliche Rentenversicherung	4.650 €
Steuerfreier Arbeitgeberanteil zur Rentenversicherung	4.650 €
Altersvorsorgelebensversicherung	2.400 €

Beiträge insgesamt	11.700 €		
Höchstbetrag Verheiratete:	51.572 €		
./. Kürzung	–		
= gekürzter Höchstbetrag	51.572 €		
92 % vom geringeren Betrag			
= 92 % von 11.700 € =		10.764 €	
./. Arbeitgeberanteil zur Rentenversicherung		– 4.650 €	
Höchstbetrag für Altersvorsorgeaufwendungen		6.114 €	
Abzugsfähig sind damit nur magere			6.114 €

Übrige Vorsorgeaufwendungen

Vorsorgeaufwendungen	7.973 €	
Höchstbetrag 2 × 1.900 € = 3.800 €		
Mindestens Basiskrankenversicherung		
./. 4 % + Pflegeversicherung	4.656 €	
Abzugsfähig von 7.973 € somit		4.656 €
Vorsorgeaufwendungen 2021		**10.770 €**

522 **Beispiel für einen Beamten**

Angenommen, Sie sind am 10.4.1964 geboren, verheiratet und bekommen als Beamter 40.000 € brutto. Ihr am 13.6.1965 geborener Ehepartner ist nicht berufstätig. Sie zahlen Beiträge zu folgenden Versicherungen:

Rürup-Rente	2.400 €
Private Krankenversicherung (Basisversicherung 2.800 €)	3.000 €
Pflegeversicherung	360 €
Unfallversicherung	200 €
Kapitallebensversicherung (Vertragsabschluss 2001) 2.000 €, Abzugsfähig zu 88 %	1.760 €
Kfz- und Privathaftpflichtversicherung	600 €

Als Vorsorgeaufwendungen abzugsfähig:

Altersvorsorgebeiträge

Altersvorsorgelebensversicherung	2.400 €		
Höchstbetrag Verheiratete:	51.572 €		
./. Kürzung 18,6 % von 40.000 €	7.440 €		
= gekürzter Höchstbetrag	41.170 €		
92 % vom geringeren Betrag = 92 % von 2.400 € =		2.208 €	
./. Arbeitgeberanteil zur Rentenversicherung		–	
Höchstbetrag für Altersvorsorgeaufwendungen		2.208 €	
Abzugsfähig sind damit nur magere			2.208 €

Übrige Vorsorgeaufwendungen

Vorsorgeaufwendungen	5.920 €	
Höchstbetrag 1.900 € + 1.900 € =	3.800 €	
Mindestens Kranken-/Pflegeversicherung	3.160 €	
Abzugsfähig von 5.920 € somit max. 3.800 € =		3.800 €
Vorsorgeaufwendungen 2021		6.008 €

Beispiel für einen Pensionär 523

Angenommen, Sie sind pensionierter Beamter, verheiratet, Ihr Ehepartner hat keine eigenen Einkünfte. Sie beziehen eine Pension von 24.000 €. Sie zahlen Beiträge zu folgenden Versicherungen:

Private Krankenversicherung (Basisversicherung 3.600 €)	3.800 €
Pflegeversicherung	360 €
Unfallversicherung	200 €
Kfz- und Privathaftpflichtversicherung	600 €

Als Vorsorgeaufwendungen abzugsfähig:

Altersvorsorgebeiträge

Altersvorsorgelebensversicherung	0 €		
Höchstbetrag Verheiratete:	51.572 €		
./. Kürzung 18,6 % von … €	–		
= gekürzter Höchstbetrag	51.572 €		
92 % vom geringeren Betrag = 92 % von 0 € =		0 €	
./. Arbeitgeberanteil zur Rentenversicherung		– €	
Höchstbetrag für Altersvorsorgeaufwendungen		0 €	0 €

Übrige Vorsorgeaufwendungen

Vorsorgeaufwendungen	4.960 €	
Höchstbetrag 1.900 € + 1.900 € =	3.800 €	
Mindestens Basiskranken-/Pflegeversicherung	3.960 €	
Abzugsfähig von 4.960 € somit		3.960 €
Vorsorgeaufwendungen 2021		3.960 €

Beispiel für einen Rentner 524

Angenommen, Sie sind Rentner, verheiratet, Ihr Ehepartner bezieht ebenfalls eine Rente. 2021 zahlten Sie Beiträge zu folgenden Versicherungen:

Krankenversicherung der Rentner	3.600 €
Pflegeversicherung	360 €
Unfallversicherung	200 €
Kfz- und Privathaftpflichtversicherung	600 €

Als Vorsorgeaufwendungen abzugsfähig:

Altersvorsorgebeiträge		
Altersvorsorgebeiträge	0 €	
Höchstbetrag für Altersvorsorgeaufwendungen	0 €	0 €
Übrige Vorsorgeaufwendungen		
Vorsorgeaufwendungen	4.760 €	
Höchstbetrag 2 × 1.900 € =	3.800 €	
Mindestens Basis-Kranken-/Pflegeversicherung	3.960 €	
Abzugsfähig von 4.760 € somit		3.960 €
Vorsorgeaufwendungen 2021		3.960 €

525 Nicht alle privaten Versicherungen können Sie in der Steuererklärung unterbringen. Nicht zum Steuerabzug führen insbesondere Sachversicherungen wie z.B. Hausrat-, Kfz-Kasko- und Rechtsschutzversicherungen.

SUPER TRICK

Teilen Sie und setzen ab!

526 Deckt Ihre Unfall- oder Rechtsschutzversicherung sowohl berufliche als auch private Risiken ab, teilen Sie die Beiträge in einen beruflichen und einen privaten Anteil auf und setzen 50 % des Beitrags als Werbungskosten an. Wenn Sie sich nicht mit der Halbierung zufriedengeben wollen, können Sie auch Ihr Versicherungsunternehmen bitten, Ihnen mitzuteilen, welcher Anteil des Beitrags nach seiner Kalkulation das berufliche Risiko abdeckt. Mit dieser Bescheinigung im Rücken teilen Sie dann möglicherweise im Verhältnis 3 : 1 auf (Quelle: BMF – Schreiben v. 17.7.2000 – BStBl I 2000 S. 1204).

527 Wesentlich engherziger ist der Fiskus bei Ihrer Rechtsschutzversicherung. Hier will er Ihnen partout keinen pauschalen Werbungskostenabzug zugestehen. Nur mit einer Bescheinigung Ihrer Versicherung über den beruflichen Prämienanteil haben Sie eine Chance auf teilweise Berücksichtigung Ihrer Kosten (BMF-Schreiben v. 17.7.2000 – BStBl I 2000 S. 1204).

TIPP

zu Ihren Kapital- und Lebensversicherungen

528 Es gibt Lebensversicherungen, die nur im Todesfall Geld bringen. Diese sog. Risikolebensversicherungen sind nur rd. ein Zehntel so teuer wie Kapitallebensversicherungen. Letztere (Lebensversicherungen mit Sparanteil) bringen

nicht nur im Todesfall Geld, sondern auch bei Ablauf der Versicherungsdauer. Denken Sie daran: Auch die Sterbegeldversicherung ist eine Lebensversicherung, ja sogar die Aussteuer- oder Ausbildungsversicherung für Ihre Tochter, die Sie nach deren Geburt abgeschlossen haben und die genau mit dem 18. Geburtstag fällig wird.
Kapitallebensversicherungen, die Sie nach dem 1.1.2005 abgeschlossen haben, können Sie nicht als Vorsorgeaufwendungen absetzen. Außerdem sind solche Lebensversicherungen nicht mehr steuerfrei. Die Erträge aus der Versicherung, also die Differenz aus der Kapitalauszahlung und Ihren über die Jahre gezahlten Beiträgen, sind zu 50 % als Kapitaleinkünfte steuerpflichtig, wenn die Versicherung seit mindestens 12 Jahren besteht und sie Ihnen frühestens zu Ihrem 60. Geburtstag (bei Versicherungsabschluss 2012 oder später zum 62. Geburtstag) ausgezahlt wird.

Gut zu wissen:
Da neuere Kapitallebensversicherungen nicht mehr als Sonderausgaben abziehbar und bei Auszahlung generell zu 50 % steuerpflichtig sind, können Sie sie ungeniert zur Sicherheit für ein Darlehen einsetzen.

Ein Abzug als Vorsorgeaufwendungen kommt nur noch für vor 2005 abge- 529
schlossene Versicherungen und nur noch sehr eingeschränkt im Rahmen der Höchstbeträge für sonstige Versorgungsaufwendungen in Betracht für

- Risikolebensversicherungen,
- Rentenversicherungen ohne Kapitalwahlrecht,
- Rentenversicherungen mit Kapitalwahlrecht gegen laufende Beitragsleistung mit Sparanteil bei einer Vertragsdauer von mindestens zwölf Jahren (aber max. 88 % der Beiträge) und
- Kapitallebensversicherungen gegen laufende Beitragsleistung mit Sparanteil bei einer Vertragsdauer von mindestens zwölf Jahren (aber max. 88 % der Beiträge).

SUPER TRICK

Kassieren Sie die Erbschaft steuerfrei!

Wenn Sie ganz clever sind, Sie und Ihre bessere Hälfte je eine eigene Lebens- 530
versicherung haben wollen und mal nicht den Gedanken an den Tod verdrängen, dann ersparen Sie ihr später die Erbschaftsteuer auf die Auszahlung der Lebensversicherung. Das geht ganz einfach: Sie schließen mit ihrer Zustimmung eine Versicherung auf ihr Leben ab, sie eine auf Ihres. Sie zahlen jeder die Prämien der Versicherung aus der eigenen Tasche.

In Ihrem Todesfall bekommt Ihr Ehepartner die Summe nicht als »Erwerb von Todes wegen«, sondern eben als Versicherungsnehmer steuerfrei ausbezahlt – und umgekehrt natürlich ebenso. Der Trick ist noch interessanter bei Personen, die nicht verheiratet oder nahe verwandt sind, weil die Freibeträge der Erbschaftsteuer niedriger und die Steuersätze höher sind.

2. Übrige Sonderausgaben

531 Als *übrige Sonderausgaben,* die also keine Vorsorgeaufwendungen sind, zählt das Gesetz auf:

- Unterhaltszahlungen an den geschiedenen oder dauernd getrennt lebenden Ehegatten bis 13.805 €, wenn dieser der Versteuerung der empfangenen Beträge zugestimmt hat,
- Renten und dauernde Lasten, insbesondere Altenteilslasten in der Landwirtschaft oder Versorgungsleistungen im Zusammenhang mit der unentgeltlichen Übertragung von Betrieben, von Betriebs-, Mitunternehmer- oder GmbH-Anteilen,
- laufende Zahlungen an den Ex im Rahmen des Versorgungsausgleichs,
- einmalige Abfindungen zur Vermeidung eines Versorgungsausgleichs,
- Kirchensteuer,
- Kinderbetreuungskosten, zwei Drittel der Aufwendungen, höchstens 4.000 € je Kind,
- Aufwendungen für die eigene Berufsausbildung und Weiterbildung im *nicht* ausgeübten Beruf, Höchstbetrag jährlich 6.000 €,
- Schulgeld für den Privatschulbesuch des Kindes, 30 % der Kosten, höchstens 5.000 €,
- Spenden.

Ausgaben dieser Art wirken sich steuerlich erst aus, wenn sie höher sind als der dafür vorgesehene Sonderausgabenpauschbetrag von 36 €, bei Ehegatten 72 €.

a) Unterhaltsleistungen

SUPER TRICK

Der Kuhhandel mit dem Ex-Ehepartner

532 Dass Steuergesetze unverständlich sind, wissen wir schon lange. Dass die Unverständlichkeit jedoch Purzelbäume schlägt, erkennen Sie an der Bestimmung,

die einem geschiedenen Ehegatten zumutet, vor dem anderen zu Kreuz zu kriechen, um einigermaßen gerecht besteuert zu werden. Nur wenn der Unterhaltsempfänger kein Einkommen hat und daher den Unterhaltsbetrag nicht oder nur gering versteuern muss, kann man erwarten, dass er die Anlage U unterschreibt, mit der er bestätigt, dass er den Unterhalt versteuert. Diese Zustimmung ist bis auf Widerruf wirksam, braucht also nicht jedes Jahr erneut erklärt zu werden (BMF v. 19.9.1990 – BStBl 1990 I S. 569).
Weigert sich der Unterhaltsempfänger ohne triftigen Grund, die Anlage U zu unterschreiben, hat der zahlende Ehegatte einen gerichtlich einklagbaren Anspruch darauf, wenn er sich bindend verpflichtet, dem Empfänger alle steuerlichen Nachteile auszugleichen, soweit dieser sie im Einzelfall nachweist. Ein solcher Ausgleich ist wiederum als Unterhaltszahlung anzusehen (BFH v. 28.11.2007 – XI B 68/07).
Der Unterhaltsempfänger kann im Übrigen nicht verlangen, an den Steuervorteilen beteiligt zu werden, die der zum Unterhalt Verpflichtete durch den Sonderausgabenabzug erhält. So zumindest der BGH in seinem Urteil vom 26.9.1984 (IV b ZR 30/83 – HFR 1985 S. 530).

WICHTIGER HINWEIS

Es gibt eine zusätzliche formale Hürde für den Abzug Ihrer Unterhaltszahlun- 533
gen. Sie müssen nämlich nicht nur die unterschriebene Anlage U vorlegen, sondern auch die Steuer-Identifikationsnummer (§ 139b AO) des Ex-Partners angeben. Diese finden Sie in der Regel in Ihrem letzten gemeinsamen Einkommensteuerbescheid. Wenn Sie da nicht fündig werden, können Sie Ihren Ex-Partner bitten, Ihnen die Steuer-Identifikationsnummer mitzuteilen. Dazu ist er nämlich gesetzlich verpflichtet (§ 10 Abs. 1a Nr. 1 S. 8 EStG). Kommt er dieser Verpflichtung nicht nach, können Sie die Nummer ausnahmsweise bei seinem Finanzamt erfragen.

Kleiner Tipp: Damit Sie für das Finanzamt Ihres Ex etwas in der Hand haben, sollten Sie ihn *schriftlich* bitten, Ihnen die Identifikationsnummer mitzuteilen. Im Zweifel nach vier Wochen noch einmal – ebenfalls schriftlich – erinnern. Wenn dann immer noch nichts gekommen ist, Kopien der erfolglosen Anfragen und einen Antrag auf Mitteilung der Nummer an das Finanzamt schicken.

Am besten drängen Sie schon vor dem Familiengericht oder beim Unterhalts- 534
prozess darauf, dass Ihr Ex-Partner im Urteil verpflichtet wird, die Zustimmung zur Anlage U zu erteilen und die Steuer-Identifikationsnummer mitzuteilen. Inzwischen sieht die Anlage U auch eine Eintragungsmöglichkeit für die Steuer-Identifikationsnummer vor.
Wenn Ihr Ex die Zustimmung verweigert, brauchen die Fiskalritter mit Billigung des BFH nicht zu prüfen, ob die Weigerung rechtsmissbräuchlich ist (Urt.

v. 25.7.1990 – BStBl 1990 II S. 1022). Wenn es hart auf hart geht, bleibt Ihnen daher nichts anderes übrig, als Ihren Ex-Partner vor den zivilen Kadi zu zerren und zur Zustimmung verurteilen zu lassen.

Will Ihr Ex-Partner selbst dann die Anlage U nicht unterschreiben, reicht für den Abzug der Unterhaltszahlungen bei Ihrer Einkommensteuererklärung ersatzweise das o.g. Zivilgerichtsurteil aus (BFH v. 25.10.1988 – BStBl 1989 II S. 192).

TIPP

bei fehlender Zustimmung

Verweigert Ihr Ex die Zustimmung, brauchen Sie mit der Abgabe Ihrer Steuererklärung nicht zu warten. **Setzen Sie Ihre Unterhaltskosten zunächst als außergewöhnliche Belastung bis zu 9.744 € ab.** Sie können den höheren Abzug als Sonderausgaben jederzeit nachträglich beantragen, sobald Ihnen die Zustimmung oder ein entsprechendes Gerichtsurteil vorliegt. Das Finanzamt muss dann sogar schon bestandskräftige Steuerbescheide zu Ihren Gunsten ändern. Berufen Sie sich auf § 175 Abs. 1 Nr. 2 AO und das BFH-Urt. v. 12.7.1989 – BStBl 1989 II S. 957.

WICHTIGER HINWEIS

535 Wenn Sie dem Abzug der Unterhaltszahlungen bei Ihrem Ex-Partner ohne betragsmäßige Beschränkung zustimmen, gilt die Zustimmung immer für den tatsächlich als Unterhalt gezahlten Betrag, max. 13.805 € zzgl. der im laufenden Jahr gezahlten Beiträge zur Basiskranken- und Pflegeversicherung. Damit bestimmt also grundsätzlich Ihr Ex-Partner mit seinem Antrag auf Sonderausgabenabzug, wie hoch die Einkünfte aus dem Unterhalt sind, die Sie zu versteuern haben.

Sie können Ihre Zustimmung aber auch von vornherein nur für einen bestimmten Betrag der Unterhaltsleistungen erteilen. Wenn sich diese später erhöhen, ist ein höherer Abzug nur mit Ihrer Zustimmung möglich (BFH v. 12.12.2007 – XI R 36/05, BFH/NV 2008 S. 792).

Bei schlechten Beamten aber helfen uns die besten Gesetze nichts.«

(Otto von Bismarck; 1815 – 1898)

TIPP

zur Erteilung einer Zustimmung

Da eine einmal erteilte Zustimmung nur mit Wirkung für die Zukunft widerrufen werden kann, sollten Sie sich den Ausgleich für eventuelle Nachteile aus der Versteuerung der Unterhaltsleistungen **von vornherein schriftlich zusichern lassen**.

TRICK

Nach oben korrigieren können Sie immer!

Wenn Sie sich mit Ihrem Ex-Partner darauf geeinigt haben, von den gezahlten 536
15.000 € nur einen kleinen Betrag von z.B. 5.000 € als Unterhalt abzusetzen, ist die Tür zu einem höheren Abzug nicht endgültig geschlossen. Eine nachträgliche Ausweitung des Sonderausgabenabzugs ist nämlich jederzeit möglich – sofern Ihr Ex dem zustimmt. Dann beantragen Sie eine entsprechende Änderung Ihres Einkommensteuerbescheids. Auch wenn dieser längst bestandskräftig war, muss er zu Ihren Gunsten korrigiert werden. Ihr Antrag auf höheren Unterhaltsabzug stellt nämlich zusammen mit der erweiterten Zustimmung des Ex ein rückwirkendes Ereignis i. S. des § 175 Abs. 1 Satz 1 Nr. 2 AO 1977 dar, das zur Korrektur des Steuerbescheids berechtigt (BFH v. 28.6.2006 – BStBl 2007 II S. 5).
Umgekehrt funktioniert das nicht. Im selben Urteil hat der BFH entschieden, dass Sie einen einmal gestellten Antrag auf Sonderausgabenabzug nicht im Nachhinein einschränken können. Möchten Sie also statt der 13.805 €, die Sie nun immer abgesetzt haben, nach Absprache mit dem Unterhaltsempfänger nur noch 5.000 € absetzen, muss der entsprechende Antrag vor Bestandskraft des Einkommensteuerbescheids gestellt werden, also bis spätestens vier Wochen nach Zustellung.

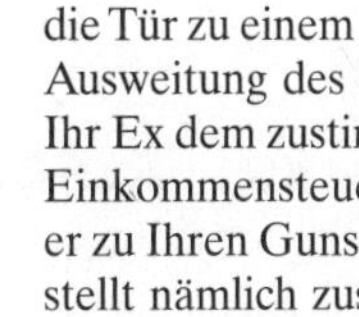

TIPP

bei verspäteter Antragstellung

Wie Sie gerade gelesen haben, können Sie bei nachträglich erteilter Zustimmung des Ex-Partners die Änderung Ihres Steuerbescheids und den Abzug der Unterhaltszahlungen beantragen. Die Sache hat aber einen Haken: Sind die

Gründe für eine Änderung des Steuerbescheids *nicht nachträglich* eingetreten, macht Ihnen der Fiskus Scherereien. Das heißt: Hatten Sie die Zustimmung zum Unterhaltsabzug Ihres Ex-Partners schon längere Zeit in der Tasche und entschließen sich erst später, die Unterhaltskarte steuerlich zu ziehen, liegt nach Meinung des Fiskus kein rückwirkendes Ereignis vor, das eine Änderung Ihres Steuerbescheids rechtfertigt. Rückendeckung bekommen die Ritter von Fiskalia vom BFH (BFH-Urt. v. 20.8.2014 – BStBl 2015 II S. 138).

Sie werden nicht in diese Falle tappen und sich spätestens bei der Abgabe der Steuererklärung entschieden haben, ob Sie vom Realsplitting Gebrauch machen wollen oder nicht. Falls Sie noch unentschlossen sind, sollten Sie versuchen, die Abgabe der Steuererklärung etwas hinauszuschieben, statt das Risiko eingehen, dass Ihnen der Vorteil aus dem Abzug der Unterhaltszahlungen verloren geht.

TRICK

Die Unterhaltshöchstgrenze überschritten – was tun?

537 »Was, wenn ich mehr als 13.805 € Unterhalt bezahle?« Ihr Pech! Alles, was darüber hinausgeht, bringt Ihnen keine Steuervergünstigung.

»Und da ist nichts zu machen?«, fragen Sie augenzwinkernd. Nur, wenn Sie bereit sind, Ihre Verhältnisse auf die Steuer einzurichten. Sehen Sie zu, dass Ihr Ex-Partner Sie darum bittet, Sonderbelastungen zu übernehmen. Und zwar solche, die eine außergewöhnliche Belastung darstellen, etwa Krankheitskosten oder Kuraufwand. Dann vereinbaren Sie mit ihm, den regulären Unterhalt zu vermindern und als Ausgleich dafür diese Sonderbelastungen zu tragen – für die Sie als Zahler dann die Steuerermäßigung in Anspruch nehmen dürfen (H 33.1-33.4 EStH »Krankheitskosten für Unterhaltsberechtigte«).

TIPP

Holen Sie mit der Krankenversicherung mehr heraus!

Sie können den Abzug Ihrer Unterhaltsleistungen über den Höchstbetrag von 13.805 € hinaus um einige tausend Euro steigern, wenn für den Ex-Partner und die bei ihm lebenden Kinder Beiträge zur privaten Kranken- und Pflegeversicherung anfallen. Um diese Beiträge zur sog. Basisabsicherung wird der Höchstbetrag dann nämlich aufgestockt. Dabei ist nicht entscheidend, ob Sie die Beiträge zahlen oder Ihr Ex-Partner. Allerdings können Sie auch im Rahmen des aufgestockten Höchstbetrags nicht mehr absetzen, als Sie an Unterhalt aus Ihrer Tasche gezahlt haben, und Sie müssen sich mit dem Ex darüber verständigen, wer die Beitäge für die Kinder in seiner Steuererklärung absetzt.

SUPER TRICK

Barunterhalt statt kostenloser Wohnung

Für den Sonderausgabenabzug Ihrer Unterhaltsleistungen ist es egal, ob Ihr 538
Ex-Partner von Ihnen jeden Monat Bares bekommt oder Sachleistungen. Überlassen Sie ihm z.B. unentgeltlich eine Eigentumswohnung, können Sie dafür die unmittelbar durch die Nutzung entstehenden Kosten als Unterhaltsleistungen absetzen. Was auf den ersten Blick ganz vernünftig aussieht, ist in Wirklichkeit eine böse Fallgrube. Die Fiskalritter gestehen Ihnen als Unterhaltsaufwendungen nämlich nur die von Ihnen getragenen Kosten für Heizung, Strom, Wasser, Abwasser, Müllabfuhr und Grundsteuer zu. Den dicksten Batzen, wie Zinsen, Reparaturen, Abschreibung und Versicherungen für die Wohnung, lassen sie mit einem Federstrich unter den Tisch fallen. Begründung: »Keine Unterhaltsaufwendungen lt. H 86 b EStH«.

Richtig hinterhältig wird die Geschichte aber erst dadurch, dass Sie die Kosten auch nicht als Werbungskosten im Rahmen von Vermietungseinkünften absetzen können. Hier setzen die Fiskalritter den Rotstift nämlich mit dem fadenscheinigen Argument an, da die Wohnung nicht vermietet sei, hätten Sie keine Einkunftserzielungsabsicht.

Mein Rat: Legen Sie auf den monatlichen Unterhalt an Ihren Ex-Partner von 539
750 € noch 350 € freiwillig drauf. Natürlich nur, um mit ihm gleichzeitig einen Mietvertrag für die Wohnung mit einer Warmmiete von 350 € abzuschließen. So schlagen Sie (ohne tatsächlich einen Cent mehr auszugeben) zwei Fliegen mit einer Klappe:

1. Sie treiben Ihre als Sonderausgaben absetzbaren Unterhaltsleistungen geschickt nach oben.
2. Sie verschaffen sich für die Steuer ein erstklassiges Vermietungsobjekt mit Einkunftserzielungsabsicht, bei dem Sie alle Kosten absetzen können (**Achtung:** Völlig sicher gehen Sie dabei, wenn die vereinbarte Miete mindestens 66 % der ortsüblichen Vergleichsmiete beträgt).

Sehen Sie sich an, was das in Euro und Cent ausmacht:

Unterhaltszahlungen lt. Gericht 12 × 750 €	9.000 €	
freiwilliger monatlicher Unterhalt 12 × 350 €	4.200 €	
Unterhalt insgesamt	13.200 € >	13.200 €
Miete 12 × 350 €	4.200 €	
./. Heizung, Strom, Wasser etc.	– 1.200 €	
./. Reparaturen	– 400 €	
./. Zinsen 3 % v. 100.000 €	– 3.000 €	
./. Abschreibung 2 % v. 80.000 €	– 1.600 €	
./. Hausversicherung	– 150 €	
Absetzbarer Vermietungsverlust	– 2.150 € >	2.150 €
Insgesamt wirken sich für Sie so steuermindernd aus		15.350 €

Ohne Mietvertrag und erhöhten Unterhalt könnten Sie absetzen:

Gerichtlichen Unterhalt	9.000 €	
Übernommene Wohnungskosten	1.200 €	
Insgesamt	10.200 € >	10.200 €
Ihr Steuervorteil aus der Differenz von		5.150 €

beträgt je nach Steuersatz zwischen 826 € und 2.654 €.

540 **b) Renten und dauernde Lasten**

Um zu verstehen, wann Renten und dauernde Lasten als Sonderausgaben abzugsfähig sind (§ 10 Abs. 1a Nr. 2 EStG), müssen Sie zunächst ein wenig Steuerrecht über sich ergehen lassen:

Wiederkehrende Zahlungen können entweder Entgelt für den Kauf von Vermögen oder Unterhalts- oder Versorgungsleistungen sein. Von einem Kauf wird nur ausgegangen, wenn Ihre Gegenleistung insgesamt in etwa dem realen Wert des Vermögens entspricht.

Sonderausgaben haben Sie dagegen nur, wenn Ihre Zahlungen als Versorgungsleistungen akzeptiert werden. Von solchen Versorgungsleistungen können Sie ausgehen, wenn Ihre wiederkehrenden Zahlungen im Zusammenhang mit der Übertragung von Vermögen stehen. Solche Vermögensübertragungen können im Rahmen einer Erbschaft vorkommen oder durch Schenkung zu Lebzeiten. Damit ein Sonderausgabenabzug überhaupt in Betracht kommt, muss die Übertragung des Vermögens an Sie entweder voll unentgeltlich geschehen oder zumindest zu einem Preis, bei dem man davon ausgehen kann, dass er nicht wie unter Fremden entsprechend dem tatsächlichen Wert des Vermögens ausgehandelt worden ist.

541 **Abzug von Versorgungsleistungen**

Als Sonderausgaben abzugsfähige Versorgungsleistungen liegen nur vor, wenn im Gegenzug **Betriebsvermögen** in Form folgender Vermögenswerte übertragen wurde:

1. Anteile an einer Personengesellschaft (OHG, KG, GbR), die eine eigenständige landwirtschaftliche, gewerbliche oder freiberufliche Tätigkeit ausübt,
2. landwirtschaftliche oder gewerbliche Einzelunternehmen oder Teilbetriebe und Freiberuflerkanzleien,
3. GmbH-Anteile von mindestens 50 %, wenn Sie nach der Übergabe als Geschäftsführer tätig sind und Ihr Vorgänger (Eltern) diese Funktion vor der Übertragung ausgeübt hat.

Für alle anderen Vermögensübertragungen, z. B. Immobilien, selbstgenutzte Wohnungen, Wertpapiere etc., kommt ein Sonderausgabenabzug nicht (mehr) in Betracht.

Diese Einschränkungen gelten aber erst für Übertragungsverträge, die 2008 oder später geschlossen wurden. Haben Sie eine Vermögensübertragung gegen Zahlung von Versorgungsleistungen schon vorher vertraglich geregelt, gilt die großzügigere alte Regelung so lange weiter, wie Sie entsprechende Zahlungen erbringen.

Aber auch bei Altverträgen vor 2008 müssen Sie eine wichtige Hürde nehmen. **542**
Damit Sie Ihre Versorgungsleistungen als Versorgungsrente mit dem Ertragsanteil oder in voller Höhe als dauernde Last absetzen können, muss das Vermögen, das Sie im Gegenzug bekommen haben, im Durchschnitt so viel Erträge abwerfen, dass die Versorgungsleistungen damit finanziert werden können.

Am folgenden Beispiel sehen Sie, wie die Erträge aus dem an Sie übertragenen Vermögen errechnet werden. Bei Miethäusern haben Sie es einfach. Die durchschnittlichen Erträge ergeben sich aus der Steuererklärung des bisherigen Eigentümers. Bekommen Sie dagegen eine Eigentumswohnung oder ein Haus übertragen, in dem Sie selbst wohnen, wirft das keine Erträge ab. In einem solchen Fall wird die für solche Objekte übliche Miete fiktiv angesetzt.
Den so ermittelten Erträgen werden die abgezogenen außerordentlichen Kosten und die Abschreibungen hinzugerechnet.

Beispiel
Sie bekamen vor 2008 von Ihrem Vater ein vermietetes Einfamilienhaus (Wert 200.000 €) übertragen. Die Miete liegt bei monatlich 750 €. Neben Reparaturen von 2.500 € und der Abschreibung von 3.000 € fallen Kosten in Höhe von ca. 1.000 € im Jahr an.

Die durchschnittlichen Einkünfte betragen	
(750 € × 12 =) 9.000 € – 2.500 € – 3.000 € – 1.000 €	2.500 €
Hinzugerechnet werden:	
Reparaturkosten	2.500 €
Abschreibung	3.000 €
Durchschnittsertrag	8.000 €

Bei betrieblichen Einheiten wird eine ausreichende Ertragskraft zur Finanzierung der Versorgungsleistungen regelmäßig unterstellt.

TRICK

Machen Sie aus der Not eine Tugend!

543 Immobilienübertragungen von Eltern auf Kinder und damit verbundene regelmäßige Zuwendungen an die Eltern wird es trotz geänderter Rechtslage weiterhin geben. Eine solche Vermögensübertragung wird nunmehr rechnerisch in ein Teilgeschäft gegen Entgelt und ein Teilgeschäft ohne Entgelt aufgeteilt. Ihre Versorgungsleistungen können Sie mit dem Ertragsanteil als Werbungskosten bei den Vermietungseinkünften aus der Immobilie abziehen.

Beispiel
Auf dem Grundstück Ihres 65 Jahre alten Vaters (Wert 400.000 €) lag eine Resthypothek in Höhe von 50.000 €, die Sie übernommen haben. Der sog. Barwert (er entspricht dem Kapital, das Ihr Vater anlegen müsste, um mit Zins und Zinseszins bei einer verrenteten Auszahlung eine lebenslange Rente von z.B. 1.000 € pro Monat zu kassieren) der von Ihnen monatlich zu leistenden Zahlungen beläuft sich auf 150.000 €. Insoweit liegt zu 50 % ein entgeltliches Geschäft und zu 50 % ein unentgeltliches vor.
Für Sie bedeutet dass, dass Sie neben 50 % der Abschreibungen, die Ihr Vater bisher geltend machen konnte, weitere 2 % von 200.000 € = 4.000 € Abschreibung absetzen können. Außerdem können Sie den Ertragsanteil von 18 % aus den laufenden monatlichen Zahlungen an Ihren Vater von z.B. 1.000 € = 18 % von 12.000 € = 2.160 € bei Ihren Vermietungseinkünften absetzen.

TRICK

Setzen Sie den Grabstein Ihrer Eltern als Sonderausgabe ab!

544 Wollen Ihnen die Eltern den Betrieb, Bauernhof oder eine mindestens 50 %ige Beteiligung an ihrer GmbH übertragen, sollten Sie sich im Übertragungsvertrag verpflichten, nach ihrem Tod für einen anständigen Grabstein zu sorgen. Da Sie als gutes Kind diese Kosten sowieso getragen hätten, verhilft Ihnen dieser kleine Formulierungsschlenker dazu, dass Sie den Grabstein in voller Höhe als dauernde Last absetzen können (BFH v. 15.2.2006 – BStBl 2007 II S. 160).

WICHTIGER HINWEIS

Bei einer Scheidung werden die in der Ehe begründeten Ansprüche auf eine Altersversorgung der beiden Ehegatten ausgeglichen. Das blüht Ihnen z.B. in Bezug auf Ihre künftigen Rentenansprüche, Ansprüche aus einer betrieblichen Altersversorgung, Ihre Pension als Beamter oder die Altersansprüche, die Sie als Freiberufler aus einem berufsständischen Versorgungswerk haben. 545

Bei Rentenansprüchen aus der gesetzlichen Rentenversicherung bekommt der geschiedene Ehepartner eine eigene Rente, und Ihre Rente fällt entsprechend geringer aus. Jeder versteuert in diesem Fall seine eigenen Rentenzahlungen.

Pensionsansprüche und Ansprüche aus der betrieblichen Altersversorgung werden dagegen ausnahmsweise schuldrechtlich ausgeglichen. Der ausgleichsverpflichtete Ehegatte zahlt dazu in der Regel eine Geldrente an den geschiedenen Ehegatten und gleicht so die Differenz zwischen den Altersbezügen aus. Die Zahlungen beginnen normalerweise ab Beginn der Zahlung Ihrer Altersbezüge, also wenn Sie in Ruhestand gehen. Sie können sie in voller Höhe als Sonderausgaben abziehen (Quelle: § 10 Abs. 1a Nr. 4 EStG). **Anders als bei Unterhaltsleistungen ist der Abzug nicht auf einen Höchstbetrag begrenzt.** Ihr Ex-Ehepartner muss im Gegenzug die Zahlungen als sonstige Einkünfte versteuern (§ 22 Nr. 1c EStG).

TIPP

für Abfindungen auf den Versorgungsausgleich

Bei Scheidungen geht es gelegentlich nicht nur wie gerade beschrieben um die Aufteilung der Altersversorgungsansprüche in Form des sog. Versorgungsausgleichs.

Steuerlich interessanter ist der Fall, dass Sie Ihre vollen Altersbezüge retten wollen, indem Sie dem Ex eine Abfindung zahlen und dieser im Gegenzug auf den Versorgungsausgleich verzichtet. Haben Sie von dieser Variante Gebrauch gemacht, können Sie im günstigsten Fall Ihre gesamte Abfindungszahlung als Sonderausgaben abziehen (§ 10 Abs. 1a Nr 3 EStG), und zwar im Jahr der Zahlung. Im Gegenzug muss allerdings Ihr Ex die Zahlung versteuern. Wie beim Realsplitting kommt der Sonderausgabenabzug aber nur insoweit in Betracht, wie Ihr Ex-Partner der Besteuerung bei sich zustimmt. Haben Sie z.B. eine Abfindung von 50.000 € gezahlt, Ihr Ex aber die Zustimmung zur Versteuerung bei sich auf 30.000 € eigeschränkt, können Sie auch nur 30.000 € als Sonderausgaben von der Steuer absetzen.

546 **c) Kirchensteuer**

TRICK

Ersparen Sie sich die Kirchensteuer, ohne ein schlechtes Gewissen zu haben!

Wenn Sie sich mit der Kirche nicht mehr identifizieren können, dann helfen Sie z.B. denen, die etwas für den Erhalt der Natur und unserer Erde tun. Zahlen Sie nach Austritt – in der Kirchengemeinschaft können Sie auch als nichtzahlendes Mitglied bleiben – die ersparte Kirchensteuer als steuermindernde Spende an Organisationen wie

- Greenpeace,
- Robin Wood,
- World Wide Fund for Nature
- oder das örtliche Tierheim.

547 Die Kirchensteuer ist die einzige Steuer, von der Sie sich abmelden können. Wenn Sie austreten, endet die Kirchensteuerpflicht in den Ländern

- Baden-Württemberg, Bayern, Niedersachsen, Nordrhein-Westfalen, Rheinland-Pfalz, Saarland mit Ablauf des Monats Ihres Austritts,
- Berlin, Brandenburg, Bremen, Hamburg, Hessen, Mecklenburg-Vorpommern, Sachsen, Sachsen-Anhalt, Schleswig-Holstein, Thüringen mit Ablauf des Monats nach dem Austrittsmonat.

Achten Sie in Ihrem Steuerbescheid darauf, dass Ihr Finanzamt den richtigen Endzeitpunkt berücksichtigt.

548 Rein technisch betrachtet ist die Kirchensteuer ein Zuschlag zur Einkommensteuer. Für jedes Kind werden zunächst der Kinderfreibetrag von 2.730 €/5.460 € (Alleinstehende/Verheiratete) und der Betreuungsfreibetrag von 1.464 €/2.928 € (Alleinstehende/Verheiratete) abgezogen und von der sich daraus ergebenden Einkommensteuer je nach Region 8 oder 9 % berechnet.
Dies gilt auch dann, wenn Ihnen die Freibeträge oder das Kindergeld nur für einen Teil des Jahres zustanden, z.B., weil Ihr Nachwuchs die Berufsausbildung beendete oder das 18. Lebensjahr (Betreuungsfreibetrag) vollendete.

TRICK

Setzen Sie als Erbe die Kirchensteuer des Verstorbenen ab!

Als Erbe müssen Sie die ausstehenden Steuererklärungen des Verstorbenen 549
einreichen. Ergibt sich aus einer dieser Steuererklärungen eine Nachzahlung von Kirchensteuer, die Sie als Erbe aus dem ererbten Vermögen begleichen, dürfen Sie diese Kirchensteuernachzahlung bei der eigenen Steuererklärung als Sonderausgaben absetzen. Wenn das Finanzamt mit den Zähnen knirscht, weisen Sie es auf eine entsprechende Entscheidung des BFH hin (BFH v. 21.7.2016 – X R 43/13, BStBl 2017 II S. 256) hin. Allerdings hat die ganze Sache auch eine Kehrseite. Wenn Sie aus der Steuererklärung des Verstorbenen eine Kirchensteuererstattung bekommen, müssen Sie diese im Jahr der Erstattung mit Ihrer eigenen Kirchensteuer verrechnen.

Aufgepasst: Wenn Sie aus der Kirche ausgetreten sind und Ihr Ehepartner 550
nicht, darf man Ihnen in der Lohnabrechnung *keine* Kirchensteuer abziehen. Dasselbe gilt, wenn Sie als Verheirateter zur Einkommensteuer veranlagt werden oder eine Ausgleichsveranlagung beantragen. Hat Ihr Ehegatte keine Einkünfte, fällt somit keine Kirchensteuer an. Andernfalls ist die Kirchensteuer nach dem Verhältnis der auf ihn entfallenden Einkommen- oder Lohnsteuer festzusetzen. Oft vergisst der Bearbeiter im Finanzamt aber die entsprechende Computereingabe, und dann werden Ihnen auch als Nichtmitglied Kirchensteuern in Rechnung gestellt. Deshalb prüfen Sie den Bescheid zumindest überschlägig auf die richtige Festsetzung.
Beispiel für überschlägige Berechnung der Kirchensteuer, wenn beide Eheleute Einkünfte haben:

	Ehemann		Ehefrau
Konfession	–		ev.
Einkommen	20.000 €		10.000 €
Gemeinsame Einkommensteuer		2.170 €	
Anteilige Einkommensteuer	1.447 €		723 €
Kirchensteuer, z. B. 9 %	0 €		65 €

Einen besonderen Dreh haben sich die Fiskalritter einfallen lassen, wenn Sie in einem Jahr mehr Kirchensteuer erstattet bekommen, als Sie zahlen mussten. Vorkommen kann das vor allem, wenn Sie einen Verlust in ein altes Jahr zurücktragen können und dadurch bereits gezahlte Steuern zurückbekommen.
In einem solchen Fall muss das Finanzamt die Erstattung zunächst immer mit der im selben Jahr gezahlten Kirchensteuer bis auf 0 € verrechnen. Verbleibt ein Überhang an Kirchensteuererstattung, rechnet ihn das Finanzamt Ihren Einkünften im Jahr der Erstattung zu (§ 10 Abs. 4b S. 3 EStG).

551 **d) Steuerberatungskosten**

Ihre privaten Steuerberatungskosten können Sie nicht als Sonderausgaben absetzen. Aber auch hier gilt die alte Weisheit, dass es fast keine steuerliche Gemeinheit gibt, die man nicht zumindest teilweise kontern kann. Soweit nämlich Ihre Steuerberatungskosten unmittelbar mit Einkünften in Zusammenhang stehen, können Sie sie weiterhin als Betriebsausgaben oder als Werbungskosten bei der jeweiligen Einkunftsart abziehen. Das Abzugsverbot für Steuerberatungskosten betrifft damit vor allem Kosten im Zusammenhang mit folgenden Steuererklärungen bzw. Teilen von Steuererklärungen:

- Mantelbogen der Einkommensteuererklärung,
- Anlage Kind,
- Anlage FW,
- Anlage AV,
- Anlage VL,
- Kindergeldantrag,
- Erbschaftsteuerangelegenheiten,
- Grundsteuer und Grunderwerbsteuer für nicht vermietete Immobilien,
- Kfz-Steuer für private Fahrzeuge.

Abzugsfähig im Rahmen der jeweiligen Ermittlung der Einkünfte ist dagegen der Teil der Steuerberatungskosten, der mit der Erstellung der folgenden Unterlagen zusammenhängt:

- Anlagen L, Weinbau, GSE, EÜR, N, V, R, SO zur Einkommensteuererklärung,
- Anlage KAP nur, soweit für die erklärten Einkünfte der Werbungskostenabzug nicht ausgeschlossen ist, weil sie nicht der Abgeltungssteuer unterliegen, sondern der regulären Besteuerung mit dem Einkommensteuertarif.
- Betriebssteuererklärungen wie Umsatzsteuer-, Gewerbesteuer- und Körperschaftsteuererklärung, Umsatzsteuer- und Lohnsteuervoranmeldungen etc.,
- Jahresabschluss, Gewinnermittlung, Buchführung,
- Gestaltungsberatung, um möglichst geringe Einkünfte zu versteuern oder Gewinne zu vermeiden.

Teilen Sie also Ihre Kosten für Steuerfachliteratur, Fahrten zum Finanzamt, um Zweifelsfragen zu besprechen oder sich einen Freibetrag auf der Lohnsteuerkarte eintragen zu lassen, immer munter in einen privaten und einen betrieblichen bzw. beruflichen Teil auf. Bei Beiträgen an Lohnsteuerhilfevereine, Aufwendungen für steuerliche Fachliteratur und Software akzeptiert es der Fiskus, wenn Sie pauschal 50 % als Betriebsausgaben/Werbungskosten abziehen. Außerdem können Sie Kosten bis zu 100 € voll als Betriebsausgaben bzw. Werbungskosten absetzen (BMF v. 21.12.2007 – BStBl 2008 I S. 256).

Beispiel

Sie haben für Fachliteratur, wie z. B. dieses Buch, Software und Fahrten insgesamt 120 € Steuerberatungskosten zusammenbekommen. Davon ordnen Sie

100 € den Werbungskosten zu. Nur die verbleibenden 20 € fallen damit unter den Tisch.

WICHTIGER HINWEIS

Der Bundesfinanzhof hat sich leider nicht auf die Seite der Steuerzahler ge- 552
schlagen. Er hat inzwischen vielmehr wiederholt dem Fiskus den Rücken gestärkt und geurteilt, dass das Verbot des Sonderausgabenabzugs für private Steuerberatungskosten rechtens ist und nicht gegen das Grundgesetz verstößt. Da keiner der betroffenen Steuerzahler den Gang vor das Bundesverfassungsgericht angetreten hat, sind diese Urteile mittlerweile rechtskräftig. Der Kampf gegen diese ungerechte Regelung ist damit verloren.
Das Bundesfinanzministerium hat denn auch prompt angeordnet, dass Steuerbescheide insoweit nicht mehr vorläufig ergehen und Einsprüche nicht mehr ruhen dürfen. (BMF v. 25.4.2013 – IV A 3 – S 0338/07/10010). Sie müssen sich also wohl oder übel mit dem Abzug des beruflichen bzw. betrieblichen Teils der Steuerberatungskosten als Werbungskosten oder Betriebsausgaben begnügen.

e) Ausbildungskosten 553
Sie können bis zu **6.000 €** pro Jahr als Ausbildungskosten absetzen. Sind Sie verheiratet und auch Ihre bessere Hälfte steckt noch in der Ausbildung, können Sie beide je bis 6.000 € als Ausbildungskosten in der Steuererklärung unterbringen. Wie Sie sehen, sind das dann im günstigsten Fall bis zu 12.000 € im Jahr.

WICHTIGER HINWEIS

Sie sollten trotz des vergleichbar hohen Betrags von 6.000 € immer versuchen, 554
Ihre Kosten als Werbungskosten durchzubringen. Siehe dazu ➤ Rz 311 ff.

TRICK

Wie Sie mit Ihren Kosten an die 6.000-€-Grenze herankommen

Mit Ausgaben für Fachbücher, Fotokopien, Schreibblocks, Stifte etc. können Sie 555
natürlich keinen allzu großen Blumentopf gewinnen. Bei 6.000 € Höchstbetrag lohnen sich vor allem dicke Brocken, als da wären:

- *Fahrtkosten zur Ausbildungsstelle, Uni etc.* Für jeden Tag, den Sie zur Uni fahren, setzen Sie die tatsächlichen Fahrtkosten an. Benutzen Sie für die Fahrten allerdings ein eigenes oder Ihnen z.B. von den Eltern überlassenes Auto, steht Ihnen lediglich die Entfernungspauschale zu: je 0,30 € für die ersten 20 Entfernungskilometer, je 0,35 € ab dem 21. Aber keine Regel ohne Ausnahme. Werden Sie außerhalb der Uni tätig, z.B. wegen eines Praktikums, gibt es die doppelt so hohen Reisekostenpauschalen von 0,30 € je gefahrenen Kilometer.
  Die Reisekostenpauschalen stehen Ihnen darüber hinaus zu, wenn Sie Ihr Studium im Rahmen eines Ausbildungsdienstverhältnisses absolvieren (duale Ausbildung) oder wenn die Uni nicht als Vollzeitbildungseinrichtung gilt, weil Sie Ihr Studium neben Ihrem eigentlichen Job betreiben.
- Den für Ausbildungszwecke gekauften *Computer* setzen Sie im Jahr des Kaufs mit 100 % des Kaufpreises an.
- Ihr Arbeitszimmer können Sie zwar nicht absetzen, die Einrichtung wie Stuhl, Regale und Schreibtisch hingegen sehr wohl.
- Nun, wie sieht es denn mit Telefon und Internet aus? Natürlich brauchen Sie den Internetanschluss und Ihr Telefon auch für Ihre Ausbildung, also werden Sie z.B. 80 % Ihrer Kosten in der Aufstellung unterbringen. (Aufgepasst: Auf unter 20 % der Kosten lassen Sie sich auf keinen Fall herunterhandeln. Berufen Sie sich auf die analoge Anwendung der Vereinfachungsregelung bei Werbungskosten in R 9.1 Abs. 5 LStR.)
- Dann wären da noch die *Lerngemeinschaften* und die Meetings zur Klausurvorbereitung mit Kollegen und Kommilitonen, für die Sie 0,30 € je gefahrenen Kilometer absetzen.
- Wenn Sie am Ausbildungsort ein Zimmer für unter der Woche gemietet haben, weil der tägliche Weg von Ihrer Wohnung zu weit ist, können Sie die Kosten für *die Unterkunft im Rahmen einer doppelten Haushaltsführung absetzen,* vor allem die Miete für das Zimmer und die Heimfahrt zu Ihrer Familie. Das gilt allerdings nur, wenn Sie einen eigenen Hausstand haben. Der liegt in der Regel vor, wenn Sie die Kosten für eine Wohnung allein tragen oder die Wohnung zusammen mit Ihrem (Ehe-)Partner nutzen. Daneben sollten Sie für die ersten drei Monate am Studienort Verpflegungspauschalen ansetzen.
- Vergessen Sie nicht die ganzen Gebühren, den gebraucht gekauften Taschenrechner und, und, und …

Wie Sie sehen, läppert sich ganz schnell ein schönes Sümmchen zusammen, wenn Sie etwas kreativ sind.

GUTER RAT

Gute Karten für den Abzug der Ausbildungskosten haben Sie auch, wenn Sie schon einen Beruf haben und umschulen, um wieder Geld zu verdienen (BFH v. 4.12.2002 – BStBl 2003 II S.403). »Um wieder Geld zu verdienen« ist der Knackpunkt. Sind Sie z.B. Apotheker und interessieren sich fürs Fotografieren, können Sie Aufwendungen für Fotobücher oder einen Fotokurs nicht als Berufsausbildungskosten ansetzen. Der BFH meinte: Fotograf zu sein ist mehr Hobby als Beruf. 556

Schlechte Karten haben Sie, wenn Sie versuchen, dem Finanzamt die Kosten für ein Studium, das Sie in Ihrem Ruhestand aufgenommen haben, aufs Auge zu drücken. So ist es einem Rentner, der Theaterwissenschaften studierte, nicht gelungen, das Finanzamt und die Richter beim Finanzgericht davon zu überzeugen, dass er nach erfolgreichem Abschluss eine konkrete Berufstätigkeit in diesem Bereich anstrebt und nicht etwa nur zur persönlichen Erbauung und aus anderen privaten Gründen die Uni besuchte (Schleswig-Holsteinisches Finanzgericht v. 16.5.2017 – 4 K 41/16).

Merken Sie sich: Aufwendungen für die Doktorprüfung (Promotion) gehören zu den voll abziehbaren Werbungskosten (BFH v. 4.11.2003 – BStBl 2004 II S.891). Machen Sie also Ihre Ausgaben für z.B. Bücher, Reisen, Druck der Dissertation, Computer, Drucker, Schreibtisch etc. als Werbungskosten geltend. 557

Wie die Doktorprüfung sieht der BFH die **Professorenprüfung (Habilitation).** Sie ist nach seiner Ansicht beruflich veranlasst, weil sie in einer konkreten Beziehung zu einem bereits ausgeübten Beruf steht. Also sind die Aufwendungen dafür Werbungskosten (BFH v. 7.8.1967 – BStBl 1967 III S.778). 558

WICHTIGER HINWEIS

Etwas übertrieben hat es ein Steuerzahler, der seinen Doktortitel an der Uni einer Bananenrepublick gegen Zahlung eines größeren fünfstelligen Betrags gekauft hat. Trotz schöner Bescheinigungen des Arbeitgebers, dass der Doktortitel erwartet werde und für die weitere Karriere förderlich sei, haben sich weder Fiskus noch Gerichte erweichen lassen. Wer es sich mit dem Erwerb des Doktors so einfach macht, streichelt in erster Linie das eigene Ego und verfolgt nicht vorrangig berufliche Ziele (BFH v. 8.6.2004 – BFH/NV 2004 S.1406). 559

TIPP

für Sprachkurse im Ausland

560 Einen Sprachkurs können Sie problemlos als Ausbildungskosten absetzen, wenn Sie Dolmetscher oder Auslandskorrespondent werden wollen. Deklarieren Sie Ihren Auslandsaufenthalt einfach als »Auslandspraktikum als Fremdsprachenkorrespondentin«. Den Segen des BFH, dass ein Auslandspraktikum Teil der Ausbildung ist, haben Sie (BFH v. 14.1.2000 – BStBl 2000 II S. 199). Wie Sie Sprachkurse als Werbungskosten absetzen, vgl. ➤ Rz 329 f.

f) Private Spenden (§ 10 b EStG)

TRICK

Vergessen Sie die Steuerermäßigung beim Spendenabzug nach § 34 g EStG nicht!

561 Spenden können nicht nur Geldleistungen, sondern auch Sachleistungen sein. Bei Sachleistungen muss ihr Wert aus der Spendenbescheinigung hervorgehen. Auch der Verbrauch von Gütern für begünstigte Zwecke, z. B. von Benzin, Öl usw. zur Beförderung gehbehinderter Personen im Auftrag einer gemeinnützigen Gesellschaft, ist eine Spende, wenn diese Gesellschaft Spendenquittungen ausstellen darf. Ihre eigene unbezahlte Arbeitsleistung können Sie allerdings nicht als Spende absetzen (BFH-Urt. v. 24.9.1985 – BStBl 1986 II S. 727).

562 **Das Finanzamt verlangt von Ihnen als Beleg eine Spendenbescheinigung, eine normale Quittung genügt meistens nicht.**
Wenn der Empfänger der Spende keine Körperschaft des öffentlichen Rechts ist, z. B. eine Kirche oder Universität, muss aus der Spendenbescheinigung neben der Höhe der Spende auch hervorgehen, dass der Empfänger zu den begünstigten Körperschaften gehört. Dazu genügt die Angabe des Steuerfreistellungsbescheids. Bei einigen Spenden, z. B. auf ein Sonderkonto im Katastrophenfall, das ein Spitzenverband der freien Wohlfahrtspflege eingerichtet hat, genügt der Zahlungsbeleg der Post (§ 50 Abs. 2 EStDV).

563 Der Abzug von Spenden ist auf einen einheitlichen Höchstbetrag von 20 % des Gesamtbetrags der Einkünfte begrenzt, egal ob Ihre Zuwendung wissenschaftlichen, mildtätigen, besonders förderungswürdigen kulturellen oder anderen Zwecken dient.

GUTER RAT

Als alternative Spendenhöchstgrenze gilt für Landwirte, Gewerbetreibende und Freiberufler 0,4 % der Summe der Umsätze plus Löhne plus Gehälter. Haben Sie reichlich gespendet und die Grenze von 20 % Ihrer Einkünfte überschritten, prüfen Sie nach, ob diese alternative Spendenhöchstgrenze für Sie günstiger ist. Auch das Finanzamt prüft in diesem Sinne. Dazu muss der Bearbeiter jedoch eine zusätzliche Kennziffer eingeben. Manchmal vergisst er das aber, und dann sind Sie als Steuerzahler der Dumme. Also prüfen Sie besser selbst nach. **564**

Wer viel arbeitet, macht viele Fehler.
Wer nicht arbeitet, macht keine Fehler.
Wer keine Fehler macht, wird befördert.

(Antwort auf Prüfungsfrage an Beamtenanwärter)

Außerdem können Sie zusätzlich zu den o.g. Höchstbeträgen von Ihren Zahlungen in den Vermögensstock einer öffentlich-rechtlichen oder gemeinnützigen Stiftung in den ersten zehn Jahren insgesamt bis zu 1 Mio. € als Spende absetzen. Werden Sie mit Ihrem Ehe- oder Lebenspartner zusammen veranlagt, beträgt Ihr gemeinsamer Höchstbetrag sogar 2 Mio €. Wie Sie diesen Höchstbetrag auf die einzelnen Jahre verteilen, bleibt dabei Ihnen überlassen. Sie können ihn in einem Jahr voll ausschöpfen, in zehn gleichen Raten nutzen oder völlig anders gestückelt in Anspruch nehmen. **565**

Überschreiten Ihre Zuwendungen die Spendenhöchstgrenzen, können Sie die übersteigenden Beträge ähnlich wie beim Verlustabzug nach § 10 d EStG in den nächsten Jahren absetzen. Der verbleibende Spendenabzug wird in einem gesonderten Verfahren förmlich festgestellt. Die Feststellung wird dann regelmäßig mit dem Einkommensteuerbescheid verbunden und Ihnen bekanntgegeben (§§ 10 b Abs 1 und 10 d Abs. 4 EStG). **566**

Für Parteispenden und Mitgliedsbeiträge gilt eine besonders großzügige Steuerabzugsregelung. Schließlich sollen viele Milliönchen in die Parteikassen fließen, denn der ganze unnütze Parteienwasserkopf kostet jedes Jahr horrende Summen. **567**

Zwei Wege zum Absetzen von Parteispenden und Beiträgen gibt es:

1. Für die ersten 1.650 €/3.300 € (Ledige/Verheiratete) gibt es einen Steuerabzugsbetrag von 50 %, höchstens 850 €/1.650 €. Dieser Betrag wird direkt von Ihrer Steuerschuld abgezogen (§ 34 g EStG). Begünstigt sind auch Spenden an Wählervereinigungen, die Kandidaten aufstellen, sog. kommunale Wählervereinigungen.

2. Den Rest der Spenden oder Beiträge an politische Parteien können Sie unabhängig von der Höhe Ihres Einkommens jährlich nur bis zu weiteren 1.650 €/3.300 € (Ledige/Verheiratete) als Sonderausgaben absetzen. Der Teil, der schon nach § 34 g EStG begünstigt wurde, führt natürlich nicht mehr zu einem Spendenabzug nach § 10 b EStG.

Schlechte Nachrichten für Spenden an kommunale Wählervereinigungen. Da diese nach Meinung des BFH nicht als Parteien gelten, können die Spenden zwar wie unter Punkt 1 angeführt zu einer Steuerermäßigung nach § 34 g EStG führen, ein Abzug weiterer Spenden an solche Institutionen als Sonderausgaben ist dagegen nicht möglich (BFH v. 20.3.2017 – X R 55/14, BStBl 2017 II S. 1122).

568 Hier ein Beispiel, wie gerechnet wird:
Nehmen wir an, der Spender ist verheiratet, sein Gesamtbetrag der Einkünfte beträgt 50.000 € und die Vorsorgeaufwendungen liegen bei ca. 5.000 €. Er spendete 2021 für die Krebsforschung 8.000 €, den örtlichen Sportverein 3.000 € und zahlte an eine politische Partei Mitgliedsbeiträge und Spenden von 7.000 €.

a) *Spenden (ohne politische Parteien):*			
für Krebsforschung	8.000 €		
an Sportverein	3.000 €		
insgesamt	11.000 €		
./. Spendenhöchstbetrag 20 % von 50.000 € =	– 10.000 €	>	10.000 €
Rest Vortrag 2022	1.000 €		
b) *Mitgliedsbeiträge und Spenden an politische Parteien:*	7.000 €		
./. Abgeltung durch § 34 g EStG	– 3.300 €		
Verbleiben	3.700 €		
Abzugsfähig höchstens		>	3.300 €
Spendenabzug insgesamt			13.300 €
Zusätzlich Steuerabzugsbetrag (§ 34 g EStG)			1.650 €

Steuerersparnis inkl. Kirchensteuer ca. 5.520 €.

WICHTIGER HINWEIS

569 Jeder gemeinnützige Verein oder jede gemeinnützige Körperschaft kann Ihnen eine Spendenquittung ausstellen. Der umständliche Weg, Spenden über eine inländische juristische Person des öffentlichen Rechts, z. B. den Landessportverband, oder eine inländische öffentliche Dienststelle, z. B. das Stadtsportamt, zu

zahlen, ist nicht mehr zwingend vorgeschrieben, und man kann Ihnen den Spendenabzug bei Unterlassung dieser überflüssigen Formalie nicht mehr streitig machen.

TRICK

Setzen Sie Ihre Mitgliedsbeiträge als Spenden ab!

Sie können Ihre Mitgliedsbeiträge nur dann als Spenden absetzen, wenn sie an 570
Institutionen gezahlt werden, die nicht überwiegend Leistungen gegenüber ihren Mitgliedern erbringen oder in erster Linie der eigenen Freizeitgestaltung dienen. Aus diesem Grund gibt es gemeinnützige Zwecke erster Klasse (mit Mitgliedsbeitragsabzug) und zweiter Klasse (ohne Mitgliedsbeitragsabzug). Übrigens: Dieselbe unselige Unterscheidung gilt auch für von Ihnen gezahlte Umlagen und Aufnahmegebühren.
Mitgliedsbeiträge an Institutionen, die folgende Zwecke fördern, sind daher ausdrücklich vom Spendenabzug ausgeschlossen:

- Sport,
- kulturelle Zwecke, die vorrangig der Freizeitgestaltung dienen (Gesangs- oder Musikvereine, Tanzgruppen, Laientheater und -chöre etc.),

WICHTIGER HINWEIS

Für Musikvereine, die nicht nur in untergeordnetem Umfang auch auf dem Gebiet der musikalischen Ausbildung tätig sind, soll das Verbot des Spendenabzugs für Mitgliedsbeiträge nicht gelten. Sie sollen nach Auffassung des Finanzgerichts Köln auch für die Mitgliedsbeiträge Spendenbescheinigungen ausstellen dürfen (FG Köln v. 25.2.2021 – 10 K 1622/18). Allerdings ist in dieser Angelegenheit noch eine Revision anhängig (BFH – Az. X R 7/21). Im Zweifel legen Sie also gegen einen ablehnenden Bescheid des Finanzamts Einspruch ein und bitten den Fall bis zur endgültigen Entscheidung ruhen zu lassen.

- Heimatpflege, Pflanzenzucht, Kleingärtnerei, traditionelles Brauchtum (z.B. Schützen- und Trachtenvereine, Karnevals- bzw. Faschingsvereine), Soldaten- und Reservistenbetreuung, Amateurfunk, Modellbau/-flug und Hundesport.

Mitgliedsbeiträge können demnach wie Spenden abgezogen werden, wenn der Verein z.B. folgende Zwecke verfolgt:

- Bildung, Erziehung,

- Naturschutz,
- Landschaftspflege,
- Umweltschutz,
- Entwicklungshilfe,
- Jugendhilfe,
- Brandschutz etc.

Deshalb ist es wichtig, bei der Anerkennung der Gemeinnützigkeit des Vereins darauf zu achten, dass die richtigen Vereinszwecke zugrunde gelegt werden. Förderung der Jugendpflege ist z.B. wesentlich günstiger als Förderung des Sports auf dem Gebiet des Jugendfußballs.

Ich empfehle Ihnen, im Verein dafür zu sorgen, dass die Mitgliedsbeiträge möglichst gering sind. Besser ist es, statt 250 € Mitgliedsbeitrag und 30 € Spende im Jahr nur 30 € Mitgliedsbeitrag und dafür 250 € Spende zu zahlen. Für den Verein kommt das finanziell und steuerlich auf dasselbe heraus, aber Sie sind mit der deutlich höheren Spende der große Sieger beim Finanzamt.

WICHTIGER HINWEIS

571 Für den Nachweis Ihrer Spenden gibt es Spendenquittungsvordrucke. Vor allem, wenn Sie eine Spendenquittung für Ihre Mitgliedsbeiträge haben wollen oder für eine Sachspende, z.B. weil Sie Ihrem Fußballverein 20 neue Bälle gestiftet haben, muss die Art der Spende ausgewiesen werden, sonst machen die Fiskalritter Zinnober beim Spendenabzug.

Sind Sie in einem Verein Vereinskassierer, müssen Sie unbedingt beachten, dass es für Spenden besondere Aufzeichnungspflichten gibt. Folgende Angaben und Unterlagen zu den Spenden müssen Sie festhalten:

- Name und Anschrift des Spenders,
- Datum der Zahlung,
- Nachweis über die Verwendung der Spende,
- Kopie oder Durchschrift der Spendenquittung.

WICHTIGER HINWEIS

572 Übles hat der Fiskus mit Ihnen vor, wenn Sie als Vereinsvorstand, Kassierer oder sonst Verantwortlicher Missbrauch mit Spendenquittungen betreiben. Kommt Ihnen der Fiskus auf die Schliche, dass Sie z.B. Spendenquittungen ausgestellt haben, obwohl keine Spenden geflossen sind, oder in einem Sportverein

für Mitgliedsbeiträge eine Spendenquittung ausgestellt haben, droht zumindest finanzielles Ungemach.
Zunächst einmal haftet der Verein in solchen Fällen mit einer Pauschale von 30 % der zu Unrecht als Spenden quittierten Summen für den vermeintlichen Steuerausfall, und nur wenn beim Verein nichts zu holen ist, kassiert der Fiskus diese Strafpauschale von Ihnen. So weit die Theorie.
Denn: Der Versuch, sich aus den immer klammen Vereinskassen zu bedienen, ist dem Fiskus oft zu mühselig. Da reizt es ihn, sich das Geld auf viel einfachere Weise gleich bei Ihnen zu holen. Das müssen Sie sich aber nicht gefallen lassen.
Für die Spendenhaftung gilt nach § 10 b Abs. 4 EStG ganz klar das Prinzip: Vorrang der Haftung des Vereins vor der Haftung durch die Vereinsorgane (Vorstand, Kassierer etc.). Auch wenn es Mühe macht und der Verein vielleicht nur in Raten zahlen kann: Solange beim Verein Geld zu holen ist, hat das Finanzamt nichts mit seinen Fingern in Ihrer Geldbörse zu suchen.

TRICK

Spenden Sie den Haftungsbetrag doch einfach an Ihren Verein!

Kann der Verein der Forderung des Finanzamts nach Spendenhaftung tatsächlich nicht nachkommen, werden Sie den Teufel tun und seelenruhig abwarten, bis auch Ihnen als Vereinsvorstand ein Haftungsbescheid ins Haus flattert. Statt an das Finanzamt zahlen Sie doch lieber einen entsprechenden Betrag als Spende an den Verein. Der ist nun flüssig und kann die Spendenhaftung begleichen. Sie dagegen haben statt 5.000 € Zahlung an das Finanzamt, die Ihnen keinerlei Steuervorteil bringt, nun eine lupenreine Spende, die Ihnen im günstigsten Fall bis zu ca. 50 % Steuerersparnis bringt. Na, wenn das kein toller Dreh ist, dem Fiskus die Hälfte seiner Strafzahlungen selbst ans Bein zu binden.

SUPER TRICK

Füllen Sie mit Sponsorengeldern die Vereinskasse!

Sicher gibt es bei Ihnen am Ort jede Menge Handwerksbetriebe, kleine Firmen, 573
Banken, Sparkassen etc. Machen Sie ihnen schmackhaft, dass sie Ihren Verein kräftig mit Geld, Kleidung, Maschinen, vielleicht sogar einem neuen Transporter oder einem Anbau an das Vereinsheim unterstützen. Wichtig: Die edlen Gönner treten nicht als Spender, sondern als Sponsoren auf. Das setzt nur voraus, dass sie und Ihr Verein deutlich darauf hinweisen, wer wen fördert (in Prospekten, Anzei-

gen, bei der Durchsage im Stadion etc.). Dann können die Firmen ihre Zuwendung voll als Betriebsausgabe absetzen, und weder sie noch Ihr Verein braucht sich mit den kleinkarierten Spendenformalitäten herumzuschlagen. Schaut der Finanzritter daraufhin ungläubig, verweist ihn die Firma auf das BMF-Schreiben vom 18.2.1998 (BStBl I S. 212), in dem diese Möglichkeit haarklein bestätigt wird.

TRICK

Wie Sie die Fahrtkosten für den Sportverein als Spende absetzen können.

574 Eine Spende kann auch vorliegen, wenn Sie im Interesse Ihres Vereins Kosten, z. B. Fahrtkosten, tragen und auf deren Erstattung verzichten. **Aber:** Dazu müssten Sie einen offiziellen Erstattungsanspruch gegen Ihren Verein haben. Also soll der Verein Ihnen Ihre Ausgaben ersetzen, und Sie spenden dieses Geld dem Verein. So erhalten Sie eine schöne Spendenquittung für das Finanzamt. Und den Verein kostet das keinen Cent, weil die Fahrtkostenerstattung ja als Spende zurückkommt.

TRICK

So bekommen Sie Steuervergünstigung für verschlissene oder unmoderne Anzüge.

575 Suchen Sie Kleidung und Schuhe zusammen, die Sie ohnehin nicht mehr tragen wollen – vielleicht haben Ihre Bekannten auch noch solche Stücke im Schrank –, und verschenken Sie sie! Wie das zu einer Steuerermäßigung führt? Ganz einfach: Sie müssen sich nur den richtigen Empfänger aussuchen. Nicht also irgendwann einmal bei einer Straßensammlung abgeben, sondern einer gemeinnützigen Organisation geben, die berechtigt ist, eine Spendenquittung über Ihre mildtätige Gabe auszustellen (etwa Caritas, Rotes Kreuz, Innere Mission, Arbeiterwohlfahrt, Hilfswerk Misereor). Der Bundesfinanzhof hat in seinem Urteil vom 23.5.1989 (BStBl 1989 II S. 879) festgestellt, dass auch Sachwerte (wie z. B. gebrauchte Kleidungsstücke) als Spenden abzugsfähig sind. Denn sie haben einen Marktwert, wie die zahlreichen Secondhand-Shops zeigen. Allerdings hat der BFH dem Steuerzahler die Beweislast über den Wert der Kleidungsstücke auferlegt. Also müssen Sie dafür sorgen, dass auf der Spendenbescheinigung die für die Schätzung des Marktwerts maßgebenden Faktoren wie Neupreis, Zeitraum zwischen Anschaffung und Weggabe und Erhaltungszustand angegeben sind.

Wie mir Leser berichtet haben, gibt es Organisationen, die keine Spendenquittung für Sachwerte ausstellen wollen. Sie berufen sich auf das vorgenannte Urteil und behaupten, sie könnten keine konkreten Wertangaben zu den gespendeten Sachen machen. In diesem Fall helfen Sie ihnen mit einer detaillierten Aufstellung auf die Sprünge, z.B.:

	Erwerb in	Neupreis	Zustand	Wert
Anzug, blau	2020	ca. 400 €	neuwertig	50 €
Wintermantel, braun	2020	ca. 500 €	neuwertig	75 €
Lackschuhe usw.	2019	ca. 120 €	1-mal getragen	40 €

SUPER TRICK

Passen Sie als Selbständiger schön auf!

S Manche Ärzte oder Selbständige glauben besonders clever zu sein, wenn sie ältere medizinische oder andere noch brauchbare Gerätschaften aus humanitären Gründen einer Hilfsorganisation für die Dritte Welt überlassen, weil sie dafür eine abzugsfähige Spendenquittung bekommen. Und dann freut es sie besonders, wenn in dieser Quittung ein höherer Wert angegeben ist, als die Spende tatsächlich besitzt … Und wundern sich nicht nur, sondern ärgern sich später schwarz, wenn der Finanzamtssachbearbeiter zwar den Abzug zulässt, aber zugleich eine Nachzahlung für die Sachspende verlangt. Wie das? 576
Nun, befand sich das Gerät im Betriebsvermögen, ist der Spendenwert gleichzeitig der Entnahmewert. Liegt der aber über dem Buchwert, entsteht ein Gewinn. Dem entgehen Sie, indem Sie das Gerät unmittelbar nach der Entnahme spenden, denn dann kann als Entnahmewert der Buchwert angesetzt werden. Der ist dann allerdings auch für die Bewertung der Spende maßgebend (§ 6 Abs. 1 Nr. 4 S. 4 EStG).

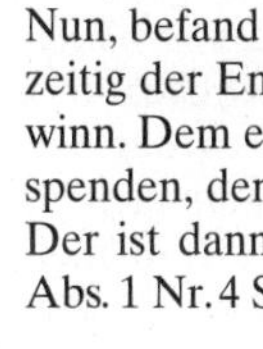

TRICK

So verhindern Sie, dass das Finanzamt Sie beim Abzug Ihrer Spenden drankriegt.

Es heißt in schönstem Amtsdeutsch: »Der Spendenabzug setzt voraus, dass vermutet werden kann, dass der Spender über eine ordnungsgemäße Spendenquittung verfügt. Spenden, für die üblicherweise solche Spendenquittungen nicht 577 ausgestellt werden (z.B. Straßensammlungen, Klingelbeutelspenden etc.), können daher nicht zum Abzug zugelassen werden.«

Vermeiden Sie daher, dass solche Spenden in Ihrer Einzelaufstellung für das Finanzamt auftauchen. Natürlich dürfen Sie nicht schwindeln und statt »20 € Klingelbeutel« einfach »20 € Welthungerhilfe« schreiben. Statt zu Ostern oder Weihnachten anonym einen Zwanziger in den Klingelbeutel zu stecken, gehen Sie also direkt zum Pfarrer und drücken ihm den Schein für die Renovierung der Kirche oder für seelsorgerische Aktivitäten in die Hand. Für solche Spenden kann Ihnen die Kirchengemeinde üblicherweise eine Spendenquittung ausstellen, und das Finanzamt kann vermuten, dass Sie über eine Spendenquittung verfügen. Sie können also beruhigt »20 € für kirchliche Zwecke« in Ihre Aufstellung eintragen. Das Finanzamt hat jetzt keinen triftigen Grund mehr, diese Spende nicht anzuerkennen.

578 **g) Schulgeld**

Nach der früheren Fassung des § 10 Abs. 1 Nr. 9 EStG konnte Schulgeld als Sonderausgabe nur dann abgezogen werden, wenn Ihr Kind eine staatlich genehmigte oder nach Landesrecht erlaubte Ersatzschule oder eine nach Landesrecht anerkannte allgemeinbildende Ergänzungsschule besucht.

Der EuGH (Urt. v. 11.9.2007, C-318/05, C-76/05) hat entschieden, dass diese Einschränkung gegen EU-Recht verstößt, weil im Ausland gelegene Schulen diese Anforderungen in der Regel nicht erfüllen und ein Sonderausgabenabzug insoweit ausgeschlossen war.

Diesem Druck hat sich der Fiskus gebeugt. Nunmehr können alle Schulgeldzahlungen an Schulen in privater Trägerschaft oder an überwiegend privat finanzierte Schulen innerhalb des EU-/EWR-Raums gleich behandelt werden. Zu den begünstigten Schulen gehören neben reinen Privatschulen auch ausländische öffentliche Schulen oder konfessionsgebundene Schulen der Kirchen- und Religionsgemeinschaften. Es kommt nun nur noch darauf an, dass der Abschluss der ausländischen Schule in Deutschland vom Kultusministerium eines Bundeslandes, von der Kultusministerkonferenz der Länder oder einer inländischen Zeugnisanerkennungsstelle anerkannt ist.

Entgelte an Schulen außerhalb des EU-/EWR-Raums, z.B. in Amerika, Afrika etc., können Sie – wie bisher – nicht als Sonderausgaben abziehen. Eine Ausnahme bleiben die sog. **Deutschen Schulen im Ausland**. Hier greift der Sonderausgabenabzug für das Schulgeld auch dann, wenn sie außerhalb des EU/EWR-Raums gelegen sind.

TIPP

Wappnen Sie sich mit einer Zeugnisanerkennungsbescheinigung!

Besucht Ihr Kind eine inländische Schule, lassen Sie sich die Bescheinigung über die Anerkennung des Schulabschlusses an ebendieser Schule ausstellen. Geht das Kind dagegen im Ausland zur Schule, bekommen Sie die Bescheinigung bei den inländischen Schulbehörden. Im Zweifel wenden Sie sich an Ihren zuständigen Regierungspräsidenten oder die Kultusbehörde und beantragen dort die für das Finanzamt notwendige Bescheinigung.

WICHTIGER HINWEIS

Sie können auch Schulgeld für Privatschulen absetzen, die zu einem berufsbildenden Schul-, Jahrgangs- oder Berufsabschluss führen. Hierzu gehören auch Volkshochschulen und andere Weiterbildungseinrichtungen, die z.B. auf den Erwerb des Haupt- oder Realschulabschlusses, der Fachhochschulreife oder des Abiturs vorbereiten. Die Schulen des Gesundheitswesens fallen ebenfalls unter die Regelung. Das sind gute Nachrichten für Eltern, deren Kinder sich an einer solchen Schule z.B. auf die staatliche Prüfung zum Ergo- oder Physiotherapeuten vorbereiten.

Weiterhin kleinlich stellt sich der Fiskus allerdings beim Besuch von Nachhilfeeinrichtungen, Musikschulen, Sportvereinen, Ferienkursen (z.B. Feriensprachkursen) und Ähnlichem an. Die Kosten sollen nicht als Schulgeld abgezogen werden können. Besonders ungerecht ist, dass Hochschulen, Fachhochschulen oder gleichstehende Einrichtungen nicht begünstigt werden. Damit scheidet u.a. der Abzug der Studiengebühren aus (BMF v. 9.3.2009 – BStBl 2009 I S. 487). Das gilt auch für Studiengebühren für eine private (Fach-)Hochschule (BFH v. 10.10.2017 – X R 32/15, BFH/NV 2018 S. 414).

Wie viel Schulgeld kann ich absetzen? 579

Der steuerliche Abzug beträgt 30 %, aber max. 5.000 €. Das bedeutet, dass Sie Schulgeld bis zu 16.667 € pro Jahr und Kind ansetzen können. Nicht zum Schulgeld gehören die Kosten für Unterkunft und Verpflegung. Sie brauchen deshalb eine detaillierte Abrechnung der Schule, aus der sich die einzelnen Schulgeldkomponenten ergeben. Wenn Eltern sich die Kosten des Schulbesuchs teilen, z.B. weil sie getrennt leben, kann der Höchstbetrag insgesamt nur einmal abgezogen werden. Statt einer 50:50-Aufteilung können die Eltern auch ein anderes Verhältnis wählen, wenn Sie das Schulgeld in unterschiedlicher Höhe tragen.

Beispiel
Ein getrennt lebendes Ehepaar bezahlt für die Privatschule der Tochter insgesamt 25.000 € im Jahr. Davon leistet die Mutter 20.000 € und der Vater 5.000 €. Die Eltern können den maximalen Schulgeldabzug von 5.000 € in $^4/_5$ = 4.000 € (Mutter) und $^1/_5$ = 1.000 € (Vater) aufteilen.
Die Schulgeldzahlungen können Sie sich selbstverständlich schon während des Jahres als Freibetrag auf der Lohnsteuerkarte eintragen lassen.

Prinzipien sind der jämmerlichste Grund,
den es gibt, Steuerermäßigungsmöglichkeiten
nicht bis zur Grenze auszunutzen.

IX. Außergewöhnliche Belastungen

S **Das gesamte Kapitel gilt auch für Selbständige** 580

Der oberste Grundsatz der Einkommensteuer ist – höre und staune –, dass sich die Höhe der Steuer an der Leistungsfähigkeit des Steuerzahlers orientiert. Aus diesem Grund müssen besondere persönliche Umstände, die einen Steuerzahler im Vergleich zu seinen Leidensgenossen über Gebühr finanziell belasten, zu einer Verringerung der Steuerbelastung führen. Dieser an sich begrüßenswerten Forderung kommen unsere Steuerbürokraten mehr schlecht als recht nach, indem sie Ihnen unter der Bezeichnung »außergewöhnliche Belastungen« einige Steuerermäßigungen einräumen.

Folgende zwei Kategorien gibt es:

- Allgemeine außergewöhnliche Belastungen, die Sie – nach Abzug eines »zumutbare Belastung« genannten Eigenanteils – in voller Höhe absetzen können (§ 33 EStG).
- Außergewöhnliche Belastungen besonderer Art, deren Abzug auf bestimmte Höchst- und Pauschbeträge beschränkt ist. Dazu gehören im Einzelnen
  - Unterhaltszahlungen an Angehörige,
  - Ausbildungsfreibeträge,
  - Kosten für eine Haushaltshilfe,
  - Pauschbeträge für Behinderte und Hinterbliebene,
  - Pauschbetrag für die Betreuung pflegebedürftiger Personen (§§ 33 a–b EStG).

A. Außergewöhnliche Belastungen im Allgemeinen

1. Auch Sie sind außergewöhnlich belastet

S Statt klar und verständlich zu sagen, welche Steuervergünstigungen Ihnen zustehen, haben die Steuergesetzakrobaten mit § 33 EStG einen ausgesprochenen Gummiparagraphen geschaffen. Er bestimmt Folgendes: 581

Eine außergewöhnliche Belastung liegt vor, soweit einem Steuerzahler zwangsläufig größere Aufwendungen als der überwiegenden Mehrzahl der Steuerzahler gleicher Einkommensverhältnisse, gleicher Vermögensverhältnisse und glei-

chen Familienstandes entstehen und diese Aufwendungen die steuerliche Leistungsfähigkeit wesentlich beeinträchtigen.

Unter diese Vorschrift fallen hauptsächlich:

- **Krankheits- und Kurkosten,**
- **Kosten im Zusammenhang mit Wiederbeschaffung von Hausrat,**
- **behinderungsbedingte Kosten,**
- **Beerdigungskosten,**
- **Pflegekosten.**

Eine umfangreiche Übersicht finden Sie unter ➤ Rz 650.

582 **S** **Soweit Ihnen von dritter Seite die Kosten ersetzt werden, sind Sie nicht belastet und können auch nichts geltend machen.**

WICHTIGER HINWEIS

Nicht jede Ausgabe im Zusammenhang mit Ihren außergewöhnlichen Belastungen wird berücksichtigt. So können Sie Beerdigungskosten nur insoweit absetzen, als sie nicht durch den Nachlass des Verblichenen gedeckt sind, und Krankheitskosten nur, wenn sie nicht durch eine Krankenversicherung erstattet wurden. Hier gilt es aber wie ein Schießhund aufzupassen. Das Krankengeld, das Sie als Lohnfortzahlung von Ihrer Krankenversicherung bekommen, müssen Sie sich genauso wenig wie das Krankentagegeld aus einer privaten Zusatzversicherung anrechnen lassen. Beide Leistungen sind Verdienstausfallentschädigungen und nicht als Ausgleich für die unmittelbaren Krankheitskosten gedacht. Anders dagegen die Zahlungen aus einer Krankenhaustagegeldversicherung. Diese werden vor einer Berücksichtigung der Kosten für Ihren Krankenhausaufenthalt, auf denen Sie sitzengeblieben sind, abgezogen. Hat dagegen Ihre Versicherung den gesamten Krankenhausaufenthalt bezahlt, kassieren Sie die Krankenhaustagegelder und müssen Sie sich nicht etwa auf andere Krankheitskosten, z.B. für Ihre neue Brille oder eine ambulante Behandlung, anrechnen lassen (BFH v. 22.10.1971 – BStBl 1972 II S. 177).

583 **Das Ärgernis mit dem Gegenwert**

Dummerweise ist eine außergewöhnliche Belastung nur das, was das Finanzamt als eine solche ansieht, und nicht das, was Sie für eine halten, etwa die hohen Anschaffungskosten für Ihre neuen Möbel oder die Raten für den Farbfernseher.
»Warum stellen solche Ausgaben eigentlich keine Belastungen dar?«, wollen Sie wissen.
Nun, das Finanzamt sagt sich, dass Sie ja einen **Gegenwert** erhalten haben, indem Sie sich z.B. ein schönes Heim schaffen. Und außerdem ist die Anschaffung neuer Möbel oder eines neuen Fernsehers meist freiwillig, also nicht zwangsläufig.

Der Fiskus nimmt immer dann einen Gegenwert an, wenn der angeschaffte Gegenstand eine gewisse Marktgängigkeit hat und nicht nur vom Steuerzahler selbst, sondern auch von anderen genutzt werden kann. Bei behinderungsbedingten Umbauten jedoch hat sich die Rechtsprechung des BFH um 180 Grad gedreht. Er akzeptierte die Aufwendungen eines Steuerzahlers, der nach einem Schlaganfall einen Treppenlift in sein Wohnhaus eingebaut, das Schlafzimmer ebenerdig eingerichtet und das Badezimmer behindertengerecht umgebaut hatte (BFH v. 22.10.2009 – BStBl 2010 II S. 280). Damit sind die entgegenstehenden Urteile zum Badezimmerumbau (BFH v. 2.6.2005 – BFH/NV 2006 S. 36) oder Einbau eines Aufzugs an das Haus eines Rollstuhlfahrers (BFH v. 25.1.2007 – III R 7/06, BFH/NV 2007 S. 1081) überholt. Das Finanzgericht in Köln hat ebenfalls den Einbau eines Fahrstuhls in das Gebäude eines behinderten Steuerzahlers als außergewöhnliche Belastung anerkannt, weil der Einbau eines Treppenlifts baurechtlich nicht möglich war (FG Köln v. 27.8.2014 – 14K 2517/12, EFG 2014 S. 2148). Inzwischen hat der BFH seine Meinung so erweitert, dass es für den Abzug nicht mehr darauf ankommt, dass der behinderungsbedingte Umbau aufgrund einer akuten Lage erforderlich wurde. Im Urteilsfall war eines der Kinder von Geburt an schwerbehindert. Die Steuerpflichtigen, die zunächst zur Miete wohnten, haben das ältere Haus nach dem Kauf umgebaut und modernisiert. Der BFH akzeptierte die behinderungsbedingten Umbaukosten für die von dem behinderten Kind genutzten Wohnräume (BFH v. 24.2.11 – VI R 16/10, BStBl 2011 II S. 1012).

Um nachzuweisen, dass Umbaukosten behinderungsbedingt und damit zwangsläufig angefallen waren, können Sie z. B. folgende Unterlagen einreichen (R 33.4 Abs. 5 EStR):

- Bescheid der Sozialversicherung, des Integrationsamtes, Sozialamtes etc. über die Bewilligung eines Zuschusses zu den Umbaukosten,
- Bescheid über einen Zuschuss zur Verbesserung des individuellen Wohnumfeldes nach § 40 Abs. 4 SGB XI,
- Gutachten des Medizinischen Dienstes der Krankenversicherung, des Sozialmedizinischen Dienstes (SMD) oder der Medicproof Gesellschaft für Medizinische Gutachten mbH über die Notwendigkeit des Umbaus.

Gerade für Treppenlifte und Auszüge hat der BFH inzwischen die Nachweisregeln deutlich gelockert. Während für medizinische Hilfsmittel, die gleichzeitig Gebrauchsgegenstände des täglichen Lebens sind, weiterhin ein Nachweis der Zwangsläufigkeit nur durch ein amtsärztliches Gutachten oder eine Bescheinigung des Medizinischen Dienstes möglich ist, gilt das für Treppenlifte oder Aufzüge nicht. Nach Meinung des BFH greift der formale Nachweiszwang nämlich nur für technische Hilfsmittel, die Sie tragen oder mit sich führen können, um sich im jeweiligen Umfeld zu bewegen oder zurechtzufinden und Ihre elementaren Grundbedürfnisse des täglichen Lebens zu befriedigen. Da Sie sich einen Treppenlift nicht mal eben unter den Arm klemmen können, gelten andere Spielregeln für den Nachweis (BFH-Urt. v. 6.2.2014 – BStBl 2014 II S. 458). Sie kommen im Zweifel auch mit einem umfangreichen Gutachten Ihrer behandelnden Ärzte über die Notwendigkeit eines Treppenlifts aus. Triftige Gründe können z.B. orthopädische Einschränkungen sein, die Ihnen das Treppensteigen unmöglich machen. Aber auch Atemnot oder Herz-Kreislauf-Beschwerden können ausreichende Gründe sein (FG Münster v. 11.2.2016 – 3 K 1097/14 E).

584 Von Ihren Aufwendungen wird Ihnen neben den Kostenerstattungen von Dritten immer eine Art steuerlicher Eigenanteil, genannt **zumutbare Belastung**, abgezogen. Deren Höhe ist davon abhängig, wie hoch Ihre Einkünfte sind, ob Sie verheiratet sind und wie viele Kinder Sie haben. Mehr dazu unter ➤ Rz 587.

Prüfen Sie daher zunächst immer, ob Sie Ihre Aufwendungen nicht vielleicht als Werbungskosten, Betriebsausgaben oder Sonderausgaben durchbekommen. Das bringt Ihnen eine größere Steuerersparnis, weil keine zumutbare Belastung abgezogen wird und sie sich deshalb in voller Höhe auswirken.

Haben Sie sich also als Arzt oder Krankenschwester trotz aller Vorsicht bei einem Patienten mit Gelbsucht angesteckt oder sind als Dachdecker vom Gerüst gepurzelt, so sind Ihre selbstgetragenen Krankheitskosten Werbungskosten und nicht etwa außergewöhnliche Belastungen.

585 Wenn Sie außergewöhnliche Belastungen geltend machen, wollen die Fiskalritter wie gesagt einen Nachweis sehen, dass Ihre Ausgaben *zwangsläufig* waren, weil Sie sich ihnen aus tatsächlichen, rechtlichen oder sittlichen Gründen nicht entziehen konnten. Rechtliche Gründe liegen z.B. vor, wenn Sie Unterhalt an Ihren getrennt lebenden oder geschiedenen Ehegatten oder an Ihre Kinder bzw. Ihre Eltern zahlen oder als Erbe die Beerdigungskosten des Verblichenen bestreiten. Dagegen können Sie sich auf Zwangsläufigkeit aus tatsächlichen Gründen berufen, wenn Sie ein unabwendbares Ereignis wie Unfall, Krankheit, Erpressung, Brand, Diebstahl, Vertreibung oder eine Naturkatastrophe trifft. Demgegenüber spielt die sittliche Verpflichtung meist nur eine Rolle bei der Frage, ob Sie Pflegekosten für Nichtangehörige absetzen können.

Der Fiskus achtet wie gesagt darauf, ob Ihr Einkommen tatsächlich durch die Ausgabe belastet ist, also von dritter Seite, z.B. der Krankenkasse, keine Erstattung erfolgt.

WICHTIGER HINWEIS

586 Sie können Ihre außergewöhnlichen Belastungen immer im Jahr der Bezahlung absetzen. Auch wenn Sie dazu einen Kredit aufnehmen müssen, bleibt es beim vollen Abzug im Zahlungsjahr. Auf die Darlehenstilgung kommt es steuerlich nicht an (BFH-Urt. v. 10.6.1988 – BStBl 1988 II S. 814). Denken Sie in so einem Fall daran, während der Laufzeit des Darlehens Jahr für Jahr die Zinsen als außergewöhnliche Belastung anzusetzen (BFH-Urt. v. 6.4.1990 – BStBl 1990 II S. 958).

Leider lassen Fiskus und Gerichte nicht zu, dass Sie sehr hohe Kosten, die sich im Jahr der Zahlung gar nicht komplett steuerlich auswirken, auf mehrere Jahre verteilen. Sie sehen in hohen Kosten auch keine Unbilligkeit aus sachlichen oder persönlichen Gründen, die eine Verteilung ausnahmsweise im Wege einer Billigkeitsmaßnahme zulassen würde (BFH v. 12.7.2017 – BStBl 2017 II S. 979; BVerfG v. 12.06.2018 – 1 BvR 33/18, BFH/NV 2018 S. 1070)
Haben Sie also sehr hohe Kosten, z.B. beim behindertengerechten Umbau eines Hauses, sollten Sie unbedingt versuchen, nicht alle Rechnungen in einem Jahr zu begleichen. Verlagern Sie die Bezahlung eines Teils der Beträge möglichst in das Folgejahr.
Damit eine Steuerermäßigung rausspringt, muss Ihre finanzielle Leistungsfähigkeit *wesentlich* beeinträchtigt sein. Dazu müssen zwangsläufige Aufwendungen die in der folgenden Übersicht bezeichneten Sätze des Gesamtbetrags der Einkünfte übersteigen:

Zumutbare Belastung 587

Staffelung der Einkünfte	in Prozent bei			
	Allein-stehen-den	Verheirateten u. Verwitweten bis zum 2. Todesjahr	Personen mit steuerlich zu berücksichtigenden Kindern	
			1 – 2 Kinder	3 oder mehr Kinder
15.340 €	5	4	2	1
15.340 – 51.130 €	6	5	3	1
über 51.130 €	7	6	4	2

Zugunsten der Steuerzahler hat der BFH entschieden, dass die zumutbare Belastung gestaffelt zu berechnen ist. Die Finanzverwaltung folgt dieser Rechtsprechung.

Beispiel
Angenommen Sie sind alleinstehend und haben einen Gesamtbetrag der Einkünfte von 30.000 €. Ihre zumutbare Belastung lag früher bei 6 % von 30.000 € = 1.800 €. Jetzt beträgt sie 5 % für die ersten 15.340 € und 6 % für die restlichen 14.660 € = 1.646,60 €.
Der Betrag, der nach Abzug der zumutbaren Belastung verbleibt, wird als Steuerermäßigung bei der Berechnung Ihres Einkommens abgezogen. Als Arbeitnehmer können Sie ihn sich bereits im Lauf des Jahres als Freibetrag auf der Lohnsteuerkarte eintragen lassen.
Ob überhaupt eine zumutbare Belastung abgezogen werden darf, steht nicht mehr zur Debatte. Das Bundesverfassungsgericht hat eine entsprechende Verfassungsbeschwerde gar nicht erst zur Entscheidung angenommen (Beschluss v. 18.9.2018 – 2 BvR 221/17). Und auch dem Ansinnen, dass bei sozialversicherungspflichtigen Arbeitnehmern die zumutbare Belastung anders berechnet

werden müsse als bei Beamten, hat es eine Absage erteilt (Beschluss v. 17.9.2018 – 2 BvR 1205/17).
Es ist wichtig zu wissen, dass die zumutbare Belastung nur von *allgemeinen* außergewöhnlichen Belastungen abgezogen wird. Die Höchst- und Freibeträge, die bei außergewöhnlichen Belastungen *besonderer Art* angesetzt werden, bleiben von einer Kürzung verschont. Dazu mehr ab ➤ Rz 651.

588 **Berechnungsschema**

Und so rechnet das Finanzamt die außergewöhnliche Belastung aus:
Ein Verheirateter mit einem Kind – 25.000 € Gesamtbetrag der Einkünfte im Kalenderjahr – hatte in einem Jahr 6.000 € Zahnarztkosten, von denen die Krankenkasse 3.500 € übernommen hat.

Berechnung

Zahnarztkosten	6.000 €
./. Erstattung Krankenkasse, aber ohne Krankengeld/Krankentagegeld	– 3.500 €
Belastung	2.500 €
./. zumutbare Belastung (§ 33 Abs. 3 EStG) 2 % von 15.340 € + 3 % von 9.660 € =	– 596 €
Außergewöhnliche Belastung	1.904 €

Sie sehen: Von Ihren Belastungen bleibt nicht viel zum Abzug übrig, besonders wenn Sie als führender oder leitender Angestellter ziemlich viel verdienen.

WICHTIGER HINWEIS

589 Zahlreiche Krankheitskosten werden mittlerweile von den Krankenkassen überhaupt nicht mehr oder zumindest nicht vollständig abgedeckt. Nehmen Sie nur einmal die Zuzahlungen für Arznei-, Heil- und Hilfsmittel, Tagespauschalen bei einem Krankenhausaufenthalt oder Rehamaßnahmen und Kuren. Für Brillen und Zahnersatz ist die Erstattung der Kosten inzwischen so lächerlich klein, dass man durchaus an einer medizinischen Grundversorgung zweifeln kann. Also bleibt Ihnen als Steuerzahler wieder einmal nichts anderes übrig, als selbst tief in die eigene Geldbörse zu greifen. Sie haben also typische außergewöhnliche Belastungen. Trotzdem kommt der Fiskus und zieht Ihnen von dem Eigenanteil, den Ihnen die gesetzlichen und privaten Krankenkassen ans Bein binden, mit der *zumutbaren Belastung* noch einmal einen steuerlichen Eigenanteil ab. Sie bleiben also auch steuerlich auf Krankheitskosten sitzen, obwohl die letztlich anfallen, um Ihr Existenzminimum zu sichern – und dazu gehört ja wohl eindeutig auch die Gesundheit.

Diese wenig steuerzahlerfreundliche Handhabung hat der BFH überprüft und in seinem zwar unendlichen, aber für Otto-Normal-Steuerzahler nicht immer nachvollziehbaren Ratschluss für rechtens erklärt (BFH-Urt. v. 2.9.2015 – BStBl 2016 II S. 151).
Seiner Meinung nach sind Krankheitskosten einschließlich Zuzahlungen zwar außergewöhnliche Belastungen. Es sei aber von Verfassungs wegen nicht geboten, auf den Ansatz der zumutbaren Belastung zu verzichten.
Hier haben wir wieder einmal ein typisches Beispiel dafür, dass der BFH zwar als letzte Instanz, deswegen aber noch lange nicht immer richtig entscheidet.
In dieselbe Richtung geht das Urteil des FG Baden-Württemberg vom 5.2.2018 (10 K 1153/16). Der Steuerzahler hatte geklagt, weil er Kosten für eine Brille und Zahnimplantate zum Teil selbst tragen musste und diese Kosten bei den außergewöhnlichen Belastungen um die zumutbare Eigenbelastung gekürzt wurden. Daher musste er sie im Ergebnis aus seinem versteuerten Einkommen zahlen. Ein Beamter mit Beihilfeanspruch hätte für die Kosten Beihilfe bekommen, die steuerfrei ist, also wäre der Beamte besser gestellt. Das hielt er für verfassungswidrig. Die Richter im Ländle haben sich der Auffassung allerdings nicht angeschlossen und fanden den Abzug der zumutbaren Belastung in Ordnung. Gleichwohl muss sich der BFH in einem erneuten Revisionsverfahren zu diesem Urteil noch einmal damit befassen, ob der Abzug der zumutbaren Belastung nicht doch verfassungswidrig sein könnte (AZ VI R 18/19).

TRICK

Planen Sie Ihre außergewöhnlichen Belastungen!

Angenommen, Sie haben jedes Jahr so an die 2.000 € bis 3.000 € außergewöhnliche Belastungen. Mal ist es ein Zahnersatz, mal die Kur Ihrer Ehefrau, dann die neue Brille usw. Da Sie nicht gerade zu den Ärmsten im Land gehören, zieht Ihnen der Fiskus die zumutbare Belastung von 4 bis 6 % Ihres Gesamtbetrags der Einkünfte von 60.000 € = 2.935 € ab. Damit verpuffen Ihre Kosten nahezu wirkungslos. Deshalb werden Sie künftig etwas pfiffiger sein und Rechnungen, die am Ende des Jahres anfallen, möglichst erst im neuen Jahr bezahlen. So fallen in einem Jahr plötzlich ca. 6.000 € an außergewöhnlichen Belastungen an, und Sie können sich nach Abzug der zumutbaren Belastung von 2.935 € über eine Steuerersparnis auf ca. 3.065 € freuen. Obwohl der BFH die zumutbare Belastung für Krankheitskosten endgültig akzeptiert hat (➤ Rz 589), haben Sie so zumindest teilweise eine Steuerermäßigung gerettet. 590
Zudem werden Sie bei Ihrer Steuererklärung noch einmal in sich gehen, damit Sie auch ja keine Kosten vergessen, die Ihnen im Lauf des Jahres entstanden sind.

Die Fahrtkosten beider Partner zum Zahnarzt	75 €
Die Grippeschutzimpfung	90 €
Die Akupunkturbehandlung gegen das Rauchen als Vorbeugung gegen den Sie besonders bedrohenden Herzinfarkt	150 €
Die Migränebehandlung Ihres Ehepartners beim Akupunkteur	150 €
sowie die Fahrtkosten zu diesem Heilpraktiker	50 €
Und schon sind als weitere außergewöhnliche Belastungen	515 €

anzusetzen. Auf Nummer sicher gehen Sie, wenn Sie sich die Behandlungen nicht nur einfach verordnen, sondern ihre Notwendigkeit durch einen Amtsarzt bestätigen lassen.

2. Das sind Krankheitskosten

591 Grundsätzlich sind alle Kosten, die durch das Kranksein (auch der Familienangehörigen) anfallen, steuerlich berücksichtigungsfähig.

592 **Beruflich veranlasst?**

Zuallererst müssen Sie überlegen, ob die Erkrankung auf Ihren Beruf zurückzuführen ist, denn dann sind die *Krankheitskosten in voller Höhe* – also ohne Abzug der zumutbaren Belastung – als Betriebsausgaben oder Werbungskosten abzugsfähig, sofern nicht im Fall einer Berufskrankheit die Berufsgenossenschaft die Kosten übernimmt.

Wichtig ist, den Zusammenhang zwischen der Erkrankung und Ihrem Beruf nachzuweisen. Das ist der Fall, wenn Sie z.B. körperliche Schäden durch einen Unfall bei Ausübung des Berufs oder auf dem Weg zur Arbeitsstätte erlitten haben (Berufsunfall). Anerkannt werden inzwischen aber auch Therapien bei beruflich verursachten Stresssituationen, wie die Teilnahme an einer Selbsthilfegruppe »Anti-Mobbing« (FG Niedersachsen v. 8.6.2006 – 14 K 57/03). Auch die Kosten für die Behandlung einer durch Mobbing ausgelösten psychosomatischen Erkrankung können als Werbungskosten abgezogen werden. (FG Rheinland-Pfalz v. 22.8.2012 – 2 K 1152/12).

Typische Berufskrankheiten

Bei inneren Erkrankungen wird es schon schwieriger. Da müssen Sie nachweisen, dass die Erkrankung eine typische Berufskrankheit ist. Bisher sind u.a. von den Steuergerichten als typische Berufskrankheiten anerkannt: Pilzerkrankungen in Papierfabriken, Vergiftungserscheinungen in chemischen Fabriken, Gelbsucht bei Chirurgen und Zahnärzten, Tuberkulose beim Lungenfacharzt, Wirbelsäulenerkrankung durch Heben oder Tragen. Bei typischen Berufskrankheiten ist die berufliche Veranlassung nicht mehr zu prüfen, sondern zu unterstellen.

Als Arbeitnehmer haben Sie bei einer typischen Berufskrankheit zumeist keine unmittelbaren Kosten, weil alles nach § 9 SGB VII in Verbindung mit der geltenden Berufskrankheitsverordnung abgegolten ist und die mittelbaren Kosten mit einem Pauschbetrag für Körperbehinderung berücksichtigt werden (§ 33 b EStG, R 33 b EStR; ➤ Rz 676 ff.). Haben Sie indessen Kosten selbst getragen, sind diese in der Anlage N als Werbungskosten zu erklären.

a) Kosten für Medikamente, Heil- und Hilfsmittel 593

Die Anerkennung Ihrer Kosten für Medikamente, Heil- und Hilfsmittel als außergewöhnliche Belastung hängt davon ab, dass Sie deren Notwendigkeit nachweisen. Nach § 64 EStDV benötigen Sie dafür in jedem Fall das Rezept eines Arztes oder eines Heilpraktikers.

Bei Medikamenten, die Sie dauernd oder über längere Zeit einnehmen müssen, genügt es, ein Mal eine ärztliche Dauerverordnung vorzulegen. Auch für Hilfsmittel wie Brillen benötigen Sie ein Rezept des Augenarztes. Die Bescheinigung des Optikers über die Veränderung Ihrer Sehstärke reicht danach wohl nicht aus. Erfreulich das BFH-Urteil vom 11.8.1991 (III R 70/88 - BFH/NV 385/1991), wonach nicht rezeptpflichtige Medikamente und allgemeine Stärkungsmittel steuerlich abziehbar sind, wenn sie – nach Gegenstand und Menge spezifiziert – ärztlich verordnet wurden und die Krankenkasse eine Erstattung der Kosten abgelehnt hat. Mit derselben Begründung können Sie auch die Zuzahlungen absetzen, die Sie leisten mussten, weil Sie lieber das erprobte teurere Markenmedikament genommen haben, statt sich mit einer unbekannten Ersatzpille zufriedenzugeben.

Genauso förmlich geht es mit den Nachweisen zu bei Heil- und Hilfsmitteln, die Gegenstände des täglichen Bedarfs ersetzen, z.B. Spezialbetten, orthopädische Schuhe, Stützstrümpfe, Spezialwäsche etc. Oder wenn bei Ihnen eine wissenschaftlich nicht anerkannte Behandlungsmethode wie Frischzellen- oder Trockenzellenbehandlung, Sauerstoff-, Chelat- oder Eigenbluttherapie angewendet wird. In diesen Fällen benötigen Sie ein **vor** dem Kauf des Hilfsmittels bzw. **vor** Beginn der Behandlung ausgestelltes Attest vom **Amtsarzt** oder vom **Medizinischen Dienst**.

Keine Ausnahme von der Regel: Die Ausnahmen, nach denen die medizinische Erforderlichkeit bestimmter Maßnahmen auch nachträglich durch den Amtsarzt bestätigt werden konnte, hat der Gesetzgeber mit Einführung des § 64 EStDV einkassiert.

Übrigens: Die Kosten der Grippeschutzimpfung sind natürlich als außergewöhnliche Belastung abziehbar.

TIPP

zu Ihren Rezeptgebühren

Zuzahlungen und Rezeptgebühren sind außergewöhnliche Belastungen, die Sie 594
absetzen können. Damit Sie sich nicht mit dem Sammeln von 1.000 kleinen Quittungen belasten müssen und möglicherweise die Hälfte vergessen oder ver-

legen, fragen Sie doch mal in Ihrer Apotheke nach, ob sie **Heftchen für die Selbstbeteiligung** hat. Darin wird bei jedem Kauf der zugezahlte Betrag eingetragen und von der Apotheke abgestempelt. Sie brauchen am Jahresende nur noch die Beträge zusammenzurechnen und haben dann einen wunderbaren Nachweis Ihrer Zuzahlungen. Ersatzweise tut's ein einfaches Schulheft. Wichtig ist nur, die Einträge von der Apotheke abstempeln zu lassen.

GUTER RAT

595 Sollten Sie einen erheblichen Verbrauch an Schmerzmitteln haben, die Sie aus eigener Tasche bezahlen müssen, weil Ihnen der Arzt nicht genügend verschreibt, dann lassen Sie sich von ihm halt ein Privatrezept ausstellen. Eine Kostenerstattung von der Krankenkasse gibt es damit zwar auch nicht, aber Sie haben für das Finanzamt den erforderlichen Nachweis einer ärztlichen Verordnung der Medikamente.

Der Gipfel der Unverfrorenheit ist, dass Sie medizinische Fachbücher nicht absetzen können sollen. So zumindest nach Meinung des BFH vom 24.10.1995 (BStBl II 1996 S. 88), der einem Steuerzahler die Fachbücher, mit denen er sich auf eine Therapie vorbereiten wollte, nicht anerkannte. Offensichtlich meinen die Herren Richter, dass Sie sich nicht zu informieren brauchen, ob Sie einem seriösen Mediziner oder einem Pfuscher mit zweifelhaften Methoden in die Hände fallen, der Sie Gesundheit und Leben kosten kann.

TIPP

Setzen Sie Ihre Diätverpflegung doch ab!

596 Der Fiskus hat vor Jahren gesetzlich festgelegt, dass Kosten für Diätverpflegung grundsätzlich nicht als außergewöhnliche Belastung abgezogen werden dürfen (§ 33 Abs. 2 Satz 3 EStG). Dieses kategorische Nein mutet recht hart an, vor allem wenn die Präparate aus medizinischen Gründen zwingend erforderlich sind. Schützenhilfe bekamen betroffene Steuerzahler nun vom BFH. Der hat nämlich entschieden, dass Kosten für Arzneimittel i. S. des § 2 AMG nicht unter das Abzugsverbot für Diätverpflegung fallen. Sie sind auf jeden Fall als außergewöhnliche Belastung nach § 33 Abs. 1 EStG zu berücksichtigen, wenn die Einnahme der Präparate einer Krankheit geschuldet und deshalb ärztlich verordnet worden ist. Wenn Sie wegen dieser Krankheit zugleich eine Diät einhalten müssen, spricht das allein nicht gegen die Anerkennung (BFH-Urt. v.

14.4.2015 – BStBl 2015 II S. 703). Im Urteilsfall waren dem betroffenen Steuerzahler von seinem Arzt wegen einer chronischen Stoffwechselerkrankung Vitamine und andere Mikronährstoffe verordnet worden.

Sind Sie also aufgrund Ihres Gesundheitszustandes ebenfalls auf Präparate angewiesen, bei denen der Medikamentencharakter den des Nahrungsergänzungsmittels deutlich übersteigt, sollten Sie die Kosten dafür in Ihrer Steuererklärung geltend machen. Ganz wichtig dabei ist, dass Ihr Arzt die Präparate wie ein Medikament verordnet hat. Inzwischen ist zu diesem Thema ein Verfahren zur Diätverpflegung bei Zöliakie anhängig (FG Köln 13.9.2018 – 15 K 1347/16, EFG 2019, 350, Revision VI R 48/18).

b) Krankheitsbedingte Fahrtkosten 597

Wer hat schon das Glück, dass der nächste Arzt in drei Minuten zu Fuß zu erreichen ist? Und welcher weißbekittelte Spitzenverdiener der Nation macht sich noch die Mühe des Hausbesuchs? Sie müssen also zusehen, wie Sie in die Praxis kommen. Wenn Sie das nicht gerade auf Schusters Rappen erledigen, entstehen Ihnen Fahrtkosten, egal, ob Sie mit Auto, Fahrrad oder öffentlichen Verkehrsmitteln fahren.

Ich möchte fast jede Wette eingehen, dass Sie bisher vergessen haben, dem Finanzamt die Fahrtkosten zu Ihren Ärzten zu präsentieren. Bei z. B. 20 Taxifahrten à 10 € läppern sich da schnell 200 € zusätzliche Krankheitskosten zusammen. Schwingt etwa ein Fiskalritter den Rotstift bei Ihren durch Quittungen oder eine Einzelaufstellung glaubhaft gemachten Taxikosten, dann erklären Sie ihm, dass es Ihnen so schlecht ging, dass Sie weder mit dem Auto noch mit dem Bus fahren konnten, sondern ein Taxi rufen mussten (BFH – BStBl 1967 III S. 655).

Haben Sie Ihr eigenes Auto benutzt, beanspruchen Sie den Kilometerpauschbetrag von 0,30 €. Einen Einzelnachweis Ihrer tatsächlichen Kilometerkosten wollen die Fiskalritter grundsätzlich nicht akzeptieren (BFH – BStBl 1997 II S. 538). Sparen Sie sich also das Belegesammeln!

Wenn es auf der Fahrt zum Arzt oder Krankenhaus gekracht hat und Sie die 598
Unfallkosten selbst tragen müssen, gehören sie – wie die Fahrtkosten – in Ihre Zusammenstellung der Krankheitskosten. Zu den Kosten, die Sie bei einem Unfall absetzen können, siehe ➤ Rz 256 ff. Sollte sich ein Fiskalritter querstellen, berufen Sie sich auf folgenden Grundsatz:

Ist eine Krankenfahrt zwangsläufig notwendig und angemessen, dann können auch Kosten infolge eines Unfalls auf einer solchen Fahrt nicht unberücksichtigt bleiben.

Stoßen Sie ihn mit der Nase auf die EFG 1980 S. 284 oder die BFH-Urteile BStBl 1974 II S. 104 und BStBl 1978 II S. 105, 109, mit denen z. B. die Abschlepp- und Reparaturkosten anerkannt wurden.

TIPP

für die Fahrt zur Kur

599 Manchmal sind die Finanzämter noch pingeliger als Ihre Krankenkasse. So kann es Ihnen passieren, dass man Ihnen als Fahrtkosten für An- und Abreise zur Kur nur die Kosten öffentlicher Verkehrsmittel anerkennt (BFH-Urt. v. 12.6.1991 – BStBl 1991 II S.763). Der Termin für eine solche Kur steht ja auch Wochen vorher fest. Trotzdem ist das für Sie nicht der Weisheit letzter Schluss. Können Sie z.B. **besondere Gründe ins Feld führen**, wie eine Gehbehinderung, Asthma oder ein Herzleiden, das Sie hindert, schwere Koffer über Bahnsteige zu schleppen, sind auch Fahrtkosten mit dem Auto abzugsfähig (BFH v. 30.6.1967 – BStBl 1967 III S.655). Und wenn Sie sich mit einer dicken Backe und mordsmäßigen Zahnschmerzen quälen, kann wohl niemand verlangen, dass Sie zwei Stunden auf den nächsten Bus warten. Oder berufen Sie sich auf die schlechten Verbindungen mit öffentlichen Verkehrsmitteln.

600 **Wenn Sie zur Behandlung einer Krankheit zu einem auswärts wohnenden Arzt oder Heilpraktiker fahren und dort bis zum Abschluss der Behandlung im Hotel wohnen, sind auch diese Aufwendungen und die Fahrtkosten voll abzugsfähig, falls der Aufenthalt nur der Krankheitsbehandlung gedient hat, also keine Kur war (FG Rheinland-Pfalz v. 19.8.1980 – EFG 1981 S.21).**
Wenn Sie Ihren Partner oder ein Kind zu einer Behandlung fahren müssen, die anerkannt medizinisch notwendig ist, können Sie auch die Fahrtkosten als außergewöhnliche Belastung absetzen. Dauert die Behandlung mehrere Stunden und ist es Ihnen nicht zumutbar, während dieser Zeit zu warten, können Sie auch die Kosten für Ihre Zwischenheimfahrt als außergewöhnliche Belastung absetzen. Keine Probleme mit den Kilometerpauschalen für das Auto gibt es für diese Fahrten, wenn Sie darlegen können, dass entweder keine oder zumindest keine zumutbare öffentliche Verkehrsverbindung besteht (BFH-Urt. v. 3.12.1998 – III R 5/98 BStBl 1999 II S.227).

SUPER TRICK

Lassen Sie sich vom Arzt das richtige Papier für Ihre Besuchsfahrten ausstellen!

601 Lassen Sie sich von dem Arzt, der Ihren Angehörigen behandelt, eine Bescheinigung ausstellen, dass Ihre Besuche unbedingt erforderlich sind, weil sie den Heilungsprozess nachhaltig fördern. Hierdurch erfüllen Sie den Wortlaut des § 33 EStG und § 64 EStDV, der einen Nachweis darüber fordert, dass Ihre Fahrt-

kosten zwangsläufig entstanden sind. Durch den Hinweis auf den Heilungsprozess kommen Sie nicht umhin, schon aus diesem Grund so oft wie möglich Besuchsfahrten zu unternehmen. Wenn der Arzt die Bescheinigung zusätzlich mit einigen der unverständlichen lateinischen Medizinerfloskeln spickt, wird es jedem Fiskalritter vergehen, Ihnen die Fahrtkosten zu streichen.
Ohne ärztliche Bescheinigung läuft da gar nichts. Sogar dem Besuch bei der im Sterben liegenden Mutter verwehrten die Steuerrichter die Anerkennung (FG Hamburg v. 12.09.2001 – II 296/00). Und die BFH-Richter urteilten, dass 14-tägliche Fahrten zu den über 80-jährigen und 800 km weit weg wohnenden Eltern nicht als außergewöhnlich angesehen werden können (BFH-Urt. v. 22.10.1996 – BStBl 1997 II S. 558).
Auf eine ganz unangenehme Idee sind die Richter des FG München verfallen. Trotz ärztlicher Bestätigung, dass die Besuchsfahrten zur Mutter medizinisch notwendig waren, hat das Gericht die Anerkennung der Kosten versagt. Die Begründung war – man mag es kaum glauben –, dass die Steuerzahler ihre Mutter ernsthaft hätten auffordern müssen, die Fahrten zu bezahlen. Nur wenn die Mutter finanziell dazu nicht in der Lage gewesen wäre, wären die Fahrtkosten abzugsfähig gewesen (FG München v. 22.9.2008 – 7 K 4430/06)?

Gute Chancen, Fahrtkosten als außergewöhnliche Belastung abzusetzen, haben **602**
Sie jedoch, wenn Sie nahe Angehörige, z.B. Ihre Eltern, aufsuchen, um sie zu betreuen oder zu pflegen. Zumindest der Teil der Fahrten, der den Aufwand für übliche Besuchsfahrten überschreitet, ist abzugsfähig (BFH-Urt v. 6.4.1990 – BStBl 1990 II S. 958). Vor allem wenn Sie Ihre Lieben täglich aufsuchen, um sich um sie zu kümmern und die Entfernung recht kurz ist, rechnet Ihnen der Fiskus so etwa 2 bis 3 Fahrten pro Woche als reine Besuchsfahrten an, den Rest bringen Sie dann bei der Steuer als Fahrten zur Betreuung oder Pflege und damit bei den außergewöhnlichen Belastungen unter (OFD Hannover v. 20.10.2008 – S 2284).
Unter Umständen haben Sie auch die Alternative, stattdessen den Pflegepauschbetrag (§ 33 b Abs. 6 EStG) abzusetzen, wenn Sie mehr als reine Besuchsfahrten ausführen, weil Sie die Pflege Ihrer Angehörigen praktisch im Alleingang besorgen. Zum Pflegepauschbetrag siehe ➤ Rz 694 ff.

Für nicht abzugsfähig erklärt wurden Fahrten zum Ehegatten, der in Kur weilt, **603**
und Krankenbesuche bei der alleinstehenden Schwester (BFH – BStBl 1975 II S. 536).

Auch als bekehrter Alkoholiker können Sie Fahrtkosten in Ihrer Steuererklä- **604**
rung unterbringen. Alkoholismus ist eine Krankheit, und wenn Sie zweimal pro Woche je 10 km zur Gruppentherapie bei den Anonymen Alkoholikern fahren, haben Sie im Jahr 52 Wochen à zwei Fahrten à 10 km = 1.040 km × 0,30 € = 312 € Fahrtkosten für Ihre Aufstellung der außergewöhnlichen Belastungen (BFH v. 13.2.1987, BStBl 1987 II S. 427).

605 **Gute Nachricht für Behinderte!**
Wenn Sie aufgrund Ihrer Behinderung auf fremde Hilfe angewiesen sind, können Sie die Kosten für eine Begleitperson bis zur Höhe von ca. 767 € pro Jahr als außergewöhnliche Belastung ansetzen.

Wichtig: Diese Kosten gehören nicht zu den laufenden und typischen, mit der Körperbehinderung zusammenhängenden Kosten und sind deshalb neben dem Behindertenpauschbetrag gem. § 33 b Abs. 3 EStG abziehbar (FG Nürnberg v. 6.10.1998, EFG 1999 S. 70; BFH v. 4.7.2002 – BStBl 2002 II S. 765). Zu behinderungsbedingten Fahrtkosten vgl. ➤ Rz 682.

Den Nachweis, dass Sie auf fremde Hilfe durch eine Begleitperson angewiesen sind, können Sie ganz einfach durch Ihren Behindertenausweis erbringen, sofern er das Merkzeichen »H« (hilflos) oder »B« (ständige Begleitung notwendig) enthält. Dann ist die Sache glasklar. In anderen Fällen verlangt der Fiskus eine amtsärztliche Bescheinigung oder die Bescheinigung des medizinischen Dienstes über die Notwendigkeit der Begleitung (§ 64 Nr. 2 d EStDV).

Zuerst verbraucht man seine Gesundheit,
um zu Geld zu kommen, dann sein Geld,
um die Gesundheit zurückzuholen.
(Robert Lembke)

606 **c) Kosten für Vorsorgemaßnahmen**
Will Ihnen Ihr Finanzamt die Vorbeugekosten streichen, weisen Sie darauf hin, dass *Vorsorgekuren* zu den vorbeugenden gesundheitlichen Maßnahmen gehören und nach der Rechtsprechung als Krankheitskosten anerkannt werden müssen, wenn mit ihrer Hilfe eine konkrete Erkrankung abgewendet werden soll. Das A und O ist, dass Sie sich die medizinische Notwendigkeit der Kur vor Antritt durch den Amtsarzt oder den medizinischen Dienst Ihrer Krankenversicherung hochoffiziell bestätigen lassen. Der BFH hat dies in seinen Urteilen wiederholt bestätigt. Kosten für die Kneippkur eines gesunden Bundeswehrpiloten etwa, um seinen allgemeinen Gesundheitszustand (»vollständige Fitness«) zu erhalten, sind weder als außergewöhnliche Belastung noch als Werbungskosten abzugsfähig (Urt. v. 17.12.1997 – III R 32/97).

607 Ebenfalls als *Vorbeugekosten* anzuerkennen sind Aufwendungen für die Ausübung eines Sports unter ärztlicher oder krankengymnastischer Anleitung (Aufwendungen für den Reitsport bei hämorrhoidalen Leiden – BFH v. 15.10.1971 – VI R 80/68, BStBl 1972 II S. 14), für Besuche von Warmwasser- und Solebädern bei Wirbelsäulenschäden (FG v. Niedersachsen 22.12.1975 – EFG 1976 S. 184) und für Vorsorgeuntersuchungen in Diagnosezentren, wenn sie nicht unangemessen im Preis sind. Die Vorbeugekosten dürfen nur nicht den Eindruck machen, sie dienten nur ganz allgemein der Gesundheit.

Beim Sport müssen Sie nicht nur darauf achten, dass er unter Verantwortung eines Arztes, Heilpraktikers oder einer sonst zur Ausübung der Heilkunde zugelassenen Person, z.B. einer Krankengymnastin, und gemäß einer genauen Einzelverordnung betrieben wird, sondern auch durch eine *zuvor* ausgestellte amts- oder vertrauensärztliche Bescheinigung den Nachweis erbringen, dass der Sport für die Heilung oder Linderung einer Krankheit erforderlich ist (BFH-Urt. v. 14.8.1997 – III R 67/96, BStBl 1997 II S. 732).

Wenn der Staat es so haben will, dann gehen Sie den bürokratischen Weg! Merken Sie sich, Alkoholiker: Alle Kosten, auch die einer versuchten Heilung von Ihrer Sucht, sind abzugsfähig! (FG Düsseldorf v. 28.10.1977 – EFG 1978 S. 125, bestätigt durch BFH-Urt. v. 14.8.1984 – VI R 34/78) **608**

Die Kurkosten für eine Begleitperson sind ebenfalls steuerlich absetzbar! Damit können Sie sowohl Unterbringungs- als auch Verpflegungs- und Fahrtkosten für eine Begleitperson absetzen, wenn der Amtsarzt oder der medizinische Dienst die Notwendigkeit der Begleitung vor der Kur bescheinigt hat, vgl. ➤ Rz 637. **609**

Ganz besonders wichtig, wenn Sie in psychotherapeutischer Behandlung sind: Egal ob Sie schon eine ausgewachsene psychische Störung haben, die therapiert werden muss, oder Sie einer solchen Situation durch eine entsprechende Behandlung vorbeugen wollen, Sie können sich die Kosten nur dann steuerlich subventionieren lassen, wenn Sie **vor der Behandlung** beim Amtsarzt oder dem Medizinischen Dienst waren und diese Experten ihr Okay zur Behandlung gegeben haben. Das gilt auch für die entsprechende Behandlung von Kindern (BFH-Urt. v. 15.1.2015 – BStBl 2015 II S. 586). **610**

Auch wenn Sie Aufwendungen für alternative Behandlungsmethoden steuerlich geltend machen wollen, benötigen Sie vor Behandlungsbeginn ein amtsärztliches Attest über die medizinische Notwendigkeit. Nur der Amtsarzt besitzt laut Bundesfinanzhof (Urt. v. 1.2.2000 – BStBl 2001 II S. 543) Sachkunde und Neutralität, um dies zu beurteilen. Damit stoßen die BFH-Richter in dasselbe Horn wie der Fiskus in R 33.4 EStR. Dabei sollten Sie aber vor dem Weg zum Amtsarzt schauen, ob Ihre alternative Heilbehandlung als »nicht wissenschaftlich anerkannt« gilt. Anderenfalls genügt nämlich auch das Attest Ihres Arztes. So müssen Sie z.B. bei Frisch- und Trockenzellenbehandlungen, Sauerstoff-, Chelat- und Eigenbluttherapien zum Amtsarzt, während eine heileurythmische Behandlung eine anerkannte Behandlungsmethode ist und deshalb das Attest Ihres behandelnden Arztes vollkommen ausreicht (FG Schleswig-Holstein v. 17.4.2013 – 5 K 71/11). **611**

Pflegeeltern können z.B. ihre Kosten zur Teilnahme an **medizinischen Seminaren** zum Umgang mit frühtraumatisierten Kindern absetzen (FG Münster v. 27.1.2017 – 4 K 3471/15 E EFG 2017 S. 576) **612**

Tatsachen schafft man nicht dadurch aus der Welt,
dass man sie ignoriert.
(Aldous Huxley)

TIPP

Das Finanzamt darf nicht selbst entscheiden, welche Behandlung wissenschaftlich anerkannt ist!

613 Die Finanzämter behaupten gern, eine Behandlungsmethode sei wissenschaftlich nicht anerkannt, und Sie müssten deshalb eine Bescheinigung des Amtsarztes oder des Medizinischen Dienstes vorlegen. Eine solch lapidare Begründung müssen Sie nicht gelten lassen. Wenn das Finanzamt darauf hinweist, dass die Tatsache, dass die Krankenkasse die Kosten nicht übernehme, ein Beweis für die fehlende wissenschaftliche Anerkennung einer Behandlungsmethode sei, setzt es womöglich wirtschaftliche Gründe der Krankenkasse – die eine Erstattung versagt, weil die gewählte Behandlungsmethode teurer ist als eine herkömmliche – mit wissenschaftlichen Gründen gleich. Die teurere Methode kann aber sehr wohl wissenschaftlich anerkannt sein.
Letztlich muss das Finanzamt eine gutachterliche Stellungnahme zu der Frage einholen, ob eine Behandlungsmethode wissenschaftlich allgemein anerkannt ist – so jedenfalls der BFH (Urt. v. 26.6.2014 – BStBl 2015 II S.9). Stellt sich aufgrund des Gutachtens heraus, dass die Behandlungsmethode anerkannt ist, genügt für den Abzug von außergewöhnlichen Belastungen auch eine ganz einfache Verordnung Ihres behandelnden Arztes. Auf Amtsarzt oder Medizinischen Dienst darf das Finanzamt dann nicht mehr pochen. Lassen Sie sich also von Ihrem Arzt außer der Verordnung für die Behandlung gleich auch eine Bescheinigung geben, in der er darlegt, dass die von Ihm gewählte Behandlungsmethode wissenschaftlich anerkannt ist. Ihr Doktor wird gewiss einige Quellen aus der einschlägigen medizinischen Fachliteratur anführen können, um das zu untermauern.

SUPER TRICK

Fitnesstraining auf Krankenschein

614 Sind Sie guter Kunde in einer krankengymnastischen Massage- und Bäderpraxis, weil Sie oft Kreuz- und Gliederschmerzen plagen? Was Sie eigentlich brauchen, meinen Sie zu wissen: nämlich tüchtige Eigenbewegung, kräftigere Muskeln und Sehnen, damit Sie weniger anfällig sind. Jetzt passen Sie auf: In den meisten krankengymnastischen Massage- und Bäderpraxen befindet sich ein größerer Gymnastikraum, der mit den verschiedensten technischen Geräten ausgestattet ist, die sich kaum von denen in einem gewerblichen Fitnesscenter unterscheiden. Fragen Sie doch den Inhaber, ob Sie zwei- bis dreimal in der

Woche im Gymnastikraum trainieren können. Wenn Sie guter Fango- und Massagekunde sind, hat er bestimmt nichts dagegen.

Schade: Aufwendungen für die Anschaffung neuer Kleidung infolge einer Abmagerungskur sind nach dem BFH-Urteil vom 17.7.1981 (VI R 105/78 – HFR 1981 S. 518) keine außergewöhnliche Belastung. Entsprechendes gelte für Änderungskosten (FG Hessen v. 2.3.1978 – EFG 1978 S. 432). Übergewicht sei ebenso wenig wie Übergröße zwangsläufig. Allerdings war das FG Düsseldorf am 13.1.1981 (IX 457/77 E, nv) so einsichtig, die Kosten für den notwendigen Mindestbestand an Bekleidung nach einer krankhaft bedingten Abmagerung (von mehr als 30 kg) als außergewöhnlich anzuerkennen. 615

d) Erweiterte Krankheitskosten 616

Der Bundesfinanzhof berücksichtigt grundsätzlich nur Aufwendungen, die unmittelbar zum Zweck der Heilung, Linderung oder zur Erträglichmachung einer Krankheit aufgewendet werden. Wie die vorstehenden Ausführungen zur Krankheitsvorbeugung zeigen, fallen unter § 33 EStG aber auch mittelbar durch die Krankheit entstandene Aufwendungen, wenn sie in einem engen Zusammenhang mit ihr stehen. Hierzu rechnen insbesondere die sog. erweiterten Krankheitskosten. Entfernte mittelbare Kosten sind außer Betracht zu lassen, da sie die allgemeine Lebensführung betreffen.

Als erweiterte Krankheitskosten hat die Rechtsprechung u.a. anerkannt:

- eine Mietabfindung, die ein Steuerpflichtiger zur Erlangung einer geeigneten Wohnung an den Vormieter zahlte, weil der Wohnungswechsel wegen des völlig gelähmten Sohnes notwendig war (BFH-Urt. v. 14.12.1965 – BStBl 1966 III S. 113),
- Aufwendungen für bauliche Veränderungen am eigenen Einfamilienhaus eines gehunfähigen Schwerbeschädigten zur Benutzung eines fahrbaren Hebeapparats (FG Hamburg, EFG S. 557) ebenso wie die Kosten für einen Treppenschräglift (FG Berlin, EFG 1995 S. 264; FG Sachsen v. 12.10.2006 – 2 K 1859/04; BFH v. 6.2.2014 – BStBl 2014 II S. 458),
- Aufwendungen für Umbaumaßnahmen wegen Querschnittslähmung eines Kindes (FG Hessen – EFG 1977 S. 373, und FG Rheinland-Pfalz – EFG 1979 S. 231).
- Aufwendungen für den Einbau einer Spezialbadewanne (Sitzbadewanne mit Wannentür), wenn vorher ein amts- oder vertrauensärztliches Attest eingeholt wurde (FG Rheinland-Pfalz v. 23.10.2001 – 2 K 2105/01).

Dass der Einbau von Schwimm- oder Bewegungsbädern wegen des gleichzeitig entstehenden Gegenwerts nicht unter erweiterte Krankheitskosten fällt, dürfte spätestens nach der Entscheidung des BFH zum Einbau eines Fahrstuhls bei Behinderten und dem letzten Urteil des FG Rheinland-Pfalz zum Schwimmbadbau wegen Behinderung zuungunsten der betroffenen Steuerzahler geklärt sein (FG Rheinland-Pfalz v. 11.10.2006 – 6 K 2169/05).

Trinkgelder an das Krankenhauspersonal gehören nicht zu den unmittelbaren Krankheitskosten. Entgegen seinem früheren, den Abzug bejahenden Urteil (BFH v. 22.10.1996 – BStBl 1997 II S. 346) vollzog der BFH hier eine 180-Grad-Wende (BFH v. 30.10.2003 – BStBl 2004 II S. 270).

617 Aufwendungen für den Privatschulbesuch Ihres Kindes können ebenfalls zu außergewöhnlichen Belastungen führen, wenn Sie die Krankheit in den Vordergrund stellen und den Schulbesuch quasi nebenbei laufen lassen. Schulgeldzahlungen für den medizinisch indizierten Besuch einer Privatschule durch ein geistig und körperlich behindertes Kind sind von der Rechtsprechung als außergewöhnliche Belastung berücksichtigt worden (FG Köln, Urt. v. 23.7.1997 – EFG 1998 S. 318). Anerkannt wurden auch z. B. die Aufwendungen für die Unterbringung eines an Asthma erkrankten Kindes in einem »Oberschulinternat«, wenn der Aufenthalt aus klimatischen Gründen zur Heilung oder Linderung der Krankheit nachweislich unabdingbar notwendig ist und der Schulbesuch nur anlässlich dieser Heilbehandlung gleichsam nebenbei und nachrangig erfolgt (BFH-Urt. v. 26.6.1992, III R 83/91, BStBl 1993 II S. 212). Entsprechendes gilt für die Unterbringung eines legasthenischen Kindes, wenn die Lese- und Rechtschreibschwäche Krankheitswert hat (BFH-Urt. v. 26.6.1992, III R 8/91, BStBl 1993 II S. 278). Auch wenn Ihr Kind unter ADHS leidet, hängt eine Anerkennung der Schulkosten als außergewöhnliche Belastungen davon ab, dass während des Privatschulbesuchs eine spezielle, unter der Aufsicht medizinisch geschulten Fachpersonals durchgeführte Heilbehandlung stattfindet (Finanzgericht Düsseldorf v. 14.03.2017 – 13 K 4009/15 E und BFH v. 11.11.2010 VI R 17/09, BStBl II 2011, 969).Wappnen Sie sich in diesen Fällen unbedingt mit einem amtsärztlichen Nachweis oder einer entsprechenden Bescheinigung des medizinischen Dienstes. Eine Bescheinigung des Schulaufsichtsamts oder eines einschlägig tätigen Professors reicht nicht aus (BFH v. 7.6.2000 – BStBl 2001 II S. 94).

Abziehbar sind auch die Aufwendungen für den Besuch besonderer Behindertenschulen, wie z. B. von Blinden- und Taubstummenschulen. Nicht berücksichtigt wurde jedoch die Unterbringung eines hochbegabten Kindes in einem Internat mit Hochbegabtenförderung oder die Unterbringung eines schwer erziehbaren Kindes in einer geeigneten Schuleinrichtung (BFH-Urt. v. 26.6.1992 – BStBl 1993 II S. 278). Es sei denn, der Aufenthalt war amtsärztlich bestätigt auf eine Krankheit zurückzuführen (BFH v. 22.9.2005 – BFH/NV 2006 S. 281).

Allgemein gilt Folgendes: Ist Ihr Kind auf den Besuch einer Privatschule (Sonderschule oder allgemeine Schule in privater Trägerschaft) mit individueller Förderung angewiesen, damit es eine angemessene Schul- und Berufsausbildung erhält, sind die Kosten außergewöhnliche Belastungen. Die Kosten können auch dann abgezogen weden, wenn Sie den Behindertenpauschbetrag Ihres Kindes auf sich haben übertragen lassen. Der Fiskus schaut dabei auch danach, ob es in zumutbarer Entfernung eine geeignete öffentliche Schule gibt. Zum Nachweis, dass der Besuch der Privatschule erforderlich ist, besorgen Sie sich am besten eine Bescheinigung des zuständigen Kultus- oder Schulministeriums oder einer von dieser bestimmten Behörde – häufig ist das der Regierungspräsident ihrer Region (R 33.4 Abs. 2 EStR).

TRICK

Tun Sie etwas für Ihre Schönheit – und setzen Sie es von der Steuer ab!

Die Kosten einer Schönheitsoperation oder einer Haartransplantation werden 618
im Allgemeinen nicht als zwangsläufig anzusehen sein. Lassen Sie sich von Ihrem Arzt z. B. physische und psychische Gründe für eine Schönheitsoperation (besser: kosmetischen Eingriff) bestätigen und bitten Sie so das Finanzamt mit zur Kasse.

Nur in Ausnahmefällen können Aufwendungen für ein *Toupet* zu den außergewöhnlichen Belastungen gerechnet werden (FG Baden-Württemberg, Urt. v. 12.9.1978, III 152/77, EFG 1979 S. 125, FG Düsseldorf, Urte. v. 18.1.1983, XI 298/82 E, EFG 1983 S. 500, rechtskräftig). Der *kreisförmige Haarausfall*, der zu fleckenhaften »Löchern« im Haarwuchs führt, stellt eine Krankheit dar. Erwerben Sie ein Toupet, so hat es die Funktion einer Prothese. Die Anschaffungskosten können deshalb als außergewöhnliche Belastung abgesetzt werden. Selbst Aufwendungen in Höhe von 1.625 € sind noch angemessen. Wenn Sie als Mann unter normalem (erblich bedingtem) Haarausfall leiden, sollen die Kosten nicht abzugsfähig sein (FG Rheinland-Pfalz, Urt. v. 12.11.2008 – 2 K 1928/0). *Haartransplantationskosten* sind als außergewöhnliche Belastung abzugsfähig, wenn z. B. ein fach- oder amtsärztliches Gutachten überwiegend medizinische Gründe für die Operation nennt. Besorgen Sie sich ein solches amtsärztliches Attest *vor* der Herstellung Ihrer neuen Haarpracht, sonst sinken Ihre Chancen auf Anerkennung der Kosten als außergewöhnliche Belastung rapide (FG Niedersachsen v. 2.2.2000 – EFG 2000 S. 496).

Transsexualität ist eine einer Krankheit vergleichbare Disposition. Im Zusammenhang mit der Behandlung entstandene Aufwendungen können daher als außergewöhnliche Belastungen abgesetzt werden. Das gilt allerdings nicht für die Anschaffung neuer Bekleidung nach der Geschlechtsumwandlung. Die Aufwendungen für eine »weibliche« Perücke können nur ausnahmsweise als außergewöhnliche Belastungen berücksichtigt werden, z. B. wenn das natürliche Haupthaar durch eine Teilglatze einen für eine Frau entstellenden Charakter hat und dies durch ein vorab erstelltes amts- oder vertrauensärztliches medizinisches Gutachten nachgewiesen wird (BFH v. 25.10.2007 – III R 63/06).

TRICK

Erben Sie durch nachträgliche Feststellung einer Behinderung eine Steuerermäßigung!

619 Vielleicht war einer Ihrer Elternteile vor dem Tod lange krank, einen Antrag auf Körperbehinderung zu stellen ist aber keinem in den Sinn gekommen. Sie als Erbe können das Versäumnis nachholen. Die Versorgungsämter sind nämlich angewiesen, auch für bereits Verstorbene Feststellungen über eine Körperbehinderung zu treffen, soweit dies nach den vorhandenen Unterlagen möglich ist.
Die nachträgliche Feststellung der Behinderung beantragen Sie beim Finanzamt, wenn Sie die Steuererklärung z.B. Ihres Vaters abgeben. Das Finanzamt holt dann eine Stellungnahme des Versorgungsamts ein und muss ggf. den Pauschbetrag für Behinderte berücksichtigen. Für die Steuererstattung können Sie als Erbe Ihr Konto angeben (Quelle: § 65 Abs. 4 EStDV).

TRICK

So finanziert Ihnen das Finanzamt ein neues Bioschlafzimmer.

620 Sie (oder Ihre Familie) leiden nachweislich unter dem giftigen Lack und dem Formaldehyd, das aus Ritzen und Kanten Ihres Schlafzimmers quillt, haben ständig Kopfschmerzen, Schwindel, Unwohlgefühl, Schwächeanfälle, Allergien etc.? Und das besonders stark, weil Sie etwa mit Bronchialasthma geplagt sind?

Dann passen Sie gut auf!
Aufwendungen für Renovierungsmaßnahmen einer Wohnung können ausnahmsweise eine außergewöhnliche Belastung i. S. des § 33 EStG darstellen, wenn sich infolge einer Erkrankung die Notwendigkeit ergibt, noch neue Gegenstände auszuwechseln (BFH-Urt. v. 29.11.1991 – BStBl 1992 II S. 290). Auch Aufwendungen für Sanierungsmaßnahmen bei Gesundheitsgefährdung durch Asbest, Formaldehyd und Holzschutzmittel sind, soweit nicht Werbungskosten oder Betriebsausgaben vorliegen, nach Auffassung der Finanzverwaltung abziehbar; Entsprechendes gilt für die vollständige Entsorgung nicht sanierungsfähiger Wirtschaftsgüter (OFD Hannover, Verfügung v. 8.11.1996, S 2284 – 98 – StO 213 b, FR 1997 S. 192, vgl. auch OFD Saarbrücken, Verfügung v. 18.7.1997, S 2284 – 22 St 222) und für eventuelle Gutachtenkosten, sofern das Gutachten Ihre Meinung stützt, dass eine Sanierung erforderlich war (Erlass des Finanzsenators Bremen v. 24.2.2000 – S. 2284 – 181, Der Betrieb 2000, S. 799).

Um auf Nummer sicher zu gehen, sollten Sie dem Finanzamt durch ein amtsärztliches oder amtlich technisches Gutachten klarmachen, wie verseucht Ihr Haus und wie dringend erforderlich die Renovierung aus Krankheitsgründen war (BFH v. 9.8.2002 – BStBl 2002 II S. 240)! Eine amtsärztliche Bescheinigung oder eine Bescheinigung des Medizinischen Dienstes, wie Sie bei vielen Krankheitskosten nach § 64 EStDV neuerdings gefordert wird, ist hier aber nicht zwingend. Der § 64 EStDV führt nämlich krankheitsbedingte Renovierungskosten nicht ausdrücklich auf. Deshalb reicht unter Umständen auch die Bestätigung einer Uniklinik, so haben die Richter beim FG Rheinland-Pfalz am 29.3.1999 (5 K 2932/96 DStR E 2000 S. 740) entschieden. Gute Karten haben Sie in der Regel auch mit dem Gutachten einer amtlichen technischen Stelle wie TÜV, Umweltamt etc. (FG Nürnberg v. 31.1.2003 – VII 370/1999).
Bei Sanierungen ist anders als bei Krankheitskosten auch nicht absolut zwingend, dass das Gutachten vor Beginn der Sanierung eingeholt wird (BFH v. 29.03.2012 - BStBl 2012 II S. 570). Allerdings gehen eventuelle Unklarheiten für den Fall, dass die Notwendigkeit der Sanierung im Nachhinein nicht mehr zweifelsfrei festgestellt werden kann, zu Ihren Lasten. Deshalb ist es unter dem Strich immer besser, wenn Sie den Gutachter vor Beginn der Sanierung anrücken lassen.

e) Pflegekosten

Trotz Pflegeversicherung sind Sie finanziell nicht aus dem Schneider, wenn es **621**
Sie oder einen Angehörigen wirklich einmal so hart trifft. Wollen Sie eine einigermaßen anständige Betreuung, müssen Sie in die eigene Tasche greifen. Die gute Nachricht: Ihre Aufwendungen für die Unterbringung in einem Pflegeheim, Altenpflegeheim oder auf der Pflegestation eines Altenheims können Sie als allgemeine außergewöhnliche Belastung von der Steuer absetzen.
Damit Ihnen der Fiskus Ihre Pflegebedürftigkeit abnimmt, benötigen Sie entweder einen Behindertenausweis, in dem das Merkzeichen »H« für hilflos eingetragen ist, einen entsprechenden Bescheid Ihres Versorgungsamts oder einen Bescheid der Pflegeversicherung, dass Sie mindestens in die Pflegegrad 2 eingestuft sind. Stellen Sie ggf. schleunigst einen Antrag beim Versorgungsamt oder bei der Pflegeversicherung, denn: Ohne amtliches Behinderungsfeststellungspapier können Sie bei Ihrem Finanzamt buchstäblich mit dem Kopf unter dem Arm auftauchen, man wird Ihnen trotzdem die »Hilflosigkeit« nicht anerkennen (siehe auch ➤ Rz 694 ff.).

Mit der amtlich bescheinigten Hilflosigkeit haben Sie nun die Wahl:

- **Pausch- und Freibetrag**
  Sie können den Behindertenpauschbetrag für »Hilflose« in Höhe von 7.400 € beantragen (§ 33 b Abs. 3 EStG). Damit sind alle pflegebedingten Kosten abgegolten. Zusätzlich können Sie für die vom Pflegeheim berechneten Kosten für haushaltsnahe Dienstleistungen die Steuerermäßigung nach § 35 a Abs. 2 EStG in Anspruch nehmen.

622 • **Tatsächliche Kosten**
Wenn Sie in einem Pflegeheim leben, kommen Sie damit nicht aus. Dann müssen Sie die tatsächlichen Kosten geltend machen. Das können Sie übrigens auch, wenn Sie krankheitsbedingt in einem Seniorenwohnstift untergebracht sind (BFH v. 14.11.2013 – BStBl 2014 II S. 456).

Vorab: Besonders pfennigfuchserisch stellen sich die Fiskalritter an, wenn Sie wegen der Heimunterbringung Ihre Wohnung aufgelöst haben. Wegen angeblicher Haushaltsersparnis kürzen sie Ihnen nach R 33.3 Abs. 2 EStR Ihre Kosten zusätzlich zur zumutbaren Belastung um

27,00 €	pro Tag
812,00 €	pro Monat
9.744,00 €	im Jahr

Bei einem Gesamtbetrag der Einkünfte von 25.000 € und von Ihnen selbst gezahlten monatlichen Pflegeheimkosten von 2.000 € ergibt sich für Sie folgende Rechnung:

Pflegekosten im Jahr 2.000 € monatlich × 12 =	24.000 €
./. Haushaltsersparnis pauschal	– 9.744 €
Verbleiben	14.256 €
./. zumutbare Belastung (➤ Rz 587)	– 1.346 €
Abziehbare außergewöhnliche Belastungen nach § 33 EStG	12.910 €

WICHTIGER HINWEIS

623 Einen genauso dicken Batzen an Steuern können Sie sparen, wenn Sie die Kosten für die Unterbringung von Angehörigen in einem Pflegeheim oder auf einer Pflegestation tragen. Wenn das Einkommen z.B. Ihrer Mutter zur Bestreitung der Pflegekosten nicht langt, sind Sie als ihr Kind verpflichtet, ihr finanziell beizustehen. Das gilt umso mehr, wenn Sie das Sozialamt für die Pflegekosten eines Angehörigen zur Kasse bittet (Vfg. der OFD Münster v. 4.4.1989 – S 2284 – 30 – St 16 – 31). Bezahlen Sie also einen Teil der Heimkosten, sind das für Sie allgemeine außergewöhnliche Belastungen (§ 33 EStG). Seit dem 1.1.2020 können Sie allerdings vom Sozialamt für die Pflegeheimkosten Ihrer Eltern erst ab einem Bruttoeinkommen von 100.000 € in Anspruch genommen weden.

TRICK

Pauschbeträge bekommen Sie auch für Ihr Kind im Pflegeheim!

Ist Ihr erwachsenes Kind wegen seiner Behinderung in einem Heim unterge- 624
bracht, stehen Ihnen die Kinderfreibeträge zu, da Ihr Kind ja wohl kaum in der Lage ist, seinen Unterhalt aus eigenen Einkünften und Bezügen zu bestreiten.
Mit dem Kinderfreibetrag ist zugleich die Tür zu größeren Steuerermäßigungen aufgestoßen: Sie übertragen den Behindertenpauschbetrag Ihres Kindes von 7.400 € auf sich und setzen gleichzeitig den Pflegepauschbetrag mit 1.800 € ab. Insgesamt können Sie also ohne großen Aufwand – Behindertenausweis oder Pflegegradbescheid reichen aus – Jahr für Jahr 9.200 € von der Steuer absetzen. Dass Ihr Kind bis auf die Besuche zu Hause überwiegend im Heim untergebracht ist, hat darauf keinen Einfluss. Wenn Ihnen ein Fiskalritter mit dieser fadenscheinigen und zudem noch völlig unsensiblen Begründung die Pauschbeträge streichen will, klopfen Sie ihm kräftig mit dem BMF-Schreiben vom 14.4.2003 (BStBl 2003 I S.360) auf die Finger.
Natürlich können Sie statt des Behindertenpauschbetrags Ihres Kindes auch die tatsächlichen Kosten lt. Nachweis ansetzen. Das lohnt sich aber nur, wenn Sie neben Ihren Besuchs- und Abholfahrten sowie eventuell damit verbundenen Übernachtungskosten weitere Aufwendungen ins Spiel bringen können, wie z.B. die behindertengerechte Ausstattung Ihrer Wohnung, von Ihnen bezahlte Pflegedienste oder die Kosten für eine Begleitperson im Urlaub, sofern Ihr Kind auf ständige Begleitung angewiesen ist.

SUPER TRICK

Verdienen Sie mit Großmutters Möbeln im Souterrain 3.186 €!

Nehmen wir an, Sie als Krösus im Geschwisterkreis sind der Einzige, der es sich 625
leisten kann, die Kosten für Großmutters Pflegeheimunterbringung zu bezahlen. Natürlich lassen Sie sich nicht lumpen, schließlich war sie es, die immer ein paar leckere Sachen für Sie hatte und Ihnen während Ihres Studiums von ihrer kleinen Rente so manches zugesteckt hat.
Damit Ihnen die Fiskalritter nicht die Haushaltsersparnis von Ihren Kosten abknapsen, haben Sie Ihre Verhältnisse entsprechend gestaltet und können sagen: »Meiner Großmutter steht weiterhin die mit ihren Möbeln eingerichtete $1^1/_2$-Zimmer-Wohnung im Souterrain meines Hauses zur Verfügung. Eine

Haushaltsauflösung hat nicht stattgefunden.« Für das Finanzamt ist es Essig mit der Kürzung um die Haushaltsersparnis. Sie setzen also 9.744 € mehr als außergewöhnliche Belastung ab und sparen bei einem Steuersatz von 30 % ca. 3.186 € (inkl. Kirchensteuer).
Gegenwind gibt es vom Finanzamt, wenn mit einer Rückkehr der Großmutter in ihren bisherigen Haushalt endgültig nicht mehr zu rechnen ist. Die Auflösung ihres Privathaushalts sei deshalb zumutbar und der Abzug der Haushaltsersparnis damit gerechtfertigt (FG München v. 2.7.2017 – 13 K 2316/15, EFG 2017 S. 1799). Anders sieht die Sache aber wohl aus, wenn Sie dem Finanzamt plausibel darlegen können, dass der Pflegeheimaufenthalt der Großmutter nur vorübergehend ist und sie an sich weiter in ihrer eigenen Wohnung von Ihnen gepflegt werden soll.

SUPER TRICK

Schlagen Sie selbst aus Kürzungen durch das Finanzamt noch Kapital!

626 Mit der Steuer ist es wie beim Pokern: Sieger bleibt, wer ein Ass mehr im Ärmel hat. Mag sich der Fiskalritter ruhig selbstgefällig die Hände reiben, wenn er Ihnen durch Abzug der Haushaltsersparnis einen dicken Batzen der Pflegekosten für Ihre Großmutter gestrichen hat, weil deren Haushalt irgendwann aufgelöst wurde. Sie wenden das Blatt, indem Sie sagen: »Halt! Ein Teil der Haushaltsersparnis wird durch die Rente meiner Oma gedeckt, und der Rest, der mir angerechnet wird, stellt typischen Unterhalt dar. Ich beanspruche dafür den Unterhaltsfreibetrag nach § 33 a Abs. 1 EStG.« Zähneknirschend muss der Steuerknecht dann so rechnen:

Pflegekosten			12.000 €
Haushaltsersparnis		9.744 €	
Durch Omas kleine Rente gedeckt		– 2.400 €	
Bei Ihnen anzurechnen		7.344 € >	– 7.344 €
Als außergewöhnliche Belastung anzurechnende			
Pflegekosten			4.656 €
Unterhaltsleistungen			7.344 €
Höchstbetrag		9.744 €	
Omas Rente	2.400 €		
./. Werbungskosten	– 102 €		
./. Unkostenpauschale	– 180 €		
Anzurechnende Einkünfte	2.118 €		
./. anrechnungsfreier Betrag	– 624 €		
Anrechnung auf den Unterhalt	1.494 € >	– 1.494 €	
Höchstbetrag		8.250 €	

Neben den Pflegekosten von 4.656 € setzen Sie also zusätzlich als Unterhaltsfreibetrag die 7.344 € ab, die Ihnen als Haushaltsersparnis abgezogen wurden. Ihre Ersparnis aus Pflegekosten und Unterhaltsfreibetrag beträgt je nach Steuersatz zwischen 1.680 € und 6.183 €.

GUTER RAT

Für die häusliche Pflege durch Angehörige besteht ein Anspruch auf Leistungen aus der Pflegeversicherung. Pflegen Sie z.B. Ihre Eltern, können diese dafür Pflegegeld beantragen. Man glaubt es kaum, auf welch abwegige Ideen manche Fiskalritter kommen, um ihre Schröpfgelüste auszuleben. Da gab es tatsächlich ein paar dieser Kameraden, die Ihnen steuerpflichtige Einkünfte anhängen wollten, wenn Ihre Eltern Ihnen für Ihre Mühen und Kosten einen Teil des Pflegegelds zukommen lassen. 627

Zum Glück war das sogar den Ministerialbürokraten des Schlechten zu viel. Mit dem BMF-Schreiben vom 28.4.1995 (BStBl 1995 I S.251) haben sie ihre allzu vorwitzigen Kollegen zurückgepfiffen. Wenn Sie sich darauf berufen können, dass Sie sich zur Übernahme der Pflege sittlich und moralisch verpflichtet fühlen, bleibt das an Sie weitergeleitete Pflegegeld auch dann steuerfrei, wenn Sie nicht Ihre Eltern, sondern z.B. Tante Amalie, Onkel Kuno oder Nichte Claudia pflegen (§ 3 Nr. 36 EStG).

3. Wann ist die Beschaffung von Hausrat und Bekleidung steuerlich abzugsfähig?

Haben Sie durch Kriegseinwirkung, Terror im Ausland, Vertreibung, Ungezieferbefall, Brand, Diebstahl oder Einbruch, Unwetter, Wohnsitzaufgabe aus zwangsläufigen Gründen oder wegen Spätaussiedlung aus den Ostblockstaaten Hausrat und Bekleidung ganz oder zum Teil verloren, ist für die Wiederbeschaffung eine erhebliche Steuervergünstigung möglich (Quelle: R 33.2 EStR)! Die Beschaffungen müssen allerdings notwendig sein. Aufwendungen für eine Wiederinstandsetzung sind dabei ebenso zu behandeln wie Aufwendungen für Wiederbeschaffung. 628

Die Anerkennung als Asylberechtigter allein reicht den Richtern des Bundesfinanzhofs nicht aus, Ihre Verfolgung im Heimatland und die Übersiedlung nach Deutschland als unabwendbares Ereignis anzusehen. Wiederbeschaffungskosten für Hausrat und Kleidung wollen sie deshalb nur dann berücksichtigen, wenn Ihr Verbleiben im Heimatland mit Gefahr für Leib und Leben oder Ihre persönliche Freiheit verbunden gewesen wäre (BFH, Urteil v. 26.4.1991, III R 69/87, BStBl 1991 II S.755).

Auch die Beseitigung kriegsbedingter Schäden an Ihrem Haus im Heimatland wird nicht berücksichtigt (FG München v. 4.12.2003 – 1 K 2561/03).

WICHTIGER HINWEIS

629 Außergewöhnliche Belastungen liegen immer dann nicht vor, wenn Sie zumutbare Schutzmaßnahmen und allgemein zugängliche und übliche Versicherungsmöglichkeiten nicht genutzt haben (BFH v. 26.6.2003 – BStBl 2004 II S. 47; R 33.2 Nr. 7 EStR). Stellt sich z.B. heraus, dass der Einbrecher, der Ihnen die Wohnung ausgeräumt hat, leichtes Spiel hatte, weil Sie vergessen hatten abzusperren, sieht es mit einem Abzug der Kosten für die Wiederbeschaffung der gestohlenen Gegenstände ganz schlecht aus. Dasselbe Ungemach droht, wenn Sie keine Hausratversicherung abgeschlossen haben. Der Fiskus geht sogar so weit, Ihnen bei Unterversicherung nicht ausreichendes Ausschöpfen einer zumutbaren und üblichen Versicherung zu unterstellen. Bei Schäden am Hausrat durch Brand, Diebstahl oder Wasserschaden, die grundsätzlich durch die Hausratversicherung abgedeckt werden, sind Sie also immer zweiter Sieger. Haben Sie eine Versicherung, zahlt die Hausratversicherung, und Sie sind nicht belastet. Sind Sie dagegen gar nicht oder nicht in ausreichender Höhe versichert, bleiben Sie auch steuerlich auf den Wiederbeschaffungskosten sitzen (BFH-Urt. v. 20.11.2003 – III R 2/02).
Werden Ihnen z.B. beim Campingurlaub oder bei der Urlaubsfahrt mit Ihrem Wohnmobil die Koffer mit Kleidung und der Hausrat gestohlen, können Sie die Wiederbeschaffung nur absetzen, wenn Sie eine Reisegepäckversicherung abgeschlossen hatten und diese nicht die vollen Kosten erstattet. So wurden einem Ehepaar, dem im Italienurlaub das Wohnmobil mitsamt Einrichtung und Kleidung gestohlen worden war, mangels einer solchen Versicherung die Wiederbeschaffungskosten verwehrt (FG Baden-Württemberg v. 7.11.2007 – EFG 2008 S. 379).
Sind die Schäden durch Naturkatastrophen wie Überschwemmung, Orkan etc. entstanden, zahlen die normalen Hausrat- und Gebäudeversicherungen häufig nicht. Ersatz bekommen Sie da in der Regel nur, wenn Sie eine sog. *Elementarschadenversicherung* abgeschlossen hatten. Die wird aber von so wenigen Steuerzahlern genutzt, dass Sie sich beruhigt auf den Standpunkt stellen können, eine Elementarschadenversicherung sei nicht üblich, so dass Ihnen ihr Fehlen nicht zum Nachteil angerechnet werden dürfe. Das sieht auch der Fiskus so. Verweisen Sie Ihr Finanzamt im Zweifel auf das entsprechende BMF-Schreiben zu Hochwasserschäden (BMF v. 21.6.2013 – BStBl 2013 I S. 769).

630 Zum notwendigen Hausrat gehören die Gegenstände, die nach allgemeiner Anschauung zur bescheidenen Einrichtung einer Wohnung und zur Führung eines bescheidenen Haushalts erforderlich sind, z.B.: die Einrichtung für Küche (Wohnküche), Schlafzimmer, Wohnzimmer (bei größerer Familie) sowie Fußbodenbelag und Rundfunkgerät; sämtliche Gegenstände in einfacher Ausführung. Aber: Auch *Polstermöbel, Teppiche* und sogar *Markenporzellan* zählen zum notwendigen Hausrat (Vfg. OFD Koblenz v. 12.5.1956 S. 2220 A-St. 222).

Und ein Klavier (EFG 1960 S. 418). Nicht dagegen ein Auto oder eine Garage (R 33.2 Nr. 1 EStR). In welcher Höhe das Finanzamt *Wiederbeschaffung von Hausrat* steuerlich anerkennt, kann der Verfügung der OFD Münster v. 3.5.1993 (S 2285-27 – St 12-31) entnommen werden. Danach sind Aufwendungen in Höhe von ca. 10.740 €/17.900 € (Ledige/Verheiratete) zzgl. 2.965 € für jedes Kind angemessen. Mit diesen Sätzen muss aber nicht Schluss sein. Zur notwendigen Kleidung etwa gehört, was nach allgemeiner Anschauung als unentbehrlich anzusehen ist. Außerdem ist die Verfügung schon recht alt, da müssten saftige Zuschläge wegen der gestiegenen Lebenshaltungskosten möglich sein.

Der Umstand, dass man vor dem Ereignis Gegenstände aller Art besessen hat, begründet nicht deren Notwendigkeit. Andererseits ist es nicht nötig, wieder die *gleichen* Gegenstände zu erwerben.

TIPP

zum Kauf von Hausrat

Sehen Sie zu, dass Sie die **Wiederbeschaffung Ihres Hausrats innerhalb von drei Jahren** erledigen (R 33.2 Nr. 8 EStR). Lassen Sie sich nämlich länger Zeit, unterstellen Ihnen die Fiskalritter, dass Sie nicht Verlorenes wiederbeschaffen, sondern nur ergänzen, was Sie vorher besessen haben. Bevor Ihnen die Steuerersparnis für ein paar Tausender durch die Lappen geht, zahlen Sie besser die Zinsen für einen kurzfristigen Kredit und kaufen rechtzeitig ein. Wenn Sie für die Wiederbeschaffung ein Darlehen aufnehmen müssen, sind die Zinsen insoweit abzugsfähig, als dadurch die Sätze in der o. a. Verfügung der OFD Münster überschritten werden.

TRICK

Besser spät als nie!

Wenn Sie erst Jahre nach dem Schaden einen Antrag auf Ermäßigung stellen, 631
geben Sie vorsorglich an, weshalb Sie so lange mit den Anschaffungen gewartet haben (vgl. BFH v. 23.9.1960, VI 90/60 S, BStBl III S. 488). Mussten Sie Schäden an Ihrem Haus beseitigen, genügt es, wenn Sie innerhalb der Frist von drei Jahren mit den Reparaturen begonnen haben.

Dreimal umgezogen ist wie einmal abgebrannt.

(Spruch)

TRICK

Klug sein: Vorher die Beweise für eine Steuerermäßigung zusammentragen!

632 Vier Millionen Bundesbürger ziehen jährlich um. Allen entstehen saftige Umzugskosten, angefangen von den Trinkgeldern für die Möbelpacker bis zu den neuen Gardinen für die größeren Fenster. Lässt man sich wegen schlechten Betriebsklimas in einer Firma oder Schule an einen anderen Ort versetzen und bekommt vom Amtsarzt bescheinigt, dass man andernfalls arbeitsunfähig würde, sind Umzugskosten wegen außergewöhnlicher Belastung abzugsfähig (FG Rheinland-Pfalz v. 12.4.1972 – EFG 1972 S. 425).
Haben keine beruflichen Gründe den Umzug veranlasst, ist ein Abzug der Kosten als außergewöhnliche Belastung in aller Regel nicht möglich. Eine Ausnahme gibt es nur, wenn Sie mit einem glasklaren Attest vom Amtsarzt begründen können, dass der Umzug krankheitsbedingt notwendig ist (BFH v. 14.12.1965, BStBl 1966 II S. 113 und FG Düsseldorf v. 26.11.1999, DStRE 2000, S. 243). Und das FG Münster (Urt. v. 31.3.1971 – II 1239/69 E – EFG S. 436) sagt: Machen außergewöhnliche Umstände (im Urteilsfall Streitigkeiten mit dem Vermieter und dadurch bedingte Krankheit der Ehefrau) einen Wohnungswechsel dringend erforderlich, können Umzugskosten eine außergewöhnliche Belastung darstellen.
Mit entsprechendem Nachweis können auch Umzugskosten in ein Altenheim außergewöhnliche Belastungen sein (Hessisches FG v. 23.5.2005 – 13 K 1676/04; FG München v. 27.6.2006 – 2 K 859/03). Bei einem krankheitsbedingten Umzug liegen außergewöhnliche Belastungen jedoch nur insoweit vor, als Sie keine Gegenwerte erhalten haben (FG Nürnberg v. 9.1.1985 – EFG 1985 S. 349). Also können Sie z.B. neu angeschaffte Möbel oder Vorhänge nicht absetzen. Neben den Transportkosten stehen Ihnen aber die allgemeinen Umzugspauschalen zu (➤ Rz 407) (FG Rheinland-Pfalz v. 10.11.2003 – 5 K 1429/02). Wenn Sie zusätzlich eine Mietabfindung für Ihre alte Wohnung berappen mussten, können Sie diese sogar mit oberstem Richtersegen als außergewöhnliche Belastung absetzen (BFH – BStBl 1966 III S. 113).
Besonders kleinkariert ist ein steuerzahlerfeindliches Urteil, das besagt, dass die Kosten für einen aus gesundheitlichen Gründen vorgenommenen Umzug nicht als außergewöhnliche Belastung abziehbar seien, insbesondere dann nicht, wenn Sie Gegenwerte erhalten haben. So bei einem Steuerzahler, der sich wegen Schimmelbefall in einzelnen Räumen eine neue Wohnung zulegte, um eine Erkrankung gar nicht erst aufkommen zu lassen (BFH v. 8.10.2008 – VI B 66/08).
Nichts zu machen ist auch, wenn Ihnen Ihr Vermieter wegen Eigenbedarf kündigte oder weil das Gebäude in Kürze abgebrochen werden muss; das sei nicht

ungewöhnlich, meinte in unerschütterlicher Gesinnung der BFH in seinen Urteilen vom 28.2.1975 (BStBl 1975 II S.482) und vom 23.6.1978 (BStBl 1978 II S.526).

TRICK

Privater Umzug als haushaltsnahe Dienstleistung

Will das Finanzamt Ihnen die Kosten für Ihren krankheitsbedingten Umzug nicht als außergewöhnliche Belastung anerkennen, kassieren Sie zumindest eine Steuerermäßigung von 20 % der (Lohn-)Kosten bis zu 20.000 €, also max. 4.000 €, unter der Überschrift haushaltsnahe Dienstleistungen (§ 35 a Abs. 2 EStG). Voraussetzung ist, dass Sie über die Umzugskosten eine ordentliche Rechnung mit Ausweis der Lohnkosten vorweisen können und die Umzugskosten unbar per Überweisung, Verrechnungsscheck, Kreditkarte oder E-Cash bezahlt haben.

4. Ein freudiges Ereignis? Jedenfalls für die Steuervergünstigung!

Tausende von Kindern kommen täglich in der Bundesrepublik zur Welt, doch 633
die Anträge, die Entbindungsaufwand geltend machen, kann man an fünf Fingern abzählen. Oft genug meinen die Leute, dass es ihre Sache sei, die Kosten für Hebamme, Arzt, Krankenhaus und Medikamente, die nicht von der Krankenkasse erstattet werden, zu tragen. Von wegen! Diese Kosten sind – wie Krankheitskosten – als außergewöhnliche Belastung anzusetzen (BFH – BStBl 1964 III S.302).
Bei der Geburt von Drillingen hat der Fiskus ein Einsehen und lässt die vollen Kosten für eine Haushaltshilfe zum Abzug zu (FG Baden-Württemberg v. 12.11.1990 rk – EFG 1991 S.326).

5. Wann bekomme ich eine Steuervergünstigung wegen Kurkosten?

Das Finanzamt streicht in den meisten Fällen die Kurkosten nur deshalb, weil 634
nicht verstanden wurde, sie *richtig* geltend zu machen. Grundsätzlich glaubt das Finanzamt schon einmal Ihrem Arzt nicht, wenn er Ihnen bestätigt, dass eine Kur für Sie dringend nötig ist – sofern Sie nicht gerade von den Toten auferstanden sind, eine schwere Operation oder Krankheit hinter Ihnen liegt oder Sie (als Mutter) einen Haufen Kinder großgezogen haben.

Inzwischen hat der Gesetzgeber ein Übriges getan und genauso detaillierte wie kleinliche Regelungen geschaffen, wie Sie die Notwendigkeit Ihrer Kur nachweisen müssen. Der § 64 Einkommensteuerdurchführungsverordnung kennt da kein Pardon. Ohne amtliche Feststellung Ihrer Kurbedürftigkeit beißen Sie bei den Fiskalrittern auf Granit. Sie benötigen daher unbedingt

- eine Bescheinigung über Ihre Kurbedürftigkeit, die Ihnen der Amtsarzt **vor** Antritt der Kur ausgestellt hat, oder
- eine Bescheinigung des Medizinischen Dienstes **vor** Kurantritt, dass Sie eine Kur bitter nötig haben.

Nachträglich ausgestellte Atteste reichen also nicht!
Mit dieser gesetzlichen Regelung hat der Fiskus die wesentlich günstigere Rechtsprechung des BFH abgeschafft. Der hatte nämlich entschieden, dass nicht zwingend eine amtsärztliche Begutachtung erforderlich sei, sondern auch andere Nachweise, wie das – evtl. auch nachträglich ausgestellte – Gutachten eines Facharztes, akzeptiert werden müssten (BFH-Urteile v. 11.11.2010 – VI R 17/09, DStR 2011 S. 115 und VI R 16/09, BFH/NV 2011 S. 503 ff.).

TIPP

zum Kurantrag

Um allem Ärger aus dem Weg zu gehen, sollten Sie nicht versäumen, während der Kur dem Kurarzt den ein oder anderen Besuch abzustatten – selbst wenn Sie sich überhaupt nicht krank fühlen. Dann können Sie dem Finanzamt mit dem dezenten Hinweis »Während der gesamten Kur stand ich unter ärztlicher Aufsicht!« seine Rotstiftgelüste austreiben.

Wenn auch die Aufwendungen für einen Kurarzt, für Bäder und Medikamente als außergewöhnliche Belastung gelten, so sind die anderen Kurkosten nicht außergewöhnlich, wenn die Kur an die Stelle einer sonst üblichen Ferienreise tritt (Badekur). Sie sehen, es ist gar nicht so leicht, eine Steuerermäßigung zu bekommen, wenn Sie den Urlaub mit einer Kur verbinden. Das Finanzamt nimmt keine Rücksicht darauf, dass Sie als Arbeitnehmer nicht so einfach über Ihre Zeit verfügen und zur Kur fahren können, wann Sie möchten.

Es kann in unserer Welt
nicht nur Erfolgreiche geben.
Wir brauchen auch Menschen,
die arbeiten.
(W. Mitsch)

TIPP

zur Vermeidung des Abzugs der zumutbaren Belastung

Versuchen Sie, es hinzukriegen, dass der Arzt auf die Kurbestätigung ausdrück- **635**
lich schreibt: »Die Kur ist notwendig zur Abwehr einer drohenden Berufskrankheit, nämlich …« (möglichst in lateinischer Sprache, weil das auf den Fiskalritter mehr Eindruck macht). In diesem Fall setzen Sie Ihre Kurkosten ohne den leidigen Abzug der zumutbaren Belastung als Werbungskosten ab (BFH-Urt. v. 17.7.1992 – BFH/NV 1993 S. 19).

Wenn Sie nach Aussage und entsprechender Bescheinigung des Amtsarztes **636**
kurbedürftig sind, fahren Sie los. Wohin, ist Ihre Sache. Ob Sie sich nach Bad Neuenahr begeben, um mehr am Spieltisch zu sitzen, als im Kurgarten wandelnd Ihr Heilwasser zu trinken, oder nach Bad Wörishofen und sich nur mal eben pro forma beim Kurarzt für eine Kneippkur vorstellen, um sich Diät, Güsse und Wassertreten verordnen zu lassen, stört komischerweise keinen Richter.

Den Kurkosten können Sie auch die Kosten für eine Begleitperson zuschlagen. **637**
Nur mit hochoffiziellen amtsärztlichen Notwendigkeitsbescheinigungen sollen Ihre Kosten für eine Begleitperson anerkannt werden. So jedenfalls die Meinung der Richter des BFH in ihrem Urteil vom 17.12.1997 (BStBl 1998 II S. 298) und nun auch der § 64 EStDV.

Haben Sie es verbummelt, sich die amtsärztliche Absolution erteilen zu lassen? Nun, eine kleine Chance, die Kosten dennoch durchzubekommen, haben Sie, wenn die Notwendigkeit der Begleitung offenkundig ist. Dies ist etwa bei einer hilflosen Person (Merkmal H), einer Person mit dem Merkzeichen »B« oder in der Pflegestufe III der Fall. Auch bei einem Kind kann das der Fall sein (vgl. FG Münster, Urt. v. 24.5.1996, 13 K 4024/94 E, EFG 1996 S. 926 für ein neunjähriges Kind). Wegen der kleinlichen Regelung in § 64 EStDV ist es aber in jedem Fall angeraten, auch hier vor der Kur den Amtsarzt oder den medizinischen Dienst einzuschalten.

GUTER RAT

Wenn Sie für Ihr Kind einen Kurantrag stellen, stellen Sie gleich für sich einen mit. Dadurch haben Sie einen doppelten Vorteil: Sie tun etwas für Ihre Gesundheit und entgehen dem Theater mit dem Amtsarzt, der eine Begleitperson für Ihr Kind befürworten muss und dies womöglich ablehnt.

Die Fiskalbürokraten haben hier mit höchstrichterlicher Rückendeckung einen Fallstrick eingebaut. Sie verlangen, dass Ihr Kind während der Kur in einem Kinderheim untergebracht ist. Diesem Schwachsinn können Sie begegnen, wenn der Amtsarzt bestätigt, dass der Kurerfolg auch ohne Heimaufenthalt gewährleistet ist (BFH-Urt. v. 12.6.1991 – BStBl 1991 II S. 763; BFH-Urt. v. 2.4.1998 – BStBl 1998 II S. 613). Überzeugen Sie ihn, dass es für Ihr Kind viel besser ist, während der Kur von einem Elternteil betreut und umsorgt zu werden, als in einem Kinderverwahrheim mit völlig überlastetem Pflegepersonal zu sein.

638 Reichen Sie dem Finanzamt eine Aufstellung der Kurkosten und das Attest des Arztes in folgender Form ein:

Außergewöhnliche Belastung durch Kuraufwand

Fahrtkosten für Hin- und Rückfahrt (➤ Rz 599)		148 €
Verpflegungskosten am Kurort, 20 Tage à 28 €		560 €
Übernachtungskosten für 20 Tage		488 €
Kosten des Kurarztes	720 €	
./. Erstattung der Krankenkasse	– 70 €	
	650 €	> 650 €
Aufwendungen für Bäder, Massagen, Packungen usw. lt. ärztlicher Verordnung		635 €
Sonstige Kosten während der Kur (Taxis usw.)		30 €
		2.511 €

Wenn Sie alt oder hilfsbedürftig sind, vergessen Sie nicht, die Kosten Ihrer Begleitperson mit aufzuführen.

Damit das Finanzamt Ihnen die Kosten für eine Nachkur in einem typischen Erholungsort anerkennt, müssen Sie sich nach dem Willen des Bundesfinanzhofs auch dann in eine Kurklinik oder ein Sanatorium unter ständige ärztliche Aufsicht begeben, wenn Ihnen die Nachkur ärztlich verordnet wurde (BFH v. 4.10.1968 – BStBl 1969 II S. 179; H 188 EStH). Ohne amtsärztliches Attest sieht es schlecht aus; es sei denn, Sie machen eine Reha-Nachkur.

GUTER RAT

639 Bei reinen Klima- oder Badekuren werden mindestens ebenso hohe Ansprüche gestellt: Nach § 64 EStDV ist die Kur nur dann anzuerkennen, wenn sie im Voraus amtsärztlich oder durch den medizinischen Dienst befürwortet wird **und** unter ärztlicher Kontrolle stattfindet. Denkbare Ausnahmen von dieser Regel gelten evtl. bei schweren Leiden wie Neurodermitis oder Psoriasis (Schuppenflechte). Da können Sie sich wenigstens während der Kur den Gang zum Arzt sparen (H 186-189 EStH »Kur«; BFH v. 12.6.1991 – BStBl 1991 II S. 763).

Die Finanzverwaltung verlangt zusätzlich, dass der Amtsarzt/medizinische Dienst auch den aus medizinischen Gründen gebotenen Kurort und die genaue Dauer der Kur ausdrücklich festlegt. Wird die Klimakur während des Jahresurlaubs durchgeführt, ist außerdem erforderlich, dass der Erholungszweck gegenüber der medizinischen Zielsetzung, also der Behandlung der Krankheit, »deutlich in den Hintergrund tritt«. Für einen steuerschädlichen Aufenthalt spricht, wenn die kurbedürftige Person nicht in einem Sanatorium, sondern in einem Hotel oder Privatquartier untergebracht ist, von Familienangehörigen begleitet wird, den Pkw zur Anreise benutzt, sich selbst verköstigt oder die Reise vom Reisebüro allgemein für Erholungszwecke veranstaltet wird. Hier müssen Sie also mit Hilfe des Amtsarztes vorbeugen und Zeitpunkt, Dauer, Ort und Aufenthaltsstätte genau im Attest festlegen und ggf. die Notwendigkeit der Familienbegleitung darlegen lassen. Denn wie wollen Sie ohne Ihre Lieben genesen! Wenn Sie merken, dass Sie die Kurkosten nicht auf das Finanzamt abwälzen können …

TRICK

Machen Sie Urlaub auf Kosten der Krankenkasse!

Herz- und Kreislaufkrankheiten nehmen heutzutage ständig zu. Auch Erschöp- 640
fungszustände körperlicher und seelischer Art treten immer häufiger auf. Grund genug, über Ihren Hausarzt eine Vorsorgekur zu beantragen. Wenn Ihnen jetzt eine Kur verschrieben würde, könnten spätere ernstere Gesundheitsstörungen möglicherweise verhindert werden … Oder vielleicht waren Sie gerade im Krankenhaus. Der dortige behandelnde Arzt kann ebenfalls einen entsprechenden Antrag zur »Genesungsverschickung« einreichen.

TRICK

Versuchen Sie doch einmal eine Campingkur!

Ja, Sie lesen richtig. Wenn Sie es geschickt anstellen, können Sie auf Staatskosten mit Ihrem Reisemobil oder Campingwagen in Kur fahren und sich statt in einem sterilen Sanatorium auf dem benachbarten Campingplatz einmieten. Das Zauberwort in diesem Fall ist »ambulante Kur«. Bei einer ambulanten Kur werden Sie nicht in ein Sanatorium oder eine Kurklinik eingeliefert, sondern erhalten nur die entsprechenden Anwendungen. Die Kosten für Unterkunft und

Verpflegung im Wohnwagen und, da Sie ihn ja schließlich zum Kurort bringen mussten, die Fahrtkosten sind als außergewöhnliche Belastung abzugsfähig, wenn wegen Ihrer Krankheit ein Erholungscharakter Ihres Campingaufenthalts ausgeschlossen ist (FG Baden-Württemberg, EFG 1997 S.882).

GUTER RAT

Wenn Sie unbedingt nach Mallorca wollen, versuchen Sie dort ein Sanatorium zu finden, das Ihnen bestätigt, dass Sie da kuren. Aber vor dem Kurantritt zum Amtsarzt oder zum Medizinischen Dienst der Krankenkasse, Beamte zur Beihilfestelle! Denn ohne entsprechende Bescheinigung macht Ihnen der Fiskus mit § 64 EStDV schon beim Abzug der Kurkosten dem Grunde nach einen Strich durch die Rechnung und denkt über die Höhe evtl. abzugsfähiger Kurkosten gar nicht erst nach.

Vorsicht: Sie dürfen Ihre Kur nicht einfach in Griechenland statt wie bewilligt in Deutschland machen – sonst geht ebenfalls der ganze steuerliche Abzug zum Teufel (FG Baden-Württemberg, Urt. v. 5.9.1996, 6 K 54/95, EFG 1997 S.172 rkr).
Selbst wenn es beim Amtsarzt mit der Kur auf den Balearen geklappt hat, setzt der Fiskus noch einmal den Rotstift an. In jedem Fall will er die Kosten für eine Auslandskur nur bis zur Höhe der Aufwendungen anerkennen, die bei einem entsprechenden Kuraufenthalt im Inland entstanden wären. Verpflegungsmehraufwendungen anlässlich einer Kur werden nur in Höhe der tatsächlichen Kosten anerkannt. Außerdem zieht das Finanzamt noch 20 % als sog. Haushaltsersparnis ab (R 33.4 Abs. 2 EStR).

6. So bringen Sie Prozess- und Anwaltskosten bei der Steuer unter

641 Mit der Anerkennung von Gerichts- und Anwaltskosten für Zivilprozesse als außergewöhnliche Belastung tut sich der Fiskus ungeheuer schwer. Zwar hatte der BFH die Kosten für Zivilprozesse in vielen Fällen zum Abzug als außergewöhnliche Belastung zugelassen, wenn der Steuerpflichtige kein *Prozesshansl* ist und der Prozess hinreichende Aussicht auf Erfolg hat und nicht mutwillig betrieben wird (BFH v. 12.5.2011 – BStBl 2011 II S.1015). In einem seiner unseligen Nichtanwendungserlasse hat das BFM den Finanzämtern aber sofort verboten, die für Sie günstige Rechtsprechung des BFH anzuwenden (BMF-Schreiben v. 20.12.2011 – BStBl 2011 I S.1286), und 2013 schlicht das Gesetz geändert und in § 33 Abs. 2 EStG den Abzug verboten.

Einzige Ausnahme: In dem Prozess geht es darum zu verhindern, dass Sie Ihre Existenzgrundlage verlieren oder Ihre lebensnotwendigen Bedürfnisse nicht mehr im üblichen Rahmen befriedigen können. Das kann z.B. der Fall sein, wenn Sie um den Erhalt Ihres Einfamilienhauses kämpfen oder um die Beseitigung von Schäden, die Ihr Haus unbewohnbar machen. Denkbar ist auch ein Abzug, wenn Sie sich gegen eine Enteignung zur Wehr gesetzt oder um die Durchführung einer medizinisch notwendigen Therapie gestritten haben.
Unabhängig davon müssen Sie diese Kosten auch aus anderen Gründen nicht immer in den Kamin schreiben. Streiten Sie sich z.B. um Arztkosten, den Grad Ihrer Behinderung oder Schmerzensgeld, sollten Sie versuchen, Ihre Gerichts- und Anwaltskosten unter Berufung auf das FG Baden-Württemberg vom 9.9.1982 (EFG 1983 S.290) als erweiterte Krankheitskosten geltend zu machen.

TRICK

Wie Sie Prozesskosten auf Umwegen abzugsfähig machen

Denken Sie mal nach! Wenn Sie selbst die Kosten nicht abziehen können, kann's vielleicht ein anderer! Passen Sie Ihre Verhältnisse den Steuern an!
Sie bitten Ihre noch lohnsteuerpflichtigen Eltern oder Ihre Kinder, die Kosten eines Sie betreffenden Strafverfahrens zu tragen. Denn: Übernehmen Eltern die Kosten eines Wahlverteidigers für ihren eines Kapitalverbrechens angeklagten Sohn, können sie diese Aufwendungen nach dem Urteil des BFH vom 23.5.1990 (BStBl 1990 II S.895) als außergewöhnliche Belastung geltend machen, soweit sich die Honorare innerhalb der Gebührenordnung für Anwälte bewegen. Es handle sich dabei nämlich um Aufwendungen, die den Eltern aufgrund sittlicher Verpflichtung erwachsen seien, besonders dann, wenn das Kind als Heranwachsender noch nicht innerlich gefestigt ist (BFH v. 30.10.2003 – III R 23/02). Das gilt auch, wenn das Kind nicht freigesprochen wird. Aufwendungen für den Besuch des Kindes in der Haftanstalt sind nach demselben Urteil allerdings allein von den Eltern zu tragen. Nicht abzugsfähig sollen dagegen Kosten für einen Strafprozess sein, die Sie für Ihren angeklagten Bruder oder Ihre Schwester übernehmen. Angeblich fehlt es da an der sittlichen Verpflichtung zur Kostenübernahme (FG Berlin v.26.8.2004 – EFG 2005 S.44). Die Richter in Berlin scheinen alle Einzelkinder zu sein.

Wegen des Abzugsverbot von Prozesskosten hat der BFH inzwischen eine ganze Reihe von Verfahren entschieden, ob und inwieweit dieses Verbot tatsächlich gilt. Leider sind alle Urteile negativ für den Steuerzahler:

- Gerichts- und Anwaltskosten für einen Rechtsstreit in Erbangelegenheiten sind in der Regel nicht abzugsfähig, weil sie nicht mit dem existenziell notwendigen Lebensbedarf zusammenhängen. So für den Streit zweier Gechwister um das von der Mutter hinterlassene Wohnhaus (BFH-Urt. v. 18.6.2015 – BStBl 2015 II S. 800) und für einen Streit über ein im Ausland angefallenes Erbe, das sich ein Verwandter dort komplett unter den Nagel gerissen hatte (BFH-Urt. v. 20.1.2016 – VI R 20).

- Kosten für einen Zivilprozess, in dem es darum geht, dass der Kaufvertrag über ein Eigenheim wegen nicht behobener Baumängel rückabgewickelt werden soll, betreffen nicht den existenziell notwendigen Lebensbereich und sind keine außergewöhnlichen Belastungen (BFH-Urt. v. 20.1.2016 – VI R 19/14). In dem Prozess ging es nicht um den Erhalt der Immobilie für eigene Wohnzwecke, sondern allein um die Rückabwicklung des Vertrags.
- Anders ist das aber bei Kosten eines Zivilprozesses, in dem sich ein Steuerzahler dagegen wehrt, dass durch Staumaßnahmen die Gefahr von Hochwasserschäden an seinem Wohnhaus steigt. Das Wohnen im eigenen Haus gehört nach Meinung des BFH zu den existenziell notwendigen Lebensbereichen. Prozesskosten zur Gefahrenabwehr in diesem Bereich können daher außergewöhnliche Belastungen sein (Urt. v. 20.1.2016 – VI R 40/13).
- Gerichts-, Sachverständigen- und Rechtsanwaltskosten wegen eines ärztlichen Kunstfehlers sind nicht abzugsfähig, soweit sie Schmerzensgeld oder immaterielle Schäden betreffen. Allein die Höhe der finanziellen Forderungen ist nicht automatisch ein Argument, dass sie den existenziell notwendigen Lebensbereich betreffen (BFH-Urt. v. 17.12.2015 – VI R 7/14).
- Gerichts- und Rechtsanwaltskosten zur Erstreitung eines Studienplatzes für ein Kind sind nicht abzugsfähig (Revision in der Sache vor dem BFH – Az. VI R 9/13 – wurde zurückgenommen).
- Ein Prozess über Scheidungsfolgekosten, z.B. Vermögensaufteilung, Unterhalt und Umgangsrecht mit den Kindern, führt nicht zu außergewöhnlichen Belastungen, weil diese Angelegenheiten auch ohne einen Gerichtsprozess geregelt werden könnten (BFH-Urt. v. 20.1.2016 – VI R 70/12).
- Kosten für die Scheidung selbst und die notwendige Regelung des Versorgungsausgleichs, die nur in einem Gerichtsverfahren erfolgen können, können ebenfalls nicht mehr als außergewöhnliche Belastung abgezogen werden. Das hat der BFH unter Hinweis auf die neue Gesetzeslage entschieden (BFH v. 18.5.2017 – BStBl 2017 II S. 988).

Kosten bei Einstellung eines Strafverfahrens, z.B. wegen geringer Schuld, fehlendem öffentlichem Interesse an der Strafverfolgung oder weil eine Auflage an eine gemeinnützige Institution gezahlt wurde, sind nicht als außergewöhnliche Belastung abzugsfähig (BFH v. 19.12.1995 – BStBl 1996 II S. 197).
Bei einem erfolgreichen Prozessausgang gehen die Anwalts- und Gerichtskosten zu Lasten der Staatskasse. Insoweit sind Sie nicht finanziell belastet. Haben Sie allerdings mit Ihrem Anwalt eine höhere Honorarvereinbarung getroffen, bleiben Sie steuerlich auf dem selbst getragenen Teil sitzen, weil dieser nach

Ansicht der obersten Steuerrichter nicht zwangsläufig anfällt und damit eine der wichtigen Voraussetzungen für den Abzug außergewöhnlicher Belastungen nicht erfüllt (BFH v. 18.10.2007 – BStBl 2008 II S.223).
Wiederum abzugsfähig sind die Anwalts- und Gerichtskosten eines Beamten, die ihm in einem Dienstverfahren entstehen. Erstaunlich, oder auch wieder nicht, dieses Urteil des Bundesfinanzhofs (BStBl 1961 III S.482). Den Abzug müssen Sie aber wegen der unmittelbaren Beziehung zum Beruf als Werbungskosten beantragen.

GUTER RAT

Sind Sie Opfer einer Straftat geworden und haben dadurch einen Vermögensschaden erlitten, kann das zu einer außergewöhnlichen Belastung nach § 33 EStG führen. Voraussetzung ist allerdings, dass es zum einen keine Möglichkeit gab, sich den Kosten zu entziehen, und Sie zum anderen keine zumutbare Versicherungsmöglichkeit z.B. durch eine Hausratversicherung hatten. Machen Sie also Vermögensschäden, die Ihnen durch Erpressung, Kidnapping oder dergleichen entstanden sind, als außergewöhnliche Belastung geltend.
Auf finanziellen Beistand des Fiskus werden Sie aber verzichten müssen, wenn Sie Erpressungsgelder gezahlt haben, damit Ihre bessere Hälfte nicht erfährt, dass Sie fremdgegangen sind (BFH-Urt. v. 18.3.2004 – III R 31/02).

7. Steuervergünstigung beim Tod eines Angehörigen

Fast alle Kosten, die beim Todesfall eines Angehörigen entstehen und den Wert 642
des Nachlasses übersteigen, sind außergewöhnliche Belastungen – außer z.B. für die Trauerkleidung. Denn für deren Kosten hätten Sie ja einen Gegenwert erhalten und Sie könnten sie, so der BFH, auch anderweitig nutzen, z.B. bei einer festlichen Gelegenheit. Sie vermögen die Gegenwerttheorie nur dann mit Erfolg zu entkräften, wenn Sie bereits ein hohes Alter erreicht haben (HFR 1963 S.208).
Neben dem reinen Nachlass des Verstorbenen werden Lebensversicherungen, die anlässlich seines Todes an Sie ausgezahlt werden, auf die Beerdigungskosten angerechnet. Unabhängig davon, ob es sich um eine spezielle Sterbegeld- oder eine ganz normale Lebensversicherung handelt, zieht der Fiskus die Versicherungszahlung von den Bestattungskosten ab (BFH v. 22.2.1996 – BStBl 1996 II S.413), und Sie können nur den Rest als außergewöhnliche Aufwendungen absetzen.
Tragen Sie die Kosten der Bestattung Ihres geschiedenen Ehegatten, dem Sie bisher Unterhalt gezahlt haben, können Sie diese zwar nicht im Rahmen des Realsplittings als Sonderausgaben abziehen, aber als außergewöhnliche Belastungen geltend machen (BFH v. 20.8.2014 – X R 26/12). Allerdings wirken sie sich dort nur aus, wenn sie über der zumutbaren Belastung liegen.

TIPP

Sterbegeld vorrangig bei der Trauerfeier verrechnen!

Die Sterbegeld- und auch die Lebensversicherung soll alle Beerdigungskosten abdecken, also auch solche, die nicht als außergewöhnliche Belastung anerkannt werden, wie z.B. die Trauerkleidung. Sie werden deshalb die Versicherungserstattungen vorrangig für diese Kosten verwenden und nur einen evtl. vorhandenen Rest für die als außergewöhnliche Belastung anzuerkennenden übrigen Beerdigungskosten.

643 Als außergewöhnliche Belastung bekommen Sie ohne Probleme die Bestattungskosten im engeren Sinn durch. Dazu gehören

- Sarg,
- Blumen, Kränze,
- Traueranzeigen, Trauerkarten, Porto,
- Grabstätte, Grabstein,
- Gebühren, Beerdigungskosten,
- Reisekosten, z.B. zu Beerdigungsunternehmer, Druckerei, Zeitung, Post, Friedhofsamt, Kirche etc.,
- Zinsen für einen Kredit zur Finanzierung der Beerdigungskosten (FG München v. 28.6.2006 – 10 K 4343/04).

Wenn Ihnen Ihr Finanzamt mit angeblich unangemessen hohen Kosten kommt und den Rotstift ansetzen will, kontern Sie mit der Verfügung der OFD Berlin vom 27.11.2003 (S 2284 – 1/90; NWB Eil Nr. 301/2004). Danach sind vor Abzug von Versicherungsleistungen zumindest ca. 7.500 € angemessen.
Nicht absetzen können Sie die Kosten für Grabpflege (BFH v. 23.11.1967 – BStBl 1968 II S. 259), Grabmalerneuerung, Umbettung und die Bewirtung der Trauergäste (BFH v. 17.9.1987 – BStBl 1988 II S. 130). Nicht als außergewöhnliche Belastung anerkannt hat der BFH die Kosten einer Reise zur Beerdigung eines nahen Angehörigen (BFH-Urt. v. 17.6.1994 – BStBl 1994 II S. 754). Mit dieser absurden Entscheidung sollten Sie sich nicht von vornherein abfinden und auf jeden Fall einen Antrag auf Abzug stellen.

644 Überführungskosten, um einen vor Jahren verstorbenen nahen Angehörigen in der Nähe Ihres Wohnorts bestatten zu lassen, entstehen aufgrund sittlicher Verpflichtung zwangsläufig und können daher als außergewöhnliche Belastungen abgezogen werden. Das gilt vor allem, wenn mit dem Tod des Angehörigen die persönlichen Verbindungen zu dessen Wohnort beendet wurden und dort auch keine Verwandten des Verstorbenen leben (FG Düsseldorf v. 13.5.1998 – 9 K 3046/96 E).

GUTER RAT

Es dauert oft lange, unter Umständen bis ins neue Jahr, bis der bestellte Grabstein endlich geliefert wird. Das Finanzamt setzt die Kosten aber nicht im Jahr der Bestellung, sondern im Jahr der Bezahlung an. Um einen zweimaligen Abzug der zumutbaren Belastung zu vermeiden, sollten Sie also darauf achten, dass alle Zahlungen für eine Beerdigung in ein und demselben Jahr geleistet werden! Zahlen Sie dem Steinmetz notfalls einen Abschlag auf die Rechnung. Und Quittung nicht vergessen. 645

Als Erben müssen Sie sich die Beerdigungskosten teilen. Das bedeutet aber auch: mehrfacher Abzug der zumutbaren Belastung. Wenn Sie nun alle Rechnungen auf einen Namen schreiben lassen, ist das zwar ganz pfiffig, bringt Ihnen aber nur dann einen Vorteil, wenn Ihr Finanzamt das Urteil des FG Hessen vom 13.12.2005 (3 K 3562/03) nicht kennt: Wer Beerdigungskosten über seine Erbquote hinaus übernimmt, kann keine außergewöhnliche Belastung geltend machen.

GUTER RAT

Wenn kein nennenswerter Nachlass vorhanden war, entgehen Sie dieser Falle, indem alle anderen Erben formell die Erbschaft ausschlagen. Prompt müssen Sie als Alleinerbe 100 % der Kosten tragen.

Müssen Sie nach vielen Jahren eine Grabstätte sanieren, weil die Gemeinde oder die Friedhofsverwaltung Sie dazu aufgefordert hat, können Sie die Kosten für die Sanierung als außergewöhnliche Belastungen abziehen (FG Hessen v. 4.4.2017 – 2 K 1964/15, NWB 20/2018 S. 1435).

8. Wann und wie sind Scheidungskosten abzugsfähig?

Bei einer Ehescheidung können praktisch keine Prozesskosten mehr als außergewöhnliche Belastungen abgesetzt werden. Bei einem Prozess wegen sog. Scheidungsfolgekosten hat der BFH die Tür bereits 2016 zugeschlagen. Im Jahr 2017 hat er auch die Kosten für den Scheidungsprozess selbst und für die notwendige Regelung des Versorgungsausgleichs als außergewöhnliche Belastung abgelehnt (siehe ➤ Rz 641). 646

TIPP

zu Detektivkosten

Kosten für einen Detektiv können Sie nur dann als außergewöhnliche Belastung absetzen, wenn Sie von Ihrem Ehegatten getrennt leben, dieser mit einem neuen Partner auf Ihre Kosten in Saus und Braus lebt und Sie befürchten müssen, dass er das beim Unterhaltsprozess bestreiten wird, um Sie finanziell über den Tisch zu ziehen (BFH-Urt. v. 21.2.1992 – BStBl 1992 II S. 795).

647 Kosten, um eine Scheidung zu verhindern, z.B. mit Hilfe einer Eheberatung oder sog. Familienmediationen, sind keine außergewöhnlichen Belastungen (BFH-Urteile v. 30.6.2005, BStBl 2006 II S. 491 und BStBl 2006 II S. 492).

SUPER TRICK

Trotz höherer Unterhaltskosten mehr im Portemonnaie behalten!

648 Wenn Sie nach der Scheidung kräftig für den Unterhalt Ihres Ex-Partners zur Kasse gebeten werden, haben Sie zwei Möglichkeiten. Sie können Ihre Unterhaltszahlungen entweder als außergewöhnliche Belastung besonderer Art (➤ Rz 651 ff.) absetzen. Dazu sind Sie nicht auf die Mitwirkung Ihres Ex angewiesen, allerdings fällt alles, was Sie über den jährlichen Höchstbetrag von 9.744 € hinaus an Unterhalt zahlen, gnadenlos unter den Tisch. Oder Sie ziehen sie bis zu 13.805 € im Jahr als Sonderausgaben ab.

Beispiel
Sie zahlen bei einem Einkommen von 35.000 € an Ihr früheres Ehegespons, das sonst keine Einkünfte hat, 12.500 € Unterhalt.

Ohne Unterschrift des Ex-Gatten zahlen Sie

Einkommen	35.000 €	
./. Unterhaltshöchstbetrag	– 9.744 €	
Zu versteuerndes Einkommen	25.256 €	
Steuer nach der Grundtabelle		3.698 €

Ihre Belastung mit Realsplitting sieht dagegen so aus:

Einkommen	35.000 €	
./. Unterhalt	– 12.500 €	
Zu versteuerndes Einkommen	22.500 €	
Steuer nach der Grundtabelle		2.933 €

Steuerübernahme für den Ex-Gatten:

Sonstige Einkünfte	12.500 €
./. Werbungskostenpauschbetrag	– 102 €
./. Sonderausgaben (Versicherungen) ca.	– 500 €
Zu versteuerndes Einkommen	11.898 €

Steuer nach der Grundtabelle	347 €	
Insgesamt	3.280 € >	– 3.280 €
Die Ersparnis nur an Einkommensteuer für Sie beträgt somit		418 €

Mehr zu Unterhaltszahlungen als Sonderausgaben unter ➤ Rz. 532ff.

GUTER RAT

Wenn Sie an Ihren geschiedenen Partner Unterhalt für Kinder zahlen und er das Kindergeld erhält, haben Sie Anspruch darauf, dass dies bei Ihren Unterhaltszahlungen berücksichtigt wird. 649

9. Abc-Übersicht zu allgemeinen außergewöhnlichen Belastungen

Abfindungen 650

- Abzugsfähig sind Zahlungen an den Vormieter bei krankheitsbedingtem Wohnungswechsel (BFH, BStBl 1966 III S. 113).
- Nicht abzugsfähig für Unterhaltsverpflichtungen (BFH v. 19.06.2008 – III R 57/05).

Abflussprinzip

- Abzugsfähig sind die Aufwendungen im Jahr der Zahlung, auch wenn sie über einen Kredit finanziert werden, dessen Tilgung erst in einem späteren Jahr erfolgt (BFH v. 10.6.1988 – BStBl 1988 II S. 814). Siehe auch Schuldentilgung.
- Bei sehr hohen Kosten, die sich im Zahlungsjahr gar nicht auswirken, sollten Sie eine Verteilung auf mehrere Jahre aus Billigkeitsgründen beantragen (§ 163 AO). Berfuen Sie sich im Zweifel auf FG Saarland v. 6.8.2013 – 1 K 1308/12 und die Revision beim BFH Az. VI R 68/13.

Abmagerungskur

- Nicht abzugsfähig (BFH v. 17.7.1981 – HFR 1981 S. 518).

Abwehrkosten

- Abzugsfähig gegen Strafverfolgung oder ehrenrührige Angriffe (BFH v. 9.11.1957 – BStBl 1958 III S.105).
- Abzugsfähig gegen anonyme Bedrohung (einer Ärztin: Hess. FG v. 22.5.1989 – EFG 1989 S.576).

Adoptionskosten

- In der Regel nicht abzugsfähig (BFH v. 13.3.1987 – BStBl II 1987 S.495); abzugsfähig können ausnahmsweise Fahrtkosten (Flugkosten) für Familienzusammenführung sein (EFG 1977 S.129). Die Nichtabzugsfähigkeit ist nach einer erneut negativen Entscheidung des BFH inzwischen abschließend geklärt (BFH v. 10.3.2015 – BStBl 2015 II S.695).

Alkoholsucht

- Abzugsfähig sind Heilungs- und Therapiekosten wegen Alkohol- oder Drogenmissbrauchs (BFH, BStBl 1967 III S.459). Auch der Besuch der Anonymen Alkoholiker, wenn er durch ein vor Therapiebeginn ausgestelltes amtsärztliches Zeugnis verordnet wurde (BFH, BStBl 1987 II S.427).

Allergiebettwäsche

- Abzugsfähig, wenn die medizinische Notwendigkeit vor dem Kauf durch ein amtsärztliches Attest nachgewiesen wird. Ein Attest des Hausarztes reicht nicht (BFH v. 14.12.2007 – III B 178/06; BFH-NV 2008 S.561).

Altenheim

- Abzugsfähig, soweit die Unterbringung durch Krankheit bedingt ist (Pflegeheim). Bei lediglich altersbedingter Unterbringung sind die Kosten als typische Unterhaltsaufwendungen nur nach § 33 a Abs. 1 abzugsfähig, wenn sie von nahen Angehörigen getragen werden (BFH v. 12.1.1973 – BStBl 1973 II S.442).

Anwaltskosten

- Abzugsfähig, soweit sie den Gebührenrahmen der Rechtsanwaltsvergütungsgesetzes nicht überschreiten (FG Münster v. 19.2.2015 – 12 K 3703/13 E).

Arzneimittel

- Abzugsfähig sind Kosten für Medikamente, Stärkungsmittel etc., wenn sie krankheitsbedingt und ärztlich verordnet sind (BFH, BStBl 1990 II S.958). Entsprechendes gilt für Verordnungen durch Heilpraktiker (§ 64 EStDV).

Asbestsanierung

- Abzugsfähig, wenn ein Gutachten die Asbestbelastung bescheinigt (Erlass Bremer Senat für Finanzen v. 24.2.2000 – Der Betrieb 2000 S.799, BFH v. 9.8.2001 – BStBl 2002 II S.240). Die Belastung darf weder beim Kauf erkennbar gewesen noch vom Eigentümer verschuldet worden sein. Kein Verschulden, wenn Verwendung der Baustoffe ursprünglich zulässig war und erst später verboten wurde. Schadensersatzansprüchen wird der Vorteil *Neu für Alt* gegengerechnet (BFH v. 12.5.2011, VI R 47/10).

Augenoperationen

- Laserbehandlung ist als anerkannte Heilmethode abzugsfähig (OFD Hannover v. 22.9.2006 – DStR 2006 S. 1984).

Ausbildungskosten

- Abzugsfähig als erweiterte Krankheitskosten bei Umschulung aus Krankheitsgründen (BFH, BStBl 1967 III S. 596).

Bandscheibenmatratze

- Abzugsfähig mit Attest vom Amts- oder Vertrauensarzt (FG Rheinland-Pfalz v. 25.5.2004 – 1 K 2625/03); dasselbe gilt für Lattoflex-Rahmen.

Baumängel

- Kosten zur Beseitigung von durch Baumängel verursachte Schäden können nicht als außergewöhnliche Belastung abgezogen werden. Dies gilt nach Meinung des BFH vor allem auch dann, wenn eine selbstgenutzte Wohnung betroffen ist und Gewährleistungsansprüche gegenüber Bauunternehmen und Handwerkern bereits verjährt sind (BFH 28.3.2018 – VI B 106/17).

Beerdigungskosten

- Dem Grunde nach abzugsfähig sind bis zu einem angemessenen Betrag von ca. 7.500 € (OFD Berlin, Verfügung v. 27.11.2003 St 177 – S 2284 – 1/90), soweit sie den **Nachlass** und etwaige Versicherungsleistungen übersteigen:
  - Trauerdrucksachen,
  - Blumenschmuck,
  - Sarg,
  - Erwerb der Grabstätte,
  - Überführung.
- Nicht abzugsfähig:
  - Bewirtung der Trauergäste (BFH v. 17.9.1987 – BStBl 1988 II S. 130),
  - Grabpflegekosten (BFH v. 23.11.1967 – BStBl III S. 259),
  - Graberneuerung (FG Nürnberg v. 18.7.1979 – EFG 1979 S. 600 rk),
  - Trauerkleidung (BFH v. 12.8.1966 – BStBl 1967 III S. 364),
  - Reisekosten (BFH v. 17.6.1994 – BStBl 1994 II S. 754); auch in die USA – Überführung einer Urne (BFH v. 11.5.1979 – BStBl 1979 II S. 558).

Begleitperson

- Abzugsfähig bei Kuraufenthalt, wenn amtsärztlich die Notwendigkeit bestätigt wird, siehe Kurkosten.
- Ebenfalls abzugsfähig im Urlaub, wenn eine ständige Begleitung nachgewiesenermaßen erforderlich ist. Die Höhe der Aufwendungen orientiert sich an dem Betrag, den ein Bundesbürger durchschnittlich im Jahr für Urlaubsreisen ausgibt (BFH v. 4.7.2002 – BStBl 2002 II S. 765). Im Streitjahr 1994 hielt das Gericht einen jährlichen Betrag von 767 € für angemessen und berücksichtigungsfähig.

Behinderte

- Abzugsfähig ist eine Pauschale für Privatfahrten von 900 €, wenn Sie einen Behinderungsgrad von mindestens 80 oder von mindestens 70 und Merkzeichen »G« haben, und eine Pauschale von 4.500 € bei Merkzeichen »aG«, »Bl«, »TBl«, »H« oder bei Pflegegrad 4 oder 5. Gehbehinderten Ehegatten (beide gehbehindert) stehen die Ermäßigungen doppelt zu. Zu Fahrtkosten Behinderter vgl. ➤ Rz 682 ff.

Biberschäden

- Aufwendungen zur Beseitigung von Biberschäden im Garten und für die Errichtung einer Bibersperre sind keine außergewöhnlichen Belastungen, wie das FG Köln in seinem Urteil vom 1.12.2017 (3 K 625/17 EFG 2018, S. 453) entschieden hat.

Bioresonanztherapie

- Aufwendungen für eine Bioresonanztherapie, deren Notwendigkeit nicht durch ein amtsärztliches Gutachten oder eine ärztliche Bescheinigung eines Medizinischen Dienstes nachgewiesen ist, sind nicht als außergewöhnliche Belastungen abziehbar (FG Köln v. 21.3.2018 – 3 K 544/17, NZB BFH VI B 71/18).

Brille

- Siehe Krankheitskosten (Hilfsmittel).

Brustvergrößerung

- Aufwendungen für Operationen zur Brustvergrößerung sind nicht als außergewöhnliche Belastung abziehbar (FG Bremen v. 10.1.2019 – 1 K 135/18 [5]). Ausgenommen sind Fälle, bei denen Körperfunktionen beeinträchtigt oder Entstellungen auch in bekleidetem Zustand erkennbar sind.

Bulimie

- Erhöhte Lebensmittelkosten wegen Bulimie sind keine außergewöhnlichen Belastungen (FG Münster v. 19.2.2019 – 12 K 302/17 E EFG 2019, S. 623).

Delfintherapie

- Abziehbar mit amtsärztlichem Attest bei Autisten (FG Düsseldorf v. 8.11.2005 – 1 K 4334/03 E; BFH v. 15. 11 .2007 – III B 205/06).

Detektivkosten

- Abzugsfähig lt. BFH vom 21.2.1992 (BStBl 1992 II S. 795).

Diätverpflegung

- Nicht abzugsfähig lt. Gesetz (§ 33 Abs. 2 Satz 3 EStG), auch wenn ärztlich verordnet oder bei medizinisch verordneten Sonderdiäten (BFH-Urt. v. 21.6.2007 – III R 48/04). Nachdem das FG Düsseldorf den Abzug als außergewöhnliche Belastung abgelehnt hatte (Urt. v. 15.7.2013 – 9 K 3744/12 E), ist der Sonderfall, dass der Arzt zur Behandlung einer chronischen Stoffwechselstörung Vitamine und andere Mikronährstoffe verordnet, vom BFH grundsätzlich positiv entschieden worden (BFH v. 14.4.2015 – BStBl 2015 II, S. 703). Insoweit ist ein Verfahren zur Diätverpflegung bei Zöliakie anhängig (FG Köln 13.9.2018 – 15 K 1347/16, EFG 2019, 350, Revision VI R 48/18).

Ehescheidung

- Abzugsfähig sind Detektivkosten, wenn konkrete Beweise notwendig sind, seinen Standpunkt durchzusetzen (BFH v. 21.2.1992 – BStBl 1992 II S. 795),
- Nicht abzugsfähig sind:
  - Prozesskosten für Anwalt, Gericht, Fahrten für den eigentlichen Scheidungsprozess (BFH v. 18.5.2017 – VI R 9/16).
  - Mediationskosten (BFH-Urteile v. 30.6.2005, BStBl 2006 II S. 491 und BStBl 2006 II S. 492),
  - Umzug,
  - Unterhalt; aber abzugsfähig als Sonderausgaben oder als außergewöhnliche Belastung der besonderen Art,
  - Vermögensauseinandersetzung (BFH v. 30.6.2005 – BStBl 2006 II S. 491).
  - Prozesskosten für die Scheidungsfolgenregelungen wie Zugewinnausgleich, Unterhalt, Umgang mit den Kindern (BFH v. 20.1.2016 – VI R 70/12).

Einnahmen, entgangene

- Nicht abzugsfähig (BFH v. 4.11.2009 – VI B 43/09):

Erpressungsgelder

- wegen außerehelicher Beziehung sind mangels Zwangsläufigkeit nicht abzugsfähig (BFH v. 18.3.2004 – III R 31/02);
- wegen eines strafbaren oder sonst sozialwidrigen Verhaltens sind ebenfalls nicht zwangsläufig. Anders, wenn der Erpresser Gesundheit oder Leben des

Steuerzahlers oder ihm nahestehender Personen bedroht (FG Rheinland-Pfalz v. 10.4.2014 – 5 K 1989/12)

- Zahlungen und Vermögenverluste bei Erpressung und Raub sind abzugsfähig, wenn Leib, Leben und Gesundheit des Steurzahlers oder seiner Familie bedroht wurden (FG Düsseldorf v. 9.9.2008 – 3 K 3072/06 E)

Fachbücher mit medizinischem Inhalt

- Nicht abzugsfähig (BStBl 1996 II S. 88).

Fahrstuhl

- Siehe Umbauten.

Fettabsaugung

- Siehe Krankheitskosten.

Formaldehydsanierung

- Siehe Asbestsanierung.

Frischzellenbehandlung

- Siehe Krankheitskosten.

Führerscheinkosten

- Abzugsfähig
  - bei schwerbehindertem Kind (BFH v. 26.3.1993 – BStBl 1994 II S. 749),
  - für Schwerbehinderte mit Merkzeichen »aG«.

Geburtskosten

- Abzugsfähig wie Krankheitskosten.
- Nicht abzugsfähig:
  - Erstlingsausstattung (BFH v. 28.2.1964 – BStBl 1964 III S. 302), auch nicht für Zwillinge (BFH v. 19.12.1969 – BStBl 1970 II S. 242),
  - Umstandskleidung.

Geldstrafe

- Abzugsfähig, wenn sie z. B. im Ausland unrechtmäßig verhängt wurde (FG Bremen, EFG 1980 S. 183).

Haartransplantationsaufwand

- Abzugsfähig unter besonderen Voraussetzungen.

Haushaltshilfe

- Abzugsfähig nach Geburt von Drillingen (EFG 1991 S. 326).

Hausrat und Kleidung

- Abzugsfähig als Wiederbeschaffung nach Verlust durch Feuer, Vertreibung,

Flucht (FG Niedersachsen v. 22.10.1985 – EFG 1986 S. 239). Mehr dazu unter ➤ Rz 628.

Hausschwamm

- Kosten für die Sanierung eines von Hausschwamm befallenen selbstgenutzten Gebäudes sind als außergewöhnliche Belastung abzugsfähig, wenn der Befall unentdeckt blieb und die konkrete Gefahr der Unbewohnbarkeit droht (BFH v. 29.3.2012 – VI R 70/10, BStBl 2012 II S. 572). Siehe auch Asbestsanierung.

Hebeapparat

- Siehe Umbauten.

Heileurythmische Behandlung

- Abzugsfähig, wenn sie vom Arzt verordnet wird (BFH v. 26.2.2014 – VI R 27/13, BStBl 2014 II S. 824)

Holzschutzmittelsanierung

- Abzugsfähig wie Asbestsanierung, siehe dort.

Hörgerät

- Siehe Krankheitskosten (Hilfsmittel).

Immunbiologische Krebsabwehrtherapie

- Abzugsfähig, wenn aufgrund der Krebserkrankung nur noch eine begrenzte Lebenserwartung besteht und der Krebs nicht mehr auf eine kurative Behandlung anspricht. Die Behandlung muss von einem Arzt durchgeführt werden (BFH v. 2.9.2010 – VI R 11/09 BStBl 2011 II S. 119). Sie müssen sich aber mit einem amtsärztlichen Gutachten oder einer Bescheinigung des Medizinischen Dienstes wappnen.

Integrationskurse

- Abzugsfähig bei Teilnahmeverpflichtung (FinMin Schleswig-Holstein, Erlass v. 27.5.2010, VI 314 – S – 2284 – 176).

Kautionszahlungen für Inhaftierte

- Abzugsfähig nur in besonderen Fällen (FG Düsseldorf v. 27.9.1977 – III 119/77 und EFG 1965 S. 15).

Kontaktpflege

- Nicht abzugsfähig sind die Kosten zur Pflege des Eltern-Kind-Verhältnisses (BFH – BStBl 1997 II S. 54). Gilt auch bei trennungs- bzw. scheidungsbedingten Kontaktpflegekosten (BFH v. 11.1.2011 – VI B 60/10).

Kosmetische Operation

- Siehe Krankheitskosten.

Kraftfahrzeugkosten

- Siehe Behinderte.

Krankheitskosten

- Abzugsfähig sind
  - medizinisches **Bestrahlungsgerät** (FG Rheinland-Pfalz v. 2.9.1988 – EFG 1989 S. 60 rk),
  - **Fettabsaugung** unter besonderen Voraussetzungen (FG Rheinland-Pfalz v. 28.2.1996 – 1 K 2779/95; BFH v. 26.6.2014 – VI R 51/13),
  - **Frischzellenbehandlung** nach amtsärztlichem Attest (BFH v. 17.7.1981 – BStBl 1981 II S. 711),
  - **Haartransplantation** unter besonderen Voraussetzungen (FG Baden-Württemberg v. 12.9.1978 – EFG 1979 S. 125 rk),
  - **Heimdialyse** anstelle des Behindertenpauschbetrags nach § 33b EStG (OFD Frankfurt/M. v. 17.9.1996 – A – 16 – St II 20),
  - **Hilfsmittel** (Brille, Rollstuhl, Hörgerät etc.) (BFH v. 1.12.1978 – BStBl 1979 II S. 78); Spezialbett nach Vorlage eines qualifizierten Attests (FG Baden-Württemberg v. 5.9.1996 – EFG 1997 S. 172 rk),
  - **kosmetische Operationen** nach amtsärztlicher Anordnung,
  - Eigenanteile an **Krankenhauskosten**. Krankentagegelder einer Versicherungsgesellschaft sind nicht auf die Krankenhauskosten anzurechnen, wohl aber Krankenhaustagegelder (BFH v. 22.10.1972 – BStBl 1972 II S. 177). Von der Anrechnung einer Haushaltsersparnis muss abgesehen werden (BFH v. 22.6.1979 – BStBl 1979 II S. 646),
  - **Medikamente** (Arzneimittel) nach ärztlicher Verordnung, auch nicht rezeptpflichtige Medikamente; bei Behandlung einer längeren Erkrankung mit denselben Medikamenten reicht einmalige ärztliche Verordnung,
  - **Pflegeheim**. Dem Aufenthalt steht die Unterbringung in einem Krankenhaus gleich, wenn der Aufenthalt krankheitsbedingt ist (BFH v. 22.8.1980 – BStBl 1981 II S. 23). Zu Pflegekosten mehr unter ➤ Rz 621 ff.,
  - **Psychotherapie**, wenn amtsärztlich verordnet (FG Köln v. 16.3.1994 – EFG 1995 S. 121 rk; FG Berlin v. 1.3.1995 – EFG 1995 S. 717 rk),
  - **Suchtkrankheiten** (FG Niedersachsen v. 7.6.1995 – EFG 1997 S. 1026 betr. Spielsucht nrk; Alkoholismus FG Düsseldorf v. 28.10.1977 – EFG 1978 S. 125 betr. Sanatoriumskosten, Medikamente).
- Nicht abzugsfähig sind
  - **Gasthausessen** während des Krankenhausaufenthalts der Ehefrau (FG Düsseldorf v. 9.7.1976 – EFG 1977 S. 17, rk),
  - Anschaffung von Gegenständen bei **Hausstauballergie** (BFH v. 29.11.1991 – BStBl 1992 II S. 290),

- **Schönheitsoperation** (Brustvergrößerung) (FG Köln v. 20.9.1996 EFG 1997 S. 16 rk). Anders bei amtsärztlich bescheinigter Notwendigkeit (FG Hamburg v. 27.4.2005 – II 76/03),
- **Sterilisation** oder Rückgängigmachung derselben (FG Köln v. 1.12.1994 – EFG 1995 S. 718 rk).

Krebstherapie

- Siehe Immunbiologische Krebsabwehrtherapie.

Kulturgüter

- Abzugsfähig sind Aufwendungen zu deren Unterhaltung (FinMin Hessen, Erlass v. 31.10.1972, StEK EStG § 33 Nr. 45).

Künstliche Befruchtung

- Abzugsfähig
  - bei In-vitro-Fertilisation (BFH – BFH/NV – BFH/R 1997 S. 346),
  - bei lediger Frau in stabiler Partnerschaft (BFH v. 21.2.2008 – III R 30/07),
  - bei Unfruchtbarkeit des Ehemannes (BFH v. 16.12.2010 – BStBl 2011 II S. 414), nicht dagegen bei vorhergehender Sterilisation (BFH v. 3.3.2005 – III R 68/03),
  - bei gleichgeschlechtlicher Lebenspartnerschaft (BFH v. 5.10.2017 – BStBl 2018 II S. 350),
  - bei einer 40-jährigen Frau mit krankheitsbedingter Fertilitätsstörung, auch wenn die Frau keine Angaben zu ihrem Beziehungsstatus macht (FG Münster v. 24.6.2020 – 1 K 3722/18 E).
  - Ob auch Eizellenspende oder medizinisch nicht erfolgversprechende Behandlung und künstliche Befruchtungen in den Fällen abzugsfähig sind, in denen eine Präimplantationsdiagnostik oder vergleichbare Verfahren gemäß § 3 Abs. 2 Satz 2 ESchG zulässig sind, ist unklar und liegt dem BFH derzeit zur Entscheidung vor (Revisionen VI R 34/19 und VI R 35/19. Die Behandlung darf nicht gegen das Embryonenschutzgesetz verstoßen (BFH v. 17.5.2017 – BStBl 2018 II S. 344)

Kur-Camping

- Siehe Kurkosten.

Kurkosten

- Abzugsfähig bei Kurbedürftigkeit nach amtsärztlichem Attest oder Bescheinigung des Medizinischen Dienstes (§ 64 EStDV) sind Behandlungs-, Unterbringungs- und Fahrtkosten sowie Verpflegungsaufwendungen nach Abzug einer Haushaltsersparnis von 20 %,
- **Kur-Camping** – Unterbringung und Verpflegung im eigenen Wohnwagen – ist abzugsfähig (FG Baden-Württemberg v. 9.4.1997 – EFG 1997 S. 883, rk),

- **Begleitperson** ist abzugsfähig, wenn amtsärztlich oder entsprechend bescheinigt (BFH v. 17.12.1997 – BStBl 1998 II S. 298); bei hilflosen Personen oder Ausweismerkzeichen »B« kann auf die Bescheinigung verzichtet werden (BFH v. 13.3.1964 – BStBl 1964 III S. 331),
- **Besuchsfahrten** bei Heilkur des Ehegatten sind nicht abzugsfähig (BFH v. 16.5.1975 – BStBl 1975 II S. 536), wohl aber bei medizinisch veranlassten Besuchsfahrten lt. Bescheinigung des behandelnden Krankenhausarztes (BFH v. 2.3.1984 – BStBl 1984 II S. 484 mit Einschränkungen; FG Baden-Württemberg v. 28.4.1977 – EFG 1977 S. 427 rk; FG Nürnberg v. 11.8.1978 – EFG 1979 S. 126, rk).

Lärmschutz

- Nicht abzugsfähig, da Gegenwert lärmfreies Wohnen (BFH, BStBl 1976 II S. 194).
- Anders bei Gesundheitsgefährdung wegen Überschreiten von Lärmgrenzwerten (FG Nürnberg v. 26.1.2006 – VI 237/2005).

Legasthenie (Lese-Rechtschreib-Schwäche)

- Abzugsfähig sind Mehrkosten für den Besuch einer Privatschule für ein hinreichend begabtes legasthenisches Kind; allerdings nur mit amtsärztlichem Attest (BFH v. 7.6.2000 – BStBl 2001 II S. 94 und BFH v. 3.3.2005 – BFH/NV 2005 S. 1286).

Logopädische Behandlung

- Abzugsfähig, wenn zuvor amtsärztliches Attest eingeholt wird (BFH v. 30.6.1998 – BFH/NV 1998 S. 1480).

Lösegeldzahlungen

- Abzugsfähig nach Lage des Falles (EFG 1962 S. 259).

Mietabfindungskosten

- Abzugsfähig, wenn wegen Krankheit eines – gelähmten – Kindes notwendig.

Mietzahlungen

- Abzugsfähig, wenn die eigene Wohnung z.B. wegen Einsturzgefahr oder Brand vorübergehend nicht bewohnbar ist und bis zu ihrer Instandsetzung eine andere Wohnung gemietet werden muss (BFH v. 21.4.2010; BStBl 2010 II S. 965).

Nachhilfeunterricht

- Nicht abzugsfähig.

Namensänderung

- Kosten für die Namensänderung eines Kindes sind keine außergewöhnlichen Belastungen (FG Münster v. 12.2.2019 – 2 K 750/17 E).

Pflegeheim

- Siehe Krankheitskosten.

Psychotherapie

- Siehe Krankheitskosten.

Raucherentwöhnungskurse

- Abzug ist umstritten, auch bei betriebsärztlicher Verordnung (Revisisonsverfahren beim BFH – XI R 19/12).

Rollstuhl

- Siehe Krankheitskosten (Hilfsmittel).

Rollstuhlrampe

- Siehe Umbauten.

Rückzahlung von Unterstützungsleistungen

- Abzugsfähig nach »Der Betrieb« 1961, S. 220.

Schadenersatz

- Abzugsfähig, wenn nicht vorsätzlich oder leichtfertig gehandelt wurde (BStBl 1982 II S. 749). Bei Hundehaltung nur, wenn sie zwangsläufig ist: einzeln stehendes Haus, Landwirtschaft, Blindenhund.

Schuldentilgung/-übernahme

- Abzugsfähig, soweit die Schuldenaufnahme durch Aufwendungen veranlasst war, die ihrerseits eine außergewöhnliche Belastung darstellen, wie z.B. Krankheitskosten, und für die eine Steuerermäßigung noch nicht gewährt werden konnte (BFH v. 9.5.1996 – BStBl 1996 II S. 596 und BFH v. 29.7.1997 – BStBl 1997 II S. 772). Siehe dazu aber **Abflussprinzip.** Die Schuldentilgung muss allerdings zwangsläufig erfolgen, etwa zur **Abwendung des Konkurses** des Vaters (FG Münster v. 20.4.1978 – EFG 1978 S. 592 rk).
- Nicht abzugsfähig sind, da nicht zwangsläufig:
  - Schuldübernahme für **Bekannte** (BFH v. 30.9.1954 – BStBl 1954 III S. 357),
  - Begleichung von **Nachlassschulden** und Finanzierung von Spekulationsgeschäften (BFH v. 27.3.1958 – BStBl 1958 III S. 290),
  - Tilgung eines **Studiendarlehens** (BFH v. 6.3.1964 – BStBl 1964 III S. 330),
  - Tilgung einer durch **Betrug** entstandenen Schuld (FG Rheinland-Pfalz v. 18.6.1985 – EFG 1985 S. 552 rk),
  - Tilgung wegen **Bürgschaft (Kreditsicherung)** für Angehörige (FG Nürnberg v. 20.7.1992 – EFG 1992 S. 731 rk).

Schuldzinsen

- Abzugsfähig, wenn mit dem Darlehen außergewöhnliche Belastungen bestritten werden (BFH v. 6.4.1990 – BStBl 1990 II S. 998).

Schulfahrten

- Abzugsfähig, wenn behindertes Kind zur Schule gebracht wird.

Schulgeld

- Abzugsfähig für bestimmte Schulen (➤ Rz 578).

Schwangerschaftsabbruch

- Abzugsfähig sind selbstgetragene Kosten, wenn medizinische oder soziale Indikation gegeben war.

Schwimmbad

- Siehe Umbauten.

Sicherheitsdienst

- Die Kosten für die Beauftragung eines privaten Sicherheitsdienstes führen zu außergewöhnlichen Belastungen, wenn sie notwendig und angemessen sind, um eine Gefahr für Leib und Leben abzuwehren (FG Münster v. 11.12.2017 – 13 K 1045/15 E)

Sterilisation

- Siehe Krankheitskosten.

Studiengebühren

- Für den Besuch einer Hochschule sind nicht als außergewöhnliche Belastung abziehbar (BFH v. 17.12.2009 – BStBl 2010 II S. 341).

Treppenschräglift

- Siehe Umbauten.

Trinkgelder

- Nicht abzugsfähig sind Trinkgelder an Kur- und Krankenhauspersonal (BFH v. 30.10.2003 – BStBl 2004 I S. 527).

Umbauten in Gebäuden

- Abzugsfähig sind
  - **Hebeapparat** (FG Hamburg v. 1.6.1976 – EFG 1976 S. 557, rk),
  - **Treppenschräglift** (FG Berlin v. 1.11.1994 – EFG 1995 S. 264, rk; FG Baden-Württemberg, Urt. v. 6.4.2011 – 4 K 2647/08; BFH-Urt. v. 5.10.2011 – VI R 41/11; BFH v. 6.2.2014 – BStBl 2014 II S. 458; FG Münster v. 11.2.2016 – 3 K 1097/14 E),

- **Behinderungsbedingter Umbau von Badezimmer und Schlafzimmer** (BFH v. 22.10.2009 – BStBl 2010 II S. 280),
- **Behinderungsbedingter Umbau einer Dusch**e (FG Baden-Württemberg v. 19.3.2014 – 1 K 3301/12)
- **Umbaukosten eines Hauses wegen Behinderung eines Kindes** (BFH v. 24.2.11 – VI R 16/10, DB 2011, 850).

- Nicht abzugsfähig, da Herstellungskosten des Gebäudes bzw. Gegenwert:
  - **Schwimmbad** – Abschreibung und Betriebskosten – (FG Niedersachsen v. 22.12.1975 – EFG 1976 S. 184, rk),
  - **Whirlpool** (FG Hamburg v. 1.2.1994 – EFG 1994 S. 793, rk).

Bei sehr hohen Umbaukosten, die sich wegen eines geringen Einkommens nicht voll auswirken können, kommt auch aus Billigkeitsgründen (§ 163 AO) keine Verteilung der Kosten auf mehrere Jahre in Betracht (BFH v. 12.7.2017 – BStBl 2017 II S. 979 und BVerfG v. 12.6.2018 – 1 BvR 33/18). Damit ist das günstigere Urteil des FG Saarland (v. 6.8.2013 – 1 K 1308/12), das eine Verteilung auf bis zu fünf Jahre für möglich hielt, leider Makulatur.

Umzugskosten

- Abzugsfähig, wenn der Umzug krankheitsbedingt war (FG München – EFG 1991 S. 26). Dies kann auch gegeben sein, wenn ein Familienmitglied behindert ist. Umzug in eine Erdgeschosswohnung (BFH v. 14.12.1965 – BStBl 1966 III S. 113). Ein Umzug in eine größere Wohnung kann auch bei Familienzusammenführung zwangsläufig sein.

Vaterschaftsprozess

- Abzugsfähig, wenn Zweifel an der Vaterschaft dargelegt und schlüssige Beweise angeboten werden (BFH v. 18.3.2004; BStBl 2004 II S. 726).

Verdienstausfall

- Ein bloßer Verdienstausfall ist keine Aufwendung i. S. von §§ 33 ff. EStG (BFH, Beschluss v. 18.8.1995 – III B 26/95).

Wasserschaden

- Abzugsfähig sind nicht erstattete Kosten (BFH v. 6.5.1994 – BStBl 1995 II S. 104).

Wohngruppe

- Abzugsfähig sind die Unterbringungskosten für einen verhaltensgestörten Jugendlichen, wenn ein amtsärztliches Attest vorliegt (BFH v. 21.4.2005 – BFH/NV 2005 S. 1427; BFH v. 18.6.2015 – BStBl 2016 II S. 40).

Zinsen

- Abzugsfähig, wenn mit dem Darlehen abzugsfähige außergewöhnliche Belastungen finanziert wurden (BFH v. 6.4.1990; BStBl 1990 II S. 958).

Zeitaufwand

- Reiner Zeitaufwand führt nicht zu außergewöhnlichen Belastungen (FG Hessen v. 11.3.2011 – 11 K 1850/10).

B. Außergewöhnliche Belastungen in besonderen Fällen

1. Was man wissen muss, wenn man jemanden unterstützt

651 Begünstigt ist die Unterstützung Angehöriger, soweit es sich um unterhaltsberechtigte handelt. Darunter fallen insbesondere Eltern, Großeltern und geschiedene Ehegatten. Auch die Unterstützung eigener Kinder ist begünstigt, wenn niemand für sie Kindergeld oder einen Kinderfreibetrag erhält. Diese Voraussetzung erfüllen Kinder über 25 Jahre und Kinder über 18, wenn sie nicht mehr in der Berufsausbildung sind. Da Sie auch für Ihre Kinder im Ausland Anspruch auf einen Kinderfreibetrag haben (Auslandskinderfreibetrag), gelten für sie dieselben Einschränkungen. Auch für Unterhaltskosten an den geschiedenen oder getrennt lebenden Ehepartner steht außergewöhnliche Belastung zu. Abziehbar sind alle typischen Unterhaltskosten, insbesondere für Ernährung, Kleidung und Wohnung. Der Unterhalt kann also darin bestehen, dem Unterhaltsbedürftigen eine Wohnung oder Sachwerte wie z.B. einen Wintermantel zu überlassen (BFH-Urt. v. 17.12.1990 – II B 209/90 – BFH/NV 1991 S. 306).

Der Unterhaltshöchstbetrag liegt bei jährlich 9.744 € und gilt unabhängig vom Alter für alle unterstützten Personen. Wer allerdings weniger zahlt, kann nur ansetzen, was er leistet. Unterstützen Sie den anderen außer mit Bargeld noch mit Sachwerten, so vergessen Sie nicht, das anzugeben.

Wer den Tod fürchtet,
hat das Leben verloren.
(Seume)

TIPP

für unterstützte Personen im eigenen Haushalt

Lebt die unterstützte Person in Ihrem Haushalt, können Sie ohne besonderen Nachweis den gesetzlichen Höchstbetrag von 9.744 € ansetzen (R 33a.1 Abs. 1 S. 5 EStR).

Hat die unterstützte Person Einkünfte oder Bezüge, vermindert sich der Unterhaltshöchstbetrag um ebendie Einkünfte und Bezüge, die den anrechnungs-

freien Betrag von 624 € übersteigen. BAföG (nur Zuschüsse, nicht Darlehen) und andere öffentliche Ausbildungshilfen werden dabei in voller Höhe, also ohne anrechnungsfreien Betrag, abgezogen.
Zu den Einkünften gehört z.B. der steuerpflichtige Teil der Rente oder Arbeitslohn. Natürlich müssen davon vor Anrechnung die Werbungskosten, ggf. Pauschbeträge, abgezogen werden, außerdem die von der unterstützten Person gezahlten Pflichtbeiträge zur Sozialversicherung (BMF-Schreiben v. 18.11.2005 – BStBl 2005 I S. 1027). Bei der Berechnung der Bezüge – das sind nicht steuerpflichtige Einnahmen – wird ein Unkostenpauschbetrag von 180 € abgezogen.
Nach der Einkommensteuerrichtlinie 33a.1 Abs. 2 muss der Zahlungsempfänger zunächst seine Arbeitskraft und sein eigenes Vermögen, sofern es nicht geringfügig ist, einsetzen und verwerten. Als »geringfügig« wird dabei ein gemeiner Wert (Verkehrswert) von 15.500 € (bei Ehepaaren 31.000 €) angesehen (BFH v. 14.8.1997 – BStBl II 1998 S. 241). 25.600 € sind in jedem Fall zu hoch, so in ihrem unendlichen Ratschluss ebenfalls die Münchner Obersteuerrichter (BFH v. 19.5.1999 – BFH/NV 2000 S. 22).
Trotz einer restriktiven Entscheidung des BFH vom 12.12.2002 (III R 41/01), nach der Unterstützungsleistungen von Kindern an ihre Mutter nicht abzugsfähig sein sollten, weil diese ein kleines selbst bewohntes Häuschen ihr Eigen nannte, **hatte der Fiskus ein Einsehen. Ein Einfamilienhaus oder eine Eigentumswohnung, die der Unterstützte selbst bewohnt, bleibt als Vermögen außer Betracht (§ 33 Abs. 1 S. 4 EStG). Diese Regelung gilt für alle noch nicht bestandskräftigen Fälle.**
Auch bei behinderten Kindern muss nicht sämtliches Vermögen zunächst für den Unterhalt eingesetzt werden, wenn es für die spätere Altersversorgung des Kindes gedacht ist. Unterhaltsaufwendungen von Eltern an ihr behindertes Kind ließ der BFH zum Abzug zu (BFH Urt. v. 11.2.2010 – VI R 61/08). Das Mehrfamilienhaus des Kindes muss diesem unangestastet verbleiben, weil ja ungewiss sei, ob das Kind stets durch seine Eltern unterhalten werden kann. Das Mehrfamilienhaus sei gerade als Altersversorgung für die Zeit gedacht, wenn die Eltern keinen Unterhalt mehr leisten können.

Mit dem Abzug von Unterstützungsleistungen schauen Sie allerdings wohl **652**
immer dann in die Röhre, wenn der unterstützte Angehörige zuvor sein Vermögen auf Sie oder andere Angehörige übertragen hat. In so einem Fall verneint der BFH die Zwangsläufigkeit Ihrer Unterhaltszahlungen (BFH-Urt. v. 1.12.2009 – VI B 146/08).

Was hat es mit der »Opfergrenze« bei Unterhaltsleistungen auf sich? **653**

Grundsätzlich sind Sie zivilrechtlich nur insoweit zu Unterhaltsleistungen verpflichtet, als Ihnen noch genügend Mittel zur Bestreitung des eigenen Lebensbedarfs und des Ihrer Familie verbleiben. Sie müssen Ihren Verwandten also nur bis zu Ihrer persönlichen Opfergrenze unterstützen. Andererseits: Nur bis zu dieser fiktiven Grenze werden Ihre Unterhaltsleistungen steuerlich berücksichtigt. Von der Beschränkung durch die Opfergrenze ausgenommen sind Ihr Ehepartner und Ihr in einer Haushaltsgemeinschaft mit Ihnen lebende Lebenspartner (BFH v. 29.5.2008 – III R 23/07, BStBl 2009 II S. 363).

Die Opfergrenze beträgt 1 % je volle 500 € des Nettoeinkommens, insgesamt jedoch höchstens 50 %. Dieser Prozentsatz ist um je fünf Prozentpunkte für den Ehegatten und jedes Kind zu kürzen, höchstens um 25 Prozentpunkte. Zur Ermittlung des Nettoeinkommens sind neben steuerpflichtigen Einkünften steuerfreie Einnahmen (z.B. Kindergeld, Arbeitslosen- und Kurzarbeitergeld), welche die Leistungsfähigkeit erhöhen, zu berücksichtigen. Deshalb wird auch bei Selbständigen ein vom Gewinn abgezogener Investitionsabzugsbetrag wieder hinzugerechnet (BFH v. 6.2.2014 – BStBl 2014 II S. 619). Abzuziehen sind Werbungskosten und andere Ausgaben, die die Leistungsfähigkeit vermindern. Nur in einigen Monaten erzieltes Einkommen ist zum Vorteil des Unterhaltszahlers in ein fiktives Jahreseinkommen hochzurechnen (BFH v. 25.9.1996 – BFH/NV 1997 S. 221).

Beispiel
Sohn S unterstützt seine mittellose Mutter M. S ist verheiratet und hat zwei Kinder. M hat eigene Einkünfte und Bezüge in Höhe von 2.000 € pro Jahr. Nach Abzug des anrechnungsfreien Betrags von 624 € verbleiben 1.376 €, um die der Unterhaltshöchstbetrag von 9.744 € gekürzt wird. Abzugsfähig wären für S mithin höchstens 8.368 €. Das Finanzamt prüft aber, ob der Sohn finanziell in der Lage ist, die Mutter zu unterstützen.

Bruttolohn zzgl. Steuererstattung und Kindergeld	30.696 €
./. Steuerabzüge	– 3.810 €
./. Beiträge zur Sozialversicherung	– 5.400 €
./. Werbungskosten wegen doppelter Haushaltsführung	– 4.200 €
Nettoeinkommen	17.286 €

Opfergrenze = 1 % je volle 500 € des Nettoeinkommens = 34 % abzgl. 15 Prozentpunkte (je fünf für Ehefrau und Kinder). Die Opfergrenze beträgt somit 19 % von 17.286 €. Statt 8.368 € lässt das Finanzamt nur 3.284 € zum Abzug zu.

Da bei Selbständigen in der Regel die Einkünfte von Jahr zur Jahr schwanken, wird für die Berechnung der Opfergrenze der Durchschnitt des Nettoeinkommens der letzten drei Jahre angesetzt. Wenn Sie auf Ihr Einkommen Steuern gezahlt haben, werden die Zahlungen in dem Jahr vom Einkommen abgezogen, in dem Sie sie gezahlt haben. Steuernachzahlungen, aber auch Erstattungen beeinflussen also das Nettoeinkommen des Jahres, in dem das Geld tatsächlich an das Finanzamt oder vom Finanzamt geflossen ist (BFH v. 28.3.2012 – VI R 31/11; BStBl 2012 II S. 769).

SUPER TRICK

Hebeln Sie bei der Unterstützung Angehöriger die Sätze des Finanzamts aus!

Wenn Sie sich mit dem zufriedengeben, was Ihnen das Finanzamt ansetzt, wird 654
selten viel herauskommen. Nun ist es doch so: Wer jemanden unterstützt, tut dies sicher nicht, um dessen Faulheit zu stärken. Meistens ist der Unterstützte krank und nicht mehr erwerbsfähig. Vielleicht, weil er ein chronisches Leiden hat. Und chronische Leiden bedingen einen besonderen Aufwand, wenn man sie in einigermaßen erträglichen Grenzen halten will. Wer aber will behaupten, dass der Unterhaltshöchstbetrag, den das Finanzamt für *Unterhalt* anrechnet, auch für besondere *zusätzliche* Kosten angemessen sei? Genieren Sie sich nicht, *neben* dem Unterhalt andere Kosten anzugeben (BFH v. 11.7.1990 – BStBl 1991 II S. 62, BFH in HFR 1963 S. 395 und FG Düsseldorf – EFG 1978 S. 544). In Betracht kommen

- für die unterstütze Person getragene Krankheitskosten,
- Operations- oder Krankenhauskosten bei Nichtversicherten.
  Sie können den Unterhaltshöchstbetrag generell um die zugunsten der unterhaltenen Person übernommenen Beiträge zur Basiskranken- und Pflegepflichtversicherung aufstocken.

Sie unterstützen nur, weil der Bedürftige von seinem bisschen Rente nicht leben kann? Raten Sie ihm doch mal, einen Antrag auf Mietbeihilfe oder Wohngeld zu stellen.

Zur Bestätigung der Unterstützungsleistungen fügen Sie dem Antrag eine Be- 655
scheinigung der unterstützten Person bei:

Bescheinigung

Ich werde von . . . . seit . . . . . . mit monatlich € . . . . und Sachwerten von ca. . . . . monatlich unterstützt.
Ich habe eigene Einkünfte von monatlich € . . . . und kein wesentliches Vermögen.

. . . .
(Unterschrift)

Werden zwei bedürftige Personen unterstützt, so ist der abziehbare Betrag für jede unterstützte Person getrennt zu berechnen. Eine Ausnahme gilt nur bei

Ehegatten, die in Haushaltsgemeinschaft leben. Bei ihnen verdoppeln sich alle Beträge.
Da der einheitliche Unterhaltshöchstbetrag unabhängig davon gilt, ob der Unterhaltsempfänger minderjährig oder volljährig ist, ergibt sich das Problem, wie Unterhaltszahlungen z.B. an Ihren Ex-Gatten und an Ihr Kind aufzuteilen sind. Der Fiskus macht sich die Sache recht einfach: Er teilt streng nach Köpfen auf, wenn die Unterhaltenen in einem gemeinsamen Haushalt leben.
Das passiert auch, wenn nicht begünstigte Personen in dem Haushalt leben. Hier nun aufgemerkt, wer A sagt, muss auch B sagen. Lebt z.B. Ihre alte Mutter mit zwei Ihrer Geschwister im selben Haushalt, dann gilt der Aufteilungsgrundsatz auch für die eigenen Einkünfte Ihrer Mutter. Davon wird nämlich nun nur $^1/_3$ als schädlich angerechnet, der Rest entfällt auf die nicht geförderten Haushaltsmitglieder (BFH v. 19.6.2002 – BStBl II 2002 S.753).

TIPP

zu Altenheim, Gefängnis, ausländischem Ehepartner

656 Die Kosten der Unterbringung eines Familienangehörigen in einem Altenheim sind als außergewöhnliche Belastung berücksichtigungsfähig, wenn die Unterbringung wegen außergewöhnlicher Umstände (etwa Pflegebedürftigkeit wegen Alters oder Unfalls) erforderlich wird (BFH v. 11.2.1965 – BStBl III S.2407). In diesem Fall gilt die Begrenzung auf den Höchstbetrag von 9.744 € nicht. Vgl. dazu ➤ Rz 622ff.
Wenn Sie Ihren Sohn, der wegen einer Dummheit im Gefängnis sitzt, mit Geld und kleinen Geschenken unterstützen, um ihm den Aufenthalt hinter Gittern etwas zu erleichtern, können Sie das als Unterstützungsleistungen absetzen. Die steuerliche Anerkennung ist nämlich nicht generell dadurch ausgeschlossen, dass ein Strafgefangener Unterkunft, Kost und Bekleidung von der Haftanstalt bekommt (BFH v. 11.11.1988 – BStBl 1989 II S.233).
Das Folgende betrifft nur Gastarbeiter oder Deutsche mit ausländischen Ehepartnern:

657 Der Unterhaltshöchstbetrag ist bei Zahlungen ins Ausland zu ermäßigen, und zwar um

$^1/_4$ für z.B. die Barbados, Chile, Estland, Griechenland, Kroatien, Lettland, Polen, Portugal, Saudi-Arabien, Slowenien, Slowakei, Tschechien, Ungarn, Uruguay, Zypern,

$^1/_2$ für z.B. Argentinien, Brasilien, China, Kolumbien, Mexiko, Rumänien, die Russische Föderation, Serbien, Türkei, Weißrussland,

$^3/_4$ für z.B. Algerien, Ägypten, Afghanistan, Bangladesch, Georgien, Indien, Jordanien, Marokko, Nigeria, Pakistan, Philippinen, Tunesien, Vietnam.

Vergleiche dazu im Einzelnen das BMF-Schreiben v. 11.11.2020 – BStBl 2020 I S. 1212. Müssen Sie erhaltene Unterstützungsleistungen zurückzahlen, kann das eine außergewöhnliche Belastung sein! (Näheres siehe in DB 1961 S. 220.)

Das Problem mit der Erwerbsobliegenheit 658

Für Unterhaltsempfänger, die im Inland oder in einem Staat der EU/EWR leben, ist kein besonderer Nachweis erforderlich, ob sie ihrer sog. Erwerbsobliegenheit nachkommen bzw. objektiv an einer Erwerbstätigkeit gehindert waren (BFH v. 18.5.2006 – BStBl 2007 II S. 108).
Für erwachsene Unterstützungsempfänger im Nicht-EU/EWR-Ausland hingegen lässt der Fiskus den Abzug von Unterhaltsleistungen nur zu, wenn sie aus triftigen Gründen keiner Erwerbstätigkeit nachgehen können (BMF v. 9.2.2006 – BStBl 2006 I S. 217). Als Gründe kommen dabei insbesondere in Betracht:

- Alter,
- Behinderung,
- schlechter Gesundheitszustand,
- Erziehung oder Betreuung von Kindern unter sechs Jahren,
- Pflege behinderter Angehöriger,
- ernsthaftes Studium,
- Berufsausbildung.

Mit einer Bescheinigung aus dem Heimatland, dass der Unterhaltsempfänger arbeitslos war und deshalb keiner Erwerbstätigkeit nachgehen konnte, tun sich die Finanzämter oft schwer. Solche Bescheinigungen würden ja häufig aus Gefälligkeit ausgestellt, und man könne ja auch nicht sagen, ob der Unterhaltsempfänger im Heimatland nicht schwarz arbeite, führt das Bayerische Landesamt für Steuern in seiner nun wohl doch ein wenig über das Ziel hinausschießenden Verfügung vom 17.11.2008 (S 2285.1.1-5 St 32/St 33) an. Dass man behördliche Bescheinigungen aus dem Ausland nicht schlicht mit einem solchen Generalverdacht verwerfen kann, hat der BFH klargestellt. Ihm genügte eine Bescheinigung über Arbeitslosigkeit als Unterstützungsgrund (BFH v. 11.2.2009 – VI B 145/08).
Der BFH hat aber die Auffassung der Finanzverwaltung bestätigt, dass die Erwerbsobliegenheit bei Auslandsfällen stets zu prüfen ist (BFH v. 5.5.2010, VI R 5/09; BFH/NV 2010 S. 1896). Eine Ausnahme machten die Münchener Richter nur bei dem im Ausland lebenden Ehepartner. Für diesen ist eine entsprechende Prüfung nicht erforderlich. Nach Auffassung des BFH muss die sog. Erwerbsobliegenheit unabhängig davon geprüft werden, ob die Unterstützung an Personen im In- oder Ausland gezahlt wird (BFH v. 4.8.2011; BStBl 2011 II S. 975). Der Fiskus verzichtet allerdings nach wie vor auf diese Prüfung, wenn die von Ihnen unterstützten Angehörigen im Inland oder in einem EU-Staat leben (OFD Münster v. 22.12.2011 – aktualisiserte Kurzinfo ESt 2/2007; NWB Datenbank).

TRICK

Raffinierte Masche für alle, die keine Steuervergünstigung für Unterhaltszahlungen bekommen

659 Darüber ärgern Sie sich schwarz: Sie unterstützen Ihre Mutter finanziell und kriegen doch keine Steuerermäßigung, weil ihre Rente über den Hungersätzen des Finanzamts liegt. Seien Sie anpassungsfähig! Unterstützen Sie Ihre Mutter auf eine Weise, bei der keine unsozialen Höchstgrenzen bestehen. Tragen Sie die Kosten von sagen wir mal 2.500 € für eine Rentennachzahlung Ihrer Mutter und kann Ihre Mutter dadurch nun ihr Existenzminimum decken, dann findet solches Tun steuerlich Anerkennung, sagt das FG Hamburg (EFG 1976, S. 234) – allerdings nach Abzug der zumutbaren Belastung.

660 **Unterhalt an den Lebenspartner**

Bei Lebenspartnern müssen Sie unterscheiden zwischen einer *eingetragenen Lebenspartnerschaft* und einer *nichtehelichen Lebensgemeinschaft*. Eingetragene Lebenspartner werden wie Ehegatten behandelt und haben daher Anspruch auf den Splittingtarif (§ 2 Abs. 8 EStG), womit ein Abzug des Unterhaltsfreibetrags ausscheidet.

Etwas anderes gilt für die Unterstützung des Partners einer *nichtehelichen Lebensgemeinschaft* oder eines Angehörigen, der nicht mit Ihnen im ersten Grad verwandt ist. Voraussetzung für den Abzug Ihrer Unterhaltsleistungen ist hier, dass Sie einen gemeinsamen Haushalt führen, in dem einer von Ihnen (Sie) Einkünfte hat und der andere nicht berufstätig ist, weil er den Haushalt führt und daher auf Ihre Unterstützung angewiesen ist. Zusätzlich müssen dem unterstützten Lebenspartner bzw. Angehörigen Sozialleistungen (z.B. Hartz IV) wegen der Lebensgemeinschaft gekürzt werden. Dabei genügt die Kürzung als solche, auf ihre Höhe kommt es nicht an.

TIPP

zu Unterstützungsleistungen

Zur Anerkennung von Unterstützungszahlungen ist es nicht in jedem Fall erforderlich, dass Ihr Lebenspartner einen Antrag auf Sozial- oder Arbeitslosenhilfe gestellt hat und dieser abgelehnt wurde. Der Fiskus geht davon aus, dass bei nichtehelichen Lebensgemeinschaften der Partner ohne Einkommen und Vermögen generell zum begünstigten Personenkreis gehört, bei dem im Antragsfall die Sozialleistungen wegen der Partnerschaft gekürzt würden. Es reicht, wenn er schriftlich versichert, dass er für den jeweiligen Veranlagungszeitraum keine zum Unterhalt bestimmten Mittel aus inländischen öffentlichen Kassen erhalten und auch keinen Antrag gestellt hat, dass eine nichteheliche Lebensgemeinschaft besteht oder er mit Ihnen verwandt ist und eine Haushaltsgemeinschaft bildet. Zudem muss er angeben, über welche anderen zum Unterhalt bestimmten Einkünfte und Bezüge er verfügt sowie über welches Vermögen (BMF-Schreiben v. 28.3.2003 – BStBl 2003 I S. 243).

TRICK

Schaffen Sie sich höhere Steuererleichterungen bei einer Lebenspartnerschaft!

S Leider, leider geht das fast nur, wenn einer der Partner selbständig tätig ist. 661
Dann haben Sie freie Hand, das Finanzamt auszutricksen. Denn: Verträge z.B. können Sie schließen, mit wem Sie wollen, und darin vereinbaren, was Sie wollen. Und es ist allein Ihre Sache, wenn Sie Ihren Lebenspartner in Ihrem Geschäft oder Betrieb mit anfassen sehen wollen.

Aber: Um Steuern zu sparen, müssen Sie schon einen Arbeitsvertrag mit ihm aufs Papier bringen. Dabei müssen Sie bei der Gehaltsvereinbarung aufpassen. Das Geld muss nämlich auf ein Konto des helfenden Partners überwiesen werden. Es spielt übrigens keine Rolle, wenn dafür die bisherigen Zahlungen für Haushaltskosten und Taschengeld entfallen. Und schließlich darf das Gehalt nicht viel höher sein als das eines in gleicher Weise tätigen familienfremden Mitarbeiters. Wenn Sie Ihren Partner allerdings mit einer führenden Position in einem größeren Betrieb betrauen, kann das Gehalt natürlich recht hoch sein. Das Gehalt können Sie nun als Betriebsausgaben absetzen – ohne Beschränkung auf 9.744 €.

TRICK

Was Ahmed recht ist, ist Paul billig.

Jeder Finanzbeamte muss nach seinem heiligen Amtseid Steuern gleichmäßig 662
festsetzen. Gleichmäßig festsetzen heißt aber auch: gleiche Nachweisschikanen für alle Steuerzahler.

In einem Spezialerlass für Gastarbeiter, die ihre Familien im Ausland unterstützen, sagte der Bundesfinanzminister: »Aus Vereinfachungsgründen kann davon ausgegangen werden, dass die letzte Unterhaltsrate den Unterhalt bis zum Jahresende deckt.« (BMF v. 9.2.2006 – BStBl 2006 I S.217). Diese Auffassung hat der BFH ausdrücklich bestätigt (BFH v. 5.5.2010 – VI R 40/09, BStBl 2011 II S.164). Normalerweise ist es so: Wird nicht regelmäßig, sprich jeden Monat, gezahlt, greift die Zwölftelvorschrift, wonach für jeden fehlenden Monat der Höchstbetrag um 1/12 gekürzt wird (§ 33 a Abs.4 EStG).

Angenommen, Sie haben folgende Zahlungen geleistet

Mai	1.500 €
Juni	1.600 €
September	1.400 €
Dezember	4.000 €
insgesamt	8.500 €

Abzugsfähig sind in diesem Fall aber nur 8/12 (Mai–Dezember) von 9.744 € = 6.496 €

Pochen Sie auf den Gleichheitsgrundsatz und verlangen Sie, dass man Sie nicht schlechter stellt als Ihre ausländischen Mitbürger. Bekommt z.B. Ihre von Ihnen unterstützte Mutter nicht regelmäßig jeden Monat Geld, müssen Sie es so deichseln, dass die erste Zahlung möglichst im Januar erfolgt.

Da der Bundesfinanzminister nichts von gleichmäßigen Raten gesagt hat, können Sie Ihrer Mutter zu Beginn des Jahres kleinere Beträge überweisen und ihr im Dezember, nachdem Sie Ihre Weihnachtsgratifikation kassiert haben und richtig flüssig sind, einen größeren Batzen zukommen lassen. Mal angenommen, Sie zahlen ihr im

Januar	1.700 €
Juni	1.900 €
September	1.600 €
Dezember	4.000 €
insgesamt	9.200 €

dann steht Ihnen der volle Höchstbetrag für Ihre Unterstützung zu.

Aber: Halten Sie Ihre Mutter zu Jahresanfang nicht allzu knapp. Bei Beträgen von 50 € im Quartal sind schon einige Finanzämter auf den dummen Gedanken verfallen, solche Mickerbeträge seien keine Unterhaltskosten. Also greifen Sie sicherheitshalber etwas tiefer ins Portemonnaie.

TIPP

Umrechnen nach EZB-Umrechnungskurs

Wenn Sie den Unterhalt für Ihre Angehörigen im Ausland nicht in Euro bezahlen, stellt sich natürlich immer die Frage, wie rechne ich den Unterhalt für meine Steuererklärung um. Zur Vereinfachung hat der Fiskus festgelegt, dass Sie alle Zahlungen nach dem Umrechnungskurs der Europäischen Zentralbank zum 30.9. des Vorjahres umrechnen können. Also den Unterhalt für 2021 nach dem Währungskurs zum 30.9.2020 (§ 33 a Abs. 1 S. 8 EStG).

2. Ausbildungsfreibetrag für Kinder (§ 33a Abs. 2 EStG)

Seit einigen Jahren doktern die Fiskalbürokraten an den Steuervergünstigun- 663
gen für Kinder herum, nachdem ihnen das Bundesverfassungsgericht mehrmals kräftig auf die Füße getreten ist und verlangt hat, dass endlich mehr für Familien mit Kindern getan werden muss. Was letztlich herauskommt, kann man allenfalls als halbherzig, wenn nicht gar herzlos bezeichnen. Mit den Minibeträgen aus der Kindergelderhöhung werden die Steuerzahler für dumm verkauft, denn an allen anderen Stellen bleiben wirklich spürbare Verbesserungen auf der Strecke.

Ein Paradebeispiel ist der Ausbildungsfreibetrag: Die mickrigen 924 € gibt es nur für volljährige Kinder, wenn sie zur Ausbildung auswärts untergebracht sind und Sie noch Kindergeld oder einen Kinderfreibetrag für ein solches Kind bekommen. Das heißt, weder für volljährige Kinder, die während ihrer Schulausbildung, Lehre oder ihres Studiums zu Hause wohnen, noch für unter 18-jährige Kinder, die auswärts untergebracht sind, gibt es einen Ausbildungsfreibetrag.

Bisher waren alle Versuche, die Höhe des Ausbildungsfreibetrags vor Gericht als verfassungswidrig einstufen zu lassen, erfolglos. Der BFH ist der Meinung, dass er zusammen mit anderen Kindervergünstigungen ausreichend hoch ist (BFH v. 25.11.2010 – III R 111/07, BStBl 2011 II S. 281). Eine Verfassungsbeschwerde hat das Bundesverfassungsgericht nicht angenommen (BVerfG – 2 BvR 451/11). Ein Einspruch wegen der Höhe des Ausbildungsfreibetrags ist daher im Moment wohl zwecklos.

Zumindest wird der Ausbildungsfreibetrag nicht gekürzt, wenn Ihr Kind eigene Einkünfte oder Bezüge hat. Auch BAföG wird nicht auf den Freibetrag angerechnet.

TRICK

Die Steuer tut was dazu, wenn das Kind zu seiner Tante will!

Mit der auswärtigen Unterbringung von Kindern stellen sich die Fiskalvertreter 664
recht zopfig an. Sie verlangen, dass diese von gewisser Dauer ist und entweder während der gesamten Ausbildung oder zumindest während einzelner Ausbil-

dungsabschnitte vorliegt und das Kind während dieser Zeit räumlich selbständig ist.

Eine Klassenfahrt oder ein mehrwöchiger Sprachkurs im Ausland sollen dafür nicht reichen (BFH – BStBl II 1990, S. 898). Klar ist die Sache, wenn Ihr Nachwuchs z. B. während eines Praktikums, das länger als sechs Wochen dauert (BFH v. 20.5.1994 – BStBl 1994 II S. 699), während eines Semesters oder eines mehrmonatigen Lehrgangs am auswärtigen Unterrichtsort wohnt.

Aber warum in die Ferne schweifen, wenn das Gute so nah liegt? Denn: Auswärtig untergebracht ist Ihr Kind, wenn es hauswirtschaftlich nicht mehr in Ihren Haushalt eingegliedert ist. Auf gut Deutsch: wenn es nicht mehr seine Beine unter Ihren Tisch stellt. Ein kleines möbliertes Zimmer oder ein eigenes Appartement reicht dazu völlig aus. Diese Unterkunft kann ohne weiteres bei Verwandten sein. Und da Sie zu Hause ohnehin recht beengt leben, mieten Sie einfach in der Wohnung Ihrer ein paar Straßen weiter lebenden Schwester ein Zimmer für Ihr Kind. Und schon gibt's den Ausbildungsfreibetrag.

TRICK

Ein Überbrückungsjob muss nicht schädlich sein!

665 Nicht immer klappt es nahtlos mit dem Übergang zwischen Schule und Studium. Wenn der Unterbrechungszeitraum nicht länger als vier Monate ist, bekommen Sie weiter Kindergeld oder Kinderfreibetrag. Sie müssen also nicht betrübt sein, wenn Ihr Nachwuchs die Unterbrechung nutzt und fleißig ein paar tausend Euro zur Finanzierung des Studiums verdient.

Ein Ausbildungsfreibetrag steht Ihnen für diese Zeit nur zu, wenn Ihr Kind schon auswärtig untergebracht ist. Einkünfte, die Ihr Kind in dieser Zeit erzielt, spielen keine Rolle.

666 Einen Kinderfreibetrag bekommen Sie für Ihr studierendes Kind, egal ob es im Inland oder im Ausland lebt, nur, solange es das 25. Lebensjahr noch nicht vollendet hat.

Bei Söhnen aber, die vor Beendigung ihres Studiums oder ihrer Ausbildung Wehr- oder Zivildienst leisten, legt Vater Staat aus Gründen der Gleichberechtigung den Kinder- und damit auch den Ausbildungsfreibetrag für den Zeitraum, den Ihr Filius gedient hat, also z. B. für neun Monate, auf die o. g. Altersgrenze drauf.

GUTER RAT

Wenn der Kinderfreibetrag wegfällt, weil Ihr Nachwuchs die Altersgrenze überschritten hat, Ihnen aber immer noch auf der Tasche liegt, dann denken Sie daran, dass Sie den Unterhaltsfreibetrag geltend machen!

3. Haushaltshilfen, haushaltsnahe Beschäftigung und Dienstleistung

Wenn Sie für Arbeiten in Haus und Garten jemanden als Angestellten beschäf- **667**
tigen oder ein Unternehmen mit derartigen Arbeiten betrauen, können Sie eine Steuerermäßigung nach § 35 a EStG in Anspruch nehmen. Diese wird unmittelbar von der tariflichen Einkommensteuer abgezogen. Egal ob Sie also ein hohes oder niedriges Einkommen haben, verringert sich die von Ihnen zu zahlende Einkommensteuer um denselben Betrag.

Letztlich können Sie von vier verschiedenen Fördervarianten profitieren:

- geringfügige Beschäftigung im Haushalt (➤ Rz 668),
- sozialversicherungspflichtige Beschäftigung im Haushalt (➤ Rz 669 f.),
- haushaltsnahe Dienstleistungen sowie Pflege- und Betreuungsleistungen für pflegebedürftige Personen (➤ Rz 669 f.),
- Handwerkerleistungen für Renovierungs-, Erhaltungs- und Modernisierungsmaßnahmen (➤ Rz 673).

Geringfügige Beschäftigung im Haushalt **668**
Haben Sie jemanden als 450-€-Arbeitskraft (geringfügige Beschäftigung) angestellt, der Ihnen bei den Arbeiten im Haushalt und im Garten zur Hand geht, können Sie für dieses **haushaltsnahe Beschäftigungsverhältnis** eine Steuerermäßigung von 20 % der Kosten, max. jedoch 510 € beanspruchen. In die abzugsfähigen Kosten einbezogen werden der Arbeitslohn, die pauschalen Sozialversicherungsbeiträge von 10 % (je 5 % Kranken- und Rentenversicherung), die Umlagen von 2,99 % und die pauschale Steuer von 2 %, insgesamt also 14,99 %.

Steuerlich gefördert werden somit Ihre Aufwendungen bis zu 2.550 € im Jahr (2.550 € × 20 % = 510 €). Den Nachweis der Kosten können Sie durch die Bescheinigung der Minijobzentrale der Knappschaft führen, bei der Sie Ihre Hausangestellte anmelden müssen und an die Sie im sog. Haushaltsscheckverfahren Ihre Abgaben zahlen.

Durch die Förderung von Beschäftigungen im Privathaushalt nach § 35 a Abs. 2 EStG entfällt die Begünstigung von sozialversicherungspflichtigen Beschäftigungen über § 35 a Abs. 1 EStG (vgl. ➤ Rz 669 ff.).

TIPP

Haushaltsnahe Minijobs sind steuerbegünstigt.

Haushaltsnahe Minijobs sind mit 14,99 % Abgaben somit deutlich billiger als eine reguläre geringfügige Beschäftigung, die Pauschalabgaben von 31,51 % zzgl. Unfallversicherung auslöst. Begünstigt sind u.a. folgende Tätigkeiten:

- Zubereitung von Mahlzeiten,
- Reinigung der Wohnung,
- Gartenarbeiten,
- Waschen, Bügeln etc.,
- Kinderbetreuung,
- Betreuung und Pflege alter und kranker Haushaltsmitglieder,
- Einkäufe und Botengänge, Begleitung auch außerhalb des Hauses.

Nicht begünstigt sind dagegen:

- Erteilung von Unterricht jeglicher Art, wie Nachhilfe, Musik-, Reit-, Ballettunterricht etc.,
- Vermittlung besonderer Fähigkeiten,
- Sport,
- Freizeitaktivitäten,
- Betreuung außer Haus, Kindergarten, Tagesmutter, die die Betreuung in ihrer eigenen Wohnung durchführt.

Übernimmt Ihre Hausangestellte sowohl begünstigte als auch nicht begünstigte Arbeiten, müssen Sie die Gesamtkosten aufteilen.

WICHTIGER HINWEIS

Da nach Auffassung des Fiskus familienrechtliche Verpflichtungen nicht Gegenstand eines Vertrags über eine haushaltsnahe Beschäftigung sein können, beißen Sie beim Finanzamt auf Granit, wenn Sie eine mit Ihnen in einem Haushalt zusammenlebende nahestehende Person beschäftigen möchten. Das Finanzamt gesteht Ihnen die Steuerermäßigung in der Regel nicht zu bei Verträgen mit

- Ehegatten (§§ 1360, 1356 Abs. 1 BGB),
- in Ihrem Haushalt lebenden Kindern (§ 1619 BGB),

- Partnern einer eingetragenen Lebenspartnerschaft,
- Partnern einer nichtehelichen Lebensgemeinschaft.

Völlig anders sieht aber auch hier die Sache aus, wenn Sie Angehörige beschäftigen, die nicht (mehr) in Ihrem Haushalt leben. Deshalb können haushaltsnahe Beschäftigungsverhältnisse z.B. mit Kindern oder Eltern, die in einem eigenen Haushalt leben, steuerlich anerkannt werden (BMF v. 9.11.2016 – BStBl 2016 I S. 1213 Rz 6). Wie immer bei der Beschäftigung von Angehörigen, dürfen Sie sich keine formalen Blößen geben. Sie werden also einen schriftlichen Vertrag schließen. Nehmen Sie doch einfach den Mustervertrag, den die Bundesknappschaft (www.minijob-zentrale.de) dafür anbietet, dann haben Sie gleich auch sichergestellt, dass man Ihnen nicht wegen unüblicher Vertragsinhalte steuerlich ein Bein stellt. Das Beschäftigungsverhältnis melden Sie bei der Minijob-Zentrale der Bundesknappschaft an. Und nicht vergessen: Schon aus Nachweisgründen sollten Sie den Lohn überweisen und auf Barzahlungen verzichten.

TRICK

Holen Sie mindestens so viel Steuerermäßigung heraus, wie Sie an Pauschalabgaben zahlen!

Besonders lukrativ wird ein haushaltsnaher Minijob für Sie, wenn Ihre Hausangestellte die Ehefrau oder Tochter eines Beamten, Soldaten oder eines anderen nicht gesetzlich Krankenversicherungspflichtigen ist. Bei einer Angestellten aus diesem illustren Personenkreis entfällt für Sie der pauschale Krankenversicherungsbeitrag von 5 %, Sie zahlen statt 14,99 % also nur 9,99 % an die Minijobzentrale. Und so sieht Ihre Rechnung steuerlich aus, wenn Ihre Perle 450 € im Monat erhält:

Pauschale Abgaben 5.400 € × 9,99 %		539 €
Lohnkosten	5.400 €	
Abgaben	539 €	
Aufwendungen insgesamt	5.939 €	
Steuerermäßigung darauf 5.939 € × 20 % = 1.188 €, max.		510 €
Kosten für Sie		29 €

Wie Sie sehen, kostet Sie Ihre Putzfrau unter dem Strich so gut wie keine Steuern und Abgaben, wenn Sie sie hochoffiziell anmelden. Und selbst wenn Sie die vollen 14,99 % Abgaben zahlen müssen, weil Sie sich nicht um die Krankenversicherungspauschale drücken konnten, kosten Sie Ihre Steuerehrlichkeit und Ihr ruhiges Gewissen im Jahr rd. 299 €, also nur ca. 25 € im Monat.

TIPP

Beim haushaltsnahen Minijob können Sie auch bar zahlen!

Für haushaltsnahe Dienstleistung und Handwerkerleistung ist eine Barzahlung nach wie vor nicht zulässig. Bei Minijobs, für die das Haushaltsscheckverfahren angewendet wird, sehr wohl. Hier gilt die von der Minijob-Zentrale zum Jahresende erteilte Bescheinigung als Nachweis. Deshalb ist bei diesen Minijobs zulässig, den Arbeitslohns bar zu zahlen. Das Finanzamt darf Ihnen die Steuerermäßigung nicht wegen der Barzahlung verwehren (so der Parlamentarische Staatssekretär im BMF Koschyk auf eine Anfrage im Bundestag, BT-Drucksache 18/51 S.35).

669 **Dienstleistungen im Haushalt**

Wenn Sie

- eine Hausangestellte sozialversicherungspflichtig beschäftigen,
- ein selbständiges Unternehmen mit der Erledigung typischer Leistungen im Haushalt beauftragen
- oder Leistungen für die eigene Pflege bzw. die von pflegebedürftigen Angehörigen in Anspruch nehmen,

winkt eine Steuerermäßigung von **20 % der Kosten, max. 4.000 €**.

Begünstigt sind vor allem solche Arbeiten, die gewöhnlich durch Mitglieder des Haushalts erledigt werden, in erster Linie Kochen, Putzen, Waschen, Einkaufen, Gartenpflege oder Kinderbetreuung. Nicht zuletzt fallen aber auch die Leistungen eines Umzugsunternehmens, das Ihren privaten Umzug durchführt, darunter.

WICHTIGER HINWEIS

Es ist völlig unerheblich, ob die Kosten für eine Hausangestellte, für Dienst- oder Pflegeleistungen anfallen. Alle Kostenarten sind gleichberechtigt mit bis zu 20.000 € begünstigt. Sehen Sie sich dazu die folgenden Beispiele an.

Reinigungsunternehmen	5.000 €		
Pflegekosten	12.000 €		
Gesamtkosten	17.000 €		
Steuerermäßigung darauf	20 % = 3.400 €	max. 4.000 €	= 3.400 €
Kosten für den Umzug	12.000 €		

Gartenpflege	3.600 €		
Lohn und Abgaben für die Köchin	9.600 €		
Gesamtkosten	25.200 €		
Steuerermäßigung darauf	20 % = 5.400 €	max. 4.000 €	= 4.000 €

Voraussetzung für den Abzug der Pflegekosten ist nicht, dass die gepflegte Person zumindest in einen Pflegegrad eingetuft ist und Leistungen aus der Pflegeversicherung bekommt (BMF v. 9.11.2016 – BStBl 2016 I S. 1213, RZ 14). Im Fall der Zahlung von Pflegegeld wird vor der Steuerermäßigung das Pflegegeld von Ihren Kosten abgezogen.

TIPP

Steuerermäßigung, auch wenn die gepflegte Person nicht bei Ihnen wohnt!

Es ist für Ihre Steuerermäßigung egal, ob die gepflegte Person in Ihrem Haushalt lebt oder in ihrem eigenen. Wichtig ist nur, dass Sie die Kosten übernehmen. Kommt also z.B. der Pflegedienst zu Ihrer Mutter, die in ihrer eigenen Wohnung lebt, können Sie die Steuerermäßigung für die von Ihnen getragenen Kosten abzgl. Pflegegeld beanspruchen.

TRICK

Verzichten Sie auf 400 € und kassieren dafür 4.000 €!

Wie so oft gilt auch hier, dass weniger manchmal mehr ist. Die Steuerermäßi- **670**
gung von bis zu 4.000 € für Pflegeleistungen steht Ihnen nach dem unendlichen Ratschluss des Gesetzgebers nur zu, wenn die Kosten bei Ihnen nicht als außergewöhnliche Belastungen auftauchen, sprich, wenn Sie für die Pflege Ihres Angehörigen nicht den Pflegepauschbetrag je nach Pflegegrad von 600 € bis 1.800 € (§ 33 b Abs. 6 EStG) in Anspruch nehmen.

Verzichten Sie also lieber auf den Pflegepauschbetrag, der selbst bei einem absoluten Spitzenverdiener und dem höchsten Pflegepauschbetrag max. ca. 922 € Steuermäßigung bringt, und profitieren Sie stattdessen von der viel höheren Steuerermäßigung für haushaltsnahe Pflegeleistungen.

Da der Pflegepauschbetrag zu den antragsabhängigen Steuervergünstigungen gehört, stellen Sie einfach keinen entsprechenden Antrag.

TRICK

Setzen Sie den Tiersitter von der Steuer ab!

671 Wollen Sie einmal ohne Ihren Hund oder die Mieze in Urlaub fahren und haben deshalb einen Haus- und Hundesitter engagiert oder kümmert sich untertags, während Sie in der Arbeit sind, jemand um Ihr Haustier, winkt eine Steuerermäßigung für haushaltsnahe Dienstleistungen. Wichtig ist aber auch hier, dass Sie mit einer ordentlichen Rechnung z.B. einer selbständigen Tier- und Wohnungsbetreuerin aufwarten können und die Dienstleistung unbar bezahlt haben. Ob die betreffende Person Waldi Gassi führt, Ihre Zierfische füttert oder die Katze oder den Goldhamster bespaßt, ist letztlich egal. So hat das zumindest der BFH gegen die bisherige Auffassung des Fiskus entschieden (BFH v. 3.9.2015 – VI R 13/15, BStBl 2016 II S. 47). Schließlich gehöre die Betreuung von Haustieren – Tätigkeiten wie das Reinigen der Katzentoilette, das Füttern und das spielerische Beschäftigen – zu den Verrichtungen, die typischerweise durch den Halter und dessen Familienangehörige erledigt werden und regelmäßig anfallen. Sie gehören damit zu den hauswirtschaftlichen Leistungen. Dass das Gassigehen mit Ihrem Hund auch zu den haushaltsnahen Dienstleistungen gehören kann, hat der BFH noch einmal ausdrücklich bestätigt (BFH v. 25.9.2017 – VI B 25/17, BFH/NV 2018 S. 3).

TRICK

Beteiligen Sie das Finanzamt an den Kosten fürs Schneeräumen!

672 Ihr Sachbearbeiter im Finanzamt wird natürlich nicht selbst die Schneeschaufel in die Hand nehmen und bei Ihnen den Gehweg und die Grundstückszufahrt räumen. Aber er muss Ihnen eine Steuerermäßigung für Ihre Kosten gewähren. Haben Sie nämlich ein Unternehmen oder einen selbständig Tätigen beauftragt, gegen entsprechendes Salär den Winter- oder Kehrdienst für Sie zu erledigen, sind das haushaltsnahe Dienstleistungen, für die Ihnen eine Steuerermäßigung zusteht. Das Beste kommt aber jetzt: Da hatte der Fiskus gerade erst in seinem BMF-Schreiben zu haushaltsnahen Dienstleistungen (v. 10.1.2014 – BStBl I 2014 S. 75) festgelegt, dass Sie nur den Kostenanteil geltend machen dürfen, der auf Ihr Grundstück entfällt, nicht dagegen den Anteil, der öffentliche Flächen, wie etwa den Gehweg, betrifft, prompt hat der BFH den Berliner

Bürokraten auf die Finger geklopft und entschieden, dass auch die Inanspruchnahme von Dienstleistungen, die jenseits der Grundstücksgrenze auf fremdem, beispielsweise öffentlichem Grund erbracht werden, als haushaltsnahe Dienstleistung begünstigt sind (BFH v. 20.3.2014 – VI R 55/12 BStBl 2014 II S. 880).

Handwerkerleistungen 673

Steuerlich gefördert werden 20 % Ihrer Kosten für Modernisierung und Instandhaltung. Dabei gilt eine Höchstgrenze von 6.000 € im Jahr, d.h., die Steuerermäßigung beträgt max. 1.200 €. Es spielt dabei keine Rolle, ob Sie als Eigentümer oder als Mieter den Auftrag geben.

Aufgemerkt: Sobald ein Handwerker Ihre Wohnung betritt, klingelt bei Ihnen die Kasse.

Sie können die Kosten u.a. für folgende Handwerkerleistungen in der Steuererklärung unterbringen:

- Arbeiten an Innen- und Außenwänden,
- Arbeiten am Dach, an der Fassade, an Garagen o. Ä.,
- Einziehen von Zwischenwänden,
- Reparatur oder Austausch von Fenstern und Türen,
- Streichen/Lackieren von Türen, Fenstern (innen und außen), Wandschränken, Heizkörpern und -rohren,
- Reparatur oder Austausch von Bodenbelägen (z.B. Teppichboden, Parkett, Fliesen),
- Reparatur, Wartung oder Austausch von Heizungsanlagen, Elektro-, Gas- und Wasserinstallationen,
- Modernisierung oder Austausch der Einbauküche,
- Modernisierung des Badezimmers,
- Reparatur und Wartung von Gegenständen (z.B. Waschmaschine, Geschirrspüler, Herd, Fernseher, Personalcomputer),
- Maßnahmen der Gartengestaltung,
- Pflasterarbeiten auf dem Wohngrundstück,
- Maler- und Tapezierarbeiten, Fassadenanstrich,
- Schornsteinfegerarbeiten,
- Kontrolle von Blitzschutzanlagen,
- Erstellung eines Schadensgutachtens sowie Ausschachtungsarbeiten am Mauerwerk zur Feststellung von Feuchtigkeitsschäden,
- Prüfung der Funktionsfähigkeit und des ordnungsgemäßen Zustands einer Anlage, z.B. Feuerstättenschau, Dichtigkeitsprüfungen etc.
- Verlegen von Kabeln für Strom, Telefon oder Fernsehen,
- Anschluss des neuen Fernsehers,
- Montage einer Satellitenschüssel.

TIPP

Im Haushalt oder für den Haushalt?

Wenn der Schreiner, Elektriker oder Klempner in Ihrem Haus werkelt, werden Sie mit der Steuerermäßigung für Handwerkerleistungen keine Probleme bekommen.

Nicht begünstigt sind allerdings die Kosten für Arbeiten, die der Handwerker in seiner Werkstatt erledigt. Während einige Finanzgerichte in der Vergangenheit solche Fälle steuerzahlerfreundlich gesehen haben, hat der BFH leider eine negative Entscheidung getroffen. Der Teil der Lohnkosten, der auf die Arbeiten in der Werkstatt des Handwerkers entfällt, ist nicht steuerbegünstigt (BFH v. 13.5.2020 – VI R 4/18, BFH/NV 2021 S.238). Sie sollten sich daher unbedingt den Teil der Lohnkosten getrennt bescheinigen lassen, der auf den Ein- und Ausbau, das Anschließen und Ausrichten in der Wohnung entfällt.

Im selben Verfahren hat der BFH zudem die Steuerermäßigung für Straßenanliegerbeiträge abgelehnt. Er war hier deutlich kleinlicher als beim Abzug der Kosten für das Reinigen und Schneeräumen des Bürgersteigs vor Ihrem Haus (BFH v. 20.3.2014 – BStBl II 2014 S.880).

TRICK

Lassen Sie beim Hausbau den Garten erst nach dem Einzug anlegen!

Die Steuerermäßigung für Handwerkerleistungen nach § 35a Abs. 2 Satz 2 EStG können Sie auch für Erd- und Pflanzarbeiten im Garten Ihres selbstbewohnten Hauses absetzen. Dabei kommt es nicht darauf an, ob der Garten neu angelegt oder umgestaltet wird. Auch wenn in Ihrem Haushalt durch einen An- oder Ausbau Herstellungskosten anfallen, sind diese als Handwerkerleistungen zu berücksichtigen. Entscheidend ist in beiden Fällen lediglich, dass Sie zum Zeitpunkt der Arbeiten schon in Ihrem Haus wohnen. Nach Meinung des BFH sind nämlich nur solche Handwerkerleistungen vom Abzug ausgeschlossen, die die Errichtung eines Haushalts betreffen. Finden die Arbeiten dagegen in einem schon vorhandenen Haushalt statt, ist der Abzug möglich (BFH v. 13.7.2011; BStBl 2012 II S.232). Das muss jetzt auch der Fiskus akzeptieren (BMF v. 10.1.2014 – BStBl 2014 I S.75).

Begünstigt sind nur die reinen Lohn-, nicht jedoch die Materialkosten. Außerdem berücksichtigt der Fiskus nur Kosten, die auf Ihrem Grundstück anfallen, deshalb will man Ihnen z.B. für öffentliche Gebühren für Straßenreinigung und Müllabfuhr die Steuerermäßigung nicht zugestehen.

Zu den begünstigten Handwerkerleistungen gehören die Kosten, um Ihr Haus an die öffentlichen Ver- und Entsorgungsleitungen anzuschließen, die sog. Hausanschlusskosten (BFH v. 20.3.2014 – BStBl 2014 II S. 882). Zahlen Sie dagegen Erschließungskosten, z.B., weil das Kanalnetz in Ihrer Straße saniert oder erstmalig gebaut wird, schauen Sie in die Röhre. Das sind keine unmittelbar dem Haushalt zuzurechnenden Kosten, so jedenfalls der BFH in seinem unendlichen Ratschluss (BFH v. 21.2.2018 – VI R 18/16 BStBl 2018 II, S. 641). Und weiter: Der von § 35a Abs. 3 Satz 1 i.V.m. Abs. 4 Satz 1 EStG vorausgesetzte räumlich-funktionale Zusammenhang zum Haushalt des Steuerpflichtigen ist auch nicht gegeben, wenn für die Neuverlegung einer öffentlichen Mischwasserleitung als Teil des öffentlichen Sammelnetzes ein Baukostenzuschuss erhoben wird.

TRICK

Die richtige Aufteilung bringt den Steuersegen

Wenn Ihr Handwerker das Material mitliefert, bitten Sie ihn, die Rechnung entsprechend aufzuteilen und die Lohnkosten getrennt auszuweisen. Wenn er so nett ist und Ihnen das Material zum Einkaufspreis liefert und dafür einen höheren Arbeitslohn verlangt, soll Ihnen das nur recht sein.

Nachweishürden 674

Damit Ihnen die schöne Steuerermäßigung für haushaltsnahe Dienstleistungen und Handwerkerleistungen nicht durch die Lappen geht, muss alles schön offiziell und mit Nachweisen laufen.

- Sie persönlich müssen der Auftraggeber sein! Als Mieter oder Inhaber einer Eigentumswohnung lesen Sie hier nach ➤ Rz 675.
- Sie brauchen eine astreine und offizielle Rechnung von Ihrem Dienstleister oder Handwerker!
- Sie müssen Ihre Zahlungen ggf. durch einen Beleg Ihrer Bank oder Sparkasse nachweisen können. Sie müssen zwar Ihre Rechnungen und Überweisungsbelege nicht zwingend mit der Steuererklärung zusammen einreichen. Das Finanzamt kann Ihre haushaltsnahen Dienstleistungen auch ohne die Vorlage von Belegen anerkennen. Allerdings haben Sie keinen Anspruch darauf. Im Zweifel kann das Finanzamt die Belege nachfordern. Also zahlen Sie auf gar keinen Fall bar! Auch Abschläge dürfen Sie immer nur unbar zahlen. Lässt

sich Ihr Handwerker darauf nicht ein und besteht auf Barzahlung, suchen Sie sich einen anderen, oder ziehen Sie ihm die verlorengegangene Steuerermäßigung schlicht und ergreifend von der Rechnung ab.

WICHTIGER HINWEIS

Die Steuerermäßigung für Handwerkerleistungen können Sie zusätzlich zu der für übrige haushaltsnahe oder Pflegedienstleistungen absetzen. Haben Sie also im laufenden Jahr ein Reinigungsunternehmen und/oder einen Pflegedienst beauftragt und zusätzlich einen Handwerker in Ihrer Wohnung werkeln lassen, beträgt Ihre Steuerermäßigung im günstigsten Fall bis zu 5.200 €.

TRICK

Setzen Sie die zumutbare Belastung von der Steuer ab!

Neben den formalen Hürden – ordentliche Rechnung, unbare Zahlung – hat der Fiskus eine weitere Spaßbremse bei der Steuerermäßigung eingebaut. Egal ob beim haushaltsnahen Beschäftigungsverhältnis oder bei Dienst- und Handwerkerleistungen: Der Abzug von Werbungskosten, Sonderausgaben und außergewöhnlichen Belastungen hat Vorrang vor der Steuerermäßigung. Sind Ihre Renovierungskosten z.B. Werbungskosten bei den Vermietungseinkünften oder können Sie die Betreuungskosten für Ihre Kinder als Sonderausgaben absetzen, tut Ihnen das nicht sonderlich weh. Auf eine Steuerermäßigung von 20 % kommen Sie nämlich schon bei einem Einkommen von ca. 12.500 €/25.000 € (Grundtabelle/Splittingtabelle). Übel wird die Geschichte allerdings z.B. bei den Pflegekosten. Können Sie die nämlich als außergewöhnliche Belastungen absetzen, wird Ihnen zunächst die zumutbare Belastung abgezogen. Dieser Betrag geht also steuerlich ins Leere – so der Wunsch des Fiskus. Aber der hat die Rechnung wieder einmal ohne den Wirt gemacht. In Höhe der zumutbaren Belastung konnten Ihre Kosten ja gerade nicht als außergewöhnliche Belastung berücksichtigt bzw. abgezogen werden. Also werden Sie für jeden Cent zumutbarer Eigenbelastung die Steuerermäßigung mit 20 % beantragen.

So ist das nun einmal im Leben! Wenn Sie auf jemanden treffen, der meint, er wäre ganz besonders schlau und könne Sie über den Tisch ziehen, müssen Sie halt versuchen, immer noch ein bisschen schlauer zu sein.

WICHTIGER HINWEIS

Der Fiskus stellte sich bisher besonders pingelig an. Gutachtertätigkeiten sollten nämlich nicht als Handwerkerleistungen anerkannt werden, selbst dann, wenn die Begutachtung z.B. von Ihrem Schornsteinfeger mit erledigt wurde.

Mit dieser kleinlichen Einschränkung waren die Finanzgerichte bis hin zum BFH allerdings gar nicht einverstanden. Der BFH hat letztlich entschieden, dass die Kosten für eine sog. Dichtheitsprüfung zu einer Steuerermäßigung nach § 35a Abs. 3 EStG für Handwerkerleistungen führen können. Seiner Meinung nach ist die Feststellung eines mangelfreien Zustandes einer Anlage bzw. die Überprüfung ihrer Funktionsfähigkeit durch einen Handwerker ebenso eine Handwerkerleistung wie die Beseitigung eines bereits eingetretenen Schadens oder vorbeugende Maßnahmen zur Schadensabwehr (BFH v. 6.11.2014 – VI R 1/13 BStBl 2015 II S.481). Der Fiskus hat sich inzwischen auch dieser Sichtweise angeschlossen (BMF v. 9.11.2016 – BStBl 2016 I S.1213).

WICHTIGER HINWEIS

Was für die Dichtheitsprüfungen gilt, gilt auch für andere Gutachten, die bzgl. der Funktionsfähigkeit von Anlagen im Haus erstellt werden. Nach dieser Entscheidung des BFH hat der Fiskus einen gekonnten Rückzieher bei der Abzugsbeschränkung für Schornsteinfegerkosten gemacht: Die kompletten Kosten für den Schornsteinfeger sind wieder für die Steuerermäßigung zu berücksichtigen (BMF v. 10.11.2015 – BStBl 2015 I S.876). Somit kann Ihr Finanzamt auch keine Aufteilung der Kosten in Kehr-, Reparatur- und Wartungsarbeiten einerseits und Gutachterkosten (Kosten für die Feuerstättenschau) andererseits verlanden. Man sieht wieder einmal: Hartnäckigkeit zahlt sich oft aus, wenn es der Fiskus mit seinen Streichgelüsten übertreibt.

TRICK

Durchforsten Sie als Mieter und Besitzer einer Eigentumswohnung Ihre Nebenkostenabrechnung

Gute Zeiten für Sie als Mieter oder als Besitzer einer selbstbewohnten Eigen- 675
tumswohnung. Alle Kosten, die dem Grunde nach haushaltsnahe Dienstleistun-

gen oder Handwerkerleistungen sind und Ihnen über die Nebenkostenabrechnung des Vermieters oder des Hausverwalters in Rechnung gestellt werden, können Sie genauso absetzen, als hätten Sie selbst den Auftrag erteilt. Angefangen von den Schornsteinfegergebühren über die Heizungswartung, die Pflege von Garten und Anlagen bis zur Reparatur des Daches an der Eigentumswohnanlage: Sie kassieren die Steuerermäßigung. Bestehen Sie also darauf, dass die entsprechenden Kosten aufgeteilt nach den Kategorien

- haushaltsnahe Beschäftigung,
- haushaltsnahe Dienstleistungen,
- Handwerkerleistungen

in Ihrer Nebenkostenabrechnung ausgewiesen werden, die dann als Nachweis für das Finanzamt genügt. Sie müssen nicht zusätzlich eine Kopie der Rechnung oder der Überweisung des Rechnungsbetrags vorlegen.

SUPER TRICK

Höhere Steuervergünstigung für Mieter und Eigentumswohnungsbesitzer

Beschäftigt Ihr Vermieter oder Hausverwalter einen Gärtner oder Reinigungskräfte auf 450-€-Basis, ergibt sich zunächst einmal ein formelles Problem. Sozialversicherungsrechtlich werden diese Minijobs als reguläre geringfügige Beschäftigungsverhältnisse behandelt – das bedeutet Pauschalabgaben von 31,51 % – und nicht als haushaltsnahe Beschäftigung. Da aber nur haushaltsnahe Beschäftigungen für eine Steuerermäßigung in Betracht kommen, würden Sie eigentlich insoweit leer ausgehen. Hier zeigt sich der Fiskus ausnahmsweise einmal von der großzügigen Seite. Er gestattet Ihnen, diese Kosten fiktiv als haushaltsnahe **Dienstleistungen** abzuziehen. Und das bedeutet, dass Ihre Steuerermäßigung nun 20 % der Kosten, max. aber 4.000 €, beträgt.

4. Pauschbeträge für Behinderte

676 Pauschbeträge werden ohne jeden Abzug in den elektronischen Lohnsteuerabzugsmerkmalen (ELStAM) eingetragen oder bei der Ermittlung des Einkommens berücksichtigt, sind also unabhängig vom Vorliegen besonderer Ausgaben und von der Höhe des Einkommens (§ 33 b EStG). Wenn Ihr Grad der Behinderung 50 % und mehr beträgt, haben Sie einen Schwerbehindertenausweis, den Sie beim Finanzamt vorlegen können (Fotokopie genügt).

Bei einem Grad der Behinderung unter 50 % brauchen Sie zum Nachweis eine Bescheinigung des Versorgungsamts oder einen Rentenbescheid. Anders als noch bis zum Jahr 2020 muss darin nicht mehr bescheinigt sein, dass die Behinderung auf einer typischen Berufskrankheit beruht oder Sie in Ihrer Beweglichkeit beeinträchtigt sind.
Diese Neuerung gehört neben der Anhebung der Pauschbeträge, der Einführung einer Fahrtkostenpauchale und der Erhöhung des Pflegepauschbetrags zu den lange überfälligen Änderungen rund um die Pauschbeträge für Menschen mit Behinderung, die endlich ab dem Jahr 2021 eingeführt worden sind.

TIPP

für Leser mit einer äußerlich nicht erkennbaren Behinderung

Der Nachweis der äußerlich erkennbaren Beeinträchtigung ist für Sie nur noch interessant für 2020 und früher. Sie können die Steuerermäßigung z.B. auch dann bekommen, wenn Ihre Beweglichkeit durch Asthma, ein Blasenleiden oder eine Herzkrankheit eingeschränkt ist. Achten Sie in diesen Fällen ebenfalls unbedingt darauf, dass Ihnen Ihre Bewegungsbeeinträchtigung vom Versorgungsamt ausdrücklich bescheinigt wird. Das ist vor allem dann wichtig, wenn Ihre Behinderung rückwirkend anerkannt wird, damit es keine Probleme mit den Pauschbeträgen bei nachträglicher Änderung der Steuerbescheide für 2020 und früher gibt.
Behinderte – dazu gehören auch Personen mit geistigen Gebrechen – erhalten seit 2021 die folgenden nach dem Grad der Behinderung gestaffelten jährlichen Freibeträge:

Grad der Behinderung (GdB)	€	677
20	384	
30	620	
40	860	
50	1.140	
60	1.440	
70	1.780	
80	2.120	
90	2.460	
100	2.840	
hilflos/blind/taubblind	7.400	
Hinterbliebenen-Pauschbetrag	370	

Damit hat der Gesetzgeber endlich die seit Ewigkeiten überfällige Anhebung der Pauschbeträge vorgenommen und die bisherigen Beträge mit Ausnahme des Hinterbliebenen-Pauschbetrags verdoppelt. Außerdem gibt es jetzt auch schon ab einem Grad der Behinderung von 20 % einen Pauschbetrag

678 Übrigens: Weder die Gewährung des Pauschbetrags für Blinde (§ 33 b EStG) noch das Verbot der Aufteilung von Aufwendungen in einen beruflich und in einen privat veranlassten Teil stehen der Anerkennung der Ausgaben eines blinden Arbeitnehmers für seinen Blindenhund, mit dem er den Weg von seiner Wohnung zur Arbeitsstätte und zurück zu Fuß zurücklegt, als Werbungskosten entgegen (FG München, rk Urt. v. 16.11.1984 – V 8/83 E).

TRICK

Bäumchen, Bäumchen, wechsle dich

679 Der Pauschbetrag für Behinderte gilt zunächst alle typischen Mehraufwendungen ab, die durch die Behinderung entstehen, z. B. also Arzt- und Medikamentenkosten, Unterbringungskosten in Heil- oder Pflegeheim, Aufwendungen für die Betreuung des Behinderten usw. Und nun spitzen Sie Ihre Ohren: Leben Sie in einem Pflegeheim, ist es meistens günstiger, anstelle des Pauschbetrags von 7.400 € die tatsächlichen Kosten anzusetzen. Lassen Sie uns mal sehen, was herauskommt, wenn Ihr Anteil an den Pflegeheimkosten monatlich 1.800 € beträgt.

Gesamtkosten im Pflegeheim	21.600 €
./. Haushaltsersparnis	– 9.744 €
Verbleiben als allgemeine Pflegekosten	11.856 €
./. zumutbare Belastung, angenommen	– 1.800 €
Abziehbar als allgemeine außergewöhnliche Belastung	10.056 €

Wie Sie sehen, können Sie locker auf den Pauschbetrag von 7.400 € verzichten und holen dafür 10.056 € rein. Also stellen Sie den Aufwand zusammen und beantragen (nach Abzug der zumutbaren Belastung) Berücksichtigung aufgrund der tatsächlichen Kosten.

Denken Sie immer steuerlich mit! Sie können sich in einem Jahr den Freibetrag geben lassen und im anderen den Einzelnachweis führen.

Wenn Sie weniger Kosten haben, wählen Sie den Pauschbetrag. Dann kriegen Sie was vom Finanzamt geschenkt. Für Einzelnachweis entscheiden Sie sich, wenn Sie sich etwa eine neue oder besonders gute Prothese beschaffen oder einen Rollstuhl, zu dem Sie zuzahlen müssen.

GUTER RAT

680 Ohne Nachweis der besonderen Pflegebedürftigkeit läuft beim Finanzamt gar nichts. Den erhöhten Behindertenpauschbetrag von 7.400 € bekommen Sie,

wenn Sie entweder einen Behindertenausweis mit der Eintragung »H« für hilflos oder »Bl«/»TBl« für blind/taubblind oder einen Bescheid des Versorgungsamts mit den entsprechenden Feststellungen vorweisen können oder von der Pflegeversicherung in den Pflegegrad 4 oder 5 eingestuft worden sind.
Fehlt Ihnen ein solcher Nachweis, müssen Sie einen Antrag beim Versorgungsamt oder bei der Pflegeversicherung stellen.

Mehraufwendungen an Krankenversicherungsbeiträgen, die ein Behinderter **681** wegen einer chronischen Dauererkrankung zahlen muss, weil er trotz Beihilfeberechtigung keine angemessene Krankenversicherung findet und deshalb notgedrungen in die gesetzliche eintritt, können u.U. aus Billigkeitsgründen als außergewöhnliche Belastung berücksichtigt werden. Voraussetzung ist allerdings, dass die Beiträge zur gesetzlichen Krankenversicherung die sonst üblichen Kosten unter Berücksichtigung eines Risikozuschlags, der auch bei einer privaten Krankenversicherung anfiele, erheblich übersteigen (BFH – BStBl 1992 II S.293).

Fahrtkostenpauschale für Menschen mit Behinderung **682**

Vergessen Sie nicht, Ihre Fahrtkosten geltend zu machen! Behinderte können seit 2021 für ihre behinderungsbedingten Fahrtkosten *zusätzlich zum Behindertenpauschbetrag* und ohne weitere Nachweise eine Fahrtkostenpauschale geltend machen. Sie beträgt bei einem

GdB von 70 und Merkzeichen »G«	900 €
GdB von 80 oder mehr	900 €
Merkzeichen »aG«, »Bl«, »TBl«, »H« oder Pflegegrad 4 oder 5	4.500 €

(Quelle: § 33 Abs. 2a EStG)
Mit den Pauschalen sind allerdings sämtliche behinderungsbedingten Fahrtkosten abgegolten. Ein darüber hinausgehender Abzug, weil Sie z.B. sehr viel fahren oder die Kosten Ihres Fahrzeugs sehr hoch sind, ist nicht möglich. Außerdem zieht der Fiskus weiterhin die zumutbare Belastung ab (siehe ➤ Rz 587).

Hat es unterwegs gekracht, z.B. während einer Urlaubsreise, konnten Sie früher **683** die Unfallkosten ansetzen (BFH-Urt. v. 15.11.1991 – BStBl 1992 II S.179). Da die Fahrtkostenpauschalen alle Kosten im Zusammenhang mit Ihren behinderungsbedingten Fahrten abgelten, dürfte es für den Abzug etwaiger Unfallkosten künftig Essig sein.
Allerdings sollten Sie zusätzlich den Einbau von behinderungsbedingter Zusatzausstattung geltend machen (BFH v. 21.2.2008 – EStB 2008 S.241). Dabei müssen Sie sich nicht mit der jährlichen Abschreibung begnügen. Der Fiskus hatte ein Einsehen und lässt die Einbaukosten – nach Abzug von Zuschüssen – im Jahr der Bezahlung voll zum Abzug zu (Bayerisches Landesamt für Steuern, Verfügung v. 28.5.2010, S 2284.1.1-2/6 St 32; NWB Datenbank). Haben Sie z.B. als Rollstuhlfahrer eine Hubvorrichtung oder eine Sondervorrichtung für Handgas und -bremse in Ihr Auto einbauen lassen, können Sie für die dafür

angefallenen Kosten von angenommen 4.200 € abzgl. der Zuschüsse von angenommen 2.000 € = 2.200 € voll absetzen.
Versuchen Sie Ihre Kosten dadurch zu drücken, dass Sie z.B. einen Zuschuss der Hauptfürsorgestelle des Landschaftsverbands beantragen.

TIPP

für gehbehinderte Ehegatten

684 Sind Sie beide gehbehindert (Grad der Behinderung 70 % und »G« oder mindestens 80 %) oder außergewöhnlich gehbehindert, hilflos oder blind (»aG«, »H«, »Bl« im Behindertenausweis), stehen Ihnen die Pauschalen für Fahrtkosten zweimal zu – selbst wenn Sie zusammenleben und ein Auto gemeinsam benutzen.

685 Sie können die Fahrtkostenpauschalen auch absetzen, wenn Sie den Behindertenpauschbetrag Ihres Kindes in Anspruch nehmen und dieses die Voraussetzungen für die Pauschale erfüllt. .

Ändert sich der Grad der Behinderung, stellen Sie den Antrag immer nach dem höchsten Grad, der im Jahr festgestellt war.

TRICK

Drücken Sie als Behinderter die Kosten für Ihren Führerschein!

686 Wer keinen Führerschein besitzt, ist fast aufgeschmissen. Vor allem als Behinderter haben Sie mit erheblichen Schwierigkeiten zu kämpfen. Hohe Einstiege, zu enge Türen, unzureichend ausgestattete Abteile usw. sind nur ein kleiner Teil der Dinge, die Ihnen die Benutzung öffentlicher Verkehrsmittel fast unmöglich machen. Also muss ein Auto her.

Argumentieren Sie so: »Bei erheblicher Geh- und Stehbehinderung sind laufende Pkw- und außergewöhnliche Kosten abzugsfähig. Solche außergewöhnlichen Kosten sind auch meine einmaligen Kosten für den Führerschein. Weil sie nicht laufend anfallen, sind sie nicht typischerweise mit meinem Behindertenpauschbetrag abgegolten.« Das Finanzamt möge nachlesen im BFH-Urteil v. 26.3.1993 (BStBl 1993 II S. 749). Durch die Steuerersparnis drücken Sie Ihre Führerscheinkosten locker um 25 %.

TRICK

Ziehen Sie Kosten für eine Heilkur zusätzlich ab!

Gern kommt das Finanzamt mit der Behauptung, die Kosten für eine Heilkur 687
seien mit dem Pauschbetrag für Behinderte abgegolten. Wehren Sie sich dagegen, indem Sie Einspruch einlegen und das Finanzamt auf das BFH-Urteil vom 11.12.1987 (BStBl 1988 II S. 275) hinweisen.
Auch als Behinderter benötigen Sie unbedingt ein *vor Antritt der Kur* ausgestelltes Attest des Amtsarztes oder des medizinichen Dienstes der Krankenkasse über die Notwendigkeit der Kur!

TRICK

So erlangt man auch bei kleinen Behinderungen einen Freibetrag auf Jahre hinaus

Liegt Ihr Behinderungsgrad unter 50 %, muss seit 2021 Ihre Behinderung nicht 688
mehr auf einer Berufskrankheit beruhen oder zu einer Bewegungsbeeinträchtigung führen. Es reicht somit, wenn Sie den Grad der Behinderung durch einen Bescheid der Versorgungsbehörden oder, soweit Sie einen solchen haben, einen Rentenbescheid mit Aussage zum Grad der Behinderung nachweisen.

Alle Freibeträge sind Jahresbeträge. Wer also z. B. am 30. Dezember als Körper- 689
behinderter anerkannt wurde, erhält für dieses Jahr den vollen maßgebenden Freibetrag. Bei rückwirkender Erhöhung des Körperbehinderungsgrades wird der Steuerfreibetrag ebenfalls rückwirkend gewährt. Der Grad der Behinderung wird nach der allgemeinen körperlichen Lage beurteilt – nicht nach Ihren Fähigkeiten, einen Beruf auszuüben.

GUTER RAT

Nimmt Ihr Kind wegen fehlender oder geringer Einkünfte den Pauschbetrag 690
nicht selbst in Anspruch, können Sie ihn in Ihrer Steuererklärung ansetzen. Sie haben also die Wahl, den Pauschbetrag dort anzusetzen, wo er sich am günstigsten auswirkt. Auch Groß- und Stiefeltern können den Behindertenpauschbetrag für das Kind in Anspruch nehmen, wenn das Kindergeld bzw. der Kinderfreibetrag auf sie übertragen worden ist.

TRICK

Schieben Sie den Behindertenpauschbetrag Ihren Eltern zu!

Wenn Sie ein behindertes Kind haben und noch im Haus Ihrer Eltern leben, sollten Sie überlegen, ob es nicht lukrativer ist, Ihre Eltern die Steuervergünstigungen geltend machen zu lassen. Angenommen, Sie sind nicht erwerbstätig oder gehen nur einer Teilzeitbeschäftigung nach, um Ihr Kind besser betreuen zu können, dann hält sich wegen Ihres geringen Einkommens die Steuerersparnis aus dem Behindertenpauschbetrag und den übrigen behinderungsbedingten Aufwendungen ziemlich in Grenzen. Viel mehr Steuern würden dagegen Ihre voll berufstätigen Eltern sparen.

Beispiel

Eines Ihrer beiden Kinder ist behindert, und Ihr Einkommen liegt ohne Behinderungsabzüge bei 12.000 €, das Ihrer doppelverdienenden Eltern bei 80.000 €. So sähe die Sache für Sie aus:

Einkommensteuer auf		12.000 €	366 €
./. Behindertenpauschbetrag		– 2.840 €	
./. Fahrtkostenpauschale	900 €		
./. zumutbare Belastung	– 620 €	– 280 €	
Steuer auf das korrigierte Einkommen		9.880 €	– 0 €
Ersparnis für Sie			366 €

Und so sähe es für Ihre Eltern aus:

Einkommensteuer auf		80.000 €	16.666 €
./. Behindertenpauschbetrag		– 2.840 €	
./. Fahrtkostenpauschale	900 €		
./. zumutbare Belastung ca.	3.600 €	0 €	
Steuer auf das korrigierte Einkommen		77.160 €	– 15.694 €
Ersparnis für Ihre Eltern			972 €

Nur durch den formalen Federstrich, mit dem Sie den Kinderfreibetrag und die übrigen Kindervergünstigungen übertragen haben, springen als Steuerermäßigung inkl. Kirchensteuer gut 694 € mehr heraus.

691 Die Bescheinigung des Versorgungsamts gilt für das Besteuerungsverfahren als Grundlagenbescheid. Wird die Körperbehinderung für zurückliegende Jahre bescheinigt, muss die Steuervergünstigung nachträglich gewährt werden. Dies geschieht durch Berichtigung der für die zurückliegenden Jahre ergangenen

Steuerbescheide. Daraus können sich beträchtliche Erstattungsbeträge ergeben. Dazu ein Hinweis: Bei Kindern werden Behinderungen häufig erst sehr spät erkannt. In diesem Fall ist es besonders wichtig, dass das Versorgungsamt bescheinigt, ab wann die Behinderung vorgelegen hat, z.B. ab Geburt.

Ist ein Behinderter verstorben und Sie können die Unterlagen über seine Behinderung nicht vorlegen, genügt zum Nachweis eine gutachterliche Stellungnahme von Seiten der für die Durchführung des Bundesversorgungsgesetzes zuständigen Behörde. Und hier können Sie das Finanzamt für sich arbeiten lassen: Diese Stellungnahme hat die Finanzbehörde einzuholen! 692

GUTER RAT

Schwerbehinderte mit dem Ausweismerkzeichen »G« und Gehörlose (auch ohne »G«) können wählen zwischen Freifahrten im öffentlichen Personennahverkehr und einer Kraftfahrzeugsteuerermäßigung von 50 %. Für Hilflose, Blinde, Taubblinde und außergewöhnlich Gehbehinderte (Merkzeichen »H«, »Bl«, »Bl«, »aG«) beträgt die Steuerbefreiung 100 %. 693
Voraussetzung ist, dass das Auto auf den Namen des Behinderten zugelassen ist und es nur von ihm selbst oder von anderen nur in seinem Beisein benutzt wird. Ausnahmen gelten für Fahrten im Zusammenhang mit dem Transport des Behinderten (z.B. Abholfahrten, Leerfahrt, wenn der Behinderte zur Arbeit gebracht wird usw.) oder mit seiner Haushaltsführung (Fahrten zum Arzt, Einkauf, Apotheke usw.).
Auf einige Erleichterungen, die Behinderte mit außergewöhnlicher Gehbehinderung (Zusatzmerkzeichen »aG«) in Anspruch nehmen können, will ich Sie noch hinweisen: Parkerlaubnis für Parkplätze mit dem Rollstuhlfahrerzeichen, Parkerlaubnis bis zu drei Stunden im eingeschränkten Halteverbot, kostenloses Parken an allen Parkuhren ohne Zeitbegrenzung; zusätzlich zur Kfz-Steuerbefreiung Freifahrten im öffentlichen Nahverkehr. Man braucht sich also nicht wie bei Merkzeichen »G« entweder für Freifahrten oder für die Steuerermäßigung zu entscheiden.

5. Pflegepauschbetrag

Wegen der außergewöhnlichen Belastungen, die durch die Pflege einer hilflosen Person entstehen, können Sie statt der tatsächlichen Kosten einen Pflegepauschbetrag beantragen. Auch hier gibt es ab 2021 eine Verbesserung. Statt wie bisher 924 € nur bei bescheinigter Hilflosigkeit oder Pflegegrad 4 bzw. 5 ist der Pflegepauchbetrag nunmehr gestaffelt: 694

Pflegegrad 2	600 €
Pflegegrad 3	1.100 €
Pflegegrad 4 und 5 oder Merkzeichen »H«	1.800 €

Voraussetzung ist, dass die Pflege entweder in Ihrer Wohnung oder in der Wohnung der gepflegten Person erfolgt.
Wenn weitere Personen zur Pflege beitragen, wird der Pauschbetrag zwischen Ihnen geteilt (§ 33 b Abs. 6 EStG). Ob aufgeteilt wird, richtet sich danach, wie viele Personen sich die Pflege teilen, nicht danach, wer die Pflege in seiner Steuererklärung geltend macht (BFH v. 14.10.1997 – III R 102/96). Die Aufteilung lässt sich also nicht dadurch vermeiden, dass nur einer der Beteiligten in seiner Steuererklärung den Antrag stellt. Damit hat der BFH das anderslautende Urteil des FG Köln (EFG 1996 S. 1226) kassiert.
Die Hilflosigkeit muss durch einen Schwerbehindertenausweis mit Merkzeichen »H« oder einen Bescheid des Versorgungsamtes, der Pflegegrad durch einen Bescheid der Pflegeversicherung nachgewiesen werden. Auf den Grad der Behinderung kommt es nicht an. Hilflos in diesem Sinn kann jemand auch sein, wenn er z. B. wegen eines Unfalls vorübergehend für eine längere Zeit auf fremde Hilfe angewiesen ist, mit einer Minderung oder dem Wegfall der Hilflosigkeit aber gerechnet werden kann (BFH v. 28.9.1984 – BStBl 1985 II S. 129).
Der Pflegepauschbetrag steht Ihnen auch zu, wenn Sie die Pflege nicht persönlich durchführen, sondern sich zeitweise einer Hilfskraft bedienen. Auch wenn Sie sich aus sittlichen Gründen verpflichtet fühlen, im Wege der Nachbarschaftshilfe einen hilflosen Nachbarn zu betreuen, können Sie en Pflegepauschbetrag beanspruchen.
Der Pflegepauschbetrag steht Ihnen ebenfalls zu, wenn der gepflegte Angehörige nicht in Deutschland, sondern in einem anderen EU-Staat lebt und dort von Ihnen oder Ihrem Ehepartner gepflegt wird. Lassen Sie sich nicht ins Bockshorn jagen, wenn Ihnen das Finanzamt Schwierigkeiten macht, weil Sie keinen Behindertenausweis oder einen vergleichbaren Nachweis für die Pflegebedürftigkeit vorweisen können. Die Versorgungsbehörden müssen in diesem Fall im Wege der Amtshilfe tätig werden und für den Angehörigen im Ausland feststellen, ob die Voraussetzungen vorliegen.

TIPP

zum Pflegepauschbetrag

695 Da der Pflegepauschbetrag ein Jahresbetrag ist, bekommen Sie ihn auch dann in ungekürzter Höhe, wenn Sie Ihren Angehörigen nicht während des gesamten Jahres gepflegt haben. Den Pauschbetrag werden Sie deshalb auch beantragen,

wenn Ihr Angehöriger während der Woche in einem Heim lebt und nur am Wochenende nach Hause kommt. Diese steuerzahlerfreundliche Entscheidung hat zumindest das Finanzgericht München getroffen (EFG 1995 S. 722).

WICHTIGER HINWEIS

Sehen Sie zu, ob Sie nicht zusätzlich zu der Steuerersparnis auf den Pflegepauschbetrag für Ihre Bemühungen bei Vater Staat die Hand aufhalten können. 696
Mit der Pflegeversicherung besteht die Möglichkeit, für die häusliche Pflege erheblich Pflegebedürftiger Pflegegeld von monatlich zwischen 316 € und 901 € zu kassieren. Pflegen Sie z. B. Ihren Vater, so hat dieser, weil er seine Betreuung selbst organisiert, Anspruch auf Pflegegeld. Dieses kann er steuerfrei an Sie weiterleiten. Den Antrag auf Pflegegeld stellen Sie bei der Pflegekasse, die bei der zuständigen Krankenkasse eingerichtet ist.

Das Pflegegeld ist nach Pflegegraden gestaffelt. Es beträgt pro Monat:

	Pflegegrad				
	1	**2**	**3**	**4**	**5**
Geldleistung ambulant		316	545	728	901
Sachleistung ambulant		689	1.298	1.612	1.995
Entlastungsbetrag ambulant (zweckgebunden)	125	125	125	125	125
Leistungsbetrag stationär	125	770	1.262	1.775	2.005

Pflegegrad 1
Geringe Beeinträchtigung der Selbstständigkeit.

Pflegegrad 2
Erhebliche Beeinträchtigung der Selbstständigkeit.

Pflegegrad 3
Schwere Beeinträchtigung der Selbstständigkeit.

Pflegegrad 4
Schwerste Beeinträchtigung der Selbstständigkeit.

Pflegegrad 5
Schwerste Beeinträchtigung der Selbstständigkeit mit besonderen Anforderungen an die pflegerische Versorgung.

697 Selbst wenn Sie für Ihr behindertes Kind Pflegegeld kassieren, muss Ihnen das Finanzamt ohne weitere Nachweise zu dessen Verwendung den Pflegepauschbetrag anerkennen. Das wurde in § 33 b Abs. 6 S. 2 EStG ausdrücklich geregelt.

TIPP

Lassen Sie sich bei Pflegekosten nicht austricksen!

698 Nach § 33 b EStG geht der Anspruch auf den Pauschbetrag verloren, wenn für die Pflege »Einnahmen« erzielt werden. Oft versuchen Finanzbeamte daher, Ihnen den Pflegepauschbetrag zu versagen, wenn in irgendeiner Form Zahlungen für die Pflege erfolgen, wenn z. B. die Pflegeversicherung Rentenversicherungsbeiträge übernimmt (wenn neben der Pflegetätigkeit nicht mehr als 30 Stunden pro Woche gearbeitet werden kann). Dass die Finanzer den Begriff »Einnahmen« nicht überstrapazieren dürfen, beweist aber ein Urteil des Finanzgerichts Berlin (Az: 6 K 6175/00). Danach handelt es sich bei übernommenen Rentenbeiträgen **nicht** um Einkünfte im steuerlichen Sinn:

»Die Steuerzahlerin erbringt die Pflegeleistungen erkennbar nicht um des Entgelts willen, sondern allein, weil sie sich sittlich und moralisch dazu verpflichtet fühlt.«

Auch wenn Sie z. B. einen Elternteil pflegen, der Pflegegeld kassiert, ist das noch lange kein Grund, Ihnen den Pflegepauschbetrag abzuerkennen, wenn Sie das Geld nicht von den Eltern bekommen. Ihre Pflege ist unentgeltlich und trotzdem ausreichend zwangsläufig. Was Ihre Eltern mit dem Pflegegeld letztlich angestellt haben, geht das Finanzamt einen feuchten Kehricht an (FG Bremen v. 24.11.2004 – EFG 2005 S. 365).

Denken, das heißt nein sagen.
(Alain)

X. Steuervergünstigungen für Kinder

1. Kindergeld – Kinderfreibetrag

a) Überblick zum Familienleistungsausgleich 699

Bevor ich ins Detail gehe, will ich Ihnen im Kurzüberblick zeigen, was beim Kindergeld und beim Kinderfreibetrag wichtig ist.

- Die Voraussetzungen für den Erhalt von Kindergeld und den Abzug von Kinderfreibeträgen sind nahezu gleich. Kindergeld und Kinderfreibetrag führen nicht kumulativ zu Steuervergünstigungen. Der Kinderfreibetrag wirkt sich auf die Einkommensteuer nur insoweit aus, als die Steuerersparnis größer ist als der Anspruch auf Kindergeld. Neben dem Kinderfreibetrag erhalten Sie für jedes Kind einen Betreuungsfreibetrag.
- Im Lauf des Jahres wird Ihnen zunächst nur Kindergeld ausgezahlt. Der Kinder- und der Betreuungsfreibetrag spielen erst bei der Einkommensteuererstattung eine Rolle. Ist der Freibetrag für Sie günstiger, wird Ihnen die Differenz zwischen Einkommensteuerersparnis und schon ausgezahltem Kindergeld automatisch vom Finanzamt erstattet.
- Bei der Berechnung der Lohnsteuer im Lauf des Jahres werden Kinder- und Betreuungsfreibeträge nicht berücksichtigt. Allerdings haben sie Einfluss auf die Höhe der sog. Annexsteuern, nämlich Kirchensteuer und ggf. Solidaritätszuschlag. Die werden so berechnet, als wäre der Kinder- und der Betreuungsfreibetrag bei der Lohnsteuer berücksichtigt worden.

Wie das Kindergeld werden auch der Kinder- und der Betreuungsfreibetrag 700
monatsweise gewährt. Liegen also die Voraussetzungen für die Berücksichtigung eines Kindes in einzelnen Monaten nicht vor, erfolgt eine entsprechende Kürzung. Kinder- und Betreuungsfreibetrag sowie Kindergeld gibt es in folgender Höhe:

	Kinder- und Betreuungsfreibetrag		monatliches Kindergeld			einmaliger Bonus
	monatlich	jährlich	1./ 2. Kind	3. Kind	ab 4. Kind	je Kind
	€	€	€	€	€	€
2020	651*/325,50**	7.812*/3.906**	204	210	235	300
2021	699*/349,50**	8.388*/4.149**	219	225	250	150

* (Ehe-)Paare/** Alleinerziehende

Eine Familie mit vier Kindern erhält demnach für 2021 monatlich 913 € Kindergeld. Wegen der Corona-Krise gibt es außerdem einen einmalig gezahlten Kinderbonus von 150 € je Kind. Das Kindergeld gibt es unabhängig von der Höhe des Einkommens.

Zu den Voraussetzungen siehe ➤ Rz 703ff.

701 **b) Kinder**

Als Kinder werden sowohl für das Kindergeld als auch den -freibetrag berücksichtigt:

- leibliche Kinder (sofern das Verwandtschaftsverhältnis zu den Eltern nicht durch eine Adoption erloschen ist),
- Adoptivkinder,
- Pflegekinder (dazu gehören nicht *Kostkinder*, die aus finanziellen Gründen aufgenommen werden),
- Stiefkinder und Enkelkinder, wenn sie im Haushalt der Stiefeltern oder der Großeltern leben und diesen von den Eltern der Kinderfreibetrag ausdrücklich übertragen wird.

Der BFH hat auch Eltern mit behinderten Kindern, die vollstationär untergebracht sind, den Kinderfreibetrag zuerkannt. Sie bekommen also neben dem Kinder- und dem Betreuungsfreibetrag (BFH v. 15.10.1999, BStB 2000 II S.75) alle anderen Kindervergünstigungen wie Baukindergeld, Ausbildungsfreibetrag oder die Übertragung des Behindertenpauschbetrags.
Für Kinder, die im Ausland leben, steht Ihnen ebenfalls ein Kinderfreibetrag zu. Dieser Auslandskinderfreibetrag wird allerdings je nach Lebensstandard im jeweiligen Land auf $^3/_4$, $^1/_2$ oder $^1/_4$ gekürzt.

702 Kindergeld und Kinderfreibetrag gibt es nicht doppelt: Wird ein Kind adoptiert, ohne dass das Kindschaftsverhältnis zu den leiblichen Eltern erloschen ist, stehen der Kinderfreibetrag und das Kindergeld vorrangig den Adoptiveltern zu. Denselben Vorrang genießen Pflegeeltern gegenüber leiblichen Eltern.

703 Für Kinder bis zum 18. Lebensjahr bekommen Sie ohne weitere Voraussetzungen Kindergeld oder Kinderfreibeträge bis einschließlich des Monats, in dem der 18. Geburtstag liegt.
Ältere Kinder werden nur unter folgenden Voraussetzungen berücksichtigt:

- **Kinder zwischen 18 und 21 Jahren**, wenn sie arbeitslos sind und der Arbeitsvermittlung durch die Agentur für Arbeit im Inland zur Verfügung stehen. Es ist also absolut notwendig, dass sich das Kind arbeitslos und arbeitsuchend meldet. **Achtung:** Als arbeitsuchend geht Ihr Kind nur durch, wenn es die Meldung spätestens alle drei Monate wiederholt (BFH v. 19.6.2008 – BStBl 2009 II S.1008). Auch wenn Ihr Kind wegen einer längeren Erkrankung eine Arbeits- oder Ausbildungsstelle gar nicht umgehend antreten könnte, sollte es sich sicherheitshalber weiter als arbeitsuchend melden (BFH v. 7.7.2016 – III R 19/15, BStBl 2017 II S.124). Tut es das nicht, gehen Kindergeld, Kinderfreibetrag und alle anderen vom Kind abhängigen Steuervergünstigungen verloren. Als Nachweis können Sie z.B. die Besucherkarte der Agentur für Arbeit vorlegen.

TIPP

Nicht jeder kleine Job ist schädlich

Auch wenn Ihr Kind gelegentlich Etwas nebenher verdient, kann es trotzdem 704
als arbeitsuchend berücksichtgt werden. Kein schädliches Beschäftigungsverhältnis liegt nämlich in folgenden Fällen vor:

- geringfügige Beschäftigung (450-€-Job),
- selbständige oder gewerbliche Tätigkeiten von insgesamt weniger als 15 Stunden wöchentlich,
- sog.1-Euro-Jobs i.S.d. § 16d SGB II.

- **Kinder zwischen 18 und 25 Jahren,** wenn sie 705

1. in der Berufsausbildung stehen; dazu gehören vor allem folgende Tätigkeiten zur Vorbereitung auf einen Beruf:
   - Besuch einer allgemein- oder berufsbildenden Schule,
   - die Ausbildung in einem berufsbezogenen Ausbildungsverhältnis,
   - Besuch einer Hochschule,
   - ein Praktikum,
   - Sprachaufenthalt im Ausland.
   - Vorbereitungsdienst der Lehramts- und Rechtsreferendare ,
   - Vorbereitungsdienst der Beamtenanwärter,
   - Berufspraktika in Berufen des Sozialwesens und der nichtärztlichen medizinischen Hilfstätigkeiten, die Voraussetzung für die staatliche Anerkennung in dem ausgebildeten Beruf sind,
   - Ausbildung während des Strafvollzugs,
2. oder sich in der Übergangszeit zwischen zwei Ausbildungsabschnitten – z.B. zwischen Abitur und Beginn des Studiums oder einer anderen Berufsausbildung – befinden und diese Übergangszeit nicht länger als vier Monate dauert (➤ Rz 706),
3. oder sich in der Übergangszeit zwischen einem Ausbildungsabschnitt, z.B. dem Abitur, und dem Bundesfreiwilligendienst oder dem freiwilligen Wehrdienst befinden und diese Übergangszeit nicht länger als vier Monate dauert,
4. oder ein Freiwilliges Ökologisches oder Soziales Jahr oder »Freiwilligendienst aller Generationen« oder Bundesfreiwilligendienst ableisten,
5. oder mangels Ausbildungsplatz eine Berufsausbildung nicht beginnen oder fortsetzen können, weil sie z.B. trotz intensiver Bemühungen keine Lehrstelle finden oder auf einen Studienplatz in einem Numerus-clausus-Fach warten.

WICHTIGER HINWEIS

Hat Ihr Kind noch keinen Ausbildungsplatz gefunden, sollte es sich unbedingt bei der Ausbildungsvermittlung der Agentur für Arbeit melden. Diese Meldung dient als Nachweis dafür, dass sich Ihr Nachwuchs ernsthaft um einen Ausbildungsplatz bemüht. Sie wirkt jedoch nur drei Monate fort. Hat es mit der Lehrstelle oder einem anderen Ausbildungsplatz bis dahin nicht geklappt, muss sich das Kind unbedingt erneut als **Ausbildung Suchender** melden, da sonst der Kindergeldanspruch entfällt (BFH v. 19.6.2008 – BStBl 2009 II S. 1005).

TIPP

zum Kindergeld bei unterbrochener Ausbildung

706 Sichern Sie sich in jedem Fall das Kindergeld oder den Kinderfreibetrag, wenn Ihr Kind seine Ausbildung nicht fortsetzen kann. Für solche Unterbrechungszeiten in der Ausbildung, z.B. zwischen Schulabschluss und Beginn der Lehre oder des Studiums, behalten Sie Ihre **Kindervergütungsansprüche, wenn die Unterbrechung nicht länger als vier Monate dauert**. Dazu müssen Sie Folgendes wissen:

- Bei der Kinderberücksichtigung gilt immer das Prinzip, dass für angefangene Monate, in denen nur zeitweise die Anspruchsvoraussetzungen erfüllt sind, Kindergeld und -freibetrag voll gewährt werden. Im Prinzip genügt jeweils ein Tag zur Erfüllung der Anspruchsvoraussetzungen.
- Es reicht völlig, wenn Ihr Kind seine Ausbildung in dem auf den vierten vollen Unterbrechungsmonat folgenden Monat beginnt.

Beispiel
Die Schulentlassung Ihres Kindes mit Übergabe des Zeugnisses und Bekanntgabe der Noten findet am 5. Juli statt.

Der max. Unterbrechungszeitraum (vier volle Kalendermonate) läuft nun von August bis November. Spätestens zum 31. Dezember muss Ihr Kind mit seiner weiteren Ausbildung begonnen haben. Nimmt es die Ausbildung erst am 2. Januar auf, entfällt der Kindergeld- bzw. Kinderfreibetragsanspruch für die Zeit von August bis Dezember und lebt erst ab Januar mit Weiterführen der Ausbildung wieder auf.

707 Leistet Ihr Kind nach der Schule

- ein Freiwilliges Soziales oder Ökologisches Jahr,
- einen Freiwilligendienst im Rahmen des EU-Programms »Jugend in Aktion«,

- einen entwicklungspolitischen Freiwilligendienst,
- einen internationalen Jugendfreiwilligendienst oder
- Bundesfreiwiligendienst,

wird es für die Zeit zwischen Schule und Dienstbeginn berücksichtigt, sofern die Übergangszeit nicht mehr als vier Monate beträgt. Zudem kann das Kind nach dem Dienst für weitere vier Monate berücksichtigt werden, wenn sich an den Dienst eine Berufsausbildung oder ein Studium anschließt.

Beispiel
Ihr Kind beendet die Schule mit dem Abitur am 13.6.2021. Am 1.9.2021 beginnt es ein Freiwilliges Soziales Jahr (FSJ). Nach dessen Ende am 31.8.2022 fängt es am 1.12.2022 eine Ausbildung an.
Für die Zeit zwischen Abitur und FSJ von Juli 2021 bis August 2021 und von September 2022 bis einschließlich November 2022 bekommen Sie Kindergeld und den Kinderfreibetrag. Ab Dezember 2022 befindet sich Ihr Kind wieder in der Berufsausbildung, und Sie können bis zur Vollendung seines 25. Lebensjahres den Kinderfreibetrag bzw. Kindergeld beanspruchen.

TIPP

zum Kindergeld bei krankheitsbedingter Unterbrechung der Ausbildung

Wenn Ihr Kind eine Ausbildung wegen einer Erkrankung abbrechen muss, be- 708
kommen Sie für die Zeit der Erkrankung weiter Kindergeld, wenn das Kind zum frühestmöglichen Zeitpunkt nach der Erkrankung seine Ausbildung fortsetzen oder eine neue Ausbildung beginnen will (FG Schleswig-Holstein v. 15.11.2018 – 3 K 76/18) Leider war die Familienkasse nicht einverstanden und ist mit dem Fall vor den BFH gezogen. Dieser muss nun im Revisionsverfahren (III R 42/19) abschließend über den Kindergeldanspruch entscheiden. Gegen einen ablehnenden Bescheid der Kindergeldkasse legen Sie also Einspruch ein und beantragen, dass Ihr Einspruch bis zum Urteil des BFH ruht.
In dieselbe Richtung wie das FG Schleswig-Holstein geht das FG Hamburg. Das hatte entschieden, dass die Eltern weiter Kindergeld bekommen, wenn ihr Kind bereits vor Beginn der Ausbildung krank geworden ist und deshalb nicht als Azubi starten konnte. Das Kind muss genauso behandelt werden, als könne es die Ausbildung mangels Ausbildungsplatz nicht beginnen (FG Hamburg v. 17.1.2020 – 5 K 24/19).
Last not least gibt es auch gute Nachrichten, wenn Ihr Kind ein FSJ leistet und während dessen so krank wird, dass es nicht weitermachen kann. Sie müssen dem Finanzamt deutlich machen, dass Ihr Kind mit dem FSJ sofort wieder beginnen will, wenn es fit genug dafür ist. Da eine allein krankheitsbedingte Un-

terbrechung vorliegt, gibt es das Kindergeld weiter (FG Hessen v. 29.1.2020– 9 K 182/19). Allerdings muss auch hier noch abschließend der BFH entscheiden, weil die Kindergeldkasse in Revision gegangen ist (Az. III R 15/20). Wenn man Ihnen das Kindergeld ablehnt, legen Sie Einspruch ein und beantragen, dass Ihr Verfahren bis zum Urteil des BFH ruht.

709 • **Kinder ohne Altersbeschränkung,** die sich wegen einer körperlichen, geistigen oder seelischen Behinderung nicht selbst unterhalten können. Entscheidend ist, dass das Kind über keine eigenen Einkünfte und Bezüge oder Vermögen verfügt, aus dem es seinen Unterhalt selbst bestreiten könnte. Dabei muss das Finanzamt mindestens 9.744 € an Einkünften und Bezügen zulassen. Diese Obergrenze erhöht sich um den Behindertenpauschbetrag.

Je nach Behinderungsgrad darf das Kind also eigene Einkünfte und Bezüge in folgender Höhe haben:

Grad der Behinderung	Behinderten-pauschbetrag	Grenzbetrag für eigene Einkünfte und Bezüge 2021
20	324 €	10.068 €
30	620 €	10.364 €
40	860 €	10.604 €
50	1.140 €	10.914 €
60	1.440 €	11.184 €
70	1.780 €	11.524 €
80	2.120 €	11.864 €
90	2.460 €	12.204 €
100	2.840 €	12.610 €
H/Bl/TBl, Pflegegrad 4+5	7.400 €	17.144 €

710 Zweckgebundene Zuschüsse wie zur Beschaffung von Hilfsmitteln bleiben dabei von vornherein unberücksichtigt (BFH v. 22.7.1988 – BStBl II 1988 S. 939). Liegen die Einkünfte und Bezüge über dieser Grenze, ist noch nicht aller Tage Abend. Legen Sie dem Finanzamt dar, dass Ihr Kind behinderungsbedingt einen erheblich höheren Aufwand hat und daher mit seinen Einkünften und Bezügen auf keinen Fall seinen Lebensunterhalt selbst bestreiten kann.

Das **Blindengeld** eines behinderten Kindes rechnet zu den Einkünften und Bezügen. Liegt es über dem Behindertenpauschbetrag von 7.400 €, können Sie statt des Pauschbetrags das tatsächlich gezahlte Blindengeld als behinderungsbedingten Mehrbedarf auf den Grenzbetrag für eigene Einkünfte und Bezüge Ihres Kindes aufschlagen (BFH v. 31.8.2006 – BFH/NV 2006 S. 2347).

Zum Nachweis der Behinderung benötigen Sie grundsätzlich den Behindertenausweis des Kindes, den Bescheid über die Feststellung der Behinderung durch die zuständige Versorgungsbehörde und bei einem Behinderungsgrad von unter 50 % eine Bescheinigung oder den Bescheid der Versorgungsbehörde.

TIPP
bei drogenabhängigen oder magersüchtigen Kindern

Als Behinderung kommen auch Suchtkrankheiten in Betracht. Wer ein drogen- 711
abhängiges Kind hat, das sich deswegen nicht selbst unterhalten kann, sollte Kindergeld beantragen und das Kind in der Steuererklärung geltend machen. Selbst wenn kein Schwerbehindertenausweis vorgelegt werden kann! Denn nach dem BFH-Urteil vom 16.4.2002 (BStBl 2002 II S. 738) ist der zu erbringende Nachweis der Behinderung im Gesetz nicht geregelt und kann auch auf andere Art als durch einen Schwerbehindertenausweis erbracht werden. Den Nachweis können Sie z.B. durch ein ärztliches Gutachten oder durch Zeugnis der behandelnden Ärzte oder durch ein Gutachten eines arbeitsmedizinisch-internistischen Sachverständigen führen (FG Hamburg v. 5.8.2008 – 3 K 117/07). Wichtig ist, dass aus den Bescheinigungen Beginn, Grad und Folgen der Drogensucht (sprich Behinderung), wie körperliche und psychische Beeinträchtigungen und Auswirkungen auf die Erwerbsfähigkeit des Kindes, hervorgehen.

Erwerbstätigkeit des Kindes 712
Volljährige Kinder unter 25 Jahre werden ohne weitere Voraussetzungen bis zum Abschluss einer erstmaligen Berufsausbildung oder eines Erststudiums berücksichtigt, auch wenn sie eigene Einkünfte und Bezüge haben.

Nachdem Ihr Kind seine erste Berufsausbildung oder ein Erststudium abge- 713
schlossen hat, kann es steuerlich nur noch berücksichtigt werden, wenn es weiterhin eine der Voraussetzungen lt. ➤ Rz 705 erfüllt und keiner Erwerbstätigkeit nachgeht, deren Umfang so groß ist, dass die Ausbildung dadurch behindert wird.
Eine Erwerbstätigkeit ist für die Gewährung von Kindergeld oder -freibeträgen in keinem Fall schädlich bei Kindern bis zur Vollendung des 21. Lebensjahres, die als arbeitsuchend gemeldet sind, sowie behinderten Kindern.

Wann ist eine Berufsausbildung abgeschlossen? 714
Eine Erwerbstätigkeit wird erst dann problematisch, wenn Ihr Kind eine Berufsausbildung im engeren Sinn abgeschlossen hat. Von einer solchen Berufsausbildung spricht der Gesetzgeber nur dann, wenn der Beruf in einem öffentlich-rechtlich geordneten Ausbildungsgang erlernt wird, der durch eine Prüfung abgeschlossen wird.
Für die grundsätzliche Berücksichtigung eines Kindes ist allerdings nur die Rede davon, dass Ihr Kind »für einen Beruf ausgebildet wird«. Dieser Tatbestand ist aber bereits erfüllt, wenn das erwachsene Kind z.B. eine allgemeinbildende Schule besucht, ein Volontariat absolviert oder ein Berufspraktikum. So berech-

tigt der Besuch eines Gymnasiums grundsätzlich zur Berücksichtigung des Kindes, das Abitur stellt aber nicht den Abschluss einer »Berufsausbildung« dar.

Eine *erstmalige Berufsausbildung* liegt so lange vor, wie keine andere abgeschlossene Berufsausbildung bzw. kein abgeschlossenes Hochschulstudium an einer der folgenden Hochschulen vorausgegangen ist:

- Universität,
- Pädagogische Hochschule,
- Kunsthochschule,
- Fachhochschule,
- gleichgestellte private oder kirchliche Bildungseinrichtung,
- Hochschule des Bundes, die nach Landesrecht als Hochschule anerkannt wird,
- vewaltungsinterne Fachhochschule.

Ein Studium ist regelmäßig abgeschlossen, wenn Ihrem Kind der entsprechende akademische Grad verliehen wird. Das sind

- Diplom,
- Magister,
- Bachelor,
- Bakkalaureus und
- Master.

Wie die Beurteilung in Sonderfällen aussieht, sehen Sie an den folgenden Beispielen:

- Es bleibt bei einem Erststudium, wenn Ihr Kind sein Studium unterbricht und es später wieder aufnimmt.
- Ein Erststudium liegt vor, wenn das Kind seinen ursprünglichen Studiengang wechselt, bevor es einen Abschluss erreicht hat. Das Kind studiert z.B. zunächst Biologie und wechselt nach vier Semestern in den Studiengang Informatik.
- Studiert Ihr Kind mehrere Studiengänge parallel, liegt so lange ein Erststudium vor, bis in einem der Studiengänge ein Abschluss erfolgt. Ab diesem Zeitpunkt ist das weitere Studium kein Erststudium mehr.
- Wird zunächst ein Fachhochschulstudium mit Abschluss absolviert, stellt ein weiteres Studium an einer Universität keine Erstausbildung dar.
- Referendariate/Vorbereitungsdienste, z.B. bei angehenden Juristen, setzen das erste Staatsexamen voraus. Dieses gilt als berufsqualifizierender Studienabschluss. Das Referendariat ist daher keine Erstausbildung, fällt aber gleichwohl nicht unter die schädlichen Erwerbstätigkeiten (20-Stunden-Grenze), da es ein Ausbildungsdienstverhältnis darstellt, das generell unschädlich ist.

- Führt Ihr Kind nach dem Bachelor-Studiengang sein Studium mit einem auf dem Bachelor aufbauenden Masterstudiengang fort – man spricht hier von einem sog. konsekutiven Masterstudium –, ist das Masterstudium noch Teil der ersten Berufsausbildung. Im Sinne des Kindergelds liegt somit weiterhin ein Erststudium vor (BFH v. 3.9.2015 – BStBl 2016 II S. 166).
- Hat ein Kind zunächst eine Berufsausbildung, z.B. eine kaufmännische Ausbildung, abgeschlossen und beginnt danach ein Studium, ist das Studium auch dann eine Zweitausbildung, wenn die Voraussetzung dafür erst durch die vorherige Ausbildung erworben wurde. In diesem Fall sieht der BFH, anders als beim konsekutiven Masterstudium, keine einheitliche Erstausbildung (BFH v. 4.2.2016 – III R 14/15).

TIPP

Einheitliche Erstausbildung

Ganz wichtig für Ihren Kindergeldanspruch ist es, ob die einzelnen Ausbildungsteile als einheitliche Ausbildung anzusehen sind. Nur dann bekommen Sie für Ihr Kind nach Abschluss einer erstmaligen Berufsausbildung oder eines Erststudiums weiterhin Kindergeld, wenn es einen Job hat mit mehr als 20 Wochenstunden.
Leider hat der BFH seine Regeln zu aufeinanderfolgenden Studiengängen deutlich verschärft. Zwar bleibt er dabei, dass mehrere Ausbildungs- bzw. Studienabschnitte als einheitliche Erstausbildung zusammengefasst werden können, verlangt dafür aber, dass

- die Ausbildungs-/Studienteile sachlich eng zusammenhängen, wie z.B. bei einem Bachelor- und Masterstudium in derselben Fachrichtung,
- sie zeitlich unmittelbar aufeinander folgen und
- der zweite Ausbildungsteil, z.B. das Masterstudium, nicht als berufsbegleitend durchgeführte Weiterbildung anzusehen ist.

Kritisch kann es mit dem Kindergeld vor allem dann werden, wenn Ihr Kind während eines Masterstudiums schon voll im Job steht. Der BFH verlangt nämlich, dass die Ausbildung, in diesem Fall also das Masterstudium, die hauptsächliche Tätigkeit Ihres Kindes darstellt und nicht etwa ein bereits aufgenommener Job im Vordergrund steht (BFH v. 11.12.2018 – III R 26/18, BFH/NV 2019, S. 465) und damit das Folgestudium lediglich als berufsbegleitende Weiterbildung anzusehen ist.
Die Frage, ob eine weiterführende Bildungsmaßnahme nach erfolgtem Berufsabschluss als weitergeführte einheitliche Ausbildung anzusehen ist, stellt sich aber nicht nur bei aufeinander folgenden Studiengängen, sondern auch, wenn

statt eines Studiums eine andere Höherqualifizierungsmaßnahme erfolgt. Das können z.B. die Meisterprüfung, eine Steuerberaterprüfung, Prüfungen zum Steuerfachwirt, Verwaltungsfachwirt oder Rechtsanwalts- und Notarfachwirt sein.

Gegen eine einheitliche Ausbildung spricht laut unserem obersten Steuergericht, wenn das Kind nach der ersten Ausbildung einer Berufstätigkeit nachgeht und die weitere Bildungsmaßnahme gegenüber der Berufstätigkeit in den Hintergrund tritt. Das soll vor allem dann der Fall sein, wenn

- Ihr Kind in einem zunächst erlernten Beruf entweder einen von vornherein unbefristeten Arbeitsvertrag oder einen zeitlich befristeten Arbeitsvertrag von mehr als einem halben Jahr abschließt,
- die Tätigkeit in einem Vollzeitjob oder beinahe einem Vollzeitjob ausgeübt wird,
- Einstellungsvoraussetzung der erste Berufsabschluss ist, z.B. der Bachelor, oder die Abschlussprüfung.
- sich die Organisation des Masterstudiengangs wesentlich nach den Bedürfnissen des Arbeitsverhältnisses Ihres Kindes richtet. Das soll vor allem dann der Fall sein, wenn bei einer Vollzeittätigkeit die Lehrveranstaltungen, Präsenz-, Klausur- und Prüfungstermine weitgehend in den Abendstunden oder an Wochenenden liegen.

Gleichwohl müssen Sie sich nicht so ohne Weiteres mit jeder ablehnenden Entscheidung der Kindergeldkasse oder des Finanzamts zufrieden geben. Es muss in jedem Fall genau geprüft werden, ob eine einheitliche Ausbildung vorliegt oder nicht. Es gibt eine Menge Konstellationen, in denen das längst nicht klar ist.

Für eine Berücksichtigung der weiteren Bildungsmaßnahme als Teil einer einheitlichen Ausbildung, bei der die Ausbildung und nicht die Erwerbstätigkeit im Vordergrund steht, spricht, wenn

- die neben der Ausbildung ausgeübte Erwerbstätigkeit in Teilzeit ausgeübt wird,
- die Erwerbstätigkeit mit der eigentlichen Ausbildung nichts zu tun hat, wie z.B. der Job als Servicekraft eines Studenten,
- die Ausbildung einen deutlich höheren zeitlichen Umfang einnimmt als die Erwerbstätigkeit,
- der zeitliche Ablauf der Erwerbstätigkeit an die Ausbildungszeiten angepasst wird und nicht umgekehrt.

In diesem Sinne hat der BFH zahlreiche Revisionen entschieden und den Beteiligten aufgegeben, immer zu prüfen, ob nach den oben genannten Kriterien die Ausbildung oder die Erwerbstätigkeit im Vordergrund steht. Die wesentlichen Konsequenzen aus den Urteilen können Sie in der hierzu ergangenen Arbeitsanweisung der Kindergeldkassen nachlesen (Schreiben des BZSt vom 26.2.2020 – BStBl 2020 I S 251).

Liegt bei einer weiteren Bildungsmaßnahme keine einheitliche Ausbildung vor, muss gleichwohl die Ausbildung zeitlich im Vordergrund stehen. Die Prüfung erfolgt hier aber nach gesetzlich festgelegten deutlich pauschaleren Kriterien.

Unschädliche Erwerbstätigkeit bei nicht einheitlicher Ausbildung 715

Eine unschädliche Erwerbstätigkeit liegt vor, wenn die Erwerbstätigkeit die Zeit und die Arbeitskraft des Kindes nicht überwiegend beansprucht. Gesetzlich fingiert ist das immer der Fall, wenn die regelmäßige wöchentliche Arbeitszeit nicht über 20 Stunden in der Woche liegt. Auf jeden Fall unschädlich sind – ohne stundenmäßige Begrenzung – Ausbildungsdienstverhältnisse oder geringfügige Beschäftigungsverhältnisse (Minijobs).

Schädliche Erwerbstätigkeit insbesondere bei Zweitausbildungen 716

Erwerbstätigkeit ist jede auf Einkünfteerzielung gerichtete Tätigkeit des Kindes. Dabei ist unerheblich, ob es sich um eine nichtselbständige oder eine selbständige Tätigkeit handelt. Allerdings muss das Kind in der Woche durchschnittlich mehr als 20 Arbeitsstunden ableisten, bevor die Erwerbstätigkeit Einfluss auf Kindergeld und -freibeträge hat.

Aufgrund der 20-Stunden-Grenze ist die »passive« Einkünfteerzielung aus Vermögen (Kapitaleinkünfte, Vermietungseinkünfte, Beteiligungen an Unternehmen) regelmäßig unschädlich, solange kein oder nur ein geringer Einsatz der persönlichen Arbeitskraft des Kindes erforderlich ist.

Für die Prüfung der 20-Stunden-Grenze ist auf die im Einzelfall vertraglich vereinbarte Arbeitszeit abzustellen. Wird die Beschäftigung vorübergehend für höchstens zwei Monate auf mehr als 20 Stunden erweitert, ist dies unschädlich, wenn die durchschnittliche wöchentliche Arbeitszeit in dem gesamten Zeitraum, in dem das Kind zu berücksichtigen ist, nicht mehr als 20 Stunden beträgt.

Beispiel 1

Ihr Kind hat im Oktober 2021 eine Ausbildung zum Steuerfachangestellten abgeschlossen. Am 1.4.2021 beginnt es ein BWL-Studium. Mit seinem bisherigen Arbeitgeber hat es eine Teilzeitbeschäftigung ab dem 1.4.2022 mit einer Wochenarbeitszeit von 15 Stunden vereinbart. In den Semesterferien arbeitet Ihr Kind vom 1.8. bis 30.9.2022 aber jeweils volle 40 Wochenstunden. Im Oktober und November (neun Wochen) geht Ihr Kind keiner Beschäftigung nach. Ab 1.12.2022 beginnt es eine Tätigkeit in einer anderen Kanzlei mit einer Wochenarbeitszeit von 15 Stunden.

1.4. bis 31.7.2022 = 17 Wochen à 15 Std.	255 Std.
1.8. bis 30.9.2022 = 8 Wochen à 40 Std. (= Ausweitung der Beschäftigung)	320 Std.
1.12. bis 31.12.2022 = 4 Wochen à 15 Std.	60 Std.
Gesamtarbeitsstunden	635 Std.

29 Arbeitswochen + 9 Wochen Oktober/November = insgesamt	38 Wochen
Durchschnittliche Arbeitsstunden	16,7 Std.

Da die Beschäftigung im August/September lediglich vorübergehend ist und die durchschnittlichen Arbeitsstunden im Zeitraum 1. 4. bis 31.12.2022 mit 16,5 unter 20 Stunden liegen, ist die Erwerbstätigkeit unschädlich. Das Kind ist daher vom 1. 4. bis 31.12.2022 zu berücksichtigen.

Beispiel 2
Die Verhältnisse entsprechen denen im ersten Beispiel, aber Ihr Kind arbeitet vom 1.7. bis 30.9.2022 je 40 Wochenstunden.

1.4. bis 30.6.2022 = 13 Wochen à 15 Std.	195 Std.
1.7. bis 30.9.2022 = 12 Wochen à 40 Std.	480 Std.
(= Ausweitung der Beschäftigung)	
1.12. bis 31.12.2022 = 4 Wochen à 15 Std.	60 Std.
Gesamtarbeitsstunden	735 Std.
29 Arbeitswochen + 9 Wochen Oktober/November = insgesamt	38 Wochen
Durchschnittliche Arbeitsstunden	19,3 Std.

Da die Beschäftigung mit 40 Wochenstunden von Juli bis September zwei Monate übersteigt und damit nicht mehr nur vorübergehend ist, kann das Kind lediglich für die Zeiträume 1. 4. bis 30. 6. und 1. 10. bis 31.12.2022 berücksichtigt werden, weil die durchschnittliche Wochenarbeitszeit mit 19,3 weiter unter 20 Stunden liegt. Für Juli bis September besteht dagegen kein Anspruch auf Kindergeld.

Beispiel 3
Die Verhältnisse entsprechen denen im ersten Beispiel, aber Ihr Kind arbeitet vom 1. 4. bis zum 30.9.2022 je 20 Wochenstunden.

1.4. bis 30.6.2022 = 13 Wochen à 20 Std.	260 Std.
1.7. bis 30.9.2022 = 12 Wochen à 40 Std.	480 Std.
(= Ausweitung der Beschäftigung)	
1.12. bis 31.12.2022 = 4 Wochen à 15 Std.	60 Std.
Gesamtarbeitsstunden	800 Std.
29 Arbeitswochen + 9 Wochen Oktober/November = insgesamt	38 Wochen
Durchschnittliche Arbeitsstunden	21,05 Std.

Da die Beschäftigung in der Zeit vom 1. 4. bis 31.12.2022 durchschnittlich über 20 Wochenstunden liegt, kann Ihr Kind im Jahr 2022 überhaupt nicht berücksichtigt werden.

717 **c) Kinderfreibetrag und Betreuungsfreibetrag**

Als Alternative zum Kindergeld können Sie – allerdings erst in Ihrer Einkommensteuererklärung – Kinderfreibeträge abziehen. Auf den Steuervorteil, der

sich daraus für Sie ergibt, wird das schon ausgezahlte Kindergeld angerechnet. Das Finanzamt zahlt Ihnen also nur eine mögliche Differenz zwischen Steuerersparnis durch die Freibeträge und Kindergeld aus.
Der Gesamtfreibetrag von 8.388 € für ein Kind setzt sich aus zwei Komponenten zusammen: dem eigentlichen Kinderfreibetrag von 2.730 €/5.460 € und dem Freibetrag für Betreuungs- und Erziehungs- oder Ausbildungsbedarf von 1.464 €/2.928 € (Alleinstehende/Verheiratete). Die beiden Freibeträge werden grundsätzlich nach denselben Kriterien jeweils gemeinsam bei den Eltern abgezogen. Unterschiede ergeben sich nur, wenn die einem Elternteil zustehenden Freibeträge beim anderen Elternteil abgezogen werden sollen. Während beim Kinderfreibetrag die Übertragung grundsätzlich nur in Betracht kommt, wenn der andere Elternteil nicht genügend Unterhalt zahlt, kann der Betreuungsfreibetrag bei minderjährigen Kindern unabhängig von den Unterhaltszahlungen komplett auf den Elternteil übertragen werden, bei dem das Kind gemeldet ist.

WICHTIGER HINWEIS

Wie beim Kindergeld gilt das Monatsprinzip, d.h., Sie erhalten nur für die Monate, in denen bei Ihnen ein Kind nach den steuerlichen Regeln berücksichtigt werden kann, jeweils $^1/_{12}$ des Jahresbetrags. 718

Beispiel
Hat Ihr 25-jähriger Sohn seine Ausbildung im Januar 2021 beendet, bekommen Sie nur noch für Januar einen Kinder-/Betreuungsfreibetrag, also $^1/_{12}$ von 8.388 € = 699 € (Monatsbetrag für zusammenveranlagte Ehegatten) bzw. $^1/_{12}$ von 4.194 € = 349,50 € (Monatsbetrag für z.B. getrennt lebende Elternteile).

Mit einer Eintragung Ihres Kindes in den elektronischen Lohnsteuermerkmalen sparen Sie nur Kirchensteuer und Solidaritätszuschlag. Wegen des Vorrangs der Kindergeldzahlung werden die Kinderfreibeträge nicht mehr wie früher in die normalen Lohnsteuertabellen eingearbeitet. Sie werden beim Steuerabzug vom Arbeitslohn im Lauf des Jahres nur noch gebraucht, um die fiktive Lohnsteuer zu berechnen, die sich beim Abzug von Kinderfreibeträgen ergeben würde. Auf dieser fiktiven Lohnsteuer basiert aber die Berechnung von Kirchensteuer und Solidaritätszuschlag. Und da Kleinvieh bekanntlich auch Mist macht und Sie schließlich nichts zu verschenken haben, sollten Sie sich also auf jeden Fall Ihre Kinder eintragen lassen. 719

d) Auslandskinderfreibetrag 720
Für Auslandskinder wird bei der Einkommensteuerveranlagung unter den gleichen Bedingungen wie für Inlandskinder ein Kinderfreibetrag berücksichtigt.

Ganz ohne Pferdefuß geht es aber offensichtlich nicht. Leben die Kinder in Ländern mit niedrigerem Lebensstandard als dem der Bundesrepublik, werden die Kinderfreibeträge inkl. Freibetrag für Betreuungs- und Erziehungs- oder Ausbildungsbedarf um $^1/_4$, $^1/_2$ oder sogar um $^3/_4$ auf 6.291 €/4.194 €/2.097 € zusammengestrichen. Maßgebend dafür ist die Einteilung aller Länder in Ländergruppen (BMF-Schreiben v. 11.11.2020 – BStBl 2020 I S. 1212).

TIPP

für ausländische Kinder

721 Auch für Auslandskinder gilt im laufenden Jahr der Vorrang Kindergeld vor Kinderfreibetrag. Daher wird ein Kinderfreibetrag für die Berechnung der Lohnsteuer zunächst nicht eingetragen. Soweit Ihnen für Ihr Auslandskind Kindergeld in Ihrem Heimatland zusteht, bleibt es bei diesem Grundsatz. Bekommen Sie dagegen keine vergleichbaren Leistungen, können Sie sich ausnahmsweise den Kinderfreibetrag als Lohnsteuerfreibetrag auf der Lohnsteuerkarte eintragen lassen, damit Ihr Kind im laufenden Jahr überhaupt irgendwie berücksichtigt werden kann.

722 **e) Übertragung von Kinder-/Betreuungsfreibeträgen**

Nicht miteinander verheiratete oder getrennt lebende Eltern erhalten jeweils den halben Kinder- und Betreuungsfreibetrag (2.730 € bzw. 1.464 €).

Auf besonderen Antrag kann ein Elternteil die Freibeträge des anderen zwangsweise auf sich übergehen lassen, wenn er seine Unterhaltspflicht gegenüber dem Kind im Wesentlichen (d. h. zu mindestens 75 %) erfüllt, der andere Elternteil hingegen seiner Unterhaltsverpflichtung nicht nachkommt. Profitieren können davon vor allem Elternteile, in deren Haushalt die Kinder leben.

Beim Betreuungs-, nicht aber beim Kinderfreibetrag ist auch unabhängig davon, ob der andere Elternteil seiner Unterhaltsverpflichtung nachkommt, eine Übertragung auf denjenigen Elternteil möglich, bei dem das Kind gemeldet ist.

Die Freibeträge können einvernehmlich auch auf Stief- oder Großeltern übertragen werden, wenn das Kind in deren Haushalt lebt. In diesem besonderen Fall können die leiblichen Eltern also auf den Betreuungs- **und** den Kinderfreibetrag verzichten.

Mit der Übertragung gehen dem übertragenden Elternteil alle kindbedingten Vorteile verloren, als da sind: Haushalts- und Ausbildungsfreibetrag, Minderung der zumutbaren Belastung und der Kirchensteuer, Übertragung des Behindertenpauschbetrags, der dem Kind zusteht, evtl. noch zustehendes Baukindergeld.

Kindesunterhalt laut Düsseldorfer Tabelle 2021 723

	Nettoeinkommen des Barunterhaltspflichtigen	Altersstufe in Jahren			
		0 – 5	6 – 11	12 – 17	ab 18
	€	€	€	€	€
1.	bis 1.900	393	451	528	564
3.	1.901 – 2.300	413	474	555	593
4.	2.301 – 2.700	433	497	581	621
5.	2.701 – 3.100	452	519	608	649
6.	3.101 – 3.500	472	542	634	677
7.	3.501 – 3.900	504	578	676	722
8.	3.901 – 4.300	535	614	719	768
9.	4.301 – 4.700	566	650	761	813
10.	4.701 – 5.100	598	686	803	858
11.	5.101 – 5.500	629	722	845	903
	über 5.501	nach den Umständen des Falles			

Meistens ist der Elternteil, der nicht das Sorgerecht für das Kind hat, verpflichtet, Barunterhalt zu leisten. Um einer Übertragung des Kinderfreibetrags auf den anderen Elternteil entgegenzuwirken, ist es wichtig, dass der Unterhaltspflichtige wenigstens 75 % des Barunterhalts für das Kalenderjahr tatsächlich leistet. Wird die Höhe des Unterhalts nicht in einem Gerichtsurteil, einem Vergleich oder einer anderen Vereinbarung festgelegt, können die Unterhaltsbeiträge lt. Düsseldorfer Tabelle angesetzt werden.

Wichtig für Sie: Wenn ein Elternteil finanziell so schlecht gestellt ist, dass er nicht oder nur minimal unterhaltspflichtig ist, wird er so behandelt, als käme er einer Unterhaltsverpflichtung nach. Der Kinderfreibetrag kann dann nicht auf den anderen Elternteil übertragen werden.

WICHTIGER HINWEIS

Wenn Sie als getrennt Lebender oder Geschiedener Unterhalt für die Kinder zahlen, die bei Ihrem Ex-Partner leben, haben Sie Anspruch auf einen Teil der steuerlichen Entlastung durch die Kinder. Da es den sog. Halbteilungsgrundsatz beim Kindergeld aber nicht gibt, wird das Kindergeld immer in voller Höhe an denjenigen ausgezahlt, bei dem die Kinder leben. 724

Sie als unterhaltsverpflichteter Elternteil bekommen das Ihnen zustehende halbe Kindergeld auf einem Umweg: In Höhe von 50 % des Kindergelds verringert sich Ihre Unterhaltsverpflichtung. Achten Sie also beim Aushandeln des Unterhalts für den Ex-Partner und die Kinder darauf, dass diese Gegenrechnung für Sie nicht unter den Tisch fällt. Bei Ihrer Steuererklärung tut das Finanzamt nämlich so, als hätten Sie das halbe Kindergeld erhalten, weil es nur auf den Anspruch auf Kindergeld, nicht dagegen auf dessen tatsächliche Zahlung ankommt.

725 **f) Entlastungsbetrag für Alleinerziehende**

Alleinerziehende können einen zusätzlichen Freibetrag absetzen, wenn

- sie mit mindestens einem Kind (auch über 18 Jahre), für das sie einen Kinderfreibetrag oder Kindergeld bekommen, in einem eigenen gemeinsamen Haushalt leben;
- das Kind mit Wohnsitz bei ihnen gemeldet ist.

Der Entlastungsbetrag für Alleinerziehende beträgt bei einem Kind 4.008 €; für jedes weitere Kind erhöht er sich um je 240 €. Als alleinerziehender Elternteil mit drei Kindern erhalten Sie somit einen Entlastungsbetrag von 4.488 €.

Der Pferdefuß bei der ganzen Geschichte ist, dass Sie ein *echter* Alleinerziehender Elternteil sein müssen. Hier haben sich die Fiskalakrobaten einige üble Fallstricke einfallen lassen. So sollen Sie nämlich nur dann als Alleinerziehender Gnade vor den Augen des Fiskus finden, wenn

- Sie nicht die Ehegattenveranlagung beanspruchen können, d.h. weder die Zusammen- noch die Einzelveranlagung auf Antrag für Sie in Betracht kommt,
- Sie komplett allein mit Ihren Kindern in Ihrem Haushalt leben. Es darf also keine andere Person in Ihrem Haushalt leben, weder Lebenspartner noch Ihre Eltern, Geschwister oder andere Verwandte. Sogar ein erwachsenes Kind, das nicht mehr in der Berufsausbildung steht, aber noch bei Ihnen wohnt, macht Ihnen den Freibetrag für seine jüngeren Geschwister kaputt. Also werden Sie dafür sorgen, dass es beim anderen Elternteil oder bei den Großeltern unterkommt und dort gemeldet wird.

Auch beim Entlastungsbetrag für Alleinerziehende gilt im Übrigen das Monatsprinzip. Wenn also z.B. Ihre Tochter am 10.6.2021 ihr Studium beendet, bekommen Sie nur einen Entlastungsbetrag von 6/12 von 4.008 € = 2.004 €.

Mit den o.g. Voraussetzungen sind alle nichtehelichen Lebensgemeinschaften vom Entlastungsbetrag für Alleinerziehende abgekoppelt. Vor allem, wenn der Lebenspartner in Ihrer Wohnung gemeldet ist – ob mit Haupt- oder Nebenwohnsitz, spielt keine Rolle –, wird eine Haushaltsgemeinschaft vom Gesetz einfach unterstellt. Aber selbst ohne Wohnsitzmeldung ist der Entlastungsbetrag futsch, wenn ein gemeinsamer Haushalt geführt wird.

TRICK

Retten Sie mit einem Mietvertrag den Freibetrag!

Wie schnell ist eine neue Liebe dahin, wenn man sich Tag für Tag auf der Pelle 726
sitzt. Ein wenig Distanz wirkt da manchmal Wunder und hält die Beziehung frisch. Und nicht nur die, nebenbei erhält sie Ihnen auch den Entlastungsbetrag für Alleinerziehende. Warum schließen Sie also nicht einfach mit Ihrem Partner einen Mietvertrag für die kleine Dachgeschosswohnung. So haben Sie erst einmal jeder einen eigenen Haushalt und keine Haushaltsgemeinschaft. Natürlich hat jeder seinen eigenen Kühlschrank und wirtschaftet für sich, sonst wäre das Ganze ja eine Umgehung und damit Schmu, den Sie natürlich nicht begehen werden. Gut ist außerdem, wenn Sie getrennte Telefonanschlüsse und Türklingeln aufweisen können, sonst wittern die Fiskalritter gleich Unrat. Dass Sie sich, wie das gute Nachbarn und Freunde tun, gelegentlich besuchen, gegenseitig zum Essen einladen und auch mal beim anderen übernachten, macht aus Ihnen noch längst keine Haushaltsgemeinschaft. Also können Sie sich nach wie vor über Ihren Entlastungsbetrag freuen, und vielleicht springt bei dem Mietverhältnis ja noch ein kleiner Verlust heraus, den Sie zusätzlich von der Steuer absetzen können.

SUPER TRICK

Kassieren Sie den Entlastungsbetrag doppelt!

Getrennt lebende oder geschiedene Eltern mit mindestens zwei Kindern kön- 727
nen den Entlastungsbetrag doppelt kassieren. Seien Sie flexibel und gestalten Sie Ihre Verhältnisse geschickt: Jeder von Ihnen nimmt eines der Kinder auf und meldet es bei sich mit Hauptwohnsitz an. Da Sie nun beide alleinerziehend sind, erfüllen Sie beide die Voraussetzungen für den Entlastungsbetrag von 4.008 €. Insgesamt beträgt Ihre Steuerermäßigung somit 8.016 € statt lediglich 4.248 (Entlastungsbetrag bei 2 Kindern).

Das Land Niedersachsen kaufte das ehemalige Verwaltungsgebäude der Firma Kali + Salz. In das Gebäude sollte die Verwaltung der Tierärztlichen Hochschule einziehen. Die Landesverwaltung »verschätzte« sich bei den Kosten für die Herrichtung und Sanierung um sage und schreibe 2068 %.

728 **g) Kindergeld**

TRICK

372 € zusätzliches Kindergeld ergattern!

729 Wie beim Kinderfreibetrag können beim Kindergeld die Ansprüche auf die Großeltern übertragen werden, wenn das Kind in deren Haushalt lebt.

Wenn Ihr Nachwuchs, der noch die Füße unter Ihren Tisch stellt, Sie frühzeitig zum Großpapa oder zur Großmama gemacht hat, müssen Sie auf Draht sein. Haben Sie selbst noch drei Kinder, die minderjährig sind oder in der Berufsausbildung stehen, sollten Sie sich den Kindergeldanspruch für Ihr Enkelkind übertragen lassen. Bei Ihnen wird der Enkel nämlich automatisch zum vierten Kind, und Sie bekommen dafür ein höheres Kindergeld als Ihre Tochter oder Ihr Filius für ein Kind. Und so sieht die Rechnung für 2022 aus:

		Ohne Übertragung		Mit Übertragung	
Ihr Kindergeldanspruch		Kindergeldanspruch Ihres Kindes		Ihr Kindergeldanspruch	
1. Kind	219 €	1. Kind	219 €	1. Kind	219 €
2. Kind	219 €			2. Kind	219 €
3. Kind	225 €			3. Kind	225 €
Summe	663 €	Summe	219 €	4. (Enkel-)Kind	250 €
Insgesamt (663 € + 219 €) = 882 €				Summe	913 €

Wie Sie sehen, kassieren Sie Monat für Monat 31 € mehr an Kindergeld. Im Jahr beträgt der Gewinn satte 372 €. Und das mit einem lächerlichen kleinen Federstrich.

Denselben Kniff können Sie übrigens anwenden, wenn Sie sich von Ihrem Ehepartner getrennt haben und mit Ihren drei Kindern wieder zu Ihren Eltern gezogen sind, die noch Kindergeld für Ihren studierenden kleinen Bruder beziehen. In solch einem Fall werden Sie flugs die Kindergeldansprüche für Ihre drei Kinder auf Ihre Eltern übertragen, die somit Kindergeld für vier Kinder bekommen. Das macht ebenfalls wieder 372 € mehr als bei getrennter Kasse.

730 **Wie kommen Sie an Ihr Kindergeld?**

Das Kindergeld bekommen Sie von der sog. Familienkasse ausgezahlt. Sie hat ihren Sitz bei der für Sie zuständigen Agentur für Arbeit. Stellen Sie also dort einen Kindergeldantrag.

GUTER RAT

Lassen Sie sich bei Kindern über 18 Jahre nicht davon ins Bockshorn jagen, dass 731
das Kind einer Erwerbstätigkeit nachgeht. Bei einer erstmaligen Berufsausbildung, bei einem Erststudium und bei Ausbildungsdienstverhältnissen spielt das für Ihren Kindergeldanspruch überhaupt keine Rolle. Selbst wenn Ihr Kind sich in einer Zweitausbildung befindet und schon einmal nebenher Geld verdient, stellen Sie in jedem Fall erst einmal einen Antrag auf Auszahlung des Kindergelds. Sollte sich nach Ablauf des Jahres herausstellen, dass der Nachwuchs zu viel (mehr als 20 Stunden pro Woche) gearbeitet hat, müssen Sie zwar zurückzahlen, hatten aber ein hübsches zinsloses Darlehen.

WICHTIGER HINWEIS

Kindergeld kann seit 1.1.2018 **nur noch für die letzten 6 Monate rückwirkend** 732
beantragt werden! Haben Sie also Ihren Kindergeldantrag bisher verschwitzt, müssen Sie sich unbedingt sputen.

TIPP

für arme Familienväter

Das Wahlrecht zwischen Kinder-/Betreuungsfreibetrag und Kindergeld können 733
Sie zwar erst im Rahmen Ihrer Einkommensteuererklärung ausüben, allzu große Gedanken müssen Sie sich deswegen aber nicht machen. Die Finanzämter müssen nämlich bei jedem Steuerzahler mit Kindern von sich aus prüfen, ob der Kinder- und Betreuungsfreibetrag mehr bringt als das Kindergeld. Ist der Kinderfreibetrag für Sie günstiger, bekommen Sie die Differenz vom Finanzamt mit Ihrer Steuererstattung zusammen ausgezahlt.

Wenn Sie nicht gerade zu den Großverdienern gehören, ist für Sie sowieso das **Kindergeld die günstigere Alternative**. Denn Sie müssen als Familienvater mit einem Kind schon auf einen Steuersatz von mehr als 33 % kommen, damit Sie mit dem Kinderfreibetrag ein Geschäft machen können.

Kinderfreibetrag 2021	5.460 €		
Betreuungsfreibetrag	2.928 €		
	8.388 €	× 33,12 %	= 2.778 €
Kindergeld 219 € × 12 = 2.628 € + Corona-Kinderbonus 150 €			= 2.778 €

Das Bruttoeinkommen Ihrer Ein-Kind-Familie müsste dazu grob gerechnet bei ca. 73.250 € im Jahr liegen.

Haben Sie mehr als zwei Kinder, lohnt sich der Kinderfreibetrag erst bei noch höherem Einkommen.

Mit dem Kinderfreibetrag können Sie allerdings nur dann einen Teil der Steuervergünstigungen für Kinder retten, wenn Sie **keinen Anspruch** auf Kindergeld hatten. Bei der Vergleichsrechnung in Ihrem Steuerbescheid rechnet das Finanzamt nämlich immer dann Kindergeld gegen, wenn Ihnen dieses dem Grunde nach zusteht. Haben Sie z.B. schlicht vergessen, einen Kindergeldantrag zu stellen, und können das nicht mehr nachholen, wird trotzdem der fiktive Kindergeldanspruch gegengerechnet.

TIPP

bei mehrjährigem Auslandsstudium des Kindes

734 Bislang sollten Sie für Ihr Kind, das längere Zeit im Ausland studiert, kein Kindergeld, sondern nur den Kinderfreibetrag bekommen. Dieser Handhabung hat der BFH inzwischen ein Ende bereitet (BFH v. 23.06.2015 – BStBl 2016 II S. 102). Er gesteht den Eltern auch für ein Kind, das sich während eines mehrjährigen Studiums außerhalb der EU aufhält, weiterhin Kindergeld zu, sofern das Kind seinen Wohnsitz im Haushalt der Eltern beibehält. Entscheidend ist also, dass Sie die Kindergeldkasse davon überzeugen können, dass Ihr Kind noch in Ihrem Haushalt in Deutschland lebt.

Gute Karten haben Sie lt. BFH, wenn das Kind in den Semesterferien nach Hause zurückkehrt und etwa die Hälfte der ausbildungsfreien Zeit im Elternhaus lebt. Weitere persönliche Bindungen des Kindes, etwa zu Freunden oder die Mitgliedschaft in einem Verein an Ihrem Wohnort, verstärken das Argument, dass Ihr Kind seinen Wohnsitz weiterhin im Inland hat und nicht etwa im Rahmen des Studiums ins Ausland verlegt hat.

2. Was steht Ihnen außerdem noch zu?

735 **S** Seien Sie nicht so dumm, sich mit Kindergeld oder -freibetrag zufriedenzugeben. Es gibt weitere Möglichkeiten, durch Kinder Vergünstigungen herauszuholen, aber meistens leider nur für Eltern, die gut betucht sind.

TIPP

Kinder helfen Steuern sparen.

Ihre Möglichkeiten bestehen in der Hauptsache darin, **Ihrem Kind eigene Einkünfte zu verschaffen**. Diese sind aufgrund der Frei- und Pauschbeträge bis zu einer bestimmten Höhe beim Kind steuerfrei, mindern aber Ihr Einkommen! Eine zusätzliche Entlastung erfahren Sie dadurch, dass das Kind die eigenen Einkünfte zu seinem Unterhalt und seiner Berufsausbildung verwendet. Dies kann Ihnen das Finanzamt nicht als Steuerumgehung ankreiden, weil es ein ganz normaler Vorgang ist (so NWB in Fach 3 Seite 5902; BFH v. 29.11.1983 – BStBl 1984 II S.366). Die folgenden Steuersparmöglichkeiten sollten Sie mal für sich ausloten:

a) Kapital übertragen 736

Übertragen Sie Ihrem Kind Kapital, fließen die Kapitalerträge nicht Ihnen, sondern Ihrem Kind zu. Ihr Kind hat so lange nichts zu versteuern, wie die Zinseinnahmen im Jahr 2021 10.581 € jährlich nicht übersteigen. Sie müssen für Ihr Kind lediglich eine sog. Nichtveranlagungsbescheinigung beantragen und dem Anlageinstitut vorlegen, damit keine Abgeltungsteuer einbehalten wird.

Grundfreibetrag	9.744,00 €
Sparerpauschbetrag	801,00 €
Sonderausgabenpauschbetrag	36,00 €
Steuerfrei bleibender Mindestbetrag	10.581,00 €

TRICK

Es darf ruhig etwas mehr sein, ohne dass Sie Angst um das Kindergeld haben müssen.

Da für das Kindergeld die Einkünfte des Kindes keine Rolle spielen und aus dem Bezug von Kapitaleinkünften keine Erwerbstätigkeit resultiert, können Sie auch etwas mehr an Einkünften auf Ihre Kinder übertragen und behalten trotzdem den Kindergeldanspruch. Mehr dazu unter ➤ Rz 737.

Aufpassen müssen Sie allerdings wegen der Krankenversicherung Ihres Kindes. Sind dessen Einkünfte zu hoch, fällt es aus der Familienversicherung und muss sich unter Umständen selbst versichern (➤ Rz 739). Die dafür fälligen Beiträge schmälern natürlich die Steuerersparnis.

Die jährliche Steuerersparnis an Abgeltungsteuer beträgt bei den Eltern ca. 28 % inkl. Solidaritätszuschlag und Kirchensteuer. Das sind bei Kapitalerträgen von 10.581 € immerhin etwa 2.963 €.

Solange das Kind einen Steuersatz unter 25 % hat, bleibt bei der Übertragung einer höheren Summe zumindest eine Ersparnis an Steuern in Höhe der Differenz zwischen dem Steuersatz Ihres Kindes und der Abgeltungsteuer. Bis der Steuersatz Ihres Kindes 25 % erreicht, muss es ein Einkommen von ca. 17.800 € haben.

Bei einer durchschnittlichen Rendite von 2,0 % könnten Sie also rund 890.000 € auf jedes Kind übertragen, ohne dass für die Kapitalerträge Einkommensteuern erhoben würden.

Wichtig zu wissen: Ab 400.000 € fällt Erbschaft- oder Schenkungsteuer an.

Es gibt einen Haken bei der Sache

Der Bundesfinanzhof hat mit Urteil vom 24.4.1990 (BStBl II, S.539) bestätigt, dass ein minderjähriges Kind nur dann eigene Einkünfte aus einem geschenkten Sparguthaben bezieht, wenn die Guthabenforderung endgültig in sein Vermögen übergegangen, es also nicht nur Kontoinhaber, sondern gleichzeitig Gläubiger der Spareinlage geworden ist. Auf den Kontoeröffnungsvordrucken mancher Banken ist extra eine Angabe vorgesehen, wer Gläubiger der Spareinlage sein soll.

Der Bundesfinanzhof in seiner Urteilsbegründung: »Richten die Eltern zwar ein Sparkonto auf den Namen des Kindes ein, verwalten dieses Vermögen aber nicht entsprechend den bürgerlich-rechtlichen Vorschriften über die elterliche Vermögenssorge, sondern wie eigenes Vermögen, so sind die Zinsen den Eltern zuzurechnen. Auf den Besitz des Sparbuchs soll es nicht ankommen, da die Eltern bei minderjährigen Kindern aufgrund ihrer Verpflichtung zur elterlichen Sorge zum Besitz des Sparbuchs berechtigt sind.«

Aufgepasst: Fallen Kapitalerträge und Zinseinkünfte der Eltern im Vergleich zum Vorjahr drastisch, fragt das Finanzamt oft nach. Dann müssen Sie belegen können, dass Sie nicht an die Gelder der Kinder rankommen, weil keine Kontovollmacht besteht. Ansonsten müssen Sie damit rechnen, dass Gestaltungsmissbrauch angenommen wird.

Die Übertragung des Geldvermögens muss also eindeutig sein. Wollen Sie Wertpapiere in Form von Aktien, Anleihen, Pfandbriefen übertragen, so wird dies durch Übergabe vollzogen (§§ 929 ff. BGB). Befinden sich die Wertpapiere jedoch im Depot einer Bank, erfolgt die Übertragung durch die Abtretung des Herausgabeanspruchs gegen die Bank als Verwahrer (§§ 929, 931 BB).

Die Abtretung des Herausgabeanspruchs halten Sie als Beweis gegenüber dem Fiskus so fest:

```
Abtretungserklärung

Ich bin der Eigentümer folgender Wertpapiere:

Bezeichnung          Stückzahl            Nennwert            Kurswert
. . . . .            . . . . .            . . . . .           . . . . .
. . . . .            . . . . .            . . . . .           . . . . .
. . . . .            . . . . .            . . . . .           . . . . .
. . . . .            . . . . .            . . . . .           . . . . .

die in meinem Depot bei der . . . . . . . . . . . . . . . . . . . . . .
Nr. . . . . . . . . . . . . liegen. (Name der Bank/Sparkasse)
Hiermit trete ich den Herausgabeanspruch gegen die
. . . . . . . . . . . . . . . . . . . . . . . . . . . . . . . . . . . .
hinsichtlich der oben genannten Wertpapiere ab an:
Herrn/Frau . . . . . . . . . . . . . . . . . . . . . . . . . . . . . .
geb. am . . . . . . . . . . . .
geb. in . . . . . . . . . . . .
Wohnhaft in . . . . . . . . . . . . . . . . . . . . . . . . . . . . . .


. . . . . . . . . . . . .                     . . . . . . . . . . . . . .
(Ort, Datum)                                  (Unterschrift)
```

Mit dieser Abtretungserklärung gehen Sie zu Ihrer Bank oder Sparkasse und bitten um Übertragung der Wertpapiere auf das neu einzurichtende oder bereits bestehende Depot Ihres Kindes. Hierfür hat die Bank eigene Formulare. Lassen Sie sich eine Kopie aushändigen, die Sie auf Anfrage dem Finanzamt präsentieren.

WICHTIGER HINWEIS

Wie sich die Übertragung von Einkünften und Vermögen auf Ihr Kind in etwa **737** auswirkt, können Sie der folgenden Gegenüberstellung entnehmen. Dabei habe ich bei Ihnen einen Spitzensteuersatz von 35 % unterstellt, das entspricht einem zu versteuernden Einkommen von ca. 82.000 €.

Steuervergünstigungen ohne Einkünfteübertragung	
Kindergeld in 2021, umgerechnet 2.628 × 100 ÷ 35	7.508 €
Ausbildungsfreibetrag (auswärtige Unterbringung):	924 €
Einkommensminderung	8.432 €
Einkommensteuerersparnis ca. 35 %	2.951 €
Bei Übertragung von 6.000 € Zinseinnahmen	
Einkommensteuerersparnis wie oben	2.951 €
Ersparnis Abgeltungsteuer 25 % von 6.000 €	1.500 €
Steuerersparnis insgesamt	4.451 €
Bei Übertragung von 12.000 € Zinseinnahmen	
Einkommensteuerersparnis wie oben	2.951 €
Ersparnis Abgeltungsteuer 25 % von 12.000 €	3.000 €
./. Einkommensteuer des Kindes auf (12.000 € – 801 € – 36 €) = 11.163	– 218 €
Steuerersparnis insgesamt	5.733 €

Beachten Sie aber ➤ Rz 739.

TRICK

Schenken Sie und nehmen Sie zurück!

738 So geht's: Sie schenken Ihrem Kind z.B. 50.000 € in bar. Das Geld nehmen Sie aus Ihrem Betrieb. Dann vereinbaren Sie mit Ihrem Kind in einem notariellen Vertrag, dass es Ihnen ein Darlehen zu banküblichen Zinsen von z.B. 5 % gewährt. Doch Finanzamt und BFH haben vor der Steuerersparnis einige Fallstricke gezogen, über die Sie nicht stolpern dürfen:

1. Ist Ihr Kind minderjährig, muss beim Darlehensvertrag unbedingt ein Ergänzungspfleger bestellt werden.
2. Packen Sie die Geldschenkung und die anschließende Darlehensgewährung auf keinen Fall in einen einzigen notariellen Vertrag.
3. In der Schenkungsurkunde darf keine Auflage auftauchen, aus der hervorgeht, dass Ihr Kind verpflichtet ist, Ihnen das Geld als Darlehen wieder zur Verfügung zu stellen.
4. Lassen Sie zwischen Schenkung und Darlehensvereinbarung ein paar Monate verstreichen, damit Sie sagen können, beides sei sachlich und zeitlich völlig unabhängig voneinander erfolgt. In der Zwischenzeit sollten Sie natürlich das Geld für Ihr Kind zinsbringend anlegen. Außerdem sollten Sie Ihrem Kind etwas mehr schenken als den Darlehensbetrag.

5. Die Konditionen des Darlehens müssen wie zwischen Fremden geregelt sein. Dazu gehört vor allem, dass Sie die Laufzeit festlegen, die Höhe und die Fälligkeit der Zinsen sowie Art und Zeitpunkt der Rückzahlung. Außerdem müssen Sie Ihrem Kind für den Kredit ausreichende Sicherheiten bieten, z.B. Teile Ihres Betriebsinventars, eine Sicherungshypothek an einem Grundstück oder eine Bankbürgschaft.
6. Achten Sie darauf, dass die Zinsen pünktlich auf das Konto Ihres Kindes überwiesen werden.

Die Zinsen von 2.500 € jährlich für das Darlehen setzen Sie als Betriebsausgaben ab, und Ihr Kind hat nichts zu versteuern, weil die Freibeträge höher sind als die Zinsen. Wenn Sie es so machen, wie hier beschrieben, haben Sie alle Steine, die Ihnen die H 4.8 EStR, das BMF-Schreiben vom (25.5.1993 BStBl I 1993 S.410) und die BFH-Urteile vom 4.6.1991 und 12.2.1992 (BStBl II 1991 S.838 und 1992 S.468) gegen eine Anerkennung Ihrer Steuerersparnis in den Weg zu legen versuchten, geschickt aus dem Weg geräumt.

TRICK

Umgehen Sie das Fangeisen der Krankenversicherung!

Wenn Ihr Kind ein Gesamteinkommen hat, das $^1/_7$ der monatlichen Bezugsgröße überschreitet – das sind für 2021 470 €/Monat oder bei einem Minijob 450 €/Monat –, kann sein Anspruch auf Leistungen aus der gesetzlichen Familienkrankenversicherung verlorengehen. Statt beitragsfrei bei Ihnen mitversichert zu sein, muss das Kind dann eigene Beiträge zur Krankenversicherung zahlen. 739

Dazu müssen Sie wissen: Einkommen im Sinn der Sozialversicherung ist die Summe der Einkünfte nach dem Einkommensteuerrecht (§ 16 SGB IV), allerdings ohne Berücksichtigung von Steuervergünstigungen wie Sonderausgaben, Freibeträge, Sonderabschreibungen. Werbungskosten und Werbungskostenpauschbeträge können dagegen abgezogen werden. Hat Ihr Kind z.B. Kapitaleinkünfte, wird davon zunächst der Sparerpauschbetrag in Höhe von 801 € abgezogen.

Wenn Sie Ihrem Kind 2021 also nicht mehr als 6.441 € (12 × 470 € + Sparerpauschbetrag 801 €) an eigenen Zinseinnahmen haben zukommen lassen, kann die Krankenversicherung es nicht aus der Familienversicherung ausschließen.

WICHTIGER HINWEIS

Für Ehegatten und (eingetragene) Lebenspartner gelten übrigens vergleichbare Regelungen. Sie sind nur dann bei ihrem Ehegatten bzw. Lebenspartner als Familienangehörige mitversichert, wenn ihr Gesamteinkommen (bei Kapitaleinkünften nach Abzug des Sparerpauschbetrags) 2021 monatlich 470 € oder jährlich 5.640 € nicht überschreitet.

740 »Und was passiert, wenn die Kindeseinkünfte über dem Betrag von 470 € monatlich liegen?«, möchten Sie wissen. Meistens gar nichts. Wenn sich aber mal eine teure Behandlung für Ihr Kind ankündigen sollte – z.B. bei Einweisung in ein Krankenhaus –, schickt die Krankenkasse gern einen Fragebogen, in dem sie sich nach den Einkünften des Kindes erkundigt. Liegen die dann über 470 € monatlich, sind fortan für das Kind extra Versicherungsbeiträge fällig. Was bis dahin im Rahmen der Familienkrankenversicherung geleistet wurde, kann die Krankenkasse aber nicht zurückfordern. Dazu gibt es entsprechende Urteile.
Bezieht Ihr Kind sein Einkommen aus einer geringfügigen Beschäftigung (450-€-Job), bleibt es in der Familienversicherung mitversichert, obwohl die 470-€-Grenze überschritten ist.

741 **b) Entgeltliche Mitarbeit des Kindes mit Steuerklasse I**

Größere Kinder können im Betrieb der Eltern mithelfen, z.B. regelmäßig die Ablage, Botengänge, Handlanger-, Lager-, Reinigungsarbeiten oder Ähnliches erledigen. Bei Vorlage einer Lohnsteuerkarte können sie dafür bis zu 450 €/Monat erhalten, ohne dass Lohnsteuer zu entrichten ist. Allerdings fallen pauschale Beiträge von 28 % zur Renten- und Krankenversicherung sowie 1,51 % Umlagen sowie Beiträge zur gesetzlichen Unfallversicherung an. Ist das Kind privat krankenversichert, entfallen die pauschalen Krankenversicherungsbeiträge, und es müssen nur 15 % Rentenversicherungspauschale und die Umlagen gezahlt werden.

Das Arbeitsentgelt und die pauschalen Renten-/Krankenversicherungsbeiträge sind bei den Eltern Betriebsausgaben oder Werbungskosten. Die jährliche Steuerersparnis kann bei den Eltern Jahr für Jahr ca. 1.701 € (Steuerersparnis inkl. Gewerbesteuer ca. 3.275 € abzgl. pauschale Sozialversicherung 1.594 €) betragen, wenn ihr Spitzensteuersatz bei 42 % und der Gewerbesteuerhebesatz der Gemeinde bei 400 % liegt. Fällt wegen privater Krankenversicherung des Kindes für den 450-€-Job nur die Rentenversicherungspauschale von 15 % zzgl. 1,51 % Umlagen an, liegt die Ersparnis bei ca. 2.068 € (Steuerersparnis inkl. Gewerbesteuer ca. 2.940 € abzgl. pauschale Sozialversicherung 892 €).

Damit es mit dem Fiskus keine Schwierigkeiten bei der Anerkennung des Arbeitsverhältnisses mit Ihrem Nachwuchs gibt, sollten Sie sich auf einige Mindestanforderungen einstellen, die die Fiskalritter in R 4.8 Abs. 3 EStR fordern, und noch das ein oder andere beachten:

1. Für den wirksamen Abschluss eines Arbeitsverhältnisses müssen Sie nicht unbedingt einen Ergänzungspfleger bestellen lassen. **742**

2. Das Kind sollte mindestens 15 Jahre alt sein. Arbeitsverhältnisse mit jüngeren Kindern verstoßen nämlich gegen das Jugendschutzgesetz und werden deshalb von den Finanzämtern in der Regel als nichtig angesehen und steuerlich nicht anerkannt (R 4.8 Abs. 3 EStR). **743**

3. Haben Sie für ein über 18-jähriges Kind z.B. wegen seiner Berufsausbildung noch Anspruch auf Kindergeld, sollte das Kind zumindest bei einer Zweitausbildung nicht mehr als 20 Stunden pro Woche beschäftigt werden, sonst ist der Kindergeldanspruch futsch. **744**

4. Die Arbeit des Kindes muss über gelegentliche kleine Hilfeleistungen hinausgehen (BFH v. 19.12.1993 – BStBl II 1994 S. 298). Ärger mit dem Finanzamt ist in jedem Fall vorprogrammiert, wenn im Arbeitsvertrag nur von »gelegentlichen Hilfeleistungen« die Rede ist. Denn diese fallen unter die übliche familiäre Mitarbeitspflicht des Kindes nach § 1619 BGB und müssen grundsätzlich unentgeltlich erfolgen, wenn das Kind noch dem elterlichen Hausstand angehört. Das sporadische Annehmen von Telefonaten oder gelegentliche Fahrten zur Bank oder zur Post reichen für ein ernsthaftes Arbeitsverhältnis nicht aus. Zahlen Eltern in einem solchen Fall etwas für die Mithilfe, ist das kein Arbeitslohn, sondern nicht abzugsfähiger Unterhalt. Etwas anderes gilt, wenn die Kinder dieselben Arbeiten ausführen, die auch andere Aushilfen im Betrieb erledigen. Für Sie bedeutet das: Sie müssen im Arbeitsvertrag mit Ihrem Kind feste Aufgaben vereinbaren, und die Entlohnung muss diesen Aufgaben entsprechen, d.h., das Arbeitsverhältnis muss so gestaltet und abgewickelt werden, wie es auch zwischen Fremden üblich ist. Ein stichhaltiges Argument für einen Arbeitsvertrag mit Kindern ist, wenn das Kind eine fremde Arbeitskraft, die bisher für die Eltern gearbeitet hat, zu denselben Konditionen ersetzt. **745**

5. Auch wenn Barzahlungen gegen Quittung rein formal ausreichen, sollten Sie kein Risiko eingehen. Besser, Sie überweisen das Geld auf ein Konto Ihres Kindes. Da fast jedes Kreditinstitut Taschengeldkonten anbietet, über die die Kinder in einem von den Eltern festgelegten Rahmen verfügen können, stellt das also keine Hürde dar. Sie schlagen sogar zwei Fliegen mit einer Klappe: Einen besseren Nachweis über die tatsächliche Lohnzahlung können Sie gar nicht bekommen, und außerdem gewöhnt sich Ihr Nachwuchs an den Umgang mit eigenem Geld auf der Bank. **746**

Es ist im Übrigen durchaus zulässig, dass Sie von Ihrem Kind verlangen, dass es einen Teil dieses Geldes als anteiliges Haushaltsgeld zurückgibt (BFH-Urt. v. 29.11.1983 – BStBl 1984 II S. 366).

3. Kinderbetreuungskosten

747 Kinderbetreuungskosten werden einheitlich als Sonderausgaben abgezogen (§ 10 Abs. 1 Nr. 5 EStG). Sie können je Kind $^2/_3$ der Kosten für die Kinderbetreuung, höchstens jedoch 4.000 € abziehen.
Es gelten folgende Berücksichtigungsvoraussetzungen:

- das Kind hat das 14. Lebensjahr noch nicht vollendet,
- das Kind ist älter als 14 Jahre, aber behindert und kann sich deshalb nicht selbst unterhalten.

748 Persönliche Anspruchsvoraussetzungen in der Person der Eltern wie

- Erwerbstätigkeit,
- Krankheit,
- Behinderung

spielen für den Abzug keine Rolle mehr. So können auch Eltern, die ohne aktive Erwerbstätigkeit Einkünfte erzielen, z.B. aus Beteiligungen oder großem Vermögen, die Kosten für die Betreuung ihrer Kinder absetzen.

749 Da die Kinderbetreuungskosten als Sonderausgaben abgezogen werden und für den Ansatz des Arbeitnehmerpauschbetrags keine Rolle spielen, können sie zusätzlich zum Werbungskostenpauschbetrag von 1.000 € abgezogen werden. Was Arbeitnehmern recht ist, ist für Selbständige nicht mehr als billig. Zusätzlich zu den Kinderbetreuungskosten setzen Sie als hauptberuflicher selbständiger Schriftsteller oder Journalist wie bisher Ihre übrigen Betriebsausgaben ohne Nachweis mit 30 % der Einnahmen, max. 2.455 €, ab. Dasselbe gilt für die Pauschale von 25 % der Einnahmen, max. 614 €, wenn Sie nebenberuflich einer selbständigen schriftstellerischen, journalistischen, künstlerischen oder Vortrags- und Lehrtätigkeit für nicht gemeinnützige Auftraggeber nachgehen (H 18.2 EStH »Betriebsausgabenpauschale«).

Beispiel

Sie sind als alleinerziehende Mutter eines achtjährigen Sohnes vollzeitbeschäftigt und haben während des ganzen Jahres 2021 zur Betreuung Ihres Kindes am Nachmittag eine Kinderfrau für insgesamt 7.200 € beschäftigt. Außer den Fahrtkosten zu Ihrer 5 km entfernten Arbeitsstelle haben Sie keine nennenswerten beruflichen Kosten. Und so sieht die Berechnung Ihrer abzugsfähigen Kosten aus:

Entfernungspauschale für 5 km	330 €	
Arbeitsmittel	110 €	
Kontoführungsgebühren	16 €	
Insgesamt	456 €	
Mindestens Arbeitnehmerpauschbetrag		1.000 €
Kinderbetreuungskosten 7.200 € × $^2/_3$ = 4.800 €, max.		4.000 €
Abzugsfähige Kosten 2021 insgesamt		5.000 €

Viel günstiger, als die Betreuungskosten als Sonderausgaben abzuziehen, ist es, 750
sie gleich steuerfrei als Zuschuss vom Arbeitgeber zu kassieren (➤ Rz 39).
Nicht zulässig ist es natürlich, die Kosten trotzdem in der Einkommensteuererklärung als Sonderausgaben abzuziehen.

TRICK

Freie Wahl bei der Kostenzuordnung

Bei verheirateten Eltern, die zusammen veranlagt werden, gibt es bei der Zu- 751
ordnung der Kinderbetreuungskosten kein Problem, denn Sonderausgaben werden immer gemeinsam ermittelt und abgezogen.
In Fällen der Einzelveranlagung auf Antrag (§ 26 a EStG) werden Kinderbetreuungskosten aus Vereinfachungsgründen den Ehegatten jeweils zur Hälfte zugerechnet. Auf gemeinsamen Antrag ist auch eine andere Aufteilung möglich.
Bei **nicht verheirateten Eltern** und im Fall der **Einzelveranlagung auf Antrag** (§ 26 a EStG) kann zunächst nur der Elternteil Kinderbetreuungskosten abziehen, der sie tatsächlich getragen hat und zu dessen Haushalt das Kind gehört. Trifft das für beide Elternteile zu, weil Sie sich die Kosten teilen, kann jeder Elternteil $^2/_3$ seiner Aufwendungen bis zu 2.000 € (Hälfte des Höchstbetrags von 4.000 €) abziehen. Die Eltern können aber auch einvernehmlich eine beliebige andere Aufteilung wählen. Sie werden also die Kinderbetreuungskosten bei dem von Ihnen beiden abziehen, der das höhere Einkommen und damit den höheren Steuervorteil hat.

TIPP

zu Kinderbetreuungskosten

Wenn Sie nicht vom Abzug als Sonderausgaben profitieren, können Sie Ihre 752
Kinderbetreuungskosten immer noch über die Steuerermäßigung für haushaltsnahe Beschäftigungen bzw. Dienstleistungen absetzen (vgl. ➤ Rz 667 ff.). Darunter fallen Sie vor allem mit den Betreuungskosten für Kinder über 14, die nicht schwerbehindert sind.

Damit Sie sehen, wie Ihre Kinderbetreuungskosten berechnet werden, hier ein 753

Beispiel
Sie sind verheiratet und berufstätig, Ihre bessere Hälfte ist Hausfrau und betreut Ihre beiden Töchter. Die ältere ist acht Jahre und geht zur Schule, die

jüngere ist vier Jahre und besucht den Kindergarten. Die Kosten für den Kindergarten belaufen sich auf 125 €/Monat. Von den insgesamt 1.500 € im Jahr können Sie als Sonderausgaben $^{2}/_{3}$ = 1.000 € absetzen.

754 **Welche Kosten können Sie als Kinderbetreuungskosten absetzen?**
Zur Kinderbetreuung im Rahmen dieser Regelungen gehören die Kosten für die

- Unterbringung des Kindes in Kindergärten, -horten, -tagesstätten, -heimen und -krippen, bei Tagesmüttern, Wochenmüttern sowie in Ganztagspflegestellen,
- Beschäftigung von Kinderpflegerinnen, Erzieherinnen und Kinderschwestern,
- Beschäftigung von Haushaltshilfen, soweit sie ein Kind betreuen,
- Beaufsichtigung der häuslichen Schulaufgaben, dazu gehört auch die Beantwortung auftretender Fragen, solange kein systematischer Nachhilfeunterricht erteilt wird,
- Ganztagsbetreuung in der Schule, bis auf die anteilig enthaltenen Kosten für die folgenden Leistungen.

Nicht zu den Aufwendungen für Kinderbetreuung gehören

- Transport des Kindes zur Betreuungsperson,
- Reduzierung Ihres Gehalts, weil Sie zur Betreuung des Kindes nur noch Teilzeit arbeiten,
- Unterricht jeglicher Art, z.B. Schulgeld, Nachhilfe, Fremdsprachenunterricht,
- Vermittlung besonderer Fähigkeiten, wie Ballett- oder Musikunterricht, Computerkurse,
- sportliche oder andere Freizeitbeschäftigungen, z.B. Mitgliedsbeiträge für Sport- oder andere Vereine, Aufwendungen für Sportunterricht, wie Tennis- oder Reitunterricht,
- Verpflegung des Kindes, z.B. der Verpflegungszuschuss bei der Betreuung über Mittag.

Lassen Sie sich von der Schule eine aufgeschlüsselte Rechnung für die Ganztagsbetreuung ausstellen, in der die begünstigten und nicht begünstigten Kostenanteile getrennt ausgewiesen sind. Im Zweifelsfall hilft auch eine großzügige Schätzung.

755 **Formale Hürden beim Nachweis der Kinderbetreuungskosten beachten!**
Für den Nachweis Ihrer Kinderbetreuungskosten hat der Fiskus besonders hohe Hürden aufgebaut. Im Prinzip gelten ähnlich formale Bedingungen wie für hauswirtschaftliche Beschäftigungsverhältnisse und Dienstleistungen. Sie müssen also dem Finanzamt

- eine Rechnung über die Kosten und
- einen Bankbeleg über die Zahlung

vorlegen. Lassen Sie sich daher von Ihrer selbständigen Tagesmutter auf jeden Fall eine Rechnung ausstellen und überweisen Sie das Geld auf ihr Konto, zahlen Sie auf keinen Fall bar. Statt einer Überweisung können Sie ausnahmsweise auf einen Verrechnungsscheck zurückgreifen. Rein theoretisch könnten Sie auch per Kreditkarte oder Electronic Cash bezahlen, aber welche Tagesmutter oder welcher Kindergarten nimmt schon an solchen Verfahren teil?

Nicht immer bekommen Sie eine formelle Rechnung, deshalb genügen auch andere Belege, aus denen sich die Kosten zweifelsfrei ergeben, z.B.

- Arbeitsvertrag bei einer angestellten Tagesmutter oder Haushaltshilfe,
- Gebührenbescheid über den Beitrag für den Kindergarten oder -hort,
- Abrechnung der Schule über die Ganztagsbetreuung,
- Dienstleistungsvertrag über die Kinderbetreuungskosten,
- Au-pair-Vertrag.

TRICK

Großmutter als Tagesmutter

Das Gesetz schreibt an keiner Stelle vor, wer die Kinderbetreuung durchführen 756
darf. Also müssen Sie nicht unbedingt eine fremde Person engagieren. Bezahlen Sie etwa die Großeltern der Kinder oder Ihren älteren Neffen für die Beaufsichtigung und die Betreuung Ihrer Kinder, gibt es dagegen aus steuerlicher Sicht zunächst einmal nichts einzuwenden.

Wie bei Verträgen mit Angehörigen auch sonst üblich, schaut der Fiskus allerdings mit Argusaugen darauf, dass alles zwischen Ihnen genauso geregelt und abgewickelt wird wie zwischen Fremden. Also schließen Sie auf jeden Fall einen schriftlichen Vertrag, und sorgen Sie für regelmäßige vertragsgemäße Zahlungen. In folgenden Fällen bleibt der Fiskus aber auch mit den schönsten Verträgen und Zahlungsnachweisen unerbittlich und erkennt Kinderbetreuungskosten nicht an:

- Beschäftigung Ihrer Lebenspartnerin und Mutter des Kindes, die zusammen mit Ihnen und dem gemeinsamen Kind lebt;
- Beschäftigung des Partners einer eheähnlichen Lebensgemeinschaft oder einer Lebenspartnerschaft, auch wenn er kein Elternteil des Kindes ist;
- Beschäftigung einer Person, die für das betreute Kind Anspruch auf Kindergeld, einen Kinder- oder Betreuungsfreibetrag hat.

Achtung: Gegen Großmutter als Kinderbetreuerin ist also nichts einzuwenden. Aber: Um den Höchstbetrag für Ihr Kind abzusetzen ($^{2}/_{3}$ der Kosten, max. 4.000 €), müssen Sie mindestens 6.000 € im Jahr zahlen. Bei zwei Kindern reden wir schon von bis zu 12.000 € Betreuungskosten. Bedenken Sie, dass die Zahlungen bei Ihrer Mutter oder Schwiegermutter zu steuerpflichtigen Einkünften führen und eventuell Steuern auslösen können, selbst wenn sie nur eine kleine Rente hat.

TRICK

Setzen Sie die Kosten für ein Au-pair-Mädchen ab!

757 Haben Sie zur Kinderbetreuung ein Au-pair-Mädchen beschäftigt, benötigen Sie ebenfalls die formellen Nachweise. Reichen Sie unbedingt den schriftlichen Au-pair-Vertrag ein. Neben den Verpflegungs- und Unterkunftskosten, die Sie mit den Sachbezugswerten ansetzen, fällt für ein Au-pair in der Regel auch Taschengeld an. Richten Sie der guten Seele unbedingt ein Bankkonto ein und überweisen Sie ihr das Taschengeld monatlich. So erhalten Sie den Nachweis über die bargeldlose Zahlung und können das Taschengeld als Kinderbetreuungskosten mit aufführen.

Da ein Au-pair neben der Kinderbetreuung oft noch andere Hausarbeiten erledigt, sind die Kosten nicht voll abzugsfähig. Dem können Sie entgehen, wenn Sie im Vertrag genau regeln, welche Aufgaben anfallen. Wenn von vertraglich festgelegten 20 Stunden in der Woche 18 Stunden auf Kinderbetreuung entfallen, sind 90 % der Kosten Kinderbetreuungskosten.

Haben Sie keinen so detaillierten Vertrag, können Sie auf jeden Fall 50 % der Geld- und Sachzuwendungen in die Kinderbetreuungskosten packen (BMF-Schreiben v. 19.1.2007 – BStBl I 2007 S. 184 Rz 5).

Der Besitz besitzt –
er macht die Menschen kaum unabhängiger.
(Nietzsche)

S

XI. Steuerersparnisse durch Hausbesitz und Bauen

1. Allgemeines

Aus Hausbesitz können Sie – wie aus jedem anderen Vermögen – steuerpflichtige Einkünfte haben, die Sie eine Menge Geld kosten können. Sie haben aber auch viele Möglichkeiten, Steuern zu sparen. Dazu müssen Sie Ihre Verhältnisse entsprechend gestalten und – wie es im Amtsdeutsch heißt – den steuergünstigen Tatbestand des Gesetzes erfüllen. Auch bei Hausbesitz und Bauen gilt, dass es schwer ist, den richtigen Weg durch den Steuerdschungel zu finden. Damit Sie schnell klarsehen, lesen Sie zunächst nur das, was für Sie in Frage kommt. Dabei unterscheiden Sie: 758

Sie nutzen Ihr Haus selbst		Sie vermieten
Private Nutzung	Berufliche Nutzung	
Erwerb/Baubeginn vor 2006: Wohnraumförderung durch Eigenheimzulage für selbstgenutzte und an Angehörige überlassene Wohnungen	Abzug der Grundstücksaufwendungen (ggf. anteilig) als Werbungskosten oder Betriebsausgaben	Hieraus ergeben sich Einkünfte aus Vermietung und Verpachtung durch Überschuss oder Verlust
Seit 2008: Wohnraumförderung durch Riester-Zulage nach dem Eigenheimrentengesetz für selbstgenutzte Immobilien		
Seit 2018: Baukindergeld für selbstgenutzte Familienwohnimmobilien	Zahlung eines Betrags von 1.200 € pro Kind für 10 Jahre	

2. Wohnraumförderung durch Riester-Zulagen (Eigenheimrentengesetz)

2.1 Begünstigte Investitionen

Um nach Wegfall der Eigenheimzulage in 2006 die Schaffung selbstgenutzten Wohneigentums zu fördern, wurde mit dem »Eigenheimrentengesetz« die Riester-Förderung auf den Kauf oder den Bau einer Wohnung oder eines ausschließlich selbstbewohnten Hauses ausgedehnt. 759

Begünstigt ist die Investition der geförderten Beträge in den

- Kauf einer selbstgenutzten Wohnung bzw. eines Einfamilienhauses,
- Bau einer selbstgenutzten Wohnung bzw. eines Einfamilienhauses,
- Erwerb von Genossenschaftsanteilen an Wohnungsgenossenschaften, wenn später eine Wohnung dieser Genossenschaft bezogen wird,
- Erwerb von Dauerwohnrechten, etwa in einem Seniorenheim,
- Darlehensverträge für die Anschaffung und den Bau von selbstgenutzten Wohnimmobilien,
- Bausparverträge, die zum Erwerb begünstigter Immobilien genutzt werden,
- Tilgung von Hypotheken und Krediten aus dem Kauf einer Immobilie.

Darüber hinaus können Steuerzahler, die schon länger einen Riestervertrag abgeschlossen hatten, das gesparte Kapital inkl. Zulagen aus dem Vertrag entnehmen und zur Finanzierung des Baus oder Erwerbs einer selbstgenutzten Immobilie einsetzen. Anders als früher muss das entnommene Kapital nicht innerhalb bestimmter Fristen wieder in den Vertrag zurückgezahlt werden.
Begünstigt ist allerdings nur der Einsatz des Kapitals zum Kauf oder Bau einer Immobilie, eines Genossenschaftsanteils oder Dauerwohnrechts, nicht dagegen die Renovierung oder Reparatur von Immobilien, die Ihnen bereits gehören.

760 **Selbstnutzung**

Wie bei der Eigenheimzulage ist auch bei der Förderung durch Riester-Zulagen im Rahmen des Eigenheimrentengesetzes Voraussetzung, dass Sie die geförderte Immobilie selbst bewohnen. Darüber hinaus muss sie Ihren Hauptwohnsitz darstellen. Damit sollen nach Auffassung des Fiskus Ferien- und Wochenendhäuser von der Eigenheimrentenförderung ausgeschlossen sein.

2.2 Förderung und Besteuerung nach dem Eigenheimrentengesetz

761 **Wie hoch ist die Förderung?**

Für entsprechende Beiträge gibt es die »Riester-Zulage«, und zwar pro Jahr

- für jeden rentenversicherungspflichtigen Erwachsenen 175 €,
- für jedes Kind, das vor 2008 geboren ist, 185 €,
- für jedes Kind, das ab 2008 geboren wurde bzw. wird, sogar 300 €.

Alternativ können die Beiträge bis zu 2.100 € auch als Sonderausgaben abgezogen werden. Dabei werden auf die Einkommensteuerersparnis darauf allerdings die Zulagen angerechnet.

Besteuerung nach Eintritt in den Ruhestand

Sie wissen, dass bei einem normalen Riester-Altersvorsorgevertrag in der Ansparphase die Beiträge gefördert werden und erst bei Eintritt in den Ruhestand, wenn die Auszahlungen aus dem Vertrag fließen, die sog. nachgelagerte Besteu-

erung greift. Das bedeutet, dass die später gezahlten Renten und eventuelle Kapitalauszahlungen in voller Höhe als sonstige Einkünfte der Besteuerung unterliegen.
Dieses Prinzip der nachgelagerten Besteuerung greift auch beim Eigenheimrentengesetz. Da allerdings das Geld bereits vorher ausgezahlt wurde und daher im Ruhestand keine Rentenzahlungen fließen, die man besteuern könnte, tritt an deren Stelle die Miete, die Sie nun im Alter einsparen, weil Sie über ein steuerlich gefördertes Eigenheim verfügen.
Natürlich wäre es viel zu kompliziert, auszurechnen, wie hoch die eingesparte Miete im Einzelfall tatsächlich ist. Deshalb werden die zu besteuernden Beträge auf der Basis des geförderten Kapitals pauschal ermittelt.
Dazu werden die geförderten Beträge aus Eigenleistung und Zulagen auf einem sog. »Wohnförderkonto« erfasst. Hinzu kommt eine jährliche fiktive Verzinsung von 2 %. Mit dieser Verzinsung wird zu Ihren Lasten ausgeglichen, dass Sie das Kapital ja schon vor Eintritt in den Ruhestand ausgezahlt bekommen hatten. Auf den daraus resultierenden Betrag zahlen Sie nach Eintritt in den Ruhestand Steuern. Für die Besteuerung gibt es zwei Alternativen, zwischen denen Sie wählen können.

1. **Sofortversteuerung**
   In diesem Fall versteuern Sie bei Eintritt in den Ruhestand 70 % des auf dem Wohnförderkonto erfassten Betrags mit Ihrem persönlichen Steuersatz ohne weitere Steuerermäßigung. Im Gegenzug bekommen Sie einen Nachlass von 30 % auf den Gesamtbetrag.
2. **Verrentung**
   Entscheiden Sie sich gegen die Sofortversteuerung, wird der Betrag aus dem Wohnförderkonto gleichmäßig auf den Zeitraum zwischen Eintritt in den Ruhestand und Vollendung des 85. Lebensjahres, max. aber 25 Jahre, verteilt. In jedem Jahr wird dann ein entsprechender Teilbetrag vom Wohnförderkonto abgezogen und als sonstige Einkünfte im Rahmen Ihrer Einkommensteuerveranlagung versteuert. Ob sich daraus eine Steuer ergibt und wie hoch diese letztlich sein wird, hängt von Ihrem individuellen Steuersatz im Ruhestand ab.

Beispiel
Auf Ihrem Wohnförderkonto ist insgesamt ein Betrag von 54.000 € erfasst. Sie gehen mit 67 Jahren in Rente und wählen die laufende Besteuerung.
Bis zur Vollendung Ihres 85. Lebensjahres vergehen 18 Jahre. Der jährlich zu versteuernde Betrag beläuft sich damit auf 54.000 € ÷ 18 Jahre = 3.000 €.

Was geschieht, wenn ich mein Eigenheim verkaufe?
Wer sein Haus verkauft, bevor der Betrag lt. Wohnförderkonto vollständig versteuert ist, muss den Restbetrag grundsätzlich voll versteuern. Dies können Sie aber vermeiden, indem Sie den entsprechenden Betrag in einen Riester-Vertrag überführen oder rechtzeitig in eine neue selbstgenutzte Immobilie investieren.

Tod des Steuerzahlers
Verstirbt der Anspruchsberechtigte, kann grundsätzlich der Ehegatte die Wohnung unschädlich weiternutzen und muss dann auch die Versteuerung fortführen. In allen anderen Fällen gilt der Restbetrag des Wohnförderkontos mit dem Tod als schädlich verwendet. Die Erben müssen diesen Betrag in der letzten Einkommensteuererklärung für den Verstorbenen in voller Höhe nachgelagert versteuern.

3. Baukindergeld für ein selbstbewohntes Eigenheim

762 Für den Erwerb oder den Bau einer selbstbewohnten Immobilie in der Zeit vom 1.1.2018 bis 31.03.2021 erhalten Familien je Kind ein Baukindergeld von 1.200 € pro Jahr. Und das zehn Jahre lang.

Unter dem Strich bedeutet das, dass eine Familie mit zwei Kindern insgesamt 2 × 12.000 € Kinderzulage ausbezahlt bekommt, also insgesamt 24.000 € in 10 Jahresraten à 2.400 €.

Voraussetzung ist, dass das zu versteuernde Einkommen der Familie nicht über 75.000 € liegt. Für jedes Kind erhöht sich diese Einkommensgrenze um 15.000 €. Eine vierköpfige Familie dürfte also ein Gesamteinkommen von 105.000 € haben. Für die Berechnung sind die Einkünfte der letzten zwei Kalenderjahre vor dem Antrag wichtig. Geprüft wird nur einmal – bei Antragstellung. Auch wenn das Einkommen danach steigt, bleibt die Förderung erhalten!

Für das Baukindergeld zählen nur die Kinder, die zum Zeitpunkt der Antragstellung noch keine 18 Jahre alt sind.

Den Antrag auf Baukindergeld können Sie bei der Kreditanstalt für Wiederaufbau (KfW) stellen. Sie müssen Ihrem Antrag die Einkommensteuerbescheide der beiden Jahre vor Erwerb der Immobilie beifügen. Beim Erwerb in 2021 also die von 2019 und 2020. Außerdem müssen Sie die Baugenehmigung bzw. den Kaufvertrag, die Kindergeldnachweise sowie nach dem Einzug eine Melde bestätigung einreichen.

Übrigens: Das Antragsverfahren läuft nur online. »Einreichen« bedeutet also in diesem Fall, Sie müssen die Unterlagen digitalisieren und auf die Website der KfW hochladen. Den Antrag müssen Sie innerhalb von 6 Monaten stellen, nachdem Sie in Ihr Haus oder Ihre Wohnung eingezogen sind. Maßgebend für die Berechnung der 6-Monatsfrist ist der Tag des Einzugs, der in Ihrer Meldebescheinigung steht.

Begünstigt sind nur Immobilien, für die Sie nach dem 31.12.2017 und vor dem 1.4.2021 einen Kaufvertrag abgeschlossen haben oder, im Fall eines Neubaus, den Antrag auf Baugenehmigung gestellt haben.

Wann der Eigentumswechsel im Grundbuch eingetragen wird oder wann Sie tatsächlich mit dem Bau anfangen, spielt keine Rolle.

4. Einkünfte aus vermietetem Hausbesitz

Was Sie über Immobilien als Geldanlage wissen sollten 763

Die Rendite aus vermieteten Immobilien ist inzwischen oft höher als die erbärmlichen Erträge aus Kapitalvermögen. *Steuerersparnisse* aus vermietetem Hausbesitz haben Sie allerdings erst, wenn die Hauskosten höher sind als die Mieteinnahmen. Dann erklären Sie dem Finanzamt Verluste, die sich steuermindernd auf Ihr Einkommen auswirken. Aber wie kommen Sie an hohe Hauskosten, ohne sich finanziell arg zu strapazieren? Einige Möglichkeiten kennen Sie schon:

- Abschreibungen
- Schuldzinsenabzug
- Erhaltungsaufwand für vermietete Häuser nach R 21.1 EStR: Austausch von Fenstern, Türen; Umstellung oder Erneuerung der Zentralheizung; Dacheindeckung; Außen- und Treppenhausanstrich; Gartenrenovierung
- nachträgliche Herstellungskosten pro Jahr und Baumaßnahme von nicht mehr als 4.000 € (Rechnungsbetrag ohne Umsatzsteuer).

TIPP

zur gemischten Nutzung

Kosten, die auf das gesamte Haus entfallen, wie Grundsteuer oder Versicherungen, sind prozentual nach dem Verhältnis der Wohnflächen Vermietung/Eigennutzung aufzuteilen. Das gilt ebenso für Reparaturen oder Erhaltungsaufwand, die das ganze Haus betreffen (etwa Dachreparatur oder Fassadenanstrich). Reparaturen, die dagegen nur den vermieteten Teil betreffen (z.B. neue Fenster für den Mieter Meier), können Sie zu 100 % als Werbungskosten abziehen. Im Umkehrschluss ist natürlich das neue Badezimmer in Ihrer eigenen Wohnung nicht berücksichtigungsfähig. 764

Ordnen Sie Kosten also so weit wie möglich Ihren Mietwohnungen zu, um 100 % abziehen zu können und Ihre Steuerlast entscheidend zu mindern.
Was Sie unbedingt vermeiden sollten:

- eine zu niedrige Gebäudeabschreibung,
- umfangreiche Renovierungsarbeiten in den ersten drei Jahren nach Erwerb der Immobilie, die zu den Herstellungskosten gerechnet werden und deshalb nicht gleich abzugsfähig sind (anschaffungsnahe Aufwendungen ➤ Rz 799).

765 **Schema zur Berechnung der Einkünfte aus vermietetem Hausbesitz**

Mieteinnahmen im Kalenderjahr

• Kaltmieten	.....€		
• Umlagen	.....€		
• Vermietung von Garagen, Werbeflächen usw.	.....€		
• Mietvorauszahlungen	.....€		
• Summe der Mieteinnahmen	.....€	>	.....€

Werbungskosten im Kalenderjahr (Aufwendungen zur Erwerbung, Sicherung und Erhaltung der Einnahmen)

1. Schuldzinsen (ohne Tilgungsbeträge) einschließlich Disagio	.....€		
2. Geldbeschaffungskosten (z.B. Notarkosten wegen Grundstücksbelastung)	.....€		
3. Grundsteuer, Müllabfuhr, Entwässerung, Wasserversorgung, Hausbeleuchtung usw.	.....€		
4. Schornsteinfeger, Hausversicherungen, Heizung, Treppenreinigung usw.	.....€		
5. Absetzung für Abnutzung (»Abschreibung des Gebäudes«; berechnet in % der Anschaffungskosten ohne Grundstücksanteil)	.....€		
Summe der Werbungskosten	.....€	>	.....€

Einkünfte

Summe der Mieteinnahmen	.....€
./. Summe der Werbungskosten	–.....€
Einkünfte aus Vermietung und Verpachtung	.....€

TIPP

zum Abzug des Disagios

766 Ein Disagio – wenn ein solches in Zeiten geringer Zinsen überhaupt noch vereinbart wird – ist im Prinzip nichts anderes als eine Vorauszahlung auf die Zinsen. Es hat den Vorteil, dass es im Jahr der Kreditauszahlung sofort in voller Höhe zu Werbungskosten führt. An sich gilt zwar bei Vorauszahlungen für Zeiträume über fünf Jahre, dass diese nicht sofort als Werbungskosten abziehbar sind, sondern auf den Zeitraum verteilt werden müssen, für den die Vorauszahlung geleistet wurde. Bei einem Disagio können Sie das aber beruhigt vergessen, wenn es zu üblichen Kreditkonditionen vereinbart worden ist. Besonders

wenn Sie Ihr Darlehen bei einer normalen Bank abgeschlossen haben, muss das Finanzamt die Disagiovereinbarung als marktüblich anerkennen (BFH v. 8.3.2016 – IX R 38/14). Dem vollen Abzug des Disagios im Jahr der Zahlung steht dann also nichts im Weg.

4.1 Gebäudeabschreibung

Ist Ihr Miethaus oder Ihre Eigentumswohnung ein Selbstläufer, d.h., halten sich Einnahmen und Ausgaben die Waage, bringt Ihnen die Abschreibung (AfA) den gewünschten steuerlichen Verlust und damit eine Steuerersparnis. 767

Beispiel

Mieteinnahmen einschl. Umlagen	8.000 €
./. Werbungskosten	
Schuldzinsen, Versicherungen, Steuern	
und Gebühren, Reparaturen usw.	– 7.000 €
Bleiben	1.000 €
Abschreibung z.B. 2 % (§ 7 Abs. 4 EStG)	
von 310.000 € Anschaffungskosten für das Gebäude	6.200 €
Verlust aus Vermietung und Verpachtung	5.200 €
Steuerersparnis bei 30 % inkl. KiSt ca.	1.700 €

Durch die Abschreibung verteilen Sie die Anschaffungskosten für das Gebäude auf dessen Nutzungsdauer. Das ist die Zeit, in der das Gebäude Miete abwerfen wird. Für die Steuer wird aber nicht die tatsächliche Nutzungsdauer von meistens 100 Jahren zugrunde gelegt, sondern eine wesentlich kürzere fiktive Nutzungsdauer von höchstens 50 Jahren.

TIPP

Kassieren Sie Steuervorteile durch 5 % Sonderabschreibung

Der Fiskus hat nach zähem Hin und Her nun doch noch eine Sonderabschreibung von 5 % in den ersten vier Jahren für neu gebauten und bezahlbaren Mietwohnraum geschaffen (§ 7 b EStG). Viel Zeit, von dieser Sonderabschreibung zu profitieren, haben Sie allerdings nicht. Mit Ihren Überlegungen, neu zu bauen oder einen Neubau zu kaufen, müssen Sie sich sputen. Die Sonderabschreibung gibt es nämlich nur, wenn Ihr Bauantrag oder die Bauanzeige aus der Zeit vom 31.8.2018 bis 31.12.2021 stammt. Wenn Sie nicht selbst bauen, sondern eine neue Immobilie kaufen, gelten diese zeitlichen Grenzen ebenfalls. »Neu« bedeutet, Sie müssen sie spätestens bis zum Ende des Jahres der Fertigstellung gekauft haben. Damit nicht genug, läuft die Sonderabschreibung maxi- 768 mal bis zum Jahr 2026. Wenn Sie also erst Ende 2021 den Bauantrag stellen und sich mit der Fertigstellung bis 2024 Zeit lassen, verlieren Sie eines der vier Sonderabschreibungsjahre, weil es die Abschreibung dann nur für 2024, 2025 und 2026 gibt.

So, nun aber das Gute an der Sonderabschreibung: Die 5 % gibt es zusätzlich. ***Zusätzlich*** bedeutet, dass auch noch die lineare Abschreibung von 2 % zum Tragen kommt. Im optimalen Fall schreiben Sie also in den ersten vier Jahren jeweils 7 % – insgesamt 28 %! – der Herstellungskosten bzw. der Anschaffungskosten ab.

Was genau ist begünstigt?
Unter die Sonderabschreibung fällt die Schaffung neuen Mietwohnraums. Damit sind folgende Baumaßnahmen begünstigt:

- Neubau von Ein-, Zwei- und Mehrfamilienhäusern,
- Neubau von Eigentumswohnungen,
- Umbau von Bestandsgebäuden, wenn dadurch erstmals eine Wohnung entsteht, z.B., weil ein Ladenlokal oder Praxisräume in Wohnräume umgebaut werden;
- Aufstockung oder Anbau bei schon existierenden Gebäuden,
- Ausbau eines Dachgeschosses, wenn dadurch erstmals eine Wohnung entsteht. Wenn Sie z.B. in Ihrem Zweifamilienhaus das Dachgeschoss zu einer Wohnung umbauen, ist dieser Umbau begünstigt, auch wenn Ihnen das Gebäude schon länger gehört und es bisher bereits zwei Wohnungen hatte. Was zählt, ist, dass im Dachgeschoss neuer, bisher nicht vorhandener Wohnraum geschaffen wurde.

Eine »Wohnung« liegt im Übrigen nur vor, wenn sie über eine eigene Küche, Bad oder Dusche und Toilette verfügt und mindestens 23 qm groß ist.
Ganz wichtig ist, dass Sie Ihre neue Wohnung in den ersten 10 Jahren durchgehend zu Wohnzwecken vermieten müssen. Wird die Wohnung in diesem Zeitraum zeitweilig selbst genutzt, ohne Entgelt überlassen oder nicht zu Wohnzwecken vermietet, verlieren Sie im Nachhinein die Sonderabschreibung und müssen die Steuervorteile zurückzahlen.
Die gute Nachricht dabei ist, dass Sie nicht an eine bestimmte Mindestmiete gebunden sind. Ob Sie sich mit der Miete am unteren oder oberen Rand des Mietspiegels bewegen, ist für die Sonderabschreibung ohne Bedeutung.

Wie hoch ist die Berechnungsgrundlage für die Sonderabschreibung?
Der neue § 7 b EStG begünstigt nur *bezahlbaren* neuen Wohnraum. Deshalb dürfen die Anschaffungs- bzw. Herstellungskosten (ohne Außenanlagen und ohne Kosten für das Grundstück) max. 3.000 € je Quadratmeter betragen. Sind die Kosten höher, entfällt die Sonderabschreibung komplett.
Für die Sonderabschreibung selbst werden die begünstigten Kosten allerdings auf max. 2.000 € je Quadratmeter begrenzt.

Beispiel
Sie haben eine neu gebaute Eigentumswohnung von 100 qm Größe erworben. Die Anschaffungskosten betragen nach Abzug des Grundstücksanteils 280.000 €.

Die Sonderabschreibung können Sie beantragen, weil die Kosten je Quadratmeter mit 2.800 € unter der magischen Grenze von 3.000 € liegen.
Die Abschreibungen betragen dann

Sonderabschreibung 100 qm × 2.000 € = 200.000 € × 5 %	10.000 €
Lineare Abschreibung = 280.000 € × 2 %	5.600 €
Abschreibung insgesamt	15.600 €

GUTER RAT

Aufgepasst heißt es hier mit nachträglich anfallenden Anschaffungs- oder Herstellungskosten. Wenn innerhalb der ersten drei Jahre solche nachträglichen Kosten dazu führen, dass die Grenze von 3.000 € je Quadratmeter überschritten wird, entfällt die Sonderabschreibung nachträglich.

Alle Abschreibungsmöglichkeiten im Überblick 769
Unterscheiden müssen Sie zwischen der linearen Abschreibung mit einem immer gleichbleibenden Prozentsatz (Nr. 1 der folgenden Übersicht) und der degressiven Abschreibung (Nr. 2 und 3). Hier sind die Prozentsätze anfangs höher und verringern sich in Stufen. Außerdem gibt es die erhöhte Abschreibung als besondere Möglichkeit, steuerlich Verluste zu machen (Nr. 4 bis 7).

Gebäude	ND	AfA-Satz	Quelle
1. Lineare AfA Baujahr nach dem 31.12.1924 Baujahr vor dem 1.1.1925	 50 J. 40 J.	 2 % 2,50 %	 § 7 Abs. 4 § 7 Abs. 4
2. Degressive AfA für Geschäftsgebäude; Gebäude selbst gebaut: Bauantrag bis 31.12.1993, Kaufvertrag bis 31.12.1994	50 J.	8 J. 5,00 % 6 J. 2,50 % 36 J. 1,25 %	§ 7 Abs. 5 EStG
3. Degressive AfA für Wohngebäude; Gebäude selbst gebaut Bauantrag/Kaufvertrag zwischen 28.2.1989 und 31.12.1995	40 J.	4 J. 7,00 % 6 J. 5,00 % 6 J. 2,00 % 24 J. 1,25 %	§ 7 Abs. 5 Nr. 3a EStG
Bauantrag/Kaufvertrag zwischen 1.1.1996 und 31.12.2003	50 J.	8 J. 5 % 6 J. 2,5 % 36 J. 1,25 %	§ 7 Abs. 5 Nr. 3b EStG
Bauantrag/Kaufvertrag zwischen 1.1.2004 und 31.12.2005	50 J.	10 J. 4 % 8 J. 2,5 % 32 J. 1,25 %	§ 7 Abs. 5 Nr. 3c EStG

Gebäude	ND	AfA-Satz	Quelle
4. Erhöhte AfA für Sanierung in städtebaulichen Entwicklungsbereichen – Bauantrag/Einreichung von Bauunterlagen nach dem 31.12.2003	10 J. 12 J.	10 J. 10 % 8 J. 9 % 4 J. 7 %	§ 7h EStG
5. Erhöhte AfA für Sanierung bei Baudenkmälern – Bauantrag/Einreichung von Bauunterlagen nach dem 31.12.2003	10 J. 12 J.	10 J. 10 % 8 J. 9 % 4 J. 7 %	§ 7i EStG
6. Degressive AfA für Neubauten, Bauantrag nach dem 28.2.1989, fertig bis 31.12.1995, keine öffentl. Mittel, Vermietung an Sozialmieter gegen Höchstmiete, die je nach Bundesland nach Miete-VO, Mindestgröße der Wohnung 25 qm	50 J.	5 J. 10 % 5 J. 7 % 30 J. 3,5 % vom Restwert	§ 7k EStG
7. Sonderabschreibung für neue Wohnungen, Bauantrag nach dem 31.8.2018 und vor dem 1.1.2022, letztes Sonderabschreibungsjahr 2026, max. 3.000 € Herstellungskosten je qm. Bemessungsgrundlage max. 2.000 € je qm. Vermietung zu Wohnzwecken in den ersten 10 Jahren	50 J.	4 J. 5 %	§ 7 b EStG

Ein Beispiel zur linearen Abschreibung nach Nr. 1:
Sie haben im Juli 2021 ein Miethaus, Bj. 1985, für 400.000 € gekauft. Die Abschreibung beträgt:

Anschaffungskosten	400.000 €
./. Anteil Grund und Boden 20 %	– 80.000 €
Gebäudeanteil	320.000 €
Jahresabschreibung 2 %	6.400 €
Abschreibung für 2021 $^{6}/_{12}$	3.200 €

Haben Sie von Ihren Eltern ein Haus geerbt, schreiben Sie weiterhin so ab, wie Ihre Eltern abgeschrieben haben.

770 **Abschreibung bei Übertragung einer Immobilie**

Ein wenig komplizierter wird es mit der Berechnung der Abschreibung, wenn z. B. Eltern eine Immobilie auf Ihre Kinder übertragen. Hier wird danach unterschieden, ob die Kinder die Immobilie komplett unentgeltlich und schuldenfrei übernehmen oder einen Kaufpreis zahlen müssen bzw. Schulden für die Immobilie mit übernehmen.
Bei einer unentgeltlichen Übernahme ergeben sich dieselben Rechtsfolgen wie bei einer Erbschaft. Man spricht in solchen Fällen auch von der ***Fußstapfentheorie.*** Die Kinder schreiben die Immobilie schlichtweg genauso ab wie zuvor ihre Eltern.

Zahlen sie eine Gegenleistung in Form eines Kaufpreises und/oder evtl. übernommener Schulden, werden zwei Fälle unterschieden:

1. Die Gegenleistung entspricht dem tatsächlichen Wert der Immobilie (*Verkehrswert*): Dann wird die Abschreibung auf Basis der tatsächlichen Gegenleistung (Kaufpreis und übernommene Schulden abzgl. Anteil für Grund und Boden) berechnet.
2. Die Gegenleistung ist geringer als der Verkehrswert: Hier spricht man von einem teilentgeltlichen Geschäft. Der Erwerb wird aufgeteilt in einen unentgeltlichen Teil, für den die Fußstapfentheorie gilt, und einen entgeltlichen Teil, der wie ein normaler Kauf behandelt wird.

Beispiel zur Berechnung der Abschreibung bei einem teilentgeltlichen Immobilienerwerb:
Ihre Eltern haben Ihnen im Juli 2021 ein Miethaus (Bj. 1986, Verkehrswert 400.000 €) übertragen. Sie haben im Gegenzug die Resthypothek von 100.000 € übernommen. Ihre Eltern hatten seinerzeit für das Haus umgerechnet 200.000 € bezahlt.
Die Übertragung ist damit zu 25 % entgeltlich und zu 75 % unentgeltlich erfolgt.

Anschaffungskosten für den entgeltlichen Teil	100.000 €	
./. Anteil Grund und Boden 20 %	– 20.000 €	
Gebäudeanteil	80.000 €	
Jahresabschreibung 2 %		1.600 €
Anschaffungskosten für den unentgeltlichen Teil 75 % v. 200.000 €	150.000 €	
./. Anteil Grund und Boden 20 %	– 30.000 €	
Gebäudeanteil	120.000 €	
Jahresabschreibung 2 %		2.400 €
Summe der Abschreibungen		4.000 €
Abschreibung für 2021 $^{6}/_{12}$		2.000 €

4.2 Herstellungskosten–Anschaffungskosten–laufende Hauskosten

Wie sieht es mit der Abzugsfähigkeit aus? Grundsätzlich vorab: **771**

- Die Anschaffungskosten für Grund und Boden sind nicht abzugsfähig.
- Die Herstellungs- und Anschaffungskosten für das Gebäude sind nur über die Abschreibung abzugsfähig.
- Die laufenden Hauskosten sind im Jahr der Bezahlung voll abzugsfähig.

Anschaffungskosten von Grund und Boden sind alle Aufwendungen, um das Eigentum an Grund und Boden zu erwerben. Dazu gehören auch die Nebenerwerbskosten wie Grunderwerbsteuer, Notariats-, Makler- und Grundbuchkosten, desgleichen Abbruchkosten und Straßenanliegerbeiträge.

772 **Zu den Herstellungskosten des Gebäudes gehören alle Aufwendungen, die erforderlich waren, um das Gebäude zu errichten und nutzbar zu machen, also alle Handwerkerrechnungen, das Architektenhonorar, öffentliche Gebühren für Baugenehmigung usw.** Dazu zählen auch Ihre persönlichen Ausgaben wie Fahrtkosten, Verpflegungsmehraufwand und die Kosten fürs Richtfest.

773 **Zu den Anschaffungskosten des Gebäudes gehören alle Aufwendungen, die erforderlich waren, um das Eigentum an dem Gebäude zu erlangen. Dazu gehören auch die Nebenerwerbskosten wie Grunderwerbsteuer, Notariats-, Makler- und Grundbuchkosten.**
Sind in den Anschaffungskosten auch welche für Grund und Boden enthalten, muss aufgeteilt werden, und zwar ausgehend von den gesamten Anschaffungskosten. Nur der Gebäudeanteil kann abgeschrieben werden, alle anderen Aufwendungen gehören zu den laufenden Hauskosten, die sofort und in voller Höhe abzugsfähig sind.

Doch aufgepasst: Das Finanzamt geht mehr und mehr dazu über, Grund und Boden nach qm-Preisen laut Bodenrichtwert anzusetzen. Diese Restwertmethode kann bei großen Grundstücken dazu führen, dass mehr als die Hälfte des Kaufpreises auf Grund und Boden entfällt und somit nicht der Abschreibung unterliegt.

GUTER RAT

Machen Sie dem Finanzamt klar, dass der Grund-und-Boden-Preis lt. Richtwertkarte nicht bindend ist; tatsächlich ist Ihr Häuschen aufgrund Größe und Ausstattung wesentlich mehr wert als nach dieser unlogischen Rechenoperation. Zudem verliert der Boden durch Bebauung und Übergröße an Wert. Eigentlich zutreffend ist die Aufteilung im Verhältnis der Verkehrswerte von Grundstück und Gebäude. Einen Hinweis auf Ihre Ausführung kann bereits eine entsprechende Angabe im Kaufvertrag geben, wenn Sie und der Käufer die Aufteilung des Kaufpreises genau beziffern.
Für eine überschlägige Ermittlung, wie der Kaufpreis auf das Gebäude und auf Grund und Boden aufgeteilt werden kann, stellt das Bundesfinanzministerium auf www. Bundesfinanzministerium.de ein einfaches Berechnungsprogramm zur Verfügung: »Arbeitshilfe zur Aufteilung eines Gesamtkaufpreises für ein Bebautes Grundstück (Kaufpreisaufteilung)«. Sie finden die Datei, wenn Sie in der Suchfunktion der Startseite den Begriff »Kaufpreisaufteilung« eingeben.

774 **Zu den laufenden Hauskosten gehören alle Aufwendungen, die nicht Anschaffungs- oder Herstellungskosten sind und mit dem Grundstück in wirtschaftlichem Zusammenhang stehen.** Dazu gehören etwa die Finanzierungskosten. Sie sind natürlich in voller Höhe abzugsfähig, und zwar im Jahr der Bezahlung. Zu

den Finanzierungskosten wiederum gehören die Geldbeschaffungskosten. Wenn Sie die Wörter irritieren, merken Sie sich einfach Folgendes: Zu den Finanzierungskosten gehören alle Kosten, die nur deshalb angefallen sind, weil Sie nicht über ein so hohes Bankkonto verfügen, dass Sie alle Anschaffungs- und Herstellungskosten aus Eigenmitteln bezahlen können.

Merken Sie sich zum Disagio (Unterschied zwischen dem Nennbetrag eines Hausdarlehens und dem Auszahlungsbetrag): Das Disagio ist im Jahr der Auszahlung des Darlehens abzugsfähig. Wird das Darlehen – nach Baufortschritt – in Raten ausbezahlt, entsteht das Disagio anteilig und ist entsprechend anteilig im Jahr der Ratenauszahlung abzugsfähig. 775

GUTER RAT

Maklergebühren sind ja bekanntlich Teil der Anschaffungskosten und deshalb 776 nicht sofort abzugsfähig. Wenn der Makler allerdings bei der Finanzierung des Grundstückserwerbs behilflich war, kann er seine Rechnung in reine Maklergebühren und in Gebühren für Finanzierungsberatung aufteilen. Einigen Sie sich vorher mit ihm, dass Sie z.B. 2 % für die Vermittlung des Grundstücks und 1 % für die Finanzierungsberatung zahlen. So muss es im Auftrag und auch im Kaufvertrag stehen. Die Gebühren für die Finanzierungsberatung sind dann als Geldbeschaffungskosten im Jahr der Zahlung in voller Höhe als Werbungskosten abzugsfähig.

Ihre Grunderwerbsteuer mindert sich, wenn Sie mit dem Grundstück Einrichtungsgegenstände erwerben, z.B. eine Kücheneinrichtung oder Einbaumöbel. Ziehen Sie vom Kaufpreis dafür 30.000 € ab, und Sie sparen je nach Bundesland zwischen 3,5 % und 6,5 % Grunderwerbsteuer, also bis zu 1.950 €.

Auch hier sollten die Gegenstände im Kaufvertrag aufgeführt werden – natürlich nur, wenn es zutrifft.

TRICK

Wie man die Herstellungskosten höher als gewöhnlich ansetzt

Sie sitzen über der Aufstellung Ihrer Herstellungskosten, die Sie dem Finanz- 777 amt als Grundlage für die Berechnung der Abschreibung einreichen wollen, und wundern sich über die niedrige Summe. Dann fällt Ihnen ein, dass Sie Ihren Freunden, die beim Bau mitgeholfen haben, ein paar Scheine in die Hand gedrückt haben. Außerdem haben Sie etliche Kästen Bier und viele kleine Fläschchen Whisky spendiert, damit der Bau etwas schneller vorwärtsging … Und

Ihrem Vater, der tüchtig mitgeholfen hat, haben Sie als Dankeschön einen neuen Fernseher gekauft. Außer über den Kauf des Fernsehers haben Sie allerdings keine Belege!

Kein Grund, dem Finanzamt all die Steuerersparnis zu schenken. Gehen Sie zu Ihren Freunden und lassen Sie sich nachträglich Quittungen ausstellen (Freundes- oder Nachbarschaftshilfe hat nichts mit Schwarzarbeit zu tun!).

Freunde, die Ihnen in der Not geholfen haben, erhielten	1.200 €
Der Fernseher für Ihren Vater kostete	870 €
Auf die	2.070 €

entfallen für die ersten Jahre an die 250 € Steuerersparnis.
Und den Aufwand für die Getränke, mit denen Sie die Arbeiter bei Laune gehalten haben, packen Sie hinzu.

TIPP

für Helfer am Bau

Bei den meisten Rentnern dürfte sich selbst eine höhere Nebeneinnahme nicht negativ auswirken, da sie in der Regel mit ihrem zu versteuernden Einkommen unter dem Grundfreibetrag liegen.

Bei Freunden und Verwandten, die lediglich Arbeitnehmereinkünfte haben, ergibt sich aufgrund des sog. Härteausgleichs keine Steuerzahlung, da hier bis zu 410 € steuerfrei bleiben. **Das allerdings nur, wenn sie nicht selbst Verluste, z. B. aus der Vermietung einer Immobilie, abziehen wollen.**

TRICK

Wie Sie dem Finanzamt in die Parade fahren, wenn es Geld von Ihnen verlangt

778 Sie haben gebaut, treu und brav die Baukosten dem Finanzamt eingereicht und erhalten wie aus unbewölktem Himmel einen Bescheid, in dem es heißt:… die von Ihnen geltend gemachten Baukosten konnten nicht in voller Höhe anerkannt werden und wurden gekürzt um

1. die Vergütungen an Ihre Bekannten, die als Nichtunternehmer handwerkliche Arbeiten geleistet haben 2.000 €
2. den Betrag, der für drei Schränke in den Schreinerarbeiten des Handwerksmeisters enthalten ist, mit 1.600 €

3.	Kosten der Getränke für die Bauarbeiter zum Aufrechterhalten ihrer Arbeitslust	250 €
4.	den Betrag für die Einfriedung (Zaun)	820 €
5.	Kosten einer Einbauküche	2.750 €
6.	Aufwand für Teppichböden	2.900 €
		10.320 €

Sie werden dem Finanzamt Folgendes schreiben:

Zu 1. Arbeitnehmertätigkeit 779

»… kann ich leider Ihre Kürzungen nicht akzeptieren. Die bei mir beschäftigten Personen waren völlig selbständig und keineswegs meinen Weisungen unterworfen. Wie wäre mir dies auch möglich, da ich vom Handwerk nichts verstehe. Die Zeit ihrer Arbeit bestimmten sie ebenfalls völlig von sich aus bzw. arbeiteten je nachdem, wie es ihre Zeit erlaubte. Als Beweis dafür dienen die von ihnen ausgestellten Quittungen, denen zu entnehmen ist, dass sie eine pauschale Tätigkeitsvergütung und keinen Lohn erhalten haben. Der BFH sagt im Übrigen dazu: ›Gegen die Unselbständigkeit spricht es, wenn jemand die übernommene Arbeit auch durch eine andere Person, z.B. einen Familienangehörigen, leisten lassen kann; denn ein Arbeitnehmer muss in der Regel persönlich tätig werden‹ (Urteile des Bundesfinanzhofs V 86/55 U v. 12.1.1956, BStBl 1956 III S. 119, Slg. Bd. 62, S. 322, VI 72/58 v. 3.7.1959, VI 186/58 U v. 11.3.1960, BStBl 1960 III S. 215, Slg. Bd. 70, S. 578, BFH v. 24.11.1961 – VI 183/59 S – BStBl 1962 III 37)! Das ist durch die Vielzahl meiner kurzfristigen Helfer eindeutig bestätigt. Und selbst wenn die Zeiteinteilung mit mir abgesprochen war – ich konnte meine Helfer nie zwingen, zu diesen Zeiten tatsächlich zu erscheinen. Auch hatten sie, wie es bei Arbeitnehmern üblich wäre, keinen bezahlten Urlaubsanspruch.«

Weisen Sie das Finanzamt darüber hinaus darauf hin, dass es sich um keine be- 780 rufliche Tätigkeit Ihrer Freunde und Verwandten handelte, sondern um einen reinen Freundschaftsdienst, so dass weder das Kriterium der Schwarzarbeit noch das der Scheinselbständigkeit erfüllt ist und weder Steuer- noch Sozialversicherungszahlungen zu leisten sind.

Seit Jahrzehnten haben verschiedene Finanzer diese Sache an die Gerichte getrieben, hoffend, endlich grünes Licht zur Besteuerung der sich ein Zubrot Verdienenden zu bekommen. Die Tendenz scheint dahin zu gehen, dass Gesellen oder Poliere des Bau- und Baunebengewerbes nicht, Hilfsarbeiter dagegen sehr wohl als Arbeitnehmer des Bauherrn angesehen werden. Beschäftigen Sie also vorsorglich nur Facharbeiter, die dann wie Selbständige behandelt werden können.

Zu 2. Gebäudebestandteile 781

»Auch zu Punkt 2 muss ich Ihnen widersprechen. Wenn es sich bei den Einbauschränken auch nicht um direkten Bauaufwand handelt, so sind sie mit dem

Gebäude doch fest verbunden und deshalb als zugehörig zu betrachten. Für fest mit wesentlichen Gebäudeteilen zusammenhängende Schränke, die nicht mehr aus dem Zimmer herauszunehmen sind, ohne dabei die Wände zu beschädigen, ist allein deshalb schon Abschreibungsfreiheit gegeben, weil sie zu Gebäudeteilen geworden sind wie die Holzlatten am Dachstuhl. Beachten Sie bitte diesbezüglich H 6.4 EStH. Nicht absetzbar wäre etwa eine Schranktrennwand, die mehr die Funktion einer Wohnungseinrichtung erfüllt.«

782 **Zu 3. Getränke**

»Was den fehlenden Nachweis über die Getränke betrifft, die ich im Lauf der Bauzeit für die Bauarbeiter ausgeben musste, ist Folgendes zu sagen: Nach der allgemeinen Lebenserfahrung (ein Begriff, den Sie ja selbst so gern und oft anführen, wenn es darum geht, etwas abzulehnen) ist ein Betrag von 250 € eher zu niedrig als zu hoch für das Trinkvermögen von Bauarbeitern zu erachten.«

783 **Zu 4. Einfriedung**

»Auch die Aufwendungen für die Einfriedung gehören im Zweifelsfall zu den Herstellungskosten (H 6.4 EStH).« Das gilt allerdings nicht für die Sonderabschreibung nach § 7 b EStG.

784 **Zu 5. Einbauküche**

»Der Bundesfinanzhof hat entschieden, dass die Kosten einer Einbauküche nicht zum Gebäude gehören, sondern insgesamt ein selbstständiges Wirtschaftsgut darstellen, das auf 10 Jahre abgeschrieben werden kann, wenn man die Küche mitvermietet. Das gilt – anders als früher – für die komplette Küche, auch für Spüle und Herd (BFH v. 3.8.2016 – IX R 14/15, BStBl 2017 II S. 437).«

785 **Zu 6. Bodenbelag**

»Hinsichtlich des Teppichbodens weise ich darauf hin, dass er auf Estrich verlegt und zudem mit dem Untergrund fest verbunden wurde.«

786 Und nicht vergessen: Prozesskosten, die Ihnen entstehen, weil Sie den Bauunternehmer wegen Baumängel verklagen, gehören genauso wie die Kosten zur Mängelbeseitigung zu den Herstellungskosten (BFH-Urt. v. 1.12.1987 – BStBl 1988 II S. 431).

Ebenfalls zu den über die Abschreibung zu erfassenden Kosten rechnen Ihre Aufwendungen für einen Rechtsanwalt, Gerichtskosten etc., um einen Konkurrenten, der Einwände gegen Ihren Kauf der Immobilie hatte, aus dem Feld zu schlagen. Die Kosten sind als nachträgliche Anschaffungskosten zu erfassen (BFH v. 17.4.2007 – BStBl 2007 II S. 956). Dasselbe gilt, wenn Sie eine Immobilie ganz oder teilweise unentgeltlich von Ihren Eltern erworben haben und nun Kosten haben, um eine Zwangsvollstreckung in die Immobilie für Schulden Ihrer Eltern zu vermeiden (FG Düsseldorf v. 22.11.2006 – 7 K 1350/05 E).

Außerdem setzen Sie an: geschenkte Baumaterialien zum Marktpreis und die Anschaffungskosten für Geräte und Maschinen, die Sie für den Bau benötigt haben: Mischer, Bohrmaschine, Stichsäge, Flex, kleinere Werkzeuge. Wenn der Bau steht, wandert alles, was noch brauchbar ist, ganz legal in Ihren Hobbykeller.

TRICK

Machen Sie die Kosten für einen nicht zustande gekommenen Hauskauf oder Hausbau geltend!

Es kommt doch immer wieder vor, gerade wenn Sie mit unseren Baubehinde- **787**
rungsbehörden zu tun haben: Pläne oder Voranfragen wurden nicht genehmigt. Sie haben Bodenproben machen, Vermessungspläne erstellen lassen, eine Anzahlung ist verloren, weil der Empfänger Konkurs gemacht hat. Diese Planungskosten sind sofort abzugsfähige Werbungskosten, da die Planung nicht ausgeführt wurde (BFH-Urt. v. 4.6.1991 – BStBl 1991 II S. 761). Und: Sieht das Haus nachher wesentlich anders aus als ursprünglich gedacht und konnten nicht einmal Teile der ersten Planung für die zweite genutzt werden, sind die Kosten für die erste Planung ebenfalls sofort absetzbare Werbungskosten (FG Niedersachsen v. 14.1.1982 – EFG 1982 S. 460).

TRICK

Setzen Sie Abrisskosten von der Steuer ab!

Haben Sie ein Grundstück mit Haus gekauft oder einem Erbbauberechtigten **788**
für sein Erbbaurecht eine Abstandszahlung geleistet, sind die Abstandszahlung und die Abrisskosten Herstellungskosten des neuen Gebäudes, das Sie bauen (BFH v. 13.12.2005 – BStBl 2006 II S. 461).

4.3 Sonstiges zu den Werbungskosten

Verbilligte Vermietung **789**

Bei den Vermietungseinkünften verlangt der Fiskus genau wie bei anderen Einkunftsarten, dass Sie die Vermietung mit *Einkunftserzielungsabsicht* betreiben, d.h. langfristig gesehen ein Plus machen wollen. Das ganze Nachweistheater können Sie sich sparen, wenn Sie eine ganz normale, auf Dauer angelegte Vermietung betreiben. In diesem Fall muss das Finanzamt nämlich – Verluste hin oder her – Ihre Einkunftserzielungsabsicht schlichtweg unterstellen (BFH v. 10.5.2007 –

BStBl 2007 II S. 873; BMF v. 8.10.2004 – BStBl 2004 I S. 933). Wie so oft müssen Sie aber auch hier die berühmten Ausnahmen kennen, die die Regel bestätigen. Wenn Sie Wohnungen verbilligt an Angehörige vermieten, konnten Sie bis einschließlich 2020 Ihre Werbungskosten zu 100 % absetzen, wenn die vereinbarte Warmmiete, also inkl. Nebenkosten, mindestens 66 % der ortsüblichen Warmmiete betrug. Lagen Sie unter dieser Grenze, haben Ihnen die Fiskalritter gnadenlos Ihre Werbungskosten gekürzt. Immer nach der Devise, warum einfach, wenn es auch kompliziert geht, hat der Fiskus die Regelungen zur verbilligten Vermietung verändert. Seit 2021 gilt Folgendes:

- Beträgt die Warmmiete mindestens 66 % der ortsüblichen Miete, ist weiterhin der volle Werbungskostenabzug möglich.
- Beträgt die Warmmiete zwischen 50 % und 66 % der ortsüblichen Miete, hängt der volle Werbungskostenabzug davon ab, ob Sie über einen Zeitraum von 30 Jahren insgesamt einen Überschuss aus der Vermietung der Immobilie erzielen. Ist die Überschussprognose (ein Muster finden Sie unter ➤ Rz 824) dagegen negativ, werden die Werbungskosten anteilig entsprechend der Mietverbilligung gekürzt;
- Beträgt die Warmmiete weniger als 50 % der ortsüblichen Miete, wird der Werbungskostenabzug ohne Wenn und Aber anteilig entsprechend der Mietverbilligung gekürzt.

WICHTIGER HINWEIS

Um allen Eventualitäten aus dem Weg zu gehen und sich den vollen Werbungskostenabzug zu sichern, sollten Sie mit der vereinbarten Miete mindestens 66 % der ortsüblichen Miete erreichen.

Beispiel
Sie haben eine 80-qm-Wohnung an Ihren Bruder vermietet. Da er finanziell nicht gerade auf Rosen gebettet ist, zahlt er gerade mal 200 € Warmmiete im Monat. Auf dem freien Markt würde die Wohnung 500 € kosten. Da die Wohnung also lediglich zu 40 % entgeltlich vermietet ist, sind auch Werbungskosten nur zu 40 % abzugsfähig (§ 21 Abs. 2 EStG).

Kürzung Ihrer Werbungskosten:
Angenommene Kosten: 300 € mtl. × 12 Monate = 3.600 €, davon abzugsfähig 40 % = 1.440 €. 2.160 € fallen unter den Tisch.
Wenn die Miete mindestens 66 % der ortsüblichen Miete beträgt, in diesem Fall also 330 € oder mehr, entfällt die Kürzung und das Finanzamt kann keine auf die nächsten 30 Jahre hochgerechnete Überschussprognose verlangen.

Eine Überschussprognose müssen Sie allerdings weiterhin in folgenden Fällen erstellen:

- Die Warmmiete beträgt zwischen 50 % und 66 % der ortsüblichen Miete.
- Sie lassen ohne besonderes Konzept die laufenden Schuldzinsen immer weiter auflaufen und tilgen die Darlehen für das Vermietungsobjekt nicht (BFH v. 10.5.2007 – BStBl 2007 II S. 873).
- Sie vermieten eine Ferienwohnung, vgl. ➤ Rz 822.
- Die Vermietung ist von vornherein befristet, weil Sie die Immobilie danach selbst nutzen oder verkaufen wollen (BFH v. 9.7.2002 – BStBl 2003 II S. 695; BFH v. 29.3.2007 – BFH/NV 2007 S. 1847). Kurzfristige Selbstnutzungs- oder Verkaufsabsicht unterstellt der Fiskus regelmäßig, wenn Verkauf/Selbstnutzung innerhalb von fünf Jahren nach Anschaffung erfolgen.
- Sie vermieten eine besonders aufwendige Immobilie (Luxusobjekt) (BFH v. 6.10.2004 – BStBl 2005 II S. 386).
- Sie erzielen die Einkünfte aus einem Bauherren- oder Mietkaufmodell mit Rückkaufgarantie (BFH v. 30.9.1997 – BStBl 1998 II S. 771).
- Sie vermieten oder verpachten langfristig unbebaute Grundstücke (BFH v. 28.11.2007 – IX R9/06, Der Betrieb 2008 S. 556).
- Sie vermieten eine Gewerbeimmobilie, ein Ladenlokal oder Räume für eine Arztpraxis oder Freiberuflerkanzlei.

WICHTIGER HINWEIS

Was ist eigentlich die ortsübliche Miete?
Bei der Prüfung, ob Sie die 50-% bzw. 66-%-Grenze eingehalten haben, vergleicht der Fiskus die tatsächlich von Ihrem Mieter gezahlte Miete inklusive aller Umlagen. Die Umlagen werden also immer in den Vergleich einbezogen. Haben Sie z. B. eine Wohnung an einen Angehörigen vermietet und nehmen an Miete dasselbe wie von Ihren übrigen Mietern, legen aber die Heiz- und Stromkosten nicht um, kann es vorkommen, dass Sie die 66-%-Hürde reißen.

TRICK

Beanspruchen Sie als Vergleichsmiete immer das für Sie günstigste Ergebnis!

Bei der Frage, ob die Grenze von 66 % der ortsüblichen Miete unterschritten ist, 790
muss der Fiskus vorrangig auf den Mietspiegel für die betreffende Gemeinde zurückgreifen. Nur wenn ein solcher nicht vorhanden ist, kann die ortsübliche

Miete aus der Vergleichsmiete für andere Wohnungen abgeleitet werden. Der Fiskus kann Ihnen dabei aber nicht lediglich mit *einer* Vergleichswohnung kommen. Mindestens drei vergleichbare Vermietungen müssen es schon sein, verlangt der BFH. Alternativ zu Vergleichsmieten bei fehlendem Mietspiegel kann der Nachweis der ortsüblichen Miete auch über das Gutachten eines öffentlich bestellten und vereidigten Sachverständigen erfolgen (BFH v. 22.2.2021 – IX R 7/20, DB 2021 S. 993).

Haben Sie z.B. in Ihrem Zweifamilienhaus die eine Wohnung zu einem sehr günstigen Preis an Ihr Kind vermietet, die zweite Wohnung dagegen zu einer recht üppigen Miete an einen Fremden, können Sie dennoch den Umfang der Entgeltlichkeit anhand der für Sie günstigeren Miete lt. Mietspiegel berechnen.

Lassen Sie sich bei den Vergleichen mit dem Mietspiegel nicht Ihr steuerliches Ergebnis schlechtrechnen. Die Mietspiegel weisen als Vergleichsgröße eine Spanne als übliche Miete aus, z.B. »Neubauwohnungen bis 100 qm 5,50 €–7,10 €«. Die Vertreter des Fiskus gehen nun natürlich gern her und vergleichen Ihre tatsächliche Miete mit dem Mittelwert des Mietspiegels, in unserem Beispiel also 6,30 €. Das lassen Sie auf keinen Fall durchgehen! Wenn der Mietspiegel als untersten Wert 5,50 € ausweist, ist das eine zulässige Vergleichsmiete. Die Berechnung, ob und in welchem Umfang eine verbilligte Vermietung vorliegt, hat sich deshalb gefälligst an diesem – für Sie günstigeren Wert – zu orientieren. Was dem BFH für die Berechnung von Vorteilen aus der verbilligten Vermietung an Arbeitsnehmer recht war (BFH v. 17.8.2005 – BStBl 2006 II S. 71), muss ja wohl auch für Sie gelten. Rückendeckung gibt es dabei von der Finanzverwaltung in Nordrhein-Westfalen (OFD Rheinland v. 17.12.2007 – Kurzinfo ESt 82/2007).

Etwas komplizierter wird die Angelegenheit, wenn Sie Ihre Wohnung möbliert vermieten. Auch hier müssen Sie die übliche Miete für eine nach Größe, Lage, Alter und Ausstattung entsprechende und zudem möblierte Wohnung mit der tatsächlichen Miete vergleichen.

Einfach ist es noch, wenn der Mietspiegel die Möblierung in Form eines pauschalen Zuschlags gegenüber nicht möblierten Wohnungen berücksichtigt. Dann gilt dieser Zuschlag als Maßstab für den aufgrund der Möblierung höheren Mietwert. Einen darüber hinausgehenden Möblierungszuschlag darf das Finanzamt nicht ansetzen. Insbesondere darf es nicht einfach einen Zuschlag in Höhe der Abschreibung für die Möbel ins Spiel bringen.

Ist im Mietspiegel kein solcher Zuschlag festgelegt, muss er anhand der üblichen Gepflogenheiten in Ihrer Gemeinde ermittelt werden. Wenn Sie da gar nicht fündig werden, bleibt als Ausweg immer noch, ein Sachverständigengutachten einzuholen. Lässt sich trotz aller Bemühungen nicht feststellen, dass üblicherweise keine besonderen Zuschläge für die überlassenen Möbel gezahlt werden, kommt ein Möblierungszuschlag nicht in Betracht. Insbesondere darf das Finanzamt keinen typisierten Mietrenditeaufschlag von 4 % ansetzen, wie es das FG Niedersachsen getan hat (Niedersächsisches FG, EFG 2011 S. 628). Der BFH hat diese Entscheidung nämlich ausdrücklich als falsch bezeichnet (BFH v. 6.2.2018 – IX R 14/17).

SUPER TRICK

Keine Kürzung bei leerstehenden Wohnungen

Steht eine Ihrer Mietwohnungen leer? Seien Sie auf der Hut, denn schon spitzt 791
der Finanzbeamte seinen Rotstift und will Ihren Werbungskosten ans Leder, weil er argwöhnt, Sie wollten die Wohnung nicht mehr vermieten, sondern verkaufen. Aber Sie wissen sich zu wehren. Treiben Sie ihm die Streichgelüste aus, indem Sie wie folgt argumentieren: »Von einem Leerstand der Wohnung kann keine Rede sein. Die Wohnung ist lediglich infolge eines überraschenden Mieterwechsels vorübergehend nicht vermietet. Die Absicht, mit der Wohnung weiterhin Mieteinkünfte zu erzielen, besteht nach wie vor. Sehen Sie dazu die beigefügten Anzeigen im Immobilienteil der *Hintertupfinger Rundschau.*«

Bei einem solchermaßen begründeten Leerstand behalten Sie den ungekürzten Werbungskostenabzug.

Bei längerem Leerstand müssen Sie allerdings mehr tun, als ein oder zwei Proforma-Anzeigen im Jahr zu schalten. Investieren Sie lieber ein paar Euro mehr und inserieren Sie Ihre Wohnung mehrfach in verschiedenen Zeitungen oder im Internet. Bei einem mehrjährigen Leerstand müssen Sie einen Makler beauftragen. Nutzt auch das nichts, verlangt der BFH, dass Sie Abstriche bei der Höhe der Miete machen oder nicht mehr so wählerisch bei potenziellen Mietern sind. Damit nehmen Sie dem Finanzamt den Wind aus den Segeln, wenn es Ihnen mit dem Argument kommt, Ihre Vermietungsbemühungen seien nicht ernsthaft und nachhaltig gewesen. Und da Ihre Anzeigen- und Maklerkosten als Werbungskosten gelten, trägt der Fiskus durch die daraus resultierende Steuerersparnis sowieso einen Teil Ihrer Aufwendungen (BFH v. 28.10.2008, IX R 1/07; BFH/NV 2009 S. 68; BFH, Urteil v. 11.12.2012 – IX R 14/12, BStBl 2013 II S. 279).

Sind all Ihre Bemühungen nicht von Erfolg gekrönt, geht der BFH sogar so weit, dass er von Ihnen verlangt, die Immobilie baulich umzugestalten, damit Sie sie vermieten können.

Sie können also den Fiskus sicher einige Zeit mit der Darlegung Ihrer Vermietungsbemühungen überzeugen und Ihre Verluste retten. Aber seine Geduld ist leider auch endlich.

Andererseits ist die Dauer des Leerstands nur *ein* Hinweis. So z. B. bei einem Steuerzahler, der vor einer zwingend erforderlichen Sanierung zunächst in einem 8 Jahre dauernden Verfahren klären musste, ob ihm das Haus überhaupt gehört. Als das endlich erledigt war, hat er sofort renoviert und anschließend vermietet. Das FG Düsseldorf jedenfalls hatte keinen Zweifel daran, dass die in der Zwischenzeit angefallenen Verluste abgesetzt werden können (FG Düsseldorf, Urt. v. 27.9.2016 – 13 K 2850/13 E).

792 **Was Sie grundsätzlich absetzen können**

- sämtliche Schuldzinsen, Disagio etc.,
- Erbbauzinsen,
- Abschreibungen,
- erhöhte Abschreibungen,
- Sonderabschreibungen, z.B. nach dem Fördergebietsgesetz,
- Geldbeschaffungskosten, Schätzgebühren, Notar- und Gerichtskosten,
- Ertragsanteil von Renten,
- Fahrtkosten,
- Reparaturkosten,
- Instandhaltungs-, Modernisierungskosten,
- Strom, Gas, Wasser,
- Heizkosten,
- Grundbesitzabgaben wie Müllabfuhr- und Abwassergebühren,
- Hausversicherungen,
- Hausverwaltung etc.

SUPER TRICK

Setzen Sie als Pensionär oder Rentner Ihre vollen Arbeitszimmerkosten ab

793 Sie haben als Rentner oder Pensionär in aktiven Zeiten mit dem Kauf einiger Immobilien Ihre Altersversorgung gesichert. Natürlich verwalten sich die Häuser nicht von allein. Um dem ganzen Papierkram Herr zu werden, haben Sie sich in Ihrem eigenen Haus ein schickes 25 qm großes Arbeitszimmer eingerichtet. Da Sie für die Immobilienverwaltung keinen anderen Arbeitsplatz haben, können Sie von Ihren Arbeitszimmerkosten mindestens 1.250 € im Jahr als Werbungskosten bei Ihren Vermietungseinkünften abziehen.

Wenn Sie neben Ihren Mieteinkünften nur noch Ihre Pension oder Rente beziehen, kracht es bei Ihren Arbeitszimmerkosten so richtig. Dann geht nämlich Ihr Arbeitszimmer als Mittelpunkt Ihrer gesamten Einkünfteerzielung durch. Das führt dazu, dass die Begrenzung auf 1.250 € im Jahr nicht gilt. Sie setzen in so einem Fall also jeden roten Heller, der für Ihr Arbeitszimmer anfällt, als Werbungskosten ab. Argumentiert ein übereifriger Fiskalritter, der Vollabzug der Arbeitszimmerkosten scheitere daran, dass Sie ja noch Renteneinkünfte haben, weshalb das Arbeitszimmer nicht Mittelpunkt der Einkünfteerzielung sei, dann tragen Sie mal wieder zur Weiterbildung des Sachbearbeiters bei. Bei der Beurteilung des Mittelpunkts der gesamten betrieblichen und beruflichen Betätigung sind nämlich nur Einkunftsarten einzubeziehen, die eine aktive Tätigkeit erfordern. Deshalb bleiben vor allem Pensionen oder Renten außer Betracht. Dass sie letztlich aus einer früher einmal aktiven Tätigkeit resultieren, spielt keine Rolle (Niedersächsisches Finanzgericht v. 8.11.2011 – 12 K 264/09).

Viele Finanzämter setzen sich neuerdings Veranlagungsschwerpunkte, d.h., be- 794
stimmte Bereiche in Ihrer Steuererklärung werden besonders kleinlich geprüft. Womöglich ausgerechnet Ihre Vermietungseinkünfte. Dann hacken die Finanzbehörden auf den Umlagen herum, wollen genau wissen, was der Mieter gezahlt hat und ob diese Beträge mit Ihren Kosten übereinstimmen. Damit ist das bisher allseits praktizierte Nettoverfahren – nämlich einerseits die Umlagen nicht als Einnahme anzusetzen und im Gegenzug dafür die umlagefähigen Kosten nicht abzusetzen – hinfällig. Und so etwas wird einem dann auch noch hochtrabend als Steuervereinfachung verkauft.

Insbesondere wird das Auge des Fiskus auf Ihrer Finanzierung und den zugehörigen Schuldzinsen ruhen. Achten Sie also darauf, dass sich bei nachträglichen Darlehen der konkrete Zusammenhang mit der Modernisierung oder Renovierung herstellen lässt.

TIPP

zu Schuldzinsen

**Zur Abzugsfähigkeit von Schuldzinsen hat der BFH sich endlich positiv im Sinn 795
des Steuerzahlers geäußert:** Wenn Sie und Ihr Ehegatte aus einem Topf wirtschaften und einer von Ihnen ein Haus kauft, Sie das Darlehen auf Wunsch der Bank aber gemeinsam aufnehmen, sind die Schuldzinsen in vollem Umfang als Werbungskosten bei den Einkünften aus Vermietung und Verpachtung des Eigentümerehegatten abziehbar.

Vorsicht: Der Eigentümer muss zumindest an dem Darlehen beteiligt sein! Denn der BFH sagt auch: Nimmt ein Ehegatte allein ein Darlehen zur Finanzierung eines vermieteten Gebäudes auf, das dem anderen Ehegatten gehört, sind die Schuldzinsen nicht abziehbar.

Doch ich weiß einen Ausweg für Sie: Zeigen Sie dem Finanzamt, dass der Eigentümerehegatte die Schuldzinsen aus eigenen Mitteln bezahlt hat, dann muss es den Werbungskostenabzug zulassen (Anschluss an die Beschlüsse des Großen Senats des BFH v. 23.8.1999 GrS 1/97, BFHE 189, 151, BStBl II 1999, 778, und v. 23.8.1999 GrS 2/97, BFHE 189, 160, BStBl II 1999, 782).

Ziehen Sie die Schuldzinsen auch nach dem Verkauf der Immmobilie weiter ab!

796 Sie haben Ihr Haus verkauft und sind auf einem Teil der Kredite sitzengeblieben. Der früheren kleinlichen Regelung des Fiskus, dass es mit dem Verkauf des Hauses auch mit dem Abzug Ihrer Schuldzinsen vorbei sein soll, hat der BFH den Garaus gemacht.

Mit zwei Urteilen hat er entschieden, dass es den nachträglichen Schuldzinsenabzug selbst dann gibt, wenn Sie Ihre Immobilie nach Ablauf der Spekulationsfrist von 10 Jahren verkauft haben. Auch wenn Sie nach dem Verkauf für die verbliebenen Restdarlehen noch einmal eine Umfinanzierung vorgenommen haben, um z.B. günstigere Darlehenskonditionen zu nutzen, verhindert das den weiteren Schuldzinsenabzug als nachträgliche Werbungskosten nicht (BFH v. 20.6.2012 – BStBl 2013 S.275 und BFH v. 8.4.2014 – IX R 45/13, DStR 2014 S.996). Allerdings verlangt auch der BFH, dass

- der Veräußerungserlös vorrangig zur Tilgung der Hypothekendarlehen verwendet wird,
- der Veräußerungserlös nicht ausreicht, um die Darlehensverbindlichkeit in voller Höhe zu tilgen,
- bis zur Veräußerung unverändert die Absicht bestand, aus der Vermietung der Immobilie Einkünfte zu erzielen.

Setzen Sie den Verkaufserlös richtig ein!

Entscheidend für den nachträglichen Abzug der Schuldzinsen bei den Einkünften aus Vermietung und Verpachtung ist, wie Sie den Veräußerungspreis verwenden.

- **Anschaffung einer neuen Einkunftsquelle**

Kaufen Sie von dem Geld eine neue Einkunftsquelle, z.B. ein anderes Vermietungsobjekt, hängen die Zinsen weiter mit Einkünften zusammen, sind also nach wie vor Werbungskosten aus Vermietung und Verpachtung. Sie ziehen sie bei der Berechnung der Einkünfte für die neue Immobilie ab. Wenn Sie nur einen Teil des Verkaufspreises in die neue Immobilie stecken, bleibt Ihnen der nachträgliche Schuldzinsenabzug entsprechend auch nur für einen Teil des bisherigen Darlehens. Dabei müssen Sie sich aber sputen, sonst sind die Schuldzinsen beim Teufel. Die lediglich behauptete Absicht, den Veräußerungserlös in ein anderes Vermietungsobjekt reinvestieren zu wollen, reicht dem BFH nämlich nicht aus (BFH v. 6.12.2017 – BStBl 2018 II S. 268).

- **Sie kaufen keine neue Einkunftsquelle**

Erwerben Sie keine neue Einkunftsquelle und reicht der Verkaufserlös theoretisch aus, um das ursprüngliche Darlehen abzulösen, endet der wirtschaftliche Zusammenhang mit der ursprünglichen Vermietung, wenn Sie das Darlehen nicht tilgen. Damit entfällt ein weiterer Schuldzinsenabzug.
Dienten die Darlehen nicht der Finanzierung des Kaufs oder des Baus der Immobilie, sondern der Finanzierung größerer Renovierungsmaßnahmen, bleibt Ihnen der nachträgliche Schuldzinsenabzug auf jeden Fall erhalten, sofern der Erlös aus dem Immobilienverkauf nicht zur Darlehenstilgung ausreicht. Eine besondere Finesse müssen Sie bei der Tilgung der alten Darlehen jedoch beachten: Sie sollten immer vorrangig die Darlehen mit der insgesamt höheren Zinsbelastung tilgen, was Sie schon aus wirtschaftlichen Gründen in Ihrem eigenen Interesse tun. Gehen Sie – warum auch immer – anders vor, verwehrt Ihnen das Finanzamt unter Umständen den kompletten Zinsabzug wegen nicht wirtschaftlichen Verhaltens.

4.4 Was Sie als Vermieter unbedingt über die Hausmodernisierung wissen müssen

Führen Sie als Vermieter Modernisierungsmaßnahmen durch, können Sie nach der allgemeinen Regelung eine Erhöhung der Miete bis zur Vergleichsmiete fordern, weil der Wohnwert höher geworden ist. Eine solche Mieterhöhung reicht aber nicht immer aus, die Modernisierungskosten zu decken. Deshalb wurde eine besondere Regelung getroffen, die zu höheren Mieten als der ortsüblichen Vergleichsmiete führen kann. Voraussetzung ist, dass die baulichen Änderungen den Gebrauchswert der Wohnung nachhaltig erhöhen oder die allgemeinen Wohnverhältnisse auf Dauer verbessern, z.B. durch Wärmedämmungsmaßnahmen wie den Einbau von Doppelglasfenstern. 797
Für die Durchführung einer derartigen Umbau- bzw. Sanierungsmaßnahme hat der Gesetzgeber im Interesse von Mieter und Vermieter Vorschriften erlassen, die bestimmte Regelungen vorsehen, so die §§ 541 a und b BGB, § 3 MiethöheG. Danach hat der Vermieter dem Mieter zwei Monate vor Beginn der Maßnahme deren Art, Umfang, Beginn und voraussichtliche Dauer sowie die zu erwartende Erhöhung des Mietzinses mitzuteilen.
Die Mieterhöhung darf jährlich bis zu 8 % der angefallenen Kosten betragen (§ 559 BGB), die indessen um die Reparaturersparnis zu mindern sind. Diese wird mit ca. 10 bis 20 % der Kosten für die Sanierung anzusetzen sein. Da es schwierig ist, bei mehreren Wohnungen die Baukosten angemessen aufzuteilen, sollten gleich bei Auftragserteilung getrennte Rechnungen für jede Wohnung

verlangt werden. Nach Abschluss der Baumaßnahme haben Sie als Vermieter eine entsprechende Erklärung über die Mieterhöhung abzugeben.

Die Erklärung hat die Wirkung, dass vom Ersten des auf die Erklärung folgenden Monats an die erhöhte Miete an die Stelle der bisherigen tritt.

SUPER TRICK

Seien Sie gescheit und machen Sie Ihr Haus wertvoller!

798 Ihnen ist es möglich, 8 % der »reinen Modernisierungskosten« jährlich als Mieterhöhung auf den Mieter abzuwälzen. Das heißt, dass Sie in neun Jahren Ihre Auslagen hereinholen. Zudem sind die Aufwendungen bei Häusern, die nicht selbst zu Wohnzwecken genutzt werden, allgemein als Erhaltungsaufwand sofort steuerlich absetzbar. Der BFH entschied da zum Glück endlich großzügig. Zum Erhaltungsaufwand gehören die Aufwendungen für die laufende Instandhaltung und Instandsetzung. Diese Aufwendungen werden im Allgemeinen durch die gewöhnliche Nutzung des Grundstücks veranlasst. Als Beispiele seien genannt Dachreparaturen, Treppenhausrenovierung, Außenanstrich, Reparatur der Heizungsanlage. Auch Aufwendungen für die Erneuerung von bereits in den Herstellungskosten des Gebäudes enthaltenen Teilen oder Anlagen sind regelmäßig abzugsfähiger Erhaltungsaufwand, z.B. Austausch von Fenstern (Holz- gegen Aluminiumrahmen, Einfach- gegen Doppelglas), Ersatz von mit Kohle beheizten Einzelöfen durch Elektrospeicheröfen, Einbau einer Zentralanstelle einer Einzelofenheizung, Anschluss einer Zentralheizung an eine Fernwärmeversorgung, Einbau messtechnischer Anlagen zur verbrauchsabhängigen Abrechnung von Heiz- und Warmwasserkosten, Umdeckung des Daches. Herstellungsaufwand kann sich nur über die Abschreibung steuerlich auswirken. Der Abschreibungssatz beträgt bekanntlich im Allgemeinen 2 % jährlich. Beträgt der Herstellungsaufwand pro Baumaßnahme im Kalenderjahr nicht mehr als 4.000 € (Rechnungsbetrag ohne Umsatzsteuer), kann er sofort als Erhaltungsaufwand abgeschrieben werden (R 21.1 Abs. 1 S. 2 EStR).

TRICK

für die Modernisierung

799 **Achten Sie darauf, dass Ihr Reparaturaufwand in den ersten drei Jahren nach Hauserwerb nicht zu hoch wird.** Übersteigen Ihre Reparatur- und Modernisie-

rungskosten ohne Mehrwertsteuer 15 % des Gebäudekaufpreises, können Sie die Kosten nicht mehr sofort als Werbungskosten in voller Höhe bei Ihren Vermietungseinkünften absetzen. Als Gebäudekaufpreis wird der Kaufpreis der Immobilie ohne Grundstücksanteil und, soweit sie als Vorsteuer abziehbar ist, ohne Mehrwertsteuer zu Grunde gelegt. Der Fiskus bezeichnet Ihre Kosten dann vielmehr als *anschaffungsnahen Herstellungsaufwand*, der auf die gesamte Lebensdauer des Gebäudes (meist 50 Jahre) verteilt wird und nur mit 2 % pro Jahr abgeschrieben werden darf. Dabei springt natürlich nur eine erheblich geringere Steuerermäßigung heraus. Diese fiskalischen Anweisungen enthält § 6 Abs. 1 a EStG. Verteilen Sie daher die Kosten geschickt, indem Sie mit einem Teil der Renovierung warten, bis der Dreijahreszeitraum abgelaufen ist.
Achten Sie außerdem darauf, dass Ihnen das Finanzamt die Kosten für Ausbauten, Erweiterungen und Anbauten nicht in die Prüfung der 15-%-Grenze einbezieht. Weil solche Kosten Herstellungskosten sind, werden nur die übrigen Reparatur- und Erhaltungskosten daraufhin geprüft, ob die 15-%-Grenze überschritten wird.

Allerdings bezieht der BFH nun auch laufende Schönheitsreparaturen in die Prüfung der 15-%-Grenze mit ein, weil das Malern und Tapezieren zwar regelmäßig erfolgt, aber halt nicht jährlich wiederkehrend (BFH-Urteile v. 14.6.2016 – IX R 25/14 und IX R 22/15, BStBl 2016 II S. 992 und 999). Dasselbe gilt für Reparaturen, um eine Wohnung vor dem ersten Bezug überhaupt in einen bewohnbaren Zustand zu versetzen, z.B . weil zunächst die Heizung in Gang gesetzt oder defekte Türen und Fenster ausgetauscht werden müssen (BFH v. 14.6.2016 – IX R 15/15, BStBl 2016 II S. 996).

Vergleichsgröße sind immer die Anschaffungskosten des gesamten Gebäudes, auch wenn Sie in Ihrem Drei-Familien-Haus nur eine Wohnung renovieren.

Nehmen wir an, Sie haben für 600.000 € ein Haus (Erbbaugrundstück) mit drei Mietwohnungen gekauft und renovieren in den ersten drei Jahren die untere Wohnung für 40.000 €. Die anteiligen Anschaffungskosten für diese Wohnung betragen 200.000 €. Damit wäre an sich die Grenze von 200.000 € × 15 % = 30.000 € überschritten. Aber so darf Ihnen der Fiskus nicht kommen. Maßgebend ist das Gesamtgebäude, also liegt Ihre Kostengrenze in den ersten drei Jahren bei 600.000 € × 15 % = 90.000 €. Erst wenn Ihre Reparaturen darüber hinausgehen, verlieren Sie den Sofortabzug als Werbungskosten und müssen den ganzen Batzen über 50 Jahre mit jährlich 2 % abschreiben.

Aufgepasst bei Reparaturen kurz vor Ende der Frist. Entscheidend ist, wann die Reparatur oder die Renovierung erfolgt, nicht, wann Sie die Handwerkerrechnung bezahlen. Es nutzt Ihnen also nichts, die Bezahlung einfach auf einen Termin nach Ablauf der Dreijahresfrist zu legen. Andererseits muss die jeweilige Renovierungsmaßnahme abgeschlossen sein. Wenn Sie also vier Wochen vor Fristende z.B. mit der Renovierung der Bäder beginnen, diese aber erst nach Fristende abgeschlossen wird, entgehen Sie der 15-%-Falle.

TIPP

bei Schäden, die erst nach dem Kauf entstanden sind

800 Sie vermeiden die leidige 15-%-Grenze, wenn sie Schäden reparieren, die erst nach dem Kauf der Immobilie entstanden sind. Ihre Chance auf Anerkennung sofort abzugsfähiger Werbungskosten erhöht sich, wenn sich aus Ihrem Kaufvertrag ergibt, dass die Immobilie mängelfrei übernommen wurde.

So ist es einem Steuerzahler ergangen, der lt. Vertrag eine mängelfreie Eigentumswohnung übernommen hatte und den bestehenden Mietvertrag weitergeführt hat. Als es mit dem Mieter zu Meinungsverschiedenheiten kam, hat ihm der Steuerzahler gekündigt. Der Mieter hat sich daraufhin wenig freundlich revanchiert, indem er sich als Mietvandale betätigte. Er schlug Scheiben ein, löste durch falsches Belüften Schimmelbefall aus, zerstörte Bodenfliesen und verursachte überdies einen beträchtlichen Wasserschaden. Da bei dem Mieter nichts zu holen war, machte der Steuerzahler die Kosten zur Beseitigung der Schäden – stolze 20.000 € – in seiner Steuererklärung als sofort abzugsfähige Werbungskosten geltend. Das Finanzamt aber hat die 20.000 € auf die Bemessungsgrundlage für die Abschreibung aufgeschlagen und wollte sie lediglich mit lächerlichen 2 % = 400 € anerkennen. Der Steuerzahler hat sich daraufhin Schützenhilfe beim Finanzgericht Düsseldorf geholt, und das hat klipp und klar entschieden, dass die Reparaturkosten sofort in voller Höhe als Werbungskosten abgezogen werden können, wodurch sie eine satte Steuerersparnis auslösen (FG Düsseldorf v. 21.1.2016 – 11 K 4274/13 E).

GUTER RAT

Haben Sie größere Ausgaben, z.B. wie in dem oben beschriebenen Fall, können Sie die in einem Jahr angefallenen Erhaltungs- und Reparaturkosten gleichmäßig auf zwei bis fünf Jahre verteilt abziehen (§ 82 b EStDV). So haben Sie auch in den kommenden Jahren noch etwas von der Steuerermäßigung. Von der Verteilung sollten Sie vor allem dann Gebrauch machen, wenn Ihr Einkommen im Reparaturjahr niedrig ist und Sie in Zukunft mit einem höheren Einkommen rechnen, z.B. weil Ihr Ehepartner wieder zu arbeiten anfängt, Sie eine besser dotierte Stelle antreten oder Sie in den nächsten Jahren schlicht weniger von der Steuer werden absetzen können.

Also: Überlegen Sie, ob Sie nicht bald fällige Instandsetzungsarbeiten als Modernisierung bezeichnen können (Kombination von Mieterhöhung und Steuerersparnis). Machen Sie sich mal Gedanken, was da so alles an Kosten anfällt.

WICHTIGER HINWEIS

Doch aufgepasst: Die Verteilung von größerem Erhaltungsaufwand kann bei Nießbrauchern zur bösen Steuerfalle werden.

Repariert oder renoviert der Nießbraucher das Gebäude, an dem ihm der Nießbrauch eingeräumt worden ist, sind die Kosten zunächst einmal unzweifelhaft Werbungskosten bei den Vermietungseinkünften aus dem Nießbrauch.

Angenommen, Ihre Mutter hat Ihnen schon vor Jahren ihr Mehrfamilienhaus überschrieben, sich aber den Nießbruch auf Lebenszeit daran vorbehalten. Vor zwei Jahren waren erhebliche Renovierungskosten angefallen, die Ihre Mutter auf 5 Jahre verteilt hat. Stirbt Ihre Mutter oder wird der Nießbrauch aufgelöst, geht der noch nicht verteilte Rest der Kosten leider nicht auf Sie über. Sie können den gesamten Betrag lediglich im Todesjahr oder dem Jahr der Auflösung des Nießbrauchs in der Steuererklärung Ihrer Mutter als Werbungskosten absetzen (BFH v. 13.3.2018 – IX R 22/17, BFH/NV 2018 S. 824). Dort wirken sich die Kosten aber häufig nicht oder nur in geringer Höhe aus.

Stehen daher in einem solchen Fall hohe Kosten für eine Renovierung an, die sich bei dem Nießbraucher eventuell nicht oder nur gering auswirken, sollten Sie überlegen, ob es sich unter dem Strich vielleicht lohnt, den Nießbrauch aufzuheben und die Einkünfte selbst zu versteuern, dann aber auch die anfallenden Renovierungskosten absetzen zu können.

Erben fahren auch nicht mehr besser
Bisher sind Erben deutlich besser gefahren, wenn der Verstorbene für die vererbte Immobilie in der Vergangenheit größere Erhaltungsaufwendungen über bis zu 5 Jahre verteilt hat. Der Fiskus ließ mit der Richtlinienregelung R 21.1 Abs. 6 Satz 2 und 3 EStR zu, dass Sie als Erbe die vom Verstorbenen bei seiner Einkommensteuererklärung noch nicht in Anspruch genommenen Erhaltungsaufwendungen für den restlichen Verteilungszeitraum selbst absetzen konnten. Angenommen, Ihr Vater hatte vor seinem Tod eine größere Reparatur von z. B. 100.000 € an seinem Haus, das Sie nun geerbt haben, durchgeführt und beantragt, die Kosten auf 5 Jahre verteilt abzusetzen. Vor seinem Tod hatte er aber erst 2 Raten in Anspruch genommen. In diesem Fall konnten Sie bislang die restlichen 60.000 € bei sich absetzen.
Hier hat aber nun der BFH sein Veto eingelegt und diese steuerzahlerfreundliche Regelung für null und nichtig erklärt (BFH v. 11.10.2020 – BStBl II 2021 S. 474). Die restlichen Kosten von 60.000 € können nunmehr nur noch in der letzten Steuererklärung für das Todesjahr Ihres Vaters abgesetzt werden, und zwar unabhängig davon, ob sie dort zu einer Steuerermäßigung führen oder nicht.

TRICK

Seien Sie als Hausbesitzer auch in Kleinigkeiten wachsam!

801 Die meisten Besitzer eines Mietshauses machen nur deshalb nicht alles an Hauskosten geltend, weil es im Formular des Finanzamts (Einkünfte aus Vermietung) einfach keine Ausfüllspalten gibt bzw. entsprechende Hinweise fehlen.

Lassen Sie sich daher auf die Sprünge helfen, wie Sie schnell ein paar Hundert Euro verdienen, indem Sie, etwa unter der Aufstellung für die Reparaturen, Folgendes angeben:

Fahrten mit dem eigenen Kfz zum 5 km entfernten Haus (= hin und zurück 10 km):

12 × zwecks Hauskontrolle =	120 km
6 × zwecks Besprechung mit Handwerkern im Zusammenhang mit Reparaturen an dem Haus =	60 km
6 Fahrten zu schlecht zahlenden Mietern zum Abholen der Miete =	60 km
20 Fahrten mit Interessenten zum Besichtigen einer Wohnung =	200 km
2 Fahrten bei Auszug von Altmietern zur Abnahme der Wohnung =	20 km
Mit 0,30 € Fahrtkosten abzurechnen sind demnach	460 km
Das ergibt einen Betrag von	138 €

Hinzu kommen:

Kosten für Bohrmaschine und Werkzeug zur Eigenausführung von Reparaturen in den Mieträumen, da ich auf Handwerker zu lange warten muss	350 €
Telefonkosten, anteilig 10 % der Gesamtkosten von 720 €	72 €
Porto für ca. 50 Briefe	30 €
Schreibmaterial	15 €
Präsente an Müllfahrer	25 €
Trinkgelder an Handwerker bzw. Angestellte	25 €
Streusalz im Winter, Schneeschaufel	30 €
Gesamtkosten	685 €

Steuerersparnis bei 30 % Belastung: ca. 206 €.

WICHTIGER HINWEIS

Lassen Sie sich vom Finanzamt Ihre Fahrtkosten nicht auf die nur halb so hohe Entfernungspauschale deckeln. Zwar hatte der BFH das bei einem Immobilienbesitzer für dessen Fahrten zu seinen beiden Häusern so gemacht (BFH v. 1.12.2015 – IX R 18/15, BStBl 2016 II S. 532), allerdings vor allem deshalb, weil der gute Mann etwas zu gierig geworden war und behauptet hatte, er wäre zu dem einen Haus 165- und zu dem anderen gar 215-mal gefahren. Prompt hat ihn der BFH mit einem Arbeitnehmer gleichgesetzt, der brav jeden Tag zur Arbeit fährt. Das greift aber nicht bei einer deutlich geringeren Zahl von Fahrten. Für die gilt die Reisekostenpauschale von 0,30 € je gefahrenen Kilometer. **802**

So langsam schießen sich jetzt auch die Finanzgerichte auf die Fahrtkosten zu vermietetem Hausbesitz ein. So kam das FG Köln bei einer geringeren Anzahl von Fahrten mit dem Argument, dass jedes der Häuser auch dann wie eine erste Tätigkeitsstätte bei einem Arbeitnehmer anzusehen ist, wenn mindestens 1/3 der für das Objekt erledigten Tätigkeiten vor Ort ausgeübt wird (FG Köln v. 19.2.2020 – 1 K 1209/18). Vor allem wenn Sie zwar nicht so oft, dafür aber jeweils recht lange an Ihrer Immobilie tätig sind, halbieren sich Ihre Fahrtkosten blitzschnell auf die dürftige Entfernungspauschale. Ungemach droht besonders dann, wenn Sie mehrmals zur weit entfernten Immobilie fahren und dort während Ihrer Arbeiten auch noch übernachten. Entweder unterstellt Ihnen das Finanzamt wegen der Übernachtungen und mehrtägigen Aufenthalte zumindest zum Teil auch private Motive für Ihren Aufenthalt oder es nimmt eine Überschreitung der 1/3-Grenze für Ihre immobilienbezogenen Tätigkeiten an und kappt Ihnen nicht nur die Fahrtkosten auf 0,30 € je gefahrenen Kilometer, sondern streicht Ihnen darüber hinaus noch die Übernachtungskosten und eventuelle Verpflegungspauschalen. Sie überlegen es sich daher in Zukunft ganz genau, wie oft Sie wirklich den Weg zu Ihren Immobilien antreten müssen, und schreiben dem Finanzamt einmal auf, wie viel an Arbeiten Sie von zu Hause erledigen und wie viel vor Ort. Wenn dabei mehr als 2/3 Arbeit von zu Hause herauskommt, sind Sie aus der Nummer mit der regelmäßigen Arbeitsstätte heraus und rechnen Ihre Fahrten wie Reisekosten ab.

Was die Reisekosten zwecks *Anschaffung* eines Hauses betrifft, so stellen Fahrten zu nicht erworbenen Gebäuden sofort abziehbare Kosten bei den Vermietungseinkünften dar. Fahrtkosten zum erworbenen Gebäude zählen zu den Anschaffungskosten.

Immer aber gilt: Ohne Beweise läuft gar nichts! Also: Alle Nachweise (Tankquittungen, Bewirtungsbelege, Zeitungsinserat über das Haus etc.) penibel aufbewahren – es ist bares Geld wert! Daran kommt kein Beamter vorbei. Ohne Nachweis aber verlieren Sie Ihr Recht.

TRICK

Drücken Sie mit einem Vorschuss die Steuerlast!

803 Zum Jahresende überlegen viele, wie sie noch schnell die Steuerlast für das laufende Jahr mindern können. Als Mietshausbesitzer haben Sie die Möglichkeit, größere Reparaturen zum Erhalt Ihres Hauses durchzuführen, etwa das Dach zu erneuern oder eine bessere Zentralheizung einzubauen. Schwierig ist aber, einen Handwerker zu finden, der eine größere Erhaltungsmaßnahme bis zum Jahresende ausführen kann. Wie wär's, wenn Sie dem Handwerker zumindest den Auftrag erteilen und ihm vor Jahresende einen Vorschuss von 10.000 € zahlen? Wenn Sie ihn nicht so gut kennen, sollten Sie aber vorher Referenzen einholen. Der Vorschuss drückt Ihre Steuerlast für das laufende Jahr bei angenommen 40 % um 4.000 €. Kommt das Finanzamt später mit dem Paragraphen für Missbrauch angetanzt (§ 42 AO), können Sie sagen: Sie hätten sich nur der Technik des § 11 EStG bedient. Der sieht diese Möglichkeit ganz legal vor.

GUTER RAT

804 Ist Ihr Grundbesitz umfangreich, werden Sie ihn nicht ohne eigenes Büro ordnungsgemäß verwalten können. Befindet sich das Büro in Ihrem eigenen Haus, gelten die allgemeinen Grundsätze für »häusliche Arbeitszimmer«. Dazu mehr unter ➤ Rz 273 ff.

Wenn Sie nur von Ihrem vermieteten Grundbesitz leben und Ihre gesamten Arbeiten rund um die Immobilien im Büro (Arbeitszimmer) erledigen, ist dieses der Mittelpunkt Ihrer Erwerbstätigkeiten, und Sie setzen die gesamten Bürokosten als Werbungskosten bei den Vermietungseinkünften ab.

TRICK

Drücken Sie vorbeugende Gesundheitskosten dem Finanzamt aufs Auge!

805 Die Kosten einer Asbestsanierung des Dachs in Ihrem Einfamilienhaus können Sie als außergewöhnliche Belastung absetzen. Die Gefährlichkeit des Asbests ist bekannt. Sie als Familienoberhaupt können sich dieser potenziellen Gefah-

renquelle gegenüber nicht blind stellen. Sie sind nicht verpflichtet abzuwarten, bis eine konkrete Lebensgefährdung eingetreten und nachgewiesen ist. Also: Lassen Sie den Dreck rausreißen und das Finanzamt mitzahlen! Gleiches gilt für Holz in Innenräumen, das z.B. mit Formaldehyd imprägniert ist!

TRICK

Für alle, die eine vermietete Immobilie ihr Eigen nennen

Besitzen Sie eine Mietimmobilie, gehört dazu sicher auch ein Garten, der ge- 806
pflegt, oder eine Rasenfläche, die gemäht sein will. Beauftragen Sie in Zukunft Ihre Kinder damit und zahlen Sie ihnen 9,00 € die Stunde. Jede Woche fünf Stunden Arbeit, das macht 45,00 €, für die Zeit von Mai bis Oktober: 26 Wochen à 45,00 € = 1.170 €, die Sie unter die Werbungskosten aus Vermietung einreihen. Steuerersparnis ca. 300 €. Wie?

Natürlich müssen Sie alles richtig eingefädelt haben, vgl. dazu ➤ Rz 741 ff.

Wenn sich das Finanzamt mit dem Hinweis sperrt, die Mithilfe des Kindes erfolge auf familienrechtlicher Basis und sei deshalb steuerlich nicht als Arbeitsverhältnis anzuerkennen, helfen Sie mit einem kleinen Hinweis auf das Urteil des FG Köln vom 19.3.1981 (EFG 1982 S. 124) nach.

Für das Finanzgericht war ausschlaggebend, dass im Urteilsfall das Kind schon die Anlagen des vom Steuerzahler selbst genutzten Einfamilienhauses unentgeltlich in Ordnung hielt. Damit war nach Meinung der Kölner Richter die Mitarbeitspflicht des Kindes auf familienrechtlicher Basis ausreichend erfüllt. Dass sich der Sohn auch um das in Rede stehende weitere Grundstück der Eltern kümmerte, das zudem am anderen Ende der Stadt lag, ging deutlich über den Rahmen der Mithilfe im Haushalt der Eltern hinaus. Hinzu kam, dass das Grundstück recht groß war und daher erheblicher Wartung und Pflege bedurfte. Sicher hat dem Steuerzahler bei seiner Argumentation auch geholfen, dass er vor seinem Sohn eine fremde Hilfskraft zu denselben Konditionen für die Arbeiten beschäftigt hatte.

Wenn Ihr Kind den Garten in einem Haus pflegt, in dem neben anderen Mietern auch Sie selbst wohnen, wird das sicher nicht immer so reibungslos vonstattengehen. Einen Versuch ist das Ganze aber auf jeden Fall wert.

WICHTIGER HINWEIS

Doch aufgepasst: Sofern Sie Ihre Kinder nicht lediglich als Aushilfe (d.h. weniger als 50 Arbeitstage oder zwei Monate) beschäftigen, fallen für Sie in der

Regel zusätzlich 28 % Sozialversicherung, 1,51 % Umlagen und Beiträge zur Unfallversicherung an. Die müssen Sie an die Krankenkasse abführen. Schwacher Trost: Selbstverständlich sind das für Sie Werbungskosten aus Vermietung. Erkennt der Fiskus in einem solchen Fall das Arbeitsverhältnis mit dem Kind wegen familienrechtlicher Mithilfe nicht an, fordern Sie im Gegenzug eventuell gezahlte Sozialversicherungsbeiträge zurück!

4.5 Mit Reparaturen eine höhere Steuerersparnis erlangen

807 Schlimm genug, wenn ein neues Haus schwere Mängel aufweist. Etwas schadlos halten können Sie sich – gleich, ob das Gebäude bereits fertig oder noch im Bau ist –, wenn Sie eine Abschreibung für außergewöhnliche Wertminderung vornehmen (FG Bremen v. 20.2.1980 – EFG 1980 S. 222). Einige Finanzämter wollen Wertminderungen allerdings nur dann als abzugsfähig anerkennen, wenn die Gebäude zum gewerblichen Betriebsvermögen gehören. Sind bei der Herstellung durch Fehlplanung oder fehlerhafte Ausführung Mehraufwendungen entstanden, gehören diese nicht zu den Herstellungs-, sondern den Werbungskosten.

Doch auch da machen einige Finanzämter Schwierigkeiten, denn sie rechnen unter Hinweis auf den BFH (BStBl 1988 II S. 431) Aufwendungen für Baumängelbeseitigung einschließlich Prozesskosten zu den Herstellungskosten, die nur langsam abgeschrieben werden.

Seien Sie clever: Sofort abgeschrieben werden können Reparaturaufwendungen für Schäden, die nach Fertigstellung aufgetreten sind. Eine Stellungnahme des Architekten hilft, den schnellen Abzug beim Finanzamt durchzusetzen.

Das Hessische Finanzgericht hat zusätzliche Kosten zur Abstützung des Fundaments als sofort abzugsfähig anerkannt. Im Urteilsfall drohte Einsturzgefahr infolge Grundwassersenkung (EFG 1984 S. 401).

808 Manchmal stellt sich erst nach dem Hauskauf heraus, dass umfangreiche Mängel vorliegen, die behoben werden müssen. Das Finanzamt rechnet entsprechende Kosten gern zu den anschaffungsnahen Herstellungskosten (§ 6 Abs. 1 a EStG). Dazu mehr unter ➤ Rz 799.

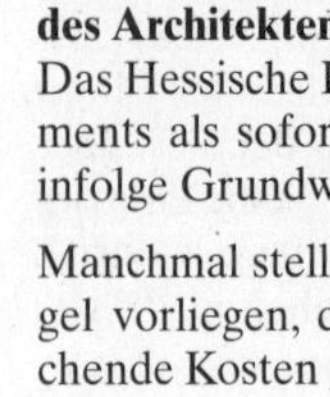

SUPER TRICK

Bitten Sie den Fiskus in zwei Schritten zur Kasse!

809 So richtig langen Sie in die Sahne, wenn Sie ein älteres Haus erwerben und es zunächst vermieten, bevor Sie selbst einziehen, obwohl das mietrechtlich nicht

einfach ist. Als Vermieter können Sie sämtliche Finanzierungskosten in der Steuererklärung unterbringen. Die Zinsen bürden Sie also zum Teil dem Fiskus auf. Wenn Sie später einziehen, können Sie den Fiskus noch einmal zur Kasse bitten, indem Sie das Haus gründlich aufmöbeln. Denn sämtliche Renovierungskosten vor Einzug sind als Werbungskosten absetzbar.

Lassen Sie sich aber unbedingt ein paar Jahre Zeit mit dem eigenen Einzug. Der **810**
BFH hat Ihnen in seinen Urteilen vom 9.7.2002 (IX R 47/99 und 57/00 – BStBl 2003 II S.580, 695) nämlich ein paar Steine in den Weg gelegt. Bei einer nur kurzfristigen Vermietung mit anschließendem Verkauf der Immobilie oder anschließender Selbstnutzung darf das Finanzamt dies als gewichtiges Anzeichen dafür nehmen, dass Ihnen die ernsthafte Absicht fehlte, mit der Vermietung auf Dauer Einkünfte zu erzielen. Der BFH geht in seinen Urteilen bei einer Vermietung von bis zu fünf Jahren von einer nur »kurzfristigen Vermietung« aus, d.h., Sie müssen sich mindestens fünf, besser noch ein bis zwei Jahre mehr gedulden, bevor Sie mit der Renovierung beginnen. Siehe hierzu auch ➤ Rz 813.

Bauen ist süßes Armmachen.
(Alter Spruch)

TIPP

für kurzfristige Mietverträge

Nicht bei jedem Mietvertrag mit zeitlich beschränkter Laufzeit darf das Finanzamt Ihnen Veräußerungs- oder Selbstnutzungsabsicht unterstellen und Ihnen Verluste streichen. Vor allem, wenn Ihr Mietvertrag sich ohne Kündigung stillschweigend verlängert oder Sie ihn auch ohne eine solche Verlängerungsoption verlängert haben, darf das Finanzamt Ihre Einkunftserzielungsabsicht nicht in Frage stellen (BFH v. 14.12.2004 – BStBl 2005 II S.211).

TRICK

Retten Sie durch einen Mietvertrag mit Ihren Kindern die Renovierungskosten!

Sie wollen ein bisher vermietetes Haus oder eine Eigentumswohnung künftig **811**
selbst nutzen, die Immobilie ist aber, seit Sie sie gekauft haben, weniger als fünf Jahre vermietet. Bevor Sie nun mit Ihren Renovierungskosten eine steuerliche Bauchlandung erleben, bringen Sie Ihre Kinder ins Spiel. Nachdem Sie Ihren Mieter an die Luft gesetzt haben, vermieten Sie die Immobilie zunächst an Ihre

Kinder und füllen so die fehlenden Jahre der Vermietung auf. Als zusätzlicher Vorteil kommt hinzu, dass Ihre Kinder sicher nicht ständig Ärger machen, wenn Sie schon einmal anfangen, das Haus oder die Wohnung Stück für Stück zu renovieren.

GUTER RAT

812 Besitzen Eltern mit geringem Einkommen ein dringend renovierungsbedürftiges Mietshaus, sollten sie es ihren besser verdienenden Kindern vorzeitig vererben. So führen die Renovierungskosten zu höheren Steuerentlastungen.

TRICK

So leimen Sie das Finanzamt bei geplanter Eigennutzung.

813 Wer nach jahrelanger Vermietung seines Hauses oder seiner Eigentumswohnung das Mietverhältnis wegen geplanter Eigennutzung kündigt und nach Auszug des Mieters die durch die Vermietung entstandenen Schäden beseitigt, dem sollte eigentlich das Recht zustehen, die Kosten dafür als nachträgliche Werbungskosten absetzen zu können. Doch weit gefehlt. Flugs kommt der Fiskalbürokrat mit der Begründung: Keine Absicht mehr auf Erzielung von Einkünften, also kein Abzug von Werbungskosten, und wedelt mit den restriktiven Urteilen des Hessischen Finanzgerichts vom 1.3.1991 (EFG 1991 S.471) und des Saarländischen FG vom 11.12.1997 (2 K 29 197).
Daher rate ich Ihnen, bei geplanter Eigennutzung noch vor Beendigung des Mietverhältnisses zumindest all das zu renovieren, was richtig ins Geld geht: Badezimmer, Fenster, Türen, Heizung, Gasthermen, Bodenbeläge. Denn solange der Mietvertrag besteht, kann unterstellt werden, dass Ihre Renovierung wegen der laufenden Vermietung erfolgt (BFH v. 11.3.2003 – BFH/NV 2003 S.1043). Als weitere Argumentationshilfe können sie dem Finanzamt unter die Nase reiben, dass der BFH dies als festen Grundsatz sieht (BFH v. 10.10.2000 – BStBl 2001 II S.787) und auch das Bundesministerium für Finanzen dieser Argumentation folgt (BMF v. 26.11.2001 – BStBl 2001 I S.868).
Wenn alle Stricke reißen, hilft evtl. der Trick in ➤ Rz 811 weiter.
Darauf sollten Sie noch achten: Legen Sie dem Finanzamt dar, dass es sich um zwingend notwendige und aus Ihrer Verpflichtung als Vermieter resultierende Reparaturen handelte; ansonsten kann Ihnen daraus ein Strick gedreht werden (siehe BFH v. 20.2.2001, II R 49/98 BFH/NV 2001 S.1022). Hierbei können Ihnen die vertragliche Gestaltung mit dem Mieter, aber auch die Handwerker-

rechnungen helfen, die bestätigen, dass es sich um unbedingt erforderliche Reparaturen handelte.

Auch ohne bestehende Mängel sind größere Umbaumaßnahmen in aller Regel 814
als Erhaltungsaufwendungen sofort als Werbungskosten abziehbar. Haben Sie z.B. in Ihrer vermieteten Immobilie nur den Zuschnitt der Räume verändert, indem Sie Wände versetzt oder neue Leichtbauwände eingebaut haben, sind die Kosten sofort abzugsfähig. So etwa, wenn Sie ein Großraumbüro in Einzelbüros umgebaut haben (BFH v. 16.1.2007 – BStBl 2007 II S. 922).

TRICK

Drittaufwand: Ihre Eltern zahlen, Sie setzen die Kosten ab!

Auch wenn Sie die Renovierungskosten, Reparaturen etc. an Ihrer Immobilie nicht selbst bezahlt haben, können Sie die Kosten von der Steuer absetzen. Angenommen, Sie können sich aus beruflichen Gründen nicht ständig um Ihre vermieteten Immobilien kümmern und haben deshalb z.B. Ihre Eltern oder einen anderen Angehörigen gebeten, sich der Angelegenheit anzunehmen. Sie müssen sich keine Gedanken machen, wenn derjenige eine notwendige Reparatur in Auftrag gibt und evtl. das Geld für die Rechnung auslegt. Da die ganze Geschichte in Ihrem Namen und für Ihre Immobilie gelaufen ist, können Sie auch die Kosten absetzen. Dem Fiskus, der die Kosten unter Hinweis auf den sog. abgekürzten Vertragsweg nicht anerkennen wollte, hat der BFH zum wiederholten Mal kräftig auf die Finger geklopft und den Kostenabzug für zulässig erklärt (BFH v. 15.1.2008 – BStBl 2008 II S. 572). Folglich musste das BMF bei aller Hartnäckigkeit einlenken und dies endlich auch akzeptieren (BMF-Schreiben v. 7.7.2008 – DStR 2008 S. 1382). Lassen Sie sich also von Ihrem Finanzamt nicht mit angeblichen Nichtanwendungsschreiben ins Bockshorn jagen – die sind längst überholt.

4.6 Die Kosten vor dem Bau oder Kauf eines Hauses

Denken Sie mal an all die Fahrten zur Besichtigung der vielen Grundstücke 815
oder Häuser, bis Sie sich für eines entschieden haben! Oder an die Pläne, die Sie sich haben entwerfen lassen und die später nicht realisiert wurden. All das haben Sie teuer bezahlt! Denn die Architekten und alle, die mit dem Bau zu tun haben, wissen, wie man schnell das große Geld macht. Auch da sind Ihnen doch gewiss Fahrtkosten entstanden. Und wenn Sie weiter wegfuhren, dann mussten Sie unterwegs mal essen. Das Essen in der Gaststätte ist immer teurer als zu Hause. Also entstanden Ihnen dadurch Mehrkosten, nicht wahr?

»Ich bin aber nicht einkommensteuerpflichtig – ich zahle nur Lohnsteuer und gebe deswegen keine Einkommensteuererklärung ab«, wenden Sie ein.

Wenn Sie als Arbeitnehmer Verluste aus Vermietung und Verpachtung geltend machen, können Sie einen Antrag auf Einkommensteuerveranlagung stellen, um die Steuererstattung für Ihre Verluste zu kassieren. Allerdings gilt eine Frist von nur vier Jahren, d.h., Sie müssen Ihre Einkommensteuererklärung z.B. für 2021 bis spätestens 31.12.2025 beim Finanzamt einreichen, sonst geht Ihnen die Steuererstattung durch die Lappen.
Fertigen Sie also eine Aufstellung über vorbereitende Aufwendungen des Hauskaufs an und reichen Sie sie schnellstens dem Finanzamt ein. Sogar der BFH gibt seinen Segen dazu (Urt. v. 10.3.1981 – BStBl 1981 II S. 470).

1. Fahrten zwecks Besichtigung verschiedener Häuser an Ort und Stelle:

Fahrt nach	A = 36 km		
	B = 24 km		
	C = 18 km		
usw. bis	Y = insg.	710 km	
Fahrten zum Makler		70 km	
Fahrten zu Hausmietern zwecks Verhandlungen		50 km	
Fahrten zum Notar zu Kaufvertragsvorbereitungen		40 km	
		870 km	
870 km × 0,30 € für Pauschalfahrtkosten			261 €
2. Einnahme von Mittagessen wegen Abwesenheit über 8 Stunden, pauschal 14 × 6 €			84 €
			345 €

816 Haben Sie die Anzahlung für das neue Haus durch Konkurs des Bauunternehmers verloren, können Sie den Verlust als Werbungskosten geltend machen. Gleiches gilt für Architektenkosten, wenn das Haus nicht errichtet wird (BFH v. 8.9.1998 – BStBl 1999 II S. 20). Auch einen Betrugsschaden, weil Ihr Makler mit einem von Ihnen für die Provision und den Gebäudeerwerb vorausgezahlten größeren Geldbetrag das Weite gesucht hat, können Sie als Werbungskosten absetzen (BFH v. 9.5.2017 – IX R 24/16).

Die Finanzierungskosten für Bauerwartungsland, das Sie auf Pump gekauft haben, können Sie ebenfalls als Werbungskosten in der Anlage V unterbringen, wenn Sie bereits beim Kauf konkrete Pläne für die Bebauung der Fläche hatten (BFH-Urt. v. 4.6.1991 – BStBl 1991 II S. 761).

817 **Finanzierungskosten sind Werbungskosten!**
Nicht nur die laufenden Zinsen, sondern auch die Kosten zur Beschaffung des Darlehens können Sie voll von der Steuer absetzen. Dazu gehören

- Disagio,
- Damnum,
- Maklerkosten zur Finanzierungsvermittlung,

- Kosten der Finanzierungsberatung,
- Gebühren für die Eintragung von Hypotheken im Grundbuch,
- Notarkosten für die Bestellung der Grundschuld,
- Fahrtkosten zur Bank, zum Notar oder Finanzierungsmakler mit 0,30 € je gefahrenen Kilometer.

Finanzieren Sie Ihren Immobilienerwerb mit einer Lebensversicherung, mit deren Kapital die Rückzahlung des Darlehens sichergestellt wird, lassen Sie sich vom Versicherungsmakler unbedingt eine getrennte Rechnung für die Beratung und Vermittlung geben. Der Teil der Provision, der darauf entfällt, stellt ebenfalls Werbungskosten bei Ihren Vermietungseinkünften dar.

Selbst wenn Sie die Versicherungsbeiträge zunächst vorfinanzieren müssen, sind zwar nicht die Beiträge selbst, aber sehr wohl die Zinsen zu deren Vorfinanzierung als Werbungskosten bei den Einkünften aus Vermietung und Verpachtung abziehbar (BFH v. 25.2.2009 – BStBl 2009 II S. 459).

TRICK

Bitten Sie den Fiskus mit dem Abbruch Ihrer bisher vermieteten Immobilie zur Kasse!

Angenommen Sie haben vor längerer Zeit ein älteres Einfamilienhaus gekauft und vermietet. Um Ihre Vermietungseinkünfte auszubauen und angesichts der niedrigen Renditen auf dem Geldmarkt für Ihre Rücklagen eine bessere Rendite zu erzielen, haben Sie sich entschlossen, das Einfamilienhaus abzureißen und durch ein Mehrfamilienmietwohnhaus zu ersetzen.
Sie haben Ihr unter objektiven technischen und wirtschaftlichen Aspekten noch nicht verbrauchtes Einfamilienhaus ursprünglich ohne Abbruchabsicht erworben. Das zeigt sich schon daran, dass Sie das Haus zwischen Kauf und Abriss über 3 Jahre lang als Mietobjekt genutzt haben (BFH v. 12.6.1978 – BStBl 1978 II S. 620). Als Folge können Sie eine Absetzung für außergewöhnliche Abnutzung nach § 7 Abs. 1 Satz 4 i.V.m. Abs. 4 Satz 3 EStG in Höhe des Restwerts des Gebäudes vornehmen und zusätzlich die Abbruchkosten als Werbungskosten sofort abziehen.
Lassen Sie sich vom Fiskus auf keinen Fall diese Kosten ganz oder teilweise zu Herstellungskosten für das neu gebaute Mehrfamilienhaus umfunktionieren.
Weitere Schützenhilfe bekommen Sie auch vom Finanzgericht Münster (FG Münster v. 21.8.2020 – 4 K 855/19 E, DStR 2021 S. 6).
Und so könnte Ihre Rechnung für das Finanzamt im Jahr des Abbruchs aussehen:

Anschaffungskosten vor 8 Jahren	250.000 €
./. Abschreibung 2 % = 5.000 € × 8 Jahre	40.000 €
Restwertabschreibung	210.000 €
Abbruch- und Entsorgungskosten	25.000 €
Sofort abzugsfähige Werbungskosten	235.000 €

Diese Werbungskosten können Sie von Ihren übrigen Einkünften abziehen. Wenn Ihr Einkommen für eine sofortige Verrechnung nicht ausreicht, können Sie den übersteigenden Betrag als Verlustrücktrag im Vorjahr oder als Verlustvortrag in den Folgejahren verrechnen und sich so die Steuerersparnis holen.

4.7 Reparatur- und Renovierungskosten bei der selbstgenutzten Immobilie

818 Die Kosten für eine Renovierung oder für Reparaturen etc. durch Handwerker in der eigenen Wohnung können Sie logischerweise nicht als Werbungskosten bei Vermietungseinkünften absetzen. **Aber:** Eine Steuerermäßigung von 20 % der Aufwendung bis zu 6.000 €, also bis zu 1.200 €, für Handwerkerleistungen ist möglich. Begünstigt sind jedoch nur die Lohnkosten, nicht die in der Rechnung enthaltenen Materialkosten. Außerdem brauchen Sie eine offizielle Rechnung, die Sie unbedingt bargeldlos bezahlen müssen. Vgl. dazu ➤ Rz 673 f..

Wichtig zu wissen: Seit 2020 gibt es eine Steuerermäßigung, wenn Sie an Ihrer selbstgenutzten Immobilie **energiesparende Renovierungen oder Sanierungen** vornehmen (§ 35 c EStG).

Diese Förderung wird nicht bei der Ermittlung Ihres Einkommens abgezogen, sondern erhalten Sie als eine direkte Ermäßigung: Ihre Einkommensteuer mindert sich in den ersten zwei Jahren jeweils um 7 % der Kosten, aber höchstens 14.000 €, und im dritten Jahr um 6 % der Kosten, max. 12.000 €. Unter dem Strich springt für Sie also ein Steuerbonus von 20 % der Kosten bzw. insgesamt max. 40.000 € heraus.

Diesen Bonus gibt es jedoch nur für Immobilien, die, gerechnet ab Beginn ihrer Herstellung, älter als zehn Jahre sind. Gefördert werden können folgende Arbeiten:

- Wärmedämmung von Wänden,
- Wärmedämmung von Dachflächen,
- Wärmedämmung von Geschossdecken,
- Erneuerung der Fenster oder Außentüren,
- Erneuerung oder Einbau einer Lüftungsanlage,
- Erneuerung der Heizungsanlage,
- Einbau digitaler Systeme zur energetischen Betriebs- und Verbrauchsoptimierung und

- Optimierung bestehender Heizungsanlagen, sofern diese älter als zwei Jahre sind.

Der Steuerbonus ist außerdem davon abhängig, dass durch die Sanierungsmaßnahme je nach geförderten Arbeiten und verwendeten Materialien bestimmte Wärmedurchgangskoeffizienten (U-Werte) eingehalten werden. Um von vornherein Klarheit zu haben, ob und bei welcher Ausführung der Arbeiten diese Energieeinsparmindestanforderungen erfüllt und damit die Steuerermäßigung gesichert ist, sollten Sie sich durch ein Fachunternehmen oder z.B. einen Energieberater fundiert informieren lassen.

Mal so ganz nebenbei gehört z.B. das Honorar für einen Energieberater auch zu den begünstigten Kosten.

Damit es im Nachgang der Arbeiten mit dem Steuerbonus klappt, müssen Sie noch Folgendes beachten:

- Die Arbeiten müssen zwingend von einem Fachunternehmen durchgeführt werden.
- Das Fachunternehmen muss Ihnen eine amtliche Bescheinigung darüber ausstellen, dass dem Grunde nach begünstigte Baumaßnahmen an einem begünstigten Gebäude durchgeführt wurden, wie hoch die Aufwendungen dafür waren und dass die erforderlichen Energieeinspargrenzen auch tatsächlich eingehalten wurden.
- Das Fachunternehmen muss Ihnen eine ordnungsgemäße Rechnung über die Arbeiten ausstellen.
- Die Bezahlung muss zwingend bargeldlos erfolgen.
- Die Wohnung muss von Ihnen zu eigenen Wohnzwecken genutzt werden.
- Die Kosten dürfen weder Werbungskosten noch Betriebsausgaben sein.
- Sie dürfen für die Kosten keine anderen Steuerermäßigungen, z.B. diejenigen für Handwerkerleistungen, in Anspruch nehmen.
- Sie dürfen für die Baumaßnahme keine öffentliche Förderung wie zinsverbilligte Darlehen oder Zuschüsse bekommen.

4.8 Vermietung möblierter Zimmer

Ist das Vermieten eines möblierten Zimmers überhaupt steuerpflichtig? Aber **819**
ja. Nichts ist vor der Erfassungswut eines deutschen Finanzamts sicher. Doch zum Glück nehmen es die Ämter hier nicht so genau.

Wenn Sie als einfacher Angestellter ein Einfamilienhaus haben und ein Zimmer für 180 € vermieten, das 15 % der gesamten Wohnfläche ausmacht, müssten

Sie wie folgt rechnen (holen Sie sich einen Untermieter in die Mietwohnung, ziehen Sie statt Zinsen und Abschreibung von Ihren Einnahmen die anteilige Miete ab, die Sie selbst bezahlen):

Mieteinnahmen			2.160 €
./. Abschreibung			
(Herstellkosten angenommen 160.000 €,			
davon 15 % =) 24.000 € × 2 % =	480 €		
Schuldzinsen 6.000 €, davon 15 %	900 €		
Übrige Werbungskosten 15 % von			
angenommen 1.000 €	150 €		
	1.530 €	>	– 1.530 €
Überschuss aus Vermietung und Verpachtung			630 €

Rein theoretisch müssten Sie also für 630 € Steuer abdrücken. Doch diesen Überschuss voll zu versteuern erscheint selbst dem Fiskus unbillig, weshalb er eine Härteregelung ersonnen hat (§ 46 Abs. 5 EStG, § 70 EStDV): Als Arbeitnehmer versteuern Sie nur 440 €.

Härteausgleich

Einkünfte			630 €
./. Freibetrag			
Grenze	820 €		
./. Einkünfte	– 630 €		
Freibetrag	190 €	>	– 190 €
Zu versteuern			440 €

TRICK

So können Einnahmen steuerfrei bleiben

820 Sie sagen zu Ihrer Frau: »Hör mal, du hast mit unserem möblierten Herrn eine Menge Arbeit. Ich meine, dass du dafür eine kleine finanzielle Anerkennung bekommen solltest. Rückwirkend ab … vereinbaren wir Folgendes: Ich vermiete an den Herrn nur noch Wäsche und Leerzimmer, und zwar für einen Betrag von monatlich 152 €, du vermietest ihm die beweglichen Gegenstände – Bett, Schrank, Kommode – für monatlich 28 €.

Am Mietpreis von	180 € × 12 =	2.160 €
ändert sich nichts, aber für dich sind im Jahr die	28 € × 12 =	– 336 €
bestimmt. So bleiben von den obigen Einnahmen nur noch		1.824 €
Unserer Tochter haben wir, weil sie das möblierte Zimmer		
so schön in Ordnung hält, ja immer so um die 50 €		

im Monat an Sachwerten oder in bar gegeben.

50 € × 12 sind		– 600 €
Für das Waschen der Bettwäsche geben wir ihr	15 € × 12	
Für Reinigungs- und Putzmittel verbraucht sie	5 € × 12	
	240 €	> – 240 €
So verbleiben für mich genau		984 €
./. anteilige Werbungskosten		– 1.530 €
Ergibt einen Verlust von		546 €

der zu einer Steuererstattung führt.«

»Haha«, rufen Sie, »aber meine Frau hat jetzt 336 € Einkünfte! Und da sie mit mir zusammen veranlagt wird, muss ich doch blechen.«

Nein, müssen Sie nicht, denn das »Vermieten beweglicher Gegenstände« bleibt steuerfrei, wenn es jährlich unter 256 € liegt (§ 22 Nr. 3 EStG). Und 336 € – 85 € anteilige Abschreibung für die Möbel ergeben 251 € Einkünfte, womit Sie aus dem Schneider sind.

Denken Sie aber daran, dass für die Tochter als Minijobberin im Privathaushalt 10 % Sozialversicherung zzgl. 2,99 % Umlagen auf 65 € monatlich für Putzen und Waschen fällig werden. Das sind aufs Jahr gerechnet immerhin 101 €, von denen die Familienkasse nichts hat. Besser also, Sie beschäftigen Ihre Tochter nur zweimal im Jahr einige Tage als Aushilfe (z. B. fürs Großreinemachen) und zahlen ihr statt monatlich 50 € für die jeweilige Großreinemachaktion je 300 €. Da die Beschäftigungszeit Ihrer Tochter weniger als 50 Tage beträgt, liegt eine sog. *kurzfristige Beschäftigung* vor, für die keine Sozialversicherungsbeiträge anfallen.

TRICK

Sparen Sie mit alten privaten Möbeln Steuern!

Wenigstens hatten Sie bei der Einrichtung des vermieteten Zimmers keine grö- 821
ßeren Ausgaben, weil auf dem Dachboden genügend guterhaltene Möbel herumstanden. Vergessen Sie aber nicht, jährlich 10 % Abschreibung vom Wert dieser Möbel als Werbungskosten abzusetzen. Schließlich verwenden Sie Ihr Privatvermögen zur Erzielung steuerpflichtiger Einkünfte. Als Abschreibungsgrundlage nehmen Sie den tatsächlichen Gebrauchswert der Möbel. Dieser Wert ist meistens hoch zu veranschlagen, selbst wenn die Möbel alt sind, denn das Alter beeinträchtigt ihren Gebrauchswert nur wenig. Seien Sie also nicht allzu pingelig, wenn Sie den tatsächlichen Gebrauchswert der Möbel schätzen. Manchmal kommt in solchen Fällen der Fiskalritter mit der Behauptung daher,

die Zeit der privaten Nutzung der Möbel sei auf die Gesamtnutzungsdauer anzurechnen (fiktive AfA), und wenn diese abgelaufen sei, sei keine Abschreibung mehr möglich. Sagen Sie dem Fiskalritter, die Gesamtnutzungsdauer sei noch nicht abgelaufen, was ja mit der Nutzung durch den Mieter bewiesen sei. Also setzen Sie eine Restnutzungsdauer von mindestens fünf Jahren an und verteilen den Wert der Möbel auf diese Zeit. Das geht aber nur insoweit, als Sie bisher für diese Möbel keine Abschreibung berücksichtigt haben.

4.9 Vermietung von Ferienwohnungen

TRICK

Setzen Sie Ihre Ferienwohnung richtig ab!

822 Wenn Sie Ihre Ferienwohnung nicht nur vermieten, sondern auch selbst bewohnen, können Sie nur die Kosten absetzen, die anteilig mit der Vermietung zusammenhängen. Das Dumme dabei ist, dass nicht nur die Kosten den Bach hinuntergehen, die auf die Zeiten der tatsächlichen Eigennutzung entfallen (Selbstnutzung durch Sie oder kostenlose Überlassung). Der Fiskus bindet Ihnen auch die Zeiten, in denen die Wohnung leer steht, als Eigennutzung ans Bein. Aus diesem Dilemma kommen Sie heraus, wenn Sie dem Finanzamt klarmachen können, dass Sie die Wohnung während der Leerstandszeiten nicht ohne weiteres hätten selbst nutzen können oder wollen. Das geht z.B., wenn

- Sie die Vermietung der Ferienwohnung einem unabhängigen Vermittler, z.B. einem überregionalen Reiseveranstalter, der örtlichen Kurverwaltung oder einem gewerblichen Vermittlungsdienst, übertragen und im Vertrag eine Eigennutzung für das ganze Jahr ausschließen;
- die Ferienwohnung sich in Ihrem ansonsten selbstgenutzten Zwei- oder Mehrfamilienhaus oder in unmittelbarer Nähe zu Ihrer Hauptwohnung befindet. Wenn diese auch noch auf Ihre individuellen Wohnbedürfnisse abgestimmt ist, darf das Finanzamt ihnen nicht mit gelegentlicher Selbstnutzung kommen;
- Sie an demselben Ort mehr als eine Ferienwohnung haben und nur eine davon für sich nutzen oder sie gelegentlich unentgeltlich an Freunde oder Verwandte überlassen. Indem Sie also praktisch eine Wohnung opfern, die Sie nach Ihren persönlichen Vorstellungen ausstatten, retten Sie die Werbungskosten auch für die Leerstandszeiten der übrigen Wohnungen;
- die Dauer der Vermietung der Ferienwohnung zumindest dem Durchschnitt der Vermietungen in der am Ferienort üblichen Saison entspricht.

Wenn Sie es also so hingedeichselt haben, dass Sie die Ferienwohnung nicht selbst nutzen, sondern ausschließlich an wechselnde Feriengäste vermieten und in der übrigen Zeit hierfür bereithalten, können Sie auch dann alle Kosten absetzen, wenn sich längere Zeit rote Zahlen ergeben (BFH-Urt. v. 21.11.2000 – BStBl 2001 II S. 705 – und v. 5.11.2002 – BStBl 2003 II S. 914). Allerdings hat der BFH inzwischen entschieden, dass es nie ohne eine Überschussprognose geht und dass es für die Beurteilung Ihrer Absicht, Einkünfte aus der Vermietung Ihrer Ferienwohnung zu erzielen, nicht darauf ankommt, aus welchen Gründen Sie einen Werbungskostenüberschuss hinnehmen. Können Sie nicht überzeugend darlegen, dass Sie über einen Zeitraum von 30 Jahren per saldo mit den Einkünften aus Ihrer Ferienimmobilie im Plus sein werden, ist der Verlust zum Teufel. Dann spielt es auch keine Rolle, wenn Sie keinerlei private Motive für den Besitz der Ferienimmobilie oder deren Renovierung und Ausbau haben (BFH v. 31.01.2017 – IX R 23/16):

Wird die Ferienwohnung teils selbst genutzt und teils an wechselnde Feriengäste vermietet, soll das Finanzamt prüfen, ob der Steuerzahler die Absicht hat, einen Überschuss zu erzielen. Hierzu müssen Sie eine Prognose erstellen, ob dies in einem **Zeitraum von 30 Jahren** gelingen kann. Kann es das nicht, ist die Ferienwohnung Liebhaberei und steuerlich ohne Belang. In dem Fall darf das Finanzamt die steuersparenden Verluste sogar rückwirkend streichen. Diese Prüfung droht Ihnen ausnahmsweise auch dann, wenn Sie die o.g. Formalien einhalten, Ihre Ferienwohnung also eigentlich nur zur Vermietung an Fremde bereitsteht, Sie aber mit Ihrer Vermietungsquote mehr als 25 % unter der ortsüblichen Vermietungsquote für Ferienwohnungen liegen (BFH v. 26.10.2004 – BStBl 2005 II S. 388). Also seien Sie nicht ganz so wählerisch bei der Auswahl Ihrer Vermietungsgäste. Ob Ihre Vermietungsquote ausreichend hoch ist, müssen Sie belegen (BFH-Urt. v. 19.8.2008 – BStBl 2009 II S. 138). Wappnen Sie sich also mit einer Bescheinigung der örtlichen Zimmer- und Wohnungsvermittlung oder der Gemeinde, in der Ihre Ferienwohnung liegt.

Eine Überschussprognose muss auch dann her, wenn die Ferienwohnung durch einen Makler/Hausverwalter vermietet wird und Sie sich Zeiten der Selbstnutzung vorbehalten, auch dann, wenn Sie die Wohnung nicht tatsächlich selbst genutzt haben.

Bei einer Überschussprognose müssen Sie wie gesagt dem Finanzamt belegen, **823**
dass Sie innerhalb von 30 Jahren mit Ihrer Ferienwohnung unter Berücksichtigung aller voraussichtlich anfallenden Kosten unter dem Strich schwarze Zahlen schreiben. Die Höhe des Überschusses spielt dabei keine Rolle, rein theoretisch reicht in der Summe ein Plus von 1 €.

- Die Prognose beginnt grundsätzlich mit dem Jahr, in dem Sie sich die Ferienwohnung zugelegt haben.
- Zur Ermittlung des Gesamtüberschusses können Sie die Ergebnisse aus der

Vermietung Ihrer Ferienwohnung der letzten fünf Jahre auf 30 Jahre hochrechnen.

- Haben Sie mehrere Ferienwohnungen, muss die Prognose grundsätzlich für jede Wohnung getrennt vorgenommen werden.
- Zu Ihren Gunsten können Sie die lineare Gebäudeabschreibung von nur 2 % als Kosten ansetzen, auch wenn Sie tatsächlich Sonderabschreibungen, erhöhte Absetzungen oder die degressive AfA in Anspruch nehmen.
- Statt der tatsächlichen Renovierungs- und Instandhaltungskosten können Sie den voraussichtlich anfallenden Betrag mit den Werten lt. § 28 der Zweiten Berechnungsverordnung vom 12.10.1990 ansetzen. Die Sätze betragen inkl. laufender Schönheitsreparaturen zwischen 15,60 € (Wohnung jünger als 22 Jahre) und 20,00 € (Wohnung über 32 Jahre alt).
- Wegen der Unsicherheit, die eine Prognose über einen so langen Zeitraum mit sich bringt, machen Sie mit fiskalischem Segen folgende Sicherheitsabschläge: Die Gesamtsumme der von Ihnen hochgerechneten Einnahmen erhöhen Sie pauschal um 10 %, während Sie von den insgesamt ermittelten Werbungskosten einen Abschlag von 10 % vornehmen.

824 **Muster für eine Überschussprognose**

Jahr	Einnahmen	Werbungskosten
2021	5.000 €	5.200 €
2020	3.500 €	4.700 €
2019	4.600 €	4.800 €
2018	3.800 €	5.000 €
2017	3.700 €	5.200 €
Summe	20.700 €	24.900 €
Jahresdurchschnitt	4.140 €	4.980 €
Hochrechnung auf 30 Jahre	124.200 €	149.400 €
Sicherheitszuschlag Einnahmen 10 %	12.420 €	
Sicherheitsabschlag Werbungskosten 10 %		– 14.940 €
Gesamtsummen	136.620 €	134.460 €
Gesamtüberschuss		2.160 €

Da im vorliegenden Fall der Gesamtüberschuss positiv ist, können die in der Zwischenzeit aus der Vermietung der Ferienwohnung anfallenden Verluste abgezogen werden.

825 Diese Prognose darf das Finanzamt aber nur von Ihnen verlangen, wenn nicht feststeht, dass die Ferienwohnung ausschließlich für die Vermietung an fremde Feriengäste zur Verfügung steht, und Sie die Wohnung ebenfalls nutzen. Allein wegen **hohen Verlusts** darf das Finanzamt Ihre Einkunftserzielungsabsicht nicht in Frage stellen (BFH-Urt. v. 24.8.2006 – BFH/NV 2007 S. 540).

4.10 Woran Sie als Vermieter sonst noch denken sollten

Ab 64 Jahren gibt es einen Altersentlastungsbetrag (§ 24 a EStG). Sind Sie vor 826
2005 64 Jahre alt geworden, beträgt er 40 % der Einkünfte, höchstens 1.900 €. Für Jüngere verringert er sich von Jahr zu Jahr. Hatten Sie z.B. erst 2020 Ihren 64. Geburtstag, liegt der Altersentlastungsbetrag für Sie ab 2021 bei 15,2 % bzw. max. 722 €.

Nun nehmen Sie mal an, Sie und Ihr Ehepartner haben beide den 64. Geburtstag vor 2005 gefeiert. Ihre bessere Hälfte hat keinerlei eigene Einkünfte, Sie beziehen welche aus zwei Mietshäusern. Das Finanzamt setzt von Ihren Einkünften bis zu 1.900 € ab. Das ist zwar ganz schön, aber Sie verschenken dabei Geld. Denn der Altersentlastungsbetrag steht *jedem* zu, der das 64. Lebensjahr vollendet hat. Also: Verschaffen Sie Ihrem Ehegatten schnellstens Einkünfte. Teilen Sie die Mietshäuser auf, eins auf Ihren, das andere auf seinen Namen, oder stellen Sie ihn als Hausverwalter mit einer Jahresvergütung von 4.750 € ein. Warum ausgerechnet 4.750 €? Nun, weil 40 % von 4.750 € exakt 1.900 € ergeben, also die Höchstgrenze des Altersentlastungsbetrags Ihres Ehepartners. Natürlich können Sie auch mehr vereinbaren. Denn die Hausverwaltungskosten können Sie als Werbungskosten von den Mieteinkünften absetzen.

Auch wenn Ihr Ehepartner seinen 64. Geburtstag später hatte, bleibt es bei max. begünstigten Einkünften von 4.750 €. Beim 64. Geburtstag z.B. im Jahr 2021 entspricht der Altersentlastungsbetrag für 2022 14,4 % von 4.750 € und somit wiederum genau dem entsprechenden Höchstbetrag von 684 €.

Aber Vorsicht: Denken Sie an die sozialversicherungsrechtliche Seite; denn wenn Ihr Ehegatte nur für Sie tätig ist, können aufgrund des Arbeitsverhältnisses oder weil der Tatbestand der Scheinselbständigkeit erfüllt ist, Beiträge an die Krankenkasse und die Pflegeversicherung sowie wegen Rentnerbeschäftigung Arbeitgeberbeiträge zur Rentenversicherung anfallen!

TIPP

Wenn Sie und Ihr Ehepartner privat versichert sind …

… und Ihre bessere Hälfte nicht mehr als 450 € verdient, müssen Sie lediglich 827
15 % Rentenversicherung für sie abführen (statt regulär 28 % inkl. Krankenversicherung), dazu kommen Umlagen in Höhe von 1,51 %. Durch zusätzliche Pauschalsteuern von 2 % können Sie erreichen, dass der Lohn Ihres Ehegatten praktisch steuerfrei ist.

Trotzdem können Sie ihn absetzen. Kleiner Wermutstropfen: Er erhält keinen Altersentlastungsbetrag. Trotzdem ergibt sich eine Ersparnis:

Arbeitslohn	mit 2 % Pauschalsteuer in €	steuerpflichtig in €
450 € × 12 =	0	5.400
./. Werbungskostenpauschbetrag	– 0	– 1.000
Summe	0	4.400
./. Altersentlastungsbetrag	– 0	– 1.900
Einkünfte	0	2.500
Werbungskosten bei den Vermietungseinkünften		
Arbeitslohn	5.400	5.400
Sozialversicherung und Pauschalsteuer	999	892
Summe gesamt	6.399	6.292
Steuerersparnis ca. 30 % zzgl. KiSt	2.092	2.057
Sozialversicherungsmehrbelastung und Pauschalsteuer/ESt des Ehepartners	– 999	– 1.750
Gesamte Ersparnis im Jahr	1.093	307

TRICK

Verkaufen Sie Ihr Mietshaus der Steuer wegen!

828 Wenn Sie nur noch geringe Abschreibungen für Ihr Haus geltend machen können, verkaufen Sie es an Ihren Ehepartner. Unter Eheleuten unterliegt der Verkauf nicht der Grunderwerbsteuer! Und die Notariats- und Gerichtskosten machen sich wie folgt bezahlt: Angenommen, Sie können eine Abschreibung von jährlich 1.000 € ansetzen und verkaufen Ihr Haus für 300.000 €, dann ist vom reinen Gebäudewert (250.000 €) die AfA mit 2 % anzusetzen = 5.000 €. Steuerersparnis zwischen 700 € und 2.220 € jedes Jahr! Nur: Der Partner muss den Kaufpreis auch tatsächlich zahlen!

Wenn er das nicht kann, könnten Sie den Kaufpreis z. B. in ein normal verzinstes Darlehen umwandeln. Ihr Ehepartner kann die Zinsen wiederum als Werbungskosten unter Vermietung und Verpachtung von seinen Einkünften abziehen. Sie müssen für die Zinsen, die ja bei Ihnen Kapitaleinkünfte sind, zwar Abgeltungsteuer zahlen, die beträgt allerdings nur 25 %, und zudem können Sie dafür den Sparerpauschbetrag von 1.602 € in Anspruch nehmen, so dass Sie unter Umständen auch daran noch Steuern sparen!

Wie viele Tricks, geht auch dieser am besten durch, wenn Sie auf dem Teppich bleiben. Denn allzu schnell kommt der Fiskalritter mit »Gestaltungsmissbrauch« angetanzt, und Sie müssen sich mit ihm rumärgern. Also werden Sie im Kaufvertrag beachtliche – nichtsteuerliche – Gründe für den Verkauf nennen, z.B. mögliche Trennung usw. Außerdem muss der Darlehensvertrag einem »Fremdvergleich« standhalten. Es muss also ein Vertrag sein, wie er auch unter Fremden möglich wäre (schriftliche Vereinbarungen über Sicherheiten, Laufzeit, Rückzahlung und Zinsen).

GUTER RAT

Statt 15.000 € für ein neues Auto teuer zu finanzieren, nehmen Sie lieber den 829
Kredit auf Ihr Mehrfamilienhaus für die stets anfallenden Reparaturen!

Dann nämlich mindern die Zinsen die steuerpflichtigen Einkünfte! Kreditzinsen fürs Auto können Sie nirgendwo absetzen. Steuerersparnis ca. 40 % von 1.800 € = 720 € jährlich!

TRICK

Machen Sie nicht alles allein!

Sie müssen nicht selbst in Ihrem Mietshaus nach dem Rechten sehen. Vielleicht 830
haben Sie in der Nähe einen geeigneten Verwandten, den Sie als Hausverwalter einsetzen können. Auch die Aufzeichnungen über die Mieteinnahmen können Sie an einen anderen übertragen. Das sollen die freiberuflich tun. Dann bleiben diese Nebeneinkünfte bis zu 510 € (minus 100 € für anfallende Kosten für Fahrten zum Haus u.a.) steuerfrei, falls die Betreffenden sonst noch in einem Gehaltsverhältnis stehen.

SUPER TRICK

Lassen Sie sich vom Finanzamt Ihren privaten Umzug bezahlen!

Spielen Sie manchmal mit dem Gedanken, aus Ihrem Haus in eine kleinere 831
Wohnung umzuziehen, weil die Kinder ausgezogen sind und das Haus nun viel zu groß für Sie ist oder weil Ihre Liebe sich aus dem Staub gemacht hat und Sie die Belastung für das Haus allein nicht tragen können? Ziehen Sie in eine kleine Wohnung und vermieten Ihr Eigenheim, dann vergessen Sie nicht, beim Finanzamt einen kräftigen Zuschuss zu Ihren Umzugskosten einzufordern. Schließlich gilt auch bei den Vermietungseinkünften für den Abzug von Kosten

das *Veranlassungsprinzip*. Und Ihr Umzug hatte ja nun einmal – zumindest offiziell – nur den Zweck, Ihr Haus einkünfteerzielend zu vermieten. Geraten Sie an einen Fiskalritter, dem das nicht einleuchtet, weisen Sie ihn mit der Entscheidung des FG Saarland vom 25.2.1993 (2 K 151/90, NWB 1994 Fach 1 S.33) in seine Schranken.

TIPP

Sparen Sie mit dem Haus der Eltern richtig Steuern!

832 Wer ein Mietshaus erbt oder geschenkt bekommt, hat zwei Möglichkeiten. Er kann auf eigene Rechnung weitervermieten. Die Steuerersparnis ist dabei null, da es keine Abschreibungen oder Darlehenszinsen zum Absetzen gibt. Die zweite Variante – abgesegnet vom Finanzgericht des Saarlands (Aktenzeichen 1 K 200/01) – ist weitaus lukrativer: Er verkauft die Immobilie an den Ehepartner, der den Deal per Bankdarlehen finanziert – und das Sparmodell ist fertig. Denn der Ehepartner kann jetzt hohe Abschreibungsbeträge und Darlehenszinsen von den Mieteinnahmen abziehen. Das beschert der Familie für die Steuererklärung kräftige Verluste, die sie mit anderen Einkünften verrechnet. Allerdings ist die Spekulationsfrist zu beachten. Zwischen dem Kauf des Hauses durch die Eltern und dem Verkauf müssen mindestens zehn Jahre liegen, damit der Verkaufsgewinn steuerfrei bleibt.

Beispiel:
Ein Unternehmer versteuert 102.000 € Gewinn und 18.000 € Miete. Das Haus hat er geerbt. Wenn er es für 300.000 € (ohne Grundstück) an seine Frau verkauft, sieht die Rechnung wie folgt aus:

Vermieter	Ehemann	Ehefrau
Firmengewinn	102.000	102.000
Miete	18.000	18.000
Zinsen	–	– 12.000
Abschreibung	–	– 6.000
Zu versteuern	120.000	102.000
Steuer inkl. Kirchensteuer und Soli	36.780	28.360

SUPER TRICK

Verlagern Sie Einkommens- und Vermögensteile auf Ihr Kind und sparen Sie Tausende an Steuern!

In einer so engen Lebensgemeinschaft wie der Familie ziehen meist alle an einem 833
Strang und stellt man das Gesamtwohl über kleinliche Vorteile der Einzelmitglieder. Wenn das alle so vernünftig sehen, ist der Weg frei, Vermögen oder Einkünfte offiziell auf ein Familienmitglied zu übertragen, das dafür eine geringere oder gar keine Steuer zu zahlen hat. Das ist selten der Ehepartner, der meist mit dem Ehegatten zusammen veranlagt wird, sondern das Kind. Oder die Kinder.
Eine offizielle Übertragung erfordert entsprechende Verträge – bei volljährigen Kindern kein Problem. Bei Verträgen, insbesondere Grundstücksverträgen, mit minderjährigen Kindern muss beim Vormundschaftsgericht ein Ergänzungspfleger bestellt werden. Dem Kind stehen wie jedem Steuerzahler Freibeträge in folgender Höhe zu:

Grundfreibetrag 2021	9.744 €
Sonderausgabenpauschbetrag	36 €
Summe	9.780 €

Sie könnten Ihrem Kind also 9.780 € zukommen lassen.
Angenommen, Sie übertragen von Ihrem Einkommen von 150.000 € pro Jahr durchschnittlich 10.000 € an Vermietungseinkünften auf Ihr minderjähriges Kind. Wenn das Kind nach z.B. 15 Jahren volljährig ist, beläuft sich Ihre Steuerersparnis auf ca. 66.000 € – ohne Zins und Zinseszins!

TRICK

Kindesnießbrauch an einem Grundstück

Wollen Sie Ihr Haus behalten, gibt es die Möglichkeit, Ihrem Kind durch Nieß- 834
brauch am Haus Einkünfte zuzuschustern. Das lässt sich übrigens auch auf einige Jahre beschränken.
Nießbrauch zwischen Eltern und Kindern bezeichnen die Fiskalbürokraten als »Zuwendungsnießbrauch«. Der Zuwendungsnießbrauch wird steuerlich nur anerkannt, wenn er im Grundbuch eingetragen ist. Bei Bestellung zugunsten minderjähriger Kinder will das Vormundschaftsgericht aber ein Wörtchen mitreden. Denn ein Nießbrauchsrecht bringt nach BGB Verpflichtungen mit sich. Außerdem muss der Nießbrauch tatsächlich durchgeführt werden, d.h., die

Mietverträge müssen auf den Nießbraucher umgestellt und die Mieten an ihn gezahlt werden (BFH-Urt. v. 19.9.1978 – BStBl 1979 II S.42). Also werden Sie auf alle Fälle, bevor Sie den Nießbrauch mit Ihrem Kind vereinbaren, beim Amtsgericht die Bestellung eines sog. Ergänzungspflegers beantragen, der Ihr Kind formal vertritt. Den Ergänzungspfleger brauchen Sie aber nur einmal, nämlich bei Bestellung des Nießbrauchs. Läuft der Nießbrauch erst einmal, können Sie sich weiter um die Angelegenheiten Ihres Kindes und damit auch um die Verwaltung des Nießbrauchs kümmern (BMF v. 30.9.2013 – BStBl I 2013, 1184, BFH v. 13.5.1980 – BStBl II 1981 S.295).
Steuerliche Folge: Die Mieten sind dem Kind zuzurechnen. Es kann die von ihm getragenen Hausaufwendungen absetzen, soweit es sie nach den Vereinbarungen und nach dem Gesetz zu tragen hat. Dazu gehört nicht die Gebäudeabschreibung, da es nicht Eigentümer ist. Die Gebäudeabschreibung fällt aber auch bei Ihnen als Eigentümer weg, da Sie durch Einräumung des Nießbrauchs die Absicht aufgegeben hast, aus dem Haus Einkünfte zu erzielen (Nießbrauchserlass des BMF v. 15.11.1984 – BStBl 1984 I S.561). Also werden Sie sich nur dann für den »Zuwendungsnießbrauch« zugunsten Ihres Kindes entscheiden, wenn keine hohe Gebäudeabschreibung auf dem Spiel steht. Das kann z.B. bei älteren Gebäuden, die durch Erbfolge erworben wurden, der Fall sein (§§ 11 c und d EStDV).

WICHTIGER HINWEIS

835 Als Privatmann werden Sie für ein sog. privates Veräußerungsgeschäft zur Kasse gebeten, solange zwischen An- und Verkauf der Immobilie nicht mehr als zehn Jahre lagen. Davon ausgenommen sind z.B. ständig zu eigenen Wohnzwecken genutzte Immobilien.
Der Fiskus hat aber noch eine andere Methode, mit der er Ihnen bei Immobilienverkäufen ans Geld geht: »Sie haben mehr als drei Objekte veräußert, das sehen wir als nachhaltige gewerbliche Tätigkeit an und versteuern Ihre Gewinne, auch den aus dem Verkauf ihres selbstgenutzten Hauses.« Schützen Sie sich dagegen! Lassen Sie bei mehr als drei Objekten Ihre Familienangehörigen die Geschäfte machen.
Es gilt als starkes Anzeichen für ein gewerbliches Grundstücksgeschäft, wenn zwischen An- und Verkauf nicht mehr als fünf Jahre gelegen haben (BFH-Urt. v. 23.10.1987).
Mit einem Getränkehändler aus dem Münsterland hatte der BFH in seinem Urteil vom 28.9.1987 (BStBl 1988 II S.65) ein Einsehen. Für die Finanzrichter zählte, dass der Steuerzahler nicht mit dem Grundstücksmarkt verbunden war, etwa als Bauunternehmer, Architekt oder Makler. Der Getränkehändler hatte ein vor Jahren erworbenes Mehrfamilienhaus in Eigentumswohnungen umgewandelt und sieben Wohnungen nach und nach verkauft. Das Finanzamt unterstellte gewerblichen Grundstückshandel, wurde aber vom BFH belehrt: Der

Mann wollte das Haus nicht von vornherein verkaufen, sondern vermieten, deshalb liege kein Gewerbe vor.
Deshalb gelten für Sie bei Grundstücksgeschäften folgende Faustregeln:

- Verkaufen Sie höchstens drei Objekte.
- Lassen Sie zwischen An- und Verkauf mindestens zehn Jahre verstreichen, dann droht weder gewerblicher Grundstückshandel noch ein privates Veräußerungsgeschäft.
- Vermieten Sie die Objekte zunächst – und verkaufen Sie sie erst dann.

Schalten Sie um, wenn Ihnen die Geschäfte nichts als Verluste eingebracht 836
haben, und beantragen Sie beim Finanzamt eine Betriebsprüfung. Bei dieser rücken Sie damit heraus, Sie hätten einen heimlichen Gewerbebetrieb gehabt und man möge die Verluste daraus von Ihren Einkünften absetzen … (BFH-Urt. dazu: BStBl 1972 II S. 279, 291 u. 1973 II S. 661).

TIPP für Grundstücksverkäufe

Bei der Drei-Objekte-Grenze zählt jedes Haus, jede Wohnung, sogar ein unbebau- 837
tes Grundstück. Tragen Sie sich also mit der Absicht, Ihr Mietshaus zu verkaufen, vermeiden Sie besser eine vorherige Aufteilung in Eigentumswohnungen.
Völlig aus dem Schneider sind Sie, wenn sich die von Ihnen verkauften Häuser oder Eigentumswohnungen mindestens zehn Jahre in Ihrem Besitz befunden haben. Denn dann ist die Spekulationsfrist abgelaufen, und Sie können Ihren Veräußerungsgewinn steuerfrei einstreichen – auch ungefährdet vom gewerblichen Grundstückshandel!

Wichtig: Maßgebend sind die Daten der Kaufverträge. Wenn Sie den Kaufvertrag zum Erwerb am 10.10.2012 geschlossen haben, dürfen Sie den Veräußerungsvertrag nicht vor dem 11.10.2022 schließen.

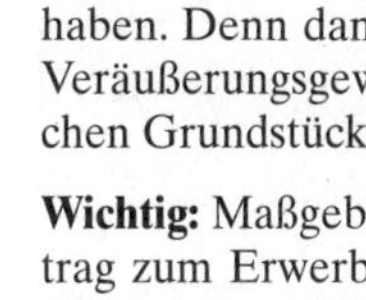

TIPP zum gewerblichen Grundstückshandel

Wie ein Höllenhund müssen Sie aufpassen, dass Sie sich nicht den kleinsten Fehler leisten. Also keine Aufteilung vornehmen (siehe oben), Garagen nicht gesondert abrechnen, darauf achten, dass keine gewerbliche Nutzung der Gebäude vorliegt, etc. Denn ansonsten unterstellt das Finanzamt schnell Gewerblichkeit statt der steuerlich unbeachtlichen Vermögensverwaltung.

TRICK

Wecken Sie keinen schlafenden Hund!

838 Dumme Fragen ans Finanzamt wie etwa: »Ich habe zwei Doppelhaushälften erstellt. Muss ich den Gewinn versteuern, wenn ich sie veräußere?«, wecken beim Fiskalritter den Verdacht, dass Sie das Objekt nur gebaut haben, um daraus Profit zu schlagen. Für ihn sind Sie damit kein einfacher Bauherr mehr, sondern ein gewerblich Tätiger. Folge: Die bei einem normalen Hausverkauf übliche Steuerfreiheit geht in die Binsen. Er kann sich dabei auf ein Urteil des Finanzgerichts München (v. 6.11.2002 – EFG 2003 S. 616) berufen.

GUTER RAT

Vermeiden Sie auf alle Fälle, dass dem Finanzamt allzu früh Ihre Verkaufspläne bekannt werden. Eine verbindliche Auskunft einzuholen ist nur sinnvoll, wenn Ihnen die Objekte bereits mehrere Jahre gehören und Zweifelsfragen geklärt werden sollen.

TRICK

Haben Sie ein Haus geerbt und Miterben abgefunden? Steuervorteile winken!

839 Nehmen wir mal an, Ihr Vater hat Ihnen und Ihrer Schwester ein schmuckes Einfamilienhaus im Wert von rd. 150.000 € hinterlassen und Sie haben Ihre Schwester mit 75.000 € abgefunden. Dafür haben Sie einen Bankkredit aufnehmen müssen, der noch nicht getilgt ist und für den Sie 7.500 € Zinsen gezahlt haben.
Die steuerlichen Wirkungen sind unterschiedlich, je nachdem, ob Sie selbst in die Hütte einziehen oder sie vermieten. Lassen Sie sich zeigen, was steuerlich für Sie herausspringt, wenn Sie vermieten: Keine Frage, die Mieten müssen Sie versteuern, können aber davon die Hausaufwendungen einschließlich Abschreibung abziehen. Soweit Sie entgeltlich erworben haben, können Sie die Abschreibung von Ihren Anschaffungskosten von 75.000 € (abzgl. des anteiligen Grund und Bodens) vornehmen. Für den ererbten Teil können Sie die Abschreibung Ihres Vaters fortführen. Mal angenommen, die Baukosten Ihres Vaters lagen damals für die von Ihnen geerbte Hälfte bei 50.000 €.

Die Abschreibung nach § 7 Abs. 4 EStG beträgt:

Vom ererbten Teil 2 % von 50.000 € =			1.000 €
Vom erworbenen Teil			
Anschaffungskosten	75.000 €		
./. Anteil Grund und Boden 20 %	– 15.000 €		
Verbleiben	60.000 €		
Davon Abschreibung 2 %	1.200 €	>	1.200 €
Abschreibung insgesamt			2.200 €

Doch Vorsicht: War Ihr Vater noch nicht zehn Jahre lang Eigentümer des Hauses, droht Ihrer Schwester die Versteuerung eines Spekulationsgewinns (Ihres Vaters und Ihrer Schwester gesamte Besitzzeit ist maßgebend), wenn sie ihren Anteil veräußert, ohne ihn vorher zu eigenen Wohnzwecken genutzt zu haben! Entwarnung in diesem Punkt gibt es, wenn Ihr Vater in dem Haus gewohnt hat. Seine Selbstnutzung wird nämlich Ihrer Schwester zugerechnet und verhindert einen steuerpflichtigen Spekulationsgewinn.

Sparsamkeit ist die Kunst,
aus dem Leben
so viel wie möglich
herauszuschlagen.
(G. B. Shaw)

4.11 Wenn nahe Angehörige in Ihrem Haus wohnen

Wohnt Ihr Kind in Ihrem Haus und nehmen Sie dafür keine Miete, sind die 840
Kosten für die Wohnung nicht als Werbungskosten abzugsfähig.

WICHTIGER HINWEIS

Das A und O bei allen Vermietungen an Angehörige sind klare, nachprüfbare, möglichst schriftliche Vereinbarungen und Verträge. Und Sie müssen unbedingt darauf achten, dass alle Beteiligten sich an die Vertragsvereinbarungen halten. Dazu gehört vor allem die pünktliche Zahlung der Miete und der Nebenkosten in vereinbarter Höhe. Zwar ist keine bestimmte Zahlungsform vorgeschrieben, doch Überweisungen stimmen das Finanzamt meistens anerkennungswilliger, als wenn Sie Quittungen über bar eingenommene Mieten präsentieren. Geradezu selbstmörderisch ist es, eine Überweisung zu vereinbaren, die Miete dann aber doch bar zu kassieren. Vorsicht mit Mietstundungen oder schwankenden Zahlungen. Selbst wenn z.B. Ihr Sohn, an den Sie die Wohnung vermietet haben, plötzlich arbeitslos wird, ist das in den Augen des Fiskus kein Grund, ohne weiteres niedrigere Mietzahlungen zu akzeptieren. Sie können sich bzw. Ihrem Sohn aus der Patsche helfen, indem Sie schriftlich und offiziell den Mietvertrag ändern und eine geringere Miete vereinbaren. Achten Sie darauf, dass erst danach die geringere Miete überwiesen wird. Lassen Sie sich auf keinen Fall zu Manipulationen hinreißen und versuchen Sie nicht, dem Fiskus weiszumachen, Mieten seien teilweise bar und teilweise unbar gezahlt worden. Die klare und glatte Lösung ist hier die erfolgversprechendere. Argumentieren Sie mit dem BFH-Urteil vom 20.10.1997 (BStBl 1998 S.106), das besagt: Wenn eine klare Vereinbarung besteht, welche Mietsache zu welchem Preis überlassen wird, und diese bisher durchgeführt wurde, können solche Vereinbarungen mit Wirkung für die Zukunft geändert werden.

Setzen Sie also vor der Reduzierung der Mietzahlungen einfach ein Schreiben auf mit etwa folgendem Inhalt:

Vereinbarung über die Stundung von Mietzahlungen

Herr/Frau . . . . . (Vermieter) und Herr/Frau . . . . . (Mieter) treffen mit Wirkung ab . . . . (Datum) wegen der durch die momentane Arbeitslosigkeit des Mieters verursachten finanziellen Schwierigkeiten folgende Zusatzvereinbarung zum Mietvertrag vom . . . . . (Datum).

Von der monatlichen Miete von bisher . . . . . . € werden jeweils . . . . . . € monatlich gestundet.

Die Stundung wird für die Zeit der Arbeitslosigkeit gewährt, längstens jedoch zwölf Monate. Nach Beseitigung der finanziellen Probleme, z.B. durch Aufnahme einer Beschäftigung, verpflichtet sich der Mieter, die gestundeten Beträge in monatlichen Raten von . . . . . . € neben der Normalmiete lt. Mietvertrag vom . . . . (Datum) zurückzuzahlen.

X-Stadt, den . . . . . .

. . . .

Vermieter Mieter

WICHTIGER HINWEIS

Kleine Macken im Mietvertrag führen nicht zwangsläufig dazu, dass Ihr Mietverhältnis mit Angehörigen nicht anerkannt wird. Zwar ist es immer besser, sich an die Gepflogenheiten zu halten, die auch zwischen Fremden üblich sind, wozu z.B. die Vereinbarung der Zahlung von Nebenkosten gehört. Haben Sie aber aus irgendeinem Grund die Nebenkosten in dem Mietvertrag mit einem Ihrer Lieben zu erwähnen vergessen, ist noch nicht aller Tage Abend. In solchen Fällen kommt es auf die Gesamtumstände des Mietverhältnisses an, will heißen: Wenn sonst alles blitzsauber vereinbart und nachweislich tatsächlich durchgeführt ist, sollen Ihnen die Fiskalritter keinen Strick aus einem kleinen Versäumnis drehen (BFH-Urt. v. 17.2.1998 – IX R 30/96 – DStR 1998 S. 761). Wenn Ihre Mietverträge mit Fremden auch noch dieselben Macken aufweisen wie die Verträge mit Angehörigen, spielen die Mängel praktisch keine Rolle (BFH v. 28.6.2002 – BStBl 2002 II S. 699).

TRICK

Nehmen Sie wenig, aber mindestens 66 % der normalen Miete!

Wenn die Kosten für die Wohnung höher sind als die Mieteinnahmen, haben Sie 841
einen Verlust aus Vermietung und Verpachtung, der mit Ihren anderen Einkünften verrechnet wird. Und schließlich kann Sie ja niemand zwingen, als Rabenvater Ihr Kind zu rupfen.

Mindestens sollten Sie aber 66 % der ortsüblichen Miete verlangen, sonst kürzt der Fiskus die auf die vermietete Wohnung entfallenden Hausaufwendungen (§ 21 Abs. 2 EStG).

Beispiel

Ortsübliche Jahresmiete einschl. Umlagen: 3.600 €		
Vereinnahmte Miete 66 %		2.376 €
./. Werbungskosten		
Zinsen	3.000 €	
Grundsteuer, Versicherung, Heizung, Abwasser, Müllabfuhr, Reparaturen usw.	900 €	
Abschreibung	1.250 €	
	5.150 € >	– 5.150 €
Verlust aus Vermietung und Verpachtung		2.774 €

Der Verlust ist um 1.224 € höher als üblich, weil Sie nicht die volle Miete nehmen. Daraus ergibt sich eine Steuerersparnis zwischen knapp 200 € und gut 630 €. Beträgt die Miete weniger als 50 % der ortsüblichen Miete, z.B. nur 40 %, können Sie auch nur 40 % der Kosten für die Wohnung als Werbungskosten absetzen. Liegt die Miete zwischen 50 % und 66 % müssen Sie zunächst mit einer Überschussprognose nachweisen, dass Sie auf 30 Jahre gesehen aus der Vermietung insgesamt ein positives Ergebnis erzielen. Gelingt das nicht, werden die Werbungskosten ebenfalls anteilig gekürzt.

Wenn Sie unter der Grenze von 50 % der ortsüblichen Miete landen oder eine negative Überschussprognose haben, werden nicht nur die laufenden Werbungskosten zusammengestrichen. Auch für vor der Vermietung durch Renovierung entstandene Werbungskosten greift die Kürzung. So sah es das FG Nürnberg in dem Fall, in dem ein Steuerzahler die von den Eltern geerbte Wohnung renovieren ließ und anschließend deutlich verbilligt an den Sohn vermietete (FG Nürnberg v. 27.1.2017 – 4 K 764/16).

TIPP

für den Mietvertrag

Geben Sie sich beim Abfassen des Mietvertrags viel Mühe. Sie können dabei auch auf die allgemein gebräuchlichen Vertragsformulare zurückgreifen. Unbedingt aufnehmen sollten Sie eine Regelung über die Zahlung der Nebenkosten, damit es Ihnen besser geht als einem Steuerzahler aus Hessen. Der hatte nämlich eine Wohnung an eine Angehörige vermietet und im Mietvertrag nichts zur Übernahme von Wasserkosten, Müllabfuhr, Straßenreinigung etc. festgelegt. Prompt hat ihm das Finanzamt das Mietverhältnis nicht anerkannt und mit dieser Meinung bei einigen profiskalisch eingestellten Richtern des FG Hessen recht bekommen (EFG 1996 S. 1162). Sie werden natürlich nicht in eine solche Falle tappen. Da bei der Prüfung der 50-%/66-%-Grenze die Miete inkl. Umlagen mit der ortsüblichen Miete verglichen wird, gehen Sie einfach bei der Grundmiete etwas weiter herunter und rechnen dafür die Nebenkosten mit Ihrem Angehörigen spitz ab.

842 Früher konnte der Fiskus die Hauskosten kürzen, wenn die Miete unter 75 % der ortsüblichen Miete lag und bei einer Überschussprognose kein Gesamtplus herauskam. Vorsicht ist geboten, wenn Sie denken, Sie könnten nun mir nichts, dir nichts die Miete von 75 auf 66 % reduzieren. Da könnte das Finanzamt Schwierigkeiten machen, da eine Anpassung nach unten bei gleich gebliebenem Mietpreisniveau nicht üblich ist. Lassen Sie statt dessen einfach in den nächsten Jahren die Mieterhöhungen aus, so nähern Sie sich nach und nach auch der Grenze von 66 % und dem für Sie optimalen steuerlichen Ergebnis.

Übrigens: Es liegt kein Gestaltungsmissbrauch (§ 42 AO) bei einem Mietvertrag mit einem unterhaltsberechtigten Kind vor, das die Miete aus dem Barunterhalt oder durch Verrechnung mit diesem zahlt (BFH-Urt. v. 19.10.1999 – BStBl 2000 II S. 223 und 224). 843

Für Sie heißt das, dass Sie zwei Möglichkeiten haben, mit Ihrem Kind, das noch kein eigenes Einkommen hat, ein steuerlich astreines Mietverhältnis zu begründen.

1. Sie vermieten die Wohnung an Ihr Kind und überweisen diesem jeden Monat Geld, damit es seinen Lebensunterhalt bestreiten kann. Das Kind wiederum überweist Ihnen brav jeden Monat die Miete und die Nebenkosten für die Wohnung auf Ihr Konto.
2. Wollen Sie sich dieses Hin-und-her-Schieben von Geld sparen, können Sie auch eine schriftliche Vereinbarung treffen, dass Ihr Kind von Ihnen monatlich einen Unterhaltsbetrag von z. B. 800 € bekommt, mit dem es seinen Unterhalt selbst bestreiten muss. Dann schließen Sie wiederum einen astreinen Mietvertrag ab. In den Zahlungsmodalitäten des Mietvertrags oder in einer schriftlichen Zusatzvereinbarung wird geregelt, dass die Miete von 300 € und die Nebenkostenvorauszahlung für die Wohnung von 100 € unmittelbar mit der Unterhaltszahlung verrechnet werden und Sie nur den Restbetrag an Ihr Kind überweisen.

WICHTIGER HINWEIS

Bitte unbedingt beachten, dass die Miete möglichst mindestens 66 % der ortsüblichen Vergleichsmiete beträgt. Damit vermeiden Sie auf jeden Fall eine Kürzung Ihrer Werbungskosten.Außerdem sollten Sie auf jeden Fall den Unterhaltsanspruch und die Verrechnung mit der Miete schriftlich regeln und keinesfalls einfach nur den Differenzbetrag zwischen Unterhaltszahlung und Miete überweisen. Der Fiskus erkennt dann kein entgeltliches Mietverhältnis an, sondern geht von einer unentgeltlichen und damit steuerlich unbeachtlichen Überlassung aus (FG Düsseldorf v. 20.5.2015 – 7 K 1077/14 E).

TRICK

Schlagen Sie bei einer Hausübertragung durch die Eltern zwei Fliegen mit einer Klappe!

Zunächst verkaufen Ihre Eltern ihre Eigentumswohnung an Sie. Über den Kaufpreis schließen Sie einen Darlehensvertrag ab, in dem bei einem Zins von z. B. 4,5 % ein zehn Jahre unkündbares Darlehen vereinbart wird. 844

Im Kaufvertrag regeln Sie gleichzeitig, dass lediglich zur Sicherung eines noch abzuschließenden lebenslangen Mietvertrags Ihren Eltern ein Nießbrauchsrecht eingeräumt wird. Nach dem Kauf kommt der Abschluss des Mietvertrags. Das Nießbrauchsrecht wird dann zunächst nicht ausgeübt.

Auch wenn diese Konstruktion gefährlich rotstiftgefährdet erscheint, brauchen Sie sich keine Gedanken zu machen. Mit offizieller Absicherung der obersten Finanzrichter (BFH v. 3.2.1998 – BStBl 1998 II S. 539) wurde diese Vertragsgestaltung anerkannt. Es liegt kein Gestaltungsmissbrauch vor. Der Sohn in diesem Fall hat Jahr für Jahr einen dicken Verlust aus dem Mietverhältnis von der Steuer abgesetzt, und mit den Eltern gab es ebenfalls keinen Stress, weil die wegen des *Sicherungsnießbrauchs* nicht befürchten mussten, irgendwann plötzlich auf der Straße zu stehen.

TRICK

Mietvertrag statt Unterhalt

845 Eine Scheidung ist ein teures Spiel. Wenn es Sie erwischt, gibt es eigentlich nur eine Devise: Schadensbegrenzung betreiben. Angenommen, Sie haben bislang mit Ihrem Ex-Partner in den eigenen vier Wänden gewohnt und sind nach der Trennung ausgezogen. Wenig lukrativ ist es, geringeren Unterhalt zu vereinbaren und dafür Ihre Immobilie mietfrei Ihrem Ex-Partner zu überlassen.

Lesen Sie unter ➤ Rz 539 nach, wie Sie aus der Kombination höhere Unterhaltszahlungen und gleichzeitiger kostenpflichtiger Vermietung an Ihren Ex-Partner ein gutes Geschäft machen, ohne dass einer von beiden dadurch finanzielle Einbußen hat.

GUTER RAT

846 Gehört das Haus Ihnen und Ihrem Ex gemeinsam, lassen Sie es sich zuvor, z. B. gegen Übernahme der Schulden, übertragen. Damit Ihr Ex jetzt keine kalten Füße bekommt und argwöhnt, Sie würden ihn über kurz oder lang an die frische Luft setzen, können Sie einen längerfristigen Mietvertrag, z. B. über fünf Jahre, schließen und vereinbaren, dass Sie das Haus nur mit Zustimmung Ihres Ex-Partners verkaufen dürfen.

TRICK

Der Fiskus muss Ihre Überkreuzvermietungen schlucken.

Seit Jahren wohnen Sie im Haus Ihrer Eltern, die Ihnen aus steuerlichen Grün- 847
den eine Wohnung vermietet haben. Daraus machen sie jedes Jahr einen hübschen steuerlich absetzbaren Verlust. Da es Ihnen herzlich wenig bringen würde, die von Ihnen genutzte Wohnung zu kaufen, lassen Sie sich die Wohnung übertragen, in der Ihre Eltern wohnen, und vermieten sie ihnen anschließend. Dabei müssen Sie nur darauf achten, mit der vereinbarten Miete nicht unter 66 % der ortsüblichen Miete zu geraten. Obwohl hier eine Überkreuzvermietung vorliegt, muss der Fiskus in den sauren Apfel beißen und die Mietverträge anerkennen. Einem Abzug der Verluste steht nichts entgegen.
Natürlich wird sich ein eifriger Fiskalritter darauf stürzen und Ihnen mit blumigen Worten und alten BFH-Urteilen beizubringen versuchen, dass die Konstruktion wegen Gestaltungsmissbrauchs nicht anerkannt werden könne. Sie verweisen ihn dann ganz locker auf das BFH-Urteil vom 12.9.1995 (BStBl II 1996 S. 158), in dem der BFH in einem wie oben gestrickten Fall ausdrücklich keinen Gestaltungsmissbrauch sah und die Vermietungsverluste bei beiden Parteien anerkannt hat.

TRICK

So begründen Sie, dass kein Gestaltungsmissbrauch vorliegt.

Genauso gut könnten Sie ein von Ihnen gebautes Haus an Ihre Eltern vermie- 848
ten, den zwangsläufig entstehenden Vermietungsverlust absetzen und selbst in einer Wohnung oder einem Haus wohnen, das Ihnen Ihre Eltern unentgeltlich zur Nutzung überlassen. Wenn das Finanzamt den Verlust aus der Vermietung nicht anerkennen will, da in seinen Augen ein Gestaltungsmissbrauch vorliegt, wird es das wie folgt begründen: Ein verständiger Eigentümer hätte sein Haus nicht – wie es hier die Eltern mit dem Sohn vereinbarten – mit dem eines anderen getauscht, um dort Miete zu zahlen und selbst zugleich auf Mieteinnahmen zu verzichten.
Streichwütigen Finanzbeamten reiben Sie das BFH-Urteil vom 14.1.2003 (BStBl 2003 II S. 509) unter die Nase.
Für die Frage des Missbrauchs kommt es nicht auf das Verhalten der Eltern bei der unentgeltlichen Überlassung ihres Hauses an den Sohn an. Entscheidend ist

allein, ob die Überlassung des vom Sohn gekauften Hauses an die Eltern anders als durch entgeltlichen Mietvertrag hätte gestaltet werden müssen. Da der Sohn nicht verpflichtet war, es den nicht unterhaltsbedürftigen Eltern kostenlos zu überlassen, gab es keine steuerlich angemessenere Form.

Auch unter dem Blickwinkel sog. Überkreuzvermietungen ist in diesem klug gedeichselten Fall kein Rechtsmissbrauch zu erkennen. Die gegenseitige Überlassung ziele nicht darauf ab, Verluste bei den Einkünften aus Vermietung wechselseitig abzuziehen, denn für das vom Sohn bewohnte Haus der Eltern wurden keine Werbungskosten geltend gemacht.

TRICK

Schaffen Sie neuen Wohnraum für die Großfamilie!

849 Haben Sie ein hübsches kleines Häuschen, das für Sie und Ihren Ehepartner gerade groß genug ist? Da Sie aber Kinder und Enkelkinder näher bei sich haben wollen, überlegen Sie doch einmal, ob Sie nicht aufstocken oder anbauen können. Was, kein Geld? Dann lesen Sie mal, welche Steuerersparnis so etwas bringt!

Sie schaffen durch Aufstockung des bisherigen Gebäudes oder durch einen Anbau eine zusätzliche abgeschlossene Wohnung und vermieten sie an die Kinder.

Sie nehmen nur etwa 66 % der ortsüblichen Miete, können aber die vollen Werbungskosten absetzen! Die Sie steuerlich durch die Abschreibung (Altsubstanz bei den Herstellungskosten nicht vergessen!) und durch Schuldzinsen bei Fremdfinanzierung des Anbaus erheblich aufstocken können! Sie können sich das Geld auch von Ihrem Sohn leihen, dann bleiben seine Zinseinnahmen bis zum Sparerpauschbetrag steuerfrei.

Beispiel
Sie bauen Ihr älteres, selbstgenutztes Einfamilienhaus durch Aufstockung in ein Zweifamilienhaus um. Die Herstellungskosten betragen 120.000 €. Zur Finanzierung nehmen Sie am 1.7. ein Bankdarlehen von 50.000 € auf (Zinssatz: 4,5 %) und vereinbaren ein Disagio von 2.500 €. Außerdem gibt Ihnen Ihr Sohn ein Darlehen von 50.000 € (Zinssatz 4 %). Die neuerrichtete Wohnung (90m²) vermieten Sie nach Fertigstellung ab 1.12. an Ihren Sohn. Die monatliche Miete beträgt inkl. Nebenkosten 350 €; bei Fremdvermietung könnten Sie 500 € erzielen. Sie müssen mtl. 350 € als Einnahme versteuern. An Werbungskosten fallen an:

	1. Jahr	2. Jahr
Abschreibung 2 % von 120.000 € (1. Jahr nur 1 Monat)	200 €	2.400 €
Schuldzinsen	2.125 €	4.250 €
Disagio	2.500 €	–
Sonstige Kosten (angenommen)	2.800 €	2.800 €
Werbungskosten insgesamt	7.625 €	9.450 €
./. Einnahmen (350 €/Monat, 1. Jahr 1 Monat)	– 350 €	– 4.200 €
Verlust	7.275 €	5.250 €

4.12 Sie haben Ihr Haus verkauft?

Passen Sie gut auf: Wer sein Haus *verkaufen* will und es deshalb *leer stehen* lässt, 850
kann *keine* Werbungskosten geltend machen. Nach Meinung des Niedersächsischen Finanzgerichts betrachtet der Verkäufer sein Haus nur noch *als Gegenstand des Vermögens* und *nicht* (mehr) als *Gegenstand der Einnahmenerzielung.* Aufwendungen zur Erwerbung, Sicherung und Erhaltung von Einnahmen, also Werbungskosten, könnten daher *nicht* mehr entstehen (FG Niedersachsen v. 16.1.1981, XI 105/77). Andererseits hat der BFH entschieden, dass Sie auch nach dem Verkauf Ihrer Immobilie bestimmte Schuldzinsen weiter als nachträgliche Werbungskosten absetzen können, wenn Sie aus dem Verkauf nicht alle Darlehen tilgen konnten (vgl. ➤ Rz 796.)

Haben Sie mit den Krediten laufende Kosten wie für Reparaturen, Modernisierungsmaßnahmen oder laufende Grundstückskosten finanziert, bleibt der durch die tatsächliche Verwendung des Kredits geschaffene wirtschaftliche Zusammenhang mit der Einkunftsart Vermietung und Verpachtung auch nach Veräußerung des Hauses bestehen, d.h., Sie können diese Schuldzinsen bis zur endgültigen Ablösung des Kredits als Werbungskosten bei Ihren Vermietungseinkünften absetzen, obwohl Sie keinen roten Heller Mieteinnahmen mehr haben. Allerdings müssen Sie auch bei diesen Krediten den Verkaufserlös aus der Immobilie vorrangig zur Tilgung einsetzen (BMF v. 15.1.2014 – BStBl 2014 I S. 108).

Also achten Sie darauf, die Verwendung von Fremdgeldern entsprechend zu dokumentieren!

TRICK

Wenn schon tilgen, dann aber die richtigen Kredite!

Wenn der Erlös aus dem Verkauf Ihres Hauses nicht reicht, um die Kredite insgesamt zu tilgen, machen Sie aus der Not eine Tugend: Tragen Sie mit dem Verkaufserlös vorrangig die Hypotheken mit den höheren Zinssätzen ab.

Da der BFH die Zinsen aus den Anschaffungs- und Baukrediten auch dann zum Abzug zulässt, wenn Sie die Immobilie erst nach mehr als 10 Jahren verkauft haben, spielt die Unterscheidung zwischen Bau- und Renovierungskredit insoweit keine Rolle mehr. Sie können sich also die Kredite vom Hals schaffen, die Sie finanziell am stärksten belasten. Gleichzeitig können Sie dem Finanzamt mit Fug und Recht sagen, dass Sie sich bei der Tilgungsentscheidung wie ein ordentlicher und gewissenhafter Geschäftsmann verhalten haben. Das Finanzamt kann damit nichts mehr gegen den Abzug der Zinsen für die danach noch verbleibenden Kredite einwänden (BMF v. 15.01.2014 – BStBl 2014 I S. 108).

5. Finanzierungsfragen – Besonderheiten zum Abzug von Zinsen

851 Schuldzinsen für das selbstbewohnte Haus können Sie nicht absetzen, das ist klar. Versuchen Sie deshalb, sich anderweitig zu helfen. Ärgerlich ist, dass die Hypothekenzinsen aus versteuertem Einkommen aufgebracht werden müssen. Ich rate Ihnen deshalb, die Resthypotheken für Ihr Einfamilienhäuschen bis auf den letzten Euro abzulösen, wenn Sie die entsprechenden Mittel dazu haben. Denn das ist die beste Kapitalanlage.

Dazu folgendes Berechnungsbeispiel: Ihr selbstgenutztes Einfamilienhaus ist noch mit einem Restdarlehen (Zinssatz 4,5 %) von 75.000 € belastet. Die Jahreszinsen betragen 3.375 € und müssen aus versteuertem Einkommen bezahlt werden. Sie haben aber ein Kapitalvermögen von 150.000 €, das einen Bruttoertrag von 2.250 € abwirft, und daraus folgende liquide Mittel:

Bruttoertrag	2.250 €
./. Sparerpauschbeträge	– 1.602 €
Steuerpflichtige Einkünfte	648 €
Abgeltungsteuer inkl. KiSt und Soli	186 €

Wenn Sie das Restdarlehen von 75.000 € ablösen, sind Sie für die Zukunft zinsfrei und haben noch ein Restkapital von 75.000 € übrig, dessen Zinsen (1.125 €) wegen des Freibetrags keine Steuer auslösen.

Unter dem Strich haben Sie dadurch eine ganze Menge mehr Geld zur Verfügung:

Wegfall Zinsbelastung	3.375 €
./. Halbierung der Kapitalerträge	– 1.125 €
Gesparte Abgeltungsteuer	186 €
Mehr an zur Verfügung stehenden Mitteln	2.436 €

Ein Bürger, der nur resigniert,
muss dulden, dass man ihm diktiert.
(Spruch)

TRICK

Beim Kauf von Eigentumswohnungen die Kredite richtig zuordnen!

Angenommen, Sie kaufen ein Zweifamilienhaus. Oder ein Einfamilienhaus mit 852
einer Einliegerwohnung. Sie nehmen einen Kredit von 150.000 € zu 6 % Zinsen auf und vereinbaren mit dem Verkäufer, dass er das Gebäude vorher in zwei Eigentumswohnungen aufteilt. Die 80-qm-Wohnung vermieten Sie, die 120-qm-Wohnung beziehen Sie selbst. Mit der Bank schließen Sie den Darlehensvertrag nur über die vermietete Wohnung ab.

Dem Notar überweisen Sie zwei getrennte Beträge: den Kaufpreis für die vermietete Eigentumswohnung in voller Höhe vom Darlehenskonto, den Betrag für die andere Wohnung vom Darlehenskonto und aus Eigenmitteln. An Zinsen zahlen Sie jährlich 9.000 €, die Sie jetzt von den Mieteinnahmen absetzen können. Das macht bei einer Steuerbelastung von 45 % eine Steuerersparnis von 4.100 €.

TRICK

Baukosten, Kredite und Rechnungsbezahlung richtig zuordnen!

Mit der Aufteilung eines Hauses in Eigentumswohnungen lassen sich beim 853
Kauf die Zinsen natürlich besonders einfach in den steuerwirksamen Bereich verlagern. Aber auch wenn Sie selbst bauen oder der Vorbesitzer nicht bereit ist, vor dem Verkauf Eigentumswohnungen aus seinem Zweifamilienhaus zu machen, geht diese Steuersparmöglichkeit nicht an Ihnen vorbei.

Sie müssen nach Möglichkeit dafür sorgen, dass die von Ihnen vermieteten Immobilien so weit wie möglich aus den Darlehnsmitteln finanziert werden und Sie für die Finanzierung Ihrer eigenen Wohnung – für die es ja keine Steuervorteile aus den Zinsen gibt – möglichst Ihre Eigenmittel einsetzen. Ohne ein wenig Mühe und Trickserei geht das aber nicht so ohne weiteres. Der Fiskus macht sich nämlich im ersten Ansatz die Sache recht einfach.

Bauen Sie z.B. ein Einfamilienhaus mit Einliegerwohnung, bei der Ihre Wohnung 100 qm und die vermietete Wohnung 50 qm groß ist, rechnet das Finanzamt die Kredite und die Eigenmittel im Verhältnis der Wohn- bzw. Nutzflächen den einzelnen Wohnungen zu. Im Ergebnis bedeutet das für Sie, dass steuerlich die Mietwohnung mit einem Drittel Ihrer Eigenmittel finanziert wird. Den ent-

sprechenden Teil des Darlehens rechnet der Fiskus Ihrer eigenen Wohnung zu, bei der die Zinsen wirkungslos verpuffen.
Wie Sie das steuerlich viel geschickter gestalten können, zeige ich Ihnen im Folgenden.

854 **Zinszuordnung bei Herstellung eines Gebäudes**
Um Ihre Zinsen später voll bei der vermieteten Wohnung ansetzen zu können, müssen Sie dafür sorgen, dass deren Herstellung ausschließlich aus Darlehensmitteln finanziert wird. Dazu gehen Sie wie folgt vor:

- Sie richten zunächst zwei Baukonten bei Ihrer Bank ein. Auf Konto 1 kommen nur die Auszahlungen aus Ihren Baudarlehen und Hypotheken, auf Konto 2 überweisen Sie Ihre für den Bau gedachten Eigenmittel.
- Von den Handwerkern lassen Sie sich für alle Arbeiten, die ausschließlich eine bestimmte Wohnung betreffen, getrennte Rechnungen schreiben (z.B. für Türen, Bodenbeläge, Decken, Badezimmer, Elektroinstallationen, Malerarbeiten). Wo Sie keine gesonderte Rechnung haben, können Sie die Aufteilung durch eine eigene Aufstellung ergänzen, in der Sie die einzelnen Rechnungspositionen der jeweiligen Wohnung zuordnen.
- Herstellungskosten, die das gesamte Gebäude betreffen, werden im Verhältnis der Wohnflächen aufgeteilt (z.B. der Kaufpreis für das Grundstück, die Kosten für Bodenaushub, Dach, Treppenhaus, Gemeinschaftsräume, Heizungsanlage, Anschluss, Entwässerung etc.).

So haben Sie nun grundsätzlich für jede Rechnung zwei Teilbeträge. Bei der Bezahlung gehen Sie wie folgt vor:

1. Rechnungsteilbeträge, die auf Ihre später selbst genutzte Wohnung entfallen, überweisen Sie von dem Baukonto mit Eigenmitteln. Bei der Überweisung machen Sie das deutlich, indem Sie als Verwendungszweck neben der Rechnungsnummer z.B. ergänzen: *»Teilbetrag für Wohnung Erdgeschoss«*.
2. Rechnungsteilbeträge, die auf die später vermietete Wohnung entfallen, überweisen Sie nur von dem Baukonto, auf dem die Baudarlehen gelandet sind. Auch hier machen Sie bei der Überweisung die Zuordnung deutlich, z.B.: *»Teilbetrag für Einliegerwohnung 1. OG«*.

Und so könnte die Rechnung für Sie aussehen:
Angenommen, Sie bauen ein Einfamilienhaus mit Einliegerwohnung. Die eigene Wohnung im Erdgeschoss wird 120 qm, die Einliegerwohnung 60 qm groß. Die gesamten Baukosten inkl. Grund und Boden belaufen sich auf 360.000 €. Sie haben Eigenmittel in Höhe von 160.000 €. Der Rest wird durch eine Hypothek (Zinssatz 5 %) finanziert.
Aus Ihren nach dem oben beschriebenen Muster vorgenommenen Aufteilungen und der Begleichung der Rechnungen ergibt sich ein Anteil von 60 % an den Gesamtkosten für die eigene Wohnung und von 40 % für die Einliegerwohnung.

Da Sie sämtliche Rechnungsbeträge für die Einliegerwohnung vom Darlehens-Baukonto überwiesen haben, wurden somit die gesamten Kosten für die Einliegerwohnung von 144.000 € fremdfinanziert.
Von den Hypothekenzinsen entfallen folglich pro Jahr 5 % von 144.000 € = 7.200 € auf die Vermietungseinkünfte und nur 5 % von 56.000 € = 2.800 € auf die selbstgenutzte Wohnung.
Ohne Aufteilung der Rechnungen und getrennte Bezahlung wären für die Einliegerwohnung von den gesamten Zinsen von 5 % von 200.000 € = 10.000 € nur $^1/_3$ = 3.333 € als Werbungskosten abzugsfähig gewesen. Wie Sie sehen, hat sich in diesem Fall mit ein bisschen Arbeit der steuerwirksame Zinsabzug mehr als verdoppelt. Und das Jahr für Jahr!

WICHTIGER HINWEIS

Genauso wie die laufenden Zinsen können Sie ein Damnum oder Disagio – wenn ein solches bei der momentanen Zinssituation überhaupt anfällt –, die Bearbeitungsgebühren und die Eintragung der Hypothek im Grundbuch aufteilen. Im obigen Beispiel wären von einem Damnum oder Disagio der Anteil auf den Kreditteilbetrag von 144.000 €/200.000 € als Werbungskosten abzugsfähig gewesen.

TRICK

Die Zinszuordnung klappt auch beim Kauf eines Gebäudes.

Auch beim Kauf eines Hauses sind Sie nicht darauf angewiesen, dass vorher in 855
Eigentumswohnungen aufgeteilt wird. Sie können im Prinzip dasselbe Strickmuster anwenden wie bei der Herstellung eines Gebäudes. Und so gehen Sie vor:

- Sie richten wieder zwei Konten ein, eines für Ihre Eigenmittel und eines, auf dem die Kredite für den Erwerb eingezahlt werden.
- Bereits im Notarvertrag wird der insgesamt vereinbarte Kaufpreis rechnerisch auf die selbstgenutzte Wohnung und den vermieteten Teil der Immobilie aufgeteilt. Wenn dabei nicht gerade völlig unrealistische Maßstäbe angelegt werden, wird das Finanzamt dieser Aufteilung folgen.
- Die Bezahlung erfolgt dann wieder in zwei Teilbeträgen:
  Den Kaufpreisanteil für die vermietete Wohnung überweisen Sie mit dem Verwendungszweck *»Teilkaufpreis Wohnung I. OG«* von Ihrem Darlehens-

konto auf das Notaranderkonto. – Den Kaufpreisanteil für die selbstgenutzte Wohnung überweisen Sie von Ihrem Eigenmittelkonto und einen evtl. Restbetrag vom Darlehenskonto – jeweils mit dem Verwendungszweck *»Teilkaufpreis Wohnung Erdgeschoss«*.

Dass der Notar später dem Verkäufer den gesamten Kaufpreis von seinem Notaranderkonto in einer Summe überweist, ist für Ihre Zuordnung nicht schädlich.
Sie müssen sich bei diesen Tricks auch keine Gedanken machen, dass der Fiskus Ihnen mit Umgehung oder Gestaltungsmissbrauch kommt. Nach einigem Zögern haben Sie nämlich den obersten fiskalischen Segen erhalten (BMF-Schreiben v. 16.4.2004 – BStBl 2004 I S. 464).

Herrenmenschen sind in der Regel
weder Herren noch Menschen.
(W. Mitsch)

XII. Sonstige Einkünfte (Renten, Unterhalt, Spekulationsgewinne)

Mit den sonstigen Einkünften sind wir bei der letzten, der siebten Einkunftsart angelangt (§ 22 EStG). Die hier aufgeführten Einkünfte gehören aber nur dann in diese Einkunftsart, wenn sie nicht in eine der vorangehenden einzureihen sind. 856

Sonstige Einkünfte sind:

- Einkünfte aus wiederkehrenden Bezügen (§ 22 Nr. 1 EStG), insbesondere Renten und Vorteile, bei denen der zur Zahlung Verpflichtete den Ertragsanteil (Renten) oder die gesamten Zahlungen (dauernde Lasten) als Sonderausgaben abziehen kann (➤ Rz 540 ff.);
- Einkünfte aus Unterhaltsleistungen (§ 22 Nr. 1 a EStG), soweit sie beim Geber als Sonderausgaben abziehbar sind (➤ Rz 532 ff.);
- Einkünfte aus privaten Veräußerungsgeschäften (Spekulationsgeschäfte) (§ 22 Nr. 2 EStG);
- Einkünfte aus Leistungen (§ 22 Nr. 3 EStG), soweit sie mindestens 256 € im Kalenderjahr betragen. Hierunter fallen insbesondere Liebeslohn, Bestechungsgelder, Schmiergelder, aber auch die Mitnahmegebühr für die Fahrt zur Arbeit und Einnahmen aus der Vermietung beweglicher Gegenstände;
- Abgeordnetenbezüge (§ 22 Nr. 4 EStG);
- Leistungen aus Altersvorsorgeverträgen (§ 22 Nr. 5 EStG).

1. Einkünfte aus wiederkehrenden Bezügen (Renten)

Ab welchem Betrag sind Rentner und Pensionäre steuerpflichtig?

1.1 Altersversorgung durch Rente

Die Steuer aus Renteneinkünften ist für die meisten Rentner schwer zu berechnen, wie aus vielen Schreiben meiner Leser hervorgeht. 857
Steuerfrei sind unter anderem

- Renten aus der gesetzlichen Unfallversicherung, z.B. aus der Berufsgenossenschaft,

- Kriegs- und Schwerbeschädigtenrenten und
- Wiedergutmachungsrenten.

Die meisten Renten sind jedoch steuerpflichtig, vor allem

- Renten wegen Alters oder verminderter Erwerbsfähigkeit,
- Renten wegen Todes, die an Witwen und Waisen gezahlt werden,
- Renten aus einer betrieblichen Zusatzversicherung (Direktversicherung),
- Renten aus Lebensversicherungen.

858 Mit dem Alterseinkünftegesetz wurde die Besteuerung von Renten und Pensionen komplett neu geregelt. Kern dieser Neuregelung ist der schrittweise Übergang zur »nachgelagerten Besteuerung«. Auf der einen Seite werden die *Beiträge* zur gesetzlichen Rentenversicherung, zu berufsständischen Versorgungswerken und an private kapitalgedeckte Rentenversicherungen in der Endstufe bis zu 25.786 € (Ehegatten: 51.572 €) im Jahr abzugsfähig sein. Auf der anderen Seite werden diese Renten in voller Höhe besteuert. Die Altersvorsorgebeiträge sind seit 2005 bis zu bestimmten Höchstbeträgen abzugsfähig. Beginnend mit 60 % im Jahr 2005, steigt der Prozentsatz in einer Übergangszeit bis 2025 Jahr für Jahr um 2 %, bis 2025 schließlich 100 % abzugsfähig sind. In 2021 beträgt er somit 92 %, in 2022 94 % usw.

WICHTIGER HINWEIS

Der BFH hat in zwei Urteilen die aktuelle Rentenbesteuerung gerade noch als verfassungskonform bestätigt (BFH v. 19.5.2021 – X R 20/19 und X R 33/19, DB 2021 S. 1237). Noch liegt keine generelle »doppelte Besteuerung« von Renten vor, künftige Rentenjahrgänge ab 2025 könnten aber davon betroffen sein. Der Bundesfinanzminister hat angekündigt, dass nach der Bundetagswahl eine Steuerreform auf den Weg gebracht werden soll, die die Vorgaben des BFH erfüllt und auch in Zukunft eine »doppelte Besteuerung« von Renten vermeidet. Überlegt wird unter anderem, den 100 %igen Abzug der Beiträge zu Basisrentenversicherungen schon vor 2025 zu ermöglichen. Man darf gespannt sein, ob die hohe Politik Wort hält und eine für die Zukunft gerechte Rentenbesteuerung hinbekommt.

Renten aus Basisaltersversorgungssystemen sind z. B. Altersbezüge aus

- der gesetzlichen Rentenversicherung,
- berufsständischen Versorgungswerken,
- der landwirtschaftlichen Alterskasse und
- nach dem 31.12.2004 abgeschlossenen privaten kapitalgedeckten Leibrentenversicherungen (Rürup-Rente).

Sie unterliegen seit 2005 mit einem Prozentsatz von mindestens 50 % der Besteuerung. Für Renten, die erstmalig ab 2006 gezahlt wurden bzw. werden, steigt der Prozentsatz bis 2020 Jahr für Jahr um jeweils 2 % und danach von 2021 bis 2040 um je 1 %.
Das bedeutet, eine Rente mit Zahlungsbeginn in 2006 wird zu 52 %, mit Zahlungsbeginn in 2021 mit 81 % besteuert. Beginnt die Rentenzahlung in 2022, gilt ein steuerpflichtiger Rentenanteil von 82 %.
Wenn Ihnen in diesem Zusammenhang der Begriff »Kohorte« unterkommt, sind Sie nicht etwa bei Asterix und Obelix gelandet. Mit Kohorte bezeichnen die Fiskalritter die einzelnen Rentnerjahrgänge. Gehen Sie 2022 in Rente, gehören Sie zur »Kohorte 82«.
Ganz besonders böse betroffen von der Anhebung der Besteuerungsanteile sind **Renten wegen Erwerbsunfähigkeit**, siehe dazu ➤ Rz 867.

Gut zu wissen: 859
Die Neuregelung führt zumindest noch für einige Rentnerjahrgänge nicht zwangsläufig dazu, dass Sie als Rentner ohne Wenn und Aber wieder Zwangsmitglied im Club der Steuerzahler sind oder werden. Eine Steuer ergibt sich nur, wenn Ihr Einkommen nach Hinzurechnung eventueller anderer Einkünfte, z.B. aus der Vermietung von Immobilien oder aus Kapitalanlagen, und nach Abzug aller Steuervergünstigungen und Abzüge, z.B. Sonderausgaben für Versicherungsbeiträge oder außergewöhnliche Belastungen, über dem Grundfreibetrag liegt.

Leider haben sich die Fiskalritter bei der Berechnung des Teils der Rente, der steuerfrei bleibt, eine ganz hinterlistige Gemeinheit ausgedacht. Steuerfrei bleibt in Wahrheit nämlich gar nicht ein bestimmter Prozentsatz, sondern ein fester Betrag, der sog. **Rentenfreibetrag**, den das Finanzamt im ersten vollen Rentenjahr auf der Basis des Kohortenprozentsatzes berechnet.

Angenommen, Sie beziehen schon seit Jahren Ihre Rente von der BfA. Als sog. 860
Bestandsrentner gehören Sie also zur »Kohorte 50«. Ausgangspunkt für die Berechnung Ihres steuerfreien Rentenbetrags, des **Rentenfreibetrags**, waren die Rentenzahlungen im Jahr 2005. Der Rentenfreibetrag wurde danach festgeschrieben und gilt nun auch in den folgenden Jahren.

Sind Sie nach 2005 in Rente gegangen, wird der Rentenfreibetrag immer auf der Basis des ersten vollen Rentenjahres berechnet. Sind Sie also z.B. in 2008 in Rente gegangen, wurde Ihr Rentenfreibetrag von der Jahresrente des Jahres 2009 berechnet und gilt unverändert seit 2010. Ja, Sie sehen das richtig: Selbst im Jahr 2025 oder 2030 wird immer nur der für das erste volle Rentenzahlungsjahr festgestellte Rentenfreibetrag abgezogen. Dabei stört sich der Fiskus nicht daran, dass in der Zwischenzeit Ihre Rente regelmäßig angepasst wird. Na, haben Sie den unverschämten Griff des Finanzministers in Ihr Geldsäckel bemerkt? Genau, durch diesen fiskalischen Hütchenspielertrick werden nämlich künftige Rentenerhöhungen samt und sonders zu 100 % in die Besteuerung einbezogen.

Beispiel

Sie beziehen seit Januar 2008 Rente aus der gesetzlichen Rentenversicherung. Im Januar 2008 betrug Ihre Rente 1.500 €. Damit haben Sie in den Jahren 2008 bis 2021 folgende Renten bezogen:

Rentenbezug 2008	18.099 €		
./. Rentenfreibetrag 44 %	– 7.964 €		
Steuerpflichtiger Teil der Rente 56 % von 18.099 €	10.135 €	>	10.135 €
Rentenbezug 2009	18.417 €		
./. Rentenfreibetrag 44 % von 18.417 €	– 8.104 €		
Steuerpflichtiger Teil der Rente	10.313 €	>	10.313 €
Rentenbezug 2010	18.637 €		
./. Rentenfreibetrag	– 8.104 €		
Steuerpflichtiger Teil der Rente	10.533 €	>	10.533 €
Rentenbezug 2011	18.729 €		
./. Rentenfreibetrag	– 8.104 €		
Steuerpflichtiger Teil der Rente	10.625 €	>	10.625 €
Rentenbezug 2012	19.026 €		
./. Rentenfreibetrag	– 8.104 €		
Steuerpflichtiger Teil der Rente	10.922 €	>	10.922 €
Rentenbezug 2013	19.255 €		
./. Rentenfreibetrag	– 8.104 €		
Steuerpflichtiger Teil der Rente	11.151 €	>	11.151 €
Rentenbezug 2014	19.440 €		
./. Rentenfreibetrag	– 8.104 €		
Steuerpflichtiger Teil der Rente	11.336 €	>	11.336 €
Rentenbezug 2015	19.807 €		
./. Rentenfreibetrag	– 8.104 €		
Steuerpflichtiger Teil der Rente	11.336 €	>	11.703 €
Rentenbezug 2016	20.438 €		
./. Rentenfreibetrag	– 8.104 €		
Steuerpflichtiger Teil der Rente	12.334 €	>	12.334 €
Rentenbezug 2017	21.062 €		
./. Rentenfreibetrag	– 8.104 €		
Steuerpflichtiger Teil der Rente	12.958 €	>	12.958 €

Rentenbezug 2018	21.602 €	
./. Rentenfreibetrag	– 8.104 €	
Steuerpflichtiger Teil der Rente	13.498 €	> 13.498 €
Rentenbezug 2019	22.294 €	
./. Rentenfreibetrag	– 8.104 €	
Steuerpflichtiger Teil der Rente	14.190 €	> 14.190 €
Rentenbezug 2020	23.033 €	
./. Rentenfreibetrag	– 8.104 €	
Steuerpflichtiger Teil der Rente	14.929 €	> 14.929 €
Rentenbezug 2021	23.424 €	
./. Rentenfreibetrag	– 8.104 €	
Steuerpflichtiger Teil der Rente	15.320 €	> 15.320 €

Wie Sie sehen, werden Rentenanpassungen – in diesem Beispiel die der Jahre 2008 bis 2021 – von insgesamt 5.325 € in voller Höhe und nicht etwa nur mit 56 % – oder je nach Kohorte auch mehr – der Besteuerung unterworfen.

WICHTIGER HINWEIS

Bei Ihren regelmäßigen Rentenanpassungen wird der Rentenfreibetrag zwar nicht neu berechnet, geht Ihre Rente aber unplanmäßig nach oben oder unten, sieht die Sache anders aus. Dann nämlich muss das Finanzamt Ihren Freibetrag neu berechnen. Das passiert z.B., wenn Ihre Rente wegen der Anrechnung anderer Einkünfte hochgesetzt wird. Bestehen Sie in einem solchen Fall darauf, dass die Anpassung nicht als regelmäßige anzusehen ist und Ihnen deshalb ein entsprechend höherer Rentenfreibetrag zusteht.

TIPP

Die Mütterrente wird nur anteilig besteuert!

Müttern oder Vätern wird für die Erziehungszeiten ihrer vor 1992 geborenen Kinder die sog. Mütterrente gezahlt. Hierbei handelt es sich um einen Teil der Rente aus der gesetzlichen Rentenversicherung. Die Mütterente beträgt 2021 je berücksichtigungsfähigem Kind, das 1992 oder später geboren wurde, 3 Rentenpunkte und für Kinder, die vor 1992 geboren wurden, 2,5 Rentenpunkte, jeweils multipliziert mit dem aktuellen Rentenwert. Das macht

pro ab 1992 geborenem Kind

	Januar–Juni mtl.	Juli–Dezember mtl.	Jahresbetrag
West	102,57 €	102,57 €	1.230,84 €
Ost	99,69 €	100,41 €	1.200,60 €

pro vor 1992 geborenem Kind

	Januar–Juni mtl.	Juli–Dezember mtl.	Jahresbetrag
West	85,48 €	85,48 €	1.025,76 €
Ost	83,08 €	83,68 €	1.000,56 €

Hier stellt sich nun die Frage, in welcher Höhe die Mütterrente der Besteuerung unterliegt. Bei der Rentenerhöhung durch die Mütterrente handelt es sich nicht um eine regelmäßige Rentenanpassung, sondern um eine außerordentliche Neufestsetzung des Jahresbetrags der Rente. Deshalb wird der steuerfreie Teil der Rente neu berechnet. Der bisherige steuerfreie Teil wird um den steuerfreien Teil der Mütterrente erhöht. Diese wird dadurch nicht in vollem Umfang in die Besteuerung mit einbezogen, sondern nur mit dem Besteuerungsanteil, der auch für die übrige Rente gilt. Beziehen Sie Ihre Rente also z.B. bereits seit 2005 oder früher, beträgt der Besteuerungsanteil der Mütterrente, die ja erst ab Juli 2014 gezahlt wird, lediglich 50 Prozent. Der für die Zukunft festgeschriebene Rentenfreibetrag erhöht sich in diesem Fall um 50 % der Mütterrente des ersten vollen Zahlungsjahres 2015.

SUPER TRICK

Konservieren Sie für einen Teil Ihrer Rente den günstiger besteuerten Ertragsanteil!

861 50 % und mehr Ihrer Rente versteuern zu müssen ist an sich schon recht unerfreulich. Wenn Sie als Selbständiger, Freiberufler oder Mitglied in einem berufsständischen Versorgungswerk Beiträge in die Versorgungskasse oder über eine Höherversicherung in die gesetzliche Rentenversicherung eingezahlt haben, die deutlich höher waren als die Höchstbeiträge zur gesetzlichen Rentenversicherung, ist das noch viel ärgerlicher. Ihnen stand regelmäßig keine Entlastung durch einen steuerfreien Arbeitgeberanteil zur Rentenversicherung zu, und der Abzug Ihrer Beiträge als Sonderausgaben war häufig nicht sehr ergiebig. Was kommt also bei dem ganzen Spaß heraus? In der Ansparphase konnten Sie kaum etwas absetzen, aber jetzt, wo Sie kassieren, sollen Sie einen Riesenbatzen Ihrer Altersbezüge versteuern. Natürlich werden Sie das nicht so ohne weiteres hinnehmen. Dafür haben Sie schließlich mein Buch gekauft.

»Öffnungsklausel« heißt die magische Formel, mit der Sie die Besteuerung Ihrer Rente auf ein erträgliches Maß zurechtstutzen können. Und so funktioniert das:
Der Teil Ihrer Rente, der auf Beiträgen beruht, die Sie über den Höchstbeitrag der gesetzlichen Rentenversicherung hinaus gezahlt haben, wird mit den niedrigen Ertragsanteilen lt. ➤ Rz 864 besteuert. Nur der Rest fällt unter die Kohortenbesteuerung. Voraussetzung ist, dass Sie bis zum 31.12.2004 in mindestens zehn Jahren Beiträge über dem Höchstbeitrag zur gesetzlichen Rentenversicherung gezahlt haben. Die Jahre müssen übrigens nicht zusammenhängen.
Trifft das auf Sie zu, stellen Sie im ersten Jahr, in dem Sie Rente beziehen, beim Finanzamt den Antrag auf gesplittete Versteuerung Ihrer Rente durch Anwendung der Öffnungsklausel in § 22 Nr. 1 S. 3 EStG. Zum Nachweis, dass Sie die Voraussetzungen erfüllen, bitten Sie Ihre Rentenzahlstelle um eine Bestätigung der Beitragsjahre mit Beiträgen über dem jeweiligen gesetzlichen Höchstbeitrag.
Angenommen, von Ihrer Rente in Höhe von 2.400 €, die Sie seit dem 1.1.2008 erhalten, beruhen 25 % auf dem erhöhten Beitrag. Dann ergibt sich folgendes Bild:

Rententeil 1 (Kohortenbesteuerung)	
2.400 €, davon 75 % = 1.800 € × 12 Monate × 56 %	
Steuerpflichtiger Teil =	12.096 €
Rentenanteil 2 (Ertragsanteil)	
2.400 €, davon 25 % = 600 € × 12 Monate × 18 %	
Steuerpflichtiger Teil =	1.296 €
Insgesamt steuerpflichtig	13.392 €
Ohne Antrag steuerpflichtig 2.400 € × 12 × 56 %	16.128 €
Differenz	2.736 €

Je nach Steuersatz macht das eine jährliche Ersparnis von etwa 450 € bis 1.340 €, und das Jahr für Jahr bis zu Ihrem Lebensende.

WICHTIGER HINWEIS

Der Überwachungsstaat wird immer weiter ausgebaut. Nicht nur dass der Fiskus alle Ihre im Inland geführten Konten mit erzwungener Hilfe durch die Banken in einer Datenbank speichert, ihm fast alle EU-Staaten Ihre im Ausland kassierten Zinsen mitteilen, bekommt das Finanzamt von Ihrem Rentenversicherungsträger auch Jahr für Jahr eine **Rentenbezugsmitteilung**, in der haarklein jeder Cent aufgeführt ist, den Sie als Rente bekommen. Dank dieser Rentenbezugsmitteilungen kommt selbst der faulste und dümmste Fiskalritter dahinter, dass Sie mit Ihren Einkünften steuerpflichtig sind. Da Sie ja kein Steuerexperte sind und bisher nur deshalb keine Steuererklärung eingereicht haben, weil Sie der festen Meinung waren, Sie müssten als Rentner keine Steu- 862

ern zahlen, darf Sie das Finanzamt nicht der Steuerhinterziehung bezichtigen. Stellen Sie sich im Zweifel ruhig dümmer, als die Polizei erlaubt.
Die steuerpflichtigen Teile der Rente (Besteuerungsanteil) können Sie folgender Tabelle entnehmen.

863 **Besteuerungsanteiltabelle für Leibrenten**

Jahr des Rentenbeginns	Besteuerungsanteil in %
bis 2005	50
2006	52
2007	54
...	...
2019	78
2020	80
2021	81

Diese hohen Besteuerungsanteile gelten allerdings nur für Renten aus

- der gesetzlichen Rentenversicherung, auch für Erwerbs- und Berufsunfähigkeitsrenten,
- der landwirtschaftlichen Alterskasse,
- berufsständischen Versorgungswerken, z.B. der Rechtsanwalts-, Ärztekammern etc.,
- privaten kapitalgedeckten Rentenversicherungen, die ab dem 60. Lebensjahr eine Rente zahlen und deren Beiträge als Altersvorsorgeaufwendungen bei den Sonderausgaben abgezogen werden können und die nach dem 31.12.2004 abgeschlossen wurden.

864 Bei Renten, die nicht in die o.g. Kategorien fallen, gelten folgende günstigere Ertragsanteile. Diese können ebenfalls angewendet werden, soweit eine Rente auf Beiträgen beruht, die unter die Öffnungsklausel fallen (➤ Rz 861).

Ertragsanteiltabelle

Bei Beginn der Rente vollendetes Lebensjahr des Rentenberechtigten	Ertrags-anteil in %	Bei Beginn der Rente vollendetes Lebensjahr des Rentenberechtigten	Ertrags-anteil in %
0 bis 1	59	19 bis 20	50
2 bis 3	58	21 bis 22	49
4 bis 5	57	23 bis 24	48
6 bis 8	56	25 bis 26	47
9 bis 10	55	27	46
11 bis 12	54	28 bis 29	45
13 bis 14	53	30 bis 31	44
15 bis 16	52	32	43
17 bis 18	51	33 bis 34	42
35	41	63	20
36 bis 37	40	64	19
38	39	65 bis 66	18
39 bis 40	38	67	17

Bei Beginn der Rente vollendetes Lebensjahr des Rentenberechtigten	Ertrags-anteil in %	Bei Beginn der Rente vollendetes Lebensjahr des Rentenberechtigten	Ertrags-anteil in %
41	37	68	16
42	36	69 bis 70	15
43 bis 44	35	71	14
45	34	72 bis 73	13
46 bis 47	33	74	12
48	32	75	11
49	31	76 bis 77	10
50	30	78 bis 79	9
51 bis 52	29	80	8
53	28	81 bis 82	7
54	27	83 bis 84	6
55 bis 56	26	85 bis 87	5
57	25	88 bis 91	4
58	24	92 bis 93	3
59	23	94 bis 96	2
60 bis 61	22	ab 97	1
62	21		

Diese günstigen Ertragsanteile gelten unter anderem für folgende Renten:

- Renten aus privaten Leibrentenversicherungen (Lebensversicherungen), die vor 2005 abgeschlossen wurden,
- Kaufpreisrenten, z. B. aus dem Verkauf eines Hauses oder Betriebs auf Rentenbasis,
- Versorgungsrenten, die z. B. Ihre Kinder an Sie zahlen, nachdem Sie ihnen Ihr Vermögen vermacht haben,
- Renten aus pauschal besteuerten Direktversicherungen,
- Renten aus öffentlichen Zusatzversorgungskassen (z. B. der VBL, ZVK etc.).

TRICK

Erklären Sie Rentennachzahlungen richtig!

Eine Wohltat kommt selten allein, so sagt man. Haben Sie es geschafft, die Rente durchzukriegen, werden Sie auch noch mit einer dicken Nachzahlung überrascht. Obendrein zeigt sich der Fiskus vernünftig, indem er die Nachzahlung nach der »Fünftel-Regelung« besteuert. Das bedeutet: Die Nachzahlung wird mit einem Fünftel angesetzt und die Steuer, die auf dieses Fünftel entfällt, dann mit fünf vervielfacht (§ 34 Abs. 1 EStG). Auf diese Weise wird der Steuerprogression die Spitze genommen. Damit es zu der ermäßigten Besteuerung kommt, müssen Sie das Formular Anlage R richtig ausfüllen. 865

Den Eigenanteil zur Kranken- und Pflegeversicherung tragen Sie in der Anlage Vorsorgeaufwand ein. Das sind 2021 7,3 % Krankenversicherung zzgl. 50 % des Zusatzbeitrags, den Ihre Krankenkasse erhebt (in den überwiegenden Fällen 50 % von 1,3 %) und der von Rentnern voll zu tragende Beitrag von 3,05 % bzw. 3,30 % (erhöhter Satz für Kinderlose) zur Pflegeversicherung.

Doch nun spitzen Sie die Ohren: Haben Sie in den Vorjahren Kranken- oder Arbeitslosengeld bezogen, wurde dieses vielleicht mit der Rentennachzahlung verrechnet. Die Nachzahlung müssen Sie indessen mit dem vollen Betrag, also ungekürzt, eintragen. Dies führt dazu, dass die Steuerbescheide der Vorjahre berichtigt werden müssen, da sich das Kranken- und Arbeitslosengeld nachteilig auf die Höhe Ihrer Steuer ausgewirkt hat (Progressionsvorbehalt; § 32 b EStG). Was es damit auf sich hat, dazu mehr unter ➤ Rz 471.
Den Berichtigungsantrag für die Vorjahre stellen Sie unter Hinweis auf § 175 Abs. 1 Nr. 2 AO – Berichtigung wegen eines rückwirkenden Ereignisses.

866 Der Ertragsanteil von in der Laufzeit beschränkten privaten Renten, z.B. aus dem Kauf von Immobilien, ergibt sich aus folgender Tabelle:

Beschränkung der Laufzeit der Rente auf ... Jahre ab Beginn des Rentenbezugs	Der Ertragsanteil beträgt vorbehaltlich der Spalte 3 ... %	Es ist der Ertragsanteil der Tabelle in ➤ Rz 864 maßgebend, wenn der Rentner zu Beginn des Rentenbezugs das ...te Lebensjahr vollendet hatte
1	2	3
1	0	entfällt
2	1	entfällt
3	2	97
4	4	92
5	5	88
6	7	83
7	8	81
8	9	80
9	10	78
10	12	75
11	13	74
12	14	72
13	15	71
14 – 15	16	69
16 – 17	18	67
18	19	65
19	20	64
20	21	63
21	22	62
22	23	60
23	24	59
24	25	58
25	26	57
26	27	55
27	28	54
28	29	53
29 – 30	30	51

Beschränkung der Laufzeit der Rente auf ... Jahre ab Beginn des Rentenbezugs	Der Ertragsanteil beträgt vorbehaltlich der Spalte 3 ... %	Es ist der Ertragsanteil der Tabelle in ➤ Rz 864 maßgebend, wenn der Rentner zu Beginn des Rentenbezugs das ...te Lebensjahr vollendet hatte
1	2	3
31	31	50
32	32	49
33	33	48
34	34	46
35 - 36	35	45
37	36	43
38	37	42
39	38	41
40 - 41	39	39
42	40	38
43 - 44	41	36
45	42	35
46 - 47	43	33
48	44	32
49 - 50	45	30
51 - 52	46	28
53	47	27
54 - 55	48	25
56 - 57	49	23
58 - 59	50	21
60 - 61	51	19
62 - 63	52	17
64 - 65	53	15
66 - 67	54	13
68 - 69	55	11
70 - 71	56	9
72 - 74	57	6
75 - 76	58	4
77 - 79	59	2
ab 80	Der Ertragsanteil ergibt sich immer aus der Tabelle in ➤ Rz 864	

Erwerbs- und Berufsunfähigkeitsrenten aus der gesetzlichen Rentenversicherung unterliegen seit 2005 ebenfalls der Besteuerung nach dem Kohortenprinzip, während vor 2005 nur ein Minianteil – häufig unter 10 % – steuerpflichtig war. Ihr Besteuerungsanteil ergibt sich also ebenfalls aus der Tabelle in ➤ Rz 863. **867**

Diese recht hohe Besteuerung greift aber nur für Erwerbs- bzw. Berufsunfähigkeitsrenten, die aus einem der Basisversorgungssysteme kommen, z. B. der gesetzlichen Rentenversicherung, den landwirtschaftlichen Alterskassen, berufsständischen Versorgungswerken oder einer Rürup-Rente. Entsprechende Renten aus privaten Versicherungen, z. B. reine Erwerbsunfähigkeitsversicherungen oder Rentenlebensversicherungen, die vor dem 1.1.2005 mit Erwerbsunfähigkeitszuschlag abgeschlossen wurden, werden dagegen mit den geringeren Ertragsanteilen lt. ➤ Rz 866 besteuert.

868 **Rentenbezüge, bis zu denen 2021 keine Einkommensteuer anfällt** (bei einem Eigenanteil zur Krankenversicherung von 7,95 %, Pflegeversicherung 3,05 %). Unter Berücksichtigung des Grundfreibetrags von 9.744 €/19.488 € und der als Sonderausgaben abzugsfähigen Beiträge zur Kranken- und Pflegeversicherung für Rentner ergeben sich abhängig vom Jahr des Rentenbeginns folgende steuerfreie Rentenjahresbezüge.

Rentenbeginn	Ledige €	Verheiratete €
2005	19.459	38.717
2006	18.890	37.586
2007	18.379	36.568
2008	17.953	35.720
2009	17.627	35.072
2010	17.284	34.389
2011	16.850	33.526
2012	16.520	32.870
2013	16.185	32.203
2014	15.816	31.470
2015	15.520	30.880
2016	15.289	30.420
2017	15.054	29.953
2018	14.773	29.393
2019	14.516	28.882
2020	14.252	28.356
2021	14.117	28.089

Wenn weitere abzugsfähige Sonderausgaben wie Haftpflichtversicherungen, Kirchensteuern, Spenden etc. anfallen, erhöht sich der steuerfreie Rentenbetrag.

Liegen dagegen noch andere Einkünfte, etwa aus der Vermietung von Immobilien oder aus Zinsen, vor, verringert sich der steuerfreie Rentenbetrag.

Beziehen Sie eine private Rente, z.B. weil Sie Ihr Haus gegen Rente verkauft haben, ist sie ebenfalls nur mit dem Ertragsanteil (s. Tabelle ➤ Rz 864) zu versteuern. Bei einer Veräußerungsrente aus dem Verkauf Ihrer Firma haben Sie ein Wahlrecht: Entweder Sie versteuern nur den Ertragsanteil, den aber von Beginn an, oder Sie versteuern die Renteneinnahmen komplett, dies allerdings erst, wenn sie die Höhe des Kapitalkontos der Firma erreicht haben.

SUPER TRICK

Machen Sie aus 1.386 € steuerpflichtiger Rente 1.980 € abzugsfähige Ausgaben!

869 Als Rentner zahlen Sie jede Menge Versicherungsbeiträge, z.B. Haftpflicht- und Unfallversicherung. Einen ganz dicken Batzen machen die Beiträge zur Kran-

ken- und Pflegeversicherung aus. Zum Teil erhalten Sie zu Ihren Krankenversicherungsbeiträgen zwar einen steuerfreien Zuschuss des Rentenversicherungsträgers, den Rest zahlen Sie aber aus Ihren versteuerten Rentenzahlungen. Zum Glück. Denn ansonsten könnten Ihre Versicherungsbeiträge nicht als Vorsorgeaufwendungen abgezogen werden. So aber versteuern Sie von diesem Teil der Rente nur den steuerpflichtigen Teil von z.B. 70 % und können ihn in voller Höhe bei Ihren Vorsorgeaufwendungen unterbringen.

Beispiel
Bei einer Monatsrente von ca. 1.500 € belaufen sich Ihre Kranken- und Pflegeversicherungsbeiträge auf etwa 3.411 € im Jahr. Dafür bekommen Sie einen Zuschuss von etwa 1.431 €. Aus der eigenen Tasche bezahlen Sie also 1.980 €.

Als Vorsorgeaufwendungen abzugsfähig:

Eigene Krankenversicherungsbeiträge	1.980 €
Steuerpflichtiger Anteil 1.980 € × 70 % (Rentenbeginn 2015)	1.386 €
Zusätzlicher Vorteil aus den nicht versteuerten Restbeiträgen	594 €

Wie Sie sehen, haben Sie in diesem Fall buchstäblich mit der Wurst nach der Speckseite geworfen. Für jeden Euro Rente, der zur Zahlung Ihrer Krankenversicherung verwendet wird und den Sie versteuern, setzen Sie im Gegenzug fast ein Drittel mehr als Sonderausgaben ab.

1.2 Altersversorgung aus Pensionen

Stammt Ihre Altersversorgung nicht aus einer gesetzlichen Sozial- oder einer 870
betrieblichen Zusatzversicherung, sondern von Ihrem früheren Arbeitgeber (Staats-, Dienstpension), müssen Sie sie als nachträglichen Arbeitslohn versteuern. Deshalb müssen Sie bei Ihrem früheren Arbeitgeber eine Lohnsteuerkarte abgeben und wird von der Pension Lohnsteuer einbehalten. Bei solchen Pensionen bleibt nur ein Versorgungsfreibetrag steuerfrei. Dasselbe gilt für Arbeitnehmer, die vorzeitig aus dem Erwerbsleben ausscheiden und hierfür von ihrem Betrieb für eine Übergangszeit Vorruhestandsgeld erhalten. Den Versorgungsfreibetrag gibt es in diesem Fall aber erst nach Vollendung des 63. Lebensjahres. Wenn Sie erst im laufenden Jahr 63 Jahre alt geworden sind oder Ihre Versorgungsbezüge nur einige Monate gezahlt wurden, ist Ihnen beim Lohnsteuerabzug ein Teil des Versorgungsfreibetrags entgangen. Der Versorgungsfreibetrag von früher 40 % Ihrer Versorgungsbezüge, max. 3.000 € wird bis 2040 stufenweise abgebaut – bis 2020 um 1,6, ab 2021 um 0,8 Prozentpunkte pro Jahr –, so dass ab 2040 Renten und Pensionen im Endeffekt in gleicher Weise voll besteuert werden.
In der Übergangszeit wird neben dem Grundversorgungsfreibetrag ein Zuschlag abgezogen. Im Gegenzug können Sie aber, obwohl Ihre Versorgungsbezüge nach wie vor Arbeitslohn sind, als Arbeitnehmerpauschbetrag nicht wie

andere aktive Arbeitnehmer 1.000 € im Jahr, sondern wie ein Rentner nur noch 102 € absetzen.

WICHTIGER HINWEIS

Zweimal kassieren Sie im ersten Jahr Ihrer Pensionierung. Für die aktive Zeit steht Ihnen der Arbeitnehmerpauschbetrag mit 1.000 € voll zu, und für die Pension wird Ihnen zusätzlich der Pauschbetrag von 102 € abgezogen.
Der Prozentsatz, nach dem Ihr Versorgungsfreibetrag berechnet wird, der Höchstbetrag und der Zuschlag zum Versorgungsfreibetrag ergeben sich aus der folgenden Tabelle:

871 **Versorgungsfreibetrag**

Jahr des Versorgungsbeginns	Versorgungsfreibetrag in % der Versorgungsbezüge	Höchstbetrag in Euro	Zuschlag zum Versorgungsfreibetrag
bis 2005	40,0	3.000	900
2006	38,4	2.880	864
2007	36,8	2.760	828
2008	35,2	2.640	792
2009	33,6	2.520	756
2010	32,0	2.400	720
2011	30,4	2.280	684
2012	28,8	2.160	648
2013	27,2	2.040	612
2014	25,6	1.920	576
2015	24,0	1.800	540
2016	22,4	1.680	504
2017	20,8	1.560	468
2018	19,2	1.440	432
2019	17,6	1.320	396
2020	16,0	1.200	360
2021	15,2	1.140	342

Die Berechnung des Versorgungsfreibetrags erfolgt während der gesamten Laufzeit bis 2040 unverändert auf folgender Basis:

- Versorgungsbeginn vor 2005
  = Versorgungsbezug für Januar 2005 × 12
  + Weihnachtsgeld und andere Sonderzahlungen mit Rechtsanspruch.
- Versorgungsbeginn ab 2005
  = Versorgungsbezug für den ersten vollen Zahlungsmonat × 12
  + Weihnachtsgeld und andere Sonderzahlungen mit Rechtsanspruch.

Bis 2040 eintretende normale Steigerungen Ihrer Versorgungsbezüge bleiben bei der Berechnung unberücksichtigt.

GUTER RAT

Wenn sich Ihre Versorgungsbezüge dagegen außergewöhnlich ändern, weil bestimmte Regelungen zur Anrechnung anderer Einkommensteile, zur Berücksichtigung von Ruhezeiten oder andere außerordentliche Kürzungen oder Erhöhungen zum Tragen kommen, wird eine Neuberechnung Ihrer maßgebenden Versorgungsbezüge durchgeführt.

1.3 Noch steuerbegünstigte Alterseinkünfte

Neben dem Versorgungsfreibetrag können Sie während einer Übergangszeit **872**
einen **Altersentlastungsbetrag** in Anspruch nehmen. Das ist ein bestimmter Prozentsatz der Summe aus Ihrem aktiven Arbeitslohn (ohne Versorgungsbezüge) zzgl. der positiven Summe Ihrer anderen Einkünfte ohne Renten und Abgeordnetenbezüge. Voraussetzung für seinen Abzug ist aber, dass Sie vor Beginn des Kalenderjahres Ihr 64. Lebensjahr vollendet haben. Das ist der Fall, wenn Sie spätestens am 1. 1. des jeweiligen Jahres Ihren 64. Geburtstag feiern. Für 2021 können also alle Steuerzahler den Altersentlastungbetrag beanspruchen, die am 1.1.1957 oder früher geboren sind.
Wie der Versorgungsfreibetrag wird der Altersentlastungsbetrag bis 2040 nach und nach abgebaut. Die für seine Berechnung maßgebenden Werte ergeben sich aus der folgenden Tabelle:

Altersentlastungsbetrag

Das auf die Vollendung des 64. Lebensjahres folgende Kalenderjahr	in % der Einkünfte	Höchstbetrag in Euro
2005	40,0	1.900
2006	38,4	1.824
2007	36,8	1.748
2008	35,2	1.672
2009	33,6	1.596
2010	32,0	1.520
2011	30,4	1.444
2012	28,8	1.368
2013	27,2	1.292
2014	25,6	1.216
2015	24,0	1.140
2016	22,4	1.064
2017	20,8	988
2018	19,2	912
2019	17,6	836
2020	16,0	760
2021	15,2	722

Beispiel für Renten- und Pensionsbezüge 2021

Beide geboren 1.7.1940. Rente von der Bundesversicherungsanstalt 9.158 € [= ursprüngliche Rente im Jahr 2005 von 7.000 € zzgl. Rentenerhöhungen, zuletzt zum 1.7.2021 um 0 % (West)/0,72 % (Ost)]. Staatspension jährlich 16.750 €. Unfallrente jährlich 1.440 €. Kriegsbeschädigtenrente monatlich 240 €. Einkünfte aus gelegentlicher Vermittlungsprovision 175 €. Zinsen für Festverzinsliche 2.100 €. Zinsen vom Sparbuch des Ehepartners 35 €. Dividenden aus Aktienbesitz 50 €. Gewinn aus Aktienverkauf 450 €. Einkünfte aus Hausbesitz 1.260 €.

Unfallrente (bleibt völlig steuerfrei)				0 €
Kriegsbeschädigtenrente (ebenfalls steuerfrei)				0 €
Pension	16.750 €			
./. Versorgungsfreibetrag 40 %, max.	– 3.900 €			
./. Arbeitnehmerpauschbetrag für Versorgungsbezüge	– 102 €			
Verbleiben	12.748 €		>	12.748 €
Zinsen insgesamt	2.135 €			
Dividende	50 €			
Summe	2.185 €			
./. Sparerpauschbetrag	– 1.602 €			
Verbleiben	583 €		>	583 €
Einkünfte aus Vermietung				1.260 €
Rente 2021 (Rentenbeginn vor 2005)		9.158 €		
./. Rentenfreibetrag (50 % von 7.000 €)		– 3.500 €		
./. Werbungskostenpauschbetrag		– 102 €		
Verbleiben		5.556 €	>	5.556 €
Einkünfte aus gelegentlicher Vermittlung		175 €		
./. Freigrenze		– 256 €		
Verbleiben		0 €	>	0 €
Spekulationsgewinn		450 €		
./. Freigrenze		– 511 €		
Verbleiben		0 €	>	0 €
Zwischensumme				20.147 €
./. *Altersentlastungsbetrag*, 40 % der Einkünfte aus Vermietung und Kapital, max. 1.900 €			–	727 €
Gesamtbetrag der Einkünfte				19.420 €
./. Sonderausgaben, Vorsorgeaufwendungen	3.000 €			
Sonderausgabenpauschbetrag	72 €			
Summe	3.072 €		> –	3.072 €
Zu versteuerndes Einkommen				16.348 €
Steuer darauf				0 €
Anrechnung der Abgeltungsteuer				146 €
Steuererstattung				146 €

TRICK

Verdienen Sie sich als 65-Jähriger schnell 600 €!

Schneidern Sie Ihre persönlichen Verhältnisse auf die steuerlichen Bestimmun- 873
gen zu, und zwar auf den *Altersentlastungsbetrag*, der allen über 64 Jahre alten Personen zugestanden wird.

Nehmen wir an, Sie sind 81 Jahre alt und beziehen

eine Pension von jährlich	17.000 €
Haben daneben Vermietungseinkünfte von	10.000 €
Einkünfte aus Wertpapieren	5.000 €
dann wird Ihr Altersentlastungsbetrag wie folgt berechnet:	
40 % von 15.000 € = 6.000 €, max.:	1.900 €

Wenn Sie nun Ihrem ebenfalls 81-jährigen Ehepartner die Verwaltung Ihres Grundvermögens für jährlich 5.000 € übertragen und ihm Wertpapiere schenken, die einen Ertrag von jährlich 2.500 € erbringen, muss das Finanzamt so rechnen:

Altersentlastungsbetrag für Sie:	
40 % der Einkünfte von 7.500 € = 3.000 €, max.	1.900 €
Altersentlastungsbetrag für Ihren Ehepartner:	1.900 €

Durch diese wundersame Verdopplung des Altersentlastungsbetrags sparen Sie rund 600 €.

Sind Sie erst nach 2005 64 Jahre alt geworden, verringert sich der Prozentsatz des Altersentlastungsbetrags, der Steuervorteil ist aber nach wie vor erstklassig.

Die beste Regierung ist die,
welche gar nicht regiert.
(Henry David Thoreau)

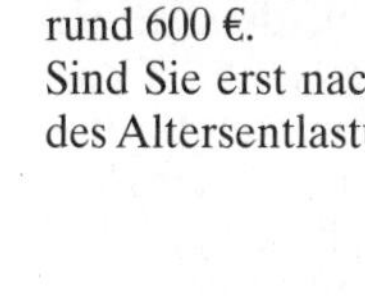

TIPP

für alle, die kurz vor der Rente oder Pensionierung stehen

… vor allem für höherverdienende Angestellte. Erwerben Sie Banksparbriefe 874
oder Bundesschätzchen Typ B, deren Zinszuwachs erst im Jahr der Einlösung versteuert werden muss, obwohl rechnerisch ein jährlicher Zinszuwachs anfällt. Wenn Sie diese Sparbriefe oder Bundesschätzchen erst nach der Pensionierung einlösen, fällt für den Zinszuwachs max. die Abgeltungsteuer von 25 % an. Da

die Renteneinkünfte nur z.T. steuerpflichtig sind, könnte es sogar sein, dass ihr individueller Steuersatz sogar unter 25 % liegt. In diesem Fall bekämen Sie einen Teil der Abgeltungsteuer erstattet, und die Steuerbelastung läge noch niedriger.

1.4 Wie viel Sie als Rentner nebenbei verdienen dürfen, ohne Ihre Rente zu gefährden

875 Vielen reicht die Rente nicht aus, ein angemessenes Leben zu führen. Sie als Rentenempfänger suchen sie deshalb durch einen Zusatzverdienst aufzubessern. Doch Sie sträuben sich dagegen, ein reguläres Arbeitsverhältnis einzugehen, weil Sie – mit Recht – befürchten, dass Ihre Rente gekürzt werden könnte. Arbeitgeber haben nämlich nach den Vorschriften der Sozialgesetze und nach der Datenerfassungs- und Übermittlungsverordnung (DEÜV) bestimmte Meldepflichten zu erfüllen. Auch praktizieren die Behörden untereinander ein gut funktionierendes Meldesystem. Dies gilt trotz Steuergeheimnis auch für die Finanzämter (§ 31 a AO). Deshalb ist es gut zu wissen, ob und unter welchen Umständen Ihre Rente gefährdet ist, wenn Sie nebenbei etwas arbeiten.
Wenn Sie schon Ihre Regelaltersrente erhalten, bestehen keinerlei **Hinzuverdienstgrenzen**. Eine Kürzung Ihrer Rente brauchen Sie also nicht zu befürchten. Anders hingegen, wenn Sie **vor Erreichen der Regelaltersgrenze** eine Rente beziehen. Dann gilt eine Hinzuverdienstgrenze. Das bedeutet: Bis zu dieser Grenze dürfen Sie hinzuverdienen, ohne dass Ihre Rente gekürzt wird. Die Hinzuverdienstgrenze liegt normalerweise bei jährlich 6.300 €, wurde aber aufgrund der Corona-Pandemie vorübergehend angehoben, und zwar für 2021 auf satte 46.060 €. Liegt Ihr Verdienst über der Hinzuverdienstgrenze, wird Ihre Rente teilweise gekürzt. Dann werden grundsätzlich 40 % von 1/12 Ihres Verdiensts abgezogen, der über 6.300 € bzw. in 2021 über 46.060 € hinausgeht. Wie es im Moment aussieht, wird die Hinzuverdienstgrenze ab 2022 wieder auf den urspünglichen Betrag von 6.300 € abgesenkt.
Zudem wird üblicherweise geprüft, ob der sog. Hinzuverdienstdeckel überschritten wird. Dieser ergibt sich aus der monatlichen Bezugsgröße multipliziert mit den höchsten Entgeltpunkten eines Jahres aus den letzten 15 Jahren vor Beginn der Rentenzahlung. Er beträgt aber mindestens 1/12 von 6.300 € zzgl. Ihrer Monatsrente. Liegt Ihr Hinzuverdienst über dem Hinzuverdienstdeckel, wird er zu 100 % angerechnet. Das führt im Ergebnis dazu, dass Ihre Rente zzgl. Hinzuverdienst im Ergebnis nicht höher ist als Ihr früheres Einkommen.
Für 2021 wird wegen der Corona-Pandemie der Hinzuverdienstdeckel ausnahmsweise nicht angewendet.

Beispiel 2022

Sie beziehen eine vorgezogene Altersrente in Höhe von 1.250 €. Nebenher verdienen Sie monatlich 3.000 €, insgesamt im Jahr also 36.000 €. Der Hinzuverdienstdeckel beträgt in Ihrem Fall 3.100 €.

Durch die Anrechnung Ihres Hinzuverdiensts ergibt sich folgende verbleibende Monatsrente:

Jahresverdienst	36.000 €
./. Hinzuverdienstgrenze	– 6.300 €
Schädlicher Jahreshinzuverdienst	29.700 €
Monatsrente	1.250 €
Monatliche Anrechnung 29.700 € ÷ 12 = 2.475 € × 40 % =	– 990 €
Verbleibende Rente	260 €

Anrechnung des Verdiensts oberhalb des Hinzuverdienstdeckels

Monatlicher Hinzuverdienst 36.000 € ÷ 12 =	3.000 €
+ verbleibende Monatsrente	260 €
Summe	3.260 €
./. Hinzuverdienstdeckel	– 3.100 €
Zusätzliche Anrechnung auf Ihre Rente	160 €

Von Ihrer Rente erhalten sie also monatlich nur noch folgenden Betrag ausgezahlt:

Monatsrente	1.250 €
./. monatliche Anrechnung	– 990 €
./. zusätzliche Anrechnung aus Hinzuverdienstdeckel	– 160 €
Verbleibende monatliche Rente	100 €

Erwerbsminderungsrenten
Für Renten wegen voller Erwerbsminderung gilt ebenfalls die oben beschriebene Berechnung.

Wenn Sie allerdings eine Rente wegen teilweiser Erwerbsminderung oder teilweiser Erwerbsminderung bei Berufsunfähigkeit beziehen, müssen die Hinzuverdienstgrenzen gesondert berechnet werden.

Mein Rat dazu: Setzen Sie sich vorher mit einem Rentenberater in Verbindung und lassen sich individuell für Ihre Verhältnisse ausrechnen, ob und inwieweit Sie bei einer fortgeführten Erwerbstätigkeit Ihre Rente ganz oder zum Teil verlieren.

Rentenabschläge
Vorzeitig in Rente gehen und dann hinzuverdienen? Keine schlechte Idee, doch passen Sie auf, dass Sie die Rechnung nicht ohne den Wirt, d.h. die Rentenkasse, machen. In den letzten Jahren wurden die Altersgrenzen immer weiter angehoben, auch für Frauen. Seit 1. Juli 2014 können allerdings Versicherte, die **mindestens 45 Jahre** in der gesetzlichen Rentenversicherung versichert waren, schon mit 63 Jahren ohne Abschläge in Rente gehen. **Aber aufgepasst:** Ab Jahrgang 1953 steigt diese Altersgrenze für die abschlagsfreie Rente schrittweise an. Für alle 1964 oder später Geborenen liegt sie schließlich wieder wie bislang bei 65 Jahren. Wer nicht zum Kreis der langjährig Versicherten gehört, kann unter

bestimmten Voraussetzungen die Altersrente zwar vorzeitig ab dem 63. Lebensjahr in Anspruch nehmen, jedoch mit einem sog. Abschlag, genauer gesagt einer Kürzung.
Grundsätzlich gilt: Für jeden Monat der Inanspruchnahme einer Altersrente vor der Regelaltersgrenze wird die Rente um 0,3 % gekürzt. Der maximale Kürzungsbetrag liegt bei 14,4 %.
Durch die Anhebung der Regelaltersgrenze für die Rente auf 67 Jahre ergeben sich in Zukunft höhere Abschläge. Erstmalig betroffen sind Rentner der Geburtsjahrgänge 1947 und jünger. So beträgt z.B. die Regelaltersgrenze für Personen des Geburtsjahrgangs 1957 65 Jahre und 11 Monate. Ging eine Arbeitnehmerin, die am 1.1.1957 geboren ist, schon am 1.1.2021, also im Alter von 64, in Rente, muss sie bereits 23 Monate à 0,3 % = 6,9 % als Rentenabschlag hinnehmen.

1.5 Wann bin ich bei einer Nebenarbeit von der Sozialversicherung befreit?

876 Wenn Sie als Rentner weiterhin arbeiten, ist es wichtig für Sie zu wissen, wann für Ihre Beschäftigung Sozialversicherungsbeiträge anfallen. Nach dem Motto »Gelobt sei, was kompliziert ist« hängt Ihre Sozialversicherungspflicht davon ab, welche Art von Rente Sie beziehen. Im Einzelnen gilt dabei Folgendes:

Erwerbsunfähigkeitsrente
Als Bezieher einer Erwerbsunfähigkeitsrente sind Sie – mit Ausnahme der Arbeitslosenversicherung (§ 169 c Nr. 2 AFG) – grundsätzlich sozialversicherungspflichtig.

Altersruhegeld
Als weiterbeschäftigter Vollrentner sind Sie wie andere Arbeitnehmer kranken- und pflegeversicherungspflichtig. Mit der Rentenversicherung haben Sie jedoch nichts mehr am Hut, da Alters- oder Vollrentner stets rentenversicherungsfrei sind (§ 5 Abs. 4 SGB VI). Trotzdem muss Ihr Arbeitgeber seinen Beitragsanteil zur Rentenversicherung zahlen. Arbeitslosenversicherung fällt für Sie nicht mehr an, wenn Sie bereits im Rentenalter sind. Gleichwohl muss auch in diesem Fall Ihr Arbeitgeber in den sauren Apfel beißen und wie bei der Rentenversicherung den Arbeitgeberanteil leisten.
Solange Sie nur eine geringfügige Beschäftigung ausüben, zahlt Ihr Arbeitgeber für Sie 28 % Sozialversicherung, 1,51 % Umlagen zzgl. Beiträge zur Unfallversicherung. Allerdings müssen Sie als Rentner oder Pensionär Ihren Arbeitslohn versteuern (sofern Einkommensteuer anfällt).
Dazu einige Beispiele:

1. Sie sind Rentner und arbeiten 14 Stunden in der Woche für monatlich 250 €: Sie sind geringfügig beschäftigt, weil der Lohn 450 € pro Monat nicht übersteigt.

2. Sie beziehen als Rentner (ab 65 Jahre) ein Altersruhegeld von 1.000 € im Monat und sind 14 Stunden wöchentlich für 300 € beschäftigt:

Zahlbetrag der Rente	1.000 €
Arbeitsentgelt	300 €
Zusammen	1.300 €

Aufgrund der Minijobregelungen muss Ihr Arbeitgeber für Sie 28 % zzgl. 1,51 % Umlagen an die Bundesknappschaft entrichten, und Sie müssen – sofern Ihr Arbeitgeber nicht zusätzlich 2 % Pauschalsteuer abdrückt – den Hinzuverdienst ganz regulär versteuern. Es ergibt sich folgende Berechnung:

Arbeitslohn 12 × 300 =	3.600 €		
./. Arbeitnehmerpauschbetrag	– 1.000 €		
Verbleiben	2.600 €	>	2.600 €
Rente mit Ertragsanteil 12 × 1.000 × 50 % =	6.000 €		
./. Werbungskostenpauschbetrag	– 102 €		
Verbleiben	5.898 €	>	5.898 €
Summe der Einkünfte			8.498 €
./. Altersentlastungsbetrag, z.B. 40 %			– 1.440 €
./. Sonderausgabenpauschbetrag			– 36 €
Zu versteuerndes Einkommen			7.022 €
Einkommensteuer			0 €

Wenn Sie Ihren Arbeitgeber auffordern, die Besteuerung nach Ihren persönlichen Steuermerkmalen (Elektronische Lohnsteuerabzugsmerkmale) vorzunehmen, wird bei Steuerklasse I keine Belastung für Sie entstehen, und Ihr Arbeitgeber spart sich die 2 % Pauschalsteuer.

3. Sie arbeiten bei zwei Arbeitgebern:

Sie arbeiten	Fall A	Fall B
bei Arbeitgeber 1	für 110 €	für 220 €
bei Arbeitgeber 2	für 100 €	für 250 €
Summe	210 €	470 €

Im Fall A sind Sie in beiden Beschäftigungen geringfügig beschäftigt, weil Ihr monatlicher Lohn 450 € nicht übersteigt. Im Fall B fallen in beiden Beschäftigungen Kranken- und Rentenversicherungsbeiträge an, weil die Lohngrenze von 450 € überschritten ist.

4. Sie arbeiten 14 Stunden in der Woche für einen Lohn von 430 € monatlich. Außerdem erhalten Sie ein Weihnachtsgeld von 360 €: Es fallen Kranken- und Rentenversicherungsbeiträge an, weil Ihr durchschnittlicher Monatslohn 450 € übersteigt (430 € × 12 = 5.160 € + Weihnachtsgeld 360 € = 5.520 €, davon $^1/_{12}$ = 460 €).

5. Sie arbeiten zusätzlich neben einer Hauptbeschäftigung regelmäßig als Aushilfe: Ihr Aushilfsjob bleibt geringfügig, wenn der Verdienst nicht über 450 €/Monat liegt. Sind Sie privat versichert, entfällt die Krankenversicherungspauschale von 13 %.
6. Sie nehmen am 1.5. eine Beschäftigung als Urlaubsvertretung an, die am 15.6. beendet ist: Der Lohn beträgt monatlich 1.000 €. Die Beschäftigung ist kurzfristig und damit geringfügig, denn sie dauert nicht länger als zwei Monate. Somit besteht keine Sozialversicherungspflicht.

877 **Beitrags- und Entgeltgrenzen für die Sozialversicherung**

	West		Ost	
	2020	2021	2020	2020
Beitrag vom Arbeitsentgelt	%	%	%	%
Rentenversicherung	18,6	18,6	18,6	18,6
Arbeitslosenversicherung	2,4	2,4	2,4	2,4
Krankenversicherung	14,6	14,6	14,6	14,6
Sonderbeitrag zur Krankenversicherung[1]	1,1	1,3	1,1	1,3
Pflegeversicherung	3,05	3,05	3,05	3,05
Beitragsbemessungsgrenzen monatlich	€	€	€	€
Rentenversicherung	6.900,00	7.100,00	6.450,00	6.700,00
Arbeitslosenversicherung	6.900,00	7.100,00	6.450,00	6.700,00
Krankenversicherung	4.687,50	4.837,50	4.687,50	4.837,50
Pflegeversicherung	4.687,50	4.837,50	4.687,50	4.837,50
Versicherungspflichtgrenzen monatlich	€	€	€	€
am 31.12.2002 nicht Pflichtversicherte	4.687,50	4.837,50	4.687,50	4.837,50
Krankenversicherung	5.362,50	5.362,50	5.362,50	5.362,50
Entgeltgrenzen monatlich	€	€	€	€
Geringfügigkeit	450,00	450,00	450,00	450,00
Alleinige Beitragspflicht d. Arbeitgebers	325,00	325,00	325,00	325,00

[1] Sonderbeitrag (von jeder Krankenkasse individuell festgesetzt, in der Regel aber in 2020 1,1 % und in 2021 1,3 %); je zur Hälfte von Arbeitnehmer und Arbeitgeber zu tragen.

2. Einkünfte aus Unterhaltsleistungen

878 Hoffentlich war Ihnen, als Sie die Anlage U Ihres Ex unterschrieben haben, klar, dass die Unterhaltsleistungen von Ihnen versteuert werden müssen (➤ Rz 532), soweit sie von Ihrem Ex als Sonderausgaben nach § 10 Abs. 1 Nr. 1 EStG abgezogen werden können (§ 22 Nr. 1 a EStG). Die Regelungen betreffen neben getrennt lebenden bzw. geschiedenen Ehepartnern nun auch Partner einer eingetragenen Lebenspartnerschaft, die getrennt leben bzw. deren Lebenspartnerschaft aufgelöst wurde.

Dies bedeutet für Sie:

1. Weil der Abzug als Sonderausgaben bei Ihrem Ex auf 13.805 € begrenzt ist, brauchen übersteigende Beträge von Ihnen nicht versteuert zu werden.
2. Ein Abzug als Sonderausgaben steht nur Steuerzahlern mit Wohnsitz oder gewöhnlichem Aufenthalt im Inland zu, also nur unbeschränkt steuerpflichtigen Personen. Lebt Ihr Ex im Ausland, brauchen Sie die Unterhaltsleistungen trotz unterschriebener Anlage U nicht zu versteuern.

GUTER RAT

Die beiden Beträge korrespondieren. Wenn Ihr Ex Ihnen seine Wohnung zur Nutzung überlassen hat und der Mietwert auf den Unterhalt angerechnet wird, brauchen Sie nicht den ganzen Mietwert zu versteuern. Denn steuerlich werden bei Ihrem Ex nur die von ihm getragenen verbrauchsabhängigen Kosten anerkannt (H 86 b EStH; BFH-Urt. v. 12.4.2000 – XI R 127/96; BFH/NV 2000 S. 1286). Das sind die Grundsteuern und die Gebühren für Heizung, Strom, Wasser, Müllabfuhr etc., nicht aber die Zinsen, die Abschreibung und die Versicherungskosten.

Berechnung der Einkünfte aus Unterhaltsleistungen
Von den Unterhaltsleistungen geht lediglich ein Pauschbetrag für Werbungskosten in Höhe von 102 € runter, den das Finanzamt automatisch abzieht (§ 9 a EStG). Es sei denn, Sie sind mit Ihrem Ex wegen der Unterhaltsleistungen im Streit und hatten Kosten für Rechtsberatung, Mahn- und Gerichtsverfahren. Sofern sie den Pauschbetrag übersteigen, können Sie sie absetzen.

WICHTIGER HINWEIS

Die Zustimmung zur Anlage U gilt auf jeden Fall bis auf Widerruf. Ein solcher 879
Widerruf wirkt sich aber erst ab dem Folgejahr aus (BFH v. 8.2.2007 – XI B 124/06). Sind Sie betroffen, müssen Sie dem Unterhaltszahler den Widerruf also rechtzeitig vor dem Jahreswechsel bekanntgeben. Sicherheitshalber sollten Sie auch dem Finanzamt rechtzeitig eine Durchschrift schicken.
Beachten sollten Sie außerdem, dass Sie dem Finanzamt gegenüber die Zustimmung nicht auf einen bestimmten Betrag beschränken können. Versteuern müssen Sie immer den Betrag, den der Zahlende als Sonderausgaben beantragt, natürlich max. 13.805 €. Wollen Sie weniger versteuern, gelingt das nur, wenn Sie das mit dem Ex schon in der Unterhaltsvereinbarung entsprechend festgelegt haben. Richtet sich der nicht danach, müssen Sie zivilrechtlich dagegen vorgehen. Das Finanzamt hängt sich in diesen Streit nicht hinein. Ganz im Gegen-

teil: Ihr Ex könnte rein theoretisch den Antrag auf Abzug von Unterhaltsleistungen sogar nachträglich erhöhen (BFH v. 28.6.2006 – BStBl 2007 II S. 5).

Aufgepasst: Versteuern müssen Sie den Unterhalt nur, wenn er beim Ex abgezogen wurde, das bedeutet, sich dort steuerlich auswirkt. Ist das einmal nicht der Fall, z.B. weil dessen Einkünfte so gering sind, müssen Sie auch keine Versteuerung hinnehmen (FG Köln v. 7.11.2007 – EFG 2008 S. 444).

3. Einkünfte aus privaten Veräußerungsgeschäften (§ 23 EStG)

880 Der Fiskus ist fest entschlossen, selbst für kleinste Vermögensvorteile den Steuersäckel aufzuhalten, so auch für Vorteile aus privaten Veräußerungsgeschäften, wenn sie mit dem Makel der **Spekulation** behaftet sind. Das ist der Fall, wenn der Zeitraum zwischen An- und Verkauf eine bestimmte **Frist** unterschreitet und der Gewinn im Kalenderjahr insgesamt über **512 €** beträgt.

Spekulationsfristen

Grundstücke, grundstücksgleiche Rechte (z.B. Erbbaurechte)	10 Jahre
Andere Wirtschaftsgüter, z.B. Autos, Kunstgegenstände, Antiquitäten, Sammlungen etc.	1 Jahr
Wenn Sie für die Gegenstände Abschreibungen beansprucht haben	10 Jahre

Zu Wertpapieren siehe ➤ Rz 882.

3.1 Spekulationssteuer bei Immobilienverkauf

881 Viele Häuslebauer, die ihre Ersparnisse in einer *vermieteten* Immobilie angelegt haben und diese verkaufen wollen, fallen aus allen Wolken, wenn sie hören, dass Spekulationssteuer anfallen könnte. Dabei ist Schummeln zwecklos, weil der Notar dem Finanzamt den Kaufvertrag zusendet. Eine Ausnahme von der Spekulationssteuer macht der Fiskus, wenn ein bislang *eigengenutztes* Haus verkauft wird.

TIPP

Zwei Varianten, die Sie vor Spekulationseinkünften verschonen!

1. Sie haben seit dem Kauf oder der Fertigstellung ununterbrochen selbst in der Immobilie gewohnt,

2. Sie haben zumindest im Jahr des Verkaufs und den beiden Vorjahren selbst darin gelebt.

Beispiel
Sie haben Ihr Einfamilienhaus am 15.10.2015 gekauft und zunächst vermietet. Am 20.12.2019 sind Sie dann selbst eingezogen. Am 10.2.2021 haben Sie das Haus verkauft, weil Sie aus beruflichen Gründen umziehen mussten.
Da Sie im Jahr des Verkaufs (2021) und in den beiden Vorjahren (2019 und 2020) selbst in dem Haus gewohnt haben, ist ein Gewinn aus dem Verkauf nicht steuerpflichtig.

Gut zu wissen: Sie müssen die Wohnung im Jahr des Verkaufs nicht durchgehend selbst bewohnt haben. Haben Sie z.B. die Wohnung nur noch im Januar selbst bewohnt und dann ab Februar bis zum Verkauf im November vermietet, bleibt Ihr Veräußerungsgewinn gleichwohl unbesteuert (BFH v. 3.9.2019 – IX R 10/19, BFH/NV 2020 S.14 und das dem zustimmende BMF-Schreiben v. 17.6.2020 – IV C 1 – S 2256/08/10006 :006).

Wichtig zu wissen: Wenn Sie in Ihrer Wohnung ein Arbeitszimmer genutzt haben, diente dieses beruflichen Zwecken und formal nicht eigenen Wohnzwecken. Gleichwohl hatte das FG Köln entschieden, dass bei einem Verkauf innerhalb der 10-Jahres-Frist für das Arbeitszimmer kein steuerpflichtiges Veräußerungsgeschäft entsteht, sondern dass das Arbeitszimmer, wie der Rest der Wohnung, den oben beschriebenen Besteuerungsausnahmen unterliegt (FG Köln v. 20.3.2018 – 8 K 1160/15, EFG 2018 S.1256). In dasselbe steuerzahlerfreundliche Horn hatte das FG Baden-Württemberg gestoßen. Auch die badischen Finanzrichter sahen hinsichtlich des Arbeitszimmers kein privates Veräußerungsgeschäft (FG Baden-Württemberg v. 23.7.2019 – 5 K 338/19 EFG 2020 S.46). Da dem Fiskus das nun ganz und gar nicht behagte, hatte er die Sache weiter zum BFH getrieben. Dieser hat dem Fiskus aber auf die Finger geklopft. Mit seinem Urteil vom 1.3.2021 (IX R 27/19) hat er entschieden, dass für das Arbeitszimmer kein Veräußerungsgewinn zu versteuern ist.

3.2 Spekulationssteuer bei Aktiengeschäften

Spekulationsgewinne aus Wertpapieren fallen unter die Kapitaleinkünfte (§ 20 882
Abs. 2 EStG) und unterliegen generell der pauschalen Abgeltungsteuer von 25 % zzgl. Kirchensteuer und Solidaritätszuschlag.
Und: Gewinne sind grundsätzlich steuerpflichtig, unabhängig davon, ob Sie die Wertpapiere vier Wochen oder vier Jahre nach der Anschaffung verkaufen. Eine Spekulationsfrist gibt es nicht.
Allerdings gilt auch hier: Keine Regel ohne Ausnahme. Aus Vertrauensschutzgründen gilt der Wegfall der Spekulationsfrist nicht für Wertpapiere, die Sie vor Inkrafttreten des Unternehmenssteuerreformgesetzes, also vor dem 1.1.2009, erworben haben. Daher können Sie mit Ihren *Altpapieren* auch noch im Jahr 2025 oder 2030 steuerfreie Spekulationsgewinne erzielen.

3.3 Spekulationssteuer bei anderen Sachwerten

883 Nicht nur der Verkauf von Immobilien oder von Wertpapieren, auch der Verkauf anderer Sachwerte kann zu Spekulationseinkünften führen, wenn zwischen Kauf und Verkauf weniger als ein Jahr liegt.
Wenn Sie also innerhalb dieser Frist z.B. Kunstgegenstände oder -sammlungen etc. kaufen und verkaufen, verdient der Fiskus über die Besteuerung der privaten Veräußerungsgewinne mit.
Wenn Sie gar Gegenstände verkaufen, die Sie zuvor im Rahmen von Vermietungs- oder sonstigen Einkünften abgeschrieben haben, verlängert sich die Spekulationsfrist sogar auf 10 Jahre.
Der Gesetzgeber nimmt aber Gebrauchsgüter, sog. *Gegenstände des täglichen Bedarfs*, aus der Spekulationsbesteuerung generell aus. Waren Sie z.B. mit Ihrer neu angeschafften Stereoanlage nicht zufrieden und haben sie kurz nach dem Erwerb wieder verkauft, müssen weder Gewinne noch Verluste, die dabei entstanden sind, in der Steuererklärung angegeben werden.

Was sagt der Universitätsprofessor? Dieses: »Die Versteuerung von Zinsen ist eine Sache von Dummen und Skrupelhaften.«
(Prof. K. Tipke, Universität Köln)

XIII. Kapitaleinkünfte

1. Versteuerung von Kapitaleinkünften (Abgeltungsteuer)

Die **Abgeltungsteuer** strebt eine möglichst einheitliche Besteuerung von Zinsen, Dividenden, Investmenterträgen, Zertifikatserträgen und Gewinnen aus der Veräußerung privater Kapitalanlagen an. 884

WICHTIGER HINWEIS

Mit schöner Regelmäßigkeit steht die Abgeltungsteuer bzw. deren Abschaffung auf dem Prüfstand. Teilweise wird auch über eine Anhebung des Steuersatzes diskutiert. Ob aber aus dem parteipolitischen Wahlkampftheaterdonner wirklich mal etwas wird, muss sich erst zeigen.

Die Besteuerung erfolgt unmittelbar an der Quelle mit einem einheitlichen Quellensteuersatz von 25 % zzgl. Solidaritätszuschlag und Kirchensteuer. Unmittelbar an der Quelle heißt, dass die Abgeltungsteuer direkt von den Banken, bei denen die Kapitalanlagen gehalten werden, einbehalten und an das Finanzamt abgeführt wird. Für die Kapitalerträge gilt also ein ähnliches Verfahren wie bei der Lohnsteuer.

Wie schon der Name sagt, wird durch diese Quellensteuer die Steuer auf die entsprechenden Erträge abgegolten. Sie werden daher – von wenigen Ausnahmen abgesehen – nicht mehr im Rahmen der Einkommensteuerveranlagung miterklärt.

Um die Kapitalerträge möglichst umfangreich besteuern zu können, hat der Fiskus die Anlagen, die zu Einkünften aus Kapitalvermögen führen, deutlich ausgedehnt. Im Rahmen der Abgeltungsteuer werden folgende Anlagen erfasst:

- Dividenden 885
  Dividenden und ähnliche Gewinnausschüttungen für Anlagen im Privatvermögen unterliegen zu 100 % der Besteuerung. Das Halbeinkünfteverfahren, nach dem Dividenden früher nur zu 50 % besteuert wurden, während die andere Hälfte steuerfrei war (§ 3 Nr. 40 EStG), gilt nicht mehr.

- Partiarische Darlehen und stille Beteiligungen
- Zinsen
  Dazu gehören auch Erträge aus Risikoanleihen und sog. Finanzinnovationen. Die Besteuerung erfasst somit auch alle laufenden Erträge aus reinen Spekulationsanlagen. Das gilt insbesondere für Erträge aus Zertifikaten, selbst wenn ein Ertrag oder die Rückzahlung der Anlage garantiert wird.
- Zinsen vom Finanzamt aus Steuererstattungen
- Stillhalterprämien (Erträge aus Optionsgeschäften)
- Erträge aus Kapitallebensversicherungen
- Veräußerungen von Lebensversicherungen
- Veräußerungsgewinne mit Anteilen an Kapitalgesellschaften
- Versteuert wird der Gewinn aus Veräußerungen von allen Anteilen, die nach dem 31.12.2008 erworben wurden, unabhängig von der Zeit zwischen Kauf und Verkauf.
- Gewinne aus der Rückgabe oder Veräußerung von Investmentanteilen
- Veräußerung und Abtretung von Dividenden- und Zinsansprüchen
  Der isolierte Verkauf von Dividendenscheinen ohne das Wertpapier selbst sowie die Veräußerung von Zinsscheinen oder Zinsforderungen bei festverzinslichen Wertpapieren ist steuerpflichtig.
- Termingeschäfte
  Dazu zählen vor allem Optionsgeschäfte, Swaps, Devisentermingeschäfte, Forwards, Futures etc.

886 **Ausnahmen von der Abgeltungsteuer**
Manche Kapitalerträge müssen Sie trotz Abgeltungsteuer in der Einkommensteuererklärung angeben. Dabei sind zwei Gruppen zu unterscheiden.

Gruppe I: Erfassung in der Einkommensteuererklärung und Besteuerung mit einem pauschalen Steuersatz von 25 %
Wenn Ihr Kapital nicht bei einem im Inland ansässigen institutionellen Anlageinstitut angelegt ist, kann kein Quellensteuerabzug vorgenommen werden. Die Kapitalerträge müssen Sie dann wie bisher in Ihrer Einkommensteuererklärung angeben. Dort werden Sie allerdings nicht mit dem übrigen Einkommen zusammen versteuert, sondern unterliegen nur einer Einkommensteuer in Höhe des Abgeltungsteuersatzes von 25 %. Ist Ihr persönlicher Steuersatz niedriger, wird nur dieser angewendet.

Zu den so zu besteuernden Anlagen gehören vor allem:
- Erträge aus Anlagen, die nicht in einem inländischen Depot liegen. Zinsen, Dividenden etc. aus Ihren Geldanlagen in Österreich, der Schweiz oder Luxemburg werden erst mit der Einkommensteuererklärung der deutschen Steuer unterworfen,

- Zinsen aus Privatdarlehen, wenn Sie z.B. einem Bekannten oder einem Angehörigen Geld geliehen haben und dieser die Zinsen steuerlich nicht abziehen kann.
- Erträge aus ausländischen thesaurierenden Investmentfonds.

Gruppe II: Erfassung in der Einkommensteuererklärung und Besteuerung zusammen mit den übrigen Einkünften
Außerdem gibt es Kapitaleinkünfte, die nach wie vor nicht der Abgeltungsteuer unterliegen, sondern zusammen mit den übrigen Einkünften des Steuerzahlers in der Einkommensteuerklärung erfasst werden müssen und dann dem jeweils persönlichen Steuersatz unterworfen werden.
Dazu zählen:

- Erträge aus nach dem 31.12.2004 abgeschlossenen Kapitallebensversicherungen, wenn die Erträge nur zur Hälfte bei der Steuer angesetzt werden.
- Kapitalerträge, bei denen die Anlage zum Betriebsvermögen eines landwirtschaftlichen Betriebs, eines Gewerbebetriebs oder einer selbständigen Tätigkeit rechnet. Ein ganz typischer Fall sind z.B. die Zinsen auf ein betriebliches Kontokorrentkonto oder Dividenden auf Aktien oder GmbH-Anteile im Betriebsvermögen. In diesem Fall werden dann auch 40 % der Erträge freigestellt (Teileinkünfteverfahren; tritt an die Stelle des bisherigen Halbeinkünfteverfahrens).
- Veräußerungsgewinne aus mindestens 1 %igen Beteiligungen an Kapitalgesellschaften.
- Erträge aus sog. Back-to-back-Finanzierungen, also aus einer Anlage, die Sie als Sicherheit für ein Betriebsdarlehen verpfändet haben.
- Laufende Erträge wie Zinsen und Dividenden, Erlöse aus der Veräußerung von Kapitalforderungen, die an Anteilseigner von Kapitalgesellschaften mit mindestens 10 % Beteiligung gezahlt werden, wenn die Zinsen/Erlöse von diesen als Betriebsausgaben abgezogen werden.
- Zinsen aus Privatdarlehen, wenn Sie einer von Ihnen abhängigen nahestehenden Person Geld geliehen haben und diese die Zinsen steuerlich als Betriebsausgaben oder Werbungskosten abziehen kann, weil sie mit dem Darlehen z.B. eine vermietete Wohnimmobilie gebaut oder erworben hat.

TRICK

Das Bombengeschäft mit Angehörigendarlehen!

Bei Darlehen zwischen Angehörigen hat der Fiskus bislang immer darauf gepocht, dass die Regelung für nahestehende Personen greift und die Zinsen beim 887

Darlehensgeber nicht der günstigen Abgeltungsteuer von 25 %, sondern der normalen Besteuerung unterliegen, und die kann je nach Einkommen bis zu 45 % betragen.
Zum Glück sieht das der BFH ganz anders. Er hat gleich dreimal entschieden, dass mitnichten jeder Angehörige stets eine »nahestehende Person« im Sinne der Steuerregeln ist (BFH v. 29.4.2014 – VIII R 9/13, VIII R 35/13, VIII R 44/13). Dem Fiskus blieb nichts anderes übrig, als einzuknicken und auch bei Darlehensverträgen zwischen Angehörigen die Abgeltungsteuer zu akzeptieren. Nur wenn einer der beiden, also entweder der Darlehensnehmer oder der Darlehensgeber, einen besonderen Einfluss ausüben und die Darlehenskonditionen diktieren kann, kommt es zu einer Besteuerung mit der normalen Einkommensteuer. Ein solcher Fall setzt aber voraus, dass Ihr Angehöriger von Ihnen absolut abhängig ist und keinen eigenen Entscheidungsspielraum hat.
Allein die Tatsache, dass Sie das Darlehen einem erwachsenen Kind oder Ihrem Ehepartner gegeben haben, ist jedenfalls nicht entscheidend. In den vom BFH entschiedenen Fällen lagen z. B. Darlehensverhältnisse vor zwischen

- Geschwistern,
- einem Ehemann und einer GbR aus der Ehefrau und den Kindern,
- Eltern und dem Sohn bzw. den volljährigen Enkeln.

Wichtig ist, dass die Darlehensbedingungen wie zwischen Fremden ausgehandelt wurden. Ihre Position gegenüber dem Finanzamt ist auch dann besonders gut, wenn Ihr Angehöriger das Darlehen ebenso von einer Bank hätte bekommen können.
Neben der Besteuerung mit dem Abgeltungsteuersatz von 25 % führt dies darüber hinaus dazu, dass Sie für die Zinsen aus dem Darlehen den Sparerpauschbetrag abziehen können, falls dieser nicht schon anderweitig verbraucht ist.
Besonders lukrativ wird das Ganze bei Darlehensverträgen zwischen Ehegatten. Angenommen, Sie und Ihr Ehepartner verdienen als leitende Angestellte gutes Geld. Ihr Ehepartner hat aus einer Erbschaft 400.000 € auf der hohen Kante, Sie selbst haben rund 100.000 € angespart. Da Sie dafür im Moment nur lächerlich geringe Zinsen bekommen, haben Sie sich entschlossen, für 500.000 € ein Mehrfamilienhaus zu erwerben, weil die Rendite daraus langfristig wesentlich besser ist. Bei der Bank könnten Sie die fehlenden 400.000 € als Hypothek für 3 % Zinsen bekommen. Sie sind aber schlau. Statt der Bank 3 % in den Rachen zu werfen, während Ihr Ehepartner für seine 400.000 € Geldanlage nur lächerliche 0,3 % bekommt, leihen Sie sich die 400.000 € zu den Bankkonditionen von Ihrer besseren Hälfte.
Dadurch machen Sie gleich zweimal ein Geschäft. Zum einen bekommt Ihr Ehepartner dadurch jetzt wesentlich höhere Zinsen als bisher. Zum anderen setzen Sie die Zinsen bei Ihren Vermietungseinkünften als Werbungskosten ab und sparen darauf je nach Einkommen bis zu 45 % Steuern. Ihr Ehepartner dagegen muss für die Zinsen aber nur die Abgeltungsteuer von 25 % berappen. Liegt Ihr Steuersatz z. B. bei ca. 40 %, ergibt sich für die Darlehenszinsen von 3 % auf 400.000 € = 12.000 € folgende Rechnung:

Steuerersparnis bei den Vermietungseinkünften			
40 % von 12.000 €	4.800 €		
Kirchensteuer und Solidaritätszuschlag	696 €		
Insgesamt	5.496 €	>	5.496 €

Abgeltungsteuer des Ehepartners			
Zinsen	12.000 €		
./. Sparerpauschbetrag	- 1.601 €		
	10.399 €		
Abgeltungsteuer darauf 25 %	2.600 €		
Kirchensteuer und Solidaritätszuschlag	377 €		
Insgesamt	2.977 €	>	– 2.977 €
Gesamtsteuerersparnis			2.519 €

Für Dividenden und Veräußerungsgewinne aus Aktien und Anteilen, die Sie im Betriebsvermögen halten, gilt die Abgeltungsteuer nicht. Im Gegenzug dafür unterliegen diese Erträge dem »Teileinkünfteverfahren«, mit der Besonderheit, dass 40 % der Erträge steuerfrei sind. Im Gegenzug dafür können Sie allerdings auch nur 40 % der Kosten als Betriebsausgabe abziehen. Ihre Erträge unterliegen somit per Saldo zu 60 % der Besteuerung. **888**

2. Sparerpauschbetrag

Kapitaleinkünfte bleiben dank des Sparerpauschbetrags bis zu einer Höhe von 801 €/1.602 € (Alleinstehende/Verheiratete) steuerfrei. **889**

Für Ehegatten gut zu wissen: Der Sparerpauschbetrag verdoppelt sich auch dann, wenn nur einer der Ehegatten Kapitalerträge bezogen hat.

Beispiel

	Ehemann		Ehefrau
Dividenden 5.000 €	5.000 €		–
Zinsen	–		200 €
Summe	5.000 €		200 €
Insgesamt (5.000 € + 200 € =)		5.200 €	
./. Sparerpauschbetrag		– 1.602 €	
Einkünfte, die der Abgeltungsteuer unterliegen		3.598 €	

Nicht ausgeschöpfte Freibeträge fallen übrigens sang- und klanglos unter den Tisch.

TRICK

Schöpfen Sie die Freibeträge der Kinder aus!

890 Die steuerlichen Freibeträge machen es Ihnen schmackhafter, Ihren Kindern einen Teil Ihres Vermögens zu übertragen. Siehe dazu unbedingt ➤ Rz 736 ff.

3. Berechnung der Abgeltungsteuer (Kapitalertragsteuer)

891 Die Abgeltungsteuer beträgt 25 % des Kapitalertrags. Bemessungsgrundlage sind bei laufenden Kapitalerträgen die Bruttokapitalerträge.

Bei Veräußerungserlösen aus Wertpapieren ist es die Differenz zwischen Verkaufserlös und Anschaffungskosten sowie Veräußerungsnebenkosten. Wenn Sie Ihr Depot zu einer anderen Bank übertragen, hat die bisherige Bank der neuen Bank die Anschaffungskosten mitzuteilen. Sind diese nicht nachgewiesen, kommt die Ersatzbemessungsgrundlage zum Tragen. Sie beträgt 30 % der Einnahmen aus der Veräußerung oder Einlösung der Wertpapiere (§ 43a Abs. 2 Satz 7 EStG).

Dem Steuerabzug unterliegen die vollen Kapitalerträge ohne jeden Abzug (§ 43a Abs. 2 Satz 1 EStG). Im Kapitalertragsteuerabzugsverfahren werden allerdings folgende Sachverhalte berücksichtigt:

- Im Fall einer Kirchensteuerpflicht mindert sich die Kapitalertragsteuer um 25 % der auf die Kapitalerträge entfallenden Kirchensteuer. Die Kirchensteuer zur Kapitalertragsteuer ist gem. § 10 Abs. Nr. 4 EStG dann aber nicht als Sonderausgabe abziehbar.
- Anrechenbare ausländische Steuern.

TRICK

Kassieren Sie durch ein Baudarlehen an Ihre Kinder Zinseinnahmen ohne Abschlagsteuer!

892 Keiner hindert Sie daran, Ihr Geld in eigener Regie zu verwalten und zu verleihen. Gehören Sie aber zu den Schlawinern, die Zinsen in der Steuererklärung nicht angeben, gehen Sie ein hohes Risiko ein, beim Finanzamt als privater Geldgeber aufzufallen. Denn: Meistens werden Ihre Kunden die Zinsen als Werbungskosten bei Vermietung und Verpachtung oder als gewerbliche Zins-

ausgaben absetzen. Und bei privater Geldvergabe schreiben die Finanzämter gern Kontrollmitteilungen. Dann sind Sie dran.

Also: Taucht die mit einem Privatdarlehen von Ihnen finanzierte Immobilie in der Steuererklärung Ihrer Kinder auf, interessiert sich das Finanzamt so nebenbei für die Finanzierung, und wenn diese nicht plausibel belegt werden kann, wird das Finanzamt Fragen zur Herkunft der Geldmittel stellen. Daher werden Sie die Zinsen brav in Ihrer Steuererklärung angeben und sich so gar nicht erst dem Verdacht steuerlicher Mauscheleien aussetzen.

4. Freistellungsauftrag

Soll die Bank bei der Auszahlung von Zinsen oder Dividenden auf die KapESt **893**
verzichten, müssen Sie ihr einen Freistellungsauftrag erteilen. Er gilt zeitlich unbefristet bis zu seinem Widerruf. Entsprechende Formulare hält jede Bank bereit. Bis zur Höhe von 801 €/1.602 € (Alleinstehende/Ehegatten) bleiben Sie dann von der Abgeltungsteuer verschont (§ 44 b Abs. 1 EStG).

Steuerfalle bei mehr als einem Auftrag!
Haben Sie Konten bei mehreren Banken, können Sie Ihren Freibetrag nach Belieben aufteilen. Aber Achtung: Die Banken sind verpflichtet, dem Bundesamt für Finanzen die tatsächliche Höhe der Zinsen und Dividenden mitzuteilen, wodurch der Sachbearbeiter auf Anhieb erkennt, wenn eines seiner Schäfchen den Freibetrag überzogen hat.
Haben Sie keine Freistellung beantragt, ist nichts verloren. Denn die Zinsen und Dividenden werden zusammen mit den Abzugsteuern in der Steuererklärung angegeben und die Abzugsteuern auf die Steuerschuld angerechnet, ggf. also voll erstattet.

Anrechnung bzw. Erstattung der Kapitalertragsteuer
Es sind also nur die Zinsen oberhalb der Freibeträge steuerpflichtig. Beträgt der persönliche Steuersatz bis 25 %, entsteht für die Zinsen kein Erstattungsanspruch, denn die Abgeltungsteuer beträgt ebenfalls 25 %. Liegt Ihr persönlicher Steuersatz unter 25 %, können Sie einen Teil der Abgeltungsteuer zurückerhalten, wenn Sie beantragen, die Einkünfte in die Veranlagung einzubeziehen.

Ausländer
Ein Steuerabzug ist auch vorzunehmen, wenn der Gläubiger der Kapitalerträge seinen Wohnsitz im Ausland hat. Hier greifen aber meistens Doppelbesteuerungsabkommen, die vorsehen, dass Einkünfte aus Kapitalvermögen vom Wohnsitzstaat zu versteuern sind, was zur Erstattung der KapESt führen muss. Steuerausländer können ihre Erstattungsansprüche beim Bundesfinanzminister geltend machen (§ 50 d EStG).

TIPP

zur richtigen Aufteilung der Freibeträge

894 Haben Sie Zinserträge oder Dividenden aus mehr als einer Bankverbindung, werden Sie den Freibetrag aufteilen müssen, sofern Sie ihn nicht bei einer Bank voll verbrauchen.

Schätzen Sie daher überschlägig ab, wie viel Sie bei den verschiedenen Banken an Zinsen oder Dividenden erwarten können. Haben Sie sich mal verkalkuliert, können Sie den Freistellungsauftrag jederzeit widerrufen oder ändern.

Damit Sie den Überblick behalten, machen Sie eine Aufstellung

Geldanlageform	Geschätzte Zinsen und Dividenden bei der	
	Bank A	Bank B
Sparbuch		
Festgeld		
Anleihen		
Bundesschatzbriefe		
Aktien		
Fondsanteile		
Summe		

Auch als Bausparer oder als Sparer nach dem Vermögensbildungsgesetz brauchen Sie weiterhin einen Freistellungsauftrag.

Beispiel

Saldo per 31.12.: 19.000 €	
Zinsen	540 €
Abgeltungsteuer auf 540 €	– 135 €
SolZ darauf ca.	– 7 €
Zinsgutschrift ca.	398 €

Die Erstattung der einbehaltenen Steuer in Höhe von 142 € können Sie mit Hilfe Ihrer Einkommensteuererklärung beantragen. Die Steuern werden Ihnen ganz oder zum Teil erstattet, wenn Ihr persönlicher Steuersatz 0 % oder unter 25 % beträgt.

895 **Achtung! Behalten Sie Ihre Freistellungsaufträge im Blick. Denn wenn Sie später einen weiteren erteilen und das Freistellungsvolumen überschreiten, haben Sie bald darauf Theater mit dem Finanzamt.**

Als Ehegatten können Sie das gemeinsame Freistellungsvolumen von 1.602 € nach Belieben verbraten – egal, welcher Ehegatte die Zinsen erzielt, ob das Konto auf den Ehemann, die Ehefrau oder beider Namen läuft.

5. Nichtveranlagungsbescheinigung

Was der Freistellungsauftrag bewirken kann, kann die Nichtveranlagungsbescheinigung noch viel besser. Legen Sie eine solche Bescheinigung Ihrer Bank vor, sind alle Ihre Kapitalerträge in voller Höhe steuerfrei. Das Finanzamt stellt Ihnen auf Antrag eine solche Bescheinigung aus, wenn Sie nicht zur Einkommensteuer veranlagt werden, weil z.B. Ihr Einkommen 2020 den Eingangsbetrag der Steuertabelle von 9.744 €/19.488 (Alleinstehende/Verheiratete) nicht erreicht (§ 44 Abs. 1 Nr. 2 EStG). 896

Dies trifft vielfach für Rentner zu, aber auch für andere Steuerzahler mit hohen Freibeträgen. Die Finanzämter erteilen die Nichtveranlagungsbescheinigung unter Vorbehalt des Widerrufs und für eine Zeitdauer von höchstens drei Jahren. Danach werden die Einkommensverhältnisse des Antragstellers neu durchleuchtet.

Und so wird gerechnet, wenn Sie z.B. 2021 in Rente gegangen sind:

Rentenbezüge 10.000 €, davon 81 %	8.100 €		
./. Werbungskostenpauschbetrag	– 102 €		
	7.998 €	>	7.998 €
Zinsen	3.500 €		
./. Sparerpauschbetrag	– 801 €		
Einkünfte aus Kapitalvermögen	2.699 €	>	2.699 €
Summe der Einkünfte			10.697 €
./. Altersentlastungsbetrag			
= 15,2 % der Zinseinkünfte, max. 722 €			– 410 €
Gesamtbetrag der Einkünfte			10.287 €
./. Vorsorgeaufwendungen Versicherungen			– 1.600 €
./. Sonderausgabenpauschbetrag			– 36 €
Zu versteuerndes Einkommen			8.651 €
Steuer darauf			0 €

Ihr Einkommen liegt im Beispielfall deutlich unter dem Grundfreibetrag. Der Ausstellung einer Nichtveranlagungsbescheinigung für die nächsten drei Jahre steht also nichts im Weg.

Für Ehepaare liegen die Einkünftegrenzen deutlich höher, da sie den doppelten Sparerpauschbetrag und Sonderausgabenpauschbetrag erhalten, Vorsorgeaufwendungen mit deutlich höheren Beträgen abgezogen werden können und nicht zuletzt der Grundfreibetrag doppelt so hoch ist wie bei einem Alleinstehenden.

GUTER RAT

Haben Sie Ihr Geld bei verschiedenen Banken angelegt, benötigen Sie für jede eine Originalbescheinigung. Beantragen Sie deshalb beim Finanzamt gleich genügend Exemplare.
Kleiner Trost, wenn Ihr Ehepartner überraschend verstirbt: Im ersten Jahr nach seinem Tod haben Sie weiterhin den Splittingtarif. Als Sparerfreibetrag stehen Ihnen aber nur die 801 € für Alleinstehende zu. Bis zum nächsten Jahr sollten Sie dann Ihre Sparguthaben auf Kinder oder Enkelkinder verteilt haben, damit auch deren Freibeträge genutzt werden.

6. Zinsen und ähnliche Erträge

Gehören Sie zu denen, die ihre Zinsen pflichtgemäß erklären, so wie das Gesetz es verlangt? Dann müssen Sie sich einiges Grundsätzliches anhören.

897 **a) Zufluss der Zinsen**
Zinseinnahmen sind in dem Kalenderjahr zu versteuern, in dem sie zugeflossen sind (§ 11 EStG).
Zinsen aus Sparbüchern und Festgeldern, die zum Jahresende fällig werden, sind noch im alten Jahr zu versteuern, obwohl sie erst im neuen Jahr auf dem Konto erscheinen (§ 11 EStG; BMF-Schreiben v. 26.10.1992 – BStBl 1992 Teil I S. 693).

Zinsen aus abgezinsten Wertpapieren wie Bundesschatzbriefen Typ B oder ähnlichen Sparbriefen und Nullkuponanleihen ergeben sich aus dem Unterschied zwischen Erwerbspreis und Verkaufs- bzw. Einlösungspreis bei Fälligkeit. Sie sind erst im Zeitpunkt des Verkaufs bzw. der Einlösung zu versteuern (BFH v. 8.10.1991 – BStBl 1992 II S. 174; FG Hamburg v. 21.7.1992 – EFG 1992 S. 740).

GUTER RAT

898 Wer sich bald zur Ruhe setzen will und dann weniger zu versteuern hat, sollte sein Geld in abgezinsten Sparbriefen oder sog. Nullkupons, Zero-Bonds etc. anlegen. Die Zinsen daraus sind erst bei Fälligkeit in einigen Jahren oder bei vorzeitiger Rückgabe zu versteuern, weil sie steuerlich gesehen erst dann als zugeflossen gelten. Da Sie dann weniger Einkünfte haben, muss sich der Fiskus mit weniger Steuern auf die Zinsen zufriedengeben, wenn er nicht sogar völlig in die Röhre schaut.

b) Stückzinsen 899

Viele Steuerzahler merken gar nicht, dass ihnen beim Kauf eines festverzinslichen Wertpapiers Stückzinsen in Rechnung gestellt bzw. beim Verkauf vergütet werden. Was hat es damit auf sich?

Werden festverzinsliche Wertpapiere gekauft, hat der Erwerber dem Verkäufer die bis dahin aufgelaufenen Zinsen, eben die Stückzinsen, zu vergüten. Hier spricht der Fiskus von negativen Einnahmen. Diese können im Kalenderjahr der Zahlung abgesetzt (H 20.2 EStH), d.h. mit – positiven – Zinseinnahmen oder Dividenden oder ggf. anderen Einkünften dieses Jahres oder späterer Jahre ausgeglichen werden (Stückzinstopf). Der Verkäufer muss die erhaltenen Stückzinsen versteuern. Die Bank behält Abgeltungssteuer ein.

Gut zu wissen: In Höhe der gezahlten Stückzinsen werden Zinseinnahmen von der Abgeltungssteuer freigestellt. Ihre Bank bildet dafür in Ihrem Depot eine Art Merkposten, den sog. »Stückzinstopf«. Wenn Ihnen dann Ihre Bank Zinsen auszahlt, rechnet sie diesen Merkposten zunächst so lange gegen, bis er rechnerisch verbraucht ist. Soweit die Zinsen mit dem Stückzinstopf verrechnet werden können, muss die Bank keinen Abschlag für die Zinsen einbehalten. Das gilt übrigens auch, wenn Sie Ihr Freistellungsvolumen schon bei anderen Geldanlagen verbraucht haben. Wie die Bank rechnet, zeigt das folgende

Beispiel

Ein Steuerzahler hat sein Freistellungsvolumen bereits voll ausgeschöpft und folgende Ausgaben und Einnahmen

		Topfinhalt	Zinsabschlag von Beträgen
am 15. 3. gezahlte Stückzinsen	3.000 €	3.000 €	
am 15. 5. vereinnahmte Zinsen	2.000 €	1.000 €	2.000 €
am 15. 7. vereinnahmte Zinsen	1.500 €	0 €	1.375 €

Dies zeigt: Der Steuerzahler hat am 15. 3. festverzinsliche Wertpapiere während des Zinslaufs gekauft und für die bis dahin bei dem Wertpapier aufgelaufenen Zinsen 3.000 € Stückzinsen gezahlt. In Höhe von 3.000 € bildet die Bank den Merkposten »Stückzinstopf« im Depot. Von den am 15.5. vereinnahmten Zinsen aus einem im Depot befindlichen Wertpapier in Höhe von 2.000 € ist keine Abgeltungsteuer einzubehalten, da die Bank die Zinsen zunächst mit den am 15.3. gezahlten Stückzinsen laut »Stückzinstopf« verrechnet. Es verbleiben nach dieser Zinszahlung noch nicht verrechnete Stückzinsen von 1.000 € im »Stückzinstopf«. Diese 1.000 € wiederum werden mit den am 15.7. vereinnahmten Zinsen von 1.500 € verrechnet. Aus dieser Zinszahlung bleiben daher noch 500 € übrig, die nicht mit früher gezahlten Stückzinsen verrechnet werden können. Dieser Betrag unterliegt nun der Abgeltungsteuer von 25 %.

Jeder Schäfer schert seine Schafe
nur einmal im Jahr.
Der Finanzminister aber mehrmals und
nimmt das Fell auch noch mit …
(Aus dem Stundungsantrag eines Landwirts)

900 **c) Wechselkursgewinne**

Alles, was dem Anleger irgendwie zum Vorteil gereicht, wird erbarmungslos besteuert. Dazu gehören auch sonstige Vorteile aus der Überlassung von Kapital (§ 20 Abs. 1 Nr. 7 EStG), wie z. B. gewisse Finanzinnovationen. Wechselkursgewinne hat der Fiskus ebenfalls ins Visier genommen. Die ältere BFH-Rechtsprechung, nach der solche Erträge ausnahmsweise nicht steuerpflichtig waren (BFH v. 24.10.2000 – BStBl 2001 II S. 97), ist durch die gesetzliche Neuregelung der Besteuerung von Kapitalerträgen leider überholt. Bei jedem Erwerb und jeder Veräußerung in fremder Währung sind nicht nur die eigentlichen Veräußerungsgewinne steuerpflichtig, sondern auch eventuelle zusätzliche Erträge, die sich aus der Veränderung des Wechselkurses ergeben.

901 **d) Zinsen aus Lebensversicherungen**

Zusätzlich zur Versicherungssumme fließen dem Versicherten Zinsen aus Sparanteilen zu. Das ist zunächst der garantierte Sparanteil, im Einzelfall weitere außerrechnungsmäßige Zinsen.

Zinsen aus Kapitallebensversicherungen, die vor dem 1.1.2005 abgeschlossen wurden, steuerlich als Sonderausgaben (Vorsorgeaufwendungen) förderungswürdig sind und eine Laufzeit von mindestens zwölf Jahren (§ 20 Abs. 1 Nr. 6 EStG) haben, sind steuerfrei.

Kapitallebensversicherungen, die ab 2005 abgeschlossen wurden oder werden, sind dagegen nicht mehr steuerfrei. Die Erträge aus der Versicherung (= Differenz aus Versicherungssumme und eingezahlten Beiträgen) sind grundsätzlich in voller Höhe steuerpflichtig. Die Steuerpflicht wird ausnahmsweise auf 50 % der Erträge reduziert, wenn die Versicherungssumme eine Mindestlaufzeit von zwölf Jahren hat und im Erlebensfall nicht vor Vollendung des 60. Lebensjahrs ausgezahlt wird. In diesem Fall werden die Erträge allerdings weiterhin im Rahmen der Einkommensteuerveranlagung mit dem individuellen Steuersatz besteuert.

902 **e) Automatischer Informationsaustausch oder Zinsschnüffelei?**

Der automatische Austausch von Finanzkonteninformationen soll eine effektive Besteuerung von Zinserträgen bei der Einkommensteuer sicherstellen. Über 100 Staaten und Gebiete haben sich mittlerweile zum »gemeinsamen Meldestandard« CRS (Common Reporting Standard) bekannt, der die Grundlage für den jährlichen automatischen Informationsaustausch ist. Gemeldet werden Name, Anschrift, Steuer-Identifikationsnummer, Geburtsdatum, Zinsen, Dividenden, Einnahmen aus bestimmten Versicherungsverträgen, Veräu-

ßerungs- und Einlösungsgewinnen sowie Kontoguthaben, so dass Ihr Finanzamt recht genau darüber informiert ist, wo auf der Welt Sie Geld angelegt haben und Kapitalerträge erzielen.
Betroffen sind nicht nur ausschließlich Privatpersonen, wie das noch bei der alten EU-Zinsrichtlinie der Fall war, sondern auch juristische Personen sowie Rechtsträger (einschließlich Trusts und Stiftungen).

WICHTIGER HINWEIS

Trotz des Informationsaustauschs können die ausländischen Staaten noch eigene Quellensteuern erheben. Als ehrliche Haut, die schon seit Jahren brav die Zinsen aus der Schweiz, aus Liechtenstein oder Österreich in der Steuererklärung angegeben hat, dürfen Sie nicht vergessen, sich von Ihrer ausländischen Bank eine Steuerbescheinigung über die Quellensteuer zu besorgen. Die ausländischen Quellensteuern auf Zinsen muss Ihnen nämlich das Finanzamt genauso wie die deutsche Zinsabschlagsteuer auf die Einkommensteuer anrechnen, d.h., liegen Sie mit Ihren Zinsen unter den Freibeträgen, bekommen Sie die Quellensteuer über den Einkommensteuerbescheid erstattet.

Durch Gewinnmitnahmen ist noch keiner arm geworden.
(Alte Börsenweisheit)

7. Dividenden und Wertpapierveräußerungen

a) Dividenden 903

Seit Einführung der Abgeltungsteuer unterliegen Dividenden aus Aktien und Anteilen im Privatvermögen nicht mehr dem Halbeinkünfteverfahren. Die Abgeltungsteuer wird vielmehr auf den vollen Dividendenbetrag erhoben.

b) Veräußerungsgewinne 904

Veräußerungsgewinne unterliegen der Abgeltungsteuer – und zwar unabhängig davon, wie viel Zeit zwischen An- und Verkauf vergangen ist. Dies gilt für alle Wertpapiere, die Sie nach dem 1.1.2009 gekauft haben bzw. noch kaufen.
Die Bemessungsgrundlage für die Abgeltungsteuer auf Veräußerungsgewinne ist der Unterschiedsbetrag zwischen den Einnahmen aus der Veräußerung nach Abzug der Aufwendungen, die in unmittelbarem sachlichen Zusammenhang mit dem Veräußerungsgeschäft stehen, und den Anschaffungskosten. Hierbei kann sich auch ein Verlust ergeben.
Hatten Sie Ihre Wertpapiere in einem Depot mit sog. Girosammelverwahrung, so findet die Methode »first in, first out« weiterhin Anwendung. Das bedeutet, bei einem Verkauf wird unterstellt, dass Sie diejenigen Wertpapiere verkauft haben, die Sie zuerst erworben hatten. Hatten Sie in Ihrem Depot z.B. 1.000 Aktien von Siemens, die Sie zu verschiedenen Zeitpunkten gekauft hatten, und

verkauften davon 200 Stück, gelten die 200 Aktien mit dem ältesten Kaufdatum als verkauft.

Zu berücksichtigen sind darüber hinaus Aufwendungen, die zu Anschaffungsnebenkosten führen, wie beispielsweise

- Ausgabeaufschläge bei Investmentfonds,
- Provisionen,
- Maklergebühren.

Zu den Aufwendungen, die in unmittelbarem sachlichen Zusammenhang mit dem Veräußerungsgeschäft stehen, zählen insbesondere Veräußerungskosten.

Ermittlungsschema:
Einnahmen aus der Veräußerung
./. Veräußerungsnebenkosten
./. Anschaffungskosten (inkl. Anschaffungsnebenkosten)
= Bemessungsgrundlage für die Abgeltungsteuer

905 **c) Verluste aus der Veräußerung von Kapitalanlagen**

Verluste aus der Veräußerung von Kapitalanlagen können grundsätzlich nicht mit Einkünften aus anderen Einkunftsarten verrechnet werden. Sie werden allerdings mit Erträgen aus Kapitaleinkünften des laufenden Jahres ausgeglichen und können, soweit ein Ausgleich nicht möglich ist, mit Kapitalerträgen in den folgenden Jahren verrechnet werden.

- **Verlustabzugsbeschränkung bei Aktien**
  Etwas anders sieht es bei Verlusten aus Aktienverkäufen aus. Diese dürfen nur ganz eingeschränkt mit Gewinnen aus Aktienverkäufen, nicht dagegen mit anderen Kapitalerträgen verrechnet werden. Diese Einschränkung gilt jedoch nicht für Verluste aus der Veräußerung von Anteilen an Aktienfonds, Zertifikaten oder Bezugsrechten (BMF-Schreiben v. 18.1.2016 – BStBl 2016 I S. 85 Rz. 123).

Weitere Beschränkungen beim Verlustabzug gelten bei

- **Termingeschäften**
  Verluste aus Termingeschäften, insbesondere Optionsgeschäften, können nur mit Gewinnen aus anderen Termingeschäften und mit Stillhalterprämien verrechnet werden. Die Verrechnung ist zudem auf max. 20.000 € pro Jahr begrenzt. Höhere Verluste können allerdings in die Folgejahre vorgetragen und dort mit gleichartigen Erträgen verrechnet werden.
- **Ausgabeaufschlägen bei Investmentfonds,**
- **Verlusten aus der Uneinbringlichkeit von Kapitalforderungen**
  Verluste, weil z. B. Ihre Aktien wertlos, Anleihen, Kapitalforderungen uneinbringlich geworden sind, können nur bis zu 20.000 € im Jahr verrechnet werden. Höhere Verluste müssen Sie in die Folgejahre vortragen und können sie dort ebenfalls mit max. 20.000 € jährlich verrechnen.

8. Werbungskosten bei Kapitalvermögen – Was können Sie dem Fiskus unterjubeln?

Die Rechtslage in Bezug auf Werbungskosten bei Kapitaleinkünften ist so einfach wie unbefriedigend. Außer dem Sparerpauschbetrag von 801 €/1.602 (Ledige/Verheiratete) können Sie als Privatanleger keinerlei Werbungskosten zur Minderung der Abgeltungsteuer abziehen. **906**
Haben Sie Werbungskosten, z.B. hohe Depotgebühren, Vermögensverwaltungsgebühren oder Refinanzierungskosten für den Wertpapierkauf, ist ein Abzug nicht möglich. Der BFH hatte schon vor einigen Jahren entschieden, dass er gegen diese Bestimmung keine verfassungsrechtlichen Bedenken hat (BFH v. 2.12.2014 - VIII R 34/13, BStBl 2015 II S.387). Leider hat auch eine dagegen eingereichte Verfassungsbeschwerde eines Steuerpflichtigen nichts gebracht. Das Bundesverfassungsgericht hat sie gar nicht erst zur Entscheidung angenommen (BVerfG Beschluss vom 24.3.2016 – 2 BvR 878/15).

9. Wie komme ich im Alter gut über die Runden?

Die Spatzen pfeifen es seit langem von den Dächern: Die gesetzliche Altersrente wird schon in wenigen Jahren nicht mehr für eine ausreichende Altersversorgung genügen, weshalb sich jeder künftig eine zusätzliche Altersversorgung schaffen muss, d.h. zusätzliches Vermögen. **907**
Aktien scheinen auf lange Sicht die beste Kapitalanlage. Warum das so ist, liegt auf der Hand: Die Wirtschaft entwickelte sich bisher stetig weiter, was sich in steigenden Kursen der großen Unternehmen niederschlägt. Der Konkurrenzkampf unter den Staaten, so die Analysten, finde in großen Kriegen als Wettbewerb auf wirtschaftlichem Gebiet statt, und das führe zu Wohlstand und steigenden Einkünften weltweit. Auch in Zukunft werde es Weltkriege wie früher nicht mehr geben. Die Produktivkräfte könnten sich nunmehr ohne Vernichtung von Vermögen durch Kriege frei entfalten. Ob das zutrifft oder ob uns nicht doch eine größere Wirtschaftskrise erreicht – wer weiß das schon? Und was in den Ländern passiert, wo unkluge Politiker ihre Bürger durch ständig höhere Abgaben immer ärmer machen, ist nicht abzusehen.

10. Veranlagung trotz Abgeltungsteuer?

Die Abgeltungsteuer erfasst zwar eine große Zahl von Kapitaleinkünftefällen, trotzdem gibt es weiterhin Konstellationen, in denen die Kapitaleinkünfte im Rahmen der Einkommensteuererklärung erfasst und besteuert werden. Im Einzelnen wird unterschieden zwischen **908**

- Pflichtveranlagung hinsichtlich der Einkünfte aus Kapitalvermögen,
- Wahlveranlagung hinsichtlich der Einkünfte aus Kapitalvermögen,
- einem gesonderten Tarif für Einkünfte aus Kapitalvermögen und die Anrechnung der ausländischen Steuern sowie

- der Besteuerung von Kapitalerträgen mit der normalen Tarifsteuer.

Pflichtveranlagung
Eine Pflichtveranlagung unter Einbeziehung Ihrer Kapitaleinkünfte erfolgt immer dann, wenn Sie Kapitalerträge erzielen, die nicht der Kapitalertragsteuer unterlegen haben. Zum Beispiel aus der Veräußerung von GmbH-Anteilen bei Beteiligungen unter 1 %, Privatdarlehen oder ausländischen Zinseinkünften. Sie müssen diese Einkünfte dann in Ihrer Einkommensteuererklärung angeben. Die Einkommensteuer auf diese Kapitaleinkünfte wird unabhängig von Ihren übrigen Einkünften mit dem pauschalen Abgeltungsteuersatz ermittelt und erhöht die Tarifsteuer auf Ihre übrigen Einkünfte.

Und so wird die Steuer auf die Einkünfte aus Kapitalvermögen berechnet: Sie beträgt grundsätzlich 25 %. Allerdings werden bei der Berechnung auch eventuelle ausländische Quellensteuern und die Kirchensteuer berücksichtigt. Dafür gilt folgende Formel:

$$\text{Einkommensteuer auf Kapitaleinkünfte} = \frac{\text{Einkünfte} - 4 \times \text{anrechenbare ausländische Steuer}}{4 + {}^{1}/_{100} \text{ des Kirchensteuersatzes}}$$

Beispiel
Sie erzielten 2021 Einkünfte aus Kapitalvermögen aus einem ausländischen Depot in Höhe von 10.000 €, die anrechenbare ausländische Quellensteuer beträgt 500 €.

Die Einkommensteuer auf Ihre Kapitaleinkünfte beläuft sich demnach auf (10.000 € – 4 × 500 €) ÷ (4 + 0,09) = 8.000 € ÷ 4,09 = 1.955 €. Die Kirchensteuer beträgt 1.955 € × 9 % = 175,95 €.

Wahlveranlagung
Für Kapitalerträge, die der Abgeltungsteuer unterlegen haben, haben Sie ein Wahlrecht. Sie können es bei der Abgeltungsteuer belassen oder die Einkünfte freiwillig im Rahmen Ihrer Veranlagung zur Einkommensteuer angeben. Damit können Sie für Sie günstige Umstände, die bei der Abgeltungsteuer nicht berücksichtigt werden, geltend machen. Eine solche Wahlveranlagung lohnt sich für Sie z.B. in folgenden Fällen:

- Sie haben bei der Abgeltungsteuer den Sparerpauschbetrag nicht ausgeschöpft.
- Abzugsfähige Verluste aus Kapitaleinkünften wurden bei der Abgeltungsteuer noch nicht berücksichtigt.
- Sie haben noch einen Verlustvortrag, der aus Kapitalanlagen herrührt.
- Ausländische Steuern sind noch nicht berücksichtigt worden.
- Sie haben als Rentner, Schüler oder Azubi ein so geringes Einkommen, dass die reguläre Einkommensteuer niedriger ist als die Abgeltungsteuer.

Wenn Sie eine Wahlveranlagung beantragen, führt das Finanzamt automatisch eine Günstigerprüfung zwischen Abgeltungsteuer und regulärer Einkommensteuer durch und rechnet die Abgeltungsteuer auf die Einkommensteuer an. Falls die reguläre Steuer für Sie günstiger ist, bekommen Sie die zu viel abgezogene Abgeltungsteuer erstattet.

Tarifliche Einkommensteuer für Einkünfte aus Kapitalvermögen
Bei folgenden Kapitalerträgen wird ohne Wenn und Aber immer die reguläre Einkommensteuer im Rahmen einer Einkommensteuerveranlagung festgesetzt und nicht die evtl. günstigere Abgeltungsteuer. Das bedeutet, dass sich Ihre Steuerbelastung auf die Kapitalerträge ggf. auf bis zu 45 % und nicht lediglich auf den Abgeltungsteuersatz von 25 % beläuft.

- Erträge aus stillen Gesellschaften,
- Erträge aus verbundenen Unternehmen, bei denen Sie wegen Ihres Einflusses als »nahestehende Person« gelten,
- Erträge aus Kapitalgesellschaften, wenn Sie oder ein Angehöriger zu mehr als 10 % beteiligt sind,
- Erträge aus sog. Back-to-back-Finanzierungen,
- Einnahmen aus neuen Kapitallebensversicherungen,
- Zinsen aus Darlehen an Ihnen nahestehende Personen, auf die Sie einen besonderen Einfluss nehmen können, wenn diese die Zinsen in ihrer Steuererklärung als Werbungskosten oder Betriebsausgaben absetzen.

GUTER RAT

Bei Darlehen an Angehörige oder andere Personen fällt bei den Zinszahlungen 909
zunächst im Lauf des Jahres keine Abgeltungsteuer an. Schließlich sind Ihre Verwandten ja kein Kreditinstitut und damit nicht verpflichtet, bei jeder Zinszahlung 25 % einzubehalten und an den Fiskus abzuführen. Gleichwohl sind die Zinsen bei Ihnen als Darlehensgeber steuerpflichtig. Sie müssen sie also in der Anlage KAP angeben.

Aufgepasst! Teuer wird es, wenn Ihre Angehörigen als »nahestehende Personen« im fiskalischen Sinne anzusehen sind und mit dem Darlehen Kosten im Rahmen einer Einkunftsquelle gedeckt haben, z.B. ein Firmenfahrzeug, Maschinen, Büroeinrichtungen gekauft oder für die Finanzierung oder Renovierung einer Vermietungsimmobilie verwendet haben. Da aufseiten Ihrer Angehörigen Betriebsausgaben oder Werbungskosten anfallen, die zu einer vollen Steuerermäßigung von bis zu 45 % führen, will der Fiskus Ihnen nicht die günstige Abgeltungsteuer zugestehen. Ihnen wird für die Zinsen daher im Rahmen der Einkommensteuerveranlagung die reguläre tarifliche Steuer abgeknöpft. Allerdings sind Ihre Angehörigen, auch wenn Sie Ihnen persönlich lieb und teuer sind, nur in seltenen Fällen »nahestehende Personen« im steuerlichen Sinne (siehe dazu ➤ Rz 887). Also immer schön schauen, wie selbständig Ihre Lieben die Entscheidungen rund um die Darlehen treffen können und wie sie die Kohle dann verwendet haben.

TRICK

Trotz Werbungskostenabzugsverbot Zinsen abziehen!

910 Zum Schluss noch ein Trick, wie Sie die Finanzierung Ihrer GmbH-Anteile voll von der Steuer abziehen und das Werbungskostenabzugsverbot ganz legal umgehen können. Angenommen, Sie haben das Stammkapital Ihrer GmbH bei Gründung durch einen Kredit finanziert oder irgendwann die Anteile gekauft und dafür ein Darlehen aufgenommen. Die Zinsen für dieses Darlehen sind an sich Werbungskosten bei Ihren Kapitaleinkünften, fallen aber wegen des Werbungskostenabzugsverbots unter den Tisch. Es gibt aber einen Kniff: Sie verzichten darauf, dass die Dividenden, die Sie von der GmbH bekommen, mit der Abgeltungsteuer belegt werden, und zahlen stattdessen freiwillig die reguläre Tarifsteuer. Der Vorteil für Sie: Mit dieser »Unternehmeroption« (§ 32d Abs. 2 Nr. 3 EStG) greift das Werbungskostenabzugsverbot nicht. Sie können jetzt die gesamten Zinsen aus der Finanzierung als Werbungskosten abziehen. Das gilt übrigens auch in den Jahren, in denen die Gesellschaft überhaupt keine Dividenden zahlt.

Besonders interessant ist das Ganze, wenn Ihre GmbH vor der Pleite steht. Dann sind nämlich mit Sicherheit keine Dividenden zu erwarten, aber Sie retten trotzdem den Abzug der Zinsen als Werbungskosten.

Ein wenig längerfristig müssen Sie dabei aber planen. Denn an die Option sind Sie fünf Jahre gebunden, d.h., Sie können sich nicht Jahr für Jahr neu entscheiden.

Das Leben ist das, was uns die Epoche,
der Staat und die Ehepartner davon übrig lassen.
(Gabriel Laub)

XIV. Gewerbliche und freiberufliche Einkünfte

1. Überschussrechnung oder Bilanzierung?

Sind Sie Kaufmann nach Handelsrecht, müssen Sie für jedes Wirtschaftsjahr 911
anhand einer doppelten Buchführung eine Bilanz mit Verlust-und-Gewinn-Rechnung aufstellen (§ 238 HGB).
Sind Sie kein »Kaufmann«, kann Sie als Gewerbetreibender trotzdem die Buchführungspflicht treffen, und zwar nach dem Steuerrecht – §§ 140, 141 AO –, wenn

- Ihr Jahresumsatz mehr als 600.000 € oder
- Ihr Jahresgewinn mehr 60.000 € betragen hat.

Das Finanzamt muss Sie allerdings ausdrücklich zur Bilanzierung auffordern. Das kann es nur für die Zukunft, also nicht rückwirkend oder für ein schon laufendes Jahr tun. Also fangen Sie ruhig erst einmal mit einer Überschussrechnung an – so nennt das Finanzamt ein einfaches Aufzeichnen der Einnahmen und Ausgaben.

WICHTIGER HINWEIS

Freiberufler brauchen nicht zu bilanzieren, wenn sie nicht wollen (H 18.2 EStH); eine Überschussrechnung genügt auch dann, wenn sie die o.g. Grenzen überschreiten. Allerdings können Freiberufler freiwillig Bilanzen aufstellen. Das kann sich in bestimmten Fällen rentieren, etwa um sich die Möglichkeit zu eröffnen, einen Investitionsabzugsbetrag in Anspruch zu nehmen oder von der Thesaurierungsbesteuerung für nicht entnommene Gewinne mit einem Steuersatz von nur 28,25 % zu profitieren.

Mit der Überschussrechnung können Sie die Höhe des Gewinns beeinflussen, 912
indem Sie Einnahmen in das nächste Jahr verlagern – Rechnungen später schreiben – und Ausgaben in das gegenwärtige Jahr vorziehen, z.B. durch Vorauszahlungen. Ziel muss es dabei immer sein, große Schwankungen beim Gewinn zu vermeiden, sonst werden Sie Opfer der Einkommensteuerprogression. Sie sollten auch keine zu hohen Verluste ausweisen. Zwar können Sie Verluste, die nicht mit positiven Einkünften ausgeglichen worden sind, in einem anderen Jahr abziehen, jedoch bestehen dabei erhebliche Einschränkungen:

1. Ein Rücktrag ist nur in das Vorjahr möglich, und zwar zu max. 1.000.000 €/ 2.000.000 € (Ledige/Verheiratete). Für 2020/2021 erhöhen sich diese Beträge wegen der Corona-Pandemie auf 10.000.000 € /20.000.000 € (Ledige/ Verheiratete).
2. Durch den Rücktrag nicht ausgeglichener Verluste können Sie im Folgejahr bis zu 1 Mio. €/2 Mio. € (Ledige/Verheiratete) unbeschränkt abziehen. Sind Ihre Verluste größer, können Sie noch einmal bis zu 60 % des den Verlustvortrag von 1 Mio. €/2 Mio. € übersteigenden Teils des Gesamtbetrags der Einkünfte wegputzen. Und so geht das in den kommenden Jahren weiter, bis Ihre Verluste verrechnet sind.

Was Finanzämter wieder akzeptieren müssen:

Anlaufverluste bei Investitionen
Ein Unternehmer hat kräftig in seinen Betrieb investiert. Daraus resultieren Verluste durch Abschreibungen und Finanzierungskosten. Diese sind voll verrechenbar mit anderen Einkünften, etwa Überschüssen aus Vermietung, Gehalt des Ehepartners.

Verluste durch Insolvenz
Die Firma macht weniger Umsatz. Außerdem geraten einige Kunden in die Pleite. Rechnungen bleiben offen. Dadurch schreibt der Betrieb rote Zahlen. Die darf der Inhaber in vollem Umfang saldieren – etwa mit Zinsen, Mieten, Pachten, Gewinnen aus Beteiligungen. Und natürlich auch mit den Einkünften des Ehepartners.

Modernisierungsverluste
Der Besitzer eines Mietshauses hat viel Geld in die Modernisierung und Renovierung des Gebäudes gesteckt. Daher schreibt er vorübergehend rote Zahlen. Die sparen kräftig Steuern – per Verlustausgleich mit Überschüssen aus anderen Tätigkeiten.

Verluste bei Kapitalanlagen
Verluste aus Kapitalanlagen können Sie **nur mit Einkünften aus Kapitalanlagen** verrechnen.

Vermietungsverluste
Ein Kapitalanleger hat Mietwohnungen auf Kredit gekauft. Das Investment bringt aber nicht die erwarteten Mieten. Die Einnahmen reichen nicht, um die Kapitalkosten zu decken – ein Verlustgeschäft. Die Miesen sind voll abziehbar vom Einkommen.

Verluste bei Praxisgründung
Eine Ärztin richtet ihre Praxis ein, zahlt Miete und stellt Mitarbeiter ein. Gewinn liegt noch in weiter Ferne. Startverluste sind voll mit anderen Einkünften – auch des Gatten – verrechenbar. Dies gilt für jeden Gründer, ob Freiberufler oder Gewerbetreibender, und in jeder Branche.

Kaum drehst du den Höflingen (den damaligen Bürokraten) den Rücken, reißen sie dir die Kleider herunter.
(Richard Wagner an Franz Liszt)

2. Einnahmenüberschussrechnung – die Buchführung für alle, die in kleinem Rahmen selbständig arbeiten

S Als Freiberufler haben Sie die freie Wahl, entweder Aufzeichnungen zu **913**
machen oder nach Soll und Haben zu buchen, und werden sich deshalb für Aufzeichnungen entscheiden. Freiberuflich ist z.B. die selbständige Tätigkeit als Lehrer, Krankenschwester, Krankengymnast, Hebamme, Übersetzer und Dolmetscher, Journalist, Schriftsteller, Künstler. Als Gewerbetreibender, der keinen handelsrechtlichen Betrieb hat – das trifft in der Regel auf Anlageberater, Berater für Datenverarbeitung, Berufssportler, Bühnenvermittler, Buchführungshelfer, Detektive, Fotomodelle, Handelsvertreter, Immobilienmakler oder Künstleragenten zu –, sind Sie ebenfalls von der Bilanzierung befreit, wenn Sie nicht in einem Jahr über 60.0000 € Gewinn oder einen Gesamtumsatz von über 600.000 € erklärt haben. Dann nämlich wird Sie das Finanzamt zu einer Soll/Haben-Buchführung verdonnern.

a) Das Zu- und Abflussprinzip
Bei der Überschussrechnung sind die Betriebseinnahmen in dem Kalenderjahr anzusetzen, in dem sie zugeflossen sind, und die Betriebsausgaben in dem Kalenderjahr abzusetzen, in dem sie geleistet worden sind; das gilt auch für Vorschüsse, Teil- und Abschlagszahlungen. Diese Regelung gilt prinzipiell und wird deshalb als »Zu- und Abflussprinzip« bezeichnet.

b) Abschreibungen **914**
Siehe hierzu ➤ Rz 984 ff.
Sobald Sie selbständig sind, unterliegen Sie der *Umsatzsteuer*: Von z.B. 1.000 € **915**
Einnahmen zzgl. 19 % Umsatzsteuer = insgesamt 1.190 € gehen 190 € an das Finanzamt. Die Ihnen in Rechnung gestellten Umsatzsteuerbeträge, z.B. 114 € (= 19 % von 600 €) aus Wareneinkäufen, sind als Vorsteuer von der vereinnahmten Umsatzsteuer abziehbar. An das Finanzamt geht also nur eine Mehrwertsteuer (Zahllast von 190 € Umsatzsteuer – 114 € Vorsteuer = 76 € Mehrwertsteuer). Aber: Wenn der Vorjahresumsatz 22.000 € und der diesjährige Umsatz voraussichtlich 50.000 € nicht übersteigt, sind Sie Kleinunternehmer und werden wie ein nichtsteuerpflichtiger Privatmann behandelt, d.h., die Betriebseinnahmen unterliegen nicht der Umsatzsteuer. Folge: Sie haben auch keinen Anspruch auf Vorsteuererstattung. (Quelle: § 19 UStG)

Steuerpflichtiger Gewinn ist der Überschuss der Betriebseinnahmen über die **916**
Betriebsausgaben. Den Gewinn berechnen Sie durch einen *Jahresabschluss*.

Sind die Ausgaben höher als die Einnahmen, entsteht beim Abschluss ein Verlust. Den Gewinn oder den Verlust erklären Sie dem Finanzamt in der Anlage GSE zur Einkommensteuererklärung und fügen eine Abschlussrechnung bei.

Für Ihre Gewinnermittlung müssen Sie die amtliche elektronische Einnahmen-Überschuss-Rechnung verwenden, d.h. Ihre laufenden Aufzeichnungen in der **elektronischen Anlage EÜR** zusammenfassen.

Die **Betriebseinnahmen** teilen Sie auf in solche aus den regulären Geschäften und solche aus Hilfsgeschäften wie dem Verkauf von Anlagegütern und den Entnahmen und Privatnutzungen, jeweils ohne Umsatzsteuer. Die vereinnahmte Umsatzsteuer geben Sie getrennt an. Nur so kann der Fiskalritter die für ihn obligatorische Gewinnverprobung und die Umsatzsteuerverprobung durchführen.

Bei den **Betriebsausgaben** weisen Sie die von Ihnen an Lieferanten und Dienstleister gezahlte Vorsteuer gesondert aus, um dem Fiskalritter nochmals wegen der Umsatzsteuerverprobung gut zu sein. Auch bei den gemischten Kosten wie Kfz-, Telefon- und Raumkosten kommen Sie dem Finanzamt entgegen, indem Sie den von Ihnen angesetzten Privatanteil extra ausweisen. Denken Sie daran, Umsatzsteuer auf den Eigenverbrauch oder unentgeltliche Leistungen an Sie umsatzsteuerlich zu erfassen bzw. den Vorsteuerabzug zu kürzen.

Für die laufenden Aufzeichnungen besorgen Sie sich eine Spaltenkladde, auch Journal oder Geschäftsbuch genannt. Für kleines Geld gibt es inzwischen auch ganz passable EDV-Programme für Ihre Einnahmenüberschussrechnung.

GUTER RAT

917 Bei der Einnahmenüberschussrechnung ist nur die elektronische Anlage EÜR vorgeschrieben. Ansonsten unterliegt Ihre Gewinnermittlung keinen Formvorschriften. Allerdings müssen Sie ein Anlagenverzeichnis erstellen für die Dinge, die Sie in Ihrem Betrieb längere Zeit benutzen und deshalb über ihre Nutzungsdauer abschreiben müssen.

918 **Buchführungsunterlagen**

Sind Sie als Gewerbetreibender zur Buchführung verpflichtet, müssen steuerliche Belege je nach der Art der Unterlagen mindestens sechs oder sogar zehn Jahre lang gebunkert werden.

Buchführungsunterlagen, die Sie 2022 vernichten können

Art der Unterlagen	Bücher und Aufzeichnungen	Inventare, Eröffnungsbilanzen, Jahresabschlüsse, Lageberichte	Arbeitsanweisungen, Organisationsunterlagen, Buchungsbelege	Handels-Geschäftsbriefe, sonstige Unterlagen wie Lohnabrechnungen, Preisverzeichnisse, Kalkulationsunterlagen
Aus dem Jahr	letzte Eintragung 2011 oder früher	Aufstellung 2011	2011 oder früher	2015 oder früher
Ausnahme	Unterlagen sind für Steuern von Bedeutung, für die die Festsetzungsfrist noch nicht abgelaufen ist. Das ist z. B. der Fall bei einer begonnenen und noch nicht abgeschlossenen Außenprüfung, bei vorläufigen Steuerfestsetzungen, anhängigen Ermittlungen, schwebenden Rechtsbehelfsverfahren und noch zu bearbeitenden Anträgen. In diesen Fällen besteht eine Aufbewahrungspflicht.			

TRICK

So kassieren Sie Vorsteuer bei einem häuslichen Arbeitszimmer

Wenn Sie in der glücklichen Lage sind, Ihr Arbeitszimmer absetzen zu können, 919
weil es entweder

- der Mittelpunkt Ihrer gesamten Tätigkeit ist,
- nicht büromäßig eingerichtet ist und als Lagerraum, Werkstatt etc. von vornherein nicht der Abzugsbeschränkung für Arbeitszimmer unterliegt
- oder nicht in Ihrem häuslichen Bereich liegt,

bekommen Sie Vorsteuern für Ihre Arbeitszimmerkosten. Zu den Lieferanten gehören unter anderem die Stadtwerke mit der Lieferung von Elektrizität, Gas und Wasser. Einmal im Jahr kommt die Jahresabrechnung, in der z. B. steht:

	Netto	Umsatzsteuer 19 %	Brutto
Gesamtkosten	654 €	124 €	778 €
Anteil Arbeitsz. z. B. 21 %	137 €	26 €	163 €

Also werden Sie 137 € als Betriebsausgaben absetzen und sich 26 € Vorsteuer vom Finanzamt erstatten lassen. Wichtig: Denken Sie daran, dass die Rechnung auf Sie als Unternehmer lauten muss, damit Sie in den Vorsteuergenuss kommen.

TIPP

für Steuerberatungskosten

920 Ihre Steuerberatungskosten können Sie als Betriebsausgaben absetzen, wenn sie für Betriebskosten, Buchhaltung etc. anfallen. Der Vorteil liegt auf der Hand: Sie können die Vorsteuer aus dem Rechnungsbetrag geltend machen und als Gewerbetreibender zudem Gewerbesteuer sparen.

921 **Schuldzinsen als Betriebsausgaben**

Schuldzinsen können Sie als Betriebsausgaben abziehen, wenn sie durch betriebliche Vorgänge veranlasst sind. Das ist vor allem dann der Fall, wenn Sie mit den Krediten betriebliche Investitionen bezahlt haben oder laufende Betriebsausgaben, wie Löhne, Lieferantenrechnungen oder Betriebssteuern. Dabei ist unerheblich, ob es sich um langfristige Kredite handelt oder um kurzfristige wie Kontokorrente. Der Betriebsausgabenabzug für Zinsen ist auch möglich, wenn Sie z. B. teure Kredite, wie etwa Kontokorrentkredite, durch zinsgünstigere langfristige Kredite ablösen.
Sie müssen peinlich darauf achten, dass Sie betriebliche Konten nicht durch private Ausgaben ins Minus bringen oder ein schon bestehendes Minus weiter erhöhen. Ihren Lebensunterhalt oder andere private Ausgaben sollten Sie immer nur dann vom Betriebskonto bestreiten, wenn dieses im Plus ist.
Wollen Sie eine größere private Investition tätigen und benötigen dafür auch Geld aus dem Betrieb, hilft Ihnen der Kniff mit dem *Zwei-Konten-Modell:* Sie richten für den Betrieb zwei separate Kontokorrentkonten ein. Auf ein Konto laufen eine Weile lang alle Einnahmen und bleiben dort stehen. Von dem anderen Konto werden nur Betriebsausgaben beglichen. Ist auf dem Einnahmenkonto genug Geld, können Sie es entnehmen. Im nächsten Schritt finanzieren Sie nur das Ausgabenkonto um, z. B. durch einen langfristigen Kredit. Auf diese Weise haben Sie den an sich im Privatbereich benötigten Kredit völlig legal in den Betrieb verlagert. Die daraus resultierenden Schuldzinsen hängen ja formal mit Betriebsausgaben zusammen und können gewinnmindernd abgezogen werden.
Allerdings hat der Fiskus zwei Fallstricke ausgelegt, mit denen er Ihnen den Betriebsausgabenabzug für die Schuldzinsen streitig machen will:

- die Überentnahmen und
- die Zinsschranke.

922 **Überentnahmen**

Für eine sog. Überentnahme – das ist eine Entnahme, deren Betrag die Summe aus Gewinn und Einlagen des Wirtschaftsjahrs übersteigt – werden fiktive

Schuldzinsen von 6 % als Hinzurechnung zum Gewinn angesetzt (§ 4 Abs. 4 a EStG). Dabei bleiben Entnahmen und Einlagen, die in den letzten drei Monaten eines Wirtschaftsjahrs getätigt wurden, unberücksichtigt, soweit sie in der Summe in den ersten drei Monaten des Folgejahrs rückgängig gemacht werden (§ 4 Abs.4 a Sätze 2 und 3 EStG). Die Überentnahme, auch die der Vorjahre, gekürzt um die Beträge, die in den Vorjahren als Gewinn und Einlagen über die Entnahmen hinausgingen (sog. Unterentnahmen), werden wegen einer unterstellten privaten Verursachung mit 6 % als nicht abziehbare Schuldzinsen angesetzt.

Wichtig: Der Hinzurechnungsbetrag an fiktiven Schuldzinsen darf höchstens die im Wirtschaftsjahr tatsächlich angefallenen Schuldzinsen abzgl. 2.050 € ausmachen. Dabei bleiben Schuldzinsen für Darlehen zur Finanzierung von Anschaffungs- oder Herstellungskosten von Wirtschaftsgütern des Anlagevermögens außer Ansatz. Damit Sie verstehen, welche Tücken der Fiskus hier bereithält, ein

Beispiel
Der Einzelunternehmer A hat in 2021 Entnahmen in Höhe von 150.000 € und Einlagen in Höhe von 50.000 € getätigt. Für das Wirtschaftsjahr 2021 ist ein Gewinn in Höhe von 50.000 € angefallen. Aus der Buchführung ergibt sich, dass die Schuldzinsen, die nicht auf Anschaffungs- oder Herstellungskosten von Wirtschaftsgütern des Anlagevermögens entfallen, 3.000 € betragen haben.

Für 2021 ergibt sich folgende Überentnahme

Einlagen	50.000 €
Gewinn	50.000 €
Zwischensumme	100.000 €
Entnahmen	– 150.000 €
Überentnahme	50.000 €
Fiktive Schuldzinsen auf die Überentnahme (6 % v. 50.000 €)	3.000 €
Tatsächliche Schuldzinsen ohne Berücksichtigung der Zinsen für Anschaffungs- oder Herstellungskredite im Anlagebereich	3.000 €
Unschädlicher Betrag	– 2.050 €
Höchstbetrag für den Ansatz nicht abziehbarer Betriebsausgaben	950 €

Die fiktiven Schuldzinsen aufgrund der Überentnahme sind mit dem Höchstbetrag von 950 € dem Gewinn des Jahres 2021 außerhalb der Steuerbilanz hinzuzurechnen. Ermitteln Sie Ihren Gewinn durch Einnahmeüberschussrechnung, gelten die Regelungen entsprechend (§ 4 Abs. 4 a Satz 7 EStG). Dafür sind Entnahmen und Einlagen gesondert aufzuzeichnen und in der Anlage EÜR auszuweisen.

Für private Einkünfte, insbesondere für Vermietungseinkünfte, sind die Grundsätze des § 4 Abs. 4 a EStG nicht anzuwenden (vgl. § 9 Abs.5 EStG). Mieteinnahmen müssen demnach nicht vorrangig für die Tilgung von Schulden eingesetzt werden, sondern können bei entsprechender kontenmäßiger Trennung für private Zwecke verwendet werden.

Sie können sich also wieder Ihre Segeljacht finanzieren, indem Sie zwei separate Konten für Einnahmen und Ausgaben führen!

Allerdings hat der Staat auch den ernsthaften Willen zum Sparen verloren. Man könnte in allen Bereichen sparen, besonders im Verwaltungsbereich. Die Staatsverwaltung könnte halbiert werden …
(Der Präsident des Landesrechnungshofs Sachsen-Anhalt)

923 **Zinsschranke**

Mit der Zinsschranke verbietet der Fiskus grundsätzlich den Abzug von Finanzierungskosten, wie z.B. Zinsen, als Betriebsausgaben. Von diesem Abzugsverbot gibt es allerdings eine Vielzahl von Ausnahmen.

Das Abzugsverbot greift in jedem Fall erst, wenn die Zinsen im laufenden Jahr höher sind als 3 Mio €.

Sie sehen, als Otto Normalunternehmer können Sie die Zinsschranke ruhig vergessen.

TRICK

Mindern Sie Ihren Gewinn durch Vorauszahlungen!

924 Als Freiberufler mit Einnahmeüberschussrechnung können Sie den Gewinn für das ablaufende Jahr mindern, indem Sie z.B. die Praxismiete für einige Monate des nächsten Jahres im Voraus zahlen. So könnten Sie die Miete für die Monate Januar bis Juni des nächsten Jahres von angenommen 6 × 2.500 € = 15.000 € am 28. 12. bezahlen. Folge: Die Miete für Februar bis Juni mindert den Gewinn des ablaufenden Jahres um 12.500 €. Lediglich die Miete für Januar rechnet nach einer Sonderregelung in § 11 EStG zum neuen Jahr. Die Mietvorauszahlung ist kein Missbrauch nach § 42 AO, weil Sie nur die technischen Möglichkeiten des § 11 EStG ausnutzen. Und das ist ganz legal!

TIPP

für Ihre Buchhaltung

Besonders für Jungunternehmer und in Finanznöten zitternde kleine Geschäftsleute, die sich keinen Steuerberater leisten können, ist nicht so sehr das fachliche Wissen das Problem als vielmehr die lästige Buchführung. 925

Da trifft es sich gut, dass Sie Profihilfe in Form kaufmännischer Computerprogramme in Anspruch nehmen können, die passgenau auf Selbständige sowie kleinere und mittlere Unternehmen zugeschnitten sind. So ein Programm erleichtert Ihnen das Rechnungswesen spürbar. Und schützt vor unnötigen Verlusten: Mangelhafte Buchführung und ein entsprechend schlechtes Mahnwesen führen dazu, dass jedes vierte Unternehmen mehr als ein Prozent seines Jahresumsatzes verliert.

TRICK

Machen Sie mal eine Steuerpause!

Wenn Sie als Gewerbetreibender auf den 31.12. bilanzieren und außerdem im Handelsregister eingetragen sind, wählen Sie einfach ein vom Kalenderjahr abweichendes Wirtschaftsjahr, und schon können Sie eine Steuerpause einlegen. Das funktioniert so: Der Bilanzgewinn wird immer in dem Kalenderjahr versteuert, in dem das Wirtschaftsjahr endet, also der Gewinn aus der Bilanz 31.12.2021 im Jahr 2021. Wenn Sie ein abweichendes Wirtschaftsjahr wählen, z.B. vom 1.4. zum 31.3., müssen Sie nach dem 31.12. ein Rumpfwirtschaftsjahr einschieben in diesem Fall vom 1.1. bis zum 31.3. Also versteuern Sie in dem einen Jahr nur den Gewinn von drei Monaten. Das bewirkt ein Hinausschieben der Steuerzahlung. Die Umstellung kann zwar nur im Einvernehmen mit dem Finanzamt vorgenommen werden, aber dieses muss seine Zustimmung erteilen, wenn Sie triftige betriebliche Gründe vorbringen, z.B. Inventurschwierigkeiten am Jahresende durch Hochsaison in Ihrer Branche oder einfach witterungsbedingte Schwierigkeiten. 926

Übrigens: Vor 100 Jahren noch waren die Steuern so niedrig, dass viele höhere Einkünfte angaben, als sie hatten – nur um wegen der höheren Zahlung von ihren Mitbürgern besser angesehen zu sein. Mein Gott, waren das Zeiten!

»Was ist das? Drei in einem Raum, aber nur einer arbeitet?
Ganz klar: zwei Beamte und ein Ventilator.«
Solche Witze kommen nicht von ungefähr: Nach dem Urteil von Wirtschaftsexperten beträgt die Produktivität der Behörden nur 20 % gegenüber der der Wirtschaft.

3. Reisekosten

927 **a) Inlandsreisen**

Wenn Sie sich aus betrieblichen Gründen außerhalb Ihres Betriebs aufhalten, befinden Sie sich steuerlich gesehen auf einer *Geschäftsreise*.

Verpflegungsmehraufwendungen können nur mit Pauschalen berücksichtigt werden.

Tagespauschsätze für Verpflegungsmehraufwand im Inland

Abwesenheit: mindestens	Pauschale
8 Stunden	14 €
24 Stunden	28 €

TRICK

für selbständig tätige Handwerker

928 Sind Sie als selbständiger Maler-, Elektro- oder Maurermeister auf Baustellen außerhalb Ihres Betriebs tätig, können Sie ohne Einschränkung den Verpflegungsmehraufwand nach den für Geschäftsreisen geltenden Grundsätzen als Betriebsausgaben abziehen – auch wenn die Rückkehr stets am selben Tag erfolgt (BFH-Urt. v. 13.11.1987 – BStBl 1988 II S. 428). Wie weit die Baustelle von Ihrer Wohnung oder Ihrem Betrieb entfernt liegt, spielt bei Ihnen als Unternehmer ebenso wenig eine Rolle wie bei einem Arbeitnehmer.

Die Dreimonatsfrist

Reisen Sie mehr als drei Monate lang zur selben auswärtigen Tätigkeitsstätte, ist ab dem vierten Monat kein Abzug von Verpflegungskosten als Betriebsausgaben möglich. Dabei müssen Sie berücksichtigen, dass Unterbrechungen der Tätigkeit, ob wegen Urlaub oder Krankheit, nicht zum Neubeginn der Dreimonatsfrist führen. Auch Unterbrechungen wegen anderweitiger geschäftlicher Verpflichtungen setzen erst dann eine neue Dreimonatsfrist in Gang, wenn sie mindestens vier Wochen dauern.

Die Dreimonatsfrist gilt nicht für Fahrt-, Übernachtungs- und etwaige Reisenebenkosten (➤ Rz 216 ff.).

TRICK

Nehmen Sie für betriebliche Fahrten den Privat-Pkw Ihres Ehepartners!

Für betriebliche Fahrten mit privatem Pkw können Sie nämlich 0,30 € je gefah- 929
renen Kilometer absetzen.

b) Auslandsreisen 930

Führt Sie Ihre Reise ins Ausland, können Sie je nach Reiseland und Reisedauer gestaffelte Pauschbeträge für Verpflegungsmehraufwendungen beanspruchen. Die Möglichkeit, die tatsächlichen Verpflegungskosten abzusetzen, gibt es leider nicht.

Die Auslandspauschbeträge für Verpflegung gelten ohne Nachweis sowohl für Dienstreisen ins Ausland als auch für den Fall, dass Sie dort aus beruflichen Gründen einen doppelten Haushalt führen.

Damit Sie bei der Anwendung der Auslandspauschale auf keinen Fall Geld verschenken, müssen Sie Folgendes wissen:

- Führt Sie Ihre Reise vom Inland ins Ausland, sind die Verpflegungspauschalen des Ortes maßgebend, den Sie vor Mitternacht zuletzt erreicht haben.
- Für eintägige Auslandsreisen beanspruchen Sie immer die Pauschale für Ihr ausländisches Reiseziel, egal, wie lange Sie sich dort aufhalten. Angenommen, Sie fahren von Kassel nach Amsterdam zu einem Kunden. Fünf Stunden Hinfahrt, eine Stunde Aufenthalt und fünf Stunden Rückfahrt läppern sich zu immerhin elf Stunden zusammen. Obwohl Sie den größten Teil Ihrer Dienstreise im Inland verbracht haben, kassieren Sie statt der Inlandspauschale von 14 € (Abwesenheit mehr als 8 Stunden) die höhere Auslandspauschale für die Niederlande von 32 €.
- Für den Rückreisetag aus dem Ausland steht Ihnen immer die Pauschale Ihres letzten ausländischen Tätigkeitsorts zu. Das gilt selbst dann, wenn Sie den Rückreisetag komplett im Inland verbringen. Angenommen, Sie fahren von einer mehrtägigen Dienstreise nach Spanien mit dem Auto zurück nach Berlin. Am vorletzten Reisetag übernachten Sie in einem Hotel in Trier und kommen am nächsten Tag um 18.00 Uhr zu Hause an. Obwohl Sie den gesamten letzten Reisetag im Inland verbracht haben, beanspruchen Sie die Pauschale für Spanien in Höhe von 23 € (Abwesenheit mehr als 8 Stunden) und damit 9 € mehr als die Inlandspauschale von 14 €.

Achtung: Es gibt keine Übernachtungspauschalen bei Auslandsreisen. **Sie müssen also unbedingt Belege sammeln.** Von dieser Regelung nicht betroffen ist die Erstattung von Übernachtungskosten durch den Arbeitgeber. Der kann die zum Teil sehr hohen Beträge ohne Nachweis pauschal steuerfrei erstatten.

Übersicht über die seit 1. Januar 2021 geltenden Pauschbeträge für Verpflegungsmehraufwendungen und Übernachtungskosten im Ausland

Land	Pauschbeträge für Verpflegungsmehraufwendungen		Pauschbetrag für Übernachtungskosten
	bei einer Abwesenheitsdauer von mindestens 24 Stunden je Kalendertag	für den An- und Abreisetag sowie bei einer Abwesenheitsdauer von mehr als 8 Stunden je Kalendertag	
	€	€	€
Afghanistan	30	20	95
Ägypten	41	28	125
Äthiopien	39	26	130
Äquatorialguinea	36	24	166
Albanien	27	18	112
Algerien	51	34	173
Andorra	41	28	91
Angola	52	35	299
Argentinien	35	24	113
Armenien	24	16	59
Aserbaidschan	30	20	72
Australien			
– Canberra	51	34	158
– Sydney	68	45	184
– im übrigen Land	51	34	158
Bahrain	45	30	180
Bangladesch	50	33	165
Barbados	52	35	165
Belgien	42	28	135
Benin	52	35	115
Bolivien	30	20	93
Bosnien und Herzegowina	23	16	75
Botsuana	46	31	176
Brasilien			
– Brasilia	57	38	127
– Rio de Janeiro	57	38	145
– Sao Paulo	53	36	132

Land	Pauschbeträge für Verpflegungsmehraufwendungen		Pauschbetrag für Übernachtungskosten
	bei einer Abwesenheitsdauer von mindestens 24 Stunden je Kalendertag	für den An- und Abreisetag sowie bei einer Abwesenheitsdauer von mehr als 8 Stunden je Kalendertag	
	€	€	€
– im übrigen Land	51	34	84
Brunei	52	35	106
Bulgarien	22	15	115
Burkina Faso	38	25	174
Burundi	36	24	138
Chile	44	29	154
China			
– Chengdu	41	28	131
– Hongkong	74	49	145
– Kanton	36	24	150
– Peking	30	20	185
– Shanghai	58	39	217
– im übrigen Land	48	32	112
Costa Rica	47	32	93
Côte d'Ivoire	59	40	166
Dänemark	58	39	143
Dominica	45	30	177
Dominikanische Republik	45	30	147
Dschibuti	65	44	305
Ecuador	44	29	97
El Salvador	44	29	119
Eritrea	50	33	91
Estland	29	20	85
Fidschi	34	23	69
Finnland	50	33	136
Frankreich			
– Lyon	53	36	115
– Marseille	46	31	101
– Paris[1]	58	39	152

1) sowie die Departements 92 (Haute-de-Seine), 93 (Seine-Saint-Denis) und 94 (Val-de-Marne)

Land	Pauschbeträge für Verpflegungsmehraufwendungen		Pauschbetrag für Übernachtungskosten
	bei einer Abwesenheitsdauer von mindestens 24 Stunden je Kalendertag	für den An- und Abreisetag sowie bei einer Abwesenheitsdauer von mehr als 8 Stunden je Kalendertag	
	€	€	€
– Straßburg	51	34	96
– im übrigen Land	44	29	115
Gabun	52	35	183
Gambia	40	27	161
Georgien	35	24	88
Ghana	46	31	148
Grenada	45	30	177
Griechenland			
– Athen	46	31	132
– im übrigen Land	36	24	89
Guatemala	34	23	90
Guinea	46	31	118
Guinea-Bissau	24	16	86
Guyana	45	30	177
Haiti	58	39	130
Honduras	48	32	101
Indien			
– Banglore	42	28	155
– Chennai	32	21	85
– Kalkutta	35	24	145
– Mumbai	50	33	146
– Neu Delhi	38	25	185
– im übrigen Land	32	21	85
Indonesien	36	24	134
Iran	33	22	196
Irland	58	39	129
Island	47	32	108
Israel	56	37	191
Italien			

Land	Pauschbeträge für Verpflegungsmehraufwendungen		Pauschbetrag für Übernachtungskosten
	bei einer Abwesenheitsdauer von mindestens 24 Stunden je Kalendertag	für den An- und Abreisetag sowie bei einer Abwesenheitsdauer von mehr als 8 Stunden je Kalendertag	
	€	€	€
– Mailand	45	30	158
– Rom	40	27	135
– im übrigen Land	40	27	135
Jamaika	57	38	138
Japan			
– Tokio	66	44	233
– im übrigen Land	52	35	190
Jemen	24	16	95
Jordanien	46	31	126
Kambodscha	38	25	94
Kamerun	50	33	180
Kanada			
– Ottawa	47	32	142
– Toronto	51	34	161
– Vancouver	50	33	140
– im übrigen Land	47	32	144
Kap Verde	30	20	55
Kasachstan	45	30	111
Katar	56	37	149
Kenia	51	34	219
Kirgisistan	27	18	74
Kolumbien	46	31	115
Kongo, Republik	62	41	215
Kongo, Demokratische Republik	70	47	190
Korea, Demokratische Volksrepublik	28	19	92
Korea, Republik	48	32	108
Kosovo	23	16	57

Land	Pauschbeträge für Verpflegungsmehraufwendungen		Pauschbetrag für Übernachtungskosten
	bei einer Abwesenheitsdauer von mindestens 24 Stunden je Kalendertag	für den An- und Abreisetag sowie bei einer Abwesenheitsdauer von mehr als 8 Stunden je Kalendertag	
	€	€	€
Kroatien	35	24	107
Kuba	46	31	228
Kuwait	56	37	241
Laos	33	22	96
Lesotho	24	16	103
Lettland	35	24	76
Libanon	59	40	123
Libyen	63	42	135
Liechtenstein	56	37	190
Litauen	26	17	109
Luxemburg	34	23	87
Madagaskar	38	25	83
Malawi	39	26	110
Malaysia	34	23	88
Malediven	52	35	170
Mali	38	25	120
Malta	46	31	114
Marokko	42	28	105
Marshall Inseln	63	42	102
Mauretanien	39	26	105
Mauritius	54	36	220
Mazedonien	29	20	95
Mexiko	48	32	177
Mikronesien	33	22	116
Moldau, Republik	24	16	88
Monaco	42	28	180
Mongolei	27	18	92
Montenegro	29	20	94
Mosambik	38	25	146
Myanmar	35	24	155

Land	Pauschbeträge für Verpflegungsmehraufwendungen		Pauschbetrag für Übernachtungskosten
	bei einer Abwesenheitsdauer von mindestens 24 Stunden je Kalendertag	für den An- und Abreisetag sowie bei einer Abwesenheitsdauer von mehr als 8 Stunden je Kalendertag	
	€	€	€
Namibia	30	20	112
Nepal	36	24	126
Neuseeland	56	37	153
Nicaragua	36	24	81
Niederlande	47	32	122
Niger	42	28	131
Nigeria	46	31	182
Norwegen	80	53	182
Österreich	40	27	108
Oman	60	40	200
Pakistan			
– Islamabad	23	16	238
– im übrigen Land	34	23	122
Palau	51	34	179
Panama	39	26	111
Papua-Neuguinea	60	40	234
Paraguay	38	25	108
Peru	34	23	143
Philippinen	33	22	116
Polen			
– Breslau	33	22	117
– Danzig	30	20	184
– Krakau	27	18	86
– Warschau	29	20	109
– im übrigen Land	29	20	60
Portugal	36	24	102
Ruanda	46	31	141
Rumänien			
– Bukarest	32	21	92
– im übrigen Land	27	18	89

Land	Pauschbeträge für Verpflegungsmehraufwendungen		Pauschbetrag für Übernachtungskosten
	bei einer Abwesenheitsdauer von mindestens 24 Stunden je Kalendertag	für den An- und Abreisetag sowie bei einer Abwesenheitsdauer von mehr als 8 Stunden je Kalendertag	
	€	€	€
Russische Föderation			
– Jekatarinenburg	28	19	84
– Moskau	30	20	110
– St. Petersburg	26	17	114
– im übrigen Land	24	16	58
Sambia	36	24	130
Samoa	29	20	85
São Tomé – Príncipe	34	23	75
San Marino	47	32	80
Saudi-Arabien			
– Djidda	38	25	234
– Riad	48	32	179
– im übrigen Land	48	32	80
Schweden	50	33	168
Schweiz			
– Genf	66	44	186
– im übrigen Land	64	43	180
Senegal	42	28	190
Serbien	20	13	74
Sierra Leone	48	32	161
Simbabwe	45	30	140
Singapur	54	36	197
Slowakische Republik	24	16	85
Slowenien	33	22	95
Spanien			
– Barcelona	34	32	118
– Kanarische Inseln	40	27	115
– Madrid	40	27	118
– Palma de Mallorca	35	24	121
– im übrigen Land	34	23	115

Land	Pauschbeträge für Verpflegungsmehraufwendungen		Pauschbetrag für Übernachtungskosten
	bei einer Abwesenheitsdauer von mindestens 24 Stunden je Kalendertag	für den An- und Abreisetag sowie bei einer Abwesenheitsdauer von mehr als 8 Stunden je Kalendertag	
	€	€	€
Sri Lanka	42	28	100
St. Kitts und Nevis	45	30	177
St. Lucia	45	30	177
St. Vincent und die Grenadinen	45	30	177
Sudan	33	22	195
Südafrika			
– Kapstadt	27	18	112
– Johannisburg	29	20	124
– im übrigen Land	29	20	124
Südsudan	34	23	150
Suriname	45	30	177
Syrien	38	25	140
Tadschikistan	27	18	118
Taiwan	46	31	143
Tansania	47	32	201
Thailand	38	25	110
Togo	39	26	118
Tonga	39	26	94
Trinidad und Tobago	45	30	177
Tschad	64	43	163
Tschechische Republik	35	24	94
Türkei			
– Istanbul	26	17	120
– Izmir	29	20	55
– im übrigen Land	17	12	95
Tunesien	40	27	115
Turkmenistan	33	22	108
Uganda	41	28	143
Ukraine	26	17	98
Ungarn	22	15	63

Land	Pauschbeträge für Verpflegungsmehraufwendungen		Pauschbetrag für Übernachtungskosten
	bei einer Abwesenheitsdauer von mindestens 24 Stunden je Kalendertag	für den An- und Abreisetag sowie bei einer Abwesenheitsdauer von mehr als 8 Stunden je Kalendertag	
	€	€	€
Uruguay	48	32	90
Usbekistan	34	23	104
Vatikanstaat	52	35	160
Venezuela	45	30	127
Vereinigte Arabische Emirate	65	44	156
Vereinigte Staaten von Amerika			
– Atlanta	62	41	175
– Boston	58	39	265
– Chicago	54	36	209
– Houston	63	42	138
– Los Angeles	56	37	274
– Miami	64	43	151
– New York City	58	39	282
– San Francisco	51	34	314
– Washington, D. C.	62	41	276
– im übrigen Land	51	34	138
Vereinigtes Königreich von Großbritannien und Nordirland			
– London	62	41	224
– im übrigen Land	45	30	115
Vietnam	41	28	86
Weißrussland	20	13	98
Zentralafrikanische Republik	46	31	74
Zypern	45	30	116

TIPP

Übernachtung im Ausland nur mit Beleg!

Wie für Arbeitnehmer gilt auch für Selbständige, dass Übernachtungskosten 931
bei Auslandsgeschäftsreisen nur bei Vorlage entsprechender Belege als Betriebsausgaben abgezogen werden können. Lassen Sie sich daher unbedingt eine Rechnung über Ihre Hotelkosten bzw. über die Miete für Ihre Bleibe ausstellen.

Beachten Sie, dass Ihnen der Fiskus von den Hotelkosten in der Regel 20 % Verpflegungspauschale für das Frühstück abzieht. Da in vielen ausländischen Hotels das Frühstück extra berechnet wird, erfolgt keine Kürzung, wenn Sie belegen können, dass die Hotelrechnung kein Frühstück beinhaltet. Wenn sich das nicht schon unmittelbar aus der Rechnung ergibt, akzeptieren viele Finanzämter inzwischen auch, wenn Sie selbst einen handschriftlichen Vermerk, z.B. »Übernachtung ohne Frühstück«, anbringen.

Aufgepasst bei Gruppenreisen und Reisen zu Kongressen! Hatten Sie für Ihre 932
Reisen ins Ausland jeweils einen unmittelbaren betrieblichen Anlass, seien es Besprechungen mit Geschäftsfreunden, Wareneinkäufe o.Ä., gehen sie beim Fiskus anstandslos durch. Anders hingegen allgemeine Informationsreisen, für die nur ein mittelbarer betrieblicher Anlass vorliegt. Hier setzt der Fiskalritter gern seinen Rotstift an, wenn er feststellt, dass Sie dabei auch privaten Interessen nachgegangen sind. Sie benötigen also Unterlagen, mit denen Sie nachweisen können, dass bei der Reise eindeutig berufliche Aspekte im Vordergrund standen und evtl. private Aspekte von untergeordneter Bedeutung waren. Der BFH lässt aber eine Aufteilung in berufliche und private Kosten zu (BFH v. 21.9.2009 - GrS 1/06, BFH/NV 2010 S.285). Sie müssen es also nicht hinnehmen, dass man Ihnen wegen einiger privater Kosten bei der Reise die gesamten Aufwendungen streicht. Legen Sie ggf. Einspruch ein und weisen das Finanzamt auf die Urteile in der Sache hin, mit denen der BFH zur Jagd auf die Streichgelüste des Fiskus geblasen hat (BFH v. 21.4.2010 – VI R 5/07, DB 2010 S.12 und VI R 66/04, DB 2010 S.1328).

Wichtig zu wissen: Bei Tagungen und Fachkongressen sollten Sie sich vom Tagungsleiter per Stempel und Unterschrift an jedem Tag Ihre Teilnahme testieren lassen. Alternativ heben Sie Ihre Aufzeichnungen aus den Veranstaltungen als Nachweis Ihrer Anwesenheit auf (FG des Saarlandes v. 14.7.1992 - EFG 1992 S.727; BFH-Urt. v. 13.2.1980 – BStBl 1980 II S.386). Lassen Sie sich vom Veranstalter außerdem eine schriftliche Garantie geben, dass die Reisekosten steuerlich absetzbar sind.

GUTER RAT

933 Abrechnungen über Geschäftsreisen müssen tipptopp sein. Führen Sie selbst kleinere Beträge auf, denn Kleinvieh macht auch Mist. Längere Geschäftsreisen sollten Sie einzeln und ggf. monatlich abrechnen. Kleben Sie der Übersichtlichkeit halber kleine Belege auf größere und heften Sie, wenn Kopiergerät zur Hand, die entsprechende Seite aus dem Fahrtenbuch gleich als Kopie mit an. Wenn Sie so vorgehen, kann der Prüfer ruhig kommen: Das Thema Reisekosten können Sie als erledigt abhaken.

934 Wenn Sie häufig aus betrieblichen Gründen im Ausland sind, sollten Sie sich unbedingt die dort gezahlte Umsatzsteuer zurückholen. Hierfür benötigen Sie eine Bescheinigung des deutschen Finanzamts, dass Sie umsatzsteuerlich erfasst sind, und die Rechnungen. (Der Europäische Gerichtshof hat entschieden, dass Kopien für eine Vorsteuererstattung ausreichen, wenn die Originalrechnungen nicht mehr vorliegen – EuGH, Urteil v. 11.6.1996, C-361/96.) Reichen Sie den Antrag beim ausländischen Fiskus ein und beachten Sie dabei die engen Fristen. Weitere Informationen bekommen Sie beim Bundeszentralamt für Steuern in Bonn.

935 **Wichtig:** Sie können Vorsteuern aus Fahrtkosten mit öffentlichen Verkehrsmitteln sowie aus Übernachtungskosten ziehen, sofern Sie ordnungsgemäße Rechnungen vorlegen können. Aus den Verpflegungspauschalen ist jedoch kein Vorsteuerabzug zulässig (vgl. dazu BFH v. 23.11.2000 – BStBl 2001 II S. 266, und BMF v. 28.3.2001 – BStBl 2001 I S. 251).

4. Bewirtungskosten

936 Lassen Sie sich bei der nächsten Betriebsprüfung nicht in Verlegenheit bringen, wenn Ihre Bewirtungskosten geprüft werden.

Kosten zur Bewirtung von Geschäftsfreunden in Ihrer Wohnung brauchen Sie erst gar nicht aufzuführen, die sind nämlich nicht abzugsfähig – es sei denn, Sie können nachweisen, dass gesundheitliche Gründe oder Gründe der Geheimhaltung die Besprechung und Bewirtung in Ihrer Wohnung erforderlich gemacht haben (weshalb Sie Krankheitsnachweise immer gut aufheben sollten!).

Zwar müssen Sie Bewirtungskosten nicht mehr auf amtlich vorgeschriebenem Vordruck nachweisen (§ 4 Abs. 5 Nr. 2 EStG), da selbst die Finanzbürokraten im Lauf der Jahre gemerkt haben, dass sich die wichtigsten Daten schon aus der Rechnung der Gaststätte ergeben. Dafür wollen sie sie Ihnen nur anerkennen, wenn Sie eine ihnen genehme Rechnung vorlegen können (BMF-Schreiben v. 30.6.2021 – IV C 6 – S 2145/19/10003 :003). Damit Sie nicht in die Nachweisfalle tappen, müssen Sie darauf achten, dass die Gaststättenrechnung folgende Angaben enthält:

- Namen und Adresse der Gaststätte,
- Steuernummer oder Umsatzsteuer-Identifikationsnummer der Gaststätte,
- Datum der Rechnungsausstellung,
- Rechnungsnummer,
- Ihren Namen und Adresse, außer bei Rechnungen bis 250 €,
- eine haarkleine Aufschlüsselung aller verzehrten Speisen und Getränke mit den jeweiligen Preisen. Die Angabe »Speisen und Getränke« allein reicht nicht aus, möglich sind aber Bezeichnungen wie »Menü 3«, »Tagesgericht« oder »Lunch-Buffet«,
- Ort (wenn er sich nicht schon aus der Gaststättenrechnung ergibt) und Zeitpunkt der Bewirtung,
- den Gesamtrechnungsbetrag,
- die gesondert ausgewiesene Umsatzsteuer.
- Trinkgelder müssen ebenfalls gesondert nachgewiesen werden. Zahlen Sie mit Plastikgeld, reicht es aus, wenn Sie die entsprechende Trinkgeldzeile auf dem Zahlungsbeleg ausfüllen. Ansonsten muss das Trinkgeld handschriftlich nachgetragen und vom Kellner durch seine Unterschrift bestätigt werden!
- Name und Adresse aller bewirteten Personen einschließlich Ihnen,

Zudem sollen nur noch Quittungen aus einer maschinellen oder elektronischen Registrierkasse anerkannt werden.
Wenn die Bewirtung nicht in einer Gaststätte erfolgt ist, weil Sie einen Raum angemietet oder die Bewirtung in Ihrem Betrieb durchgeführt haben, müssen Sie zeitnah zur Bewirtung Angaben machen über Ort, Tag, Teilnehmer und Höhe der Aufwendungen. Diese können Sie ggf. getrennt von den Rechnungen über Speisen, Getränke, Raummiete etc. auf einem von Ihnen unterschriebenen Eigenbeleg machen, den Sie zu den Rechnungen legen.

Jetzt kommt der Hammer: Aufwendungen für die Bewirtung von Personen aus *geschäftlichem* Anlass dürfen nur zu 70 % den Gewinn mindern (§ 4 Abs. 5 Nr. 2 EStG), sind also nur zu 70 % abzugsfähig. 937
In diese Abzugsfalle tappen Sie auch, wenn Sie als Unternehmen Schulungsveranstaltungen z.B. für Reisende oder Handelsvertreter durchführen und diese während der Schulung bewirten. Schon zieht Ihnen der Fiskus mit gierigem Federstrich 30 % der Betriebsausgaben ab (BFH v. 18.9.2007 – 2008 II S. 116). Mit diesen Kürzungsgelüsten ist aber sofort Schluss, wenn die Teinehmer für die Schulung etwas bezahlen müssen. In diesem Fall gehört die Bewirtung genauso zum Leistungsangebot wie die Vorträge. Ergo sind die Bewirtungskosten voll abzugsfähig!

TRICK

Schlagen Sie dem Fiskus mit einer Gartenparty ein Schnippchen!

938 Warum müssen es eigentlich immer steife Einladungen in ein Restaurant sein? Wenn Sie Ihre Kunden und Geschäftspartner statt in ein Restaurant zu einem zünftigen Gartenfest zu Hause einladen, sind die Kosten dafür ebenfalls Betriebsausgaben. Sie entgehen mit Ihrem Gartenfest zudem der Abzugsbeschränkung auf 70 % der Bewirtungskosten, sofern Sie es nicht übermäßig krachen lassen. Problematisch wird es erst dann, wenn sich Ihre Party von »gewöhnlichen Gartenfesten« deutlich abhebt und mit der Einladung zu einer Segelregatta oder Jagdgesellschaft vergleichbar ist. Also, es müssen ja nicht unbedingt Kobe-Steaks, teurer Champagner und eine bekannte Band zur musikalischen Untermalung sein. Etwas weniger protzig kommt häufig genauso gut an und ist zudem steuerlich noch viel günstiger (BFH v. 13.7.2016 – BStBl 2017 II S. 161).

Nach wie vor ebenfalls in voller Höhe, also zu 100 %, sind Bewirtungskosten aus *betrieblichem* Anlass abziehbar, z. B. die Bewirtung von Arbeitnehmern im Rahmen eines Betriebsfests oder eines Arbeitsessens.

Es gibt Leute, die halten den Unternehmer
für einen räudigen Wolf, den man totschlagen müsse.
Andere meinen, der Unternehmer sei eine Kuh,
die man ununterbrochen melken könne.
Nur wenige sehen in ihm ein Pferd, das den Karren zieht.
(Winston Churchill)

TIPP

für Ihre Geburtstagsfeier

939 Die Kosten hierfür als Betriebsausgaben abzusetzen hat der Bundesfinanzhof für unzulässig erklärt, denn der Geburtstag des Betriebsinhabers oder des Geschäftsführers ist kein betrieblicher Anlass, auch wenn ganz überwiegend Geschäftsfreunde geladen werden (BFH-Urt. v. 28.11.1991 – BStBl 1992 II S. 359). Das FG Hessen hat in das gleiche Horn geblasen (v. 5.9.2006 – 11 K 4347/04). Allerdings hat sich der BFH bei einem Geschäftsführer großzügig gezeigt, der nur Mitarbeiter eingeladen und seine eigentliche Geburtstagsparty mit Freunden und Bekannten vorher pompös gefeiert hat. (BFH v. 1.2.2007 – BStBl 2007 II S. 459).

Ähnlich funktioniert es bei einem Empfang zum 60. Geburtstag eines verdienten Angestellten. Wenn Sie das nicht zu einem Privatfest für ihn machen, sondern als Feier des Betriebs zu seinen Ehren deklarieren, sind die Kosten Betriebsausgaben. Und für den Arbeitnehmer keine Sachzuwendungen (BFH-Urt. v. 28.1.2003 – BStBl 2003 II S. 724)!

TRICK

Halten Sie sich durch Mietkosten schadlos!

Splitten Sie die Bewirtungskosten in Mietkosten und in Kosten für Speisen und 940
Getränke auf. Das lohnt sich bei größeren Anlässen. Vereinbaren Sie mit dem Wirt, dass er ihnen für Speisen und Getränke Sonderkonditionen einräumt und dafür für den Raum Mietkosten in Rechnung stellt. Die Mietkosten setzen Sie nämlich nicht zu läppischen 70 %, sondern zu 100 % ab.

5. Vertragsverhältnisse zwischen nahen Angehörigen

Verträge zwischen nahen Angehörigen werden steuerlich anerkannt, denn sie 941
sind grundsätzlich nicht anders zu beurteilen als Vertragsverhältnisse zwischen Fremden. Folge: Zahlungen, die auf solchen Vertragsverhältnissen beruhen, sind Betriebsausgaben, sofern sie betrieblich veranlasst sind. Wegen der engen persönlichen Beziehung, in der nahe Angehörige normalerweise zueinander stehen, nimmt das Finanzamt diese Vertragsverhältnisse allerdings besonders scharf unter die Lupe. Daher müssen die Vereinbarungen klar und eindeutig und auch tatsächlich vollzogen sein.

Haben Sie es versäumt, einen schriftlichen Arbeitsvertrag zu schließen, werden Sie bei einer Prüfung auf die mündliche Vereinbarung und Ihr schlüssiges Verhalten verweisen. Ein schlüssiges Verhalten liegt vor, wenn das Gehalt tatsächlich ausgezahlt und Steuer- und Sozialabgaben regelmäßig angemeldet und abgeführt wurden.

a) Arbeitsvertrag mit dem Ehepartner

Der Arbeitnehmerehegatte ist nach den allgemeinen Vorschriften lohnsteuerpflichtig. Eine Versicherungspflicht in der Kranken-, Renten- und Arbeitslosenversicherung besteht in folgenden Fällen:

- Ihr Ehegatte ist tatsächlich in Ihren Betrieb eingegliedert,
- Sie zahlen ein angemessenes Entgelt,
- das Entgelt wird als Betriebsausgabe verbucht und wie steuerpflichtiger Arbeitslohn behandelt.

Auch wenn Ihr Ehepartner nur stundenweise Arbeiten übernimmt, sollte das auf jeden Fall über den Betrieb entlohnt und nicht mit einem Dankeschön abgetan werden. Um der Steuerpflicht und der regulären Sozialversicherungspflicht auszuweichen, schließen Sie mit Ihrem Ehegatten einen Arbeitsvertrag als Geringverdiener (Teilzeitkraft), wobei Sie die allgemeinen Entgelt- und zeitlichen Grenzen beachten. Wenn Ihr Ehepartner keine weiteren Einkünfte hat, ist die Versteuerung mit einer Minipauschale von 2 % abgegolten, d.h., den Pauschallohn brauchen Sie nicht in der gemeinsamen Einkommensteuererklärung anzugeben. Und so wird gerechnet:

Gehalt als Pauschalkraft monatlich	450,00 €		
Pauschalsteuer 2 %	9,00 €		
Pauschale Sozialversicherung 28 %	126,00 €		
Umlagen 1,51 %	6,80 €		
Summe	591,80 €	× 12 Monate	7.102 €
Steuerersparnis bei 42 % inkl. KiSt und Soli			3.415 €
./. Aufwand Sozialversicherung + Umlagen + Steuer			– 1.702 €
Überschuss an Liquidität in der Familie			1.713 €

Von der Ersparnis geht noch der auf den Minijobber-Ehegatten entfallende Anteil der betrieblichen Umlagen zur gesetzlichen Unfallversicherung ab.
Ist Ihr Ehegatte privat krankenversichert, fällt sogar nur der pauschale Rentenversicherungsbeitrag in Höhe von 15 % an. Bei Gewerbetreibenden kommt zur Ersparnis an Einkommen-, Kirchensteuer und Soli auch noch die Einsparung an Gewerbesteuer hinzu.
Wenn Sie Ihren Ehepartner als Aushilfe deklarieren, muss die Wochenarbeitszeit nicht im Einzelnen geregelt sein (BFH v. 25.11.1999 – IV R 44/99, BFH/NV 2000 S. 699). Dass der Ehepartner den Job während der Woche zu unterschiedlichen Zeiten mache, gehe in Ordnung, wenn die Arbeit unregelmäßig anfalle. Ansonsten müsse alles wie unter Fremden geregelt sein: Arbeitsaufgaben, Gehalt, Urlaub, Extras, Kündigungsfristen.

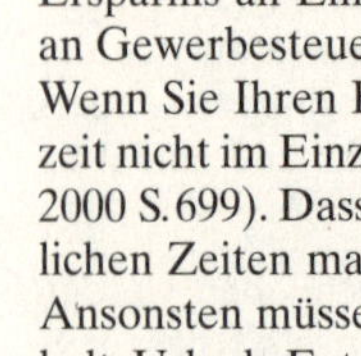

TIPP

Achten Sie auf die Formalitäten!

Bei einem Arbeitsverhältnis zwischen Ehegatten sucht der Betriebsprüfer mit Akribie nach Schwachpunkten. So prüft er, ob es wie ein Arbeitsverhältnis zwischen Fremden ausgestaltet ist, ob Lohnsteuer und Sozialversicherung in richtiger Höhe einbehalten und abgeführt wurden, ob der Ehepartner wirklich über das Gehalt verfügen konnte (R 19 EStR). Die Auszahlung des Gehalts kann in bar – gegen Quittung – vorgenommen werden oder durch Überweisung auf ein Konto.

Nach einer Entscheidung des Bundesverfassungsgerichts (BVerfG v. 7.11.1995 – 2 BvR 802/90) und einem Urteil des BFH (Urt. v. 5.2.1997 – X R 145/94, BFH/NV 1997 S. 347) ist ein Mitverfügungsrecht beim Konto ausreichend. Der Arbeitnehmerehegatte muss also nicht allein verfügungsberechtigt sein. Zwar ist die Art der Kontoführung für die Beurteilung, ob ein Arbeitsverhältnis besteht, durchaus ein Kriterium, stehen die tatsächlich geleistete Arbeit und die Angemessenheit der Entlohnung aber außer Frage, kann ihnen das Finanzamt aus der Art der Kontoführung keinen Strick drehen. Das Arbeitsverhältnis wird auch anerkannt, wenn das Gehalt des Arbeitnehmerehepartners zur Tilgung eines Bankdarlehens des Arbeitgeberehepartners verwendet (FG Rheinland-Pfalz v. 26.5.1987 – EFG 1987 S. 609) oder als Darlehen dem Betrieb zur Verfügung gestellt wird (BFH-Urt. v. 25.7.1991 – BStBl 1991 II S. 842). Dazu verlangt der Fiskus aber, dass ein ordentlicher Darlehensvertrag abgeschlossen wurde.

TRICK

Mit Direktversicherung noch mehr aus dem Ehegattenarbeitsverhältnis herausholen.

Die gängigsten Formen der betrieblichen Altersversorgung (Direktversiche- 942
rungen, Pensionskasse oder -fonds) bleiben steuerfrei. Wenn Teile des Gehalts in eine ab 2005 abgeschlossene Direktversicherung gezahlt werden, können davon 8 % der Beitragsbemessungsgrenze zur Rentenversicherung steuerfrei bleiben (§ 3 Nr. 63 EStG). Allerdings muss die Direktversicherung, genau wie die anderen Anlageformen, die Riester-Voraussetzungen erfüllen. Unter dieser Bedingung können auch für schon vor dem 1.1.2005 laufende Altersvorsorgeverträge die 8 % der Rentenversicherungsbemessungsgrundlage (West) steuerfrei bleiben, das sind 2021 immerhin 6.816 €.

Aber: Die Leistungen aus der Direktversicherung etc. dürfen zusammen mit den Rentenansprüchen des Ehepartners nicht zu einer Überversorgung führen. Dazu sollte die Gesamtversorgung später nicht mehr als 75 % der letzten Bezüge des Ehepartners betragen, und es muss auch den anderen Arbeitnehmern eine entsprechende Versicherung angeboten worden sein (BMF v. 3.11.2004 – BStBl 2004 I S. 1045). Das gilt allerdings nicht, wenn der mitarbeitende Ehepartner selbst bestimmt hat, dass Teile seines Arbeitslohns für die Direktversicherung, die Pensionskasse oder den Pensionsfonds verwendet werden sollen, die Beiträge also vom Betrieb nicht zusätzlich zum Gehalt aufgewendet werden (BFH v. 10.6.2008 – BStBl 2008 II S. 973).

Wichtig zu wissen: Renten aus einer ab 2005 geschlossenen Direktversicherung unterliegen später zu 100 % der Steuer.

943 Das Ehegattengehalt wird anerkannt, wenn es angemessen ist – am besten zahlen Sie also nach Tarif, denn Tarifzahlungen sind immer angemessen, oder nach branchenüblichen Gepflogenheiten (etwa für eine Aushilfskraft in der Gaststätte). Sonderzahlungen erkennt der Prüfer nur an, wenn auch die übrigen Beschäftigten sie erhalten haben (BFH-Urt. v. 26.2.1988 – BStBl 1988 II S. 606). Denken Sie daran, dass der Mindestlohn auch für Arbeitsverträge mit dem Ehepartner gilt.
Achten Sie darauf, dass Ihr Ehegatte nicht an unternehmerischen Entscheidungen beteiligt ist. Das Finanzamt sieht darin nämlich eine »mitunternehmerische« Tätigkeit und besteuert das Gehalt als vorweggenommenen Gewinn. Dadurch gehen Freibeträge und die Vorteile bei der Gewerbesteuer verloren. Deshalb muss im Anstellungsvertrag das Aufgabengebiet genau beschrieben sein.
Die Betriebsprüfer werden immer kleinlicher und verwerfen das Arbeitsverhältnis beim kleinsten Mangel. Etwa wenn es wirtschaftlich keinen Sinn macht, dem Ehegatten kein Arbeitsgebiet zugewiesen oder keine auf seine Kenntnisse zugeschnittene Arbeitsplatzbeschreibung gegeben wurde. Begegnen Sie solchen finanzamtlichen Erbsenzählern, indem Sie diese Einzelheiten in den Arbeitsvertrag aufnehmen. Klar – die wollen vor allen Dingen wissen, ob Ihr Ehepartner überhaupt im Betrieb arbeitet …
Auch für den BFH kommt es in all seinen Entscheidungen in erster Linie darauf an, dass die Hauptpflichten aus einem Arbeitsvertrag tatsächlich erbracht werden: vorrangig die Erbringung der vereinbarten Arbeitsleistung auf der einen und die Zahlung der vereinbarten Vergütung auf der anderen Seite. Einzelne kleinere Macken im Arbeitsvertrag sind für ihn allerdings kein Anlass, das Arbeitsverhältnis nicht anzuerkennen. Das Finanzamt darf also keine Rosinensucherei veranstalten und nicht beanstanden, wenn z. B. die Urlaubsregelung, die Vereinbarung zur Auszahlung des Lohns oder die Arbeitszeiten nicht ganz der Norm entsprechen (BFH v. 23.12.2013 – III B 84/12, BFH/NV 2014 S. 533). Vor allem, wenn Ihr Partner (oder Ihre Eltern oder Kinder) unbezahlte Überstunden leisten, ist das kein Grund, dem Arbeitsvertrag die Anerkennung zu verweigern (BFH v. 17.7.13 – BStBl 2013 II S. 1015).

SUPER TRICK

Mit einem Lebenspartner haben Sie weniger Stress als mit dem Ehepartner.

944 Wenn Sie Ihren nichtehelichen Lebenspartner in Ihrem Betrieb einstellen, kann Ihnen der Fiskus nicht damit kommen, es sei ein Fremdvergleich notwendig.

Der Arbeitslohn ist in aller Regel als Betriebsausgabe abzugsfähig. Das gilt auch dann, wenn er z.B. etwas höher ist als das Gehalt der meisten anderen Mitarbeiter. So jedenfalls sahen es die Richter beim FG Niedersachsen am 12.11.1996 (EFG 1997 S.334).

Fassen wir die besonderen Risiken noch einmal zusammen: 945
Voraussetzung für die steuerrechtliche Anerkennung eines Ehegattenarbeitsverhältnisses ist, dass

1. eine klare und ernsthafte Vereinbarung vorliegt,
2. das Arbeitsverhältnis tatsächlich durchgeführt wird,
3. das Arbeitsverhältnis vergleichbar auch mit einem fremden Dritten durchgeführt werden könnte (Fremdvergleich).

Der Aufgabenbereich des Arbeitnehmerehegatten ist möglichst genau anzugeben, weil nur dadurch die Angemessenheit der Bezüge dargestellt werden kann.

TIPP

zum Ehegattenarbeitsverhältnis

Am besten legen Sie das Aufgabengebiet Ihres Ehegatten in einer gesonderten Stellenbeschreibung dar. Hierauf richtet sich das Argusauge der Finanzbeamten besonders: 946

- Höhe der vereinbarten Vergütung,
- tatsächlicher Geldfluss,
- Angemessenheit der vereinbarten Vergütung,
- zeitlicher Umfang der Tätigkeit.

Die tatsächliche Erledigung der vereinbarten Arbeit dokumentieren Sie geschickt durch regelmäßige Zeiterfassung. Besonders einfach ist das, wenn Sie in Ihrem Betieb ein technisches Zeiterfassungssystem nutzen. Alternativ kann Ihr Partner auch Stundenzettel ausfüllen oder die jeweils geleisteten Arbeitsstunden auf andere Weise dokumentieren. Hier gilt die Devise: ein wenig aufzeichnen ist um Längen besser als überhaupt keine Aufzeichnungen. Andererseits ist ganz klar, dass das Finanzamt sich nicht einfach darauf stürzen kann, dass keine Stundenzettel oder Zeitaufzeichnungen vorliegen, und das umso weniger, wenn schon aus anderen Gründen klar ist, das die Arbeit tatsächlich durchgeführt wurde. (BFH v. 17.7.13 – BStBl 2013 II S.1015).

Aufgepasst, wenn Sie im Rahmen des Ehegattenarbeitsverhältnisses Vereinbarungen zur Ansammlung von Wertguthaben auf einem **Arbeitszeitkonto** treffen. Diese Vereinbarung muss getrennt für sich einem Fremdvergleich standhalten. Dabei darf es vor allem nicht zu einer einseitigen Verteilung von Risiken zu

Lasten des Arbeitgeber-Ehegatten kommen. Kann der Arbeitnehmer-Ehegatte z.B. unbegrenzt Wertguthaben ansparen sowie Dauer, Zeitpunkt und Häufigkeit der Freistellungsphasen nahezu beliebig wählen, ist nach Meinung des Bundesfinanzhofs eine Anerkennung des Ehegattenarbeitsverhältnisses nicht möglich (BFH v. 28.10.2020 – BStBl 2021 II S. 283).

Das weiß ich nicht! Der Polizei gebe ich nie Auskünfte,
man erspart ihr nur die Mühe.
(Graham Greene)

TIPP

damit der Firmenwagen nicht zum Fallstrick wird!

947 Vorsicht ist geboten, wenn Sie Ihrem Angehörigen als Teil der Vergütung einen Firmenwagen überlassen. Das ist zwar vom Grunde her völlig in Ordnung, der Fiskus schaut aber sehr genau darauf, ob der Pkw im Verhältnis zur geleisteten Arbeit nicht ein paar Nummern zu groß ist. Der Fiskus wollte die Überlassung eines 50.000 € teuren Firmenwagens an eine Ehefrau, die für einen Barlohn von ca. 150 € im Monat lediglich kleinere Buchführungsarbeiten erledigte, nicht anerkennen und bekam Rückendeckung vom BFH (BFH v. 21.1.2014 – X B 181/13, BFH/NV 2014, 523 und BFH v. 21.12.2017 – III B 27/17). Mittlerweile hat das oberste Steuergericht der Überlassung eines Firmenwagens an den Ehegatten im Rahmen einer geringfügigen Beschäftigung ganz den Garaus gemacht (BFH v. 10.10.2018 – X R 44-45/17, BStBl 2019 II S. 203).
Auf einen Clinch mit dem Finanzamt können Sie sich in jedem Fall auch in folgenden Fällen einstellen:

- Die vereinbarte Vergütung besteht allein aus der Überlassung des Firmenwagens,
- der Angehörige ist die einzige Person m Betrieb, die für vergleichbare Arbeiten einen Firmenwagen bekommt.

GUTER RAT

Wer als Selbständiger viel auf Reisen ist, hat jeden Grund, seinen Ehepartner bei sich einzustellen.

948 **b) Verträge mit eigenen Kindern**

Hilft Ihr Kind in Ihrem Betrieb mit, lassen Sie sich natürlich seine Lohnsteuerabzugsmerkmale geben. Ein Gehalt bis zu den Grenzen für Teilzeitkräfte von

450 € monatlich ist nämlich auch in Steuerklasse I lohnsteuerfrei, und es erscheint nicht in Ihrer Steuererklärung, denn eine Zusammenveranlagung mit Kindern gibt es bei der Einkommensteuer nicht. Bei Aushilfsarbeiten geht es sogar ohne schriftlichen Arbeitsvertrag. So hat das FG Rheinland-Pfalz (Urt. v. 28.8.1986 – EFG 1987 S.234) Aushilfslöhne an noch in Berufsausbildung befindliche und minderjährige Kinder als Betriebsausgaben anerkannt, da bei Aushilfsarbeiten der Abschluss schriftlicher Verträge auch zwischen Fremden nicht üblich sei.

Anmerkung: Arbeitsverhältnisse zwischen Eltern und minderjährigen Kindern sind auch ohne Mitwirkung eines Ergänzungspflegers steuerlich wirksam. Arbeitsverträge werden aber nur anerkannt, wenn das Kind mindestens 15 Jahre alt ist (vgl. R 4.8 Abs. 3 EStR).

TIPP

zum Einstellen auf die richterliche Denkweise

Nicht anzuerkennen sind »Arbeitsleistungen, die wegen ihrer Geringfügigkeit oder Eigenart üblicherweise nicht auf arbeitsvertraglicher Grundlage erbracht werden« (R 4.8 Abs. 3 EStR). Die Abgrenzung kann schwierig sein und ist in der Praxis immer wieder streitig. Deshalb gebe ich Ihnen zwei Beispiele an die Hand: 949

Beispiel 1
A, praktischer Arzt, hat mit seiner 15-jährigen Tochter folgenden Arbeitsvertrag abgeschlossen: Für eine monatliche Vergütung von rund 200 € übernimmt sie zu bestimmten Zeiten, vor allem während der Wochenendbereitschaft, in der Familienwohnung den Telefondienst und wäscht und bügelt samstags für zwei Stunden die Praxiswäsche.

Der Bundesfinanzhof hat den »Arbeitsvertrag« nicht anerkannt, weil insbesondere der Telefondienst im Rahmen der normalen Lebensführung miterledigt werden kann (Urt. v. 9.12.1993, BStBl II 1994 S.298).

Beispiel 2
B, Lebensmittelhändler, hat mit seinen beiden volljährigen Töchtern Arbeitsverträge geschlossen und die eine als Verkaufshilfe, die andere als Buchhalterin beschäftigt.

Der Bundesfinanzhof hat die Arbeitsverträge anerkannt, weil die Kinder Arbeiten übernommen haben, die häufig von Schülern, Studenten oder Hausfrauen gegen entsprechende Bezahlung ausgeführt werden (Urt. v. 25.1.1989, BStBl II S.453).

GUTER RAT

Richten Sie sich darauf ein und sorgen Sie dafür, dass Ihre Kinder nicht nur geringfügige Dienstleistungen erbringen. Vereinbaren Sie zusätzlich zum Telefondienst Botengänge, Reinigungs- und Schreibarbeiten etc.

TRICK

Kombinieren Sie Pauschallohn mit vermögenswirksamen Leistungen!

950 Die Kombination abgabefreier Gehaltsbezüge (das gilt auch für Pauschallohn) mit vermögenswirksamen Leistungen ist besonders attraktiv. Bestimmt das Kind, dass Teile seines Lohns von z.B. monatlich 400 € vermögenswirksam angelegt werden, etwa in einen Bausparvertrag, bei dem monatlich bis zu 39 € begünstigt sind, kann es eine Arbeitnehmersparzulage von 9 % beanspruchen.

So wird gerechnet:

Monatliches Gehalt brutto =	400 €
./. vermögenswirksame Leistung	– 40 €
Auszahlungsbetrag	360 €

Die Arbeitnehmersparzulage in Höhe von 42,30 € (9 % von 470 €) wird auf Antrag jährlich vom Finanzamt festgesetzt und nach Ablauf der Sperrfrist von sieben Jahren ausbezahlt.

TRICK

Hören Sie her, Meisterväter und Meistermütter!

951 Ist doch klar, bevor Ihr Kind den Betrieb übernimmt, besucht es die Meisterschule. Die Ausbildung finanziert natürlich der Betrieb, und das Gehalt läuft während der Ausbildung weiter. Und der Meisterschüler setzt von seinem Gehalt die Spesen während des Lehrgangs als Werbungskosten ab (BFH-Urt. v. 14.12.1990 – BStBl 1991 II S.305).

Damit das klappt, muss ein handfester Vertrag her, in dem Vereinbarungen getroffen werden, wie sie auch zwischen Fremden üblich wären. Denn das FG Niedersachsen sah eine Meisterprüfung nicht als betrieblich bedingt an, wenn der Sohn den Betrieb übernehmen soll (2.12.1998 – XII 542/96).

Ausbildungsdienstvertrag

Zwischen der Firma Herbert Quast, Malerbetrieb in Stuttgart, und Egon Quast, Malergeselle, wohnhaft ebendort, wird folgender Ausbildungsdienstvertrag geschlossen:
Egon Quast ist bereit, alsbald die Prüfung als Malermeister abzulegen und sodann als solcher in der Firma Herbert Quast tätig zu sein.
Die Firma ist auf eine jüngere Meisterfachkraft angewiesen und deshalb bereit, die Lehrgangsgebühren zu übernehmen. Außerdem wird das Gehalt bis zum Ablauf der Regelausbildungsdauer von 14 Monaten weitergezahlt. Egon Quast besucht ab 1.2.20.. die Badische Malerfachschule. Das bereits bestehende Dienstverhältnis wird ab 1.2.20.. in ein Ausbildungsdienstverhältnis umgewandelt. Egon Quast verpflichtet sich, nach Ablegung der Meisterprüfung als Meister in der Firma Herbert Quast tätig zu sein.
Kündigt Egon Quast vor Ablauf von zehn Jahren, sind die von der Firma getragenen Lehrgangsgebühren und die während des Lehrgangs gezahlten Gehälter für jedes ausstehende Jahr in Höhe von einem Zehntel zurückzuzahlen.

Stuttgart, den . . . .

. . . .
Unterschrift Herbert Quast Unterschrift Egon Quast

Damit drücken Sie Ihren Gewinn um:

Gezahltes Gehalt 1.500 € × 14 Monate	21.000 €
ca. 20 % Arbeitgeberanteil zur Sozialversicherung	4.200 €
Lehrgangsgebühren	2.900 €
Insgesamt	28.100 €
Steuerersparnis durch Einkommen-, Kirchen- und Gewerbesteuer bei ca. 60 % =	16.860 €

Egon muss sein Gehalt versteuern, kann aber seine Aufwendungen für die Ausbildung als Werbungskosten absetzen. Zudem tut er bereits jetzt etwas für seine Altersversorgung, da er in die Rentenkasse einzahlt. Und wenn er ausgelernt hat, machen Sie eine vernünftige Absicherung.

Der Bund gewährte 1995 der Deutschen Bahn AG Personalkosten in Höhevon 5,5 Milliarden Mark jährlich wegen des angeblichen zusätzlichen Personalbedarfs. Tatsächlich bestand jedoch nach Prüfungen des Rechnungshofs für mindestens 20.000 Leute gar kein Erstattungsanspruch. Ausgaben dafür: 1,3 Milliarden im Jahr.

(Bericht des Bundesrechnungshofs)

TRICK

Ihr Kind als stiller Teilhaber

952 »Stille Teilhaber habe ich genug, mehr brauche ich nicht«, sagen Sie sogleich und denken dabei ans Finanzamt und an die Hypothekenbank.
Doch was halten Sie davon, die stille Teilhaberschaft des Finanzamts deftig zu beschneiden und stattdessen Ihr Kind als stillen Gesellschafter in Ihre Firma aufzunehmen? Die Gewinnbeteiligung des Kindes wird zum größten Teil zu dessen Unterhalt verwendet, insoweit werden Sie also finanziell entlastet. Der Rest wird gewinnbringend angelegt, z.B. in eine nach zwölf Jahren (Mindestlaufzeit) fällige Lebensversicherung des Kindes.
Die Vorteile liegen auf der Hand: Die stille Beteiligung des Kindes mindert Ihre gewerblichen Einkünfte, wodurch Sie Steuern sparen. Das Kind selbst zahlt keine Steuern, weil es seine Freibeträge (801 € für Kapitaleinkünfte und 9.744 € Grundfreibetrag) ausschöpfen kann und die Beiträge in die Lebensversicherung als Sonderausgaben angesetzt werden. Der Gewinn aus der Lebensversicherung ist bei Fälligkeit nach einem Ablauf von zwölf Jahren zu mindestens 50 % steuerfrei. Die Vergünstigungen summieren sich innerhalb von zwölf Jahren auf steuerfreie Vorteile in hübscher Höhe.

Beispiel

1. Sie schenken Ihrem Kind 50.000 €. Die Schenkung wird notariell beurkundet, und es wird ein Ergänzungspfleger eingeschaltet, da Ihr Kind minderjährig ist. Die Schenkung ist steuerfrei, weil Ihrem Kind ein Schenkungsfreibetrag von 400.000 € zusteht.
2. In einem weiteren notariellen Vertrag – auch hier wirkt natürlich der Ergänzungspfleger mit – räumen Sie Ihrem Kind eine stille Beteiligung nach §§ 230 ff. HGB an Ihrer Firma mit einer Vermögenseinlage von 50.000 € ein. Damit Ihnen die Fiskalritter keinen Strich durch die Rechnung machen, wird das Kind auch an einem eventuellen Verlust angemessen beteiligt. Die Gewinnbeteiligung darf aber 15 % (ohne Verlustbeteiligung 12 %) der Vermögenseinlage nicht übersteigen, sonst geraten Sie mit dem Finanzamt in Konflikt (H 138 a Abs. 5 EStH).
3. Ihr Kind erhält also jährlich 15 % v. 50.000 € = 7.500 €.
4. Jährliche Steuerersparnis bei Ihnen 42 % von 7.500 € = 3.150 €.
5. Bei der Lebensversicherung ergibt sich bei einer Jahresprämie von ca. 2.500 € nach Ablauf der zwölf Jahre eine Versicherungssumme von ca. 35.800 €, von denen nach Abzug der gezahlten Prämien (12 × 2.500 € =

30.000 €) die Hälfte (35.800 € – 30.000 €) ÷ 2 = 2.900 € steuerfrei sind. Mit diesem Geld kann Ihr Kind die stille Beteiligung an Ihrer Firma auf über 80.000 € aufstocken.

TRICK

So bauen Sie als kluger Mann einer Pleite vor.

Nehmen wir mal an, Sie greifen Ihrem Nachwuchs oder einem Freund beim 953
Sprung in die Selbständigkeit mit 20.000 € finanziell unter die Arme und vereinbaren ein Darlehen darüber. Nun, das ist so lange schön und gut, wie der Ausflug in die Selbständigkeit gutgeht und Profite abwirft. Aber was, wenn er in die Hose geht und Sie Ihre Kröten in den Schornstein schreiben müssen? In diesem Fall schauen Sie auch steuerlich belämmert aus, weil ihnen die Fiskalritter mit dem leider zutreffenden Hinweis, Darlehensverluste seien ein nicht berücksichtigungsfähiger Verlust auf der Vermögensebene, jegliche steuerliche Berücksichtigung der verlorenen 20.000 € verweigern.

Das lässt sich vermeiden, indem Sie für Ihren Obolus eine stille Beteiligung verlangen und gleichzeitig eine Verlustbeteiligung vereinbaren. Wirft das neu gegründete Unternehmen Gewinne ab, fahren Sie mit den Erträgen aus stiller Beteiligung genauso gut wie mit einem herkömmlichen Darlehen. Erleidet es dagegen Schiffbruch, geht zwar immer noch Ihre Beteiligung den Bach hinunter, aber Sie können wenigstens den Verlust der stillen Beteiligung in voller Höhe steuerlich absetzen.

c) Verträge mit anderen Familienangehörigen 954

SUPER TRICK

Zahlen Sie wegen der Güterstandsvereinbarung nicht unnötig Steuer!

Viele Selbständige lassen sich auf Drängen ihres Partners verleiten, die Gütertrennung aufzugeben. Gütergemeinschaft kann aber dazu führen, dass Sie Ihr bisheriges Einzelunternehmen steuerlich nun in Mitunternehmerschaft mit Ihrem Ehepartner betreiben. Es ist für die Annahme einer Mitunternehmerschaft nämlich nicht ausschlaggebend, ob eine Person Gesellschafter im zivilrechtlichen Sinn ist oder nicht. Voraussetzung ist vielmehr, dass beide Ehegatten gemeinschaftlich eine selbständige, nachhaltige Tätigkeit ausüben, die mit

Gewinnabsicht unternommen wird. Bei vereinbarter Gütergemeinschaft gehört das Betriebskapital beiden Ehegatten. Deshalb erfüllen auch beide durch den Einsatz dieses Kapitals in einem Gewerbebetrieb die Voraussetzungen für eine Mitunternehmerschaft.

Folgende steuerlich unangenehmen Folgen haben Sie dann in Kauf zu nehmen:

- Hat Ihr Ehepartner bisher im Ehegattenarbeitsverhältnis mitgearbeitet und Gehalt bezogen und wird nun als Mitunternehmer angesehen, sind die Gehaltszahlungen nicht mehr abzugsfähige Betriebsausgaben, sondern nichtabzugsfähige Gewinnvorableistungen. Mit der Folge, dass sich Gewerbe- und Einkommensteuer beträchtlich erhöhen.
- Direktversicherungsbeiträge sind keine abzugsfähigen Betriebsausgaben mehr.
- Sie können für Ihren Ehepartner keine gewinnmindernden Pensionsrückstellungen mehr bilden.
- Betriebsgebäude, die bisher Ihrer besseren Hälfte gehörten und an Sie vermietet wurden, stellen mit einem Mal Betriebsvermögen dar. Die Folge:
  - die Mietzahlungen sind keine abzugsfähigen Betriebsausgaben mehr,
  - ein bei einem Verkauf entstehender Gewinn fällt voll unter die Einkommen- und Gewerbesteuer, während eine Veräußerung aus dem Privatvermögen steuerfrei geblieben wäre.

Seien Sie vorsichtig bei der Finanzierung Ihrer Betriebsausgaben!!
Wenn Ihr Ehepartner für Sie ein Darlehen aufnimmt und die entsprechenden Schuldzinsen zahlt, können Sie diese auch dann nicht absetzen, wenn Sie das Geld für die Anschaffung betrieblicher Dinge verwendet haben! (BFH v. 24.2.2000 – BStBl 2000 II S. 314)

TRICK

Opa macht sich durch Teilzeitarbeit nützlich.

955 Es gibt nichts Schöneres, als wenn Großeltern, Eltern und Kinder sich gegenseitig helfen … und das Finanzamt noch etwas dazulegt.

Ihr Vater hilft Ihnen im Betrieb. Sie bedienen sich seiner langjährigen Erfahrungen, er erledigt Arbeiten verschiedenster Art, die insgesamt gesehen über den Rahmen der familiären Mithilfe hinausgehen. Er macht das schon seit Jahren und völlig unentgeltlich, auch deshalb, um die Kosten für eine teure Arbeitskraft zu sparen. Er könnte aber noch viel mehr für Sie tun: Er könnte Ihnen helfen, eine Menge Steuern zu sparen. Voraussetzung ist, dass Sie mit ihm einen

Arbeitsvertrag schließen, in dem alles genau geregelt ist, sonst macht das Finanzamt nicht mit. Dann gibt es verschiedene Möglichkeiten.
Eine besteht darin, dass Ihr *Vater als kurzfristig beschäftigte Aushilfskraft* – nicht regelmäßig und für längstens 50 Tage im Jahr, aber zusammenhängend nicht mehr als 18 Tage – beschäftigt wird. Eine derartige Beschäftigung wäre sozialversicherungsfrei. Die Abgaben darauf könnten von Ihnen mit 25 % Lohnsteuer zzgl. 7 % Kirchensteuer sowie 5,5 % Solidaritätszuschlag darauf, insgesamt also mit 28,12 % pauschal übernommen werden und wären bei Ihnen als Betriebsausgaben absetzbar. Ihr Vater hätte nichts zu versteuern.
Für die »klassischen« geringfügig Tätigen gilt allerdings etwas anderes. Bei einer auf Dauer angelegten geringfügigen Beschäftigung fallen in jedem Fall pauschale Sozialversicherungsbeiträge von 29,51 % an. Unter bestimmten Voraussetzungen können Sie den Lohn steuerfrei zahlen, nämlich wenn Ihnen eine Steuerkarte mit der Steuerklasse I bis IV vorliegt oder Sie 2 % pauschale Steuer in Kauf nehmen und an die Bundesknappschaft in Cottbus abführen.

Minijobs 956

Können Sie nicht auf Ihre Teilzeitkräfte verzichten, wollen sich aber auch keine zusätzliche Pauschalsteuer (2 %) ans Bein binden, machen Sie ihnen klar, dass in vielen Fällen trotzdem keine Steuerbelastung entsteht:
So sind 2021 mindestens steuerfrei

- 450 € Arbeitslohn zzgl. monatlich 738,58 €/1.902,83 € Altersrente (Alleinstehender/Verheiratete, Rentenbeginn 2021);
- 450 € Arbeitslohn zzgl. monatlich 508 €/1.323 € Pension (Alleinstehender/Verheiratete, Pensionsbeginn 2021);
- 450 € Arbeitslohn einer alleinerziehenden Mutter mit einem Kind, die von ihrem Ex monatlich 782 € Unterhalt bekommt und diesen im Rahmen des Realsplittings versteuert.

TRICK

Sie zahlen Opa ein Beraterhonorar.

Warum sollen Sie für ein Gutachten oder eine Beratung nicht auch mal Geld 957
lockermachen? Es müssen ja nicht gleich Millionen sein, wie sie Politiker und Ministerien für ihre Begünstigten von unserem Geld als Steuerzahler verun …, nein, toleranter möchte ich sagen: vergeuden.
Schließen Sie mit Ihrem Vater nach seinem 65. Geburtstag einen Beratervertrag gegen Honorar ab und verpflichten ihn, Ihnen bei schwierigen betrieblichen Entscheidungen beratend zur Seite zu stehen, z.B. bei Investitionen, Expansionsplänen oder der Einstellung von Mitarbeitern. Ist Ihr Vater Frührentner,

darf er erst ab frühestens 65 Jahren unbegrenzt hinzuverdienen, ohne dass ihm seine Rente gekürzt wird. Auch selbständige Erwerbstätigkeit ist vorher nicht erlaubt.

Die Honorarrechnung Ihres Vaters könnte so lauten:

Honorarrechnung

Für Beratertätigkeit an 50 Tagen mit insgesamt 500 Stunden (Stundensatz 30 €) erlaube ich mir, absprachegemäß folgende Kostennote zu erstellen:

Beraterhonorar	15.000 €
+ Mehrwertsteuer 19 %	2.850 €
Rechnungsbetrag	17.850 €

Eine Spezifikation über meine Tätigkeit an den einzelnen Tagen ist beigefügt.

Was zahlen Sie beide zusammen 2021 an Steuern – **ohne** Beraterhonorar?

Ihr Einkommen (bei einem Gewinn von 110.000 €)		100.000 €	
Einkommensteuer darauf (Splittingtabelle)			23.988 €
Steuerermäßigung für Gewerbesteuer			–11.970 €
Gewerbesteuer bei Hebesatz 400 %			11.970 €
Opas Einkommen	21.000 €		
Einkommensteuer darauf (Grundtabelle)			2.529 €
Steuer insgesamt			26.517 €

Was zahlen Sie beide zusammen an Steuern – **mit** Beraterhonorar?

Ihr Einkommen wie oben		100.000 €	
./. Beraterhonorar		– 15.000 €	
Verbleiben		85.000 €	
Einkommensteuer darauf (Splittingtabelle)			18.418 €
Steuerermäßigung für Gewerbesteuer			– 8.470 €
Gewerbesteuer bei Hebesatz 400 %			8.470 €
Opas Einkommen wie oben	21.000 €		
Beraterhonorar	15.000 €		
Summe	36.000 €		
Einkommensteuer darauf (Grundtabelle)			6.986 €
Steuer insgesamt			25.404 €
Steuerersparnis pro Jahr			1.113 €

Inklusive Kirchensteuer beläuft sich die Ersparnis auf immerhin ca. 1.213 €.

Die lange Nase zeigen Sie aber auch dem Finanzamt, wenn Opa sein Beraterhonorar am Jahresende in Rechnung stellt, der Betrag ihm jedoch erst im neuen Jahr zufließt. Dadurch können Sie das Honorar schon in der Bilanz des alten

Jahres ausweisen und als Betriebsausgaben abziehen. Opa braucht es aber erst im neuen Jahr zu versteuern, weil er eine Einnahmenüberschussrechnung macht. Passen Sie nur auf, dass Opa nicht in die Scheinselbständigkeitsfalle tappt. Am besten berät er auch Ihren Bruder, Ihre Cousine usw. So gehen Sie auf Nummer sicher, und alles bleibt in der Familie.

TRICK

Wie Sie ohne höhere Abgaben Ihrerseits einer Teilzeitkraft mehr zahlen können.

Lohnsteuer und Sozialversicherung setzen der Bezahlung einer Teilzeitkraft **958**
enge Grenzen. Was beide Seiten meist anstreben: Pauschalsteuer von 2 % und pauschale Sozialversicherung sowie Umlagen von 29,51 %, insgesamt also 31,51 %. Dazu darf der monatliche Arbeitslohn 450 € nicht übersteigen. Die Teilzeitkraft ist dann geringfügig beschäftigt.

»Was mache ich aber, wenn ich meine Teilzeitkraft in den Monaten Juni und Juli zusätzlich als Urlaubsvertretung brauche und sie in diesen beiden Monaten jeweils 1.500 € brutto erhält?«, fragen Sie. In diesen beiden Monaten besteht keine Sozialversicherungspflicht, denn die Beschäftigung ist nur kurzfristig – d.h. längstens zwei Monate oder 50 Arbeitstage. Steuerlich können Sie die Lohnsteuer mit 2 % pauschal berechnen. Oft erkennt man dann, dass eine Lohnsteuer gar nicht anfällt (siehe ➤ Rz 450). Stehen keine elektronischen Steuerabzugsmerkmale zur Verfügung, muss die Lohnsteuer entweder pauschal oder nach Steuerklasse VI erhoben werden, was sehr teuer wird.

»Und was mache ich, wenn ich der Teilzeitkraft im Dezember zusätzlich zu ihrem Pauschallohn 300 € Weihnachtsgeld zahle?«, fragen Sie weiter. Das Weihnachtsgeld wird als Einmalzahlung auf das ganze Jahr verteilt, d.h., jedem Monat werden rechnerisch 25 € zugeschlagen. Falls der Arbeitslohn dabei unter 450 € bleibt, bleibt es bei der pauschalen Sozialversicherungsbeitragspflicht. Wird die 450-€-Grenze durch das Weihnachtsgeld überschritten, besteht reguläre Sozialversicherungspflicht.

Die billigsten Teilzeitjobber **959**
Die Hitliste (kurzfristige Beschäftigungen einmal außen vor gelassen) wird ganz deutlich von den Studenten angeführt. So muss beispielsweise für einen Studenten (Verdienst 450 €), der keine weiteren Einkünfte hat und gesetzlich krankenversichert ist, lediglich der Beitrag zur Rentenversicherung und die Umlage von 1,51 % gezahlt werden, insgesamt 16,51 %. Das sind genau 74,30 €. Die steuerliche Belastung beläuft sich in Steuerklasse I auf 0 €. Es bleibt also bei den 74,30 €, die neben dem Entgelt zu zahlen sind.

Nummer 2 auf der Hitliste der billigsten Arbeitskräfte für Aushilfsjobs sind Beamtenehegatten (oder andere Ehegatten, die über den Partner privat krankenversichert sind). Haben sie keine weiteren Einkünfte, werden neben dem Rentenversicherungsbeitrag nur 2 % Pauschalsteuer und die Umlagen von 1,51 % fällig, insgesamt also 18,51 % (83,30 €). Der Unterschied zu Studenten ist klein, kann sich aber bei mehreren Aushilfskräften bemerkbar machen.

Um die Notwendigkeit, vor der Einstellung zum Taschenrechner zu greifen, noch deutlicher herauszustellen: Teuer wird's, wenn ein Arbeitnehmer eingestellt wird, der keinen Hauptjob, aber eigenes anderes Einkommen hat: Hier werden 13 % Krankenversicherung (58,50 €), 15 % Rentenversicherung (67,50 €) und, wenn die Lohnsteuer pauschaliert wird, 2 % Lohnsteuer inkl. Kirchensteuer und Solidaritätszuschlag (9 €) sowie Umlagen von 1,51 % (6,80 €) fällig. Das sind zusammen satte 141,80 €.

6. Angenehmer arbeiten und dabei Steuern sparen

960 Mit der schwammigen Vorschrift aus § 4 Abs. 5 EStG, der u. a. besagt: Aufwendungen, die die Lebensführung berühren, dürfen den Gewinn nicht mindern, soweit sie nach der allgemeinen Verkehrsauffassung als unangemessen anzusehen sind, stempeln manche Finanzbürokraten im Handumdrehen betriebliche Ausgaben zu privaten Kosten ab, wenn sie mutmaßen, der gehobene Lebensstil im betrieblichen Bereich sei Privatvergnügen. Der Bundesfinanzhof und die Finanzgerichte sehen das aber anders und verlangen vom Fiskus Großzügigkeit. So darf das Finanzamt grundsätzlich nicht nachprüfen, ob Ausgaben für den Betrieb notwendig waren oder nicht. Über die Notwendigkeit entscheidet allein der Unternehmer. Auch sind Ausgaben abzugsfähig, die für den Betrieb eigentlich nicht notwendig, aber zweckmäßig waren oder üblich sind (BFH, zuletzt im Urt. v. 8.10.1987 – BStBl 1988 II S. 853). Es stellt sich nämlich meistens erst später heraus, ob eine Ausgabe sich rentiert hat oder nicht. Es geht nicht an, die Risikobereitschaft des Unternehmers dadurch einzuengen, dass der Fiskus seine Investitionen im Nachhinein auf ihre Nützlichkeit hin überprüft. Das gilt auch für Maßnahmen, mit denen der Unternehmer die Firma bei Kunden und Geschäftspartnern angemessen vertritt (Chefzimmer, Auto) oder mit denen er wichtige Geschäfte anknüpft, abschließt oder auch nur pflegt (Geschäftsessen). Lassen Sie sich also nicht durch übereifrige Finanzbürokraten ausbremsen.

961 **Arbeitszimmer**
Auch als Selbständiger können Sie das Arbeitszimmer und die Aufwendungen dafür nur unter bestimmten Voraussetzungen absetzen (➤ Rz 273 ff.).

SUPER TRICK

Setzen Sie Ihren PC ab, wenn er zumindest teilweise privat genutzt wird!

Da mittlerweile der Fiskus von seinen kleinlichen Streichgelüsten abgerückt ist, wenn Sie Ihren PC gelegentlich auch einmal privat nutzen, genügt es, wenn Sie den beruflichen oder betrieblichen Nutzungsumfang von z.B. 60 % bis 80 % glaubhaft machen, um die Kosten rund um den Computer absetzen zu können.

SUPER TRICK

Mieten Sie doch den Büroraum von der Ehefrau!

Die Abzugsbeschränkungen brauchen Sie nicht zu interessieren, wenn Sie kein 962
»häusliches Arbeitszimmer«, sondern ein Büro haben. Als Geschäftsführer einer GmbH haben Sie es da besonders leicht. Ihre Firma mietet den bisher als Arbeitszimmer genutzten Raum von Ihrem Ehepartner und stellt ihn Ihnen als Büro zur Verfügung. Die Mietkosten stecken in Ihrer Firma als Betriebsausgaben, und Ihre bessere Hälfte macht einen schönen Verlust aus Vermietung und Verpachtung geltend, indem sie sämtliche auf das Zimmer entfallenden Kosten mit der Miete verrechnet. Unter dem Strich haben Sie so also weiterhin den Vollabzug aller Arbeitszimmerkosten erreicht. Achten Sie jedoch auf die Angemessenheit der Miete, sonst versucht der Fiskus, Ihnen eine verdeckte Gewinnausschüttung anzuhängen.

SUPER TRICK

Homeoffice-Pauschale

Wenn Ihr normaler betrieblicher Arbeitsplatz nicht in Ihrer Wohnung liegt, Sie 963
aber auch kein astreines häusliches Arbeitszimmer haben, ist das kein Grund, die Flinte ins Korn zu werfen. Als Bonbon in Coronazeiten hat der Fiskus einen pauschalen Homeofficeabzug eingeführt. Für jeden Tag, an dem Sie ausschließlich von zu Hause aus arbeiten und keinen anderen Tätigkeitsort aufsuchen, können Sie 5 €, max. 600 € im Jahr, pauschal als Betriebsausgaben absetzen.

964 **Geschäftswagen**
Sie brauchen sich vom Finanzamt nicht sagen zu lassen, Ihr Geschäftswagen sei zu teuer, wenn Sie häufig betriebliche Fahrten über größere Strecken unternehmen müssen. Dafür brauchen Sie nämlich ein schnelles und sicheres Fahrzeug, und das hat seinen Preis. Sie können sich sogar auf Betriebskosten einen Sportwagen kaufen, wenn Sie entsprechende Umsätze und Gewinne machen (BFH v. 8.10.1987 – BStBl 1987 II S. 853 zur betrieblichen Nutzung eines Porsche für 75.000 Mark durch eine Werbeagentur mit einem Umsatz von 1 Mio €). Einer Marketingagentur hat das FG Hamburg am 15.6.1987 (Az. II 90/85) sogar die Anschaffung eines italienischen Sportwagens für einen sechsstelligen Betrag als betrieblich veranlasst bescheinigt. Auch ein Mercedes 500 SEL ging bei einem Bestattungsunternehmen anstandslos als Geschäftswagen durch (BFH v. 26.1.1988 – BStBl 1988 II S. 629).
Inzwischen gibt es aber erheblichen Gegenwind bei der Anerkennung der Kosten für sehr teure exotische Fahrzeuge, insbesondere bei absoluten Luxusfahrzeugen oder Hochleistungssportwagen. So wurden einem Unternehmer die Betriebsausgaben für einen 300.000 € teuren Luxussportwagen wegen Unangemessenheit und privater Mitveranlassung der Fahrzeugwahl um 2/3 gekürzt. Gleichwohl musste er die Privatnutzung gemäß der 1-%-Regelung basierend auf dem Listenpreis von fast 300.000 € versteuern. Es hat ihm auch nichts genutzt, dass er im Privatvermögen einen weiteren Luxussportwagen der Marke Ferrari besaß (FG München Urt. v. 9.3.2021 – 6 K 2915/17).

965 Auch für Sie als Selbständigen gilt die 1-%-Regelung wie bei Kfz-Überlassung an Arbeitnehmer. Der Entnahmewert der privaten Pkw-Nutzung durch Sie beträgt somit monatlich 1 % des inländischen Listenpreises Ihres Autos zum Zeitpunkt der Erstzulassung zzgl. Kosten für Sonderausstattung, die werksseitig schon eingebaut war (BFH v. 13.10.2010 – VI R 12/09, BStBl 2011 II S. 361), und USt. (§ 6 Abs. 1 Nr. 4 Satz 2 EStG). Nachträgliche Umbauten oder Tuningmaßnahmen erhöhen somit die Bemessungsgrundlage nicht.
Die 1-%-Regelung können Sie aber nur für Fahrzeuge des **notwendigen Betriebsvermögens** anwenden. Das bedeutet, dass Sie den fahrbaren Untersatz zu mehr als 50 % betrieblich nutzen müssen. Zur betrieblichen Nutzung gehören neben den echten Geschäftsfahrten auch die Fahrten zwischen Wohnung und Betrieb. Auch eine Mittagsheimfahrt, um zu Hause zu essen, können Sie beruhigt der betrieblichen Nutzung zurechnen. Dass Sie Ihr Auto zu mehr als 50 % betrieblich nutzen, müssen Sie dem Finanzamt belegen. Dazu wird man Ihnen zwar kein Fahrtenbuch abverlangen können, aber den Kilometerstand zu Beginn und zum Ende des Jahres müssen Sie nachprüfbar festhalten. Außerdem müssen Sie zumindest die von Ihnen durchgeführten betrieblichen Fahrten samt Kilometer aufschreiben.
Für Kraftfahrzeuge im sog. gewillkürten Betriebsvermögen, also bei einer betrieblichen Nutzung von nur 10 bis 50 %, müssen Sie den Wert Ihrer privaten Nutzung mit den anteilig auf die privaten Kilometer entfallenden Kosten ermitteln.

WICHTIGER HINWEIS

Liegt Ihre betriebliche Nutzung voraussichtlich unter 50 %, sollten Sie sich zu einem Fahrtenbuch durchringen. Nur so können Sie verhindern, dass Ihnen die Fiskalritter einen viel zu hohen privaten Kostenanteil zurechnen.
Das betrifft nur Einzelunternehmer, Mitunternehmer von Personengesellschaften, Land- und Forstwirte sowie Freiberufler und andere selbständig Tätige. Für Arbeitnehmer und für Gesellschafter-Geschäftsführer von Kapitalgesellschaften gilt die Anwendung der 1-%-Regelung auch dann, wenn die private Nutzung 50 % oder mehr beträgt.

Der Listenneupreis wird auch bei Gebrauchtwagen angesetzt und bei Autos, **966**
die Sie mit erheblichem Rabatt gekauft haben. Er gilt also z.B. auch bei einem reimportierten Kfz.
Wenn Sie im Betrieb mehr als einen Pkw haben, wird es unter Umständen haarig. Die Fiskalritter wollen Ihnen möglichst viel Privatnutzung ans Bein binden, indem sie die 1-%-Regelung für jedes genutzte Auto, sogar für Geländewagen (BFH-Urt. v. 12.2.2002 – BStBl 2003 II S. 472), ansetzen. Halbwegs aus dem Schneider sind Sie, wenn ein Auto einem Arbeitnehmer fest überlassen wird, aus anderen Gründen für eine Privatnutzung ungeeignet ist oder Sie anhand eines Fahrtenbuchs belegen, dass der Wagen nicht privat genutzt wird (BMF-Schreiben v. 18.11.2009 – BStBl 2009 I S. 1326).

Wichtig: Die 1-%-Regelung gilt nur für Pkw. Wenn Sie in Ihrem Betrieb also nur schmucke, kleine sog. Werkstattwagen oder Transportfahrzeuge haben, die als Lkw zugelassen sind, sind Sie aus dem Schneider. Weil solche Fahrzeuge grundsätzlich nicht für eine Privatnutzung geeignet sind, kann Ihnen der Fiskus hier keine 1-%-Regelung ans Bein binden. Nicht Sie müssen beweisen, dass Sie die Autos nicht privat nutzen, sondern das Finanzamt muss Ihnen die private Nutzung nachweisen (BFH v. 18.12.2008 – BStBl 2009 II S. 381). Selbst wenn ihm das gelingt, greift nicht die 1-%-Regelung, sondern die Versteuerung der anteiligen Kosten für die privaten Kilometer zzgl. eines angemessenen Gewinnaufschlags.

WICHTIGER HINWEIS

Für eine Übergangszeit bis 2030 können Sie den Nutzungsvorteil aus Ihrem Firmenwagen erheblich reduzieren, wenn Sie auf den Elektrozug aufspringen. Begünstigt sind

- reine Elektrofahrzeuge bis zu einem Bruttolistenpreis von 40.000 €; hier wird der Nutzungsvorteil auf 25 % reduziert;

- Hybridelektrofahrzeuge, die extern aufladbar sind (z. B. sog. Plug-in-Hybrid); hier wird der Nutzungsvorteil halbiert.

Es müssen aber noch folgende Zusatzbedingungen erfüllt sein: Die Kohlendioxidemission darf höchstens 50 Gramm je gefahrenen Kilometer betragen und die Reichweite im rein elektrischen Betrieb muss mindestens
- 60 km betragen beim Kauf des Fahrzeugs bis einschließlich 2024 und
- 80 km beim Kauf des Fahrzeugs ab 2025.

Siehe hierzu auch ➤ Rz 121.

967 **Kostendeckelung**
Glücklicherweise hat alles seine Grenzen, sogar die Besteuerung – man möchte es ja nicht glauben. Jedem ist klar: Die teure 1-%-Regelung wächst sich zum absoluten Ärgernis aus, wenn das Auto schon abgeschrieben ist, denn dann kann es sein, dass die pauschal ermittelten Kosten für die Privatnutzung höher sind als die tatsächlich entstandenen. Ist das bei Ihnen der Fall, dann können Sie den Wert der Privatnutzung auf die Höhe der tatsächlich entstandenen Kosten begrenzen – und Sie müssen sich nicht einmal auf ein BFH-Urteil berufen, denn es gibt dazu sogar eine finanzinterne Anweisung (BMF-Schreiben v. 21.1.2002 – BStBl 2002 I S. 148, Rz 14), der das Finanzamt folgen wird. Voraussetzung: Sie weisen die tatsächlich entstandenen Aufwendungen nach.

TIPP

zur Pkw-Nutzung

968 Entweder wenden Sie die private Nutzungswertbesteuerung auf die betroffenen Kfz zusammen an oder nur auf einzelne, für die das günstig ist.

SUPER TRICK

Setzen Sie für die Umsatzsteuer nur die tatsächlichen Kosten an!

969 Zwar hat der BFH entschieden, dass die 1-%-Regel verfassungsgemäß sein soll, doch hat er Ihnen gleichzeitig die Möglichkeit eingeräumt, für die Umsatzsteuer nur die tatsächlichen Kosten anzusetzen. Das heißt für Sie, dass Sie nur Umsatzsteuer auf die mit Vorsteuer belasteten Kosten zahlen müssen und den Anteil sogar schätzen können!

Beispiel

Kfz-Kosten (netto) in €	Ansatz	kein Ansatz
Benzin	2.000 €	
Versicherung		800 €
Reparaturen	500 €	
Steuer		600 €
AfA	4.000 €	
Summe	6.500 €	1.400 €
Davon 35 %	1.950 €	
USt 19 %	370 €	

Zum Vergleich: Bei Ansatz des Listenpreises von z.B. 23.200 € müssten Sie 23.200 € × 1 % × 12 Monate = 2.784 €, davon 80 %, also 2.227,20 € × 19 % = 423,17 € zahlen. Ersparnis 53,17 €! Lachen Sie jetzt nicht. Haben und nicht haben!

SUPER TRICK

Drücken Sie die Kosten für Ihren Oldtimer in den Betrieb!

Nennen Sie einen wunderschönen, aber leider auch extrem teuren Oldtimer Ihr 970
Eigen? Setzen Sie locker monatlich 1 % des Listenneupreises zum Zeitpunkt der Erstzulassung als Privatanteil an. Sie haben für Ihr Goldstück zwar umgerechnet 130.000 € berappt, 1958 aber, als es erstmalig zugelassen wurde, lag der Listenpreis bei schlappen 35.000 DM, umgerechnet also ca. 17.900 €. Macht für Sie pro Monat 179 €, im Jahr 2.148 € Privatanteil. Allein die Abschreibung – ohne die ganzen übrigen Kosten – beträgt dagegen schon rund 22.000 € im Jahr, und die steckt jetzt voll in den Betriebsausgaben. Damit Ihnen das Finanzamt nicht einen Strich durch diese schöne Rechnung macht und die betriebliche Nutzung in Zweifel zieht, sollten Sie das Auto ein wenig umfangreicher als für nur 540 km für Betriebsfahrten nutzen, wie es ein Steuerzahler aus Baden-Württemberg tat (FG Baden-Württemberg, Urt. v. 28.2.2011, 6 K 2473/09).

TRICK

Führen Sie bei gebraucht gekaufter Luxuskarosse ein Fahrtenbuch!

Weil Sie es gern bequem haben, haben Sie sich als Betriebs-Pkw eine acht Jahre alte Oberklasse-Limousine zugelegt, die noch ganz gut in Schuss ist und nur

8.000 € gekostet hat. Reparaturen und laufende Kosten halten sich in Grenzen, weil Sie nicht viel fahren. Inklusive Abschreibung kostet Sie das Auto nur etwa 6.000 € im Jahr. Leider hat die Mühle zu ihren Glanzzeiten als Neuwagen 80.000 € nach Liste gekostet. Ihr Privatanteil beträgt somit: 80.000 € × 1 % = 800 € × 12 = 9.600 €. Wie Sie sehen, ein überaus schlechtes Geschäft: Theoretisch müssten Sie sogar mehr versteuern, als Sie überhaupt an Kosten hatten. In der Praxis wird zwar die Versteuerung auf die Höhe der tatsächlichen Kosten begrenzt (BMF-Schreiben v. 12.5.1997 – BStBl 1997 S. 562, Tz 13), trotzdem gibt es für Sie nur eine Alternative: Führen Sie ein Fahrtenbuch, und schon können Sie belegen, dass das Auto zu 80 % betrieblich genutzt wird, womit 4.800 € von 6.000 € Ihrer Gesamtkosten abzugsfähige Betriebsausgaben sind!
Zum Fahrtenbuch siehe unbedingt ➤ Rz 129 ff.

TIPP

Sie hatten einen Unfall mit dem Firmen-Pkw?

971 Wenn Sie mit Ihrem Firmenwagen einen Unfall auf einer Privatfahrt haben, werden der Wertverlust bzw. die Reparaturkosten als private Kosten behandelt und sind nicht als Betriebsausgaben abzugsfähig. Dass die private Nutzung über die 1-%-Regelung besteuert wird, spielt insoweit keine Rolle. Dasselbe gilt übrigens auch, wenn Sie sich den fahrbaren Untersatz bei einer privaten Fahrt stehlen lassen (BFH v. 18.4.2007 – BStBl 2007 II S. 762).

Das bedeutet für Sie: Entweder Sie fahren auf Ihren Privatfahrten besonders vorsichtig, oder Sie haben immer einen beruflichen Anlass für die Fahrt in der Hinterhand.

972 **Barbesuch und Gartenparty**
Die Kosten für solche Vergnügungen sind als Betriebsausgaben abzugsfähig, wenn sie dazu beitragen können, ein Geschäft erfolgreich zum Abschluss zu bringen. Halten Sie aber die Kosten in Grenzen. Bei mehr als 100 € pro Gast und Abend kann das Finanzamt seine Streichgelüste an Ihnen auslassen (FG Düsseldorf v. 14.11.1985, VII/V 84/79 E). Die Kosten für ein größeres Firmenfest mit Kunden, Geschäftspartnern und Mitarbeitern sind ebenfalls abzugsfähig. Während bei kleinen Veranstaltungen die Namen aller Gäste aufgeführt werden müssen, genügt es bei größeren Festen, wenn die Zahl der bewirteten Personen und die Personengruppe generell erwähnt werden (BFH v. 30.1.1986 – BStBl 1986 II S. 488).

7. Passen Sie auf, dass man Ihnen keine Liebhaberei anhängt!

Gewerbebetrieb 973

Der Bundesfinanzhof hat die Annahme einer Liebhaberei in Einzelfällen erst nach Ablauf eines Zeitraums von etwa acht Jahren, in denen ausschließlich Verluste erwirtschaftet wurden, für gerechtfertigt gehalten. Selbst in diesen Fällen kann aber dem Finanzamt noch glaubhaft dargetan werden, dass besondere Umstände die andauernden Verluste verursacht haben und der Betrieb nach Wegfall dieser Umstände nachhaltig Gewinne erzielen kann. In der Praxis, so die OFD Köln, bereite diese in die Zukunft gerichtete Beurteilung einer Tätigkeit wegen der ungewissen Entwicklung erhebliche Schwierigkeiten. Es bestünden deshalb keine Bedenken, in Fällen, in denen die Art der Tätigkeit verstärkt auf Liebhaberei hindeute, die Steuerfestsetzung vorläufig nach § 165 AO durchzuführen (OFD Köln v. 29.10.1984 – S. 2240 – 32 – St. 113). Die OFD Nürnberg versteigt sich sogar zu der Anweisung an ihre Finanzämter, die Verluste im Rahmen der vorläufigen Steuerfestsetzung zunächst nicht zu berücksichtigen, es sei denn, erhebliche Anhaltspunkte sprächen für einen steuerlich anzuerkennenden Anfangsverlust (Vfg. OFD Nürnberg v. 28.4.1986 – S. 2113; NWB DokSt F. 3 §§ 2, 20 – EStG A2/87). Das ist wohl der Gipfel einer restriktiven Gesetzesauslegung.

Steuerlich unbeachtliche Einkünfte aus selbständiger Tätigkeit liegen jedenfalls dann vor, wenn absehbar auf Dauer geringfügige Einnahmen gleichbleibender Höhe Ausgaben gegenüberstehen, die sie in wachsender Tendenz um ein Vielfaches übersteigen, so dass bei den übrigen freiberuflichen Einkünften nachhaltig mit überdurchschnittlichen Steuerminderungen gerechnet werden kann (Urteilstenor des FG Saar v. 20.6.1984 – EFG 1985 S. 19).
Diese beiden Tricks gelten auch für Nichtselbständige:

TRICK

Ein Hobby zum Geschäft ausweiten und viel Steuern sparen

Nehmen wir an, Sie sind ein Autonarr. Sie wohnen in einem Einfamilienhaus und 974
haben sich nebenan eine große Garage gebaut, in der mehr als genug Platz ist, Ihrem Hobby, Motoren zu frisieren, nachzugehen. Im Lauf der Jahre haben Sie sich sogar eine Inspektionsgrube gebaut und tolles Werkzeug beschafft. Zudem haben Sie einen Flaschenzug installiert, um Motoren und Maschinenteile bequem aus- und einbauen zu können. Kurz und gut: Sie haben eine richtige kleine Werkstatt für sich. Liegt es da nicht nahe, sich nebenbei Geld zu verdienen, indem Sie sie anderen Leuten zur Verfügung stellen und dafür Miete verlangen? »Nein – das liegt gar nicht nahe«, sagen Sie. »Ab und zu überlasse ich sie einem Freund, aber mich mit Fremden rumschlagen? Dafür habe ich weder Zeit noch

Geduld.« Da haben Sie sich ja schon halb strafbar gemacht, wenn Sie Ihre Freunde dort arbeiten ließen, ohne eine Gewerbegenehmigung in der Tasche zu haben. Und was Sie dafür gezahlt bekamen, haben Sie sicher schwarz eingesteckt. Auch das ist strafbar.

Bleiben Sie lieber auf dem Weg des Gesetzes, holen Sie sich eine Gewerbeerlaubnis für ein paar Euro bei der Gemeinde und geben Sie dem Finanzamt ordnungsgemäß an, was Sie einnehmen. Ich rechne Ihnen vor, was das bringen kann: *Einnahmen* aus Automietwerkstatt, die Sie zwecks Schonung Ihrer Nerven nur guten Freunden zur Verfügung stellen, die (was Sie dem Finanzamt nicht gerade erklären müssen) aus dem Gegenwert von jährlich

8 Kästen Bier bestehen, also ca.	120 €
Ausgaben	
Baukosten der Garage 12.000 €, AfA 7 %	840 €
Baukosten der Grube 3.500 €, AfA 10 %	350 €
Werkzeug 2.500 €, AfA 10 %	250 €
Maschinen 5.000 €, AfA 20 %	1.000 €
Anteilige Kosten Grundsteuer, Strom, Heizung, Wasser	150 €
Anteilige Telefonkosten	20 €
Teilzeitkraft Ehepartner, Tochter etc. (zur Annahme von Gesprächen, Buchführung usw.), monatlich 50 €	600 €
Spesen, Büromaterial	150 €
Diesem Aufwand von	3.360 €
stehen 120 € Einnahmen gegenüber, macht einen *Verlust* von	3.240 €

Übertreiben Sie es aber nicht und bewahren Sie alle Belege sorgfältig auf.

Anmerkung: Gewinne aus einem Gewerbebetrieb gibt es in den Anfangsjahren bei einem neu eröffneten Geschäft kaum. Das Finanzamt kennt das aus langer Erfahrung. Steuererstattung darauf: zwischen 454 € und 1.669 €.

975 Angenommen, Sie entdecken den Künstler in sich und richten sich ein teures Atelier ein. Soweit es rechtlich vertretbar erscheint, berücksichtigt das Finanzamt in diesem Fall den Umstand, dass bis zur Erzielung ausreichender Einkünfte eine längere Zeit als bei manch anderer Berufsgruppe vergehen kann: »Ebenso wird zu berücksichtigen sein, dass bei Künstlern auf Jahre mit Gewinnen auch längere Perioden mit Verlusten folgen können. Letztlich können jedoch Verluste von Kunstschaffenden bei der ESt-Veranlagung steuermindernd nur berücksichtigt werden, wenn es sich um Verluste aus einer Tätigkeit handelt, die auf die Erzielung von positiven Einkünften gerichtet ist.« (OFD Köln v. 5.9.1984 S.2246 – 3 St – 113) Sie müssen also nur darauf achten, dass keiner sagen kann, es sei Liebhaberei!

TIPP

für Hobbyschriftsteller

Hegen Sie schriftstellerische Ambitionen? Leider werden von den Verlagen 999 von etwa 1.000 eingereichten Manuskripten mit ein paar höflichen Floskeln abgelehnt. Was liegt da näher, als Ihre Geschichte selbst drucken zu lassen und im Eigenverlag herauszugeben? In einschlägigen Zeitschriften können Sie Ihr Buch dann in Anzeigen anpreisen. Auf diese Weise können Sie Ihren Stolz befriedigen, sich einmal gedruckt zu sehen und außerdem das Finanzamt um einen guten Anteil Steuern gedrückt zu haben …

SUPER TRICK

Machen Sie Ihre persönlichen Vorlieben zur Goldgrube!

Wenn persönliches Interesse und Geschäftssinn in dieselbe Richtung gehen, 976
steht am Ende oft der große Erfolg, so sagt man. Und da jedes Unternehmen mit einem gewissen Risiko verbunden ist, sollten Sie finanziell gut abgesichert sein, um mögliche Verluste zu verkraften – am besten durch hohe Einkünfte aus anderen Quellen. »Die durch Verrechnung mit den Verlusten geschmälert werden. Das wollen Sie doch sagen«, so schließen Sie. Richtig, so erging es

- der Ehefrau eines gut verdienenden Arztes mit ihrer Töpferei (10.000 € Verlust in sechs Jahren),
- einem Diakon mit einer Mineralien- und Fossilienhandlung (55.000 € in acht Jahren),
- einem Studienrat a.D. und einem Lehrer als Schriftsteller über das Eisenbahnwesen (24.000 € in vier Jahren) bzw. Wappenkunde (72.000 € in 14 Jahren),
- einem Angestellten mit einer Papageienzucht (14.000 € in fünf Jahren),
- einem anderen Angestellten mit einer VIP-Autovermietung von Mercedes 600 (30.000 € nach zwei Jahren),
- einem Prokuristen und seiner Frau, die zusammen eine Heilpraxis ausübten (90.000 € in sieben Jahren),
- einem Angestellten als Kunstmaler, der durch Studienreisen hohe Verluste hatte (15.000 € in drei Jahren),
- einem Werklehrer als Bildhauer (über 100.000 € in 18 Jahren),

- einem Rechtsanwalt, der über 20 Jahre einen Verlust von 500.000 € abschrieb.

Das Finanzamt hat die Verluste nicht wegen Liebhaberei gestrichen und musste diesen Leuten die bereits bezahlten Steuern für die normalen Einkünfte wieder rausrücken. Einer hat sogar seine Kosten als Liebhaber abgesetzt (Verlust in sieben Jahren 90.000 €).

977 Nicht damit durchgekommen sind vielleicht ebenso viele Unternehmen. Bevor Sie Ihr Hobby zum Geschäft machen, schlagen Sie lieber die entsprechenden Entscheidungen nach. Ein paar Beispiele:

- Rallyesportunternehmen eines Fahrlehrers, sechs Jahre Verluste: Liebhaberei, FG Niedersachsen EFG 1992, S. 97,
- Secondhandshop infolge fehlender Deckung der fixen Kosten: Liebhaberei, FG Hessen EFG 1986, S. 271,
- Kunstgaleriefirma eines Arztes: Liebhaberei, FG Düsseldorf EFG 1992, S. 522,
- Vercharterung einer Segelyacht: Liebhaberei, FG Düsseldorf EFG 1992, S. 328,
- Getränkegroßhandel: nach allerdings erst 19 Verlustjahren als Liebhaberei deklariert, BFH vom 19.11.1985 – BStBl 1986 II S. 289, kaum glaubhaftes Urteil!
- Vollblutgestüt mit Rennstall: schon 1926 als Liebhaberei angesehen: Reichsfinanzhof vom 24.3.1926 – RStBl 1926, S. 194. Vgl. aber ➤ Rz 364,
- Springreitsport war nicht professionell genug: als Liebhaberei erklärt vom FG Rheinland-Pfalz vom 22.4.1982 – EFG 1983, S. 10. Vgl. aber ➤ Rz 364,
- Brieftaubenzucht: Liebhaberei, FG Münster vom 12.12.1962 – EFG 1963, S. 291,
- Architekt (dessen Ehefrau gut verdient) mit einem Gesamtverlust von über 120.000 € im Zeitraum von elf Jahren: Liebhaberei – nicht zu fassen!
- Pensionierter Richter, der über die Beschäftigung mit der Wappenkunde in 14 Jahren 72.000 € Verlust erklärte: Liebhaberei.

Lesen Sie zu Ausnahmen und Gestaltungen in den folgenden Rz nach.

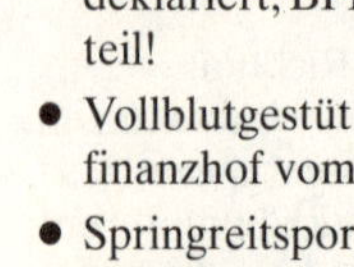

TIPP

zur Liebhaberei

978 Der BFH verlangt vom Fiskus, dass der sich ganz genau mit dem Fall befasst. So geschehen bei einem Künstler, der selbständig und gleichzeitig angestellt war und aus seiner Kunst insgesamt positive Einkünfte erzielte. Dennoch bestritt das Finanzamt seine Gewinnerzielungsabsicht. Der BFH gab dem Finanzamt eins auf die Finger: Man möge bitte genauer arbeiten (Urt. v. 6.3.2003 – BStBl 2003 II S.602). Wappnen Sie sich also mit Argumenten, dann haben Sie gute Chancen.

Argumentieren Sie so, wie der Bundesfinanzhof die Sache sieht. Der meint nämlich: »Wenn dauernde Verluste auf das Fehlen einer Gewinnerzielungsabsicht hindeuten, kann dies allein noch nicht entscheidend sein. Aus weiteren Beweisanzeichen muss vielmehr die Feststellung abgeleitet werden können, dass der Steuerpflichtige die verlustbringende Tätigkeit nur aus im Bereich seiner Lebensführung liegenden persönlichen Gründen oder Neigungen ausübt. Der Steuerpflichtige kann sich also darauf berufen, dass er die Gewinnaussichten und die betrieblichen Erfordernisse verkannt und Fehlmaßnahmen getroffen habe. Damit dies glaubhaft wird, muss er allerdings korrigierend tätig werden, etwa die Art der Bewirtschaftung umstellen.« Der Bundesfinanzhof stellt besonders auf einen »Totalgewinn« ab. Und meint, wenn die Gewinnerzielungsabsicht nicht zu prüfen sei, müsse auf das Ergebnis von der Gründung bis zur Veräußerung des Geschäfts geschaut werden. Dabei wären auch evtl. geschaffene stille Reserven einzubeziehen. Würden also nach außen nur Verluste ausgewiesen, könnte möglicherweise doch ein indirekter Gewinn dabei rumgekommen sein.

Darin sehe ich eine Chance für Sie. Bereiten Sie eine genaue Darstellung vor, wenn Ihnen das eben erwähnte Schreiben des Amtes auf den Schreibtisch flattert. Führen Sie an, was in Ihrem Laden bislang nicht geklappt hat und warum ständig Verluste angefallen sind. Und dass Sie ein neues Konzept erarbeiten und Umstrukturierungen vornehmen werden. Und dass Sie erst mal Erfahrungen zu sammeln hatten, um konkurrenzmäßig mithalten zu können. Das Allerwichtigste, das Sie nie vergessen dürfen:

Ihr Nebenjob muss kurz vor Ablauf der sog. Liebhabereifrist von zehn Jahren einen bleibenden Überschuss bringen. Ansonsten werden die Steuervorteile vom Finanzamt rückwirkend gestrichen! Mein Rat: Ist Ihnen das nicht möglich, dann melden Sie den Betrieb einfach ab – und Sie haben die Steuerermäßigungen für zehn Jahre sicher im Sack. 979

Sie sind skeptisch? Überlegen Sie doch: Wie könnten Sie Ihre streng kaufmännische Denkweise und Ihr Streben nach einem Gesamtgewinn besser dokumentieren als dadurch, dass Sie Ihren Betrieb einstellen, weil sich Ihr Engagement als nicht lohnend herausgestellt hat. Gerade damit nehmen Sie streichwütigen Fiskalrittern den Wind aus den Segeln, denn die Schließung des Betriebs ist die wohl wirksamste und daher auch vom Bundesfinanzhof anerkannte Umstrukturierungsmaßnahme, um von dauernden Verlusten herunterzukommen (BFH-Urt. v. 15.11.1984 – BStBl 1985 II S.205).

980 **Typische Gewerbebetriebe sind keine Liebhaberei**

Liebhaberei bedeutet immer, dass Ihr Betrieb langfristig Verluste abwirft **und zusätzlich** private Motive für seine Führung vorliegen. Fehlen solche privaten Gründe, kann Ihnen das Finanzamt nur noch in absoluten Ausnahmefällen mit Liebhaberei kommen. So gehört z.B. das Aufstellen von Automaten nicht zu den Tätigkeiten, die typischerweise der Befriedigung privater Neigungen dienen. Im Vorrang steht hier normalerweise das Ziel, Gewinne zu erwirtschaften. Werden trotzdem nachhaltig Verluste erzielt, kann Liebhaberei nur angenommen werden, wenn konkrete Anhaltspunkte dafür vorliegen, dass Sie die Verluste aus persönlichen Gründen hingenommen haben. Und das muss Ihnen das Finanzamt nachweisen (BFH v. 19.3.2009 – IV R 40/06).

Insbesondere bei Betrieben, bei denen es unwahrscheinlich ist, dass Sie damit nur Ihrem Hobby frönen, kann Ihnen das Finanzamt nur dann mit Liebhaberei kommen, wenn Sie über die Gründungsphase von ca. fünf Jahren hinaus sind und danach keine Maßnahmen ergriffen haben, die Verluste zu verringern. Allein die Steuerersparnis sieht der BFH als nicht ausreichend an, es sei denn, Sie legen es darauf an, gezielt die Verluste von der Steuer abzusetzen, spätere Gewinne dagegen möglichst steuerfrei zu kassieren (BFH v. 23.5.2007 – BStBl 2007 II S. 874).

981 **Vorgründungskosten**

Lassen Sie sich von den Fiskalrittern nicht die Vorgründungskosten für eine neue Existenz aberkennen! Nehmen wir mal an, Sie wollen sich mit einer McDonald's-Filiale im Franchising-System eine neue Existenz aufbauen. Dazu besuchen Sie teure Managerseminare, machen Lehrgänge in kaufmännischer Schulung, Englisch und Buchführung, fliegen zur Information in die Staaten

und haben dafür schon bald	10.000 €
ausgegeben. Dazu haben Sie Fahrtkosten von	2.500 €
Zusammen	12.500 €
Diese Ausgaben möchten Sie von Ihrem Einkommen	
als Arbeitnehmer in Höhe von	50.000 €
absetzen	– 12.500 €
so dass auf die verbleibenden	37.500 €
statt 11.944 € nur 7.484 € Steuer anfallen.	

Ihr Pech ist nun, dass McDonald's Ihnen die bereits in Aussicht gestellte Filiale nicht übergibt. Sie fragen nach, warum, und man sagt Ihnen, dass man durch eine Schufa-Auskunft erfahren habe, dass Sie in früheren Jahren einmal eine eidesstattliche Versicherung hatten ablegen müssen. Das Finanzamt meint: Sie hätten wissen müssen, dass damit Ihre Chancen auf eine Filiale und somit auf Selbständigkeit gering waren. Aus also für die Steuerrückzahlung. Als ordentlicher Mensch haben Sie aber alle Unterlagen aufbewahrt. Und aus denen geht hervor, dass Sie damals als selbständiger Plattenhersteller nur deshalb den Betrieb einstellen mussten, weil Sie der Pleitier Dr. Schneider mit in den Abgrund zog – Sie also unschuldig bankrottgegangen sind.

Resultat: Die Finanzer müssen klein beigeben. 4.460 € gerettet.

GUTER RAT

Umsatzsteuerlich kommt es nicht auf Gewinn-, sondern auf Einnahmeerzielungsabsicht an. Da das Umsatzsteuerrecht keine Liebhaberei kennt, können auch in einem solchen Fall die Regelungen des Vorsteuerabzugs anwendbar sein. So ist z.B. Karnevals- und Faschingsprinzen der Vorsteuerabzug nicht zu versagen (BFH v. 27.10.1993). 982

Vergessen Sie nicht: Eine private Nutzung eines Pkw müssen Sie bei der Umsatzsteuer als Eigenverbrauch erklären. Auch hier gelten als Bemessungsgrundlage zunächst einmal 1 % des Listenpreises pro Monat, allerdings abzgl. eines pauschalen Abschlags von 20 %. Damit wird bei der Pauschalregelung ausgeglichen, dass bei einem Pkw ein großer Teil Kosten entsteht, auf die keine Vorsteuern in Rechnung gestellt werden können, wie Kfz-Versicherung, Kfz-Steuer etc.

Sie sollten aber wissen: Bei Jahresumsätzen bis zu 17.500 € einschließlich Eigenverbrauch sind Sie Kleinunternehmer, d.h., von Ihnen wird keine Umsatzsteuer erhoben. Das bedeutet aber auch, dass keine Vorsteuer angerechnet und erstattet werden kann (§ 19 UStG). Damit Sie, wie geplant, die 6.650 € Vorsteuer aus der Wohnmobilrechnung erstattet bekommen, müssen Sie dem Finanzamt erklären, dass Sie *die Regelbesteuerung* wählen. An diese sind Sie dann fünf Jahre gebunden. Sie müssen dann Ihre Umsätze versteuern, auch wenn sie weiter unter der Grenze von 17.500 € liegen, können im Gegenzug aber aus den laufenden Kosten die Vorsteuern abziehen. 983

Pro Minute muss der Bund für Zinszahlungen
mehr als 80.000 € ausgeben,
in der Stunde fast fünf Millionen Euro.
In den kommenden Jahren
wird's noch mehr.
(Der frühere Finanzminister Hans Eichel)

8. Abschreibungen

Die Kosten für Wirtschaftsgüter, die Sie zur Erzielung von Einkünften verwenden, können Sie steuermindernd als Betriebsausgaben abziehen. Wirtschaftsgüter, die länger als ein Jahr genutzt werden, können Sie allerdings nur im Weg der Abschreibung absetzen, wobei die Anschaffungskosten auf die voraussichtliche 984

Nutzungsdauer verteilt werden. Abschreiben können Sie letztlich alle betrieblich genutzten Wirtschaftsgüter, die einem technischen oder wirtschaftlichen Wertverzehr unterliegen.
Bei Grundstücken und Gemälden anerkannter Künstler (BFH-Urt. v. 2.12.1977 – BStBl 1978 II S.164) und historischen Sammlungs- und Schaustücken (BFH-Urt. v. 9.8.1989 – BStBl 1990 II S.50) erkennt der Fiskus einen Wertverzehr normalerweise nicht an. Sie begegnen dem aber ganz einfach mit dem Hinweis, dass z.B. Ihre antiken Möbel im Büro durch die tatsächliche Nutzung einer technischen Abnutzung unterliegen und deshalb abgeschrieben werden können, obwohl sie wegen ihres historischen Wertes von Jahr zu Jahr wertvoller werden. Weisen Sie ungläubige Fiskalvertreter auf das BFH-Urteil vom 31.1.1986 (BStBl 1986 II, S.355) hin.
Die Nutzungsdauer ist nicht die tatsächliche Lebensdauer, sondern die Zeit, in der Sie den Gegenstand gewöhnlich in Ihrem Unternehmen einsetzen. Die Nutzungsdauer müssen Sie im Einzelfall schätzen, wobei Sie natürlich eher ein Jährchen zu wenig als zu viel schätzen sollten, denn je kürzer die Nutzungsdauer, umso höher Ihre Abschreibung.

SUPER TRICK

Schreiben Sie auch ab, was Ihrem Ehepartner gehört!

985 Eine Abschreibung können Sie zunächst nur vornehmen, wenn Ihnen das Wirtschaftsgut zivilrechtlich gehört. Oder es Ihnen wegen besonderer Umstände zumindest steuerlich als wirtschaftliches Eigentum zugerechnet wird. Gehört ein Gegenstand oder ein Gebäude, das Sie für Ihren Betrieb oder Ihren Beruf nutzen, ganz oder zum Teil Ihrem Ehegatten, haben Sie zwei Möglichkeiten. Einfach ist die Sache, wenn er zwar Miteigentümer ist, jedoch keine nennenswerten eigenen Einkünfte hat.

Haben Sie deshalb sowieso die gesamten Kosten getragen, z.B. die Baukosten für Ihr Haus, in dem sich auch Ihre Praxis befindet, können Sie die Abschreibung in voller Höhe als Betriebsausgaben absetzen. Den Anteil, der rechnerisch auf Ihren Ehepartner entfällt, setzen Sie unter der schönen Bezeichnung Drittaufwand ab. Hat Ihre bessere Hälfte dagegen ihren Anteil am Kaufpreis oder den Herstellungskosten selbst bezahlt, hilft ein einfacher Mietvertrag, mit dem Sie ihren ideellen Anteil an den von Ihnen betrieblich genutzten Räumen mieten.

Sie bzw. er hat dadurch zwar Einkünfte aus Vermietung, kann andererseits aber auch die Abschreibung absetzen. Da Sie die Miete als Betriebsausgaben absetzen können, bleibt es per saldo dabei, dass Sie in Ihrer gemeinsamen Steuererklärung die Abschreibung in voller Höhe absetzen.

TIPP

für gebrauchte Gegenstände

Auch für Sachen, die Ihnen schon jahrelang gehören und die Sie neuerdings für Ihr Unternehmen einsetzen, können Sie Abschreibung geltend machen. Der Vorteil für Land- und Forstwirte, Gewerbetreibende bzw. selbständig Tätige ist, dass die Abschreibungen nicht von den ursprünglich gezahlten Anschaffungskosten berechnet werden müssen. Die Einlage eines privaten Gegenstands in den Betrieb können Sie vielmehr mit dem Teilwert ansetzen, das ist der aktuelle Wert zum Zeitpunkt der erstmaligen betrieblichen Verwendung. Die Abschreibung ergibt sich aus diesem im Zweifel geschätzten Teilwert und der angenommenen Restnutzungsdauer des Gegenstands. Allerdings gilt dies nur, wenn Sie für diesen Gegenstand bisher noch keinerlei Abschreibung einkommensmindernd geltend gemacht haben. Im anderen Fall wäre nur der verminderte Betrag abzuschreiben. Die Abschreibung beginnt zunächst immer mit der Anschaffung, d.h. wenn das Wirtschaftsgut geliefert wird, bzw. mit dem Zeitpunkt der Fertigstellung. Für bewegliche Gegenstände bei Anschaffung bzw. Herstellung im Lauf des Kalenderjahres können Sie von Ihrer Abschreibung für jeden angefangenen Monat $^{1}/_{12}$ der vollen Jahresabschreibung ansetzen. Eine Ausnahme bildet dabei die degressive Gebäudeabschreibung. Hier wird im ersten und letzten Jahr des Abschreibungszeitraums immer der volle Jahresbetrag angesetzt.

Beispiel

Sie kaufen am 15.4. für 36.000 € einen neuen Wagen, dessen Nutzungsdauer sechs Jahre beträgt. Die volle Jahresabschreibung beträgt also 6.000 €. Ihre Abschreibung im ersten Jahr beträgt $^{9}/_{12}$ von 6.000 € = 4.500 €.

Das Einkommensteuergesetz sieht in § 7 EStG für Gegenstände, die betrieblich oder freiberuflich genutzt werden, unterschiedliche Abschreibungsmethoden vor. Nehmen wir an, Sie legen einen Pkw in Ihr Betriebsvermögen ein, den Sie 2020 als Arbeitnehmer beruflich genutzt und abgeschrieben haben und seit Oktober 2021 betrieblich nutzen.

Ursprüngliche Anschaffungskosten 4/2020	24.000 €
./. Abschreibung 4/2020 bis 10/2021 = $^{18}/_{12}$ von 4.000 €	– 6.000 €
Einlage am 1.10.2021	18.000 €
./. Abschreibung 2021 im Betrieb: $^{3}/_{12}$ von 4.000 €	– 1.000 €
(Restnutzungsdauer ca. 4 Jahre 3 Monate)	
Wert 31.12.2021	17.000 €
AfA für 2022:	4.000 €

Die Stuttgarter Regierung hat die Handschriftensammlung eines reichen Fürsten zum Rekordpreis von umgerechnet 24 Millionen € aufgekauft.

986 • **Lineare Abschreibung nach § 7 Abs. 1 S. 1 u. 2 EStG**

Die Abschreibung wird entsprechend der Nutzungsdauer des Gegenstands in gleichbleibenden Jahresbeträgen berücksichtigt. Im Jahr der Anschaffung wird die Abschreibung für jeden Monat, in denen Ihnen das Wirtschaftsgut noch nicht gehört hat, um $^1/_{12}$ gekürzt (zeitanteilige Berücksichtigung der Abschreibung).

987 • **Degressive Abschreibung, § 7 Abs. 2 EStG**

Außer bei Gebäuden können Sie auch bei betrieblich genutzten beweglichen Wirtschaftsgütern die Abschreibung degressiv vornehmen – sofern Sie sie in der Zeit zwischen 1.1.2006 und 31.12.2007, zwischen 1.1.2009 und 31.12.2010 oder zwischen 1.1.2020 und 31.12.2021 angeschafft haben.

Für Wirtschaftsgüter, die im Jahr 2008 oder ab 2011 bis 2019 erworben wurden, kann nur die lineare Abschreibung beansprucht werden.

Der Vorteil der degressiven Abschreibung liegt vor allem darin, dass sie in den ersten Jahren der Nutzungsdauer wesentlich höher ist als die lineare Abschreibung, während sie zum Ende hin niedriger ist. Die degressive Abschreibung lohnt sich allerdings allenfalls bei einer Nutzungsdauer über fünf Jahre. Mit ihrer Hilfe können Sie z.B. eine Maschine mit einer zehnjährigen Nutzungsdauer bereits in den ersten beiden Jahren zu 40 % abschreiben.

Anders als bei der linearen Abschreibung, bei der der Abschreibungssatz jeweils auf die Anschaffungs-/Herstellungskosten angewendet wird, wird er bei der degressiven Abschreibung nach dem Restwert zum Schluss des vergangenen Jahres berechnet. Die Anschaffungs- oder Herstellungskosten sind nur Ausgangswert für die Berechnung im ersten Jahr.

Der Prozentsatz der degressiven Abschreibung darf bei Anschaffung bzw. Herstellung nach dem 31.12.2005 höchstens dreimal so hoch sein wie der lineare Abschreibungssatz und höchstens 30 % betragen. Bei Anschaffungen nach dem 31.12.2008 liegen die Höchstbeträge beim 2,5-Fachen der linearen Abschreibung und bei max. 25 %. Die jeweils zulässigen Abschreibungssätze ergeben sich aus der folgenden Tabelle:

Betriebsgewöhnliche Nutzungsdauer	Abschreibung linear	Abschreibung degressiv (Kauf bis 2007)	Abschreibung degressiv (Kauf ab 2009)
Jahre	%	%	%
5 – 10	20 – 10	30,00	25,00
11	9,09	27,27	22,73
12	8,33	25,00	20,83
13	7,69	23,07	19,23
14	7,14	21,42	17,85
15	6,66	20,00	16,65
16	6,25	18,75	15,63
17	5,88	17,64	14,70

Betriebsgewöhnliche Nutzungsdauer	Abschreibung linear	Abschreibung degressiv (Kauf bis 2007)	Abschreibung degressiv (Kauf ab 2009)
18	5,55	16,65	13,88
19	5,26	15,78	13,15
20	5,00	15,00	12,25
21	4,76	14,28	11,90
22	4,54	13,62	11,35
23	4,34	13,02	10,85
24	4,16	12,48	10,40
25	4,00	12,00	10,00
30	3,33	10,00	8,33
40	2,50	7,50	6,25

SUPER TRICK

Wechseln Sie rechtzeitig die Abschreibungsmethode!

Wie Sie gelesen haben, ist die degressive Abschreibung nur in den ersten Jahren **988**
günstiger. Ich rate Ihnen daher, nach ein paar Jahren schleunigst zur linearen zu wechseln, wenn sich herausstellt, dass Sie damit besser fahren. Gegen einen Wechsel von der degressiven zur linearen Abschreibung können die Fiskalvertreter übrigens nichts machen, denn er ist nach § 7 Abs. 3 S. 1 EStG jederzeit möglich. Ein Wechsel von der linearen zur degressiven Abschreibung ist allerdings nicht zulässig. Wenn Sie den Wechsel vollzogen haben, wird der verbliebene Restbuchwert gleichmäßig auf die restliche Nutzungsdauer verteilt.

Beispiel

Die Anschaffungskosten Ihrer Büromöbel betrugen im Januar des Anschaffungsjahrs 20.000 €; Nutzungsdauer 13 Jahre.

Buch-/Restwert	Jahr	degressiv $^2/_{13}$ (20,07 %)	linear $^1/_{13}$	Differenz
Anschaffungskosten		20.000	20.000	
Abschreibung	1	4.014	1.538	2.476
Restbuchwert		15.986	18.462	
Abschreibung	2	3.208	1.538	1.670
Restbuchwert		12.778	16.923	
Abschreibung	3	2.565	1.538	1027

Buch-/Restwert	Jahr	degressiv $^2/_{13}$ (20,07 %)	linear $^1/_{13}$	Differenz
Restbuchwert		10.213	15.385	
Abschreibung	4	2.050	1.538	512
Restbuchwert		8.163	13.846	
Abschreibung	5	1.638	1.538	100
Restbuchwert		6.525	12.308	
Abschreibung	6	1.310	1.538	– 228
Restbuchwert		5.215	10.769	
Abschreibung	7	1.047	1.538	– 491
Restbuchwert		4.168	9.231	
Abschreibung	8	836	1.538	– 702
Restbuchwert		3.332	7.692	
Abschreibung	9	669	1.538	– 869
Restbuchwert		2.663	6.154	
Abschreibung	10	534	1.538	– 1.004
Restbuchwert		2.129	4.615	
Abschreibung	11	428	1.538	– 1.110
Restbuchwert		1.701	3.077	
Abschreibung	12	341	1.538	– 1.197
Restbuchwert		1.360	1.539	
Abschreibung	13	273	1.538	– 1.265
Restbuchwert		1.087	1	

Sie sollten in diesem Fall nach dem neunten Jahr zur linearen AfA wechseln. Die Abschreibung beträgt dann für die Jahre 10 bis 13 jeweils $^1/_4$ von 2.663 € = 666 €.

989 • **Außerordentliche Abschreibung**

TIPP

bei Beschädigung oder technischem Fortschritt

Sie müssen sich nicht immer mit der regulären Abschreibung zufriedengeben. Wenn es z.B. bei einem Unfall mit dem Betriebs-Pkw gekracht hat oder ein unachtsamer Lehrling eine Maschine in Flammen aufgehen lässt, können Sie den Schaden in Form einer außerordentlichen Abschreibung zusätzlich absetzen. Auch wenn Ihnen die technische Entwicklung davongelaufen ist, können Sie von der außerordentlichen Abschreibung profitieren. Ist Ihr Büro noch etwas vorsintflutlich mit veralteten Computern ausgestattet, können Sie deren Restwert auf einen Schlag abschreiben, wenn Sie auf moderne Rechner umstellen. Wenn Sie die degrassive Abschreibung gewählt haben, dürfen Sie allerdings keine Abschreibung für außergewöhnliche technische oder wirtschaftliche Abnutzung in Anspruch nehmen, z.B. weil eine Maschine veraltet ist oder nicht mehr wirtschaftlich betrieben werden kann, weil neue Maschinen eine viel höhere Stückzahl produzieren oder genauer arbeiten.

Abschreibung für GWG 990

Dieses unverständliche Steuerchinesisch bezeichnet einen ganz simplen Vorgang: GWG bedeutet »geringwertiges Wirtschaftsgut«; um die Buchführung zu entlasten, brauchen die Anschaffungskosten für ein GWG nicht auf die normale Nutzungsdauer verteilt zu werden. Für die Abschreibung gelten folgende Regeln:

Vollabschreibung im Bereich private Einkünfte

Für die Vollabschreibung von Gegenständen im Bereich privater Einkünfte, z.B. als Arbeitnehmer oder Vermieter, gilt ein Grenzbetrag von 800 € ohne Mehrwertsteuer. Das entspricht einem Kaufpreis von 952 €.

Abschreibung im betrieblichen Bereich
Kategorie 1 (Vollabschreibung)

Für betrieblich genutzte Gegenstände haben Sie zwei Möglichkeiten:

1. für Gegenstände bis 800 € Netto (Kaufpreis 952 €) setzen Sie die vollen Anschaffungskosten im Jahr des Erwerbs ab. Gegenstände mit höheren Anschaffungskosten müssen über die betriebliche Nutzungsdauer abgeschrieben werden.
2. Sie setzen nur Gegenstände mit Anschaffungskosten bis 250 € (Kaufpreis rd. 298 €) voll ab und sind im Übrigen an die Behandlung lt. **Kategorie 2** gebunden.

Kategorie 2 (Sammelposten mit fünfjähriger Abschreibung im Betrieb)

Für geringwertige Wirtschaftsgüter mit Anschaffungskosten (ohne abziehbare Vorsteuer) zwischen 250 € und 1.000 € gilt eine Besonderheit. Alle Anschaffungen in dieser Preiskategorie eines Jahres werden in einem Sammelposten zusammengefasst (»GWG-Pool«) und unabhängig von Ihrer tatsächlichen Nutzungsdauer einheitlich auf fünf Jahre abgeschrieben. Werden im Lauf dieser fünf Jahre einzelne Wirtschaftsgüter aus dem GWG-Pool vekauft, werden zwar die Verkaufserlöse als Betriebseinnahme erfasst, der Abgang der entsprechenden Gegenstände aber nicht gesondert erfasst. Obwohl sie also nicht mehr im Betrieb sind, werden sie bis zum Ablauf des Fünfjahreszeitraums weiter abgeschrieben.

Die Vollabschreibung ist auch für solche Wirtschaftsgüter zulässig, die zunächst privat genutzt und später dem Betrieb zugeführt (umgewidmet) wurden. (Sind die Gegenstände bis zu drei Jahre alt, müssen Sie die Abschreibung abziehen und den Restwert ansetzen. Sind sie älter, dürfen Sie sie mit dem Teilwert ansetzen. Nichtselbständige müssen immer die Vorabschreibungen berücksichtigen!) Diese Regelung machen Sie sich zunutze und legen dem Steuerberater zwecks Einlagenbuchung und anschließender Vollabschreibung z.B. folgende Abrechnung vor:

4 Besucherstühle à 200 € aus vierjährigem Privatbesitz	800 €
1 Perserbrücke aus fünfjährigem Privatbesitz	400 €
2 Ölgemälde aus vierjährigem Privatbesitz (300 € + 250 €)	550 €
Summe (mit Teilwert = Wiederbeschaffungskosten bewertet)	1.750 €
Steuerersparnis durch Abschreibung 20 % = ca.	350 €

9. Investitionsabzugsbetrag für kleinere und mittlere Betriebe sowie für Freiberufler – Die Abschreibung auf Zuruf

991 Handelt es sich bei Ihrem Unternehmen um einen kleinen bzw. mittleren Betrieb, können Sie wie eine Art vorweggenommene Abschreibung eine Gewinnminderung schon in Jahren absetzen, in denen Sie den betreffenden Gegenstand noch gar nicht gekauft haben. Das funktioniert, indem Sie außerhalb Ihrer Bilanz einen *Investitionsabzugsbetrag* (§ 7 g Abs. 1 EStG) in Höhe von bis zu 50 % der voraussichtlichen Anschaffungskosten ausweisen.

Als kleiner oder mittlerer Betrieb geht ein Unternehmen durch, wenn der Gewinn bei max. 200.000 € liegt. Alle übrigen Größenmerkmale, die in der Vergangenheit galten, wurden abgeschafft.

Die Wirtschaftsgüter, für die Sie einen Investitionsabzugsbetrag in Anspruch nehmen wollen, müssen zudem

- voraussichtlich innerhalb der nächsten drei Jahre erworben werden,
- beweglich sein,
- zum Anlagevermögen Ihres Betriebs gehören.

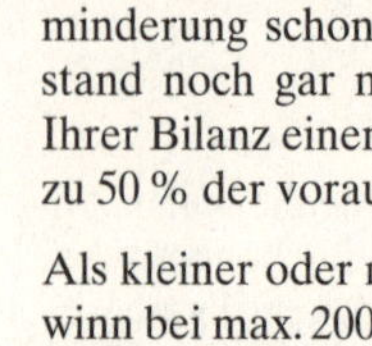

TIPP

Verlängerung der Investitionsfristen durch Corona

992 Wegen der Coronakrise konnten viele Betriebe, die in der Vergangenheit einen Investitionsabzugsbetrag gebildet hatten, die geplante Investition nicht rechtzeitig tätigen. Der Gesetzgeber hat daher im Rahmen einer Übergangsregelung die Investitionsfristen wie folgt verlängert:

Investitionsabzugsbetrag gebildet in	Ende der Investitionsfrist
2017, 2018, 2019	2022
2020	2023
2021	2024

In den Genuss eines Investitionsabzugsbetrags kommen Sie auch mit **gebrauchten** Wirtschaftsgütern.

Damit Sie von dem Investitionsabzugsbetrag profitieren, muss das später erworbene Wirtschaftsgut mindestens bis zum Ende des Jahres nach der Anschaffung im Betrieb bleiben und dort zu mehr als 90 % betrieblich genutzt werden. Angenommen, Sie wollen 2024 eine neue Maschine oder einen neuen Lkw kaufen. Die betriebliche Nutzung liegt wie schon bei den Vorgängermodellen bei nahezu 100 %. Für den Kauf können Sie schon 2021 eine Gewinnminderung durch einen Investitionsabzugsbetrag erreichen.

Sie können Ihren Gewinn max. um 50 % der voraussichtlichen Anschaffungs-/Herstellungskosten kürzen. Zugleich beträgt der Höchstbetrag für Ihre Investitionsabzugsbeträge 200.000 €. Sie können also die Abschreibung für geplante Investitionen bis zu einer Höhe von max. 400.000 € um bis zu drei Jahre vorziehen.

Filz? Verschwendung auf jeden Fall:
Das Arbeitsministerium ist Mitglied eines
Dampfkesselvereins (Dampfkessel gibt's längst nicht mehr!),
dem es für diese Ehre jährlich gut 45.000 € Beiträge zahlt.
Welcher Ministerialbeamte mag wohl Vorstand dieses
Vereins sein? Wann melden Sie einen ähnlichen an?

SUPER TRICK

Gewinnminderung auf Zuruf

Sie müssen dem Finanzamt das Wirtschaftsgut, für das Sie einen Investitionsab- **993**
zugsbetrag geltend machen, nicht seiner Funktion nach beschreiben. Sie müssen ihm lediglich die Summe der Investitionsabzugsbeträge, die Sie gebildet bzw. rückgängig gemacht haben, elektronisch mit einem amtlich vorgeschriebenen Datensatz übermitteln. Wenn Sie z. B. das Elster-Programm für die Erstellung Ihrer Steuererklärung nutzen, finden Sie darin die Möglichkeit zur Übermittlung der Daten zum Investitionsabzugsbetrag.

Sie können also praktisch ohne weitere Angaben Abzugsbeträge für begünstigte künftige Investitionen in Ihrem Betrieb bis zum Höchstbetrag von 200.000 € beanspruchen.

Da Sie die Investition nicht beschreiben müssen, erfolgt auch keine steuerschädliche Rückabwicklung, wenn Sie statt der ursprünglich geplanten Maschine lieber einen neuen Lkw für Ihren Betrieb kaufen.

Platzt die Investition komplett oder wird sie nicht in der geplanten Höhe getätigt, wird die Gewinnminderung aus dem Investitionsabzugsbetrag rückwirkend ganz bzw. teilweise gestrichen. Dazu wird der ursprüngliche Einkommensteuerbescheid geändert und eine entsprechende Steuernachzahlung festgesetzt. Auf diese Nachzahlung schlagen die Fiskalritter ab dem 1. 4. des zweiten Jahres nach dem Veranlagungsjahr pro Monat 0,5 % Zinsen auf.

Beispiel
Sie führen seit Jahren einen Gewerbebetrieb. Zum 31.12.2021 haben Sie einen Investitionsabzugsbetrag von 25.000 € abgezogen mit dem Hinweis, dass Sie sich 2024 für 50.000 € einen neuen Transporter kaufen wollen. Die Steuerersparnis daraus hat 2021 7.500 € betragen. 2024 platzt der Kauf des neuen Autos jedoch. Der Investitionsabzugsbetrag wird Ihnen nach Bearbeitung Ihrer Steuererklärung 2024 nachträglich für 2021 entzogen. Der Steuerbescheid 2021 wird geändert und eine Nachzahlung von 7.500 € Einkommensteuer festgesetzt, die Sie bei Fälligkeit, z.B. am 10.10.2025, begleichen. Neben der Nachzahlung an Einkommensteuer müssen Sie aber noch für die Zeit vom 1.4.2023 bis 30.9.2025 also für 30 Monate, Zinsen von 0,5 % pro Monat zahlen. Sie zahlen also nicht 7.500 € zurück, sondern 8.625 €.

Alternatives Beispiel
Sie haben im Jahr 2021 als Inhaber einer Werbeagentur den höchstmöglichen Investitionsabzugsbetrag in Höhe von 40.000 € (= 50 % der Anschaffungskosten) für eine in 2024 anzuschaffende EDV-Anlage (Kaufpreis 80.000 €) abgesetzt. Die Anlage wurde im ersten Halbjahr 2024 geliefert, kostete aber nur 60.000 €. Die Steuererklärung 2024 haben Sie im Oktober 2025 abgegeben, das Finanzamt hat den Steuerbescheid am 10.11.2025 erlassen.

Mit dem Steuerbescheid für 2024 korrigiert das Finanzamt gleichzeitig den Steuerbescheid 2021. Dort wird nun die Gewinnminderung aus dem Investitionsabzugsbetrag von 40.000 € auf 50 % von 60.000 € = 30.000 € reduziert und der Gewinn um 10.000 € erhöht. Daraus ergibt sich eine Einkommensteuernachzahlung von 3.500 € (Steuersatz ca. 35 %). Der korrigierte Steuerbescheid 2021 wird zusammen mit dem für 2024 erlassen. Die Rückzahlung von 3.500 € wird zum 13.12.2025 fällig. In diesem Fall wird der Betrag von 3.500 € für den Zeitraum vom 1.4.2023 bis 30.11.2025 (= 32 Monate) verzinst. Die Nachzahlungszinsen betragen 560 €.

SUPER TRICK

Zusätzlicher Gewinnabzug und Sonderabschreibung im Jahr der Anschaffung

Mit dem Investitionsabzugsbetrag sind zwei Vorteile verbunden: 994

1. Eine Sonderabschreibung von 20 % der Anschaffungskosten. Die Voraussetzungen für ihren Abzug sind dieselben wie für die Inanspruchnahme des Investitionsabzugsbetrags.
2. Ein weiterer Sonderabzug zu Lasten des Gewinns von bis zu 40 % der Anschaffungskosten (max. in Höhe des beanspruchten Investitionsabzugsbetrags). Mit der Gewinnminderung aus diesem Sonderabzug können Sie die Gewinnerhöhung aus der Auflösung des Investitionsabzugsbetrags im Jahr der Investition kompensieren. Einziger kleiner Pferdefuß: Die Abschreibungen werden nach den Anschaffungskosten, gekürzt um den Sonderabzug, berechnet.

Beispiel

Sie haben im Jahr 2018 einen Investitionsabzugsbetrag von 40.000 € gebildet (2017 galt noch eine Beschränkung auf 40 % der Anschaffungskosten) für die voraussichtliche Anschaffung einer Maschine (Nutzungsdauer zehn Jahre) im Wert von 100.000 € im Jahr 2021. Die Maschine wurde am 1.10.2021 geliefert.

Jahr	Abschreibungen/Korrekturen	Gewinnauswirkung
2018		
Investitionsabzugsbetrag	40 % v. 100.000 €	- 40.000 €
2021		
Anschaffung der Maschine zum 1. 10.	100.000 €	
gewinnerhöhende Auflösung des Investitionsabzugsbetrags	40 % v. 100.000 €	+ 40.000 €
Sonderabzug	40 % v. 100.000 €	– 40.000 €
Sonderabschreibung (Berechnungsgröße = 100.000 € – 40.000 €)	60.000 € × 20 %	– 12.000 €
reguläre Abschreibung 25 % degressiv	60.000 € × 25 %	– 15.000 €
Gewinnminderung bis 31.12.2021		67.000 €

Wie Sie sehen, können Sie auf diese Weise bis zum Ende des ersten Jahres, in dem Sie die Maschine gekauft haben, unter dem Strich mit 67 % mehr als 2/3 abschreiben.

TRICK

Ziehen Sie den Investitionsabzugsbetrag in Raten ab!

995 Der Fiskus verlangte bisher immer, dass sie den Investitionsabzugsbetrag in einem einzigen Wirtschaftsjahr (Abzugsjahr) geltend machen. Nur wenn sich später die kalkulierten Kaufpreise für die Investition erhöhten, sollte eine nachträgliche Aufstockung in einem späteren Jahr möglich sein. Dieses Aufstockungsverbot war vor allem dann ungünstig für Sie, wenn sich der Investitionsabzugsbetrag nicht voll auswirken konnte, weil Ihr Einkommen recht niedrig war.
Dieser restriktiven Handhabung ist der BFH entgegengetreten. Er lässt anders als das Finanzamt eine Aufstockung des bereits gebildeten Investitionsabzugsbetrags in einem späteren Jahr generell zu (BFH v. 12.11.2014 – X R 4/13, DB 2015 S. 6). Damit haben Sie es nun in der Hand, den maximalen Investitionsabzugsbetrag während der dreijährigen Investitionsfrist möglichst steuergünstig zu verteilen.

Beispiel
Angenommen, Sie haben 2020 die Anschaffung neuer Maschinen im Jahr 2023 für Ihren Betrieb geplant. Die voraussichtlichen Anschaffungskosten sollten 200.000 € betragen. Sie hätten also 2020 eigentlich 100.000 € vom Gewinn abziehen können. Da Ihr Gewinn aber 2020 nur 50.000 € betragen hat, haben Sie nur 40.000 € Investitionsabzugsbetrag in Anspruch genommen. Mit ein paar Sonderausgaben, die vom Restgewinn von 10.000 € noch abgezogen wurden, kamen Sie damit schon auf eine Steuer von 0 €. Im Jahr 2021 machen Sie jetzt von der für Sie günstigen BFH-Rechtsprechung Gebrauch und nehmen die verbleibenden 60.000 € Investitionsabzugsbetrag bei der Steuererklärung 2021 in Anspruch. So drehen Sie dem Finanzamt eine lange Nase und sparen noch einmal einen dicken Batzen an Steuern.

TRICK

Beanspruchen Sie den Investitionsabzugsbetrag für EDV-Programme!

996 Den Investitionsabzugsbetrag erhalten Sie normalerweise nur für materielle Wirtschaftsgüter, das sind körperlich greifbare Gegenstände, die Sie für den Betrieb anschaffen wollen. EDV-Programme sind daher eigentlich außen vor. Allerdings gilt eine Ausnahme für sog. Trivialsoftware. Das sind EDV-Pakete, die

konfektioniert sind und massenhaft im Handel angeboten werden, die also nicht auf Ihre Bedürfnisse zugeschnitten sind. Neben einfachen Buchhaltungsprogrammen gehört dazu vor allem typische Bürosoftware wie Textverarbeitungs-, Tabellenkalkulations- und E-Mail-Programme. Ohne weitere Prüfung können Sie von einer Trivialsoftware ausgehen, wenn der Kaufpreis dafür nicht über 800 € (ohne MwSt.) liegt.

TRICK

Kompensieren Sie mit einem Investitionsabzugsbetrag eine Gewinnerhöhung durch das Finanzamt!

Angenommen, das Finanzamt weicht von Ihrer Steuererklärung ab und streicht 997
Ihnen einen Teil der Betriebsausgaben oder es kommt im Rahmen einer Betriebsprüfung zu einer nachträglichen Gewinnerhöhung. Mithilfe des Investitionsabzugsbetrags fahren Sie dem Fiskus in die Parade. Beantragen Sie in einem solchen Fall schlicht die nachträgliche Erfassung eines Investitionsabzugsbetrags und kompensieren Sie damit die vom Fiskus vorgenommene Gewinnerhöhung und damit letztlich die drohende Steuernachzahlung.

Wenn Ihnen das Finanzamt mit Hinweis auf das BMF-Schreiben vom 20.11.2013 (BStBl 2013 I S. 1493) den nachträglichen Investitionsabzugsbetrag nicht anerkennen will, kontern Sie mit zwei aktuellen Gerichtsentscheidungen, die Ihren Standpunkt stützen. Die Finanzgerichte Sachsen (Sächsisches FG v. 3.12.2013 – 8 K 738/12) und Niedersachsen (FG Niedersachsen v. 18.12.2013 – 4 K 159/13, Revision beim BFH – IV R 9/14) sind da nämlich ganz anderer Meinung und wollen Ihnen den Abzugsbetrag zugestehen. Also auf ins Gefecht und dem Fiskus die Stirn geboten.

10. Vermasseln Sie dem Fiskus gänzlich die Tour

Längst haben Sie die Hoffnung auf niedrige Steuersätze und gerechte Steuerge- 998
setze aufgegeben, denn der Staat scheut sich nicht, auch verfassungswidrige Gesetze in Kraft zu setzen und anzuwenden, die das Verfassungsgericht konkret für verfassungswidrig erklärt hat.

Schöpfen Sie daher alle Möglichkeiten aus, den zu versteuernden Gewinn zu drücken.

TRICK

Geschenk oder Provision, das ist die Frage.

999 Geschenke, auch in Form von Geld, an Geschäftsfreunde dürfen Sie nur als Betriebsausgaben absetzen, wenn die Aufwendungen dafür im Jahr je Empfänger 35 € nicht übersteigen (§ 4 Abs. 5 EStG). Schmiergeldzahlungen sind nicht abzugsfähig, wenn ihre Zahlung rechtswidrig ist (§ 4 Abs.5 Nr. 10 EStG).

Achtung: Das Finanzamt teilt der Staatsanwaltschaft gnadenlos Ihre Schmiergeldzahlungen mit. Da nutzt es Ihnen in der Regel auch nicht viel, wenn Sie sie als Provisionen bezeichnen. Sie entgehen einer Bestrafung nur durch einen vorher geschickt von einem Anwalt verfassten Vertrag.

TRICK

Die Betriebsveräußerung um eine Sekunde verschieben und reich werden.

1000 Wenn Sie sich aus Ihrem Geschäft oder Ihrer Praxis zurückziehen wollen, kommt es meist nicht auf ein Jahr mehr oder weniger an. Lassen Sie daher die Zeit für sich spielen, wenn es durch eine Steuerreform zu einer niedrigeren oder höheren Steuerbelastung als im Vorjahr kommt.

Da Betriebsveräußerungen und Praxisverkäufe vorwiegend zum Jahreswechsel abgewickelt werden, sollten Sie prüfen, ob eine Veräußerung, die zum 31.12. des Jahres geplant ist, nicht auch am 2.1. des darauffolgenden Jahres erfolgen kann. Rein rechtlich sind der 31.12.24.00 Uhr und der 1. 1.0.00 Uhr – bedingt durch die sog. juristische Sekunde – zwei verschiedene Zeitpunkte. Es wird davon ausgegangen, dass die Praxistätigkeit zum 31. 12. eingestellt wird, im folgenden Jahr also keine Praxiseinkünfte mehr erzielt werden. Durch die Verlagerung der Gewinne in unterschiedliche Veranlagungszeiträume sinkt die Steuerbelastung noch einmal zusätzlich.

Finanzverwaltung und Rechtsprechung haben Kriterien dafür aufgestellt, wann eine steuerlich wirksame und begünstigte Praxisveräußerung vorliegt. Dazu muss die Praxis gegen Entgelt veräußert werden, und die wesentlichen Grundlagen der Praxis müssen so veräußert werden, dass der Käufer den Betrieb als solchen fortführen kann. Nur so besteht ein grundsätzlicher Anspruch auf den Freibetrag in Höhe von 45.000 €.

Ein Betriebs- oder Praxisverkauf will gut überlegt sein!

TRICK

Wechseln Sie vor dem Verkauf Ihre Buchführung!

Gehen Sie im Jahr vor der Betriebs- oder Praxisabgabe von der Einnahmen- 1001
überschussrechnung über zur Bilanzierung. Warum? Nun, bei der gewöhnlichen Gewinnermittlung werden Einnahmen und Ausgaben so erfasst, wie sie anfallen. Das heißt, eine Rechnung, die Sie im Dezember 2021 stellen und die im Januar 2022 beglichen wird, steigert Ihren Umsatz im Jahr 2022. Wenn es aber um die Vorüberlegung geht, im Jahr des Praxis-/Betriebsverkaufs, in diesem Fall 2022, möglichst wenig laufende Gewinne zu produzieren, ist es in Ihrem Interesse, dass die Privatliquidation noch in das alte Jahr gebucht wird, wo sie laut Rechnungsstellung auch hingehört. Das ist möglich, wenn Sie eine Bilanz aufstellen. Rechtlich und technisch stellt das kein Problem dar, nur muss Ihr Steuerberater Bescheid wissen.

Investitionen in den letzten Monaten der Tätigkeit können sich ebenfalls lohnen. Diese sollten mit dem Käufer abgesprochen werden. Der könnte durchaus ein Interesse daran haben, dass ihm z.B. ein moderner PC zur Verfügung steht. Den Wert des Betriebs und damit den erzielbaren Kaufpreis erhöht solch eine Investition allemal. Steuerrechtlich gibt es gute Gründe dafür, dass der Verkäufer noch sinnvoll investiert: Denn die Investition wirkt sich über die laufende Abschreibung zum vollen Steuersatz steuermindernd aus. Der höhere Gewinn aus dem Verkauf wird aber nur mit dem halben Steuersatz versteuert.

SUPER TRICK

Gestalten Sie die Bilanz 2021 so, dass Sie für mehrere Jahre gut fahren!

Abschreibungen 1002

1. Erzielen Sie die höchstmögliche Abschreibung, indem Sie die betriebliche Nutzungsdauer für Maschinen und Anlagen so kurz wie möglich ansetzen.
2. Nutzen Sie grundsätzlich alle Abschreibungsmöglichkeiten, um Ihre Kosten in die Bilanz 2021 hineinzudrücken, falls der Gewinn hoch ausfällt.
3. Nutzen Sie die wieder eingeführte degressive Abschreibung, um Ihren Gewinn zu drücken.

4. Verschieben Sie bei kleinem Gewinn die Kosten durch niedrige Abschreibung 2021 in die nächste Bilanz.

800-€-Grenze für kleine Anschaffungen

1. Ziehen Sie alle Kosten für geringwertige Wirtschaftsgüter bis 800 € sofort als betrieblichen Aufwand ab.
2. Prüfen Sie bei Investitionen in Büroausstattung oder EDV, ob einzelne Teile, Regale oder Drucker, sofort absetzbar sind.

Investitionsabzugsbetrag und Sonderabschreibung

1. Bilden Sie für künftige Investitionen den max. Investitionsabzugsbetrag von 50 %, wenn der Gewinn bis zu 200.000 € beträgt.
2. Nutzen Sie den Investitionsabzugsbetrag aber nur, wenn Sie sicher sind, dass Sie die geplanten Investitionen auch vornehmen werden.
3. Nehmen Sie die Sonderabschreibung für kleine Betriebe von 20 % der Anschaffungskosten von betrieblichen Wirtschaftsgütern voll in Anspruch.

Außenstände

1. Kürzen Sie Ihre Forderungen grundsätzlich um 1 % als zweifelhaft. Droht einem Ihrer Kunden die Pleite, werten Sie die offenen Rechnungen kräftig ab.
2. Ziehen Sie 3 % vom Nennwert der Forderungen steuermindernd ab, wenn die Kunden überwiegend mit Skonto zahlen.
3. Früher abgeschriebene Forderungen können Sie höher bewerten, wenn der Kunde wieder zu Geld gekommen ist.
4. Ihre Forderungen sollten Sie pauschal stets mit 1 bis 3 % wertberichtigen.

Rückstellungen

1. Bei zu hohem Jahresgewinn rein in die Bilanz, damit irgendwas geht: für Resturlaub, Garantie- und Kulanzleistungen, Jahresabschluss etc.
2. Nutzen Sie alle Möglichkeiten für Rückstellungen, vergessen Sie dabei als GmbH-Chef die eigenen Benefits nicht.

Big Brother is watching you.
(George Orwell)

TIPP

für Veräußerungsgewinne

Für Veräußerungsgewinne ermäßigt sich Ihr Steuersatz auf Antrag auf nur 56 % 1003
des regulären Steuersatzes. Allerdings nur einmal im Leben und auch nur dann, wenn Sie mindestens 55 Jahre alt oder berufsunfähig waren, als Sie Ihren Betrieb verkauft haben. Außerdem beträgt der Mindeststeuersatz – Ermäßigung hin oder her – 14,0 %.

Beispiel
Unternehmer X (66 Jahre alt, ledig) hat seinen Betrieb am 15.3.2021 für 370.000 € veräußert. Der Wert des Betriebsvermögens betrug zu diesem Stichtag lt. Steuerbilanz 200.000 €.

Verkaufspreis			370.000 €
./. Wert des Betriebsvermögens			– 200.000 €
Veräußerungsgewinn			170.000 €
Freibetrag		45.000 €	
./. schädlicher Betrag	136.000 €		
	– 170.000 €		
	– 34.000 € >	– 34.000 €	
Verbleiben		11.000 € >	– 11.000 €
Zu versteuernder Gewinn			159.000 €
Vermietungseinkünfte			50.000 €
./. Sonderausgaben etc.			– 20.000 €
Zu versteuerndes Einkommen			189.000 €
ESt/regulär 2021			70.243 €
ESt/ohne Veräußerungsgewinn			5.091 €
Durchschnittl. Steuersatz 70.243/189.000 = 37,165 %,			
davon 56 % = 20,813 % v. 159.000 €			33.092 €
ESt ohne Veräußerungsgewinn			5.091 €
Einkommensteuer 2021			38.183 €
Ersparnis			32.060 €

In Sangerhausen (Sachsen-Anhalt)
steht eine Brücke einsam in der Landschaft.
Die Straße, die darüberführen sollte,
wurde anderswo gebaut. Kosten: 2,5 Millionen Euro.

TRICK

Lassen Sie den Fiskus leer ausgehen, wenn Sie sich zur Ruhe setzen!

1004 Eine ganz böse Steuerfalle lauert auf Sie, wenn Sie es eigentlich am wenigsten erwarten. Nachdem Sie sich jahrzehntelang abgerackert haben, um sich ein gutgehendes Geschäft aufzubauen, wollen Sie die Früchte Ihrer Arbeit genießen. Geben Sie Ihr Unternehmen an Ihre Kinder weiter, können Sie z.B. von den Tricks unter ➤ Rz 1000 ff. profitieren. Wenn Sie Ihren Laden für gutes Geld verkaufen können, machen Ihnen Freibetrag und Fünftelregelung den Zugriff des Fiskus auf die über Jahre angesammelten stillen Reserven (Differenz zwischen Buchwert und tatsächlichem Wert) zumindest etwas erträglicher.

Fatal wird es aber oft, wenn Sie gezwungen sind, den Betrieb aufzugeben und z.B. Ihre Geschäftsräume anderweitig zu vermieten oder zu verpachten, um Ihren Lebensunterhalt für die Zukunft zu sichern. Auch hier greift der Fiskus gnadenlos zu und verlangt von Ihnen die Versteuerung sämtlicher stiller Reserven. Natürlich fällt es Ihnen in diesem Fall besonders schwer, die Steuern aufzubringen. In Ihrer Kasse hat ja kein Cent geklingelt, schließlich steht der Gewinn aus der Aufgabe Ihres Betriebs nur auf dem Papier.

Damit Sie die Steuerlast nicht zu sehr drückt, müssen Sie wissen, dass Sie ein Wahlrecht haben, wenn Sie Ihren Laden verpachten. Es steht Ihnen frei, die Betriebsaufgabe zu erklären. Der fiktive Veräußerungsgewinn, der dann angesetzt wird, unterliegt nach Abzug des Freibetrags für Betriebsveräußerungen der Fünftelregelung. Die andere Alternative ist, dass sie Ihren verpachteten Betrieb als ruhenden Gewerbebetrieb fortführen. Die Pachterträge stellen dann weiterhin gewerbliche Einkünfte dar – allerdings ohne Gewerbesteuerpflicht. Die sofortige Versteuerung eines Aufgabegewinns entfällt. Sie können sie auf diese Weise bis zum Sankt-Nimmerleins-Tag hinausschieben. Einzige Voraussetzung: Sie müssen Ihren Betrieb im Ganzen verpachten, und der Pächter muss ein gleichartiges Unternehmen führen.

Vorsicht ist daher geboten, wenn ein Pächterwechsel ansteht und der Neue nicht wie Sie früher eine Apotheke, sondern z.B. ein Schuhgeschäft betreibt. Der Fiskus hängt Ihnen dann nämlich eine zwangsweise Betriebsaufgabe mit Aufdeckung aller stillen Reserven und Versteuerung entsprechender Gewinne an.

TIPP

für verpachtete Betriebe

Gründen Sie eine GmbH & Co. KG, in die Sie Ihren Verpachtungsbetrieb zu 1005
Buchwerten – also ohne Steuerbelastung – einbringen. Dann können Sie trotz Pächterwechsels den Betriebsaufgabegewinn leise vor sich hin schlummern lassen und Ihr Geld dem allzu gierigen Zugriff des Fiskus entziehen.

Die GmbH & Co. KG gilt gesetzlich fiktiv als sog. gewerblich geprägte Personengesellschaft (§ 15 Abs. 3 EStG), die Einkünfte aus Gewerbebetrieb erzielt. Ihr Vorteil: Sie können vermieten oder verpachten, an wen Sie wollen. Egal, ob sich in Ihrem Geschäft eine Kneipe oder eine Spielhalle einmietet, das Finanzamt kann Ihnen auf keinen Fall mehr mit einer zwangsweisen Betriebsaufgabe kommen. Und Sie bestimmen selbst, wann es Ihnen genehm erscheint, Ihren Betrieb einzustellen und eventuelle daraus entstehende Gewinne zu versteuern.

GUTER RAT

Unterlassen Sie es, Ihren betrieblichen Kredit zu tilgen, weil Sie beispielsweise 1006
statt der dafür erforderlichen Veräußerung des Betriebsgrundstücks lieber Einkünfte aus dessen Vermietung erzielen wollen, sind die bisher betrieblich bedingten Schuldzinsen nunmehr als Werbungskosten aus Vermietung abzugsfähig (BFH v. 19.8.1998 – BStBl 1999 II S. 353).

11. Die steuerliche Betriebsprüfung

Die steuerliche Betriebsprüfung ist für den Fiskus ein lohnendes Geschäft, 1007
denn in 95 % aller Prüfungen ergeben sich Nachzahlungen. Wappnen Sie sich also, wenn das Finanzamt eine Prüfung ankündigt, denn es wäre schon ein kleines Wunder, wenn Sie ungeschoren davonkämen. Sie können sich denken, dass sie ihre wertvollen Leute dort einsetzen, wo die Chancen am größten sind, hohe Nachzahlungen einzuheimsen. Also vermeiden Sie, in dieser Hinsicht aufzufallen. Ins Visier geraten Sie, wenn sich aus Ihrem Jahresabschluss ergibt,

- dass Ihre privaten Entnahmen aus dem Geschäft ziemlich niedrig liegen und keine anderen Einkünfte angegeben sind, die das Defizit decken,
- dass Ihr Lohn- und Materialaufwand plötzlich stark angestiegen ist, während Sie mit dem Bau einer Privatvilla beschäftigt sind,

- dass Ihr Personalaufwand und Ihre Investitionen stark gestiegen sind, Ihr Umsatz aber nicht mitgewachsen ist,
- dass Ihr Roh- und Reingewinn von den amtlichen Richtsätzen ziemlich stark abweicht,
- dass Sie Darlehen von Angehörigen oder Verwandten bekommen haben oder hohe Einlagen in den Betrieb machten,
- dass Ihr Roh- und Reingewinn gegenüber den Vorjahren stark schwankte oder vom Anlagevermögen oder vom Warenbestand hohe Sonderabschreibungen gemacht wurden,
- dass außerordentlich hohe Reparaturaufwendungen erfolgten, die möglicherweise aktivierungspflichtig sein könnten,
- dass ein Vergleich Ihrer Vermögen zu Beginn der selbständigen Tätigkeit (bzw. vom letzten Prüfungsjahr an) mit dem letzten Beobachtungsjahr einen ungeklärten Vermögenszuwachs ergibt, der vielleicht aus Ohne-Rechnung-Geschäften stammen könnte,
- dass trotz hoher Kundenzahlungen keine oder nur geringe halbfertige Arbeiten aktiviert wurden,
- dass hohe Rückstellungen für Wechselobligo oder Delkredere erscheinen und für Garantieverpflichtungen, die nicht erklärbar sind.

SUPER TRICK

Wie Sie vielleicht eine Betriebsprüfung verhindern können.

1008 Enthalten Ihre Steuerbescheide den Zusatz »Vorbehalt der Nachprüfung nach § 164 AO«, sind Sie steuerlich aufgefallen, und es droht eine Betriebsprüfung (BP). Meistens wartet das Finanzamt aber ab, bis drei Jahre unter »Vorbehalt der Nachprüfung« veranlagt sind, und ordnet erst dann eine Betriebsprüfung an, denn der normale Prüfungszeitraum umfasst drei Jahre.

Schon nach dem ersten solchen Bescheid sollten Sie herausfinden, was dem Finanzamt missfallen hat. Dann geben Sie bei der nächsten Steuererklärung dazu eine Begründung ab, z.B., warum Ihr Rohgewinn so niedrig ist oder warum Sie ein Wohnmobil in Ihrem Fahrzeugpark haben. Wenn alles einleuchtend ist, sagt sich die Betriebsprüfungsstelle vielleicht »Nichts zu holen« und streicht Sie vom Prüfungsplan.

Ob Ihre Bemühungen gefruchtet haben, zeigt der nächste Bescheid. Enthalten er und auch der darauffolgende wieder den Zusatz »Vorbehalt der Nachprüfung«, sind Sie bald reif. Ein Jahr können Sie prüfungsfrei retten, wenn Sie ganz schnell die Steuererklärung für das vierte Jahr abgeben. Dann wird nämlich dieses vierte Jahr mitgeprüft und fällt das erste »Vorbehaltsjahr« aus der Prüfung raus.

Besonders fies: Die Finanzverwaltung darf im Rahmen ihrer Betriebsprüfung 1009
auf Ihre elektronische Buchführung zugreifen. Verweigern Sie den Zugriff, wird geschätzt. Und jeder weiß: Wenn das Finanzamt schätzt, dann immer zugunsten des Fiskus – auch wenn das ungesetzlich ist. Damit sollen Sie zur Mitarbeit gezwungen werden. Sie sehen: Mitwirkung ist angeraten. Dann hat man noch am meisten Einfluss auf das Ergebnis.

Bereiten Sie sich auf diese Situation sorgfältig vor und halten Sie alle Daten der Finanz-, Anlagen- und Lohnbuchhaltung bereit. Ansonsten müssen Sie den Prüfern nur steuerlich relevante Unterlagen überlassen.

TIPP

zur Betriebsprüfung

Um zu verhindern, dass der Prüfer seine Nase in Dinge steckt, die ihn nichts angehen, sollten Sie schon während des alltäglichen Geschäftsbetriebs steuerlich relevante Daten immer strikt von Personalangelegenheiten, Betriebsgeheimnissen oder gar privaten Dingen trennen – das geht bis hinein in den E-Mail-Verkehr und die Korrespondenz. Denn: Der Prüfer hat kein Verwertungsverbot für Daten, die ihm versehentlich unterkommen, aber nicht für ihn bestimmt sind.

Flattert Ihnen eine »Prüfungsanordnung« ins Haus, ist vor Prüfungsbeginn – die Frist beträgt meistens nur 14 Tage – noch allerhand zu tun:

- Schwachstellen der Prüfungsjahre erkunden, Antworten und Argumente vordenken;
- Unterlagen sichten und bereitlegen; private Unterlagen aussortieren;
- ruhigen Raum bereitstellen, denn Vorsicht: Unbefugte hören gern mit.

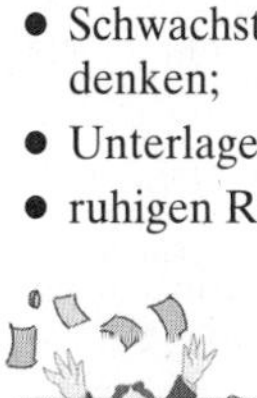

TRICK

Kein freier Raum für den Außenprüfer

Wenn ein Prüfer kein eigenes Zimmer haben kann und etwa gar mit Ihnen an 1010
einem Schreibtisch sitzen muss, wird er sauer. Da Sie nun aber einmal keinen freien Raum für ihn haben, was Ihnen natürlich fürchterlich leidtut, lassen Sie dem Finanzamt folgendes Brieflein oder Fax zuflattern:

```
An das Finanzamt                         Helmut Unverzagt
Hochstein                                Steuer-Nr. . . . . .
000/0000

Sehr geehrte Damen und Herren,
ich habe das Ankündigungsschreiben zur Betriebsprüfung erhalten und muss
Ihnen leider sagen, dass ich wegen beengter räumlicher Verhältnisse nicht
in der Lage bin, Ihrem Prüfer einen Raum zur Verfügung zu stellen.
Ich bitte Sie daher, die Prüfung an Ihrer Amtsstelle durchzuführen. Alle
dazu erforderlichen Unterlagen bitte ich am x. x. xx bei mir abzuholen.
Mit freundlichen Grüßen
Helmut Unverzagt
```

Dadurch haben Sie folgende Vorteile: Der Prüfer, stets ein Störfaktor in Ihrem Betrieb, ist nun weitab vom Schuss. Er kann nicht jeden Augenblick mit Fragen bei Ihnen aufkreuzen. Ihre Mitarbeiter bleiben von ihm verschont, Sie müssen sich keine Sorgen mehr machen, ob er auch stets heißen Kaffee in seiner Kanne hat. Falls er was zu meckern hat, vergeht viel Zeit, und Sie können besser darauf reagieren.

Sie haben vergessen, dass er während der vorigen Prüfung in Ihrem großen Empfangszimmer saß und daher weiß, dass Platz zur Verfügung steht? Seien Sie nicht so schwerfällig. Wollten Sie in diesem Raum nicht just in der Prüfungszeit eine Großrenovierung machen lassen?

Während der Prüfung:

- Dauer erfragen;
- Bücher und Belege nur jahrgangsweise vorlegen, nicht »en bloc«; nur geben, was der Prüfer gerade braucht; keine Selbstbedienung zulassen;
- auf Fragen verhalten antworten: »Weiß ich nicht genau, muss ich erst Mitarbeiter fragen …«;
- keine Selbstbedienung beim Kopierer; alles, was kopiert wird, notieren; ggf. den betreffenden Geschäftspartner informieren, damit er rechtzeitig Selbstanzeige machen kann;
- nur Fragen an die dem Prüfer benannte Auskunftsperson zulassen, keine Fragen an andere Mitarbeiter oder den Ehepartner;
- für gutes Klima sorgen: Verständnis und Kompromissbereitschaft zeigen; Kaffee und kleinen Imbiss anbieten;
- Versehen ggf. eingestehen, aber niemals krumme Sachen …

Haben Sie wirklich mal ein krummes Ding gedreht und müssen befürchten, dass Ihnen der Prüfer auf die Schliche kommt, dann erstatten Sie *vor* der Prüfung Selbstanzeige. So gehen Sie wenigstens straffrei aus (Näheres dazu siehe Konz: »Wenn der Betriebsprüfer kommt«, ISBN 3-548-355-9511).

TRICK

Lassen Sie sich keine »besonders schwere Steuerhinterziehung« anhängen!

Bei der Steuerhinterziehung wird zwischen der einfachen Steuerhinterziehung, 1011
die durch unrichtige oder nicht abgegebene Steuererklärungen begangen wird, und der besonders schweren Steuerhinterziehung unterschieden. Letztere liegt vor allem dann vor, wenn

- Steuern in großem Ausmaß verkürzt werden,
- Sie ein Amtsträger, z.B. Beamter, sind, der seine Möglichkeiten ausnutzt, um Steuern zu hinterziehen,
- Sie bei Ihrer Steuerhinterziehung mit einem Amtsträger zusammengearbeitet haben,
- Sie fortlaufend Steuern hinterzogen haben, indem Sie Belege und Unterlagen gefälscht haben (in diesem Fall geht es Ihnen möglicherweise auch noch wegen Urkundenfälschung an den Kragen),
- Sie bandenmäßig Umsatz- oder Verbrauchssteuern hinterzogen haben (z.B. als Teil eines sog »Umsatzsteuerkarussells«.)

Bei einer besonders schweren Steuerhinterziehung drohen Ihnen mindestens sechs Monate, im Extremfall bis zu zehn Jahre Knast.
Und aufgepasst: Beträgt die hinterzogene Steuer mehr als 1 Mio €, dürfen Freiheitsstrafen auf keinen Fall mehr zur Bewährung ausgesetzt werden. Wenn Sie es also ganz toll getrieben und keine wirksame Selbstanzeige erstattet haben oder das Finanzamt Sie auf andere Art und Weise erwischt hat, atmen Sie mit an Sicherheit grenzender Wahrscheinlichkeit gesiebte Luft.

GUTER RAT

Wollen Sie Ihr Ferienhaus oder Ihre Motor- oder Segelyacht verkaufen, haben 1012
Sie, ehe Sie sich versehen, die Steuerfahnder am Hals. Sie holen sich von der Zeitung, in der Sie annonciert haben – trotz Chiffre – Ihren Namen und fahnden bei Ihnen nach Schwarzgeld. Auch der Schiffsmakler muss Ihren Namen nennen, wenn er Ihre Yacht zum Verkauf anbietet (BFH-Urt. v. 17.3.1992 – BFH/NV 1992 S.789). Zwar darf der Steuerfahnder nur bei hinreichendem An-

lass Dritte um solche Auskünfte angehen, insbesondere sind Ermittlungen »ins Blaue hinein« nicht zulässig, doch es gehört zu den Aufgaben der Steuerfahndung, auch unbekannte Steuerfälle aufzudecken (§ 208 Abs.1 Nr. 3 AO). Und bei Verkauf von Privatgrundstücken oder teuren Yachten haben die Fiskalritter schnell den Verdacht, dass Schwarzgeld geflossen ist, und hoffen, ein hohes Mehrergebnis einzuheimsen.

TRICK

Wie Sie bei Steuerhinterziehung ohne Strafe davonkommen

1013 Wenn Sie so im stillen Kämmerlein Ihre Sünden überdenken und zu dem Schluss kommen, dass ein Staatsanwalt eine Steuerhinterziehung entdecken könnte, dann müssen Sie wissen: Wenn Sie die Tat rechtzeitig anzeigen, bleiben Sie straffrei. »Rechtzeitig« bedeutet, solange die Steuerbehörden noch nichts von der Tat wissen. Zwar werden Sie die Steuer nachzahlen müssen, aber nicht aus dem Stand! Das Finanzamt wird Ihnen eine Zahlungsfrist einräumen.

Was Sie bedenken sollten: Wenn Ihnen die Beamten der Steuerfahndung erst mal gegenübersitzen und Sie offiziell wegen Steuerhinterziehung befragen, nützt auch ein dramatisches Geständnis nichts mehr. In dieser Situation kann man sich allenfalls noch helfen, indem man Gründe findet, die Tat nicht als (vollendete) Steuerhinterziehung darzustellen, oder indem man versucht, auf der subjektiven Seite eine andere Wertung durchzusetzen: etwa, dass die Tat nicht gewollt gewesen sei oder Ähnliches.

Das Gesetz sagt: Die Selbstanzeige ist ausgeschlossen, wenn der Außenprüfer »erschienen« ist (§ 371 AO). 2015 wurde die Lage noch einmal verschärft. Nunmehr ist eine Selbstanzeige schon nicht mehr möglich, wenn Ihnen eine Prüfungsanordnung des Finanzamts für die betreffenden Zeiträume bekanntgegeben worden ist. Allerdings gilt die Sperrwirkung nur für die Steuern und die Zeiträume, für die die Prüfungsanordnung erlassen wurde.

Es gibt noch eine andere Situation, in der Sie an Selbstanzeige denken müssen: wenn Ihr Geschäftspartner, Kunde oder Lieferant die Außenprüfung im Haus hat und Sie befürchten müssen, dass bei dieser Gelegenheit Ihre Steuersünden zutage treten. Bedenken Sie, dass schon bei der Prüfung Ihrer Steuererklärung Kontrollmitteilungen verfasst werden. Bei der Bearbeitung der steuerlichen Verhältnisse Ihres Geschäftspartners kann es sein, dass das Finanzamt auch über Sie Erkenntnisse gewinnt und Ihrem Sachbearbeiter im Finanzamt Mitteilung macht.

Wenn Sie durch Kontrollmitteilungen gefährdet sein könnten, ist die strafbefreiende Selbstanzeige nur noch möglich, wenn

- die Tat noch nicht entdeckt wurde bzw.
- der Täter nicht mit einer Entdeckung rechnen musste.

Die Entdeckung durch das Finanzamt liegt frühestens vor, wenn es bei der Überprüfung Ihrer Steuerakte feststellt, dass die steuerlich bedeutsamen Vorgänge, die in der Kontrollmitteilung enthalten sind, von Ihnen nicht erklärt wurden.

Die Selbstanzeige ist strafbefreiend nur bei folgenden Steuerstraftaten möglich:

- Steuerhinterziehung in einfacher und schwerer Form, auch Versuch (§ 370 AO),
- Monopolhinterziehung nach dem Branntweinmonopolgesetz,
- Hinterziehung von Abgaben von Marktordnungswaren, die keine Zölle, Abschöpfungen, Ausfuhrabgaben oder Produktionsregelabgaben sind,
- Hinterziehung von Abwasserabgaben,
- Erschleichung von Spar-, Wohnungsbau- und Bergmannsprämien sowie Arbeitnehmersparzulagen.

Straffreiheit tritt grundsätzlich nur ein, wenn die Steuerhinterziehung einen Betrag von je 25.000 € je Steuerart und Jahr nicht übersteigt. Ist der Hinterziehungsbetrag höher, können Sie nur straffrei ausgehen, wenn Sie

- innerhalb einer Ihnen von den Behörden gesetzten Frist die hinterzogenen Steuern zahlen und
- zusätzlich einen Geldbetrag in gestaffelter Höhe von 10 bis 20 % der hinterzogenen Steuer als Zuschlag zugunsten der Staatskasse zahlen. Dieser Zuschlag beträgt
  - 10 % der hinterzogenen Steuer bei einem Hinterziehungsbetrag bis 100.000 €,
  - 15 % der hinterzogenen Steuer bei einem Hinterziehungsbetrag zwischen 100.000 € und 1.000.000 € und
  - 20 % der hinterzogenen Steuer bei einem Hinterziehungsbetrag über 1.000.000 €.

Nicht strafbefreiend können Sie anzeigen:

- Steuerhehlerei (§ 374 AO),
- schweren Schmuggel (§ 373 AO),
- Subventionsbetrug (§ 264 StGB).

Was Sie tun müssen, solange es noch geht:

- die ausstehende Steuererklärung nachholen oder die alte, falsche Steuererklärung berichtigen,

- die zu wenig gezahlten Steuern nachzahlen, und zwar am besten gleich, spätestens innerhalb der vom Finanzamt gesetzten Frist,
- bei größeren Hinterziehungsbeträgen den Zuschlag zahlen.

GUTER RAT

Eine Selbstanzeige ist eine sehr komplizierte Angelegenheit, bei der vieles bedacht werden muss. Bereits kleine Fehler können zu ihrer Unwirksamkeit und damit zu empfindlichen Strafen führen. Machen Sie deshalb nie eine Selbstanzeige, ohne einen sachkundigen Rechtsbeistand hinzuzuziehen!

TRICK

Lassen Sie sich nicht maßlos schätzen!

1014 100.000 € in bar waren einem Steuerberater zugeflossen. Geld, das ihm von einem Freund, den er nicht nennen wolle, als betriebliches Darlehen zinsfrei überwiesen worden sei. Da sich das Finanzamt mit dieser Erklärung nicht zufriedengab, deklarierte es das Geld zu nicht versteuerten Einnahmen und erließ neue Einkommensteuerbescheide. **Das Finanzgericht Düsseldorf (17 K 7587/99) stutzte die Beamten zurecht und erklärte die Hinzuschätzung für rechtswidrig.** Aber: Es war nicht die Schätzung an sich unzulässig, sondern nur deren Höhe. »*Ziel einer jeden Schätzung muss es sein, dass sie der Wirklichkeit möglichst nahe kommt. Sie muss demzufolge in sich schlüssig und zudem wirtschaftlich vernünftig sowie möglich sein*«, so das Finanzgericht. Möglich waren hier nur 9 % Zinsen aus den 100.000 € zzgl. eines Sicherheitszuschlags von 15 %.

GUTER RAT

1015 Ist das Finanzamt unrealistisch, sind die Chancen eines Prozesses immer gut. Achten Sie aber auf Ihre Mitwirkungspflicht. Im betrieblichen Bereich ist diese sehr viel höher (Pflicht zur Buchführung, Aufbewahrung von Belegen) als bei privaten Einkünften. Private Einnahmen brauchen in der Regel nur plausibel erläutert und nicht nachgewiesen zu werden.

In Frankfurt/Main wurde die »Leuna-Brücke« gebaut.
Dem Bauwerk fehlt der Straßenanschluss.
In den Sand gesetzte Kosten: 33 Millionen €.

XV. Die anderen Steuern

1. Die Gewerbesteuer

Die Gewerbesteuer ist eine Gemeindesteuer. Sozusagen im Auftrag der Ge- 1016
meinde stellt das Finanzamt zunächst anhand des erklärten Gewinns den sog. Messbetrag fest. Auf der Grundlage dieses Gewerbesteuermessbetrags erhebt sie sodann nach ihrem Hebesatz die Gewerbesteuer.
Und so wird die Gewerbesteuer berechnet:

Festsetzung des einheitlichen Steuermessbetrags durch das Finanzamt

Steuermessbetrag nach dem Gewerbeertrag		Zeile
Gewinn aus Gewerbebetrieb (nach dem EStG)	........€	1
Hinzu: 25 % des betrieblichen Finanzierungsaufwands	........€	2
	........€	3
Kürzung: 1,2 % v. EW des betriebl. Grundbesitzes		
140 %	........€	4
	........€	5
Gewerbeertrag nach Abrundung (auf volle 100 €)	........€	6
./. Freibetrag 24.500 €, max. Betrag Zeile 6	........€	7
Bemessungsgrundlage	........€	8
Steuermessbetrag = 3,5 % des Gewerbeertrags	........€	9

Festsetzung der Gewerbesteuer durch die Gemeinde

Einheitlicher Gewerbesteuermessbetrag (Zeile 9)	........€	10
Davon ... % (Hebesatz) = GewSt für das Kj =	........€	11

SUPER TRICK

So bringen Sie den Gemeindesäckel um den Profit!

Bis zu einem Gewerbeertrag von 24.500 € für jeden einzelnen Betrieb fällt keine Gewerbesteuer an. Jetzt können Sie sich denken, dass Sie sich besserstellen, wenn Sie diesen Freibetrag zweimal statt nur einmal in Anspruch nehmen können. Wie? Indem Sie Ihren Betrieb trennen, so dass beide nicht wesensverwandt sind, z.B. in eine Schreinerei und ein Bestattungsinstitut, oder einen anderen dazunehmen.

Beispiel
Beträgt Ihr Gewinn aus dem Gesamtbetrieb etwa 50.000 €, zahlen Sie eine Gewerbesteuer von etwa 1.620 €. Teilen Sie das Unternehmen, und jeder Betriebsteil erwirtschaftet etwa 25.000 €, haben Sie nur 40 € zu zahlen. Ein ganz schöner Unterschied jedes Jahr, was?

Geschickt kann es insoweit sein, wenn Sie eine Betriebsabteilung aus Ihrem Unternehmen ausgliedern und z.B. mit Ihrem Sohn als GmbH & Co. KG betreiben. So können Sie z.B. als Autohändler den reinen Handel als Einzelfirma, die Werkstatt als GmbH u. Co. KG betreiben.

Bei gleichartigen Betrieben werden zwei Gewerbebetriebe angenommen, wenn z.B. eine getrennte Personalpolitik, getrennte Warenbestellung und insbesondere getrennte Buchführung erfolgt. Erforderlich ist auch eine räumliche Trennung.

1017 Zur Ermittlung des Gewerbeertrags werden 25 % der Finanzierungskosten hinzugerechnet. Dazu gehören insbesondere **alle** Zinsen (ohne Skonti und Boni), egal ob für langfristige oder kurzfristige Kredite, daneben aber auch noch andere Ausgaben, die nach Meinung des Fiskus im weitesten Sinn Finanzierungscharakter haben. Allerdings wird von diesen Finanzierungskosten ein Freibetrag von 200.000 € abgezogen (vor 2020 = 100.000 €). Im Einzelnen werden die Finanzierungskosten wie folgt ermittelt.

Ermittlungsschema für die betrieblichen Finanzierungskosten:

Art der Finanzierungskosten	Anteil	
Zinsen für Kredite	100 %	.... €
Renten und dauernde Lasten	100 %	.... €
Gewinnanteil stiller Gesellschafter	100 %	.... €
Miet-/Pachtzinsen/Leasingraten für bewegliche Wirtschaftsgüter	20 %	.... €
Miet-/Pachtzinsen/Leasingraten für Immobilien	50 %	.... €
Lizenzgebühren, Urheberrechtskosten etc.	25 %	.... €
Summe der Finanzierungskosten		.... €
./. Freibetrag		– 200.000 €
Bemessungsgrundlage für Hinzurechnung		.... €
davon 25 %		.... €

Die Gemeinde Ainring verkaufte
einem Gemeinderatsmitglied
ein Grundstück für 75.000 € und kaufte es
ein Jahr später für 200.000 € zurück.
Wie versichert wurde,
ging alles streng rechtmäßig zu …

Lassen Sie sich nicht doppelt abkassieren!

Was Sie bei der Berechnung der Finanzierungskosten unbedingt beachten müssen: Schuldzinsen müssen nur dann als Finanzierungskosten hinzugerechnet werden, wenn sie den Gewinn tatsächlich gemindert haben. Angenommen, Sie konnten Ihre Zinsen wegen Überentnahmen oder wegen der Zinsschranke ganz oder teilweise nicht als Betriebsausgaben abziehen. Dann müssen sie – oder der entsprechende Teil – selbstverständlich auch nicht als Finanzierungskosten berücksichtigt werden. Lassen Sie sich also nicht zweimal zur Kasse bitten! 1018

zur Hinzurechnung von Zinsen, Mieten und Leasingraten

Die Hinzurechnung von Zinsen, Pachten, Mieten und Leasingraten für Fahrzeuge, Betriebsausstattung, Maschinen und betriebliche Immobilien ist nicht unumstritten. Das FG Hamburg hatte sich zunächst sogar auf den Standpunkt gestellt, dass sie verfassungswidrig ist und dies dem Bundesverfassungsgericht vorgelegt. Leider haben die Verfassungsrichter das Ganze wegen angeblich unzureichender Begründung abgeschmiert. Daraufhin haben die Hamburger Richter gekniffen, statt die Begründung nachzubessern, und dem klagenden Steuerzahler per Urteil gesagt, dass sie plötzlich nicht mehr an die Verfassungswidrigkeit glauben (FG Hamburg v. 10.2.2017 – 1 K 96/16). Sie müssen das aber nicht akzeptieren, denn unser streitbarer Steuerzahler ist inzwischen vor den BFH gezogen. Bis der entschieden hat, sollten Sie gegen Hinzurechnungen Einspruch einlegen und auf das Revisionsverfahren beim BFH verweisen (I R 15/17). 1019

Gewerbesteuer zahlen Sie nur, wenn Sie kein Freiberufler oder Land- und Forstwirt sind. Legen Sie dem Finanzamt also überzeugend dar, dass Ihre Tätigkeit diesen Bereichen zuzuordnen ist. Die Finanzgerichte und der BFH haben dies z.B. für Hebammen, Heilmasseure, Kfz-Sachverständige, deren Gutachtertätigkeit mathematisch-technische Kenntnisse voraussetzt, wie sie üblicherweise nur durch Berufsausbildung als Ingenieur erlangt werden können, und Patentberichterstatter mit wertender Tätigkeit bestätigt. Auch unterrichtende und ausbildende Tätigkeiten, z.B. in Bildungseinrichtungen und Sportvereinen, sind regelmäßig freiberuflich und nicht gewerblich. Andererseits sind die Ausbildung und der Verkauf von Blindenhunden als gewerbliche Tätigkeit anzuse- 1020 hen, weil nicht Menschen, sondern Tiere ausgebildet werden (BFH v. 9.5.2017 – VIII R 11/15).

SUPER TRICK

Ermäßigen Sie mit Ihrer Gewerbesteuer Ihre Einkommensteuer!

Die Gewerbesteuer stellt kraft gesetzlicher Fiktion **keine Betriebsausgabe** dar. Sie mindert also nicht den steuerlichen Gewinn. Hiergegen erhobene verfassungsrechtliche Bedenken hat der BFH leider mit einem Federstrich beiseite gewischt (BFH v. 10.9.2015 – BStBl 2015 II S. 1046). Sie werden also wohl oder übel diese steuerliche Kröte schlucken müssen. Das gilt aber nur für die Gewerbesteuer, die für die Jahre seit 2008 erhoben wird. Nachzahlungen für frühere Zeiträume, z. B wegen einer Korrektur von Bescheiden alter Jahre oder aufgund von Betriebsprüfungen, können als Betriebsausgaben gebucht werden, selbst wenn Sie sie erst z.B. 2018 geleistet haben oder später leisten.
Sofern Sie ein Einzelunternehmen haben oder an einer Personengesellschaft beteiligt sind, bekommen Sie eine Ermäßigung bei der Einkommensteuer, um die Doppelbelastung des Gewinns mit Einkommensteuer und Gewerbesteuer auszugleichen. Dazu wird Ihnen pauschal das 4-Fache des Gewerbesteuermessbetrags auf den Teil Ihrer Einkommensteuer angerechnet, der auf gewerbliche Einkünfte entfällt.

2. Die Umsatzsteuer (Mehrwertsteuer)

1021 Die Umsatzsteuer besteuert Lieferungen und Leistungen eines Unternehmens sowie die Einfuhr von Gegenständen. Entnahmen werden einer fiktiven Lieferung oder sonstigen Leistungen gleichgestellt.
Einem Steuersatz von 7 % unterliegen z.B. Rundfunk, Fernsehen und Presse, Personennahverkehrsunternehmen, Hotelübernachtungen, Lebensmittel (nicht in Hotels und Gaststätten), Verlage, Buchhandlungen, Schriftsteller und Hilfsmittel für Körperbehinderte, Urheberrechte. Fast alles Übrige wird mit 19 % belegt.
Die gezahlte Vorsteuer – das ist die Umsatzsteuer, die der Unternehmer, also jeder Selbständige, selbst für seine betrieblichen Ausgaben und Investitionen zahlt – ist abzugsfähig. Praktisch wird damit nur der Mehrerlös versteuert. Steuerfrei sind Theater, Museen, Archive, Büchereien, Ärzte, Heilpraktiker, Versicherungsmakler und Umsätze, die der Grunderwerbsteuer unterliegen.

1022 Auch als **Kleinunternehmer** müssen Sie keine Umsatzsteuer zahlen. Theoretisch ist jeder Unternehmer, der ein paar Mal in Folge Sachen verkauft oder Dienstleistungen erbringt. Kinder, die auf dem Flohmarkt ihre alten Comics oder Computerspiele verhökern, würden damit automatisch zum Unternehmer und müssten Umsatzsteuer zahlen. Die Steuerbefreiung für Kleinunternehmer ist also weniger eine Wohltat für Sie als Steuerzahler als vielmehr für den Staat, der für ein paar Euro Umsatzsteuer einen riesigen Verwaltungsaufwand betreiben müsste, der die Einnahmen bei weitem übertreffen würde.

Kleinunternehmer sind Sie, wenn Ihre Umsätze im Vorjahr unter 22.000 € lagen und im laufenden Jahr die Marke von 50.000 € voraussichtlich nicht knacken werden. Aufgepasst: Eine Dauerfreistellung erreichen Sie nur, wenn Ihre Umsätze in jedem Jahr unter 22.000 € liegen.
Fallen Sie unter diese Steuerbefreiung, müssen Sie einige Faustregeln beachten:

1. Sie dürfen in Ihren Rechnungen keine Umsatzsteuer gesondert berechnen. Verstoßen Sie dagegen, knöpft Ihnen das Finanzamt die zu Unrecht ausgewiesene Umsatzsteuer als Strafsteuer ab. Wenn Sie allerdings einfach den Preis um 7 % bzw. 19 % höher kalkulieren, ohne das Wort Mehrwertsteuer zu erwähnen, haben Sie die Mehrwertsteuer im Sack, ohne teurer als die Konkurrenz zu sein und ohne dass es Theater mit dem Fiskus gibt. (Das gilt aber nur, wenn Ihre Kunden in erster Linie Privatleute sind!)
2. Umsatzsteuer, die Sie an Ihre Lieferanten zahlen, können Sie nicht als Vorsteuer abziehen.

In Plön (Schleswig-Holstein) wurden Schranke und Ampel installiert, um vier Mietparteien des einzigen Wohnhauses an dieser Ecke vor einem Bus zu schützen, der dort vorbeifährt. Kosten: 15.000 €.

TRICK

Verzichten Sie auf Umsatzsteuerbefreiung – und zahlen Sie trotzdem weniger Steuern!

»Wie soll denn so was möglich sein?«, fragen Sie erstaunt. Haben Sie's noch 1023
nicht gemerkt? Bei der Steuer ist das Unmögliche möglich. Nehmen wir mal an, Sie haben Ihr Hobby zu einem regelrechten Nebengewerbe ausgebaut (den Begriff »Hobby« sollten Sie dann fürderhin nicht mehr in den Mund nehmen, wenigstens nicht gegenüber dem Finanzamt). Sowohl im Vorjahr als auch im laufenden Jahr bleiben Sie mit Ihren Umsätzen unter der jeweiligen Höchstgrenze von 22.000 € bzw. 50.000 €, werden daher für das laufende Jahr von der Umsatzsteuer freigestellt. Statt nun die Steuerbefreiung in Anspruch zu nehmen, verpflichten Sie sich dazu, freiwillig fünf Jahre lang Umsatzsteuer zu zahlen. Das Fiskaldeutsch spricht dann von »Option zur Regelbesteuerung«. »Verrückt!« O nein. Denn jetzt können Sie Ihren Kunden Mehrwertsteuer draufschlagen und im Gegenzug die Ihnen von Lieferanten in Rechnung gestellte Mehrwertsteuer

als sog. Vorsteuer abziehen. Abführen müssen Sie nur den Differenzbetrag aus diesen beiden Steuerbeträgen.
Damit Sie als Kleinunternehmer mit dem Trick was anzufangen wissen, hier ein Beispiel: Nehmen Sie an, ich kassiere im Jahr 9.000 € an Autorenhonoraren und wähle die Versteuerung (Regelversteuerung). Dem Verlag würde ich dann zusätzlich 7 % bzw. 630 € in Rechnung stellen. Da ich längerfristig schriftstellerisch tätig sein möchte, richte ich mir ein Arbeitszimmer ein. Für Schreibtisch, Regale, Schreibtischlampe, Schreibtischstuhl und PC zahle ich 10.000 €, in denen 19 % Vorsteuer, also 1.597 € (15,97 % von 10.000 €) enthalten sind. Außerdem schaffe ich mir einen Pkw für 22.000 € an (darin enthaltene Vorsteuer: 15,97 % von 22.000 € = 3.513 €). In den Benzin- und Inspektionskosten stecken Vorsteuern von 280 €.
Meine Umsatzsteuererklärung gegenüber dem Finanzamt sieht demnach folgendermaßen aus:
Ich habe dem Verlag in Rechnung gestellt:

Honorare (Umsatz)	9.000 €
Mehrwertsteuer 7 %	630 €
Rechnungsbetrag	9.630 €

Ich habe an USt zu zahlen:

Mehrwertsteuer 7 % von 9.000 €	630 €
./. Vorsteuer (1.597 € + 3.513 € + 280 €)	– 5.390 €
Erstattung	4.760 €

Neben der Erstattung des Finanzamts in Höhe von 4.760 € habe ich vom Verlag 630 € an Mehrwertsteuer erhalten. Also hat mir die Wahl der Regelbesteuerung zusätzliche Einnahmen in Höhe von 5.390 € gebracht.

TIPP
zum Firmenwagen

1024 Der Fiskus bindet Ihnen nicht nur die Umsatzsteuer für Ihre Verkaufserlöse oder Honorare ans Bein. Auch für Ihre privaten Entnahmen aus dem Betrieb verlangt er Umsatzsteuer. So z.B. wenn Sie mit einem Firmenwagen privat fahren. Im Gegenzug bekommen Sie aber die volle Vorsteuer für Ihren Firmenwagen.
Um den Eigenverbrauch zu berechnen, haben Sie zwei Möglichkeiten:

1. Die 1-%-Regelung, die Sie von der Dienstwagenbesteuerung bei Arbeitnehmern kennen (➤ Rz 117 ff.). Weil in den Autokosten immer ein Teil enthalten ist, aus dem Sie keine Vorsteuer kassieren können, z.B. Steuern und Versicherung, wird ein pauschaler Abschlag von 20 % vorgenommen. Damit soll

mehr schlecht als recht berücksichtigt werden, dass der Fiskus gemäß Europäischem Gerichtshof beim Eigenverbrauch nur noch vorsteuerbelastete Kosten in die Berechnung einbeziehen darf.

2. Als Alternative zur 1-%-Regelung können Sie ein Fahrtenbuch führen und einzeln die tatsächlichen Autokosten nachweisen. Als Eigenverbrauch wird dann nur der Anteil abgesetzt, der sich nach der per Fahrtenbuch ermittelten privaten Nutzungsquote ergibt. Achten Sie unbedingt darauf, dass bei der Berechnung diejenigen Kosten außen vor bleiben, aus denen Sie keine Vorsteuer kassieren. Neben der umsatzsteuerfreien Autoversicherung, der Kfz-Steuer und Gebühren kann das die gesamte Abschreibung sein. Haben Sie z.B. Ihr Auto von einem Privatmann oder von einem Kleinunternehmer gekauft, oder hat Ihnen Ihr Autohändler einen Gebrauchtwagen verkauft, den vorher ein Privatmann gefahren hat, bekommen Sie keine müde Mark Vorsteuer. Dementsprechend hat die Abschreibung für Ihr Gefährt bei der Berechnung des umsatzsteuerlichen Eigenverbrauchs nichts zu suchen. Das gilt übrigens auch, wenn Sie Ihren fahrbaren Untersatz zu einem Zeitpunkt gekauft haben, als Sie selbst noch als Kleinunternehmer besteuert wurden.

Damit Ihnen bei so viel misslungener Steuervereinfachung der Kopf nicht zu sehr schwirrt, zeige ich Ihnen, wie die Rechnung aussehen könnte, wenn Sie von einem Privatmann für 20.000 € einen Gebrauchtwagen gekauft haben, der bei seiner Erstzulassung einen Listenpreis von 30.000 € (inkl. Umsatzsteuer) hatte. Nach Ihrem Fahrtenbuch beträgt Ihre Privatnutzung 15 %.

1-%-Regelung:

Listenpreis 30.000 € × 12 %	3.600 €
./. Abschlag für nicht vorsteuerbelastete Kosten 20 %	– 720 €
Bemessungsgrundlage für den Eigenverbrauch	2.880 €
Umsatzsteuer darauf 19 %	547 €

Fahrtenbuch:	**mit** Vorsteuerabzug	**ohne** Vorsteuerabzug
Abschreibung 20 % v. 20.000 € 4.000 €		
Kfz-Steuer		350 €
Versicherung		900 €
Reparaturen, Wartung etc.	1.900 €	
Betriebskosten, Benzin, Öl etc.	2.100 €	
	4.000 €	5.250 €
Eigenverbrauch 15 %	600 €	788 €
Umsatzsteuer 19 % v. 600 €	114 €	

Ihr Eigenverbrauch für die Berechnung der Umsatzsteuer beträgt also nur 600 €. Bei der Einkommensteuer kommen allerdings noch die 19 % der nicht vorsteuerbelasteten Autokosten dazu: 600 € + 114 € + 788 € = 1.502 €. Wie Sie sehen, fahren Sie mit dem Fahrtenbuch wesentlich besser. Allein bei der Umsatzsteuer bringt Ihnen das jährlich 433 € ein. Dazu kommt noch die Ersparnis durch die geringere Einkommensteuer. Welche Methode für Sie die günstigere ist, kann ich Ihnen nicht sagen, denn dabei kommt es immer auf Ihre persönlichen Verhältnisse an. Doch in folgenden Fällen sollten Sie sich genau durchrechnen, ob sich nicht ein Fahrtenbuch für Sie lohnt:

- Autokauf ohne Vorsteuerabzug, z.B. von einem Privatmann, Kleinunternehmer,
- Kauf eines älteren Gebrauchtwagens,
- geringe private Fahrleistung.

Was Ihnen blüht, wenn Sie einen neuen Pkw Ihrem Betrieb zuordnen und nicht ausschließlich (d.h. zu 100 %!) betrieblich nutzen:

- 100 % Vorsteuerabzug aus dem Autokauf,
- 100 % Vorsteuerabzug aus den laufenden Kosten,
- Versteuern der privaten Nutzung.

TRICK

Kassieren Sie Vorsteuern aus Reise- und Bewirtungskosten!

1025 Als Unternehmer können Sie aus Rechnungen für Übernachtungen bei eigenen Geschäftsreisen oder den Dienstreisen Ihrer Arbeitnehmer die Vorsteuer abziehen. Sie müssen lediglich dafür sorgen, dass die Rechnung auf Ihren bzw. den Namen Ihrer Firma ausgestellt ist.
Bei der Vorsteuer aus Verpflegungskosten wird es ein wenig komplizierter. Solange es um Ihre eigenen Verpflegungskosten bei Geschäftsreisen geht, ist der Vorsteuerabzug kein Problem, wenn Sie eine ordentliche Rechnung des Restaurants oder Hotels vorlegen können. Erstatten Sie dagegen Ihren Arbeitnehmern ihre anlässlich von Dienstreisen entstandenen Verpflegungsaufwendungen, sollen Sie daraus keine Vorsteuern abziehen dürfen, weil angeblich keine Leistung für Ihr Unternehmen vorliegt. Da nutzt es Ihnen auch nichts, wenn Ihnen Ihr Arbeitnehmer die Restaurantrechnung mitbringt. Anders liegt die Sache, wenn Sie für Ihre Angestellten das Restaurant ausgesucht, einen Platz reserviert und die Rechnung bezahlt haben (Quelle: StÄndG 2003 v. 15.12.2003, BGBl 2003 I S. 2645; BMF-Schreiben v. 28.3.2001, BStBl 2001 I S. 251).
Auch bei Ihren Bewirtungskosten hat der Fiskus kräftig eins auf die Finger bekommen und musste den Ausschluss des Vorsteuerabzugs aus diesen Kosten zurücknehmen (BMF-Schreiben v. 23.6.2005 – BStBl 2005 I S. 816). Mit seinem unternehmerfreundlichen Urteil vom 10.2.2005 (BStBl 2005 II S. 509) hat der BFH nämlich entschieden, dass Ihnen die Vorsteuern aus der Bewirtung von

Geschäftspartnern und Kunden zu 100 % zustehen. Auch hier müssen Sie nur dafür sorgen, dass Sie eine **ordentliche Rechnung** bekommen.

TRICK

Machen Sie Durchschnittssätze geltend!

Gehören Sie als Unternehmer zu einer der Berufsgruppen in der folgenden 1026
Übersicht und müssen zudem keine Bücher führen oder aufgrund jährlicher Bestandsaufnahmen Abschlüsse machen, können Sie die Vorsteuern nach festgelegten Durchschnittssätzen geltend machen. Allerdings darf Ihr Umsatz im Vorjahr 61.356 € nicht übersteigen (§ 23 UStG).
Zusätzlich zu den Durchschnittssätzen können Sie bei einer teilweisen Durchschnittssatzermittlung noch Vorsteuern abziehen für

- Wareneinkäufe, Rohstoffe, Halberzeugnisse, Hilfsstoffe und Zutaten,
- die Anschaffung von Betriebsgebäuden, Grundstücken und Grundstücksteilen sowie Aus-, Ein- und Umbauten oder Instandsetzungen,
- Grundstücks-, Gebäude- oder Raummieten.

Übersicht Vorsteuerdurchschnittssätze (Durchschnittssätze für die Berechnung sämtlicher Vorsteuerbeträge in Prozent des Umsatzes)

I. Handwerk

1. Bäckerei: 5,4
2. Bau- und Möbeltischlerei: 9,0
3. Beschlag-, Kunst- und Reparaturschmiede: 7,5
4. Buchbinderei: 5,2
5. Druckerei: 6,4
6. Elektroinstallation: 9,1
7. Fliesen- und Plattenlegerei, sonstige Fußbodenlegerei und -kleberei: 8,6
8. Friseure: 4,5
9. Gewerbliche Gärtnerei: 5,8
10. Glasergewerbe: 9,2
11. Hoch- und Ingenieurhochbau: 6,3
12. Klempnerei, Gas- und Wasserinstallation: 8,4
13. Maler- und Lackierergewerbe, Tapezierer: 3,7
14. Polsterei- und Dekorateurgewerbe: 9,5
15. Putzmacherei: 12,2
16. Reparatur von Kraftfahrzeugen: 9,1

17. Schlosserei und Schweißerei: 7,9
18. Schneiderei: 6,0
19. Schuhmacherei: 6,5
20. Steinbildhauerei und Steinmetzerei: 8,4
21. Stuckateurgewerbe: 4,4
22. Winder und Scherer: 2,0
23. Zimmerei: 8,1

II. Einzelhandel

1. Blumen und Pflanzen: 5,7
2. Brennstoffe: 12,5
3. Drogerien: 10,9
4. Elektrotechnische Erzeugnisse, Leuchten, Rundfunk-, Fernseh- und Phonogeräte: 11,7
5. Fahrräder und Mopeds: 12,2
6. Fische und Fischerzeugnisse: 6,6
7. Kartoffeln, Gemüse, Obst und Südfrüchte: 6,4
8. Lacke, Farben und sonstiger Anstrichbedarf: 11,2
9. Milch, Milcherzeugnisse, Fettwaren und Eier: 6,4
10. Nahrungs- und Genussmittel: 8,3
11. Oberbekleidung: 12,3 Reformwaren: 8,5
12. Schuhe und Schuhwaren: 11,8
13. Süßwaren: 6,6
14. Textilwaren verschiedener Art: 12,3
15. Tiere und zoologischer Bedarf: 8,8
16. Unterhaltungszeitschriften und Zeitungen: 6,3
17. Wild und Geflügel: 6,4

III. Sonstige Gewerbebetriebe

1. Eisdielen: 5,8
2. Fremdenheime und Pensionen: 6,7
3. Gast- und Speisewirtschaften: 8,7
4. Gebäude- und Fensterreinigung: 1,6
5. Personenbeförderung mit Personenkraftwagen: 6,0
6. Wäschereien: 6,5

IV. Freie Berufe

1. a) Bildhauer: 7,0
   b) Grafiker (nicht Gebrauchsgrafiker): 5,2
   c) Kunstmaler: 5,2
2. Selbständige Mitarbeiter bei Bühne, Film, Funk, Fernsehen und Schallplattenproduzenten: 3,6

3. Hochschullehrer: 2,9
4. Journalisten: 4,8
5. Schriftsteller: 2,6

Durchschnittssätze für die Berechnung eines Teils der Vorsteuerbeträge

1. Architekten: 1,9
2. Hausbandweber: 3,2
3. Patentanwälte: 1,7
4. Rechtsanwälte und Notare: 1,5
5. Schornsteinfeger: 1,6
6. Wirtschaftliche Unternehmensberatung, Wirtschaftsprüfung: 1,7

TRICK

Zahlen Sie mit der Differenzbesteuerung nur einen Bruchteil der Umsatzsteuer!

Aufgemerkt, alle Händler von Gebrauchtwaren, Besitzer von Secondhandlä- 1027
den, Floh- und Trödelmarktprofis! Jedes Mal die volle Umsatzsteuer abzudrücken, wenn Sie ein Geschäft gemacht haben, ist vor allem dann ärgerlich, wenn Sie die Vorsteuer der Einkäufe nicht gegenrechnen können, weil der Lieferant eine Privatperson war oder aus anderen Gründen keine Umsatzsteuer in Rechnung stellen konnte, z.B. weil er Kleinunternehmer ist. Die Zauberformel, mit der Sie künftig die Umsatzsteuerzahlung an das Finanzamt auf einen Bruchteil der bisherigen Höhe stutzen können, heißt »Differenzbesteuerung« oder »Margenbesteuerung«. Sie finden sie in § 25 a UStG, der anfangs nur als Sondervorschrift für den Handel mit gebrauchten Autos gedacht war, aber inzwischen für alle gilt, die bewegliche Sachen kaufen und weiterverkaufen. An sich ist die Sache ganz einfach. Bei der Differenzbesteuerung zahlen Sie die Umsatzsteuer nicht vom vollen Verkaufspreis, sondern von der Differenz zwischen Ihrem Einkauf und dem Verkaufserlös.

Beispiel

Angenommen, Sie handeln mit alten Möbeln. Von einem Privatmann haben Sie eine besonders schöne Truhe für 5.000 € erstanden. Verkaufen wollen Sie sie für 8.300 €.

Bislang haben Sie Ihre Umsatzsteuer so berechnet:

Verkaufspreis netto (Bemessungsgrundlage)	7.000 €	
19 % Umsatzsteuer	1.330 €	> 1.330 €
Bruttoverkaufspreis	8.330 €	

Mit Differenzbesteuerung sieht die Rechnung jetzt so aus:

Bruttoverkaufspreis	8.330 €	
./. Einkaufspreis	– 5.000 €	
Differenz (Marge) brutto	3.330 €	
Darin enthaltene Umsatzsteuer 19 % ca.	532 €	> – 532 €
Nettodifferenz (Bemessungsgrundlage)	2.798 €	
Steuerersparnis für Sie		798 €

Wie Sie sehen, erhöht sich in diesem Fall Ihr Verdienst bei gleichem Verkaufspreis um etwa ein Drittel von 2.000 € auf 2.798 €, ohne dass Sie dafür einen Handschlag tun mussten. Für den richtigen Durchblick bei der Differenzbesteuerung sollten Sie Folgendes wissen:

- Sie können nur als sog. Wiederverkäufer von der Differenzbesteuerung profitieren. Das bedeutet aber nur, dass Sie Waren kaufen und wiederverkaufen müssen.
- Begünstigt ist nur der An- und Verkauf beweglicher körperlicher Gegenstände, mit Ausnahme von Edelmetallen und Edelsteinen. Nicht unter die Differenzbesteuerung fällt ferner der Verkauf gebraucht gekaufter Sachen, die Sie in Ihrem Betrieb genutzt haben, z.B. Firmenwagen oder Büroeinrichtung.
- Sie müssen die Sachen ohne Umsatzsteuer eingekauft haben, z.B. von
  - einer Privatperson,
  - einem Unternehmer, bei dem die Lieferung steuerbefreit ist (z.B. wenn Sie von einem Arzt Teile der Praxiseinrichtung kaufen),
  - einem Kleinunternehmer,
  - einem Wiederverkäufer, der selbst die Differenzbesteuerung anwendet.
- Machen Sie von der Differenzbesteuerung Gebrauch, gilt immer der Steuersatz von 19 %. Allerdings können Sie sich bei jedem Geschäft entscheiden, ob Sie die Normal- oder die Differenzbesteuerung wählen.

TIPP

zur Differenzbesteuerung

1028 Auf die Differenzbesteuerung sollten Sie verzichten, wenn Ihre Umsätze dem ermäßigten Umsatzsteuersatz von 7 % unterliegen und Ihre Gewinnaufschläge 100 % oder mehr betragen. In diesem Fall fahren Sie mit der Regelbesteuerung besser.

- In den Rechnungen für Ihre Verkäufe mit Differenzbesteuerung dürfen Sie keine Umsatzsteuer offen ausweisen.

- Wenn Sie neben der Differenzbesteuerung auch Umsätze mit Regelbesteuerung machen, müssen Sie für beide Sparten getrennte Aufzeichnungen führen. Richten Sie in Ihrer Buchführung möglichst getrennte Konten für die Einkäufe und die Verkäufe ein.

Neues Auto billig aus Dänemark? 1029

Wie preiswert neue Autos sein können, zeigen die Preislisten in manchen EU-Ländern. Holen Sie sich aber so ein neues Auto, müssen Sie – anders als beim Kauf eines alten Autos oder anderer Waren im Ausland – bei uns die Umsatzsteuer bezahlen. Dies gilt auch für Privatpersonen. Wichtig: Innerhalb von zehn Tagen nach dem Kauf müssen Sie eine Umsatzsteuererklärung beim Finanzamt einreichen und die Umsatzsteuer bezahlen. Sie zahlen 19 % vom Nettopreis des Autos. Tun Sie das nicht, bekommen Sie Ärger, denn die Zulassungsstelle schickt dem Finanzamt eine Kontrollmitteilung, und dann erscheint der Steuerprüfer. Und der hat auch Vordrucke parat, auf denen er Ihnen die Eröffnung eines Bußgeldverfahrens mitteilen kann (Quelle: § 18 Abs. 5 a UStG; BMF-Schreiben v. 26.11.1992 – BStBl 1992 I S. 761).

Ein Minister, egal ob vom Regierungschef gekündigt oder ob er das Handtuch schmeißt (wie Lafontaine), erhält mindestens ein Übergangsgeld von 55.000 €. Dafür genügt im Extremfall ein einziger Tag im Amt.
(Bund der Steuerzahler, 5/99)

3. Die Grundsteuer

Das Bundesverfassungsgericht hat in einer Entscheidung die Verfassungswidrigkeit der Grundsteuer moniert und den Fiskus dazu verdonnert, **bis Ende 2019 eine neue gesetzliche Regelung zu schaffen – was ihm mit dem Grundsteuer-Reformgesetz vom 26.11.2019 (BGBl 2019 I S. 1794) denkbar knapp gelungen ist.** Hauptkritikpunkt des Bundesverfassungsgerichts war die Anknüpfung der Grundsteuer an den sog. Einheitswert des Grundstücks. Diese Einheitswerte sollten ursprünglich alle sechs Jahre an den tatsächlichen Grundstückswert angepasst werden. Wegen des hohen Arbeitsaufwands ist das aber jahrzehntelang unterblieben. Deshalb gelten derzeit in Westdeutschland die Einheitswerte von 1964, in Ostdeutschland sogar die von 1935. 1030

Kernpunkt der Reform ist, dass für alle Grundstücke (ca. 36 Mio bundesweit) auf den Stichtag 1.1.2022 neue Grundsteuerwerte festgestellt werden, die an die Stelle der bisherigen Einheitswerte treten. Da es hierzu unterschiedliche Modelle gibt und die einzelnen Bundesländer eigene Regelungen zur Art der Feststellung der Grundsteuerwerte festlegen können, **ist zurzeit noch gar nicht klar, wohin die Reise geht, sprich, wie hoch die neu berechnete Grundsteuer sein wird. Unumstößlich ist aber, dass die Grundsteuer nach neuen Werten erst ab 1.1.2025 zu zahlen sein wird.**

Bis dahin gilt weiter Folgendes:

Die Grundsteuer besteuert den Grund und Boden einschließlich Gebäude. Auf die Steuermesszahl schlägt die Gemeinde den Hebesatz (z.B. 300 %) auf, der jedem Grundsteuerbescheid zu entnehmen ist.
Die Steuermesszahl beträgt bezogen auf den Einheitswert für

- land- und forstwirtschaftliche Betriebe 6,0 ‰
- Einfamilienhäuser für die ersten 38.346,89 € 2,6 ‰
- den übersteigenden Rest 3,5 ‰
- Zweifamilienhäuser 3,1 ‰
- Eigentumswohnungen, die keine Zweifamilienhäuser sind 3,5 ‰
- alle übrigen (z.B. Mietswohnhäuser, unbebaute Grundstücke) 3,5 ‰

4. Die Grunderwerbsteuer

1031 Die Grunderwerbsteuer besteuert den Grundstückswechsel. Sie beträgt je nach Bundesland zwischen 3,5 % und 6,5 % des Kaufpreises.

Bundesland	**Steuersatz**
Baden-Württemberg	5,0 %
Bayern	3,5 %
Berlin	6,0 %
Brandenburg	6,5 %
Bremen	5,0 %
Hamburg	4,5 %
Hessen	6,0 %
Mecklenburg-Vorpommern	6,0 %
Niedersachsen	5,0 %
Nordrhein-Westfalen	6,5 %
Rheinland-Pfalz	5,0 %
Saarland	6,5 %
Sachsen	3,5 %
Sachsen-Anhalt	5,0 %
Schleswig-Holstein	6,5 %
Thüringen	6,5 %

Keine Grunderwerbsteuer fällt an, wenn

- Sie ein Grundstück ohne Gegenleistung geschenkt erhalten;
- Sie es von jemandem erwerben, mit dem Sie in gerader Linie verwandt sind (Eltern – Kinder, Großeltern – Enkelkinder); begünstigt ist auch der Erwerb von Stiefkindern/-eltern, Schwiegerkindern und -eltern;
- Sie als Gegenleistung nicht mehr als 2.500 € zahlen;
- Sie es erben;
- es aus einem Nachlass stammt, der mit Miterben geteilt wird;
- durch Umwandlung von Flächen- in Gemeinschaftseigentum und umgekehrt ein Grundstück erworben wird;
- es vom Ehegatten bzw. eingetragenen Lebenspartner oder durch den früheren Ehegatten bzw. eingetragenen Lebenspartner im Rahmen der Vermögensteilung nach einer Scheidung/Auflösung der Lebenspartnerschaft erworben wird.

GUTER RAT

Mit der Besteuerung von Grunderwerb hängt sich der Fiskus an das elementare Bedürfnis des Menschen nach den eigenen vier Wänden, ohne selbst etwas Nützliches zum Erwerbsvorgang beizutragen, geschweige denn zur Wertsteigerung des Grundstücks. Besonders schlimm ist, dass der Fiskus schon kassiert, bevor der Grunderwerb überhaupt vollzogen ist. »Das Verpflichtungsgeschäft – sprich Abschluss des notariellen Kaufvertrages – begründet den Anspruch auf die Grunderwerbsteuer«, so der Originalton des GrEStG. Wollen Sie vom Finanzamt Ihr Geld zurück, weil das Verpflichtungsgeschäft nicht zustande gekommen ist, weil z.B. der Verkäufer nicht liefern kann, müssen Sie schweres Geschütz auffahren und sogar aufpassen, dass man Sie verfahrensmäßig nicht auf den Holzweg führt.

SUPER TRICK

So sparen Sie beim Hausbau über 5.000 € Grunderwerbsteuer.

Wenn Sie sich mit Bauabsichten tragen, wollen Sie Ihren sowieso schon engen 1032
Finanzierungsspielraum sicher nicht mit unnötiger Grunderwerbsteuer strapazieren. Vorsicht ist immer dann geboten, wenn Sie Grundstück und Haus sozusagen aus einer Hand kaufen, Sie sich z.B. für ein vom Bauunternehmen schlüsselfertig angebotenes Eigenheim entscheiden. In diesem Fall knöpft Ihnen der

Fiskus nämlich Grunderwerbsteuer nicht nur vom Kaufpreis für das Grundstück, sondern auch von den Baukosten für das Haus ab. Bei einem Grundstückspreis von 25.000 € und 150.000 € Baukosten sind das immerhin bis zu 9.750 €, die Sie in den Schornstein schreiben können.
Geht die Baufirma vor Fertigstellung des Hauses in Konkurs, haben Sie zwei Möglichkeiten zur Erstattung der Grunderwerbsteuer: vom Konkursverwalter den Rückerwerb des Grundstücks erwirken oder, wenn Sie in eigener Regie weiterbauen wollen, nachträgliche Herabsetzung des Kaufpreises auf die Höhe der tatsächlichen Leistung. Weisen Sie sodann das Finanzamt auf § 16 Abs. 2 und 3 GrEStG hin, dann klappt der Laden. Das muss aber innerhalb von zwei Jahren seit Entstehung der Steuer geschehen.
Wesentlich besser fahren Sie, wenn Sie von vornherein zunächst das Grundstück kaufen und sich dann selbst um ein Bauunternehmen und die Handwerker kümmern. Sie haben damit zwar ein wenig mehr Lauferei am Hals, die wird Ihnen aber dadurch versüßt, dass Sie auf die Baukosten von 150.000 € keinen Cent Grunderwerbsteuer zahlen. Ihre Ersparnis beläuft sich auf bis zu 8.357 €. Zusätzlich haben Sie den Vorteil, dass Sie sich aus mehreren Angeboten von Baufirmen das günstigste aussuchen können.

Für die Elektrifizierung einer Bahnstrecke fehlten
an einer Brücke 5 cm Durchfahrhöhe.
Die Bahn wollte die Brücke abreißen und eine höhere bauen.
Der Rechnungshof regte eine Tieferlegung der Gleise
um 5 cm an. Einsparung: 4 Millionen €.
(Bericht des Bundesrechnungshofs)

5. Die Kirchensteuer

1033 Die Kirchensteuer wird nach der Einkommen- oder Lohnsteuer erhoben. Die Kirchensteuersätze sind regional unterschiedlich und betragen 8 oder 9 %, bei pauschalierter Lohnsteuer 4,5 bis 9 % der Pauschsteuer.

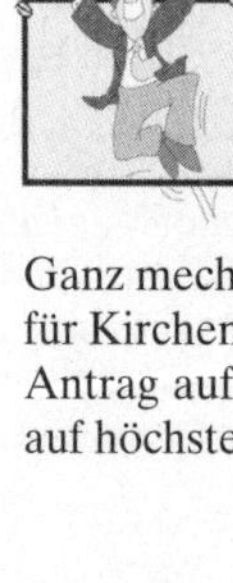

TRICK

Sparen Sie Kirchensteuer!

1034 Ganz mechanisch berechnet das Finanzamt 8 oder 9 % Ihrer Einkommensteuer für Kirchensteuer. Stellen Sie an die Diözese oder die Landeskirche daher einen Antrag auf »Kappung« der Kirchensteuer und bitten Sie darum, diese Abgabe auf höchstens 3 bis 4 % Ihres *zu versteuernden Einkommens* zu begrenzen.

Hier eine Übersicht der Möglichkeiten:

Land	Hebesatz in % der Einkommensteuer	Kappungsmöglichkeit in % des steuerpfl. Eink.	
		ev. Kirchen	kath. Diözesen
Baden-Württemberg	8	2,75[1]	3,5
Bayern	8	keine	keine
Berlin	9	3	3
Brandenburg	9	3	3
Bremen, Bremerhaven	9	3,5	3,5
Hamburg	9	3,5	3[2]
Hessen	9	3,5	4
Mecklenburg-Vorpommern	9	3,5	3
Niedersachsen	9	3,5	3,5
Nordrhein-Westfalen	9	3,5	4
Rheinland-Pfalz	9	3,5	4
Saarland	9	3,5	4
Sachsen	9	3,5	3,5
Sachsen-Anhalt	9	3,5	3,5
Schleswig-Holstein	9	3	3
Thüringen	9	3,5	3,5

[1] evang. Kirche Baden 2,75 %
[2] nur im Bereich kath. Bistum Hamburg

Die Kirchensteuer zu kappen gelingt leider erst bei einem sehr hohen zu versteuernden Einkommen. Es sei denn, Sie verhandeln an höchster Stelle und lassen bei einem ablehnenden Verhalten im Gespräch einfließen, dass Sie sich bei mangelndem Entgegenkommen die Kirchensteuer auch gänzlich sparen könnten …

Berechnungsbeispiel (Nordrhein-Westfalen, evangelisch)

Zu versteuerndes Einkommen		1.000.000 €
Darauf Einkommensteuer lt. Splittingtabelle		415.250 €
Kirchensteuer 9 % von 415.250 € =		37.372 €
Kappung der Kirchensteuer auf		
3,5 % von 1.000.000 € =	35.000 € >	– 35.000 €
Ersparnis an Kirchensteuer		2.372 €

Als Arbeitnehmer können Sie versuchen, aus Billigkeitsgründen einen Teilerlass der Kirchensteuer zu erhalten, wenn die Kirchensteuer am Ort der gehaltszahlenden Stelle niedriger ist als am Wohnort. Das ist z.B. der Fall, wenn Sie in Bayern (Hebesatz 8 %) arbeiten und in Schleswig-Holstein (Hebesatz 9 %) wohnen. Bei der Veranlagung zur Einkommensteuer knöpft Ihnen Ihr Finanzamt in Schleswig-Holstein zu Recht 9 % Kirchensteuer ab, an Lohnkirchen- 1035 steuer werden Ihnen aber nur 8 % angerechnet, weil nicht mehr einbehalten wird. Sie müssen also regelmäßig nachzahlen, wenn Sie mit Ihrem Antrag auf Erlass von 1 % keinen Erfolg haben. Zuständig für Erlassanträge sind die Kirchenbehörden, nicht die Finanzämter.

Hinweis: Der Erlass ist eine sog. Billigkeitsmaßnahme. Sie sind also auf den guten Willen der Kirche angewiesen. Wie mir ein Leser berichtet hat, hatte er mit seinem Antrag keinen Erfolg. Wie kurzsichtig diese Entscheidung der Kirche war, sehen Sie an der Konsequenz, die er aus so viel Hartleibigkeit gezogen hat: Er ist aus der Kirche ausgetreten.

Wer aus der Kirche austreten will, muss je nach Bundesland eine entsprechende Erklärung beim Standesamt, beim Generalvikariat oder beim Amtsgericht einreichen. Erkundigen Sie sich beim Finanzamt, welche Institution in Ihrem Bundesland für die Entgegennahme der Kirchenaustrittserklärung zuständig ist. Die Steuer darf dann nur noch bis zum Ende des Monats erhoben werden, der auf den Austrittsmonat folgt. Wer also am 15. März seinen Austritt erklärt, zahlt ab 1. Mai keine Kirchensteuer mehr. Für Kinder unter 14 Jahren können die Eltern den Austritt erklären.

1036 Ein *Kirchenangehöriger*, dessen Leistungsfähigkeit sich durch die Eheschließung mit einem gut verdienenden, aber keiner Kirche angehörenden Ehegatten erhöht hat, braucht, wenn er nicht *selbst einkommensteuerpflichtig* ist, keine Kirchensteuer zu bezahlen (siehe auch ➤ Rz 550).
In solchen Fällen soll nach den Ausführungen des BVerfG in seinen Entscheidungen v. 14.12.1965 eine Besteuerung »etwa an dem Lebensführungsaufwand des kirchensteuerpflichtigen Ehegatten anknüpfen« können. In einigen neueren Kirchensteuerrahmengesetzen ist deshalb eine Besteuerung des in *glaubensverschiedener* Ehe lebenden Ehegatten in der Form eines »besonderen Kirchgelds« vorgesehen und dessen Erhebung den Kirchen anheimgestellt. Von dieser Ermächtigung wird nicht immer Gebrauch gemacht. Soweit doch, erfolgt die Erhebung durch die Finanzämter nach einer *Kirchgeldtabelle* für Gemeindemitglieder in glaubensverschiedener Ehe.

Lassen Sie sich die Kirchgeldtabelle im Zweifel von der für Sie zuständigen Kirchenkörperschaft, z.B. dem Generalvikariat, zuschicken.

1037 Wenn Ehepaare verschiedenen Religionen angehören
Ist z.B. der berufstätige Ehemann römisch-katholisch und die nicht berufstätige Ehefrau evangelisch, wird auf der Lohnsteuerkarte des Ehemannes eingetragen: Kirchensteuerabzug Arbeitnehmer: rk, Ehegatte: ev. In diesem Fall erscheint die Kirchensteuer in Zeile 7 der Lohnsteuerkarte. Die evangelische Kirche freut sich, denn sie profitiert in Höhe von 50 % von der Kirchensteuer des – katholischen – Arbeitnehmers (unfaire Halbteilung). Gehört der Ehemann keiner Kirche an, steht auf der Lohnsteuerkarte »vd« oder »–«. In diesem Fall darf ihm keine Kirchensteuer abgezogen werden.

Haben beide Ehepartner Einkünfte, aber nur z.B. der Mann gehört einer Kirche an, wird die Kirchensteuer nach dem Verhältnis der auf ihn entfallenden Einkommen- oder Lohnsteuer gesondert festgesetzt.
Zur Berechnung der Bemessungsgrundlage wird in den einzelnen Bundesländern die Einkommensteuer nach unterschiedlichen Maßstäben aufgeteilt.
In Baden-Württemberg, Bremen, Hamburg, Hessen, Niedersachsen, Nordrhein-Westfalen und Rheinland-Pfalz wird die gemeinsame Einkommensteuer im Verhältnis der Steuerbeträge aufgeteilt, die sich bei Anwendung der Grundtabelle auf die jeweilige Summe der Einkünfte der Ehegatten ergibt.
In Berlin und den neuen Bundesländern wird eine fiktive getrennte Veranlagung durchgeführt.
In Bayern, Saarland und Schleswig-Holstein wird die Einkommensteuer beider Ehegatten im Verhältnis der Steuerbeträge aufgeteilt, die sich bezogen auf den Gesamtbetrag der Einkünfte eines jeden Ehegatten ergeben.
Immer wieder kommt es vor, dass die Finanzämter die volle Kirchensteuer von 8 oder 9 % festsetzen, obwohl nur ein Ehepartner kirchensteuerpflichtig ist. Werfen Sie daher ein scharfes Auge auf die Kirchensteuer!

6. Der Solidaritätszuschlag

Endlich kam Bewegung in die Pläne zur Abschaffung des Solidaritätszuschlags. **1038**
Seit 2021 entfällt er für einen großen Teil der Steuerzahler. Lediglich die ca. 10 % Steuerzahler mit den höchsten Einkommen werden weiter zur Kasse gebeten. Außerdem wird er weiterhin zusammen mit der Kapitalertrag- und der Zinsabschlagsteuer erhoben.

Berechnungsgrundlage für den Soli ist die Einkommensteuerschuld abzgl. der anrechenbaren Körperschaftsteuer. Aber bereits im laufenden Jahr wird ein ggf. fälliger Solidaritätszuschlag einbehalten, z.B. zusammen mit den Einkommensteuervorauszahlungen.
Als Arbeitnehmer wird Ihnen der Solidaritätszuschlag bei jeder Lohnzahlung mit 5,5 % der Lohnsteuer abgezogen. Diese vorweg einbehaltenen Beträge werden Ihnen bei einer Veranlagung zur Einkommensteuer genau wie die Lohnsteuer auf den endgültigen Solidaritätszuschlag angerechnet.
Steuerzahler mit einer Einkommensteuer von nicht mehr als 16.956 €/33.912 € (Ledige/Verheiratete) bleiben vom Solidaritätszuschlag verschont, d.h., er wird nur erhoben, wenn er höher als 932 €/1.865 € ist.

GUTER RAT

Liegen Sie mit Ihrer Einkommensteuer über den Freibeträgen, fallen Sie unter **1039**
eine Härteregelung.

Härteregelung 2021

Bei einer Einkommensteuerschuld über 16.956 € (Ledige) bzw. 33.912 € (Verheiratete) werden nur 11,9 % der Differenz zwischen Einkommensteuerschuld und 16.956 €/33.912 € € als Solidaritätszuschlag erhoben.

Beispiel

Zu versteuerndes Einkommen 2021	130.000,00 €
Einkommensteuer lt. Splittingtabelle	36.627,00 €
Solidaritätszuschlag 5,5 %	2.014,48 €
Höchstens 36.627 € – 33.912 € = 2.715 € × 11,9 %	323,08 €

Die Freibeträge und die Härteregelung gelten auch beim Lohnsteuerabzug. Bei der monatlichen Lohnzahlung fällt daher kein Solidaritätszuschlag an, wenn folgende Beträge nicht überschritten werden:

Steuerklasse	Lohnsteuer, bis zu der kein SolZ anfällt
	seit 2021
I	1.413 €
II	1.413 €
III	2.826 €
IV	1.413 €
V	1.413 €
VI	1.413 €

Wenn der Pöbel aller Sorten
tanzt um die goldenen Kälber:
Denke, du hast vom Leben
doch am Ende nur dich selber.
(Goethe)

XVI. Der Umgang mit dem Finanzamt

1. Das Finanzamt stellt Steueransprüche. Was ist zu tun?

Jedem Steueranspruch liegt ein Steuerbescheid zugrunde. Der Steuerbescheid **1040**
enthält Angaben über Art und Höhe der Steuer, wer die Steuer schuldet und wann sie fällig ist. Außerdem werden die Besteuerungsgrundlagen (d.h. Ihre Einkünfte) angegeben und eine Einspruchsfrist erteilt.
Sind Sie nicht sicher, ob alles rechtens ist, dann legen Sie Einspruch gegen den Bescheid ein.

```
An Finanzamt Nimmstadt              Ort, Datum . . . . . . . . . . .

Betrifft: Einkommensteuerbescheid für . . . . . . . vom . . . . . . . .
Steuernummer . . . . . . . . . . . . . . . . . . . . . . . . . . .

Gegen den obigen Bescheid lege ich Einspruch ein.
Begründung folgt.

. . . . . . . . . . . . . . . . . . . . . . . . . . . . . . . .
Unterschrift
```

Der Einspruch muss innerhalb der Einspruchsfrist von vier Wochen eingelegt werden, denn danach ist der Bescheid rechtskräftig und somit nicht mehr änderbar. Die Rechtsmittelfrist beginnt bei Zustellung des Steuerbescheids mit einfachem Brief – das ist der Normalfall – drei volle Tage nach Aufgabe zur Post durch das Finanzamt.

Beispiel
Poststempel Dienstag, 15.8.; Beginn der Rechtsmittelfrist Samstag, 19.8., 0:00 Uhr; Ende der Rechtsmittelfrist Montag, 18. 9., 24:00 Uhr.
Es genügt, wenn das Einspruchsschreiben am letzten Tag der Frist in den Hausbriefkasten des Finanzamts geworfen wird. Durch den Einspruch haben Sie nun Zeit gewonnen, um in Ruhe den Bescheid zu überprüfen. Sie können im Einspruchsverfahren auch noch vergessene Abzüge geltend machen.

Trotz Einspruch müssen Sie zunächst die geforderte Steuer zahlen. Andernfalls **1041**
entstehen Säumniszuschläge, die der Höhe nach unverschämt sind: 1 % pro

Monat (§ 240 AO). Die Säumniszuschläge entstehen sogar dann und werden auch nicht zurückgezahlt, wenn sich herausstellt, dass die Steuer zu hoch festgesetzt war. Eine weitere unverständliche Unverschämtheit!
Wollen Sie nicht zahlen und Säumniszuschläge vermeiden, kann Ihnen nur ein Antrag, die »Vollziehung des Steuerbescheids« auszusetzen, helfen, in dem Sie darlegen, dass *ernstliche Zweifel an der Richtigkeit* des Steuerbescheids bestehen (§ 361 AO). Es ist üblich und zweckmäßig, den Aussetzungsantrag mit dem Einspruch zu kombinieren.

An Finanzamt Greifswald Ort, Datum . . . .

Betrifft: Einkommensteuerbescheid für . . . . vom . . . .
Steuernummer . . . .

hier: Einspruch und Aussetzung der Vollziehung

Gegen den obigen Bescheid lege ich Einspruch ein.
Begründung: Die festgesetzte Steuer ist zu hoch, weil . . . .

Gleichzeitig beantrage ich Aussetzung der Vollziehung des angefochtenen Bescheids, weil ernstliche Zweifel an dessen Rechtmäßigkeit bestehen, wie obige Begründung des Einspruchs zeigt.

. . . .
Unterschrift

Anmerkung: Dem Finanzamt dürfen Sie nicht blind vertrauen. Immer noch sind viele Steuerbescheid falsch. Außerdem wendet das Finanzamt stets die fiskalische Lösung an und berücksichtigt bei unklarer Rechtslage nicht von sich aus die für Sie günstigere Lösung.

Wenn das Finanzamt also in einem Einspruchsverfahren den Aussetzungsantrag ablehnt, können Sie dagegen erneut Einspruch einlegen oder eventuell einen Stundungsantrag stellen. Sie haben gute Aussichten, dass das Finanzamt nunmehr Ihrem Aussetzungsantrag entspricht und damit dem Einspruch abhilft, denn mit einer erneuten Ablehnung ist ein erheblicher Arbeitsaufwand verbunden. Was erreichen Sie damit? Dass Sie bis zur endgültigen Klärung die strittigen Steuerbeträge nicht zu zahlen brauchen! Solange das Aussetzungsverfahren läuft, müssen Sie auch nicht damit rechnen, dass Ihnen der Vollziehungsbeamte auf die Pelle rückt.
Seien Sie nicht zimperlich mit Einspruch und Aussetzungsantrag, nehmen Sie alle Verfahrensrechte in Anspruch. Kosten entstehen Ihnen dadurch nicht, abgesehen von Ihren eigenen Schreib- und Portokosten.

TIPP

Benutzen Sie das Finanzamt wie eine Sparkasse!

Der Pferdefuß bei der Aussetzung ist: Wenn Sie den Einspruch endgültig verlieren, müssen Sie für die ausgesetzten Beträge Zinsen zahlen. Derzeit sind das pro Jahr 6 %. Sie sollten sich bei wackeliger Rechtslage also gut überlegen, ob Sie das Zinsrisiko eingehen oder die Steuern erst einmal bezahlen, sofern Sie das Geld auf der Bank liegen haben. Dort bekommen Sie derzeit – wenn überhaupt – sowieso nur Minimalzinsen, die nicht der Rede wert sind. Wenn Sie die strittigen Steuern gezahlt haben und den Rechtsstreit gewinnen, muss im Gegenzug das Finanzamt Ihnen Zinsen auf die Erstattung zahlen, wenn diese erst mehr als 15 Monate nach Ablauf des Steuerjahres gezahlt wird. 1042

Angenommen, Sie bekommen nach gewonnenem Einspruch für 2021 am 10.10.2023 einen neuen Steuerbescheid mit einer Erstattung von 1.000 €. Das Finanzamt zahlt Ihnen dann für die Zeit vom 1. April 2023 bis 30. September 2023 0,5 % Zinsen pro Monat, das sind insgesamt immerhin 3 %. Die Sparkasse, bei der Sie einen solchen Zinssatz für eine normale Geldanlage bekommen, müssen Sie uns erst einmal zeigen.

WICHTIGER HINWEIS

Für das Jahr 2020 wurden aufgrund der Besonderheiten durch die Corona-Pandemie die Steuererklärungsfristen allgemein um 3 Monate verlängert. Als unmittelbare Folge beginnt der Zinslauf für das Jahr 2020 daher nicht 15, sondern erst 18 Monate nach Ablauf des Jahres 2020, also erst mit dem 1.7.2022. Das gilt sowohl für die Verzinsung von Steuernachzahlungen als auch für Steuererstattungen. Wenn Sie also am 10.10.2022 einen korrigierten Einkommensteuerbescheid für 2020 bekommen mit einer Erstattung von 1.000 €, erhalten Sie nur für die Zeit vom 1.07.2022 bis 30.09.2022 Zinsen, also für 3 Monate und somit nur 1,5 % Zinsen.

2. Einspruchsfrist verpasst! Was ist zu tun?

S Beantragen Sie »Wiedereinsetzung in den vorigen Stand«, weil es Ihnen nicht möglich gewesen sei, rechtzeitig Einspruch einzulegen (§ 110 AO). 1043

```
An Finanzamt Nimmstadt          Ort, Datum . . . . . . . . . . .

Betrifft: Einkommensteuerbescheid für . . . . . . . vom . . . . . . . .

Steuernummer . . . . . . . . . . . . . . . . . . . . . . . . . . . . .
Gegen den obigen Bescheid lege ich hiermit Einspruch ein. Begründung
folgt. Gleichzeitig beantrage ich Wiedereinsetzung in den vorigen
Stand, weil es mir infolge einer fünfwöchigen Abwesenheit von meiner
Wohnung nicht möglich war, rechtzeitig Einspruch einzulegen. Ich habe
den Steuerbescheid erst vorgestern vorgefunden.

. . . . . . . . . . . . . . . . . . . . . . . . . . . .
Unterschrift
```

Beachten Sie: Der Antrag ist innerhalb eines Monats nach Wegfall des Hindernisses zu stellen. Die Wiedereinsetzung in den vorigen Stand ist meistens ein Ermessensfall, d.h., das Finanzamt beurteilt die Schwere des Hindernisses, das Sie davon abhielt, rechtzeitig Einspruch einzulegen. In den folgenden Fällen aber haben Sie einen *Rechtsanspruch auf Wiedereinsetzung:*

- Vorübergehende Abwesenheit von der Wohnung bis zu sechs Wochen. Bei längerer Abwesenheit müssen Sie Vorsorge treffen, dass Ihnen die Post nachgeschickt wird, oder einen Dritten bevollmächtigen, Ihre Steuerangelegenheit wahrzunehmen. Natürlich haben Sie keinen wirklich zuverlässigen Menschen dafür. Und natürlich dauert die Post ins Ausland viel länger und geht schneller verloren, der Campingplatz musste wegen Überflutung verlassen werden, das Hotelzimmer war unzumutbar, Kakerlaken, Vogelspinnen, Moskitos und andere Quälgeister fanden sich darin, weshalb Sie umziehen mussten in eine Unterkunft jwd (janz weit draußen)...
- Behinderung durch hohes Alter.
- Schwere plötzliche Erkrankung (Herzinfarkt, Diabetesschock).
- Schwerer Unfall.
- Jeder Fall von höherer Gewalt, Ehegatte ist weggelaufen, Ihr Haus hatte einen Wasserrohrbruch und, und, und.

1044 **Weist das Finanzamt Ihren Einspruch durch Einspruchsentscheidung zurück, können Sie dagegen klagen. Dann kommt das Verfahren vor dem Finanzgericht in Gang.** Geht es beim Finanzamt schon recht formell zu, steigert sich das noch, wenn Sie vor den Finanzkadi ziehen. Ein paar Tipps zu den häufigsten Fragen sollen Ihnen helfen, die größten Fallstricke zu vermeiden, wenn Sie sich die Kosten für einen Steuerberater oder Rechtsanwalt sparen wollen:

Muss ich die vom Finanzamt geforderte Steuer trotz Klage bezahlen, oder kann ich mir bis zur Entscheidung durch das Finanzgericht Zeit lassen? Grundsätzlich verlangt der Fiskus von Ihnen, dass Sie spätestens vier Wochen nach Zustellung des Steuerbescheids in die Tasche greifen. Daran ändert formal auch eine Klage zunächst einmal nichts. Stellen Sie deshalb auf jeden Fall beim Finanzamt den Antrag, »die Vollziehung des Steuerbescheids auszusetzen«. Folgt das Finanzamt Ihrem Antrag, brauchen Sie vorläufig nicht zu zahlen. Aber selbst wenn das Finanzamt sich starrsinnig zeigt, was leider allzu oft vorkommt, ist noch nicht alles verloren. Stellen Sie in diesem Fall Ihren Aussetzungsantrag direkt beim Finanzgericht. Berufen Sie sich dazu auf § 69 der Finanzgerichtsordnung. Wie die Erfahrung lehrt, sind die Finanzgerichte häufig sehr viel großzügiger bei der Beurteilung der Frage, ob ernstliche Zweifel an der Rechtmäßigkeit des von Ihnen angegriffenen Steuerbescheids bestehen. Wenn Sie knapp bei Kasse sind, können Sie sich zudem darauf berufen, dass die Bezahlung der Steuern für Sie eine unbillige Härte zur Folge hätte.

Brauche ich vor Gericht einen Anwalt oder Steuerberater? Nein, vor dem Fi- 1045
nanzgericht dürfen Sie sich locker selbst vertreten. Dabei bleibt es Ihnen unbenommen, sich von einem guten Freund oder Bekannten helfen zu lassen. Ansonsten genügt manchmal schon die kostengünstige Hilfe durch einen Lohnsteuerhilfeverein. Oder fragen Sie doch einmal, ob nicht Ihre Gewerkschaft bereit ist, Ihnen beizustehen. Vielleicht übernimmt sie sogar einen Teil Ihrer Prozesskosten, wenn sie an Ihrem Fall interessiert ist. Deutlich anders sieht die Angelegenheit allerdings aus, wenn Ihr Prozess bis vor den Bundesfinanzhof geht. Dort gilt sog. Vertretungszwang. Das heißt, Sie *müssen* sich durch einen Steuerberater, Wirtschaftsprüfer oder Rechtsanwalt vertreten lassen. Um aber überhaupt dorthin zu gelangen, muss das Finanzgericht die Revision zulassen. Tut es das nicht, weil es Ihr Problem nicht als Grundsatzfrage ansieht, bleibt Ihnen nur der Weg, die Revision durch eine Nichtzulassungsbeschwerde zu erstreiten.

Was kostet mich ein Prozess vor dem Finanzgericht?
Eine Klage vor dem Finanzgericht löst anders als das vorher durchgeführte Einspruchsverfahren Kosten aus. Wenn Sie Ihre Klage einreichen, müssen Sie auch beim Finanzgericht einen Gerichtskostenvorschuss bezahlen. Dabei wird ein Mindeststreitwert von 1.500 € angesetzt. Der Vorschuss beträgt somit 284 €. Er wird nach Abschluss des Klageverfahrens auf die endgültig zu zahlenden Gerichtskosten angerechnet. Gewinnen Sie Ihren Prozess, muss das Finanzamt in der Regel die Kosten des Verfahrens tragen. Verlieren Sie, gehen Ihre Gerichtskosten wie Gebühren und Auslagen zu Ihren Lasten. Für die Kosten des Finanzamts müssen Sie jedoch nicht aufkommen. Sind Sie so klamm, dass Sie sich die Kosten einer Klage eigentlich nicht leisten können, werfen Sie die Flinte nicht ins Korn, sondern stellen Sie beim Finanzgericht einen Antrag auf Prozesskostenhilfe. Das Finanzgericht wird Ihnen diese vor allem dann zugestehen, wenn es Ihrer Klage Erfolgschancen beimisst. Erläuterungen und Antragsformulare für die Prozesskostenhilfe bekommen Sie beim Finanzgericht. Sie finden all das

und entsprechende Berechnungsprogramme aber auch im Internet. *Die Gerichtsgebühren richten sich nach dem sog. Streitwert. Das ist in aller Regel der Steuerbetrag, über den Sie mit dem Finanzamt streiten. Im Finanzgerichtsverfahren gilt allerdings ein Mindeststreitwert von 1.500 €.*
Entscheidet das Gericht durch Urteil oder Gerichtsbescheid, fällt das Vierfache an Gerichtsgebühren an. Im vorläufigen Rechtsschutz, z.B. bei einem Verfahren wegen Aussetzung der Vollziehung, beträgt die Gerichtsgebühr lediglich das Zweifache. Wird ein Verfahren ohne Urteil, sondern durch einen Beschluss (§ 138 FGO) erledigt, fällt statt der vierfachen ebenfalls nur eine doppelte Verfahrensgebühr an.

Streitwert bis … Euro	Gerichtskosten in €		
	einfache Gebühr	2-fache Gebührl	4-fache Gebühr
500 €	35,00 €	70,00 €	140,00 €
1.000 €	53,00 €	106,00 €	212,00 €
1.500 €	71,00 €	142,00 €	284,00 €
2.000 €	89,00 €	178,00 €	356,00 €
3.000 €	108,00 €	216,00 €	432,00 €
4.000 €	127,00 €	254,00 €	508,00 €
5.000 €	146,00 €	292,00 €	584,00 €
6.000 €	165,00 €	330,00 €	660,00 €
7.000 €	184,00 €	368,00 €	736,00 €
8.000 €	203,00 €	406,00 €	812,00 €
9.000 €	222,00 €	444,00 €	888,00 €
10.000 €	241,00 €	482,00 €	964,00 €
13.000 €	267,00 €	534,00 €	1.068,00 €
16.000 €	293,00 €	586,00 €	1.172,00 €
19.000 €	319,00 €	638,00 €	1.276,00 €
22.000 €	345,00 €	690,00 €	1.380,00 €
25.000 €	371,00 €	742,00 €	1.484,00 €
30.000 €	406,00 €	812,00 €	1.624,00 €
35.000 €	441,00 €	882,00 €	1.764,00 €
40.000 €	476,00 €	952,00 €	1.904,00 €
45.000 €	511,00 €	1.022,00 €	2.044,00 €
50.000 €	546,00 €	1.092,00 €	2.184,00 €

TIPP

zum Finanzgerichtsprozess

1046 Kommt Ihnen im Lauf Ihres Finanzgerichtsverfahrens die Erkenntnis, dass Sie verlieren werden, können Sie einen großen Teil Ihrer Gerichtskosten vermeiden, wenn Sie die Klage zurückziehen. Entscheiden Sie sich zu diesem Schritt, bevor das Gericht einen Beweisbeschluss oder Gerichtsbescheid unterschrieben hat, fällt nur die 2-fache Gerichtsgebühr an. Eine kostenfreie Rücknahme der Klage ist leider nicht mehr möglich. Es könnte zudem sein, dass Sie ein paar

Auslagen wie Kopien etc. bezahlen müssen. Die Gewinnaussichten auszuloten dürfte in der Regel nicht schwierig sein, da die Richter, die sich vorab mit Ihrem Fall beschäftigen dürfen (sie werden Berichterstatter genannt), Ihnen z.B. auf Nachfrage oder bei einem vor der eigentlichen Verhandlung anberaumten Erörterungstermin durchaus sagen, ob sie Ihnen eine Chance geben oder sich auf die Seite des Fiskus schlagen wollen. Dann ist es immer noch früh genug, um mit einer Klagerücknahme die Reißleine zu ziehen. Im Zweifel bitten Sie förmlich um einen sog. richterlichen Hinweis. Bei einem gewonnenen Steuerprozess verlangen Sie Erstattung aller, wirklich aller entstandenen Kosten.

TRICK

Wenn das Finanzamt Ihren Einspruch angeblich nicht erhalten hat.

Es lehnt deshalb alles ab, was Sie in der späteren Begründung vortragen! 1047
Sie fluchen auf Teufel komm raus und wollen schon aufgeben, weil Sie keine Einschreibequittung in der Hand haben? Nichts da! Natürlich gehen Sie gegen den ablehnenden Bescheid an! Denn Sie haben den Einspruch schließlich selbst in den Briefkasten gesteckt – haben Sie doch, nicht wahr? Vielleicht treiben Sie sogar noch einen Zeugen auf. Also soll das Finanzamt gefälligst nach Ihrem Schreiben suchen!
Will das Finanzamt trotzdem nicht klein beigeben, weisen Sie es auf das sehr vernünftige Urteil des Finanzgerichts Köln (3 K 3432/92) hin: »Die Postdienste können in der alten Bundesrepublik Deutschland als außergewöhnlich zuverlässig gelten. Hierauf kann und muss sich ein Steuerpflichtiger verlassen. Es wäre zu viel verlangt, wenn alle wichtigen Briefe als Einschreiben versandt werden müssten und nur dann mit an Sicherheit grenzender Wahrscheinlichkeit beim Empfänger ankämen, sonst aber nicht. (...) Hingegen kommt es – wenn auch nicht häufig, so doch auch nicht selten – vor, dass beim Finanzamt eingegangene Schreiben in eine falsche Akte gelangen und dort mangels wirksamer Kontrollen auch bleiben. Posteingangsbücher werden nämlich beim Finanzamt nicht geführt. Nach allem geht das Gericht hier davon aus, dass das Einspruchsschreiben nicht bei der Post, sondern innerhalb der Finanzverwaltung abhandengekommen ist.«

3. Haben Sie vergessen, Ausgaben abzusetzen?

Das ist kein Beinbruch, auch wenn die Einspruchsfrist schon lange abge- 1048
laufen ist. Sie können die Ausgaben nachträglich geltend machen, indem Sie sagen: Ich habe nicht gewusst, dass ich diese Kosten absetzen kann. Wenn dem so ist, trifft Sie nämlich kein »grobes Verschulden« dafür, dass Sie dem Fi-

nanzamt nachträglich Arbeit machen. Daraufhin ändert das Finanzamt den Steuerbescheid zu Ihren Gunsten ab (Quelle: 173 AO). So konnte ein Kraftfahrzeugsachverständiger den Bundesfinanzhof davon überzeugen, er habe erst lange Zeit nach Erhalt des Steuerbescheids erfahren, dass Kosten für ein häusliches Arbeitszimmer absetzbar seien (BFH-Urt. v. 22.5.1992 – BStBl 1993 II S. 80). Allerdings gilt dies grundsätzlich nicht für Kosten, nach denen in der Steuererklärung ausdrücklich gefragt wird oder die in der amtlichen Anleitung zur Steuererklärung erläutert sind.
Können Sie Ähnliches vorbringen? Überlegen Sie und sichten Sie noch mal alles. Vor Ablauf der Einspruchsfrist und bei einem Einspruch können Sie aus Ihrer Einkommensteuererklärung eine Nachtragserklärung machen.

SUPER TRICK

Reichen Sie auch ohne Belege einen Nachtrag ein!

Sie haben Ihre Steuererklärung bereits abgegeben, aus den »Steuertricks« aber dann einen dicken Fisch ziehen können, z. B., dass die Anschaffung eines neuen Anzugs absetzbar gewesen wäre, weil Sie den alten im Dienst durch einen Ausrutscher auf der Bürotreppe beschädigt haben.
Es ist noch nicht zu spät! Bis zur Rechtskraft können Sie Anträge nachschieben! Belege brauchen Sie nicht, aber

- Mut, die Ausgaben dem Finanzamt unbelegt zu präsentieren,
- Geduld, möglichen Abwimmelungseskapaden zu widerstehen.

Jetzt also schnell den Eigenbeleg geschrieben und abgegeben. Sie müssen nicht persönlich in die Höhle des Löwen gehen, Sie können auch schreiben:

Betrifft: St.-Nr. . . . . Einkommensteuererklärung . . . .

Sehr geehrte Herren!

anbei reiche ich Ihnen einen Nachtrag zu meinen Betriebsausgaben/Werbungskosten für das Jahr ...... in Höhe von 1.080 € über vergessenen Bauaufwand (Bezahlung und Verköstigung von mithelfenden Bekannten und Hilfskräften) ein, die ich zusätzlich von meinem Einkommen abzusetzen bitte (Einzelaufstellung anbei).

Leider bin ich mir der Möglichkeit, diesen Posten steuerlich zu verwerten, erst heute bewusst geworden. Ich bitte um Entschuldigung für die Ihnen zugemutete Mühe – das nächste Mal werde ich besser aufpassen.

. . . . Unterschrift

4. Das Finanzamt mahnt Steuerbeträge an – aber Sie haben keinen Steuerbescheid erhalten

Bestreiten Sie, überhaupt einen Steuerbescheid erhalten zu haben, und 1049
verlaufen evtl. diesbezügliche Ermittlungen des Finanzamts bei der Post ergebnislos, muss das Finanzamt einen neuen Steuerbescheid ausfertigen und Ihnen zustellen. In diesem neuen Bescheid muss Ihnen das Finanzamt eine neue Zahlungs- und Einspruchsfrist setzen. Rechnen Sie aber damit, künftige Bescheide vom Finanzamt nur noch mit Postzustellungsurkunde zu erhalten. Es soll Sie nicht stören, wenn sich das Finanzamt Mehrarbeit machen will – wir wollen es aus bekannten Gründen nicht davon abhalten.

SUPER TRICK

Frist versäumt – was tun?

Die Frist ist längst versäumt, und Sie ärgern sich schwarz, denn Sie haben hohe Ausgabeposten im alten Jahr nicht geltend gemacht. Und ins neue Jahr können Sie sie nicht reinpacken, weil das wegen der strengen zeitlichen Zuordnung nicht zulässig ist. Außerdem würde das Finanzamt das an den Belegen sofort merken … Fatal, fatal! »Arbeitsstress« ist das Zauberwort! Da macht man schnell mal einen Fehler. Das ist nur zu menschlich. Das müssten doch gerade die Finanzrichter verstehen, bei denen sich schließlich auch Akten und Arbeit türmen, weil sich der Steuerstreik von uns mehr und mehr ausdehnt. Der BFH hilft Ihnen bei der Argumentation (BFH v. 28.8.1992 – VI R 93/89, BFH/NV 1993 S. 147).

SUPER TRICK

Erwirken Sie einen Zahlungsaufschub!

Beantragen Sie Stundung! Stets und immer! Wozu gibt es denn die Stun- 1050
dungsvorschriften in der Abgabenordnung? »Das bringt bei mir nichts«, sagen Sie. »Ich habe das früher schon mal versucht. Das Finanzamt meinte damals, ich hätte genug Kreditmöglichkeiten, und diese müsste ich erst ausschöpfen.« Jetzt passen Sie gut auf: Wenn Sie Ihren Stundungsantrag erst *kurz vor* dem Zahlungstermin für Ihre Steuern stellen, ist das Finanzamt rein zeitlich nicht mehr in der Lage, ihn rechtzeitig abzulehnen, und muss Ihnen kulanterweise

einen neuen Zahlungstermin geben. Dieser muss *mindestens eine Woche nach Zugang des ablehnenden Stundungsbescheids liegen.* Da wir alle wissen, wie langsam behördliche Mühlen mahlen, können Wochen verstreichen, bis Sie die Ablehnung Ihres Stundungsantrags in Ihrem Briefkasten finden. Gesetzt den Fall, Sie haben einen sehr ausführlichen Stundungsantrag gestellt, wird sich das Finanzamt damit auch entsprechend länger beschäftigen müssen. Da können gut und gern bis zu zwei Monate verstreichen, bis Sie letztendlich zahlen müssen. Damit ist Ihnen doch echt geholfen, oder? Sie müssen aber damit rechnen, dass Ihnen der Computer des Finanzamts – ganz automatisch – erst einmal Säumniszuschläge berechnet, weil er zum ersten Fälligkeitstermin Ihre Steuerzahlung vermisst und von Ihrem Stundungsantrag ja noch nichts weiß. Stellen Sie dann sofort einen Antrag auf Erlass der Säumniszuschläge. Dem Antrag wird das Finanzamt ohne weiteres entsprechen, weil Säumniszuschläge nicht zu erheben sind, wenn »ein Stundungsantrag vor Fälligkeit gestellt und nach Fälligkeit abgelehnt wurde und der Steuerzahler die neue Zahlungsfrist eingehalten hat«. Für NRW Erlass FinMin vom 2.1.1984 (S 0480 – I VA 1).

GUTER RAT

1051 **Bevor Sie über einen Stundungsantrag beim Finanzamt nachdenken, sollten Sie prüfen, ob Ihnen stattdessen Ihre Bank mit einem Darlehen aushilft. Beim Finanzamt fallen 0,5 % Zinsen pro Monat, also 6 % pro Jahr an. Mit etwas Glück und Verhandlungsgeschick bekommen Sie in der momentanen Niedrigzinsperiode ein Darlehen zu einem deutlich niedrigeren Zins. Also warum dem Finanzamt 6 % in den Rachen werfen, wenn Sie bei Ihrer Bank im Zweifel um die Hälfte billiger davonkommen.**

TRICK

Schulden bis zum Stehkragen?
Beantragen Sie Erlass der Säumniszuschläge!

1052 **S** Ist es Ihnen einmal eine Zeitlang finanziell sehr schlecht ergangen und sind dabei Steuerrückstände entstanden, dann beantragen Sie Erlass der Säumniszuschläge. Das Finanzamt muss sie erlassen, »wenn dem Schuldner die Zahlung der Steuern wegen Zahlungsunfähigkeit und Überschuldung unmöglich war« (BFH – BStBl 1984 II S. 415). Das gilt auch, wenn vergessen wurde, einen Stundungsantrag zu stellen, obwohl eine »Stundungssituation« bestanden hat (BFH – BStBl 1985 II S. 489).

TRICK

Nutzen Sie die Schonfrist!

Wenn Steuern fällig werden, weil z.B. eine Abschluss- oder eine Vorauszah- 1053
lung zu leisten ist, denken Sie daran, dass Ihnen nach § 240 Abgabenordnung eine Schonfrist zusteht. Wenn Sie innerhalb von drei Tagen nach Fälligkeit zahlen, entstehen keine Säumniszuschläge. Entscheidend ist aber, wann das Geld beim Finanzamt auf dem Konto gutgeschrieben wird, nicht, wann Sie die Überweisung getätigt haben. Der Pferdefuß dabei: Zahlen Sie per Banküberweisung, müssen Sie die Dauer des bankinternen Zahlungswegs einkalkulieren.

Achtung: Bei Zahlung per Scheck gilt die Schonfrist nicht, der Scheck muss also spätestens bei Fälligkeit der Steuer im Finanzamt sein. Allerdings haben Sie den Vorteil, dass mit Übergabe des Schecks an das Finanzamt die Zahlung erfolgt ist, Ihr Konto aber erst Tage später mit dem Betrag belastet wird.
Zahlen Sie also z.B. Ihre Umsatzsteuer per Verrechnungsscheck, müssen Sie diesen in der Regel schon am 8. des Monats bei der Post aufgeben, damit er pünktlich am Fälligkeitstag (in der Regel der 10. des Monats) beim Finanzamt ist.
Überhaupt keine Problem gibt es, wenn Sie dem Finanzamt eine Einzugsermächtigung für die regelmäßig fälligen Steuern erteilen. Belastet das Finanzamt Ihr Konto dann um ein paar Tage zu spät, geht das nicht zu Ihren Lasten und es dürfen keine Säumniszuschläge festgesetzt werden. Natürlich nur dann nicht, wenn Ihr Konto ausreichend gedeckt ist!

5. So setzen Sie sich beim Finanzamt durch

Es bürgert sich immer mehr ein, dass die Finanzämter in arroganter Ma- 1054
nier für den Steuerzahler günstige Urteile einfach negieren. Die meisten Streichgelegenheiten bieten sich den Fiskalrittern, wo eine besondere Vergünstigung beansprucht wird. Um die brauchen Sie aber nicht zu betteln, sondern können fordern, dass Ihren berechtigten Ansprüchen nachgekommen wird. Sie werden deshalb den Steuerbescheid immer daraufhin prüfen, ob das Finanzamt in *allen* Punkten Ihren Angaben in der Steuererklärung entsprochen hat. Obwohl das Finanzamt verpflichtet ist, Streichungen zu begründen, spart es sich oft eine Erläuterung oder schreibt etwa: »Steuerermäßigung konnte aufgrund der gesetzlichen Bestimmungen nicht gewährt werden.«

So etwas machen Sie nicht mit!
Im Übrigen haben Sie Anspruch auf rechtliches Gehör (§ 91 AO). Bevor das Finanzamt einfach Ausgaben streicht, soll es Sie vorher dazu hören, zumindest aber Streichungen ausführlich begründen.

TRICK

Wenn das Finanzamt nach der Herkunft von Geldern auf privaten Sparkonten fragt.

1055 S Zwar müssen Sie dem Finanzamt bei der Aufklärung von Steuersachverhalten behilflich sein, aber Sie brauchen keinen in sich geschlossenen Nachweis über die Herkunft Ihres Privatvermögens führen (BFH v. 28.5.1986 – BStBl 1986 II S. 732). Denn eine Verpflichtung, für private Sparkonten eine Buchführung einzurichten, besteht nicht. So kann man Ihnen nichts anhaben, wenn Sie sagen müssen: »Weiß ich nicht, ist schon zu lange her.«

Wenn das Finanzamt Ihnen die Beweislast über die Herkunft der Gelder auf Ihren privaten Sparkonten zuschieben will, muss es zuvor den Nachweis erbringen, dass bei Ihnen ein ungeklärter Vermögenszuwachs oder Ausgabenüberschuss vorliegt. Beidem, sowohl der Vermögenszuwachs- als auch der Ausgabenüberschussrechnung – Letztere wird auch Geldverkehrsrechnung genannt –, liegt zwar der einfache Gedanke zugrunde, dass niemand mehr Geld anlegen oder ausgeben kann, als er aus seinen steuerpflichtigen und sonstigen Quellen zur Verfügung hat, aber in der Praxis sind diese Berechnungen ziemlich kompliziert und leicht zu entkräften.

Sie selbst können zur Not dem Finanzamt schnell beweisen, dass Ihr Privatvermögen aus den ungebundenen Entnahmen und aus Mitteln stammt, die zu Beginn der Vermögenszuwachs- und Geldverkehrsrechnung bereits vorhanden waren.

Sagen Sie bloß nicht – auch wenn es stimmt –, das Geld stamme von den Rentenersparnissen Ihrer Eltern oder von einem entfernten Verwandten in den USA. So etwas wirkt auf Finanzbeamte wie der Stich in ein Wespennest.

Auch die Geschichte über Spielbankgewinne hört das Finanzamt nicht zum ersten Mal, und selbst die Überweisung eines größeren Betrags von der Spielbank auf Ihr Privatkonto verfängt so ohne weiteres nicht, denn Sie könnten ja die Jetons, die Sie eingelöst und überweisen lassen haben, vorher mit Schwarzgeld gekauft haben. Kenntnisse der örtlichen Gegebenheiten in der Spielbank, exakte Kenntnisse über Spielregeln und die Benennung Ihnen bekannter Croupiers überzeugen da schon mehr. Diese Kenntnisse weisen Sie nämlich als Stammgast aus.

TRICK

Verlangen Sie vom Finanzamt Auskunft und Beratung!

Nach dem Willen des Gesetzes (§ 89 AO) soll der Finanzbeamte Helfer des 1056
Steuerzahlers sein, soll Auskünfte erteilen und sogar von sich aus zu steuersparenden Anträgen anregen, wenn Sie sie aus Versehen oder aus Unkenntnis nicht gestellt haben. Hahahahaha!

Sie werden immer wieder auf Finanzbeamte treffen, die sich die Arbeit zu leicht machen und Sie abzuwimmeln versuchen: »Leider sind wir nicht zur Steuerberatung befugt, das ist den steuerberatenden Berufen vorbehalten«, so die Ausflüchte. Oder man hört: »Die Finanzämter entscheiden über den Steueranspruch eines Kalenderjahrs grundsätzlich erst dann, wenn das Jahr abgelaufen ist. Vorherige Auskünfte und Zusagen sind dem Steuerrecht wesensfremd.«

Damit geben Sie sich nicht zufrieden, denn der BFH hat die Finanzämter zur verbindlichen Auskunft verdonnert (BFH v. 19.3.1981 – BStBl 1981 II S. 538 und v. 16.3.1983 – BStBl 1983 II S. 459).

Sie fordern Kundendienst und nicht obrigkeitliches Agieren. Das Finanzamt ist 1057
nämlich gesetzlich verpflichtet, Ihnen auf Verlangen eine verbindliche Auskunft zu erteilen (§ 89 Abs. 2 AO), wenn Sie Ihrerseits:

- ein besonderes Interesse an der Auskunft darlegen können,
- den geplanten Sachverhalt umfassend und in sich geschlossen darstellen,
- Ihr Rechtsproblem darlegen und dazu konkrete Rechtsfragen stellen und auch
- erklären, dass Sie bisher noch bei keiner anderen Finanzbehörde zu dem Sachverhalt eine verbindliche Auskunft beantragt haben und
- als Letztes noch bestätigen, dass all Ihre Angaben der Wahrheit entsprechen.

Allerdings hat der Fiskus hier eine ganz üble Hürde eingebaut. Für verbindliche Auskünfte gibt es eine allgemeine Gebührenpflicht (§ 89 Abs. 3 bis 5 AO). Das geht sogar so weit, dass das Finanzamt entscheiden kann, ob es die Gebühren nach der Auskunft erhebt oder ob es erst nach Vorkasse für Sie tätig wird. Sie müssen aber spätestens einen Monat nach Bekanntgabe der Gebührenfestsetzung zahlen. Die Gebühr richtet sich nach dem sog. **Gegenstandswert** (Streitwert). Das ist der Wert, den die verbindliche Auskunft für Sie hat. Im Endeffekt kommt es auf die Höhe der bei der Auskunft zur Debatte stehenden Steuern an. Die Höhe der Gebühr können Sie in folgender Tabelle ablesen:

Streitwert bis … €	Gebühr … €	Streitwert bis … €	Gebühr … €
500 €	35,00 €	95.000 €	906,00 €
1.000 €	53,00 €	110.000 €	1.026,00 €
1.500 €	71,00 €	125.000 €	1.146,00 €
2.000 €	89,00 €	140.000 €	1.266,00 €
3.000 €	108,00 €	155.000 €	1.386,00 €
4.000 €	127,00 €	170.000 €	1.506,00 €
5.000 €	146,00 €	185.000 €	1.626,00 €
6.000 €	165,00 €	200.000 €	1.746,00 €
7.000 €	184,00 €	230.000 €	1.925,00 €
8.000 €	203,00 €	260.000 €	2.104,00 €
9.000 €	222,00 €	290.000 €	2.283,00 €
10.000 €	241,00 €	320.000 €	2.462,00 €
13.000 €	267,00 €	350.000 €	2.641,00 €
16.000 €	293,00 €	380.000 €	2.820,00 €
19.000 €	319,00 €	410.000 €	2.999,00 €
22.000 €	345,00 €	440.000 €	3.178,00 €
25.000 €	371,00 €	470.000 €	3.357,00 €
30.000 €	406,00 €	500.000 €	3.536,00 €
35.000 €	441,00 €	550.000 €	3.716,00 €
40.000 €	476,00 €	600.000 €	3.896,00 €
45.000 €	511,00 €	650.000 €	4.076,00 €
50.000 €	546,00 €	700.000 €	4.256,00 €
65.000 €	666,00 €	750.000 €	4.436,00 €
80.000 €	786,00 €	800.000 €	4.616,00 €

Lässt sich der Gegenstandswert (Streitwert) beim besten Willen nicht ermitteln, rechnet das Finanzamt nach Stundensätzen ab. Der Stundensatz beläuft sich auf 50 € je angefangene halbe Stunde Bearbeitungszeit, mindestens jedoch 100 €.

WICHTIGER HINWEIS

Nach § 89 Abs. 3 Satz 1 AO wird die Gebühr »für die Bearbeitung von Anträgen auf verbindliche Auskunft erhoben«. Dies hat u.E. zur Folge, dass die **Gebühr auch bei Ablehnung der Erteilung einer verbindlichen Auskunft** anfällt.

TRICK

Prüfen Sie faule und unklare Angaben nach!

1058 Da gibt es einen besonderen Weg, den die wenigsten kennen: Sie können nach § 42 e EStG als Arbeitnehmer oder als Arbeitgeber das Finanzamt in Lohnsteuerfragen um Auskunft bitten. Ist Ihnen also z.B. nicht klar, ob bestimmte Ein-

nahmen aus dem Arbeitsverhältnis steuerfrei oder steuerpflichtig sind, fordern Sie eine Auskunft der Lohnsteuerstelle des Finanzamts an.
Auch haken Sie nach, wenn Ihnen in einem Steuerbescheid irgendetwas unklar ist. Allerdings sind Sie nicht so vertrauensselig, sich die Auskunft telefonisch geben zu lassen. Mündliche Auskünfte sind für das Finanzamt nicht im Geringsten bindend. Schwarz auf weiß aber muss das Finanzamt zu seinem Wort stehen. Schreiben wie »Die Steuerermäßigung musste abgelehnt werden, weil die entsprechenden Unterlagen nicht vorgelegt werden konnten« oder Abwimmelungsversuche wie »Die Entscheidung wurde von einem Gericht getroffen, die aber für uns nicht bindend ist; hierfür haben wir unsere genauen Bestimmungen« nötigen Ihnen ein Lächeln ab, denn Sie wisen: Das Finanzamt ist gesetzlich verpflichtet, auch zu Ihren Gunsten eine Steuerermäßigung zu prüfen (Schön wär's, wenn's immer gemacht würde – hm?). Sie verlangen also als Arbeitnehmer eine genaue und lückenlose Aufklärung einschließlich aller einschlägigen Urteile und vor allem Kommentarauszüge und beschweren sich unter Umständen bei der Oberfinanzdirektion so lange, bis Sie eine solche zu Ihrer vollen Zufriedenheit erhalten haben!
Stellt sich einer dumm, kontern Sie: »Natürlich sind Sie dazu da, die zu beschaffen, denn Sie müssen auch meine Vorteile prüfen. Ich glaube, das steht in § 88 AO Absatz zwo.«
Und wenn Ihre Unterlagen nicht vollständig sind, hat das Amt Ihnen die Vorlage anderer Nachweise vorzuschlagen, aber nur, wenn Ihnen deren Beschaffung zuzumuten ist. Vielfach verlangt man von Ihnen, alle möglichen Belege beizubringen, und weiß ganz genau, dass Ihnen dies nicht möglich ist. Wie sollen Sie für jedes gewaschene Hemd den Nachweis führen, wie viel Waschpulver dafür gebraucht wurde? Für so etwas gibt es Erfahrungssätze, und die soll Ihnen das Finanzamt ansetzen. Die Ämter sind ausdrücklich angewiesen, von kleinlichen Einzelermittlungen abzusehen, und dürfen Ihnen keinesfalls etwas streichen, nur weil Sie nicht in der Lage sind, einen Nachweis zu erbringen.
Auf diesem Standpunkt stehen auch die Urteile des BFH vom 8.11.1956 – BStBl 1957 III S. 149, vom 21.7.1961 – BStBl 1961 III S. 437 und vom 26.6.1962 – HFR 1962 S. 265. Zur Not können Sie dem Amt eine eidesstattliche Erklärung anbieten, dass Ihnen die angesetzten Aufwendungen entstanden sind. Dann ist es Sache des Finanzamts zu beweisen, dass Sie sie nicht gehabt haben, und Sie haben ihm den Schwarzen Peter zugeschoben.
Ohne genau durchrechnen zu müssen – was Sie aufgrund der vorhergegangenen Ausführungen ja eigentlich aus dem Effeff können sollten –, können Sie überschlagen, ob das Finanzamt Ihnen von den beantragten Ermäßigungen etwas abgezwackt hat. Nämlich so: Sie rechnen alle Ermäßigungsbeträge zusammen, ziehen davon die Pauschbeträge für Werbungskosten und Sonderausgaben sowie die zumutbare Belastungsgrenze ab. Vom dann übrigen Betrag muss Ihnen das Amt mindestens 14 % Lohn- und 1,26 % Kirchensteuer erstatten, klar? Noch genauer können Sie den Prozentsatz aus der Steuerersparnistabelle bestimmen!

Tschuang-tse sagte vor über 2000 Jahren:
Der Ruf zu den Waffen ist die niedrigste Form
der Erziehung. Verordnungen und Gesetze
sind die niedrigste Form des Regierens.

GUTER RAT

1059 Wenn Sie den Abgabetermin für die Steuererklärung inkl. Erinnerungen verpasst haben, müssen Sie mit unangenehmer Post rechnen. Das Finanzamt schätzt dann nämlich Ihr Einkommen, und zwar meist großzügig. Es reicht in solch einem Fall allerdings aus, wenn Sie innerhalb von vier Wochen Ihre Erklärung nachreichen. Die Ämter können dann laut Bundesfinanzhof keine förmlichen Einsprüche verlangen (V R 87/01), vielmehr müssen sie die eingereichte Steuererklärung als Einspruch werten. Aufgund der nun nachgereichten Erklärung muss der Bescheid überprüft und, soweit notwendig, korrigiert werden. Von Ihnen dürfen auch keine vorläufigen Zahlungen gefordert werden, wenn Sie Aussetzung der Vollziehung beantragen.

Wenn Sie Zweifel haben, dass Sie Ihre Steuererklärung innerhalb von 4 Wochen nachreichen können, gehen Sie auf Nummer sicher. Ein Zweizeiler per Post reicht: »Ich lege Einspruch gegen den Einkommensteuerbescheid für das Jahr … ein. Zur Begründung folgt die Steuererklärung in Kürze.«

Dann kann nichts mehr passieren, wenn es mit der Steuererklärung ein paar Tage länger dauert.

Weht der Wind ein Blatt Papier in ein Amt,
sind nach einiger Zeit zwei Ochsen nötig,
den angewachsenen Aktenmist wegzuschaffen.
(Sprichwort aus China)

1060 **Sind Lügen vor dem Finanzamt erlaubt?**

Wenn es echte Notlügen sind, die zu keiner Steuerhinterziehung führen, kann man ausnahmsweise einmal ja sagen. Sie wissen, dass Finanzämter mit den Erstattungen meist recht langsam sind. Oft liegt es an der Arbeitsüberlastung bei den Einkommensteuerstellen, oft an der Computererledigung – immer jedoch an der Kompliziertheit des Steuerrechts. Wenn Sie also mal besonders dringend auf die Penunzen angewiesen sein sollten, die Ihnen Vater Staat schon so lange im Voraus abgenommen hat, sei es, dass Ihr Ehepartner krank ist oder ein Kindchen unterwegs oder eine andere Notlage vorherrscht, dann, ja dann dürfen Sie es auch mal dem deutschen Bundeskanzler Konrad Adenauer – Gott hab ihn selig! – nachmachen, der bekanntlich im Umgang mit der Wahrheit »nit so pingelig« war.

TRICK

Gehen Sie sparsam mit dem Einreichen Ihrer Belege um!

Vor allem wenn Sie Ihre Steuererklärung elektronisch abgeben, sollten Sie Be- 1061
lege so sparsam wie möglich beifügen. Die meisten Belege müssen Sie zwar Ihr Eigen nennen und zu Hause aufbewahren, allerdings mitnichten mit Ihrer Steuererklärung zusammen einreichen.
Belegvorhaltepflicht statt **Belegvorlagepflicht** heißt nun die Devise.

Anmerkung: Allerdings müssen Sie damit rechnen, dass das Finanzamt im Ausnahmefall doch einmal Belege anfordert. Dann sind Sie in Zugzwang und müssen die Unterlagen nachreichen.

Seien Sie auch mal dem Finanzamt gut! 1062
Sosehr wir dem Finanzamt auf die Finger sehen wollen, so sehr wollen wir uns aber auch bemühen, dass es sich mit unseren Anträgen nicht über Gebühr aufhalten muss. Die meisten jüngeren Beamten sind aufgeschlossene, friedliche Menschen. Sie sind nicht wie etwa Betriebsprüfer oder gar Steuerfahnder scharfgemacht und suchen Sie nicht mit allen Mitteln zur Ader zu lassen. Helfen wir ihnen also und bleiben ihnen gegenüber nett und freundlich. Sie sind schließlich nicht schuld an dem, was ihnen die Politiker und Ministerialbürokraten ständig zumuten. Wenn denn nun doch einmal Belege angefordert werden, ordnen Sie diese und fertigen Sie – falls es sich um eine größere Anzahl handelt – eine Aufstellung wie folgt:

Nr.	Datum	Gegenstand	bezahlt am	Betrag
1				
2				
...				

TIPP

zur Aufbewahrungspflicht

S **Als Arbeitnehmer sollten Sie dem Finanzamt eingereichte und zurücker-** 1063
haltene Belege nicht gleich wegwerfen. Für Sie besteht zwar häufig keine Aufbewahrungspflicht, dennoch ist es sinnvoll, die Belege zumindest bis zur endgültigen Bestandskraft Ihres Steuerbescheids aufzubewahren, da immer noch einmal Nachfragen denkbar sind. Versuchen Sie aber nicht, das Finanzamt

zu verschaukeln. Dort weiß man aus Tausenden von Anträgen, aber auch aus elektronischen Mitteilungen und Hinweisen, dass man z.B. als Beamter einen Zuschuss zu seinen Krankheitskosten bekommt oder gewisse Reisespesen vom Arbeitgeber ersetzt werden. Natürlich, möglich ist es schon, dass sie danach zu fragen vergessen, denn die Einkommensteuerstellen sind ja weiß Gott mit Arbeit gesegnet. Aber wenn Sie so etwas nachträglich beichten müssen, erschüttert das Ihre Glaubwürdigkeit, und das sollten Sie vermeiden!

6. Darf das Finanzamt Sie vorladen?

1064 Grundsätzlich ja. Aber es sollte Sie nicht mit einem Hund vergleichen, dem man nur pfeifen muss, damit er schnellstens angerannt kommt. Will das Amt eine selbstherrlich vorgenommene Handlung oder einen peinlichen Vorfall ausbügeln oder elegant aus der Welt schaffen, lädt es Sie gern vor, um Sie weichzuklopfen. Sie können jedoch die Verpflichtung, an der Amtsstelle zu erscheinen, ganz gut unterlaufen. Dass etwas faul ist, merken Sie daran, dass auf dem Vorladungsschreiben keine *genauen* Gründe und speziellen Fragen angeführt sind, über die Sie sich äußern sollen. Sie werden also schreiben: »Bevor ich auf Ihrem Amt erscheine, bitte ich, mich eingehend über die einzelnen Punkte aufzuklären, über die ich gehört werden soll.« Oder: »Ich möchte mir Verdienstausfall ersparen und bitte um schriftliche Erledigung …« Dann schickt Ihnen der Fiskalritter meist gleich die Fragen zur schriftlichen Erledigung, die er von Ihnen beantwortet wissen möchte, bzw. die Ausreden, die er sich für Ihren Fall parat gelegt hat.

Denn er weiß: Eine persönliche Vorladung kommt nur dann in Betracht, wenn ein schriftliches Verfahren unter Umständen nicht zum Ziel führt. Und Sie müssen Gelegenheit haben, sich auf seine Fragen vorzubereiten. Völlig unzulässig wäre eine Vorladung, wenn Sie weit entfernt wohnen und eine schriftliche Auskunft genügen würde (Urt. des FG Düsseldorf v. 29.3.1951 – Betriebsberater 1951, S. 326)

Sie werden auch die Beantwortung und die Erledigung telefonischer Anfragen ablehnen, selbst wenn Dinge belangloser Art aus der Welt geschafft werden sollen.

7. Darf das Finanzamt Ihnen die Beweislast übertragen?

1065 Das Finanzamt kehrt den Fall um, wenn es Ihnen die Beweislast aufbürdet. Selbst Finanzgerichte sehen da manchmal nicht völlig klar. Nun muss man dem Bundesfinanzhof eines lassen: Was die verfahrensrechtliche Stellung des Steuerzahlers betrifft, ist seine Rechtsprechung vorbildlich. In seinem Urteil vom

7. Dezember 1955 (BStBl 1956 III S. 75), das als Grundsatzentscheidung gekennzeichnet ist, sagte er nämlich: »Der Steuerprozess kennt grundsätzlich keine Beweislast und keine Beweisregeln wie der Zivilprozess. Die Amtspflicht zur Sachaufklärung und die gesetzliche Mitwirkungspflicht des Steuerpflichtigen bei der amtlichen Sachaufklärung, insbesondere seine Erklärungs-, Darlegungs- und Nachweispflichten gehen bis zur Grenze des Zumutbaren. Wo die Grenzen des Zumutbaren bei der Amtspflicht zur Sachaufklärung wie bei der Mitwirkungspflicht des Steuerpflichtigen im Einzelfall liegen, ist nach den Grundsätzen von Treu und Glauben unter Beachtung aller Umstände des einzelnen Falles zu entscheiden.« Einen wirksamen Rechtsschutz gewähren, insbesondere dadurch, dass es die Grenzen für die Ermittlungs- und Aufklärungspflicht der Finanzbehörden und der Steuergerichte denkbar weit spannt, will ebenfalls das Urteil vom 18.8.1960 (BStBl 1960 III S. 451). Es ist deshalb von besonderer Bedeutung, weil es die Pflicht der Finanzbehörden und der Steuergerichte zur vollständigen Ermittlung des Sachverhalts auch für den Fall feststellt, in dem die Rechtsstellung des Steuerzahlers von vornherein schwächer ist.

Wie im Rechtsspruch dieses Urteils gesagt ist, sind z. B. Finanzgerichte (selbstredend auch das Finanzamt und alle sonstigen beteiligten Behörden und Gerichte) gemäß § 162 Abs. 2 AO verpflichtet, im Rahmen der Schätzung alle vom Steuerzahler in substanziierter Weise vorgetragenen und als Schätzungsgrundlage in Frage kommenden Tatsachenbehauptungen zu berücksichtigen – dies selbst dann, wenn deren Richtigkeit erst durch Beweiserhebung geklärt werden muss und zur Anerkennung eines Verlusts führen würde.

Nun aber wieder von den höchst seltenen freundlichen Worten der hohen Ge- **1066**
richte zurück ins Kampfgetümmel der Steuerzahler mit den Finanzämtern:

- **Das Finanzamt muss grundsätzlich beweisen, aufgrund welcher Einkünfte es Steuern von Ihnen haben will. Dabei legt das Finanzamt hinsichtlich der Einnahmen Ihre eigenen Angaben zugrunde. Sind diese unrichtig, können Sie sich strafbar gemacht haben.**
- **Sie als Steuerzahler müssen grundsätzlich alles beweisen, was zu einer Steuerminderung führt. Dabei gilt für nicht beweisbare Vorgänge der sog. Beweis des ersten Anscheins. So ist das Halten eines Pkws ein »Beweis des ersten Anscheins« für Kosten durch berufliche Fahrten, und Sie müssen nicht beweisen – wie auch –, dass Sie tatsächlich mit dem Auto zu Ihren beruflichen Terminen gefahren sind.**

Lassen Sie sich also nicht vom Finanzamt in Beweisnot bringen, berufen Sie sich auf Ihre Erklärung und den Beweis des ersten Anscheins. Eine Zusammenfassung der Beweislastregeln enthält übrigens das BFH-Urteil vom 7.7.1983 (BStBl 1983 II S. 760). Wenn Sie allerdings auf einen verbissenen Federfuchser treffen, müssen Sie wohl zu einer Oberfinanzdirektion oder einer Universität wandern, in deren Bücherei Sie ziemlich alles zur Steuer finden.

Doch denken Sie nicht, dass Sie immer erfahren, was und wie in den meisten Fällen von den Gerichten entschieden wird. Von den in einem Jahr gefällten Entscheidungen wird nur etwa ein Fünftel zur Veröffentlichung freigegeben! Im Internet können Sie auf der Website des Bundesfinanzhofs (www.bundesfinanzhof.de) kostenfrei recherchieren, ob zu der Sie interessierenden Rechtsfrage ein Verfahren beim BHF anhängig ist. Falls dem so ist, können Sie beim Finanzamt beantragen, Ihren Streitfall bis zur Entscheidung ruhenzulassen.

Fragen Sie uns bitte nicht nach zusätzlichen Urteilen und Hilfen für einen speziellen, Sie besonders interessierenden Fall. Alles, was wir herausklamüsert haben, steht in diesem Buch. Deshalb sehen Sie uns bitte auch nach, wenn wir Ihre Anfragen nicht beantworten. Außerdem dürften wir das nach dem bestehenden Rechts- und Steuerberatungsgesetz ohnehin nicht.

Lobend gleichzustellen ist diese deine Steuerreform, o Scaeferius,
allen Steuerreformen, die da waren, sind oder kommen werden.
Sie ist modern, gerecht, erleichternd und kunstvoll.
Modern, weil jede der alten Steuern einen neuen Namen trägt,
gerecht, weil sie alle Bürger des Römischen Reiches gleich benachteiligt,
erleichternd, weil sie keinem Steuerzahler mehr einen vollen Beutel lässt,
und kunstvoll, weil du in vielen Worten ihren kurzen Sinn verstecktest:
dem Kaiser zu geben, was des Kaisers ist, und dem Bürger zu nehmen,
was des Bürgers ist.

Wehruf eines römischen Bürgers
über die Steuerreform anno 282 n. Chr.

»Das Steuerrecht ist an sich verfassungswidrig,
weil es der normale Steuerbürger gar nicht begreifen kann.«
(Der ehemalige Präsident des Bundesverfassungsgerichts Benda)

Einkommensteuergrund- und -splittingtabellen für 2021 und die Vorauszahlungen 1067

- Die Einkommensteuer, die 2021 auf Ihr zu versteuerndes Einkommen erhoben wird, können Sie in der folgenden Tabelle ablesen.
- Ziehen Sie von diesem Betrag die von Ihnen voraussichtlich zu zahlende Lohn-, Kapitalertrags-, Zinsabschlag-, anrechenbare Körperschaftsteuer und die Einkommensteuervorauszahlungen ab.

Das Ergebnis ist der Betrag, den Sie erstattet bekommen oder – ich wünsche es Ihnen nicht – noch nachzahlen müssen.

zu versteuerndes Einkommen €	Einkommensteuer Grundtabelle €	Splittingtabelle €	zu versteuerndes Einkommen €	Einkommensteuer Grundtabelle €	Splittingtabelle €	zu versteuerndes Einkommen €	Einkommensteuer Grundtabelle €	Splittingtabelle €
7.400	0	0	8.650	0	0	9.900	22	0
7.425	0	0	8.675	0	0	9.925	25	0
7.450	0	0	8.700	0	0	9.950	29	0
7.475	0	0	8.725	0	0	9.975	32	0
7.500	0	0	8.750	0	0	10.000	36	0
7.525	0	0	8.775	0	0	10.025	40	0
7.550	0	0	8.800	0	0	10.050	43	0
7.575	0	0	8.825	0	0	10.075	47	0
7.600	0	0	8.850	0	0	10.100	51	0
7.625	0	0	8.875	0	0	10.125	54	0
7.650	0	0	8.900	0	0	10.150	58	0
7.675	0	0	8.925	0	0	10.175	62	0
7.700	0	0	8.950	0	0	10.200	65	0
7.725	0	0	8.975	0	0	10.225	69	0
7.750	0	0	9.000	0	0	10.250	73	0
7.775	0	0	9.025	0	0	10.275	77	0
7.800	0	0	9.050	0	0	10.300	80	0
7.825	0	0	9.075	0	0	10.325	84	0
7.850	0	0	9.100	0	0	10.350	88	0
7.875	0	0	9.125	0	0	10.375	92	0
7.900	0	0	9.150	0	0	10.400	96	0
7.925	0	0	9.175	0	0	10.425	99	0
7.950	0	0	9.200	0	0	10.450	103	0
7.975	0	0	9.225	0	0	10.475	107	0
8.000	0	0	9.250	0	0	10.500	111	0
8.025	0	0	9.275	0	0	10.525	115	0
8.050	0	0	9.300	0	0	10.550	119	0
8.075	0	0	9.325	0	0	10.575	123	0
8.100	0	0	9.350	0	0	10.600	127	0
8.125	0	0	9.375	0	0	10.625	131	0
8.150	0	0	9.400	0	0	10.650	135	0
8.175	0	0	9.425	0	0	10.675	138	0
8.200	0	0	9.450	0	0	10.700	142	0
8.225	0	0	9.475	0	0	10.725	146	0
8.250	0	0	9.500	0	0	10.750	150	0
8.275	0	0	9.525	0	0	10.775	154	0
8.300	0	0	9.550	0	0	10.800	158	0
8.325	0	0	9.575	0	0	10.825	162	0
8.350	0	0	9.600	0	0	10.850	167	0
8.375	0	0	9.625	0	0	10.875	171	0
8.400	0	0	9.650	0	0	10.900	175	0
8.425	0	0	9.675	0	0	10.925	179	0
8.450	0	0	9.700	0	0	10.950	183	0
8.475	0	0	9.725	0	0	10.975	187	0
8.500	0	0	9.750	0	0	11.000	191	0
8.525	0	0	9.775	4	0	11.025	195	0
8.550	0	0	9.800	7	0	11.050	199	0
8.575	0	0	9.825	11	0	11.075	203	0
8.600	0	0	9.850	14	0	11.100	208	0
8.625	0	0	9.875	18	0	11.125	212	0

zu versteuerndes Einkommen €	Einkommensteuer Grundtabelle €	Einkommensteuer Splittingtabelle €	zu versteuerndes Einkommen €	Einkommensteuer Grundtabelle €	Einkommensteuer Splittingtabelle €	zu versteuerndes Einkommen €	Einkommensteuer Grundtabelle €	Einkommensteuer Splittingtabelle €
11.150	216	0	12.400	442	0	13.650	698	0
11.175	220	0	12.425	446	0	13.675	704	0
11.200	224	0	12.450	451	0	13.700	709	0
11.225	229	0	12.475	456	0	13.725	715	0
11.250	233	0	12.500	461	0	13.750	720	0
11.275	237	0	12.525	466	0	13.775	726	0
11.300	241	0	12.550	471	0	13.800	731	0
11.325	246	0	12.575	476	0	13.825	737	0
11.350	250	0	12.600	481	0	13.850	742	0
11.375	254	0	12.625	485	0	13.875	748	0
11.400	259	0	12.650	490	0	13.900	753	0
11.425	263	0	12.675	495	0	13.925	759	0
11.450	267	0	12.700	500	0	13.950	764	0
11.475	272	0	12.725	505	0	13.975	770	0
11.500	276	0	12.750	510	0	14.000	776	0
11.525	280	0	12.775	515	0	14.025	781	0
11.550	285	0	12.800	520	0	14.050	787	0
11.575	289	0	12.825	525	0	14.075	793	0
11.600	294	0	12.850	530	0	14.100	798	0
11.625	298	0	12.875	535	0	14.125	804	0
11.650	302	0	12.900	540	0	14.150	810	0
11.675	307	0	12.925	546	0	14.175	815	0
11.700	311	0	12.950	551	0	14.200	821	0
11.725	316	0	12.975	556	0	14.225	827	0
11.750	320	0	13.000	561	0	14.250	832	0
11.775	325	0	13.025	566	0	14.275	838	0
11.800	329	0	13.050	571	0	14.300	844	0
11.825	334	0	13.075	576	0	14.325	850	0
11.850	338	0	13.100	581	0	14.350	855	0
11.875	343	0	13.125	587	0	14.375	861	0
11.900	348	0	13.150	592	0	14.400	867	0
11.925	352	0	13.175	597	0	14.425	873	0
11.950	357	0	13.200	602	0	14.450	879	0
11.975	361	0	13.225	607	0	14.475	885	0
12.000	366	0	13.250	613	0	14.500	890	0
12.025	371	0	13.275	618	0	14.525	896	0
12.050	375	0	13.300	623	0	14.550	902	0
12.075	380	0	13.325	628	0	14.575	908	0
12.100	385	0	13.350	634	0	14.600	914	0
12.125	389	0	13.375	639	0	14.625	920	0
12.150	394	0	13.400	644	0	14.650	926	0
12.175	399	0	13.425	650	0	14.675	932	0
12.200	403	0	13.450	655	0	14.700	938	0
12.225	408	0	13.475	660	0	14.725	944	0
12.250	413	0	13.500	666	0	14.750	950	0
12.275	418	0	13.525	671	0	14.775	956	0
12.300	422	0	13.550	677	0	14.800	962	0
12.325	427	0	13.575	682	0	14.825	968	0
12.350	432	0	13.600	687	0	14.850	974	0
12.375	437	0	13.625	693	0	14.875	980	0

zu versteuerndes Einkommen €	Einkommensteuer Grundtabelle €	Einkommensteuer Splittingtabelle €	zu versteuerndes Einkommen €	Einkommensteuer Grundtabelle €	Einkommensteuer Splittingtabelle €	zu versteuerndes Einkommen €	Einkommensteuer Grundtabelle €	Einkommensteuer Splittingtabelle €
14.900	986	0	16.150	1.289	0	17.400	1.600	0
14.925	992	0	16.175	1.296	0	17.425	1.606	0
14.950	998	0	16.200	1.302	0	17.450	1.612	0
14.975	1.004	0	16.225	1.308	0	17.475	1.618	0
15.000	1.010	0	16.250	1.314	0	17.500	1.625	0
15.025	1.016	0	16.275	1.320	0	17.525	1.631	0
15.050	1.022	0	16.300	1.326	0	17.550	1.637	0
15.075	1.028	0	16.325	1.332	0	17.575	1.644	0
15.100	1.034	0	16.350	1.339	0	17.600	1.650	0
15.125	1.040	0	16.375	1.345	0	17.625	1.656	0
15.150	1.046	0	16.400	1.351	0	17.650	1.662	0
15.175	1.052	0	16.425	1.357	0	17.675	1.669	0
15.200	1.058	0	16.450	1.363	0	17.700	1.675	0
15.225	1.064	0	16.475	1.369	0	17.725	1.681	0
15.250	1.070	0	16.500	1.376	0	17.750	1.688	0
15.275	1.076	0	16.525	1.382	0	17.775	1.694	0
15.300	1.082	0	16.550	1.388	0	17.800	1.700	0
15.325	1.088	0	16.575	1.394	0	17.825	1.707	0
15.350	1.094	0	16.600	1.400	0	17.850	1.713	0
15.375	1.100	0	16.625	1.406	0	17.875	1.719	0
15.400	1.106	0	16.650	1.413	0	17.900	1.725	0
15.425	1.112	0	16.675	1.419	0	17.925	1.732	0
15.450	1.119	0	16.700	1.425	0	17.950	1.738	0
15.475	1.125	0	16.725	1.431	0	17.975	1.744	0
15.500	1.131	0	16.750	1.437	0	18.000	1.751	0
15.525	1.137	0	16.775	1.444	0	18.025	1.757	0
15.550	1.143	0	16.800	1.450	0	18.050	1.763	0
15.575	1.149	0	16.825	1.456	0	18.075	1.770	0
15.600	1.155	0	16.850	1.462	0	18.100	1.776	0
15.625	1.161	0	16.875	1.469	0	18.125	1.782	0
15.650	1.167	0	16.900	1.475	0	18.150	1.789	0
15.675	1.173	0	16.925	1.481	0	18.175	1.795	0
15.700	1.179	0	16.950	1.487	0	18.200	1.802	0
15.725	1.185	0	16.975	1.493	0	18.225	1.808	0
15.750	1.192	0	17.000	1.500	0	18.250	1.814	0
15.775	1.198	0	17.025	1.506	0	18.275	1.821	0
15.800	1.204	0	17.050	1.512	0	18.300	1.827	0
15.825	1.210	0	17.075	1.518	0	18.325	1.833	0
15.850	1.216	0	17.100	1.525	0	18.350	1.840	0
15.875	1.222	0	17.125	1.531	0	18.375	1.846	0
15.900	1.228	0	17.150	1.537	0	18.400	1.852	0
15.925	1.234	0	17.175	1.543	0	18.425	1.859	0
15.950	1.240	0	17.200	1.550	0	18.450	1.865	0
15.975	1.246	0	17.225	1.556	0	18.475	1.872	0
16.000	1.253	0	17.250	1.562	0	18.500	1.878	0
16.025	1.259	0	17.275	1.568	0	18.525	1.884	0
16.050	1.265	0	17.300	1.575	0	18.550	1.891	0
16.075	1.271	0	17.325	1.581	0	18.575	1.897	0
16.100	1.277	0	17.350	1.587	0	18.600	1.903	0
16.125	1.283	0	17.375	1.593	0	18.625	1.910	0

zu versteuerndes Einkommen €	Einkommensteuer Grundtabelle €	Einkommensteuer Splittingtabelle €	zu versteuerndes Einkommen €	Einkommensteuer Grundtabelle €	Einkommensteuer Splittingtabelle €	zu versteuerndes Einkommen €	Einkommensteuer Grundtabelle €	Einkommensteuer Splittingtabelle €
18.650	1.916	0	19.900	2.240	58	21.150	2.569	246
18.675	1.923	0	19.925	2.246	60	21.175	2.576	250
18.700	1.929	0	19.950	2.253	64	21.200	2.583	254
18.725	1.935	0	19.975	2.259	68	21.225	2.589	258
18.750	1.942	0	20.000	2.266	72	21.250	2.596	262
18.775	1.948	0	20.025	2.272	76	21.275	2.603	264
18.800	1.955	0	20.050	2.279	80	21.300	2.609	270
18.825	1.961	0	20.075	2.285	82	21.325	2.616	272
18.850	1.968	0	20.100	2.292	86	21.350	2.623	276
18.875	1.974	0	20.125	2.298	90	21.375	2.629	280
18.900	1.980	0	20.150	2.305	94	21.400	2.636	284
18.925	1.987	0	20.175	2.312	98	21.425	2.643	288
18.950	1.993	0	20.200	2.318	102	21.450	2.649	292
18.975	2.000	0	20.225	2.325	104	21.475	2.656	296
19.000	2.006	0	20.250	2.331	108	21.500	2.663	300
19.025	2.013	0	20.275	2.338	112	21.525	2.669	304
19.050	2.019	0	20.300	2.344	116	21.550	2.676	308
19.075	2.025	0	20.325	2.351	120	21.575	2.683	312
19.100	2.032	0	20.350	2.357	124	21.600	2.690	316
19.125	2.038	0	20.375	2.364	126	21.625	2.696	320
19.150	2.045	0	20.400	2.371	130	21.650	2.703	324
19.175	2.051	0	20.425	2.377	134	21.675	2.710	328
19.200	2.058	0	20.450	2.384	138	21.700	2.716	334
19.225	2.064	0	20.475	2.390	142	21.725	2.723	336
19.250	2.071	0	20.500	2.397	146	21.750	2.730	342
19.275	2.077	0	20.525	2.404	150	21.775	2.737	346
19.300	2.084	0	20.550	2.410	154	21.800	2.743	350
19.325	2.090	0	20.575	2.417	156	21.825	2.750	354
19.350	2.096	0	20.600	2.423	160	21.850	2.757	358
19.375	2.103	0	20.625	2.430	164	21.875	2.764	362
19.400	2.109	0	20.650	2.437	168	21.900	2.770	366
19.425	2.116	0	20.675	2.443	172	21.925	2.777	370
19.450	2.122	0	20.700	2.450	176	21.950	2.784	374
19.475	2.129	0	20.725	2.456	180	21.975	2.791	378
19.500	2.135	0	20.750	2.463	184	22.000	2.797	382
19.525	2.142	4	20.775	2.470	188	22.025	2.804	386
19.550	2.148	8	20.800	2.476	192	22.050	2.811	390
19.575	2.155	12	20.825	2.483	194	22.075	2.818	394
19.600	2.161	14	20.850	2.490	198	22.100	2.824	398
19.625	2.168	18	20.875	2.496	202	22.125	2.831	402
19.650	2.174	22	20.900	2.503	206	22.150	2.838	406
19.675	2.181	26	20.925	2.509	210	22.175	2.845	410
19.700	2.187	28	20.950	2.516	214	22.200	2.851	416
19.725	2.194	32	20.975	2.523	218	22.225	2.858	420
19.750	2.200	36	21.000	2.529	222	22.250	2.865	424
19.775	2.207	40	21.025	2.536	226	22.275	2.872	428
19.800	2.213	44	21.050	2.543	230	22.300	2.878	432
19.825	2.220	46	21.075	2.549	234	22.325	2.885	436
19.850	2.226	50	21.100	2.556	238	22.350	2.892	440
19.875	2.233	54	21.125	2.563	242	22.375	2.899	444

zu versteuerndes Einkommen €	Einkommensteuer Grundtabelle €	Einkommensteuer Splittingtabelle €	zu versteuerndes Einkommen €	Einkommensteuer Grundtabelle €	Einkommensteuer Splittingtabelle €	zu versteuerndes Einkommen €	Einkommensteuer Grundtabelle €	Einkommensteuer Splittingtabelle €
22.400	2.906	448	23.650	3.248	668	24.900	3.598	902
22.425	2.912	452	23.675	3.255	672	24.925	3.605	908
22.450	2.919	458	23.700	3.262	676	24.950	3.612	912
22.475	2.926	462	23.725	3.269	682	24.975	3.619	916
22.500	2.933	466	23.750	3.276	686	25.000	3.626	922
22.525	2.940	470	23.775	3.283	690	25.025	3.633	926
22.550	2.946	474	23.800	3.290	696	25.050	3.640	932
22.575	2.953	478	23.825	3.297	700	25.075	3.647	936
22.600	2.960	482	23.850	3.304	704	25.100	3.654	942
22.625	2.967	486	23.875	3.311	708	25.125	3.661	946
22.650	2.974	492	23.900	3.318	714	25.150	3.668	952
22.675	2.980	496	23.925	3.325	718	25.175	3.675	956
22.700	2.987	500	23.950	3.332	722	25.200	3.683	962
22.725	2.994	504	23.975	3.339	728	25.225	3.690	966
22.750	3.001	508	24.000	3.346	732	25.250	3.697	970
22.775	3.008	512	24.025	3.353	736	25.275	3.704	976
22.800	3.015	518	24.050	3.359	742	25.300	3.711	980
22.825	3.021	522	24.075	3.366	746	25.325	3.718	986
22.850	3.028	526	24.100	3.373	750	25.350	3.725	990
22.875	3.035	530	24.125	3.380	754	25.375	3.732	996
22.900	3.042	534	24.150	3.387	760	25.400	3.739	1.000
22.925	3.049	538	24.175	3.394	764	25.425	3.746	1.006
22.950	3.056	544	24.200	3.401	770	25.450	3.754	1.010
22.975	3.062	548	24.225	3.408	774	25.475	3.761	1.016
23.000	3.069	552	24.250	3.415	778	25.500	3.768	1.020
23.025	3.076	556	24.275	3.422	784	25.525	3.775	1.026
23.050	3.083	560	24.300	3.429	788	25.550	3.782	1.030
23.075	3.090	566	24.325	3.436	792	25.575	3.789	1.036
23.100	3.097	570	24.350	3.443	798	25.600	3.796	1.040
23.125	3.104	574	24.375	3.450	802	25.625	3.803	1.046
23.150	3.110	578	24.400	3.457	806	25.650	3.810	1.050
23.175	3.117	582	24.425	3.464	812	25.675	3.818	1.056
23.200	3.124	588	24.450	3.471	816	25.700	3.825	1.060
23.225	3.131	592	24.475	3.478	820	25.725	3.832	1.066
23.250	3.138	596	24.500	3.485	826	25.750	3.839	1.070
23.275	3.145	600	24.525	3.492	830	25.775	3.846	1.076
23.300	3.152	604	24.550	3.499	836	25.800	3.853	1.080
23.325	3.159	610	24.575	3.506	840	25.825	3.860	1.086
23.350	3.166	614	24.600	3.513	844	25.850	3.868	1.092
23.375	3.172	618	24.625	3.520	850	25.875	3.875	1.096
23.400	3.179	622	24.650	3.527	854	25.900	3.882	1.102
23.425	3.186	628	24.675	3.534	858	25.925	3.889	1.106
23.450	3.193	632	24.700	3.541	864	25.950	3.896	1.112
23.475	3.200	636	24.725	3.548	868	25.975	3.903	1.116
23.500	3.207	640	24.750	3.555	874	26.000	3.911	1.122
23.525	3.214	646	24.775	3.563	878	26.025	3.918	1.126
23.550	3.221	650	24.800	3.570	884	26.050	3.925	1.132
23.575	3.228	654	24.825	3.577	888	26.075	3.932	1.136
23.600	3.235	658	24.850	3.584	892	26.100	3.939	1.142
23.625	3.241	664	24.875	3.591	898	26.125	3.946	1.148

zu versteuerndes Einkommen €	Einkommensteuer Grundtabelle €	Einkommensteuer Splittingtabelle €	zu versteuerndes Einkommen €	Einkommensteuer Grundtabelle €	Einkommensteuer Splittingtabelle €	zu versteuerndes Einkommen €	Einkommensteuer Grundtabelle €	Einkommensteuer Splittingtabelle €
26.150	3.954	1.152	27.400	4.316	1.418	28.650	4.685	1.700
26.175	3.961	1.158	27.425	4.323	1.424	28.675	4.692	1.704
26.200	3.968	1.162	27.450	4.331	1.430	28.700	4.700	1.710
26.225	3.975	1.168	27.475	4.338	1.434	28.725	4.707	1.716
26.250	3.982	1.174	27.500	4.345	1.440	28.750	4.715	1.722
26.275	3.990	1.178	27.525	4.353	1.446	28.775	4.722	1.728
26.300	3.997	1.184	27.550	4.360	1.452	28.800	4.730	1.734
26.325	4.004	1.188	27.575	4.367	1.456	28.825	4.737	1.740
26.350	4.011	1.194	27.600	4.375	1.462	28.850	4.745	1.746
26.375	4.018	1.198	27.625	4.382	1.468	28.875	4.752	1.752
26.400	4.026	1.204	27.650	4.389	1.474	28.900	4.759	1.758
26.425	4.033	1.210	27.675	4.397	1.478	28.925	4.767	1.764
26.450	4.040	1.214	27.700	4.404	1.484	28.950	4.774	1.770
26.475	4.047	1.220	27.725	4.411	1.490	28.975	4.782	1.774
26.500	4.054	1.226	27.750	4.419	1.496	29.000	4.789	1.780
26.525	4.062	1.230	27.775	4.426	1.500	29.025	4.797	1.786
26.550	4.069	1.236	27.800	4.433	1.506	29.050	4.804	1.792
26.575	4.076	1.240	27.825	4.441	1.512	29.075	4.812	1.798
26.600	4.083	1.246	27.850	4.448	1.518	29.100	4.819	1.804
26.625	4.091	1.252	27.875	4.455	1.522	29.125	4.827	1.810
26.650	4.098	1.256	27.900	4.463	1.528	29.150	4.834	1.816
26.675	4.105	1.262	27.925	4.470	1.534	29.175	4.842	1.822
26.700	4.112	1.268	27.950	4.478	1.540	29.200	4.849	1.828
26.725	4.119	1.272	27.975	4.485	1.546	29.225	4.857	1.834
26.750	4.127	1.278	28.000	4.492	1.552	29.250	4.864	1.840
26.775	4.134	1.284	28.025	4.500	1.556	29.275	4.872	1.846
26.800	4.141	1.288	28.050	4.507	1.562	29.300	4.879	1.852
26.825	4.148	1.294	28.075	4.514	1.568	29.325	4.887	1.858
26.850	4.156	1.300	28.100	4.522	1.574	29.350	4.894	1.864
26.875	4.163	1.304	28.125	4.529	1.580	29.375	4.902	1.870
26.900	4.170	1.310	28.150	4.537	1.586	29.400	4.909	1.876
26.925	4.178	1.316	28.175	4.544	1.590	29.425	4.917	1.882
26.950	4.185	1.320	28.200	4.551	1.596	29.450	4.924	1.888
26.975	4.192	1.326	28.225	4.559	1.602	29.475	4.932	1.894
27.000	4.199	1.332	28.250	4.566	1.608	29.500	4.940	1.900
27.025	4.207	1.336	28.275	4.574	1.614	29.525	4.947	1.906
27.050	4.214	1.342	28.300	4.581	1.620	29.550	4.955	1.912
27.075	4.221	1.348	28.325	4.588	1.624	29.575	4.962	1.918
27.100	4.228	1.354	28.350	4.596	1.630	29.600	4.970	1.924
27.125	4.236	1.358	28.375	4.603	1.636	29.625	4.977	1.930
27.150	4.243	1.364	28.400	4.611	1.642	29.650	4.985	1.936
27.175	4.250	1.368	28.425	4.618	1.648	29.675	4.992	1.942
27.200	4.258	1.374	28.450	4.625	1.654	29.700	5.000	1.948
27.225	4.265	1.380	28.475	4.633	1.658	29.725	5.007	1.954
27.250	4.272	1.386	28.500	4.640	1.664	29.750	5.015	1.960
27.275	4.279	1.390	28.525	4.648	1.670	29.775	5.023	1.966
27.300	4.287	1.396	28.550	4.655	1.676	29.800	5.030	1.972
27.325	4.294	1.402	28.575	4.663	1.682	29.825	5.038	1.978
27.350	4.301	1.408	28.600	4.670	1.688	29.850	5.045	1.984
27.375	4.309	1.412	28.625	4.677	1.694	29.875	5.053	1.990

zu versteuerndes Einkommen €	Einkommensteuer Grundtabelle €	Einkommensteuer Splittingtabelle €	zu versteuerndes Einkommen €	Einkommensteuer Grundtabelle €	Einkommensteuer Splittingtabelle €	zu versteuerndes Einkommen €	Einkommensteuer Grundtabelle €	Einkommensteuer Splittingtabelle €
29.900	5.060	1.996	31.150	5.442	2.298	32.400	5.831	2.604
29.925	5.068	2.002	31.175	5.450	2.304	32.425	5.839	2.610
29.950	5.076	2.008	31.200	5.458	2.310	32.450	5.847	2.616
29.975	5.083	2.014	31.225	5.465	2.316	32.475	5.854	2.622
30.000	5.091	2.020	31.250	5.473	2.322	32.500	5.862	2.628
30.025	5.098	2.026	31.275	5.481	2.328	32.525	5.870	2.634
30.050	5.106	2.032	31.300	5.489	2.334	32.550	5.878	2.640
30.075	5.113	2.038	31.325	5.496	2.340	32.575	5.886	2.646
30.100	5.121	2.044	31.350	5.504	2.346	32.600	5.894	2.652
30.125	5.129	2.050	31.375	5.512	2.352	32.625	5.901	2.658
30.150	5.136	2.056	31.400	5.520	2.358	32.650	5.909	2.664
30.175	5.144	2.062	31.425	5.527	2.364	32.675	5.917	2.670
30.200	5.151	2.068	31.450	5.535	2.370	32.700	5.925	2.678
30.225	5.159	2.074	31.475	5.543	2.376	32.725	5.933	2.684
30.250	5.167	2.080	31.500	5.550	2.384	32.750	5.941	2.690
30.275	5.174	2.086	31.525	5.558	2.388	32.775	5.949	2.696
30.300	5.182	2.092	31.550	5.566	2.396	32.800	5.957	2.702
30.325	5.190	2.098	31.575	5.574	2.402	32.825	5.964	2.708
30.350	5.197	2.104	31.600	5.581	2.408	32.850	5.972	2.714
30.375	5.205	2.110	31.625	5.589	2.414	32.875	5.980	2.720
30.400	5.212	2.116	31.650	5.597	2.420	32.900	5.988	2.726
30.425	5.220	2.122	31.675	5.605	2.426	32.925	5.996	2.732
30.450	5.228	2.128	31.700	5.612	2.432	32.950	6.004	2.738
30.475	5.235	2.134	31.725	5.620	2.438	32.975	6.012	2.744
30.500	5.243	2.140	31.750	5.628	2.444	33.000	6.020	2.752
30.525	5.251	2.146	31.775	5.636	2.450	33.025	6.028	2.758
30.550	5.258	2.152	31.800	5.644	2.456	33.050	6.035	2.764
30.575	5.266	2.158	31.825	5.651	2.462	33.075	6.043	2.770
30.600	5.273	2.164	31.850	5.659	2.468	33.100	6.051	2.776
30.625	5.281	2.170	31.875	5.667	2.474	33.125	6.059	2.782
30.650	5.289	2.176	31.900	5.675	2.480	33.150	6.067	2.788
30.675	5.296	2.182	31.925	5.682	2.486	33.175	6.075	2.794
30.700	5.304	2.188	31.950	5.690	2.492	33.200	6.083	2.800
30.725	5.312	2.194	31.975	5.698	2.498	33.225	6.091	2.806
30.750	5.319	2.200	32.000	5.706	2.506	33.250	6.099	2.812
30.775	5.327	2.206	32.025	5.714	2.512	33.275	6.107	2.818
30.800	5.335	2.212	32.050	5.721	2.518	33.300	6.115	2.826
30.825	5.342	2.218	32.075	5.729	2.524	33.325	6.123	2.832
30.850	5.350	2.224	32.100	5.737	2.530	33.350	6.130	2.838
30.875	5.358	2.230	32.125	5.745	2.536	33.375	6.138	2.844
30.900	5.365	2.238	32.150	5.753	2.542	33.400	6.146	2.850
30.925	5.373	2.242	32.175	5.760	2.548	33.425	6.154	2.856
30.950	5.381	2.250	32.200	5.768	2.554	33.450	6.162	2.862
30.975	5.388	2.256	32.225	5.776	2.560	33.475	6.170	2.868
31.000	5.396	2.262	32.250	5.784	2.566	33.500	6.178	2.874
31.025	5.404	2.268	32.275	5.792	2.572	33.525	6.186	2.880
31.050	5.412	2.274	32.300	5.800	2.578	33.550	6.194	2.888
31.075	5.419	2.280	32.325	5.807	2.584	33.575	6.202	2.894
31.100	5.427	2.286	32.350	5.815	2.592	33.600	6.210	2.900
31.125	5.435	2.292	32.375	5.823	2.596	33.625	6.218	2.906

zu versteuerndes Einkommen €	Einkommensteuer Grundtabelle €	Einkommensteuer Splittingtabelle €	zu versteuerndes Einkommen €	Einkommensteuer Grundtabelle €	Einkommensteuer Splittingtabelle €	zu versteuerndes Einkommen €	Einkommensteuer Grundtabelle €	Einkommensteuer Splittingtabelle €
33.650	6.226	2.912	34.900	6.627	3.224	36.150	7.036	3.540
33.675	6.234	2.918	34.925	6.636	3.230	36.175	7.044	3.546
33.700	6.242	2.924	34.950	6.644	3.236	36.200	7.052	3.552
33.725	6.250	2.930	34.975	6.652	3.242	36.225	7.060	3.558
33.750	6.258	2.938	35.000	6.660	3.250	36.250	7.068	3.564
33.775	6.266	2.942	35.025	6.668	3.256	36.275	7.077	3.572
33.800	6.274	2.950	35.050	6.676	3.262	36.300	7.085	3.578
33.825	6.282	2.956	35.075	6.684	3.268	36.325	7.093	3.584
33.850	6.290	2.962	35.100	6.692	3.274	36.350	7.101	3.590
33.875	6.298	2.968	35.125	6.700	3.280	36.375	7.110	3.596
33.900	6.306	2.974	35.150	6.709	3.288	36.400	7.118	3.604
33.925	6.314	2.980	35.175	6.717	3.294	36.425	7.126	3.610
33.950	6.322	2.986	35.200	6.725	3.300	36.450	7.134	3.616
33.975	6.330	2.992	35.225	6.733	3.306	36.475	7.143	3.622
34.000	6.338	3.000	35.250	6.741	3.312	36.500	7.151	3.628
34.025	6.346	3.006	35.275	6.749	3.318	36.525	7.159	3.634
34.050	6.354	3.012	35.300	6.757	3.324	36.550	7.167	3.642
34.075	6.362	3.018	35.325	6.765	3.330	36.575	7.176	3.648
34.100	6.370	3.024	35.350	6.774	3.338	36.600	7.184	3.654
34.125	6.378	3.030	35.375	6.782	3.344	36.625	7.192	3.660
34.150	6.386	3.036	35.400	6.790	3.350	36.650	7.201	3.666
34.175	6.394	3.042	35.425	6.798	3.356	36.675	7.209	3.672
34.200	6.402	3.050	35.450	6.806	3.362	36.700	7.217	3.680
34.225	6.410	3.056	35.475	6.814	3.368	36.725	7.225	3.686
34.250	6.418	3.062	35.500	6.822	3.376	36.750	7.234	3.692
34.275	6.426	3.068	35.525	6.831	3.382	36.775	7.242	3.698
34.300	6.434	3.074	35.550	6.839	3.388	36.800	7.250	3.704
34.325	6.442	3.080	35.575	6.847	3.394	36.825	7.259	3.710
34.350	6.450	3.086	35.600	6.855	3.400	36.850	7.267	3.718
34.375	6.458	3.092	35.625	6.863	3.406	36.875	7.275	3.724
34.400	6.466	3.100	35.650	6.871	3.414	36.900	7.283	3.730
34.425	6.474	3.106	35.675	6.880	3.420	36.925	7.292	3.736
34.450	6.482	3.112	35.700	6.888	3.426	36.950	7.300	3.744
34.475	6.490	3.118	35.725	6.896	3.432	36.975	7.308	3.750
34.500	6.498	3.124	35.750	6.904	3.438	37.000	7.317	3.756
34.525	6.506	3.130	35.775	6.912	3.444	37.025	7.325	3.762
34.550	6.514	3.136	35.800	6.921	3.450	37.050	7.333	3.768
34.575	6.522	3.142	35.825	6.929	3.458	37.075	7.342	3.774
34.600	6.530	3.150	35.850	6.937	3.464	37.100	7.350	3.782
34.625	6.539	3.156	35.875	6.945	3.470	37.125	7.358	3.788
34.650	6.547	3.162	35.900	6.953	3.476	37.150	7.367	3.794
34.675	6.555	3.168	35.925	6.962	3.482	37.175	7.375	3.800
34.700	6.563	3.174	35.950	6.970	3.488	37.200	7.383	3.806
34.725	6.571	3.180	35.975	6.978	3.494	37.225	7.392	3.814
34.750	6.579	3.186	36.000	6.986	3.502	37.250	7.400	3.820
34.775	6.587	3.192	36.025	6.994	3.508	37.275	7.408	3.826
34.800	6.595	3.200	36.050	7.003	3.514	37.300	7.417	3.832
34.825	6.603	3.206	36.075	7.011	3.520	37.325	7.425	3.838
34.850	6.611	3.212	36.100	7.019	3.526	37.350	7.433	3.846
34.875	6.619	3.218	36.125	7.027	3.532	37.375	7.442	3.852

zu versteuerndes Einkommen €	Einkommensteuer Grundtabelle €	Einkommensteuer Splittingtabelle €	zu versteuerndes Einkommen €	Einkommensteuer Grundtabelle €	Einkommensteuer Splittingtabelle €	zu versteuerndes Einkommen €	Einkommensteuer Grundtabelle €	Einkommensteuer Splittingtabelle €
37.400	7.450	3.858	38.650	7.871	4.180	39.900	8.299	4.506
37.425	7.458	3.864	38.675	7.880	4.186	39.925	8.308	4.512
37.450	7.467	3.870	38.700	7.888	4.192	39.950	8.316	4.518
37.475	7.475	3.878	38.725	7.897	4.200	39.975	8.325	4.524
37.500	7.484	3.884	38.750	7.905	4.206	40.000	8.333	4.532
37.525	7.492	3.890	38.775	7.914	4.212	40.025	8.342	4.538
37.550	7.500	3.896	38.800	7.922	4.218	40.050	8.351	4.544
37.575	7.509	3.902	38.825	7.931	4.226	40.075	8.359	4.550
37.600	7.517	3.910	38.850	7.939	4.232	40.100	8.368	4.558
37.625	7.525	3.916	38.875	7.948	4.238	40.125	8.377	4.564
37.650	7.534	3.922	38.900	7.956	4.244	40.150	8.385	4.570
37.675	7.542	3.928	38.925	7.965	4.252	40.175	8.394	4.576
37.700	7.551	3.936	38.950	7.973	4.258	40.200	8.403	4.584
37.725	7.559	3.942	38.975	7.982	4.264	40.225	8.411	4.590
37.750	7.567	3.948	39.000	7.990	4.270	40.250	8.420	4.596
37.775	7.576	3.954	39.025	7.999	4.276	40.275	8.428	4.604
37.800	7.584	3.960	39.050	8.007	4.284	40.300	8.437	4.610
37.825	7.593	3.966	39.075	8.016	4.290	40.325	8.446	4.616
37.850	7.601	3.974	39.100	8.024	4.296	40.350	8.454	4.624
37.875	7.609	3.980	39.125	8.033	4.302	40.375	8.463	4.630
37.900	7.618	3.986	39.150	8.042	4.310	40.400	8.472	4.636
37.925	7.626	3.992	39.175	8.050	4.316	40.425	8.480	4.642
37.950	7.635	4.000	39.200	8.059	4.322	40.450	8.489	4.650
37.975	7.643	4.006	39.225	8.067	4.328	40.475	8.498	4.656
38.000	7.651	4.012	39.250	8.076	4.336	40.500	8.506	4.662
38.025	7.660	4.018	39.275	8.084	4.342	40.525	8.515	4.668
38.050	7.668	4.026	39.300	8.093	4.348	40.550	8.524	4.676
38.075	7.677	4.032	39.325	8.101	4.354	40.575	8.533	4.682
38.100	7.685	4.038	39.350	8.110	4.362	40.600	8.541	4.688
38.125	7.694	4.044	39.375	8.118	4.368	40.625	8.550	4.694
38.150	7.702	4.050	39.400	8.127	4.374	40.650	8.559	4.702
38.175	7.710	4.058	39.425	8.136	4.380	40.675	8.567	4.708
38.200	7.719	4.064	39.450	8.144	4.388	40.700	8.576	4.714
38.225	7.727	4.070	39.475	8.153	4.394	40.725	8.585	4.722
38.250	7.736	4.076	39.500	8.161	4.400	40.750	8.593	4.728
38.275	7.744	4.082	39.525	8.170	4.408	40.775	8.602	4.734
38.300	7.753	4.090	39.550	8.179	4.414	40.800	8.611	4.742
38.325	7.761	4.096	39.575	8.187	4.420	40.825	8.620	4.748
38.350	7.770	4.102	39.600	8.196	4.426	40.850	8.628	4.754
38.375	7.778	4.108	39.625	8.204	4.434	40.875	8.637	4.760
38.400	7.786	4.116	39.650	8.213	4.440	40.900	8.646	4.768
38.425	7.795	4.122	39.675	8.221	4.446	40.925	8.654	4.774
38.450	7.803	4.128	39.700	8.230	4.452	40.950	8.663	4.780
38.475	7.812	4.134	39.725	8.239	4.460	40.975	8.672	4.788
38.500	7.820	4.142	39.750	8.247	4.466	41.000	8.681	4.794
38.525	7.829	4.148	39.775	8.256	4.472	41.025	8.689	4.800
38.550	7.837	4.154	39.800	8.264	4.480	41.050	8.698	4.808
38.575	7.846	4.160	39.825	8.273	4.486	41.075	8.707	4.814
38.600	7.854	4.168	39.850	8.282	4.492	41.100	8.716	4.820
38.625	7.863	4.174	39.875	8.290	4.498	41.125	8.724	4.826

zu versteuerndes Einkommen €	Einkommensteuer		zu versteuerndes Einkommen €	Einkommensteuer		zu versteuerndes Einkommen €	Einkommensteuer	
	Grundtabelle €	Splittingtabelle €		Grundtabelle €	Splittingtabelle €		Grundtabelle €	Splittingtabelle €
41.150	8.733	4.834	42.400	9.174	5.166	43.650	9.621	5.500
41.175	8.742	4.840	42.425	9.183	5.172	43.675	9.630	5.506
41.200	8.751	4.846	42.450	9.192	5.178	43.700	9.639	5.514
41.225	8.759	4.854	42.475	9.200	5.184	43.725	9.648	5.520
41.250	8.768	4.860	42.500	9.209	5.192	43.750	9.657	5.528
41.275	8.777	4.866	42.525	9.218	5.198	43.775	9.666	5.534
41.300	8.786	4.874	42.550	9.227	5.206	43.800	9.675	5.540
41.325	8.794	4.880	42.575	9.236	5.212	43.825	9.684	5.548
41.350	8.803	4.886	42.600	9.245	5.218	43.850	9.693	5.554
41.375	8.812	4.892	42.625	9.254	5.226	43.875	9.702	5.560
41.400	8.821	4.900	42.650	9.263	5.232	43.900	9.711	5.568
41.425	8.829	4.906	42.675	9.272	5.238	43.925	9.720	5.574
41.450	8.838	4.912	42.700	9.281	5.246	43.950	9.729	5.582
41.475	8.847	4.920	42.725	9.289	5.252	43.975	9.738	5.588
41.500	8.856	4.926	42.750	9.298	5.258	44.000	9.747	5.594
41.525	8.865	4.932	42.775	9.307	5.266	44.025	9.756	5.600
41.550	8.873	4.940	42.800	9.316	5.272	44.050	9.766	5.608
41.575	8.882	4.946	42.825	9.325	5.278	44.075	9.775	5.614
41.600	8.891	4.952	42.850	9.334	5.286	44.100	9.784	5.622
41.625	8.900	4.958	42.875	9.343	5.292	44.125	9.793	5.628
41.650	8.909	4.966	42.900	9.352	5.298	44.150	9.802	5.636
41.675	8.917	4.972	42.925	9.361	5.306	44.175	9.811	5.642
41.700	8.926	4.980	42.950	9.370	5.312	44.200	9.820	5.648
41.725	8.935	4.986	42.975	9.379	5.318	44.225	9.829	5.656
41.750	8.944	4.992	43.000	9.388	5.326	44.250	9.838	5.662
41.775	8.953	4.998	43.025	9.397	5.332	44.275	9.847	5.668
41.800	8.961	5.006	43.050	9.406	5.338	44.300	9.856	5.676
41.825	8.970	5.012	43.075	9.415	5.346	44.325	9.865	5.682
41.850	8.979	5.018	43.100	9.423	5.352	44.350	9.874	5.690
41.875	8.988	5.026	43.125	9.432	5.358	44.375	9.883	5.696
41.900	8.997	5.032	43.150	9.441	5.366	44.400	9.893	5.702
41.925	9.006	5.038	43.175	9.450	5.372	44.425	9.902	5.710
41.950	9.014	5.046	43.200	9.459	5.380	44.450	9.911	5.716
41.975	9.023	5.052	43.225	9.468	5.386	44.475	9.920	5.722
42.000	9.032	5.058	43.250	9.477	5.392	44.500	9.929	5.730
42.025	9.041	5.066	43.275	9.486	5.400	44.525	9.938	5.736
42.050	9.050	5.072	43.300	9.495	5.406	44.550	9.947	5.744
42.075	9.059	5.078	43.325	9.504	5.412	44.575	9.956	5.750
42.100	9.067	5.086	43.350	9.513	5.420	44.600	9.965	5.756
42.125	9.076	5.092	43.375	9.522	5.426	44.625	9.974	5.764
42.150	9.085	5.098	43.400	9.531	5.432	44.650	9.984	5.770
42.175	9.094	5.106	43.425	9.540	5.440	44.675	9.993	5.776
42.200	9.103	5.112	43.450	9.549	5.446	44.700	10.002	5.784
42.225	9.112	5.118	43.475	9.558	5.452	44.725	10.011	5.790
42.250	9.121	5.126	43.500	9.567	5.460	44.750	10.020	5.798
42.275	9.129	5.132	43.525	9.576	5.466	44.775	10.029	5.804
42.300	9.138	5.138	43.550	9.585	5.474	44.800	10.038	5.812
42.325	9.147	5.144	43.575	9.594	5.480	44.825	10.047	5.818
42.350	9.156	5.152	43.600	9.603	5.486	44.850	10.057	5.824
42.375	9.165	5.158	43.625	9.612	5.494	44.875	10.066	5.832

zu versteuerndes Einkommen €	Einkommensteuer Grundtabelle €	Einkommensteuer Splittingtabelle €	zu versteuerndes Einkommen €	Einkommensteuer Grundtabelle €	Einkommensteuer Splittingtabelle €	zu versteuerndes Einkommen €	Einkommensteuer Grundtabelle €	Einkommensteuer Splittingtabelle €
44.900	10.075	5.838	46.150	10.535	6.180	47.400	11.002	6.524
44.925	10.084	5.844	46.175	10.544	6.186	47.425	11.011	6.532
44.950	10.093	5.852	46.200	10.554	6.194	47.450	11.021	6.538
44.975	10.102	5.858	46.225	10.563	6.200	47.475	11.030	6.544
45.000	10.111	5.866	46.250	10.572	6.208	47.500	11.040	6.552
45.025	10.121	5.872	46.275	10.581	6.214	47.525	11.049	6.558
45.050	10.130	5.880	46.300	10.591	6.220	47.550	11.058	6.566
45.075	10.139	5.886	46.325	10.600	6.228	47.575	11.068	6.572
45.100	10.148	5.892	46.350	10.609	6.234	47.600	11.077	6.580
45.125	10.157	5.900	46.375	10.619	6.242	47.625	11.087	6.586
45.150	10.166	5.906	46.400	10.628	6.248	47.650	11.096	6.594
45.175	10.176	5.912	46.425	10.637	6.256	47.675	11.106	6.600
45.200	10.185	5.920	46.450	10.647	6.262	47.700	11.115	6.608
45.225	10.194	5.926	46.475	10.656	6.268	47.725	11.124	6.614
45.250	10.203	5.934	46.500	10.665	6.276	47.750	11.134	6.622
45.275	10.212	5.940	46.525	10.674	6.282	47.775	11.143	6.628
45.300	10.221	5.948	46.550	10.684	6.290	47.800	11.153	6.636
45.325	10.231	5.954	46.575	10.693	6.296	47.825	11.162	6.642
45.350	10.240	5.960	46.600	10.702	6.304	47.850	11.172	6.650
45.375	10.249	5.968	46.625	10.712	6.310	47.875	11.181	6.656
45.400	10.258	5.974	46.650	10.721	6.318	47.900	11.190	6.664
45.425	10.267	5.982	46.675	10.730	6.324	47.925	11.200	6.670
45.450	10.277	5.988	46.700	10.740	6.332	47.950	11.209	6.678
45.475	10.286	5.994	46.725	10.749	6.338	47.975	11.219	6.684
45.500	10.295	6.002	46.750	10.758	6.344	48.000	11.228	6.692
45.525	10.304	6.008	46.775	10.768	6.352	48.025	11.238	6.698
45.550	10.313	6.016	46.800	10.777	6.358	48.050	11.247	6.706
45.575	10.323	6.022	46.825	10.786	6.366	48.075	11.257	6.712
45.600	10.332	6.030	46.850	10.796	6.372	48.100	11.266	6.718
45.625	10.341	6.036	46.875	10.805	6.380	48.125	11.276	6.726
45.650	10.350	6.042	46.900	10.814	6.386	48.150	11.285	6.732
45.675	10.359	6.050	46.925	10.824	6.392	48.175	11.295	6.740
45.700	10.369	6.056	46.950	10.833	6.400	48.200	11.304	6.746
45.725	10.378	6.064	46.975	10.842	6.406	48.225	11.314	6.754
45.750	10.387	6.070	47.000	10.852	6.414	48.250	11.323	6.760
45.775	10.396	6.076	47.025	10.861	6.420	48.275	11.333	6.768
45.800	10.406	6.084	47.050	10.871	6.428	48.300	11.342	6.774
45.825	10.415	6.090	47.075	10.880	6.434	48.325	11.352	6.782
45.850	10.424	6.098	47.100	10.889	6.442	48.350	11.361	6.788
45.875	10.433	6.104	47.125	10.899	6.448	48.375	11.371	6.796
45.900	10.443	6.112	47.150	10.908	6.456	48.400	11.380	6.802
45.925	10.452	6.118	47.175	10.917	6.462	48.425	11.390	6.810
45.950	10.461	6.124	47.200	10.927	6.470	48.450	11.399	6.816
45.975	10.470	6.132	47.225	10.936	6.476	48.475	11.409	6.824
46.000	10.480	6.138	47.250	10.946	6.482	48.500	11.418	6.830
46.025	10.489	6.146	47.275	10.955	6.490	48.525	11.428	6.838
46.050	10.498	6.152	47.300	10.964	6.496	48.550	11.437	6.844
46.075	10.507	6.158	47.325	10.974	6.504	48.575	11.447	6.852
46.100	10.517	6.166	47.350	10.983	6.510	48.600	11.456	6.858
46.125	10.526	6.172	47.375	10.993	6.518	48.625	11.466	6.866

zu versteuerndes Einkommen €	Einkommensteuer Grundtabelle €	Einkommensteuer Splittingtabelle €	zu versteuerndes Einkommen €	Einkommensteuer Grundtabelle €	Einkommensteuer Splittingtabelle €	zu versteuerndes Einkommen €	Einkommensteuer Grundtabelle €	Einkommensteuer Splittingtabelle €
48.650	11.475	6.872	49.900	11.955	7.224	51.150	12.442	7.578
48.675	11.485	6.880	49.925	11.965	7.230	51.175	12.451	7.586
48.700	11.494	6.886	49.950	11.974	7.238	51.200	12.461	7.592
48.725	11.504	6.894	49.975	11.984	7.244	51.225	12.471	7.600
48.750	11.513	6.900	50.000	11.994	7.252	51.250	12.481	7.606
48.775	11.523	6.908	50.025	12.003	7.258	51.275	12.491	7.614
48.800	11.533	6.914	50.050	12.013	7.266	51.300	12.500	7.620
48.825	11.542	6.922	50.075	12.023	7.272	51.325	12.510	7.628
48.850	11.552	6.928	50.100	12.033	7.280	51.350	12.520	7.636
48.875	11.561	6.936	50.125	12.042	7.286	51.375	12.530	7.642
48.900	11.571	6.942	50.150	12.052	7.294	51.400	12.540	7.650
48.925	11.580	6.950	50.175	12.062	7.302	51.425	12.549	7.656
48.950	11.590	6.956	50.200	12.071	7.308	51.450	12.559	7.664
48.975	11.599	6.964	50.225	12.081	7.316	51.475	12.569	7.670
49.000	11.609	6.970	50.250	12.091	7.322	51.500	12.579	7.678
49.025	11.619	6.978	50.275	12.100	7.330	51.525	12.589	7.684
49.050	11.628	6.984	50.300	12.110	7.336	51.550	12.599	7.692
49.075	11.638	6.992	50.325	12.120	7.344	51.575	12.608	7.700
49.100	11.647	6.998	50.350	12.129	7.350	51.600	12.618	7.706
49.125	11.657	7.006	50.375	12.139	7.358	51.625	12.628	7.714
49.150	11.666	7.012	50.400	12.149	7.366	51.650	12.638	7.720
49.175	11.676	7.020	50.425	12.159	7.372	51.675	12.648	7.728
49.200	11.686	7.026	50.450	12.168	7.380	51.700	12.658	7.736
49.225	11.695	7.034	50.475	12.178	7.386	51.725	12.667	7.742
49.250	11.705	7.040	50.500	12.188	7.394	51.750	12.677	7.750
49.275	11.714	7.048	50.525	12.198	7.400	51.775	12.687	7.756
49.300	11.724	7.054	50.550	12.207	7.408	51.800	12.697	7.764
49.325	11.734	7.062	50.575	12.217	7.414	51.825	12.707	7.770
49.350	11.743	7.068	50.600	12.227	7.422	51.850	12.717	7.778
49.375	11.753	7.076	50.625	12.236	7.428	51.875	12.727	7.784
49.400	11.762	7.082	50.650	12.246	7.436	51.900	12.737	7.792
49.425	11.772	7.090	50.675	12.256	7.442	51.925	12.746	7.800
49.450	11.782	7.096	50.700	12.266	7.450	51.950	12.756	7.806
49.475	11.791	7.104	50.725	12.275	7.456	51.975	12.766	7.814
49.500	11.801	7.110	50.750	12.285	7.464	52.000	12.776	7.822
49.525	11.810	7.118	50.775	12.295	7.472	52.025	12.786	7.828
49.550	11.820	7.126	50.800	12.305	7.478	52.050	12.796	7.836
49.575	11.830	7.132	50.825	12.314	7.486	52.075	12.806	7.842
49.600	11.839	7.140	50.850	12.324	7.492	52.100	12.816	7.850
49.625	11.849	7.146	50.875	12.334	7.500	52.125	12.825	7.856
49.650	11.859	7.154	50.900	12.344	7.508	52.150	12.835	7.864
49.675	11.868	7.160	50.925	12.354	7.514	52.175	12.845	7.872
49.700	11.878	7.168	50.950	12.363	7.522	52.200	12.855	7.878
49.725	11.888	7.174	50.975	12.373	7.528	52.225	12.865	7.886
49.750	11.897	7.182	51.000	12.383	7.536	52.250	12.875	7.892
49.775	11.907	7.188	51.025	12.393	7.542	52.275	12.885	7.900
49.800	11.917	7.196	51.050	12.402	7.550	52.300	12.895	7.908
49.825	11.926	7.202	51.075	12.412	7.556	52.325	12.905	7.914
49.850	11.936	7.210	51.100	12.422	7.564	52.350	12.915	7.922
49.875	11.945	7.216	51.125	12.432	7.570	52.375	12.925	7.928

zu versteuerndes Einkommen €	Einkommensteuer Grundtabelle €	Splittingtabelle €	zu versteuerndes Einkommen €	Einkommensteuer Grundtabelle €	Splittingtabelle €	zu versteuerndes Einkommen €	Einkommensteuer Grundtabelle €	Splittingtabelle €
52.400	12.934	7.936	53.650	13.434	8.296	54.900	13.940	8.662
52.425	12.944	7.942	53.675	13.444	8.304	54.925	13.950	8.668
52.450	12.954	7.950	53.700	13.454	8.312	54.950	13.960	8.676
52.475	12.964	7.958	53.725	13.464	8.318	54.975	13.970	8.682
52.500	12.974	7.964	53.750	13.474	8.326	55.000	13.981	8.690
52.525	12.984	7.972	53.775	13.484	8.332	55.025	13.991	8.698
52.550	12.994	7.980	53.800	13.494	8.340	55.050	14.001	8.706
52.575	13.004	7.986	53.825	13.504	8.348	55.075	14.011	8.712
52.600	13.014	7.994	53.850	13.514	8.356	55.100	14.021	8.720
52.625	13.024	8.000	53.875	13.525	8.362	55.125	14.032	8.726
52.650	13.034	8.008	53.900	13.535	8.370	55.150	14.042	8.734
52.675	13.044	8.014	53.925	13.545	8.376	55.175	14.052	8.742
52.700	13.054	8.022	53.950	13.555	8.384	55.200	14.062	8.750
52.725	13.064	8.030	53.975	13.565	8.392	55.225	14.073	8.756
52.750	13.074	8.036	54.000	13.575	8.398	55.250	14.083	8.764
52.775	13.084	8.044	54.025	13.585	8.406	55.275	14.093	8.770
52.800	13.094	8.052	54.050	13.595	8.414	55.300	14.103	8.778
52.825	13.104	8.058	54.075	13.605	8.420	55.325	14.113	8.786
52.850	13.114	8.066	54.100	13.615	8.428	55.350	14.124	8.794
52.875	13.123	8.072	54.125	13.625	8.434	55.375	14.134	8.800
52.900	13.133	8.080	54.150	13.636	8.442	55.400	14.144	8.808
52.925	13.143	8.086	54.175	13.646	8.450	55.425	14.154	8.814
52.950	13.153	8.094	54.200	13.656	8.456	55.450	14.165	8.822
52.975	13.163	8.102	54.225	13.666	8.464	55.475	14.175	8.830
53.000	13.173	8.108	54.250	13.676	8.472	55.500	14.185	8.838
53.025	13.183	8.116	54.275	13.686	8.478	55.525	14.195	8.844
53.050	13.193	8.124	54.300	13.696	8.486	55.550	14.206	8.852
53.075	13.203	8.130	54.325	13.706	8.492	55.575	14.216	8.860
53.100	13.213	8.138	54.350	13.716	8.500	55.600	14.226	8.866
53.125	13.223	8.144	54.375	13.727	8.508	55.625	14.236	8.874
53.150	13.233	8.152	54.400	13.737	8.516	55.650	14.247	8.882
53.175	13.243	8.160	54.425	13.747	8.522	55.675	14.257	8.888
53.200	13.253	8.166	54.450	13.757	8.530	55.700	14.267	8.896
53.225	13.263	8.174	54.475	13.767	8.536	55.725	14.277	8.904
53.250	13.273	8.182	54.500	13.777	8.544	55.750	14.288	8.910
53.275	13.283	8.188	54.525	13.787	8.552	55.775	14.298	8.918
53.300	13.293	8.196	54.550	13.798	8.558	55.800	14.308	8.926
53.325	13.303	8.202	54.575	13.808	8.566	55.825	14.319	8.932
53.350	13.313	8.210	54.600	13.818	8.574	55.850	14.329	8.940
53.375	13.323	8.216	54.625	13.828	8.580	55.875	14.339	8.948
53.400	13.334	8.224	54.650	13.838	8.588	55.900	14.349	8.956
53.425	13.344	8.232	54.675	13.848	8.596	55.925	14.360	8.962
53.450	13.354	8.238	54.700	13.859	8.602	55.950	14.370	8.970
53.475	13.364	8.246	54.725	13.869	8.610	55.975	14.380	8.976
53.500	13.374	8.254	54.750	13.879	8.618	56.000	14.391	8.984
53.525	13.384	8.260	54.775	13.889	8.624	56.025	14.401	8.992
53.550	13.394	8.268	54.800	13.899	8.632	56.050	14.411	9.000
53.575	13.404	8.274	54.825	13.909	8.640	56.075	14.421	9.006
53.600	13.414	8.282	54.850	13.920	8.646	56.100	14.432	9.014
53.625	13.424	8.290	54.875	13.930	8.654	56.125	14.442	9.022

zu versteuerndes Einkommen €	Einkommensteuer Grundtabelle €	Einkommensteuer Splittingtabelle €
56.150	14.452	9.028
56.175	14.463	9.036
56.200	14.473	9.044
56.225	14.483	9.050
56.250	14.494	9.058
56.275	14.504	9.066
56.300	14.514	9.074
56.325	14.525	9.080
56.350	14.535	9.088
56.375	14.545	9.096
56.400	14.556	9.102
56.425	14.566	9.110
56.450	14.576	9.118
56.475	14.587	9.124
56.500	14.597	9.132
56.525	14.607	9.140
56.550	14.618	9.148
56.575	14.628	9.154
56.600	14.639	9.162
56.625	14.649	9.170
56.650	14.659	9.176
56.675	14.670	9.184
56.700	14.680	9.192
56.725	14.690	9.198
56.750	14.701	9.206
56.775	14.711	9.214
56.800	14.721	9.222
56.825	14.732	9.228
56.850	14.742	9.236
56.875	14.753	9.244
56.900	14.763	9.250
56.925	14.773	9.258
56.950	14.784	9.266
56.975	14.794	9.272
57.000	14.805	9.280
57.025	14.815	9.288
57.050	14.825	9.296
57.075	14.836	9.302
57.100	14.846	9.310
57.125	14.857	9.318
57.150	14.867	9.326
57.175	14.878	9.332
57.200	14.888	9.340
57.225	14.898	9.348
57.250	14.909	9.354
57.275	14.919	9.362
57.300	14.930	9.370
57.325	14.940	9.376
57.350	14.951	9.384
57.375	14.961	9.392

zu versteuerndes Einkommen €	Einkommensteuer Grundtabelle €	Einkommensteuer Splittingtabelle €
57.400	14.971	9.400
57.425	14.982	9.406
57.450	14.992	9.414
57.475	15.003	9.422
57.500	15.013	9.430
57.525	15.024	9.436
57.550	15.034	9.444
57.575	15.045	9.452
57.600	15.055	9.460
57.625	15.066	9.466
57.650	15.076	9.474
57.675	15.087	9.482
57.700	15.097	9.490
57.725	15.107	9.496
57.750	15.118	9.504
57.775	15.128	9.512
57.800	15.139	9.518
57.825	15.149	9.526
57.850	15.160	9.534
57.875	15.170	9.542
57.900	15.181	9.548
57.925	15.191	9.556
57.950	15.202	9.564
57.975	15.212	9.570
58.000	15.223	9.578
58.025	15.233	9.586
58.050	15.244	9.594
58.075	15.254	9.600
58.100	15.265	9.608
58.125	15.275	9.616
58.150	15.286	9.624
58.175	15.296	9.630
58.200	15.307	9.638
58.225	15.317	9.646
58.250	15.328	9.654
58.275	15.338	9.660
58.300	15.349	9.668
58.325	15.359	9.676
58.350	15.370	9.684
58.375	15.380	9.690
58.400	15.391	9.698
58.425	15.401	9.706
58.450	15.412	9.714
58.475	15.422	9.720
58.500	15.433	9.728
58.525	15.443	9.736
58.550	15.454	9.744
58.575	15.464	9.750
58.600	15.475	9.758
58.625	15.485	9.766

zu versteuerndes Einkommen €	Einkommensteuer Grundtabelle €	Einkommensteuer Splittingtabelle €
58.650	15.496	9.774
58.675	15.506	9.780
58.700	15.517	9.788
58.725	15.527	9.796
58.750	15.538	9.804
58.775	15.548	9.810
58.800	15.559	9.818
58.825	15.569	9.826
58.850	15.580	9.834
58.875	15.590	9.842
58.900	15.601	9.848
58.925	15.611	9.856
58.950	15.622	9.864
58.975	15.632	9.872
59.000	15.643	9.880
59.025	15.653	9.886
59.050	15.664	9.894
59.075	15.674	9.902
59.100	15.685	9.910
59.125	15.695	9.916
59.150	15.706	9.924
59.175	15.716	9.932
59.200	15.727	9.940
59.225	15.737	9.946
59.250	15.748	9.954
59.275	15.758	9.962
59.300	15.769	9.970
59.325	15.779	9.976
59.350	15.790	9.984
59.375	15.800	9.992
59.400	15.811	10.000
59.425	15.821	10.006
59.450	15.832	10.014
59.475	15.842	10.022
59.500	15.853	10.030
59.525	15.863	10.038
59.550	15.874	10.046
59.575	15.884	10.052
59.600	15.895	10.060
59.625	15.905	10.068
59.650	15.916	10.076
59.675	15.926	10.082
59.700	15.937	10.090
59.725	15.947	10.098
59.750	15.958	10.106
59.775	15.968	10.112
59.800	15.979	10.120
59.825	15.989	10.128
59.850	16.000	10.136
59.875	16.010	10.144

zu versteuerndes Einkommen €	Einkommensteuer Grundtabelle €	Einkommensteuer Splittingtabelle €	zu versteuerndes Einkommen €	Einkommensteuer Grundtabelle €	Einkommensteuer Splittingtabelle €	zu versteuerndes Einkommen €	Einkommensteuer Grundtabelle €	Einkommensteuer Splittingtabelle €
59.900	16.021	10.152	61.150	16.546	10.532	62.400	17.071	10.916
59.925	16.031	10.158	61.175	16.556	10.538	62.425	17.081	10.922
59.950	16.042	10.166	61.200	16.567	10.546	62.450	17.092	10.930
59.975	16.052	10.174	61.225	16.577	10.554	62.475	17.102	10.938
60.000	16.063	10.182	61.250	16.588	10.562	62.500	17.113	10.946
60.025	16.073	10.188	61.275	16.598	10.570	62.525	17.123	10.954
60.050	16.084	10.196	61.300	16.609	10.578	62.550	17.134	10.962
60.075	16.094	10.204	61.325	16.619	10.584	62.575	17.144	10.970
60.100	16.105	10.212	61.350	16.630	10.592	62.600	17.155	10.978
60.125	16.115	10.218	61.375	16.640	10.600	62.625	17.165	10.984
60.150	16.126	10.226	61.400	16.651	10.608	62.650	17.176	10.992
60.175	16.136	10.234	61.425	16.661	10.616	62.675	17.186	11.000
60.200	16.147	10.242	61.450	16.672	10.624	62.700	17.197	11.008
60.225	16.157	10.250	61.475	16.682	10.630	62.725	17.207	11.016
60.250	16.168	10.258	61.500	16.693	10.638	62.750	17.218	11.024
60.275	16.178	10.264	61.525	16.703	10.646	62.775	17.228	11.030
60.300	16.189	10.272	61.550	16.714	10.654	62.800	17.239	11.040
60.325	16.199	10.280	61.575	16.724	10.662	62.825	17.249	11.046
60.350	16.210	10.288	61.600	16.735	10.670	62.850	17.260	11.054
60.375	16.220	10.294	61.625	16.745	10.676	62.875	17.270	11.062
60.400	16.231	10.302	61.650	16.756	10.684	62.900	17.281	11.070
60.425	16.241	10.310	61.675	16.766	10.692	62.925	17.291	11.078
60.450	16.252	10.318	61.700	16.777	10.700	62.950	17.302	11.086
60.475	16.262	10.326	61.725	16.787	10.708	62.975	17.312	11.092
60.500	16.273	10.334	61.750	16.798	10.716	63.000	17.323	11.100
60.525	16.283	10.340	61.775	16.808	10.722	63.025	17.333	11.108
60.550	16.294	10.348	61.800	16.819	10.730	63.050	17.344	11.116
60.575	16.304	10.356	61.825	16.829	10.738	63.075	17.354	11.124
60.600	16.315	10.364	61.850	16.840	10.746	63.100	17.365	11.132
60.625	16.325	10.372	61.875	16.850	10.754	63.125	17.375	11.140
60.650	16.336	10.380	61.900	16.861	10.762	63.150	17.386	11.148
60.675	16.346	10.386	61.925	16.871	10.768	63.175	17.396	11.154
60.700	16.357	10.394	61.950	16.882	10.776	63.200	17.407	11.162
60.725	16.367	10.402	61.975	16.892	10.784	63.225	17.417	11.170
60.750	16.378	10.410	62.000	16.903	10.792	63.250	17.428	11.178
60.775	16.388	10.416	62.025	16.913	10.800	63.275	17.438	11.186
60.800	16.399	10.424	62.050	16.924	10.808	63.300	17.449	11.194
60.825	16.409	10.432	62.075	16.934	10.816	63.325	17.459	11.202
60.850	16.420	10.440	62.100	16.945	10.824	63.350	17.470	11.210
60.875	16.430	10.448	62.125	16.955	10.830	63.375	17.480	11.216
60.900	16.441	10.456	62.150	16.966	10.838	63.400	17.491	11.224
60.925	16.451	10.462	62.175	16.976	10.846	63.425	17.501	11.232
60.950	16.462	10.470	62.200	16.987	10.854	63.450	17.512	11.240
60.975	16.472	10.478	62.225	16.997	10.862	63.475	17.522	11.248
61.000	16.483	10.486	62.250	17.008	10.870	63.500	17.533	11.256
61.025	16.493	10.494	62.275	17.018	10.876	63.525	17.543	11.264
61.050	16.504	10.502	62.300	17.029	10.884	63.550	17.554	11.272
61.075	16.514	10.508	62.325	17.039	10.892	63.575	17.564	11.280
61.100	16.525	10.516	62.350	17.050	10.900	63.600	17.575	11.288
61.125	16.535	10.524	62.375	17.060	10.908	63.625	17.585	11.294

zu versteuerndes Einkommen €	Einkommensteuer Grundtabelle €	Einkommensteuer Splittingtabelle €	zu versteuerndes Einkommen €	Einkommensteuer Grundtabelle €	Einkommensteuer Splittingtabelle €	zu versteuerndes Einkommen €	Einkommensteuer Grundtabelle €	Einkommensteuer Splittingtabelle €
63.650	17.596	11.302	64.900	18.121	11.694	66.150	18.646	12.086
63.675	17.606	11.310	64.925	18.131	11.700	66.175	18.656	12.094
63.700	17.617	11.318	64.950	18.142	11.708	66.200	18.667	12.102
63.725	17.627	11.326	64.975	18.152	11.716	66.225	18.677	12.110
63.750	17.638	11.334	65.000	18.163	11.724	66.250	18.688	12.118
63.775	17.648	11.342	65.025	18.173	11.732	66.275	18.698	12.126
63.800	17.659	11.350	65.050	18.184	11.740	66.300	18.709	12.134
63.825	17.669	11.356	65.075	18.194	11.748	66.325	18.719	12.142
63.850	17.680	11.364	65.100	18.205	11.756	66.350	18.730	12.150
63.875	17.690	11.372	65.125	18.215	11.764	66.375	18.740	12.158
63.900	17.701	11.380	65.150	18.226	11.772	66.400	18.751	12.166
63.925	17.711	11.388	65.175	18.236	11.780	66.425	18.761	12.174
63.950	17.722	11.396	65.200	18.247	11.788	66.450	18.772	12.182
63.975	17.732	11.404	65.225	18.257	11.794	66.475	18.782	12.190
64.000	17.743	11.412	65.250	18.268	11.802	66.500	18.793	12.198
64.025	17.753	11.420	65.275	18.278	11.810	66.525	18.803	12.206
64.050	17.764	11.428	65.300	18.289	11.818	66.550	18.814	12.214
64.075	17.774	11.434	65.325	18.299	11.826	66.575	18.824	12.220
64.100	17.785	11.442	65.350	18.310	11.834	66.600	18.835	12.230
64.125	17.795	11.450	65.375	18.320	11.842	66.625	18.845	12.236
64.150	17.806	11.458	65.400	18.331	11.850	66.650	18.856	12.246
64.175	17.816	11.466	65.425	18.341	11.858	66.675	18.866	12.252
64.200	17.827	11.474	65.450	18.352	11.866	66.700	18.877	12.260
64.225	17.837	11.482	65.475	18.362	11.874	66.725	18.887	12.268
64.250	17.848	11.490	65.500	18.373	11.882	66.750	18.898	12.276
64.275	17.858	11.498	65.525	18.383	11.890	66.775	18.908	12.284
64.300	17.869	11.506	65.550	18.394	11.898	66.800	18.919	12.292
64.325	17.879	11.512	65.575	18.404	11.904	66.825	18.929	12.300
64.350	17.890	11.520	65.600	18.415	11.914	66.850	18.940	12.308
64.375	17.900	11.528	65.625	18.425	11.920	66.875	18.950	12.316
64.400	17.911	11.536	65.650	18.436	11.928	66.900	18.961	12.324
64.425	17.921	11.544	65.675	18.446	11.936	66.925	18.971	12.332
64.450	17.932	11.552	65.700	18.457	11.944	66.950	18.982	12.340
64.475	17.942	11.560	65.725	18.467	11.952	66.975	18.992	12.348
64.500	17.953	11.568	65.750	18.478	11.960	67.000	19.003	12.356
64.525	17.963	11.576	65.775	18.488	11.968	67.025	19.013	12.364
64.550	17.974	11.584	65.800	18.499	11.976	67.050	19.024	12.372
64.575	17.984	11.590	65.825	18.509	11.984	67.075	19.034	12.380
64.600	17.995	11.600	65.850	18.520	11.992	67.100	19.045	12.388
64.625	18.005	11.606	65.875	18.530	12.000	67.125	19.055	12.396
64.650	18.016	11.614	65.900	18.541	12.008	67.150	19.066	12.404
64.675	18.026	11.622	65.925	18.551	12.016	67.175	19.076	12.412
64.700	18.037	11.630	65.950	18.562	12.024	67.200	19.087	12.420
64.725	18.047	11.638	65.975	18.572	12.032	67.225	19.097	12.428
64.750	18.058	11.646	66.000	18.583	12.040	67.250	19.108	12.436
64.775	18.068	11.654	66.025	18.593	12.046	67.275	19.118	12.444
64.800	18.079	11.662	66.050	18.604	12.056	67.300	19.129	12.452
64.825	18.089	11.670	66.075	18.614	12.062	67.325	19.139	12.460
64.850	18.100	11.678	66.100	18.625	12.070	67.350	19.150	12.468
64.875	18.110	11.684	66.125	18.635	12.078	67.375	19.160	12.476

zu versteuerndes Einkommen €	Einkommensteuer Grundtabelle €	Einkommensteuer Splittingtabelle €	zu versteuerndes Einkommen €	Einkommensteuer Grundtabelle €	Einkommensteuer Splittingtabelle €	zu versteuerndes Einkommen €	Einkommensteuer Grundtabelle €	Einkommensteuer Splittingtabelle €
67.400	19.171	12.484	68.650	19.696	12.884	69.900	20.221	13.288
67.425	19.181	12.492	68.675	19.706	12.892	69.925	20.231	13.296
67.450	19.192	12.500	68.700	19.717	12.900	69.950	20.242	13.304
67.475	19.202	12.508	68.725	19.727	12.908	69.975	20.252	13.312
67.500	19.213	12.516	68.750	19.738	12.916	70.000	20.263	13.320
67.525	19.223	12.524	68.775	19.748	12.924	70.025	20.273	13.328
67.550	19.234	12.532	68.800	19.759	12.932	70.050	20.284	13.336
67.575	19.244	12.540	68.825	19.769	12.940	70.075	20.294	13.344
67.600	19.255	12.548	68.850	19.780	12.948	70.100	20.305	13.352
67.625	19.265	12.556	68.875	19.790	12.956	70.125	20.315	13.360
67.650	19.276	12.564	68.900	19.801	12.964	70.150	20.326	13.368
67.675	19.286	12.572	68.925	19.811	12.972	70.175	20.336	13.376
67.700	19.297	12.580	68.950	19.822	12.980	70.200	20.347	13.384
67.725	19.307	12.588	68.975	19.832	12.988	70.225	20.357	13.392
67.750	19.318	12.596	69.000	19.843	12.996	70.250	20.368	13.400
67.775	19.328	12.604	69.025	19.853	13.004	70.275	20.378	13.408
67.800	19.339	12.612	69.050	19.864	13.012	70.300	20.389	13.418
67.825	19.349	12.618	69.075	19.874	13.020	70.325	20.399	13.424
67.850	19.360	12.628	69.100	19.885	13.028	70.350	20.410	13.434
67.875	19.370	12.634	69.125	19.895	13.036	70.375	20.420	13.442
67.900	19.381	12.644	69.150	19.906	13.044	70.400	20.431	13.450
67.925	19.391	12.650	69.175	19.916	13.052	70.425	20.441	13.458
67.950	19.402	12.660	69.200	19.927	13.060	70.450	20.452	13.466
67.975	19.412	12.666	69.225	19.937	13.068	70.475	20.462	13.474
68.000	19.423	12.676	69.250	19.948	13.078	70.500	20.473	13.482
68.025	19.433	12.682	69.275	19.958	13.084	70.525	20.483	13.490
68.050	19.444	12.692	69.300	19.969	13.094	70.550	20.494	13.498
68.075	19.454	12.698	69.325	19.979	13.100	70.575	20.504	13.506
68.100	19.465	12.708	69.350	19.990	13.110	70.600	20.515	13.514
68.125	19.475	12.714	69.375	20.000	13.118	70.625	20.525	13.522
68.150	19.486	12.724	69.400	20.011	13.126	70.650	20.536	13.530
68.175	19.496	12.732	69.425	20.021	13.134	70.675	20.546	13.538
68.200	19.507	12.740	69.450	20.032	13.142	70.700	20.557	13.548
68.225	19.517	12.748	69.475	20.042	13.150	70.725	20.567	13.554
68.250	19.528	12.756	69.500	20.053	13.158	70.750	20.578	13.564
68.275	19.538	12.764	69.525	20.063	13.166	70.775	20.588	13.572
68.300	19.549	12.772	69.550	20.074	13.174	70.800	20.599	13.580
68.325	19.559	12.780	69.575	20.084	13.182	70.825	20.609	13.588
68.350	19.570	12.788	69.600	20.095	13.190	70.850	20.620	13.596
68.375	19.580	12.796	69.625	20.105	13.198	70.875	20.630	13.604
68.400	19.591	12.804	69.650	20.116	13.206	70.900	20.641	13.612
68.425	19.601	12.812	69.675	20.126	13.214	70.925	20.651	13.620
68.450	19.612	12.820	69.700	20.137	13.222	70.950	20.662	13.628
68.475	19.622	12.828	69.725	20.147	13.230	70.975	20.672	13.636
68.500	19.633	12.836	69.750	20.158	13.238	71.000	20.683	13.644
68.525	19.643	12.844	69.775	20.168	13.246	71.025	20.693	13.652
68.550	19.654	12.852	69.800	20.179	13.254	71.050	20.704	13.662
68.575	19.664	12.860	69.825	20.189	13.262	71.075	20.714	13.670
68.600	19.675	12.868	69.850	20.200	13.272	71.100	20.725	13.678
68.625	19.685	12.876	69.875	20.210	13.278	71.125	20.735	13.686

zu versteuerndes Einkommen €	Einkommensteuer Grundtabelle €	Einkommensteuer Splittingtabelle €	zu versteuerndes Einkommen €	Einkommensteuer Grundtabelle €	Einkommensteuer Splittingtabelle €	zu versteuerndes Einkommen €	Einkommensteuer Grundtabelle €	Einkommensteuer Splittingtabelle €
71.150	20.746	13.694	72.400	21.271	14.104	73.650	21.796	14.518
71.175	20.756	13.702	72.425	21.281	14.112	73.675	21.806	14.526
71.200	20.767	13.710	72.450	21.292	14.120	73.700	21.817	14.534
71.225	20.777	13.718	72.475	21.302	14.128	73.725	21.827	14.542
71.250	20.788	13.726	72.500	21.313	14.136	73.750	21.838	14.550
71.275	20.798	13.734	72.525	21.323	14.144	73.775	21.848	14.558
71.300	20.809	13.742	72.550	21.334	14.154	73.800	21.859	14.566
71.325	20.819	13.750	72.575	21.344	14.162	73.825	21.869	14.574
71.350	20.830	13.760	72.600	21.355	14.170	73.850	21.880	14.584
71.375	20.840	13.768	72.625	21.365	14.178	73.875	21.890	14.592
71.400	20.851	13.776	72.650	21.376	14.186	73.900	21.901	14.600
71.425	20.861	13.784	72.675	21.386	14.194	73.925	21.911	14.608
71.450	20.872	13.792	72.700	21.397	14.202	73.950	21.922	14.616
71.475	20.882	13.800	72.725	21.407	14.210	73.975	21.932	14.624
71.500	20.893	13.808	72.750	21.418	14.220	74.000	21.943	14.634
71.525	20.903	13.816	72.775	21.428	14.228	74.025	21.953	14.642
71.550	20.914	13.824	72.800	21.439	14.236	74.050	21.964	14.650
71.575	20.924	13.832	72.825	21.449	14.244	74.075	21.974	14.658
71.600	20.935	13.842	72.850	21.460	14.252	74.100	21.985	14.666
71.625	20.945	13.850	72.875	21.470	14.260	74.125	21.995	14.674
71.650	20.956	13.858	72.900	21.481	14.268	74.150	22.006	14.684
71.675	20.966	13.866	72.925	21.491	14.276	74.175	22.016	14.692
71.700	20.977	13.874	72.950	21.502	14.286	74.200	22.027	14.700
71.725	20.987	13.882	72.975	21.512	14.294	74.225	22.037	14.708
71.750	20.998	13.890	73.000	21.523	14.302	74.250	22.048	14.716
71.775	21.008	13.898	73.025	21.533	14.310	74.275	22.058	14.724
71.800	21.019	13.906	73.050	21.544	14.318	74.300	22.069	14.734
71.825	21.029	13.914	73.075	21.554	14.326	74.325	22.079	14.742
71.850	21.040	13.924	73.100	21.565	14.334	74.350	22.090	14.750
71.875	21.050	13.932	73.125	21.575	14.342	74.375	22.100	14.758
71.900	21.061	13.940	73.150	21.586	14.352	74.400	22.111	14.766
71.925	21.071	13.948	73.175	21.596	14.360	74.425	22.121	14.774
71.950	21.082	13.956	73.200	21.607	14.368	74.450	22.132	14.784
71.975	21.092	13.964	73.225	21.617	14.376	74.475	22.142	14.792
72.000	21.103	13.972	73.250	21.628	14.384	74.500	22.153	14.800
72.025	21.113	13.980	73.275	21.638	14.392	74.525	22.163	14.808
72.050	21.124	13.988	73.300	21.649	14.402	74.550	22.174	14.816
72.075	21.134	13.996	73.325	21.659	14.410	74.575	22.184	14.824
72.100	21.145	14.006	73.350	21.670	14.418	74.600	22.195	14.834
72.125	21.155	14.014	73.375	21.680	14.426	74.625	22.205	14.842
72.150	21.166	14.022	73.400	21.691	14.434	74.650	22.216	14.850
72.175	21.176	14.030	73.425	21.701	14.442	74.675	22.226	14.858
72.200	21.187	14.038	73.450	21.712	14.450	74.700	22.237	14.866
72.225	21.197	14.046	73.475	21.722	14.458	74.725	22.247	14.874
72.250	21.208	14.054	73.500	21.733	14.468	74.750	22.258	14.884
72.275	21.218	14.062	73.525	21.743	14.476	74.775	22.268	14.892
72.300	21.229	14.072	73.550	21.754	14.484	74.800	22.279	14.900
72.325	21.239	14.078	73.575	21.764	14.492	74.825	22.289	14.908
72.350	21.250	14.088	73.600	21.775	14.500	74.850	22.300	14.916
72.375	21.260	14.096	73.625	21.785	14.508	74.875	22.310	14.924

zu versteuerndes Einkommen €	Einkommensteuer Grundtabelle €	Einkommensteuer Splittingtabelle €	zu versteuerndes Einkommen €	Einkommensteuer Grundtabelle €	Einkommensteuer Splittingtabelle €	zu versteuerndes Einkommen €	Einkommensteuer Grundtabelle €	Einkommensteuer Splittingtabelle €
74.900	22.321	14.934	76.150	22.846	15.354	77.400	23.371	15.776
74.925	22.331	14.942	76.175	22.856	15.362	77.425	23.381	15.784
74.950	22.342	14.950	76.200	22.867	15.370	77.450	23.392	15.794
74.975	22.352	14.958	76.225	22.877	15.378	77.475	23.402	15.802
75.000	22.363	14.968	76.250	22.888	15.388	77.500	23.413	15.810
75.025	22.373	14.976	76.275	22.898	15.396	77.525	23.423	15.818
75.050	22.384	14.984	76.300	22.909	15.404	77.550	23.434	15.828
75.075	22.394	14.992	76.325	22.919	15.412	77.575	23.444	15.836
75.100	22.405	15.000	76.350	22.930	15.420	77.600	23.455	15.844
75.125	22.415	15.008	76.375	22.940	15.428	77.625	23.465	15.852
75.150	22.426	15.018	76.400	22.951	15.438	77.650	23.476	15.862
75.175	22.436	15.026	76.425	22.961	15.446	77.675	23.486	15.870
75.200	22.447	15.034	76.450	22.972	15.454	77.700	23.497	15.878
75.225	22.457	15.042	76.475	22.982	15.462	77.725	23.507	15.886
75.250	22.468	15.050	76.500	22.993	15.472	77.750	23.518	15.896
75.275	22.478	15.058	76.525	23.003	15.480	77.775	23.528	15.904
75.300	22.489	15.068	76.550	23.014	15.488	77.800	23.539	15.912
75.325	22.499	15.076	76.575	23.024	15.496	77.825	23.549	15.920
75.350	22.510	15.084	76.600	23.035	15.506	77.850	23.560	15.930
75.375	22.520	15.092	76.625	23.045	15.514	77.875	23.570	15.938
75.400	22.531	15.102	76.650	23.056	15.522	77.900	23.581	15.946
75.425	22.541	15.110	76.675	23.066	15.530	77.925	23.591	15.954
75.450	22.552	15.118	76.700	23.077	15.540	77.950	23.602	15.964
75.475	22.562	15.126	76.725	23.087	15.548	77.975	23.612	15.972
75.500	22.573	15.134	76.750	23.098	15.556	78.000	23.623	15.980
75.525	22.583	15.142	76.775	23.108	15.564	78.025	23.633	15.988
75.550	22.594	15.152	76.800	23.119	15.572	78.050	23.644	15.998
75.575	22.604	15.160	76.825	23.129	15.582	78.075	23.654	16.006
75.600	22.615	15.168	76.850	23.140	15.590	78.100	23.665	16.014
75.625	22.625	15.176	76.875	23.150	15.598	78.125	23.675	16.022
75.650	22.636	15.186	76.900	23.161	15.606	78.150	23.686	16.032
75.675	22.646	15.194	76.925	23.171	15.614	78.175	23.696	16.040
75.700	22.657	15.202	76.950	23.182	15.624	78.200	23.707	16.048
75.725	22.667	15.210	76.975	23.192	15.632	78.225	23.717	16.058
75.750	22.678	15.218	77.000	23.203	15.640	78.250	23.728	16.066
75.775	22.688	15.226	77.025	23.213	15.648	78.275	23.738	16.074
75.800	22.699	15.236	77.050	23.224	15.658	78.300	23.749	16.084
75.825	22.709	15.244	77.075	23.234	15.666	78.325	23.759	16.092
75.850	22.720	15.252	77.100	23.245	15.674	78.350	23.770	16.100
75.875	22.730	15.260	77.125	23.255	15.682	78.375	23.780	16.108
75.900	22.741	15.270	77.150	23.266	15.692	78.400	23.791	16.118
75.925	22.751	15.278	77.175	23.276	15.700	78.425	23.801	16.126
75.950	22.762	15.286	77.200	23.287	15.708	78.450	23.812	16.134
75.975	22.772	15.294	77.225	23.297	15.716	78.475	23.822	16.142
76.000	22.783	15.302	77.250	23.308	15.726	78.500	23.833	16.152
76.025	22.793	15.310	77.275	23.318	15.734	78.525	23.843	16.160
76.050	22.804	15.320	77.300	23.329	15.742	78.550	23.854	16.168
76.075	22.814	15.328	77.325	23.339	15.750	78.575	23.864	16.176
76.100	22.825	15.336	77.350	23.350	15.760	78.600	23.875	16.186
76.125	22.835	15.344	77.375	23.360	15.768	78.625	23.885	16.194

zu versteuerndes Einkommen €	Einkommensteuer Grundtabelle €	Einkommensteuer Splittingtabelle €	zu versteuerndes Einkommen €	Einkommensteuer Grundtabelle €	Einkommensteuer Splittingtabelle €	zu versteuerndes Einkommen €	Einkommensteuer Grundtabelle €	Einkommensteuer Splittingtabelle €
78.650	23.896	16.202	79.900	24.421	16.632	81.150	24.946	17.066
78.675	23.906	16.210	79.925	24.431	16.640	81.175	24.956	17.074
78.700	23.917	16.220	79.950	24.442	16.650	81.200	24.967	17.082
78.725	23.927	16.228	79.975	24.452	16.658	81.225	24.977	17.090
78.750	23.938	16.236	80.000	24.463	16.666	81.250	24.988	17.100
78.775	23.948	16.246	80.025	24.473	16.676	81.275	24.998	17.108
78.800	23.959	16.254	80.050	24.484	16.684	81.300	25.009	17.118
78.825	23.969	16.262	80.075	24.494	16.692	81.325	25.019	17.126
78.850	23.980	16.272	80.100	24.505	16.702	81.350	25.030	17.134
78.875	23.990	16.280	80.125	24.515	16.710	81.375	25.040	17.144
78.900	24.001	16.288	80.150	24.526	16.718	81.400	25.051	17.152
78.925	24.011	16.296	80.175	24.536	16.726	81.425	25.061	17.160
78.950	24.022	16.306	80.200	24.547	16.736	81.450	25.072	17.170
78.975	24.032	16.314	80.225	24.557	16.744	81.475	25.082	17.178
79.000	24.043	16.322	80.250	24.568	16.754	81.500	25.093	17.186
79.025	24.053	16.330	80.275	24.578	16.762	81.525	25.103	17.196
79.050	24.064	16.340	80.300	24.589	16.770	81.550	25.114	17.204
79.075	24.074	16.348	80.325	24.599	16.778	81.575	25.124	17.212
79.100	24.085	16.358	80.350	24.610	16.788	81.600	25.135	17.222
79.125	24.095	16.366	80.375	24.620	16.796	81.625	25.145	17.230
79.150	24.106	16.374	80.400	24.631	16.806	81.650	25.156	17.240
79.175	24.116	16.382	80.425	24.641	16.814	81.675	25.166	17.248
79.200	24.127	16.392	80.450	24.652	16.822	81.700	25.177	17.256
79.225	24.137	16.400	80.475	24.662	16.830	81.725	25.187	17.264
79.250	24.148	16.408	80.500	24.673	16.840	81.750	25.198	17.274
79.275	24.158	16.416	80.525	24.683	16.848	81.775	25.208	17.282
79.300	24.169	16.426	80.550	24.694	16.856	81.800	25.219	17.292
79.325	24.179	16.434	80.575	24.704	16.866	81.825	25.229	17.300
79.350	24.190	16.442	80.600	24.715	16.874	81.850	25.240	17.308
79.375	24.200	16.452	80.625	24.725	16.882	81.875	25.250	17.318
79.400	24.211	16.460	80.650	24.736	16.892	81.900	25.261	17.326
79.425	24.221	16.468	80.675	24.746	16.900	81.925	25.271	17.334
79.450	24.232	16.478	80.700	24.757	16.908	81.950	25.282	17.344
79.475	24.242	16.486	80.725	24.767	16.918	81.975	25.292	17.352
79.500	24.253	16.494	80.750	24.778	16.926	82.000	25.303	17.362
79.525	24.263	16.502	80.775	24.788	16.934	82.025	25.313	17.370
79.550	24.274	16.512	80.800	24.799	16.944	82.050	25.324	17.378
79.575	24.284	16.520	80.825	24.809	16.952	82.075	25.334	17.388
79.600	24.295	16.528	80.850	24.820	16.960	82.100	25.345	17.396
79.625	24.305	16.538	80.875	24.830	16.070	82.125	25.355	17.404
70.650	24.316	16.546	80.900	24.841	16.978	82.150	25.366	17.414
79.675	24.326	16.554	80.925	24.851	16.986	82.175	25.376	17.422
79.700	24.337	16.564	80.950	24.862	16.996	82.200	25.387	17.432
79.725	24.347	16.572	80.975	24.872	17.004	82.225	25.397	17.440
79.750	24.358	16.580	81.000	24.883	17.012	82.250	25.408	17.448
79.775	24.368	16.588	81.025	24.893	17.022	82.275	25.418	17.458
79.800	24.379	16.598	81.050	24.904	17.030	82.300	25.429	17.466
79.825	24.389	16.606	81.075	24.914	17.038	82.325	25.439	17.474
79.850	24.400	16.616	81.100	24.925	17.048	82.350	25.450	17.484
79.875	24.410	16.624	81.125	24.935	17.056	82.375	25.460	17.492

zu versteuerndes Einkommen €	Einkommensteuer Grundtabelle €	Einkommensteuer Splittingtabelle €	zu versteuerndes Einkommen €	Einkommensteuer Grundtabelle €	Einkommensteuer Splittingtabelle €	zu versteuerndes Einkommen €	Einkommensteuer Grundtabelle €	Einkommensteuer Splittingtabelle €
82.400	25.471	17.502	83.650	25.996	17.940	84.900	26.521	18.384
82.425	25.481	17.510	83.675	26.006	17.948	84.925	26.531	18.392
82.450	25.492	17.518	83.700	26.017	17.958	84.950	26.542	18.400
82.475	25.502	17.528	83.725	26.027	17.966	84.975	26.552	18.410
82.500	25.513	17.536	83.750	26.038	17.976	85.000	26.563	18.418
82.525	25.523	17.544	83.775	26.048	17.984	85.025	26.573	18.428
82.550	25.534	17.554	83.800	26.059	17.994	85.050	26.584	18.436
82.575	25.544	17.562	83.825	26.069	18.002	85.075	26.594	18.446
82.600	25.555	17.572	83.850	26.080	18.012	85.100	26.605	18.454
82.625	25.565	17.580	83.875	26.090	18.020	85.125	26.615	18.462
82.650	25.576	17.588	83.900	26.101	18.028	85.150	26.626	18.472
82.675	25.586	17.598	83.925	26.111	18.038	85.175	26.636	18.480
82.700	25.597	17.606	83.950	26.122	18.046	85.200	26.647	18.490
82.725	25.607	17.614	83.975	26.132	18.054	85.225	26.657	18.498
82.750	25.618	17.624	84.000	26.143	18.064	85.250	26.668	18.508
82.775	25.628	17.632	84.025	26.153	18.072	85.275	26.678	18.516
82.800	25.639	17.642	84.050	26.164	18.082	85.300	26.689	18.526
82.825	25.649	17.650	84.075	26.174	18.090	85.325	26.699	18.534
82.850	25.660	17.658	84.100	26.185	18.100	85.350	26.710	18.544
82.875	25.670	17.668	84.125	26.195	18.108	85.375	26.720	18.552
82.900	25.681	17.676	84.150	26.206	18.118	85.400	26.731	18.562
82.925	25.691	17.684	84.175	26.216	18.126	85.425	26.741	18.570
82.950	25.702	17.694	84.200	26.227	18.134	85.450	26.752	18.578
82.975	25.712	17.702	84.225	26.237	18.144	85.475	26.762	18.588
83.000	25.723	17.712	84.250	26.248	18.152	85.500	26.773	18.596
83.025	25.733	17.720	84.275	26.258	18.162	85.525	26.783	18.606
83.050	25.744	17.730	84.300	26.269	18.170	85.550	26.794	18.614
83.075	25.754	17.738	84.325	26.279	18.178	85.575	26.804	18.624
83.100	25.765	17.746	84.350	26.290	18.188	85.600	26.815	18.632
83.125	25.775	17.756	84.375	26.300	18.196	85.625	26.825	18.640
83.150	25.786	17.764	84.400	26.311	18.206	85.650	26.836	18.650
83.175	25.796	17.772	84.425	26.321	18.214	85.675	26.846	18.658
83.200	25.807	17.782	84.450	26.332	18.224	85.700	26.857	18.668
83.225	25.817	17.790	84.475	26.342	18.232	85.725	26.867	18.676
83.250	25.828	17.800	84.500	26.353	18.242	85.750	26.878	18.686
83.275	25.838	17.808	84.525	26.363	18.250	85.775	26.888	18.694
83.300	25.849	17.818	84.550	26.374	18.258	85.800	26.899	18.704
83.325	25.859	17.826	84.575	26.384	18.268	85.825	26.909	18.712
83.350	25.870	17.834	84.600	26.395	18.276	85.850	26.920	18.722
83.375	25.880	17.844	84.625	26.405	18.286	85.875	26.930	18.730
83.400	25.891	17.852	84.650	26.416	18.294	85.900	26.941	18.740
83.425	25.901	17.860	84.675	26.426	18.302	85.925	26.951	18.748
83.450	25.912	17.870	84.700	26.437	18.312	85.950	26.962	18.758
83.475	25.922	17.878	84.725	26.447	18.320	85.975	26.972	18.766
83.500	25.933	17.888	84.750	26.458	18.330	86.000	26.983	18.776
83.525	25.943	17.896	84.775	26.468	18.338	86.025	26.993	18.784
83.550	25.954	17.906	84.800	26.479	18.348	86.050	27.004	18.794
83.575	25.964	17.914	84.825	26.489	18.356	86.075	27.014	18.802
83.600	25.975	17.922	84.850	26.500	18.366	86.100	27.025	18.812
83.625	25.985	17.932	84.875	26.510	18.374	86.125	27.035	18.820

zu versteuerndes Einkommen €	Einkommensteuer Grundtabelle €	Einkommensteuer Splittingtabelle €	zu versteuerndes Einkommen €	Einkommensteuer Grundtabelle €	Einkommensteuer Splittingtabelle €	zu versteuerndes Einkommen €	Einkommensteuer Grundtabelle €	Einkommensteuer Splittingtabelle €
86.150	27.046	18.830	87.400	27.571	19.278	88.650	28.096	19.730
86.175	27.056	18.838	87.425	27.581	19.286	88.675	28.106	19.740
86.200	27.067	18.846	87.450	27.592	19.296	88.700	28.117	19.748
86.225	27.077	18.856	87.475	27.602	19.304	88.725	28.127	19.758
86.250	27.088	18.864	87.500	27.613	19.314	88.750	28.138	19.766
86.275	27.098	18.874	87.525	27.623	19.322	88.775	28.148	19.776
86.300	27.109	18.882	87.550	27.634	19.332	88.800	28.159	19.786
86.325	27.119	18.892	87.575	27.644	19.340	88.825	28.169	19.794
86.350	27.130	18.900	87.600	27.655	19.350	88.850	28.180	19.804
86.375	27.140	18.910	87.625	27.665	19.358	88.875	28.190	19.812
86.400	27.151	18.918	87.650	27.676	19.368	88.900	28.201	19.822
86.425	27.161	18.928	87.675	27.686	19.378	88.925	28.211	19.830
86.450	27.172	18.936	87.700	27.697	19.386	88.950	28.222	19.840
86.475	27.182	18.946	87.725	27.707	19.396	88.975	28.232	19.848
86.500	27.193	18.954	87.750	27.718	19.404	89.000	28.243	19.858
86.525	27.203	18.964	87.775	27.728	19.414	89.025	28.253	19.866
86.550	27.214	18.972	87.800	27.739	19.422	89.050	28.264	19.876
86.575	27.224	18.980	87.825	27.749	19.432	89.075	28.274	19.884
86.600	27.235	18.990	87.850	27.760	19.440	89.100	28.285	19.894
86.625	27.245	18.998	87.875	27.770	19.450	89.125	28.295	19.902
86.650	27.256	19.008	87.900	27.781	19.458	89.150	28.306	19.912
86.675	27.266	19.016	87.925	27.791	19.468	89.175	28.316	19.922
86.700	27.277	19.026	87.950	27.802	19.476	89.200	28.327	19.930
86.725	27.287	19.034	87.975	27.812	19.486	89.225	28.337	19.940
86.750	27.298	19.044	88.000	27.823	19.494	89.250	28.348	19.948
86.775	27.308	19.052	88.025	27.833	19.504	89.275	28.358	19.958
86.800	27.319	19.062	88.050	27.844	19.512	89.300	28.369	19.968
86.825	27.329	19.070	88.075	27.854	19.522	89.325	28.379	19.976
86.850	27.340	19.080	88.100	27.865	19.532	89.350	28.390	19.986
86.875	27.350	19.088	88.125	27.875	19.540	89.375	28.400	19.994
86.900	27.361	19.098	88.150	27.886	19.550	89.400	28.411	20.004
86.925	27.371	19.106	88.175	27.896	19.558	89.425	28.421	20.012
86.950	27.382	19.116	88.200	27.907	19.568	89.450	28.432	20.022
86.975	27.392	19.124	88.225	27.917	19.576	89.475	28.442	20.030
87.000	27.403	19.134	88.250	27.928	19.586	89.500	28.453	20.040
87.025	27.413	19.142	88.275	27.938	19.594	89.525	28.463	20.048
87.050	27.424	19.152	88.300	27.949	19.604	89.550	28.474	20.058
87.075	27.434	19.160	88.325	27.959	19.612	89.575	28.484	20.068
87.100	27.445	19.170	88.350	27.970	19.622	89.600	28.495	20.076
87.125	27.455	19.178	88.375	27.980	19.630	89.625	28.505	20.086
87.150	27.466	19.188	88.400	27.991	19.640	89.650	28.516	20.094
87.175	27.476	19.196	88.425	28.001	19.648	89.675	28.526	20.104
87.200	27.487	19.206	88.450	28.012	19.658	89.700	28.537	20.114
87.225	27.497	19.214	88.475	28.022	19.666	89.725	28.547	20.122
87.250	27.508	19.224	88.500	28.033	19.676	89.750	28.558	20.132
87.275	27.518	19.232	88.525	28.043	19.684	89.775	28.568	20.140
87.300	27.529	19.242	88.550	28.054	19.694	89.800	28.579	20.150
87.325	27.539	19.250	88.575	28.064	19.702	89.825	28.589	20.158
87.350	27.550	19.260	88.600	28.075	19.712	89.850	28.600	20.168
87.375	27.560	19.268	88.625	28.085	19.722	89.875	28.610	20.176

zu versteuerndes Einkommen	Einkommensteuer		zu versteuerndes Einkommen	Einkommensteuer		zu versteuerndes Einkommen	Einkommensteuer	
	Grundtabelle	Splittingtabelle		Grundtabelle	Splittingtabelle		Grundtabelle	Splittingtabelle
€	€	€	€	€	€	€	€	€
89.900	28.621	20.186	91.150	29.146	20.646	92.400	29.671	21.108
89.925	28.631	20.194	91.175	29.156	20.654	92.425	29.681	21.116
89.950	28.642	20.204	91.200	29.167	20.664	92.450	29.692	21.126
89.975	28.652	20.214	91.225	29.177	20.672	92.475	29.702	21.134
90.000	28.663	20.222	91.250	29.188	20.682	92.500	29.713	21.144
90.025	28.673	20.232	91.275	29.198	20.690	92.525	29.723	21.154
90.050	28.684	20.242	91.300	29.209	20.700	92.550	29.734	21.162
90.075	28.694	20.250	91.325	29.219	20.710	92.575	29.744	21.172
90.100	28.705	20.260	91.350	29.230	20.718	92.600	29.755	21.182
90.125	28.715	20.268	91.375	29.240	20.728	92.625	29.765	24.252
90.150	28.726	20.278	91.400	29.251	20.738	92.650	29.776	21.200
90.175	28.736	20.286	91.425	29.261	20.746	92.675	29.786	21.210
90.200	28.747	20.296	91.450	29.272	20.756	92.700	29.797	21.218
90.225	28.757	20.304	91.475	29.282	20.764	92.725	29.807	21.228
90.250	28.768	20.314	91.500	29.293	20.774	92.750	29.818	21.238
90.275	28.778	20.324	91.525	29.303	20.784	92.775	29.828	21.246
90.300	28.789	20.332	91.550	29.314	20.792	92.800	29.839	21.256
90.325	28.799	20.342	91.575	29.324	20.802	92.825	29.849	21.264
90.350	28.810	20.352	91.600	29.335	20.812	92.850	29.860	21.274
90.375	28.820	20.360	91.625	29.345	20.820	92.875	29.870	21.284
90.400	28.831	20.370	91.650	29.356	20.830	92.900	29.881	21.294
90.425	28.841	20.378	91.675	29.366	20.838	92.925	29.891	21.302
90.450	28.852	20.388	91.700	29.377	20.848	92.950	29.902	21.312
90.475	28.862	20.396	91.725	29.387	20.856	92.975	29.912	21.320
90.500	28.873	20.406	91.750	29.398	20.866	93.000	29.923	21.330
90.525	28.883	20.414	91.775	29.408	20.876	93.025	29.933	21.340
90.550	28.894	20.424	91.800	29.419	20.886	93.050	29.944	21.348
90.575	28.904	20.434	91.825	29.429	20.894	93.075	29.954	21.358
90.600	28.915	20.442	91.850	29.440	20.904	93.100	29.965	21.368
90.625	28.925	20.452	91.875	29.450	20.912	93.125	29.975	21.376
90.650	28.936	20.462	91.900	29.461	20.922	93.150	29.986	21.386
90.675	28.946	20.470	91.925	29.471	20.930	93.175	29.996	21.396
90.700	28.957	20.480	91.950	29.482	20.940	93.200	30.007	21.404
90.725	28.967	20.488	91.975	29.492	20.950	93.225	30.017	21.414
90.750	28.978	20.498	92.000	29.503	20.960	93.250	30.028	21.424
90.775	28.988	20.506	92.025	29.513	20.968	93.275	30.038	21.432
90.800	28.999	20.516	92.050	29.524	20.978	93.300	30.049	21.442
90.825	29.009	20.526	92.075	29.534	20.986	93.325	30.059	21.452
90.850	29.020	20.534	92.100	29.545	20.996	93.350	30.070	21.460
90.875	29.030	20.544	92.125	29.555	21.004	93.375	30.080	21.470
90.900	29.041	20.554	92.150	29.566	21.014	93.400	30.091	21.480
90.925	29.051	20.562	92.175	29.576	21.024	93.425	30.101	21.488
90.950	29.062	20.572	92.200	29.587	21.034	93.450	30.112	21.498
90.975	29.072	20.580	92.225	29.597	21.042	93.475	30.122	21.508
91.000	29.083	20.590	92.250	29.608	21.052	93.500	30.133	21.516
91.025	29.093	20.598	92.275	29.618	21.060	93.525	30.143	21.526
91.050	29.104	20.608	92.300	29.629	21.070	93.550	30.154	21.536
91.075	29.114	20.618	92.325	29.639	21.080	93.575	30.164	21.544
91.100	29.125	20.626	92.350	29.650	21.088	93.600	30.175	21.554
91.125	29.135	20.636	92.375	29.660	21.098	93.625	30.185	21.564

zu versteuerndes Einkommen	Einkommensteuer		zu versteuerndes Einkommen	Einkommensteuer		zu versteuerndes Einkommen	Einkommensteuer	
	Grundtabelle	Splittingtabelle		Grundtabelle	Splittingtabelle		Grundtabelle	Splittingtabelle
€	€	€	€	€	€	€	€	€
93.650	30.196	21.572	94.900	30.721	22.042	96.150	31.246	22.514
93.675	30.206	21.582	94.925	30.731	22.050	96.175	31.256	22.522
93.700	30.217	21.592	94.950	30.742	22.060	96.200	31.267	22.532
93.725	30.227	21.600	94.975	30.752	22.070	96.225	31.277	22.542
93.750	30.238	21.610	95.000	30.763	22.080	96.250	31.288	22.552
93.775	30.248	21.620	95.025	30.773	22.088	96.275	31.298	22.560
93.800	30.259	21.628	95.050	30.784	22.098	96.300	31.309	22.570
93.825	30.269	21.638	95.075	30.794	22.106	96.325	31.319	22.580
93.850	30.280	21.648	95.100	30.805	22.116	96.350	31.330	22.590
93.875	30.290	21.656	95.125	30.815	22.126	96.375	31.340	22.598
93.900	30.301	21.666	95.150	30.826	22.136	96.400	31.351	22.608
93.925	30.311	21.676	95.175	30.836	22.144	96.425	31.361	22.618
93.950	30.322	21.684	95.200	30.847	22.154	96.450	31.372	22.628
93.975	30.332	21.694	95.225	30.857	22.164	96.475	31.382	22.636
94.000	30.343	21.704	95.250	30.868	22.174	96.500	31.393	22.646
94.025	30.353	21.712	95.275	30.878	22.182	96.525	31.403	22.656
94.050	30.364	21.722	95.300	30.889	22.192	96.550	31.414	22.666
94.075	30.374	21.732	95.325	30.899	22.202	96.575	31.424	22.674
94.100	30.385	21.742	95.350	30.910	22.212	96.600	31.435	22.684
94.125	30.395	21.750	95.375	30.920	22.220	96.625	31.445	22.694
94.150	30.406	21.760	95.400	30.931	22.230	96.650	31.456	22.704
94.175	30.416	21.768	95.425	30.941	22.238	96.675	31.466	22.712
94.200	30.427	21.778	95.450	30.952	22.248	96.700	31.477	22.722
94.225	30.437	21.788	95.475	30.962	22.258	96.725	31.487	22.732
94.250	30.448	21.798	95.500	30.973	22.268	96.750	31.498	22.742
94.275	30.458	21.806	95.525	30.983	22.276	96.775	31.508	22.750
94.300	30.469	21.816	95.550	30.994	22.286	96.800	31.519	22.760
94.325	30.479	21.826	95.575	31.004	22.296	96.825	31.529	22.770
94.350	30.490	21.834	95.600	31.015	22.306	96.850	31.540	22.780
94.375	30.500	21.844	95.625	31.025	22.314	96.875	31.550	22.788
94.400	30.511	21.854	95.650	31.036	22.324	96.900	31.561	22.798
94.425	30.521	21.862	95.675	31.046	22.334	96.925	31.571	22.808
94.450	30.532	21.872	95.700	31.057	22.344	96.950	31.582	22.818
94.475	30.542	21.882	95.725	31.067	22.352	96.975	31.592	22.826
94.500	30.553	21.892	95.750	31.078	22.362	97.000	31.603	22.836
94.525	30.563	21.900	95.775	31.088	22.372	97.025	31.613	22.846
94.550	30.574	21.910	95.800	31.099	22.380	97.050	31.624	22.856
94.575	30.584	21.918	95.825	31.109	22.390	97.075	31.634	22.864
94.600	30.595	21.928	95.850	31.120	22.400	97.100	31.645	22.874
94.625	30.605	21.938	95.875	31.130	22.408	97.125	31.655	22.884
94.650	30.616	21.948	95.900	31.141	22.418	97.150	31.666	22.894
94.675	30.626	21.956	95.925	31.151	22.428	97.175	31.676	22.902
94.700	30.637	21.966	95.950	31.162	22.438	97.200	31.687	22.912
94.725	30.647	21.976	95.975	31.172	22.446	97.225	31.697	22.922
94.750	30.658	21.986	96.000	31.183	22.456	97.250	31.708	22.932
94.775	30.668	21.994	96.025	31.193	22.466	97.275	31.718	22.940
94.800	30.679	22.004	96.050	31.204	22.476	97.300	31.729	22.950
94.825	30.689	22.012	96.075	31.214	22.484	97.325	31.739	22.960
94.850	30.700	22.022	96.100	31.225	22.494	97.350	31.750	22.970
94.875	30.710	22.032	96.125	31.235	22.504	97.375	31.760	22.978

zu versteuerndes Einkommen €	Einkommensteuer Grundtabelle €	Einkommensteuer Splittingtabelle €	zu versteuerndes Einkommen €	Einkommensteuer Grundtabelle €	Einkommensteuer Splittingtabelle €	zu versteuerndes Einkommen €	Einkommensteuer Grundtabelle €	Einkommensteuer Splittingtabelle €
97.400	31.771	22.988	98.650	32.296	23.468	99.900	32.821	23.948
97.425	31.781	22.998	98.675	32.306	23.476	99.925	32.831	23.958
97.450	31.792	23.008	98.700	32.317	23.486	99.950	32.842	23.968
97.475	31.802	23.016	98.725	32.327	23.496	99.975	32.852	23.978
97.500	31.813	23.026	98.750	32.338	23.506	100.000	32.863	23.988
97.525	31.823	23.036	98.775	32.348	23.514	100.025	32.873	23.996
97.550	31.834	23.046	98.800	32.359	23.524	100.050	32.884	24.006
97.575	31.844	23.056	98.825	32.369	23.534	100.075	32.894	24.016
97.600	31.855	23.066	98.850	32.380	23.544	100.100	32.905	24.026
97.625	31.865	23.074	98.875	32.390	23.554	100.125	32.915	24.036
97.650	31.876	23.084	98.900	32.401	23.564	100.150	32.926	24.046
97.675	31.886	23.094	98.925	32.411	23.572	100.175	32.936	24.054
97.700	31.897	23.104	98.950	32.422	23.582	100.200	32.947	24.066
97.725	31.907	23.112	98.975	32.432	23.592	100.225	32.957	24.074
97.750	31.918	23.122	99.000	32.443	23.602	100.250	32.968	24.084
97.775	31.928	23.132	99.025	32.453	23.610	100.275	32.978	24.094
97.800	31.939	23.142	99.050	32.464	23.620	100.300	32.989	24.104
97.825	31.949	23.150	99.075	32.474	23.630	100.325	32.999	24.114
97.850	31.960	23.160	99.100	32.485	23.640	100.350	33.010	24.124
97.875	31.970	23.170	99.125	32.495	23.650	100.375	33.020	24.132
97.900	31.981	23.180	99.150	32.506	23.660	100.400	33.031	24.142
97.925	31.991	23.188	99.175	32.516	23.668	100.425	33.041	24.152
97.950	32.002	23.198	99.200	32.527	23.678	100.450	33.052	24.162
97.975	32.012	23.208	99.225	32.537	23.688	100.475	33.062	24.172
98.000	32.023	23.218	99.250	32.548	23.698	100.500	33.073	24.182
98.025	32.033	23.228	99.275	32.558	23.708	100.525	33.083	24.190
98.050	32.044	23.238	99.300	32.569	23.718	100.550	33.094	24.200
98.075	32.054	23.246	99.325	32.579	23.726	100.575	33.104	24.210
98.100	32.065	23.256	99.350	32.590	23.736	100.600	33.115	24.220
98.125	32.075	23.266	99.375	32.600	23.746	100.625	33.125	24.230
98.150	32.086	23.276	99.400	32.611	23.756	100.650	33.136	24.240
98.175	32.096	23.284	99.425	32.621	23.766	100.675	33.146	24.248
98.200	32.107	23.294	99.450	32.632	23.776	100.700	33.157	24.258
98.225	32.117	23.304	99.475	32.642	23.784	100.725	33.167	24.268
98.250	32.128	23.314	99.500	32.653	23.794	100.750	33.178	24.278
98.275	32.138	23.322	99.525	32.663	23.804	100.775	33.188	24.288
98.300	32.149	23.332	99.550	32.674	23.814	100.800	33.199	24.298
98.325	32.159	23.342	99.575	32.684	23.822	100.825	33.209	24.308
98.350	32.170	23.352	99.600	32.695	23.834	100.850	33.220	24.318
98.375	32.180	23.362	99.625	32.705	23.842	100.875	33.230	24.326
98.400	32.191	23.372	99.650	32.716	23.852	100.900	33.241	24.336
98.425	32.201	23.380	99.675	32.726	23.862	100.925	33.251	24.346
98.450	32.212	23.390	99.700	32.737	23.872	100.950	33.262	24.356
98.475	32.222	23.400	99.725	32.747	23.880	100.975	33.272	24.366
98.500	32.233	23.410	99.750	32.758	23.890	101.000	33.283	24.376
98.525	32.243	23.418	99.775	32.768	23.900	101.025	33.293	24.384
98.550	32.254	23.428	99.800	32.779	23.910	101.050	33.304	24.396
98.575	32.264	23.438	99.825	32.789	23.920	101.075	33.314	24.404
98.600	32.275	23.448	99.850	32.800	23.930	101.100	33.325	24.414
98.625	32.285	23.458	99.875	32.810	23.938	101.125	33.335	24.424

zu versteuerndes Einkommen €	Einkommensteuer Grundtabelle €	Einkommensteuer Splittingtabelle €	zu versteuerndes Einkommen €	Einkommensteuer Grundtabelle €	Einkommensteuer Splittingtabelle €	zu versteuerndes Einkommen €	Einkommensteuer Grundtabelle €	Einkommensteuer Splittingtabelle €
101.150	33.346	24.434	102.400	33.871	24.922	103.650	34.396	25.414
101.175	33.356	24.444	102.425	33.881	24.932	103.675	34.406	25.424
101.200	33.367	24.454	102.450	33.892	24.942	103.700	34.417	25.434
101.225	33.377	24.462	102.475	33.902	24.952	103.725	34.427	25.444
101.250	33.388	24.472	102.500	33.913	24.962	103.750	34.438	25.454
101.275	33.398	24.482	102.525	33.923	24.970	103.775	34.448	25.462
101.300	33.409	24.492	102.550	33.934	24.982	103.800	34.459	25.474
101.325	33.419	24.502	102.575	33.944	24.990	103.825	34.469	25.482
101.350	33.430	24.512	102.600	33.955	25.000	103.850	34.480	25.492
101.375	33.440	24.522	102.625	33.965	25.010	103.875	34.490	25.502
101.400	33.451	24.532	102.650	33.976	25.020	103.900	34.501	25.512
101.425	33.461	24.540	102.675	33.986	25.030	103.925	34.511	25.522
101.450	33.472	24.550	102.700	33.997	25.040	103.950	34.522	25.532
101.475	33.482	24.560	102.725	34.007	25.050	103.975	34.532	25.542
101.500	33.493	24.570	102.750	34.018	25.060	104.000	34.543	25.552
101.525	33.503	24.580	102.775	34.028	25.070	104.025	34.553	25.562
101.550	33.514	24.590	102.800	34.039	25.080	104.050	34.564	25.572
101.575	33.524	24.600	102.825	34.049	25.088	104.075	34.574	25.582
101.600	33.535	24.610	102.850	34.060	25.098	104.100	34.585	25.592
101.625	33.545	24.618	102.875	34.070	25.108	104.125	34.595	25.602
101.650	33.556	24.628	102.900	34.081	25.118	104.150	34.606	25.612
101.675	33.566	24.638	102.925	34.091	25.128	104.175	34.616	25.620
101.700	33.577	24.648	102.950	34.102	25.138	104.200	34.627	25.632
101.725	33.587	24.658	102.975	34.112	25.148	104.225	34.637	25.640
101.750	33.598	24.668	103.000	34.123	25.158	104.250	34.648	25.650
101.775	33.608	24.678	103.025	34.133	25.168	104.275	34.658	25.660
101.800	33.619	24.688	103.050	34.144	25.178	104.300	34.669	25.670
101.825	33.629	24.696	103.075	34.154	25.186	104.325	34.679	25.680
101.850	33.640	24.708	103.100	34.165	25.198	104.350	34.690	25.690
101.875	33.650	24.716	103.125	34.175	25.206	104.375	34.700	25.700
101.900	33.661	24.726	103.150	34.186	25.216	104.400	34.711	25.710
101.925	33.671	24.736	103.175	34.196	25.226	104.425	34.721	25.720
101.950	33.682	24.746	103.200	34.207	25.236	104.450	34.732	25.730
101.975	33.692	24.756	103.225	34.217	25.246	104.475	34.742	25.740
102.000	33.703	24.766	103.250	34.228	25.256	104.500	34.753	25.750
102.025	33.713	24.776	103.275	34.238	25.266	104.525	34.763	25.760
102.050	33.724	24.786	103.300	34.249	25.276	104.550	34.774	25.770
102.075	33.734	24.794	103.325	34.259	25.286	104.575	34.784	25.780
102.100	33.745	24.804	103.350	34.270	25.296	104.600	34.795	25.790
102.125	33.755	24.814	103.375	34.280	25.306	104.625	34.805	25.800
102.150	33.766	24.824	103.400	34.291	25.316	104.650	34.816	25.810
102.175	33.776	24.834	103.425	34.301	25.324	104.675	34.826	25.818
102.200	33.787	24.844	103.450	34.312	25.334	104.700	34.837	25.830
102.225	33.797	24.854	103.475	35.220	26.986	104.725	34.847	25.838
102.250	33.808	24.864	103.500	34.333	25.354	104.750	34.858	25.850
102.275	33.818	24.872	103.525	34.343	25.364	104.775	34.868	25.858
102.300	33.829	24.884	103.550	34.354	25.374	104.800	34.879	25.868
102.325	33.839	24.892	103.575	34.364	25.384	104.825	34.889	25.878
102.350	33.850	24.902	103.600	34.375	25.394	104.850	34.900	25.888
102.375	33.860	24.912	103.625	34.385	25.404	104.875	34.910	25.898

zu versteuerndes Einkommen €	Einkommensteuer Grundtabelle €	Einkommensteuer Splittingtabelle €	zu versteuerndes Einkommen €	Einkommensteuer Grundtabelle €	Einkommensteuer Splittingtabelle €	zu versteuerndes Einkommen €	Einkommensteuer Grundtabelle €	Einkommensteuer Splittingtabelle €
104.900	34.921	25.908	106.150	35.446	26.406	107.400	35.971	26.908
104.925	34.931	25.918	106.175	35.456	26.416	107.425	35.981	26.918
104.950	34.942	25.928	106.200	35.467	26.426	107.450	35.992	26.928
104.975	34.952	25.938	106.225	35.477	26.436	107.475	36.002	26.938
105.000	34.963	25.948	106.250	35.488	26.446	107.500	36.013	26.948
105.025	34.973	25.958	106.275	35.498	26.456	107.525	36.023	26.958
105.050	34.984	25.968	106.300	35.509	26.466	107.550	36.034	26.968
105.075	34.994	25.978	106.325	35.519	26.476	107.575	36.044	26.978
105.100	35.005	25.988	106.350	35.530	26.486	107.600	36.055	26.988
105.125	35.015	25.998	106.375	35.540	26.496	107.625	36.065	26.998
105.150	35.026	26.008	106.400	35.551	26.506	107.650	36.076	27.008
105.175	35.036	26.018	106.425	35.561	26.516	107.675	36.086	27.018
105.200	35.047	26.028	106.450	35.572	26.526	107.700	36.097	27.028
105.225	35.057	26.038	106.475	35.582	26.536	107.725	36.107	27.038
105.250	35.068	26.048	106.500	35.593	26.546	107.750	36.118	27.050
105.275	35.078	26.058	106.525	35.603	26.556	107.775	36.128	27.058
105.300	35.089	26.068	106.550	35.614	26.566	107.800	36.139	27.070
105.325	35.099	26.078	106.575	35.624	26.576	107.825	36.149	27.078
105.350	35.110	26.088	106.600	35.635	26.586	107.850	36.160	27.090
105.375	35.120	26.098	106.625	35.645	26.596	107.875	36.170	27.100
105.400	35.131	26.108	106.650	35.656	26.606	107.900	36.181	27.110
105.425	35.141	26.118	106.675	35.666	26.616	107.925	36.191	27.120
105.450	35.152	26.128	106.700	35.677	26.626	107.950	36.202	27.130
105.475	35.162	26.136	106.725	35.687	26.636	107.975	36.212	27.140
105.500	35.173	26.148	106.750	35.698	26.646	108.000	36.223	27.150
105.525	35.183	26.156	106.775	35.708	26.656	108.025	36.233	27.160
105.550	35.194	26.168	106.800	35.719	26.668	108.050	36.244	27.170
105.575	35.204	26.176	106.825	35.729	26.676	108.075	36.254	27.180
105.600	35.215	26.188	106.850	35.740	26.688	108.100	36.265	27.190
105.625	35.225	26.196	106.875	35.750	26.696	108.125	36.275	27.200
105.650	35.236	26.208	106.900	35.761	26.708	108.150	36.286	27.210
105.675	35.246	26.216	106.925	35.771	26.716	108.175	36.296	27.220
105.700	35.257	26.228	106.950	35.782	26.728	108.200	36.307	27.230
105.725	35.267	26.236	106.975	35.792	26.736	108.225	36.317	27.240
105.750	35.278	26.246	107.000	35.803	26.748	108.250	36.328	27.250
105.775	35.288	26.256	107.025	35.813	26.756	108.275	36.338	27.260
105.800	35.299	26.266	107.050	35.824	26.768	108.300	36.349	27.272
105.825	35.309	26.276	107.075	35.834	26.778	108.325	36.359	27.280
105.850	35.320	26.286	107.100	35.845	26.788	108.350	36.370	27.292
105.875	35.330	26.296	107.125	35.855	26.798	108.375	36.380	27.300
105.900	35.341	26.306	107.150	35.866	26.808	108.400	36.391	27.312
105.925	35.351	26.316	107.175	35.876	26.818	108.425	36.401	27.322
105.950	35.362	26.326	107.200	35.887	26.828	108.450	36.412	27.332
105.975	35.372	26.336	107.225	35.897	26.838	108.475	36.422	27.342
106.000	35.383	26.346	107.250	35.908	26.848	108.500	36.433	27.352
106.025	35.393	26.356	107.275	35.918	26.858	108.525	36.443	27.362
106.050	35.404	26.366	107.300	35.929	26.868	108.550	36.454	27.372
106.075	35.414	26.376	107.325	35.939	26.878	108.575	36.464	27.382
106.100	35.425	26.386	107.350	35.950	26.888	108.600	36.475	27.392
106.125	35.435	26.396	107.375	35.960	26.898	108.625	36.485	27.402

zu versteuerndes Einkommen €	Einkommensteuer Grundtabelle €	Einkommensteuer Splittingtabelle €	zu versteuerndes Einkommen €	Einkommensteuer Grundtabelle €	Einkommensteuer Splittingtabelle €	zu versteuerndes Einkommen €	Einkommensteuer Grundtabelle €	Einkommensteuer Splittingtabelle €
108.650	36.496	27.412	109.900	37.021	27.920	111.150	37.546	28.432
108.675	36.506	27.422	109.925	37.031	27.930	111.175	37.556	28.442
108.700	36.517	27.432	109.950	37.042	27.940	111.200	37.567	28.452
108.725	36.527	27.442	109.975	37.052	27.950	111.225	37.577	28.462
108.750	36.538	27.454	110.000	37.063	27.962	111.250	37.588	28.472
108.775	36.548	27.462	110.025	37.073	27.972	111.275	37.598	28.482
108.800	36.559	27.474	110.050	37.084	27.982	111.300	37.609	28.494
108.825	36.569	27.484	110.075	37.094	27.992	111.325	37.619	28.504
108.850	36.580	27.494	110.100	37.105	28.002	111.350	37.630	28.514
108.875	36.590	27.504	110.125	37.115	28.012	111.375	37.640	28.524
108.900	36.601	27.514	110.150	37.126	28.022	111.400	37.651	28.534
108.925	36.611	27.524	110.175	37.136	28.032	111.425	37.661	28.544
108.950	36.622	27.534	110.200	37.147	28.042	111.450	37.672	28.554
108.975	36.632	27.544	110.225	37.157	28.052	111.475	37.682	28.564
109.000	36.643	27.554	110.250	37.168	28.064	111.500	37.693	28.576
109.025	36.653	27.564	110.275	37.178	28.074	111.525	37.703	28.586
109.050	36.664	27.574	110.300	37.189	28.084	111.550	37.714	28.596
109.075	36.674	27.584	110.325	37.199	28.094	111.575	37.724	28.606
109.100	36.685	27.596	110.350	37.210	28.104	111.600	37.735	28.616
109.125	36.695	27.604	110.375	37.220	28.114	111.625	37.745	28.626
109.150	36.706	27.616	110.400	37.231	28.124	111.650	37.756	28.638
109.175	36.716	27.626	110.425	37.241	28.134	111.675	37.766	28.646
109.200	36.727	27.636	110.450	37.252	28.146	111.700	37.777	28.658
109.225	36.737	27.646	110.475	37.262	28.154	111.725	37.787	28.668
109.250	36.748	27.656	110.500	37.273	28.166	111.750	37.798	28.678
109.275	36.758	27.666	110.525	37.283	28.176	111.775	37.808	28.688
109.300	36.769	27.676	110.550	37.294	28.186	111.800	37.819	28.698
109.325	36.779	27.686	110.575	37.304	28.196	111.825	37.829	28.708
109.350	36.790	27.696	110.600	37.315	28.206	111.850	37.840	28.720
109.375	36.800	27.706	110.625	37.325	28.216	111.875	37.850	28.730
109.400	36.811	27.718	110.650	37.336	28.226	111.900	37.861	28.740
109.425	36.821	27.726	110.675	37.346	28.236	111.925	37.871	28.750
109.450	36.832	27.738	110.700	37.357	28.248	111.950	37.882	28.760
109.475	36.842	27.748	110.725	37.367	28.258	111.975	37.892	28.770
109.500	36.853	27.758	110.750	37.378	28.268	112.000	37.903	28.782
109.525	36.863	27.768	110.775	37.388	28.278	112.025	37.913	28.792
109.550	36.874	27.778	110.800	37.399	28.288	112.050	37.924	28.802
109.575	36.884	27.788	110.825	37.409	28.298	112.075	37.934	28.812
109.600	36.895	27.798	110.850	37.420	28.308	112.100	37.945	28.822
109.625	36.905	27.808	110.875	37.430	28.318	112.125	37.955	28.832
109.650	36.916	27.818	110.900	37.441	28.330	112.150	37.966	28.842
109.675	36.926	27.828	110.925	37.451	28.340	112.175	37.976	28.852
109.700	36.937	27.840	110.950	37.462	28.350	112.200	37.987	28.864
109.725	36.947	27.848	110.975	37.472	28.360	112.225	37.997	28.874
109.750	36.958	27.860	111.000	37.483	28.370	112.250	38.008	28.884
109.775	36.968	27.870	111.025	37.493	28.380	112.275	38.018	28.894
109.800	36.979	27.880	111.050	37.504	28.390	112.300	38.029	28.904
109.825	36.989	27.890	111.075	37.514	28.400	112.325	38.039	28.914
109.850	37.000	27.900	111.100	37.525	28.412	112.350	38.050	28.926
109.875	37.010	27.910	111.125	37.535	28.422	112.375	38.060	28.936

zu versteuerndes Einkommen €	Einkommensteuer Grundtabelle €	Einkommensteuer Splittingtabelle €	zu versteuerndes Einkommen €	Einkommensteuer Grundtabelle €	Einkommensteuer Splittingtabelle €	zu versteuerndes Einkommen €	Einkommensteuer Grundtabelle €	Einkommensteuer Splittingtabelle €
112.400	38.071	28.946	113.650	38.596	29.464	114.900	39.121	29.984
112.425	38.081	28.956	113.675	38.606	29.474	114.925	39.131	29.994
112.450	38.092	28.966	113.700	38.617	29.484	114.950	39.142	30.006
112.475	38.102	28.976	113.725	38.627	29.494	114.975	39.152	30.016
112.500	38.113	28.988	113.750	38.638	29.506	115.000	39.163	30.026
112.525	38.123	28.998	113.775	38.648	29.516	115.025	39.173	30.036
112.550	38.134	29.008	113.800	38.659	29.526	115.050	39.184	30.048
112.575	38.144	29.018	113.825	38.669	29.536	115.075	39.194	30.058
112.600	38.155	29.028	113.850	38.680	29.546	115.100	39.205	30.068
112.625	38.165	29.038	113.875	38.690	29.556	115.125	39.215	30.078
112.650	38.176	29.050	113.900	38.701	29.568	115.150	39.226	30.090
112.675	38.186	29.060	113.925	38.711	29.578	115.175	39.236	30.100
112.700	38.197	29.070	113.950	38.722	29.588	115.200	39.247	30.110
112.725	38.207	29.080	113.975	38.732	29.598	115.225	39.257	30.120
112.750	38.218	29.090	114.000	38.743	29.610	115.250	39.268	30.132
112.775	38.228	29.100	114.025	38.753	29.620	115.275	39.278	30.142
112.800	38.239	29.112	114.050	38.764	29.630	115.300	39.289	30.152
112.825	38.249	29.122	114.075	38.774	29.640	115.325	39.299	30.162
112.850	38.260	29.132	114.100	38.785	29.650	115.350	39.310	30.174
112.875	38.270	29.142	114.125	38.795	29.660	115.375	39.320	30.184
112.900	38.281	29.152	114.150	38.806	29.672	115.400	39.331	30.194
112.925	38.291	29.162	114.175	38.816	29.682	115.425	39.341	30.204
112.950	38.302	29.174	114.200	38.827	29.692	115.450	39.352	30.214
112.975	38.312	29.184	114.225	38.837	29.702	115.475	39.362	30.224
113.000	38.323	29.194	114.250	38.848	29.714	115.500	39.373	30.236
113.025	38.333	29.204	114.275	38.858	29.724	115.525	39.383	30.246
113.050	38.344	29.214	114.300	38.869	29.734	115.550	39.394	30.256
113.075	38.354	29.224	114.325	38.879	29.744	115.575	39.404	30.266
113.100	38.365	29.236	114.350	38.890	29.756	115.600	39.415	30.278
113.125	38.375	29.246	114.375	38.900	29.766	115.625	39.425	30.288
113.150	38.386	29.256	114.400	38.911	29.776	115.650	39.436	30.298
113.175	38.396	29.266	114.425	38.921	29.786	115.675	39.446	30.308
113.200	38.407	29.278	114.450	38.932	29.796	115.700	39.457	30.320
113.225	38.417	29.286	114.475	38.942	29.806	115.725	39.467	30.330
113.250	38.428	29.298	114.500	38.953	29.818	115.750	39.478	30.340
113.275	38.438	29.308	114.525	38.963	29.828	115.775	39.488	30.350
113.300	38.449	29.318	114.550	38.974	29.838	115.800	39.499	30.362
113.325	38.459	29.328	114.575	38.984	29.848	115.825	39.509	30.372
113.350	38.470	29.340	114.600	38.995	29.860	115.850	39.520	30.382
113.375	38.480	29.350	114.625	39.005	29.870	115.875	39.530	30.392
113.400	38.491	29.360	114.650	39.016	29.880	115.900	39.541	30.404
113.425	38.501	29.370	114.675	39.026	29.890	115.925	39.551	30.414
113.450	38.512	29.380	114.700	39.037	29.902	115.950	39.562	30.424
113.475	38.522	29.390	114.725	39.047	29.912	115.975	39.572	30.434
113.500	38.533	29.402	114.750	39.058	29.922	116.000	39.583	30.446
113.525	38.543	29.412	114.775	39.068	29.932	116.025	39.593	30.456
113.550	38.554	29.422	114.800	39.079	29.942	116.050	39.604	30.466
113.575	38.564	29.432	114.825	39.089	29.952	116.075	39.614	30.476
113.600	38.575	29.442	114.850	39.100	29.964	116.100	39.625	30.488
113.625	38.585	29.452	114.875	39.110	29.974	116.125	39.635	30.498

zu versteuerndes Einkommen €	Einkommensteuer Grundtabelle €	Einkommensteuer Splittingtabelle €	zu versteuerndes Einkommen €	Einkommensteuer Grundtabelle €	Einkommensteuer Splittingtabelle €	zu versteuerndes Einkommen €	Einkommensteuer Grundtabelle €	Einkommensteuer Splittingtabelle €
116.150	39.646	30.508	117.400	40.171	31.034	118.650	40.696	31.558
116.175	39.656	30.518	117.425	40.181	31.044	118.675	40.706	31.568
116.200	39.667	30.530	117.450	40.192	31.054	118.700	40.717	31.580
116.225	39.677	30.540	117.475	40.202	31.064	118.725	40.727	31.590
116.250	39.688	30.550	117.500	40.213	31.076	118.750	40.738	31.600
116.275	39.698	30.560	117.525	40.223	31.086	118.775	40.748	31.610
116.300	39.709	30.572	117.550	40.234	31.096	118.800	40.759	31.622
116.325	39.719	30.582	117.575	40.244	31.106	118.825	40.769	31.632
116.350	39.730	30.592	117.600	40.255	31.118	118.850	40.780	31.642
116.375	39.740	30.602	117.625	40.265	31.128	118.875	40.790	31.652
116.400	39.751	30.614	117.650	40.276	31.138	118.900	40.801	31.664
116.425	39.761	30.624	117.675	40.286	31.148	118.925	40.811	31.674
116.450	39.772	30.634	117.700	40.297	31.160	118.950	40.822	31.684
116.475	39.782	30.644	117.725	40.307	31.170	118.975	40.832	31.694
116.500	39.793	30.656	117.750	40.318	31.180	119.000	40.843	31.706
116.525	39.803	30.666	117.775	40.328	31.190	119.025	40.853	31.716
116.550	39.814	30.676	117.800	40.339	31.202	119.050	40.864	31.726
116.575	39.824	30.686	117.825	40.349	31.212	119.075	40.874	31.736
116.600	39.835	30.698	117.850	40.360	31.222	119.100	40.885	31.748
116.625	39.845	30.708	117.875	40.370	31.232	119.125	40.895	31.758
116.650	39.856	30.718	117.900	40.381	31.244	119.150	40.906	31.768
116.675	39.866	30.728	117.925	40.391	31.254	119.175	40.916	31.778
116.700	39.877	30.740	117.950	40.402	31.264	119.200	40.927	31.790
116.725	39.887	30.750	117.975	40.412	31.274	119.225	40.937	31.800
116.750	39.898	30.760	118.000	40.423	31.286	119.250	40.948	31.810
116.775	39.908	30.770	118.025	40.433	31.296	119.275	40.958	31.820
116.800	39.919	30.782	118.050	40.444	31.306	119.300	40.969	31.832
116.825	39.929	30.792	118.075	40.454	31.316	119.325	40.979	31.842
116.850	39.940	30.802	118.100	40.465	31.328	119.350	40.990	31.852
116.875	39.950	30.812	118.125	40.475	31.338	119.375	41.000	31.862
116.900	39.961	30.824	118.150	40.486	31.348	119.400	41.011	31.874
116.925	39.971	30.834	118.175	40.496	31.358	119.425	41.021	31.884
116.950	39.982	30.844	118.200	40.507	31.370	119.450	41.032	31.894
116.975	39.992	30.854	118.225	40.517	31.380	119.475	41.042	31.904
117.000	40.003	30.866	118.250	40.528	31.390	119.500	41.053	31.916
117.025	40.013	30.876	118.275	40.538	31.400	119.525	41.063	31.926
117.050	40.024	30.886	118.300	40.549	31.412	119.550	41.074	31.936
117.075	40.034	30.896	118.325	40.559	31.422	119.575	41.084	31.946
117.100	40.045	30.908	118.350	40.570	31.432	119.600	41.095	31.958
117.125	40.055	30.918	118.375	40.580	31.442	119.625	41.105	31.968
117.150	40.066	30.928	118.400	40.591	31.454	119.650	41.116	31.978
117.175	40.076	30.938	118.425	40.601	31.464	119.675	41.126	31.988
117.200	40.087	30.950	118.450	40.612	31.474	119.700	41.137	32.000
117.225	40.097	30.960	118.475	40.622	31.484	119.725	41.147	32.010
117.250	40.108	30.970	118.500	40.633	31.496	119.750	41.158	32.020
117.275	40.118	30.980	118.525	40.643	31.506	119.775	41.168	32.030
117.300	40.129	30.992	118.550	40.654	31.516	119.800	41.179	32.042
117.325	40.139	31.002	118.575	40.664	31.526	119.825	41.189	32.052
117.350	40.150	31.012	118.600	40.675	31.538	119.850	41.200	32.062
117.375	40.160	31.022	118.625	40.685	31.548	119.875	41.210	32.072

zu versteuerndes Einkommen €	Einkommensteuer Grundtabelle €	Einkommensteuer Splittingtabelle €	zu versteuerndes Einkommen €	Einkommensteuer Grundtabelle €	Einkommensteuer Splittingtabelle €	zu versteuerndes Einkommen €	Einkommensteuer Grundtabelle €	Einkommensteuer Splittingtabelle €
119.900	41.221	32.084	121.150	41.746	32.608	122.400	42.271	33.134
119.925	41.231	32.094	121.175	41.756	32.618	122.425	42.281	33.144
119.950	41.242	32.104	121.200	41.767	32.630	122.450	42.292	33.154
119.975	41.252	32.114	121.225	41.777	32.640	122.475	42.302	33.164
120.000	41.263	32.126	121.250	41.788	32.650	122.500	42.313	33.176
120.025	41.273	32.136	121.275	41.798	32.660	122.525	42.323	33.186
120.050	41.284	32.146	121.300	41.809	32.672	122.550	42.334	33.196
120.075	41.294	32.156	121.325	41.819	32.682	122.575	42.344	33.206
120.100	41.305	32.168	121.350	41.830	32.692	122.600	42.355	33.218
120.125	41.315	32.178	121.375	41.840	32.702	122.625	42.365	33.228
120.150	41.326	32.188	121.400	41.851	32.714	122.650	42.376	33.238
120.175	41.336	32.198	121.425	41.861	32.724	122.675	42.386	33.248
120.200	41.347	32.210	121.450	41.872	32.734	122.700	42.397	33.260
120.225	41.357	32.220	121.475	41.882	32.744	122.725	42.407	33.270
120.250	41.368	32.230	121.500	41.893	32.756	122.750	42.418	33.280
120.275	41.378	32.240	121.525	41.903	32.766	122.775	42.428	33.290
120.300	41.389	32.252	121.550	41.914	32.776	122.800	42.439	33.302
120.325	41.399	32.262	121.575	41.924	32.786	122.825	42.449	33.312
120.350	41.410	32.272	121.600	41.935	32.798	122.850	42.460	33.322
120.375	41.420	32.282	121.625	41.945	32.808	122.875	42.470	33.332
120.400	41.431	32.294	121.650	41.956	32.818	122.900	42.481	33.344
120.425	41.441	32.304	121.675	41.966	32.828	122.925	42.491	33.354
120.450	41.452	32.314	121.700	41.977	32.840	122.950	42.502	33.364
120.475	41.462	32.324	121.725	41.987	32.850	122.975	42.512	33.374
120.500	41.473	32.336	121.750	41.998	32.860	123.000	42.523	33.386
120.525	41.483	32.346	121.775	42.008	32.870	123.025	42.533	33.396
120.550	41.494	32.356	121.800	42.019	32.882	123.050	42.544	33.406
120.575	41.504	32.366	121.825	42.029	32.892	123.075	42.554	33.416
120.600	41.515	32.378	121.850	42.040	32.902	123.100	42.565	33.428
120.625	41.525	32.388	121.875	42.050	32.912	123.125	42.575	33.438
120.650	41.536	32.398	121.900	42.061	32.924	123.150	42.586	33.448
120.675	41.546	32.408	121.925	42.071	32.934	123.175	42.596	33.458
120.700	41.557	32.420	121.950	42.082	32.944	123.200	42.607	33.470
120.725	41.567	32.430	121.975	42.092	32.954	123.225	42.617	33.480
120.750	41.578	32.440	122.000	42.103	32.966	123.250	42.628	33.490
120.775	41.588	32.450	122.025	42.113	32.976	123.275	42.638	33.500
120.800	41.599	32.462	122.050	42.124	32.986	123.300	42.649	33.512
120.825	41.609	32.472	122.075	42.134	32.996	123.325	42.659	33.522
120.850	41.620	32.482	122.100	42.145	33.008	123.350	42.670	33.532
120.875	41.630	32.492	122.125	42.155	33.018	123.375	42.680	33.542
120.900	41.641	32.504	122.150	42.166	33.028	123.400	42.691	33.554
120.925	41.651	32.514	122.175	42.176	33.038	123.425	42.701	33.564
120.950	41.662	32.524	122.200	42.187	33.050	123.450	42.712	33.574
120.975	41.672	32.534	122.225	42.197	33.060	123.475	42.722	33.584
121.000	41.683	32.546	122.250	42.208	33.070	123.500	42.733	33.596
121.025	41.693	32.556	122.275	42.218	33.080	123.525	42.743	33.606
121.050	41.704	32.566	122.300	42.229	33.092	123.550	42.754	33.616
121.075	41.714	32.576	122.325	42.239	33.102	123.575	42.764	33.626
121.100	41.725	32.588	122.350	42.250	33.112	123.600	42.775	33.638
121.125	41.735	32.598	122.375	42.260	33.122	123.625	42.785	33.648

zu versteuerndes Einkommen €	Einkommensteuer Grundtabelle €	Splittingtabelle €	zu versteuerndes Einkommen €	Einkommensteuer Grundtabelle €	Splittingtabelle €	zu versteuerndes Einkommen €	Einkommensteuer Grundtabelle €	Splittingtabelle €
123.650	42.796	33.658	124.900	43.321	34.184	126.150	43.846	34.708
123.675	42.806	33.668	124.925	43.331	34.194	126.175	43.856	34.718
123.700	42.817	33.680	124.950	43.342	34.204	126.200	43.867	34.730
123.725	42.827	33.690	124.975	43.352	34.214	126.225	43.877	34.740
123.750	42.838	33.700	125.000	43.363	34.226	126.250	43.888	34.750
123.775	42.848	33.710	125.025	43.373	34.236	126.275	43.898	34.760
123.800	42.859	33.722	125.050	43.384	34.246	126.300	43.909	34.772
123.825	42.869	33.732	125.075	43.394	34.256	126.325	43.919	34.782
123.850	42.880	33.742	125.100	43.405	34.268	126.350	43.930	34.792
123.875	42.890	33.752	125.125	43.415	34.278	126.375	43.940	34.802
123.900	42.901	33.764	125.150	43.426	34.288	126.400	43.951	34.814
123.925	42.911	33.774	125.175	43.436	34.298	126.425	43.961	34.824
123.950	42.922	33.784	125.200	43.447	34.310	126.450	43.972	34.834
123.975	42.932	33.794	125.225	43.457	34.320	126.475	43.982	34.844
124.000	42.943	33.806	125.250	43.468	34.330	126.500	43.993	34.856
124.025	42.953	33.816	125.275	43.478	34.340	126.525	44.003	34.866
124.050	42.964	33.826	125.300	43.489	34.352	126.550	44.014	34.876
124.075	42.974	33.836	125.325	43.499	34.362	126.575	44.024	34.886
124.100	42.985	33.848	125.350	43.510	34.372	126.600	44.035	34.898
124.125	42.995	33.858	125.375	43.520	34.382	126.625	44.045	34.908
124.150	43.006	33.868	125.400	43.531	34.394	126.650	44.056	34.918
124.175	43.016	33.878	125.425	43.541	34.404	126.675	44.066	34.928
124.200	43.027	33.890	125.450	43.552	34.414	126.700	44.077	34.940
124.225	43.037	33.900	125.475	43.562	34.424	126.725	44.087	34.950
124.250	43.048	33.910	125.500	43.573	34.436	126.750	44.098	34.960
124.275	43.058	33.920	125.525	43.583	34.446	126.775	44.108	34.970
124.300	43.069	33.932	125.550	43.594	34.456	126.800	44.119	34.982
124.325	43.079	33.942	125.575	43.604	34.466	126.825	44.129	34.992
124.350	43.090	33.952	125.600	43.615	34.478	126.850	44.140	35.002
124.375	43.100	33.962	125.625	43.625	34.488	126.875	44.150	35.012
124.400	43.111	33.974	125.650	43.636	34.498	126.900	44.161	35.024
124.425	43.121	33.984	125.675	43.646	34.508	126.925	44.171	35.034
124.450	43.132	33.994	125.700	43.657	34.520	126.950	44.182	35.044
124.475	43.142	34.004	125.725	43.667	34.530	126.975	44.192	35.054
124.500	43.153	34.016	125.750	43.678	34.540	127.000	44.203	35.066
124.525	43.163	34.026	125.775	43.688	34.550	127.025	44.213	35.076
124.550	43.174	34.036	125.800	43.699	34.562	127.050	44.224	35.086
124.575	43.184	34.046	125.825	43.709	34.572	127.075	44.234	35.096
124.600	43.195	34.058	125.850	43.720	34.582	127.100	44.245	35.108
124.625	43.205	34.068	125.875	43.730	34.592	127.125	44.255	35.118
124.650	43.216	34.078	125.900	43.741	34.604	127.150	44.266	35.128
124.675	43.226	34.088	125.925	43.751	34.614	127.175	44.276	35.138
124.700	43.237	34.100	125.950	43.762	34.624	127.200	44.287	35.150
124.725	43.247	34.110	125.975	43.772	34.634	127.225	44.297	35.160
124.750	43.258	34.120	126.000	43.783	34.646	127.250	44.308	35.170
124.775	43.268	34.130	126.025	43.793	34.656	127.275	44.318	35.180
124.800	43.279	34.142	126.050	43.804	34.666	127.300	44.329	35.192
124.825	43.289	34.152	126.075	43.814	34.676	127.325	44.339	35.202
124.850	43.300	34.162	126.100	43.825	34.688	127.350	44.350	35.212
124.875	43.310	34.172	126.125	43.835	34.698	127.375	44.360	35.222

zu versteuerndes Einkommen	Einkommensteuer		zu versteuerndes Einkommen	Einkommensteuer		zu versteuerndes Einkommen	Einkommensteuer	
	Grundtabelle	Splittingtabelle		Grundtabelle	Splittingtabelle		Grundtabelle	Splittingtabelle
€	€	€	€	€	€	€	€	€
127.400	44.371	35.234	128.400	44.791	35.654	129.400	45.211	36.074
127.425	44.381	35.244	128.425	44.801	35.664	129.425	45.221	36.084
127.450	44.392	35.254	128.450	44.812	35.674	129.450	45.232	36.094
127.475	44.402	35.264	128.475	44.822	35.684	129.475	45.242	36.104
127.500	44.413	35.276	128.500	44.833	35.696	129.500	45.253	36.116
127.525	44.423	35.286	128.525	44.843	35.706	129.525	45.263	36.126
127.550	44.434	35.296	128.550	44.854	35.716	129.550	45.274	36.136
127.575	44.444	35.306	128.575	44.864	35.726	129.575	45.284	36.146
127.600	44.455	35.318	128.600	44.875	35.738	129.600	45.295	36.158
127.625	44.465	35.328	128.625	44.885	35.748	129.625	45.305	36.168
127.650	44.476	35.338	128.650	44.896	35.758	129.650	45.316	36.178
127.675	44.486	35.348	128.675	44.906	35.768	129.675	45.326	36.188
127.700	44.497	35.360	128.700	44.917	35.780	129.700	45.337	36.200
127.725	44.507	35.370	128.725	44.927	35.790	129.725	45.347	36.210
127.750	44.518	35.380	128.750	44.938	35.800	129.750	45.358	36.220
127.775	44.528	35.390	128.775	44.948	35.810	129.775	45.368	36.230
127.800	44.539	35.402	128.800	44.959	35.822	129.800	45.379	36.242
127.825	44.549	35.412	128.825	44.969	35.832	129.825	45.389	36.252
127.850	44.560	35.422	128.850	44.980	35.842	129.850	45.400	36.262
127.875	44.570	35.432	128.875	44.990	35.852	129.875	45.410	36.272
127.900	44.581	35.444	128.900	45.001	35.864	129.900	45.421	36.284
127.925	44.591	35.454	128.925	45.011	35.874	129.925	45.431	36.294
127.950	44.602	35.464	128.950	45.022	35.884	129.950	45.442	36.304
127.975	44.612	35.474	128.975	45.032	35.894	129.975	45.452	36.314
128.000	44.623	35.486	129.000	45.043	35.906	130.000	45.463	36.326
128.025	44.633	35.496	129.025	45.053	35.916			
128.050	44.644	35.506	129.050	45.064	35.926			
128.075	44.654	35.516	129.075	45.074	35.936			
128.100	44.665	35.528	129.100	45.085	35.948			
128.125	44.675	35.538	129.125	45.095	35.958			
128.150	44.686	35.548	129.150	45.106	35.968			
128.175	44.696	35.558	129.175	45.116	35.978			
128.200	44.707	35.570	129.200	45.127	35.990			
128.225	44.717	35.580	129.225	45.137	36.000			
128.250	44.728	35.590	129.250	45.148	36.010			
128.275	44.738	35.600	129.275	45.158	36.020			
128.300	44.749	35.612	129.300	45.169	36.032			
128.325	44.759	35.622	129.325	45.179	36.042			
128.350	44.770	35.632	129.350	45.190	36.052			
128.375	44.780	35.642	129.375	45.200	36.062			

Stichwortverzeichnis

Die Zahlen bezeichnen die Randziffern (Rz ➤). Halbfette Ziffern zeigen die Absätze an, in denen der betreffende Sachverhalt hauptsächlich dargelegt wird.

G

H

S

U